国家社会科学基金重大项目
“周易图学史研究”（17ZDA011）阶段性成果

教育部人文社会科学重点研究基地重大项目
“汉魏二十一家《易注》综合研究”（10JJD720014）结项成果

教育部人文社会科学重点研究基地
山东大学易学与中国古代哲学研究中心项目成果

漢魏易注综合研究

（上册）

陈居渊 著

齊魯書社

前言

在中国《周易》研究史上，从汉代至魏晋时期的象数易学的研究，在某种意义上，可以说是奠定了中国古代易学研究的基本走向。这一时期，不仅易学大家辈出，而且易学理论也呈现出多元的取向。如孟喜的卦气说，京房的八宫说，荀爽的阳升阴降说，郑玄的爻辰说，虞翻的卦变说以及陆绩、姚信、翟玄、干宝、蜀才等魏晋学者对象数易学的竭力维护、修正和弘扬等，组成了一幅汉魏象数易学绚丽多彩的历史画面。对此，前贤与近贤都有系统的专门研究和论说。山东大学易学与中国古代哲学研究中心的刘大钧先生及诸位教授在孜孜探求中结出的累累成果，台湾学者黄庆萱、徐芹庭教授的系列性专著就是显例。不过，仅就汉魏各家《易注》文本的今古文字考证与释义的比较研究而言，恕我寡闻，目前这项工作至今仍付厥如。

一般认为，汉魏各家的《易注》文本往往是今古分明，如孟喜、京房的《周易章句》采用的是今文，而马融、荀爽、郑玄则是传承了费直易学的古文传统，或者说汉魏各家易说基本上是今古兼采的学术品格。事实上，费直易学为古文本是有疑问的。儒家经典的今文与古文，在中国古代经学史上，可谓聚讼纷纭，莫衷一是。所谓今文，它是指汉文帝广开献书之路，由鸿儒耆老口授，以汉代通行的隶书写就的儒家经典，因有别于先秦古文，故称今文。所谓古文，是指先秦所遗古本，即汉景帝第五子鲁恭王坏孔壁，得古文《尚书》《礼记》《论语》《孝经》等，以秦以前古文字所书写的儒家经典，故称古文。史载先秦流传至汉代的儒家经典除《乐》之外，其他如《书》《诗》《礼》《春秋》《孝经》《论语》等都有今文与古文二种文本形态相传。《周易》因未遭秦火，所以没有今、古之别。时至汉代，田何传今文本《周易》，于是有所谓"施、孟、梁丘、京氏列于学官"。民间则有费直与高相"两家之说"传古文本《周易》，因而《周易》文本也就有了今、古的区分。西晋永嘉之乱，施氏、梁丘、高氏之《易》亡，唯孟氏《易》尚有传本，但是在南北朝时已残缺不全；经唐至宋，孟氏《易》全部亡佚，作为官学的今文本《周易》也就不再出现。与此相反，费直之《易》却未受战乱的影响而继续传承。东汉光武建武时，曾经有立费氏《易》为博士之议，虽然因"无有本师"而作罢，但是经学家陈元、郑众、马融学习和传授费氏学，尤其是马融、荀爽还特为费氏《易》作了"传"，一时费氏《易》大兴。马融弟子郑玄，三国时魏经学家王肃、王弼等都传承费氏《易》并作了《易注》。南北朝时期，梁、陈正式把郑玄、王弼《易注》列于国学。唐代王弼《易》取代了郑玄《易》成为官学本。

今本《周易》与费氏《易》固然有传承的渊源，但是费氏《易》是否就是古文本《周易》，事实上并没有确凿的证据。有关费氏《易》为古文本的最早记录，仅见于《汉书·艺文志》："刘向以中古文《易经》校施、孟、梁丘经，或脱去'无咎''悔亡'，唯费氏经与古文同。"后又有《后汉书·儒林列传》转述为"又有东莱费直传《易》，授琅邪王璜，为费氏学。本以古字，号古文《易》"一说。由于《汉书·艺文志》作为中国现存最早且完整的目录学文献，具有很高的权威性，自此以后，易家每每论及古文本《周易》，多本此说，深信不疑。对于史书中的这样一种记载，笔者认为其中可议者甚多。

首先，同样出自班固的《汉书·儒林传》并未明确提到费直传古文本《周易》一事，仅载"（费直）长于卦筮，亡章句，徒以彖、象、系辞十篇文言解说上下经。琅邪王璜平中能传之。璜又传古文《尚书》"。按常理，班固既然为费直作传，那么传古文本《周易》这一大事不应该疏漏，这显然与《汉书·艺文志》所载不相吻合。此外，刘向利用朝廷（中秘）所藏古文本《周易》校勘施、孟、梁丘各家《周易》一事，同样不见《汉书》刘向、刘歆父子本传及《别录》与《七略》的记载。如《汉书·刘歆传》明确说"歆校秘书见古《春秋》《左氏传》"，未提及《周易》。又如从班固将《七略》转录改编为《汉书·艺文志》的具体内容来看，刘歆《七略》所录各类经籍都是先"古"后"今"。如《书》类：古文经四十六卷，为五十七篇。《礼》类：古经五十六卷，经十七篇，后氏、戴氏。《春秋》类：古经十二篇，经十一卷，公羊、穀梁二家。《论语》类：古二十一篇，出孔子壁，两《子张》。《齐》二十二篇，多《问王》《知道》。《孝经》类：《古孔氏》一篇，二十二章。《孝经》一篇，十八章，长孙氏、江氏、后氏、翼氏四家。而于《易》类则云"《易经》十二篇，施、孟、梁丘三家"，同样未见录有所谓的古文本《周易》。刘向、刘歆都是汉代力挺古文经学的学者，在他们的著作中古文的痕迹也相当的明显，如《汉书·贾谊传》"前车覆，后车诫"，刘向《说苑》作"前车覆，后车戒"。考《集韵·怪韵》："戒，古作戒。"再考今本《比》九五爻辞"邑人不诫"，其"诫"字今帛书本作"戒"，证之上博竹简本亦作"戒"，知作"诫"

为今文，作“戒”“臧”同为古文。可见刘向《说苑》作“戒”是取古文。又如《汉书·刘向传》所载刘向上奏汉成帝封对事中引《系辞》“安不忘危，存不忘亡，是以身安而国家可保也”句，刘向《说苑》亦作此，与今本“安不忘危，存不忘亡，是以身安而国家可保也”不同。再如今本《系辞》“小惩而大戒，此小人之福”，据清人马国翰《玉函山房辑佚书》所录刘向《周易义》作“不威小、不惩大，此小人之福”，这些显然与费氏《易》异趣，如果当时真有古文本《周易》，刘向何以不取？汉哀帝时，刘歆为争立古文经的官学地位，曾上书汉哀帝批评今文经博士们恪守传统观念，排斥古文经学，这就是那篇至今仍然保存在《汉书·刘歆传》中的《移让太常博士书》。该书称，“《逸礼》有三十九，《书》十六篇。……及《春秋》左氏丘明所修，皆古文旧书，多者二十余通，藏于秘府，伏而未发”，这显是指刘向校理“中秘”发现所藏的先秦古文经，并用《逸礼》《书》《春秋》三种古文经来校勘作为官学的今文经学文本，这与班固的记载也不一致。众所周知，汉代自惠帝四年“除挟书令”后，“大收篇籍，广开献书之路”是既定的文化国策。如汉初张苍献古文《春秋》和《左传》，武帝时孔安国献孔壁先秦旧籍，宣帝时河内女子拆老屋得古文经籍上献朝廷。特别是汉成帝时与费直同乡的张霸因献古文《尚书》而为朝廷接纳，而费直亦因“治《易》为郎”而出任县令。如果费氏《易》真是从民间所得古文经，理应有上献朝廷的义务。王莽曾经为了改制代汉，开始推崇古文经学，他不仅崇尚《左氏春秋》《毛诗》《逸礼》《古文尚书》《周官经》，而且也都立了博士，使之成为官学。费直的弟子和以弘扬古文经学为己任的刘歆，他们同仕于王莽新朝，后者更为新朝国师，如果费氏《易》确为先秦古本的话，何以未入他们的视域，这些都表明费氏《易》在当时并未被认同为真正的古文本。也正因此，《汉书·艺文志》所谓“刘向以中古文《易经》校施、孟、梁丘经，或脱去‘无咎’‘悔亡’，唯费氏经与古文同”的记载，只是说刘向所见的费氏本《周易》中保存“无咎”“悔亡”与古文本《周易》相同，并不是说费氏本就是古文本，而是针对前面“施、孟、梁丘经”所缺“无咎”“悔亡”而言的。诚如许慎《说文序》所云“其称《易》孟氏、《书》孔氏、《诗》毛氏、《礼》周官、《春秋》左氏、《论语》、《孝经》皆古文也”那样，论者都据此误以孟氏《易》为古文，其实许慎所指《论语》《孝经》为古文，非指孟氏《易》为古文，而孟喜本属汉初田何今文一系的代表人物，许慎也不会不知。据此，刘向既将费氏《易》与施、孟、梁丘等并提，那么费氏《易》应该也是汉代的今文本，倘若将其与今出土的帛书本《周易》进行比照就可得到证明。至于《后汉书》所载“又有东莱费直传《易》，授琅邪王璜，为费氏学，本以古字，号古文《易》”，那是说王璜传承费氏《易》，并以古文字书写《周易》，号称古文《易》而非专指费氏《易》是古文本，故用一“号”字来突显王璜之《易》，这与《汉书·儒林传》所称丁宽“至雒阳，复从周王孙受古义，号《周氏传》”从而突显丁宽《易》的特色并非是周王孙之《易》，可谓如同一辙。

其次，据《后汉书·儒林传》云：“建武中，范升传孟氏《易》，以授杨政，而陈元、郑众皆传费氏《易》，其后马融亦为其传。融授郑玄，玄作《易注》，荀爽又作《易传》，自是费氏兴，而京氏遂衰。”唐人陆德明所编《经典释文》中引范晔《后汉书》则进一步指出：“京兆陈元、扶风马融、河南郑众、北海郑玄、颍川荀爽并传费氏《易》。”此五人中，除了陈元一家之《易》不见传世外，其余四家易学，清人都有辑录。如今本《震》九四爻辞“震遂泥”，郑众作“震遂泥”，荀爽作“震队泥”，其“震”字古文作“𩃎”，《字汇补·雨部》：“𩃎，古文震字。”“遂”通“队”。《史记·楚世家》：“韩已得武遂于秦，以河山为塞。”“武遂”，即战国韩地。考《玺汇》有“武队大夫”。《穆天子传》卷一：“天子猎于钘山之西阿，于是得绝钘山之队。”郭璞注：“队，音遂。”《史记·扁鹊仓公列传》：“是以阳脉下遂，阴脉上升。”《集解》引徐广曰：“遂，一作队。”《吕氏春秋·知分》：“荆有次非者，得宝剑于干遂。”《淮南子·道应训》作“荆有饮非，得宝剑干队”。考《荀子·礼论》：“暴慢、恣睢、轻俗以为高之属入焉而队。”杨倞注：“队，古坠字，堕也。”《说文·辵部》：“遂，亡也。逋，古文遂。”《玉篇·辵部》：“遂，进也，久也，安也，信也。逢，古文。”又《八部》：“㒸，从意也。今作遂也。”证之今帛书本作“遂”，知作“队”“逋”“逢”同为古文，作“遂”为今文。“泥”通“柅”。《诗·大雅·行苇》：“维叶泥泥。”王念孙《广雅疏证》：“《大雅·行苇》篇：‘维叶泥泥。’传云：‘知初生泥泥然。’《潜夫论·德化》篇引《诗》作‘柅柅’，并与‘苨苨’同。”“泥”通“埿”。《史记·屈原贾生列传》：“泥而不滓。”《隶释·费凤别碑》作：“埿而不滓。”《广韵·霁韵》：“泥，滞陷不通。埿，俗。”《集韵·齐韵》：“埿，或作𡉏，通作泥。”“𡉏”即“坭”字。证之今帛书本作“泥”，上博竹简本作“圮”，“圮”即“坭”之省。知作“泥”为今文，作“圮”为古文。又如今本《屯》初九爻辞“磐桓”，马融《周易传》作“槃桓”，荀爽《周易注》作“盘桓”，“磐”“槃”“盘”虽然古音同属桓韵可以互借，但是据《说文》《玉篇》其古文皆作“鎜”。《管子·小问》篇：“桓公问管仲曰：‘今者寡人乘马，虎望见寡人不敢行，其故何也?’管仲对曰:‘意者,君乘驳马而洀桓,迎日而驰乎?’公曰:‘然。’管仲对曰:‘此驳象也。驳食虎豹,故虎疑焉。’”尹知章注:“洀,古盤字。”知作“磐”“盤”“槃”同为今文,马融作“槃”是取今文。又如今本《师》上六爻辞“开国承家”,荀爽《周易注》亦作“开国承家”。“开”同“启”。《逸周书·武顺》:“一卒居前曰开。”孔晁注:“开谓启。”《玉篇·口部》:“启,开也。本亦作启。”考《仪礼·士昏礼》:“启会却于敦南。”郑玄注:“今文启作开。”郑玄以“开”为今文,以“启”为古文,至确。证之上博竹简本亦作“启”,由此知荀爽作“开”是取今文,作“启”为古文。再如今本《豫》六二爻辞“介于石”之“介”,马融《周易传》作“扴”,郑玄《周易注》作“砎”。“介”通“砎”。《经典释文》:“介,古文作砎。”《说文·手部》:“扴,刮也。从手,介声。”《集韵·个韵》:“箇,或作个、介,通作個。”惠士奇《礼说》卷十四:“个,古介字,故《说文》无个,盖今文个即古文介。”惠栋《九经古义》卷二《周易古义》云:“介,古文作砎。”宋翔凤《周易考异》:“马氏亦古文,作扴是也。”证之今帛书本“介”字作“疥”,上博竹简本“介”字作“炌”,知“介”“扴”“砎”“疥”皆从“介”声,可以互借,又知今本作“介”“疥”同为今文,郑玄作“砎”、马融作“扴”、上博竹简本“炌”同为古文。在汉魏诸家《易注》中,类似的辞例很多,这里不一一枚举。诚如唐人颜师古所说:“六经残缺,学者异师,文义竞驰,各守所见。”清人钱大昕说:“(《说文》)有同称一经而文异者……盖汉儒虽同习一家,而师读相承,文字不无互异。”事实上,今本《周易》所传费氏《易》也是今、古相间的,不是完整的古文本,而史书所记载的马融、荀爽、郑玄皆传费氏古文《易》一事,恐怕也是值得商榷的。也正因此,仅凭《汉书·艺文志》的记载就确认费氏《易》为古文本,或者说今本《周易》就是古文本,显然是有困难的。

如上所述,费氏《易》虽然不是古文本,但是不等于说没有古文本的《周易》。如通行本《损》卦卦辞“二簋可用享”之“二”,许慎《说文解字》:“弍,古文二。”证之上博竹简本,凡卦辞“二”字皆作“二”。又该卦六三爻辞“三人行”之“三”,顾野王《玉篇》以“弎”为古文“三”,上博竹简本凡“三”字皆作“晶”,然考上博竹简本《彭祖》篇中诸“三”字皆作“三”,可知作“二”或“三”也都是古文。再如《师》六四爻辞“师左次”之“左”,《说文解字》:“左,手相左助也。从𠂇、工。”段玉裁注:“左者,今之佐字。《说文》无佐字,𠂇者,今之左字。”《汉书·师丹传》:“职在左右。”颜师古注:“左读曰佐。”《正字通·丿部》:“𠂇,古左字。”通行本、今帛书本皆作“左”,然考上博竹简本亦作“左”。由此知作“左”“𠂇”同为古文。这说明迟至东汉,今文与古文已无严格的界限,往往可以随意选择,所以流传于战国时期的古文本《周易》已不为人所熟知了。不过,古文本《周易》在唐代陆德明时期仍有传本。如通行本《离》九三爻辞“则大耋之嗟,凶”,其“凶”字,《经典释文》谓“古文及郑无凶字”,就是显证。

自三国蜀人李譔编有《古文易》后,至北宋随着疑古思潮的出现,历代学者为了探索古文《周易》的奥秘,各自根据自己对《周易》的理解,纷纷重新编定古文《周易》。如邵雍的《古周易》、吕大防的《周易古经》、晁说之的《录古周易》、薛季宣的《古文周易》、程迥的《古周易考》、李焘的《周易古经》、吴仁杰与吕祖谦的《古周易》等,可谓不遗余力。在他们编撰的各种古《周易》的文本中,也都有对今、古文字的讨论,然而这些讨论仍然依照费氏《易》为区别今、古《周易》的唯一标准，虽然在一定程度上揭示了《周易》今、古文字的相异，但是未能真正判定今文与古文的向度。如晁说之对《周易》今、古文的区分，也仅仅是各家“文字异同则散见于卦”（《直斋书录解题》卷一），而且错误率颇高；而其所编的《录古周易》，晁公武认为他是以田何本分为上下为二经，与其自序中自相矛盾（《周易章句证异》卷二），田何是汉代今文《周易》的开创者，显然晁说之所谓的古《周易》仍是今文本。如《屯》六三爻辞“即鹿无虞”之“鹿”，吕祖谦《古易音训》引晁氏曰：“案，鹿，古文。”按，“鹿”通“麓”。《尚书·舜典》：“纳于大麓。”《隶释·魏受禅表》引作“纳于大鹿”。《春秋左氏传》僖公十四年：“沙鹿崩。”《汉书·元后传》引作“沙麓崩”。《说文·林部》亦引作“沙麓崩”云：“禁，古文从录。”《玉篇·林部》：“麓，山足也。禁，古文。”是鹿、麓之古文作“禁”。证之通行本、今帛书本皆作“鹿”，由此知作“鹿”“麓”同为今文，作“禁”为古文。对此，王柏曾经提出质疑说：“晁氏既不见古文《易》，今所按古文，不知其何所据也。”（《鲁斋集》卷九《古易音训》）吴承仕说：“晁氏所称古文作某；或称古文作某，篆文作某者，犹通称古字云尔；如以为费氏古文本之异于施、孟、梁丘、京者如此，则失之矣。”（《检斋读易提要》）故有所谓“晁氏所谓古文，不尽足据”一说。（《费氏古易订文》卷一）明人何楷的《古周易订诂》“犹祖费直之意”，“以还田何之旧”，自目为“古周易”。（《四库全书总目》卷六）杨时乔的《周易古今文全书》“虽兼称古今文，而所发明者古文略而今文详”，而且“更古篆籀文，随意填缀，往往窜入讹字，殊不免杜撰之訾”。（《四库全书总目》卷七）李本固的《周易古本全书》则悉依朱熹《周易本义》，刘宗周的《周易古文钞》“至于《经》文序次，每以意移置，较吴澄《纂言》更为无据”。（《四库全书总目》卷八）华兆登的《周易古本》据马融、陆绩之说以为爻辞周公作，故应与文王异卷，“名为复古，实则臆说而已”。（《四库全书总目》卷八）清人刘文龙的《古易汇诠》、刘宝楠的《易古训》、黄以周的《周易故训订》等亦皆以费直为古文《周易》。现代学者金德建先生曾著有《经今古文字考》一书，其中也涉及对《周易》的一些今古文字的辨析与考证，但是金先生往往以《说文解字》、汉石经或郑玄的注作为主要依据，以某一字的相异来确定今古的文本，甚至“据此类推”，不免使人存疑。因此，所谓的古文本《周易》始终滞留在有无之间。

近年来随着出土文献的不断涌现，特别是1973年长沙马王堆汉墓出土的帛书《周易》、1977年安徽阜阳汉墓出土的阜阳汉简《周易》、1994年上海博物馆从香港文物市场购得1200枚战国楚简，其中便有《周易》。据濮茅左先生考证，上博战国楚简《周易》共有五十八支简，涉及三十四卦的内容，共一千八百零六字，三个合文，八个重文，保存了二十五个卦画，从而为我们进一步考察汉魏时期各家《易注》的今古文字与比较研究提供了较为详实的文本依据。

需要说明的是，本课题虽然题“汉魏《易注》综合研究”，但是事实上是指汉魏时期子夏、孟喜、京房、荀爽、马融、郑玄、刘表、宋衷、陆绩、董遇、虞翻、王肃、姚信、王廙、张璠、向秀、干宝、蜀才、翟玄、九家、刘瓛等二十一家的《易注》。由于这些汉魏各家易学著作早已不传，难觅踪迹，赖有唐人李鼎祚的《周易集解》和宋明清先儒不懈地辑佚，如清人孙堂的《汉魏二十一家易注》、马国翰的《玉函山房辑佚书》、黄奭的《黄氏逸书考》等。近代学者沈祖绵先生所辑《周易孟氏学》，黄庆萱教授的《魏晋南北朝易学书考佚》，特别是徐芹庭教授的《徐芹庭易学丛书》，更是对汉魏各家《易注》的学说和版本作了较为全面的疏理与考订，多有发现。也正因此，笔者不揣浅陋，仅就目前所储备的有限的古代经学知识，在前贤研究成果的基础上，藉以上三种出土《周易》文本并结合古代相关文献、汉碑、汉石经、字书、韵书，对传世的汉魏二十余家《易注》的今古文字与各家之间诠释《周易》的异同，作一番新的考证与易学研究，为深化汉魏易学研究提供较为详实的文献依据和新的途径。

本课题的研究，取孙堂所辑的《汉魏二十一家易注》为主，另附有《古代"易象"新说》《郑玄"以〈易〉释〈诗〉"考论》《清代的郑玄易学研究探析》三篇易学专论、"汉魏二十一家《易注》与今本《周易》今古文对照表"、"汉魏二十一家《易注》与今本《周易》六十四卦异文对照表"、"孙堂《汉魏二十一家易注》整理"和"主要参考文献"等五种，以清眉目。

总　目

上　册

中　册

下　册

汉魏二十一家《易注》六十四卦今古文考证

目　录

凡 例

一、先列出今本《周易》每一卦爻辞的全文。

二、次列汉魏各家每卦爻辞原文，依文字的先后，逐句逐字进行考证。凡遇相同文字则以“参见某卦某爻”作为提示，不作重复考证。

三、每卦爻辞后以“按”表示作者所举不同《周易》文本的文字，也包括作者的一些心得。

四、凡称引前人或今人的研究成果，在考文中直接列出，不再重复出注，可参阅本书的参考文献。

五、为了行文方便，下面将今本《周易》简称“通行本”，马王堆汉墓出土的帛书《周易》简称“今帛书本”，上海博物馆藏战国楚竹书《周易》简称“上博竹简本”，安徽阜阳汝阴侯墓出土的竹简《周易》简称“阜阳汉墓本”。

乾☰

乾，元亨利贞。初九，潜龙勿用。九二，见龙在田，利见大人。九三，君子终日乾乾，夕惕若厉，无咎。九四，或跃在渊，无咎。九五，飞龙在天，利见大人。上九，亢龙有悔。用九，见群龙无首，吉。

乾，元亨利贞。

陆绩《周易述》作“乾，元亨利贞”。

“乾”，“乾”通“健”。《经典释文》：“《说卦》云：‘乾，健也。’”《广雅·释训》：“乾乾，健也。”通行本作“乾”，今帛书本作“键”。“健”“键”古音同属愿韵，可以互借。考《说文·乙部》：“𠦝，籀文乾。”《集韵·僊韵》：“乾，健也。籀作𠦝。”《字汇补·乙部》：“𠦝，籀文乾字。”由此知作“乾”“键”同为今文，作“𠦝”为古文，陆绩作“乾”是取今文。

“元”，“元”同“长”“永”。《隶释·史晨飨孔庙碑》：“长亨利贞。”《隶释·华山亭碑》：“永亨利贞。”“元”亦通“顽”。马王堆汉墓帛书《老子》乙本《道经》：“众人皆有以，我独元以鄙。”通行本《老子》第二十二章“元以鄙”作“顽似鄙”。通行本、今帛书本皆作“元”，证之通行本涣卦六四爻辞“元吉”，上博竹简本亦作“元吉”。由此知作“元”为古文，陆绩作“元”是取古文。

"亨","亨"通"享"。《隶释·酸枣令刘熊碑》:"子孙亨之。"洪适注:"碑以亨为享。"《说文·亯部》:"亯,献也。享,篆文亯。"段玉裁注:"据玄应书,则亯者,籀文也。小篆作亭,故隶书作亨。作享,小篆之变也。"《玉篇·亯部》:"亯,今作享。"《集韵·庚韵》:"亨,古作亯。"则"亯"同为"亨""享"之古文。项世安《周易玩辞》卷四"用亨"条考证云:"大有九三'公用亨于天子'、随上六'王用亨于西山'、益六二'王用亨于帝'、升六四'王用亨于岐山',四爻句法皆同。古文亨即享字,今独《益》作亨读者,俗师不识古字,独于'享帝'不敢作'亨帝'也。"按,古"亨"字兼有三义,加一画作"享献"之"享",加四点作"烹饪"之"烹",皆通用。黄侃《说文笺识》:"亯,古亦读喉唇二音。一读亨,一读烹。亯有四义,一曰亯献,二曰亯受,三曰亨通,四曰烹调。"考今帛书本亦作"享",又考上博竹简本凡"亨"字皆作"卿",疑"卿"字即为"鄉"字。在金文中,"卿"与"鄉"同为一字。《墨子·尚贤中》:"以上事天,则天乡其德。"孙诒让《墨子间诂》:"乡当读为享。又《明鬼》下篇云:'帝享女明德。'"《史记·孝文本纪》:"夫以朕不德,而躬享独美其福。"《汉书·文帝纪》作"夫以朕之不德,而专鄉独美其福"。吕祖谦《古易音训》:"晁氏曰:'案,鄉,古文。'"通行本、今帛书本皆作"亨",阜阳汉墓本作"亨"。由此知作"亨""享"同为今文,作"亯""卿"同为古文,陆绩作"亨"是取今文。

"利","利"通"厉"。《史记·田敬仲完世家》:"陈厉公佗之子。"司马贞《索隐》:"《陈系家》又有利公跃,利即厉也。"《论语·卫灵公》:"必先利其器。"惠栋《九经古义》卷十六《论语古义》云:"古文《论语》'厉'作'利','利'与'厉'同。"《说文长笺·刀部》:"㓞,古文利。"《玉篇·勿部》:"㓞,古文利。"《集韵·至韵》:“利,古作秎。”《字汇补·禾部》:“秎,古文利字。亦作秎,字书以为制字,误。”通行本、今帛书本皆作“利”,然考通行本蒙卦上九爻辞“利御寇”,上博竹简本亦作“秎迎寇”。又考通行本需卦卦辞“利涉大川”,上博竹简本亦作“利涉大川”。再考《诗·小雅·都人士》:“万民所望。”郭店楚墓竹简本《缁衣》引《诗》作“秎民所信”。由此知作“利”“秎”同为古文,陆绩作“利”是取古文。

“贞”,“贞”通“鼎”。《说文·卜部》:“贞,卜问也。从卜,贝以为贽。一曰鼎省声,京房所说。”段玉裁注:“京说古文以贝为鼎,故云从卜鼎声也。”又《说文·鼎部》:“古文以贞为鼎,籀文以鼎为贞。”《集韵·迥韵》:“鼎,古作鼑。”又《清韵》:“贞,古作鼑。”郭沫若《卜辞通纂考释》:“古乃假鼎为贞,后益之卜而成鼑字,以鼎为声。鼎贝形近,故鼎乃讹变为贞也。”考《宣和博古图》所载周鼎“栾鼎盖”与“宋夫人鼎盖”,其铭文分别刻有“宋公栾之馀鼎”“宋君夫人馀釪鼎”字样。通行本、今帛书本皆作“贞”,然考通行本卦爻凡“贞”字,上博竹简本亦皆作“贞”字。再证之通行本旅卦卦辞“贞吉”,未济卦九二爻辞作“贞吉”,上博竹简本皆作“贞吉”。由此知作“贞”“鼑”“鼑”“鼎”同为古文,陆绩作“贞”是取古文。

初九,潜龙勿用。

子夏《易传》作“潜龙勿用”。

京房《周易章句》作“潜龙”。(据《汉书·五行志下之上》补。)

马融《周易传》作“潜龙勿用”。

陆绩《周易述》作“潜龙勿用”。

虞翻《周易注》作“潜龙勿用”。

王肃《周易注》作“潜龙勿用”。

姚信《周易注》作“潜龙勿用”。

干宝《周易注》作“潜龙勿用”。

“潜”,“潜”通“浸”。马王堆汉墓帛书《老子》乙本卷前古佚书《十六经·观》:“令力黑浸行伏匿。”释文“浸行”作“潜行”。“浸”又通“寖”。《周礼·夏官·职方氏》:“其川三江,其浸五湖。”《经典释文》:“浸,本又作寖。”按《说文·水部》篆书作“濅”,大徐本楷书作“寖”,段玉裁注:“隶作浸。”古“浸”字与“潜”字以声近可以互借。如“潜”可读作“涔”。《史记·夏本纪》:“沱、涔已道。”《索隐》云:“涔,亦作潜。”《史记·刺客列传》云:“将兵围楚之灊。”《索隐》云:“事在鲁昭二十七年。《地理志》庐江有灊县,天柱山在南。音潜。”《汉书·五行志上》:“自号曰山君,党与濅广。”颜师古注:“濅,渐也。”《汉书·武五子传》:“胥寖信女须等。”颜师古注:“寖,古浸字也。寖,渐也,益也。”《汉书·沟洫志》:“泉流灌寖,所以育五谷。”颜师古注:“寖,古浸字。”又《汉书·高五王传》:“事濅淫闻于上,主父偃由此与齐有隙。”颜师古注:“濅,古浸字也。濅淫,犹言渐染也。”《集韵·侵韵》:“浸,或作濅。”通行本作“潜”,今帛书本作“浸”。证之郭店楚墓竹简本《语丛四》“是胃寖行”之“寖”,释文作“浸”。若依颜师古注,知作“潜”“浸”同为今文,作“寖”“濅”同为古文,子夏、京房、马融、陆绩、虞翻、王肃、姚信、干宝作“潜”是取今文。

“龙”,“龙”通“宠”。《诗·小雅·蓼萧》:“既见君子,为龙为光。”毛传:“龙,宠也。”郑玄笺:“为宠为光,言天子恩泽光耀被及己也。”《左氏》昭公十二年:“宋华定来聘,通嗣君也。享之,为赋《蓼萧》,弗知,又不答赋。昭子曰:‘必亡。宴语之不怀,宠光之不宣。’”此“宠光”,即“为宠为光”之意。又《诗·商颂·长发》:“何天之龙。”郑玄笺:“龙当作宠。宠,荣名之谓。”郑玄以“宠”为今文,以“龙”为古文。然考马王堆汉墓帛书《老子》甲本《道经》“龙之为下,得之若惊,失之若惊,是谓龙辱若惊”,通行本《老子》作“宠辱若惊”,郭店楚墓竹简《老子》乙本作“憃辱若缨”,释文“憃”作“宠”,“龙”或为“憃”之省。又考《集韵·钟韵》:“龙,古作竜。”于省吾《双剑誃诸子新证·晏子春秋二》:“竜,即龙之别构。《汗简》亦作竜。”“龙”亦作“龔”。《史记·南越列传》:“封其子广德为龙亢侯。”司马贞《索隐》云:“案:龙亢属谯国。《汉书》作‘龔侯’,服虔音‘邛’,晋灼云:‘古龙字。’”通行本、今帛书本皆作“龙”,然考通行本坤卦上六爻辞“龙战于野”之“龙”,通行本、今帛书本亦皆作“龙”,阜阳汉墓本作“蠪”。《说文·虫部》:“蠪,丁蚁也。从虫龙声。”又《说文·龙部》:“龙,鳞虫之长,能幽能明,能细能巨,能短能长,春分而登天,秋分而潜渊。”此“龙”字下加“虫”,似以龙为“鳞虫之长”为具象,亦即后起之字。由此知作“龙”“蠪”为今文,作“憃”或“竜”“龔”同为古文,子夏、京房、马融、陆绩、虞翻、王肃、姚信、干宝作“龙”是取今文。

“勿”,“勿”通“物”。《庄子·天道》:“中心物恺。”《经典释文》:“物本亦作勿。”《说文·勿部》:“勿,州里所建旗。”段玉裁注:“‘州里’当作‘大夫士’。《周礼·司常》:‘大夫、士建物。’……经传多用物。”郭店楚墓竹简本《尊德义》:“上好是勿也。”又《成之闻之》:“君子不贵庶勿而贵与民又同也。”释文“勿”字皆作“物”。通行本、今帛书本皆作“勿”,然考通行本蒙卦六三爻辞“勿用取女”,上博竹简本亦作“勿用取女”。又通行本井卦上六爻辞“井收勿幕”，上博竹简本作“汬朻勿寞”。由此知作“勿”为古文，作“物”为今文，子夏、马融、陆绩、虞翻、王肃、姚信、干宝作“勿”是取古文。

“用”，“用”通“以”。《诗·大雅·雄雉》：“不忮不求，何用不臧。”《一切经音义》卷七引《仓颉篇》云：“用，以也。”《诗·大雅·板》：“勿以为笑。”《荀子·大略》引作“用以为笑”。王引之《经传释词》：“用、以、为，皆一声之转，故何以谓之何用，何为亦谓之何用。”《仪礼·特牲馈食礼》：“盛两敦，陈于西堂，藉用萑。”郑玄注：“古文用为于。”郑玄以“用”为今文，以“于”为古文，不确。《说文·用部》：“用，可施行也。从卜，从中。卫宏说。𠕎，古文用。”《玉篇·用部》：“用，施行也。𠕎，古文。”《集韵·用韵》：“用，古作𠕎。”司马光《类篇》引《说文》云：“用，古文作用。”《六书正讹》卷四：“用，古镛字，钟也。后人借为施用字。”通行本、今帛书本皆作“用”，然考通行本蒙卦六三爻辞“勿用取女”，上博竹简本亦作“勿用取女”。由此知作“用”“𠕎”同为古文，作“以”为今文，子夏、马融、陆绩、虞翻、王肃、姚信、干宝作“用”是取古文。

又按，考通行本、今帛书本谦卦初六爻辞“用涉大川”，上博竹简本作“甬涉大川”。“甬”通“用”。《礼记·缁衣》引《甫刑》曰：“匪用命，制以刑。”郭店楚墓竹简本《缁衣》作“《吕型》员：‘非甬臸，折以型。’”又郭店楚墓竹简本《成之闻之》：“古之甬民者。”《六德》：“生死之甬。”《性自命出》：“其甬心各异。”其“甬”字，释文皆作“用”，知“甬”亦为“用”之古文。刘大钧认为“甬”字乃“通”字之省，可备一说。

九二，见龙在田，利见大人。

郑玄《周易注》作“见龙在田,利见大人”。

虞翻《周易注》作“见龙在田,利见大人”。

王肃《周易注》作“见龙在田,利见大人”。

向秀《周易义》作“利见大人”。

干宝《周易注》作“见龙在田,利见大人”。

“见”,“见”通“睍”。《庄子·在宥》:“尸居而龙见。”《经典释文》:“见,向音见,崔音睍。”“见”亦通“现”。上博竹简本《性情论》:“及丌见于外,则勿取之。”释文“见”作“现”。《仪礼·士相见礼》:“固辞不得命将走见。”郑玄注:“古文曰:‘某将走见。’”通行本、阜阳汉墓本、今帛书本皆作“见”,然考通行本蒙卦六三爻辞“见金夫”,上博竹简本亦作“见金夫”。由郑玄注和上博竹简本,知作“见”为古文,作“现”为今文,郑玄、虞翻、王肃、向秀、干宝作“见”是取古文。

“龙”,郑玄、虞翻、王肃、干宝作“龙”,作“龙”是取今文。参见本卦初九爻辞辨。

“在”,“在”通“才”。《尚书·益稷》:“欲闻六律五声八音在治忽。”《汉书·律历志》引作“欲闻六律五声八音七始咏”,“七”当作“才”,形近而讹。《说文·土部》:“在,存也。从土,才声。”通行本《老子》第三十二章:“譬道之在天下。”郭店楚墓竹简《老子》甲本作“卑道之才天下也。”又睡虎地秦墓竹简本《秦律·仓律》:“廥才都邑。”郭店楚墓竹简本《成之闻之》:“其所才者内矣。”两“才”字,释文皆作“在”。“才”即“哉”之古文。《尔雅·释诂》:“哉,始也。”邢昺疏:“哉者,古文作才。”《集韵·咍韵》:“哉,古作才。”又考《保卣》铭文镌有“才二月既望”字样,“才”即“在”。通行本、今帛书本皆作“在”,然考通行本师卦九二爻辞“在师中”,上博竹简本作“才帀审”。由此知作“在”为今文，作“才”为古文，郑玄、虞翻、王肃、干宝作“在”是取今文。

“田”，“田”通“畋”。《尚书·无逸》：“文王不敢盘于游田。”《经典释文》释“畋”云：“畋，音田。”又释“田”云：“田，本或作畋。”范祖禹《唐鉴·宪宗》“游田”引作“游畋”。考《尚书·大禹谟》：“往于田。”孔传：“田或作畋。”《文选·赠秀才入军五首》李善注：“《西京赋》曰：‘盘于游畋。’”通行本、今帛书本皆作“田”，然考通行本师卦六五爻辞“田有禽”、恒卦九四爻辞“田无禽”，解卦九二爻辞“田获三狐”，其三“田”字，上博竹简本亦皆作“畋”。由此知作“畋”为古文，作“田”为今文，郑玄、虞翻、王肃、干宝作“田”是取今文。

“利”，郑玄、虞翻、王肃、向秀、干宝作“利”，作“利”是取古文。参见乾卦卦辞辨。

“大”，“大”通“泰”。《说文·大部》：“大，天大、地大、人亦大，故大象人形。古文大也。”又《水部》：“夳，古文泰。”《集韵·夳韵》：“夳，一曰大也，通也。亦作大、泰。”古代“大”“太”“泰”古音同属夳韵，可以互借。江沅《说文释例》卷上：“古只作大，不作太。《易》之‘大极’，《春秋》之‘大子’‘大上’，《尚书》之‘大誓’‘大王王季’，《史》《汉》之‘大上王’‘大后’后人皆读为太。或径改本书作‘太’及‘泰’，由浅人以大为不足尽之，因创说太尊于大。”考《仪礼·聘礼》：“明日问大夫。”郑玄注：“古文‘日问大夫也’。”通行本、今帛书本皆作“大”，然考通行本需卦卦辞“利涉大川”，讼卦卦辞“利用见大人”，其二“大”字，上博竹简本亦皆作“大”。又考《宣和博古图》卷二《周穆公鼎》铭文镌有“弘大”二字。由此知作“大”为古文，作“太”“泰”为今文，郑玄、虞翻、王肃、向秀、干宝作“大”是取古文。

“人”，“人”通“民”。《尚书·无逸》：“怀保小民。”《隶释·

石经尚书残碑·无逸》作“怀保小人”。《春秋左氏传》襄公三十一年:“姜伯曰:‘人生几何。’”《汉书·五行志中之上》引作“孝伯曰:‘民生几何。’”《集韵·真韵》:“人,古作冂,唐武后作𤯔。”通行本、今帛书本皆作“人”,然考通行本讼卦卦辞“利用见大人”,上博竹简本亦作“利用见大人”。由此知作“人”“冂”同为古文,郑玄、虞翻、王肃、向秀、干宝作“人”是取古文。

九三,君子终日乾乾,夕惕若厉,无咎。

孟喜《周易章句》作“夕惕若夤”。

荀爽《周易注》作“君子终日乾乾,夕惕若厉,无咎”。

郑玄《周易注》作“君子终日乾乾,夕惕若厉,无咎”。

虞翻《周易注》作“君子终日乾乾,夕惕若厉,无咎”。

干宝《周易注》作“君子终日乾乾,夕惕若厉,无咎”。

“君”,“君”通“尹”。《春秋左氏传》隐公三年:“君氏卒。”《春秋公羊传》《春秋穀梁传》“君”字皆作“尹”。《说文·口部》:“君,尊也。从尹,发号,故从口。䇎,古文,象君坐形。”《集韵·文韵》:“君,古作䇎。”《字汇补·口部》:“䇎,古文君字。”通行本、今帛书本皆作“君”,知作“君”为今文,作“䇎”为古文。然考通行本遯卦九四爻辞“君子吉”,上博竹简本亦作“君子吉”。由此知作“君”“䇎”同为古文,荀爽、郑玄、虞翻、干宝作“君”是取古文。

“子”,“子”通“兹”。《春秋公羊传》桓公十六年:“属负兹。”《礼记·曲礼下》《正义》引《白虎通》云:“诸侯曰负子。盖子兹声相近。”惠栋《九经古义》卷四《尚书古义》云:“负子即不兹也。”《说文·子部》:“子,十一月昜气动,万物滋,人以为偁。象形。𢀈,古文子。”通行本、今帛书本皆作“子”,证之汉石经

《周易》革卦“君子”，知作“子”为今文。然考通行本遯卦九四爻辞“君子吉”，上博竹简本亦作“君子吉”。又考《博古宣和图》卷三《周师秦宫鼎》铭文镌有“天子丕显”四字。由此知作“子”“学”同为古文，荀爽、郑玄、虞翻、干宝作“子”是取古文。

“终”，“终”通“冬”。刘熙《释名·释天》：“冬，终也，物终成也。”马王堆汉墓帛书《老子》乙本卷前古佚书《称》：“诰诰作事，毋从我冬始。”“冬始”即“终始”。《说文·仌部》：“冬，四时尽也。从仌，从夂。夂，古文终字。㫕，古文冬从日。”又《糸部》“终”字段玉裁注：“俗分别冬为四时尽，终为极也、穷也、竟也，乃使冬失其义，终失其本义矣。有夂而后有㫕、冬，而后有终，此造字之先后也。其音义则先有终之古文也。”考《玉篇·糸部》：“终，极也，穷也，死也。宍，古文。”又《日部》：“㫕，古文冬。”通行本、今帛书本皆作“终”，知作“终”“冬”同为今文。然考通行本、今帛书本、汉石经《周易》睽卦六三爻辞“无初有终”，上博竹简本作“亡初又冬”。由此知作“终”为今文，作“冬”“夂”“㫕”同为古文，荀爽、郑玄、虞翻、干宝作“终”是取今文。

“日”，“日”通“实”。《春秋左氏传》昭公二十四年：“今王室实蠢蠢焉。”《说文·心部》“惷”字下引作“王室日蠢蠢焉。”《玉篇·口部》：“囸，古文日字。”《字汇补·口部》：“囸，古文日字。见《同文铎》。”通行本、今帛书本皆作“日”，然考通行本蛊卦卦辞“先甲三日，后甲三日”，上博竹简本作“选甲晶日，逡甲晶日”。由此知作“日”“囸”同为古文，荀爽、郑玄、虞翻、干宝作“日”是取古文。

“乾”，荀爽、郑玄、虞翻、干宝作“乾”，作“乾”是取今文。参见本卦卦辞辨。

“夕”，“夕”通“昔”。《庄子·天运》：“通昔不寐。”《埤雅》

卷十一引作"通夕不寐。""夕"亦通"亦"。《史记·管蔡世家》:"桓公卒,子庄公夕姑立。"司马贞《索隐》:"夕音亦,即射姑也。同音亦。"《汉书·古今人表》"夕姑"作"亦姑"。通行本、今帛书本皆作"夕"。于省吾《甲骨文字释林·释夕》:"近年来马王堆一号汉墓出土之竹简,有'昔兔一笥'和'羊昔一笥'之记载。……甲骨文言'夕',典籍通作'昔'或'腊'。甲骨文言'夕羊''夕豕',多作动词用,谓杀羊豕而干其肉,以腊脯为祭品也。"由此知作"夕"为古文,孟喜、荀爽、郑玄、虞翻、干宝作"夕"是取古文。

"惕","惕"通"愁"。《汉书·王商传》:"卒无怵愁忧。"颜师古注:"愁,古惕字。"《说文·心部》:"惕,敬也。愁,或从狄。"《玉篇·心部》:"愁,《说文》与惕同。"郭忠恕《汗简·心部》释"惕"字古文作"愁",其《汗简·骨部》释"鶻"为"惕"之古文,谓出自古《周易》。《集韵·锡韵》:"惕,愁,古书作悬。"吕祖谦《古易音训》:"晁氏曰:'案,古文作易。'"吴玉搢《别雅》卷五谓:"怵愁,怵惕也。"通行本作"惕",今帛书本作"沂",刘大钧、张立文隶定为"泥",于豪亮、廖名春隶定为"沂",知"惕""沂""泥"三字皆因古音相近,可以通假。然考通行本小畜卦六四爻辞"惕出"之"惕",今帛书本作"汤"。再考通行本涣卦上九爻辞"逖出"之"逖",今帛书本亦作"汤",上博竹简本作"易",则"惕""汤""易"皆从"易"得声,可以互借。今本《礼记·缁衣》"惟尹躬及汤"之"汤",郭店楚墓竹简本《缁衣》亦作"汤"。又《说文·辵部》:"逷,古文逖。"《玉篇·辵部》:"逖,远也。逷,古文。"由此知作"惕""沂""泥"皆为今文,作"逷""悬""易""汤"同为古文,孟喜、荀爽、郑玄、虞翻、干宝作"惕"是取今文。

"若","若"通"诺"。《说文·言部》:"诺,从言,若声。"刘心源《奇觚室吉金文述》:“若即诺之古文。既从口又从言,于义为赘,知诺为后出字也。”商承祚《殷虚文字类编》:“案,卜辞诸若字象人举手而跽足,乃象诺时巽顺之状,古诺与若为一字,故若字训为顺。古金文若字与此略同。”通行本、今帛书本皆作“若”,“若”亦通“如”。《尚书·微子》:“若之何其。”《史记·宋微子世家》引《尚书》作“如之何其”。考《仪礼·有司彻》:“若是以辩。”郑玄注:“今文若为如。”又考通行本离卦六五爻辞“出涕沱若”,《经典释文》:“古文若皆如此。”若依郑玄注、《经典释文》,知作“若”为古文,作“如”为今文,孟喜、荀爽、郑玄、虞翻、干宝作“若”是取古文。

“厉”,“厉”通“夤”。《说文·夕部》:“夤,敬惕也。《易》曰:‘夕惕若夤。’”又《骨部》:“髆,从骨,易声。读如《易》曰:夕惕若厉。”是“夤”“厉”两字在汉代可以通用。段玉裁注云:“凡汉人引《周易》‘夕惕若厉’,不暇枚举,此引者说夤从夕之意也。学者不憭,往往误会,于是改厉为夤。”考《汉书·王莽传》引《易》作“夕惕若厉”,《后汉书·谢夷吾传》引《易》亦作“夕惕若厉”,是其明证。《汉书·叙传下》:“中宗明明,夤用弄名。”颜师古注引邓展曰:“夤,敬也。”朱彝尊《经义考》“孟氏周易灾异”条认为《说文》所引孟氏《易》,其与今文异者如“夕惕若厉”作“夕惕夤”。《玉篇·夕部》:“夤,进也,大也,又惕也。𡖟,籀文。”“厉”又通“砺”。《汉书·邹阳传》:“底砺名号。”《汉书·萧望之传》:“底厉锋锷。”方以智《通雅》卷七《释诂》:“底厉即砥砺。”考《诗·大雅·公刘》:“取厉取锻。”《经典释文》:“厉,又本作砺。”再考郭店楚墓竹简本《性自命出》:“或交之,或万之……万告者,宜也。”其二“万”字,释文皆作“厉”。通行本、今帛书本皆作“厉”,然考通行本蛊卦初六爻辞“厉终吉”,上博竹简本作“礪冬吉”。又通行本睽卦九四爻辞“厉无咎”，上博竹简本作“亡咎”，“万”或为“礪”之省。由此知作“厉”“蚃”皆为今文，作“万”“礪”同为古文，孟喜作“蚃”，荀爽、郑玄、虞翻、干宝作“厉”是取今文。

“无”，“无”通“無”。《经典释文》云：“《易》内皆作此字，《说文》云奇字無也，通于无（今本《说文》作元）者，虚无道也。王述（今本《说文》作育）说天屈西北为无。”《说文·亡部》：“無，亡也。无，奇字無。”奇字为汉代王莽时期的六体书之一，大抵根据原古文加以改变而成，泛指古文字。《经典释文》既定“无”为“無”的奇字，亦指“無”为今文，“无”为古文。《仪礼·士相见礼》：“夙夜毋违命。”郑玄注：“古文毋作无。”《玉篇·林部》：“橆，今作無，为有无字。”《淮南子·人间训》引《易》作“無咎”，是其明证。今帛书本亦作“无”，也有作“橆”者。如损卦卦辞“无咎”即作“橆咎”。汉代每每借“亡”为“无”。《汉书·五行志下之上》引《乾》上九《文言》“亢龙有悔，贵而亡位，高而亡民，贤人在下位而亡辅”，其三“亡”字，通行本《文言》皆作“无”字。《玉篇·无部》：“旡，古文无。”考通行本凡卦爻辞作“无咎”者，上博竹简本皆作“亡咎”。如通行本蛊卦初六爻辞“无咎”，上博竹简本作“亡咎”。由此知作“無”“橆”同为今文，作“旡”“亡”“无”同为古文，荀爽、郑玄、虞翻、干宝作“无”是取古文。

“咎”，“咎”通“舅”。《荀子·臣道》：“齐之管仲，晋之咎犯，楚之孙叔敖，可谓功臣矣。”杨倞注：“咎，与舅同，晋文公之舅狐偃，犯其字也。”《穆天子传》卷五：“咎氏宴饮，毋有礼。”郭璞注：“咎，犹舅也。”《通志·以名为氏》：“咎氏，即舅氏。舅犯，《左传》作咎犯。”考《仪礼·士昏礼》：“舅即席，质明赞见妇于舅姑。”郑玄注：“古文舅皆作咎。”证之通行本、今帛书本凡卦爻辞作“咎”者，上博竹简本亦皆作“咎”。由此知作“咎”为古文，作“舅”为今文，荀爽、郑玄、虞翻、干宝作“咎”是取古文。

九四，或跃在渊，无咎。

荀爽《周易注》作“或跃在渊，无咎”。

干宝《周易注》作“或跃在渊，无咎”。

“或”，“或”通“域”。《说文·戈部》：“或，邦也。域，或又从土。”段玉裁注：“盖或、国，在周时为古今字。古文只有或字。”吴大澂《说文古籀补》：“或，古国字，从戈守口，象城有外垣。”考《宣和博古图》卷二所载《周宫中鼎》铭文“光相南国”、《周穆公鼎》铭文“南国”“东国”等“国”字皆作“南或”“东或”。“或”亦通“惑”。《墨子·明鬼》：“请惑闻之见之。”孙诒让《墨子间诂》：“惑，与或通。”阮元《周易注疏校勘记·乾卦》：“古本或作惑，注及《象》《文言》同。”阮说不确。考《玉篇·广部》：“㦰，古或字。”又《田部》：“畛，古文域。邦也。”通行本、今帛书本皆作“或”，然考通行本凡卦爻辞作“或”者，上博竹简本亦皆作“或”。如通行本讼卦上九爻辞“或锡之鞶带”，上博竹简本作“或赐緍缔”。通行本师卦六三爻辞“师或与尸”，上博竹简本作“帀或舉殍”等。由此知作“或”“畛”“㦰”同为古文，作“域”为今文，荀爽、干宝作“或”是取古文。

“跃”，“跃”通“趯”。《说文·走部》：“趯，跃也。”《汉书·李寻传》：“涌趯邪阴，湛溺太阳。”颜师古注：“趯字与跃同。”《后汉书·班彪传附班固》：“南趯朱垠。”李贤注：“趯，跃也。”通行本作“跃”，今帛书本作“鱕”，“鱕”“趯”“跃”皆从翟声，可以互借。由此知作“跃”“鱕”同为今文，荀爽、干宝作“跃”是取今文。

又按,“鱲”字未见《说文》《玉篇》。“跃”“鱲”在经文中都为动词,为跳跃之意。今帛书本作“鱲”字,或为汉初已有此字,意为鱼跃之意,后或为“跃”字所取代,故今亦不传。如以此比喻鱼、龙之跃,则“鱲”字较通行本之“跃”似更为具象。

“在”,荀爽、干宝作“在”,作“在”是取今文。参见本卦九二爻辞辨。

“渊”,“渊”通“𣶒”。《说文·水部》:“渊,回水也。𣶒,渊或省水。囦,古文从口、水。”《元包经·太阴·复》:“气蠢于莫,物萌于囦。”李江注:“囦,古渊字。”《玉篇·水部》:“渊,深也。囦,古文。”又《口部》:“囦,古文渊。”《集韵·先韵》:“渊,古作𣶒、囦。”通行本、今帛书本皆作“渊”。由此知作“渊”为今文,作“囦”“𣶒”同为古文,荀爽、干宝作“渊”是取今文。

“无”,荀爽、干宝作“无”,作“无”是取古文。参见本卦九三爻辞辨。

“咎”,荀爽、干宝作“咎”,作“咎”是取古文。参见本卦九三爻辞辨。

九五,飞龙在天,利见大人。

郑玄《周易注》作“飞龙在天,利见大人”。

虞翻《周易注》作“飞龙在天,利见大人”。

干宝《周易注》作“飞龙在天,利见大人”。

“飞”,“飞”通“蜚”。《孟子·滕文公下》“驱飞廉于海隅而戮之”之“飞廉”,《史记·秦本纪》引作“蜚廉”。《史记·孝武本纪》:“《乾》称蜚龙。”《汉书·效祀志》作“《乾》称飞龙”。“飞”又通“非”。《隶释·稿长蔡湛颂》:“飞陶唐氏。”《隶释·梁相孔耽神祠碑》:“授之性,飞其学也。”二“飞”字,洪适均注:

"飞为非。"《史记》《汉书》皆作"蜚",《隶释》作"非",通行本小过卦"飞鸟以凶",阜阳汉墓本作"非鸟以凶",是其明证。通行本作"飞",今帛书本作"罪"或"翡"字,皆从"非"而可以假借为"飞"。《汉书·王莽传》:"夏,蝗从东方来,蜚蔽天。"《汉书·宣帝纪》:"蜚览翱翔。"《汉书·成帝纪》:"雉蜚集于庭。"其三"蜚"字,颜师古皆注:"蜚,古飞字。"《广韵·微韵》:"飞,古通用蜚。"段玉裁《说文解字注·虫部》:"蜚,古书多假为飞字。"《玉篇·羽部》:"猅,古文飞字。"若依《玉篇》、颜师古注,知作"猅""蜚"同为古文,作"飞"为今文。然考通行本小过卦上六爻辞"飞鸟离之",上博竹简本作"飞鸟罗之"。由此知作"飞""蜚""猅"同为古文,作"非"为今文,郑玄、虞翻、干宝作"飞"是取古文。

"龙",郑玄、虞翻、干宝作"龙",作"龙"是取今文。参见本卦九二爻辞辨。

"在",郑玄、虞翻、干宝作"在",作"在"是取今文。参见本卦九二爻辞辨。

"天","天"通"身"。《汉书·西南夷两粤朝鲜传》:"从东南身毒国。""身毒",颜师古注:"即天竺也。"通行本、今帛书本皆作"天",古文天字本象人形。《说文·一部》:"天,颠也。至高无上,从一、大。"王国维《观堂集林》:"古文天字本象人形。"《玉篇·一部》:"天,兲、兲并古文。"《改并四声篇海·八部》引《并了部头》:"兲,古文天字。"据此作"天"当为今文。然考《宣和博古图》卷二《周穆公鼎》铭文所镌"天降"二字。由此知作"天""兲""兲""兲"同为古文,郑玄、虞翻、干宝作"天"是取古文。

"利",郑玄、虞翻、干宝作"利",作"利"是取古文。参见本卦九二爻辞辨。

“见”，郑玄、虞翻、干宝作“见”，作“见”是取古文。参见本卦九二爻辞辨。

“大”，郑玄、虞翻、干宝作“大”，作“大”是取古文。参见本卦九二爻辞辨。

“人”，郑玄、虞翻、干宝作“人”，作“人”是取古文。参见本卦九二爻辞辨。

上九，亢龙有悔。

子夏《易传》作“亢龙有悔”。

孟喜《周易章句》作“忼龙有悔”。

荀爽《周易注》作“亢龙有悔”。

郑玄《周易注》作“亢龙有悔”。

陆绩《周易述》作“亢龙有悔”。

王肃《周易注》作“亢龙有悔”。

干宝《周易注》作“亢龙有悔”。

“上九”之“上”，“上”同“尚”。《墨子·大取》：“爱尚世与后世，一若今之世人。”孙诒让《墨子间诂》：“王云：‘尚与上同。’”朱骏声《说文通训定声·壮部》：“尚，假借为上。”《说文·一部》：“丄，高也。此古文上，指事也。”段玉裁改作“二”，并注云：“古文上作二，故帝下、旁下、示下皆云‘从古文上’。要以证古文本作二。篆作丄，各本误以丄为古文。”段说是。考《仪礼·觐礼》：“置于宫，尚左。”郑玄注：“古文尚作上。”《仪礼·乡射礼》：“上握焉。”郑玄注：“今文上作尚。”通行本作“上九”，今帛书本凡“上九”字皆作“尚九”，然考上博竹简本亦皆作“上九”，与郑玄注合。由此知作“上”为古文，作“尚”字为今文，子夏、孟喜、荀爽、郑玄、陆绩、王肃、干宝作“上九”是取古文。

“亢”，“亢”通“忼”。《说文·心部》“忼”字下引《易》作“忼龙有悔”。段玉裁注：“忼龙，则借忼为亢。是今《易》作亢为正字；许所据孟氏《易》作‘忼’，假借字也。”检《九经字样》《汗简》“亢”字皆释作“忼”。汉石经《周易》亦引作“亢”，是其明证。“亢”亦通“炕”。《史记·范睢蔡泽列传》蔡泽曰：“《易》曰‘亢龙有悔’，此言上而不能下，信而不能诎，往而不能自返者也。愿君孰计之！”《汉书·王莽传赞》：“皆炕龙绝气。”服虔注：“《易》曰‘亢龙有悔’，谓无德而居高位也。”通行本作“亢”，今帛书本作“抗”，《易之义》作“炕”，《二三子》作“杭”，“抗”“炕”“杭”“忼”“亢”皆从亢声，可以互借。《周礼·考工记·梓人》：“故抗而射女。”《大戴礼·投壶》作“故亢而射女”。又《史记·秦始皇本纪》：“适戍之众，非抗于九国之师。”《汉书·陈胜传》作“适戍之众，不亢于九国之师。”考《六书故》卷十三、十四释“忼”“抗”二字皆云：“古单作亢。”《康熙字典》：“抗，古文亢。”由此知作“亢”为古文，作“忼”“抗”同为今文，孟喜作“忼”是取今文，子夏、荀爽、郑玄、陆绩、王肃、干宝皆作“亢”是取古文。

“龙”，子夏、孟喜、荀爽、郑玄、陆绩、王肃、干宝作“龙”，作“龙”是取今文。参见本卦初九爻辞辨。

“有”，“有”通“又”。《史记·淮阴侯列传》：“少年有侮信者。”《汉书·韩信传》引作“淮阴少年又侮信”。《诗·邶风·终风》：“终风且曀，不日有曀。”郑玄笺：“有，又也。”《仪礼·乡射礼》：“唯君有射于国中。”郑玄注云：“古文有作又。”《集韵·有韵》：“有，古作ナ。”吕祖谦《古易音训》：“晁氏曰：‘案，又古文有字，今文当作有。’”通行本、今帛书本皆作“有”，然考上博竹简本凡“有”字皆作“又”。如通行本萃卦初六爻辞“有孚”，上博竹简本作“又孚”，与郑玄注合。由此知作“有”为今文，作“又”

“𠂇”同为古文，子夏、孟喜、荀爽、郑玄、陆绩、王肃、干宝作“有”是取今文。

“悔”，“悔”通“𠧪”。《尚书·洪范》：“曰悔。”《说文·卜部》：“𠧪，《易》卦之上体也。《商书》：‘曰贞，曰𠧪。’从卜，每声。”又《言部》：“谋，从言，某声。𢘓亦古文。”段玉裁注：“每声与某声同在一部。”故“悔”与“𢘓”声近可以互借。《仪礼·聘礼》：“贿在聘于贿。”郑玄注：“古文贿皆作悔。”郑玄以“悔”为古文，“贿”为今文，不确。《玉篇·卜部》：“外卦曰𠧪，内卦曰贞，今作悔。”考郭店楚墓竹简本《语丛四》：“君又㤎臣。”“㤎”即“𢘓”，释文“㤎”作“谋”。《集韵·尤韵》：“谋，或作𢘓。”《仪礼·士冠礼》：“某有子某，将加布于其首。”郑玄注：“古文某为谋。”朱骏声《说文通训定声·颐部》释𠧪谓“今《洪范》作悔，卫包所改经传皆以悔为之”。通行本作“悔”，阜阳汉简作“𠧪”，今帛书本、上博竹简本皆作“𢘓”。由此知作“𠧪”“𢘓”同为古文，作“悔”为今文，子夏、孟喜、荀爽、郑玄、陆绩、虞翻、干宝作“悔”是取今文。

用九，见群龙无首，吉。

郑玄《周易注》作“见羣龙无首，吉”。

陆绩《周易述》作“见羣龙无首，吉”。

“见”，郑玄、陆绩作“见”，作“见”是取古文。参见本卦九五爻辞辨。

“群”，“羣”同“诸”。《春秋左氏传》哀公五年：“置羣公子于莱。”《经典释文》：“羣，或作诸。”考《说文》、《隶释·绎山碑》、《隶释·杨震碑》、马王堆汉墓帛书《老子》乙本等“诸”字皆作“羣”，《五经文字·羊部》：“羣，俗作群。”《集韵·文韵》：

“羣,或书作群。”通行本、今帛书本皆作“羣”,然考通行本涣卦六四爻辞“涣其羣”之“羣”,上博竹简本亦作“羣”。由此知作“羣”为古文,郑玄、陆绩作“羣”是取古文。

“龙”,郑玄、陆绩作“龙”,作“龙”是取古文。参见乾卦初九爻辞辨。

“无”,郑玄、陆绩作“无”,作“无”是取今文。参见乾卦九三爻辞辨。

“首”,“首”通“手”。《春秋左氏传》襄公二十五年:“授手于我。”《孔子家语·正论解》引作“授首于我”。又《春秋左氏传》成公二年:“曹公子首。”《春秋公羊传》《春秋穀梁传》均作“曹公子手”。《说文·首部》:“首,百同。古文百也。”《玉篇·𦣻部》:“𦣻,《说文》与首同。古文首也。首,今文。”商承祚《说文中之古文考》云:“百者篆文,百者古文。曷以古篆别出为部首?以各有隶之字故也。其字从古文者多,篆文者少,又肖其形,遂篆废而古文行矣。”考《仪礼·大射仪》:“相者皆左何瑟后首。”郑玄注:“古文后首为后手。”又《仪礼·士丧礼》:“左首进鬐。”郑玄注:“古文首为手。”通行本、今帛书本皆作“首”。若以郑玄注,知作“首”为今文,作“手”“百”同为古文,然考通行本既济卦上六爻辞“濡其首”,上博竹简本作“濡丌首”。由此知作“首”亦为古文,郑玄注不确,郑玄、陆绩作“首”是取古文。

“吉”,“吉”通“姞”。《诗·小雅·都人士》:“彼君子女,谓之尹吉。”郑玄笺:“吉读为姞。”《说文·口部》:“吉,善也。从士、口。”通行本、今帛书本皆作“吉”,然考通行本需卦六五爻辞“贞吉”,上博竹简本亦作“贞吉”。由此知作“吉”为古文,郑玄、陆绩作“吉”是取古文。

坤䷁

坤，元亨，利牝马之贞。君子有攸往，先迷后得主，利。西南得朋，东北丧朋。安贞吉。初六，履霜，坚冰至。六二，直方大，不习无不利。六三，含章可贞，或从王事，无成，有终。六四，括囊，无咎无誉。六五，黄裳，元吉。上六，龙战于野，其血玄黄。用六，利永贞。

坤，元亨，利牝马之贞。君子有攸往，先迷后得主，利。西南得朋，东北丧朋。安贞吉。

京房《周易章句》作“东北亡朋”。

荀爽《周易注》作“西南得朋，东北亡朋”。

虞翻《周易注》作“坤，元亨，利牝马之贞”。

王肃《周易注》作“西南得朋，东北亡朋”。

干宝《周易注》作“坤，元亨，利牝马之贞”。

九家《周易集注》作“坤，元亨，利牝马之贞。君子有攸往，先迷，后得主利”。

“坤”，“坤”通“巛”“川”。《经典释文》释“坤”云：“本又作巛。巛，今字也。”扬雄《太玄·难》：“大车川川。”司马光《集注》：“宋、陆、王本‘川川’作‘巛巛’。吴曰：‘巛，古川字。’”《龙龛手鉴·巛部》：“巛，古文，音坤。乹(乾)巛。”《篇海类编·地理类·巛部》:“巛,同坤,象六断也。连者,古川字。”此说不确。李富孙《易经异文释》考证云:“案,巛字《说文》不录,《隶释·华山庙碑》‘乾巛定位’如此作,则为隶体,《大戴礼记·保傅》坤字作巛。”案,考《隶释》诸碑,凡“坤”字,多作“川”字。如《孟郁修尧庙碑》“乾川见征”、《成阳灵台碑》“乾川之象”、《三公山碑》“分气建立乾川,乾为物父,川为物母,运生六子”等,故洪适考证云:“其中乾川与颍川字相类。虽《家语》有乾川犹天渊也,然隶书未尝有坤字,此乃乾坤尔。”洪适以“川”字为今文,以“坤”字为古文。通行本作“坤”,今帛书本作“川”,是其明证。然考《孔子家语·执辔》:“此乾巛之美也。”王肃注:“乾天巛地。”此“巛”显即“坤”字。王引之《经义述闻·周易上》于“巛”字下云:“坤、顺、川声并相近,故借川为坤。川篆文作巛,故隶亦作巛。”至确。然王氏又云:“王肃注曰:‘巛,古坤字。’”不知何据?或因《玉篇·巛部》曾云:“巛,古为坤字。”又《异部》:“奥,古文坤。”其实,古文“川”字与“巛”字经常混用。如郭店楚墓竹简本《唐虞之道》:“效民大巛之道也。”郭店楚墓竹简本《成之闻之》:“以川天德。”上博竹简本《缁衣》:“四或川之。”郭店楚墓竹简本《尊德义》:“不巛不坪。”证之通行本需卦卦辞、讼卦卦辞“利涉大川”,上博竹简本亦作“利涉大川”。由此知作“坤”“巛”“川”同为古文,虞翻、干宝、九家作“坤”是取古文。

“元”,虞翻、干宝、九家作“元”,作“元”是取古文。参见乾卦卦辞辨。

“亨”,虞翻、干宝、九家作“亨”,作“亨”是取今文。参见乾卦卦辞辨。

“利”,虞翻、干宝、九家作“利”,作“利”是取古文。参见乾卦卦辞辨。

“牝”,“牝”通“匕”。《说文 · 牛部》:“牝,畜母也。从牛,匕声。《易》曰:‘畜牝牛吉。’”《集韵 · 准韵》:“牝,《说文》:‘畜母也。’古作匕。”《仪礼 · 士丧礼》:“乃朼载。”《仪礼 · 少牢馈食礼》:“长朼。”郑玄均注:“古文朼为匕。”胡承珙《仪礼古今文疏义》:“郑君固知匕、朼同字,但今文有作朼者,故时或仍之。”通行本、今帛书本皆作“牝”。若依郑玄注,知作“牝”为今文,作“匕”为古文,虞翻、干宝、九家作“牝”是取今文。

“马”,“马”通“猛”。《荀子 · 尧问》:“莱不用子马而齐并之。”《说苑 · 正谏》引作“莱不用子猛而齐并之”。《说文 · 马部》:“马,怒也;武也。象马头髦尾四足之形。影,古文。𢒠,籀文马,与影同。”《玉篇 · 马部》:“影,籀文;影古文。”《集韵 · 马韵》:“马,古作𢒠。”《类篇 · 马部》:“马,古作𢒠。”通行本、今帛书本皆作“马”。由此知作“马”为今文,作“影”或“𢒠”为古文。然考通行本涣卦初六爻辞“拯马”,上博竹简本亦作“拯马”。由此知作“马”“影”同为古文,虞翻、干宝、九家作“马”是取古文。

“之”,“之”通“诸”。《春秋左氏传》僖公四年:“君其问诸水滨。”《史记 · 齐太公世家》引作“昭王之出不复,君其问之水滨。”王引之《经传释词》卷九:“之,犹诸也。诸、之一声之转。”“之”亦通“志”。《战国策 · 赵策一》:“赵国之士闻之。”《史记 · 刺客列传》作“赵国志士闻之”。《墨子 · 天志中》:“子墨子之有天之。”王念孙云:“天之即天志,本篇之名。古志字通作之。”《集韵 · 之韵》:“隶作之,古作㞢。”不确。通行本、今帛书本皆作“之”,考郭店楚墓竹简《老子》甲本:“以正之邦。”又考通行本比卦诸爻辞“比之”字,上博竹简本亦皆作“比之”。由此知作“之”“㞢”同为古文,虞翻、干宝、九家作“之”是取古文。

“贞”,虞翻、干宝、九家作“贞”,作“贞”是取古文。参见乾卦卦辞辨。

“君”，九家作“君”，作“君”是取古文。参见乾卦九三爻辞辨。

“子”，九家作“子”，作“子”是取古文。参见乾卦九三爻辞辨。

“有”，九家作“有”，作“有”是取今文。参见乾卦上九爻辞辨。

“攸”，“攸”同“逌”。《尚书·禹贡》：“沣水攸同。”《汉书·地理志》引作“酆水逌同”。又《汉书·叙传》“主人逌尔”“吊于逌吉”“历算逌出”“九畴逌叙”等“逌”字，颜师古皆注“逌”为古文“攸”字。《说文·乃部》：“卤，气行皃。”段玉裁注：“隶作逌。”则“卤”为“逌”之古文。又《集韵·尤韵》：“攸，古作汈。”通行本、今帛书本皆作“攸”，然考通行本蒙卦六三爻辞“无攸往”、无妄卦卦辞“有攸往”、颐卦六三爻辞“无攸利”、恒卦初六爻辞“无攸利”、遯卦初六爻辞“有攸往”等诸“攸”字，上博竹简本“攸”字皆作“卣”字。由此知作“攸”为今文，作“卣”“卤”“汈”同为古文。然再考通行本颐卦六四爻辞“其欲逐逐”，上博竹简本“逐逐”作“攸攸”，证之上博竹简本《性情论》：“攸然以思。”郭店楚墓竹简本《六德》：“以攸其身。”又知作“攸”或同为古文，九家作“攸”是取古文。参见颐卦六四爻辞辨。

“往”，“往”通“狂”。《尚书·微子》：“我其发出狂。”《史记·宋世家》引作“我其发出往”。司马贞《索隐》：“往，《尚书》作狂。盖亦今文《尚书》意异尔。”司马贞以“往”为今文，作“狂”为古文，不确。《说文·彳部》：“往，之也。从彳，㞷声。迬，古文从辵。”《玉篇·辵部》：“迬，古文往。”又《彳部》：“往，去也。徃，古文。”《文选·甘泉赋》：“迬迬离宫般以相爔兮。”李善注：“《说文》曰：‘逞，古文往字也。’”《集韵·漾韵》：“徃，隶作往。”通行本、今帛书本皆作“往”，然考上博竹简本“往”字亦作“逞”。由此知作“往”为今文，作“逞”为古文，九家作“往”是取今文。

“先”，“先”通“选”。今本《说文》无“选”字，或作“侁”。《广韵·臻韵》：“侁，往来之皃。”《集韵·臻韵》：“侁，《说文》‘行皃’，或作侁。”通行本、今帛书本皆作“先”，然考通行本蛊卦卦辞“先甲三日”，上博竹简本作“选甲晶日”。证之上博竹简本凡“彳”旁皆作“辵”，故“侁”即“选”字，“先”“侁”“选”皆从先声，可以互借。吕祖谦《古易音训》：“晁氏曰：‘案，先，古文洗字。’”由此知作“先”“选”同为古文，九家作“先”是取古文。

“迷”，“迷”通“弥”。《春秋左氏传》定公六年：“使弥子瑕追之。”《大戴礼记·保傅》作“迷子瑕”。《说文·辵部》：“迷，或也。从辵，米声。”《吕氏春秋·下贤》：“迷乎其志之气远也。”俞樾《诸子平议》：“迷当读为弥，古字通用。”《周礼·春官·眡祲》：“六曰瞢，七曰弥。”郑玄注：“故书弥作迷。”《集韵·支韵》：“弥，古作镾。”通行本、今帛书本皆作“迷”，然考通行本复卦上九爻辞“迷复”，上博竹简本亦作“迷复”。由此知作“迷”“镾”同为古文，作“弥”为今文，九家作“迷”是取古文。

“后”，“后”通“後”。《仪礼·士冠礼》：“古者五十后爵。”今本《礼记·郊特牲》作“古者五十後爵”。《仪礼·乡射仪》：“上射既发，挟弓矢，而后下射射。”郑玄注：“后，後也。当从后。”胡培翚《仪礼正义》考证云：“郑君于《礼经》多从古文。此经古文作後，故郑君辨之，谓古文当作后，不作後也。”《说文·彳部》：“後，迟也。逡，古文後从辵。”《玉篇·辵部》：“逡，古文後。”通行本、今帛书本皆作“后”，然考通行本比卦卦辞“后夫凶”，上博竹简本作“逡夫凶”。由此知作“后”为今文，作“逡”为古文,九家作“后”是取今文。

“得”,“得”通“德”。《史记·项羽本纪》:“吾为若德。”《汉书·项籍传》作“吾为若得”。又《庄子·徐无鬼》:“无藏逆于得。”《经典释文》:“得,司马本作德。”“得”之古文为“㝵”。《说文·彳部》:“得,行有所得也。从彳,㝵声。㝵,古文省彳。”《玉篇·见部》:“㝵,取也。今作㝵。”通行本、今帛书本皆作“得”,然考通行本豫卦九四爻辞“大有得”、随卦六三爻辞“随有求得”,其二“得”字,上博竹简本皆作“旻”。“旻”为“㝵”之省文。罗振玉《增定殷虚书契考释》:“从又持贝,得之意也。或增彳。许书古文从见,殆从贝之讹。”由此知作“得”为今文,作“旻”“㝵”同为古文。然又考《礼记·孔子闲居》:“无服之丧,纯德孔明。”上博竹简本《民之父母》作“亡体之丧,屯得同明”,似作“得”同为古文,荀爽、王肃、九家作“得”是取今文。

“主”,“主”通“斗”。《诗·小雅·大东》:“维北有斗。”《经典释文》:“斗,沈作主。”《周礼·鬯人》:“大丧之大,湄设斗彼。”《经典释文》:“斗,音主。”“主”亦通“宔”。《说文·宀部》:“宔,宗庙宔祏。”段玉裁注:“经典作主,小篆作宔。主者,古文也。”徐锴《说文解字系传》云:“许公为反祏主,本作此,假借主字。”王筠《说文句读》云:“主者,古文假借字也。宔则后起之分别字也。”段、王二说皆不确。《玉篇·宀部》:“宔,今为主。”《玉篇》以“宔”为古文,以“主”为今文。通行本、今帛书本皆作“主”,然考通行本睽卦九二爻辞“遇主于巷”,上博竹简本作“遇宔”。又郭店楚墓竹简本《唐虞之道》:“旮舜□虖弟□□□□□□□□为民宔也。”释文“宔”作“主”。由此知作“主”为今文,作“宔”为古文,九家作“主”是取今文。

“西”,“西”通“先”。《战国策·齐策四》:“毛嫱西施。”《文选·四子讲德论》:“毛嫱先施。”《说文·西部》:“卥,古文西。”《玉篇·西部》:“覀,《说文》西,卥,古文。”《集韵·齐韵》:“西,古作覀。”《仪礼·乡射礼》:“适堂西。”郑玄注:“今文曰适序西。”又《仪礼·公食大夫礼》:“宾立于阶西。”郑玄注:“今文曰西阶。”通行本、今帛书本皆作“西”,知作“西”为今文。然考通行本随卦上六爻辞“王用亨于西山”、既济卦九五爻辞“不如西邻之禴祭”,其二“西”字,上博竹简本亦皆作“西”。由此知作“西”、“卥”同为古文,荀爽、王肃作“西”是取古文。

“南”,“南”通“男”。《春秋左氏传》昭公十三年:“子产云:‘郑伯,男也。’”《国语·周语中》引作“郑伯,南也”。韦昭注:“郑司农云:‘南谓子男。’”《孔子家语·正论解》亦引作“郑伯,南也”。王肃注:“南,左氏作男,古字作南,亦多有作此。”《说文·宀部》:“南,从宀,羊声。䍋,古文。”段玉裁注:“古南、男二字相假借。”《玉篇·宀部》:“南,方名。䍋,古文。”《集韵·覃韵》:“男,古书作畘。”通行本、今帛书本皆作“南”,若依《说文》《玉篇》,知作“南”为今文,作“䍋”为古文。然考通行本蹇卦卦辞“利西南”,解卦卦辞“利西南”,其二“南”字,上博竹简本皆作“南”。由此知作“南”“䍋”同为古文,作“男”为今文,荀爽、王肃作“南”是取古文。

“朋”,通行本、今帛书本皆作“朋”,马王堆汉墓帛书本《易之义》作“崩”,阜阳汉墓本“朋”字又作“倗”,作“朋”“崩”“倗”同为今文,京房、荀爽、王肃作“朋”是取今文。参见复卦卦辞“朋来无咎”辨。

“东”,“东”通“董”。《韩非子·说疑》:“董不识。”《汉书·古今人表》作“东不訾”。考《仪礼·有司彻》:“主人北面于东楹东答拜。”郑玄注:“古文曰东楹之东。”通行本、今帛书本皆作

"东",然证之通行本蹇卦卦辞作"不利东此",上博竹简本亦作"不利东北"。由此知作"东"为古文,京房、荀爽、王肃作"东"是取古文。

"北","北"通"背"。《尉缭子·攻权》:"心疑者背。"银雀山汉墓竹简本《尉缭子·二》作"心疑者北"。《汉书·高帝纪》:"项羽追北。"颜师古注引韦昭曰:"北,古背字也。"考《仪礼·燕礼》:"阼阶下再拜稽首。"郑注:"古文云阼阶下北面再拜。"通行本、今帛书本皆作"北",然考蹇卦卦辞作"不利东此",上博竹简本亦作"不利东北"。由此知作"北"为古文,京房、荀爽、王肃作"北"是取古文。

"丧","丧"通"亡"。京房《周易章句》、荀爽《周易注》、王肃《周易注》于此条爻辞"丧"字皆作"亡",是其明证。《说文·哭部》:"丧,亡也。从哭,从亡,会意。亡亦声。"段玉裁注:"凡丧失字,本皆平声,俗读去声,以别于死丧平声,非古也。"《诗·大雅·皇矣》:"受禄无丧。"毛传:"丧,亡也。"《玉篇·㗊部》:"𠷔,古丧字。"《集韵·唐韵》:"丧,古作𡃂。"又《字汇·口部》:"𠸶,丧本字。从哭,从亡。"通行本作"丧",今帛书本作"亡",知作"丧""亡"同为今文,作"𠸶""𠷔"同为古文。然考通行本井卦卦辞"无丧无得",上博竹简本作"亡丧亡旻"。由此知"丧"或为"𠸶"之别体,亦为"丧"之古文。又证之郭店楚墓竹简本《语丛一》《语丛三》二"丧"字,知作"丧"同为古文。京房、荀爽、王肃作"亡"是取古文。

初六,履霜,坚冰至。

郑玄《周易注》作"履霜,坚冰至"。

干宝《周易注》作"履霜,坚冰至"。

“履”，“履”通“礼”。《经典释文》：“郑读履为礼。”《诗·商颂·长发》：“率履不越。”毛传：“履，礼也。”郑玄笺：“使其民循礼不得逾越。”《韩诗外传》《说苑》《汉书·宣帝纪》引此句皆作“率礼不越”。李富孙《易经异文释》：“案《序卦》曰：‘履者，礼也。’《仲尼燕居》云：‘言而履之，礼也。’《释言》：‘履，礼也。’二字义同，故古通用。”俞樾《群经评议·经一》：“履霜之义，明白无疑，郑读为礼，义不可通。疑郑氏所据本作‘礼霜’，郑注则曰‘礼读为履’。”通行本作“履”，今帛书本作“礼”。考《说文·履部》：“履，足所依也。顮，古文履，从页，从足。”《玉篇·足部》：“顮，古文履。践也；礼也。”《集韵·旨韵》：“履，古作􀀀。”再考《仪礼·士婚礼》：“宾人受如初禮。”《仪礼·聘礼》：“记禮不拜至。”郑玄皆注：“今文禮为醴。”又《仪礼·聘礼》：“禮玉束帛乘皮。”郑玄注：“今文禮皆作醴。”郑玄以“禮”为古文，以“醴”为今文，不确。《说文·示部》：“禮，古文礼。”《玉篇·示部》：“禮，体也，理也。礼，古文。”《集韵·荠韵》：“禮、礼，古作礼。”由此知作“履”“禮”同为今文，作“顮”“􀀀”“礼”同为古文，郑玄、干宝作“履”是取今文。

“霜”，“霜”通“相”。《说文·雨部》：“霜，丧也，成物者也。从雨，相声。”睡虎地秦简《日书》：“毋以戌亥家子，取妇，是谓相。”释文谓：“相读为霜。《说文》：‘霜，丧也。’《白虎通·灾变》：‘霜之言亡也，阳以散亡。’”考《隶释·韩敕造孔庙礼器碑》：“惟永寿二年，青龙在涒叹霜月之灵。”《隶释·司隶杨君石门颂》：“秋载霜稼苗麦。”通行本、今帛书本皆作“霜”。由此知作“霜”为今文，郑玄、干宝作“霜”是取今文。

“坚”，“坚”同“贤”。《东观汉纪》：“阴城公主名贤德。”《后汉书·天文志》作“阴城公主坚得”。“贤”“坚”皆可省作“臤”。

《说文·臤部》:“臤,坚也。古文以为贤字。”《隶释·国三老袁良碑》:“优臤之宠,于斯盛矣。”洪适注:“臤即贤字。”洪适以“臤”为“贤”字古文。《玉篇·贝部》:“贤,能也。臤,古文。”《集韵·先韵》:“贤,古作臤。”通行本、今帛书本皆作“坚”。由此知作“坚”“贤”同为今文,作“臤”为古文,郑玄、干宝作“坚”是取今文。

“冰”,“冰”通“凝”。《尔雅·释器》:“冰,脂也。”《经典释文》:“冰,孙作凝。膏凝曰脂。”《说文·仌部》:“仌,冻也。象水冰之形。冰,水坚也。从仌、从水。凝,俗冰,从疑。”徐曰:“今文作冰。”段玉裁注:“《易·象传》初六:‘履霜,阴始凝也。驯致其道,至坚冰也。’古本当作‘阴始冰也,至坚仌也’。《释器》:‘冰,脂也。’孙本冰作凝。按,此可证《诗》‘肤如凝脂’本作‘冰脂’。以冰代仌,乃别制凝字。经典凡凝字皆冰之变也。”吕祖谦《古易音训》:“晁氏曰:‘案,疑,古文凝字。’”《洪武正韵·庚韵》:“古文冰作仌,凝作冰,后人以冰代仌,以凝代冰。”通行本、今帛书本皆作“冰”。由此知作“冰”为今文,作“仌”为古文,郑玄、干宝作“冰”是取今文。

“至”,“至”通“砥”。《仪礼·聘礼》:“义之至也。”郑玄注:“今文至为砥。”郑玄以“至”为古文,以“砥”为今文。“至”“砥”,因声近可以互借。《说文·至部》:“𡊻,古文至。”《玉篇·至部》:“至,通也,到也。𡊻,古文。”《集韵·至韵》:“至,古作𡊻。”通行本、今帛书本皆作“至”,知作“至”为今文,作“𡊻”为古文。然考通行本需卦六三爻辞“致寇至”,上博竹简本作“至寇至”,知作“至”“𡊻”同为古文,郑玄、干宝作“至”是取古文。参见需卦九三爻辞辨。

六二，直方大，不习无不利。

荀爽《周易注》作“直方大，不习无不利”。

郑玄《周易注》作“直方”。

干宝《周易注》作“直方大，不习无不利”。

“直”，“直”同“特”。《诗·邶风·柏舟》：“实维我特。”《韩诗》引作“实维我直”。惠栋《九经古义》卷五云：“高诱注《吕览》云：‘特犹直也。’栋案，直犹犆也。《繁阳令杨君碑》以犆为特，故《韩诗》作直，义得通也。”《春秋穀梁传》隐公十一年：“犆言，同时也。”《经典释文》：“犆，本亦作特。”《礼记·玉藻》：“虎犆。”郑玄注：“犆，读如直道而行之直。”是犆与特同，又可读为直。考《说文·乚部》：“直，正见也。㮵，古文直。”《玉篇·木部》：“𣚢，古直字。”《集韵·职韵》：“直，古作㮵。”通行本、今帛书本皆作“直”。由此知作“直”为今文，作“𣚢”“㮵”同为古文，荀爽、郑玄、干宝作“直”是取今文。

“方”，“方”通“旁”。《尚书·皋陶谟》：“方施象形。”《白虎通·圣人》引作“旁施象形”。《墨子·天志上》：“方施天下。”孙诒让《墨子间诂》云：“方、旁古通。”考《仪礼·士丧礼》：“牢中旁寸。”郑玄注：“今文旁为方。”郑玄以“方”为今文，以“旁”为古文。惠士奇《礼说·地官一》：“《吕刑》‘旁告’，旁作方，盖古文也。”与郑玄注异。《玉篇·宀部》：“㝑，古文旁。”通行本、今帛书本皆作“方”。若依《玉篇》，知作“方”“旁”同为今文，作“㝑”为古文，荀爽、郑玄、干宝作“方”是取今文。

“大”，荀爽、干宝作“大”，作“大”是取古文。参见乾卦九二爻辞辨。

“不”，“不”同“非”。《春秋左氏传》昭公二十年：“不盖不义。”《孔子家语·子贡问》作“不盖非义”。《史记·淮南衡山列传》:“而大将军材能,不特章邯、杨熊也。”《汉书·伍被传》作“而大将军材能,非直章邯、杨熊也”。又《汉书·陈馀传》:“陈王非必立六国后。”颜师古注:“非,不也。”《仪礼·士相见礼》:“某不敢为仪。”郑玄注:“今文不为非。”郑玄以“不”为古文,以“非”为今文。《玉篇·不部》:“不,鸟飞上翔不下来也。丕,古文。”“不”亦通“弗”。《诗·大雅·皇矣》:“不识不知。”贾谊《新书·君道》引作“弗识弗知”,《淮南子·诠言训》亦引作“弗识弗知”。又《尚书·尧典》:“九载绩用弗成。”《后汉书·张衡传》引作“九载绩用不成”。《仪礼·士昏礼》:“某子之蠢愚民,又弗能教。”郑玄注:“今文弗为不。”不确。宋人卫湜《仪礼集说》考证云:“‘今文’,今注疏本作‘古文’。”通行本、今帛书本皆作“不”,然考通行本诸卦爻辞凡言“不”字,上博竹简本亦皆作“不”。如通行本蛊卦九二爻辞“不可贞”,上博竹简本亦作“不可贞”。又通行本鼎卦上九爻辞“无不利”,上博竹简本亦作“无不利”,等等。由此知卫湜以“不”为古文至确,又知作“丕”“不”同为古文,作“非”“弗”为今文,荀爽、干宝作“不”是取古文。

又按,考通行本比卦六三爻辞“比之匪人”,上博竹简本作“比之非人”。又通行本蹇卦六二爻辞“匪躬之故”,上博竹简书本作“非今之古”。由此知作“非”亦为古文。参见屯卦六二爻辞辨。

“习”,“习”通“袭”。《尚书·大禹谟》:“龟筮协从,卜不习吉。”孔传:“习,因也。”《礼记·表记》:“卜筮不相袭。”郑玄注:“袭,因也。”《说文·羽部》:“习,数飞也。从羽,白声。”段玉裁注:“《又部》彗,古文作习,亦是从习声合韵。”考《周礼·大司徒》:“袭其不正者。”郑玄注:“故书袭为习。”郑玄以“袭”为今文,以“习”为古文。证之郭店楚墓竹简本《语丛三》亦作“习”。

通行本、今帛书本皆作“习”。若以郑玄注、段玉裁注，知作“习”为古文，作“袭”为今文，荀爽、干宝作“习”是取古文。

“无”，荀爽、干宝作“无”，作“无”是取古文。参见乾卦九三爻辞辨。

“利”，荀爽、干宝作“利”，作“利”是取古文。参见乾卦卦辞辨。

按，此条爻辞“直方大”之“大”，郑玄《周易注》作“直方”，无“大”字。孙堂《汉魏二十一家易注》云：“熊氏《经说》云：‘郑氏古易云：“坤爻辞履霜、直方、含章、括囊、黄裳、玄黄协韵，故《象传》《文言》皆不释大，疑大字衍。”’”惠栋《九经古义》卷一《周易古义》同孙堂说。证之今通行本、阜阳汉墓本、今帛书本、马王堆汉墓帛书《二三子》《衷》等皆有“大”字，孙、惠说皆不确。

六三，含章可贞，或从王事，无成，有终。

陆绩《周易注》作“或从王事，无成，有终”。

虞翻《周易注》作“含章可贞，或从王事，无成，有终”。

干宝《周易述》作“含章可贞，或从王事，无成，有终”。

“含”，“含”通“合”。《周礼·春官·鬯人》注：“蚌曰合浆。”贾公彦疏：“蚌蛤一名含浆。”《经典释文》：“合，音含，本亦作含。”《说文·口部》：“含，嗛也。从口，今声。”段玉裁注：“《礼乐志》‘吟青黄’，以吟为含。”刘熙《释名·释饮食》：“含，合也，合口亭之也。”通行本作“含”，今帛书本作“合”。“含”又通“酓”。郭店楚墓竹简《老子》甲本：“酓德之厚者，比于赤子。”通行本《老子》“酓”作“含”。“酓”同“饮”。《象传》释颐卦云：“群子以慎言语，节饮食。”《说文·卮部》“卮”字下引作“《易》：‘君子节歙食。’”《说文·歙部》：“歙，歠也。从欠，酓声。㱃，古文畬,从今、食。”段玉裁注:“隶作饮。”《玉篇·食部》:“飮,古文饮。亦作畬。”《集韵·寑韵》:“畬,《说文》:‘歠也。’或从食,古作酓。”《正字通·酉部》:“饮,本作酓,别作畬。”然考通行本姤卦九五爻辞“含章”,上博竹简本作“欽章”,疑“欽”亦“畬”字之省,亦即“含”之古文。“饮”与“含”声义皆近,可以互借。由此知作“含”为今文,作“欽”“酓”“飮”同为古文,虞翻、干宝作“含”是取今文。

“章”,“章”通“彰”。《尚书·皋陶谟》:“彰厥有常。”《史记·夏本纪》引作“章其有常”。《孝经》:“神明彰矣。”《经典释文》“彰”作“章”,并云:“本又作彰。”考上博竹简本《从政》:“则伪不章。”释文“章”作“彰”。通行本、今帛书本皆作“章”。然考通行本姤卦九五爻辞“含章”之“章”,上博竹简本亦作“章”。由此知作“章”为古文,作“彰”为今文,虞翻、干宝作“章”是取古文。

“可”,“可”通“歌”。《说文·可部》:“哥,声也。从二可,古文以为歌字。”段玉裁注:“《汉书》多用哥为歌。”《玉篇·可部》释“哥”云:“《说文》曰:‘声也。’古文以为謌字。”《集韵·歌韵》:“歌,古作可。”惠栋《九经古义》卷七《周礼古义》云:“古文可与歌通。”通行本、今帛书本此条爻辞皆作“可”,然考通行本蛊卦九二爻辞“不可贞”,上博竹简本亦作“不可贞”。由此知作“可”“哥”同为古文,作“歌”为今文,虞翻、干宝作“可”是取古文。

“贞”,虞翻、干宝作“贞”,作“贞”是取古文。参见乾卦卦辞辨。

“或”,陆绩、虞翻、干宝作“或”,作“或”是取古文。参见乾卦九四爻辞辨。

“从”,“从”通“從”。《说文·从部》:“從,随行也。从从辵,从亦声。”徐灏《说文解字注笺》:“谓从、從古今字。从,二人相随,即从行之义。后加义符辵,随行义遂为從字所专。”《玉篇·从部》:“从,相听也。今作從。”《玉篇》以“从”为古文,作“從”为今文。通行本、今帛书本皆作“從”,然考通行本讼卦六三爻辞“或從王事”,上博竹简本亦作“或從王事”。又通行本随卦上六爻辞“乃從”,上博竹简本作“從乃”。由此知作“从”“從”同为古文,陆绩、虞翻、干宝作“从”是取古文。

“王”,“王”通“皇”。《尚书·洪范》:“皇极之敷。”《史记·宋微子世家》引作“王极之傅”。《说文·王部》:“王,天下所归往也。董仲舒曰:‘古之造文者,三画而连其中谓之王。三者,天、地、人也;而参通之者,王也。’孔子曰:‘一贯三为王。’𤣩,古文王。”《玉篇·王部》:“王,𤣩,古文。皇,𦤎,古文。”考《宣和博古图》卷二《周文王鼎》铭文镌有“鲁公作文王尊”、《周晋姜鼎》铭文镌有“惟王九月”,证之通行本、今帛书本皆作“王”。又考上博竹简本讼卦六三爻辞“或从王事”、师卦九二爻辞“王晶赐命”、随卦上六爻辞“王用亯于西山”等皆作“王”。由此知作“王”“𤣩”“𦤎”同为古文,作“皇”为今文,陆绩、虞翻、干宝作“王”是取古文。

“事”,“事”通“士”。《汉书·史丹传》:“好事慕名。”颜师古注:“宋祁曰:‘事,当作士。’”《荀子·致士》:“士其刑赏而还与之。”杨倞注:“士,当为事。”“事”亦通“使”。《说文·史部》:“事,职也。𠬞,古文事。”《玉篇·史部》:“叓同事。”又《山部》:“岺,古使字。”《集韵·志韵》:“事,古作叏。”《字汇·又部》:“叓,古文事字。”于省吾《新证》:“使,金文使、事同字。”通行本、今帛书本皆作“事”,然考通行本小过卦卦辞“不可大事”之

“事”,阜阳汉墓本“事”作“吏”。“吏”“事”古音同属志韵,可以互借。再考通行本讼卦六三爻辞“或从王事”,上博竹简本亦作“或从王事”。又今本《礼记·缁衣》:“毋以嬖御士疾庄士、大夫、卿士。”郭店楚墓竹简本《缁衣》“卿士”作“卿事”,上博竹简本《缁衣》作“向使”。由此知作“叓”“事”“使”同为古文,作“士”为今文,陆绩、虞翻、干宝作“事”是取古文。

“无”,陆绩、虞翻、干宝作“无”,作“无”是取古文。参见乾卦九三爻辞辨。

“成”,“成”通“城”。《春秋左氏传》文公十一年:“齐王子成父获其弟荣如。”《史记·鲁周公世家》作“齐王子城父获其弟荣如”。《说文·戊部》:“成,就也。从戊,丁声。㡯,古文成,从午。”《玉篇·戊部》:“成,平也、毕也、就也。㡯,古文。”考今本《礼记·缁衣》:“正之不行,教之不成。”上博竹简本《缁衣》作“教之不埅。”通行本、今帛书本皆作“成”。由此知作“成”为今文,作“㡯”“埅”同为古文,陆绩、虞翻、干宝作“成”是取今文。

“有”,陆绩、虞翻、干宝作“有”,作“有”是取今文。参见乾卦上九爻辞辨。

“终”,陆绩、虞翻、干宝作“终”,作“终”是取今文。参见乾卦九三爻辞辨。

六四,括囊,无咎无誉。

虞翻《周易注》作“括囊,无咎无誉”。

干宝《周易注》作“括囊,无咎无誉”。

“括”,“括”通“结”。《经典释文》:“括,结也。”《春秋左氏传》成公十七年:“卫北宫括帅师侵郑。”《春秋公羊传》成公十七年:“卫北宫结率师侵郑。”《说文·手部》“㨮,絜也。从手,昏声。”段玉裁注：“凡昏声字，隶变皆为舌。”《正字通·手部》：“掊，括本字。”“括”亦通“聒”。帛书《二三子》《衷》引《易》皆作“聒囊”。又《说文·心部》：“懖，善自用之意也。从心，銛声。聵，古文从耳。”《集韵·末韵》：“懖，或从耳，通作聒。”“掊”“括”“聒”“懖”“聵”古音同属末韵，可以互借。《字汇补·亠部》：“聵，古文聒字。”通行本、今帛书本皆作“括”，知作“括”“聒”同为今文。然考《仪礼·士丧礼》：“主人髻发。”郑玄注：“古文髻作括。”若依郑玄注，知作“括”“聵”同为古文，作“聒”为今文，虞翻、干宝作“括”是取古文。

“囊”，“囊”通“橐”。《说文·橐部》：“囊，橐也。”《诗·大雅·公刘》：“于橐于囊。”毛传：“小曰橐，大曰囊。”《集韵·唐韵》：“橐，隶作囊。”证之马王堆汉墓帛书《二三子》《衷》引《易》亦皆作“囊”。《龙龛手鉴·彐部》“橐”同“囊”云：“蠹，古文。”《字汇补·彐部》：“蠹，古文囊字。”又《玉篇·口部》：“囩，古文橐。”通行本《老子》第五章、马王堆汉墓帛书《老子》甲、乙本“其犹橐籥乎”，郭店楚墓竹简《老子》甲本作“其猷囩蘿与”，“囩”即“囩”。通行本、今帛书本皆作“囊”。由此知作“囊”“橐”同为今文，作“囩”“蠹”同为古文，虞翻、干宝作“囊”是取今文。

“无”，虞翻、干宝作“无”，作“无”是取古文。参见乾卦九三爻辞辨。

“咎”，虞翻、干宝作“咎”，作“咎”是取古文。参见乾卦九三爻辞辨。

“誉”，“誉”通“舆”。《说文·言部》：“誉，称也。从言，与声。”通行本作“誉”。然考通行本蹇卦初六爻辞“来誉”，今帛书本作“来舆”，上博竹简本作“埊誉”。“舆”通“与”。《庄子·逍遥游》：“吾闻言于接舆。”《经典释文》：“舆本作与。”故“誉”亦通“与”。《礼记·射礼》:“则燕则誉。”郑玄注:“誉或为与。”“誉”又通“举”。通行本丰卦九五爻辞“有庆誉”,今帛书本作“有庆举”,上博竹简本则作“有庆懇”,知“誉”“舆”“举”“懇”皆从“与”声可以互借。然证之郭店楚墓竹简本《穷达以时》:“舉皇才仿。”释文“舉”作“誉”。若依上博竹简本,郭店楚墓竹简本,知作“誉”“舉”同为古文,作“舆”“举”同为今文,虞翻、干宝作“誉”是取古文。

六五,黄裳,元吉。

干宝《周易注》作“黄裳,元吉”。

“黄”,“黄”同“光”。《春秋左氏传》襄公二十年:“陈侯之弟黄。”《春秋公羊传》《春秋穀梁传》皆作“陈侯之弟光”。《说文·黄部》:“黄,地之色也。从田,从炗。炗,古文光。灸,古文黄。”《玉篇·黄部》:“黄,灸,古文。”《集韵·唐韵》:“黄,古作灸。”通行本、今帛书本皆作“黄”。知作“黄”为今文,作“灸”为古文。然考通行本革卦初爻辞“黄牛之革”,上博竹简本亦作“黄牛之革”。由此知作“黄”同为古文,干宝作“黄”是取古文。

“裳”,“裳”通“常”。《吕氏春秋·去尤》:“为甲裳以帛。”《太平御览》卷八百十九引作“为甲常以帛”。《说文·巾部》:“常,下帬也。裳,帬或从衣。”徐铉注:“下直而垂,象巾,故从巾。今文作裳。”段玉裁注:“今字裳行而常废矣。”《玉篇·巾部》:“常,帬也。今作裳。”项安世《周易玩辞》卷十六云:“晁以道《古易》常即裳字。”吕祖谦《吕氏家塾读诗记》卷二十二云:“董氏曰:‘裳,古文作常。’今为裳者,或篆体也。”考《仪礼·士虞礼》:“荐此常事。”郑玄注:“古文常作祥。”郑玄以“祥”为“常”之古文。再考通行本《礼记·缁衣》:“从容有常。”郭店楚墓竹简本《缁衣》作“口颂又祟”，上博竹简本《缁衣》作“口容又祟”。证之通行本、今帛书本皆作“常”，若依郑玄注、郭店楚墓竹简、上博竹简，知作“裳”“常”同为今文，作“祟”“祥”同为古文，干宝作“裳”是取今文。

“元”，干宝作“元”，作“元”是取古文。参见坤卦卦辞辨。

“吉”，干宝作“吉”，作“吉”是取古文。参见乾卦用九爻辞辨。

上六，龙战于野，其血玄黄。

荀爽《周易注》作“龙战于野”。

郑玄《周易注》作“龙战于野”。

陆绩《周易述》作“其血玄黄”。

干宝《周易注》作“龙战于野，其血玄黄”。

“龙”，荀爽、郑玄、干宝作“龙”，作“龙”是取今文。参见乾卦初九爻辞辨。

“战”，“战”通“惮”。《国语·鲁语下》：“帅大雠，以惮小国。”《说苑·正谏》作“其雠滋大，以战小国”。《说文·戈部》：“战，斗也。从戈，单声。”金文“战”从嘼，从戈。《类篇·戈部》：“战，以戈击嘼，故作戰。”考楚王《酓忎铜鼎》、《三体石经》“战”字皆作“戰”字，《集韵·线韵》：“战，古作彝。”证之通行本、阜阳汉墓本、今帛书本皆作“战”。由此知作“戰”“彝”同为古文，作“战”为今文，荀爽、郑玄、干宝作“战”是取今文。

“于”，“于”通“於”。《说文》：“亏，於也。象气之舒亏。”徐铉注：“今隶变作于。”段玉裁注：“凡《诗》《书》用亏字，凡《论语》用於字，盖于、於二字在周时为古今字。”考《仪礼·大射仪》：“士御於大夫。”《仪礼·士昏礼》：“子为事故，至於某之室。”其二“於”字，郑玄皆注：“今文於为于。”郑玄以“于”为今文，以“於”为古文。然《仪礼·士丧礼》：“抽局予左手。”郑玄又注：“古文予为于。”胡承珙《仪礼古今文疏义》云：“于、於二字，经传通用为语辞。郑于《昏礼》《大射仪》从古文於，《既夕礼》又从古文作于者，正欲见古文二字已通用耳。”证之郭店楚墓竹简本《性自命出》“青生於眚”“其司出皆生于人”等诸“于”字，胡氏《疏义》至确。通行本、今帛书本皆作“于”，然考通行本需卦初九、九二、九三、六四、九五、上六诸爻辞“于”字，上博竹简本需卦皆作“于”。由此知郑玄注不确，又知作“于”“於”同为古文，荀爽、郑玄、干宝作“于”是取古文。

“野”，“野”通“壄”。《楚辞·九歌》：“愿徼幸而有待兮，泊泊莽莽与壄草同死。”洪兴祖《楚辞补注》：“壄、埜，并野字。”《说文·里部》：“野，郊外也。壄，古文野。从里省，从林。”段玉裁注：“亦作埜。”睡虎地秦墓竹简《为吏之道》：“原壄如廷。”《玉篇·土部》：“壄，古文野。”《集韵·马韵》：“野，古作壄、埜。”通行本、今帛书本皆作“野”，阜阳汉墓本作“壄”，字形稍变，同“野”。由此知作“野”为今文，作“壄”“埜”同为古文，荀爽、郑玄、干宝作“野”是取今文。

“其”，“其”通“丌”。《史记·周本纪》“其登名民三百六十”，《班马字类》卷一云：“《史记·周纪》‘其’当作‘丌’，‘丌’古‘其’字。”《集韵·之韵》：“其，古作丌、亓。”惠士奇《惠氏易说》卷六云：“丌通作机、其，音同，其义亦同。”《墨子·公孟》：“是犹命人葆，而去亓冠也。”孙诒让《墨子间诂》：“亓，毕本作丌。丌即其字，以意改。王引之云，古其字亦有作丌者。”通行本作“其”，今帛书本作“亓”，然考上博竹简本亦作“亓”。由此知作“其”为今文，作“丌”或“亓”同为古文，陆绩、干宝作“其”是取今文。

“血”,“血”通“恤”。《说文·心部》:“恤,忧也。从血,血声。”段玉裁注:“卹与心部恤音义皆同,古书多用恤字,后人多改为恤。”《大戴礼记·少间》:“血者犹血。”注:“血,忧色也。”翟均廉《周易章句证异》卷一:“血,马融云当作恤,忧也。李鼎祚同,晁说之曰:‘血,古文。’惠栋血读作恤,古文恤作血。”通行本、今帛书本皆作“血”,然考通行本需卦六四爻辞“需于血”,上博竹简本作“𦓤于血”。由此知作“血”为古文,作“恤”为今文,陆绩、干宝作“血”是取古文。

“玄”,“玄”同“𢆯”。《说文·玄部》:“玄,幽远也。黑而有赤色者为玄。𢆯,古文玄。象幽而入覆之也。”王筠《说文句读》云:“么、玄二字古文本同体,特两音两义耳。小篆始加入以别之。”《玉篇·玄部》:“玄,远也。𢆯,古文。”《集韵·先韵》:“玄,古文作𢆯。”通行本、今帛书本皆作“玄”。由此知作“玄”为今文,作“𢆯”为古文,陆绩、干宝作“玄”是取今文。

“黄”,陆绩、干宝作“黄”,作“黄”是取古文。参见本卦六五爻辞辨。

用六,利永贞。

干宝《周易注》作“利永贞”。

“利”,干宝作“利”,作“利”是取古文。参见乾卦九二爻辞辨。

“永”,“永”通“咏”。《尚书·舜典》:“歌永言。”《汉书·礼乐志》引作“歌咏言”。《诗·卫风·硕鼠》:“谁其永号。”《经典释文》“永”作“咏”,并云:“本亦作咏,同音。”《集韵·梗韵》:“永,古作㣄。”“永”与“羕”亦通。杨慎《丹铅余录》卷十四“羕与永通”条云:“古字羕与永同。《韩诗》‘江之永矣’作‘江之羕矣’。《博古图》‘永宝用亨’作‘羕宝用亨’。”考《礼记·檀弓下》:“咏斯犹。”郭店楚墓竹简本《性自命出》作“羕斯猷”。再考上博竹简《性情论》:“羕思而动心。”释文“羕”作“永”。通行本、今帛书本皆作“永”,然考通行本比卦卦辞“元永贞”,上博竹简本作“元羕贞”。由此知作“永”为今文,作“㝊”“羕”同为古文,干宝作“永”是取今文。

“贞”,干宝作“贞”,作“贞”是取古文。参见乾卦卦辞辨。

屯䷂

屯，元亨，利贞。勿用有攸往，利建侯。初九，磐桓，利居贞，利建侯。六二，屯如邅如，乘马班如。匪寇，婚媾，女子贞不字，十年乃字。六三，即鹿无虞，惟入于林中。君子几，不如舍，往吝。六四，乘马班如，求婚媾，往吉，无不利。九五，屯其膏。小贞吉，大贞凶。上六，乘马班如，泣血涟如。

屯，元亨，利贞。勿用有攸往，利建侯。

虞翻《周易注》作"屯，元亨，利贞；勿用有攸往，利建侯"。

"屯"，"屯"通"敦"。《汉书·扬雄传上》："敦万骑于中营兮。"《文选·甘泉赋》作"屯万骑于中营兮"，李善注："敦与屯同。"《诗·大雅·常武》："铺敦淮濆。"郑玄笺："敦当作屯。"《周礼·地官·乡师》："巡其前后之屯。"郑玄注："故书屯或为殿，郑大夫读屯为课殿，杜子春读为在后曰殿，谓前后屯兵也。玄谓前后屯车徒异部也。今书多为屯，从屯。"不确。考《隶释·司隶校尉鲁峻碑》："拜屯骑校尉。"通行本、今帛书本皆作"屯"，阜阳汉墓本、马王堆汉墓帛书《衷》引《易》"屯"字作"肫"。《仪礼·士昏礼》："腊一肫。"郑玄注："肫或作纯，古文纯为均。"若依郑注、汉碑，知作"屯"为今文。然再考郭店楚墓竹简《老子》甲本:"屯虐其奴朴。"通行本《老子》"屯"作"敦"。由此知作"屯"为古文,作"肫""敦"同为今文,虞翻作"屯"是取古文。

"元",虞翻作"元",作"元"是取古文。参见乾卦卦辞辨。

"亨",虞翻作"亨",作"亨"是取今文。参见乾卦卦辞辨。

"利",虞翻作"利",作"利"是取古文。参见乾卦卦辞辨。

"贞",虞翻作"贞",作"贞"是取古文。参见乾卦卦辞辨。

"勿",虞翻作"勿",作"勿"是取古文。参见乾卦初九爻辞辨。

"用",虞翻作"用",作"用"是取古文。参见乾卦初九爻辞辨。

"有",虞翻作"有",作"有"是取今文。参见乾卦上九爻辞辨。

"攸",虞翻作"攸",作"攸"是取古文。参见坤卦辞辨。

"往",虞翻作"往",作"往"是取今文。参见坤卦卦辞辨。

"建","建"通"律"。《说文·廴部》:"建,立朝律也。从聿,从廴。"又《说文·彳部》:"律,从彳,聿声。"徐铉等谓:"聿,律省也。"通行本作"建",今帛书本作"律",张立文以为"律"为"建"之误,仍应读"建"。考今本《老子》第五十四章"善建者不拔",郭店楚墓竹简本《老子》乙本亦作"善建者不拔"。由此知作"建"为古文,作"律"为今文,虞翻作"建"是取古文。

"侯","侯"同"候"。《周礼·春官·小祝》:"将事侯禳祷祠之祝号。"郑玄注:"侯之言候也。""侯"通"矦"。《说文·矢部》:"厌,古文矦"。《玉篇·矢部》:"侯,君也。厌,古文。"俞樾《儿笘录》:"樾谓矦既从人,候又从人,緟复无理,乃后出字也。古候字止作矦。……盖矦者射矦也,人所望而射也,故矦字即有伺望义，许君以伺望为候字说解，不知其即为矦字引申义也。矦篆下古文有厌，盖古文止为厌，后从人作矦，又从人作候，孳乳益多，非古字矣。”通行本作“侯”，今帛书本作“矦”，上博竹简本作“厌”，俞氏此说至确。由此知作“侯”“矦”为今文，作“厌”为古文，虞翻作“侯”是取今文。

初九，磐桓，利居贞，利建侯。

子夏《易传》作“磐桓”。

马融《周易传》作“槃桓”。

荀爽《周易注》作“盘桓”。

陆绩《周易述》作“盘桓，利居贞”。

虞翻《周易注》作“盘桓，利居贞，利建侯”。

“磐”，“磐”通“槃”“盘”。《经典释文》：“磐，本亦作盘，又作槃。”《说文・木部》：“槃，承槃也。从木，般声。鎜，古文从金。”段玉裁注：“今字皆作盘。”《玉篇・木部》：“槃，器名盘、鎜。”又《金部》：“鎜，古文盘。”方以智《通雅・释诂》云：“《汉・张表碑》有‘畔桓利贞’之语，亦‘盘桓’之声也。”于省吾《双剑誃易经新证》：“盘应读为畔，《汉・张表碑》‘畔桓利贞’，畔桓即盘桓，是其明证。”《史记・屈原贾生列传》：“般纷纷其离此尤兮。”裴骃《集解》引苏林曰：“般音盘。孟康曰般音班，或曰盘桓不去，纷纷构谗意也。”司马贞《索隐》：“般音班，又音盘，盘桓也。”《汉・仲秋下旬碑》：“执般桓。”《文选》所载傅毅《舞赋》：“般桓不发。”《说文・舟部》：“般，辟也。舷，古文般从支。”段玉裁注：“各本作从支，误，今正。从支犹从殳也。”吕祖谦《古易音训》：“晁氏曰：‘案，古文般。’”通行本作“磐”，阜阳汉墓本作“般”，今帛书本作“半”，其“半”字或为“畔”字之省。“盘”又通“洀”。

《管子·小问》:“桓公问:‘今寡人乘马,虎望见寡人不敢行,何也?’对曰:意者,君乘驳马而洀桓,迎日而驰乎?驳食虎豹,故虎疑焉。’”尹知章注:“洀,古盤字。”据此“洀”“槃”“盤”“般”“半”“鎜”“畔”皆因古音同属桓韵,可以互借。若依《说文》《玉篇》,知作“磐”“盤”“槃”“半”同为今文,作“鎜”“舨”“洀”同为古文,子夏作“磐”,马融“槃”,荀爽、陆绩、虞翻作“盤”是皆取今文。

“桓”,“桓”通“亘”。马王堆汉墓帛书《春秋事语》:“齐亘公与蔡夫人乘舟……亘公率师以侵蔡。”通行本《春秋左氏传》“亘公”皆作“桓公”。杨树达《积微居小学述林》云:“亘者,淀之初文。亘从回,为古文回,字象回水,是形义与淀为回泉者合也。”通行本作“桓”,今帛书本作“远”,古“袁”“亘”声字多相通,故“桓”亦通“远”。《说文·辵部》:“远,辽也。从辵,袁声。遠,古文远。”《玉海·辵部》:“远,遠,古文。”《集韵·阮韵》:“远,古作遠。”由此知作“桓”、“远”同为今文,作“亘”“遠”同为古文,子夏、马融、荀爽、陆绩、虞翻作“桓”是取今文。

“利”,陆绩、虞翻作“利”,作“利”是取古文。参见乾卦卦辞辨。

“居”,“居”通“凥”。《孝经》第一章:“仲尼居。”《说文·几部》引作“仲尼凥”。《楚辞·天问》:“其凥安在?”洪兴祖《楚辞补注》:“凥与居同。”《说文·尸部》:“居,蹲也。从尸,古者居从古。”段玉裁注:“凡今人居处字,古只作凥处。”又《说文·几部》:“凥,处也。”段玉裁注:“既以蹲、居之字代凥,别制踞为蹲、居字,乃致居行而凥废矣。”《玉篇·几部》:“凥与居同。”考《玉篇·尸部》:“居,㞐,古文。”《集韵·鱼韵》:“凥,或作㞐。”《仪礼·既夕礼》:“士处适寝。”郑玄注:“今文处为居。”郑玄以“居”

为今文,以“处”为古文。通行本、今帛书本皆作“居”,然考通行本颐卦六五爻辞“居贞吉”,上博竹简本作“凥贞吉”。由此知作“居”为今文,作“凥”“凥”“处”同为古文,陆绩、虞翻作“居”是取今文。

“贞”,陆绩、虞翻作“贞”,作“贞”是取古文。参见乾卦卦辞辨。

“建”,虞翻作“建”,作“建”是取古文。参见本卦卦辞辨。

“侯”,虞翻作“侯”,作“侯”是取今文。参见本卦卦辞辨。

六二,屯如邅如,乘马班如,匪寇婚媾,女子贞不字,十年乃字。

子夏《易传》作“屯如邅如,乘马班如”。

孟喜《周易章句》作“乘马驙如”。

马融《周易传》作“屯如邅如,乘马班如,匪寇婚媾”。

荀爽《周易注》作“屯如邅如”。

郑玄《周易注》作“乘马般如,马牝牡曰乘。匪寇昏冓”。

陆绩《周易述》作“女子贞不字,十年乃字”。

虞翻《周易注》作“屯如邅如,乘马班如,匪寇昏冓,女子贞不字,十年乃字”。

王肃《周易注》作“乘马班如”。

“屯”,子夏、马融、荀爽、虞翻作“屯”,作“屯”为古文。参见本卦卦辞辨。

“如”,“如”通“若”。《说文·艸部》:“若,择草也。从草右,右手也。”段玉裁注:“又假借为如也,然也,乃也,汝也。”《广雅·释言》:“如,若也。”《玉篇·女部》:“如,往也,若也。”王引之《经传释词》卷七云:“如,犹然也。如,然,语之转。”商承祚

《殷虚文字类编》："案，若字象人举手而跽足，乃象诺时巽顺之状，古'诺'与'若'为一字，故'若'字训为'顺'。古金文'若'字与此略同。"考《仪礼·有司彻》："若是以辩。"郑玄注："今文若为如。"郑玄以"如"为今文，以"若"为古文。通行本、今帛书本皆作"如"，然考通行本大有卦六五爻辞"交如威如"之二"如"字，上博竹简本"如"字皆作"女"。《玉篇·女部》："女者，如也。"《集韵·鱼韵》："如，古作女。"由此知作"女"同为"如"之古文，子夏、孟喜、马融、荀爽、郑玄、虞翻、王肃作"如"是取今文。

"邅"，"邅"同"亶"。《汉书·叙传》："纷屯亶与蹇连兮。"颜师古注引《易》屯卦作"屯如邅如"。《集韵·僊韵》："邅、屯邅难行不进貌，或作亶。"又《集韵·獮韵》："䞣，移行也。一曰循也。或作邅。""亶"为"但"之古文。《文选·羽猎赋》："亶观夫剽禽之绁隃。"李善注："亶，古但字。""邅"又通"驙"。《说文·马部》："驙，駗驙也。《易》曰：'乘马驙如。'"卢文弨《说文考证》引臧琳《经义杂记》云："《说文·辵部》无'邅'字，《走部》'趁，䞣也'，'䞣，趁也。'；《马部》'駗，马载重难行也'，'驙，駗驙也。《易》曰'乘马驙如'。然则'邅如'字当作'驙'，《说文》当作'屯如驙如'，作'乘马'者，涉下而误。'载重难行'之义，与马融'难行不进之貌'正合，则马氏亦当作'驙'。今作'邅'者，盖古或借作'䞣'字，走与辵偏旁相近，逐误作邅也。"通行本作"邅"，今帛书本作"壇"，"邅""驙""壇"皆从亶声，可以互借。由此又知作"邅""驙""壇"同为今文，作"亶"为古文，子夏、马融、荀爽、虞翻作"邅"，孟喜作"驙"是取今文。

"乘"，"乘"通"承"。《史记·乐毅列传》："赵乘秦之弊。"《汉书·陈胜项籍列传》作"赵承秦楚之敝"。"乘"亦通"椉"。《说文·桀部》："乘，覆也。从入、桀。桀，黠也。兖，古文椉从几。”《玉篇·桀部》:“椉,窐,古文;乘,今文。”又《集韵·证韵》:“乘,或作窐。”通行本、今帛书本皆作“乘”,然考之通行本解卦六三爻辞“负且乘”之“乘”,上博竹简本作“輮”,“輮”同“轝”。《集韵·蒸韵》:“轝,车一乘也。或作輮。”由此知作“乘”为今文,作“窐”“輮”同为古文,子夏、孟喜、马融、郑玄、虞翻、王肃作“乘”是取今文。

“马”,子夏、孟喜、马融、郑玄、虞翻、王肃作“马”,作“马”为古文。参见坤卦卦辞辨。

“班”,“班”通“般”。《春秋左氏传》僖公七年:“曹伯班卒。”《春秋公羊传》作“曹伯般卒”。汉石经《尚书》“班”亦作“般”,《汉书·礼乐志》:“般裔裔。”颜师古注:“般读与班同。”《经典释文》:“郑本作般。”孙堂《汉魏二十一家易注》考证云:“抱经堂《释文考证》臧氏琳云:‘马融云班旋不进义,当作般。’然则马融亦读班为般,与郑本合。古般、班字通。《书序》:‘班宗彝。’《释文》‘班本作般’。《左传》成十三年:‘郑公子般自訾求入于大宫。’《释文》‘般本亦作班’,《汉书·礼乐志》‘班裔裔’,师古曰:‘般读与班同。’王弼云:‘涉远而行,难可以进,故曰乘马班如。’则王意亦作般。陆德明云:‘如字。’此误也。堂案:左氏襄公十八年《传》‘有班马之声’,郭璞《尔雅注》引班作般,赵岐《孟子注》‘公输子鲁班’,疏引《淮南》墨子见楚王为证云:‘是公输即鲁班也。’《战国策》‘公输班’,高诱注云:‘公输班,鲁班之号也。’吴氏《国策校注》云:‘般,它书或作班。’《周礼·内饔》《礼·内则》‘马黑脊而般臂’,《太玄经》‘涣爵般秩’,皆以般为班。般,施字,音燔,又通盘。《说文》:‘般,北潘切,辟也。象舟之施,从舟,从殳,殳所以旋也。’《尔雅·释言》:‘般,还也。’彼《释文》云:‘般,一音蒲安反,还音施。’《广雅·释训》:'般桓,不进也。'《屯》初九'般桓',马融云:'旋也。'《明夷》'夷于左股',马融作"左般",云旋也,义并同。史绳祖《学斋占毕》引陆德明《音义》云:'左般,马融、王肃音股,字作般,般,旋也云云。'堂案:般,盘字之省。汉隶又省作股,汉石经《尚书》残碑《盘庚》字作般。《仲秋下旬碑》'盘桓'字作股,杨孟文《石门颂》、《孔府君碑》阴亦以股为般,与股、肱、股字形同,故诸家异读耳。史氏以为音股,字作般,误矣。"考《说文·舟部》:"般,辟也。般,古文般从支。"段玉裁注:"各本作从支,误,今正。从支犹从殳也。""班"亦通"辨""辩"。《史记·五帝纪》"辩于群神",徐广注:"辩音班。"《后汉书·祭祀上》引作"班于群神"。《汉书·王莽传》"辩社诸侯",颜师古注:"辩读为班。"《仪礼·士虞礼》"明日,以其班祔",郑玄注:"古文班或为辨,辨氏姓或然,今文为胖。"又《仪礼·少牢馈食礼》:"司马升羊右胖。"郑玄注:"古文胖皆作辨。"《仪礼·乡饮酒礼》:"众宾辩有脯醢。"郑玄注:"今文辩皆作徧。"据此"班""般""辨""辩""胖"等皆以音同声近而可以互借。吕祖谦《古易音训》:"晁氏曰:'般,古文班。'"通行本作"班",今帛书本作"烦","班""烦"古音相近亦可以通假。《字汇·午集·癶部》:"癹,古文班字。"若依郑玄注,知作"烦""班"同为今文,作"辨""辩""般""癹"同为古文,然考通行本家人卦初九爻辞"家有闲人"之"闲",上博竹简本作"班",作"班"似亦为古文。子夏、马融、虞翻、王肃作"班"是取今文,郑玄作"般"是取古文。

"匪","匪"通"非"。《尚书·汤诰》:"凡我造邦,无从匪彝。"阎若璩《尚书古文疏证》引作"凡我造国,无从非彝"。《汉书·武五子传》:"悉尔心,毋作怨,毋作棐德。"颜师古注:"棐,古匪字也。匪,非也。"《广雅·释诂四》:"匪,非也。"朱骏声《说文通训定声·履部》:“棐,假借为匪。”通行本作“匪”,今帛书本作“非”,然考通行本比卦六三爻辞“比之匪人”,上博竹简本作“比之非人”。又通行本蹇卦六二爻辞“匪躬之故”,上博竹简书本作“非今之古”。由此知作“匪”为今文,作“棐”“非”同为古文,马融、郑玄、虞翻作“匪”是取今文。

“寇”,“寇”同“宼”。《说文·攴部》:“寇,暴也。从攴,从完。”《玉篇·攴部》:“宼,暴也。”通行本、今帛书本皆作“寇”,然考通行本蒙卦上九爻辞“利御寇”,上博竹简本作“利御宼”。由此知作“寇”为今文,作“宼”为古文,马融、郑玄、虞翻作“寇”是取今文。

“婚”,“婚”通“昏”。《诗·小雅·采菽》:“兄弟昏姻。”《荀子·富国》:“婚姻聘内。”《汉书·王吉传》:“与崇为昏。”颜师古注:“婚姻之家。”《汉书·王莽传》:“昏以戊寅之旬为忌日。”颜师古注:“昏谓娶妻也。”《说文·女部》:“婚,妇家也。从女、从昏,昏亦声。𡟭,籀文婚。”又《说文·车部》:“轋,从车,𡟭声。𡟭,古文婚字。读如闵。”段玉裁注:“各本作古昏字,今正。”通行本作“婚”,帛书本作“闽”,“闽”假借为“婚”。通行本贲卦六四爻辞“婚媾”,震卦上六爻辞“婚媾”,其二“婚”字,今帛书本皆作“闽”。张参《五经文字·女部》:“婚,五经多作昏,以正昏时之义。”“昏”又通“昬”。《玉篇·日部》:“昏”,同“昬”。考《隶释》所载《刘熊碑阴》《尹宙碑》《孙叔敖碑》《刘曜碑》等诸汉碑,其“昏”皆作“昬”。又马王堆汉墓帛书《老子》乙本《道经》:“邦家兹昬。”傅奕本作“国家滋昏”。通行本睽卦上九爻辞“婚媾”之“婚”,阜阳汉墓本作“昬”,今帛书本作“閽”,上博竹简本作“昏”。由此知“婚”“昏”“昬”“闽”“閽”皆以同音互借,又知作“婚”为今文,作“昏”“𡟭”同为古文,马融作“婚”是取今文,郑玄、虞翻作“昏”是取古文。

“媾”，“媾”通“冓”。《经典释文》：“马云：重婚，本作冓。”《说文·女部》：“媾，重婚也。从女，冓声。”“冓，交积材也，象对交之形。”是“媾”又可以作“冓”。吕祖谦《古易音训》：“晁氏曰：‘案，冓，古文。’”李富孙《易经异文释》云：“陆绩云：‘媾，本作冓，此从省。’晁氏云：‘冓，古文。’惠氏曰：‘当从郑本作昏冓。’”按金文“媾”作“冓”，或省女。“媾”又通“厚”。《诗·曹风·候人》：“彼其之子，不遂其媾。”《毛传》：“媾，厚也。”通行本作“媾”，今帛书本作“厚”，“厚”之古文作“垕”。《说文·旱部》：“垕，古文厚。从后，从土。”又郭店楚墓竹简本《缁衣》“以视民乇。”今本《礼记·缁衣》作“以示民厚”。考通行本睽卦上九爻辞“婚媾”，上博竹简本作“昏佝”。由此知“媾”“冓”“厚”“佝”以同音可以互借，又知作“媾”“厚”同为今文，作“冓”“佝”“乇”同为古文，马融作“媾”是取今文，郑玄、虞翻作“冓”是取古文。

“女”，“女”通“汝”。《春秋左氏传》宣公十年：“征舒似女。”《史记·陈杞世家》引作“征舒似汝”。《春秋左氏传》昭公二十六年：“申丰从女买。”《史记·鲁世家》引作“申丰汝买。”又《汉书·地理志》汝南郡作“女阳”，颜师古注：“女读如汝，其下女阴亦同”。《后汉书·郡国志》作“汝阳”。考《隶释》所载石经《尚书》、《曹全碑》等汉碑诸“汝”字皆作“女”字。通行本作“女”，然考通行本蒙卦六三爻辞“勿用取女”、咸卦卦辞“取女吉”，上博竹简本亦作“勿用取女”、“取女吉”。由此知作“女”为古文，作“汝”为今文，陆绩、虞翻作“女”是取古文。

“子”，陆绩、虞翻作“子”，作“子”是取古文。参见乾卦九三爻辞辨。

"贞",陆绩、虞翻作"贞",作"贞"是取古文。参见乾卦卦辞辨。

"不",陆绩、虞翻作"不",作"不"是取古文。参见坤卦六二爻辞辨。

"字","字"通"孳"。《尚书·尧典》:"鸟兽孳尾。"《史记·五帝本纪》引作"鸟兽字微。"郭忠恕《汗简》以古文《尚书》"字"为"孳"字,惠栋《九经古义》卷三《尚书古义》云:"《汗简》云古文《尚书》字作孳,是孳为古文字也。"惠说不确。《集韵·志韵》:"孳,乳化曰孳。古作𡥉。"又《志韵》:"字,古作𡦄。"考楚墓竹简本《缁衣》:"古𡥉以炁之。"释文"𡥉"读作"慈","慈""孳"古音同属之韵,可以互借。通行本、今帛书本皆作"字"。由此知作"字"为今文,作"𡥉""𡦄"同为古文,陆绩、虞翻作"字"是取今文。

"十","十"通"什"。《史记·张耳陈馀列传》:"且有十一二相全。"《汉书·张耳陈馀传》作"且什有一二相全"。《说文·十部》:"十,数之具也。一为东西,丨为南北,则四方中央备矣。"于省吾《甲骨文字释林》:"十字初形本为直画,继而中间加肥,后则加点为饰,又由点孳化为小横。数至十复反为一,但既已进位,恐其与一混,故直书之。"通行本、今帛书本皆作"十"。然考《诅楚文》、三体石经、睡地虎秦墓竹简等亦皆作"十"字。由此知作"十"为古文,陆绩、虞翻作"十"是取古文。

"年","年"通"佞"。《春秋左氏传》襄公三十年:"天王杀其弟佞夫。"《春秋公羊传》"佞夫"作"年夫"。《孔子家语·冠颂》:"使王近于民,远于年。"《说苑·修文》引作"使王近于民,远于佞"。《说文·禾部》:"秊,谷熟也。从禾,千声。《春秋传》曰'大有年'。"《玉篇·禾部》"秊"同"年"。《字汇补·厶部》:

“秊,古文年字。”通行本、今帛书本皆作“年”。由此知作“年”为今文,作“秊”为古文,陆绩、虞翻作“年”是取今文。

“乃”,“乃”通“仍”。《尔雅·释亲》:“曟孙之子为仍孙。”睡虎地秦墓竹简本《为吏之道》:“某叟之乃孙。”《说文·乃部》:“乃,曳词之难也。象气之出难。弓,古文。”又同部“卤”,段玉裁注:“《诗》《书》《史》《汉》发语词多用此字作迺,而流俗多改为乃。按《释诂》曰:‘仍、乃、侯,迺也。’以乃释迺,则本非一字可知矣。”《玉篇·乃部》:“乃,往也。弓,古文。”《集韵·海韵》:“弓,或作乃。”《字汇·弓部》:“弓,古文乃字,与上弓字不同。”考《周礼·春官·司几筵》:“凡吉事变兀,凶事仍几。”郑玄注:“故书仍为乃。”郑玄以“仍”为今文,以“乃”为古文,与秦简作“乃”合。通行本、今帛书本皆作“乃”,阜阳汉墓本作“乃”,然考通行本萃卦初六爻辞“乃乱乃萃”之“乃”,上博竹简本亦作“乃”。由此知作“弓”“乃”“弓”同为古文,作“仍”“乃”同为今文,陆绩、虞翻作“乃”是取今文。

六三,即鹿无虞,惟入于林中。君子几,不如舍,往吝。

马融《周易传》作“君子幾,不如舍,往吝”。

郑玄《周易注》作“君子機,不如舍”。

虞翻《周易注》作“即鹿无虞,惟入于林中。君子幾不如舍,往吝”。

王肃《周易注》作“即麓无虞”。

“即”,“即”通“卽”。《大戴礼记·保傅》:“进退节度无礼。”注:“节度或为即席。”《说文·卩部》:“卽,即食也。从皀,卪声。”《玉篇·皀部》:“卽,今作即。”《字汇·卩部》:“即,俗卽字。”古籍中多作“卽”，今“即”字通行。通行本作“卽”，今帛书本作“即”，阜阳汉墓本作“畟”，“畟”、“即”古音同属职韵，可以互借。“卽”亦通“节”。通行本夬卦卦辞“不利卽戎”，今帛书本作“不利节戎”。又通行本鼎卦九二爻辞“不能我卽”，今帛书本作“不我能节”。《玉篇·卩部》：“卩，信也。今作节。”《玉篇》以“卩”为古文，以“节”为今文。考《仪礼·士冠礼》：“赞者奠纚笄栉于筵南端。”郑玄注：“古文栉为节。”又《仪礼·士虞礼》：“沐浴栉搔翦。”郑玄注：“古文沐浴节搔翦。”郑玄以“栉”为今文，以“节”为古文。再考郭店楚墓竹简本《性自命出》：“善其即。”裘锡圭注：“即似读为次或节”。由此知作“卽”“节”“卩”同为古文，作“栉”为今文，虞翻、王肃作“即”是取古文。

“鹿”，“鹿”通“麓”。《尚书·舜典》：“纳于大麓。”《隶释·魏受禅表》引作“纳于大鹿”。《春秋左氏传》僖公十四年：“沙鹿崩。”《汉书·元后传》引作“沙麓崩”。朱骏声《说文通训定声·需部》：“鹿，假借为麓。”吕祖谦《古易音训》：“晁氏曰：‘案，鹿，古文。’”不确。《说文·林部》亦引作“沙麓崩”云：“禁，古文从彔。”《玉篇·林部》：“麓，山足也。禁，古文。”是麓之古文作“禁”。“鹿”亦通“禄”。《汉书·西域传》：“乌弋山有桃拔、师子、犀牛。”孟康注：“似鹿，长尾，一角者或为天鹿，两角者或为辟邪。”《后汉书·灵帝纪》：“天禄。”注：“天禄，兽也。今登州南阳县北有《宗资碑》，旁有两石兽，镌其膊。一曰天禄，一曰辟邪。”通行本、今帛书本皆作“鹿”。由此知作“鹿”“麓”同为今文，作“禁”为古文，虞翻作“鹿”，王肃作“麓”是取今文。

“无”，虞翻、王肃作“无”，作“无”是取古文。参见乾卦九三爻辞辨。

“虞”，“虞”通“娱”“华”“吴”。《诗·郑风·出其东门》：

"缟衣茹藘，聊可与娱。"《经典释文》："娱，本亦作虞。"又《诗·周颂·丝衣》："不吴不敖。"《经典释文》："吴作虞。"汉《衡方碑》与《史记·武帝纪》皆引作"不虞不扬"和"不虞不骜"。又《汉书·王褒传》："此虞说耳目。"颜师古注："虞与娱同。"《集韵·虞韵》："虞，古作炏、吴。"通行本作"虞"，今帛书本作"华"，阜阳汉墓本作"吴"。"华"亦通"光"。《淮南子·地形训》："未有十日，其华照下地。"高诱注："华，犹光也。"曹丕《芙蓉池作》："丹霞夹明月，华星出云间。"范仲淹《御街行》："年年今夜，月华如练，长是人千里。"是其明证。《玉篇·華部》："華，今作华。"《集韵·麻韵》："华，古作蕚。"《说文·夨部》："吴，大言也。𦬁，古文如此。"《玉篇·夨部》《集韵·虞韵》同。考郭店楚墓竹简本"汤吴之道"，释文作"唐虞之道"。由此知作"虞""华"同为今文，作"吴""華""蕚""𦬁"同为古文，虞翻、王肃作"虞"是取今文。

"惟"，"惟"通"唯"。《尚书·大禹谟》："人心唯危，道心唯微。"今本《尚书·大禹谟》"唯"作"惟"。《春秋左氏传》宣公十二年："敢不唯命是听。"吕本中《春秋集解·成公》引作"敢不惟命是听"。王引之《经传述闻》卷三云："惟，发语词也，字或作唯。"《六书正讹·支脂之韵》："隹，又借为发语辞，隶作惟、唯，同。"《字汇补·心部》："惟，古文惟字。"考之郭店楚墓竹简本《淄衣》篇所引《尚书》诸"惟"字皆作"隹"字。通行本、阜阳汉墓本皆作"惟"，今帛书本作"唯"。由此知作"惟""唯"同为今文，作"隹""惟"同为古文，虞翻作"惟"是取今文。

"入"，"入"通"内"。《礼记·月令》："命百官贵贱，无不务内。"郑玄注："内谓收敛入之也。"《春秋公羊传》文公十四年传："纳者何？入辞也。"《吕氏春秋·季秋纪》："无不务入。"高诱

注:“报秋毕内,故务入也。”《淮南子·时则训》亦引作“无不务入”。惠栋《九经古义》卷十二《礼记古义》云:“《吕览》内作入,内,古文入。”又《九经古义》卷十三《公羊古义》云:“古文入作内。”通行本、阜阳汉墓本皆作“入”,今帛书本“入”讹作“人”,然考通行本比卦六二爻辞“比之自内”,上博竹简本亦作“比之自内”。郭店楚墓竹简本《性自命出》:“智宜者能内之。”释文“内”作“纳”,读为“入”。由此知惠栋以“内”为“入”之古文至确,又知作“入”为今文,作“内”为古文,虞翻作“入”是取今文。

“于”,虞翻作“于”,作“于”是取古文。参见坤卦上六爻辞辨。

“林”,“林”通“临”。《春秋左氏传》定公八年:“林楚怒马。”《春秋公羊传》作“临南駷马”。汉代经学皆由师受,时君之讳,往往随时改易而随文释之,非复古书之义。《史记·外戚世家》“林虑”,司马贞《索隐》:“林虑,县名,属河内,本名隆虑,避殇帝讳改名林虑。”《后汉书·郡国志一》:“林虑,故隆虑,殇帝改。”隆、临一声之转可以通假。通行本、今帛书本皆作“林”,然考通行本临卦初九、九二“咸临”,六三“甘临”,六四“至临”,六五“至临”,上六“敦临”等诸“临”字,今帛书本皆作“林”,今传本《归藏》“临”字亦作“林”,《集韵·侵韵》:“临,古作臨。”由此知作“临”同为今文,作“林”“臨”为古文,虞翻作“林”是取古文。

“中”,“中”通“忠”。《尚书·仲虺之诰》:“建中于民。”《经典释文》:“中,本作忠。”《礼记·儒行》:“行必中正。”《孔子家语·儒行解》作“行必忠正。”《隶释·魏横海将军吕君碑》:“㠯忠勇显名州司。”洪适注:“碑以中勇为忠勇。”《说文·丨部》:“中,内也。从口、丨,上下通。㕜,古文中。”《集韵·东韵》:“中,古作𠁩。”考郭店楚墓竹简本《五行》:“亡审心。”释文作“亡中心”。通行本、今帛书本皆作“中”。然考通行本讼卦卦辞“中吉”,夬卦九五爻辞“中行”,师卦九二爻辞“在师中”,上博竹简本亦皆作“中吉”、“中行”,“才币审”。由此知作“中”“𠁩”“审”同为古文,虞翻作“中”是取古文。

“君”,马融、郑玄、虞翻作“君”,作“君”是取古文。参见乾卦九三爻辞辨。

“子”,马融、郑玄、虞翻作“子”,作“子”是取古文。参见乾卦九三爻辞辨。

“几”,“幾”通“機”。《史记·项羽本纪》:“不如因其機而遂取之。”《汉书·高帝纪》作“不如因其幾而遂取之。”颜师古注:“幾,危也。”马融《周易传》、虞翻《周易注》作“幾”,郑玄《周易注》作“機”,是其明证。顾炎武《日知录》卷二十七云:“不因其幾而遂取之,训幾为危未当,幾即機字,如《书》‘若虞機张’之機。”《集韵·微韵》:“幾,古作兟。”又《集韵·微韵》:“幾,古作㡬。”考上博竹简本《从政》:“从正又七幾。”释文“幾”作“機”。通行本、今帛书本皆作“幾”。由此知作“機”为今文,作“幾”亦为古文,郑玄作“機”是取今文,马融、虞翻作“幾”是取古文,参见小畜卦上九爻辞辨。

“不”,马融、郑玄、虞翻作“不”,作“不”是取古文。参见坤卦六二爻辞辨。

“如”,马融、郑玄、虞翻作“如”,作“如”是取今文。参见本卦六二爻辞辨。

“舍”,“舍”通“释”。《周礼·春官·大胥》:“春入学,舍菜,合舞。”郑玄注:“舍,即释也。”《经典释文》“舍,音释。”《列子·天瑞》“其人舍然大喜,晓之者亦舍然大喜”,张湛注:“舍,宜作释。”考《仪礼·乡饮酒礼》:“主人释服。”《仪礼·大射仪》:“获而未释获。”其二“释”字,郑玄皆注:“古文释为舍。”郑玄以“舍”为古文,以“释”为今文。通行本、今帛书本皆作“舍”。若依郑玄注,知作“舍”为古文,作“舍”为古文,作“释”为今文,马融、郑玄、虞翻作“舍”是取古文。

“往”,马融、郑玄、虞翻作“往”,作“往”是取今文。参见坤卦卦辞辨。

“吝”,“吝”同“遴”。《汉书·地理志》:“民以贪遴争讼生分为失。”《汉书·景十三王传》:“子安王光嗣,初好音乐舆马,晚节遴,唯恐不足于财。”颜师古皆注:“遴,与吝同。”惠栋《九经古义》卷一《周易古义》云:“史书遴本吝字(见《汗简》),此易经古文。”惠栋以“遴”字为“吝”字之古文,此说不确。《说文》释“吝”字引《易》作“以往吝”云:“𠳻,古文吝从彣。”《说文》又释“遴”字亦引《易》作“以往遴”。通行本、阜阳汉墓本皆作“吝”,今帛书本作“㖧”,证之马王堆汉墓帛书《老子》乙本《德经》:“㖧国相望”,通行本《老子》作“邻国相望”,是“吝”“㖧”“遴”“邻”古音同属稕韵,可以互借。然考郭店楚墓竹简本《尊德义》“则民少以”“正则民不㖧”、《穷达以时》“莫知之知而不㖧”等文,释文皆以“吝”释“㖧”。再考通行本蒙卦六四爻辞“困蒙吝”,上博竹简本作“困龙吝”。由此知作“吝”“㖧”“𠳻”同为古文,作“遴”为今文,马融、郑玄、虞翻作“吝”是取古文。

按,今帛书本作“㖧”,然帛书本于其他各卦诸爻辞“吝”字皆作“閵”。如蒙卦初六、六四爻辞,同人卦六二爻辞,蛊卦六四爻辞,观卦初六爻辞,贲卦六五爻辞,大过九四爻辞,咸卦九三爻辞,恒卦九三爻辞,晋卦上九爻辞,家人九三爻辞,解卦六三爻辞,姤卦上九爻辞,萃卦六三爻辞,困卦九四爻辞,巽卦九三爻辞等。考《史记·司马相如列传》:“观徒车之所辚轹。”《汉书·司马相如传》“辚轹”作“蔺轹”,“遴”与“辚”皆从粦可以通假,故“蔺”字亦可借作“吝”。

又按,通行本此条爻辞“无虞”,古人解释不一。按之今帛书本作“毋华”,“毋华”即为“无光”,意为天气阴霾,光线暗淡,猎人迷入其林中,于是放弃对禽兽的追逐,与《象传》“即鹿无虞,以从禽也”之意相吻合,较之通行本将其解释为因无虞人作向导而放弃狩猎,其义更长。

六四,乘马班如,求婚媾,往吉,无不利。

虞翻《周易注》作“乘马班如”。

“乘”,虞作作“乘”,作“乘”是取今文。参见本卦六二爻辞辨。

“马”,虞翻作“马”,作“马”是取古文。参见本卦六二爻辞辨。

“班”,虞翻作“班”,作“班”是取今文。参见本卦六二爻辞辨。

“如”,虞翻作“如”,作“如”是取今文。参见本卦六二爻辞辨。

九五,屯其膏,小贞吉,大贞凶。

虞翻《周易注》作“屯其膏”。

“屯”,虞翻作“屯”,作“屯”是取古文。参见本卦卦辞辨。

“其”,虞翻作“其”,作“其”是取今文。参见坤卦上六爻辞辨。

“膏”,“膏”通“橐”。《周礼·地官·大司徒》:“其植物宜膏物。”郑玄注：“膏当为櫜，字之误也。”《说文·肉部》：“膏，肥也。”考《汉阳令曹全碑》：“神明膏亲。”通行本、今帛书本皆作“膏”。由此知作“膏”为今文，虞翻作“膏”是取今文。

上六，乘马班如，泣血涟如。

孟喜《周易章句》作“泣涕㦚如”。

虞翻《周易注》作“乘马班如”。

九家《周易集注》作“乘马班如，泣血涟如”。

“乘”，虞翻、九家作“乘”，作“乘”是取今文。参见本卦六二爻辞辨。

“马”，虞翻、九家作“马”，作“马”是取古文。参见本卦六二爻辞辨。

“班”，虞翻、九家作“班”，作“班”是取今文。参见本卦六二爻辞辨。

“如”，孟喜、虞翻、九家作“如”，作“如”是取今文。参见本卦六二爻辞辨。

“泣”，“泣”通“汲”。《诗·邶风·燕燕》：“瞻望不及，泣涕如雨。”马王堆汉墓帛书《老子》甲本、《五行》引《诗》皆作“瞻望不及，汲涕如雨。”考《周礼·考工记·匠人》：“凡任，索约大汲其版谓之无任。”郑玄注：“故书汲作没。”郑玄以“没”为古文，以“汲”为今文。《说文·水部》：“没，沈也。”宋世荦《周礼故书疏证》：“汲、没形近易混。”通行本作“泣”，今帛书本作“汲”。若依郑玄注，知作“泣”“汲”同为今文，作“没”为古文，然考通行本井卦九三爻辞“可用汲”之“汲”，今帛书本、上博竹简本亦作“汲”，知“汲”亦为古文。孟喜、九家作“泣”是取今文。

“血”，九家作“血”，孟喜作“涕”。作“血”是取古文，作

“涕”是取今文。参见坤卦上六爻辞辨。

“涟”,“涟”同“澜”通“连”。《说文·水部》:“澜,大波为澜。澜,或从连。”段玉裁注:“古阑、连同音,故澜、涟同字。”《战国策·齐策四》“管燕连然流涕”,鲍彪注:“‘连’与‘涟’同,泣下也。”“连”亦通“慩”。《说文·心部》:“慩,泣下也。从心,连声。《易》曰:‘泣涕慩如。’”王筠《说文句读》:“经典借连字。《诗·卫风·氓》:‘泣涕涟涟。’”考《隶释·堂邑令费凤碑》“梨仪瘁伤,泣涕连漉”,《隶释·陈球后碑》作“泣涕涟如”。惠栋《九经古义》卷一《周易古义》云:“涟本波澜之字,《说文》引作慩,或古从立心,篆书水心相近,故误为涟。”惠栋以“慩”字为古文,不确。通行本作“涟”,今帛书本作“连”。“连”亦通“辇”。《周礼·春官·巾车》:“连车。”《经典释文》:“连,音辇,本亦作辇。”《说文·辵部》:“连,负车也。”段玉裁注:“连即古文辇也。”《周礼·地官·乡师》:“与其輂辇。”郑玄注:“故书辇作连,郑司农云:‘连读为辇。’”《仪礼·士丧礼》:“设决丽于掔。”郑玄注:“古文丽亦为连。”考通行本蹇卦六四爻辞“来连”,上博竹简本作“桼连”。由此知作“连”为古文。作“慩”“涟”同为今文,孟喜作“慩”是取今文,九家作“连”是取古文。

蒙䷃

蒙，亨，匪我求童蒙，童蒙求我。初筮告，再三渎，渎则不告。利贞。初六，发蒙，利用刑人，用说桎梏，以往，吝。九二，包蒙，吉。纳妇吉，子克家。六三，勿用取女，见金夫，不有躬，无攸利。六四，困蒙，吝。六五，童蒙，吉。上九，击蒙，不利为寇，利御寇。

蒙，亨，匪我求童蒙，童蒙求我。初筮告，再三渎，渎则不告。利贞。

孟喜《周易章句》作“再三黩”。

郑玄《周易注》作“匪我求童蒙，童蒙求我，初筮告，再三渎，渎则不告”。

陆绩《周易述》作“匪我求童蒙”。

虞翻《周易注》作“蒙，亨。匪我求童蒙，童蒙求我。利贞”。

“蒙”，“蒙”通“冡”。《说文·艸部》：“蒙，王女也。从艹，冡声。”段玉裁注：“蒙，籀文作[illegible]。今人蒙、冒皆用蒙字为之。”又《说文·冃部》：“冡，覆也。”段玉裁注：“凡蒙覆、童蒙之字，今字皆作蒙，依古当作冡。蒙行而冡废矣。”朱骏声《说文通训定声·丰部》：“冡，经传皆以蒙为之。”考《隶释·鲁相史晨祠孔庙奏铭》：“臣蒙厚恩。”《汉曹全碑》：“咸蒙瘳快惠政之流甚于置邮。”通行本、今帛书本皆作“蒙”，然考上博竹简本六四、六五、上九爻辞诸“蒙”字皆作“尨”，“尨”与“蒙”声近可通假。《春秋左氏传》僖公五年“狐裘尨茸，一国三公，吾谁适从？”《史记·晋世家》引作“狐裘蒙茸，一国三公，吾谁适从”。若依段注、上博竹简本，知作“蒙”为今文，作“尨”“𡚸”为古文，郑玄、陆绩、虞翻作“蒙”是取今文。

“亨”，虞翻作“亨”，作“亨”是取今文。参见乾卦卦辞辨。

“匪”，郑玄、陆绩、虞翻作“匪”，作“匪”是取今文。参见屯卦九二爻辞辨。

“我”，“我”通“戎”。《春秋左氏传》庄公二十年：“齐人伐戎。”《春秋穀梁传》作“齐人伐我”。《说文·我部》：“我，从戈，从𠂇。𠂇，或说古垂字。一曰古杀字。𢦐，古文我。”段玉裁注：“然则古文以我为俄也。古文假借如此。”证之《玉篇·我部》：“㦰，古文我。”《集韵·哿韵》：“我，古作㦰。”知段说不确。通行本、今帛书本皆作“我”，然考郭店楚墓竹简本《缁衣》“女不我得”“亦不我力”“我弗迪望”等文诸“我”字，由此知作“我”“㦰”同为古文，郑玄、陆绩、虞翻作“我”是取古文。

“求”，“求”通“裘”。《诗·小雅·大东》：“舟人之子，熊罴是裘。”郑玄笺：“裘当作求，声相近故也。”《说文·裘部》：“裘，皮衣也。从衣，象形。求，古文裘。”段玉裁注：“此本古文裘字。”考《周礼·大司徒》：“以求地中。”郑玄注：“故书求为救，杜子春云当为求。”郑玄以“求”为今文，以“救”为古文。不确。《汉书·董仲舒传》：“将以捄溢扶衰，所遭之变然也。”颜师古注：“捄，古救字。”惠栋《九经古义》卷七《周礼古义》云：“古救字作捄，裘字作求。”颜师古、惠栋以“捄”字为古文“救”字，与郑玄注异。通行本、今帛书本作“求”，然考通行本随卦六三爻辞“随有求得”,上博竹简本作“陵求又旻”,通行本颐卦卦辞“自求口实”,上博竹简本亦作“自求口实”。由此知作“求”为古文,作“裘”为今文,郑玄、陆绩、虞翻作“求”是取古文。

“童”,“童”通“僮”。《春秋左氏传》成公十七年:“厉公将作难胥童。”《韩非子·内储说下》:“胥僮之谏厉公。”《说文·人部》:“僮,未冠也。从人,童声。”段玉裁注:“《说文》僮童之训与后人所用正相反。如穜种二篆之比。今经传僮子字皆作童子,非古也。”《诗·郑风·褰裳》:“狂童之狂。”《玉篇·人部》引《诗》作“狂僮之狂”,并云:“《广雅》云:‘僮,痴也。’今作童。”《九经字样·亻部》:“童,古作僮子。今经典相承以为僮仆字。”汉石经《周易》旅卦六二爻辞“得童仆贞”、九三爻辞“丧其童仆”,吕祖谦《古易音训》:“晁氏曰:‘案,童,古文。’”沈祖绵《周易孟氏学》于大畜卦六四爻辞“僮牛之告”考证云:“僮,《说文》与童异,虞作童,今文也。”通行本、今帛书本皆作“童”,然考上博竹简本于诸卦各爻辞“童”字皆作“僮”。由此知作“童”为今文,作“僮”为古文,郑玄、陆绩、虞翻作“童”是取今文。

“初”,“初”通“鼻”。扬雄《方言》卷十三:“梁、益之间谓鼻为初。”《龙龛手鉴·金部》:“鑍,古文,音初。”《字汇补·金部》:“鑍,古文初字。”通行本、今帛书本皆作“初”,然考通行本诸卦爻辞“初”字,上博竹简本亦皆作“初”。由此知作“初”“鑍”同为古文,郑玄作“初”是取古文。

“筮”,“筮”通“逝”。马王堆汉墓帛书《老子》甲本、乙本《道经》:“大曰筮,筮曰远,远曰反。”通行本《老子》第二十五章“筮”作“逝”。《说文·竹部》:“筭,《易》卦用蓍也。从竹。筭,古文巫字。”通行本、今帛书本皆作“筮”,然证之今帛书本于“筮”“噬”二字往往混用。如通行本睽卦六五爻辞“厥宗噬肤”,

今帛书本作"登宗筮肤",噬嗑卦六二爻辞"噬肤灭鼻"、六三爻辞"噬腊肉"、九四爻辞"噬乾胏"、六五爻辞"噬乾肉"诸"筮"字,今帛书本并作"筮"。考通行本比卦卦辞"原筮",上博竹简本作"备箁"。"箁"或为"簭"之省。《周礼·春官·簭人》:"簭人掌三《易》,以辨九簭之名。"《周礼·考工记·梓人》:"凡攫閷援簭之类。"贾公彦疏:"攫着则杀之,援揽则噬之。"《玉篇·竹部》:"簭"同"筮。"《集韵·祭韵》:"巽,古巫字,或作筮、簭。"由此知"噬""筮""簭"古音同属祭韵,亦可以互借,又知作"筮""噬"同为今文,作"箁"或"巽"同为古文,郑玄作"筮"是取今文。

"告","告"通"诰"。《尚书·胤征》:"从先王居作《帝告》。"《史记·殷本纪》引作"从先王居作《帝诰》。"《集韵·屋韵》:"《易》初筮告,或从言。"朱骏声《说文通训定声·孚部》:"告,假借为诰。"《正字通·言部》:"诰,秦废古称制诏。"《礼记·缁衣》:"尹吉曰:惟尹躬及汤,咸有壹德。"郑玄注:"吉,当为告。告,古文诰字之误也。"郑玄以"告"为今文,以"诰"为古文。惠栋《九经古义》卷四《尚书古义》引作"告,古文诰"。《说文·言部》:"诰,告也。从言,告声。䛩,古文诰。"王筠《说文释例》考证云:"诰之古文䛩,《玉篇》无。案:前有詧字,与此䛩字正同,惟肉、又二字,有在上在旁之异耳。《玉篇》诰字后即列詧字,恐《说文》列字次第本如是。既经后人迻易之后,而詧字仍留未删。乃少改其体以为诰之古文耳。"今本《礼记·缁衣》:"尹吉"。郭店楚墓竹简本《缁衣》作"尹奡"。释文"奡"作"诰"。通行本作"告",今帛书本作"吉"。由此知作"诰""告"同为今文,作"䛩""奡"同为古文,郑玄作"告"是取今文。

"再","再"通"二"。《周礼·秋官·司刺》:"再宥曰过失。"《汉书·刑法志》引作"二曰过失",《山堂肆考》卷八十八"三刺听狱"条亦引作"二宥曰过失"。《说文·冓部》:"再,一举而二也。从一,冓声。"又《二部》:"弍,古文二。"《玉篇·冓部》:"再,重也,仍也。"又《二部》:"二,《易》曰天一地二。弍,古文。"通行本、今帛书本皆作"再"。由此知作"再"为今文,作"弍"为古文,孟喜、郑玄作"再"是取今文。

"三","三"同"参"。《说文·晶部》:"曑,从晶,㐱声。参,曑或省。"段玉裁注:"今隶变为参。"又《三部》:"三,天地人之道也。弎,古文三从弋。"《广雅·释言》:"参,三也。"《玉篇·晶部》:"曑,或作参。"《厽部》:"参,三也。亦作曑。"又《三部》:"三生万物。弎,古文。"《集韵·覃韵》:"参,古作叁。"通行本、阜阳汉墓本皆作"三",今帛书本作"参",然考通行本诸卦爻辞"三"字,上博竹简本皆作"晶"。如师卦九二爻"王三锡命",上博竹简本作"王晶赐命";比卦九五爻辞"王用三驱",上博竹简本作"王(用)晶驱";蛊卦卦辞"先甲三日",上博竹简本作"选甲晶日";革卦九三爻辞"革言三就",上博竹简本作"革言晶就"等。再考上博竹简本《彭祖》篇诸"三"字,亦皆作"三"。《说文·日部》:"晶,精光也。从三日。"段玉裁注:"凡言物之盛皆三其文。"徐灏《说文解字注笺》:"小篆变体有似三'日',而非从日也。古书传于'晶'字别无他义。"由此知作"叁""参"同为今文,作"晶""弎""三"同为古文,孟喜、郑玄作"三"是取古文。

"渎","渎"通"黩"。《说文·黑部》:"黩,握持垢也。从黑,卖声。《易》曰:'再三黩。'"朱骏声《说文通训定声·需部》:"渎,假借为黩。"《集韵·屋韵》:"黩,通作渎。"《周易集解》引崔觐曰:"渎,古黩字也。"丁寿昌《读易会通》:"渎作黩者,孟氏古文。作渎者,假借字。"沈祖绵《周易孟氏学》:"证以黩字,知孟氏亦用今文矣。”通行本作“渎”，今帛书本作“擅”，帛书《缪和》作“读”，阜阳汉墓本作“儥”，知“擅”“读”“儥”“渎”“黩”古韵同属屋韵，又同从卖声，可以互借。“渎”，或为“沟渎”之“渎”，意为贯通，“再三渎”，即卜筮三次，自可得解，不必再筮而告。若依崔觐注，又知作“渎”为古文，作“擅”“儥”“黩”同为今文，孟喜作“黩”是取今文，郑玄作“渎”是取古文。

“则”，“则”通“测”。《荀子·礼论》：“小人不能测也。”《史记·礼书》引作“小人不能则也。”“则”又通“即”。《诗·邶风·终风》：“愿言则嚏。”《一切经音义》引作“愿言即嚏。”《礼记·王制》：“必即天伦。”郑玄注：“即或为则。”《广雅·释言》：“则，即也。”《庄子口义》：“即，则也”。“即”与“则”义同。王引之《经传释词》卷八“即则”条：“则者，承上起下之词。《广雅》：‘则，即也。’字或通作即。”《说文·刀部》：“则，等画物也。从刀，从贝。贝，古之物货也。剔，古文则。鼎，亦古文则。”《玉篇》《集韵》同《说文》。通行本、阜阳汉墓本皆作“则”，今帛书本“则”作“即”。由此知作“则”为今文，作“即”“剔”“鼎”同为古文，郑玄作“则”是取今文。参见屯卦六三爻辞辨。

“不”，郑玄作“不”，作“不”是取古文。参见坤卦六二爻辞辨。

“利”，虞翻作“利”，作“利”是取古文。参见乾卦卦辞辨。

“贞”，虞翻作“贞”，作“贞”是取古文。参见乾卦卦辞辨。

按，此条爻辞“童蒙求我”，通行本、今帛书本同。《经典释文》：“一本作来求我。”多一“来”字。阮元《周易注疏校勘记·蒙卦》云：“石经、岳本、闽监本、毛本同。考文引古本蒙下有来字。”考《吕氏春秋·劝学》：“召师者不化。”高诱注引《易》作“童蒙来求”、蔡邕《处士圈叔则铭》引作《易》亦作“童蒙来求”，知汉魏时有作“童蒙来求我”与“童蒙求我”二种《周易》传本，其文意基本相同。

又按，此条爻辞“告”字，今帛书本“告”字作“吉”，马王堆汉墓帛书《缪和》作“吉”，汉石经《周易》亦作“吉”，于豪亮《帛书〈周易〉》云：“从文义看，以作告为长。……告字与吉字形近易讹，帛书和汉石均以误。”考《彖传》释“初筮告”云“以刚中也”，又云“蒙以养正，圣功也”，证之师卦卦辞“刚中而应”，《彖传》云：“刚中而应，行险而顺，以此毒天下，而民从之，吉又何咎矣，”又颐卦卦辞“颐，贞吉”，《彖传》云：“颐，贞吉，养正则吉也。”又马王堆汉墓帛书《缪和》：“渎弗敬，故曰不吉。”据此，作“吉”与《彖传》的释义吻合，文义更为顺畅。

初六，发蒙，利用刑人，用说桎梏，以往，吝。

孟喜《周易章句》作“以往遴”。

郑玄《周易注》作“用说桎梏”。

虞翻《周易注》作“发蒙，利用刑人，用说桎梏，以往，吝”。

干宝《周易注》作“发蒙，利用刑人，用说桎梏，以往，吝”。

“发”，“发”通“废”。《庄子·列御寇》：“先生既来，曾不发药乎。”《经典释文》：“发，司马本作废，云置也。”《大戴礼记·礼三本》：“大昏之未发齐也。”《史记·礼书》引作“大昏之未废齐也。”《周礼·考工记·梓人》：“则于视必拨尔而怒。”郑玄注：“故书拨作废，先郑云废读为拨。”马王堆汉墓帛书《老子》甲、乙本：“故大道废，安有仁义。”郭店楚墓竹简本《老子》丙本作“古大道发，安有义”，释文“发”作“废”。通行本作“发”，今帛书本作“废”。若依郑玄注，知作“发”为今文，作“发”“废”同为古文，虞翻、干宝作“发”是取今文。

“蒙”,虞翻、干宝作“蒙”,作“蒙”是取今文。参见本卦卦辞辨。

“利”,虞翻、干宝作“利”,作“利”是取古文。参见乾卦卦辞辨。

“用”,郑玄、虞翻、干宝作“用”,作“用”是取古文。参见乾卦初九爻辞辨。

“刑”,“刑”通“型”。《韩诗外传》卷三:“啜乎土型。”《史记·太史公自序》引作“啜土刑”。《尔雅·释诂上》:“刑,法也。”郝懿行疏义:“刑者,型之假音也。《说文》:‘型,铸器之法也。’经典俱借作刑。”黄宗炎《周易象辞》云:“刑,后人加土为偏旁作型。”不确。考《集韵·青韵》:“荆,古作型,通作刑。”再考郭店楚墓竹简本《成之闻之》:“是古畏备型罚之妻也。”上博竹简本《容成氏》:“不赏不罚,不型不杀。”释文“型”皆作“刑”。通行本、今帛书本皆作“刑”。由此知作“刑”为今文,作“型”为古文,虞翻、干宝作“刑”是取今文。

“人”,虞翻、干宝作“人”,作“人”是取古文。参见乾卦九二爻辞辨。

“说”,“说”通“税”“挩”“脱”。《礼记·文王世子》:“武王不说冠带而养。”《经典释文》:“说,本又作脱。”《说文·手部》:“挩,解挩也。”段玉裁注:“今人多用脱,古则用挩,是则古今字之异也,今脱行而挩废矣。”考《仪礼·士昏礼》:“主人税服。”郑玄注:“今文说皆作税”。又《仪礼·乡饮酒礼》:“坐挩手,遂祭酒。”郑玄注:“挩,拭也。古文挩作说。”郑玄以“说”为古文,以“税”、“挩”为今文。朱骏声《说文通训定声·手部》云:“经传以说、以税、以脱为之。”若依郑注,则知作“说”为古文,作“税”“挩”“脱”同为今文。通行本、今帛书本皆作“说”,然考通行本大畜卦九二爻辞“舆说輹”，上博竹简本作“车敚复”。由此知古“敚”与“说”皆因从兑，可以互借，又知作“敚”“说”同为古文，郑玄、虞翻、干宝作“说”是取古文。

“桎”，“桎”通“氏”。《诗·小雅·节南山》：“维周之氏。”郑玄注：“氏，当作桎辖之桎。”证之马王堆汉墓帛书本《春秋语事·晋献公欲得随会章》：“斩桎输。”通行本、今帛书本皆作“桎”，知作“桎”为今文，郑玄、虞翻、干宝作“桎”是取今文。

“梏”，“梏”通“杽”。《说文·木部》：“杽，械也。”段玉裁注：“械当作梏，字从木、手，则为手械无疑也。《广雅》曰：‘杽谓之梏。’杽、杻古今字。《广韵》曰：‘杽、杻古文。’”“梏”亦通“搅”。《汉后书·马融传》：“绢猑蹄，钑特肩，脰完羝，捴介鲜，散毛族，梏羽群。”李贤注：“案《字书》‘梏’从‘手’，即古文‘搅’字，谓搅扰也。”通行本、今帛书本皆作“梏”。由此知作“梏”为今文，作“杽”为古文，郑玄、虞翻、干宝作“梏”是取今文。

“以”，“以”通“已”“㠯”。《史记·高祖本纪》：“乃以竹此为冠。”《汉书·高帝纪》作“㠯竹皮为冠”。颜师古注：“㠯，古以字。”《礼记·檀弓下》：“则岂不得已。”郑玄注“以与已字本同。”王引之《经传释词》卷一“以已”条云：“㠯，或作以，或作已。”《诗·小雅·何人斯》：“作此好歌，极反侧。”《经典释文》：“㠯，音以，古以字，本作以。”汉碑中“㠯”“以”字多混用。如《北海相景君铭》作“㠯”，《尹宙碑》作“以”。《正字通·已部》：“以，与古共一字。隶作㠯、以。”此说不确。《诗·北风·击鼓》：“不我以归，忧心有忡。”郑玄注：“以，犹与也。”《仪礼·乡射礼》：“各以其耦进。”郑玄注：“今文以为与。”又《仪礼·既夕》：“商祝执功布以御柩。”郑玄注：“今文无以。”郑玄以“以”为古文。此说亦不确。《玉篇·已部》：“㠯，用也、实也，今作以。”《广韵·止韵》：“以，用也、与也、为也，古作㠯。㠯，古文。”《集韵·止韵》：“㠯，或作以。”通行本作“以”，今帛书本作“已”，然考通行本姤卦九五爻辞“以杞包瓜”，上博竹简本作“㠯芑橐苽”。由此知作“以”“已”同为今文，作“㠯”为古文，孟喜、虞翻、干宝作“以”是取今文。

“往”，孟喜、虞翻、干宝作“往”，作“往”是取今文。参见坤卦卦辞辨。

“吝”，孟喜作“遴”，虞翻、干宝作“吝”，作“遴”是取今文，作“吝”是取古文。参见屯卦六三爻辞辨。

九二，包蒙，吉。纳妇吉，子克家。

孟喜《周易章句》作“彪蒙，吉”。

京房《周易章句》作“彪蒙，吉”。

郑玄《周易注》作“苞蒙”。

陆绩《周易述》作“彪蒙，吉”。

虞翻《周易注》作“包蒙，吉，纳妇吉，子克家”。

“包”，“包”通“苞”。《经典释文》：“包，本亦作苞。”《庄子·天运》：“其形充满天地，苞裹六极。”《经典释文》：“苞，本或作包。”陆贾《新语·道基》：“苞之以六合，罗之以纲纪。”注：“苞与包同。”《仪礼·既夕礼》：“苞牲取下体。”《周礼·夏官·量人》贾公彦疏引“苞”作“包”。段玉裁《说文解字注·艸部》：“苞，假借为包裹。凡《诗》言‘白茅苞之，《书》言‘厥苞橘柚’，《礼》言‘苞苴’，《易》言‘苞蒙’‘苞荒’，皆用此字。近时经典凡训包裹者，皆径改为包字。”“包”通“彪”。蔡邕《蔡中郎集》卷六《处士圂叔则铭》：“童蒙来求，彪之用文。”同卷《司徒袁公夫人马氏灵表》：“俾我小子，蒙昧以彪。”又《东汉文纪》卷十二《征士法高卿碑》：“彪童蒙，作世师。”王引之《经义述闻》认为此“皆用蒙卦之辞”。《鹖冠子·世贤》“申麃胥”,即“申包胥”。《礼记·曲记下》:“苞屦不入公门。”郑玄注:“苞,藨也。”“苞”亦通“枹”,《诗·秦风·晨风》:“山有苞栎。”《尔雅·释木》郭璞注引作“枹栎”。通行本作“包”、今帛书本作作“枹”,是“包”与“苞”“彪”“藨”“枹”皆从包声转借。项安世《周易玩辞》考证云:“凡称包者,皆以阳包阴也。蒙之‘包蒙’,泰之‘包荒’,否之‘包承’‘包羞’‘包桑’,义亦同此。包,古苞苴字,后人加草以别之,故子夏传与虞翻本皆作苞字。”考《仪礼·既夕礼》:“木镳。”郑玄注:“古文镳作苞。”又阮元《周易注疏校勘记·蒙卦》云:“古经典‘包容’字多从艸。”李富孙《易经异文释》:“彪包声相近,古音尤幽部,亦转读萧宵肴,豪部,义通。……包里字古作勹,今经典作包,或假作苞,皆以同音通用也。”若依郑玄注,知作“苞”为古文,作“彪”“枹”“包”同为今文,孟喜、京房、陆绩作“彪”,虞翻作“包”是取今文,郑玄作“苞”是取古文。

然考通行本姤卦九二爻辞“包有鱼”、九四爻辞“包无鱼”之“包”,汉石经《周易》亦作“包”,今帛书本作“枹”,上博竹简本作“橐”。《广韵·豪韵》:“橐”通“包”。承培元《广说文答问疏证》:“《石鼓文》:‘其鱼隹何,隹鱮隹鲤,可㠯橐之,隹杨及柳。’是包鱼叀籀作橐鱼也。《易》《释文》云:包,郑作庖,荀作胞,虞云读为‘白茅苞之’之苞,字各不同。橐训勹裹,义正与虞同也。”杨慎《升庵集》卷六十三释“橐鱼”亦云:“橐,包也。今之渔者多以木杨或箬叶作包,覆鱼入市,《易》曰:‘包有鱼。’是也。”《说文·橐部》:“橐,囊张大皃。从橐省,缶声。”是“橐”与“包”亦可通假,其义相同。由此知作“橐”同为古文。

“蒙”,孟喜、京房、郑玄、陆绩、虞翻作“蒙”,作“蒙”是取今文。参见本卦卦辞辨。

"吉",孟喜、京房、陆绩、虞翻作"吉",作"吉"是取古文。参见乾卦用九爻辞辨。

"纳","纳"通"内"。《诗·豳风·七月》:"九月筑场圃,十月纳禾稼。"郑玄笺:"纳,内也。"《广雅·释诂》:"纳,入也。"《仪礼·燕礼》:"小臣纳卿大夫。"郑玄注:"纳者,以公命引而入也。"通行本作"纳",今帛书本作"入"。郭店楚墓竹简本《性自命出》:"智宜者能内之。""内之"即"纳之"。由此知作"纳""入"同为今文,作"内"为古文,虞翻作"纳"是取今文。参见屯卦六三爻辞辨。

"妇","妇"通"负"。《尔雅·释虫》:"蟠,鼠负。"《经典释文》:"负,又作妇。"《说文·虫部》"蟠"字下引作"鼠妇也"。通行本、今帛书本皆作"妇",然考通行本否卦九五爻辞"休否"、上九爻辞"倾否"之"否",其二"否"字,今帛书本皆作"妇",知古时"妇""否"亦可通借。又考通行本渐卦九三爻辞"妇孕不育",上博竹简本作"妇孕而口"。通行本恒卦六五爻辞"妇人吉",上博竹简本亦作"妇人吉"。再考《毛公鼎》铭文所镌:"上下若否。"战国《中山王鼎》铭文所镌:"智天若否。"由此知作"妇""否"同为古文,虞翻作"妇"是取古文。

"子",虞翻作"子",作"子"是取古文。参见乾卦九三爻辞辨。

"克","克"通"尅""剋"。《诗·大雅·皇矣》:"克长克君。"《隶释·卫尉衡方碑》引作"尅长剋君"。又《诗·豳风·伐柯》:"匪斧不克。"《诗经考文》云:"古本克作尅。"不确。《说文·克部》:"克,肩也。象屋下刻木之形。亨,古文克,泉,亦古文克。"《玉篇·克部》《集韵·德韵》同。考现存汉碑中多以"亯"字借作"克"。如《隶释·沛相杨统碑》:"亯忠亯力。"洪适

注:“即克字。”又注《隶释·繁阳令杨君碑》“亯”字云:“亯即克字。”若依《说文》《玉篇》《集韵》及洪适注,知作“克”为今文。通行本、今帛书本皆作“克”,然考之通行本讼卦九二、九四爻辞“不克讼”,上博竹简本亦皆作“不克颂”。由此知作“克”“声”“𠅞”同为古文,虞翻作“克”是取古文。

“家”,“家”通“嫁”。《战国策·魏策》:“子长色衰,重家而已。”姚宏续注:“家,一本作嫁。”鲍彪注本“家”作“嫁”。《说文·宀部》:“家,凥也。冢,古文家。”《玉篇·宀部》:“家,居也。冢,古文。”《集韵·麻韵》同。通行本、今帛书本皆作“家”,然考通行本师卦上六爻辞“开国承家”,上博竹简本作“启邦丞豙”。通行本大畜卦卦辞“不家食”,上博竹简本作“不豙而飤”。又考郭店楚墓竹简本《缁衣》:“邦豙之不寍。”《语丛一》:“又豙又名。”释文“豙”字皆作“家”。由此知作“家”为今文,作“豙”“冢”同为古文,虞翻作“家”是取今文。

六三,勿用取女,见金夫,不有躬,无攸利。

虞翻《周易注》作“勿用取女,见金夫,不有躬,无攸利”。

“勿”,虞翻作“勿”,作“勿”是取古文。参见乾卦初九爻辞辨。

“用”,虞翻作“用”,作“用”是取古文。参见乾卦初九爻辞辨。

“取”,“取”通“娶”。《诗·豳风·伐柯》:“取妻如何?匪媒不得。”《经典释文》:“取,亦作娶。”《史记·鲁周公世家》:“庄公取齐女为夫人曰哀姜。”又《春秋左氏传》襄公三十年:“为太子般娶于楚。”《史记·十二诸侯年表》“娶”字引作“取”字。“取”亦通“聚”。《汉书·五行志下之上》:“内取兹谓禽。”颜师古注:“取,如《礼记》‘聚麀’之聚。”吕祖谦《古易音训》:“晁氏曰:‘案,取,古文。’”惠栋《九经古义》卷一《周易古义》云:“古聚字,或作取,或作冣,《汉书·五行志》:‘取不达兹谓不知。’颜师古注:‘取读为聚,古文省。’”通行本、今帛书本、阜阳汉墓本、今帛书本皆作“取”,然考上博竹简本亦作“取女”。由此知作“取”为古文,作“聚”为今文,虞翻作“取”是取古文。

“女”,虞翻作“女”,作“女”是取古文。参见屯卦六二爻辞辨。

“见”,虞翻作“见”,作“见”是取古文。参见乾卦九二爻辞辨。

“金”,“金”通“噤”。《荀子·正论》:“金舌弊口,犹将无益也。”杨倞注:“金,或读为噤。”《说文·金部》:“金,五色也。今声。金,古文金。”《玉篇·金部》同,《集韵·侵韵》:“金,古作金。”通行本作“金”,然考上博竹简本亦作“金”。由此知作“金”“金”同为古文,作“金”为今文,虞翻作“金”是取古文。

“夫”,“夫”通“大”。《说文·夫部》:“夫,丈夫也。从大。”《庄子·田子方》:“于是旦而属之夫夫。”《经典释文》:“司马云:‘夫夫,大夫也。一云:夫夫,古读为大夫。’”《山海经·中山经》:“大夫之山。”吴任臣《山海经广注》卷四考证云:“《释义》本作‘大夫之山’。《续通考》引此亦作‘大夫之山’。又案:秦《峄山碑》及汉印篆文‘大夫’都作‘夫夫’,则二字古相通也。”通行本、今帛书本皆作“夫”,上博竹简本亦作“夫”。由此知作“夫”为古文,虞翻作“夫”是取古文。

“不”,虞翻作“不”,作“不”是取古文。参见坤卦六二爻辞辨。

“有”,虞翻作“有”,作“有”是取今文。参见乾卦上九爻辞辨。

“躬”，“躬”同“躳”。《说文·弓部》：“躳，身也，从吕、从身。躬，俗从弓、身。”《玉篇·吕部》：“躳，身也。《易》曰：‘不有躳，无攸利。’或作躬。”“躳”通“穷”。《战国策·魏策三》：“皆知秦之无穷也，非尽亡天下之兵而臣海内之民，必不休矣。”马王堆汉墓帛书《战国纵横家书·朱己谓魏王章》作“皆识秦之欲无躳也，非尽亡天下之兵而臣海内之民，必不休。”《集韵·东韵》：“穷，或作竆。”通行本作“躬”，今帛书本、阜阳汉墓本“躬”字皆作“躳”，“躳”即为“穷”“竆”之异体，与“躬”皆可通假。然考上博竹简本作“躳”。由此知作“躬”为今文，作“躳”为古文，虞翻作“躬”是取今文。

“无”，虞翻作“无”，作“无”是取古文。参见乾卦九三爻辞辨。

“攸”，虞翻作“攸”，作“攸”是取古文。参见坤卦卦辞辨。

“利”，虞翻作“利”，作“利”是取古文。参见乾卦卦辞辨。

六五，童蒙，吉。

虞翻《周易注》作“童蒙，吉”。

“童”，虞翻作“童”，作“童”是取今文。参见本卦卦辞辨。

“蒙”，虞翻作“蒙”，作“蒙”是取今文。参见本卦卦辞辨。

“吉”，虞翻作“吉”，作“吉”是取古文。参见乾卦用九爻辞辨。

上九，击蒙，不利为寇，利御寇。

马融《周易传》作“系蒙”。

荀爽《周易注》作“系蒙”。

郑玄《周易注》作“系蒙”。

虞翻《周易注》作“系蒙,不利为寇,利御寇”。

王肃《周易注》作“击蒙”。

“击”,“击”通“系”。《经典释文》释“击”云:“王肃云:‘治也。’马、郑作系。”“系”通“毄”。《周礼·地官·司马》:“祭祀之牛牲系焉。”《经典释文》:“毄,音计,本又作繫。”《汉书·景帝纪》:“郡国或硗陿无所农桑毄畜。”颜师古注:“毄,古繫字。”颜师古以“毄”为“繫”之古文。“击”亦同“毄”。睡虎地秦墓竹简本《为吏之道》:“申之义,以毄畸。”释文“毄”作“击”。《隶释·北海相景君铭》:“或着形像于列图,或毄颂于管弦。”《隶释·北军中候郭仲奇碑》:“鹰偫电毄。”此两“毄”字,即分别为“系”和“击”字。李富孙《易经异文释》认为“击”“系”字之古文皆作“毄”,因“后人加‘手’或加‘系’,故有不同”。宋翔凤《周易考异》云:“汉隶击、系字,并可省作毄。”考《汉书·扬雄传下》:“拮隔鸣球,掉八列之舞。”颜师古注引宋祁曰:“隔,韦昭云古文为击。”通行本、今帛书本皆作“击”,上博竹简本作“毄”,然考通行本姤卦初六爻辞“系于金柅”,上博竹简本亦作“系于金柅”。由此知“系”与“毄”相通,又可知作“系”“击”“毄”同为古文,马融、荀爽、郑玄作“系”,虞翻、王肃作“击”皆取古文。

“蒙”,马融、荀爽、郑玄、虞翻、王肃作“蒙”,作“蒙”是取今文。参见本卦卦辞辨。

“不”,虞翻作“不”,作“不”是取古文。参见坤卦六二爻辞辨。

“利”,虞翻作“利”,作“利”是取古文。参见乾卦卦辞辨。

“为”,“为”通“伪”。《春秋左氏传》成公九年:“为将改立君者。”《经典释文》:“为,本作伪。”《礼记·月令》:“于时毋或作为淫巧以荡上心。”郑玄注：“今《月令》无于时作为。为，诈伪。”“为”通“于”。《诗·墉风·定之方中》：“定之方中，作于楚宫，揆之以日，作于楚室。”王引之《经义述闻》：“于当读曰为，谓作为此宫室也。古声于与为通。”《仪礼·士冠礼》：“宜之于假，永受保之。”郑玄注：“于，犹为也。”《说文·爪部》：“为，母猴也。王育曰：‘爪，𦥮，象形也。’，古文为，象两母猴对形。”《字汇补·臼部》：“𦥮，古文为字。”通行本作“为”，上博竹简本亦作“为”。“为”通“于”。又通行本萃卦初六“一握为笑”之“为”，上博竹简本作“于”。由此知作“为”“于”“𦥮”同为古文，作“伪”为今文，虞翻作“为”是取古文。参见坤卦上六爻辞辨。

“寇”，虞翻作“冦”，作“寇”是取今文。参见屯卦六二爻辞辨。

“御”，“御”通“禦”。《诗·邶风·谷风》：“亦以御冬。”毛传：“御，禦也。”《楚辞·九辩》：“无衣裘以御冬兮。”王逸注：“御，一作禦。”蔡邕《明堂月令论》引《易》作“利用御寇”，《潜夫论·边议》引《易》作“制禦寇”。《说文·彳部》：“御，使马也。从彳、卸。驭，古文御。从又、马。”惠栋《九经古义》卷四《尚书古义》：“古禦字作御，古文《春秋传》皆然。”考《集韵·未韵》：“御，古作驭、𢓜。”“𢓜”即“迎”字，通行本作“御”，上博竹简本作“迎”，知“迎”与“御”“禦”音同可以互借。由此又知作“御”“禦”同为今文，作“驭”“迎”同为古文，虞翻作“御”是取今文。

按，此条爻辞“利御寇”，通行本同。阮元《周易注疏校勘记·蒙卦》云：“古本御上有用字。”《象传》云：“利用御寇，上下顺也。”证之今帛书本、上博竹简本亦作“利寇”，无“用”字，可证阮说不确。

需䷄

需，有孚，光亨，贞吉，利涉大川。初九，需于郊，利用恒，无咎。九二，需于沙，小有言，终吉。九三，需于泥，致寇至。六四，需于血，出自穴。九五，需于酒食，贞吉。上六，入于穴，有不速之客三人来，敬之，终吉。

需，有孚，光亨，贞吉，利涉大川。

郑玄《周易注》作“需，光亨，贞吉”。

虞翻《周易注》作“需，有孚，光亨，贞吉，利涉大川”。

“需”，“需”通“襦”。《周礼·考工记·弓人》：“厚其帤则木坚，薄其帤则需。”郑玄注：“需谓不充满，郑司农云：帤读为‘襦有衣絮’之‘絮’。”又《周礼·夏官·罗氏》：“罗氏掌罗乌鸟，蜡则作罗襦。”郑玄注：“郑司农云：襦，细密之罗。襦读为‘繻有衣絮’之‘繻’。”“需”又通“儒”。《山海经·中山经》：“来需之水。”《水经注·洛水》引作“来儒之水”，注：“案，儒，近刻作需。”朱骏声《说文通训定声·需部》：“需，此字当从雨、从耎省，会意，即今所用濡、渜字，与霏同意。《广雅·释言》：‘需，颓也。’《说文》絮，篆解引《易》既济‘需有衣絮’，各本以繻、以襦为之。”知“襦”字与“需”字皆衍需声可以通假。《字汇补·雨部》：“雵，古需字。见《归藏易》。李阳冰曰：‘云上于天。’”按《说文·雨部》:"需,《易》曰:'云上于天,需。'"是"需"字当从天。通行本作"需",今帛书本作"襦",上博竹简本"需"字,濮茅左皆隶定为"㮋",何仪琳、季旭升隶定为"孠",通"需",为"嗣"之古文。按,"㮋"或为"耎"字之变体。《龙龛手鉴·而部》:"耎,俗;需,正。"《字汇·而部》:"耎同需"。由此知作"需""襦"同为今文,作"䨞""㮋""孠"同为古文。然考通行本既济卦六四爻辞"繻有衣袽",上博竹简本作"需又衣絮",上六爻辞"濡其首",上博竹简本作"需丌首",又知作"需"亦为古文,郑玄、虞翻作"需"是取古文。参见既济卦六四爻辞辨。

"有",虞翻作"有",作"有"是取今文。参见乾卦上九爻辞辨。

"孚","孚"通"扶"。《礼记·聘礼》:"孚尹旁达信也。"郑玄注:"孚或为扶。""孚"亦通"旉"。《经典释文》:"孚,又作旉。"吕祖谦《古易音训》:"晁氏曰:'案,旉,古文。'"不确。考《说文·爪部》:"孚,卵孚也。从爪,从子,一曰信也。采,古文孚。"《玉篇·彳部》:"復,古文复字。"《集韵·虞韵》:"孚,古作采。"通行本作"孚",今帛书本作"复","孚""复"古音相近可以互借。然考上博竹简本亦作"孚"。由此知作"孚""采""復"同为古文,作"复"为今文,虞翻作"孚"是取古文。

"光","光"同"黄"。《春秋左氏传》襄公二十年:"陈侯之弟黄。"《春秋公羊传》《春秋穀梁传》作"陈侯之弟光"。《说文·火部》:"光,明也。从火在儿上,光明意也。㷬,古文。炗,古文。"又《说文·黄部》:"黄,地之色也。从田,从炗。炗,古文光。"通行本、今帛书本皆作"光",然考上博竹简本亦作"光"。由此知作"光""炗"同为古文,郑玄、虞翻作"光"是取古文。参见坤卦六五爻辞辨。

"亨",郑玄、虞翻作"亨",作"亨"是取今文。参见乾卦卦辞辨。

"贞",郑玄、虞翻作"贞",作"贞"是取古文。参见乾卦卦辞辨。

"吉",郑玄、虞翻作"吉",作"吉"是取古文。参见乾卦用九爻辞辨。

"利",虞翻作"利",作"利"是取古文。参见乾卦卦辞辨辨。

"涉","涉"通"拾"。《礼记·曲礼上》:"拾级聚足。"郑玄注:"拾当为涉,声之误也。"《说文·林部》:"𣥭,徒行厉水也。从林,从步。涉,篆文从水。"《集韵·叶韵》:"篆作涉,古作𣥭。"《正字通·止部》:"𣥭,同涉。本作𣥭,步中有水。"通行本、今帛书本皆作"涉",然考上博竹简本作"𣥭"。由此知作"涉"为今文,作"𣥭"为古文,虞翻作"涉"是取今文。

"大",虞翻作"大",作"大"是取古文。参见乾卦九二爻辞辨。

"川",虞翻作"川",作"川"是取古文。参见坤卦卦辞辨。

初九,需于郊,利用恒,无咎。

干宝《周易注》作"需于郊,利用恒,无咎"。

"需",干宝作"需",作"需"是取古文。参见本卦卦辞辨。

"于",干宝作"于",作"于"是取古文。参见坤卦上六爻辞辨。

"郊","郊"通"鄗"。《春秋左氏传》文公三年:"取王官及郊。"《史记·秦本纪》引作"取王官及鄗"。马王堆汉墓帛书本《战国纵横家书·朱己谓魏王事章》:"与楚兵夬于陈鄗。"《史记·魏世家》作"与楚兵决于陈郊"。"郊"通"蒿"。《周礼·地官·载师》:“以宅田士田贾田,任近郊之地。”郑玄注:“故书郊作蒿。杜子春云:蒿诚为郊。”“蒿”亦通“鄗”。《春秋穀梁传》桓公十五年:“公会齐侯于蒿。”《经典释文》:“蒿,《左氏》作‘艾’,《公羊》作‘鄗’。”阮元《春秋穀梁传注疏校勘记》:“艾、蒿同物也,蒿、鄗同音也。”知“郊”“蒿”“鄗”音同可以互借。通行本作“郊”,今帛书本作“茭”,上博竹简本作“蒿”。考《玉篇·艸部》:“茭,草,可供牛马。蔌,古文。”又考上博竹简本《容成氏》:“武王素甲以申于殷蒿。”由此知郑玄所注至确,又知作“郊”“茭”同为今文,作“蒿”“蔌”同为古文,干宝作“郊”是取今文。

“利”,干宝作“利”,作“利”是取古文。参见乾卦卦辞辨。

“用”,干宝作“用”,作“用”是取古文。参见乾卦九二爻辞辨。

“恒”,“恒”通“亘”。《诗·大雅·生民》:“恒之秬秠。”《经典释文》:“恒,本又作亘。”《颜氏家训·书证》引《诗》作“亘之秬秠”。《汉书·叙传》:“恒以年岁。”颜师古注:“如淳曰:‘恒音亘。’”郭店楚墓竹简《老子》甲本:“智足之为足,此亘足矣。”马王堆汉墓帛书《老子》甲本“亘”作“恒”。《说文·二部》:“死,古文恒。”考今本《礼记·缁衣》:“人而无恒,不可以为卜筮。”郭店楚墓竹简本《缁衣》:“人而亡恶,不可为卜箸。”通行本、今帛书本皆作“恒”,然考上博竹简本作“死”,“死”为“恶”之省,与《说文》同。由此知作“恒”为今文,作“亘”“死”同为古文,干宝作“恒”是取今文。

“无”,干宝作“无”,作“无”是取古文。参见乾卦九三爻辞辨。

“咎”,干宝作“咎”,作“咎”是取古文。参见乾卦九三爻辞辨。

九二，需于沙，小有言，终吉。

郑玄《周易注》作"需于沚"。

虞翻《周易注》作"需于沙，小有言，终吉"。

"需"，郑玄、虞翻作"需"，作"需"是取古文。参见本卦卦辞辨。

"于"郑玄、虞翻作"于"，作"于"是取古文。参见坤卦上六爻辞辨。

"沙"，"沙"同"𣲡"。《说文·水部》："沙，或从尐。"《玉篇·水部》："𣲡，同沙。"惠栋《九经古义》卷一《周易古义》："郑玄本沙作沚，当作𣲡，与沙同。""𣲡"即"沙"的异体。通行本、今帛书本皆作"沙"，然考上博竹简本作"⿰土⿸尾少"，考《说文》无"⿰土⿸尾少"字，释文认为该字从土、从尾，少声，故"⿰土⿸尾少"同"沙"。由此知作"沙""𣲡"同为今文，作"⿰土⿸尾少"为古文，郑玄作𣲡，虞翻作"沙"是取今文。

"小"，"小"同"少"。《韩非子·饬令》："朝廷之事，小者不毁。"《商子·勒令》："朝廷之吏，少者不毁。"《大戴礼记·保傅》："简闻小诵。"《群书考索·三少》引作"简闻少诵"。古文献"小"多作"少"。俞樾《诸子平议》："小当作少。简闻者，闻之简而不详也，少诵者，诵之少而不多也。古字少、小通用。"郭店楚墓竹简本《缁衣》："民不能大其娧而少其亚。"今本《礼记·缁衣》作"民不得其美而小其恶"。又上博竹简《缁衣》："少民隹曰命。"同篇："毋以少悬败大惜。"今本《礼记·缁衣》作"毋以小谋败大作"。通行本作"小"，今帛书本、阜阳汉简本"小"字皆作"少"。然考郭店楚墓竹简本《成之闻之》"小人不緹"之"小"。由此知作"小""少"同为古文，郑玄、虞翻作"小"是取古文。

"有"，郑玄、虞翻作"有"，作"有"是取今文。参见乾卦上九爻辞辨。

“言”,“言”通“愆”。《说文·辛部》:“辛,读若愆。”段玉裁注:“辛,古文愆。”闻一多《新证》:“言,皆读为愆。言、辛古当同字。《说文》:‘辛,辛也。读若愆。’《易》凡言‘有言’,读为有愆。”通行本、今帛书本皆作“言”,然考上博竹简本亦作“言”。由此知作“言”“辛”同为古文,作“愆”为今文,郑玄、虞翻作“言”是取古文。

“终”,郑玄、虞翻作“终”,作“终”是取今文。参见乾卦九三爻辞辨。

“吉”。郑玄、虞翻作“吉”,作“吉”是取古文。参见乾卦用九爻辞辨。

九三,需于泥,致寇至。

荀爽《周易注》作“需于泥”。

郑玄《周易注》作“致戎至”。

王肃《周易注》作“致戎至”。

“需”,荀爽作“需”,作“需”是取古文。参见本卦卦辞辨。

“于”,荀爽作“于”,作“于”是取古文。参见坤卦上六爻辞辨。

“泥”,“泥”通“柅”。《诗·大雅·行苇》:“维叶泥泥。”王念孙《广雅疏证》:“《潜夫论·德化》篇引《诗》作‘柅柅’,并与‘苨苨’同。”“泥”通“埿”。《史记·屈原贾生列传》:“泥而不滓。”《隶释·费凤别碑》作:“埿而不滓。”《广韵·霁韵》:“泥,滞陷不通。埿,俗。”《集韵·齐韵》:“埿,或作垦,通作泥。”“垦”即“坭”字。通行本、今帛书本皆作“泥”,上博竹简本作“圫”,“圫”即“坭”之省。又考通行本井卦初六爻辞“井泥不食”之

"泥",上博竹简本作"朁"。《尔雅·释言》:"朁,废也。"郝懿行《尔雅义疏》:"朁,通作替。""替""泥"声近可以通假。由此知作"泥"为今文,作"圵"为古文,荀爽作"泥"是取今文。

"致","致"通"至"。《庄子·外物》:"厕足而垫之致黄泉。"《经典释文》:"致,至也。本亦作至。"《礼记·乐记》"武坐致若宪左,何也?"郑玄注:"致,谓膝至地也。"《礼记·大学》:"先致其知。"郑玄注:"此致或为至。"《说文·至部》:"至,鸟飞从高下至地也。䒤,古文至。"《玉篇·至部》:"至,极也,通也,善也,达也,大也,到也。垦,古文。"郭店楚墓竹简本《缁衣》:"民至行。"今本《礼记·缁衣》作"民致行。"又上博竹简本《父母之命》:"以至五至。"今本《礼记·孔子闲居》作"以致五至"。通行本、今帛书本、汉石经《周易》皆作"致",然考上博竹简本作"至"。由此知作"致"为今文,作"至""䒤""垦"同为古文,荀爽、郑玄、王肃作"致"是取今文。

"寇",荀爽作"寇",郑玄、王肃作"戎",作"寇"是取今文,作"戎"是取古文。参见屯卦六二爻辞辨。

"至",荀爽、郑玄、王肃作"至",作"至"是取古文。参见本爻辞"致"字辨。

六四,需于血,出自穴。

陆绩《周易述》作"需于血"。

九家《周易集注》作"需于血,出自穴"。

"需",陆绩、九家作"需",作"需"是取古文。参见本卦卦辞辨。

"于",陆绩、九家作"于",作"于"是取古文。参见坤卦上六爻辞辨。

"血",陆绩、九家作"血",作"血"是取古文。参见坤卦上六爻辞辨。

"出","出"通"诎"。《春秋左氏传》襄公三十年:"嘻嘻出出。"《经典释文》:"出出,郑注:'《周礼》引此作诎诎。'"《战国策·秦策四》:"诎令韩魏归帝重于齐。"《新序·善谋》引作"出令韩魏归帝重齐"。《说文·出部》:"出,进也。象艸木益滋上出达也。"《玉篇·出部》:"出,去也;远也。"《诗·小雅·宾之初筵》:"既醉而出,并受其福。"郑玄笺:"出,犹去也。"通行本、今帛书本皆作"出",然考上博竹简本亦作"出"。由此知作"出"为古文,作"诎"为今文,九家作"出"是取古文。

"自",《说文·自部》:"自,鼻也。象鼻形。㿝,古文自。"又《玉篇·自部》:"自,鼻也。𦣹,古文。"通行本、今帛书本皆作"自",然考上博竹简本亦作"自"。由此知作"自""㿝""𦣹"同为古文,九家作"自"是取古文。

"穴","穴"通"阅"。《文选·风赋》:"空穴来风。"李善注引《庄子》逸篇作"空阅来风"。《说文·门部》:"阅,具数于门中也。"段玉裁注:"古叚阅为穴。""穴"同"坹"。《玉篇·穴部》:"窬,深儿。或作坹。"《广韵·屑韵》:"坹,穴也。"《集韵·屑韵》:"坹,空深儿。"通行本、今帛书本皆作"穴",然考通行本、今帛书本小过卦六五爻辞"取彼在穴",上博竹简本作"取皮才坹"。《六书通》:"坹,也,窒也。窐,古文塞字。"由此知作"穴"为今文,作"坹"为古文,九家作"穴"是取今文。

九五,需于酒食,贞吉。

荀爽《周易注》作"需于酒食,贞吉"。

"需",荀爽作"需",作"需"是取古文。参见本卦卦辞辨。

"于",荀爽作"于",作"于"是取古文。参见坤卦上六爻辞辨。

"酒","酒"通"酉"。刘熙《释名·释饮食》:"酒,酉也。"《春秋左氏传》襄公三十年:"郑伯有耆酒,为窟室而夜饮酒。"马王堆汉墓帛书本《春秋事语伯·有章》:"有闭室,县钟而长饮酉。"《说文·酉部》:"酒,从水、酉,酉亦声。丣,古文酉。"《六书正伪·有韵》:"酉乃古酒字。"商承祚《殷虚文字类编》:"《说文解字》酉与酒训略同,本为一字,故古金文酒字皆作酉,"刘心源《奇觚室吉金文述》:"酉,古文酒字。"通行本、今帛书本皆作"酒",然考上博竹简本《容成氏》:"或为酉池,謏乐于酉。"二"酉"字,释文并作"酒"。由此知作"酒"为今文,作"酉""丣"同为古文,荀爽作"酒"是取今文。

"食","食"通"飤"。《尔雅·释器》注:"见公食大夫礼。"《经典释文》:"食本作飤。"《说文·食部》:"飤,粮也。从人,从食。"段玉裁注:"以食食人物,本作食,俗作飤。"《汉书·韩信传》:"解衣衣我,推食食我。"颜师古注:"下食读曰飤也。"《汉书·龚胜传》:"行道舍传舍,悬次具酒肉,食从者及马。"颜师古注:"道次给酒肉,并飤其从者及马也。"《一切经音义》卷十四引《苍颉训诂》曰:"飤,以食与人曰飤。"《五经文字》:"飤,今经典通以食字为之。"《六书故》"飤,食也。"通行本、今帛书本皆作"食",然考通行本讼卦六三爻辞"食旧德"、大畜卦卦辞"不家食",其二"食"字,上博竹简本亦皆作"飤"。再考上博竹简本《容成氏》:"乃飤于埜,于野。"释文"飤"作"食"。由此知作"食"为今文,作"飤"为古文,荀爽作"食"是取今文。

"贞",荀爽作"贞",作"贞"是取古文。参见乾卦卦辞辨。

"吉",荀爽作"吉",作"吉"是取古文。参见乾卦用九爻辞辨。

上六,入于穴,有不速之客三人来,敬之,终吉。

荀爽《周易注》作"入于穴,有不速之客三人来,敬之,终吉"。

"入",荀爽作"入",作"入"是取今文。参见屯卦六三爻辞辨。

"于",荀爽作"于",作"于"是取古文。参见坤卦上六爻辞辨。

"穴",荀爽作"穴",作"穴"是取今文。参见本卦六四爻辞辨。

"有",荀爽作"有",作"有"是取今文。参见乾卦上九爻辞辨。

"不",荀爽作"不",作"不"是取古文。参见坤卦六二爻辞辨。

"速","速"通"数"。《庄子·人间世》:"以为棺椁则速腐。"《经典释文》:"速,向、崔本作数。"《周礼·考工记·弓人》:"则莫能以速中且不深。"郑玄注:"故书速或作数,郑司农云字从速。"又《逸周书·官人》:"设之以物而数决。"《大戴礼记·文王官人》:"执之以物而遫决。"是"速""数""遫"古音同属屋韵,可以互借。考《汉书·周勃传》:"因战攻得云中守遫。"颜师古注:"遫,古速字也。"《汉书·息夫躬传》:"诸曹以下仆遫不足事。"颜师古注:"遫,古速字。"《说文·辵部》:"速,疾也。从辵,束声。遫,籀文从敕。警,古文从敕、从言。"《玉篇·言部》释"警"云:"古文速。"又《走部》以"速"之籀文作"遫"。《集韵·

屋韵》:“速,古作警,籀作遬。”通行本作“速”,今帛书本作“楚”,“楚”通“数”。《庄子·人间世》:“以为棺椁则速腐。”《经典释文》:“速,向、崔本作数。”故“楚”亦可通“速”。《隶释·巴郡太守樊敏碑》:“或居于楙,或集于梁。”洪适注:“楙即楚字。”《字汇补·木部》:“楙,古楚字。”由此知作“速”“楚”同为今文,作“警”“楙”同为古文,荀爽作“速”是取今文。

“之”,荀爽作“之”,作“之”是取古文。参见坤卦卦辞辨。

“客”,“客”通“格”。通行本《老子》:“乐与饵,过客止。”马王堆汉墓帛书《老子》甲、乙本《道经》作“乐与饵,过格止”。《汗简·戈部》引《尚书》“格”作“茖”,《一切经音义·大智度论》第二十三卷“格”字下云:“格,古文茖同。”通行本、今帛书本皆作“客”。证之楚风《铸客鼎》之“客”,郭店楚墓竹简本《六德》“六者客行亓戠”之“客”,释文作“各”,知“客”又可通“各”。由此知作“客”“茖”同为古文,荀爽作“客”是取古文。

“三”,荀爽作“三”,作“三”是取古文。参见蒙卦卦辞辨。

“人”,荀爽作“人”,作“人”是取古文。参见乾卦九二爻辞辨。

“来”,“来”通“逨”。《玉篇·辵部》:“逨,来也,至也。”“逨”亦同“倈”、“徕”。《汉书·景武昭宣元成功臣表》:“诗云:‘徐方既倈。’《春秋》列潞子之爵,许其慕诸夏也。”颜师古注:“倈,古来字。”《汉书·武帝纪》:“氐羌徕服。”颜师古注:“徕,古往来之字也。”又汉严忌《哀时命》:“往者不可扳援兮,徕者不可与期。”王逸注:“徕,一作来。”朱骏声《说文通训定声·颐部》:“来字,亦作徕、作逨。”考郭店楚墓竹简《老子》乙本:“终身不坓。”释文“坓”作“逨”。《性自命出》:“坓武乐取。”释文“坓”字亦作“逨”。古时从“止”与从“辵”之字可以互借。通行本、今帛书本皆作“来”，然考通行本各卦爻辞诸“来”字，上博竹简本皆作“逨”字，或作“逩”“䢅”字。如蹇卦初六爻辞“逩誉”，九三爻辞“逩反”、九四爻辞“逩连”，丰卦六五爻辞“䢅章”等。由此知作“来”为今文，作“逨”“徕”或“逩”“䢅”同为古文，荀爽作“来”是取今文。

“敬”，“敬”通“惊”。《逸周书·官人》：“敬之以卒而度应。”《大戴礼记·文王官人》作“惊之以卒而度料”。“敬”又通“警”“儆”。《诗·大雅·常武》：“既敬既戒。”郑玄笺：“敬之言警也。”又《周礼·夏官·司马》郑玄注引作“既儆既戒”，《经典释文》：“儆，本亦作敬。”《集韵·映韵》：“敬，古作㢢。”通行本、今帛书本皆作“敬”。然考郭店楚墓竹简本《唐虞之道》“又敬也”、《成之闻之》“必先敬人”诸“敬”字，由此知作“敬”“㢢”同为古文，荀爽作“敬”是取古文。

“终”，荀爽作“终”，作“终”是取今文。参见乾卦九三爻辞辨。

“吉”，荀爽作“吉”，作“吉”是取古文。参见乾卦用九爻辞辨。

按，此条爻辞“不速之客”，通行本同。今帛书本作“不楚客”，少一“之”字，证之荀爽《周易注》亦作“不速之客”，疑为传抄者笔误，其文意基本相同。

讼䷅

讼，有孚，窒惕，中吉，终凶。利见大人，不利涉大川。初六，不永所事，小有言，终吉。九二，不克讼，归而逋，其邑人三百户，无眚。六三，食旧德，贞厉，终吉。或从王事，无成。九四，不克讼，复即命渝，安贞，吉。九五，讼，元吉。上九，或锡之鞶带，终朝三褫之。

讼，有孚，窒惕，中吉，终凶。利见大人，不利涉大川。

马融《周易传》作“咥惕，中吉”。

荀爽《周易注》作“讼，有孚”。

郑玄《周易注》作“有孚，咥”。

虞翻《周易注》作“有孚，窒惕，中吉。终凶”。

干宝《周易注》作“讼，有孚”。

蜀才《周易注》作“讼，有孚窒惕，中吉”。

“讼”，“讼”通“颂”。《史记·吴王濞列传》：“讼共禁弗予。”《汉书·吴王濞传》作“颂共禁不与”。颜师古注：“颂读曰容。”《说文·宀部》：“宑，古文容从公。”又《言部》：“讼，争也。从言，公声。曰謌讼。䛗，古文讼。”段玉裁注：“讼、颂古今字，古作讼，后人假颂皃字为之。”《玉篇·言部》：“讼，争讼也。䛗，古文。”通行本、今帛书本皆作“讼”，然考上博竹简本亦作“讼”。由此知作“讼”“詻”同为古文，作“颂”为今文，荀爽、干宝、蜀才作“讼”是取古文。

“有”，荀爽、郑玄、虞翻、干宝、蜀才作“有”，作“有”是取今文。参见乾卦上九爻辞辨。

“孚”，荀爽、郑玄、虞翻、干宝、蜀才作“孚”，作“孚”是取古文。参见需卦卦辞辨。

“窒”，“窒”通“咥”。《经曲释文》：“马作咥，云读为踬，犹止也。郑云：‘咥，觉悔貌。’”李富孙《易经异文释》：“马读咥为踬，训犹止，与窒义略同。”“窒”通“室”。《墨子·号令》：“外空室尽发之。”孙诒让《墨子间诂》：“室、窒声类同，古多通用。”惠栋《九经古义》卷十六《论语古义》：“郑氏曰：‘《鲁论》窒作室，今从古。’”通行本作“窒”，今帛书本“窒”作“洫”，“洫”“窒”声同韵近可以通假。然考上博竹简本作“窒”作“懥”，“懥”通“疐”，《礼记·大学》：“身有所忿懥。”郑玄注：“懥或为疐。”“疐”同“嚏”。《诗·邶风·终风》：“愿言则嚏。”《经典释文》“嚏”作“疐”，并云：“又作嚏。”考《礼记·月令》：“民多鼽嚏。”《吕氏春秋·季秋世》《淮南子·时则训》皆引作“民多鼽窒”，故“懥”亦可通“窒”。何琳仪等以为“懥”即“陟”字之异文。“陟”之古文，《说文》作“隮”。《玉篇·人部》：“隮，古文陟。”由此知“窒”为今文，而作“室”“懥”“隮”同为古文，马融、郑玄作“咥”，虞翻、干宝、蜀才作“窒”是取今文。

“惕”，马融、虞翻、蜀才作“惕”，作“惕”是取今文。参见乾卦九三爻辞辨。

“中”，马融、虞翻、蜀才作“中”，作“中”是取古文。参见屯卦六三爻辞辨。

"吉",马融、虞翻、蜀才作"吉",作"吉"是取古文。参见乾卦用九爻辞辨。

"终"虞翻作"终",作"终"是取今文。参见乾卦九三爻辞辨。

"凶","凶"通"兇"。通行本《老子》十六章:"不知常,妄作凶。"马王堆汉墓帛书《老子》甲本"凶"作"兇"。《说文·凶部》"凶,恶也。"《集韵·钟韵》:"凶,恶也。通作兇。"考《隶释·三公山碑》:"攘去寇殉。"洪适注:"殉即山字。"《广韵·钟韵》:"凶,祸。殉,古文。"通行本、今帛书本皆作"凶",然考上博竹简本诸卦爻辞亦皆作"凶"。由此知作"凶""殉"同为古文,作"兇"为今文,虞翻作"凶"是取古文。

按,此条爻辞"利见大人",通行本、汉代荀爽《周易注》同。今帛书本、上博竹简本皆作"利用见大人",多一"用"字。考之通行本《周易》卦爻辞中凡"利用"之辞十二见,如蒙卦初六爻辞"利用刑人",需卦初九爻辞"利用恒",谦卦六五爻辞"利用侵伐"、上六爻辞"利用行师",观卦六四爻辞"利用宾于王",益卦初九爻辞"利用为大作"、六四"利用为依迁国"等。上博竹简本为战国晚期文物,而今帛书本为汉代初期典籍,年代早于通行本、荀爽本,二种《周易》文本都作"利用见大人",可证既非传抄者笔误,也非传抄者所衍,当是汉代之前较为流行的别种《周易》传本,其文意基本相同。

初六,不永所事,小有言,终吉。

虞翻《周易注》作"不永所事,小有言,终吉"。

"不",虞翻作"不",作"不"是取古文。参见坤卦六二爻辞辨。

"永",虞翻作"永",作"永"是取今文。参见坤卦用六爻辞辨。

"所","所"通"许"。《诗·小雅·伐木》:"伐木许许。"《说文·斤部》:"所,伐木声也。从斤,户声。《诗》曰:'伐木所所。'"《汉书·张良传》:"父去里所复还。"颜师古注:"行一里许而复来。"又《汉书·疏广传》:"金余尚有几所。"颜师古注:"几所,犹言几许也。"《集韵·语韵》:"所,古作戹。"通行本、今帛书本皆作"所",上博竹简本作"迦",然考通行本解卦卦辞"无所往"之"所",上博竹简本亦作"所"。由此知"迦"可以借为"所",又知作"戹""所"同为古文。虞翻作"所",是取古文。

"事",虞翻作"事",作"事"是取古文。参见坤卦六三爻辞辨。

"小",虞翻作"小",作"小"是取古文。参见需卦九二爻辞辨。

"有",虞翻作"有",作"有"是取今文。参见乾卦上九爻辞辨。

"言",虞翻作"言",作"言"是取古文。参见需卦九二爻辞辨。

"终",虞翻作"终",作"终"是取今文。参见乾卦九三爻辞辨。

"吉",虞翻作"吉",作"吉"是取古文。参见乾卦用九爻辞辨。

九二,不克讼,归而逋,其邑人三百户,无眚。

子夏《易传》作"无眚"。

马融《周易传》作"无眚"。

郑玄《周易注》作"归而逋,其邑人三百户,无眚"。

虞翻《周易注》作“不克讼，归而逋，其邑人三百户，无眚”。

“不”，虞翻作“不”，作“不”是取古文。参见坤卦六二爻辞辨。

“克”，虞翻作“克”，作“克”是取古文。参见蒙卦九二爻辞辨。

“讼”，虞翻作“讼”，作“讼”是取古文。参见本卦卦辞辨、

“归”，“归”通“馈”。《论语·阳货》：“归孔子豚。”《经典释文》：“归，郑本作馈，鲁读为归，今从古。”又《论语·先进》：“咏而归。”《经典释文》：“归，郑本作馈。馈，酒食也。鲁读馈为归，今从古。”《仪礼·士虞礼》：“特豕馈食。”郑玄注：“馈，犹归也。”《仪礼·聘礼》：“归饔饩五牢。”郑玄注：“今文归或作馈。”郑玄或以“归”为古文，以“馈”为今文，或以“馈”为古文，以“归”为今文，皆不确。考《集韵·至韵》：“馈，或作归，古作餽。”通行本、今帛书本皆作“归”，然考上博竹简本作“遈”，《古文苑·石鼓文》：“舫舟西遈。”章樵注引郑樵云：“遈，即归字。”由此知作“餽”“遈”同为古文，作“归”、“馈”同为今文，郑玄、虞翻作“归”是取今文。

“而”，“而”通“能”。《战国策·齐策四》：“如此者三人而治可为管商之师。”《吕氏春秋·不侵》作“如此者三人能治可为管商之师”。《说文·而部》：“而，颊毛也。”段玉裁注：“古音能与而同，叚而为能，亦叚耐为能。”考《玉篇·而部》：“而，乃也，能也，颊之毛曰而，今作髵。”通行本、今帛书本皆作“而”。若依《玉篇》，知作“而”为古文，作“髵”为今文，郑玄、虞翻作“而”是取古文。参见履卦六三爻辞辨。

“逋”，“逋”通“膊”。扬雄《法言·先知》：“死者逋。”俞樾《诸子平议》：“逋乃膊之叚字。”《说文·辵部》：“逋，亡也。从

辵，甫声。𨓜，籀文逋从捕。”古时从夫声、从甫声之字皆可互借。《诗·邶风·谷风》：“匍匐救之。”《礼记·檀弓下》《汉书·谷永传》引作“扶服救之”。《史记·苏秦传》：“委蛇蒲服，以面掩地而谢。”《索隐》：“蒲服即匍匐，并音蒲仆。”《楚辞·九思》：“堇荼茂兮扶疏。”洪兴祖《楚辞补注》：“扶一作敷。”通行本、今帛书本皆作“逋”，然考上博竹简本作“肤”，“肤”“扶”皆从夫得声，可以互借，故亦可与“逋”通假。由此知作“肤”为古文，作“逋”为今文，郑玄、虞翻作“逋”是取今文。

“其”，郑玄、虞翻作“其”，作“其”是取今文。参见坤卦上六爻辞辨。

“邑”，“邑”通“悒”。《楚辞·离骚》：“曾歔欷余郁邑兮。”洪兴祖《楚辞补注》：“邑一作悒。”《荀子·解蔽》：“无悒怜之心。”杨倞注：“或曰邑与悒同。”《说文·邑部》：“邑，国也。从口。”通行本、今帛书本皆作“邑”，然考上博竹简本亦作“邑”。由此知作“邑”为古文，作“悒”为今文，郑玄、虞翻作“邑”是取古文。

“人”，郑玄、虞翻作“人”，作“人”是取古文。参见乾卦九二爻辞辨。

“三”，郑玄、虞翻作“三”，作“三”是取古文。参见蒙卦卦辞辨。

“百”，“百”通“白”。《史记·酷吏列传》：“南阳有梅免、白政。”《汉书·酷吏传》作“南阳有梅免、百政”。颜师古注：“梅、百皆姓也。”《说文·白部》：“百，十十也。从一、白。𦣻，古文百。”《集韵·陌韵》：“百，古从自。”通行本、今帛书本皆作“百”，然考上博竹简本作“四”，古文“四”字作“亖”，李学勤《周易溯源》云：“‘四’字不作重画而作‘四’，实系‘百’字形误。”廖名春

《楚简〈周易〉校勘记》云："简文'四'乃'百'形讹。"。由此知作"百""百"同为古文，郑玄、虞翻作"百"是取古文。

"户"，"户"通"扈"。《史记·夏本纪》："遂灭有扈氏。"银雀山汉墓竹简本《孙膑兵法见威王》："亡有户是中国。"胡承珙《小尔雅义证广诂》："扈与户通。"《说文·户部》："户，护也。床，古文户，从木。"又《邑部》："屷，古文扈，从山、弓。"《玉篇·止部》："岜，古文户。"《类篇·户部》："户。古文床。"通行本、今帛书本皆作"户"，然考上博竹简本亦作"户"。又考通行本丰卦上六爻辞"窥其户"，上博竹简本作"闺其床"，与《说文》合。由此知作"户""床""岜"同为古文，作"扈"为今文，郑玄、虞翻作"户"是取古文。

"无"，子夏、马融、郑玄、虞翻作"无"，作"无"是取古文。参见乾卦九三爻辞辨。

"眚"，"眚"通"省"。刘熙《释名·释天》："眚，省也。"《史记·晋世家》："还报里克，里克使迎夷吾于梁。夷吾欲往，吕省。"司马贞《索隐》："省音眚。"段玉裁《说文解字注·目部》："眚，又假减省之省。"《周礼·地官·大司徒》："七日眚礼。"郑玄注："眚礼，谓杀吉礼也。"贾公彦疏："谓吉礼之中，眚其礼数。"此二"眚"字，皆可以假借为"省"字。《尚书·说命》："惟乾戈省厥躬。"《经典释文》："省，一本作眚。"通行本作"眚"，今帛书本、汉石经《周易》皆作"省"，然考上博竹简本作"禮"，或为"眚"之本字。证之郭店楚墓竹简本《语丛二》"眚"字皆假借为"性"，知性可以通"眚"。由此知作"眚""禮"同为古文，作"省"为今文，子夏、马融、郑玄、虞翻作"眚"是取古文。

按，此条爻辞"归而逋其邑"，通行本、今帛书本，郑玄《周易注》、虞翻《周易注》同。上博竹简本作"逯肤丌邑"，少一"而"

字,疑为传抄者笔误,其文意基本相同。

六三,食旧德,贞厉,终吉。或从王事,无成。

虞翻《周易注》作“食旧德,贞厉,终吉,或从王事,无成”。

“食”,虞翻作“食”,作“食”是取今文。参见需卦九五爻辞辨。

“旧”,“旧”通“久”。《尚书·无逸》:“其在高宗,时旧劳于外。”《史记·鲁周公世家》引作“其在高宗,久劳于外。”又《尚书·无逸》:“旧为小人。”阎若璩《尚书古文疏证》云:“马本旧作久。”《汉书·叙传下》:“广阿之廛,食其旧德。”颜师古注:“《易》讼卦六三爻辞曰‘食旧德’,食犹飨也。”《汉书·隽不疑传》:“闻暴公子威名旧矣。”颜师古注:“旧,久也。”马王堆汉墓帛书《老子》甲本:“智止不息,可以长久。”郭店楚墓竹简《老子》甲本作“智止不息,可以长旧。”释文“旧”作“久”。“旧”又通“柩”。《周礼·地官·小司徒》:“执纛与匠师御匶而治役。”郑玄注:“以指麾挽柩之役。”“柩”字古文作“匶”,《玉篇·匚部》:“匛,亦作匛。匶,籀文。”《广韵·宥韵》:“匶,柩古文。”《汗简·匚部》亦以“匶”为“柩”之古文。通行本、今帛书本皆作“旧”,然考上博竹简本亦作“旧”。又考通行本井卦初六爻辞“旧井无禽”,上博竹简本作“旧汬亡”。由此知作“旧”“匶”同为古文,作“久”“柩”同为今文,虞翻作“旧”是取古文。

“德”,“德”通“得”。《礼记·乐记》:“德者,得也。”《史记·项羽本纪》:“吾为若德。”《汉书·项籍传》作“吾为公得”。晋灼注:“字或作德。”《墨子·节用》:“民德不劳,其兴利多矣。”孙诒让《墨子间诂》:“德与得通。”“德”之古文作“悳”。《玉篇·心部》:“悳,今通用德。𢛳,古文。”《广韵·德韵》:“德,德行。悳，古文。”《尚书·尧典》：“否德忝帝位。”《史记·五帝本纪》引作“鄙悳忝帝位。”又《汉书·贾谊传》：“悳至渥也。”《汉书·地理志》：“安悳，合阳，侯国。”其二“悳”字，颜师古皆注：“悳，古德字。”考楚墓郭店竹书本《礼记·缁衣》：“咸又一悳。”释文“悳”作“德”。又同篇“又悳行”之“悳”，释文亦作“德”。通行本、今帛书本皆作“德”，然考上博竹简本作“悳”。由此知作“德”为今文，作“悳”“惪”同为古文，虞翻作“德”是取今文。

“贞”，虞翻作“贞”，作“贞”是取古文。参见乾卦卦辞辨。

“厉”，虞翻作“厉”，作“厉”是取今文。参见乾卦九三爻辞辨。

“终”，虞翻作“终”，作“终”是取古文。参见乾卦九三爻辞辨。

“吉”，虞翻作“吉”，作“吉”是取古文。参见乾卦用九爻辞辨。

“或”，虞翻作“或”，作“或”是取古文。参见乾卦九四爻辞辨。

“从”，虞翻作“從”，作“從”是取古文。参见坤卦六三爻辞辨。

“王”，虞翻作“王”，作“王”是取古文。参见坤卦六三爻辞辨。

“事”，虞翻作“事”，作“事”是取古文。参见坤卦六三爻辞辨。

“无”，虞翻作“无”，作“无”是取古文。参见乾卦九三爻辞辨。

“成”，虞翻作“成”，作“成”是取今文。参见坤卦六三爻辞辨。

按，此条爻辞“终结”，通行本、阜阳汉墓本、上博竹简本同。今帛书本无“终结”二字，疑为传抄者笔误，其文意有别。

九四，不克讼，复既命渝，安贞，吉。

马融《周易传》作“渝，安贞，吉”。

郑玄《周易注》作“渝，安贞，吉”。

虞翻《周易注》作“不克讼，复即命俞，安贞，吉”。

“不”，虞翻作“不”，作“不”是取古文。参见坤卦六二爻辞辨。

“克”，虞翻作“克”，作“克”是取古文。参见蒙卦九二爻辞辨。

“讼”，虞翻作“讼”，作“讼”是取古文。参见本卦卦辞辨。

“复”，“复”通“覆”。《荀子·臣道》：“以德复君而化之。”俞樾《诸子平议》：“《韩诗外传》复作覆，当从之。”《战国策·秦策三》：“后无反复于王前耶？”《史记·范雎蔡泽列传》：“无反复于王邪？”《仪礼·特牲馈食礼》：“宾出，主人出，皆复外位。”郑玄注：“今文复为反。”（按，今注疏本脱此五字，据《仪礼集释》补）郑玄以“反”为今文，以“复”为古文。”《经典释文》：“复，音服，反也。”古时从辵、彳之字可以互借，如“徼”可作“邀”。《荀子·儒效》：“小则日徼其所恶。”杨倞注：“徼与邀同。”即是一例。《玉篇·彳部》：“復，古文复字。”通行本、今帛书本皆作“复”，然考上博竹简本作“逿”。由此知作“复”“復”“逿”同为古文，作“反”“覆”同为今文，虞翻作“复”是取古文。

“即”，虞翻作“即”，作“即”是取古文。参见屯卦六三爻辞辨。

“命”，“命”通“名”。《尚书·吕刑》：“乃命三后。”《墨子·

尚贤中》引作“乃名三后。”《春秋左氏传》桓公二年：“以条之役生太子，命之曰仇。”《汉书·五行传》引作“名之曰仇”。《史记·天官书》：“兔七命。”司马贞《索隐》：“命者，名也。”《广雅·释诂三》：“命，名也。”王念孙《广雅疏证》云：“命即名也。名、命古同声同义。”通行本、今帛书本皆作“名”，然考上博竹简本亦作“命”。又证之郭店楚墓竹简本《性自命出》其“命”字皆作“命”，由此知作“命”为古文，作“名”为今文，虞翻作“命”是取古文。

“渝”，“渝”同“俞”。《汉书·司马相如传》：“巴俞宋蔡淮南于遮。”《文选·上林赋》作“巴渝宋楚淮南于遮”，李善注：“王臣作俞。”通行本作“渝”，今帛书本作“谕”，然考上博竹简本作“愈”，《汉书·礼乐志》：“如以汤止沸，沸俞甚而无益。”颜师古注：“俞，进也，音踰，又音愈，它皆类此。”由此知“俞”“渝”“谕”“愈”皆从俞声可以互借。又证之郭店楚墓竹简本《忠信之道》“渝”皆作“俞”，由上博竹简本作“愈”，又知作“渝”“谕”同为今文，作“愈”“俞”同为古文，马融、郑玄作“渝”是取今文，虞翻作“俞”是取古文。

“安”，马融、郑玄、虞翻作“安”，作“安”是取古文。参见坤卦卦辞辨。

“贞”，马融、郑玄、虞翻作“贞”，作“贞”是取古文。参见乾卦卦辞辨。

“吉”，马融、郑玄、虞翻作“吉”，作“吉”是取古文。参见乾卦用九爻辞辨。

九五，讼，元吉。

王肃《周易注》作“讼，元吉”。

"讼",王肃作"讼",作"讼"是取古文。参见本卦卦辞辨。

"元",王肃作"元",作"元"是取古文。参见乾卦卦辞辨。

"吉",王肃作"吉",作"吉"是取古文。参见乾卦用九爻辞辨。

上九,或锡之鞶带,终朝三褫之。

马融《周易传》作"或锡之鞶带,终朝三褫之"。

荀爽《周易注》作"或锡之鞶带,终朝三拕之"。

郑玄《周易注》作"或锡之鞶带,终朝三拕之"。

虞翻《周易注》作"或锡之鞶带,终朝三拕之"。

王肃《周易注》作"或锡之槃带,终朝三褫之"。

翟玄《周易义》作"终朝三拕之"。

"或",马融、荀爽、郑玄、虞翻、王肃作"或",作"或"是取古文。参见乾卦九四爻辞辨。

"锡","锡"通"赐"。《春秋公羊传》庄公元年:"王使荣叔来锡桓公命。锡者何? 赐也。"《尔雅·释诂上》:"锡,赐也。"《尚书·禹贡》:"锡土姓。"《史记·夏本纪》引作"赐土姓",《汉书·地理志上》引作"锡土姓"。孙堂《汉魏二十一家易注》考证云:"《书序》'平王锡晋文侯秬鬯圭瓒',马融本'锡'作'赐'。《左氏春秋经》'王使毛伯卫来锡公命',唐石经作'来赐'。古本'锡'字多作'赐'。"考《仪礼·燕礼》:"宾所执脯以赐钟人于门内霤。"郑玄注:"古文赐为锡。"又考《仪礼·觐礼》:"天子赐舍。"郑玄注:"今文赐作锡。"郑玄既以"赐"为今文,以"锡"为古文,又以"锡"为今文。再考《仪礼·燕礼》:"用绤若锡。"郑玄注:"今文锡为緆。"若依郑玄此注,作"锡"为古文,作"赐""緆"为今文。王国维《观堂集林》:"古文以为赐字,古锡、赐一字。"

通行本作“锡”,今帛书本作“赐”,然考上博竹简本亦作“赐”。由此知作“赐”为古文,作“锡”为今文,荀爽、郑玄、虞翻、王肃作“锡”是取今文。

“之”,马融、荀爽、郑玄、虞翻、王肃、翟玄作“之”,作“之”是取古文。参见坤卦卦辞辨。

“鞶”,“鞶”通“槃”。《说文·革部》:“鞶,大带也。《易》曰‘或锡之鞶带’,男子带鞶,妇人带丝。从革,般声。”《春秋左氏传》定公六年:“定之鞶鉴。”杜预注:“鞶,又作盘。”《春秋穀梁传》桓公三年:“诸母盘申之。”《经典释文》:“盘,一作鞶。”《说文·木部》:“槃,承盘也。从木,般声。鎜,古文从金。”商承祚《说文中之古文考》:“槃以木为之,则从木;以金为之,则从金;示其器,则从皿;其意一也。”“槃”通“柈”。《集韵·桓韵》:“槃,《说文》:‘承槃也。’或作柈。”《一切经音义》卷八:“柈,古文作鎜,籀文作槃。”通行本作“鞶”,今帛书本作“般”,然考上博竹简本作“緍”,濮茅左认为“緍”与“鞶”通。据此,“鞶”“槃”“般”“緍”皆因形近或声近可以互借。若依《说文》、上博竹简本,知作“鞶”为今文,作“鎜”“緍”同为古文,荀爽、郑玄、虞翻皆作“鞶”,王肃作“槃”,是取今文。

“带”,“带”通“帶”。《经典释文》“带”作“帶”,并云:“音带,亦作带。”李富孙《易经异文释》:“汉碑带作帶,楷变作帶。”考《张迁碑》“带”作“帶”,《孔彪碑》作“带”。吕祖谦《古易音训》:“晁氏曰:‘帶,篆字。’”又《礼记·玉藻》:“革带二寸。”望山楚墓竹简作“革締”。通行本、今帛书本皆作“带”,然考上博竹简本“带”字亦作“締”。由此知作“带”为今文,作“帶”为古文,马融、荀爽、郑玄、虞翻、王肃作“带”是取今文。

“终”,马融、荀爽、郑玄、虞翻、王肃、翟玄作“终”,作“终”是取今文。参见乾卦九三爻辞辨。

“朝”,“朝”通“鼂”。《春秋左氏传》定公五年:“五年春,王人杀子朝于楚。”《汉书·五行志上》引作“后二年,子鼂犇楚而死。”《楚辞·九歌·湘君》:“鼂骋骛兮江皋,夕弭节兮北渚。”王逸注:“鼂,一作朝。”《文选·上林赋》:“晁采琬琰,和氏出焉。”李善注:“晁,古朝字。”《汉书·严助传》:“鼂不及夕。”颜师古注:“鼂,古朝字。”又《汉书·景帝纪》:“斩御史大夫晁错以谢七国。”颜师古注:“晁,古朝字。”可知“朝”字古文作“晁”,也可作“鼂”。通行本、今帛书本皆作“朝”,然考上博竹简本亦作“朝”。由此知作“朝”“晁”同为古文,马融、荀爽、郑玄、虞翻、王肃、翟玄作“朝”是取古文。

“三”,马融、荀爽、郑玄、虞翻、王肃、翟玄作“三”,作“三”是取古文。参见蒙卦卦辞辨。

“褫”,“褫”通“拕”。《说文·衣部》:“褫,夺也。读如沱。”《淮南子·人间训》:“拖其衣被。”高诱注:“拖,夺也。”《广韵·歌韵》:“拕,曳也。俗作拖。”《汉书·严助传》:“拕舟而入水。”颜师古注:“拕,曳也。”则“拕”可借为“褫”。《经典释文》:“褫,本又作褫。”通行本、今帛书本皆作“搋”,是“褫”“褫”“搋”三字以形似而互借。然考上博竹简本作“褜”,“褜”“褫”声通,亦读作“褫”。“褜”即“表”之古文。《说文·衣部》:“表,上衣也。从衣、从毛。古者衣裘,以毛为表。褜,古文表,从麃。”《集韵·小韵》:“表,古作褜。”由此知作“褫”“拕”同为今文,作“褜”为古文,荀爽、郑玄、虞翻作“拕”,马融、王肃、翟玄作“褫”是取今文。

按,此条爻辞“或锡之鞶带”,通行本、今帛书本同。上博竹简本作“或赐緕縩”,少一“之”字,疑为传抄者笔误,其文意基本相同。

师䷆

师，贞，丈人吉，无咎。初六，师出以律，否臧凶。九二，在师中，吉，无咎，王三锡命。六三，师或舆尸，凶。六四，师左次，无咎。六五，田有禽，利执言，无咎。长子帅师，弟子舆尸，贞凶。上六，大君有命，开国承家，小人勿用。

师，贞，丈人吉，无咎。

子夏《易传》作“师，贞，大人吉”。

马融《周易传》作“师，贞，丈人吉”。

郑玄《周易注》作“师，丈人吉”。

陆绩《周易述》作“师，贞，丈人吉”。

“师”，“师”通“帅”。《孟子·公孙丑上》：“无气之帅也。”《音义》：“帅本亦作师。”《汉书·谷永传》：“帅举直言。”颜师古注：“帅字或作师。”《说文·帀部》：“师，二千五百人为师。从帀、从𠂤。𩁜，古文师。”今甲、金文多以“𠂤”或“帀”为“师”。如《大盂鼎》铭文所镌：“古丧𠂤已民。”《多友鼎》铭文所镌：“武公命多友率公交车，羞追于京𠂤。”其二“𠂤”字，均释为“师”。通行本、今帛书本皆作“师”，然考上博竹简本作“帀”。由此知作“师”为今文，作“帀”“𩁜”同为古文，子夏、马融、郑玄、陆绩作

“师”是取今文。

“贞”，子夏、马融、陆绩作“贞”，作“贞”是取古文。参见乾卦卦辞辨。

“丈”，“大”通“丈”。《经典释文》作“丈”。李鼎祚《周易集解》引崔憬曰：“《子夏传》作‘大人’，并王者之师也。”后人或作“大”或作“丈”，可谓莫衷一是。考之《论语》、《庄子》等先秦古籍，“丈人”一词，皆为老人无力扶杖之谓。《玉篇·丈部》：“丈，扶也。”《六书正伪·养韵》：“丈，借为扶行之丈。老人持丈，故谓之丈人。”古大、丈字形相似，转写易混。如《春秋左氏传》哀公十一年：“武叔曰：‘是谓我不成丈夫也。’”杜预注：“本作大夫。”又十三年：“杀其丈夫而囚其妇人。”杜预注：“本或作大夫。”扬雄《太玄·众首》拟《师》卦赞曰“丈人摧挐”。通行本作“丈”，然考上博竹简本亦作“丈”。由此知作作“丈”“大”同为古文，子夏作“大”，马融、郑玄、陆绩作“丈”是取古文。参见乾卦九二爻辞辨。

“人”，子夏、马融、郑玄、陆绩作“人”，作“人”是取古文。参见乾卦九二爻辞辨。

“吉”，子夏、马融、郑玄、陆绩作“吉”，作“吉”是取古文。参见乾卦用九爻辞辨。

按，“丈人”，因李鼎祚《周易集解》引崔憬曰：“《子夏传》作‘大人’。”历代对此条爻辞或以“大人”释之，或以“丈人”释之，众说纷纭。今帛书本“大人”两字残缺不全，证之上博竹简本作“丈人”，当是早于通行本、今帛书本的《周易》版本。

初六，师出以律，否臧凶。

马融《周易传》作“否臧凶”。

荀爽《周易注》作“不臧凶”。

郑玄《周易注》作“否臧凶”。

刘表《周易章句》作“不臧凶”。

陆绩《周易述》作“师出以律，否臧凶”。

王肃《周易注》作“否臧凶”。

九家《周易集注》作“师出以律”。

“师”，陆绩、九家作“师”，作“师”是取今文。参见本卦卦辞辨。

“出”，陆绩、九家作“出”，作“出”是取古文。参见需卦六四爻辞辨。

“以”，陆绩、九家作“以”，作“以”是取今文。参见蒙卦初六爻辞辨。

“律”，“律”通“聿”。《诗·大雅·文王》：“聿修厥德。”郑玄注：“聿，述也。”《汉书·宣元六王传》引作“述修厥德”。又《礼记·中庸》：“上律天时。”毛传：“律，述也。”《说文·聿部》：“聿，所以书也。楚谓之聿，吴谓之不律，燕谓之弗。从聿，一声。”考《诗·大雅·大明》：“聿怀多福。”王夫之《诗经稗疏》卷四《考异》：“聿，古文作昳。”方浚益《缀遗斋彝器款识考释》：“古文聿、聿止一字，篆文兴始分为二。”通行本、今帛书本皆作“律”，然考上博竹简本作“聿”。由此知作“律”为今文，作“聿”“聿”同为古文，陆绩、九家作“律”是取今文。

“否”，“否”通“不”。《论语·雍也》：“予所否者，天厌之。”《史记·孔子世家》引作“予所不者，天厌之”。《说文·不部》：“否，不也。从口、从不，不亦声。”《尚书·尧典》：“否德忝帝位。”《经典释文》：“否，不也。”《韩诗外传》：“君曰不。”《礼记·哀公问》作“君曰否”。考《仪礼·士相见礼》：

"主人对曰:'某不敢为仪。'"郑玄注:"今文不为非。"若依郑玄注,则作"不"为古文,作"非"为今文。又《字汇补·几部》:"丕,古否字。见《弘明集》。"吕祖谦《古易音训》:"晁氏曰:'否,案,古文作不字。'"通行本作"否",今帛书本作"不",然考上博竹简本"否"字亦作"不"。按之《毛公鼎》铭文镌有"上下若否"四字,则西周已有"否"字。由此知作"否""不"同为古文,马融、郑玄、陆绩、王肃作"否",荀爽、刘表作"不"是取古文。参见坤卦六二爻辞辨。

"臧","臧"通"藏"。《论语·公冶长》:"用舍行藏。"《隶释·卫尉衡方碑》引作"用行舍臧"。《汉书·礼乐志》:"今叔孙通所撰礼仪,与律令同录,臧于理官。"颜师古注:"古书怀藏之字,本皆作臧,《汉书》例为臧耳。"徐铉《说文新附字》:"藏,《汉书》通用臧字,从艸后人所加。"颜、徐皆以"臧"为古文。《玉篇·匚部》:"匨,古臧字。"《集韵·唐韵》:"藏,古作匨。"通行本、今帛书本皆作"臧",然考上博竹简本作"牆"。《说文》无"牆"字。郭店楚墓竹简本《穷达以时》:"郘望为牂逨津。"释文"牂"作"臧",知"牂""牆"字形相近互借,由此知颜、徐之说不确,又知作"臧"为今文,作"牆""匨"同为古文,马融、荀爽、郑玄、刘表、陆绩、王肃作"臧"是取今文。

"凶",作"凶"为古文。参见屯卦九五辞辨。

九二,在师中,吉,无咎。王三锡命。

郑玄《周易注》作"王三赐命"。

陆绩《周易述》作"在师中,吉"。

九家《周易集注》作"在师中,吉,无咎。王三锡命"。

"在",陆绩、九家作"在",作"在"是取古文。参见乾卦九二爻辞辨。

“师”，陆绩、九家作“师”，作“师”是取今文。参见本卦卦辞辨。

“中”，陆绩、九家作“中”，作“中”是取古文。参见屯卦六三爻辞辨。

“吉”，陆绩、九家作“吉”，作“吉”是取古文。参见乾卦用九爻辞辨。

“无”，九家作“无”，作“无”是取古文。参见乾卦九三爻辞辨。

“咎”，九家作“咎”，作“咎”是取古文。参见乾卦九三爻辞辨。

“王”，郑玄、九家作“王”，作“王”是取古文。参见坤卦六三爻辞辨。

“三”，郑玄、九家作“三”，作“三”是取古文。参见蒙卦卦辞辨。

“锡”，郑玄作“赐”，九家作“锡”，作“锡”“赐”是取今文。参见讼卦上九爻辞辨。

“命”，郑玄、九家作“命”，作“命”是取古文。参见讼卦九四爻辞辨。

六三，师或舆尸，凶。

虞翻《周易注》作“师或舆尸，凶”。

“师”，虞翻作“师”，作“师”是取今文。参见本卦卦辞辨。

“或”，虞翻作“或”，作“或”是取古文。参见乾卦九四爻辞辨。

“舆”，“舆”通“车”。《战国策·齐策四》：“长铗归来乎，出无车。”《史记·孟尝君列传》引作“长铗归来乎,出无舆”。按之通行本小畜卦九三爻辞“舆说辐”之“舆”字,子夏《易传》、郑玄《周易注》、陆绩《周易述》皆作“舆”,孟喜《周易章句》、马融《周易传》、虞翻《周易注》“舆”字皆作“车”,是其明证。通行本作“舆”,今帛书本作“與”,又于本卦六五爻辞亦作“與”,然考上博竹简本作“轝”,知“舆”“與”“轝”三字皆从“與”得声,可以互假。又考通行本大畜卦九二爻辞“舆说輹”之“舆”,今帛书本、上博竹简本亦皆作“车”。《集韵·麻韵》:“车,古作𨏥。”由此又知作“车”“𨏥”“轝”同为古文,作“舆”“與”同为今文,虞翻作“舆”是取今文。

“尸”,“尸”通“屍”。《战国策·魏策四》:“伏尸百万,流血千里。”《史记·陈涉世家》作“伏尸百万,流血漂橹”。《说文·尸部》:“尸,终主也。”段玉裁注:“今经传字多作尸。”《集韵·脂韵》:“尸,通作尸。”通行本作“尸”,今帛书本作“𡰥”,然考上博竹简本作“𣨼”,“𡰥”即“𣨼”之省。由此知作“尸”“𡰥”同为今文,作“𣨼”为古文,虞翻作“尸”是取今文。

“凶”,虞翻作“凶”,作“凶”是取古文。参见讼卦卦辞辨。

六四,师左次,无咎。

荀爽《周易注》作“师左次,无咎”。

“师”,荀爽作“师”,作“师”是取今文。参见本卦卦辞辨。

“左”,“左”同“佐”。《说文·左部》:“左,手相左助也。从𠂇、工。”段玉裁注:“左者,今之佐字。《说文》无佐字,𠂇者,今之左字。”《汉书·师丹传》:“职在左右。”颜师古注:“左读曰佐。”《正字通·丿部》:“𠂇,古左字。”通行本、今帛书本皆作“左”,然考上博竹简本亦作“左”。由此知作“左”“𠂇”同为古文,荀爽作“左”是取古文。

“次”,“次”通“恣”。《墨子·天志上》:“未得次己而为政。”毕沅注:“次,恣字省文。一本作恣。”《史记·司马相如列传》:“恣群臣奏得失。”《文选·上林赋》作“次群臣奏得失。”《说文·欠部》:“次,不前不精也。从欠,二声。荋,古文次。”吕祖谦《古易音训》:“晁氏曰:‘案,次,古文。’”通行本、今帛书本皆作“次”,然考上博竹简本作“𡨄”。又考通行本旅卦九三爻辞“旅焚其次”之“次”,上博竹简本仍作“𡨄”。由此知从“朿”从“次”之字可以互通,又知作“次”为今文,作“𡨄”“荋”同为古文,荀爽作“次”是取今文。

再考通行本夬卦九四爻辞“其行次且”之“次”,孟喜《周易章句》、郑玄《周易注》皆作“趀”,马融《周易传》、王肃《周易注》皆作“趑”,虞翻《周易注》作“次”,知“次”亦通“趀”“趑”。《经典释文》:“次,本亦作趑,或作跌。《说文》及郑作趀同。”《集韵·脂韵》:“趑,或作次、跌。”《论语·里仁》:“造次必于是。”郑玄注:“次、趀咸同声。”是其明证。方以智《通雅》卷六、吴玉搢《别雅》卷一皆谓:“《易经考异》或作跌跙,古文作恣睢。”惠栋《九经古义》卷二《周易古义》云:“次且,读为趑趄,古文省。”证之今帛书本作“郪”,上博竹简本作“緀”,“緀”“郪”古音同属齐韵,可以通假。“郪”与“次”“趀”“趑”古音又同属脂韵,故“緀”与“次”亦可互借。由此知作“緀”同为古文。

“无”,荀爽作“无”,作“无”是取古文。参见乾卦九三爻辞辨。

“咎”,荀爽作“咎”,作“咎”是取古文。参见乾卦九三爻辞辨。

六五，田有禽，利执言，无咎。长子帅师，弟子舆尸。贞凶。

荀爽《周易注》作“田有禽，利执言，无咎”。

虞翻《周易注》作“田有禽，利执言，无咎。长子帅师，弟子舆尸。贞凶”。

“田”，荀爽、虞翻作“田”，作“田”是取今文。参见乾卦九二爻辞辨。

“有”，荀爽、虞翻作“有”，作“有”是取今文。参见乾卦上九爻辞辨。

“禽”，“禽”通“擒”。《经典释文》：“禽，徐本作擒。”《战国策·秦策三》：“以禽劲吴成霸功。”《史记·范睢蔡泽列传》作“卒擒劲吴令越成霸功”。吕祖谦《古易音训》：“晁氏曰：‘案，禽，古文擒字。”马叙伦《六书疏证》：“禽，实擒之初文。”通行本、今帛书本皆作“禽”，然考上博竹简本作“䧱”，《说文》无“䧱”字，或为“禽”之省文。《集韵·侵韵》：“禽，古作䍠。”“䧱”“䍠”皆为“禽”之省。由此知作“禽”为今文，作“䧱”“䍠”同为古文，荀爽、虞翻作“禽”是取今文。

“利”，荀爽、虞翻作“利”，作“利”是取古文。参见乾卦卦辞辨。

“执”，“执”同“挚”。《汉书·酷吏传》：“纵以鹰击毛挚为治。”颜师古注：“言如鹰隼之击，奋毛羽，执取飞鸟也。”《文选·西京赋》：“百卉具零，刚虫搏挚。”吕延济注：“搏，击也；挚，执也。”《史记·高祖功臣侯者年表》：“平棘懿侯执。”裴骃《集解》引徐广曰：“《汉表》作林挚。”“挚”与“槷”亦可通假。《尚书·西伯戡》：“大命不挚。”《说文》引作“《周书》曰大命不槷，读如执同。”《经典释文》：“挚音至，本又作槷。”知“执”“挚”“槷”音同义近可以互借。通行本、今帛书本皆作“执”,然考上博竹简本作“𢀜”。又考之通行本咸卦九三爻辞“执其随”之“执”字,上博竹简本仍作“𢀜”。由此知作“执”为今文,作“𢀜”为古文,荀爽、虞翻作“执”是取今文。

“言”,荀爽、虞翻作“言”,作“言”是取古文。参见需卦九二爻辞辨。

“无”,荀爽、虞翻作“无”,作“无”是取古文。参见乾卦九三爻辞辨。

“咎”,荀爽、虞翻作“咎”,作“咎”是取古文。参见乾卦九三爻辞辨。

“长”,“长”通“倀”。《礼记·缁衣》:“下难知则君长劳。”郭店楚墓竹简本《缁衣》作“下难智则君倀𢀜”。又郭店竹简本《五行》:“思不能倀。”马王堆汉墓帛书本《五行》作“思不能长”。《说文·长部》:“长,久远也。……𠑿,古文长;𠑷,亦古文长。”《玉篇·长部》:“长,𠑿、𠑷并古文。”通行本、今帛书本皆作“长”,然考上博竹简本亦作“长”。由此知作“长”“𠑿”“𠑷”同为古文,虞翻作“长”是取古文。

“子”,虞翻作“子”,作“子”是取古文。参见乾卦九三爻辞辨。

“帅”,“帅”通“率”。《诗·周颂·噫嘻》:“率时农夫。”《文选·秋兴赋》引作“帅时农夫”。《荀子·富国》:“将率不能则兵弱。”杨倞注:“率,与帅同。”《周礼·天官·九嫔》:“大丧,帅叔哭者亦如之。”郑玄注:“帅,犹道也。”《周礼·地官·乐师》:“帅射夫以矢舞。”郑玄注:“故书帅为率。先郑云:‘当为帅。’”又《仪礼·聘礼》“使者朝服,帅众介夕”“帅大夫以入”,郑玄并注:“古文帅皆作率。”《仪礼·觐礼》:“伯父帅乃初事。”郑玄注:“古文帅作率。”郑玄以“率”为古文，以“帅”为今文。通行本作“帅”，今帛书本作“衔”，上博竹简本作“衒”。考《隶续·魏三体石经左传遗字》：“诸侯衔师。”洪适注：“衔即率字。”《汉幽州刺史朱龟碑》：“不衔天常。”甘扬声《汉隶异同·玄部》释“率”字云：“此碑反以将衔之衔为逹循之逹。”《说文·行部》：“衔，从行，率声。”段玉裁注：“今之率字，率行而衔废矣。”《玉篇·行部》：“衔，循也，导也。今或为率。”又《辵部》：“逹，先道也，引也。今为帅。”《集韵·质韵》：“率，古作䢦。”邵瑛《群经正字》：“古衔、率多通，经传尝有之，是率即衔字也。”又考上博竹简本《孔子诗论》：“七衒智难。”通行本《诗·唐风》“七衒”作“蟋衔”。知“衒”“衔”皆读“率”声，可以互借，今帛书本、汉石经、汉碑之“衒”或为“衔”字之省。再考郭店楚墓竹简本《尊德义》“率”字皆作“逊”。“逊”同“衒”。若依郑玄注、《玉篇》所释“率”字，知作“帅”为今文，作“率”“衒”同为古文，虞翻作“帅”是取今文。

“师”，虞翻作“师”，作“师”是取今文。参见本卦卦辞辨。

“弟”，“弟”通“第”。《史记·陈丞相世家》：“陛下弟出伪游云梦。”《汉书·陈平传》作“陛下第出伪游云梦”。《说文·弟部》：“弟，韦束之次第也。从古字之象。丰，古文弟，从古文韦省，丿声。”段玉裁注：“束之不一，则有次弟也。引申之为凡次弟之弟，为兄弟之弟，为岂弟之弟。”《诗·齐风·载驱》：“鲁道有荡，齐子岂弟。”郑玄笺：“弟，古文《尚书》以弟为圛。”不确。《吕氏春秋·原乱》：“乱必有弟。”高诱注：“弟，次也。”毕沅注：“弟，古第字。”通行本、今帛书本皆作“弟”，然考上博竹简本亦作“弟”。由此知作“丰”“弟”同为古文，作“第”为今文，虞翻作“弟”是取古文。

“舆”，虞翻作“舆”，作“舆”是取今文。参见本卦六三爻辞辨。

“尸”,虞翻作“尸”,作“尸”是取今文。参见本卦六三爻辞辨。

“贞”,虞翻作“贞”,作“贞”是取古文。参见乾卦卦辞辨。

“凶”,虞翻作“凶”,作“凶”是取古文。参见屯卦九五爻辞辨。

上六,大君有命,开国承家,小人勿用。

荀爽《周易注》作“大君有命,开国承家”。

宋衷《周易注》作“开国承家”。

虞翻《周易注》作“大君有命,开国承家,小人勿用”。

干宝《周易注》作“大君有命,开国承家,小人勿用”。

“大”,荀爽、虞翻、干宝作“大”,作“大”是取古文。参见乾卦九二爻辞辨。

“君”,荀爽、虞翻、干宝作“君”,作“君”是取古文。参见乾卦九三爻辞辨。

“有”,荀爽、虞翻、干宝作“有”,作“有”是取今文。参见乾卦上九爻辞辨。

“命”,荀爽、虞翻、干宝作“命”,作“命”是取古文。参见讼卦九四爻辞辨。

“开”,“开”同“启”。《逸周书·武顺》:“一卒居前曰开。”孔晁注:“开谓启。”《玉篇·口部》:“启,开也。本亦作启。”《说文·门部》:“开,张也。从门,从开。闢,古文。”考《仪礼·士昏礼》:“启会却于敦南。”郑玄注:“今文启作开。”郑玄以“开”为今文,以“启”为古文。通行本作“开”,今帛书本、阜阳汉墓本皆作“启”,然考上博竹简本亦作“启”。由此知作“开”为今文,作

"启""闓"同为古文,荀爽、宋衷、虞翻、干宝作"开"是取今文。

"国","国"通"邦"。《说文·口部》:"国,邦也。"段玉裁注:"邦、国互训,浑言之也。"《隶释·国三老袁良碑》:"民被泽,邫畿乂。"今本碑文作:"民被泽,邦畿乂。"又《隶释·魏大飨碑》:"万邫统世。"今本碑文作"万邦统世"。《说文·邑部》:"邫,国也。峀,古文。"《周礼·地官·小司徒》:"乃分地域而辨其守。"郑玄注:"故书域为邦。"郑玄以"邦为古文"。《字汇补·邑部》:"邫,古文邦。"张有《复古编》卷一:"邫,国也。从邑、丰,别作邦。"又《玉篇·口部》:"囯,古文国字。"通行本、今帛书本皆作"国",阜阳汉墓本、上博竹简本皆作"邦"。由此知作"国"为今文,作"邦""峀""囯"同为古文,荀爽、宋衷、虞翻、干宝作"国"是取今文。

"承","承"通"丞"。《周礼·小行人》:"为承而摈。"郑玄注:"承,犹丞也。"《史记·淮南衡山列传》:"以承辅天子。"《汉书·淮南衡山济北王传》作"以丞辅天子"。《集韵·蒸韵》:"承,或作丞。"通行本、今帛书本皆作"承",然考上博竹简本作"丞"。由此知作"承"为今文,作"丞"为古文,荀爽、宋衷、虞翻、干宝作"承"是取今文。

"家",荀爽、宋衷、虞翻、干宝作"家",作"家"是取今文。参见蒙卦九二爻辞辨。

"小",虞翻、干宝作"小",作"小"是取古文。参见需卦九二爻辞辨。

"人",虞翻、干宝作"人",作"人"是取古文。参见乾卦九二爻辞辨。

"勿",虞翻、干宝作"勿",作"勿"是取古文。参见乾卦初九爻辞辨。

“用”，虞翻、干宝作“用”，作“用”是取古文。参见乾卦初九爻辞辨。

按，通行本、阜阳汉墓本此条作“大君有命”，今帛书本作“大人君子有命”，多“人”“子”两字。上博竹简本作“大君子又命”，多一“子”字。检之上述各本卦爻辞，或作“大人”，或作“大君”，罕见作“大人君”或“大君子”者，疑今帛书本之“人”字，上博竹简本之“子”皆为衍字，其文意基本相近。

比䷇

比，吉。原筮，元永贞，无咎。不宁方来，后夫凶。初六，有孚比之，无咎。有孚盈缶，终来有它吉。六二，比之自内，贞吉。六三，比之匪人。六四，外比之，贞吉。九五，显比，王用三驱，失前禽，邑人不诫，吉。上六，比之无首，凶。

比，吉。原筮，元永贞，无咎。不宁方来，后夫凶。

子夏《易传》作“比，吉”。

虞翻《周易注》作“比，吉”。

干宝《周易注》作“比，吉。原筮，元永贞，无咎。不宁方来，后夫凶”。

“比”，“比”通“庀”。《周礼·春官·世妇》：“比其具。”郑玄注：“比，次也。郑司农比读为庀，庀，具也。”《经典释文》：“比，本亦作庀。”《集韵·纸韵》：“庀，治也；具也。或作比。”《庄子·徐无鬼》：“农夫无草莱之事则不比，商贾无市井之事则不比。”俞樾《诸子平议》：“比通作庀，《周官·遂师》疏云‘《周礼》之内云比者，先郑皆为庀’是也。”《说文·比部》：“比，密也。𠤎，古文比。”《玉篇·比部》：“比，类也；方也。芘，古文。”通行本、今帛书本皆作“比”，然考上博竹简本亦作“比”。由此知作

“比”“炦”“茈”同为古文,作“庀”为今文,子夏、虞翻、干宝作“比”是取古文。

“吉”,子夏、虞翻、干宝作“吉”,作“吉”是取古文。参见乾卦用九爻辞辨。

“原”,“原”通“邍”。《周礼·地官·大司徒》:“辨其山林、川泽、丘陵、原隰之名物。”《经典释文》:“原,本又作邍。”《玉篇·辵部》:“邍,或作原。”石鼓文《田车》:“遊𣅀隮于原。”章樵注:“原,石本作邍,古原字。”《说文·灥部》:“灥,三泉也。凡灥之属皆从灥。原,篆文从泉。”段玉裁注:“以小篆作原,知灥乃古文、籀文也。”《广韵·元韵》:“《说文》本作厵,篆文省作原,后人加水。”郑刚中《周易窥余》云:“原,古文为厵,泉之本也。后世省文为原,曰原筮者,又有推原加审之意。”通行本、今帛书本皆作“原”,然考上博竹简本作“备”,《说文·辵部》:“邍,高平之邍,人所登,从辵、备、录。”“备”即“邍”字之省。由此知作“原”为今文,作“邍”“备”“厵”同为古文,干宝作“原”是取今文。

“筮”,干宝作“筮”,作“筮”是取今文。参见蒙卦卦辞辨。

“元”,干宝作“元”,作“元”是取古文。参见乾卦卦辞辨。

“永”,干宝作“永”,作“永”是取古文。参见坤卦用六爻辞辨。

“贞”,干宝作“贞”,作“贞”是取古文。参见乾卦卦辞辨。

“无”,干宝作“无”,作“无”是取古文。参见乾卦九三爻辞辨。

“咎”,干宝作“咎”,作“咎”是取古文。参见乾卦九三爻辞辨。

“不”,干宝作“不”,作“不”是取古文。参见坤卦六二爻辞辨。

"宁","宁"通"甹"。《说文·丂部》:"寧,愿词也。从丂,寍声。"《说文·血部》:"甹,定息也。从血,甹省声。读如亭。"邵瑛《群经正字》:"此为息之,今经典亦统用宁字。"考卜辞"宁"作"寍",《说文·宀部》:"寍,安也。从宀,心在皿上。人之饮食器,所以安人。"段玉裁注:"此安宁正字,今则宁行而寍废矣。"《集韵·青韵》:"寍,通作宁。"《玉篇·宀部》:"寍,安也。今作宁。"《玉篇》以"宁"为今文,以"寍"为古文。通行本、今帛书本皆作"宁",然考上博竹简本作"寍"。由此知作"宁"为今文,作"寍"为古文,干宝作"宁"是取今文。

"方",干宝作"方",作"方"是取今文。参见坤卦六二爻辞辨。

"来",干宝作"来",作"来"是取今文。参见需卦上六爻辞辨。

"后",干宝作"后",作"后"是取今文。参见坤卦卦辞辨。

"夫",干宝作"夫",作"夫"是取古文。参见蒙卦六三爻辞辨。

"凶",干宝作"凶",作"凶"是取古文。参见讼卦卦辞辨。

按,通行本"吉,原筮,元永贞,无咎",今帛书本同,上博竹简本于此条卦辞作"备簭,元羕贞,吉,亡咎",前少一"吉"字,后多一"吉"字,证之《彖传》:"比,吉也。比,辅也。下顺从也。'原筮',无永贞,无咎',以刚中也。"证之通行本多有"吉,无咎"或"吉,无不利"连言之例,知上博竹简本当为别本《周易》文本,其文意基本相同。

初六,有孚比之,无咎。有孚盈缶,终来有它吉。

荀爽《周易注》作"有孚比之,无咎。有孚盈缶,终来有它吉”。

郑玄《周易注》作“有孚盈缶”。

虞翻《周易注》作“有孚比之,无咎。有孚盈缶,终来有它吉”。

“有”,荀爽、郑玄、虞翻作“有”,作“有”是取今文。参见乾卦上九爻辞辨。

“孚”,荀爽、郑玄、虞翻作“孚”,作“孚”是取古文。参见需卦卦辞辨。

“比”,荀爽、虞翻作“比”,作“比”是取古文。参见本卦卦辞辨。

“之”,荀爽、虞翻作“之”,作“之”是取古文。参见坤卦卦辞辨。

“无”,荀爽、虞翻作“无”,作“无”是取古文。参见乾卦九三爻辞辨。

“咎”,荀爽、虞翻作“咎”,作“咎”是取古文。参见乾卦九三爻辞辨。

“盈”,汉隶均作“盁”。《隶释·成阳灵台碑》:“历纪千盁,垂遗爱兮。”洪适注:“盁,盈字。”《隶释·张公神碑》:“克俭损盁,诏命有司。”洪适注:“盁即盈字。”“盈”亦通“赢”。《史记·范雎蔡泽列传》:“进退盈缩。”《史记·天官书》《汉书·天文志》“盈缩”皆作“赢缩”。《春秋左氏传》襄公三十年:“以赢诸侯。”《正义》:“赢,贾、服、王肃皆读为盈。”《说文·皿部》:“盈,满器也。从皿、夃。”段玉裁注:“秦以市买多得为夃,故从夃。”《玉篇·贝部》:“盈,溢也。”《墨子·非儒下》:“赢饱,则伪行以自饰。”王念孙《读书杂志》:“赢之言盈也。盈饱即赢饱。”通行本、今帛书本皆作“盈”,上博竹简本作“沕”,濮茅左隶定作“海”,廖名春据《玉篇》:“海,大也。”意谓“海”与“盈”义通可以互借。杨泽生隶定为“汐”,与盈音义可通。季旭升隶定为“汈”,与盈字同。如依季氏所隶定为“汈”,则知作“盈”为今文,作“汈”为古文,荀爽、郑玄、虞翻作“盈”是取今文。

“缶”,“缶”同“匋”。《说文·缶部》:“缶,瓦器,所以盛酒浆,秦人鼓之以节歌。”又释“匋”字云:“匋,作瓦器也。从缶,包省声。㫿形者昆作匋。案《史篇》读与缶同。”段玉裁注:“《史篇》以匋为缶,古文假借也。匋与缶古音在三部,故得相聚假借。”又云:“今字作陶,陶行而匋废矣。”通行本、今帛书本皆作“缶”,然考上博竹简本亦作“缶”。由此知作“缶”为古文,作“匋”为今文,荀爽、郑玄、虞翻作“缶”是取古文。

“终”,荀爽、虞翻作“终”,作“终”是取今文。参见乾卦九三爻辞辨。

“来”,荀爽、虞翻作“来”,作“来”是取今文。参见需卦上六爻辞辨。

“它”,“它”通“他”。《经典释文》:“它,本亦作他。”《汉书·高帝纪》:“曰项它。”颜师古注:“它与他同。”又《春秋左氏传》襄公三十一年:“将有他志。”《汉书·五行志》卷中之上引作“将有它志”。《仪礼·士虞礼》:“他,用刚日。”郑玄注:“今文他为它。”郑玄以“它”为今文,以“他”为古文。“它”又通“佗”。《春秋左氏传》隐公元年:“虢叔死焉佗邑唯命。”《战国策·宋卫策》“愿王博事秦,无有佗计”。《玉篇·它部》:“它,今作佗。”《玉篇》以“它”为古文,以“佗”为今文,与郑玄注异。考《诗·小雅·鹤鸣》:“它山之石。”《经典释文》云:“它,古他字。”又与郑注异,与《玉篇》同。段玉裁《说文解字注·它部》云:“它,其字或假佗为之,又俗作他,经典多作它,犹言彼也。”徐灏《说文解字注笺》:“古无他字,假它为之,后增人旁作佗而隶变为他。”通行本作“它”,今帛书本作“池”,“池”衍“它”声,朱骏声《说文通声定训·随部》释“池”云:“即沱之变体,又或他字之假借。”然考上博竹简本亦作“它”。由此知“它”“佗”“他”“池”皆声近可以通假,知作“它”为古文,作“他”“佗”同为今文,荀爽、虞翻作“它”是取古文。

“吉”,荀爽、虞翻作“吉”,作“吉”是取古文。参见乾卦用九爻辞辨。

六二,比之自内,贞吉。

干宝《周易注》作“比之自内,贞吉”。

“比”,干宝作“比”,作“比”是取古文。参见本卦卦辞辨。

“之”,干宝作“之”,作“之”是取古文。参见坤卦卦辞辨。

“自”,干宝作“自”,作“自”是取古文。参见需卦六四爻辞辨。

“内”,干宝作“内”,作“内”是取古文。参见屯卦六三爻辞辨。

“贞”,干宝作“贞”,作“贞”是取古文。参见乾卦卦辞辨。

“吉”,干宝作“吉”,作“吉”是取古文。参见乾卦用九爻辞辨。

按,此条爻辞“贞吉”,通行本、今帛书本同。上博竹简本作“吉”,少一“贞”字,疑为传抄者笔误,其文意基本相同。

六三,比之匪人。

子夏《易传》作“比之匪人”。

马融《周易传》作“比之匪人”。

虞翻《周易注》作“比之匪人”。

王肃《周易注》作“比之匪人”。

干宝《周易注》作“比之匪人”。

“比”，子夏、马融、虞翻、王肃、干宝作“比”，作“比”是取古文。参见本卦卦辞辨。

“之”，子夏、马融、虞翻、王肃、干宝作“之”，作“之”是取古文。参见坤卦卦辞辨。

“匪”，子夏、马融、虞翻、王肃、干宝作“匪”，作“匪”是取今文。参见屯卦六二爻辞辨。

“人”，子夏、马融、虞翻、王肃、干宝作“人”，作“人”是取古文。参见乾卦九二爻辞辨。

六四，外比之，贞吉。

虞翻《周易注》作“外比之，贞吉”。

干宝《周易注》作“外比之，贞吉”。

“外”，《说文·夕部》：“外，远也。卜尚平旦，今夕卜，于事外矣。外，古文外。”《玉篇·夕部》：“外，《说文》表也，远也。外，古文。”通行本、今帛书本皆作“外”，然考上博竹简本亦作“外”。由此知作“外”“外”同为古文，虞翻、干宝作“外”是取古文。

“比”，虞翻、干宝作“比”，作“比”是取古文。参见本卦卦辞辨。

“之”，虞翻、干宝作“之”，作“之”是取古文。参见坤卦卦辞辨。

“贞”，虞翻、干宝作“贞”，作“贞”是取古文。参见乾卦卦辞辨。

“吉”，虞翻、干宝作“吉”，作“吉”是取古文。参见乾卦用九爻辞辨。

按，此条爻辞“贞吉”，通行本、今帛书本同。上博竹简本无“贞吉”二字，多出“亡不利”三字，显非传抄者笔误，当为别本《周易》传本，其文意基本相同。

九五，显比，王用三驱，失前禽，邑人不诫，吉。

马融《周易传》作“王用三驱”。

郑玄《周易注》作“王用三敺，失前禽”。

虞翻《周易注》作“显比，王用三驱，失前禽，邑人不戒，吉”。

“显”，“显”通“韅”。《礼记·檀弓下》：“子显以致命于穆公。”郑玄注：“卢氏云：‘古者名字相配。’显当作韅。”《春秋左氏传》僖公二十年：“韅靷鞅靽。”随县楚简作“取革显鞅”。《说文·日部》：“㬎，从日中视丝，古文以为显字。”《集韵·铣韵》：“显，《说文》：‘头明饰也。’古作㬎。”又云：“韅，或从显。”《说文》《集韵》以“显”为今文，以“㬎”为古文。不确。通行本、今帛书本皆作“显”，阜阳汉墓本作“㬎”，然考上博竹简本亦作“显”。由此知作“显”“㬎”同为古文，作“韅”为今文，虞翻作“显”是取古文。

“比”，虞翻作“比”，作“比”是取古文。参见本卦卦辞辨。

“王”，马融、郑玄、虞翻作“王”，作“王”是取古文。参见坤卦六三爻辞辨。

“用”，马融、郑玄、虞翻作“用”，作“用”是取古文。参见乾卦初九爻辞辨。

“三”，马融、郑玄、虞翻作“三”，作“三”是取古文。参见蒙卦卦辞辨。

“驱”,“驱”通“敺”。《汉书·贾山传》:“与之驰敺射猎,一日再三出。”颜师古注:“敺,与驱同。”《汉书·礼乐志》:“不示以大化而独敺以刑罚。”《汉书·郊祀志》:“先敺失道。”其“敺”字,颜师古皆注:“敺,与驱字同。”《说文·马部》:“敺,古文驱,从攴。”惠栋《九经古义》卷一《周易古义》云:“《汉书》皆以敺为驱,康成传费氏《易》,费直本皆古字,号《古文易》,当从之是正。”通行本、今帛书本皆作“驱”,然考上博竹简本亦作“驱”。由此知作“驱”“敺”同为古文,马融作“驱”、郑玄、虞翻作“敺”是取古文。

“失”,“失”通“佚”。《庄子·徐无鬼》:“若恤若失。”《经典释文》:“失,音逸。司马本作‘佚’。”《论语·颜渊》:“君子敬而无失。”俞樾《群经平议》:“失,当读为佚。”《汉书·杜周传》:“贤俊失在岩穴。”王念孙《读书杂志》:“失,读为放佚之佚(佚字又作逸)。”《说文·手部》:“失,纵也。从手,乙声。”段玉裁注:“古多叚为逸去之逸,亦叚为淫泆之泆。”通行本、今帛书本皆作“失”,然考上博竹简本作“遊”。“遊”即“失”字。郭店楚墓竹简《老子》乙本“得之若缨,遊之若缨”、“遊之若惊”,《老子》丙本“为之者败之,执之者遊之”,其“遊”字,今本《老子》皆作“失”。由此知作“失”为今文,作“遊”为古文,郑玄、虞翻作“失”是取今文。

又按,“失”亦通“矢”。通行本晋卦六爻辞“失得勿恤”,今帛书本作“矢得勿血”。《经典释文》:“失得,如字。马、郑、虞、王肃本作矢。马王云:‘离为矢。’虞云:‘矢,古誓字。’”不确。《玉篇·斤部》:“斱,古文誓。”《集韵·祭韵》:“誓,古作斱。”宋翔凤《周易考异》:“汉魏《易》皆作矢,王弼乃改失。”徐堂《周易考异》:“汉儒无不作矢字,今作失者当是王弼所改。”考《说文·

匕部》释“矤”字下云：“奊，古文矢字。”又《玉篇·矢部》：“矢同﹝矢+夫﹞。”《集韵·旨韵》：“矢，古作﹝矢+夫﹞。”知作“矢”“失”同为今文，作“奊”“﹝矢+夫﹞”同为古文。

“前”，“前”通“翦”。《周礼·春官·巾车》：“前樊鹄缨。”郑玄注：“前读为缁翦之翦。”《说文·止部》：“前，不行而进谓之歬。从止，在舟上。”《玉篇·止部》：“歬，不行而进也。今作前。”《集韵·先韵》：“歬，隶作前。”《玉篇》《集韵》以“前”为今文，以“歬”为古文。通行本、今帛书本皆作“前”，然考上博竹简本亦作“前”。由此知作“前”“歬”同为古文，郑玄、虞翻作“前”是取古文。

“禽”，郑玄、虞翻作“禽”，作“禽”是取今文。参见师卦六五爻辞辨。

“邑”，虞翻作“邑”，作“邑”是取古文。参见讼卦九二爻辞辨。

“人”，虞翻作“人”，作“人”是取古文。参见乾卦九二爻辞辨。

“不”，虞翻作“不”，作“不”是取古文。参见坤卦六二爻辞辨。

“诫”，“诫”同“戒”。刘向《说宛》：“前车覆，后车戒。”《汉书·贾谊传》作“前车覆，后车诫”。《集韵·怪韵》：“戒，古作㦸。”通行本、今帛书本皆作“戒”，然考上博竹简本亦作“戒”。由此知作“诫”为今文，作“戒”“㦸”同为古文，虞翻作“戒”是取古文。

“吉”，虞翻作“吉”，作“吉”是取古文。参见乾卦用九爻辞辨。

按，此条爻辞“王用三驱”，今帛书本、阜阳汉墓本与通行本同，上博竹简本作“王三驱”，少一“用”字，考帛书《缪和》《昭力》凡引证此语皆有“用”字，无作“王三驱”者，显非传抄者所缺漏，此可证汉初尚有别本《周易》传本，其文意基本相同。

上六，比之无首，凶。

荀爽《周易注》作“比之无首，凶”。

虞翻《周易注》作“比之无首，凶”。

“比”，荀爽、虞翻作“比”，作“比”是取古文。参见本卦卦辞辨。

“之”，荀爽、虞翻作“之”，作“之”是取古文。参见坤卦卦辞辨。

“无”，荀爽、虞翻作“无”，作“无”是取古文。参见乾卦九三爻辞辨。

“首”，荀爽、虞翻作“首”，作“首”是取古文。参见乾卦用九爻辞辨。

“凶”，荀爽、虞翻作“凶”，作“凶”是取古文。参见讼卦卦辞辨。

按，此条多辞“比之无首”，通行本同。今帛书本、阜阳汉墓本、上博竹简本皆作“比无首”，少一“之”字，然证之本卦初六“有孚比之”、六二“比之自内”、六三“比之匪人”、六四“外比之”之“之”，今帛书本、上博竹简本与通行本皆同，故疑非为传抄者笔误，或为别种《周易》传本，其文意基本相同。

小畜䷈

小畜，亨，密云不雨，自我西郊。初九，复自道，何其咎？吉。九二，牵复，吉。九三，舆说辐，夫妻反目。六四，有孚，血去惕出，无咎。九五，有孚挛如，富以其邻。上九，既雨既处，尚德载，妇贞厉，月几望，君子征凶。

初九，复自道，何其咎？吉。

虞翻《周易注》作“复自道，何其咎？吉”。

“复”，虞翻作“复”，作“复”是取古文。参见讼卦九四爻辞辨。

“自”，虞翻作“自”，作“自”是取古文。参见需卦六四爻辞辨。

“道”，“道”同“导”。《尚书·禹贡》：“导荷泽。”《史记·夏本纪》、《汉书·地理志上》皆引作“道荷泽”，颜师古注：“道，读曰导。”《礼记·月令》：“以教道民，必躬亲之。”《经典释文》：“道，音导。”又《春秋左氏传》隐公五年：“邾人告于郑曰：‘请君释憾于宋，敝邑为道。’”《经典释文》：“道，本亦作导。”《楚辞·离骚》：“来吾道夫先路。”《文选》作“来吾导夫先路”。《说文·辵部》：“道，所行道也。从辵，从首。一达谓之道。衟，古文道从㫖,从寸。"《广韵·晧韵》:"道,衜古文。"《集韵·晧韵》:"道,古作䚻、衜。"通行本、今帛书本皆作"道",然考通行本随卦九四爻辞"有孚在道",上博竹简本亦作"又孚才道"。又考郭店楚墓竹简本《成之闻之》:"以其民可敬道也。"上博竹简本《容成之》:"思民道之。"释文"道"字皆作"导"。由此知作"道""䚻"同为古文,作"导"为今文,虞翻作"道"是取古文。

"何","何"同"荷"。《经典释文》"何,本亦作荷",《说文》"何,儋也。"段玉裁注:"何,俗作荷。"吕祖谦《古易音训》:"晁氏曰:'案,何,古文。'"朱珔《说文假借义证》:"古担负字作何,今作荷,读上声。《论语》'荷蒉',《释文》:'荷,本作何。'是荷为何之假借。""荷"通"贺"。扬雄《方言》卷七:"贺,儋也。"钱绎《方言笺疏》"贺,通作荷,亦作何。"知"何""荷""贺"字异,声义并同。通行本、今帛书本皆作"何",然考通行本大畜卦上九爻辞"何天之衢",今帛书本作"何",上博竹简本作"抲"。《说文》无"抲"字,濮茅左认为"抲",从力,可声,字亦见于《包山楚简》,疑即"抲"字。按之《集韵·哿韵》:"抲"通"荷""何"。由此知作"何"为今文,作"抲"为古文,虞翻作"何"是取今文。

"其",虞翻作"其",作"其"是取今文。参见坤卦上六爻辞辨。

"咎",虞翻作"咎",作"咎"是取古文。参见乾卦九三爻辞辨。

"吉",虞翻作"吉",作"吉"是取古文。参见乾卦用九爻辞辨。

九三,舆说辐,夫妻反目。

子夏《易传》作"舆说輹"。

孟喜《周易章句》作“车说輹”。

马融《周易传》作“车说輹”。

郑玄《周易注》作“舆说辐”。

陆绩《周易述》作“舆说輹,夫妻反目”。

虞翻《周易注》作“车说輹,夫妻反目”。

“舆”,子夏、郑玄、陆绩作“舆”,作“舆”为今文。孟喜、马融、虞翻作“车”,作“车”是取古文。参见师卦九三爻辞辨。

“说”,子夏、孟喜、马融、郑玄、陆绩、虞翻作“说”,作“说”是取古文。参见蒙卦初六爻辞辨。

“辐”,“辐”通“輹”。《经典释文》:“辐,本亦作輹,马云:‘车下缚也。’”《说文·车部》:“輹,车轴缚也。”《集韵·屋韵》:“辐,或作輹。”何楷《古周易订诂》:“辐,古本亦作輹。”朱骏声《说文通训定声·颐部》:“辐,假借为輹。”通行本作“辐”,今帛书本作“緮”,《玉篇·糸部》:“緮,扶又切,又音福。”然考通行本大畜卦九二爻辞“舆说輹”,上博竹简本作“车敓复”,知“辐”“輹”“緮”“复”四字声通,可以互借。由此又知作“辐”“緮”同为今文,作“輹”“复”同为古文,郑玄作“辐”是取今文,子夏、孟喜、马融、虞翻、陆绩作“輹”是取古文。

“夫”,陆绩、虞翻作“夫”,作“夫”是取古文。参见蒙卦六三爻辞辨。

“妻”,“妻”通“齐”。《说文·女部》:“妻,妇与己齐者也。𡜏,古文妻从肖、女。”“𡜏”又作“㚶”。《字汇补·女部》:“㚶,同妻。”王应电《周礼翼传·经传正讹》:“妻,古文齌。”方以智《通雅·疑始》:“妻,古文作齌,从齐,谐声,小篆改妻。”通行本、今帛书本皆作“妻”,知作“妻”为今文。然考郭店楚墓竹简本《语丛一》:“豊妻乐灵则戚。”释文“妻”作“齐”,《集韵·脂韵》:

“妻，齐也。”由此知“齐”“妻”声近可以互借，又知作“妻”“𡜁”“𪗋”同为古文，作“齐”为今文，陆绩、虞翻作“妻”是取古文。

“反”，“反”同“返”。《春秋左氏传》宣公二年：“反不讨贼。”《孔子家语·正论解》作“返不讨贼”。《说文·又部》：“反，覆也。从又，厂反形。𠬡，古文。”通行本、今帛书本皆作“反”，然考通行本蹇卦九三爻辞“来反”，上博竹简本作“𡍮反”。由此知作“反”“𠬡”同为古文，作“返”为今文，陆绩、虞翻作“反”是取古文。

“目”，“目”通“瞀”。《后汉书·张衡列传》：“旌瞀以之。”李贤注：“爰旌瞀，一作爰精目。”《列子》曰：“东方有士焉，曰爰旌目。”《吕氏春秋·介立》亦作“爰旌目”。《说文·目部》：“目，人眼。象童子也。……𡇒，古文目。”《玉篇·目部》：“目，𡇒古文。”《集韵·屋韵》：“目，古作𡇒。”通行本、今帛书皆作“目”。由此知作“目”为今文，作“𡇒”为古文，陆绩、虞翻作“目”是取今文。

六四，有孚，血去惕出，无咎。

马融《周易传》作“有孚，血去惕出，无咎”。

虞翻《周易注》作“有孚，血去惕出，无咎”。

“有”，马融、虞翻作“有”，作“有”是取今文。参见乾卦上九爻辞辨。

“孚”，马融、虞翻作“孚”，作“孚”是取古文。参见需卦卦辞辨。

“血”，马融、虞翻作“血”，作“血”是取古文。参见坤卦上六爻辞辨。

“去”，“去”通“郄”。《韩非·子初见秦》：“郄走不能死。”

《战国策·秦策一》作“去走不能死”。《仪礼·士昏礼》:“郄于敦南。”郑玄注:“古文郄为谷。”“去”又同“弆”。《春秋左氏传》昭公十九年:“纺焉以度而去。”《经典释文》:“去,起吕反。裴松之《魏志》云,古人谓藏为去。案,今关中犹有此音。”《三国志·魏志·华佗传》:“我欲死,何忍无急去药,以待不祥?”裴松之注:“古语以藏为去。”《汉书·苏武传》:“掘野鼠去中实而食之。”颜师古注:“去,谓藏之也。”《集韵·语韵》:“弆,藏也。或作去。”考《隶释·国三老袁良碑》:“有献讟厺。”洪适注:“厺,去字。”洪适以“厺”为古文,以“去”为今文。《玉篇·去部》:“厺,《说文》去。”《正字通·厶部》:“厺,去本字。”通行本、今帛书本皆作“去”。由此知作“去”为今文,作“厺”或“厺”同为古文,马融、虞翻作“去”是取今文。

“惕”,马融、虞翻作“惕”,作“惕”是取今文。参见乾卦九三爻辞辨。

“出”,马融、虞翻作“出”,作“出”是取古文。参见需卦六四爻辞辨。

“无”,马融、虞翻作“无”,作“无”是取古文。参见乾卦九三爻辞辨。

“咎”,马融、虞翻作“咎”,作“咎”是取古文。参见乾卦九三爻辞辨。

九五,有孚挛如,富以其邻。

子夏《易传》作“有孚恋如”。

马融《周易传》作“有孚挛如”。

虞翻《周易注》作“有孚挛如,富以其邻”。

“有”,子夏、马融作“有”,作“有”是取今文。参见乾卦上九爻辞辨。

“孚”，子夏、马融作“孚”，作“孚”是取古文。参见需卦卦辞辨。

“挛”，“挛”同“恋”。《汉书·叙传》：“既系挛于世教矣。”《汉书·孝武李夫人传》：“上所以挛挛顾念我者，乃以平生容貌也。”颜师古皆注：“挛，又读曰恋。”《隶释·仙人唐公房碑》：“妻子挛家不去。”《隶释·北海相景君铭》：“路遐挛亲。”洪适注曰：“挛即恋字。”《汉书·萧何传》：“南䜌长喜为行酇侯。”苏林曰：“䜌音人足挛躃之挛。”惠栋《九经古义》卷一《周易古义》云：“挛，古恋字。”“挛”“恋”“䜌”皆为汉隶同音假借。《说文·言部》：“䜌，乱也。𡢀，古文䜌。”《集韵·僊韵》：“䜌，古作𡢀。”通行本作“挛”，今帛书本作“䜌”，“䜌”即“挛”字之省。由此知作“䜌”“挛”同为今文，作“𡢀”为古文，子夏作“恋”，马融、虞翻作“挛”是取今文。

“如”，子夏、马融作“如”，作“如”是取今文。参见屯卦六二爻辞辨。

“富”，“富”通“福”。《诗·大雅·瞻卬》：“何神不富？”毛传：“富，福。”郑玄笺：“神何以不福王而有灾害也。”《说文·宀部》：“富，备也。从宀，畐声。”又《示部》：“福，佑也。从示，畐声。”刘熙《释名·释言》：“福，富也。其中多品如富者也。”考郭店楚墓竹简本《缁衣》：“忠敬不足，而𩔫贵已也。”今本《礼记·缁衣》作“忠敬不足，而富贵已过也。”知“𩔫”亦读畐声，可以与“富”互借。通行本、阜阳汉墓本、今帛书本皆作“富”，然考通行本谦卦六五爻辞“不富以其邻”，上博竹简本作“不𩔫以其𠳵”。由此知作“富”为今文，作“𩔫”为古文，虞翻作“富”是取今文。

“以”，虞翻作“以”，作“以”是取今文。参见蒙卦初六爻辞辨。

“其”，虞翻作“其”，作“其”是取今文。参见坤卦上六爻辞辨。

“邻”，“邻”通“厸”。《虞书·益稷》：“臣哉，邻哉。”古文《尚书》作“臣哉，厸哉。”《汉书·叙传上》：“东厸虐而歼仁兮，王合位虐三五。”又云：“谟先圣之大繇兮，亦厸德而助信”。颜师古皆注：“厸，古邻字也。”“厸”同“吅”。《隶释·安平相孙根碑》：“至于东吅大虐。”洪适引颜师古注云：“厸，古邻字。”《隶释·浚仪令衡立碑》：“宜享难老彭祖为吅。”洪适注：“碑以吅为厸，古邻字也。”汉代隶书从“厶”之字或写作“口”，故“厸”亦可以作“吅”。《玉篇·厶部》：“厸，古邻字。”《集韵·真韵》：“邻，古作厸。”通行本、今帛书本皆作“邻”，然考通行本谦卦六五爻辞“不富以其邻”，汉石经《周易》亦作“不富以其邻”，其二“邻”字，上博竹简本作“箬”，“厸”或为“箬”之省。由此知作“邻”为今文，作“厸”“箬”同为古文，虞翻作“邻”是取今文。参见屯卦六三爻辞辨。

按，此条爻辞“富以其邻”，通行本、今帛书本同。阜阳汉墓本作“不富以其邻”，多一“不”字，疑为衍字，或“不”通“丕”，释为“大”。《尚书·大禹谟》：“嘉乃丕续。”注：“丕，大也。”故“富以其邻”与“不富以其邻”（大富以其邻）文意基本相同，后者更佳。

上九，既雨既处，尚德载，妇贞厉，月几望，君子征凶。

子夏《易传》作“尚得载，月近望”。

京房《周易章句》作“尚得载，月近望”。

刘表《周易章句》作“月近望”。

虞翻《周易注》作“既雨既处，尚得载，妇贞厉，月几望，君子征凶”。

“既”，“既”通“饩”。《礼记·聘义》：“饩客于舍。”《大戴礼记·朝事》作“既客于舍”。《礼记·中庸》：“既禀称事。”郑玄注：“既，读为饩。”《仪礼·聘礼》：“既致饔，旬而稍。”郑玄注：“古文既为饩。”郑玄以“既”为今文，作“饩”为古文。通行本、今帛书本皆作“既”，然考《尚书·召诰》：“惟二月既望。”现传世的《保卣》铭文镌有“才二月既望”字样。由此知作“既”“饩”同为古文，虞翻作“既”是取古文。

“雨”，“雨”通“雩”。《玉篇·雨部》：“雩，请雨祭也。”又：“雨，雨古文。”《龙龛手鉴·雨部》：“雩、雩，二同。”又，“𩂣，古文雨字。”通行本、今帛书本皆作“雨”，然考通行本睽卦上九爻辞“遇雨”、夬卦九三爻辞“遇雨”，其二“雨”字，上博竹简本皆作“雨”。由此知作“雨”“雨”“𩂣”同为古文，虞翻作“雨”是取古文。

“尚”，子夏、京房、虞翻作“尚”，作“尚”是取今文。参见知乾卦上九爻辞辨。

“处”，“处”通“処”。《说文·几部》：“処，止也。处，或从虍声。”《广雅·释诂二》：“处，凥也。”“凥”即古“居”字。《玉篇·几部》：“凥，与居同。”又《尸部》：“居，安也。凥，古文。”《集韵·鱼韵》：“凥，或作屋。”然考《仪礼·既夕礼》：“士处适寝，寝东首于北墉下。”郑玄注：“今文处为居。”郑玄以“处”为古文，以“居”为今文。通行本、今帛书本皆作“处”，若依郑玄注，知作“处”为古文，作“処”为今文，虞翻作“处”是取古文。

“德”，子夏、京房、虞翻作“得”，作“得”是取今文。参见讼卦六三爻辞辨。

“载”,“载”通“哉”。《诗·大雅·文王》:“陈锡哉周。”《经典释文》:“哉,本又作载。”“哉”通“才”。《集韵·咍韵》:“哉,古作才。”王筠《说文句读》考证云:“夏侯湛《兄弟诰》‘惟正月才生魄’,《尚书》作‘哉’,因亦借为词语。”于省吾《新证》:“金文在字哉字多叚才为之,如王在某之位,叚才为之者不胜枚举。”通行本、今帛书本皆作“载”,然考通行本睽卦上九爻辞“载鬼一车”之“载”,上博竹简本亦作“载”。又郭店楚墓竹简本《尊德义》“载”作“𨌲”。由此知作“𨌲”“载”“才”同为古文,作“哉”为今文,子夏、京房、虞翻作“载”是取古文。

“贞”,虞翻作“贞”,作“贞”是取古文。参见乾卦卦辞辨。

“妇”,虞翻作“妇”,作“妇”是取古文。参见蒙卦九二爻辞辨。

“厉”,虞翻作“厉”,作“厉”是取今文。参见乾卦九三爻辞辨。

“月”,“月”同“肉”。《说文·月部》:“月,阙也。大阴之精,象形。”西周《克钟》作“月”。徐灏《说文解字注笺》:“古文、钟鼎文象上下弦之形。”《玉篇·肉部》:“月,肉同。”《正字通·肉部》:“月,肉字偏旁之文。本作肉,石经改作月,中二画连左右,与日月之月异。”通行本、今帛书本皆作“月”。证之睡虎地秦墓竹简本《秦律厩苑律》亦作“月”,上博竹简本《父母之命》“日逑月相”。由此知作“月”为今文,子夏、京房、刘表、虞翻作“月”是取古文。

“几”,“几”通“近”。《礼记·乐记》:“知乐则几于礼矣。”郑玄注:“几,近也。”《诗·大雅·崧高》:“往近王舅。”毛传:“近,已也。”郑玄笺:“近,辞也。声如彼记之子之记。”晁说之云:“古文读近为既,《诗》‘往近王舅’是也。此字当作既。”通行本、今帛书本皆作“几”,然考汉石经《周易》亦作“近”。《说文·辵部》:“岓,古文近。”由此知作“近”为今文,作“岓”“几”同为古文,子夏、京房、刘表作“近”是取今文,虞翻作“几”是取古文。参见屯卦六三爻辞辨。

“望”。“望”通“妄”。《管子·九守》:“勿望而距,勿望而许。”“勿望”即“勿妄”。于省吾《泽螺居楚辞新证》:“望应读作妄。”上博竹简本《孔子论诗》:“而亡望,吾善之。”李学勤《诗论与诗》:“亡望,应读作无妄。”《说文·亡部》:“望,从亡,朢声。”段玉裁注:“望以朢为声,朢以望为义。其为二字较然也,而今多乱之。”通行本作“望”,阜阳汉墓本、今帛书本皆作“朢”,“望”“朢”因音义相近,可以通假。考刘熙《释名·释天》:“朢,月满之名也。”《说文·壬部》:“朢,月满与日相朢以朝君也。𦣠,古文朢省。”《字汇·臣部》:“𦣠,古文望字。”再考郭店楚墓竹简本《穷达以时》:“郘宔为牂坴濡。”释文“宔”作“望”。《玉篇·壬部》:“宔,今作罔。”“宔”即“望”字之省。若依郭店楚墓竹简本、《说文》、《玉篇》,知作“𦣠”“宔”同为古文,作“望”“朢”同为今文,子夏、京房、刘表、虞翻作“望”是取今文。

“君”,虞翻作“君”,作“君”是取古文。参见乾卦九三爻辞辨。

“子”,虞翻作“子”,作“子”是取古文。参见乾卦九三爻辞辨。

“征”,“征”通“正”。《周礼·夏官·司勋》:“惟加田无国正。”《经典释文》:“正,本亦作征。”《史记·朝鲜列传》:“使济南太守公孙遂往征之。”《汉书·西南夷两粤朝鲜传》作:“使故济南太守公孙遂往正之。”《说文·正部》:“正,是也。从止,一以止。正，古文正。”《说文》以“正”为今文，以“正”为古文。不确。《说文·辵部》：“延，正行也。征，延或从彳。”《玉篇·辵部》：“延，行也，今作征。”《集韵·清韵》：“延，或从彳，古作徰。”通行本作“征”，阜阳汉墓本、今帛书本皆作“正”，然考通行本谦卦上六爻辞“征邑国”，上博竹简本作“征邦”；通行本革卦六二爻辞“征吉”、六三爻辞“征凶”，上博竹简本亦皆作“征吉”“征凶”。由此知作“征”“延”同为古文，作“正”为今文，虞翻作“征”是取古文。

“凶”，虞翻作“凶”，作“凶”是取古文。参见讼卦卦辞辨。

按，此条爻辞“尚德载”，通行本同。阮元《周易注疏校勘记·小畜卦》云：“古本载字上有积字，按此盖因下文相涉而衍。”证之子夏《易传》、京房《周易章句》、虞翻《周易注》及今帛书本皆作“尚得载”，无“积”字，唯荀爽、虞翻于此条爻辞注云：“上畜德能积载”，“积载在坎上，故上得积载”。可证此非经文，阮说不确。

履䷉

履，履虎尾，不咥人，亨。初九，素履，往，无咎。九二，履道坦坦，幽人贞吉。六三，眇能视，跛能履，履虎尾，咥人凶，武人为于大君。九四，履虎尾，愬愬，终吉。九五，夬履，贞厉。上九，视履考祥，其旋元吉。

履，履虎尾，不咥人，亨。

马融《周易传》作"履虎尾，不咥人"。

荀爽《周易述》作"履虎尾，不咥人，亨，利贞"。（今本缺脱利贞二字）

郑玄《周易注》作"履虎尾，不噬人，亨"。

虞翻《周易注》作"履虎尾，不咥人，亨，利贞"。

九家《周易注》作"履虎尾，不咥人"。

"履"，马融、荀爽、郑玄、虞翻、九家作"履"，作"履"是取今文。参见坤卦初六爻辞辨。

"虎"，"虎"通"琥"。《春秋左氏传》昭公三十二年："昭公疾，赐子家子双琥。"《经典释文》："琥，音虎。"《礼记·礼器》："琥璜爵。"《经典释文》："琥又作虎。"又"琥珀"，《汉书·西域传》写作"虎魄"。《说文·虍部》："虎，山兽之君。䖑，古文虎。"《玉篇·虍部》："虎，兽也。䖑，古文。"《集韵·姥韵》："虎，古作虩。”通行本、今帛书本、汉石经《周易》履卦皆作“虎”，知作“虎”“琥”同为今文，作“虩”为古文。然考望山二号墓楚简：“一双虎”，释文“虎”作“琥”。由此知作“虎”似亦为古文，马融、荀爽、郑玄、虞翻、九家作“虎”是取古文。

“尾”，“尾”通“微”。《尚书·尧典》：“鸟兽孳尾。”《史记·五帝本纪》引作“鸟兽字微”。《说文·尾部》：“尾，微也。从到毛在尸后。古人或饰系尾，西南夷亦然。”《玉篇·尾部》：“尾，鸟兽鱼虫皆有之，又末后稍也。尾，古文。”《集韵·尾韵》：“尿，或作尾。”通行本、今帛书本皆作“尾”，汉石经《周易》作“尾”，然考通行本遯卦初六爻辞“遯尾”之“尾”，上博竹简本作“尾”。由此知作“尾”为今文，作“尾”为古文，马融、荀爽、郑玄、虞翻、九家作“尾”是取今文。

“不”，马融、荀爽、郑玄、虞翻、九家作“不”，作“不”是取古文。参见坤卦六二爻辞辨。

“咥”，“咥”同“噬”。《广雅·释诂三》：“咥，啮也。”啮即“龁”字。《广雅·释诂三》：“龁，啮也。”《说文·齿部》：“啮，噬也。”《春秋左氏传》哀公十二年：“国狗之瘈，无不噬也。”杜预注：“噬，啮也。”考《集韵·屑韵》：“咥，啮坚皃。或作噎、𪘁、齸。”翟均廉《周易章句证异》引朱震《汉上易传》云：“齸，古字，与咥通用。”知“咥”“噬”“啮”“龁”“齸”皆以声近可以互借。通行本作“咥”，今帛书本作“真”，阜阳汉墓本作“实”，然考郭店楚墓竹简本《六德》：“絰斩布实丈。”其“布实丈”，释文作“布绖丈”，“绖”“实”古音相近，知“咥”“真”“实”亦皆声近亦可以互借。《玉篇·匕部》：“真，不虚假也。眞，古文。”又《宀部》：“实，不空也。桼，古文。”由此知作“咥”“噬”“真”同为今文，作“齸”“眞”“桼”“实”同为古文，马融、荀爽、虞翻、九家作“咥”，郑玄

《周易注》作“噬”是取今文。参见讼卦卦辞辨。

“人”，马融、荀爽、郑玄、虞翻、九家作“人”，作“人”是取古文。参见乾卦九二爻辞辨。

“亨”，荀爽、郑玄、虞翻作“亨”，作“亨”是取今文。参见乾卦卦辞辨。

“利”，虞翻作“利”，作“利”是取古文。参见乾卦卦辞辨。

“贞”，虞翻作“贞”，作“贞”是取古文。参见乾卦卦辞辨。

九二，履道坦坦，幽人贞吉。

虞翻《周易注》作“履道坦坦，幽人贞吉”。

“履”，虞翻作“履”，作“履”是取今文。参见坤卦六二爻辞辨。

“道”，虞翻作“道”，作“道”是取古文。参见小畜卦初九爻辞辨。

“坦”，“坦”通“坛”。《庄子·至乐》：“游之坛陆。”于省吾《双剑誃诸子新证》：“坛应读作坦。”《玉篇·土部》：“坛，明坦皃也。”《集韵·缓韵》：“坦，平也，明也。或从亶。”《汉书·贾谊传》：“非亶倒县而已。”《汉书·五行志下》：“亶日食，则妾不见；亶志震，则后不见。”颜师古皆注：“亶读曰但。”《仪礼·士冠礼》：“醮辞曰：‘旨酒既清，嘉荐亶时。’”郑玄注：“亶，诚也。古文亶为瘅。”又《文选·羽猎赋》：“亶观夫剽禽之绁隃。”李善注：“亶，古但字。”通行本、今帛书本皆作“亶”，知“坛”“坦”“亶”“但”声近可以互借。若依李善注，知作“坦”为今文，作“亶”“但”同为古文，虞翻作“坦”是取今文。参见屯卦六二爻辞辨。

“幽”，“幽”通“黝”。《礼记·玉藻》：“一命缊韨幽衡。”郑玄注：“幽读为黝，黑谓之黝。”《周礼·牧人》：“阴祀用黝牲毛之。”郑玄注:“黝读为幽,幽,黑也。”“黝”与“要”古音亦通。《诗·豳风·七月》:“四月秀葽。”《大戴礼记·夏小正》:“四月秀幽。”《礼记·丧大记》:“黝垩。”郑玄注:“黝垩或为要期。”《说文·丝部》:“幽,隐也。从山、丝,丝亦声。”《玉篇·丝部》:“明也,深也,远也,微也。古作瀀。”又《玉篇·水部》:“瀀,古文幽字。”考《字汇补·辰集·欠部》:“歠音有,言意也。”《说文·欠部》:“歒,言意也。从欠、从逌,逌亦声。读作酉。”又《字汇补·酉集·辵部》:“歒,音酉,言意貌。”与《说文》同。据此,“歠”或为“歒”之讹,与“幽”同韵喉音,故可以通假。通行本、今帛书本皆作“幽”,阜阳汉墓本作“歠”。若依《玉篇》,知作“幽”为今文,作“瀀”为古文,虞翻作“幽”是取今文。

“人”,虞翻作“人”,作“人”是取古文。参见乾卦九二爻辞辨。

“贞”,虞翻作“贞”,作“贞”是取古文。参见乾卦卦辞辨。

“吉”,虞翻作“吉”,作“吉”是取古文。参见乾卦用九爻辞辨。

六三,眇能视,跛能履,履虎尾,咥人凶,武人为于大君。

陆绩《周易述》作“眇能视,跛能履”。

虞翻《周易注》作“眇而视,跛能履。履虎尾,咥人凶,武人为于大君”。

“眇”,“眇”通“妙”。《楚辞·九叹》:“承皇考之妙仪。”王逸注:“妙,一作眇。”闻一多《楚辞补校》:“眇、妙正借字。眇仪,犹远仪也。”《汉书·景十三王传》:“每闻幼眇之声,不知涕泣之横集也。”颜师古注:“眇,音妙。幼妙,精微也。”《隶释·国三老袁良碑》:“朕以妙身袭裘继业。”洪适注:“此云妙身继业者,读妙为眇也。”吴玉搢《别雅》卷三考证云:“《说文》无妙字,故古书多以眇为妙。此碑当用眇字而反借妙,是古非无妙字也。”《说文·目部》:“眇,一目小也。”“小”通“少”。《大戴礼记·保傅》:“简闻小诵。”俞樾《群经平议》:“小当作少,简闻者,闻之简而不详也;少诵者,诵之少而不多也。古字少、小通用。”通行本作“眇”,今帛书本作“眇”,故“眇”应与“眇”同。吕祖谦《古易音训》:“晁氏曰:‘眇,古文妙。’”惠栋《周易述》卷二十三云:“妙,古文眇;眇,小也。”由此知作“眇”“眇”同为今文,作“妙”为古文,陆绩、虞翻作“眇”是取古文。

“能”,“能”通“而”。《论语·宪问》:“爱之能勿劳乎?”《盐铁论·受时》引作“爱之而勿劳乎?”“能”亦通“耐”。《汉书·晁错传》:“胡貊之人其性能寒。”又《汉书·赵充国传》:“汉马不能冬。”其二“能”字,颜师古皆注:“能,读曰耐。”《礼记·乐记》:“故人不耐列乐,乐不耐无形。”郑玄注:“耐,古书能字也。”《经典释文》:“耐,古能字。”《礼记·礼运》:“故圣人耐以天下为一家。”郑玄注:“耐,古能字。”考《玉篇·而部》:“而,乃也,能也,颊之毛曰而,今作髵。”《集韵·代韵》:“耏,或从寸。能通作耐。”《汉书·高帝纪下》:“令郎中有罪耐以上请之。”颜师古注引应劭曰:“轻罪不至于髡,完其耏鬓,故曰耏,古耐字从彡,发肤之意也。”惠栋《九经古义》卷十一《礼记古义》云:“古能字作耐,又作而。古耐字作耏。”通行本、今帛书本皆作“能”。若依郑玄注、颜师古注,知作“能”为今文,作“而”“耏”“耐”同为古文。然考之郭店楚墓竹简本《语丛一》“亡义能为也”“臤者能里也”,《语丛三》“其能也”等“能”字,知“能”同为古文。陆绩作“能”,虞翻作“而”是同取古文。

"视","视"通"示"。《春秋左氏传》宣公二年:"赵盾弑其君,以视于朝。"《吕氏春秋·宣公》引作"赵盾弑其君,以示于朝。"《庄子·徐无鬼》:"中之质若视日。"《经典释文》:"视,音示。司马(彪)本作视。"《汉书·项羽传》:"视士卒必死无还心。"颜师古注:"视,读曰示。""示"亦通"视"。《汉书·赵充国传》:"以视羌虏。"颜师古注:"视,亦作示。"《说文·见部》:"视,瞻也。从见、示。眎,古文视;眂,亦古文视。"《玉篇·目部》:"眎,古文视。"《广韵·至韵》:"视,看视。视,古文。"考《仪礼·士昏礼》:"视诸衿鞶。"郑玄注:"视乃正字,今文作示,俗误行。"《诗·小雅·鹿鸣》:"视民不恌。"郑玄笺:"视,古示字。"《礼记·曲礼上》:"幼子常视无诳。"郑玄注:"视,今之示字。"郑玄以"视"为古文,"示"为今文,至确。郭店楚墓竹简本《语丛二》:"自视其所不族,益。"又《语丛三》:"自视其所能,员。"其二"视"字,释文皆作"示"。通行本、今帛书本皆作"视",然考通行本颐卦六四爻辞"虎视眈眈"之"视",上博竹简本作"见","见"即"视"之省。由此知作"见""视"同为古文,作"示"为今文,陆绩、虞翻作"视"是取古文。

"跛","跛"通"蹇"。《楚辞·谬谏》:"驾蹇驴而无策兮,又何路之能极?"王逸注:"蹇,跛也。""跛",古文作"尳"。《说文·尢部》:"尳,蹇也。"又《足部》:"蹇,也。"段玉裁注:"尳,凡经传多作跛。"《玉篇·足部》:"蹇,跛也。"又《尢部》:"尳,今作跛。"通行本、今帛书本皆作"跛"。由此知作"跛"为今文,作"尳"为古文,陆绩、虞翻作"跛"是取今文。

"履",陆绩、虞翻作"履",作"履"是取今文。参见坤卦初六爻辞辨。

"虎",虞翻作"虎",作"虎"是取古文。参见履卦卦辞辨。

"尾"，虞翻作"尾"，作"尾"是取今文。参见履卦卦辞辨。

"咥"，虞翻作"咥"，作"咥"是取今文。参见履卦卦辞辨。

"人"，虞翻作"人"，作"人"是取古文。参见乾卦九二爻辞辨。

"凶"，虞翻作"凶"，作"凶"是取古文。参见讼卦卦辞辨。

"武"，"武"通"无"。《礼记·礼器》："周坐尸，诏侑武方。"郑玄注："武，当为无，声之误也。"《经典释文》："武，音无。"《说文·林部》："𣞤，丰也。从林、奭。或说规模字。从大、卌，数之积也。林者，木之多也。卌（段注本作橆）与庶同意。"段玉裁注："此蕃橆字也，隶变为无，遂借为有𣞤字，而蕃无乃借庑，或芜为之矣。"《玉篇·林部》："橆，今作无，为有无字。"又《字汇补·几部》："橆，古无字。"通行本、今帛书本作"武"。由此知作"武"为今文，作"橆"为古文，虞翻作"武"是取今文。

"为"，虞翻作"为"，作"为"是取古文。参见蒙卦上九爻辞辨。

"于"，虞翻作"于"，作"于"是取古文。参见坤卦上六爻辞辨。

"大"，虞翻作"大"，作"大"是取古文。参见乾卦九二爻辞辨。

"君"，虞翻作"君"，作"君"是取古文。参见乾卦九三爻辞辨。

九四，履虎尾，愬愬，终吉。

子夏《易传》作"愬愬，终吉"。

孟喜《周易章句》作"履虎尾，虩虩恐惧，终吉"。

马融《周易传》作"履虎尾，虩虩，终吉"。

虞翻《周易注》作“履虎尾，愬愬，终吉”。

“履”，孟喜、马融、虞翻作“履”，作“履”是取今文。参见坤卦初六爻辞辨。

“虎”，孟喜、马融、虞翻作“虎”，作“虎”是取古文。参见履卦卦辞辨。

“尾”，孟喜、马融、虞翻作“尾”，作“尾”是取今文。参见履卦卦辞辨。

“愬”，“愬”通“虩”。《说文·虍部》引《易》作“履虎尾，虩虩”，《吕氏春秋·慎大》篇引《易》作“愬愬，履虎尾”，高诱注云：“愬一作逆字，读如虩虩，愬愬，惧也。”《集韵·麦韵》：“愬，或作虩、覤。”“愬”“虩”声音相近，字义相通，可以假借。考郭店楚墓竹简本《五行》：“虞虞才上。”又《缁衣》引《诗》：“虞虞帀尹。”释文“虞虞”皆作“虩虩”，“虩虩”即为“虞虞”之隶变。通行本作“愬愬”，今帛书本“愬愬”作“朔朔”，“朔”即“愬”字之省。由此知作“虩”、“愬”同为今文，作“虞”为古文，孟喜、马融作“虩”，子夏、虞翻作“愬”是取今文。

“终”，子夏、孟喜、马融、虞翻作“终”，作“终”是取今文。参见乾卦九三爻辞辨。

“吉”，子夏、孟喜、马融、虞翻作“吉”，作“吉”是取古文。参见乾卦用九爻辞辨。

九五，夬履，贞厉。

虞翻《周易注》作“夬履贞厉”。

干宝《周易注》作“夬履贞厉”。

“夬”，“夬”通“决”。《经典释文》：“夬，古快切，决也。”《诗·小雅·车攻》：“决拾既佽。”《经典释文》“决”作“夬”，又云："本又作决。"《史记·魏世家》："与楚兵决于陈郊。"马王堆汉墓帛书《战国纵横家书·朱己谓魏王章》作"与楚兵夬于陈鄗。"《说文·又部》："叏，分决也。"《集韵·屑韵》："夬，通作决。"《字汇·又部》："叏，隶作夬。"《字汇·大部》："叏，夬本字。"通行本、今帛书本皆作"夬"，知作"夬"为今文，作"叏"为古文。然考通行本夬卦九三爻辞"君子夬夬"，九五爻辞"苋陆夬夬"，其二"夬"字，今帛书本皆作"缺"。《集韵·屑韵》："缺，亦作决。"故"缺"亦可通"夬"。又考上博竹简本亦作"夬"。由此知作"缺"为今文，作"夬"亦为古文，虞翻、干宝作"夬"是取古文。

"履"，虞翻、干宝作"履"，作"履"是取今文。参见坤卦初六爻辞辨。

"贞"，虞翻、干宝作"贞"，作"贞"是取古文。参见乾卦卦辞辨。

"厉"，虞翻、干宝作"厉"，作"厉"是取今文。参见乾卦九三爻辞辨。

上九，视履考祥，其旋元吉。

荀爽《周易注》作"视履考详"。

郑玄《周易注》作"视履考详"。

虞翻《周易注》作"视履考详，其旋元吉"。

"视"，荀爽、郑玄、虞翻作"视"，作"视"是取古文。参见履卦初六爻辞辨。

"履"，荀爽、郑玄、虞翻作"履"，作"履"是取今文。参见坤卦初六爻辞辨。

"考"，"考"通"攷"。《诗·唐风·山有枢》："子有钟鼓，弗鼓弗考。”毛传：“考，击。”《庄子·天地》：“金石有声，不考不鸣。”成玄英注：“考，击也。”《广雅·释诂三》：“考，击也。”《周礼·夏官·大司马》：“以待攷而赏诛。”郑玄注：“攷，谓考校其功。”“考”与“攷”都从“丂”，故又可与“巧”通假。朱骏声《说文通训定声·孚部》：“考，假借为巧。”《尚书·金縢》：“予仁若考，能多材多艺。”《史记·鲁周公世家》引作“旦巧能多材多艺，能事鬼神”。王引之《经义述闻·尚书上》云：“《史记·鲁周公世家》作‘旦巧’。考、巧古字通，若而语之转。惟巧故能多才多艺，能事鬼神，意重巧不重仁。”又《国语·越语下》：“上帝不考，时反是守。”王引之《经义述闻》云：“考当读为巧，反犹变也。言上帝不尚机巧，惟当守时变也。《汉书·司马迁传》：‘圣人不巧，时变是守。’颜师古注：‘无机巧之心，但顺时也。’是也。古字考与巧通。”通行本作“考”，今帛书本作“巧”，考郭店楚墓竹简本《性自命出》“人之攷言利词者”“进欲逊而毋攷”，此二“攷”字，释文皆作“巧”字，此又“考”与“巧”可通假之一证。再考通行本蛊卦初六爻辞“有子考”，上博竹简本作“有子攷”，《玉篇·支部》：“攷，今作考。”由此知作“考”“巧”同为今文，作“攷”为古文，荀爽、郑玄、虞翻皆作“考”是取今文。

“祥”，“祥”通“详”。《尚书·君奭》：“其终出于不祥。”蔡邕三体石经作“其道出于不详”。《尚书·吕刑》：“告尔祥刑。”《后汉书·刘恺传》引“祥刑”作“详刑”。郑玄《周礼·大宰·大司寇》注：“《书》曰度作详刑，以诘四方。”《春秋》昭十一年：“盟于祲祥。”服虔注引“祥”作“详”。“详”又通“翔”。《汉书·西域传上》：“其土地山川王侯户数道里远近翔实矣。”颜师古注：“翔与详同，假借用耳。”朱骏声《说文通训定声·壮部》：“详，假借为祥。”知古“祥”“详”“翔”皆以从“羊”而声近可以互借。通行本作“祥”，今帛书本作“翆”，“翆”即“翔”字。考《汉书·礼乐志第二》：“神安坐，鴹吉时。”颜师古注：“鴹，古翔字也。”又《仪礼·士虞礼》：“荐其常事。”郑玄注：“古文常为祥。”吕祖谦《古易音训》：“晁氏曰：‘案，古文祥字。’”惠栋《九经古义》卷四《尚书古义》云：“古文本作详，详与祥古今字。”由此知作“翔”为今文，作“详”“祥”同为古文，荀爽、郑玄、虞翻作“详”是取古文。

“其”，虞翻作“其”，作“其”是取今文。参见坤卦上六爻辞辨。

“旋”，“旋”通“还”。《庄子·庚桑楚》：“巨鱼无所还其体。”《经典释文》：“还，音旋。”《广雅·释诂四》：“旋，还也。”古代典籍往往以“还”代为“旋”。《汉书·晁错传》：“前死不还踵矣。”《汉书·董仲舒》：“此皆可使还至而有效者也。”《汉书·史丹传》：“恐不能自还。”《汉书·贡禹传》：“不复自还。”其四“还”字，颜师古皆注：“还，读曰旋。”“还”亦与“环”通。《仪礼·士丧礼》：“环幅，不凿。”郑玄注：“古文环作还。”郑玄以“环”为今文，以“还”为古文。睡虎地秦墓竹简《秦律杂抄》：“虎未越泛蘚，从之，虎环（还），赀一甲。”又马王堆汉墓帛书《经法·称》：“天有环（还）刑，反受其央（殃）。”前者为秦篆，后者为汉隶，知作“环”亦为古文。通行本、汉石经《周易》皆作“旋”，今帛书本作“睘”，或为“还”之省。若依郑玄注，知作“还”“睘”同为古文，作“旋”为今文，虞翻作“旋”是取今文。

“元”，虞翻作“元”，作“元”是取古文。参见乾卦卦辞辨。

“吉”，虞翻作“吉”，作“吉”是取古文。参见乾卦用九爻辞辨。

泰䷊

泰，小往大来，吉，亨。初九，拔茅茹，以其汇，征吉。九二，包荒，用冯河，不遐遗。朋亡，得尚于中行。九三，无平不陂，无往不复，艰贞无咎。勿恤其孚，于食有福。六四，翩翩，不富以其邻，不戒以孚。六五，帝乙归妹，以祉元吉。上六，城复于隍，勿用师，自邑告命，贞吝。

泰，小往大来，吉，亨。

虞翻《周易注》作“泰，小往大来，吉，亨”。

“泰”，“泰”通“大”。《汉书·礼乐志·效祀歌》：“扬金光，横泰河。”颜师古注：“泰河，大河也。”“泰”同“太”。《说文·水部》：“太，古文泰。”段玉裁注：“太即泰，则又用泰为太。”《玉篇·冫部》：“太，今作泰。”《集韵·太韵》：“太，《说文》：‘滑也。’一曰大也；通也。或省，亦作大、泰。”考《隶释·卫尉衡方碑》“会丧太夫人，感卫人之凯风。”洪适注：“太即太字。”又《隶释·凉州刺史魏元丕碑》有“遭泰夫人忧”字样，洪适云：“范蔚宗避其父讳，《后汉书》无‘泰’字，郭林宗、郑公业之名皆易之。汉人书碑，庙号如太宗，官名如太尉、太常、太中，地名如太原、太行之类皆作‘大’，泰山亦作‘大’，此碑载魏君之母却作‘泰夫人’，其用字故相反如此。”司马光《类篇》卷二十九：“大，天大、地大，人亦大，故大象人形，古文大也。”通行本作“泰”、今帛书本作“亲”，秦简《归藏》作“柰”，或皆为“泰”之异体。由此知作“泰”“亲”同为今文，作“夳”为古文，马融、郑玄、虞翻作“泰”是取今文。

“小”，虞翻作“小”，作“小”是取古文。参见需卦九二爻辞辨。

“往”，虞翻作“往”，作“往”是取今文。参见坤卦卦辞辨。

“大”，虞翻作“大”，作“大”是取古文。参见乾卦九二爻辞辨。

“来”，虞翻作“来”，作“来”是取今文。参见本需卦上六爻辞辨。

“吉”，虞翻作“吉”，作“吉”是取古文。参见乾卦用九爻辞辨。

“亨”，虞翻作“亨”，作“亨”是取今文。参见乾卦卦辞辨。

初九，拔茅茹，以其汇，征吉。

郑玄《周易注》作“拔茅茹，以其汇”。

董遇《周易章句》作“拔茅茹，以其夤”。

虞翻《周易注》作“拔茅茹，以其汇，征吉”。

王肃《周易注》作“犮茅茹”。

“拔”，“拔”通“犮”。《周礼·秋官·序官》：“赤犮氏。”郑玄注：“赤犮，犹捇拔也。”今本《老子》第五十四章“善建者不拔”之“拔”字，郭店楚墓竹简《老子》乙本亦作“拔”。考郭店楚墓竹简本《性自命出》：“拔人之心。”其“拔”字，裘锡圭疑作“拨”，“拔”“拨”古音同属末韵，可以互借。通行本作“拔”，今帛书本作"犮"。"犮"即"拔"字之省。由此知作"犮""拔"同为古文,郑玄、董遇、虞翻作"拔",王肃作"犮"是同取古文。

"茅","茅"通"莽"。《春秋左氏传》定公四年:"越在草茅。"《经典释文》:"草茅,旧作茅。今本多作莽。"《史记·楚世家》作"以处草莽"。"茅"又通"苗"。段玉裁《说文解字注》:"苗,古或假苗为茅。"考《仪礼·士相见礼》:"在野,则曰:'草茅之臣。'"郑玄注:"古文茅作苗。"通行本、今帛书本皆作"茅"。考郭店楚墓竹简本《唐虞之道》"草茅"字作"艸茅",知作"茅""苗"同为古文,郑玄、董遇、虞翻、王肃作"茅"是取古文。

"茹","茹"通"如"。《吕氏春秋·直谏》:"荆文王得茹黄之狗。"《说苑·王谏》作"荆文王得如黄之狗"。睡虎地秦简《日书》甲:"东北乡如之乃卧。"释文"如"作"茹"。《集韵·鱼韵》:"如,古作女。"又郭店楚墓竹简本《性自命出》:"其为人之快女也","其为人之柬柬女也",其"女"字,释文皆作"如",通行本、今帛书本皆作"茹"。由此知作"茹"为今文,作"女"为古文,郑玄、董遇、虞翻、王肃作"茹"是取今文。

"以",郑玄、董遇、虞翻作"以",作"以"是取今文。参见蒙卦初六爻辞辨。

"其",郑玄、董遇、虞翻作"其",作"其"是取今文。参见坤卦上六爻辞辨。

"汇","汇"通"彙"。"彙""汇"字形相似,或为后人传抄之误。《经典释文》:"汇,音胃,类也。傅氏注云:'汇,古伟字,美也。'古文作蕒。""蕒"同"蕒"。《说文解·朩部》:"蕒,艸林蕒孛之皃。"段玉裁注:"《周易》:'拔茅茹,以其汇,征吉。'《释文》云:'汇,古文作蕒。'按:即字之异者。汇则假借字也。"《集韵·未韵》:"蕒,或作橐、蕒。"阮元《周易注疏校勘记·泰卦》云:"江声云据《类篇》当云古文作𠔁。”考郭店楚墓竹简本《性自命出》：“羕思而勯心，萛女也。”又同篇：“为也者志胃古。”释文“胃”作“谓”。通行本作“汇”，今帛书本作“胃”，“胃”亦即“萛”之借，知“汇”“胃”“萛”古音同属未韵，可以互借。由此知作“汇”为今文，作“胃”“𠔁”“萛”为古文，郑玄、虞翻作“汇”，董遇作“𩏑”是取今文。

“征”，虞翻作“征”，作“征”是取古文。参见小畜卦上九爻辞辨。

“吉”，虞翻作“吉”，作“吉”是取古文。参见乾卦用九爻辞辨。

九二，包荒，用冯河，不遐遗。朋亡，得尚于中行。

孟喜《周易章句》作“包荒，用冯河”。

荀爽《周易注》作“用冯河，不遐遗，朋亡，得尚于中行”。

郑玄《周易注》作“苞荒”。

虞翻《周易注》作“包巟，用冯河，不遐遗。朋亡，得尚于中行”。

翟玄《周易义》作“包巟”。

“包”，孟喜、虞翻、翟玄作“包”，郑玄作“苞”，作“包”是取为今文，作“苞”是取古文。参见蒙卦九二爻辞辨。

“荒”，“荒”同“巟”。《经典释文》：“荒，本亦作巟。”《隶释·孝廉柳敏碑》。“四时烝尝，不废巟兮。”洪适注：“巟，即荒字。”“荒”亦通作“康”。《春秋穀梁传》：“四谷不升谓之康。”《韩诗外传》“康”作“荒”。《太平御览》引《淮南子·天文训》云：“十二岁一荒。”高诱本“荒”作“康”。《诗·小雅·宾之初筵》：“酌彼康爵。”郑玄笺：“康，虚也。”《大雅·召旻》：“我居圉卒荒。”郑玄笺:“荒,虚也。”又《逸周书·谥法》:“凶年谷曰穅,穅,虚也。”张守节《史记正义》引“穅”作“荒”。《汉书·诸侯王表》有“中山穅王昆侈”,颜师古注引此句“荒”作“穅”,是“穅”与“荒”亦可互借。通行本作“荒”,今帛书本作“妄”,“妄”通“荒”。《毛公鼎》:“女毋敢妄宁。”孙诒让云:“妄,当读为荒。《尚书·无逸》‘不敢荒宁’,《文侯之命》‘毋荒宁’。”知“荒”“巟”“妄”皆从“亡”得声,可以通假。考《五经文字》:“巟,古荒字。”《龙龛手鉴·口部》:“㠩,古文,音荒。”《字汇补·口部》:“㠩,古文荒字。”由此知作“荒”为今文,作“巟”“㠩”同为古文,孟喜、郑玄作“荒”是取今文,虞翻、翟玄作“巟”是取古文。

“用”,孟喜、荀爽、虞翻作“用”,作“用”是取古文。参见乾卦初九爻辞辨。

“冯”,“冯”通“朋”。《史记·田敬仲完世家》:“魏王谓韩冯、张仪。”马王堆汉墓帛书《战国纵横家书》作“魏王谓韩倗、张仪”。“韩倗”,今本《战国策》“韩倗”皆作“韩朋”。《诗·小雅·菁菁者莪》:“既见君子,锡我百朋。”《艺文类聚·宝玉部下》引《六韬》:“得大贝百冯。”“冯”与“淜”亦通。《说文·水部》:“淜,无舟渡河也。”段玉裁注:“《诗·小雅·小旻》传曰:‘徒涉曰冯河。’《尔雅·释训》《论语·述而》孔注同。淜正字,冯假借字。”考《玉篇·水部》:“徒涉曰淜。今冯字。”《集韵·蒸韵》:“淜,通作冯。”《玉篇》以“淜”为古文,以“冯”为今文。通行本、今帛书本皆作“冯”。由此知作“冯”为今文,作“淜”为古文,孟喜、荀爽、虞翻作“冯”是取今文。

“河”,“河”通“何”。《诗·商颂·玄鸟》:“景员维河。”郑玄注:“河之言何也。”《经典释文》:“河,本或作何。”《广雅·释水》:“河,何也。”“河”亦同“菏”。秦蕙田《五礼通考·嘉礼》于

“浮于淮泗达于河”条考证云:“金氏曰‘达于河’,古文《尚书》作‘达于菏’。《说文》引《书》亦作‘菏’,今俗本误作‘河’耳。隶从艸作菏,俗遂讹为荷,又讹为河也。《史记》《汉书》并作‘河’,盖后人传写之误。”通行本、今帛书本皆作“河”。由此知作“河”为今文,作“菏”为古文,孟喜、荀爽、虞翻作“河”是取今文。

“不”,荀爽、虞翻作“不”,作“不”是取古文。参见坤卦六二爻辞辨。

“遐”,“遐”通“假”。《礼记·曲礼下》:“告丧,曰天王登假。”《尔雅注疏》引作“告丧,曰天王登遐”。《经典释文》:“假,音遐。”《隶释·繁阳令杨居碑》:“寮类假尔,佥服归称。”《东汉文纪·汉故沛相君之碑》:“民假尔,莫不陨涕。”洪适皆注:“碑以遐尔作假尔。”通行本作“遐”,今帛书本作“騢”。《诗·鲁颂·駉》:“有骃有騢。”《经典释文》:“騢音遐。”考《汉书·五行志下》:“惟先王假正厥事。”附《考证》云:“假,古文作格。”《仪礼·士冠礼》:“孝友时格,永乃保之。”郑玄注:“今文格作嘏。”《经典释文》:“嘏,又作假。”知“遐”“假”“騢”“嘏”因皆从叚声,声近可以互借。若依郑玄注,知作“遐”为今文,作“格”为古文,荀爽、虞翻作“遐”是取今文。

“遗”,“遗”通“匮”。《礼记·祭义》:“老穷不遗。”《经典释文》:“遗,一本作匮。”《孔子家语·正论解》引作“老穷不匮。”考通行本《老子》:“众人皆有余,而我独若遗。”朱谦之《老子校释》云:“遗借为匮,不足之意。于省吾曰:‘遗应读作匮,二字均谐贵声,声近字通。’”《集韵·脂韵》:“遗,《说文》:‘亡也。’一曰赠也,余也,亦姓。古作遗。”证之今帛书本《老子》:“富贵而骄,自遗咎也。”郭店楚墓竹简《老子》甲本作“贵福乔,自遗咎也”。通行本、今帛书本皆作“遗”。由此知作“遗”“遗”同为古文,荀爽、虞翻作“遗”是取古文。

“朋”，荀爽、虞翻作“朋”，作“朋”是取今文。参见复卦卦辞辨。

“亡”，荀爽、虞翻作“亡”，作“亡”是取古文。参见乾卦九三爻辞辨。

“得”，荀爽、虞翻作“得”，作“得”是取今文。参见坤卦卦辞辨。

“尚”，荀爽、虞翻作“尚”，作“尚”是取今文。参见知乾卦上九爻辞辨。

“于”，荀爽、虞翻作“于”，作“于”是取古文。参见坤卦上六爻辞辨。

“中”，荀爽、虞翻作“中”，作“中”是取古文。参见屯卦六三爻辞辨。

“行”，“行”通“衡”。《史记·袁盎晁错列传》：“白金之子不骑衡。”裴骃《集解》引徐广曰：“衡一作行。”《周礼·考工记·玉人》：“衡四寸。”郑玄注：“衡，古文横，假借字也。”《说文·彳部》：“行，人之步趋也。从彳，从亍。”商承祚《殷虚文字类编》：“古从彳之字，或省其右作彳，或省其左作亍，许君误认为二字者，盖由字形传写失其初状使然矣。”通行本、今帛书本皆作“行”，然考通行本谦卦上六爻辞“行师”，豫卦卦辞“行师”，夬卦九五爻辞“中行”，上博竹简本于上述各卦诸条爻辞亦皆作“行帀”“中行”。由此知作“行”“衡”同为古文，荀爽、虞翻作“行”是取古文。

按，此条爻辞“不遐遗，朋亡”之“朋亡”，古人多解释为失去朋友，今帛书本作“不騢遗，弗忘”，“弗忘”即对朋友不能忘恩负义，正与“不遐遗”相应，故今帛书本作“弗忘”，其义较之通行本作“朋亡”为长。

九三，无平不陂，无往不复，艰贞无咎。勿恤其孚，于食有福。

虞翻《周易注》作“无平不陂，无往不复，艰贞无咎。勿恤其孚，于食有福”。

“无”，虞翻作“无”，作“无”是取古文。参见乾卦九三爻辞辨。

“平”，“平”通“便”。《尚书·洪范》：“王道平平。”《史记·张释之冯唐列传》引作“王道便便。”又《史记·五帝本纪》：“便章百姓。”司马贞《索隐》：“古文《尚书》作平，训因作便，其今文作辨章。”《尚书·尧典》：“平秩东作。”郑玄注《周礼·地官·冯相氏》引作“辨秩东作。”“平”又通“坪”。郭店楚墓竹简本《尊德义》：“不巛不坪。”上博竹简本《子羔》：“坪万邦。”释文二“坪”字皆作“平”。考《说文·亏部》：“平，语平舒也。釆，古文平如此。”《玉篇·亏部》：“平，今文；兮，古文。”通行本、今帛书本皆作“平”。由此知作“平”为今文，作“釆”“兮”“坪”同为古文，虞翻作“平”是取今文。

“不”，虞翻作“不”，作“不”是取古文。参见坤卦六二爻辞辨。

“陂”，“陂”同“颇”。《尚书·洪范》：“无偏无陂。”《吕氏春秋·贵公》《潜夫论·释难》皆引作“无偏无颇”。《新唐书·艺文志》云：“今文《尚书》三十卷，开元十四年，明皇以《洪范》‘无偏无颇’声不协，诏改为‘无偏无陂’。”《说文·言部》：“诐，古文以为颇字。”《集韵·戈韵》：“颇，古作诐。”通行本作“陂”，今帛书本作“波”。“波”通“陂”。《汉书·灌夫传》：“波池田园。”颜师古注："波读曰陂。"《隶释·楚相孙叔敖碑》："俉导川谷波障。"洪适注："以波为陂。"章樵注《古文苑·楚相孙叔敖碑》云："波，古字通作陂。"考上博竹简本《容成氏》："以波明者之泽。"释文"波"作"陂"。若依《说文》《集韵》，作"陂""颇"同为今文，作"诐""波"同为古文，虞翻作"陂"是取今文。

"往"，虞翻作"往"，作"往"是取今文。参见坤卦卦辞辨。

"复"，虞翻作"复"，作"复"是取古文。参见讼卦九四爻辞辨。

"艰"，"艰"通"根"。《尚书·益稷》："暨稷播，奏庶艰食。"《经典释文》："艰，马本作根，云根生之食谓百穀。"刘熙《释名·释言语》："艰，根也；如物根也。"知"艰"可训为"根"。"艰"又通"囏"，《说文·堇部》："艰，土难治也。从堇，艮声。囏，籀文艰从喜。"《周礼·地官·乡师》："而赒万民之囏阨。"郑玄注："囏，古艰字，本亦作艰。"《汉书》"艰"字都作"囏"字。《汉书·韦贤传》："自着复玷缺之囏难，因以戒示子孙。"颜师古注："囏，古艰字。"《汉书·异姓诸侯王表》："用力如此，其囏难也。"颜师古注："囏，古艰字也。"《周礼·地官·遗人》："乡里之委积，以恤民之囏阨。""囏阨"即"艰阨"，郑玄注："故书'艰阨'作'墐阨'。"阮元《周礼校勘记》："闽本、监本、毛本'艰'作'囏'。"通行本作"艰"，今帛书本作"根"，然考通行本大畜卦九三爻辞"利艰贞"，今帛书本作"利根贞"，上博竹简本作"利堇贞"。再考《礼记·内则》："涂之以谨涂。"郑玄注："谨当为墐，声之误也。"《说文·堇部》："堇，黏土也。亦古文。"段玉裁注："郑注墐当为堇，传抄者误加土耳。"由此知作"艰""根""囏""墐""堇"可以互借，又知"艰""根"同为今文，作"囏""堇"同为古文，虞翻作"艰"是取今文。

“贞”,虞翻作“贞”,作“贞”是取古文。参见乾卦卦辞辨。

“咎”,虞翻作“咎”,作“咎”是取古文。参见乾卦九三爻辞辨。

“勿”,虞翻作“勿”,作“勿”是取古文。参见乾卦初九爻辞辨。

“恤”,“恤”通“卹”。《庄子·德充符》:“寡人卹焉。”明焦竑《庄子翼》作“寡人恤焉”。《尚书·大诰》:“不印自恤。”魏正始三体石经《尚书·大诰》作“不印自卹”。《说文·目部》释“䀏”字引《易》读若作“勿卹”之卹。段玉裁注:“卹与《心部》‘恤’音义皆同。古书多用‘卹’字,后人多改为‘恤’。”通行本作“恤”,今帛书本作“血”,上博竹简书本作“卹”。由此知“恤”“血”“卹”皆以血声可以互借,又知作“恤”为今文,作“卹”“血”同为古文,虞翻作“恤”是取今文。参见坤卦上六爻辞辨。

“其”,虞翻作“其”,作“其”是取今文。参见坤卦上六爻辞辨。

“孚”,虞翻作“孚”,作“孚”是取古文。参见需卦卦辞辨。

“于”,虞翻作“于”,作“于”是取古文。参见坤卦上六爻辞辨。

“食”,虞翻作“食”,作“食”是取今文。参见需卦九五爻辞辨。

“有”,虞翻作“有”,作“有”是取今文。参见乾卦上九爻辞辨。

“福”,“福”通“富”。刘熙《释名·释言语》:“福,富也。”《诗·大雅·瞻卬》:“何神不富?”毛传:“富,福。”郑玄笺:“神何以不福王而有灾害也。”考《隶释·慎令刘修碑》:“鬼神富谦。”《隶释·鲁相韩敕造孔庙礼器碑》:“厥福永享。”其“福”字皆通

"畐"。《字汇·田部》:"畐,古福字。"又《示部》:"福,与逼同。"王质《诗总闻》卷九释"福"字云:"古者不独以福作逼字,音亦以福作逼字用,贾氏'疏者或制大权以福天子',颜氏'福,古逼字',自后福作祜意,不作逼意,然逼音犹在也。"杨简《慈湖诗传》卷十一释"福"字云:"福,补音,笔力切。从示,畐声。汉《贾谊传》'疏者或制大权以福天子',颜师古曰:'福,古逼字。'"(今本《汉书·贾谊传》作"疏者或制大权以偪天子",颜师古注:"偪,古逼字。")王质、杨简以"福"为古文,至确。通行本、今帛书本、汉石经《周易》皆作"福",然考通行本井卦九三爻辞"并受其福"、既济卦九五爻辞"实受其福",上博竹简本作"并受丌福""是受福吉"。由此知作"福""畐"同为古文,作"富"为今文,虞翻作"福"是取古文。参见小畜卦九五爻辞辨。

六四,翩翩,不富以其邻,不戒以孚。

子夏《易传》作"翩翩,不富以其邻"。

虞翻《周易注》作"翩翩,不富以其邻,不戒以孚"。

向秀《周易义》作"翩翩,不富以其邻"。

"翩","翩"同"偏"。《经典释文》"翩"作"篇"。并云:"《子夏传》作翩翩,向本同。云轻举皃,古文作偏偏。"《诗·大雅·桑柔》:"旟旐有翩。"《经典释文》"翩"作"偏"。并云:"本亦作翩。"吕祖谦《古易音训》:"翩翩,轻举貌,古文作偏偏。"惠栋《九经古义》卷二《周易古义》云:"六四'翩翩',古文作'偏偏',王弼本作'篇篇',今本与《子夏传》同。"通行本、今帛书本、汉石经《周易》皆作"翩翩"。由此知作"翩"为今文,作"偏"为古文,子夏、虞翻、向秀作"翩"是取今文。

"不",子夏、虞翻、向秀作"不",作"不"是取古文。参见坤卦六二爻辞辨。

“富”，子夏、虞翻、向秀作“富”，作“富”是取今文。参见小畜卦九五爻辞辨。

“以”，子夏、虞翻、向秀作“以”，作“以”是取今文。参见蒙卦初六爻辞辨。

“其”，子夏、虞翻、向秀作“其”，作“其”是取今文。参见坤卦上六爻辞辨。

“邻”，子夏、虞翻、向秀作“邻”，作“邻”是取今文。参见小畜卦九五爻辞辨。

“戒”，虞翻作“戒”，作“戒”是取古文。参见比卦九五爻辞辨。

“孚”，虞翻作“孚”，作“孚”是取古文。参见需卦卦辞辨。

六五，帝乙归妹，以祉元吉。

子夏《易传》作“帝乙归妹，以祉元吉”。

孟喜《周易章句》作“帝乙归妹，以祉元吉”。

京房《周易章句》作“帝乙归妹，以祉元吉”。

荀爽《周易注》作“帝乙归妹，以祉元吉”。

郑玄《周易注》作“帝乙归妹，以祉元吉”。

虞翻《周易注》作“帝乙归妹，以祉元吉”。

九家《周易注》作“帝乙归妹，以祉元吉”。

“帝”，“帝”通“奠”。《周礼·春官·瞽蒙》：“世奠系。”郑玄注“故书奠或为帝。”《周礼·春官·小史》：“小史掌邦国之志，奠系世，辨昭穆。”郑玄注：“郑司农云：‘故书奠为帝。’杜子春云：‘帝当读为奠，奠读为定，书帝亦或为奠。’”《说文·一部》：“帝，古文帝。”《集韵·霁韵》：“帝，古作帝。”通行本、今帛书本、阜阳汉墓本皆作“帝”，知作“帝”为今文。然王国维《再与林博士论洛诰书》云：“禘，古文作帝。”今本《礼记·缁衣》引《诗》“上帝板板”，郭店楚墓竹简本《缁衣》亦作“上帝板板”。由此知作“帝”“帝”同为古文，作“奠”“禘”同为今文，子夏、孟喜、京房、荀爽、郑玄、虞翻、九家作“帝”是取古文。

“乙”，“乙”通“乞”。《战国策·楚策一》：“江乙。”《韩非子·内储说上》作“江乞”。通行本、今帛书本、阜阳汉墓本皆作“乙”，证之甲、金文中天乾第二位“乙”字，知作“乙”为古文，子夏、孟喜、京房、荀爽、郑玄、虞翻、九家作“乙”是取古文。

“归”，子夏、孟喜、京房、荀爽、郑玄、虞翻、九家作“归”，作“归”是取今文。参见讼卦九二爻辞辨。

“妹”，“妹”通“末”。《国语·晋语一》：“昔桀伐有施，有施有人以妹喜女焉。”“妹喜”，《汉书·古今人表》《后汉书·文苑传》皆作“末喜”。通行本、今帛书本皆作“妹”，知作“妹”为今文，子夏、孟喜、京房、荀爽、郑玄、虞翻、九家作“妹”是取今文。

“以”，子夏、孟喜、京房、荀爽、郑玄、虞翻、九家作“以”，作“以”是取今文。参见蒙卦初六爻辞辨。

“祉”，“祉”通“止”。《经典释文》：“祉音耻，又音止。”通行本作“祉”，今本帛书本作“齿”，“齿”亦即“祉”之谐声而假借。“齿”古文作“齒”，《龙龛手鉴·止部》：“齒，古文，音齿。”《字汇补·止部》：“齒，同齿。”考《集韵·止韵》：“齒，古作啚。”由此知作“祉”“齿”同为今文，作“啚”“齒”同为古文，子夏、孟喜、京房、荀爽、郑玄、虞翻、九家作“祉”是取今文。

“元”，子夏、孟喜、京房、荀爽、郑玄、虞翻、九家作“元”，作“元”是取古文。参见乾卦卦辞辨。

“吉”，子夏、孟喜、京房、荀爽、郑玄、虞翻、九家作“吉”，作

"吉"是取古文。参见乾卦用九爻辞辨。

上六，城复于隍，勿用师，自邑告命，贞吝。

子夏《易传》作"城复于堭"。

郑玄《周易注》作"城复于隍"。

陆绩《周易述》作"城复于隍"。

虞翻《周易注》作"城复于隍，勿用师，自邑告命贞吝"。

姚信《周易注》作"城复于湟"。

九家《周易注》作"城复于隍"。

"城"，"城"通"成"。《春秋左氏传》文公十一年："齐王子成父获其弟荣如。"《史记·鲁周公世家》引作"齐王子城父获其弟荣如"。又《礼记·缁衣》："子曰：'政之不行也，教之不成也。'"上博竹简本《缁衣》作"子曰：'正之不行，叠之不塦也。'""塦"即"城"字。《说文·土部》："城，从土、从成。𩫨，籀文城从𩫖。"又《戊部》："成，就也。从戊，丁声。戌，古文成，从午。"《集韵·清韵》："城，籀作𩫨。"又同韵："成，古文从午。"证之通行本、今帛书本皆作"城"。若依《说文》《集韵》由此知作"城"为今文，作"𩫨"为古文，子夏、郑玄、陆绩、虞翻、姚信、九家作"城"是取今文。参见坤卦六三爻辞辨。

"复"，子夏、郑玄、陆绩、虞翻、姚信、九家作"复"，作"复"是取古文。参见讼卦九四爻辞辨。

"于"，子夏、郑玄、陆绩、虞翻、姚信、九家作"于"，作"于"是取古文。参见坤卦上六爻辞辨。

"隍"，"隍"通"湟"。《大戴礼记·夏小正》："湟潦生苹。"孔广森《大戴礼记补注》："湟，隍也。"《史记·南越列传》："湟溪关。"司马贞《索隐》云："《汉书》作'湟'，盖近于古。"考《汉书·

西南夷两粤朝鲜传》:"湟溪关。"颜师古注:"湟,音皇。""隍"亦通"堭"。《正字通·土部》:"堭,同隍。"知隍、湟、"堭"皆因从皇声,可以通假。吕祖谦《古易音训》:"晁氏曰:'案,古文作皇。'"宋翔凤《周易考异》:"堭字,《说文》无。《子夏传》非古文,故多俗体。"李富孙《易经异文释》:"堭、湟是别体字。"通行本作"隍",今帛书本作"湟"。若依晁说之之说,知"隍""湟""堭"同为今文,作"皇"为古文。然按之《字汇补·白部》古文"皇"又作"皍""皍"。子夏作"堭",郑玄、陆绩、虞翻、九家作"隍",姚信作"湟"是取今文。

"勿",虞翻作"勿",作"勿"是取古文。参见乾卦初九爻辞辨。

"用",虞翻作"用",作"用"是取古文。参见乾卦初九爻辞辨

"师",虞翻作"师",作"师"是取今文。参见师卦卦辞辨。

"自",虞翻作"自",作"自"是取古文。参见需卦六四爻辞辨。

"邑",虞翻作"邑",作"邑"是取古文。参见讼卦九二爻辞辨。

"告",虞翻作"告",作"告"是取今文。参见蒙卦卦辞辨。

"命",虞翻作"命",作"命"是取古文。参见讼卦九四爻辞辨。

"贞",虞翻作"贞",作"贞"是取古文。参见乾卦卦辞辨。

"吝",虞翻作"吝",作"吝"是取古文。参见屯卦六三爻辞辨。

否䷋

否，否之匪人，不利君子贞，大往小来。初六，拔茅茹，以其汇，贞吉，亨。六二，包承，小人吉，大人否，亨。六三，包羞。九四，有命无咎，畴离祉。九五，休否，大人吉。其亡其亡，系于苞桑。上九，倾否，先否后喜。

否之匪人，不利君子贞，大往小来。

虞翻《周易注》作“否之匪人，不利君子贞，大往小来”。

蜀才《周易注》作“大往小来”。

“否”，虞翻作“否”，作“否”是取古文。参见师卦初六爻辞辨。

“之”，虞翻作“之”，作“之”是取古文。参见坤卦卦辞辨。

“匪”，虞翻作“匪”，作“匪”是取今文。参见屯卦九二爻辞辨。

“人”，虞翻作“人”，作“人”是取古文。参见乾卦九二爻辞辨。

“不”，虞翻作“不”，作“不”是取古文。参见坤卦六二爻辞辨。

“利”，虞翻作“利”，作“利”是取古文。参见乾卦卦辞辨。

“君”，虞翻作“君”，作“君”是取古文。参见乾卦九三爻辞辨。

“子”，虞翻作“子”，作“子”是取古文。参见乾卦九三爻辞辨。

“贞”，虞翻作“贞”，作“贞”是取古文。参见坤卦卦辞辨。

“大”，虞翻、蜀才作“大”，作“大”是取古文。参见乾卦九二爻辞辨。

“往”，虞翻、蜀才作“往”，作“往”是取今文。参见坤卦卦辞辞辨。

“小”，虞翻、蜀才作“小”，作“小”是取古文。参见需卦九二爻辞辨。

“来”，虞翻、蜀才作“来”，作“来”是取今文。参见需卦上六爻辞辨。

初六，拔茅茹，以其汇，贞吉，亨。

荀爽《周易注》作“拔茅茹，以其汇，贞吉，亨”。

“拔”，荀爽作“拔”，作“拔”是取今文。参见泰卦初九爻辞辨。

“茅”，荀爽作“茅”，作“茅”是取今文。参见泰卦初九爻辞辨。

“茹”，荀爽作“茹”，作“茹”是取今文。参见泰卦初九爻辞辨。

“以”，荀爽作“以”，作“以”是取今文。参见蒙卦初六爻辞辨。

“其”，荀爽作“其”，作“其”是取今文。参见坤卦上六爻辞辨。

“汇”，荀爽作“汇”，作“汇”是取今文。参见泰卦初九爻辞辨。

“贞”,荀爽作“贞”,作“贞”是取古文。参见乾卦卦辞辨。

“吉”,荀爽作“吉”,作“吉”是取古文。参见乾卦用九爻辞辨。

“亨”,荀爽作“亨”,作“亨”是取今文。参见乾卦卦辞辨。

六二,包承,小人吉,大人否,亨。

荀爽《周易注》作“包承,小人吉,大人否,亨”。

“包”,荀爽作“包”,作“包”是取今文。参见蒙卦九二爻辞辨。

“承”,荀爽作“承”,作“承”是取今文。参见师卦上六爻辞辨。

“小”,荀爽作“小”,作“小”是取古文。参见需卦九二爻辞辨。

“人”,荀爽作“人”,作“人”是取古文。参见乾卦九二爻辞辨。

“吉”,荀爽作“吉”,作“吉”是取古文。参见乾卦用九爻辞辨。

“大”,荀爽作“大”,作“大”是取古文。参见乾卦九二爻辞辨。

“否”,荀爽作“否”,作“否”是取古文。参见师卦初六爻辞辨。

“亨”,荀爽作“亨”,作“亨”是取今文。参见乾卦卦辞辨。

六三,包羞。

荀爽《周易注》作“包羞”。

"包",荀爽作"包",作"包"是取今文。参见蒙卦九二爻辞辨。

"羞","羞"通"宿"。《汉书・百官公卿表》:"属官有上林、均输、御羞。"颜师古注:"如淳曰:'御羞,《扬雄传》谓之御宿。'羞、宿声相近,故或云御羞,或云御宿。"《仪礼・特牲馈食礼》:"乃宿尸。"郑玄注:"古文宿皆作羞。"《玉篇・宀部》:"宿,夜止也。㝛,古文。""㝛"隶变作"宿"。《玉篇・肉部》:"䐪,或羞字。"唐玄应《一切经音义》卷十九:"珍羞,古文作䐪。"《集韵・尤韵》:"羞,或从肉。"《大戴礼记・曾子大孝》:"不忧其亲。"阮元注:"小戴忧作羞。"通行本作"羞",今帛书本作"忧",然考通行本恒卦九三爻辞"或承之羞",今帛书本亦作"羞",上博竹简本作"忧",知古"忧""羞"同属尤韵可以互借。若依郑玄注,又知作"羞""䐪""忧"同为古文,作"宿"为今文,荀爽作"羞"是取古文。

九四,有命无咎,畴离祉。

郑玄《周易注》作"𠷎离祉"。

九家《周易集注》作"有命无咎,畴离祉"。

"有",九家作"有",作"有"是取今文。参见乾卦上九爻辞辨。

"命",九家作"命",作"命"是取古文。参见讼卦九四爻辞辨。

"无",九家作"无",作"无"是取古文。参见乾卦九三爻辞辨。

"咎",九家作"咎",作"咎"是取古文。参见乾卦九三爻辞辨。

“畴”,“畴”通“寿”“䛐”。《荀子·大路》:“尧学于君畴。”《新序·杂事》引作“尧学乎尹寿”。《说文·田部》:“畴,耕治之田也。”段玉裁注:“隶作畴。”“畴”亦通“梼”。《汉书·艺文志》:“《公梼生终始》十四篇。”颜师古注:“梼,音畴。”《经典释文》:“畴,郑作古䛐字。”又释《诗·小雅·祈父》“若䛐”云:“此古畴字,本又作寿。案孔注《尚书》直留反,马、郑音受。”《说文·口部》:“䛐,谁也。𠃬,古文畴。”《集韵·宥韵》:“寿,久也。古作䛐。”通行本作“畴”,今帛书本作“梼”。由此知作“畴”“梼”同为今文,作“𠃬”为古文,郑玄作“𠃬”是取古文,九家作“畴”是取今文。

“离”,“离”通“罹”。《史记·管蔡世家》:“无离曹祸。”司马贞《索隐》:“离即罹。”“罹”亦通“罗”。《尚书·汤诰》:“罹其凶害,弗忍荼毒。”《经典释文》:“罹,本作罗。”《汉书·于定国传》:“罗文法者于公所决皆不恨。”颜师古注:“罗,罹也。”“罗”亦通“离”。《大戴礼记·五帝德》:“历离日月。”《史记·五帝本纪》引作“旁罗日月”。司马贞《索隐》:“离即罗也。”扬雄《方言》卷七:“罗谓之离,离谓之罗。”徐灏《说文新附》:“罹即罗之别体,古通作离。”《集韵·霁韵》:“俪,或从离,亦省。”商承祚《殷虚文字类编》:“古罗与离为一字。”考《仪礼·士冠军礼》:“主人酬宾,束帛俪皮。”郑玄注:“俪皮,两鹿皮也,古文俪为离。”知作“离”为古文,作“罹”为今文。通行本作“离”,今帛书本作“罗”,然考通行本小过卦上六爻辞“飞鸟离之”,上博竹简本亦作“飞鸟罗之”,又知作“罗”同为古文,郑玄、九家作“离”是取古文。

“祉”,郑玄、九家作“祉”,作“祉”是取今文。参见泰卦六五爻辞辨。

九五:休否,大人吉。其亡其亡,系于苞桑。

京房《周易章句》作“系于包桑”。

荀爽《周易注》作“其亡其亡,系于包桑”。

郑玄《周易注》作“休否。其亡其亡,系于苞桑”。

陆绩《周易述》作“其亡其亡,系于包桑”。

九家《周易集注》作“休否,大人吉”。

“休”,“休”通“庥”。《尔雅·释言》:“庇、庥,荫也。”《经典释文》:“庥,字又作休。”《说文·木部》:“休,息止也。从人、从木。庥,休。或从广。”《越者汈钟铭》:“乃有齐休祝成。”郭沫若《越者汈钟铭考释》:“斋戒祝祷均获神庥。”《尔雅·释言》:“庥,庇,荫也。”郭璞注:“今俗呼树荫为庥。”考《仪礼·士虞礼》:“祝入尸谡。”郑玄注:“古文谡或为休。”通行本、今帛书本皆作“休”。若依《越者汈钟铭》、郑玄注,知作“休”为古文,作“庥”为今文,郑玄、九家作“休”是取古文。

“否”,郑玄、九家作“否”,作“否”是取古文。参见师卦初六爻辞辨。

“大”,九家作“大”,作“大”是取古文。参见乾卦九二爻辞辨。

“人”,九家作“人”,作“人”是取古文。参见乾卦九二爻辞辨。

“吉”,九家作“吉”,作“吉”是取古文。参见乾卦用九爻辞辨。

“其”,荀爽、郑玄、陆绩作“其”,作“其”是取今文。参见坤卦上六爻辞辨。

“亡”,荀爽、郑玄、陆绩作“亡”,作“亡”是取古文。参见乾卦九三爻辞辨。

"系","系"通"毄"。《周礼·地官·司门》:"祭祀之牛牲系焉。"《经典释文》"系"作"毄",并云:"本又作系。"又《周礼·夏官·校人》:"皋为系。"《经典释文》:"系,本亦作毄。"《说文·系部》:"系或从毄、处。"《汉书·景帝纪》:"无所农桑毄畜。"颜师古注:"毄,古系字。"颜师古以"毄"为古文,取"系"为今文,不确。通行本作"系",今帛书本作"毄",然考通行本姤卦初六爻辞"系于金柅",上博竹简本亦作"系于金柅"。由此知作"系""毄"同为古文,京房、荀爽、郑玄、陆绩作"系"是取古文。参见蒙卦上九爻辞辨。

"于",京房、荀爽、郑玄、陆绩作"于",作"于"是取古文。参见坤卦上六爻辞辨。

"苞",京房、荀爽、陆绩作"包",郑玄作"苞",作"包"是取今文,作"苞"为古文。参见蒙卦九二爻辞辨。

"桑","桑"通"相"。《荀子·解蔽》:"乘杜作乘马。"杨倞注:"《世本》云:'相士作乘马。'"王念孙《读书杂志》:"乘杜,盖又桑杜之误。""桑"亦通"苍"。考《礼记·檀弓上》:"舜葬于苍梧之野。"上博竹简本《容成氏》:"述(遂)逃,迲(去)之桑虘之埜(野)。""桑虘",即指"苍梧"。《玉篇·叒部》:"桑,俗作桒。"《集韵·唐韵》:"桑,古作桒字"。通行本、今帛书本皆作"桑"。若依上博竹简本作"桑",知作"桑""桒"同为古文,作"苍"为今文,京房、荀爽、郑玄、陆绩作"桑"是取古文。

上九,倾否,先否后喜。

虞翻《周易注》作"倾否,先否后喜"。

"倾","倾"通"顷"。《春秋左氏传》定公九年:"兹阳虎所欲倾覆也。"《经典释文》"倾覆"作"顷覆",并云:"顷,音倾,本又作倾。"《汉书·文帝纪》:"顷王后。"颜师古注:"《汉书》例作顷字,读皆曰倾。"《说文·页部》:"顷,头不正也。"段玉裁注:"顷,引申为凡倾仄不正之称,今则倾行而顷废。"《集韵·静韵》:"倾,选也。通作顷。"考《玉篇·田部》:"頴,百亩为頴,今作顷。"《广韵·静韵》:"顷,頔,古文。"周祖谟校勘记:"案,《集韵》顷或从田作頴,此古文頴,盖頴字之误。"通行本作"倾"、今帛书本作"顷"。由此知作"顷""倾"同为今文,作"頴"为古文,虞翻作"倾"是取今文。

"先",虞翻作"先",作"先"是取古文。参见坤卦卦辞辨。

"否",虞翻作"否",作"否"是取古文。参见师卦初六爻辞辨。

"后",虞翻作"后",作"后"是取今文。参见坤卦卦辞辨。

"喜","喜"同"饎"。《诗·豳风·七月》:"饎彼南亩,田畯至喜。"郑玄笺:"喜,读为饎。饎,酒食也。"《集韵·志韵》"饎,或作喜。"《周礼·地官·司徒》:"饎人。"郑玄注:"故书饎作饎。"《说文·喜部》:"喜,乐也。从壴、从口。歖,古文喜从欠,与欢同。"郭店楚墓竹简本《唐虞之道》:"圣道备歖。"又同篇:"时弗可秉歖。"释文"歖"皆作"嘻"。通行本、今帛书本皆作"喜",然考通行本、今帛书本无妄卦九五爻辞"有喜",上博竹简本"有喜"作"又菜","菜""喜"声近可以互借。若依《说文》,知作"喜"为今文,作"歖""菜"同为古文,虞翻作"喜"是取今文。

同人䷌

同人，同人于野，亨，利涉大川，利君子贞。初九，同人于门，无咎。六二，同人于宗，吝。九三，伏戎于莽，升其高陵，三岁不兴。九四，乘其墉，弗克攻，吉。九五，同人，先号咷而后笑，大师克相遇。上九，同人于郊，无悔。

同人于野，亨，利涉大川，利君子贞。

郑玄《周易注》作“同人于野，亨。”

“同”，“同”通“洞”。《淮南子·道应训》：“与天地鸿洞。”高诱注：“洞读同异之同。”“同”通“詷”。《礼记·祭统》：“铺筵设同几，为依神也。”郑玄注：“同之言詷也。”孔颖达疏云：“同之言詷也者，若单作同字是齐同之同，非詷共之詷。若詷共之詷，则言旁作同。汉魏之时，字义如此，今则总为一字。”《集韵·送韵》：“詷，一曰同也。”“同”亦通“迵”。考郭店楚墓竹简《老子》甲本：“和其光，迵其尘。”马王堆汉墓帛书《老子》甲、乙本、通行本《老子》其“迵”字作“同”。通行本、今帛书本皆作“同”。由此知作“同”为今文，作“迵”为古文。然考通行本艮卦九三爻辞“厉熏心”，上博竹简本作“同心”，似作“同”亦为古文。郑玄作“同”是取古文。参考艮卦九三爻辞辨。

“人”,郑玄作“人”,作“人”是取古文。参见乾卦九二爻辞辨。

“于”,郑玄作“于”,作“于”是取古文。参见坤卦上六爻辞辨。

“野”,郑玄作“野”,作“野”是取今文。参见坤卦上六爻辞辨。

“亨”,郑玄作“亨”,作“亨”是取今文。参见乾卦卦辞辨。

按,此条爻辞“君子贞”,通行本、今帛书本同。阜阳汉墓本作“君子之贞”,多一“之”字,疑为传抄者所增,其文意基本相同。

初九,同人于门,无咎。

虞翻《周易注》作“同人于门,无咎”。

“同”,虞翻作“同”,作“同”是取古文。参见本卦卦辞辨。

“人”,虞翻作“人”,作“人”是取古文。参见乾卦九二爻辞辨。

“于”,虞翻作“于”,作“于”是取古文。参见坤卦上六爻辞辨。

“门”,“门”通“蒙”。《孟子·离娄下》:“逢蒙。”《汉书·古今人表》引作“逢门子”。考《玉篇·门部》:“门,人所出入也。𨳇,古文。”又《龙龛手鉴·门部》:“閄,旧藏作门。”通行本、今帛书本皆作“门”。由此知作“门”为今文,作“𨳇”为古文,虞翻作“门”是取今文。

“无”,虞翻作“无”,作“无”是取古文。参见乾卦九三爻辞辨。

“咎”,虞翻作“咎”,作“咎”是取古文。参见乾卦九三爻辞辨。

六二，同人于宗，吝。

荀爽《周易注》作“同人于宗，吝”。

郑玄《周易注》作“同人于宗”。

“同”，虞翻作“同”，作“同”是取古文。参见本卦卦辞辨。

“人”，虞翻作“人”，作“人”是取古文。参见乾卦九二爻辞辨。

“于”，虞翻作“于”，作“于”是取古文。参见坤卦上六爻辞辨。

“宗”，“宗”通“崇”。《尚书·牧誓》：“是崇是长。”《汉书·谷永传》引作“是宗是长”。《汉书·郊祀志》：“以山下户三百封崈，为之奉邑。”颜师古注：“崈，古崇字耳。”《集韵·东韵》：“崇，或书作崈。”通行本、今帛书本皆作“宗”，证之通行本睽卦六五爻辞“厥宗噬肤”之“宗”字，今帛书本、汉石经《周易》作“宗”，上博竹简本亦作“宗”。由此知作“宗”“崈”同为古文，作“崇”为今文，荀爽、郑玄作“宗”是取古文。

“吝”，荀爽作“吝”，作“吝”是取古文。参见屯卦六三爻辞辨。

九三，伏戎于莽，升其高陵，三岁不兴。

郑玄《周易注》作“伏戎于莽”。

虞翻《周易注》作“伏戎于莽，升其高陵，三岁不兴”。

刘瓛《周易义疏》作“升其高陵”。

“伏”，“伏”通“服”。《战国策·秦策一》：“嫂蛇行匍伏。”《史记·苏秦列传》作“嫂委蛇蒲服”。《史记·淮阴侯列传》：

“俛出袴下蒲伏。”《荀子·性恶》:“今使涂之人伏术为学。”郝懿行注:“伏与服古字通。服者,事也。古书服事亦作伏事。”《说文·舟部》:“服,用也。䑨,古文服从人。”《集韵·屋韵》:“服,古作𦨈”。考《后汉书·皇甫嵩传》:“义真犕未乎。”李贤注:“犕,古服字。今河朔人犹有此言。”通行本、阜阳汉墓本皆作“伏”,今帛书本作“服”。由此知作“伏”“服”同为今文,作“䑨”“𦨈”“犕”同为古文,郑玄、虞翻作“伏”是取今文。

“戎”,“戎”通“容”。通行本作“戎”,今帛书本作“容”。《说文·戈部》:“㦽,兵也。从戈,从甲。”《正字通》:“㦽,戎本字,兵也。”今隶作“戎”。然考之通行本夬卦九二爻辞“莫夜有戎”,上博竹简本作“莫誉又戎”,由此知“戎”为古文。郑玄、虞翻作“戎”是取古文。

“于”,郑玄、虞翻作“于”,作“于”是取古文。参见坤卦上六爻辞辨。

“莽”,“莽”通“芒”。《淮南子·原道训》:“不道之道,莽乎大哉。”《文子·道原》作“不道之道,芒乎大哉”。“莽”又通“茻”。《说文·茻部》:“茻,众艸也。从四、屮,读与冈同。”段玉裁注:“按,经传艸莽字当用此。”倪涛《六艺之一录·古今书体》考证云:“莽,从犬、从茻,茻音同,隶作莽。”《五经文字》云:“作莾讹,俗又作莾,皆非。”通行本、今帛书本皆作“莽”。由此知作“莽”为今文,作“茻”为古文,郑玄、虞翻作“莽”是取今文。

“升”,“升”通“登”。《尚书·书序》:“有飞雉升鼎耳而雊。”《史记·殷本纪》引作“有飞雉登鼎耳而呴”。《尔雅·释诂下》:“登,升也。”《玉篇·阜部》:“阩,《声类》:‘今升字。’”《说文·癶部》:“登,上车也。从癶、豆,象登车形。䔲,籀文登从収。”段玉裁注:“引伸之,凡上升曰登。”《春秋公羊传》:“公曷为远而观鱼？登来之也。”徐彦疏：“齐人急语之时，得声如登矣。至着竹帛时乃作登字。故言由口授矣。”“升”亦通“昇”。《说文新附·日部》：“昇，日上也。从日，升声。古只用升。”《玉篇·日部》：“昇，或升字。”《广韵·蒸韵》：“昇，日早。本亦作升。《诗》曰：‘如日之升。’升，出也。俗加日是。”考《仪礼·丧服》：“布八十缕为塔升。”郑玄注：“升字当为登，登，成也。今之《礼》皆以登为升，俗误已行久矣。”郑玄以作“登”为今文，以作“升”为古文。贾公彦疏云：“郑注《仪礼》之时，今古二《礼》并观，叠古文者则从经今文；若叠今文者则从经古文。今此注而云今之《礼》皆以登为升，与诸注不同，则今古《礼》皆作升字，俗已行久也。”《玉篇·癶部》：“登，升也，上也，进也。䒙，古文。”吕祖谦《古易音训》：“晁氏曰：‘案，昇，古文作升。’”通行本作“升”今帛书作“登”，上博竹简本作“陞”。由此知作“登”“升”同为今文，作“升”“䒙”“陞”同为古文，虞翻、刘瓛作“升”是取古文。

“其”，虞翻、刘瓛作“其”，作“其”是取今文。参见坤卦上六爻辞辨。

“高”，“高”通“郊”。《吕氏春秋·仲春纪》：“以太牢祀于高禖。”高诱注：“《周礼》：‘媒氏以仲春之月合男女，于时也奔则不禁。’因祭其神于郊，谓之郊禖。郊音与高相近，故或言高禖。”《礼记·月令》：“以大牢祠于高禖。”王引之《经义述闻》云：“高者，郊之借字，古声高与郊同，故借高为郊，古本《月令》本作郊禖也。”又《史墙盘》《秦公簋》铭文凡“高”字亦皆作“高”。通行本、今帛书本皆作“高”。由此知作“高”为古文，作“郊”为今文，虞翻、刘瓛作“高”是取古文。参见需卦初九爻辞辨。

“陵”，“陵”通“菱”。《战国策·秦策三》：“至于菱水。”《史记·范睢蔡泽列传》作“至于陵水”。《集韵·蒸韵》：“陵，古作䧙。”考《穆天子传》卷三“山陵自出”，郭璞注：“陵，陵字。”《字汇补·阜部》：“陵，古文陵字。《西王母谣》：‘白云在天，山陵自出。’”郭店楚墓竹简本《尊德义》“陵”字作“陞”。通行本、今帛书本皆作“陵”。由此知作“陵”为今文，作“䧙”“陵”“陞”同为古文，虞翻、刘瓛作“陵”是取今文。

“三”，虞翻作“三”，作“三”是取古文。参见蒙卦卦辞辨。

“岁”，“岁”通“歲”。南朝梁刘潜《为江侍中荐士表》：“资寒暑而成岁。”今本《艺文类聚》卷五十三引“岁”作“歲”。《改并四声篇海·山部》引《龙龛手鉴》：“𡵂，音岁。”《字汇补·二部》：“𡵂，古岁字。”通行本、今帛书本皆作“岁”。由此知作“岁”为今文，作“𡵂”为古文，虞翻作“岁”是取今文。

“不”，虞翻作“不”，作“不”为古文。参见坤卦六二爻辞辨。

“兴”，“兴”通“衅”。《礼记·文王世子》：“始立学者，既兴器用币，然后释菜。”郑玄注：“兴当为衅，字之误也。礼乐之器成则衅之。”《国语·晋语九》：“昔先主文子少衅于难。”俞樾《群经平议》：“衅，当读为兴。”又西周《多友鼎》“唯十月，用放玁狁放廙”，《释文》“廙”作“兴”。通行本、今帛书本皆作“兴”。然考郭店楚墓竹简本《唐虞之道》“大人之兴”“民兴效（教）”之“兴”字，由此知作“兴”“廙”同为古文，虞翻作“兴”是取古文。

九四，乘其墉，弗克攻，吉。

郑玄《周易注》作“乘其庸”。

虞翻《周易注》作“乘其庸，弗克攻，吉”。

“乘”，郑玄、虞翻作“乘”，作“乘”是取今文。参见屯卦六二爻辞辨。

“其”，郑玄、虞翻作“其”，作“其”是取今文。参见坤卦上六爻辞辨。

“墉”，“墉”通“庸”。《诗·大雅·皇矣》：“以伐崇墉。”毛传：“墉，城也。”《诗·大雅·崧高》：“以作尔庸。”毛传：“庸，城也。”《经典释文》：“庸，本亦作墉。”《礼记·王制》：“附于诸侯曰附庸。”郑玄注：“小城曰附庸。”《说文·土部》：“墉，从土，庸声。𩫏，古文墉。”段玉裁注：“此云古文墉者，盖古读如庸，秦以后读如廓。”《玉篇·𩫏部》：“𩫻，古文墉，亦作𩫏。”吕祖谦《古易音训》：“晁氏曰：‘案，庸，古文。’”黄宗炎《周易象辞》考证云：“𩫏，城垣也。古文与郭通用，因读若庸，即借用庸，后复加土以别之。”通行本、今帛书本皆作“庸”。由此知作“庸”“墉”同为今文，作“𩫏”“𩫻”同为古文，郑玄、虞翻作“庸”是取今文。

“弗”，“弗”通“不”。《春秋公羊传》桓公十年：“弗者，不之深也。”《仪礼·士昏礼》：“又不能教吾子。”郑玄注：“古文弗为不。”郑玄以“弗”为今文，以“不”为古文。《玉篇·不部》：“不，鸟飞上翔不下来也。又弗也，词也。𠀚，古文。”《玉篇·丿部》：“弗，桥也，不正也。𢎗，古文。”通行本、今帛书本皆作“弗”。又通行本小过上六爻辞“弗遇过之”，上博竹简本作“弗遇之”。考之郭店楚墓竹简本《缁衣》“丌颂不改”“丌弗克见”，今本《礼记·缁衣》作“其容不改”“弗克见”。由此知作“弗”“𢎗”同为古文，虞翻作“弗”是取古文。参见坤卦六二爻辞辨。

“克”，虞翻作“克”，作“克”是取古文。参见蒙卦九二爻辞辨。

“攻”，“攻”通“功”。《史记·匈奴列传》：“其民急则不习战功。”《汉书·匈奴传》作“其民急则不习战攻”。考马王堆汉墓帛书《老子》甲、乙本：“功遂身退。”郭店楚墓竹简《老子》甲本作“攻述身退”。通行本、今帛书本皆作“攻”。由此知作“攻”为古文，作“功”为今文，虞翻作“攻”是取古文。

“吉”，虞翻作“吉”，作“吉”是取古文。参见乾卦用九爻辞辨。

九五，同人，先号咷而后笑，大师克相遇。

陆绩《周易述》作“同人，先号咷而后笑”。

虞翻《周易注》作“同人，先号咷而后笑，大师克相遇”。

“同”，陆绩、虞翻作“同”，作“同”是取古文。参见本卦卦辞辨。

“人”，陆绩、虞翻作“人”，作“人”是取古文。参见乾卦九二爻辞辨。

“先”，陆绩、虞翻作“先”，作“先”是取古文。参见坤卦卦辞辨。

“号”，“号”通“胡”。《荀子·哀化》：“孔子蹴然曰：‘君号然也？’”《孔子家语·好生》作“孔子作色而对曰：‘君胡然焉。’”“号”又通“唬”。《集韵·豪韵》：“号，呼也。或作唬。”《隶释·郎中郑固碑》：“俯哭谁诉，卬唬焉告？”“號”同“号”。《说文·号部》：“号，痛声也。从口，在丂上。”段玉裁注：“凡嗁號字古作号，今字则號行而号废矣。”通行本、今帛书本皆作“号”，然考通行本夬卦九二爻辞“惕号”之“号”，上博竹简本“号”作“啓”。又上博竹简本《容成氏》“为之羿啓”，《释文》“啓”字亦皆作“号”。由此知作“号”为今文，作“啓”为古文，陆绩、虞翻作“号”是取今文。

“咷”，“咷”通“桃”。通行本作“咷”，今帛书本作“桃”，马王堆汉墓帛书本《系辞》作“逃”，知“咷”“桃”“逃”皆因从兆声可以互借。然考上博竹简本《容成氏》：“汤又从而攻之，述（遂）

逃去之桑梧之野。”郭店楚墓竹简本《语丛二》:“逃生于恶。”又知作“晀”“桃”同为今文,作“逃”为古文,陆绩、虞翻作“晀”是取今文。

“而”,陆绩、虞翻作“而”,作“而”是取古文。参见履卦六三爻辞辨。

“后”,陆绩、虞翻作“后”,作“后”是取今文。参见坤卦卦辞辨。

“笑”,“笑”通“笑”。《说文》无“笑”字,徐铉据前人引《说文》补入。按,通行本、阜阳汉墓本皆作“笑”,今帛书本作“芺,”,然考通行本萃卦初六爻辞“一握为笑”之“笑”,今帛书本、汉石经《周易》皆作“芺”,上博竹简本作“芺”。按,汉隶从“竹”之字与从“艸”之字可以互借。如《隶释·北海相景君铭》:“颂于菅弦。”其“菅”字可以借为“管”字。《隶释·淳于长夏承碑》:“主薄督邮。”其“薄”字可以借为“簿”字等。由此知“芺”“芺”亦可以借为“笑”。考《玉篇·竹部》:“芺,亦作咲。”《集韵·笑韵》:“笑,古作咲。”《汉书·许皇后传》:“《易》曰:‘鸟焚其巢,旅人先咲后号晀。’”《汉书·史丹传》:“上嘿然而咲。”颜师古并注:“咲,古笑字也。”焦竑《俗书刊误》卷三:“笑,一作咲,俗作笑,非。”又考《汉书·薛宣传》:“壹关相乐。”颜师古注:“壹关,谓一为欢关耳。关,古笑字也。”由此知“咲”“笑”“关”古时可以互借,又知作“笑”“芺”同为今文,作“关”或“关”“芺”同为古文,陆绩、虞翻作“笑”是取今文。

“大”,虞翻作“大”,作“大”为古文。参见乾卦九二爻辞辨。

“师”,虞翻作“师”,作“师”为今文。参见师卦卦辞辨。

“克”,虞翻作“克”,作“克”为古文。参见蒙卦九二爻辞辨。

“相”,“相”通“禳”。《礼记·祭法》:“相近于坎坛,祭寒暑也。”郑玄注：“相近当为禳祈，声之误也。禳，犹郄也。”“相”亦通“将”。《礼记·孔子闲居》：“无体之礼，日就月将。”上博竹简本《父母之命》作“亡体之豊，日逑月相”。通行本、今帛书本皆作“相”。由上博竹简本作“相”，知作“相”为古文，作“将”为今文，虞翻作“相”是取古文。

“遇”，“遇”通“愚”。《晏子春秋·外篇下》：“以淫愚其民。”《墨子·非儒下》：“以淫遇民。”孙诒让《墨子间诂》：“遇与愚通，毕（沅）云：当为愚民。”《诗·小雅·巧言》：“遇犬获之。”《经典释文》：“遇，世读作愚。”《龙龛手鉴·入部》：“奍，古文。”《字汇补·入部》：“奍，古文遇字。”通行本、今帛书本、汉石经《周易》皆作“遇”，阜阳汉墓本作“偶”，“偶”同“遇”，汉隶从“亻”之字与从“辵”之字可以互借。然考通行本噬嗑卦六二爻辞“遇毒”，睽卦九二爻辞“遇主”、九四爻辞“遇元夫”、上九爻辞“遇雨”，其三“遇”字，今帛书本皆作“愚”，上博竹简本亦皆作“遇”。由此知作“遇”“奍”“偶”同为古文，作“愚”为今文，虞翻作“遇”是取古文。

上九，同人于郊，无悔。

虞翻《周易注》作“同人于郊，无悔”。

“同”，虞翻作“同”，作“同”是取古文。参见本卦卦辞辨。

“人”，虞翻作“人”，作“人”是取古文。参见乾卦九二爻辞辨。

“于”，虞翻作“于”，作“于”是取古文。参见坤卦上六爻辞辨。

“郊”，虞翻作“郊”，作“郊”是取今文。参见需卦初九爻辞辨。

“无”,虞翻作“旡”,作“旡”是取古文。参见乾卦九三爻辞辨。

“悔”,虞翻作“悔”,作“悔”是取今文。参见乾卦上九爻辞辨。

大有䷍

大有，元亨。初九，无交害，匪咎，艰则无咎。九二，大车以载，有攸往，无咎。九三，公用亨于天子，小人弗克。九四，匪其彭，无咎。六五，厥孚交如，威如，吉。上九，自天祐之，吉无不利。

大有，元亨。

郑玄《周易注》作"大有，元亨"。

虞翻《周易注》作"大有，元亨"。

"大"，郑玄、虞翻作"大"，作"大"是取古文。参见乾卦九二爻辞辨。

"有"，郑玄、虞翻作"有"，作"有"是取今文。参见乾卦上九爻辞辨。

"元"，郑玄、虞翻作"元"，作"元"是取古文。参见乾卦卦辞辨。

"亨"，郑玄、虞翻作"亨"，作"亨"是取今文。参见乾卦卦辞辨。

初九，无交害，匪咎，艰则无咎。

虞翻《周易注》作"无交害，匪咎，艰则无咎"。

“无”,虞翻作“无”,作“无”是取古文。参见乾卦九三爻辞辨。

“交”,“交”通“皎”。《庄子·渔夫》:“须眉交白。”《经典释文》:“交,一本作皎。”“交”又通“这”。《说文·辵部》:“这,会也。从辵,交声。”段玉裁注:“东西正相值为这,今人假交胫之交为这会字。”《玉篇·辵部》:“这,会也。今作交。”通行本、今帛书本、阜阳汉墓本皆作“交”,然考本卦六五爻辞“交如”之“交”,上博竹简本作“洨”。再考通行本睽卦六五爻辞“交孚”,上博竹简本亦作“交孚”。由此知“交”可以通“洨”,又知作“这”“交”同为古文,虞翻作“交”是取古文。

“害”,“害”通“曷”。《尚书·汤誓》:“时日曷丧。”《孟子·梁惠王上》引作“时日害丧。”《汉书·翟方进传》:“害其可不旅力同心戒之哉?”颜师古注:“害,读曰曷。曷,何也。”《集韵·曷韵》:“曷,或作害。”通行本作“害”,今帛书本作“禽”。又通行本损卦卦辞“曷之用”,今帛书本作“禽之用”。考郭店楚墓竹简本《尊德义》:“大有憲者”,释文“憲”作“害”,知“禽”与“害”“憲”可以通假。又考郭店楚墓竹简本《成之闻之》:“昔者君子有言‘圣人天德’害?”又“大禹曰:‘余才厇天心’害?”释文“害”字皆作“曷”。由此知作“害”“憲”同为古文,作“禽”“曷”为今文,虞翻作“害”是取古文。

“匪”,虞翻作“匪”,作“匪”是取今文。参见屯卦六二爻辞辨。

“咎”,虞翻作“咎”,作“咎”是取古文。参见乾卦九三爻辞辨。

“艰”,虞翻作“艰”,作“艰”是取今文。参见泰卦九三爻辞辨。

“则”,虞翻作“则”,作“则”是取今文。参见蒙卦卦辞辨。

九二,大车以载,有攸往,无咎。

子夏《易传》作“大舆以载”。

虞翻《周易注》作“大轝以载,有攸往,无咎”。

王肃《周易注》作“大车以载”。

蜀才《周易注》作“大舆以载”。

“大”,子夏、虞翻、王肃、蜀才作“大”,作“大”是取古文。参见乾卦九二爻辞辨。

“车”,“车”与“舆”,古代通用。《诗·小雅·出车》“我出我车”,《荀子·大略》引作“我出我舆”。《史记·卫将军骠骑列传》“出舆彭彭”,《汉书·卫青传》作“出车彭彭”。“轝”与“舆”同。《经典释文》:“舆,本或作轝。”《墨子·公输》“邻有敝轝”,《战国策·宋策》作“邻有弊舆”。孙诒让《墨子间诂》:“《宋策》《神仙传》并作‘弊舆’,毕云轝即舆之异文耳。”考汉石经《周易》贲卦初九“舍轝而徒”,郑玄《周易注》作“舍舆而徒”。吕祖谦《古易音训》:“后汉时,车始有居音,古则为舆字。”又云:“晁氏曰:‘案,车,古文。’”通行本、今帛书本皆作“车”,然考上博竹简本凡“舆”字亦皆作“车”。如通行本大畜卦九二爻辞“舆说輹”,上博竹简本作“车说輹”,通行本睽卦六三爻辞“见舆曳”,上博竹简本作“见车遏”。由此知作“车”为古文,作“舆”“轝”同为今文,子夏、蜀才作“舆”、虞翻作“轝”是取今文,王肃作“车”是取古文。

“以”,子夏、虞翻、王肃、蜀才作“以”,作“以”是取今文。参见蒙卦初六爻辞辨。

“载”,“载”通“哉”。《诗·大雅·文王》:“陈锡哉周。”《经典释文》:“哉,本又作载。”《尚书·康诰》:“哉生魄。”《汉书·王莽传》引作“载生魄”。《集韵·代韵》:“载,古作戴。”通行本、今帛书本皆作“载”,然考通行本睽卦上九爻辞“载鬼一车”,上博竹简本作“载□□□”。由此知作“载”为古文,作“哉”为今文,子夏、虞翻、王肃、蜀才作“载”是取古文。

“有”,虞翻作“有”,作“有”是取今文。参见乾卦上九爻辞辨。

“攸”,虞翻作“攸”,作“攸”是取古文。参见坤卦卦辞辨。

“往”,虞翻作“往”,作“往”是取今文。参见坤卦卦辞辨。

“无”,虞翻作“无”,作“无”是取古文。参见乾卦九三爻辞辨。

“咎”,虞翻作“咎”,作“咎”是取古文。参见乾卦九三爻辞辨。

九三,公用亨于天子,小人弗克。

京房《周易章句》作“公用享于天子”。

虞翻《周易注》作“公用亨于天子,小人弗克”。

姚信《周易注》作“公用享于天子”。

干宝《周易注》作“公用享于天子”。

“公”,“公”通“翁”。《史记·游侠列传》:“临晋籍少公素不知解。”《汉书·游侠传》作“临晋籍少翁素不知解”。“公”亦通“共”。《荀子·解蔽》:“凡万物异则莫不相为蔽,此心术之公患也。”杨倞注:“公,共也。”《广韵·东韵》:“公,共也。”《集韵·东韵》:“公,古作㕣。”通行本、今帛书本皆作“公”。若依《集韵》,知作“公”为今文,作“㕣”为古文,京房、虞翻、姚信、干宝作“公”是取今文。

“用”，京房、虞翻、姚信、干宝作“用”，作“用”是取古文。参见乾卦初九爻辞辨

“亨”，京房、姚信、干宝作“享”，虞翻作“亨”，作“亨”是取今文。参见乾卦卦辞辨。

“于”，京房、虞翻、姚信、干宝作“于”，作“于”是取古文。参见坤卦上六爻辞辨。

“天”，京房、虞翻、姚信、干宝作“天”，作“天”是取古文。参见乾卦九五爻辞辨。

“子”，京房、虞翻、姚信、干宝作“子”，作“子”是取古文。参见乾卦九三爻辞辨。

“小”，虞翻作“小”，作“小”是取古文。参见需卦九二爻辞辨。

“人”，虞翻作“人”，作“人”是取古文。参见乾卦九二爻辞辨。

“弗”，虞翻作“弗”，作“弗”是取古文。参见同人卦九四爻辞辨。

“克”，虞翻作“克”，作“克”是取古文。参见蒙卦九二爻辞辨

九四，匪其彭，无咎。

子夏《易传》作“匪其旁”。

虞翻《周易注》作“匪其尪，无咎”。

王肃《周易注》作“匪其彭”。

姚信《周易注》作“匪其彭”。

干宝《周易注》作“匪其彭”。

“匪”，子夏、虞翻、王肃、姚信、干宝作“匪”，作“匪”是取今

文。参见屯卦六二爻辞辨。

“其”，子夏、虞翻、王肃、姚信、干宝作“其”，作“其”是取今文。参见坤卦上六爻辞辨。

“彭”，“彭”通“旁”。《诗·大雅·烝民》：“百两彭彭。”《隶续·防东尉司马季德碑》引作“百两旁旁”。《墨子·备穴》：“若彭有水浊非常者，此穴土也。”孙诒让《墨子间诂》云：“彭与旁通。”“旁”亦通“方”。《墨子·天志上》：“方施天下。”孙诒让《墨子间诂》云：“方、旁古通。”《尚书·皋陶谟》：“方施象形。”《白虎通·圣人篇》引作“旁施象形”。考《仪礼·士丧礼》：“牢中旁寸。”郑玄注：“今文旁为方。”惠士奇《礼说·地官一》：“《吕刑》‘旁告’，旁作方，盖古文也。”若依郑玄注、惠士奇之说，是“旁”字为古文“方”字。通行本、今帛书本皆作“彭”。然考商代晚期《彭女甗》铭文所镌有“彭”字，知作“彭”“旁”同为古文，作“尪”为今文。子夏作“旁”，王肃、姚信、干宝作“彭”是取古文，虞翻作“尪”是取今文。

“无”，虞翻作“无”，作“无”是取古文。参见乾卦九三爻辞辨。

“咎”，虞翻作“咎”，作“咎”是取古文。参见乾卦九三爻辞辨。

六五，厥孚交如，威如，吉。

虞翻《周易注》作“厥孚交如，威如，吉”。

“厥”，“厥”通“阙”。《论语·宪问》：“阙党童子。”《汉书·古今人表》引作“厥党童子”。“厥”同“氒”。《说文·氏部》：“氒，木本也。从氏，本大于末，读如厥。”段玉裁注：“古多用橜弋字为之。”通行本作“厥”，今帛书本作“阙”，上博竹简本“厥”

字作“氒”，然考通行本、阜阳汉墓本睽卦六五爻辞“厥宗噬肤”之“厥”，今帛书本作“登”，汉石经《周易》作“升”，上博竹简本作“陞”，“陞”即“升”，同“登”通“升”。《尔雅·释诂下》：“登，升也。”考《仪礼·丧服》：“布八十缕为塔升。”郑玄注：“谨字当为登，登，成也。今之《礼》皆以登为升，俗误已行久矣。”郑玄以作“登”为今文，作“升”为古文，至确。“登”古文作“𤼷”。《玉篇·癶部》：“登，升也，上也，进也。𤼷，古文。”又《氏部》：“身，今作厥。”《广韵·月韵》：“厥，氒，古文。”“氒”为“厥”之古文。《集韵·月韵》：“厥，古作𠂤。”容庚《金文编》：“氒为橜之古文，亦为厥之古文。敦煌本隶古定《尚书》厥皆作氒。”再考郭店楚墓竹简本《缁衣》：“其集大命于氒。”释文“氒”作“厥”。“升”与“氒”形似易混。由此知作“氒”“身”“𠂤”“𤼷”“升”同为古文，作“厥”“登”“阙”同为今文，虞翻作“厥”是取今文。参见同人卦九三爻辞辨。

“孚”，虞翻作“孚”，作“孚”是取古文。参见需卦卦辞辨。

“交”，虞翻作“交”，作“交”是取古文。参见本卦初九爻辞辨。

“如”，虞翻作“如”，作“如”是取今文。参见屯卦六二爻辞辨。

“威”，“威”通“畏”。《尚书·洪范》：“威用六极。”《史记·宋微子世家》《汉书·五行志上》《汉书·谷永传》所引皆作“畏用六极”。《尚书·康诰》：“威威显民。”王应麟《汉书艺文志考证》“威威”引作“畏畏”。《周礼·考工记·弓人》：“夫角之中，恒当弓之畏。”郑玄注：“故书畏作威。”又《尚书·皋陶谟》：“天明威，自我民明威。”蔡沈注：“威，古文作畏，二字通用。”《说文·由部》：“畏，恶也。㽇，古文。”梅鷟《尚书考异》：“古文威作畏。”《集韵·微韵》:“威,古作㞷、畏。”通行本作“威”,今帛书本作“委”,上博竹简本作“𢡟”,马王堆汉墓帛书本《二三子》“畏”字亦作“委”。“委”通“祎”,《尔雅·释训》:“委委佗佗。”《经典释文》:“委,诸儒本并作祎。”“𢡟”即“愇”。《说文·是部》:“愇,籀文韙,从心。”故“委”与“𢡟”亦可通。考《仪礼·公食大夫礼》:“坐奠于鼎西南。”郑玄注:“今文奠为委。”上博竹简本《孔子论诗》:“不可不韦也。”释文“韦”作“畏”。郭店楚墓竹简本《成之闻之》:“是古畏备型罚之娄行也。”由此知“威”“畏”“委”“𢡟”皆因古声韵相同可以互借,又知作“威”“委”同为今文,作“畏”“𢡟”“㞷”同为古文,虞翻作“威”是取今文。

“吉”,虞翻作“吉”,作“吉”是取古文。参见乾卦用九爻辞辨。

按,此条爻辞“厥孚交如、威如,吉”,通行本、上博竹简本同,今帛书本作“厥孚交如、委如,终吉”,多一“终”字。考之上博竹简本因早于今帛书本而无“终”字,故其“终”字或为衍文,其文意基本相同。

上九,自天祐之,吉无不利。

虞翻《周易注》作“自天右之,吉,无不利”。

“自”,虞翻作“自”,作“自”是取古文。参见需卦六四爻辞辨。

“天”,虞翻作“天”,作“天”是取古文。参见乾卦九五爻辞辨。

“祐”,“祐”通“右”。《说文·又部》:“右,手口相助也。”朱骏声《说文通训定声·颐部》:“祐、右实同字。今据许书,凡助为右、为佑,神助则为祐。”《诗·周颂·雝》:“亦右文母。”郑玄笺："乃以见右助于光明之考。"《经典释文》："右，音佑。"《汉书·翟方进传》："是天反复右我汉国也。"又《汉书·韦玄成传》："右飨皇帝之孝。"颜师古皆注："右，读为佑。"《玉篇·门部》："闳，古文祐。"通行本作"祐"，今帛书本作"右"，然考上博竹简本亦作"右"。由此知作"祐"为今文，作"右""闳"同为古文，虞翻作"右"是取古文。

"之"，虞翻作"之"，作"之"是取古文。参见坤卦卦辞辨。

"吉"，虞翻作"吉"，作"吉"是取古文。参见乾卦用九爻辞辨。

"无"，虞翻作"无"，作"无"是取古文。参见乾卦九三爻辞辨。

"不"，虞翻作"不"，作"不"是取古文。参见坤卦六二爻辞辨。

"利"，虞翻作"利"，作"利"是取古文。参见乾卦卦辞辨。

谦䷎

谦，亨，君子有终。初六，谦谦君子，用涉大川，吉。六二，鸣谦，贞吉。九三，劳谦，君子有终，吉。六四，无不利，㧑谦。六五，不富以其邻，利用侵伐，无不利。上六，鸣谦，利用行师，征邑国。

谦，亨，君子有终。

郑玄《周易注》作“嗛，亨，君子有终”。

虞翻《周易注》作“谦，亨，君子有终”。

九家《周易集注》作“谦”。

“谦”，“谦”通“嗛”。《庄子·齐物论》：“大仁不仁，大廉不嗛。”《经典释文》：“嗛，徐音谦。”《汉书·艺文志》：“《易》之嗛嗛。”颜师古注：“嗛字与谦同。”《隶释·冯焕碑阴》：“过嗛。”洪适注：“嗛即谦字。”又《史记·司马相如列传》：“陛下谦让而弗发。”《汉书·司马相如传》作“陛下嗛让而弗发”，颜师古注：“嗛，古谦字”。《汉书·尹翁归传》：“温良嗛退。”颜师古注：“嗛，古以为谦字。”李善《文选注》、郭忠恕《汗简》并云“嗛”古“谦”字。通行本作“谦”，今帛书本作“嗛”，马王堆汉墓帛书本《二三子》《衷》亦作“嗛”，《系辞》“谦”字作“溓”，“谦”“嗛”

“溓”古音同属沾韵皆从兼,可以互借。考上博竹简书本作“壓”,亦从兼得声,可与谦通假。由此知作“嗛”“壓”同为古文,作“谦”“溓”为今文,郑玄作“嗛”是取古文,虞翻、九家作“谦”是取今文。

“亨”,郑玄、虞翻作“亨”,作“亨”是取今文。参见乾卦卦辞辨

“君”,郑玄、虞翻作“君”,作“君”是取古文。参见乾卦九三爻辞辨。

“子”,郑玄、虞翻作“子”,作“子”是取古文。参见乾卦九三爻辞辨。

“有”,郑玄、虞翻作“有”,作“有”是取今文。参见乾卦上九爻辞辨。

“终”,郑玄、虞翻作“终”,作“终”是取今文。参见乾卦九三爻辞辨。

按,此条卦辞,《韩诗外传》卷三、卷八皆引作“《易》曰:‘谦,亨,有终吉。’”多一“吉”字。证之通行本、郑玄《周易注》、虞翻《周易注》、今帛书本、上博竹简本皆无此“吉”字,疑为传抄者所增,其文意似更为顺畅。

初六,谦谦君子,用涉大川,吉。

荀爽《周易注》作“谦谦君子,用涉大川,吉”。

“谦”,荀爽作“谦”,作“谦”是取今文。参见本卦卦辞辨。

“君”,荀爽作“君”,作“君”是取古文。参见乾卦九三爻辞辨。

“子”,荀爽作“子”,作“子”是取古文。参见乾卦九三爻辞辨。

“用”,荀爽作“用”,作“用”是取古文。参见乾卦初九爻辞辨。

“涉”,荀爽作“涉”,作“涉”是取今文。参见需卦卦辞辨。

“大”,荀爽作“大”,作“大”是取古文。参见乾卦九二爻辞辨。

“川”,荀爽作“川”,作“川”是取古文。参见坤卦卦辞辨。

“吉”,荀爽作“吉”,作“吉”是取古文。参见乾卦用九爻辞辨。

按,此条爻辞“谦谦君子”,通行本、今帛书本同,上博竹简本缺漏一“谦”字,或为传抄者笔误。

六二,鸣谦,贞吉。

姚信《周易注》作“鸣谦,贞吉”。

“鸣”,“鸣”通“冥”。《经典释文》:“冥,郑读为鸣。”马王堆汉墓帛书《老子》甲本:“幽呵鸣呵,中有请呵。”通行本《老子》作“窈兮冥兮,其中有精”。通行本、今帛书本皆作“鸣”,然考通行本豫卦上六爻“冥豫”之“冥”,上博竹简本“冥”字亦作“鸣”。由此知作“鸣”为古文,作“冥”为今文,姚信作“鸣”是取古文。

“谦”,姚信作“谦”,作“谦”是取今文。参见本卦卦辞辨。

“贞”,姚信作“贞”,作“贞”是取古文。参见坤卦卦辞辨。

“吉”,姚信作“吉”,作“吉”是取古文。参见乾卦用九爻辞辨。

九三,劳谦,君子有终,吉。

荀爽《周易注》作“劳谦,君子有终,吉”。

"劳","劳"通"辽"。《诗·小雅·渐渐之石》:"山川悠远,维其劳矣。"郑玄注:"其道里长远,邦域又劳劳广阔。"孔颖达疏:"广阔辽辽之字,当从辽辽之辽,而作劳字者,以古之字少,多相假借。"《集韵·萧韵》:"辽,《说文》:'远也。'或作勞。"《说文·力部》:"劳,剧也。𢢿,古文劳从悉。"《礼记·缁衣》:"臣仪行不重辞,不援其所不及,不烦其所不知,则君不劳矣。"其"君不劳"之"劳"字,郭店楚墓竹简本《缁衣》作"𢦣","𢦣"即为"𢢿"字之省。通行本、今帛书本皆作"劳"。由此知作"劳"为今文,作"𢢿"或"𢦣"同为古文,荀爽作"劳"是取今文。

"谦",荀爽作"谦",作"谦"是取今文。参见本卦卦辞辨。

"君",荀爽作"君",作"君"是取古文。参见乾卦九三爻辞辨。

"子",荀爽作"子",作"子"是取古文。参见乾卦九三爻辞辨。

"有",荀爽作"有",作"有"是取今文。参见乾卦上九爻辞辨。

"终",荀爽作"终",作"终"是取今文。参见乾卦九三爻辞辨。

"吉",荀爽作"吉",作"吉"是取古文。参见乾卦用九爻辞辨。

六四,无不利,抝谦。

子夏《易传》作"无不利,抝谦"。

京房《周易章句》作"无不利,挥谦"。

马融《周易传》作"无不利,抝谦"。

荀爽《周易注》作"无不利,抝谦"。

郑玄《周易注》作“㧑谦”。

“无”,子夏、京房、马融、荀爽作“无”,作“无”是取古文。参见乾卦九三爻辞辨。

“不”,子夏、京房、马融、荀爽作“不”,作“不”是取古文。参见坤卦六二爻辞辨。

“利”,子夏、京房、马融、荀爽作“利”,作“利”是取古文。参见乾卦卦辞辨。

“㧑”,“㧑”通“麾”“挥”。《淮南子·览冥训》:“瞋目而㧑之。”高诱注:“㧑,挥也。”《后汉书·刘玄传》:“旌旃之所㧑及。”李贤注:“㧑与麾同。”《九经字样》:“麾、㧑同,通作挥。”通行本作“㧑”,今帛书本作“譌”,上博竹简竹本作“貨”。“讹”通“讹”。《汉书·江充传》:“苟为奸譌。”颜师古注:“譌,古讹字”。“讹”与“化”通。《尔雅·释言》:“讹,化也。”《诗·小雅·节南山》:“式讹尔心。”郑玄注:“讹,化。”此正与子夏《易传》释其为“化谦”相合。“化”亦可假借作“货”,《管子·侈靡》:“民服信,诸侯服化。”郭沫若等校:“化同货。”“貨”通“货”,“货”之古文作“賜”。《说文·贝部》:“賜,资也。或曰,此古货字。”段玉裁注:“为、化二声同在十七部,货古作賜,犹讹、譌通用耳。”又考马王堆汉墓帛书《老子》甲本:“圣人欲不欲,而不贵难得之賜。”其乙本与通行本同作“不贵难得之货”。由此知“貨”与“㧑”亦可以通假,又知作“㧑”“挥”同为今文,作“譌”“貨”同为古文,子夏、马融、荀爽、郑玄作“㧑”,京房作“挥”,是取今文。

“谦”,子夏、京房、马融、荀爽、郑玄作“谦”,作“谦”是取今文。参见本卦卦辞辨。

六五，不富以其邻，利用侵伐，无不利。

荀爽《周易注》作“不富其邻，利用侵伐，无不利”。

王廙《周易注》作“利用寝伐”。

“不”，荀爽作“不”，作“不”是取古文。参见坤卦六二爻辞辨。

“富”，荀爽作“富”，作“富”是取今文。参见小畜卦九五爻辞辨。

“以”，荀爽作“以”，作“以”是取今文。参见蒙卦初六爻辞辨。

“其”，荀爽作“其”，作“其”是取今文。参见坤卦上六爻辞辨。

“邻”，荀爽作“邻”，作“邻”是取今文。参见小畜卦九五爻辞辨。

“利”，荀爽、王廙作“利”，作“利”是取古文。参见乾卦卦辞辨。

“用”，荀爽、王廙作“用”，作“用”是取古文。参见乾卦初九爻辞辨。

“侵”，侵”通“寝”。《史记·魏其武安侯列传》：“武安者，貌侵，生贵甚。”《汉书·田蚡傳》：“蚡为人貌侵，生贵甚。”宋叶廷珪《海录碎事》卷八下引作“田蚡为人貌寝，生贵盛”。“寝”，一作“寑”，又作“寝”。《说文·宀部》：“寑，卧也。𡪢，籀文寑省。”《集韵·唐韵》：“寑，籀作𡪢。”朱骏声《说文通训定声·临部》：“今隶作寝，亦作𥧏。”通行本、今帛书本皆作“侵”，上博竹简本作“𢧜”，然考长沙子弹库战国楚帛书丙篇：“利𢧜伐。”由此知作“侵”“寝”同为今文，作“𢧜”“𡪢”同为古文，荀爽作“侵”、王廙作“寝”是取今文。

“伐”,“伐”通“发”。《逸周书·官人》:“有知而言弗发。”《大戴礼记·文王官人》引作“有知而不伐。”“伐”又通“罚”。《逸周书·谥法》:“有伐而还曰厘。”《史记·谥法解》引作“有罚而还曰厘”。《一切经音义》卷六:“伐,经文作罚。”通行本、今帛书本皆作“伐”,上博竹简本亦作“伐”。由此知作“伐”为古文,作“发”为今文,荀爽、王廙作“伐”是取古文。

“无”,荀爽作“无”,作“无”为是取古文。参见乾卦九三爻辞辨。

上六,鸣谦,利用行师,征邑国。

虞翻《周易注》作“鸣谦,利用行师,征邑国”。

“鸣”,虞翻作“鸣”,作“鸣”是取古文。参见本卦六二爻辞辨。

“谦”,虞翻作“谦”,作“谦”是取今文。参见本卦卦辞辨。

“利”,虞翻作“利”,作“利”是取古文。参见乾卦卦辞辨。

“用”,虞翻作“用”,作“用”是取古文。参见乾卦初九爻辞辨。

“行”,虞翻作“行”,作“行”是取古文。参见泰卦九二爻辞辨。

“师”,虞翻作“师”,作“师”是取今文。参见师卦卦辞辨。

“征”,虞翻作“征”,作“征”是取古文。参见小畜卦上九爻辞辨。

“邑”,虞翻作“邑”,作“邑”是取古文。参见讼卦九二爻辞辨。

“国”,虞翻作“国”,作“国”是取今文。参见师卦上六爻辞辨。

按，此条卦辞“利用行师”，上博竹简本作“可用行币”，考《象传》：“鸣谦，志未得也。可用行师，征邑国也。”阮元《周易注疏校勘记·谦卦》：“石经、岳本、闽本、监本、毛本同，古本可作利。”又“征邑国”，上博竹简本作“征邦”，少一“邑”字。阮元又云：“石经、岳本、闽本、监本、毛本同，《释文》出‘征国’云：‘本或作征邑国，非。’”由此知《周易》文本在传衍过程中既有传抄之讹，又有多种相异的文本传世，其基本文意相同。

豫䷏

豫，利建侯行师。初六，鸣豫，凶。六二，介于石，不终日，贞吉。六三，盱豫，悔，迟有悔。九四，由豫，大有得，勿疑，朋盍簪。六五，贞疾，恒不死。上六，冥豫，成有渝，无咎。

豫，利建侯行师。

马融《周易传》作“豫”。

郑玄《周易注》作“豫，利建侯行师”。

虞翻《周易注》作“豫，利建侯行师”。

“豫”，“豫”通“悆”。《穆天子传》卷五：“天子使孟悆如毕讨戎。”郭璞注：“悆，音豫。”《玉篇·心部》“悆，豫也。”《尚书·金縢》：“王有疾，弗豫。”《说文·心部》引《周书》作“王有疾，不悆”。段玉裁注：“《金縢》文，今本作‘弗豫’。许所据者壁中古文，今本则孔安国以今文字易之也。”段玉裁以“悆”为古文，以“豫”为今文，不确。《仪礼·乡射礼》：“豫则钩楹内。”郑玄注：“今文豫为序。”《仪礼·乡射礼》：“宾不与。”郑玄注：“古文与作豫。”又《仪礼·公食大夫礼》：“鱼腊不与。”郑玄注：“古文与作豫。”胡承珙《仪礼古今文疏义》云：“《士昏礼》《乡射礼》《聘礼》《公食大夫礼》《士虞礼》注皆云‘古文与为豫”，则此亦当作豫，作预误也。”通行本作“豫”，今帛书本作“余”，马王堆汉墓帛书本《系辞》《衷》作“余”，上博竹简本作“𠈌。由此知“余”“𠈌”“悆”“余”“豫”古音同属鱼韵，可以互借。若依郑玄注，又知作“𠈌”“豫”同为古文，作“余”“悆”为今文，马融、郑玄、虞翻作“豫”是取古文。

“利”，郑玄、虞翻作“利”，作“利”是取古文。参见乾卦卦辞辨。

“建”，郑玄、虞翻作“建”，作“建”是取今文。参见屯卦卦辞辨。

“侯”，郑玄、虞翻作“侯”，作“侯”是取今文。参见屯卦卦辞辨。

“行”，郑玄、虞翻作“行”，作“行”是取古文。参见泰卦九二爻辞辨。

“师”，郑玄、虞翻作“师”，作“师”是取今文。参见师卦卦辞辨。

初六，鸣豫，凶。

虞翻《周易注》作“鸣豫，凶”。

“鸣”，虞翻作“鸣”，作“鸣”是取古文。参见谦卦六二爻辞辨。

“豫”，虞翻作“豫”，作“豫”是取古文。参见本卦卦辞辨。

“凶”，虞翻作“凶”，作“凶”是取古文。参见讼卦卦辞辨。

六二，介于石，不终日，贞吉。

马融《周易传》作“扴于石”。

郑玄《周易注》作“砎于石”。

虞翻《周易注》作“介于石”。

“介”，“介”通“砎”“扴”。《经典释文》：“介，古文作砎。郑古八反，云：‘谓磨砎也。’马作扴，云：‘触小石声。’”《说文·手部》：“扴，刮也。从手，介声。”《集韵·个韵》：“个，或作个、介，通作个。”惠士奇《礼说》卷十四云：“个，古介字，故《说文》无个，盖今文个即古文介。”惠栋《九经古义》卷二《周易古义》云：“介，古文作砎。”宋翔凤《周易考异》：“马氏亦古文，作扴是也。”通行本作“介”，今帛书本作“疥”，上博竹简本作“𠔁”。由此知“疥”“𠔁”皆从“介”声，与“介”亦可通假。若依《经典释文》、惠注，又知作“介”“疥”同为今文，作“砎”“扴”“𠔁”“个”同为古文，马融作“扴”、郑玄作“砎”是取古文，虞翻作“介”是取今文。

“于”，马融、郑玄、虞翻作“于”，作“于”是取古文。参见坤卦上六爻辞辨。

“石”，“石”通“硕”。《庄子·外物》：“无石师而能言。”《经典释文》：“一本作所师，又作硕师”。“石”又作“石”。《隶释·山阳太守祝睦碑》：“登山镌石。”《正字通·石部》：“石，隶加一点一画作石。”《集韵·昔韵》：“石，古作后。”通行本、今帛书本皆作“石”，上博竹简本亦作“石”。由此知作“石”“后”同为古文，作“石”为今文，马融、郑玄、虞翻作“石”是取古文。参见剥卦上九爻辞辨。

“不”，虞翻作“不”，作“不”是取古文。参见坤卦六二爻辞辨。

“终”，虞翻作“终”，作“终”是取今文。参见乾卦九三爻辞辨。

“日”，虞翻作“日”，作“日”是取古文。参见乾卦九三爻辞辨。

“贞”,虞翻作“贞”,作“贞”是取古文。参见乾卦卦辞辨。

“吉”,虞翻作“吉”,作“吉”是取古文。参见乾卦用九爻辞辨。

六三,盱豫,悔,迟有悔。

子夏《易传》作“纡豫,悔”。

京房《周易章句》作“污豫,悔”。

郑玄《周易注》作“盱豫”。

陆绩《周易述》作“纡豫”。

王肃《周易注》作“盱豫”。

姚信《周易注》作“盱豫”。

向秀《周易义》作“盱豫,悔,迟有悔”。

“盱”,“盱”通“盱”。《经典释文》:“姚信作盱,云‘日始出’,引《诗》:‘盱日始旦。’”朱骏声《说文通训定声·豫部》:“汙,假借为纡。”《正字通·水部》:“污、汙、洿同。本作污。《玉篇》从亏者古文,从于者今文。欧阳氏曰:‘污、污本一字,今经传皆以今文书之。’”通行本作“盱”,今帛书本作“杅”,阜阳汉墓本作“歌”,上博竹简本作“可”。“杅”“盱”“纡”“汙”“盱”皆从于声,可以互借。“可”“歌”与“盱”声近韵同,亦可通假。考《仪礼·即夕礼》:“两敦,两杅,盘匜。”郑玄注:“杅,今文杅为桙。”郑玄以“桙”为今文,作“杅”为古文。由此知作“盱”“歌”同为今文,作“杅”“可”同为古文,子夏、陆绩作“纡”,京房作“污”,郑玄、王肃、向秀作“盱”,姚信作“盱”是取今文。

“豫”,子夏、京房、郑玄、陆绩、王肃、姚信、向秀作“豫”,作“豫”是取古文。参见本卦卦辞辨。

“悔”,子夏、京房、向秀作“悔”,作“悔”是取今文。参见乾卦上九爻辞辨。

“迟”，“迟”同“遲”。《说文·辵部》：“迟，徐行也。遅，迟或从尸。遲，籀文迟从犀。”段玉裁注：“《五经文字》曰：‘今从籀文。’谓唐人经典用遲不用迟。”“迟”亦通“夷”。《淮南子·原道训》：“昔者冯夷大丙之御也。”高诱注：“夷或作迟。”通行本、今帛书本皆作“迟”，阜阳汉墓本作“夷”，上博竹简本作“遅”。“夷”与“迟”声通可以互借。《玉篇·尸部》：“尸，古文夷字。”《广韵·脂韵》：“尸，本古文夷字。”《汉书·地理志上》：“尸江在西北。”颜师古注：“尸，古夷字。”又《集韵·脂韵》：“迟，古作遲。”“尸”为“迟”之异体。由此知作“迟”“夷”同为今文，作“尸”“遲”同为古文，向秀作“迟”是取今文。

“有”，向秀作“有”，作“有”是取今文。参见乾卦上九爻辞辨。

按，此条爻辞“迟有豫”，阮元《周易注疏校勘记·豫卦》云：“石经迟作遲，余并同。古本豫下有‘有’字。”证之通行本、向秀《周易义》、今帛书本、上博竹简本于“豫”下皆无“有”字，可证阮说不确。

九四，由豫，大有得，勿疑，朋盍簪。

子夏《易传》作“朋盍簪”。

京房《周易章句》作“朋盍撍”。

马融《周易传》作“犹豫，朋盍臧”。

荀爽《周易注》作“朋盍宗”。

郑玄《周易注》作“由豫，大有得，勿疑朋盍簪”。

虞翻《周易注》作“由豫，大有得，勿疑，朋盍戠”。

王肃《周易注》作“朋盍簪”。

蜀才《周易注》作“朋盍撍”。

“由”，“由”通“犹”。《孟子·公孙丑上》：“文王犹方百里起，是以难也。”朱熹注：“犹方之犹，与由通。”《春秋公羊传》昭公四年：“犹无明天子也。”惠栋《九经古义》卷十四《公羊古义》：“犹、由同。”《说文·马部》：“甹，木生条也。《商书》曰：‘若颠木之有甹枿。’古文言由枿。”徐锴《说文解字系传》：“《说文》无由字，今《尚书》只作由枿，盖古文省马，而后人因省之，通用为因由等字。”通行本作“由”，今帛书本作“允”，上博竹简本作“猷”。“允”或为“冘”之讹。“冘豫”即“由豫”。《后汉书·来歙传》：“嚣将王元说嚣，多设疑故，久冘豫不决。”李贤注：“冘豫，不定之意也。《东观记》曰‘孤疑不决’也。”《集韵·尤韵》：“冘，冘豫，不定。通作犹。”证之《尚书·康诰》：“乃由裕民。”孙星衍疏：“由，同猷。”王引之《经传释词》卷一：“由、猷古字通。”由此知作“由”“猷”同为古文，作“犹”为今文，马融作“犹”是取今文，郑玄、虞翻作“由”是取古文。

“豫”，京房、郑玄、虞翻作“豫”，作“豫”是取古文。参见本卦卦辞辨。

“大”，郑玄、虞翻作“大”，作“大”是取古文。参见乾卦九二爻辞辨。

“有”，郑玄、虞翻作“有”，作“有”是取今文。参见乾卦上九爻辞辨。

“得”，郑玄、虞翻作“得”，作“得”是取今文。参见坤卦卦辞辨。

“勿”，郑玄、虞翻作“勿”，作“勿”是取古文。参见乾卦初九爻辞辨。

“疑”，“疑”通“凝”。《庄子·达生》：“用志不分，乃疑于神。"《列子·黄帝》作"用志不分,乃凝于神"。《诗·大雅·抑》:"靡所止疑。"王应麟《诗考》引《齐诗》作"靡所止凝"。《荀子·解蔽》:"以可知人之性,求可以知物之理,而无所疑止之,则没世穷年不能偏。"杨倞注:"疑,或为凝。"《中庸》:"苟不至德,至道不凝焉。"《经典释文》:"凝,本又作疑。"《说文·子部》:"疑,从子、止、匕,矢声。"又《匕部》:"䘇,未定也。"王筠《说文句读》:"䘇与疑同。"朱骏声《说文通训定声·履部》:"经传皆以疑为之,而本字废置不用。"通行本作"疑",今帛书本作"疑",《说文》《玉篇》均无此字,疑即"疑"之形变。上博竹简本作"頾"。考《玉篇·匕部》:"㔞,未定也。亦作疑。又古文矣。"郭店楚墓竹简本《尊德义》:"可学也而不可矣也。"释文"矣"读为"疑"。由此知"㔞""頾""矣"皆从矣声可以假借,又知作"疑""疑"同为今文,作"頾""㔞"为古文,郑玄、虞翻作"疑"是取今文。

"朋",子夏、京房、马融、荀爽、郑玄、虞翻、王肃、蜀才作"朋",作"朋"是取今文。参见复卦卦辞辨。

"盇","盇"通"盖""盍"。《礼记·檀弓上》:"子盖言子之志。"郑玄注:"盖皆当为盍。"《说文·血部》:"盍,覆也。"《集韵·盍韵》:"盍,《说文》:'覆也。'隶作盇,通作盖。"通行本作"盇",今帛书本作"甲",上博竹简本作"欱","甲""欱"与"盇"声近韵同,可以通假。"盇"或为"欱"之省。由此知作"盇"为今文,作"欱"为古文,子夏、京房、马融、荀爽、郑玄、虞翻、王肃、蜀才作"盇"是取今文。

"簪","簪"通"兂"。《说文·兂部》:"兂,首笄也。"段玉裁注:"笄,簪也。二字为转注。古言笄,汉言兂,此谓今之兂即古之笄也。古经无簪字,惟《易·豫》九四'朋盍簪',郑云'速也',实寁之假借字。张揖《古今字诂》作撍,《埤仓》云'撍,速也',

寁、㢘、撍同字。”然考汉魏诸家易注,其“簪”字多异。知“簪”“撍”“臧”“宗”“戠”皆因古音相近,亦可互借。《经典释文》:“簪,古文作贷。”吕祖谦《古易音训》:“簪,古文作货。”《集韵·侵韵》:“先,或作簪,古作簮。”《字汇·竹部》:“簮,同簪。”《正字通·儿部》:“先,古文簪。”惠士奇《惠氏易说》卷二:“古《易》簪作戠。”惠栋《九经古义》卷一《周易古义》:“簪,古文作貣,或作戠。”通行本作“簪”,今帛书本作“谗”,上博竹简本作“疌”。“谗”通“谮”。《诗·小雅·巷伯》:“彼谮人者。”《后汉书·马援列传》引《诗》作“取彼谗人”。《毛诗注疏考证》:“谮,《礼记》注、《后汉书》作谗。”《经典释文》:“本又依《诗》作谮。”知“谗”与“簪”声近亦可通假。《集韵·感韵》:“簪,或作疌。”朱骏声《说文通训定声·临部》:“先、簪,假借为寁。”故“疌”“寁”与“簪”亦可以互通。考《仪礼·士冠礼》:“皮弁笄,爵弁笄,缁纮纁边,同箧。”郑玄注:“笄,今之簪。”李道平《周易集解纂疏》:“古有笄而无簪,至秦汉始有之,虞作戠是也。”若依郑玄注、《经典释文》、《集韵》、惠注,知作“簪”“谗”同为今文,作“戠”“疌”“笄”“货”“簮”等同为古文,子夏、郑玄、王肃作“簪”,京房、蜀才作“撍”,马融作“臧”,荀爽作“宗”是取今文,虞翻作“戠”是取古文。

六五,贞疾,恒不死。

虞翻《周易注》作“贞疾,恒不死”。

“贞”,虞翻作“贞”,作“贞”是取古文。参见乾卦卦辞辨。

“疾”,“疾”通“疚”。《说文·疒部》:“疾,病也。”《诗·小雅·采薇》:“忧心孔疚,我行不来。”毛传:“疚,病。”《周礼·地官·乡大夫》:“服公事者,老者、疾者,皆舍。”郑玄注:“疾者,谓若今癃不可事者。”《说文·疒部》:“癃,罢病也”。又《汉书·叙传下》:“博山敦慎,受莽之疢。”颜师古注:“疢,病也。”王国维《观堂集林·毛公鼎铭考释》:“疾之本字,象人高精度下箸矢形,古多战事,人箸矢则疾矣。”“疢”与“疾”字形相似而混同。《说文》:“疾,病也。从疒,矢声。𤕫,古文疾。”通行本、今帛书本皆作“疾”,然考上博竹简本亦作“疾”。由此知作“疾”“𤕫”同为古文。

“恒”,虞翻作“恒”,作“恒”为今文。参见需卦初九爻辞辨。

“不”,虞翻作“不”,作“不”为古文。参见坤卦六二爻辞辨。

“死”,《说文·死部》:“死,澌也。𣦸,古文死如此。”《玉篇·死部》:“死,神尽也,穷也。𣦸,古文。”《集韵·旨韵》:“死,古作𣦸、𦵮。”“死”字金文中常见。如《大盂鼎》王曰:“盂,乃召夹死戎,敏諫罚讼,夙夕召我一人。”通行本、今帛书本皆作“死”,然考上博竹简本亦作“死”。由此知作“死”“𦵮”“𦵮”同为古文,虞翻作“死”是取古文。参见师卦六三爻辞辨。

上六,冥豫,成有渝,无咎。

马融《周易传》作“冥豫”。

郑玄《周易注》作“冥豫”。

虞翻《周易注》作“冥豫,成有渝,无咎”。

王廙《周易注》作“冥豫”。

“冥”,“冥”通“瞑”。《庄子·列御寇》:“甘冥乎无何有之乡。”《经典释文》:“冥,本作瞑。又音眠。”戴侗《六书故》卷十释“瞑”字云:“瞑,亦通作冥,又作眠。”方以智《通雅》卷四十九“绵药即眠药”条云:“古眠多作瞑,应读去声。”通行本、今帛书本、汉石经《周易》作“冥”,然考上博竹简本“冥”字作“榠”,“榠”

“冥”古音同属迥韵，可以互借。若依上博竹简本，知作“冥”为今文，作“榠”为古文，马融、郑玄、虞翻、王廙作“冥”是取今文。

“豫”，马融、郑玄、虞翻、王廙作“豫”，作“豫”是取古文。参见本卦卦辞辨。

“成”，虞翻作“成”，作“成”是取今文。参见坤卦六三爻辞辨。

“有”，虞翻作“有”，作“有”是取今文。参见乾卦上九爻辞辨。

“渝”，虞翻作“渝”，作“渝”是取今文。参见讼卦九四爻辞辨。

“无”，虞翻作“无”，作“无”是取古文。参见乾卦九三爻辞辨

“咎”，虞翻作“咎”，作“咎”是取古文。参见乾卦九三爻辞辨。

随䷐

随,元亨,利贞,无咎。初九,官有渝,贞吉,出门交有功。六二,系小子,失丈夫。六三,系丈夫,失小子。随有求得。利居贞。九四,随有获,贞凶。有孚在道,以明,何咎？九五,孚于嘉,吉。上六,拘系之,乃从维之。王用亨于西山。

随,元亨,利贞,无咎。

郑玄《周易注》作“随,元亨,利贞,无咎”。

虞翻《周易注》作“随,元亨,利贞,无咎”。

“随”,“随”通“隋”。《庄子·让王》:“因卞随而谋。”《荀子·成相》“卞随”作“卞隋”。《集韵·支韵》:“随,《说文》:‘从也。’古作追。”《楚辞·离骚》:“背绳墨以追曲兮,竞周容以为度。”王逸注:“追,随也。”洪兴祖《楚辞补注》:“追,古随字。”通行本作“随”,今帛书本作“隋”,上博竹简本作“陵”,或作“隓”。《说文·阜部》:“隓,败城阜曰隓。从阜,声。墯,篆文。”段玉裁注:“许书无字,盖或古有此文,或綠左为声,皆未可知。为篆文,则隓为古籀可知也。”考《玉篇·心部》“憜”字又作“惰”,古文作“隓”。又《集韵·过韵》释“憜”“惰”为“古作隓”。吕祖谦《古易音训》:“晁氏曰:‘案,堕,古文。’”由此知作“陵”或“隓”“追”

同为古文，作“随”“隋”同为今文，郑玄、虞翻作“随”是取今文。

“元”，郑玄、虞翻作“元”，作“元”是取古文。参见乾卦卦辞辨。

“亨”，郑玄、虞翻作“亨”，作“亨”是取今文。参见乾卦卦辞辨。

“利”，郑玄、虞翻作“利”，作“利”是取古文。参见乾卦卦辞辨。

“贞”，郑玄、虞翻作“贞”，作“贞”是取古文。参见乾卦卦辞辨。

“无”，郑玄、虞翻作“无”，作“无”是取古文。参见乾卦九三爻辞辨。

“咎”，郑玄、虞翻作“咎”，作“咎”是取古文。参见乾卦九三爻辞辨。

按，此条卦辞“元亨利贞”，《经典释文》：“本又作大亨利贞。”或为别本《周易》传本。阮元《周易注疏校勘记·随卦》云：“古本贞上有利字。”通行本、郑玄《周易注》、虞翻《周易注》、今帛书本、上博竹简本皆作“元亨利贞”。

初九，官有渝，贞吉，出门交有功。

郑玄《周易注》作“出门交有工”。

蜀才《周易注》作“馆有渝”。

九家《周易集注》作“官有渝，贞吉，出门交有功”。

“官”，“官”通“馆”。《战国策·燕策一》：“从来而燕王不馆也。”《史记·苏秦列传》作“今来而王不官”。考《仪礼·聘礼》“管人布幕于寝门外”，郑玄注：“管，犹馆也，古文管作官。”《管子·入国》：“上收而养之疾官。”俞樾《诸子平议》：“疾官乃有疾者所居之馆舍。”又云“官”为“馆”之古文。《汉书·贾谊传》：“学者所学之官也。”颜师古注：“官，谓官舍。”通行本、今帛书本皆作“官”，然考上博竹简本亦作“官”。由此知作“官”为古文，作“馆”“管”同为今文，九家作“官”是取古文。

“有”，郑玄、蜀才、九家作“有”，作“有”是取今文。参见乾卦上九爻辞辨。

“渝”，蜀才、九家作“渝”，作“渝”是取今文。参见讼卦九四爻辞辨。

“贞”，九家作“贞”，作“贞”是取古文。参见乾卦卦辞辨。

“吉”，九家作“吉”，作“吉”是取古文。参见乾卦用九爻辞辨。

“出”，郑玄、九家作“出”，作“出”是取古文。参见需卦六四爻辞辨。

“门”，郑玄、九家作“门”，作“门”是取今文。参见同人卦初九爻辞辨。

“交”，郑玄、九家作“交”，作“交”是取古文。参见大有卦初九爻辞辨。

“功”，“功”通“工”。《尚书·皋陶谟》：“天工人代其之。”《汉书·律历志上》引作“《书》曰：‘天功人其代之。’”颜师古注：“言圣人禀天造代之功代而行之。”《周礼·春官·肆师》：“凡师不功。”郑玄注：“故书功为工，郑司农工读为功，古者工与功同字。”《说文·工部》：“𢒄，古文工，从彡。”《玉篇·工部》：“工，官也，善其事。𢒄，古文。”通行本、今帛书本作“功”，然考上博竹简本“功”字作“工”。由此知作“功”为今文，作“工”“𢒄”同为古文，郑玄作“工”是取古文，九家作“功”是取今文。

六二，系小子，失丈夫。

虞翻《周易注》作“系小子，失丈夫”。

“系”，“系”通“係”。《经典释文》：“本或作系。”贾谊《惜誓》：“使麒麟可得羁而係兮。”《太平御览》《古今事文类聚》并引作“使麒麟可得羁而系兮”。“係”“系”亦因音同可以互借。冯椅《厚斋易学》：“系，古文。今係或系。”吕祖谦《古易音训》：“晁氏曰：‘案，古文作系。’”吕氏以“係”为今文，以“系”为古文。不确。《一切经音义》云：“系，古文繫、继二形同。”通行本、今帛书本皆作“係”，上博竹简本亦作“係”，然考通行本遯卦九三爻辞“係遯”之“系”，上博竹简本仍作“係”。由此知作“系”“系”同为古文。参见蒙卦上九爻辞辨。

“小”，虞翻作“小”，作“小”是取古文。参见需卦九二爻辞辨。

“子”，虞翻作“子”，作“子”是取古文。参见乾卦九三爻辞辨。

“失”，虞翻作“失”，作“失”是取今文。参见比卦九五爻辞辨。

“丈”，虞翻作“丈”，作“丈”是取古文。参见师卦卦辞辨。

“夫”，虞翻作“夫”，作“夫”是取古文。参见蒙卦六三爻辞辨。

按，此条爻辞“六二”，通行本、今帛书本、上博竹简本同。阜阳汉墓作“六三”，疑为传抄者笔误。

六三，系丈夫，失小子。随有求得。利居贞。

虞翻《周易注》作“系丈夫，失小子。随有求得。利居贞”。

“系”，虞翻作“系”，作“系”是取古文。参见本卦六二爻辞辨。

“丈”，虞翻作“丈”，作“丈”是取古文。参见师卦卦辞辨。

“夫”，虞翻作“夫”，作“夫”是取古文。参见蒙卦六三爻辞辨。

“失”，虞翻作“失”，作“失”是取今文。参见比卦九五爻辞辨。

“小”，虞翻作“小”，作“小”是取古文。参见需卦九二爻辞辨。

“子”，虞翻作“子”，作“子”是取古文。参见乾卦九三爻辞辨。

“随”，虞翻作“随”，作“随”是取今文。参见本卦卦辞辨。

“有”，虞翻作“有”，作“有”是取今文。参见乾卦上九爻辞辨。

“求”，虞翻作“求”，作“求”是取古文。参见蒙卦卦辞辨。

“得”，虞翻作“得”，作“得”是取今文。参见小畜卦上九爻辞辨。

“利”，虞翻作“利”，作“利”是取古文。参见乾卦卦辞辨。

“居”，虞翻作“居”，作“居”是取今文。参见屯卦初九爻辞辨。

“贞”，虞翻作“贞”，作“贞”是取古文。参见乾卦卦辞辨。

按，此条爻辞“随有其得”，今帛书本同。上博竹简本作“求又”，文意较通行本、今帛书本更为顺畅。

九四，随有获，贞凶。有孚在道，以明，何咎？

虞翻《周易注》作“随有获，贞凶。有孚在道，以明，何咎？”

“随”，虞翻作“随”，作“随”是取今文。参见本卦卦辞辨。

“有”,虞翻作“有”,作“有”是取今文。参见乾卦上九爻辞辨。

“获”,“穫”通“获”。《荀子 · 富国》:“人善治之,则亩数盆,一岁而再获之。”杨倞注:“获,读为穫。”《礼记 · 儒行》:“不陨获于贫贱。”《经典释文》:“获,本又作穫。”《仪礼 · 大射仪》:“授获者,退立于西方。”郑玄注:“古文获皆作护。”通行本、今帛书本、阜阳汉墓本皆作“获”上博竹简本作“蒦”。然考通行本无妄卦九二爻辞“不耕获”之“获”,今帛书本作“获”,上博竹简本作“穫”,知“获”“穫”“蒦”皆从蒦声可以互借。若依郑玄注,知作“获”为今文,作“护”“蒦”同为古文,虞翻作“获”是取今文。

“贞”,虞翻作“贞”,作“贞”是取古文。参见乾卦卦辞辨。

“凶”,虞翻作“凶”,作“凶”是取古文。参见讼卦卦辞辨。

“孚”,虞翻作“孚”,作“孚”是取古文。参见需卦卦辞辨。

“在”,虞翻作“在”,作“在”是取今文。参见乾卦九二爻辞辨。

“道”,虞翻作“道”,作“道”是取古文。参见小畜卦初九爻辞辨。

“以”,虞翻作“以”,作“以”是取今文。参见蒙卦初六爻辞辨。

“明”,“明”同“明”。《史记 · 太史公自序》:“左丘失明。”裴骃《集解》作“左丘失明”。《汉书 · 儒林传》:“(梁丘贺)其待明而入。”《西汉会要》引作“其待明而入”。《说文 · 月部》:“朙,照也。明,古文从日。”段玉裁注:“朙,汉石经作明。”《正字通 · 目部》:“分明、明为二,田艺衡曰:‘古皆从日月作明,汉乃从目作明。’”通行本作“明”,今帛书本作“明”,上博竹简本亦作“明”。由此知作“明”为今文,作“明”为古文,虞翻作“明”是取古文。

"何",虞翻作"何",作"何"是取今文。参见小畜卦初九爻辞辨。

"咎",虞翻作"咎",作"咎"是取古文。参见乾卦九三爻辞辨。

按,此条爻辞"贞凶",今帛书本同。上博竹简本作"贞工",证之《象传》:"随有获,其义凶也。有孚在道,明功也。"既有所获,何以又凶?既然有孚在道,又何以明功?今以上博竹简本凶字作工字,工通功,如本卦初九爻辞"出门交有功",今帛书本同,上博竹简本作"出门交又工"。因此《象传》初本或写为:"随有获,其义工也。有孚在道,明工也。"如此则文意通畅明白。写作"凶",或为后人以"凶"、"工"同韵可通假而误写成凶字。考上博竹简本凡写凶字,皆与通行本、今帛书本同,知上博竹简本作"工",其义与凶有别。又通行本益卦九三爻辞"益之,用凶事",今帛书本作"益之,用工事",《象传》:"益用凶事,固有之也。"既云凶事,何以又固之?《说卦传》:"巽为工,益卦震下巽上。"由此知作"工"文义更为通畅。

九五,孚于嘉,吉。

虞翻《周易注》作"孚于嘉,吉"。

"孚",虞翻作"孚",作"孚"是取古文。参见需卦卦辞辨。

"于",虞翻作"于",作"于"是取古文。参见坤卦上六爻辞辨。

"嘉","嘉"通"贺"。《国语·晋语二》:"吾乃今知之,君不度而贺大国之袭,于己也何瘳。"《说苑·辨物》:"吾乃今知之,君不度而嘉大国之袭,于己也何瘳。"《广雅·释言》:"贺,嘉也。”王念孙《广雅疏证》：“嘉与贺古同声而通用。”考《仪礼·觐礼》：“伯父实来，予一人嘉之。”郑玄注：“今文嘉作贺。”郑玄以“贺”为今文，以“嘉”为古文。通行本、今帛书本、阜阳汉墓本皆作“嘉”，然考上博竹简本亦作“嘉”。若依郑玄注、上博竹简本，知作“嘉”为古文，作“贺”为今文，虞翻作“嘉”是取古文。

“吉”，虞翻作“吉”，作“吉”是取古文。参见乾卦用九爻辞辨。

按，此条爻辞“孚于嘉吉”，通行本、今帛书本、上博竹简本同，阜阳汉墓本作“孚嘉吉”，少一“于”字，疑为传抄者笔误，其文意基本相同。

上六，拘系之，乃从维之。王用亨于西山。

京房《周易章句》作“王用亨于西山”。

陆绩《周易述》作“王用亨于西山”。

虞翻《周易注》作“拘系之，乃从维之。王用亨于西山”。

“拘”，“拘”通“句”。《荀子·哀公》：“古之王者，有务而拘领者矣。”杨倞注：“拘与句同，曲领也。”《山海经·海外北经》：“拘缨之国。”《淮南子·墬形训》“拘缨”作“句婴”，高诱注：“句婴，读为九婴。北方之国。”《集韵·虞韵》：“拘，或作佝、句。”通行本、阜阳汉墓本、汉石经《周易》皆作“拘”，今帛书本作“枸”，上博竹简本作“敂”。《说文·攴部》：“敂，击也。从攴，句声。”由此知“拘”“枸”“敂”皆从句声可以互借，又知作“拘”为今文，作“敂”为古文，虞翻作“拘”是取今文。

“系”，虞翻作“系”，作“系”是取古文。参见本卦六二爻辞辨。

“之”，虞翻作“之”，作“之”是取古文。参见坤卦卦辞辨。

“乃”,虞翻作“乃”,作“乃”是取古文。参见屯卦六二爻辞辨。

“从”,虞翻作“從”,作“從”是取古文。参见坤卦六三爻辞辨。

“维”,“维”同“惟”。《尚书·舜典》:“夙夜惟寅。”《史记·五帝本纪》引作“夙夜维敬”。唐陆贽中《奉天论延访朝臣表》:“《书》曰:‘人心唯危,道心唯微。’”今本《尚书·大禹谟》作“人心惟危,道心惟微。”王引之《经传释词》卷三:“惟,发语词也,字或作唯。”“惟”“唯”亦与“虽”通。《诗·大雅·抑》:“女虽湛乐从,弗念厥绍。”俞樾《古书疑义举例》:“此虽字当读惟(唯),言平地之上唯覆一篑,极言其少。”《六书故·动物三》:“隹,钟鼎文皆借此为惟字。”《六书正论·支韵》:“隹,又借为发语辞,隶作惟、维同。”《墨子·明鬼下》:“矧隹人面,胡敢异心?”毕沅注:“隹,古惟字。”《字汇补·心部》:“惟,古文惟字。”通行本作“维”,今帛书本作“巂”,上博竹简本作“𠾏”。“巂”即“巂”字,《说文·糸部》:“纗,从糸,巂声。……或读若维。”由此知帛书本之“巂”,即由竹简本之“𠾏”字而来,又知作“维”“唯”同为今文,作“隹”“惟”“𠾏”同为古文,虞翻作“维”是取今文。

“王”,京房、陆绩、虞翻作“王”,作“王”是取古文。参见坤卦六三爻辞辨。

“用”,京房、陆绩、虞翻作“用”,作“用”是取古文。参见乾卦初九爻辞辨。

“亨”,京房、陆绩、虞翻作“亨”,作“亨”是取今文。参见乾卦卦辞辨。

“于”,京房、陆绩、虞翻作“于”,作“于”是取古文。参见坤卦上六爻辞辨。

“西”，京房、陆绩、虞翻作“西”，作“西”是取古文。参见坤卦卦辞辨。

“山”，《说文·山部》：“山，宣也。宣气散，生万物，有石而高。象形。”今甲、金文“山”字，象山峰并立之形。今帛书本与通行本同作“山”，然考上博竹简本亦作“山”，知作“山”为古文，京房、陆绩、虞翻作“山”是取古文。

蛊䷑

蛊，元亨，利涉大川。先甲三日，后甲三日。初六，干父之蛊，有子，考无咎，厉终吉。九二，干母之蛊，不可贞。九三，干父之蛊，小有悔，无大咎。六四，裕父之蛊，往见吝。六五，干父之蛊，用誉。上九，不事王侯，高尚其事。

蛊，元亨，利涉大川。先甲三日，后甲三日。

子夏《易传》作“先甲三日，后甲三日”。

马融《周易传》作“先甲三日，后甲三日”。

郑玄《周易注》作“先甲三日，后甲三日”。

虞翻《周易注》作“蛊，元亨，利涉大川”。

“蛊”，“蛊”通“蠱”。《春秋左氏传》成公七年：“寻蠱牢之盟。”《春秋繁露·竹林》引作“蛊牢之盟”。《史记·淮南衡山列传》：“汉亦使曲城侯。”裴骃《集解》引徐广曰：“曲城侯姓虫，名捷，其父名逢，高祖功臣。”司马贞《索隐》《东汉文纪》“蠱逢”皆作“蛊达”。通行本、汉石经《周易》皆作“蛊”，今帛书本作“箇”，马王堆汉墓帛书本《衷》作“故”，上博竹简本作“蛊”。由此知“蛊”“箇”“蠱”“故”皆因古音同属莫韵或相近，可以假借。若依上博竹简本，又知作“蠱”“箇”“故”同为今文，作“蛊”为古文,虞翻作“蛊”是取古文。

“元”,虞翻作“元”,作“元”是取古文。参见乾卦卦辞辨。

“亨”,虞翻作“亨”,作“亨”是取今文。参见乾卦卦辞辨。

“利”,虞翻作“利”,作“利”是取古文。参见乾卦卦辞辨。

“涉”,虞翻作“涉”,作“涉”是取今文。参见需卦卦辞辨。

“大”,虞翻作“大”,作“大”是取古文。参见乾卦九二爻辞辨。

“川”,虞翻作“川”,作“川”是取古文。参见坤卦卦辞辨。

“先”,子夏、马融、郑玄作“先”,作“先”是取古文。参见坤卦卦辞辨。

“甲”,“甲”通“狎”。《诗·卫风·芄兰》:“能不我甲。”毛传:“甲,狎也。”《经典释文》:“甲,《韩诗》作狎。”《尚书·多方》:“因甲于内乱。”孔颖达疏:“古人夹与甲通用,郑、王皆以甲为狎。”惠栋《九经古义》卷五《毛诗古义》:“郑、王皆以甲为狎,古文省少以甲为狎,遂有狎音,非假借也。”《说文·甲部》:“甲,东方之孟,阳气萌动。㡿,古文甲,始于一,见于十,岁成于木之象。”《集韵·狎韵》:“甲,古作㡿。”通行本、今帛书本皆作“甲”,然考上博竹简本亦作“甲”。由此知作“甲”“㡿”同为古文,作“狎”为今文,子夏、马融、郑玄作“甲”是取古文。

“三”,子夏、马融、郑玄作“三”,作“三”是取古文。参见蒙卦卦辞辨。

“日”,子夏、马融、郑玄作“日”,作“日”是取古文。参见乾卦九三爻辞辨。

“后”,子夏、马融、郑玄作“后”,作“后”是取今文。参见坤卦卦辞辨。

按,此条爻辞“元亨”,通行本同,上博竹简本作“元乡”,今帛书本作“吉亨”，无“元”字，多一“吉”字，其文意基本相同。

初六，干父之蛊，有子，考无咎，厉终吉。

马融《周易章句》作“干父之蛊，有子，考无咎”。

虞翻《周易注》作“干父之蛊，有子，考无咎，厉终吉”。

王肃《周易注》作“干父之蛊，有子，考无咎”。

“干”，“干”通“榦”。《经典释文》：“榦，本又作干。”《说文·木部》：“榦，筑墙端木也。”段玉裁注：“榦，俗作干。”扬雄《法言·五百》：“经营然后知干桢之克立也。”李轨注：“干桢，筑墙版之属也。”“干”亦通“肝”。刘熙《释名·释形体》：“肝，幹也。五行属木。凡物以木为乾干。”考《仪礼·少牢馈食礼》：“上佐食举尸牢干。”郑玄注：“古文干为肝。”通行本作“干”，今帛书本、阜阳汉墓本皆作“榦”，上博竹简本作“榦”，“榦”同“干”。若依郑玄注，上博竹简本，知作“干”“榦”同为今文，作“榦”“肝”同为古文，马融、虞翻、王肃作“干”是取今文。

“父”，“父”通“甫”。《诗·大雅·烝民》：“仲山甫。”《史记·鲁周公世家》引作“仲山父”。又《诗·大雅·韩奕》：“显父饯之，清酒百壶。”《经典释文》：“父，本亦作甫。”《集韵·噳韵》：“父，古作𠂔。”然《仪礼·士相见礼》：“若父，则游目，毋上于面，毋下于带。”郑玄注：“今文父为甫。”通行本、今帛书本皆作“父”，然考上博竹简本亦作“父”。由此知作“父”“𠂔”同为古文，作“甫”为今文，马融、虞翻、王肃作“父”是取古文。

“之”，马融、虞翻、王肃作“之”，作“之”是取古文。参见坤卦卦辞辨。

“蛊”，马融、虞翻、王肃作“蛊”，作“蛊”是取古文。参见本卦卦辞辨。

“有”，马融、虞翻、王肃作“有”，作“有”是取今文。参见乾卦上九爻辞辨。

“子”，马融、虞翻、王肃作“子”，作“子”是取古文。参见乾卦九三爻辞辨。

“考”，“考”通“攷”。《周礼》“考”字多作“攷”。《周礼·夏官·大司马》：“以待攷而赏诛。”郑玄注：“攷，谓考校其功。”又《周礼·天官·大宰》：“设其攷。”郑玄注：“考，成也。”《说文·攴部》：“攷，敂也。”《玉篇·攴部》：“攷，今作考。”《集韵·皓韵》：“考，古通作考、丂。”通行本作“考”，今帛书本作“攷”，然证之上博竹简本亦作“攷”。由此知作“考”为今文，作“攷”为古文，马融、虞翻、王肃作“考”是取今文。参见履卦上九爻辞辨。

“无”，马融、虞翻、王肃作“无”，作“无”是取古文。参见乾卦九三爻辞辨。

“咎”，马融、虞翻、王肃作“咎”，作“咎”是取古文。参见乾卦九三爻辞辨。

“厉”，虞翻作“厉”，作“厉”是取今文。参见乾卦九三爻辞辨。

“终”，虞翻作“终”，作“终”是取今文。参见乾卦九三爻辞辨。

“吉”，虞翻作“吉”，作“吉”是取古文。参见乾卦用九爻辞辨。

九二，干母之蛊，不可贞。

虞翻《周易注》作“干母之蛊，不可贞”。

“干”，虞翻作“干”，作“干”是取今文。参见本卦初六爻辞辨。

"毋","毋"通"侮"。通行本《老子》第七章:"其次侮之。"马王堆汉墓帛书《老子》甲、乙本"侮"作"毋"。"毋"亦通"母"。《集韵·侯韵》:"母,亦作毋。"《墨子·备穴》:"丈盆母少四斗。"于省吾《双剑誃墨子新证》卷二:"金文母字均作毋,此犹存古字。"容庚《金文编》:"母与毋为一字。"通行本、今帛书本皆作"毋",然考上博竹简本亦作"毋"。由此知作"毋"为古文,作"母"为今文,虞翻作"毋"是取古文。

"之",虞翻作"之",作"之"是取古文。参见需卦上六爻辞辨。

"蛊",虞翻作"蛊",作"蛊"是取古文。参见本卦卦辞辨。

"不",虞翻作"不",作"不"是取古文。参见坤卦六二爻辞辨。

"可",虞翻作"可",作"可"是取古文。参见坤卦六三爻辞辨。

"贞",虞翻作"贞",作"贞"是取古文。参见乾卦卦辞辨。

六四,裕父之蛊,往见吝。

马融《周易传》作"裕父之蛊"。

虞翻《周易传》作"裕父之蛊,往见吝"。

"裕","裕"通"浴"。通行本作"裕",今帛书本作"浴",然考通行本晋卦初六爻辞"罔裕",今帛书本作"复浴"。"浴"亦通"谷"。通行本《老子》第六章:"谷神不死。"《经典释文》:"谷,河上本作浴。"又《隶释·老子铭》作"浴神不死",洪适注:"碑以浴神为谷神。"考上博竹简本《孔子论诗》:"文王隹谷也,得乎此命也。"释文"谷"作"裕"。再考郭店楚墓竹简《老子》甲本:"江海所以百浴王,以其能为百浴下,是以能为百浴王。"其三"浴"

字，释文皆作“谷”。《玉篇·衣部》《广韵·遇韵》皆云“裕”同“衮”。《集韵·遇韵》：“裕，古书作衮。”吕祖谦《古易音训》：“晁氏曰：‘案，谷，古文欲字。’”由此知作“裕”为今文，作“浴”“衮”“谷”同为古文，马融、虞翻作“裕”是取今文。参见困卦初六爻辞辨。

“父”，马融、虞翻作“父”，作“父”是取古文。参见本卦初六爻辞辨。

“之”，马融、虞翻作“之”，作“之”是取古文。参见坤卦卦辞辨。

“蛊”，马融、虞翻作“蛊”，作“蛊”是取古文。参见本卦卦辞辨。

“往”，虞翻作“往”，作“往”是取今文。参见坤卦卦辞辨。

“见”，虞翻作“见”，作“见”是取古文。参见乾卦九二爻辞辨。

“吝”，虞翻作“吝”，作“吝”是取古文。参见屯卦六三爻辞辨。

六五，干父之蛊，用誉。

荀爽《周易注》作“干父之蛊，用誉”。

虞翻《周易注》作“干父之蛊，用誉”。

“干”，荀爽、虞翻作“干”，作“干”是取今文。参见本卦初六爻辞辨。

“父”，荀爽、虞翻作“父”，作“父”是取古文。参见本卦初六爻辞辨。

“之”，荀爽、虞翻作“之”，作“之”是取古文。参见坤卦卦辞辨。

“蛊”，荀爽、虞翻作“蛊”，作“蛊”是取古文。参见本卦卦辞辨。

“用”，荀爽、虞翻作“用”，作“用”是取古文。参见乾卦初九爻辞辨。

“誉”，荀爽、虞翻作“誉”，作“誉”是取古文。参见坤卦六四爻辞辨。

上九，不事王侯，高尚其事。

虞翻《周易注》作“不事王侯，高尚其事”。

“不”，虞翻作“不”，作“不”是取古文。参见坤卦六二爻辞辨。

“事”，虞翻作“事”，作“事”是取古文。参见坤卦六三爻辞辨。

“王”，虞翻作“王”，作“王”是取古文。参见坤卦六三爻辞辨。

“侯”，虞翻作“侯”，作“侯”是取今文。参见屯卦辞辨。

“高”，虞翻作“高”，作“高”是取古文。参见同人卦九三爻辞辨。

“尚”，虞翻作“尚”，作“尚”是取今文。参见乾卦上九爻辞辨。

“其”，虞翻作“其”，作“其”是取今文。参见坤卦上六爻辞辨。

按，此条爻辞“不事王侯，高尚其事”，通行本同。今帛书本作“不事王侯，高尚其事，凶”，多一“凶”字，或为别种《周易》传本，其文意有别。

临䷒

临，元亨，利贞。至于八月有凶。初九，咸临，贞吉。九二，咸临，吉，无不利。六三，甘临，无攸利，既忧之，无咎。六四，至临，无咎。六五，知临，大君之宜，吉。上六，敦临，吉，无咎。

临，元亨，利贞。至于八月有凶。

荀爽《周易注》作“至于八月凶”。

郑玄《周易注》作“至于八月凶”。

陆绩《周易述》作“至于八月凶”。

虞翻《周易注》作“元亨利贞，至于八月有凶”。

“元”，虞翻作“元”，作“元”是取古文。参见乾卦卦辞辨。

“亨”，虞翻作“亨”，作“亨”是取今文。参见乾卦卦辞辨。

“利”，虞翻作“利”，作“利”是取古文。参见乾卦卦辞辨。

“贞”，虞翻作“贞”，作“贞”是取古文。参见乾卦卦辞辨。

“至”，荀爽、郑玄、陆绩、虞翻作“至”，作“至”是取古文。参见需卦九三爻辞辨。

“于”，荀爽、郑玄、陆绩、虞翻作“于”，作“于”是取古文。参见坤卦上六爻辞辨。

“八”，“八”通“别”。《说文·八部》：“八，别也。象分别相背之形。”《玉篇·八部》:“𠆢,古文别。”通行本、今帛书本皆作“八”,考《旗鼎》《归父盘》及《中山王壶》铭文所镌“八”字,知作“八”“𠆢”同为古文,荀爽、郑玄、陆绩、虞翻作“八”是取古文。

“月”,荀爽、郑玄、陆绩、虞翻作“月”,作“月”是取古文。参见小畜卦上九爻辞辨。

“有”,荀爽、郑玄、陆绩、虞翻作“有”,作“有”是取今文。参见颐卦六四爻辞辨。

“凶”,荀爽、郑玄、陆绩、虞翻作“凶”,作“凶”是取古文。参见讼卦卦辞辨。

初九,咸临,贞吉。

虞翻《周易注》作“咸临,贞吉”。

“咸”,“咸”通“减”。《史记·酷吏列传》:“减宣者,杨人也。”《汉书·酷吏传》作“咸宣,杨人也。”颜师古注:“咸,音减省之减。”“咸”又通“感”。《春秋左氏传》昭公二十一年:“窕则不咸,槬则不容。”《经典释文》:“咸,本亦作感。”《荀子·大略》:“《易》之咸,见夫妇。夫妇之道,不可不正也,君臣父子之本也。咸,感也。”惠士奇《春秋左传补注》“窕则不咸”条考证云:“《释文》云:‘本或作感。’《汉书》同。唐石经初刻作咸,后作减。’愚案:咸,本古文感,故下云心,是以感从咸为是也。”案,“感”之古文作“咸”。《字汇补·戈部》:“咸,古文感字。”知作“咸”为今文。通行本作“咸”,今帛书本“咸”字作“禁”,然考通行本咸卦之“咸”,今帛书本、上博竹简本皆作“钦”。证之传本《归藏》亦作“钦”。由此知“咸”“禁”“钦”古音同属侵韵可以通假,又知作“禁”为今文,作“咸”“钦”“咸”同为古文,虞翻作“咸”是取古文。

"临",虞翻作"临",作"临"是取今文。参见屯卦六三爻辞辨。

"贞",虞翻作"贞",作"贞"是取古文。参见乾卦卦辞辨。

"吉",虞翻作"吉",作"吉"是取古文。参见乾卦用九爻辞辨。

九二,咸临,吉,无不利。

虞翻《周易注》作"咸临,吉无不利"。

"咸",虞翻作"咸",作"咸"是取今文。参见本卦初九爻辞辨。

"临",虞翻作"临",作"临"是取今文。参见屯卦六三爻辞辨。

"吉",虞翻作"吉",作"吉"是取古文。参见乾卦用九爻辞辨。

"无",虞翻作"无",作"无"是取古文。参见乾卦九三爻辞辨。

"不",虞翻作"不",作"不"是取古文。参见坤卦六二爻辞辨。

"利",虞翻作"利",作"利"是取古文。参见乾卦卦辞辨。

六三,甘临,无攸利,既忧之,无咎。

虞翻《周易注》作"甘临,无攸利,既忧之,无咎"。

"甘","甘"通"酣"。《庄子·徐无鬼》:"孙叔敖甘寝秉羽而郢人投兵。"焦竑《庄子翼》卷五《至乐》注"甘"作"酣"。《集韵·谈韵》释"酣、甘、佄"云:"酣,《说文》:'酒乐也。'或省,亦作佄。"又同韵释"甘"云:"甘,《说文》:'美也。'古作𠙴、𡆣。"通行本、今帛书本皆作“甘”。由此知作“甘”为今文,作“㕚”“𠙵”同为古文,虞翻作“甘”是取今文。

“临”,虞翻作“临”,作“临”是取今文。参见屯卦六三爻辞辨。

“无”,虞翻作“无”,作“无”是取古文。参见乾卦九三爻辞辨。

“攸”,虞翻作“攸”,作“攸”是取古文。参见坤卦卦辞辨。

“利”,虞翻作“利”,作“利”是取古文。参见乾卦卦辞辨。

“既”,虞翻作“既”,作“既”是取古文。参见小畜卦上九爻辞辨。

“忧”,“忧”通“优”。《诗·商颂·长发》:“敷政优优。”《说文·夊部》:“忧,和之行也。《诗》曰:‘布政忧忧。’”又《诗·大雅·板》:“尔用忧谑。”俞樾《古书疑义举例》卷七:“忧、谑同义。忧为优。襄六年《左传》注:‘优,调戏也。’是优即谑也。”《说文·心部》:“㥑,愁也。”朱骏声《说文通训定声·孚部》:“经传皆以忧为之,而字废矣。”《集韵·尤韵》:“㥑,或作懮,通作忧。”《正字通·心部》:“㥑,忧本字。”考郭店楚墓竹简《老子》甲本:“冬日𪾢而不㥑,和之至也。”释文“㥑”作“忧”。通行本、今帛书本皆作“忧”。由此知作“忧”为今文,作“㥑”为古文,虞翻作“忧”是取今文。

“之”,虞翻作“之”,作“之”是取古文。参见坤卦卦辞辨。

“咎”,虞翻作“咎”,作“咎”是取古文。参见乾卦九三爻辞辨。

六四,至临,无咎。

虞翻《周易注》作“至临,无咎”。

"至",虞翻作"至",作"至"是取古文。参见需卦九三爻辞辨。

"临",虞翻作"临",作"临"是取今文。参见屯卦六三爻辞辨。

"无",虞翻作"无",作"无"是取古文。参见乾卦九三爻辞辨。

"咎",虞翻作"咎",作"咎"是取古文。参见乾卦九三爻辞辨。

六五,知临,大君之宜,吉。

荀爽《周易注》作"知临,大君之宜,吉"。

"知","知"同"智"。《经典释文》"知,音智"。《荀子·富国》:"以养其知也。"《荀子·正名》:"知者之言也。"杨倞并注:"知读为智。"《春秋左氏传》襄公十三年:"昔臣习于知伯。"《通典》卷九十《列传第三》引作"昔臣习于智伯"。《史记·匈奴列传》:"韩魏共灭智伯。"《左传事纬》卷十一作"韩魏共灭知伯"。《说文·白部》:"䎐,识词也。从白、亏、知。𥏼,古文智。"徐灏笺:"知、䎐本一字,䎐隶省作智。"刘熙《释名·释言语》:"智,知也,无所不知也。"《集韵·支韵》:"知,古作𥎿。"考郭店楚墓竹简本《五行》:"见而智之,智也。闻而智之,圣也。"其诸"智"字,释文皆作"知"。通行本、今帛书本皆作"知"。由此知作"知"为今文,作"智""𥎿"同为古文,荀爽作"知"是取今文。

"临",荀爽作"临",作"临"是取今文。参见屯卦六三爻辞辨。

"大",荀爽作"大",作"大"是取古文。参见乾卦九二爻辞辨。

"君",荀爽作"君",作"君"是取古文。参见乾卦九三爻辞辨。

"之",荀爽作"之",作"之"是取古文。参见坤卦卦辞辨。

"宜","宜"通"仪"。《诗·大雅·文王》:"宜鉴于殷。"《礼记·大学》引《诗》作"仪鉴于殷"。《诗·小雅·角弓》:"如食宜驱。"《经典释文》:"宜,本作仪。《韩诗》云:'仪,我也。'"刘熙《释名·释典艺》:"仪,宜也,得事宜也。"《诗·曹风·鸤鸠》:"淑人君子,其仪一兮。"郑玄笺:"仪,义也。善人君子,其执义当如一也。"《尚书·康诰》:"用其义刑义杀。"孔传:"义,宜也。"《说文·宀部》:"谊,所安也。𡧯,古文宜。㝖,亦古文宜。"《仪礼·有司彻》:"其脀体,仪也。"郑玄注:"今文仪皆为儀,或为议。"《一切经音义》卷三《光赞般若经音义》引张揖《古今字诂》:"古文谊,今作义。"考郭店楚墓竹简本《性自命出》:"智宜者能内之。"《六德》:"上共下之宜。"上博竹简本《性情论》:"眚者,宜也。"其诸"宜"字,释文皆作"义"。通行本作"宜",阜阳汉墓本作"义",然考通行本渐卦上九爻辞"其羽可用为仪"之"仪",今帛书本作"宜"。"宜""仪""义"古音同属支韵,可以互借。由此知作"宜""谊""𡧯""儀"同为古文,作"仪""义"同为今文,荀爽作"宜"是取古文。

"吉",荀爽作"吉",作"吉"是取古文。参见乾卦用九爻辞辨。

上六,敦临,吉,无咎。

荀爽《周易注》作"敦临,吉,无咎"。

"敦","敦"通"屯"。《诗·大雅·常武》:"铺敦淮濆。"郑玄注:"敦,当作屯。"《汉书·礼乐志》:"车千乘,敦昆仑。"颜师古注:“敦,读曰屯。屯,聚也。”又《文选·甘泉赋》:“敦万骑于中营兮,方玉车之千乘。”李善注:“敦,与屯同”。《说文·攴部》:“敦,怒也,诋也。从攴,𦎫声。”又《亯部》:“𦎫,孰也。从亯,从羊。”吴大澂《说文古籀补》卷五:“𦎫,古文以为敦字。”又《字汇补·攴部》:“㪟,古文敦字。”通行本、今帛书本皆作“敦”,然考通行本复卦六爻辞“敦复”之“敦”,上博竹简本作“𦎫”。由此知作“敦”为今文,作“㪟”“𦎫”同为古文,荀爽作“敦”是取今文。

“临”,荀爽作“临”,作“临”是取今文。参见屯卦六三爻辞辨。

“吉”,荀爽作“吉”,作“吉”是取古文。参见乾卦用九爻辞辨。

“无”,荀爽作“无”,作“无”是取古文。参见乾卦九三爻辞辨。

“咎”,荀爽作“咎”,作“咎”是取古文。参见乾卦九三爻辞辨。

观䷓

观，盥而不荐，有孚颙若。初六，童观，小人无咎，君子吝。六二，窥观，利女贞。六三，观我生，进退。六四，观国之光，利用宾于王。九五，观我生，君子无咎。上九，观其生，君子无咎。

观，盥而不荐，有孚颙若。

马融《周易传》作"观，盥而不荐，有孚颙若"。

郑玄《周易注》作"观，盥而不荐"。

王肃《周易注》作"观，盥而不荐"。

"观"，"观"通"欢"。《晏子春秋·内篇》："欢乎新，慢乎故。"银雀山竹简本《晏子》作"观于新，曼乎故。"《说文·见部》："观，谛视也。从见，雚声。䨏，古文观，从囧。"《集韵·桓韵》："观，古作䨏。"通行本、今帛书本皆作"观"，然考通行本颐卦卦辞"观颐"、初九爻辞"观我"之"观"，上博竹简本亦作"观"。由此知作"观""䨏"同为古文，作"欢"为今文，马融、郑玄、王肃作"观"是取古文。

"盥"，"盥"通"浣"。《仪礼·士冠礼》："赞者盥于洗西。"《仪礼·乡射礼》："盥洗。"郑玄皆注："古文盥皆作浣。""浣"通"澣"。《汉书·万石君传》："取亲中帬厕牏身自澣洒。"《汉书·

石奋传》“澣”作“浣”。《集韵·换韵》:“澣,或作浣。”吴玉搢《别雅》卷三:“浣洒即澣洗,郝京山云与《仪礼》‘盥洗’同。”通行本、今帛书本皆作“盥”。若依郑玄注,知作“盥”为今文,作“浣”为古文,马融、郑玄、王肃作“盥”是取今文。

“而”,马融、郑玄、王肃作“而”,作“而”是取古文。参见履卦六三爻辞辨。

“不”,马融、郑玄、王肃作“不”,作“不”是取古文。参见坤卦六二爻辞辨。

“荐”,“荐”通“奠”。《礼记·郊特牲》:“故既奠。”郑玄注:“奠,或为荐。”《玉篇·丌部》《广雅·释言》并云:“奠,荐也。”“奠”通“尊”。《逸周书·尝麦》:“尊中于大正之前。”朱右曾《周书集训校释》:“尊,犹奠也。”考《仪礼·士丧礼》:“幂奠用功布。”郑玄注“古文奠为尊。”又考《仪礼·公食大夫礼》:“坐奠于鼎西。”郑玄注:“今文奠为委。”通行本作“荐”,今帛书本作“尊”,“荐”“尊”声韵皆通,故“荐”“奠”“尊”可以互借。若依郑玄注,又知作“荐”为今文,作“尊”为古文,马融、郑玄、王肃作“荐”是取今文。参见坎卦六四爻辞辨。

“有”,马融作“有”,作“有”是取今文。参见乾卦上九爻辞辨。

“孚”,马融作“孚”,作“孚”是取古文。参见需卦卦辞辨。

“颙”,“颙”通“騆”。《说文·页部》:“颙,大头也。从页,禺声。”《玉篇·马部》:“騆,大貌,亦作颙。”《广韵·钟韵》:“騆,仰也。《尔雅》云:‘騆騆卬卬,君之德也。’《说文》云:‘大头也。’騆,同颙。见《广苍》。”《集韵·钟韵》:“颙,一作騆。”通行本作“颙”,今帛书本作“趣”或“寵”。“寵”读作“厐”。《说文·厂部》:“厐,大石也。”《尔雅·释诂》:“厐,大也。”“厐”“颙”音近义同，故“竉”亦可通“颙”。由此知作“颙”“趧”或“竉”同为今文，马融作“颙”是取今文。

“若”，马融作“若”，作“若”是取古文。参见乾卦九三爻辞辨。

初六，童观，小人无咎，君子吝。

马融《周易传》作“童观”。

郑玄《周易注》作“童观”。

虞翻《周易注》作“童观，小人无咎，君子吝”。

“童”，马融、郑玄、虞翻作“童”，作“童”是取古文。参见蒙卦卦辞辨。

“观”，马融、郑玄、虞翻作“观”，作“观”是取古文。参见本卦卦辞辨。

“小”，虞翻作“小”，作“小”是取古文。参见需卦九二爻辞辨。

“人”，虞翻作“人”，作“人”是取古文。参见乾卦九二爻辞辨。

“无”，虞翻作“无”，作“无”是取古文。参见乾卦九三爻辞辨。

“咎”，虞翻作“咎”，作“咎”是取古文。参见乾卦九三爻辞辨。

“君”，虞翻作“君”，作“君”是取古文。参见乾卦九三爻辞辨。

“子”，虞翻作“子”，作“子”是取古文。参见乾卦九三爻辞辨。

“吝”，虞翻作“吝”，作“吝”是取古文。参见屯卦六三爻辞辨。

六二，窥观，利女贞。

虞翻《周易注》作"窥观，利女贞"。

"窥"，"窥"通"闚"。《经典释文》："闚，苦规反，本亦作窥。"《说文·门部》："闚，闪也。"朱骏声《说文通训定声·解部》释"闚"云："与窥略同。"扬雄《方言》十云："闚，视也。凡相窃视，南楚谓之闚。""闚"亦通"规"。《韩非子·喻老篇》："不闚于牖，可以知天道。"马王堆汉墓帛书《老子》甲本《德经》作"不规于牖，以知天道。"乙本作"不于口口知天道"。《管子·君臣上》："大臣假于女之能以规主情。"丁士涵注："规，古窥字。"通行本作"窥"，今帛书本作"親"，然考通行本丰卦上六爻辞"窥其户"之"窥"，今帛书本作"閨"，上博竹简本亦作"閨"。由此知"窥""親""閨"皆从圭声可以互借，又知作"窥""親"同为今文，作"閨"为古文，虞翻作"窥"是取今文。

"观"，虞翻作"观"，作"观"是取古文。参见本卦卦辞辨。

"利"，虞翻作"利"，作"利"是取古文。参见乾卦卦辞辨。

"女"，虞翻作"女"，作"女"是取古文。参见屯卦六二爻辞辨。

"贞"，虞翻作"贞"，作"贞"是取古文。参见乾卦卦辞辨。

按，此条爻辞"利女贞"，通行本、今帛书本同，阜阳汉墓本作"利女子贞"，多一"子"字，疑"子"为衍文，其文意基本相同。

六三，观我生，进退。

荀爽《周易注》作"观我生，进退"。

陆绩《周易述》作"观我生"。

虞翻《周易注》作“观我生，进退”。

“观”，荀爽、陆绩、虞翻作“观”，作“观”是取古文。参见本卦卦辞辨。

“我”，荀爽、陆绩、虞翻作“我”，作“我”是取古文。参见蒙卦卦辞辨。

“生”，“生”通“性”。《周礼·地官·大司徒》：“辨五地之物生。”郑玄注：“杜子春读生为性。”通行本、今帛书本皆作“生”，阜阳汉墓本作“产”，“生”“产”义同可以互借。《广雅·释亲》：“人十月而产。”《玉篇·生部》：“生，产也、进也、起也、出也。⽣，古文。”《集韵·庚韵》：“生，古作⽣。”若依《玉篇》《集韵》，知作“生”“产”同为今文，作“⽣”为古文。然考之郭店楚墓竹简本《唐虞之道》《五行》诸“生”字，知作“生”亦为古文。荀爽、陆绩、虞翻作“生”是取古文。

“进”，“进”通“尽”。《仪礼·乡射礼》：“释获者遂进取贤获执之。”武威汉简《仪礼·泰射》作“泽获者述尽取贤获执之”。又《汉书·高帝纪》：“萧何为主吏主进。”颜师古注：“进者，会礼之财也。字本作赆，又作赆，音皆同耳。古字假借，故转而为进。”《玉篇·辵部》：“进，前也，升也，登也。䢜，古文。”《集韵·稕韵》：“进，《说文》：‘登也。’亦姓。古作𨘼。”通行本、今帛书本皆作“进”。若依《玉篇》《集韵》，知作“进”为今文，作“䢜”“𨘼”同为古文，荀爽、虞翻作“进”是取今文。

“退”，“退”通“内”。通行本、今帛书本皆作“退”，然考通行本巽卦初六爻辞“进退”，今帛书本作“进内”。《玉篇·辵部》：“退，却也，去也。逻、迺，古文。”又《彳部》：“復，古退字。”《九经字样·辶部》：“退，古文作逻，或作迺。”《集韵·队韵》：“復，或从内，古作迺、逻，隶作退。”《说文·彳部》“復，或从内。”

由此知“退”“迺”“衲”“内”古音皆同,可以通假,又知作“退”“内”同为今文,作“復”“逷”“迺”同为古文,荀爽、虞翻作“退”是取今文。

六四,观国之光,利用宾于王。

陆绩《周易述》作“利用宾于王”。

虞翻《周易注》作“观国之光,利用宾于王”。

“观”,虞翻作“观”,作“观”是取古文。参见本卦卦辞辨。

“国”,虞翻作“国”,作“国”是取今文。参见师卦上六爻辞辨。

“之”,虞翻作“之”,作“之”是取古文。参见坤卦卦辞辨。

“光”,“光”通“广”。《尚书·尧典》:“光被四表。”《隶释·樊毅复华下民租田口算碑》《广汉太守沈子琚绵竹江堰碑》皆引作“广被四表”。《荀子·礼论》:“积厚者流泽广。”《大戴礼记·礼三本》作“积厚者流泽光”。《说文·儿部》:“光,明也。烾,古文。炗,古文。”通行本、今帛书本皆作“光”。由此知作“光”为今文,作“炗”“烾”同为古文,虞翻作“光”是取今文。

“利”,陆绩、虞翻作“利”,作“利”是取古文。参见乾卦卦辞辨。

“用”,陆绩、虞翻作“用”,作“用”是取古文。参见乾卦初九爻辞辨。

“宾”,“宾”通“傧”。《诗·小雅·常棣》:“傧尔边豆。”《文选·魏都赋》张铣注引《韩诗》“傧”作“宾”。《周礼·秋官·司仪》:“宾使者如初之仪。”方苞注:“宾使者,亦当为傧。”《说文·贝部》:“宾,所敬也。賓,古文。”《玉篇·贝部》:“宾,《说文》賔。賓,古文。”《集韵·真韵》:“賔,《说文》所敬也。古作宔。”《字汇·贝部》:“賨,古文宾字。”通行本作“宾”,今帛书本作“賓”,知作“宾”“賓”同为今文,作“賨”为古文。然考通行本姤卦九二爻辞“不利宾”之“宾”字,上博竹简本作“穷”,“穷”同“穹”。《改并四声篇海·宀部》引《玉篇》:“穹,必民切,古文宾。”郭店楚墓竹简本《语丛三》“宾”字亦作“穹”。按,《玉篇·宀部》:“穹,古文賓。”又同部“穹,莫见切。寅合也。”《九经字样·宀部》:“宾,从贝、从穹。经典相承作賓已久,不可改正,于字义不同。”是“穹”“穹”为二字。由此知“穷”即“穹”之省,同为“宾”之古文,陆绩、虞翻作“宾”是取今文。

“于”,陆绩、虞翻作“于”,作“于”是取古文。参见坤卦上六爻辞辨。

“王”,陆绩、虞翻作“王”,作“王”是取古文。参见坤卦六三爻辞辨。

九五,观我生,君子无咎。

虞翻《周易注》作“观我生,君子无咎”。

“观”,虞翻作“观”,作“观”是取古文。参见本卦卦辞辨。

“我”,虞翻作“我”,作“我”是取古文。参见蒙卦卦辞辨。

“生”,虞翻作“生”,作“生”是取古文。参见本卦六三爻辞辨。

“君”,虞翻作“君”,作“君”是取古文。参见乾卦九三爻辞辨。

“子”,虞翻作“子”,作“子”是取古文。参见乾卦九三爻辞辨。

“无”,虞翻作“无”,作“无”是取古文。参见乾卦九三爻辞辨。

"咎",虞翻作"咎",作"咎"是取古文。参见乾卦九三爻辞辨。

上九,观其生,君子无咎。

京房《周易章句》作"观其生,君子无咎"。

虞翻《周易注》作"观其生,君子无咎"。

"观",京房、虞翻作"观",作"观"是取古文。参见本卦卦辞辨。

"其",京房、虞翻作"其",作"其"是取今文。参见坤卦上六爻辞辨。

"生",京房、虞翻作"生",作"生"是取古文。参见本卦六三爻辞辨。

"君",京房、虞翻作"君",作"君"是取古文。参见乾卦九三爻辞辨。

"子",京房、虞翻作"子",作"子"是取古文。参见乾卦九三爻辞辨。

"无",京房、虞翻作"无",作"无"是取古文。参见乾卦九三爻辞辨。

"咎",京房、虞翻作"咎",作"咎"是取古文。参见乾卦九三爻辞辨。

噬嗑䷔

噬嗑,亨,利用狱。初九,屦校灭趾,无咎。六二,噬肤灭鼻,无咎。六三,噬腊肉,遇毒,小吝,无咎。九四,噬干胏,得金矢,利艰贞吉。六五,噬干肉,得黄金,贞厉,无咎。上九,何校灭耳,凶。

噬嗑,亨,利用狱。

虞翻《周易注》作“噬嗑,亨,利用狱”。

“噬”,虞翻作“噬”,作“噬”是取今文。参见蒙卦卦辞辨。

“嗑”,“嗑”通“甲”。《说文·口部》:“嗑,多言也。从口,盍声。读如甲。”《玉篇·言部》:“諕,多言也。或作嗑。”《集韵·盍韵》:“嗑,或从言,亦作諕。”通行本作“嗑”,然考通行本豫卦九四爻辞“朋盍簪”之“盍”字,今帛书本作“甲”,阜阳汉墓本、马王堆汉墓帛书本《衷》皆作“闸”。《说文·门部》:“闸,开闭门也。从门,甲声。”段玉裁注:“谓枢转轧轧有声。”又《甲部》:“命,古文甲。”由此知“盍”“甲”“闸”“嗑”古音同属盍韵,音同义近,可以互借。又知作“嗑”“甲”“闸”同为今文,作“命”为古文,虞翻作“嗑”是取今文。

“亨”,虞翻作“亨”,作“亨”是取今文。参见乾卦卦辞辨。

“利”,虞翻作“利”,作“利”是取古文。参见乾卦卦辞辨。

“用”,虞翻作“用”,作“用”是取古文。参见乾卦初九爻辞辨。

“狱”,《说文·犬部》:“狱,确也。从㹜,从言。二犬,所以守也。”《玉篇·口部》:“圄,古文狱字。”《集韵·烛韵》:“狱,古从口。”通行本、今帛书本、阜阳汉墓本皆作“狱”。由此知作“狱”为今文,作“圄”为古文,虞翻作“狱”是取今文。

初九,屦校灭趾,无咎。

马融《周易传》作“屦校灭趾,无咎”。

虞翻《周易注》作“屦校灭趾,无咎”。

干宝《周易注》作“屦校灭趾,无咎”。

“屦”,“屦”通“履”。《说文·履部》:“䪆,古文履,从页,从足。”“屦,履也。”段玉裁注:“《易》《诗》《三礼》《春秋传》《孟子》皆言屦,不言履。周秦诸子、汉人书乃言履。《诗》《易》凡三履,皆谓践也。然则履本训践,后以为屦名,古今语耳。许以今释古,故云古之屦,即今之履也。”《玉篇·足部》:“䪆,古文履。践也;礼也。”考扬雄《方言》卷十:“屦,履也。自关而西谓之屦。”通行本作“屦”,今帛书本作“句”,阜阳汉墓本作“屡”,“屡”“屦”“句”古音同属遇韵可以互借。刘熙《释名·释衣》:“屦,拘也,所以拘足也。”“拘”可以假借为“句”。《荀子·哀公》:“古之王者,有务而拘领者矣。”杨倞注:“拘与句同,曲领也。”《说文·句部》:“句,曲也。”段玉裁注:“古音总如钩。后人句曲音钩,章句音屦。又改句曲字为勾。”若依《说文》《玉篇》,知作“履”“屦”“句”同为今文,作“䪆”为古文,马融、虞翻、干宝作“屦”是取今文。

“校”,“校”通“挍”。《经典释文》:“校,户教切,多木。若从手，是比字。今人多乱之。”郭忠恕《佩觿》卷上：“五经字书，不分校、挍。”考汉碑木旁字多作手旁，如“捡”作“检”即是一例。钱大昕《十驾斋养新录》“陆氏释文多俗字”条云：“此隶体之变，非别有挍字。”《字汇补·金部》：“鏊，古文校字。”又《田部》：“畒，古文校字。”考《仪礼·士昏礼》：“主人拂几授校。”《仪礼·既夕礼》：“用燕几校在南。”郑玄皆注：“古文校为枝。”通行本、阜阳汉墓本皆作“校”。若依郑玄注，知作“校”为今文，作“枝”“鏊”“畒”同为古文，马融、虞翻、干宝作“校”是取今文。

“灭”，“灭”通“蔑”。《逸周书·克殷》：“侮灭神祇不祀。”《史记·周本纪》作“侮蔑神祇不祀”。《国语·周语中》：“蔑杀其民人。”韦昭注：“蔑，犹灭也。”“灭”亦通“威”。《说文·火部》：“威，灭也。《诗》曰：‘赫赫宗周，褒姒威之。’”毛传：“威，灭也。”《经典释文》：“威，本或作灭。”《集韵·薛韵》：“威，灭也。灭，古作烕。”《字汇补·戈部》：“威，古文灭字。”通行本作“灭”，今帛书本于本卦六二爻辞亦作“灭”，阜阳汉墓本、汉石经《周易》皆作“威”，由此知作“灭”为今文，作“烕”“威”同为古文，马融、虞翻、干宝作“灭”是取今文。

“趾”，“趾”同“止”。《汉书·刑法志》：“当斩左止者。”《后汉书·崔骃传》引作“当斩左趾者”。《经典释文》：“本亦作趾，趾，足也。”《广韵·止韵》：“止，足也。”《仪礼·士昏礼》：“御衽于奥，媵衽良席在东，皆有枕北止。”郑玄注：“止，足也。古文止作趾。”吕祖谦《古易音训》：“晁氏曰：‘案，止，古文。’”通行本作“趾”，今帛书本作“止”，然考通行本贲卦初九爻辞“贲其趾”之“趾”，阜阳汉墓本作“止”。又通行本《系辞》“灭趾”，马王堆汉墓帛书本《系辞》作“灭止”。再考通行本艮卦初六爻辞“艮其趾”之“趾”，上博竹简本作“止”。由此知作“止”为古文，作“趾”为今文，马融、虞翻、干宝作“趾”是取今文，又知郑玄注不确。

“无”，马融、虞翻、干宝作“无”，作“无”是取古文。参见乾卦九三爻辞辨。

“咎”，马融、虞翻、干宝作“咎”，作“咎”是取古文。参见乾卦九三爻辞辨。

六二，噬肤灭鼻，无咎。

马融《周易传》作“噬膚灭鼻，无咎”。

虞翻《周易注》作“噬膚灭鼻，无咎”。

“噬”，马融、虞翻作“噬”，作“噬”是取今文。参见蒙卦卦辞辨。

“肤”，“肤”通“胪”。《说文·肉部》：“胪，皮也。从肉，卢声。肤，籀文胪。”段玉裁注：“今字皮肤从籀文作肤，肤行而胪废矣。”《广雅·释诂四》：“肤，传也。”王念孙《广雅疏证》：“《说文》肤，籀文胪字。”“肤”通“膚”。《玉篇·肉部》：“《易》曰：‘噬膚灭鼻。’肤同。”《广韵·虞韵》“膚”同“肤”。《集韵·虞韵》：“膚，或作肤。”“肤”亦通“簠”。《说文·竹部》：“医，古文簠从匚，从夫。”《玉篇·匚部》：“医，今作簠。”《集韵·噳韵》：“簠，古作簠、医。”通行本、今帛书本皆作“膚”，然考通行本剥卦六四爻辞“剥臧以膚”、通行本睽卦六五爻辞“厥宗噬膚”，其二“膚”字，阜阳汉墓本、今帛书本、汉石经《周易》皆作“膚”，上博竹简本作“肤”。由此知作“膚”为今文，作“肤”“医”同为古文，马融、虞翻作“膚”是取今文。

“灭”，马融、虞翻作“灭”，作“灭”是取今文。参见本卦初九爻辞辨。

“鼻”,“鼻”通“畀”。《春秋左氏传》襄公二十三年:“邾畀我来奔。”《春秋公羊传》“畀我”作“鼻我”。“鼻”亦通“自”。《说文·自部》:“自,鼻也。象鼻形。𦣹,古文自。”王筠《说文句读》:“此以今文训古文也。”《玉篇·自部》:“自,鼻也。𦣹,古文。”《集韵·自韵》:“鼻,古作自。”通行本、今帛书本皆作“鼻”。由此知作“鼻”为今文,作“𦣹”“自”为古文,马融、虞翻作“鼻”是取今文。参见需卦六四爻辞辨。

“无”,马融、虞翻作“无”,作“无”是取古文。参见乾卦九三爻辞辨。

“咎”,马融、虞翻作“咎”,作“咎”是取古文。参见乾卦九三爻辞辨。

六三,噬腊肉,遇毒,小吝,无咎。

马融《周易传》作“噬腊肉”。

荀爽《周易注》作“噬腊肉,遇毒,小吝,无咎”。

虞翻《周易注》作“噬腊肉,遇毒,小吝,无咎”。

“噬”,马融、荀爽、虞翻作“噬”,作“噬”为今文。参见蒙卦卦辞辨。

“腊”,“腊”通“昔”。《经典释文》“腊肉,音昔”,《周易集解》作“噬昔肉”。《说文·日部》“昔,乾肉也。𦠆,籀文从肉。”段玉裁注:“今隶作腊。”《集韵·昔韵》:“㫺,隶作昔,籀从肉,或作腊。昔,一曰古也。”与段注异。“腊”通“夕”。《周礼·腊人》:“腊人下士四人。”郑玄注:“腊之言夕也。”通行本、今帛书本皆作“腊”。由此知作“腊”为今文,作“㫺”“𦠆”同古文,马融、荀爽、虞翻作“腊”是取今文。

“肉”,“肉”通“月”。《玉篇》“月”同“肉”,《正字通·肉部》:“月,肉字偏旁之文,本作肉,石经改作月。”通行本作“肉”,今帛书本作“月”,知作“肉”为今文,作“月”为古文。马融、荀爽、虞翻作“肉”是取今文。参见小畜卦上九爻辞辨。

“遇”,荀爽、虞翻作“遇”,作“遇”是取古文。参见同人九五爻辞辨。

“毒”,“毒”通“笃”。《尚书·微子》:“天毒降灾荒殷邦。”《史记·宋世家》引作“天笃下灾亡殷国”。《说文·中部》:“毒,厚也。害人草,往往而生。𠷎,古文毒。从刀、䈐。”《玉篇·艸部》:“𠷎,古文毒。”通行本、今帛书本皆作“毒”。若依《说文》《玉篇》,知作“毒”为今文,作“𠷎”为古文,荀爽、虞翻作“毒”是取今文。

“小”,荀爽、虞翻作“小”,作“小”是取古文。参见需卦九二爻辞辨。

“吝”,荀爽、虞翻作“吝”,作“吝”是取古文。参见屯卦六三爻辞辨。

“无”,荀爽、虞翻作“无”,作“无”是取古文。参见乾卦九三爻辞辨。

“咎”,荀爽、虞翻作“咎”,作“咎”是取古文。参见乾卦九三爻辞辨。

九四,噬干胏,得金矢,利艰贞吉。

子夏《易传》作“噬乾脯”。

孟喜《周易章句》作“噬乾𩚵”。

马融《周易传》作“噬乾胏”。

荀爽《周易注》作“噬乾胏”。

郑玄《周易注》作“噬乾胏”。

陆绩《周易述》作“噬乾胏,得金矢,利艰贞吉”。

董遇《周易章句》作“噬乾胏”。

王肃《周易注》作“噬乾胏,得金矢”。

“噬”,子夏、孟喜、马融、荀爽、郑玄、陆绩、董遇、王肃作“噬”,作“噬”是取今文。参见蒙卦卦辞辨。

“干”,子夏、孟喜、马融、荀爽、郑玄、陆绩、董遇、王肃作“乾”,作“乾”是取今文。参见乾卦卦辞辨。

“胏”,“胏”通“𩚬”“脯”“𤼒”。《说文·肉部》:“脯,乾肉也。”又同部云:“𩚬,食所遗也。《易》曰:‘噬乾肉。’胏,扬雄说,𩚬从𠂔。”《经典释文》引《字林》云:“胏,含食所遗也。”《广雅·释器》:“胏,脯也。”《玉篇·肉部》:“𩚬”同“胏。”“脯”“𩚬”“胏”皆从肉可以互借。《字汇补·肉部》:“𩚬,古文胏字。”通行本作“胏”,今帛书本作“𤼒”,“𤼒”从“豊”得声,可读作“体”。“体”为骨肉之躯,知“𤼒”与“脯”“胏”亦可互借。由此知作“𩚬”为古文,作“脯”“胏”“𤼒”同为今文,子夏作“脯”是取今文,孟喜作“𩚬”是取古文,马融、荀爽、郑玄、陆绩、董遇、王肃作“胏”是取今文。

“得”,陆绩、王肃作“得”,作“得”是取今文。参见坤卦卦辞辨。

“金”,陆绩、王肃作“金”,作“金”是取古文。参见蒙卦六三爻辞辨。

“矢”,“矢”通“兕”。通行本《老子》第五十章:“陆行不遇兕虎,入军不被甲兵。”马王堆汉墓帛书《老子》甲本“兕虎”作“矢虎”。《说文·匕部》:“𠨷,古文矢字。”又《𤉡部》:“𤉡,如野牛而青,象形。兕,古文从儿。”《集韵·旨韵》:“矢,古作𢎘。”

《龙龛手鉴·厶部》："兂，古文。今作兕。"通行本、今本帛书本皆作"矢"。由此知作"矢"为今文，作"吴""兂""夭"同为古文，陆绩、王肃作"矢"是取今文。

"利"，陆绩作"利"，作"利"是取古文。参见乾卦卦辞辨。

"艰"，陆绩作"艰"，作"艰"是取今文。参见泰卦九三辨。

"贞"，陆绩作"贞"，作"贞"是取古文。参见乾卦卦辞辨。

"吉"，陆绩作"吉"，作"吉"是取古文。参见乾卦用九爻辞辨。

按，此条爻辞"利艰贞吉"，通行本，阜阳汉墓本同，今帛书本作"根贞吉"，少一"利"字，疑为传抄者所笔误，其文意基本相同。

六五，噬干肉，得黄金，贞厉，无咎。

虞翻《周易注》作"噬乾肉，得黄金，贞厉，无咎"。

"噬"，虞翻作"噬"，作"噬"是取今文。参见蒙卦卦辞辨。

"干"，虞翻作"乾"，作"乾"是取今文。参见乾卦卦辞辨。

"肉"，虞翻作"肉"，作"肉"是取今文。参见本卦六三爻辞辨。

"得"，虞翻作"得"，作"得"是取今文。参见小畜卦上九爻辞辨。

"黄"，虞翻作"黄"，作"黄"是取古文。参见坤卦六五爻辞辨。

"金"，虞翻作"金"，作"金"是取古文。参见蒙卦六三爻辞辨。

"贞"，虞翻作"贞"，作"贞"是取古文。参见乾卦卦辞辨。

"厉"，虞翻作"厉"，作"厉"是取今文。参见乾卦九三爻辞辨。

“无”,虞翻作“无”,作“无”是取古文。参见乾卦九三爻辞辨。

“咎”,虞翻作“咎”,作“咎”是取古文。参见乾卦九三爻辞辨。

按,此条爻辞“得黄金”,通行本,阜阳汉墓本同。今帛书本“得黄金”作“愚毒”,疑为传抄者误将六三爻辞“遇毒”抄入六五爻辞中。

上九,何校灭耳,凶。

荀爽《周易注》作“何校灭耳,凶”。

郑玄《周易注》作“何校灭耳,凶”。

王肃《周易注》作“荷校灭耳,凶”。

“何”,荀爽、郑玄作“何”,王肃作“荷”,作“何”“荷”是取今文。参见小畜卦初九爻辞辨。

“校”,荀爽、郑玄、王肃作“校”,作“校”是取今文。参见本卦初九爻辞辨。

“灭”,荀爽、郑玄、王肃作“灭”,作“灭”是取今文。参见本卦初九爻辞辨。

“耳”,“耳”通“而”。《汉书·惠帝纪》:“为人臣者,主耳忘身,国耳忘家,公耳忘私。”其诸“耳”字当作“而”。《说文·耳部》:“耳,主听也。”段玉裁注:“耳,凡语云而已者,急言之曰耳。”考上博竹简本《孔子论诗》:“惓而不智人。”“惓而”即《诗·周南》篇名“卷耳”。通行本、今帛书本皆作“耳”。由此知作“耳”为今文,作“而”为古文,荀爽、郑玄、王肃作“耳”是取今文。参见履卦六三爻辞辨。

“凶”,荀爽、郑玄、王肃作“凶”,作“凶”是取古文。参见屯卦九五爻辞辨。

贲䷕

贲，亨，小利有攸往。初九，贲其趾，舍车而徒。六二，贲其须。九三，贲如濡如，永贞吉。六四，贲如皤如，白马翰如；匪寇，婚媾。六五，贲于丘园，束帛戋戋，吝，终吉。上九，白贲，无咎。

贲，亨，小利有攸往。

郑玄《周易注》作“贲，亨。小利有攸往”。

虞翻《周易注》作“贲，亨。小利有攸往”。

“贲”，“贲”通“奔”。《诗·墉风·鹑之奔奔》：“鹑之奔奔。”《礼记·表记》作“鹑之贲贲”。《吕氏春秋·壹行》：“孔子卜得贲，孔子曰‘不吉’。”高诱注：“贲，色不纯也，《诗》曰‘鹑之贲贲’。”《汉书·百官公卿表》注：“贲，读与奔同。”“贲”同“斑”，《经典释文》：“傅氏云：贲，古斑字，文章貌。”《集韵·删韵》：“辬，《说文》‘驳文也’，或作斑、辬，古作贲。”吕祖谦《古易音训》：“晁氏云：‘贲，古斑字。文章貌。’”“贲”通“番”。《山海经·海内南经》：“桂林八树在贲隅东。”郭璞注：“贲隅音番禺。”通行本作“贲”，今帛书本作“蘩”。“贲”“番”“蘩”古音同属元韵，可以假借。若依《经典释文》《古易音训》，知作“贲”为古文，作“蘩”为今文，郑玄、虞翻、王肃作“贲”是取古文。

“亨”,郑玄、虞翻作“亨”,作“亨”是取今文。参见乾卦卦辞辨。

“小”,郑玄、虞翻作“小”,作“小”是取古文。参见需卦九二爻辞辨。

“利”,郑玄、虞翻作“利”,作“利”是取古文。参见乾卦卦辞辨。

“有”,郑玄、虞翻作“有”,作“有”是取今文。参见乾卦上九爻辞辨。

“攸”,郑玄、虞翻作“攸”,作“攸”是取古文。参见坤卦辞辨。

“往”,郑玄、虞翻作“往”,作“往”是取今文。参见坤卦卦辞辨。

初九,贲其趾,舍车而徒。

郑玄《周易注》作“贲其趾,舍舆而徒”。

虞翻《周易注》作“贲其趾,舍车而徒”。

王肃《周易注》作“贲其趾,舍车而徒”。

张璠《周易集解》作“舍舆而徒”。

“贲”,虞翻、王肃作“贲”,作“贲”是取古文。参见本卦卦辞辨。

“其”,虞翻、王肃作“其”,作“其”是取今文。参见坤卦上六爻辞辨。

“趾”,虞翻、王肃作“趾”,作“趾”是取今文。参见噬嗑卦初九爻辞辨。

“舍”,“舍”通“释”。《周礼·春官·大胥》:“春入学,舍采,合舞。”郑玄注:“舍,即释也。”《经典释文》:“舍,音释。”《列子·天瑞》:"其人舍然大喜,晓之者亦舍然大喜。"张湛注:"舍,宜作释。"考《仪礼·乡饮酒礼》:"主人释服。"《仪礼·大射仪》:"获而未释获。"郑玄并注:"古文释为舍。"通行本、今帛书本皆作"舍"。由此知作"舍"为古文,作"释"为今文,虞翻、王肃作"舍"是取古文。

"车",虞翻、王肃作"车",作"车"是取古文。参见大有卦九二爻辞辨。

"而",虞翻、王肃作"而",作"而"是取古文。参见履卦六三爻辞辨。

"徒","徒"通"辻"。《说文·辵部》:"辻,步行也。"段玉裁注:"辻,隶变作徒。"《字汇补·辵部》:"辻,䞶本字。"又《厶部》:"𠫭,古文徒字。"邵瑛《群经正字》:"今以彡偏旁彳,以止合土为走作徒。"考《龙龛手鉴·厶部》:"𠫭,古文徒字。"通行本、今帛书本皆作"徒"。由此知作"徒"为今文,作"𠫭"为古文,虞翻、王肃作"徒"是取今文。

六四,贲如皤如,白马翰如;匪寇,婚媾。

马融《周易传》作"白马翰如"。

荀爽《周易注》作"贲如波如,白马翰如"。

郑玄《周易注》作"贲如燔如,白马翰如"。

陆绩《周易述》作"贲如蹯如,白马翰如"。

董遇《周易章句》作"贲如皤如,白马翰如"。

"贲",荀爽、郑玄、陆绩、董遇作"贲",作"贲"是取古文。参见本卦卦辞辨。

"如",马融、荀爽、郑玄、陆绩、董遇作"如",作"如"是取今文。参见屯卦六二爻辞辨。

“皤”,“皤”通“波”“燔”“蹯”“蕃”。《说文·白部》:“皤,老人白也。从白,番声。”又《艸部》:“蕃,艸茂也。从艸,番声。”孙堂《汉魏二十一家易注》考证云:“蹯,元本作燔,山井鼎引元文同。顾氏《易音》作蹯云:‘汉蔡邕《述行赋》:乘马蹯而不进兮。即此字。’”黄奭《郑氏周易注》考证云:“今本《释文》皤,郑作燔,音烦。此据顾氏《易音》所引《释文》改。《易音》又引蔡邕《述行赋》‘乘马蹯而不进兮’句为证。案注文‘进退未定’,即蹯字之训,今作燔者,因字形相近而讹。”“波”与“皤”古音同属戈韵,亦一声之转,可以互借。李富孙《易经异文释》:“皤一读如波,故荀假作波。”通行本、阜阳汉墓本皆作“皤”,今帛书本作“蕃”。由此知作“皤”“蕃”“蹯”“波”同为今文,荀爽作“波”,陆绩作“蹯”,董遇作“皤”是取今文,郑玄作“燔”,作“燔”是取古文。参见离卦九四爻辞辨。

“白”,“白”通“伯”。《史记·伍子胥列传》:“伯州犁之孙伯嚭奔吴。”《吴越春秋·阖闾内传四》“伯州犁”作“白州犁”。《春秋左氏传》隐公二年:“纪子帛、莒子盟于密。”“白”即“帛”之省。《说文·白部》:“白,西方色也。皁,古文白。”《玉篇·白部》:“白,告语也。皁,古文。”《集韵·陌韵》:“伯,白,古省。”《穆天子传》卷一《古文》:“柏絜。”郭璞注:“古伯字多从木。”今帛书本作“白”,证之通行本《礼记·缁衣》:“恶恶如巷伯。”上博竹简本《缁衣》:“亚亚女亚衖白。”知“白”亦为“伯”之古文。通行本、今帛书本皆作“白”,又知“白”“皁”同为古文,作“伯”为今文,马融、荀爽、郑玄、陆绩、董遇作“白”是取古文。

“马”,马融、荀爽、郑玄、陆绩、董遇作“马”,作“马”是取古文。参见坤卦卦辞辨。

“翰”,“翰”通“榦”。《尔雅·释诂下》:“翰,榦也。”《经典释文》："翰，本又作幹。"《诗·小雅·桑扈》："之屏之翰。"毛传："翰，榦。"陈奂《毛诗传疏》："翰，读与榦同，此谓假借也。""乾"通"榦"。《尚书·禹贡》："杶榦栝柏。"《汉书·地理志》引"榦"作"乾"。故"翰"又可通"幹"。《仪礼·少牢馈食礼》："上佐食举尸牢幹。"郑玄注："古文幹为肝。"通行本作"翰"，今帛书本作"榦"。若依郑玄注，知作"翰""榦"同为今文，作"肝"为古文，马融、荀爽、郑玄、陆绩、董遇作"翰"是取今文。

六五，贲于丘园，束帛戋戋，吝，终吉。

子夏《易传》作"贲于丘园，束帛残残"。

马融《周易传》作"束帛戋戋"。

荀爽《周易注》作"贲于丘园，束帛戋戋，吝，终吉"。

虞翻《周易注》作"贲于丘园，束帛戋戋，吝，终吉"。

王肃《周易注》作"贲于丘园，束帛戋戋"。

"贲"，子夏、荀爽、虞翻、王肃作"贲"，作"贲"是取古文。参见本卦卦辞辨。

"于"，子夏、荀爽、虞翻、王肃作"于"，作"于"是取古文。参见坤卦上六爻辞辨。

"丘"，"丘"通"邱"。《战国策·秦策三》："至葵丘之会。"《史记·晋世家》："齐桓公大会诸侯于葵邱。"《说文·丘部》："丘，土之高也。坵，古文从土。"《玉篇·北部》："北，虚也，聚也，冢也。北、丘，并同北。"《一切经音义》卷六："邱，古作垩。"《广韵·尤韵》："丘，《说文》作北。"通行本作"丘"，今帛书本作"北"，然考蹇卦卦辞作"不利东此"，上博竹简本亦作"不利东北"。由此知作"丘"为今文，作"北""坵"同为古文，子夏、荀爽、虞翻、王肃作"丘"是取今文。

"园","园"通"圆"。通行本作"园",《系辞传上》:"蓍之德圆而神。"《经典释文》:"圆,本亦作员。"《荀子·礼论》:"不可欺以方圆。"《史记礼书》引"圆"作"员"。马王堆汉墓帛书本《系辞》作"筮之德员在则神"。《仪礼·少牢馈食礼》郑玄注引《易》作"蓍之德圜而神"。睡虎地秦竹简本《日书》甲《盗者》:"盗者园面,其为人也鞞鞞然。"释文"园"作"圆"。知古时"园""圆""员""圜"皆从员与袁声,可以互假。吕祖谦《古易音训》:"晁氏云:'案,员古文。'"考郭店楚墓竹简本《缁衣》所引《诗经》"云"字皆作"员"。由此知"园""圆""圜"同为今文,作"员"为古文,子夏、荀爽、虞翻、王肃作"园"是取今文。

"束","束"通"捒"。《集韵·烛韵》:"束,《说文》:'缚也。'或从手。"又《集韵》:"捒,古作摗。"通行本作"束",知作"束"为今文,作"摗"为古文,子夏、马融、荀爽、虞翻、王肃作"束"是取今文。

"帛","帛"通"白"。《礼记·玉藻》:"大帛不緌。"郑玄注:"帛当为白,声之误也。大帛,谓白布冠也。"俞樾《曲园杂纂》:"白与帛,古字通。"考《仪礼·士昏礼》:"酬以束锦。"郑玄注:"古文锦皆作帛。"则"锦"为今文,"帛"为古文。通行本作"帛",今帛书本作"白",若依郑玄注,知作"白"为今文,作"帛"为古文。然考通行本《礼记·缁衣》作"恶恶如巷伯。"上博竹简本《缁衣》作"亚亚女亚衕白",又知作"白"同为古文,作"锦"为今文,子夏、马融、荀爽、虞翻、王肃作"帛"是取古文。参见本卦六四爻辞辨。

"戋","戋"同"残"。《经典释文》:"戋,本亦作残。"《说文·歺部》:"残,贼也。"《戈部》:"戋,贼也。《周书》曰:'戋戋,巧言也。'"段玉裁注:"戋,此与残音义皆同,故残用以会意,今则残行而戋废矣。”古从“戋”之字都可通假。“戋”亦通“諓”。《汉书·李寻传》:“昔秦穆公说諓諓之言。”颜师古注:“諓音践。”贾逵《国语注》云:“諓諓,巧言也。”《说文·言部》“諓,善言也。从言,戋声。”段玉裁注:“善上当有諓諓二字。”《隶续·胶东令王君庙门断碑》:“束帛有琖。”又以“琖”借为“戋”。《汗简注释》卷五《戈部》认为“践”之古文为“戋”字,不确。考今文《尚书·秦誓》:“惟截截善谝言。”古文《尚书·秦誓》作“戳戳善谝言”,《说文·言部》:“谝,《周书》曰:‘戳戳善谝言。’”惠栋《九经古义》卷四《尚书古义》云:“古文作戳戳,今文作戋戋也。”通行本、今帛书本皆作“戋”。由此知作“戋”为今文,作“戳”为古文,子夏作“残”,马融、荀爽、虞翻、王肃作“戋”是取今文。

“吝”,荀爽、虞翻作“吝”,作“吝”是取古文。参见屯卦六三爻辞辨。

“终”,荀爽、虞翻作“终”,作“终”是取今文。参见乾卦九三爻辞辨。

“吉”,荀爽、虞翻作“吉”,作“吉”是取古文。参见乾卦用九爻辞辨。

上九,白贲,无咎。

虞翻《周易注》作“白贲,无咎”。

“白”,虞翻作“白”,作“白”是取古文。参见本卦六四爻辞辨。

“贲”,虞翻作“贲”,作“帛”是取古文。参见本卦六五爻辞辨。

“无”,虞翻作“无”,作“无”是取古文。参见乾卦九三爻辞辨。

“咎”,虞翻作“咎”,作“咎”是取古文。参见乾卦九三爻辞辨。

剥䷖

剥，不利有攸往。初六，剥床以足，蔑贞凶。六二，剥床以辨，蔑贞凶。六三，剥之无咎。六四，剥床以肤，凶。六五，贯鱼，以宫人宠，无不利。上九，硕果不食，君子得舆，小人剥庐。

剥，不利有攸往。

虞翻《周易注》作“剥，不利有攸往”。

“剥”，“剥”通“仆”。通行本、今帛书本皆作“剥”，阜阳汉墓本作“仆”。然考通行本旅卦六二爻辞“得童仆”之“仆”，今帛书本作“剥”。《说文·刀部》：“剥，裂也。从刀、录。卜刂，剥或从卜。”《字汇补·刀部》：“刅，古剥字。”《说文·菐部》：“仆，给事者。蹼，古文从臣。”《玉篇·菐部》：“仆，蹼，古文。”《集韵·沃韵》：“仆，蹼，古从臣。”由此知作“剥”“仆”同为今文，作“卜刂”“蹼”同为古文”，虞翻作“剥”是取今文。

“不”，虞翻作“不”，作“不”是取古文。参见坤卦六二爻辞辨。

“利”，虞翻作“利”，作“利”是取古文。参见乾卦卦辞辨。

“有”，虞翻作“有”，作“有”是取今文。参见乾卦上九爻辞辨。

"攸",虞翻作"攸",作"攸"是取古文。参见坤卦辞辨。

"往",虞翻作"往",作"往"是取今文。参见坤卦卦辞辨。

初六,剥床以足,蔑贞凶。

马融《周易传》作"剥牀以足,蔑贞凶"。

荀爽《周易注》作"灭征凶"。

郑玄《周易注》作"蔑贞凶"。

虞翻《周易注》作"剥牀以足,蔑贞凶"。

"剥",马融、虞翻作"剥",作"剥"是取今文。参见本卦卦辞辨。

"床","床"通"牀"。《玉篇·广部》:"床,俗牀字。"《集韵·阳韵》:"牀,或作床。""床"亦通"壮"。今帛书本明夷卦六二爻辞"用撜马床",夬卦初九爻辞"床于前止",九三爻辞"床于頯"之"床",此三条爻辞之"床"字,通行本皆作"壮"。然考通行本夬卦九三爻辞之"壮",姤卦卦辞"女壮"之"壮",上博竹简本皆作"藏","藏"即"藏"字。通行本作"床",今帛书本作"臧",知"臧""床""藏""壮"因皆从爿声可以互借。又考《玉篇·匚部》:"匨,古臧字。"《集韵·唐韵》:"藏,或作臧,古作匨。"由此知作"床""臧"同为今文,作"匨"为古文,马融、虞翻作"牀"是取今文。参见师卦初六爻辞辨。

"以",马融、虞翻作"以",作"以"是取今文。参见蒙卦初六爻辞辨。

"足","足"通"疋"。《说文·疋部》:"疋,足也。《弟子职》曰:'问疋何止?'古文以为《诗·大疋》字,亦以为足字。或曰胥字。"《玉海·疋部》与《说文》同。《集韵·烛韵》:"足,古作疋。"考郭店楚墓竹简本《穷达以时》:"子疋前多功。"《说苑·杂言》作“子胥前多功”。通行本、今帛书本皆作“足”。由此知作“足”为今文,作“疋”“胥”同为古文,马融、虞翻作“足”是取今文。

“蔑”,“蔑”通“灭”。《逸周书·克殷》:“侮灭神祇不祀。”《史记·周本纪》引作“侮蔑神祇不祀灭”。通行本作“蔑”,今帛书本作“篾”,阜阳汉简本作“戫”。“篾”“戫”皆从蔑,与“蔑”通假。“蔑”亦通“莫”。《说文·苜部》:“莫,火不明也。……《周书》曰:‘布重莫席。’”段玉裁注:“《顾命》文。今本作‘敷重蔑席’。蔑,卫包又改为篾,俗字也。莫者,蔑之假借字也。……莫盖壁中古文,蔑盖孔安国以今文字读之,易为蔑。”由段玉裁注,知作“蔑”“篾”“戫”“灭”同为今文,作“戫”为古文。参见噬嗑卦初九爻辞辨,马融、郑玄、虞翻作“蔑”,荀爽作“灭”是取今文。

“贞”,马融、郑玄、虞翻作“贞”,荀爽作“征”,作“贞”是取古文,作“征”是取古文。参见乾卦卦辞辨、小畜上九爻辞辨。

“凶”,马融、荀爽、郑玄、虞翻作“凶”,作“凶”是取古文。参见讼卦卦辞辨。

六二,剥床以辨,蔑贞凶。

马融《周易传》作“剥床以辨”。

郑玄《周易注》作“剥床以辨”。

虞翻《周易注》作“剥床以辩,蔑贞凶”。

王肃《周易注》作“剥床以辨”。

“剥”,马融、郑玄、虞翻、王肃作“剥”,作“剥”是取今文。参见本卦卦辞辨。

“床”,马融、郑玄、虞翻、王肃作“床”,“床”是取今文。参见本卦初六爻辞辨。

"以",马融、郑玄、虞翻、王肃作"以",作"以"是取今文。参见蒙卦初六爻辞辨。

"辨","辨"通"辩"。《礼记·丧服四制》:"注言不文者,谓丧事辨所当共也。"《经典释文》:"辨,本又作辩。"《大戴礼记·文王官人》:"不学而性辨。"王引之《经义述闻》:"辨,智也,言不学而性自智慧也。辨或作辩。《广雅》曰:'辩,慧也。'""辩"亦通"徧"。《尚书·舜典》:"望于山川,徧于群神。"《史记·五帝本纪》引作"望于山川,辩于群神"。张守节正义:"辩,音遍。"《汉书·宣元六王传》:"徧有天下。"颜师古注:"徧即古遍字。"吕祖谦《古易音训》:"晁氏曰:'案,古文作分,今文作辨。'"考《仪礼·乡饮酒》:"众宾辩有脯醢。"《仪礼·燕礼》:"大夫辩受。"郑玄皆注:"今文辩皆作徧。"桂馥《说文解字义证》:"辧,隶作辨,刀变为刂。"通行本作"辨",今帛书本作"辩"。若依郑玄注,知作"辩"为古文,作"辨"为今文,马融、郑玄、王肃作"辨"是取今文,虞翻作"辩"是取古文。

"蔑",虞翻作"蔑",作"蔑"是取今文。见噬嗑卦初九爻辞辨。

"贞",虞翻作"贞",作"贞"是取古文。参见乾卦卦辞辨。

"凶",虞翻作"凶",作"凶"是取古文。参见讼卦卦辞辨。

六三,剥之无咎。

京房《周易章句》作"剥无咎"。

荀爽《周易注》作"剥无咎"。

刘表《周易章句》作"剥无咎"。

"剥",京房、荀爽、刘表作"剥",作"剥"是取今文。参见本卦卦辞辨。

“无”，京房、荀爽、刘表作“无”，作“无”是取古文。参见乾卦九三爻辞辨。

“咎”，京房、荀爽、刘表作“咎”，作“咎”是取古文。参见乾卦九三爻辞辨。

按，此条爻辞“剥之无咎”，通行本同。今帛书本作“剥无咎”，少一“之”字。阮元《周易注疏校勘记·剥卦》：“石经、岳本、闽、监、毛本同。《释文》出‘剥无咎’云：‘一本作剥之无咎，非。’”证之京房《周易章句》、荀爽《周易注》、刘表《周易章句》亦皆作“剥无咎”而无“之”字，此又为别种《周易》传本之一证。其文意基本相同。

六四，剥床以肤，凶。

京房《周易章句》作“剥牀以簠”。

虞翻《周易注》作“剥牀以膚，凶”。

王肃《周易注》作“剥牀以膚，凶”。

“剥”，京房、虞翻、王肃作“剥”，作“剥”是取今文。参见本卦卦辞辨。

“牀”，京房、虞翻、王肃作“牀”，作“牀”同取今文。参见本卦初六爻辞辨。

“以”，京房、虞翻、王肃作“以”，作“以”是取今文。参见蒙卦初六爻辞辨。

“膚”，京房作“簠”，虞翻、王肃作“膚”，作“簠”“膚”同取今文。参见噬嗑六二爻辞辨。

“凶”，虞翻、王肃作“凶”，作“凶”是取古文。参见讼卦卦辞辨。

六五,贯鱼,以宫人宠,无不利。

虞翻《周易注》作“贯鱼,以宫人宠,无不利”。

“贯”,“贯”通“关”。扬雄《法言·五百》:“关百圣而不惭,蔽天地而不耻。”刘师培校补:“关,与贯同。”“贯”亦通“弯”。《集韵·删韵》:“弯,《左传氏》作关,或作贯。”《玉篇·毌部》:“贯,事也,条也,穿也,行也,古文作貫。”又《贝部》:“貫,穿也。今作贯。”《仪礼·乡射礼》《仪礼·大射仪》:“不贯不释。”郑玄皆注:“古文贯作关。”通行本、今帛书本皆作“贯”。若依郑玄注、《玉篇》,知作“贯”为今文,作“关”“貫”同为古文,虞翻作“贯”是取今文。

“鱼”,“鱼”通“渔”。《春秋左氏传》隐公五年:“公将如棠观鱼者。”《史记·鲁周公世家》引作“观渔于棠”。《经典释文》:“鱼,本亦作渔。”《集韵·鱼韵》:“鱼,古作 ⿱𠂊鱼。”通行本、今帛书本皆作“鱼”,然考通行本姤卦九二爻辞“包有鱼”、九四爻辞“包无鱼”之“鱼”字,上博竹简本亦作“鱼”。由此知作“鱼”“⿱𠂊鱼”同为古文,作“渔”为今文,虞翻作“鱼”是取古文。

“以”,虞翻作“以”,作“以”是取今文。参见蒙卦初六爻辞辨。

“宫”,“宫”通“躬”。《说文·宀部》:“宫,室也。从宀,躳省声。”《国语·楚语上》:“余左执鬼中,右执殇宫。”王引之《经义述闻》:“借宫为躬。”通行本、今帛书本皆作“宫”。考《此鼎》铭文所镌:“王才(在)周康宫□(夷)宫。”其“宫”字亦作“宫”。由此知作“宫”为古文,虞翻作“宫”是取古文。

“人”,虞翻作“人”,作“人”是取古文。参见乾卦九二爻辞辨。

“宠”,“宠”通“笼”。《汉书·卫青传》:“青至笼城。”颜师古注:“笼,读与龙同。宋祁云:‘浙本笼字从竹者无龙音,后人误作。’”颜注不确。“宠”“笼”古音同属东韵,皆音形相近而互借。通行本《老子》:“宠辱若惊。”郭店楚墓竹简《老子》乙本作“憩辱若缨”。通行本作“宠”,今帛书本作“笼”。由此知作“宠”“笼”同为今文,作“憩”为古文,虞翻作“宠”是取今文。参见乾卦初九爻辞辨。

“无”,虞翻作“无”,作“无”是取古文。参见乾卦九三爻辞辨。

“不”,虞翻作“不”,作“不”是取古文。参见坤卦六二爻辞辨。

“利”,虞翻作“利”,作“利”是取古文。参见乾卦卦辞辨。

上九,硕果不食,君子得舆,小人剥庐。

京房《周易章句》作“君子得舆”。

郑玄《周易注》作“小人剥庐”。

陆绩《周易述》作“君子得舆,小人剥庐”。

董遇《周易章句》作“君子得车”。

虞翻《周易注》作“硕果不食,君子得车,小人剥庐”。

“硕”,“硕”通“石”。《庄子·外物》:“无石师而能言。”《经典释文》:“石师,又作硕师。”《说文·石部》:“石,山石也。”段玉裁注:“石,或借为硕大字。”《吕氏春秋·尊师》:“高何县子石,齐国之暴者也。”《墨子·耕柱》“县子石”作“县子硕”。《文选·为曹公作书与孙权》:“明弃硕父,实为佞人所构会也。”李善注:“硕与石,古字通。”通行本作“硕”,今帛书本字亦“石”,然考通行本豫卦六二爻辞“介于石”之“石”,上博竹简本作“石”,又通行本蹇卦上九爻辞“来硕”之“硕”,上博竹简本亦作“硕”,知作

“硕”“石”同为古文，虞翻作“硕”是取古文。参见豫卦六二爻辞辨。

“果”，“果”通“祼”。《周礼·秋官·大行人》：“王礼再祼而酢。”郑玄注：“故书祼作果，先郑读为灌。”又《周礼·冬官·考工记下》：“祼圭尺有二寸。”郑玄注：“祼之灌也。或作淉，或作果，祼谓始献酌奠也。”《集韵·换韵》：“祼，或省。亦从水，古作倮。”通行本、今帛书本皆作“果”。若依郑玄注、《集韵》，知作“果”“倮”同为古文，作“祼”为今文，虞翻作“果”是取古文。

“不”，虞翻作“不”，作“不”是取古文。参见坤卦六二爻辞辨。

“食”，虞翻作“食”，作“食”是取今文。参见需卦九五爻辞辨。

“君”，京房、陆绩、董遇、虞翻作“君”，作“君”是取古文。参见乾卦九三爻辞辨。

“子”，京房、陆绩、董遇、虞翻作“子”，作“子”是取古文。参见乾卦九三爻辞辨。

“得”，京房、陆绩、董遇、虞翻作“得”，作“得”是取今文。参见小畜卦上九爻辞辨。

“舆”，京房、陆绩作“舆”，董遇、虞翻作“车”，作“舆”是取今文，作“车”是取古文。参见师卦六三爻辞辨，小畜卦九三爻辞辨。

“小”，郑玄、陆绩、虞翻作“小”，作“小”是取古文。参见需卦九二爻辞辨。

“人”，郑玄、陆绩、虞翻作“人”，作“人”是取古文。参见乾卦九二爻辞辨。

“剥”，郑玄、陆绩、虞翻作“剥”，作“剥”是取今文。参见本卦卦辞辨。

“庐”,“庐”通“卢”。《春秋左氏传》桓公十三年:“罗与卢戎两军之。”《经典释文》:“卢,或作庐。”《荀子·富国》:“君卢屋妾,由将不足以免也。”杨倞注:“卢当为庐。”“庐”亦通“籚”。《集韵·模韵》:“籚,《说文》:‘积竹矛戟矜也。’或作庐。”《通志·昆虫草木略》:“漏芦。”马王堆汉墓帛书本《五十二病方·虫蚀》作“扇籚”。按之金文,“庐”字或作“卢”。《趞曹鼎》铭文镌有:“王射于射卢。”“射卢”即“射庐”。又徐灏《说文解字注笺·皿部》:“卢,即古炉字。”通行本作“庐”,今帛书本作“芦”,“芦”即“籚”字。由此知作“庐”“芦”同为今文,作“卢”为古文,郑玄、陆绩、虞翻作“庐”是取今文。

復䷗

复，亨。出入无疾，朋来无咎。反复其道，七日来复，利有攸往。初九，不远复，无祇悔，元吉。六二，休复，吉。六三，频复，厉，无咎。六四，中行独复。六五，敦复，无悔。上六，迷复，凶，有灾眚。用行师，终有大败，以其国君凶，至于十年，不克征。

复，亨。出入无疾，朋来无咎。反复其道，七日来复，利有攸往。

京房《周易章句》作“崩来无咎”。

郑玄《周易注》作“复，亨。七日来复”。

虞翻《周易注》作“出入无疾，朋来无咎，利有攸往”。

刘表《周易章句》作“反复其道”。

陆绩《周易述》作“七日来复”。

“亨”，郑玄作“亨”，作“亨”是取今文。参见乾卦卦辞辨。

“出”，虞翻作“出”，作“出”是取古文。参见需卦六四爻辞辨。

“入”，虞翻作“入”，作“入”为今文。参见屯卦六三爻辞辨。

“无”，京房、虞翻作“无”，作“无”是取古文。参见乾卦九三爻辞辨。

"疾",虞翻作"疾",作"疾"是取古文。参见豫卦六五爻辞辨。

"朋","朋"通"崩"。《庄子·大宗师》:"古之真人,其状义而不朋。"俞樾《诸子平议》:"朋读为崩。""崩"即"崩"字。《说文·山部》"崩,山坏也。从山,朋声。崩,古文从阜。"段玉裁注:"隶体山在上。"《汉书·五行志》:"京房《易传》曰:'复,崩来无咎。'"颜师古注:"今《易》崩字作朋也。"《玉篇·阜部》:"崩,古崩字,坏也。"《集韵·登韵》:"崩,古从阜。亦书作崩。""朋"与"堋"亦通,《说文·土部》:"堋,《虞书》曰:'堋淫于家。'"段玉裁注:"此称《皋陶谟》说假借也,谓假堋为朋。其义本不同,而形亦如是也。"通行本作"朋",今帛书本作"堋",然考通行本损卦六五爻辞"十朋之龟"之"朋",今帛书本作"倗",阜阳汉墓本作"冯"。《说文·人部》:"倗,辅也。从人,朋声。"段玉裁注:"盖朋党字正作倗,而朋其假借字。"《集韵·蒸韵》:"倗,通作冯。""冯"之古文作"淜",故知作"冯"与"朋"亦可通假。郭店楚墓竹简本《语丛四》:"心先与之以为塱。"释文"塱"作"朋"。然《六德》又作"倗""俚"。由此知作"朋""崩""倗""冯"同为今文,作"崩""蹦""塱""崩""堋"同为古文,京房作"崩",虞翻作"朋"是取今文。

"来",京房、郑玄、虞翻、陆绩作"来",作"来"是取今文。参见需卦上六爻辞辨。

"咎",京房、虞翻作"咎",作"咎"是取古文。参见乾卦九三爻辞辨。

"反",刘表作"反",作"反"是取古文。参见小畜卦九二爻辞辨。

"复",郑玄、刘表、陆绩作"复",作"复"是取古文。参见讼卦九四爻辞辨。

“其”，刘表作“其”，作“其”是取今文。参见坤卦上六爻辞辨。

“道”，刘表作“道”，作“道”是取古文。参见小畜卦初九爻辞辨。

“七”，《说文·七部》：“七，易之正也。从一，微阴从中衺出也。”《玉篇·七部》：“七，数也。”丁山《数名古谊》：“七古通作十者……考其初形，七即切字。”通行本、今帛书本、汉石经《周易》皆作“七”。考《宜侯夨簋》：“锡在宜王人〔十〕又七里。锡奠七伯。”又《诗·唐风》之《蟋蟀》，上博竹简本《孔子诗论》皆作“七衠”。由此知作“七”为古文，郑玄、陆绩作“七”是取古文。

“日”，郑玄、陆绩作“日”，作“日”是取古文。参见乾卦九三爻辞辨。

“利”，虞翻作“利”，作“利”是取古文。参见乾卦卦辞辨。

“有”，虞翻作“有”，作“有”是取今文。参见乾卦上九爻辞辨。

“攸”，虞翻作“攸”，作“攸”是取古文。参见坤卦卦辞辨。

“往”，虞翻作“往”，作“往”是取今文。参见坤卦卦辞辨。

初九，不远复，无祇悔，元吉。

京房《周易章句》作“无祇悔”。

马融《周易传》作“无祇悔”。

郑玄《周易注》作“无祇悔”。

刘表《周易章句》作“无祇悔”。

陆绩《周易述》作“不远复，无禔悔”。

王肃《周易注》作“无禔悔”。

九家《周易集注》作“无禔悔”。

“不”，陆贯作“不”，作“不”是取古文。参见坤卦六二爻辞辨。

“远”，陆贯作“远”，作“远”是取今文。参见屯卦初九爻辞辨。

“复”，陆贯作“复”，作“复”是取古文。参见讼卦九四爻辞辨。

“无”，京房、马融、郑玄、刘表、陆绩、王肃、九家作“无”，作“无”是取古文。参见乾卦九三爻辞辨。

“衹”，“衹”通“禔”。《史记·韩长孺列传》：“禔取辱耳。”徐广注：“禔，一作衹也。”《说文·示部》：“衹，地、衹、提出万物者也。从示，氏声。”段玉裁注：“地、衹、提三字，同在古音第十六部，地本在十七部，而多转入十六部用。”段氏又云：“通志堂刻作‘无衹悔’则误。”阮元《周易注疏校勘记·复卦》云：“岳本、闽、监、毛本同。石经作衹。”孙堂《汉魏二十一家易注》考证云：“此衹字及坎卦‘衹既平’，吕忱《字林》《五经文字》《群经音辩》皆从衣作‘衹’，唐石经坎卦亦作‘衹’，然相沿已久，不敢妄改，诸家本并同。”钱大昕《十驾斋养新录》：“衹，古文氏、是通用，则禔、衹亦可通，但相承读为支音，与神、衹音小异耳。”《史记·司马相如列传》：“遐迩一体，中外提福。”徐广注：“提，一作禔，音支。”故“衹”“禔”又通“敍”。通行本作“衹”，今帛书本作“提”，阜阳汉本作“智”，“智”“提”声近可以互借，故与“衹”“提”亦通。《广韵·寘韵》：“智，古文智。”《玉篇·示部》：“示，《易》曰：‘无衹悔。’韩康伯云：‘祢，大也。’《周礼》亦作示。”吕祖谦《古易音训》：“晁氏曰：‘京、刘、一行作衹，安也。《广雅》作敍，多也。说之案，衹，古文用多字。’”《集韵·支韵》：“衹，古作示。”又《脂韵》:"祇,古作秖。"若依《集韵》,由此知"祇""祇""禔""提""敍"同为今文,作"示""晢""秖"为古文,京房、马融、郑玄、刘表作"祇",陆绩、王肃作"禔",九家作"敍"是取今文。

"悔",京房、马融、郑玄、刘表、陆绩、王肃、九家作"悔",作"悔"是取今文。参见乾卦上九爻辞辨。

六三,频复,厉,无咎。

马融《周易传》作"频复"。

郑玄《周易注》作"顰复"。

虞翻《周易注》作"频复,厉,无咎"。

"频","频"通"顰"。《孟子·滕文公下》:"已频顣曰。"朱熹注:"频与顰同。"《说文·林部》:"顰,戚也。"段玉裁注:"晁氏以道《古周易》、吕氏伯恭《古易音训》所据音义皆作卑。晁云:卑,古文也。今文作顰。考古音者得此,真一字千金矣。"《集韵·真韵》:"频,古作顰。"通行本作"频",今帛本作"编",知"频""顰""编"声近韵同,可以通假。若依《集韵》、段玉裁注,又知作"频""顰""编"为今文,作"顰""卑"同为古文,马融、虞翻作"频",郑玄作"顰"是取今文。

"复",马融、郑玄、虞翻作"复",作"复"是取古文。参见讼卦九四爻辞辨。

"厉",虞翻作"厉",作"厉"是取今文。参见乾卦九三爻辞辨。

"无",虞翻作"无",作"无"是取古文。参见乾卦九三爻辞辨。

"咎",虞翻作"咎",作"咎"是取古文。参见乾卦九三爻辞辨。

六四，中行独复。

郑玄《周易注》作“中行独复”。

虞翻《周易注》作“中行独复”。

“中”，郑玄、虞翻作“中”，作“中”是取古文。参见屯卦六三爻辞辨。

“行”，郑玄、虞翻作“行”，作“行”是取古文。参见泰卦九二爻辞辨。

“独”，“独”通“蜀”。《管子·为兵之败》：“所爱之国能独利之。”银雀山竹简本《王兵》作“所憙之国能蜀利之。”扬雄《方言》卷十二：“独也，南楚谓之蜀。”郭璞注：“蜀，犹独耳。”《广雅·释诂》：“蜀，犹独耳”。考通行本夬卦九三爻辞“独行遇雨”之“独”，上博竹简本作“蜀”。又郭店楚墓竹简本《性自命出》：“不□□□□□蜀行，猷不可蜀行。”释文“蜀”字亦作“独”。通行本、今帛书本、汉石经《周易》皆作“独”。由此知作“独”为今文，作“蜀”为古文，郑玄、虞翻作“独”是取今文。

“复”，郑玄、虞翻作“复”，作“复”是取古文。参见讼卦九四爻辞辨。

上六，迷复，凶，有灾眚。用行师，终有大败，以其国君凶，至于十年，不克征。

子夏《易传》作“有灾眚”。

荀爽《周易注》作“用行师，终有大败，以其国君凶”。

郑玄《周易注》作“有烖眚”。

虞翻《周易注》作“迷复，凶，有灾眚，用行师，终有大败，以其国君凶，至于十年，不克征”。

“迷”,虞翻作“迷”,作“迷”是取古文。参见坤卦卦辞辨。

“复”,虞翻作“复”,作“复”是取古文。参见讼卦九四爻辞辨。

“凶”,荀爽、“凶”,作“凶”是取古文。参见讼卦卦辞辨。

“有”,子夏、荀爽、郑玄、虞翻作“有”,作“有”是取今文。参见乾卦上九爻辞辨。

“灾”,“灾”通“烖”。《尚书·舜典》:“眚灾肆赦。”《史记·五帝本纪》引作“眚烖过赦”。“烖”,古文作“𤆎”。《说文·火部》:“烖,天火曰烖。災,籀文从𡿧。𤆎,古文从才。”段玉裁注:“今惟《周礼》作烖,经传多借菑为之。”《诗·大雅·生民》:“不拆不副,无菑无害。”《诗·鲁颂·閟宫》:“上帝是依,无灾无害。”《经典释文》:“灾,本亦作菑。”《音义》:“灾字又作災,本亦作菑,音同。”《汉书·严助传》:“凶菑害众。”颜师古注:“菑,古灾字。”《玉篇·巛部》:“𡿧,天反时为巛,今作灾、災。”又《玉篇·火部》:“灾,天火也,害也。又作巛。烖,同上。𤆎,古文。”吕祖谦《古易音训》:“晁氏曰:‘案,古文作𤆎。’”“灾”又通“哉”。《尚书·康诰》:“仍惟省哉。”《潜夫论·述赦》引作“仍惟眚灾”。由此知古“灾眚”又可作“眚灾”或“省哉”。通行本作“灾”,今帛书本作“兹”,“兹”“菑”古音同属之韵,可以互借。然考通行本无妄卦六三爻辞“邑人之灾”之“灾”,上博竹简本作“𤆍”,与《说文》所云古文灾字从才合。由此知作“灾”“烖”“兹”“哉”同为今文,作“𤆍”或“𤆎”同为古文,子夏、虞翻作“灾”,郑玄作“烖”是取今文。

“眚”,子夏、郑玄、虞翻作“眚”,作“眚”为古文。参见讼卦九二爻辞辨。

“用”,荀爽、虞翻作“用”,作“用”是取古文。参见乾卦初九爻辞辨。

“行”，荀爽、虞翻作“行”，作“行”是取古文。参见泰卦九二爻辞辨。

“师”，荀爽、虞翻作“师”，作“师”是取今文。参见师卦卦辞辨。

“终”，荀爽、虞翻作“终”，作“终”是取今文。参见乾卦九三爻辞辨。

“大”，荀爽、虞翻作“大”，作“大”是取古文。参见本卦九二爻辞辨。

“败”，“败”通“退”。《尚书·微子》：“我兴受其败。”《说文·辵部》释“退”字引《尚书》云：“《周书》曰：‘我兴受其退。’”《说文·攴部》：“败，毁也。敗，籀文败，从贝。”《玉篇·攴部》：“败，覆也，破也。敗，籀文。”《集韵·夬韵》：“败，古作敗。”通行本、今帛书本皆作“败”。由此知作“败”为今文，作“敗”为古文，荀爽、虞翻作“败”是取今文。

“以”，荀爽、虞翻作“以”，作“以”是取今文。参见蒙卦初六爻辞辨。

“其”，荀爽、虞翻作“其”，作“其”是取今文。参见坤卦上六爻辞辨。

“国”，荀爽、虞翻作“国”，作“国”是取今文。参见师卦上六爻辞辨。

“君”，荀爽、虞翻作“君”，作“君”是取古文。参见乾卦九三爻辞辨。

“至”，虞翻作“至”，作“至”是取古文。参见需卦九三爻辞辨。

“于”，虞翻作“于”，作“于”是取古文。参见坤卦上六爻辞辨。

“十”，虞翻作“十”，作“十”是取古文。参见屯卦六二爻辞辨。

“年”，虞翻作“年”，作“年”是取今文。参见屯卦六二爻辞辨。

“不”，虞翻作“不”，作“不”是取古文。参见坤卦六二爻辞辨。

“克”，虞翻作“克”，作“克”是取古文。参见蒙卦六二爻辞辨。

“征”，虞翻作“征”，作“征”是取古文。参见小畜卦上九爻辞辨。

按，此条爻辞“至于十年”，通行本同。今帛书本作“至十年”，少一“于”字，疑为传抄者笔误，其文意基本相同。

无妄䷘

无妄，元亨，利贞。其匪正有眚，不利有攸往。初九，无妄，往，吉。六二，不耕获，不菑畬，则利有攸往。六三，无妄之灾，或系之牛，行人之得，邑人之灾。九四，可贞，无咎。九五，无妄之疾，勿药有喜。上九，无妄，行有眚，无攸利。

无妄，元亨，利贞。其匪正有眚，不利有攸往。

马融《周易传》作“无妄，元亨利贞”。

虞翻《周易注》作“无妄，元亨利贞。其匪正有眚，不利有攸往”。

“无”，马融、虞翻作“无”，作“无”是取古文。参见乾卦九三爻辞辨。

“妄”，“妄”通“亡”。《礼记·儒行》：“今众人之命儒也妄常，以儒相诟病。”郑玄注：“妄之言无也，言今世名儒无有常。”《经典释文》：“妄，郑音亡。亡，无也。”王引之《经传释词》：“字或作亡，或作妄。”“妄”与“忘”亦通。今本《老子》第十六章：“不知常，忘作凶。”朱谦之《老子校释》：“忘、妄古通。”《韩非子·喻老》：“无缘而忘意度也。”王先慎《韩非子集解》：“忘与妄通。”“妄”亦通“望”。《大戴礼记·文王官人》：“故得望誉。”孔安国《传》:“妄当声误为望。”《管子·九守》:“听之术曰勿望而距。”于省吾《新证》:“望应读作妄”。“望”也可作“孟”,《周礼》:“曰望猪。”《尚书·禹贡》作“被孟诸”。通行本作“妄”,今帛书本作“孟”,阜阳汉墓本作“亡”,然考上博竹简本作“忘”,知“妄”“忘”“望”“孟”“亡”古音相通,可以互借。考《说文·子部》:“孟,长也。杀,古文孟。”又知作“妄”“孟”同为今文,作“忘”“杀”同为古文,马融、虞翻作“妄”是取今文。

“元”,马融、虞翻作“元”,作“元”是取古文。参见乾卦卦辞辨。

“亨”,马融、虞翻作“亨”,作“亨”是取今文。参见乾卦卦辞辨。

“利”,马融、虞翻作“利”,作“利”是取古文。参见乾卦卦辞辨。

“贞”,马融、虞翻作“贞”,作“贞”是取古文。参见乾卦卦辞辨。

“其”,虞翻作“其”,作“其”是取今文。参见坤卦上六爻辞辨。

“匪”,虞翻作“匪”,作“匪”是取今文。参见屯卦九二爻辞辨。

“正”,虞翻作“正”,作“正”是取今文。参见小畜卦上九爻辞辨。

“有”,虞翻作“有”,作“有”是取今文。参见乾卦上九爻辞辨。

“眚”,虞翻作“眚”,作“眚”是取古文。参见讼卦九二爻辞辨。

“不”,虞翻作“不”,作“不”是取古文。参见坤卦六二爻辞辨。

“攸”,虞翻作“攸”,作“攸”是取古文。参见坤卦卦辞辨。

“往”,虞翻作“往”,作“往”是取今文。参见坤卦卦辞辨。

按,此条卦辞“其匪正有眚”,通行本、阜阳汉墓本、上博竹简本同。今帛书本作“非正有省”,少一“其”字,疑为传抄者笔误,其文意基本相同。

初九,无妄,往,吉。

虞翻《周易注》作“无妄,往,吉”。

“无”,虞翻作“无”,作“无”是取古文。参见乾卦九三爻辞辨。

“妄”,虞翻作“妄”,作“妄”是取今文。参见本卦卦辞辨。

“往”,虞翻作“往”,作“往”是取今文。参见坤卦卦辞辨。

“吉”,虞翻作“吉”,作“吉”是取古文。参见乾卦用九爻辞辨。

按,此条爻辞“无妄往吉”,通行本、今帛书本、阜阳汉墓本同。上博竹简本作“亡忘吉”,少一“往”字,疑为传抄者笔误,其文意基本相同。

六二,不耕获,不菑畲,则利有攸往。

马融《周易传》作“不菑畲”。

郑玄《周易注》作“不菑畲”。

董遇《周易章句》作“不菑畲”。

虞翻《周易注》作“不耕获,不菑畲,则利有攸往”。

“不”,马融、郑玄、董遇、虞翻作“不”,作“不”是取古文。参见坤卦六二爻辞辨。

"耕","耕"通"畊"。《玉篇·田部》:"畊,古文耕字。"通行本、今帛书本皆作"耕",上博竹简本作"䋣"。濮茅左认为"䋣",从井,争声,当作"静"字,可读为"耕",上古同属"耕"部韵,故可以通"耕"。若依《玉篇》,上博竹简本,知作"耕"为今文,作"畊""䋣"同为古文,虞翻作"耕"是取今文。

"获",虞翻作"获",作"获"是取今文。参见随卦九四爻辞辨。

"菑",马融、郑玄、董遇、虞翻作"菑",作"菑"是取今文。参见小畜卦卦辞辨。

"畬","畬"通"畭"。《经典释文》:"畬,音余。"《集韵·鱼韵》:"畬,或作畭,亦书作畭。"考《玉篇·田部》:"畬,亦作畭。畭,古文。"通行本作"畬",今帛书本作"余",知"畭""余""畬"皆从"余"声可以互借。若依《玉篇》,知作"畬""余"同为今文,作"畭"为古文,马融、郑玄、董遇、虞翻作"畬"是取今文。

"则",虞翻作"则",作"则"是取今文。参见蒙卦卦辞辨。

"利",虞翻作"利",作"利"是取古文。参见乾卦卦辞辨。

"有",虞翻作"有",作"有"是取今文。参见乾卦上九爻辞辨。

"攸",虞翻作"攸",作"攸"是取古文。参见坤卦卦辞辨。

"往",虞翻作"往",作"往"是取今文。参见坤卦卦辞辨。

按,此条爻辞"不耕获",通行本、阜阳汉墓本、今帛书本同。又《礼记·坊记》引《易》亦作"不耕获"。上博竹简本作"不䋣而获",多一"而"字。阮元《周易注疏校勘记·无妄卦》云:"古本获上有而字,石经初刻亦有而字,后改删去。"严可均《唐石经校文》云:"《疏》云'释不耕而获之义',则孔所据本有而字,《六帖》卷八十《收获门》引有而，足利本有而。又按《易林》‘无妄之讼，不耕而获，家食不给’，正用《易》语。”考帛书《昭力》亦引作“不耕而获”。又“则利有攸往”，通行本同。今帛书本作“利有攸往”，少一“则”字。《经典释文》出‘不耕获’云：“或依注作不耕而获，非。下句亦然。”此二例皆非传抄者笔误，可证《周易》确有多种不同的传本，其文意基本相同。

六三，无妄之灾，或系之牛，行人之得，邑人之灾。

虞翻《周易注》作“无妄之灾，或系之牛，行人之得，邑人之灾”。

“无”，虞翻作“无”，作“无”是取古文。参见乾卦九三爻辞辨。

“妄”，虞翻作“妄”，作“妄”是取今文。参见本卦卦辞辨。

“之”，虞翻作“之”，作“之”是取古文。参见坤卦卦辞辨。

“灾”，虞翻作“灾”，作“灾”是取今文。参见复卦上六爻辞辨。

“或”，虞翻作“或”，作“或”是取古文。参见乾卦九四爻辞辨。

“系”，虞翻作“系”，作“系”是取古文。参见蒙卦上九爻辞辨。

“牛”，“牛”同“牪”。《玉篇·牛部》：“牪，牛也。”通行本、今帛书本皆作“牛”，然考通行本革卦初九爻辞“巩用黄牛之革”之“黄牛”，上博竹简本亦作“黄牛”。由此知作“牛”为古文，作“牪”为今文，虞翻作“牛”是取古文。

“行”，虞翻作“行”，作“行”是取古文。参见泰卦九二爻辞辨。

"人",虞翻作"人",作"人"是取古文。参见乾卦九二爻辞辨。

"得",虞翻作"得",作"得"是取今文。参见小畜卦上九爻辞辨。

"邑",虞翻作"邑",作"邑"是取古文。参见讼卦九二爻辞辨。

九四,可贞,无咎。

虞翻《周易注》作"可贞,无咎"。

"可",虞翻作"可",作"可"是取古文。参见坤卦六三爻辞辨。

"贞",虞翻作"贞",作"贞"是取古文。参见乾卦卦辞辨。

"无",虞翻作"无",作"无"是取古文。参见乾卦九三爻辞辨。

"咎",虞翻作"咎",作"咎"是取古文。参见乾卦九三爻辞辨。

九五,无妄之疾,勿药有喜。

虞翻《周易注》作"无妄之疾,勿药有喜"。

"无",虞翻作"无",作"无"是取古文。参见乾卦九三爻辞辨。

"妄",虞翻作"妄",作"妄"是取今文。参见本卦卦辞辨。

"之",虞翻作"之",作"之"是取古文。参见坤卦卦辞辨。

"疾",虞翻作"疾",作"疾"是取古文。参见豫卦六五爻辞辨。

"勿",虞翻作"勿",作"勿"是取古文。参见乾卦初九爻辞辨。

“药”,“药”同“乐”。郭店楚墓竹简本《五行》:“不安不药,不药亡悳。”其二“药”字,释文皆作“乐”。又上博竹简本《从政》:“君子药则絧正。”释文“药”亦作“乐”。然郭店楚墓竹简本《语丛一》中“礼乐”之“乐”,也作“乐”。由此知作“乐”“药”同为古文。通行本作“药”,今帛书本作“乐”,考上博竹简本亦作“药”。由此知作“乐”“药”同为古文,虞翻作“药”是取古文。

“有”,虞翻作“有”,作“有”是取今文。参见乾卦上九爻辞辨。

“喜”,虞翻作“喜”,作“喜”是取今文。参见否卦上九爻辞辨。

上九,无妄,行有眚,无攸利。

虞翻《周易注》作“无妄行有眚,无攸利”。

“无”,虞翻作“无”,作“无”是取古文。参见乾卦九三爻辞辨。

“妄”,虞翻作“妄”,作“妄”是取今文。参见本卦卦辞辨。

“行”,虞翻作“行”,作“行”是取古文。参见泰卦九二爻辞辨。

“有”,虞翻作“有”,作“有”是取今文。参见乾卦上九爻辞辨。

“眚”,虞翻作“眚”,作“眚”是取古文。参见讼卦九二爻辞辨。

“攸”,虞翻作“攸”,作“攸”是取古文。参见坤卦卦辞辨。

“利”,虞翻作“利”,作“利”是取古文。参见乾卦卦辞辨。

按,此条爻辞“无妄,行有眚”,通行本、上博竹简本同。今帛书本作“无孟之行有眚”,多一“之”字,疑为传抄者笔误,其文意基本相同。

大畜䷙

大畜，利贞，不家食，吉。利涉大川。初九，有厉，利已。九二，舆说輹。九三，良马逐，利艰贞，曰闲舆卫，利有攸往。六四，童牛之牿，元吉。六五，豮豕之牙，吉。上九，何天之衢，亨。

大畜，利贞，不家食，吉。利涉大川。

郑玄《周易注》作"不家食，吉"。

虞翻《周易注》作"利贞，不家食，吉。利涉大川"。

"利"，虞翻作"利"，作"利"是取古文。参见乾卦卦辞辨。

"贞"，虞翻作"贞"，作"贞"是取古文。参见乾卦卦辞辨。

"不"，郑玄、虞翻作"不"，作"不"是取古文。参见坤卦六二爻辞辨。

"家"，郑玄、虞翻作"家"，作"家"是取今文。参见蒙卦九二爻辞辨。

"食"，郑玄、虞翻作"食"，作"食"是取今文。参见需卦九五爻辞辨。

"吉"，郑玄、虞翻作"吉"，作"吉"是取古文。参见乾卦用九爻辞辨。

"涉"，虞翻作"涉"，作"涉"是取今文。参见需卦卦辞辨。

“大”，虞翻作“大”，作“大”是取古文。参见乾卦九二爻辞辨。

“川”，虞翻作“川”，作“川”是取古文。参见坤卦卦辞辨。

按，此条爻辞“不家食”，通行本、今帛书本同。上博竹简本作“不豪而飤”，多一“而”字，诚如上述“不𦥑而获”例，寓意近似，可证《周易》确有作“不家而食”的传本，非为衍文。

初九，有厉，利已。

姚信《周易注》作“有厉，利巳”。

“有”，姚信作“有”，作“有”是取今文。参见乾卦上九爻辞辨

“厉”，姚信作“厉”，作“厉”是取今文。参见乾卦九三爻辞辨。

“利”，姚信作“利”，作“利”为古文。参见乾卦卦辞辨。

“已”，“已”通“巳”。《说文·攴部》：“改，读如巳。”刘熙《释名·释天》：“巳，已也。”《玉篇·已部》：“已，身也。𢀳，古文。”《韵补·纸韵》：“古巳午之巳，亦读如已矣之已。”《集韵·海韵》：“改，从辰巳之巳。”清人徐鼒《读书杂识》卷十三云：“今就班固《汉书》，许慎《说文》，及永康以前汉碑文考之，犹可知巳午之巳，即终已之已，汉魏通儒皆以巳午之巳取终已为义。”通行本作“巳”，今帛书本作“已”，上博竹简本作“巳”，然考通行本革卦卦辞“巳日乃孚”，上博竹简本作“改日卣孚”。由此知作“已”为今文，作“巳”“改”“𢀳”同为古文，姚信作“巳”是取古文。

又，“巳”亦通“祀”《经典释文》：“巳，音以，本亦作以，虞作祀。”。刘熙《释名·释天》：“殷曰祀，祀，巳也。新气升，故气已也。”《尚书·酒诰》：“朝夕曰：‘祀兹酒。’”俞樾《群经平议》：

"此祀字,乃是巳之假借字。"又《古书疑义举例》卷一:"祀字读为巳,是祀与巳古字通也。"考通行本损卦初九爻辞"巳事遄往"之"巳",荀爽《周易注》作"巳",虞翻《周易注》作"祀",是其明证。《集韵·止韵》:"祀,古作禩。"郭店楚墓竹简本《成之闻之》:"是古君子慎六立以巳天。"释文"巳"作"祀"。由此知作"祀"为今文,作"禩"亦为古文。

九二,舆说輹。

马融《周易传》作"舆说輹"。

虞翻《周易注》作"舆说輹"。

蜀才《周易注》作"舆说輹"。

"舆",马融、虞翻、蜀才作"舆",作"舆"是取今文。参见师卦六三爻辞辨。

"说",马融、虞翻、蜀才作"说",作"说"是取古文。参见蒙卦初六爻辞辨。

"輹",马融、虞翻、蜀才作"輹",作"輹"为是取古文。参见小畜卦九三爻辞辨。

九三,良马逐,利艰贞,曰闲舆卫,利有攸往。

马融《周易传》作"曰闲舆卫"。

郑玄《周易注》作"良马逐逐,曰闲舆卫"。

刘表《周易章句》作"曰闲舆卫"。

虞翻《周易注》作"良马逐,利艰贞,曰闲舆卫,利有攸往"。

姚信《周易注》作"良马逐逐"。

"良","良"通"梁"。《春秋左氏传》桓公八年:"季梁。"《汉书·古今人表》引作"季良"。《说文·畗部》:"良,善也。

㝵,亦古文良。㫰,亦古文良。”段玉裁注:“《玉篇》作㫰。”又《说文·木部》:“梁,水桥也。㳥,古文。”又《玉篇·水部》:“㴮,古文梁。”通行本、今帛书本皆作“良”,然考上博竹简本亦作“良”。由此知作“良”“㝵”“㫰”“㳥”“㴮”同为古文,作“梁”为今文,郑玄、虞翻、姚信作“良”是取古文。

“马”,郑玄、虞翻、姚信作“马”,作“马”是取古文。参见坤卦卦辞辨。

“逐”,郑玄、虞翻、姚信作“逐”,作“逐”是取今文。参见颐卦六四爻辞辨。

“利”,虞翻作“利”,作“利”是取古文。参见乾卦卦辞辨。

“艰”,虞翻作“艰”,“艰”是取今文。参见泰卦九三爻辞辨。

“贞”,虞翻作“贞”,作“贞”是取古文。参见乾卦卦辞辨。

“曰”,“曰”通“日”。朱熹《周易本义》:“曰,当为日月之日。”考《仪礼·士丧礼》:“占曰某日从。”郑玄注:“古文曰为日。”又《仪礼·既夕礼》:“曰如之何?”郑玄注:“古文无曰字。”郑玄以“曰”为今文,不确。通行本、今帛书本皆作“曰”,然考上博竹简本亦作“曰”。若依郑玄注,知作“曰”“日”同为一字,同为古文,马融、刘表、虞翻作“曰”,郑玄作“日”是取古文。

“闲”,“闲”同“阑”。《说文·门部》:“闲,阑也。”《广雅·释言》:“阑,闲也。”《国语·楚语》:“远备闲之。”韦昭注:“闲,阑也。”《汉书·贾谊传》:“内之闲中。”颜师古引服虔曰:“闲,卖奴婢阑。”《集韵·山韵》:“闲,通作闲。”《玉篇·门部》:“閒,又音闲。閒,古文。”通行本作“闲”,今帛书本作“阑”,马王堆汉墓帛书《昭力》亦作“阑”。然考通行本家人卦初九爻辞“闲有家”之“闲”,阜阳汉墓本作“闲”。上博竹简本作“班”,“班”“阑”音近可以互借,故与“闲”亦通。由此知作“闲”为今文,作“閒”

"班"同为古文,马融、郑玄、刘表、虞翻作"闲"是取今文。参见屯卦六二爻辞辨。

"舆",马融、郑玄、刘表、虞翻作"舆",作"舆"是取今文。参见师卦六三五爻辞辨。

"卫","卫"同"衞"。《正字通·行部》:"衞,同卫,俗省。"通行本作"卫",今帛书本作"衞",马王堆汉墓帛书《昭力》作"衞",上博竹简本作作"戠"。"衞"即"卫"字省,衞,濮茅左疑为"卫"字别体。包山楚墓竹简"卫"作"衜"。由此推之,知作"卫""衞"同为"衜"字省形,又知作"卫""衞"同为今文,作"戠""衜"或同为古文,马融、郑玄、刘表、虞翻作"卫"是取今文。

"有",虞翻作"有",作"有"是取今文。参见乾卦上九爻辞辨。

"攸",虞翻作"攸",作"攸"是取古文。参见坤卦卦辞辨。

"往",虞翻作"往",作"往"是取今文。参见坤卦卦辞辨。

按,此条爻辞"良马逐",通行本、阜阳汉墓本、今帛书本、上博竹简本同。《经典释文》出"良马逐"云:"郑本作逐逐。云两马走也。"证之郑玄《周易注》、姚信《周易注》皆作"良马逐逐",《颜氏家训·书证》篇引此句亦作"良马逐逐",孙堂《汉魏二十一家易注》考证云:"原本脱一逐字。"故疑为别种《周易》传本,其文意基本相同。

六四,童牛之牿,元吉。

孟喜《周易章句》作"僮牛之牿"。

郑玄《周易注》作"童牛之梏,元吉"。

刘表《周易章句》作"童牛之牿"。

陆绩《周易述》作"童牛之牿"。

虞翻《周易注》作“童牛之告，元吉”。

九家《周易集注》作“童牛之告”。

“童”，孟喜作“僮”，郑玄、刘表、陆绩、虞翻、九家作“童”，作“童”是取今文，作“僮”是取古文。参见蒙卦卦辞辨。

“牛”，孟喜、郑玄、刘表、陆绩、虞翻、九家作“牛”，作“牛”是取古文。参见无妄卦六三爻辞辨。

“之”，孟喜、郑玄、刘表、陆绩、虞翻、九家作“之”，作“之”是取古文。参见坤卦卦辞辨。

“牿”，“牿”通“梏”“告”。“告”亦通“鞠”。《诗·小雅·采芑》：“陈师鞠旅。”毛传：“鞠，告也。”《礼记·文王世子》：“告于甸人。”郑玄注：“告，读为鞠。”《汉书·楚元王传》：“日月鞠凶。”颜师古注：“鞠，告也。”“鞠”同“鞫”。《尔雅·释言》：“鞫，穷也。”《经典释文》：“鞫，又作鞠，同。”《诗·大雅·公刘》：“芮鞫之即。”《汉书·地理志上》引作“芮鞠之即”。通行本作“牿”，今帛书本作“鞫”，上博竹简本作“梏”，或为“梏”之初文。考《礼记·缁衣》：“《尹吉》曰：‘惟尹躬及汤，咸有一德。’”郑玄注：“吉当为告，告，古文诰字之误也。《尹告》，《伊尹之诰》也。”惠栋《九经古义》卷四《尚书古义》引作“告，古文诰”。由此知作“牿”“梏”“鞫”同为今文，作“告”“梏”同为古文，孟喜、刘表、陆绩作“牿”是取今文，郑玄作“梏”是取今文，虞翻、九家作“告”是取古文。

“元”，郑玄、虞翻作“元”，作“元”是取古文。参见乾卦卦辞辨。

“吉”，郑玄、虞翻作“吉”，作“吉”是取古文。参见乾卦用九爻辞辨。

六五，豮豕之牙，吉。

郑玄《周易注》作"豮豕之牙"。

刘表《周易章句》作"豮豕之牙"。

虞翻《周易注》作"豮豕之牙，吉"。

"豮"，"豮"通"豶"。《集韵·文韵》："豮，豶，或从犬。"通行本作"豮"，今帛书本作"哭"，上博竹简本作"芬"。濮茅左以为"豮""芬""哭"三字皆从"贲"声，可以通假。何琳仪隶定"哭"为"叟"，通"邻"，古文作"厸"，从文声。"芬"同"纷"。通行本《老子》第四章："解其纷。"《经典释文》："纷，河上云芬"。"芬"同"岺"。《说文·艸部》："岺，艸初生其香分布，从中，分声。"段玉裁注："众经音义两引《说文》：'芬，芳也。'其所据本不同。玄应所据正是古本。"由此知作"豮""哭"同为今文，作"芬"为古文，郑玄、刘表、虞翻作"豮"是取今文。

"豕"，"豕"通"豨"。《庄子·大宗师》："豨韦氏。"《经典释文》："豨，李音豕。"《史记·天官书》："奎曰封豕。"《汉书·天文志》作"奎曰封豨"。《说文·豕部》："豕，读与豨同。"扬雄《方言》卷八："猪，关东西或谓之彘，或谓之豕；南楚谓之豨。"《淮南子·本经训》："大风、封豨、修蛇，皆为民害。"高诱注："封豕，大豕也，楚人谓豕为豨。"通行本作"豕"，今帛书本、阜阳汉墓本皆作"豨"，上博竹简本作"豕"。然考睽卦上九爻辞"见豕负涂"之"豕"，今帛书本作"豨"，上博竹简本亦皆作"豕"。"豕"与"豨"一声之转，音义相通。《玉篇·豕部》："豕，猪、豨之揔名。帀，古文。"《类篇》卷二十七《文四》："豕，彘也。竭其尾，故谓之豕象，毛足而后有尾，读与豨同。凡豕之类皆从豕，古文作豕。"由此知作"豨"为今文，作"豕""帀"同为古文，郑玄、刘表、虞翻作"豕"是取古文。

"之",郑玄、刘表、虞翻作"之",作"之"是取古文。参见坤卦卦辞辨。

"牙","牙"通"芽"。《说文·艸部》:"芽,萌芽也。"段玉裁注:"古多以牙为芽。"《说文·牙部》:"牙,牡齿也。象上下相错之形。㸦,古文牙。"《玉篇·牙部》:"牙,齿也。㸦,古文。"通行本、今帛书本皆作"牙",上博竹简本作"㸦"。由此知作"牙"为今文,作"㸦"为古文,郑玄、刘表、虞翻作"牙"是取今文。

"吉",虞翻作"吉",作"吉"为是取文。参见乾卦用九爻辞辨。

上九,何天之衢,亨。

马融《周易传》作"何天之衢"。

郑玄《周易注》作"何天之衢"。

虞翻《周易注》作"何天之衢,亨"。

"何",马融、郑玄、虞翻作"何",作"何"是取今文。参见小畜卦初九爻辞辨。

"天",马融、郑玄、虞翻作"天",作"天"是取古文。参见乾卦九五爻辞辨

"之",马融、郑玄、虞翻作"之",作"之"是取古文。参见坤卦卦辞辨。

"衢","衢"通"瞿"。《说文·彳部》:"衢,四达谓之衢。从行,瞿声。""衢"与"瞿"皆从瞿声可以通假。通行本作"衢",今帛书本作"瞿",上博竹简本作"桼",从丘,或与"衢"声相通互借。由此知作"衢""瞿"同为今文,作"桼"或为古文,马融、郑玄、虞翻作"衢"是取今文。

"亨",虞翻作"亨",作"亨"是取今文。参见乾卦卦辞辨。

颐䷚

颐，贞吉。观颐，自求口实。初九，舍尔灵龟，观我朵颐，凶。六二，颠颐，拂经于丘颐，征凶。六三，拂颐，贞凶。十年勿用，无攸利。六四，颠颐，吉。虎视眈眈，其欲逐逐，无咎。六五，拂经，居贞吉，不可涉大川。上九，由颐，厉吉，利涉大川。

颐，贞吉。观颐，自求口实。

郑玄《周易注》作“颐，贞吉。观颐，自求口实”。

虞翻《周易注》作“颐，贞吉。观颐，自求口实”。

“颐”，“颐”通“啧”。《隶释·督邮斑碑》：“啧意五业。”洪适注：“啧当读为颐。”《经典释文》：“颐，篆文字也。”考《说文·𦣞部》：“𦣞，顄也。颐，篆文𦣝。𩠐，籀文从首。”段玉裁注：“𦣞者，古文颐也。”《玉篇·𦣞部》同。王应电《周礼翼传》卷二《经传正讹》：“颐，古文单用𦣝，从口，含物养之义也。”通行本、今帛书本皆作“颐”，然考上博竹简本亦作“颐”。由此知作“颐”“𦣞”“𦣝”同为古文，郑玄、虞翻作“颐”是取古文。

“贞”，郑玄、虞翻作“贞”，作“贞”是取古文。参见乾卦卦辞辨。

“吉”，郑玄、虞翻作“吉”，作“吉”是取古文。参见乾卦用九爻辞辨。

“观”,郑玄、虞翻作“观”,作“观”是取古文。参见观卦卦辞辨。

“自”,郑玄、虞翻作“自”,作“自”是取古文。参见需卦六四爻辞辨。

“求”,郑玄、虞翻作“求”,作“求”是取古文。参见蒙卦卦辞辨。

“口”,“口”通“訽”。《说文·言部》:“訽,从言、口,口亦声。”《春秋公羊传》隐公四年:“(桓)公曰:‘吾为子口隐矣。隐曰:吾不反也。’”何休注:“口,犹口。”阮元《周易注疏校勘记·颐卦》:“下口字,即《说文》訽字之省。”《字汇补·口部》:“囗,古文口字。见《声类》。”通行本、今帛书本皆作“口”,然考上博竹简本亦作“口”。由此知作“囗”“口”同为古文,郑玄、虞翻作“口”是取古文。

“实”,“实”通“是”。《孝经》:“天地之经而民是则之。”《春秋左氏传》昭公二十五年作“天地之经而民实则之”。“实”又通“寔”。《诗·大雅·韩奕》:“实墉实壑,实亩实藉。”郑玄笺:“实当作寔,赵、魏之东,实、寔同声。寔,是也。”《尚书·泰誓》:“是能容之。”《礼记·大学》引作“寔能容之”。“是”“实”“寔”三字皆因音同而可以互借。考《仪礼·觐礼》:“庭实设。”郑玄注:“今文曰入设。”又“伯父实来”,郑玄注:“今文实作寔。”《玉篇·宀部》:“宲,古文实。”通行本、今帛书本皆作“实”,然考上博竹简本亦作“实”。又考通行本既济卦九五爻辞“实受其福”,上博竹简本作“是受福吉”。由此知作“宲”“实”“是”同为古文,作“寔”为今文,郑玄、虞翻作“实”是取古文。

初九，舍尔灵龟，观我朵颐，凶。

京房《周易章句》作“观我揣颐”。

郑玄《周易注》作“观我朵颐”。

刘表《周易章句》作“观我颛颐”。

虞翻《周易章句》作“舍爾灵龟，观我朵颐，凶”。

“舍”，虞翻作“舍”，作“舍”是取古文。参见屯卦六三爻辞辨。

“尔”，“尔”通“爾”。《说文·小部》：“爾，词之必然也。爾与尔同。”“尔”与“而”，因音同亦通。《尚书·吕刑》：“在今尔安百姓。”《墨子·尚贤》引作“在今而安百姓”。《国语·楚语》：“今而敢来。”韦昭注：“而，汝也。”《诗·卫风·氓》：“尔卜尔筮。”郑玄注：“尔，汝也。”通行本中孚卦九二爻辞“吾与尔靡之”，《集韵·支韵》引作“吾与汝靡之”。《说文·㸚部》：“尔，从尒声。”段玉裁注：“训此者皆当作尒，乃皆用爾，爾行而尒废矣。”《玉篇·八部》：“尒，亦作爾。”通行本、阜阳汉墓本、今帛书本皆作“而”，然考上博竹简本作“尒”，郭店楚墓竹简本《缁衣》“爾”皆作“尔”。由此知作“爾”为今文，作“尒”“而”“尔”同为古文，虞翻作“爾爾”是取今文。参见履卦六三爻辞辨。

“灵”，“灵”通“霝”。《说文·雨部》：“霝，雨零也。”段玉裁注：“《诗·墉风·定之方中》‘灵雨既零’，零亦当作霝，霝亦假灵为之。”马王堆汉墓帛书《老子》甲本《德经》：“神得一以霝。”通行本《老子》第三十九章作“神得一以灵”。通行本作“灵”，今帛书本作“霝”，然考上博竹简本作“霊”，知“灵”“霝”，都由“霊”转化而来，故“灵”“霝”“霊”音同形近可以假借。《说文·雨部》：“霊，古文靁。”《玉篇·雨部》：“靐，古文灵。”又同部云：“靁，阴阳薄动，靁雨生物者也。霊，古文。”由此知作“灵”“霝”

同为今文,作“霝”为古文,虞翻作“灵”是取今文。

“龟”,《说文·龟部》:“龟,旧也,外骨内肉者也。象足、甲、尾之形,⿱囗龟,古文龟。”《玉篇·龟部》:“龟,文也,进也。⿱囗龟,古文。”《集韵·脂韵》:“龟,古作⿱囗龟。”通行本、今帛书本皆作“龟”,然考上博竹简本亦作“龟”。由此知作“龟”“⿱囗龟”同为古文,虞翻作“龟”是取古文。

“观”,京房、郑玄、刘表、虞翻作“观”,作“观”是取古文。参见观卦卦辞辨。

“我”,京房、郑玄、刘表、虞翻作“我”,作“我”是取古文。参见蒙卦卦辞辨。

“朵”,“朵”通“揣”“⿰土耑”。《经典释文》:“京作揣。”《经典释文》:“朵,动也。”《集韵·果韵》:“⿰土耑,动也。《易》:‘观我⿰土耑颐。’京房读。”又同韵:“揣,摇也。或从朵。”《广雅·释诂一》:“揣,动也。”《集韵·纸韵》:“揣,或从支,古作揣。”孙堂《汉魏二十一家易注》考证云:“‘揣’字,三书(晁氏、《集韵》、《类篇》)俱引作‘⿰土耑’,云‘动也’,字从土,音多果切。《广雅·释诂》‘揣,动也’,从手。《说文》无⿰土耑字,《六经正误》亦曰‘京作揣’。作‘椯’误,今据《广雅》改。”《字汇补·土部》:“⿰土耑,古文朵字。京房《易》:‘⿰土耑颐。’”通行本作“朵”,今帛书本作“⿰扌痘”,阜阳竹简本作“端”,上博竹简本作“⿰耑攴”,“⿰土耑”“揣”“端”“⿰耑攴”皆从“耑”,音义并与朵同。由此知作“朵”“揣”为今文,作“⿰土耑”“⿰耑攴”同为古文,京房作“揣”,郑玄、虞翻作“朵”是取今文,刘表作“⿰土耑”是取古文。

“颐”,京房、郑玄、刘表、虞翻作“颐”,作“颐”是取古文。参见本卦卦辞辨。

“凶”,虞翻作“凶”,作“凶”是取古文。参见讼卦卦辞辨。

六二，颠颐，拂经于丘颐，征凶。

子夏《易传》作“颠颐，弗经”。

刘表《周易章句》作“颠颐，弗经于丘颐”。

王肃《周易注》作“颠颐，拂经于丘颐，征凶”。

“颠”，“颠”通“趚”。《说文·走部》：“趚，顿也。读如颠。”“趚”同“遉”。通行本、今帛书本皆作“颠”，上博竹简本作“遉”，“遉”“趚”与“颠”因同音可以通假。由此知作“颠”为今文，作“遉”为古文，子夏、刘表、王肃作“颠”是取今文。

“颐”，子夏、刘表、王肃作“颐”，作“颐”是取古文。参见本卦卦辞辨。

“拂”，“拂”通“弗”。《经典释文》：“《子夏传》作弗。”朱骏声《说文通声定训·履部》云：“弗，经传皆以拂为之。”《汉书·王莽传》：“必躬载拂。”颜师古注：“拂音弗，所以击治禾者也。今谓之迦枷。”《广雅·释诂四》：“拂，辅也。”王念孙《广雅疏证》：“拂读为弼。”《集韵·质韵》：“弼，《说文》：‘辅也。’隶作弼，或作拂。”《汉书·盖宽饶传》：“乃欲以太古久之事匡拂天子。”颜师古注：“拂读如弼。”《汉书·东方朔传》：“上以拂主之邪。”颜师古注：“拂与弼同。”吕祖谦《古易音训》云：“晁氏曰：‘案，弗，古弼字。’”通行本作“拂”，今帛书本作“柫”，阜阳汉墓本作“弗”，上博竹简本作“鬻”。“柫”假借为“拂”。《隶释·北海相景君铭》：“宜参鼎拂。”洪适注：“字书无拂字，当是借作拂，取辅拂之义。”万经《分隶偶存》卷上《汉魏碑考》：“宜参鼎𩌏，𩌏字《隶释》谓借作拂，取辅拂（弼）义。”全祖望《以北海相任城景君碑跋》云：“以𩌏为拂，皆古字划之通。”“鬻”从弜声，故与拂亦通。考《仪礼·士婚礼》：“又弗能教吾子。”郑玄注：“今文弗为不。”今注疏本作“古文弗为不”。由此知作“弗”“鬻”同为古文，作“拂”“㣙”同为今文，子夏、刘表作“弗”是取古文，王肃作“拂”是取今文。参见坤卦六二爻辞辨。

“经”，“经”通“泾”。《庄子·秋水》：“泾流之大。”《经典释文》：“泾，崔本作经。”《水经注》卷一《河水》引作“经流之大”。《集韵·青韵》：“经，古作坙。”《字汇补·土部》：“坙，《韵会》：‘古经字。’”通行本、今帛书本皆作“经”，然考上博竹简本亦作“经”。由此知作“经”“坙”同为古文，子夏、刘表、王肃作“经”是取古文。

“于”，刘表、王肃作“于”，作“于”是取古文。参见坤卦上六爻辞辨。

“丘”，刘表、王肃作“丘”，作“丘”是取今文。参见贲卦六五爻辞辨。

“征”，王肃作“征”，作“征”是取古文。参见小畜卦上九爻辞辨。

“凶”，王肃作“凶”，作“凶”是取古文。参见讼卦卦辞辨。

按，此条爻辞“颠颐”，通行本同。今帛书本作“曰颠颐”、上博竹简本皆作“曰遉颐”，多一“曰”字。证之通行本大畜卦九三爻辞“曰闲舆卫”、困卦上六爻辞“曰动悔”之例，通行本少一“曰”字，疑为传抄者笔误，当作“曰颠颐”，其文意基本相同。

六三，拂颐，贞凶。十年勿用，无攸利。

虞翻《周易注》作“拂颐，贞凶。十年勿用，无攸利”。

“拂”，虞翻作“拂”，作“拂”是取今文。参见本卦六二爻辞辨。

“颐”，虞翻作“颐”，作“颐”是取古文。参见本卦卦辞辨。

“贞”，虞翻作“贞”，作“贞”是取古文。参见乾卦卦辞辨。

“凶”,虞翻作“凶”,作“凶”是取古文。参见讼卦卦辞辨。

“十”,虞翻作“十”,作“十”是取古文。参见屯卦六二爻辞辨。

“年”,虞翻作“年”,作“年”是取今文。参见屯卦六二爻辞辨。

“勿”,虞翻作“勿”,作“勿”是取古文。参见乾卦初九爻辞辨。

“用”,虞翻作“用”,作“用”是取古文。参见乾卦初九爻辞辨。

“无”,虞翻作“无”,作“无”是取古文。参见乾卦九三爻辞辨。

“攸”,虞翻作“攸”,作“攸”是取古文。参见坤卦卦辞辨。

“利”,虞翻作“利”,作“利”是取古文。参见乾卦卦辞辨。

六四,颠颐,吉。虎视眈眈,其欲逐逐,无咎。

子夏《易传》作“其欲攸攸”。

马融《周易传》作“虎视眈眈”。

荀爽《周易注》作“其欲悠悠”。

刘表《周易章句》作“其欲篴篴”。

虞翻《周易注》作“颠颐,吉。虎视耽耽,其欲逐逐,无咎”。

九家《周易集注》作“虎视眈眈”。

“颠”,虞翻作“颠”,作“颠”是取今文。参见本卦六二爻辞辨。

“颐”,虞翻作“颐”,作“颐”是取古文。参见本卦卦辞辨。

“吉”,虞翻作“吉”,作“吉”是取古文。参见乾卦用九爻辞辨。

“虎”，马融、虞翻、九家作“虎”，作“虎”是取古文。参见履卦卦辞辨。

“视”，马融、虞翻、九家作“视”，作“视”是取古文。参见履卦六三爻辞辨。

“眈”，“眈”通“沈”。《诗·小雅·宾之初筵序》：“沈湎淫液。”《经典释文》：“沈，字或作眈。”“眈”亦通“耽”。《汉书·叙传下》：“六世耽耽。”颜师古注：“《易·颐》卦六四爻辞曰：‘虎视耽耽，其欲湫湫。’眈眈，威视之貌也。”《隶释·北军中候郭仲奇碑》引《易》作“虎视眈眈”。知“眈”“沈”“耽”都从“冘”声可以互借。又《隶释·竹邑侯相张寿碑》引《易》作“覘覘虎视”，《集韵·覃韵》：“沈，通作覘。”段玉裁谓“覘与眈音义皆同”。《隶释·安平相孙根碑》：“节操忼慨，䏛毅仲行。”《字汇补·甘部》：“䏛，古耽字。”《汉书·叙传上》：“浮英华，湛道德。”颜师古注：“湛，读曰沈。”《文选·答宾戏》：“浮英华，湛道德。”李善注：“湛，古沈字。或为眈，于义虽同，非古文也。”通行本、阜阳汉墓本皆作“眈”，今帛书本作“沈”，上博竹简本作“蠶”，“蠶”从虫声，与沈、眈声亦通。由此知作“眈”“耽”同为今文，作“沈”“蠶”同为古文，马融、九家作“眈”，虞翻作“耽”是取今文。参见坎卦六三爻辞辨。

“其”，子夏、荀爽、刘表、虞翻作“其”，作“其”是取今文。参见坤卦上六爻辞辨。

“欲”，“欲”通“颂”“容”。《礼记·乐记》：“感于物而动，性之欲也。”《史记·乐书》引作“感于物而动，性之颂也。”徐广曰：“颂音容，今《礼》作欲。”《淮南子·原道训》引作“感而后动，性之害也”。俞樾《群经平议》曰：“害乃容字之误。”《汉书·惠帝纪》：“有罪当盗械者，皆颂系。”颜师古注：“古者颂、容字同。”

“欲”与“犹”为一声之转亦可通假。《诗·大雅·文王有声》:“匪棘其欲。”《礼记·礼器》则引作“匪革其犹”。《周礼·秋官·小行人》:“犹犯令者为一书。”《大戴礼记·朝事》作“欲犯令者为一书”。“犹”同“猷”。《诗·小雅·采芑》:“方叔元老,克壮其犹。”惠士奇《礼说》引作“方叔元老,克壮其猷。”王筠《说文句读·犬部》:“猷、犹一字。凡谋猷,《尚书》作猷,《毛诗》作犹。”是“欲”“容”“犹”“猷”其义古通。《说文·宀部》:“容,盛也。宏,古文容从公。”徐锴谓:“此但谓容受字,容皃字古作颂也。”证之阜阳汉墓本“欲”字左边似“谷”,但简牍笔画漫漶,右边从“犬”,韩自强隶定作“狢”,《广韵·屋韵》:“狢,兽,如赤豹,五尾,又音欲。”“狢”“欲”古音同属烛韵,故可互借。考通行本《礼记·缁衣》:“章好以示民欲。”郭店竹简本《缁衣》作“章好以视民忿。”通行本作“欲”,今帛书本作“容”,上博竹简本作“猷”。由此知作“欲”“容”“狢”同为今文,作“宏”“猷”“忿”同为古文,子夏、荀爽、刘表、虞翻作“欲”是取今文。

“逐”,“逐”通“浟”。《汉书·叙传下》:“其欲浟浟。”颜师古注:“浟浟,欲利之貌也。音丁含反。浟音涤。今《易》浟字作逐。”《颜氏家训·书证》引《易》亦作“逐逐”。《经典释文》:“《志林》云:攸当为逐,苏林音迪。”《尚书·多方》:“不克终日,勤于帝之迪。”《经典释文》:“迪,马本作攸。”“攸”通“悠”。《诗·周南·关雎》:“悠悠我思。”《太平御览》卷六九二引作“攸攸我思。”朱珔《说文假借义证》:“《御览》引《诗·子衿》作‘攸攸我思’,《尔雅》《释文》引《诗·十月之交》作‘攸攸我里’,今二诗俱作悠悠,《心部》:‘悠,忧也。’则攸当为悠之省借也。”“攸”同“逌”。《尚书·禹贡》:“沣水攸同。”《汉书·地理志》引作“酆水逌同。”又《汉书·叙传》所载“主人逌尔”“吊于逌吉”“历算逌出""九畴逌叙"等诸"逌"字,颜师古都注"逌"为古文"攸"字。《说文·足部》:"跾,疾也。从足,攸声。"朱震《汉上易传》云:"足,逐也,古文作跾。"《隶释·费凤别碑》:"驹以帋隍。"洪适云:"以帋为逐。"《字汇补·巾部》:"帋,古文逐字。"通行本作"逐",今帛书本作"笛",阜阳汉墓本作"遂","遂"或为"逐"之讹。《说文·竹部》:"笛,七孔筩也。从竹,由声。羌笛三孔。"段玉裁注:"由与逐皆三部声也,古音如逐。"由此知"逐""笛""攸""悠""跾"皆声同可以互借。然考上博竹简本作"攸",又知作"逐""悠""笛"为今文,作"帋""攸""逌""跾"同为古文,子夏作"攸"、刘表作"跾"是取古文,荀爽作"悠"、虞翻作"逐"是其取今文。

"无",虞翻作"无",作"无"是取古文。参见乾卦九三爻辞辨。

"咎",虞翻作"咎",作"咎"是取古文。参见乾卦九三爻辞辨。

六五,拂经,居贞吉,不可涉大川。

虞翻《周易注》作"拂经,居贞吉,不可涉大川"。

"拂",虞翻作"拂",作"拂"是取今文。参见本卦六二爻辞辨。

"经",虞翻作"经",作"经"是取古文。参见本卦六二爻辞辨。

"居",虞翻作"居",作"居"是取今文。参见屯卦初九爻辞辨。

"贞",虞翻作"贞",作"贞"是取古文。参见乾卦卦辞辨。

"吉",虞翻作"吉",作"吉"是取古文。参见乾卦用九爻辞辨。

“不”，虞翻作“不”，作“不”是取古文。参见坤卦六二爻辞辨。

“可”，虞翻作“可”，作“可”是取古文。参见坤卦六三爻辞辨。

“涉”，虞翻作“涉”，作“涉”是取今文。参见需卦卦辞辨。

“大”，虞翻作“大”，作“大”是取古文。参见乾卦九二爻辞辨。

“川”，虞翻作“川”，作“川”是取古文。参见坤卦卦辞辨。

上九，由颐，厉吉，利涉大川。

马融《周易传》作“由颐，厉吉”。

虞翻《周易注》作“由颐，厉吉，利涉大川”。

王肃《周易注》作“由颐，厉吉”。

“由”，“由”通“繇”。《墨子·耕柱》：“乙又言兆之由。”孙诒让《墨子间诂》：“乙，当作已。由，繇通。”《汉书·循史传序》：“繇仄陋而登至尊。”颜师古注：“繇与由同。”又《汉书·韦贤传》：“犬马繇繇。”颜师古注：“繇、䌛古同字。”《说文·系部》：“䌛，随从也。”段玉裁注：“古由、䌛通用，一字也。”通行本、今帛书本皆作“由”，上博竹简本作“䌛”，然考郭店楚墓竹简本《尊德义》：“不䌛其道，不行。”“䌛豊智乐”，二“䌛”字，释文皆作“由”。由此知作“由”为今文，作“䌛”为古文，马融、虞翻、王肃作“由”是取今文。

“颐”，马融、虞翻、王肃作“颐”，作“颐”是取古文。参见本卦卦辞辨。

“厉”，马融、虞翻、王肃作“厉”，作“厉”是取今文。参见乾卦九三爻辞辨。

“吉”，马融、虞翻、王肃作“吉”，作“吉”是取古文。参见乾卦用九爻辞辨。

“利”，虞翻作“利”，作“利”是取古文。参见乾卦卦辞辨

“涉”，虞翻作“涉”，作“涉”是取今文。参见需卦卦辞辨。

“大”，虞翻作“大”，作“大”是取古文。参见乾卦九二爻辞辨。

“川”，虞翻作“川”，作“川”是取古文。参见坤卦卦辞辨。

大过䷛

大过，栋桡，利有攸往，亨。初六，藉用白茅，无咎。九二，枯杨生稊，老夫得其女妻，无不利。九三，栋桡，凶。九四，栋隆，吉，有它吝。九五，枯杨生华，老妇得其士夫，无咎无誉。上六，过涉灭顶，凶，无咎。

大过，栋挠，利有攸往，亨。

虞翻《周易注》作“大过，栋桡，利有攸往，亨”。

“大”，虞翻作“大”，作“大”是取古文。参见乾卦九二爻辞辨。

“过”，“过”通“祸”。《战国策·赵策一》：“今从于强秦与之伐齐，臣恐其祸出于是矣。”马王堆汉墓帛书《战国策纵横家书·苏秦献书赵王章》作“今从强秦久伐齐，臣恐其过出于此也。”又《战国策·魏策三》：“是受智伯之祸也。”马王堆汉墓帛书《战国策纵横家书·朱已谓魏王章》作“氏智伯之过也”。马王堆汉墓帛书《老子》甲本《德经》：“𩉯，福之所倚；福，𩉯之所伏。”通行本《老子》作“祸兮福之所倚，福兮祸之所伏”。考《玉篇·旡部》：“𣄢，神不福也。今作祸。”知马王堆汉墓帛书帛《老子》甲本之“𩉯”，实由“𣄢”字而来。又郭店楚墓竹简本《缁衣》：“忠敬不足，而賵贵已逃也。”释文“逃”为“过”。通行本小过卦上六爻辞“弗遇过之”，上博竹简本作“弗遇华之”，“华”即“逃”字。通行本、今帛书本皆作“过”。由此知作“过”为今文，作“华”“猧”同为古文，虞翻作“过”是取今文。

“栋”，通行本、今帛书本皆作“栋”，阜阳汉墓本作“橦”，“栋”“橦”古音同韵，可以通假。由帛书本作“栋”，知作“栋”“橦”同为今文，虞翻作“栋”是取今文。

“桡”，“桡”通“挠”。《史记·司马相如列传》：“澎濞沆瀣，穹隆云挠。”《汉书·司马相如传上》作“滂濞沆溉，穹隆云桡。”《集韵·笑韵》：“挠，或作绕。”朱骏声《说文通训定声·小部》：“挠，叚借为桡。‘挠’‘桡’皆从尧声，可以通假。”通行本、阜阳汉墓本皆作“挠”，今帛书本作“輂”，然考本卦九三爻辞“栋桡”，帛书本亦作“栋桡”，九四爻辞“栋隆”，今帛书本作“栋輂”，故知帛书本是将卦辞“栋挠”误抄写为“栋輂”。由此知作“挠”“桡”同为今文，虞翻作“桡是取今文。

“利”，虞翻作“利”，作“利”是取古文。参见乾卦卦辞辨

“有”，虞翻作“有”，作“有”是取今文。参见乾卦上九爻辞辨。

“攸”，虞翻作“攸”，作“攸”是取古文。参见坤卦卦辞辨。

“往”，虞翻作“往”，作“往”是取今文。参见坤卦卦辞辨。

“亨”，虞翻作“亨”，作“亨”是取今文。参见乾卦卦辞辨。

初六，藉用白茅，无咎。

马融《周易传》作“藉用白茅”。

虞翻《周易注》作“藉用白茅，无咎”。

“藉”，“藉”通“籍”。《礼记·乐记》：“耕籍然后诸侯知所以敬。”《史记·乐书》引作“耕藉然后诸侯知所以敬”。《史记·

司马相如列传》:“籍以蜀父老为辞。”《汉书 · 司马相如传下》作“藉蜀父老为辞”。考《仪礼 · 士虞礼》:“藉用苇席。”郑玄注:“藉,犹荐也,古文藉为席。”通行本、阜阳汉墓本皆作“藉”,今帛书本作“籍”。若依郑玄注,知作“藉”“籍”同为今文,作“席”为古文,马融、虞翻作“藉”是取今文。

“用”,马融、虞翻作“用”,作“用”是取古文。参见乾卦初九爻辞辨。

“白”,马融、虞翻作“白”,作“白”是取古文。参见贲卦六四爻辞辨。

“茅”,马融、虞翻作“茅”,作“茅”是取古文。参见泰卦初九爻辞辨。

“无”,虞翻作“无”,作“无”是取古文。参见乾卦九三爻辞辨。

“咎”,虞翻作“咎”,作“咎”是取古文。参见乾卦九三爻辞辨。

九二,枯杨生稊,老夫得其女妻,无不利。

郑玄《周易注》作“枯杨生荑,老夫得其女妻”。

虞翻《周易注》作“枯杨生稊,老夫得其女妻,无不利”。

“枯”,“枯”通“楛”。《尚书 · 禹贡》:“惟箘簵楛。”《说文 · 木部》“枯”字引《夏书》作“唯箘辂枯”。《仪礼 · 乡射礼》郑玄注:“肃慎氏贡枯矢。”《经典释文》:“枯,字又作楛。”《集韵 · 姥韵》:“枯,通作楛。”考《仪礼 · 士虞礼》:“钘芼用苦若微。”郑玄注:“古文苦为枯,今文或作芐。”通行本作“枯”,今帛书本作“楛”。若依郑玄注,知作“枯”为古文,作“楛”为今文,郑玄、虞翻作“枯”是取古文。

“杨”,“杨”通“扬”。《春秋左氏传》襄公三年:“晋侯之弟扬干乱行于曲梁。”《史记·晋世家》作“方会诸侯,悼公弟杨干乱行”。又《史记·樊郦滕灌列传》:“从击赵贲军开封,杨熊军曲遇。”《汉书·夏侯婴传》作“从攻破扬熊于曲遇。”《说文·手部》:“扬,飞举也。从手,昜声。扬,古文。”又《木部》:“杨,木也。从木,昜声。”段玉裁注:“杨,古假杨为扬,故《诗·杨之水》毛曰:‘杨,激扬也。’”案,今本《诗经》作“扬之水”。通行本、今帛书本皆作“杨”。由此知作“杨”为今文,作“扬”为古文,郑玄、虞翻作“杨”是取今文。

“生”,郑玄、虞翻作“生”,作“生”是取古文。参见观卦六三爻辞辨。

“稊”,“稊”通“荑”。《孟子·告子上》:“苟为不熟,不如荑稗。”《齐民要术·种谷篇》引作“苟为不熟,不如稊稗”。古从“夷”、从“弟”之字多可通假,《后汉书·徐登传》引《易》作“夷”。“荑”“稊”古韵同属齐韵,亦可以互通。《文选·从游京口北固应诏一首》:“原隰荑绿柳,墟囿散红桃。”李善注:“《大戴礼·夏小正》曰:‘正月柳稊。稊者,发孚也。’荑与稊,音义同。”通行本作“稊”,今帛书本作“荑”,阜阳汉墓本作“苐”。由此知作“稊”“苐”“荑”同为今文,郑玄作“荑”,虞翻作“稊”是取今文。

按,通行本作“生稊”,今帛书本作“生荑”,考郑玄《周易注》亦作“生荑”,并云:“荑,木更生。”与今帛书本同,知郑玄此条爻乃以今文作注,可为郑玄注《易》非取古文之一证。

“老”,“老”通“孝”。《列子·周穆王》:“老成子。”《汉书·古今人表》作“孝成子”。“老”亦通“考”。《说文·老部》:“老,考也。”“考,老也。”《说文序》:“转注者,建类一首,同意相受,考、老是也。"《玉篇·二部》:"亙,古文老。"通行本、今帛书本皆作"老"。由此知作"老"为今文,作"亙"为古文,郑玄、虞翻作"老"是取今文。

"夫",郑玄、虞翻作"夫",作"夫"是取古文。蒙卦六三爻辞辨。

"得",郑玄、虞翻作"得",作"得"是取今文。参见小畜卦上九爻辞辨。

"其",郑玄、虞翻作"其",作"其"是取今文。参见坤卦上六爻辞辨。

"女",郑玄、虞翻作"女",作"女"是取古文。参见屯卦六二爻辞辨。

"妻",郑玄、虞翻作"妻"作"妻"是取古文。参见小畜九三爻辞辨。

"无",虞翻作"无",作"无"是取古文。参见乾卦九三爻辞辨。

"不",虞翻作"不",作"不"是取古文。参见坤卦六二爻辞辨。

"利",虞翻作"利",作"利"是取古文。参见乾卦卦辞辨。

九三,栋桡,凶。

虞翻《周易注》作"栋桡,凶"。

"栋",虞翻作"栋",作"栋"是取今文。参见本卦卦辞辨。

"桡",虞翻作"桡",作"栋"是取今文。参见本卦卦辞辨。

"凶",虞翻作"凶",作"凶"是取古文。参见讼卦卦辞辨。

九四，栋隆，吉，有它吝。

“栋”，虞翻作“栋”，作“栋”是取今文。参见本卦卦辞辨。

“隆”，“隆”通“龙”。《春秋左氏传》成公二年：“齐侯伐我北鄙，围龙。”《史记·晋世家》引作“齐伐鲁取隆”。司马贞《索隐》：“隆即龙也。”通行本作“隆”，今帛书本作“聾”，“聾”“隆”声同互假。由此知作“聾”“隆”同为今文，虞翻作“隆”是取今文。

“吉”，虞翻作“吉”，作“吉”是取古文。参见乾卦用九爻辞辨。

“有”，虞翻作“有”，作“有”是取今文。参见乾卦上九爻辞辨。

“它”，虞翻作“它”，作“它”是取古文。参见比卦初六爻辞辨。

“吝”，虞翻作“吝”，作“吝”是取古文。参见屯卦六三爻辞辨。

九五，枯杨生华，老妇得其士夫，无咎无誉。

马融《周易传》作“枯杨生华，老妇得其士夫”。

荀爽《周易注》作“枯杨生华，老妇得其士夫，无咎无誉”。

虞翻《周易注》作“枯杨生华，老妇得其士夫，无咎无誉”。

“枯”，马融、荀爽、虞翻作“枯”，作“枯”是取古文。参见本卦九二爻辞辨。

“杨”，马融、荀爽、虞翻作“杨”，作“杨”是取今文。参见本卦九二爻辞辨。

“生”，马融、荀爽、虞翻作“生”，作“生”是取古文。参见观卦六三爻辞辨。

“华”,“华”通“花”。《经典释文》:“华,徐音花。”《广韵·麻韵》:“花,(华)俗,今通用。”“花”之古文作“蘤”。《广雅·释草》:“花,华也。”王念孙《广雅疏证》:“《后汉书·张衡传》云:‘百卉含蘤。’李贤注引张氏《字诂》云:‘蘤,古花字也。’蘤字从艸,从白,为声,古音为如化,故花字从化声而古作蘤。”“华”同“荂”。扬雄《方言》卷一:“华、荂,晠也。齐、楚之间或谓之华,或谓之荂。”《尔雅·释草》:“华,荂也。”郭璞注:“今江东呼华为荂,音敷。”《玉篇·華部》:“蕐,夏也。今作华。”《集韵·麻韵》:“华,古作蕚。”通行本、今帛书本皆作“华”。由此知作“华”为今文,作“蕐”“蕚”同为古文,马融、荀爽、虞翻作“华”是取今文。

“老”,马融、荀爽、虞翻作“老”,作“老”是取今文。参见本卦九二爻辞辨。

“妇”,马融、荀爽、虞翻作“妇”,作“妇”是取古文。参见蒙卦九二爻辞辨。

“得”,马融、荀爽、虞翻作“得”,作“得”为今文。参见坤卦卦辞辨。

“其”,马融、荀爽、虞翻作“其”,作“其”是取今文。参见坤卦上六爻辞辨。

“士”,“士”通“土”。《尚书·吕刑》:“有邦有土。”《史记·周本纪》引作“有国有士”。(今本《史记》“士”作“土”。)惠栋《春秋左传补注》卷二考证云:“古土字皆作士,《史记》‘有邦有士’,今《尚书·吕刑》作‘土’。《周颂》曰‘保有厥士’,亦作‘土’。《吕览·任地》曰:‘后稷曰:子能吾士靖而甽浴士乎?’高诱曰:‘士当作土。’”通行本、今帛书本皆作“士”。若依惠栋注,知作“士”为古文,作“土”为今文,马融、荀爽、虞翻作“士”是取古文。

“夫”,马融、荀爽、虞翻作“夫”,作“夫”是取古文。蒙卦六三爻辞辨。

“无”,荀爽、虞翻作“无”,作“无”是取古文。参见乾卦九三爻辞辨。

“咎”,荀爽、虞翻作“咎”,作“咎”是取古文。参见乾卦九三爻辞辨。

“誉”,荀爽、虞翻作“誉”,作“誉”是取古文。参见坤卦六四爻辞辨。

按,此条爻辞“九五”,通行本同,今帛书本作“六五”,疑为传抄者笔误。

上六,过涉灭顶,凶,无咎。

虞翻《周易注》作“过涉灭顶,凶,无咎”。

“过”,虞翻作“过”,作“过”是取今文。参见本卦卦辞辨。

“涉”,虞翻作“涉”,作“涉”为今文。参见需卦卦辞辨。

“灭”,虞翻作“灭”,作“灭”为今文。参见噬嗑卦初九爻辞辨。

“顶”,“顶”通“钉”。《庄子·大宗师》:“肩高于顶。”《经典释文》:“顶,本亦作项,崔本作钉,音顶。”《说文·页部》:“顶,颠也。从页,丁声。𩕲,或从𩑋。𪔂,籀文从鼎。”段玉裁注:“钮曰:‘从古文百也。旧作𩕲,误。’”《玉篇·页部》:“《广雅》云上也,𪔂,籀文。”通行本作“顶”,今帛书本作“钉”,“顶”“钉”古音同属迥韵,可以互借。由此知作“顶”“钉”同为今文,作“𩠐”“𪔂”同为古文,虞翻作“顶”是取今文。

“凶”,虞翻作“凶”,作“凶”是取古文。参见讼卦卦辞辨。

“无”,虞翻作“无”,作“无”是取古文。参见乾卦九三爻辞辨。

"咎",虞翻作"咎",作"咎"是取古文。参见乾卦九三爻辞辨。

按,此条爻辞"上六",通行本同,今帛书本作"尚九",疑为传抄者笔误。

坎䷜

习坎，有孚，维心亨，行有尚。初六，习坎，入于坎窞，凶。九二，坎有险，求小得。六三，来之坎坎，险且枕，入于坎窞，勿用。六四，樽酒，簋贰，用缶，纳约自牖，终无咎。九五，坎不盈，祗既平，无咎。上六，系用徽纆，寘于丛棘，三岁不得，凶。

习坎，有孚，维心亨，行有尚。

京房《周易章句》作“习欿”。

刘表《周易章句》作“习欿”。

虞翻《周易注》作“习坎，有孚，维心亨，行有尚”。

“习”，“习”通“彗”。《说文·又部》：“彗，埽竹也。篲，彗从竹。箵，古文彗，从竹、习。”《玉篇·竹部》：“箵，古文篲。”《集韵·祭韵》：“篲，古作箵。”又《说文·羽部》：“习，数飞也。”段玉裁注：“《又部》彗，古文作习，亦是从习声合韵。”郭沫若《卜辞通纂考释》：“此字（习）分明从羽，从日，盖谓禽鸟于晴日学飞羽。许之误在讹日为白，而云白声。”通行本、今帛书本皆作“习”。若依《说文》、段注，由此知作“习”“箵”同为古文，京房、刘表、虞翻作“习”是取古文。

“坎”，“坎”与“埳”通。《经典释文》：“坎，本亦作埳。”《玉篇·土部》："埳，陷也，与坎同。"《楚辞·七谏》："然埳轲而留滞。"王逸注："埳轲，不遇也。"洪兴祖《楚辞补注》："音坎可。""坎"亦通"欿"。《诗·魏风·伐檀》："坎坎伐轮兮。"《隶释·石经鲁诗残碑》作"欿欿伐轮兮"，洪适注："毛作坎。"又《诗·小雅·伐木》："坎坎鼓我，蹲蹲舞我。"又《经典释文》："坎坎，如字。《说文》作竷，音同。"《玉篇·夂部》："竷，和悦之声，今作坎。"《集韵·感韵》："赣，通作坎。"《尚书·顾命》："尔无以钊冒赣于非几。"马注："赣，陷也。"通行本作"坎"，今帛书本作"赣"，"赣"即"竷"，声近形似而互借。若依《玉篇》，知作"坎"为今文，作"竷"为古文，京房、刘表作"欿"，虞翻作"坎"是取今文。

"有"，虞翻作"有"，作"有"是取今文。参见乾卦上九爻辞辨。

"孚"，虞翻作"孚"，作"孚"是取古文。参见需卦卦辞辨。

"维"，虞翻作"维"，作"维"是取今文。参见随卦上六爻辞辨。

"心"，《说文·心部》："心，人心。土藏，在身之中。象形。博士说以为火藏。"杨慎《升庵集》卷六十三"心"字条云："张有云古文心字以倒火作㣺。心，火臟也。予按今之草书，写心字及火皆作散点，亦有理。"通行本、今帛书本皆作"心"，然考通行本井卦九三爻辞"为我心恻"，上博竹简本作"为我心寋"。由此知作"心""寋"同为古文。虞翻作"心"是取古文。

"亨"，虞翻作"亨"，作"亨"是取今文。参见乾卦卦辞辨。

"行"，虞翻作"行"，作"行"是取古文。参见泰卦九二爻辞辨。

"尚"，虞翻作"尚"，作"尚"是取今文。参见知乾卦上九爻辞辨。

初六，习坎，入于坎窞，凶。

虞翻《周易注》作“习坎，入于坎窞，凶”。

王肃《周易注》作“入于坎窞”。

干宝《周易注》作“习坎，入于坎窞，凶”。

“习”，虞翻、干宝作“习”，作“习”是取古文。参见本卦卦辞辨。

“坎”，虞翻、王肃、干宝作“坎”，作“坎”是取今文。参见本卦卦辞辨。

“入”，虞翻、王肃、干宝作“入”，作“入”是取今文。参见屯卦六三爻辞辨。

“于”，虞翻、王肃、干宝作“于”，作“于”是取古文。参见坤卦上六爻辞辨。

“窞”，“窞”通“阎”。“窞”“阎”都从“臽”声可以互借。《礼记·表记》：“事君远而谏则讇也。”《经典释文》：“讇，本亦作谄。”考《汉书·五行志》：“不知谁主为佞讇之计。”《汉书·匈奴传》：“匈奴复讇以甘言，欲多得汉财物。”颜师古并注：“讇，古谄字。”通行本作“窞”，今帛书本作“谄”，“阎”“讇”古音同属盐韵，可以互借，故亦可与“窞”互借。若依颜师古注推之，作“窞”“阎”同为今文，作“讇”为古文，虞翻、王肃、干宝作“窞”是取今文。

“凶”虞翻、干宝作“凶”，作“凶”是取古文。参见讼卦卦辞辨。

九二，坎有险，求小得。

虞翻《周易注》作“坎有险，求小得”。

“坎”，虞翻作“坎”，作“坎”是取今文。参见本卦初六爻辞辨。

“有”，虞翻作“有”，作“有”是取今文。参见乾卦上九爻辞辨。

“险”，虞翻作“险”，作“险”是取今文。参见本卦六三爻辞辨。

“求”，虞翻作“求”，作“求”是取古文。参见蒙卦卦辞辨。

“小”，虞翻作“小”，作“小”是取古文。参见需卦九二爻辞辨。

“得”，虞翻作“得”，作“得”是取今文。参见坤卦卦辞辨。

六三，来之坎坎，险且枕，入于坎窞，勿用。

郑玄《周易注》作“检且枕”。

陆绩《周易述》作“险且枕”。

虞翻《周易注》作“来之坎坎，险且枕，入于坎窞，勿用”。

王肃《周易注》作“险且枕”。

向秀《周易义》作“检且枕”。

干宝《周易注》作“来之坎坎，险且枕，入于坎窞，勿用”。

九家《周易集注》作“险且玷”。

“来”，虞翻、干宝作“来”，作“来”是取今文。参见本需卦上六爻辞辨。

“之”，虞翻、干宝作“之”，作“之”是取古文。参见坤卦卦辞辨。

“坎”，虞翻、干宝作“坎”，作“坎”是取今文。参见本卦初六爻辞辨。

"险","险"通"检"。《春秋左氏传》襄公二十九年:"大而婉,险而易行。"杜预注:"险,当为俭,字之误也。"《经典释文》:"古文及郑、向本作'检'。郑云:'木在手曰检。'"《史记·吴太伯世家》引作"大而婉,俭而易行"。惠栋《春秋左传补注》卷四云:"险作俭,古文也,汉《刘修碑》云:'动乎俭中。'今《易》作'险'。"《淮南子·俶真训》:"俭德以行。"王念孙《读书杂志》:"险、俭古同。俭德以行,所行非至德也。"通行本作"险",今帛书本作"嶮","嶮""俭""险""检"皆从佥声,可以通假。若以《经典释文》、惠栋所注,知作"俭"为古文,作"险""嶮"同为今文,郑玄、向秀作"检"是取古文,陆绩、虞翻、王肃、干宝、九家作"险"是取今文。

"且","且"通"阻"。《仪礼·大射仪》:"顺羽,且左还。"郑玄注:"古文且作阻。"郑玄以"阻"为古文,以"且"为今文。惠栋《九经古义》卷三《尚书古义》考证云:"卫宏撰《古文异字》,其以此乎? 王肃曰:'阻,难也。'马融曰:'祖,始也。'二说并通,今文近之。郑玄曰:'阻读曰俎,阻,厄也。'郑尚书即马融本,当云祖读为阻,传写之误也。"通行本、今帛书本皆作"且",然考通行本睽卦六三爻辞"其人天且劓"之"且",上博竹简本"且"作"戱",释文在"虘"下读如"且"。《正字通·手部》:"抯,别作摣、戱,义同。"《说文·手部》:"抯,挹也。从手,且声。"知"戱"与"且"因音同可以假借。《玉篇·且部》:"且,语辞。《诗》曰:'有萋有且。'且,古文。"又《集韵·马韵》:"且,古作且、𠀃。"由此知作"且"为今文,作"阻""且""𠀃""戱"同为古文,郑玄、陆绩、虞翻、王肃、向秀、干宝、九家作"且"是取今文。

然考通行本夬卦九四爻辞"其行次且"之"且",《经典释文》:"且,本亦作趄,或作跙同。"又《集韵·鱼韵》:"趄,或作跙。"知"且"亦通"趄""跙"。惠栋《九经古义》卷三《仪礼古义》

云:“古钟鼎文祖字皆作且。《尚书》‘黎民阻饥’,今文作祖饥。徐广曰:‘宜,始也。’孟康曰:‘古文言阻。’古文祖作且,且、阻同字,故《仪礼》《尚书》皆作阻。”证之今帛书本“且”作“胥”,上博竹简本“且”作“疋”。“疋”通“胥”。《说文·疋部》:“疋,足也。古文以为《诗·大疋》字,亦以为足字,或曰胥字。”“且”“胥”“疋”古音同属微韵,故“胥”“疋”亦通“且”。若依郑玄注、惠栋考证、上博竹简本,知作“且”“阻”“疋”亦同为古文,作“趄”“胥”同为今文。

“枕”,“枕”通“玷”。《经典释文》:“枕,九家作‘玷’,古文作‘沈’。”李富孙《易经异文释》:“枕,九家作玷,亦声之转,或假玷为垫溺字。古文作沈,陆音直林反。”通行本作“枕”,今帛书本作“訦”。《说文·言部》:“訦,燕、代、东齐谓信訦。从言,冘声。”扬雄《方言》卷一:“訦,信也。燕、代、东齐曰訦。”“枕”“訦”皆从“冘”得声,亦可通假。又考《文选·答宾戏》:“浮英华,湛道德。”李善注:“湛,古沈字,字或作耽,于义虽同,非古文也。”《汉书·礼乐志》:“豪富吏民湛沔自苦。”颜师古注:“湛,读曰沈,又读曰耽。”《集韵·沁韵》:“沈,没也。或作湛。”俞樾《群经平议》:“枕当为沈,《释文》谓古文作沈,是也。”由此知作“枕”“玷”“訦”同为今文,作“沈”“湛”同为古文,郑玄、陆绩、虞翻、王肃、向秀、干宝作“枕”,九家《周易集注》作“玷”是取今文。

“入”,虞翻、干宝作“入”,作“入”为今文。参见屯卦六三爻辞辨。

“于”,虞翻、干宝作“于”,作“于”为古文。参见坤卦上六爻辞辨。

“窞”,虞翻、干宝作“窞”,作“窞”为今文。参见本卦初六爻辞辨。

“勿”,虞翻、干宝作“勿”,作“勿”为古文。参见乾卦初九爻辞辨。

“用”,虞翻、干宝作“用”,作“用”为古文。参见乾卦初九爻辞辨。

六四,樽酒,簋贰,用缶,纳约自牖,终无咎。

京房《周易章句》作“樽酒,簋贰,用缶,纳约自牖”。

郑玄《周易注》作“尊酒,簋贰,用缶,纳约自牖”。

刘表《周易章句》作“樽酒,簋贰,用缶”。

陆绩《周易述》作“内约自诱”。

虞翻《周易注》作“尊酒,簋贰,用缶,纳约自牖,终无咎”。

“樽”,“樽”通“尊”。《庄子·马蹄》:“孰为牺尊。”《经典释文》:“尊,本作樽。”《庄子·逍遥游》:“不虑以为大樽。”《经典释文》:“樽,本作尊。”“尊”通“奠”。惠栋《九经古义》卷十《仪礼古义》考证云:“古尊字作莤,与奠相似,故讹从之。”《说文·酋部》:“莤,酒器也。或从寸。”“莤”即“奠”之本字。《说文·丌部》:“奠,置祭也。从酋。酋,酒也。丌其下也。”《集韵·魂韵》:“莤,同尊。”考《仪礼·士丧礼》:“脯醢醴酒,幂奠用功布。”郑玄注:“古文奠为尊。”证之郭店楚墓竹简本《唐虞之道》“尊”字亦作“莤”。通行本作“樽”,今帛书本作“莤”。若依郑玄注,知作“尊”“莤”同为古文,作“樽”为今文,京房、刘表作“樽”是取今文,郑玄、虞翻作“尊”是取古文。参见观卦卦辞辨。

“酒”,京房、刘表、郑玄、虞翻作“酒”,作“酒”是取今文。参见需卦六五爻辞辨。

“簋”,“簋”通“考”。《诗·大雅·江汉》:“对扬王休,作召公考。”郭沫若《青铜时代·周代彝器进化观》:“《大雅·江汉》

三篇与世存《召伯虎簋》之一所记乃同时事。《簋铭》云:‘对扬朕宗君其休,用作列祖召公尝簋。’《诗》云:‘作召公考,天子万寿。’文例相同。考乃簋之假借字。”“考”又通“巧”。《尚书·金縢》:“予仁若考能多材多艺。”《史记·鲁周公世家》引作“旦巧能多材多艺”。《国语·越语下》:“上帝不考,时反是守。”《汉书·司马迁传》作“圣人不巧,时变是守”。通行本作“簋”,今帛书本作“巧”,“簋”“巧”二字声近韵同,可以互借。《说文·丂部》:“丂,古文以为亏字,又以为巧字。”段玉裁注:“此则同音假借。”又《竹部》:“簋,从竹、从皿、从皀。匭,古文簋。从匚、食、九。匦,古文簋,从匚,从轨。朹,亦古文簋。”《仪礼·公食大夫礼》:“宰夫设黍稷六簋于俎西。”郑玄注:“古文簋皆作轨。”吕祖谦《古易音训》:“晁氏曰:‘案,轨,古文簋字。’”由此知作“簋”“巧”同为今文,作“匦”“匭”“轨”同为古文,京房、郑玄、刘表、虞翻作“簋”是取今文。参见履卦上九爻辞辨。

“贰”,“贰”同“二”。《广雅·释诂四》:“贰,二也。”洪迈《容斋随笔·五笔》卷九“一二三与壹贰三”条云:“古书及汉人用字,如一之与壹,二之与贰,三之与三,其义皆同。”通行本作“贰”,今帛书本作“訸”,于豪亮释作“訣”,“夫”“亦”篆隶形似,可读作“副”,“副”与“贰”义同,故“訸”与“贰”义亦通,可以互借。《说文·贝部》:“贰,从贝,弍声。弍,古文二。”《玉篇·二部》“弍”为“二”之古文。吕祖谦《古易音训》:“晁氏曰:‘案,弍,古文。’”然考上博竹简本“六二”“九二”诸“二”字,亦皆作“二”。由此知作“贰”“訸”同为今文,作“弍”“二”同为古文,京房、郑玄、刘表、虞翻作“贰”是取今文。

“用”,京房、郑玄、刘表、虞翻作“用”,作“用”是取古文。参见乾卦初九爻辞辨。

"缶",京房、郑玄、刘表、虞翻作"缶",作"缶"是取古文。参见比卦初六爻辞辨。

"纳",京房、郑玄、虞翻作"纳",陆绩作"内",作"纳"是取今文,作"内"是取古文。参见屯卦六三爻辞辨、蒙卦九二爻辞辨。

"约","约"通"药"。《说文·糸部》:"约,缠束也。"《诗·小雅·斯干》:"约之合合,椓椓橐橐。"毛亨《传》:"约,束也。"《文选·射雉赋》:"首药绿素,身拕黼绘。"李善注引徐爰曰:"《方言》曰:'药,缠也。'犹缠裹也。"通行本作"约",今帛书本作"药","约""药"音同义通可以互借。考《仪礼·聘礼》:"皆玄缥系长尺绚组。"郑玄注:"今文绚作约。"由此知作"药""约"同为今文,作"绚"为古文,京房、郑玄、陆绩、虞翻作"约"是取今文。

"自",京房、郑玄、陆绩、虞翻作"自",作"自"是取古文。参见需卦六四爻辞辨。

"牖","牖"通"诱"。《诗·大雅·板》:"牖民孔易。"《礼记·乐记》《史记·乐书》皆引作"诱民孔易"。《说文·言部》:"诱,或从言、秀。羑,古文。"通行本、今帛书本皆作"牖","牖"同"墉"。《礼记·丧大记》:"寝东首于北牖下。"郑玄注:"北牖下,或为北墉下。"《说文·土部》:"墉,从土,庸声。䧚,古文墉。"由此知作"牖""诱"同为今文,作"羑""䧚"为古文,京房、郑玄、虞翻作"牖",陆绩作"诱"是取今文。

"终",虞翻作"终",作"终"是取今文。参见乾卦九三爻辞辨。

"无",虞翻作"无",作"无"是取古文。参见乾卦九三爻辞辨。

"咎",虞翻作"咎",作"咎"是取古文。参见乾卦九三爻辞辨。

九五，坎不盈，衹既平，无咎。

孟喜《周易章句》作"禔既平"。

京房《周易章句》作"禔既平"。

郑玄《周易注》作"衹既平"。

虞翻《周易注》作"坎不盈，禔既平，无咎"。

"坎"，虞翻作"坎"，作"坎"是取今文。参见本卦初六爻辞辨。

"不"，虞翻作"不"，作"不"是取古文。参见坤卦六二爻辞辨。

"盈"，虞翻作"盈"，作"盈"是取今文。参见比卦初六爻辞辨。

"衹"，孟喜、京房、虞翻作"禔"，郑玄作"衹"，作"禔""衹"是取今文。参见复卦初九爻辞辨。

"即"，孟喜、京房、郑玄、虞翻作"既"，作"既"是取古文。参见小畜卦上九爻辞辨。

"平"，孟喜、京房、郑玄、虞翻作"平"，作"平"是取今文。参见泰卦九三爻辞辨。

"无"，虞翻作"无"，作"无"是取古文。参见乾卦九三爻辞辨。

"咎"，虞翻作"咎"，作"咎"是取古今文。参见乾卦九三爻辞辨。

上六，系用徽纆，寘于丛棘，三岁不得，凶。

子夏《易传》作"湜于丛棘"。

马融《周易传》作“系用徽缠”。

郑玄《周易注》作“系用徽缠,寘于丛棘,三岁不得,凶”。

刘表《周易章句》作“系用徽缠,示于丛棘”。

虞翻《周易注》作“系用徽缠,寘于丛棘,三岁不得,凶”。

姚信《周易注》作“寔于丛棘”。

张璠《周易集解》作“置于丛棘”。

九家《周易集注》作“系用徽缠,寘于丛棘,三岁不得,凶”。

“系”,马融、郑玄、刘表、虞翻、九家作“系”,作“系”是取古文。参见随卦六二爻辞辨。

“用”,马融、郑玄、刘表、虞翻、九家作“用”,作“用”是取古文。参见乾卦初九爻辞辨。

“徽”,“徽”通“纬”。《楚辞·九叹·愍命》:“挟人筝而弹纬。”洪兴祖《楚辞补注》:“《文选》注引‘挟人筝而弹徽’。”通行本、阜阳汉墓本皆作“徽”,今帛书本作“讳”,“讳”“徽”古音同属微韵,可以通假。《广雅·释诂》:“纬,徽束也。”《集韵·微韵》:“徽,《说文》衺幅也。一曰三纠绳也。美也。古作㣲。”由此知作“徽”“讳”同为今文,作“㣲”为古文,马融、郑玄、刘表、虞翻、九家作“徽”是取今文。

“缠”,“缠”通“纆”。《说文·糸部》:“纆,索也。从糸,黑声。”段玉裁注:“黑者,所谓黑索拘挛罪人也。今字从墨。”古时“黑”与“墨”往往相混。如《集韵·德韵》“嘿”通作“嚜”,又“嫼”通作“嫼”。《广雅·释器》:“缠,索也。”《玉篇·糸部》“缠”同“纆”。通行本作“缠”,阜阳汉墓本、今帛书本皆作“纆”。由此知作“缠”“纆”为同今文,马融、郑玄、刘表、虞翻、九家作“缠”是取今文。

“寘”,“寘”通“寔”“示”“湜”“置”。《玉篇·宀部》:“寘,置也。”朱骏声《说文通训定声·解部》：“寔，字亦作寘。”又云：“寔，假借为是。”《尔雅·释诂》：“寔，是也。”《春秋》桓公六年：“春，正月，寔来。”《春秋穀梁传》作“寔来者，是来也”，《春秋公羊传》作“是人来也”。马王堆汉墓帛书本《十六经正乱》：“吾将遂是其逆而僇其身。”释文：“是，读为寔。”《集韵·职韵》：“湜，或从寔。”《诗·小雅·鹿鸣》：“示我周行。”郑玄笺：“示，当作寘。”《正义》云：“古者寘、示同读，故改从寘也。”《礼记·中庸》：“治国其如示诸掌乎？”郑玄注：“示，读如寘，诸河乾之寘。寘，置。”则寘、寔、示、湜、置五字古时可以互借。通行本作“寘”，今帛书本作“亲”，“亲”与“寘”韵同义通，可以互借。《集韵·真韵》：“亲，近也。古作窺。”《说文·示部》：“不，古文示。”唐人顾况《华阳集·戴氏广异记序》：“古文示字，如今文不字。”《仪礼·觐礼》：“大史是右。”郑玄注：“古文是为氏。”又惠栋《九经古义》卷四《尚书古义》：“古寔字皆作是。”由此知作“氏”“窺”“是”同为古文，作“湜”“寔”“示”“置”“寘”“亲”同为今文，子夏作“湜”，郑玄、虞翻、九家作“寘”，姚信作“寔”，刘表作“示”、张璠作“置”是取今文。参见颐卦卦辞辨。

“于”，子夏、郑玄、刘表、虞翻、姚信、张璠、九家作“于”，作“于”是取古文。参见坤卦上六爻辞辨。

“丛”，“丛”通“总”。《尚书·虞书》：“元首丛脞。”注：“马云：‘丛，总也。’”朱骏声《说文通训定声·丰部》：“丛，假借为悤。”《说文·囱部》：“悤，多遽悤悤也。”《正字通·心部》：“悤，隶作怱。”《玉篇·囱部》：“怱，遽也。悤，古文。”《集韵·东韵》：“怱，古作悤。”通行本作“丛”，今帛书本作“繱”，《正字通·糸部》：“緫，俗繱字。《说文》作繱。”是“丛”“总”“悤”“繱”四字古音同属东韵，可以互借。若依《玉篇》《集韵》推之，作“丛”“繱”

同为今文，作“恖”为古文，子夏、郑玄、刘表、虞翻、姚信、张璠、九家作“丛”是取今文。

“棘”，“棘”通“亟”。《说文·朿部》：“棘，小枣丛生者。”段玉裁注：“棘，古多叚棘为亟字。棘、亟同音，皆谓急也。”“棘”与“革”亦通。《诗·大雅·文王有声》：“匪棘其欲。”《礼记·礼器》引作“匪革其犹”。又《春秋左氏传》僖公二年：“屈产之乘与垂棘之璧假道于虞。”其“垂棘”二字，马王堆汉墓帛书本《春秋事语·晋献公欲袭号章》皆作“垂革”。《集韵·职韵》：“革，急也。或作亟。”吕祖谦《古易音训》：“晁氏曰：‘案，亟，古文。’”通行本作“棘”，今帛书本作“勒”，“勒”通“革”，通行本革卦之“革”，今帛书本作“勒”，通行本鼎卦九三爻辞“鼎耳革”，今帛书本作“鼎耳勒”，故“棘”与“勒”亦可以通假。由此知作“棘”“勒”同为今文，作“革”“亟”同为古文，子夏、郑玄、刘表、虞翻、姚信、张璠、九家作“棘”是取今文。参见遯卦六二爻辞辨。

“三”，郑玄、虞翻、九家作“三”，作“三”是取古文。参见蒙卦卦辞辨。

“岁”，郑玄、虞翻、九家作“岁”，作“岁”是取今文。参见同人卦九三爻辞辨。

“不”，郑玄、虞翻、九家作“不”，作“不”是取古文。参见坤卦六二爻辞辨。

“得”，郑玄、虞翻、九家作“得”，作“得”是取今文。参见坤卦卦辞辨。

“凶”，郑玄、虞翻、九家作“凶”，作“凶”是取古文。参见讼卦卦辞辨。

按，此条爻辞“寘于丛棘”，通行本同，今帛书本作“亲之于繐勒”，多一“之”字，疑为传抄者笔误，其文意基本相同。

离䷝

离，利贞，亨。畜牝牛，吉。初九，履错然，敬之，无咎。六二，黄离，元吉。九三，日昃之离，不鼓缶而歌，则大耋之嗟，凶。九四，突如其来如，焚如，死如，弃如。六五，出涕沱若，戚嗟若，吉。上九，王用出征，有嘉折首，获匪其丑，无咎。

离，利贞，亨。畜牝牛，吉。

虞翻《周易注》作"离，利贞，亨。畜牝牛，吉"。

"离"，虞翻作"离"，作"离"是取古文。参见否卦九四爻辞辨。

"利"，虞翻作"利"，作"利"是取古文。参见乾卦卦辞辨。

"贞"，虞翻作"贞"，作"贞"是取古文。参见乾卦卦辞辨。

"亨"，虞翻作"亨"，作"亨"是取古文。参见乾卦卦辞辨。

"畜"，"畜"通"蓄"。《说文·田部》："畜，田畜也。淮南王曰：'玄田为畜。'蓄，《鲁郊礼》畜从田、从兹。兹，益也。"段玉裁注："古文本从兹，小篆乃省其半。"《玉篇·嘼部》："嘼，六嘼，牛、马、羊、犬、鸡、豕也。养之曰嘼，用之曰牲。今作畜。"《集韵·屋韵》："畜，养也。古作嘼。"是"畜"之古文作"嘼"。通行本作"畜"，今帛书本作"蓺"，然考通行本大畜卦之"畜"字，今帛书本左“蓄”,上博竹简本作“埊”。又考通行本无妄卦六二爻辞“不菑畬”之“菑”,今帛书本作“菑”,上博竹简本作“畜”。再考通行本遯卦九三爻辞“畜臣妾”,今帛书本、上博竹简本亦皆作“畜臣妾”。由此知“畜”“蓻”“蓄”“埊”四字音近义通,可以互借。又知作“菑”“蓄”同为今文,作“兽”“埊”“菑”“畜”同为古文,虞翻作“畜”是取古文。

“牝”,虞翻作“牝”,作“牝”是取今文。参见坤卦卦辞辨。

“牛”,虞翻作“牛”,作“牛”是取古文。参见无妄卦六三爻辞辨。

“吉”,虞翻作“吉”,作“吉”是取古文。参见乾卦用九爻辞辨。

初九,履错然,敬之,无咎。

马融《周易传》作“履错然”。

荀爽《周易注》作“履错然,敬之,无咎”。

郑玄《周易注》作“履错然”。

“履”,马融、荀爽、郑玄作“履”,作“履”是取今文。参见坤卦初六爻辞辨。

“错”,“错”通“措”。《说文·手部》:“措,置也。从手,昔声。”段玉裁注:“立之为置,舍之亦为置,措之义亦如是。经传多假错为之。”《仪礼·士丧礼》:“匜水错于盘中。”郑玄注:“错,置也。”“错”又通“昔”。《周礼·考工记·弓人》:“老牛之角紾而昔。”郑玄注:“郑司农云:‘昔读为交错之错,谓老牛角牰理错也。’玄谓昔读‘履错然’之错。”《集韵·铎韵》:“错,古作鍇。”通行本作“错”,今帛书本作“昔”,阜阳汉简本作“菁”,“菁”“错”皆从昔声,可以互借。《集韵·昔韵》:“鍇,隶作昔。”由此知作

"错""昔"同为今文,作"鍇"为古文,马融、荀爽、郑玄作"错"是取今文。

"然","然"通"燃"。《庄子·外物》:"木与木相摩则然。"《太平御览》卷八百六十九引作"木与木相摩则燃"。《后汉书·文苑传》:"(侯瑾)暮还辄柴以读书。"李贤注:"爇,古然字。"《集韵·僊韵》:"然,古作爇。"考郭店楚墓竹简本《六德》"为君亦肰"、"为妻亦肰"之"肰",释文皆作"然"。《玉篇·肉部》:"肰,然字从此。"通行本、今帛书本皆作"然"。由此知作"然"为今文,作"爇""肰"同为古文,马融、荀爽、郑玄作"然"是取今文。

"敬",荀爽作"敬",作"敬"是取古文。参见需卦上六爻辞辨。

"之",荀爽作"之",作"之"是取古文。参见坤卦卦辞辨。

"无",荀爽作"无",作"无"是取古文。参见乾卦九三爻辞辨。

"咎",荀爽作"咎",作"咎"是取古今文。参见乾卦九三爻辞辨。

六二,黄离,元吉。

郑玄《周易注》作"黄离,元吉"。

"黄",郑玄作"黄",作"黄"是取古文。参见坤卦六五爻辞辨。

"离",郑玄作"离",作"离"是取古文。参见否卦九四爻辞辨。

"元",郑玄作"元",作"元"是取古文。参见乾卦卦辞辨。

"吉",郑玄作"吉",作"吉"是取古文。参见乾卦用九爻辞辨。

九三，日昃之离，不鼓缶而歌，则大耋之嗟，凶。

孟喜《周易章句》作“日陌之离。”

京房《周易章句》作“则大绖之嗟”。

马融《周易传》作“则大耋之嗟”。

荀爽《周易注》作“日昃之离，则大耋之差”。

郑玄《周易注》作“不击缶而歌，则大耋之差”。

王肃《周易注》作“则大耋之嗟”。

蜀才《周易注》作“则大咥之嗟”。

九家《周易集注》作“不击缶而歌，则大耋之差，凶”。

“日”，荀爽作“日”，作“日”是取古文。参见乾卦九三爻辞辨。

“昃”，“昃”通“厢”。《经典释文》：“昊，王嗣宗本作仄，音同。”《周礼·地官·司市》：“大市，日厢而市。”《经典释文》：“厢，本又作昃。”《说文·日部》：“昃，日在西方时。侧也。从日，仄声。《易》曰；‘日陌之离。’”段玉裁注：“此举形声包会意，隶变作昃。”《集韵·职韵》：“陌，或作昃。”《汉书·董仲舒传》：“日昃不暇食。”颜师古注：“昃，亦昊字。”通行本作“昃”阜阳汉墓本作“厢”，今帛书本作“褑”，“褑”即“稷”省，亦即“稷”之或体。《隶释·蜀郡属国辛通达李仲曾造桥碑》：“□□日稷。”《隶释·费凤碑》：“乾乾日稷。”《鄗阁颂》：“劬劳日稷。”皆读“稷”为“昃”。考通行本丰卦《彖》辞“日中则昃”，孟喜《周易章句》作“日中则稷”，是其明证。惠栋《九经古义》卷一《周易古义》：“《尚书中候握河纪》云：‘昒明礼备至于日稷。’郑康成注云：‘稷读曰侧。’《穀梁春秋经》云：‘戊午日下稷。’《公羊》《左传》皆作稷，范宁曰：‘稷，昃也。’《灵台碑》云：‘日稷不夏。’今《尚书》稷作昊，是稷通昃。依《说文》，昊当作陌。”《玉篇·厂部》：“仄，厌古文。”吕祖谦《古易音训》:“晁氏曰:‘案,仄,古文。’”方以智《通雅》卷十一《天文》:“昊乃昃之改体,疑口亦口之讹。”商承祚《殷虚文字类编》:“今别作昊,非是。今以卜辞证之,作昊者,正是厢之古文矣。”由此知“昃”“稷”同为今文,作“昊”为古文,孟喜作“厢”,荀爽作“昃”是取今文。

“之”,京房、马融、荀爽、郑玄、王肃、蜀才、九家作“之”,作“之”是取古文。参见坤卦卦辞辨。

“离”,荀爽作“离”,作“离”是取今古文。参见否卦九四爻辞辨。

“不”,郑玄、九家作“不”,作“不”是取古文。参见坤卦六二爻辞辨。

“鼓”,“鼓”通“鼓”。《说文·鼓部》:“鼓,籀文鼓,从古声。”又《说文·支部》:“鼓,击鼓也。”唐兰《殷虚文字记》:“盖古文字凡像以手执物击之者,从支、殳或攴,固可任意也。壴为鼓之正字,为名词;鼓、鼓为击鼓之正字,为动词。”郑玄《周易注》、九家《周易集注》“鼓”字皆作“击”,是其明证。“鼓”又通“壴”。《说文·鼓部》:“鼓,郭也。从壴。磬,籀文鼓。”又《壴部》:“壴,陈乐而立上见也。”《玉篇·壴部》:“壴,陈乐也,鼓也。”又《革部》:“鞁,今作鼓。”吕祖谦《古易音训》:“晁氏曰:‘古文作鞁。’”《集韵·姥韵》:“鼓,古作鞁。”今出土文献中“鼓”字多做“壴”。郭沫若《卜辞通纂世系》:“壴,乃鼓之初文,象形。”通行本、今帛书本皆作“鼓”。由此知作“鼓”为今文,作“鞁”“磬”“壴”同为古文,郑玄、九家作“击”是取今文。参见蒙卦上九爻辞辨。

“缶”,郑玄、九家作“缶”,作“缶”是取古文。参见比卦初六爻辞辨。

“而”,郑玄、九家作“而”,作“而”是取古文。参见履卦六三爻辞辨。

“歌”,“歌”通“謌”。《荀子·议兵》:“近者謌讴而乐之。”《盐铁论·世务》引作“近者歌讴而乐之”。《说文·可部》:“哥,从二可,古文以为歌字。”段玉裁注:“汉书多用哥为歌。”又《欠部》:“歌,咏也。从欠,哥声。謌,或从言。”段玉裁注:“古文以为謌字。”《玉篇·言部》:“謌,长言也。亦作歌。”《集韵·歌韵》:“歌,或从言、从咨,古作可。”通行本、今帛书本皆作“歌”。由此知作“歌”为今文,作“哥”“可”同为古文,郑玄、九家作“歌”是取今文。

“则”,京房、马融、荀爽、郑玄、王肃、蜀才、九家作“则”,作“则”是取今文。参见蒙卦卦辞辨。

“大”,京房、马融、荀爽、郑玄、王肃、蜀才、九家作“大”,作“大”是取古文。参见乾卦九二爻辞辨。

“耋”,“耋”通“载”。《汉书·孔光传》:“犬马齿载。”颜师古注:“载,老也,读与耋同。”《说文·老部》:“耊,从老省,从至。”又《口部》:“咥,从口,至声。”《系部》:“绖,从系,至声。”《集韵·屑韵》:“耊,年八十也。《易》‘大耊之嗟’。或不省,亦作载。”“耋”“载”“绖”“咥”皆从“至”声,可以互借。通行本作“耋”,今帛书本作“绖”。由此知作“耋”“绖”“咥”同为今文,作“至”为古文;京房作“绖”,马融荀爽、郑玄、王肃、九家作“耊”,蜀才作“咥”是取今文。参见需卦九三爻辞辨。

“嗟”,“嗟”通“差”。《说文·左部》:“差,从左、𠂹。𢀩,籀文𢀩,从二。”《尔雅·释诂》:“嗟、咨,𧹞也。”郭璞注:“今河北人云𧹞叹。”《集韵·麻韵》:“𧹞,或作嗟,或作𢀩。”又《支韵》:“差,古作𢀩。”《太玄·乐》:“不移日而悲,则哭泣之𢀩资。”司马光

《集注太玄》卷二："槎资与嗟咨同。"又扬雄《太玄·䔿》："上九：'时槎槎，不获其嘉。'"司马光《集注太玄》卷六："王以槎为古嗟字。"《玉篇·长部》："槎，今作嗟。忧叹也。或作㦬。䁟，古文。"吕祖谦《古易音训》："晁氏曰：'案，差，古文。'"惠栋《周易述》："差，古文嗟。"通行本《诗·齐风·载驱》："猗嗟昌兮。"上博竹简本《孔子诗论》"猗嗟"作"于差"。通行本作"嗟"、今帛书本作"䁟"，阜阳竹简本作"差"。若依《玉篇》、上博竹简、惠栋《周易述》等，知作"槎""差""䁟"同为古文，作"嗟"为今文，京房、马融、王肃、蜀才作"嗟"是取今文，荀爽、郑玄、九家作"差"是取古文。

"凶"，九家作"凶"，作"凶"为古文。参见讼卦卦辞辨。

按，通行本此条爻辞"凶"字，《经典释文》云："古文及郑无凶字。"考清人所辑郑玄《周易注》、虞翻《周易注》、九家《周易集注》等各种辑本都有"凶"字，证之今帛书本亦有"凶"字，知古文本《周易》当无"凶"字。

九四，突如其来如，焚如，死如，弃如。

孟喜《周易章句》作"𠫓如其来如"。

京房《周易章句》作"㐬如其来如"。

荀爽《周易注》作"㐬如其来如，焚如，死如，棄如"。

郑玄《周易注》作"㐬如其来如，焚如，死如，棄如"。

王肃《周易注》作"突如其来如"。

"突"，"突"通"𠫓"。《说文·𠫓部》："不顺忽出也。从到子。《易》曰：'突如其来如。'不孝子突出，不容于内也。凡𠫓之属皆从𠫓。𠫓，或从到。古文子，即《易》突字。"《玉篇·𠫓部》："㐬，古文，今作突。"又《字汇补·宀部》："宊，古突字。《乾坤凿度》:‘下宊泲河沱。’”李富孙《易经异文释》:“《说文》𠫓为正字,㐬或体字。《𠫓部》:‘㐬,突忽也。’今作突,假借字也。”通行本作“突”,今帛书本、阜阳汉墓本皆作“出”,《集韵·没韵》:“《方言》江湘谓卒相见曰突,一曰出皃。”“突”“出”义近,可以互借。由此知作“突”为今文,作“㐬”“宊”“𠫓”同为古文,孟喜作“𠫓”,京房、荀爽、郑玄作“㐬”是取古文,王肃作“突”是取今文。

“如”,孟喜、京房、荀爽、郑玄、王肃作“如”,作“如”是取今文。参见屯卦六二爻辞辨。

“其”,孟喜、京房、荀爽、郑玄、王肃作“其”,作“其”是取今文。参见坤卦上六爻辞辨。

“来”,孟喜、京房、荀爽、郑玄、王肃作“来”,作“来”是取今文。参见需卦上六爻辞辨。

“焚”,“焚”通“棼”。《春秋左氏传》文公十一年:“获侨如之弟焚如。”《史记·鲁周公世家》引作“获乔如弟棼如”。《玉篇·火部》“焚”“炃”“燌”同。通行本作“焚”,今帛书本作“纷”,然考通行本巽卦九二爻辞“纷若”,今帛书本作“忿若”,知“纷”“忿”“焚”音同亦可以互借。《集韵·文韵》:“焚,古作燔。”《仪礼·聘礼》:“肦肉及廋、车。”郑玄注:“古文肦作纷。”由此知作“焚”“忿”同为今文,作“燔”“纷”同为古文,荀爽、郑玄作“焚”是取今文。

“死”,荀爽、郑玄作“死”,作“死”是取古文。参见豫卦六五爻辞辨。

“弃”,“弃”同“棄”。《春秋左氏传》僖公二十二年:“天之弃商久矣。”《史记·宋世家》引作“天之弃商久矣”。《说文·華部》:“弃,古文弃。”段玉裁注:“凡碑板皆作弃,近人乃谓经典多用古文矣。”通行本、今帛书本皆作“棄”。由此知作“棄”为今文，作“弃”为古文，荀爽、郑玄作“棄”是取今文。

按，此条爻辞“突如其来如，焚如，死如，弃如”，通行本同。阜阳汉墓本作“其出如、其来如，焚如，弃如”，较通行本多一“其”字，少“死如”二字。今帛书本作“出如来如，纷如，死如，弃如”，较通行本少一“其”字。三种文本之异，或为传抄者笔误，然其文意基本相同。

六五，出涕沱若，戚嗟若，吉。

子夏《易传》作“嘁嗟若”。

荀爽《周易注》作“出涕池嵯”。

虞翻《周易注》作“戚差若，吉”。

“出”，荀爽作“出”，作“出”是取古文。参见需卦六四爻辞辨。

“涕”，“涕”通“泪”。《玉篇·水部》：“涕，目汁出曰涕。”又云：“泪，涕泪也。”《集韵·止韵》：“涕，目汁。”又《术韵》：“涕，关中谓目汁曰泪。”《说文·水部》：“涕，泣也。从水，弟声。”“涕”与“弟”古韵同属止韵，可以互借。《集韵·荠韵》：“弟，古作𢎅。”通行本、今帛书本皆作“涕”。由此知作“涕”为今文，作“𢎅”为古文，荀爽作“涕”是取今文。

“沱”，“沱”通“池”。《经典释文》：“沱，一本作沲。”《集韵·支韵》：“沱，穿地钟水，亦作池。”又《戈韵》：“池，呼池，水名。通作沱。”王筠《说文句读·水部》：“《初学记》引云：‘池者，陂也。’《说文》无‘池’字，而陂下云：‘一曰沱也。’可知所引即‘沱’下义，特从俗作‘池’耳。”《周礼·夏官·职方氏》：“其川虖池。”古时“虖池”又作“滹沱”“呼池”“呼沱”等，皆以声相通而假借。《后汉书·光武纪》：“至呼沱河。”《通志》引作“至虖沱河。”陈梦家《禺邗王壶考释》:“金文沱、池一字。”通行本、今帛书本皆作“沱”。由此知作“沱”“池”同为今文,荀爽作“池”是取今文。参见比卦初六爻辞辨。

“若”,子夏、虞翻作“若”,荀爽作“嵔”,作“若”“嵔”是取古文。参见乾卦九三爻辞辨。

“戚”,“戚”通“嘁”。《经典释文》:“戚,子夏作嘁。”“戚”可以假借为“促”。《孔子家语·曲礼·子夏问》:“周以戚,吾从殷。”王肃注:“戚,犹促也。”《说文·人部》:“促,迫也;或作戚。”段玉裁《说文解字注·戈部》:“戚,又引伸训忧。度古衹有戚,后乃别制慽。”吕祖谦《古易音训》:“晁氏曰:‘案,戚,古文。’”通行本作“戚”。由此知作“戚”为古文,作“嘁”为今文,子夏作“嘁”是取今文,虞翻作“戚”是取古文。

“嗟”,子夏作“嗟”,虞翻作“差”,作“嗟”是取今文,作“差”是取古文。参见本卦九三爻辞辨。

“吉”,虞翻作“吉”,作“吉”是取古文。参见乾卦用九爻辞辨。

上九,王用出征,有嘉折首,获匪其丑,无咎。

虞翻《周易注》作“王用出征,有嘉折首,获匪其丑,无咎”。

“王”,虞翻作“王”,作“王”是取古文。参见坤卦六三爻辞辨。

“用”,虞翻作“用”,作“用”是取古文。参见乾卦初九爻辞辨。

“出”,虞翻作“出”,作“出”是取古文。参见需卦六四爻辞辨。

“征”,虞翻作“征”,作“征”是取古文。参见小畜卦上九爻辞辨。

“有”,虞翻作“有”,作“有”是取今文。参见乾卦上九爻辞辨。

“嘉”,虞翻作“嘉”,作“嘉”是取古文。参见随卦九五爻辞辨。

“折”,“折”通“制”。《说文·手部》:“折,断也。𣃔,籀文折。”段玉裁注:“从手、从斤,隶字也。《九经字样》:‘《说文》作𣃔,隶省作折。’《类篇》《集韵》皆云隶从手,则折非篆文明矣。”段注不确。考《尚书·吕刑》:“制以刑。”古文《尚书》作“折民惟刑”,上博竹简本《缁衣》引《吕刑》作“折以型。”又今本《礼记·缁衣》:“制以刑。”郭店楚墓竹简本《缁衣》引《吕刑》亦作“折以型”。《论语·颜渊》:“片言可以折狱者。”《经典释文》:“折,鲁读折为制。”考《玉篇·刀部》:“制,制的古文。”通行本、今帛书本皆作“折”。由此知作“折”“𣃔”同为古文,作“制”为今文,虞翻作“折”是取古文。

“首”,虞翻作“首”,作“首”是取今文。参见乾卦用九爻辞辨。

“获”,虞翻作“获”,作“获”是取今文。参见随卦九四爻辞辨。

“匪”,虞翻作“匪”,作“匪”是取今文。参见屯卦六二爻辞辨。

“其”,虞翻作“其”,作“其”是取今文。参见坤卦上六爻辞辨。

“丑”,“丑”通“愧”。《庄子·德充符》:“寡人丑乎,卒授之国。”《经典释文》:“丑,李云:惭也;崔云:愧也。”《吕氏春秋·恃君》:“吾将死之,以丑后世人主之不知其臣也。”高诱注:“丑,愧也。”“愧”亦通“媿”。《汉书·文帝纪》:“朕甚自媿。”颜师古注:“媿,古愧字。”《说文·女部》:“媿,惭也。愧,媿或从耻省。”《玉篇·女部》:“媿,亦作愧。”《集韵·有韵》:“丑,古作媿。”《篇海类编·女部》:“媿,古文丑。”通行本作“丑”,今帛书本作“𩵦”,“𩵦”或通“䰠”。据于豪亮《帛书〈周易〉》:“‘𩵦’”当假为䰠。《诗·遵大路》:‘无我䰠兮’《疏》:‘䰠与丑古今字,所以𩵦读为丑’。”《说文·鬼部》:“丑,可恶也。”段玉裁注:“《郑风》‘无我䰠兮’。郑云䰠亦恶也,是䰠即丑字也。”由此知作“丑”为今文,作“媿”为古文,虞翻作“丑”是取今文。

“无”,虞翻作“无”,作“无”是取古文。参见乾卦九三爻辞辨。

“咎”,虞翻作“咎”,作“咎”是取古文。参见乾卦九三爻辞辨。

按,此条爻辞“王用出征”“获匪其丑”,通行本同,今帛书本作“王出征”“获不𩵦”,较通行本少一“用”字与“其”字,疑为传抄者笔误,其文意基本相同。

咸䷞

咸，亨，利贞。取女吉。初六，咸其拇。六二，咸其腓，凶，居吉。九三，咸其股，执其随，往吝。九四，贞吉，悔亡，憧憧往来，朋从尔思。九五，咸其脢，无悔。上六，咸其辅、颊、舌。

咸，亨，利贞。取女吉。

郑玄《周易注》作“咸，亨，利贞。取女吉”。

陆绩《周易述》作“咸，亨，利贞。取女吉”。

虞翻《周易注》作“咸，亨，利贞。取女吉”。

“咸”，郑玄、陆绩、虞翻作“咸”，作“咸”是取古文。参见临卦初九爻辞辨。

“亨”，郑玄、陆绩、虞翻作“亨”，作“亨”是取今文。参见乾卦卦辞辨。

“利”，郑玄、陆绩、虞翻作“利”，作“利”是取古文。参见乾卦卦辞辨。

“贞”，郑玄、陆绩、虞翻作“贞”，作“贞”是取古文。参见乾卦卦辞辨。

“取”，郑玄、陆绩、虞翻作“取”，作“取”是取古文。参见蒙卦六三爻辞辨。

"女",郑玄、陆绩、虞翻作"女",作"女"是取古文。参见屯卦六二爻辞辨。

"吉",郑玄、陆绩、虞翻作"吉",作"吉"是取古文。参见乾卦用九爻辞辨。

初六,咸其拇。

子夏《易传》作"咸其踇"。

马融《周易传》作"咸其拇"。

荀爽《周易注》作"咸其母"。

郑玄《周易注》作"咸其拇"。

虞翻《周易注》作"咸其母"。

"咸",子夏、马融、荀爽、郑玄、虞翻作"咸",作"咸"是取古文。参见临卦初九爻辞辨。

"其",子夏、马融、荀爽、郑玄、虞翻作"其",作"其"是取今文。参见坤卦上六爻辞辨。

"拇","拇"通"踇""母"。《经典释文》:"拇,马、郑、薛云:足大指也。子夏作踇,荀作母。"吕祖谦《古易音训》:"晁氏曰:'案,母,古文。'"毕沅《经典文字辨证书》:"拇,正;踇,俗。"朱骏声《说文通训定声·颐部》:"母,假借为拇。"惠栋《周易述》:"母,古文拇。子夏作踇与拇同。"惠栋以"母"为古文,以"踇""拇"为今文,不确。通行本作"拇",今帛书本作"栂",知"栂"与"拇"皆从母声,可以互借。然考上博竹简本亦作"拇"。由此知作"拇""母"同为古文,作"踇""栂"同为今文,子夏作"踇"是取今文,马融、郑玄作"拇",荀爽、虞翻作"母"是取古文。

六二,咸其腓,凶,居吉。

荀爽《周易注》作“咸其肥”。

郑玄《周易注》作“咸其腓”。

王廙《周易注》作“咸其腓”。

“咸”,荀爽、郑玄、王廙作“咸”,作“咸”是取古文。参见临卦初九爻辞辨。

“其”,荀爽、郑玄、王廙作“其”,作“其”是取今文。参见坤卦上六爻辞辨。

“腓”,“肥”通“腓”。《经典释文》:“腓,荀作肥。”又于艮卦六二爻辞释“腓”云:“本又作肥,义与咸卦同。”“肥”“腓”皆以“飞”声可以互借。《广韵》《集韵》并云:“肥,音腓。”又并云:“腓,音肥。”丁宴《周易解故》:“《释文》:‘荀作肥。’案,《艮》六二‘艮其腓’,《释文》云:‘本作肥。’《五经文字》腓又音肥。”通行本作“腓”,今帛书本作“𩨷”,上博竹简本作“脊”,然考通行本艮卦六二爻“艮其腓”,今帛书本作“艮亓肥”,上博竹简本作“艮丌足”,知“足”为“𩨷”之省。再考通行本遯卦上九爻辞“肥遯”之“肥”,上博竹简本亦作“肥”。由此知作“腓”为今文,作“脊”“肥”同为古文,荀爽作“肥”是取古文,郑玄、王廙作“腓”是取今文。

九三,咸其股,执其随,往吝。

虞翻《周易注》作“咸其股,执其随,往吝”。

“咸”,虞翻作“咸”,作“咸”是取古文。参见临卦初九爻辞辨。

“其”,虞翻作“其”,作“其”是取今文。参见坤卦上六爻辞辨。

“股”,通行本作“股”,今帛书本作“𩨷”,上博竹简本作

“脊”，正与其六二爻“咸其腓”相对应，作“股”或为转写而讹，仍当作“腓”字，作“腓”为今文，虞翻作“股”是取今文。参见本卦六二爻辞辨。

“执”，虞翻作“执”，作“执”是取今文。师卦六五爻辞辨。

“随”，虞翻作“随”，作“随”是取今文。参见随卦卦辞辨。

“往”，虞翻作“往”，作“往”是取今文。参见坤卦卦辞辨。

“吝”，虞翻作“吝”，作“吝”是取古文。参见屯卦六三爻辞辨。

九四，贞吉，悔亡，憧憧往来，朋从尔思。

京房《周易章句》作“偅偅往来”。

马融《周易传》作“憧憧往来”。

刘表《周易章句》作“憧憧往来，朋从爾思”。

虞翻《周易注》作“贞吉，悔亡，憧憧往来，朋从爾思”。

王肃《周易注》作“憧憧往来”。

“贞”，虞翻作“贞”，作“贞”是取古文。参见乾卦卦辞辨。

“吉”，虞翻作“吉”，作“吉”是取古文。参见乾卦用九爻辞辨。

“悔”，虞翻作“悔”，作“悔”是取今文。参见乾卦上九爻辞辨。

“亡”，虞翻作“亡”，作“亡”是取古文。参见乾卦九三爻辞辨。

“憧”，“憧”通“偅”。古代经传“童”“重”旁字都以形似相混而互借。《诗·豳风·东山》：“町畽鹿場。”《经典释文》：“畽，本又作疃。”《广雅·释诂三》：“穜，类也。”王念孙《广雅疏证》：“穜，经传皆作种。”又《隶释·张公神碑》：“从仙偅游北岳兮。”

洪适注:“碑以偅为僮。”通行本作“憧”,今帛书本作“童”,然考上博竹简本亦作“僮”。由此知作“僮”为古文,作“偅”“童”“憧”同为今文,京房作“偅”,马融、刘表、虞翻、王肃作“憧”是取今文。参见蒙卦卦辞辨。

“往”,京房、马融、刘表、虞翻、王肃作“往”,作“往”是取今文。参见坤卦卦辞辨。

“来”,京房、马融、刘表、虞翻、王肃作“来”,作“来”是取今文。参见需卦上六爻辞辨。

“朋”,刘表、虞翻作“朋”,作“朋”是取今文。参见复卦卦辞辨。

“从”,刘表、虞翻作“从”,作“从”是取古文。参见坤卦六三爻辞辨。

“尔”,刘表、虞翻作“爾”,作“爾”是取今文。参见颐卦初九爻辞辨。

“思”,“思”通“志”。《楚辞·离骚》:“恖九州岛之博大兮。”王逸注:“恖,古文思。”《玉篇·思部》:“思,愿也,念也。恖,古文。”《集韵·之韵》:“思。古作恖。”“思”“志”,都从心,音义相近可以互借。“志”同“识”。《论语·述而》:“多见而识之。”《白虎通义》引作“多见而志之”。《论语·子张》篇“贤者识其大者,不贤者识其小者”,《隶释》、石经残碑“识”作“志”。《周礼·保章氏》:“掌天星以志星辰日月之变动。”郑玄注:“志,古文识;识,记也。”《玉篇·心部》:“志,意也,慕也。恉,古文。”通行本、今帛书本皆作“思”,然考上博竹简本作“志”。又考郭店楚墓竹简本《语丛三》“思亡彊,思亡丌,思无纾”诸“思”字,知作“思”“恖”“志”“恉”同为古文。刘表、虞翻作“思”是取古文。

按,此条爻辞“悔亡”,通行本、阜阳汉墓本、今帛书本同,上博竹简本作“亡”,疑为传抄者所笔误,又或为本卦九五爻辞作“无悔”而误,其文意基本相同。

九五,咸其脢,无悔。

子夏《易传》作“咸其脢”。

马融《周易传》作“咸其脢”。

郑玄《周易注》作“咸其脢”。

虞翻《周易注》作“咸其脢,无悔”。

王肃《周易注》作“咸其脢”。

“咸”,子夏、马融、郑玄、虞翻、王肃作“咸”,作“咸”是取古文。参见临卦初九爻辞辨。

“其”,子夏、马融、郑玄、虞翻、王肃作“其”,作“其”是取今文。参见坤卦上六爻辞辨。

“脢”,“脢”同“脄”。《楚辞·招魂》:“敦脄血拇。”王逸注:“脄,背也。一作脢。”《玉篇·肉部》:“脢,《易》曰:‘咸其脢。’脄同。”《广韵·灰韵》《集韵·灰韵》“脢”同“脄”。古代经传“每”“母”旁字都以形似相混而互借。《说文·女部》:“娒,女师也。”段玉裁注:“许作娒,《字林》及《礼记音义》作姆也。”又《汉书·五行志中之下》:“慢侮之心生。”颜师古注:“侮,古侮字。”马骕《绎史·洪范五行传下》引作“慢侮之心生”。通行本作“脢”,今帛书本作“梅”,上博竹简本作“拇”。由此知作“脢”“梅”同为今文,作“拇”为古文,子夏、马融、郑玄、虞翻、王肃作“脢”是取今文。参见本卦初六爻辞辨。

“无”,虞翻作“无”,作“无”是取古文。参见乾卦九三爻辞辨。

“悔”,虞翻作“悔”,作“悔”是取今文。参见乾卦上九爻辞辨。

上六，咸其辅、颊、舌。

孟喜《周易章句》作"咸其辅侠舌"。

马融《周易传》作"咸其辅"。

虞翻《周易注》作"咸其酺頬舌"。

"咸"，孟喜、马融、虞翻作"咸"，作"咸"是取古文。参见临卦初九爻辞辨。

"其"，孟喜、马融、虞翻作"其"，作"其"是取今文。参见坤卦上六爻辞辨。

"辅"，"辅"通"酺"。《说文·车部》："辅，人颊车也。从车，甫声。"《玉篇·面部》："酺，《说文》云：'颊也。'《左氏传》曰：'酺车相依。'亦作辅。"今本《春秋左氏传》"酺"作"辅"。考《仪礼·士相见礼》："若父则游目。"郑玄注："今文父为甫。"又考郭店楚墓竹简《老子》甲本："是古圣人能尃万物之自然。"通行本《老子》"尃"作"辅"，"甫""尃""辅""酺"皆从甫声，可以通假。通行本作"辅"，今帛书本作"胶"，阜阳汉墓本作"父"，上博竹简本作"頌"，皆与"辅"音通，可以互借。吕祖谦《古易音训》："晁氏曰：'案，酺今文辅字。'"若依郑玄注及上博竹简本推之，知作"辅""酺"同为今文，作"父""頌""胶"同为古文，孟喜、马融作"辅"，虞翻作"酺"是取今文。参见蛊卦初六爻辞辨。

"颊"，"颊"通"脥"。《玉篇·肉部》："脥，俗颊字。"《说文·页部》："颊，面旁也。从页，夹声。𩓨，籀文颊。"《说文·人部》："侠，俜也。从人，夹声。"《说文·阜部》："陕，从阜，夹声。"《集韵·帖韵》："颊，或作脥。"古代经传中以"侠""夹"字多混用互借。《春秋公羊传》《春秋穀梁传》定公十年："公会齐侯于颊谷。"《春秋左氏传》"颊谷"作"夹谷"。《仪礼·士丧礼》:"妇人侠床东面。"《通典》引作"妇人夹床东面"。《隶释·西岳华山亭碑》:"吏卒侠路。"洪适注:"碑以侠为夹。"吕祖谦《古易音训》:"晁氏曰:'案,古文作夹。'"孙堂、黄奭皆云:"古頬字与夹通,古文夹字亦与侠通。"通行本作"颊",今帛书本作"陕",然考上博竹简本亦作"夹"。由此知作"颊""陕"同为今文,作"夹"为古文,孟喜作"侠",虞翻作"颊"是取今文。

"舌","舌"通"昏"。《说文·口部》:"昏,塞口也。𠯑,古文从甘。"段玉裁注:"凡昏声字,隶变皆为舌,如括、刮之类。"《集韵·𤅷韵》:"昏,或从甘,亦作舌。"薛傅均《说文答问疏证》:"昏,塞口也,是正字。古文作𠯑,与昏形混,隶书作舌,与舌形混。"郭店楚墓竹简本《语丛四》:"若齿之事郚。"释文"郚"作"舌"。通行本、今帛书本皆作"舌",然考上博竹简本作"郚"。由此知作"舌"为今文,作"郚""𠯑"同为古文,孟喜、虞翻作"舌"是取今文。

按,此条爻辞"咸其辅",通行本、阜阳汉墓本、今帛书本同。上博竹简本作"钦頌",少一"其"字,疑为传抄者笔误,其文意基本相同。

恒䷟

恒，亨，无咎，利贞，利有攸往。初六，浚恒，贞凶，无攸利。九二，悔亡。九三，不恒其德，或承之羞，贞吝。九四，田无禽。六五，恒其德，贞，妇人吉，夫子凶。上六，振恒，凶。

恒，亨，无咎，利贞，利有攸往。

郑玄《周易注》作“恒，亨，无咎”。

虞翻《周易注》作“恒，亨，无咎，利贞，利有攸往”。

“恒”，郑玄、虞翻作“恒”，作“恒”是取今文。参见需卦初九爻辞辨。

“亨”，郑玄、虞翻作“亨”，作“亨”是取今文。参见乾卦卦辞辨。

“无”，郑玄、虞翻作“无”，作“无”是取古文。参见乾卦九三爻辞辨。

“咎”，郑玄、虞翻作“咎”，作“咎”是取古文。参见乾卦九三爻辞辨。

“利”，虞翻作“利”，作“利”是取古文。参见乾卦卦辞辨。

“贞”，虞翻作“贞”，作“贞”是取古文。参见乾卦卦辞辨。

“有”，虞翻作“有”，作“有”是取今文。参见乾卦上九爻辞辨。

“攸”，虞翻作“攸”，作“攸”是取古文。参见坤卦卦辞辨。

“往”，虞翻作“往”，作“往”是取今文。参见坤卦卦辞辨。

初六，浚恒，贞凶，无攸利。

郑玄《周易注》作“浚恒”。

“浚”，“浚”通“濬”。《经典释文》：“浚，深也。郑作濬。”《春秋左氏传》庄公九年：“冬浚洙。”《春秋公羊传》注：“浚之者何？深之也。”《尚书·舜典》：“濬川。”《史记》引作“浚川”。《说文·谷部》：“容，深通川也。濬，古文容。”又《说文·𣦼部》：“叡，深明也；通也。睿，古文叡。”许慎以“濬”“睿”为古文，以“叡”为今文。邵瑛《群经正字》云：“今经典多从古文作睿。”许、邵之说皆不确。《玉篇·水部》“浚”同“濬”，“溶”，古文。《九经字样》：“《说文》作攴，隶省作夊。”《一切经音义·大方广十轮经音义》：“古文濬，今作浚。”吕祖谦《古易音训》：“晁氏曰：‘案，濬，古文。浚，篆文，皆深也。’”李富孙《易经异文释》引《众经音义》云：“古文溶、濬二形，今作浚，义并同。”陈启源《毛诗稽古编》卷二十七《字形》：“濬，古文也。本作容，容俗作濬，非。”通行本作“浚”，今帛书本作“夐”，上博竹简本作“叡”，“叡”同“叡”，与“夐”声近互借。由此知作“溶”“濬”“叡”同为古文，作“夐”“浚”同为今文，郑玄作“浚”是取今文。

“恒”，郑玄作“恒”，作“恒”是取今文。参见需卦初九爻辞辨。

九二，悔亡。

虞翻《周易注》作“悔亡”。

“悔”,虞翻作“悔”,作“悔”是取今文。参见乾卦上九爻辞辨。

“亡”,虞翻作“亡”,作“亡”是取古文。参见乾卦九三爻辞辨。

九三,不恒其德,或承之羞,贞吝。

荀爽《周易注》作“不恒其德,或承之羞,贞吝”。

郑玄《周易注》作“不恒其德,咸承之羞”。

陆绩《周易述》作“不恒其德”。

“不”,荀爽、郑玄、陆绩作“不”,作“不”是取古文。参见坤卦六二爻辞辨。

“恒”,荀爽、郑玄、陆绩作“恒”,作“恒”是取今文。参见需卦初九爻辞辨。

“其”,荀爽、郑玄、陆绩作“其”,作“其”是取今文。参见坤卦上六爻辞辨。

“德”,荀爽、郑玄、陆绩作“德”,作“德”是取今文。参见讼卦六三爻辞辨。

“或”,荀爽作“或”、郑玄作“咸”,作“或”“咸”是取古文。参见讼卦六三爻辞辨、临卦初九爻辞辨。

“承”,荀爽、郑玄作“承”,作“承”是取今文。参见师卦上六爻辞辨。

“之”,荀爽、郑玄作“之”,作“之”是取古文。参见坤卦卦辞辨。

“羞”,荀爽、郑玄作“羞”,作“羞”是取今文。参见否卦六三爻辞辨。

“贞”,荀爽作“贞”,作“贞”是取古文。参见乾卦卦辞辨。

“吝”,荀爽作“吝”,作“吝”是取古文。参见屯卦六三爻辞辨。

九四,田无禽。

虞翻《周易注》作“田无禽”。

“田”,虞翻作“田”,作“田”是取今文。参见乾卦九二爻辞辨。

“无”,虞翻作“无”,作“无”是取古文。参见乾卦九三爻辞辨。

“禽”,虞翻作“禽”,作“禽”是取今文。参见师卦六五爻辞辨。

六五,恒其德,贞,妇人吉,夫子凶。

郑玄《周易注》作“恒其德,贞,妇人吉,夫子凶”。

虞翻《周易注》作“恒其德,贞,妇人吉,夫子凶”。

“恒”,郑玄、虞翻作“恒”,作“恒”是取今文。参见需卦初九爻辞辨。

“其”,郑玄、虞翻作“其”,作“其”是取今文。参见坤卦上六爻辞辨。

“德”,郑玄、虞翻作“德”,作“德”是取今文。参见讼卦六三爻辞辨。

“贞”,郑玄、虞翻作“贞”,作“贞”是取古文。参见乾卦卦辞辨。

“妇”,郑玄、虞翻作“妇”,作“妇”是取古文。参见蒙卦九二爻辞辨。

“人”,郑玄、虞翻作“人”,作“人”是取古文。参见乾卦九二爻辞辨。

“夫”,郑玄、虞翻作“夫”,作“夫”是取古文。参见蒙卦六三爻辞辨。

“子”,郑玄、虞翻作“子”,作“子”是取古文。参见乾卦九三爻辞辨。

“凶”,郑玄、虞翻作“凶”,作“凶”是取古文。参见讼卦卦辞辨。

上六,振恒,凶。

孟喜《周易章句》作“榰恒,凶”。

马融《周易传》作“振恒,凶”

郑玄《周易注》作“振恒”。

虞翻《周易注》作“震恒,凶”。

张璠《周易集解》作“震恒,凶”。

“振”,“振”通“震”。《战国策·燕策二》:“天下莫不振动。”《史记·乐毅列传》作“天下莫不震动”。又《荀子·正论》:“天下莫不振动。”杨倞注:“振与震同。”“振”通“榰”。《说文·木部》释“榰”引《易》作“榰恒,凶”。《集韵·支韵》释“榰”引《易》作“榰常,凶”。惠栋《周易述》卷五云:“古文震、振、祇三字,同物同音,祇有耆音,故《说文》引《易》作榰恒也。”震、振皆从辰声,古音在谆部,榰从耆声,古音在脂部,谆、脂对转,所以榰与震、振以音通互借。《仪礼·士丧礼》:“乃沐,栉,挋用巾。”郑玄注:“古文挋皆作振。”《字汇补·雨部》:“震,古文震字。”通行本作“振”,上博竹简本作“鼜”,知“鼜”亦可假借为“振”。由此知作“振”“震”同为古文,作“震”“榰”同为今文,孟喜作“榰”,虞翻、张璠皆作“震”是取今文,马融、郑玄作“振”是取古文。

“恒”,孟喜、马融、郑玄、虞翻、张璠作“恒”,作“恒”是取今文。参见需卦初九爻辞辨。

“凶”,孟喜、马融、虞翻、张璠作“凶”,作“凶”是取古文。参见讼卦卦辞辨。

按,此条爻辞“凶”,通行本、今帛书本同。上博竹简本作“贞凶”,多一“贞”字,疑为传抄者笔误,或为衍文,其文意基本相同。

遯䷠

遯，亨，小利贞。初六，遯尾，厉，勿用有攸往。六二，执之用黄牛之革，莫之胜说。九三，系遯，有疾厉，畜臣妾，吉。九四，好遯，君子吉，小人否。九五，嘉遯，贞吉。上九，肥遯，无不利。

遯，亨，小利贞。

郑玄《周易注》作“遂，亨，小利贞”。

虞翻《周易注》作“遯，亨，小利贞”。

“遯”，“遯”通“遂”。《经典释文》：“遯，字又作遂，又作遁。”《诗·大雅·云汉》：“宁俾我遯。”《经典释文》：“遯，本亦作遂。”《隶续·晋右军将军郑烈碑》：“嘉肥遂而不闷。”“肥遂”，即本卦九五爻辞之“肥遯”。考《汉书·匈奴传》：“如其后嗣遂逃窜伏。”《汉书·叙传》：“携手遂秦。”颜师古并注：“遂，古遯字也。”《说文·辵部》：“遯，逃也。从辵，豚声。”又《豚部》：“豚，篆文从肉、豕。”王念孙《读说文记》：“遯字古音豚。”《集韵·恨韵》：“《说文》：‘遯，逃也。’或作遂，古作遯，通作遁。”《五音集韵·慁韵》：“遯，逃也。遯，古文。”吕祖谦《古易音训》：“晁氏曰：‘案，古作遯字。’”通行本作“遯”，今帛书本、阜阳汉墓本皆作“椽”，上博竹简本作“豚”。知“豚”“遯”“椽”“遯”“遯”皆从象得声，可以互借。若依颜师古注、《集韵》与上博竹简，知作“腞”“豚”“遂”“遯”“遯”同为古文，作“遯”“橡”为今文，郑玄作“遂”是取古文，虞翻作“遯”是取今文。

“亨”，郑玄、虞翻作“亨”，作“亨”是取今文。参见乾卦卦辞辨。

“小”，郑玄、虞翻作“小”，作“小”是取古文。参见需卦九二爻辞辨。

“利”，郑玄、虞翻作“利”，作“利”为古文。参见乾卦卦辞辨。

“贞”，郑玄、虞翻作“贞”，作“贞”为古文。参见乾卦卦辞辨。

初六，遯尾，厉，勿用有攸往。

陆绩《周易述》作“遯尾，厉，勿用有攸往”。

“遯”，陆绩作“遯”，作“遯”是取今文。参见本卦卦辞辨。

“尾”，陆绩作“尾”，作“尾”是取今文。参见履卦卦辞辨。

“厉”，陆绩作“厉”，作“厉”是取今文。参见乾卦九三爻辞辨。

“勿”，陆绩作“勿”，作“勿”是取古文。参见乾卦初九爻辞辨。

“用”，陆绩作“用”，作“用”是取古文。参见乾卦初九爻辞辨。

“有”，陆绩作“有”，作“有”是取今文。参见乾卦上九爻辞辨。

“攸”，陆绩作“攸”，作“攸”是取古文。参见坤卦卦辞辨。

“往”，陆绩作“往”，作“往”是取今文。参见坤卦卦辞辨。

按，此条爻辞“遯尾”，通行本同。今帛书本作“椽尾”，上博竹简本作“丌尾”，多一“丌”字，或传抄者误增，其文意基本相同。

六二，执之用黄牛之革，莫之胜说。

虞翻《周易注》作“执之用黄牛之革，莫之胜说”。

王肃《周易注》作“莫之胜说”。

“执”，虞翻作“执”，作“执”是取今文。参见师卦六五爻辞辨。

“之”，虞翻、王肃作“之”，作“之”是取古文。参见坤卦卦辞辨。

“用”，虞翻作“用”，作“用”是取古文。参见乾卦初九爻辞辨。

“黄”，虞翻作“黄”，作“黄”是取古文。参见坤卦六五爻辞辨。

“牛”，虞翻作“牛”，作“牛”是取古文。参见无妄卦六三爻辞辨。

“革”，“革”通“勒”。《说文·革部》：“革，兽皮治去其毛曰革，革，更也。象古文革之形。革，古文革。”又同部：“勒，马头落衔也。从革，力声。”段玉裁注：“《尔雅》辔首谓之革，革即勒之省。”《诗·小雅·斯干》：“如鸟斯革。”《经典释文》：“革，《韩诗》作勒。”《玉篇·革部》：“革，皮也、毛也、老也，改也。革，古文。”通行本作“革”，今帛书本作“勒”，然考上博竹简本亦作“革”。由此知作“革”“革”同为古文，虞翻作“革”是取古文。参见坎卦上六爻辞辨。

“莫”，“莫”通“暮”。《说文·茻部》：“莫，日且冥也。”惠栋

《读说文记》:“当作茻,亦声。茻,今作莫,俗作暮。”《诗·周颂·臣工》:“维莫之春。”孔颖达疏:“古暮字作莫。”《论语·先进》:“莫春。”《经典释文》:“音暮,本亦作暮,”《集韵·铎韵》:“莫,无也,定也,亦姓。古作嚜。”《字汇补·艸部》:“茻,古《孝经》莫字。”通行本、今帛书本皆作“莫”,然考上博竹简本亦作“莫”。又考通行本夬卦九二爻辞“莫夜”,上博竹简本亦作“莫夜”。由此知作“莫”“茻”“嚜”同为古文,作“暮”为今文,虞翻、王肃作“莫”是取古文。

“胜”,“胜”通“朕”。《淮南子·兵略训》:“凡物有朕,唯道无朕。”《文子》卷下《自然》作“夫物有胜,唯道无胜”。《集韵·寑韵》:“朕,我也。古作躰。”“胜”通“勳”。考郭店楚墓竹简本《成之闻之》:“一宫之人不勳其敬,一军之人不勳其馘。”释文二“勳”字皆作“胜”。通行本、今帛书本皆作“胜”,上博竹简本作“勳”。由此知作“勳”为古文,作“胜”为今文,虞翻、王肃作“胜”是取今文。

“说”,“说”通“税”。《春秋左氏传》庄公九年:“管仲请囚,鲍叔受之,及堂阜而税之。”《经典释文》:“税,本又作说。”《仪礼·既夕》:“主人说髦。”《仪礼·士虞礼》:“丈夫说绖带于庙门外。”郑玄并注:“今文说皆为税。”“说”又通“兑”。《集韵·泰韵》:“兑,《说文》说也。古作兌。”通行本作“说”,今帛书本作“夺”,阜阳汉墓本作“兑”,“夺”“兑”古音同属泰韵,故与“说”亦可通假。然考上博竹简本作“𢼸”,濮茅左说此字:“待考,或释敓。”“敓”通“夺”。《说文·攴部》:“敓,彊取也。《周书》曰:‘敓攘矫虔。’”通行本《尚书·吕刑》“敓”字作“夺”。段玉裁注:“此是争敓正字,后人假夺为敓,夺行而敓废矣。”又考郭店楚墓竹简本《缁衣》:“此以生不可敓志,死不可敓名。”通行本

《礼记·缁衣》作“是以生则不可夺志,死则不可夺名”。若依郑玄注、上博竹简本,知作“说”“敚”“兊”同为古文,作“兑”“夺”同为今文,虞翻、王肃作“说”是取古文。参见兑卦卦辞辨。

按,此条爻辞“执之用黄牛之革”,通行本同。今帛书本作“共之用黄牛之革”,上博竹简本作“戉用黄牛之革”,少一“之”字,疑为传抄者脱漏,其文意基本相同。

九三,系遯,有疾厉,畜臣妾,吉。

虞翻《周易注》作“系遯,有疾厉,畜臣妾,吉”。

“系”,虞翻作“系”,作“系”是取古文。参见随卦六二爻辞辨。

“遯”,虞翻作“遯”,作“遯”是取今文。参见本卦卦辞辨。

“有”,虞翻作“有”,作“有”是取今文。参见乾卦上九爻辞辨。

“疾”,虞翻作“疾”,作“疾”是取古文。参见豫卦六五爻辞辨。

“厉”,虞翻作“厉”,作“厉”是取今文。参见乾卦九三爻辞辨。

“畜”,虞翻作“畜”,作“畜”是取古文。参见离卦卦辞辨。

“臣”,“臣”通“仆”。《史记·鲁仲连邹阳列传》:“是使三晋之大臣,不如邹鲁之仆妾也。”“仆妾”即“臣妾”。蔡清《易经蒙引》卷五上云:“臣妾,仆妾也。古有云臣妾,朱子所谓终日在脚手头者也。”《论语·先进》:“冉求可谓大臣与。”《经典释文》“臣”作“思”,并云:“思,古文臣字,本今作臣。”《集韵·真韵》:“臣,《说文》牵也,事君也。象屈服之形。一曰男子贱称,唐武后作恖。”《说文·菐部》:“仆,给事者。䑑,古文从臣。”《广韵·

屋韵》:“仆,䑑古文。”通行本作“臣”,今帛书本作“仆”,然考上博竹简本亦作“臣”。由此知作“臣”“䑑”同为古文,作“仆”为今文,虞翻作“臣”是取古文。

“妾”,“妾”通“接”。《玉篇·女部》:“妾,接也。得接于君者也。”《周礼·天官·缝人》:“衣翣柳之材。”郑玄注“故书翣柳作接槢。”郑玄以“翣柳”为今文,以“接槢”为古文。通行本、今帛书本皆作“妾”,然考上博竹简本亦作“妾”。由此知作“妾”“接”同为古文,虞翻作“妾”是取古文。参见晋卦卦辞辨。

“吉”,虞翻作“吉”,作“吉”是取古文。参见乾卦用九爻辞辨。

九四,好遯,君子吉,小人否。

马融《周易传》作“好遯,君子吉,小人否”。

郑玄《周易注》作“小人否”。

虞翻《周易注》作“好遯,君子吉,小人否”。

王肃《周易注》作“小人否”。

“好”,“好”通“丑”。《说文·女部》:“丑,《商书》曰:‘无有作丑。’”通行本《尚书·周书》作“无有作好”。段玉裁注:“今《尚书》丑作好,此引经说假借也。丑本训人姓,好恶自有真字,而壁中古文假借丑为好,此以见古之假借不必本无其字,是为同声通用之肇端矣。”段玉裁以“丑”为“好”之古文。“丑”即“妞”字。《玉篇·女部》:“妞,亦作丑。”又《玉篇·子部》:“孖,古文好字。”《集韵·晧韵》:“好,古作孖。”又《号韵》:“丑,古从子。”郭店楚墓竹简本《语丛一》:“多孖者,亡孖者也。”释文作“好”。通行本、今帛书本皆作“好”,然考上博竹简本亦作“好”。由此知作“好”“孖”同为古文,作“丑”为今文,马融、虞翻作“好”是取古文。

“遯”，马融、虞翻作“遯”，作“遯”是取今文。参见本卦卦辞辨。

“君”，马融、虞翻作“君”，作“君”是取古文。参见乾卦九三爻辞辨。

“子”，马融、虞翻作“子”，作“子”是取古文。参见乾卦九三爻辞辨。

“吉”，马融、虞翻作“吉”，作“吉”为古文。参见乾卦用九爻辞辨。

“小”，马融、郑玄、虞翻、王肃作“小”，作“小”是取古文。参见需卦九二爻辞辨。

“人”，马融、郑玄、虞翻、王肃作“人”，作“人”是取古文。参见乾卦九二爻辞辨。

“否”，马融、郑玄、虞翻、王肃作“否”，作“否”是取古文。参见师卦初六爻辞辨。

九五，嘉遯，贞吉。

虞翻《周易注》作“嘉遯，贞吉”。

“嘉”，虞翻作“嘉”，作“嘉”是取古文。参见随卦九五爻辞辨。

“遯”，虞翻作“遯”，作“遯”是取今文。参见本卦卦辞辨。

“贞”，虞翻作“贞”，作“贞”是取古文。参见乾卦卦辞辨。

“吉”，虞翻作“吉”，作“吉”是取古文。参见乾卦用九爻辞辨。

按，此条爻辞“贞吉”，通行本、阜阳汉墓本、今帛书本同。上博竹简本作“吉”，少一“贞”字。考本卦九三爻辞“畜臣妾，吉”、九四爻辞“好遯，君子吉”，皆言“吉”而不言“贞吉”，此言“吉”，正与九三、九四爻辞例合，或为传抄者衍一“贞”字，致使阜、帛等文本皆衍其“贞”而作“贞吉”，其文意基本相同。

上九，肥遯，无不利。

子夏《易传》作“肥遯”。

虞翻《周易注》作“肥遯，无不利”。

“肥”，“肥”通“飞”。《后汉书·张衡传》：“利飞遯以保名。”《文选·思玄赋》作“利肥遯以保名”。“飞”“肥”一音之转，可以互借。《国语·吴语》：“建肥胡，奉文犀之渠。”汪远孙《国语发正》：“肥，古与飞通。”又扬雄《法言·重黎》：“至蠡策种而遁，肥矣哉。”刘师培《国语补释》：“此肥字，亦与飞同。”通行本、今帛书本皆作“肥”，然考上博竹简本亦作“肥”。由此知作“肥”为古文，作“飞”为今文，子夏、虞翻作“肥”是取古文。参见咸卦六二爻辞辨。

“遯”，子夏、虞翻作“遯”，作“遯”是取今文。参见本卦卦辞辨。

“无”，虞翻作“无”，作“无”是取今文。参见乾卦九三爻辞辨。

“不”，虞翻作“不”，作“不”是取古文。参见坤卦六二爻辞辨。

“利”，虞翻作“利”，作“利”是取古文。参见乾卦卦辞辨。

大壮䷡

大壮，利贞。初九，壮于趾，征凶，有孚。九二，贞吉。九三，小人用壮，君子用罔，贞厉。羝羊触藩，羸其角。九四，贞吉，悔亡。藩决不羸，壮于大舆之輹。六五，丧羊于易，无悔。上六，羝羊触藩，不能退，不能遂，无攸利，艰则吉。

大壮，利贞。

虞翻《周易注》作“大壮，利贞”。

“大”，虞翻作“大”，作“大”是取古文。参见。参见乾卦九二爻辞辨。

“壮”，“壮”通“庄”。《礼记·檀弓下》：“卫有太史曰柳庄。”《汉书·古今人表》“柳庄”作“柳壮”。《史记·高祖功臣侯者年表》：“棘阳庄侯杜得臣。”司马贞《索隐》“庄侯”作“壮侯”。“庄”之古文作“𤖼”。《说文·艸部》：“𤖼，古文庄。”段玉裁注：“壮训大，故庄训艸大。古书庄、壮多通用。”朱珔《说文假借义证》：“《诗·墉风·君子偕老》注：‘颜色之庄。’《释文》：‘庄，本作壮。’是壮为庄之省借。”《玉篇·艸部》：“庄，敬也。𤖼，古文。”郭店楚墓竹简本《语丛三》“壮”作“[illegible]”，与“𤖼”近似。通行本、今帛书本皆作“壮”。由此知作“壮”为今文，作

“[illegible]”“[illegible]”同为古文,虞翻作“壮”是取今文。

“利”,虞翻作“利”,作“利”为古文。参见乾卦卦辞辨。

“贞”,虞翻作“贞”,作“贞”为古文。参见乾卦卦辞辨。

初九,壮于趾,征凶,有孚。

虞翻《周易注》作“壮于趾,征凶,有孚”。

“壮”,虞翻作“壮”,作“壮”是取今文。参见本卦卦辞辨。

“于”,虞翻作“于”,作“于”是取古文。参见坤卦上六爻辞辨。

“趾”,虞翻作“趾”,作“趾”是取今文。参见噬嗑卦初九爻辞辨。

“征”,虞翻作“征”,作“征”是取古文。参见小畜卦上九爻辞辨。

“凶”,虞翻作“凶”,作“凶”是取古文。参见讼卦卦辞辨。

“有”,虞翻作“有”,作“有”是取今文。参见乾卦上九爻辞辨。

“孚”,虞翻作“孚”,作“孚”是取古文。参见需卦卦辞辨。

九二,贞吉。

虞翻《周易注》作“贞吉”。

“贞”,虞翻作“贞”,作“贞”为古文。参见乾卦卦辞辨。

“吉”,虞翻作“吉”,作“吉”为古文。参见乾卦用九爻辞辨。

九三,小人用壮,君子用罔,贞厉。羝羊触藩,羸其角。

马融《周易传》作“君子用罔。羝羊触藩,羸其角”。

荀爽《周易注》作"羝羊触藩，羸其角"。

郑玄《周易注》作"累其角"。

虞翻《周易注》作"小人用壮，君子用罔，贞厉。羝羊触藩，累其角"。

王肃《周易注》作"君子用罔，缧其角"。

张璠《周易集解》作"羝羊触藩，虆其角"。

蜀才《周易注》作"累其角"。

"小"，虞翻作"小"，作"小"是取古文。参见需卦九二爻辞辨。

"人"，虞翻作"人"，作"人"是取古文。参见乾卦九二爻辞辨。

"用"马融、虞翻、王肃作"用"，作"用"是取古文。参见乾卦初九爻辞辨。

"壮"，虞翻作"壮"，作"壮"是取今文。参见本卦卦辞辨。

"君"，马融、虞翻、王肃作"君"，作"君"是取古文。参见乾卦九三爻辞辨。

"子"，马融、虞翻、王肃作"子"，作"子"是取古文。参见乾卦九三爻辞辨。

"罔"，"罔"通"无"。《诗·大雅·荡》："罔敷求先王。"郑玄笺："罔，无也。"《尚书·盘庚》："无戏怠。"汉石经《尚书》引作"罔戏怠。"《汉书·武帝纪》："登礼罔不答。"《汉书·司马迁传》："泽流罔极。"颜师古并注："罔，无也。""亡"与"无"亦通。《集韵·虞韵》："无，或作亡。"《汉书·萧望之传》："宜亡此害。"颜师古注："亡读无。"王引之《经传释词》卷十："无，转语词也，字或作亡。"考《玉篇·宀部》："亡，古文罔。"又《壬部》："㒺，诬也。今作罔。"《字汇补·宀部》："㝕，古文罔字。"通行本作

"罔",今帛书本作"亡",然考上博竹简本各卦爻辞诸"无"字,亦皆作"亡"。由此知作"罔"为今文,作"亡""㠩""㝎""㝋"同为古文,马融、虞翻、王肃作"罔"是取今文。

"贞",虞翻作"贞",作"贞"是取古文。参见乾卦卦辞辨。

"厉",虞翻作"厉",作"厉"是取今文。参见乾卦九三爻辞辨。

"羝","羝"通"抵"。《诗·大雅·生民》:"敢羝以軷。"《经典释文》:"羝"作"抵",并云:"字亦作羝。""羝"同"羖"。《经典释文》:"羝,张云:'羖羊也。'《广雅》云:'吴羊曰羝。'"《说文·羊部》:"羝,牡羊也。"又同部:"羖,夏羊牡曰羖。"《集韵·姥韵》:"羖,或从古。"通行本、今帛书本皆作"羝"。若依《集韵》,知作"羝"为今文,马融、荀爽、虞翻、张璠作"羝"是取今文。

"羊","羊"通"祥"。《春秋左氏传》昭公十年:"盟于祲祥。"《春秋穀梁传》作"祲祥",《春秋公羊传》作"侵羊"。考《墨子·明鬼》:"有恐后世子孙,不能敬莙以取羊。"孙诒让《墨子间诂》:"《说文》云:'羊,祥也。'秦、汉金石多以羊为祥。"通行本、今帛书本皆作"羊",然考通行本夬卦九四爻辞"牵羊悔亡"之"羊",上博竹简本亦作"羊"。由此知作"羊"为古文,马融、荀爽、虞翻、张璠作"羊"是取古文。参见履卦上九爻辞辨。

"触","触"同"牮"。《淮南子·齐俗训》:"鸟穷则噣,兽穷则牮,人穷则诈。"高诱注:"牮,触。"《晋书·李流载记》:"(李)荡驰马追击,牮倚矛被伤死,"何超音义:"牮,古文触字。"《玉篇·角部》"触"同"牰","牮,古文。"通行本、今帛书本皆作"触"。由此知作"触"为今文,作"牮"为古文,马融、荀爽、虞翻、张璠作"触"是取今文。

"藩","藩"通"蕃"。《诗·小雅·青蝇》:"营营青蝇,止于樊。”毛传：“樊，藩也。”《史记·滑稽列传》引《诗》作“止于蕃”，《汉书·武五子传》引《诗》作“止于藩”。《春秋左氏传》昭公九年：“以蕃屏周。”定公四年又作“以藩屏周”。《说文·艸部》：“藩，屏也。”邵瑛《群经正字》：“今经典藩屏多通作蕃”。《玉篇·艸部》：“藩，屏也。”“蕃，屏也。”《集韵·元韵》：“藩，通作蕃。”《五经文字》卷中：“藩，本藩篱字，亦作藩屏字，今独用为藩篱字。”通行本作、今帛书本皆作“藩”。由此知作“藩”为今文，马融、荀爽、虞翻、张璠作“藩”是取今文。

“羸”，“羸”通“累”“纍”“缧”“虆”。刘熙《释名·释言语》：“羸，累也。”《论语·公冶长》：“虽在缧绁之中。”“缧绁”，《史记·仲尼弟子列传》《汉书·司马迁传》引作“累绁”。《汉书·于定国传》：“久絫丁壮。”颜师古注：“絫，古累字也。”《文选·上林赋》：“杂袭絫辑，被山缘谷。”李善注：“絫，古累字。”《说文·厽部》：“絫，增也。”段玉裁注：“絫之隶变作累，累行而絫废。”吕祖谦《古易音训》：“晁氏曰：‘案，古文作累。’”不确。俞樾《群经平议》：“《周易》羸字，皆以作累者为正。”“羸”“缧”“累”“纍”“蔂”皆音同可以互借。通行本、今帛书本皆作“羸”，然考通行本姤卦初六爻辞“羸豕”之“羸”，今帛书本亦作“羸”，上博竹简本作“羸”。由此知作“羸”“累”同为今文，作“絫”“羸”同为古文，马融、荀爽作“羸”，郑玄、虞翻作“累”、蜀才作“累”，王肃作“缧”，张璠作“虆”是取今文。

“其”，马融、荀爽、郑玄、虞翻、王肃、张璠、蜀才作“其”，作“其”是取今文。参见坤卦上六爻辞辨。

“角”，“角”通“觳。”《史记·李斯列传》：“方作觳抵优俳之观。”裴骃《集解》“觳抵”作“角抵”。通行本、今帛书本皆作“角”。考《仪礼·既夕礼》：“角觯四木柶二。”郑玄注：“古文角觯为角柶。"又《仪礼·特牲馈食礼》:"主妇俎觳折。"郑玄注:"古文觳皆作穀"。若依郑玄注,知作"角"、"穀"同为古文,作"觳"为今文,马融、荀爽、郑玄、虞翻、王肃、张璠、蜀才作"角"是取古文。

九四,贞吉,悔亡。藩决不羸,壮于大舆之輹。

虞翻《周易注》作"贞吉,悔亡,藩决不羸,壮于大轝之輹"。

"贞",虞翻作"贞",作"贞"是取古文。参见乾卦卦辞辨。

"吉",虞翻作"吉",作"吉"是取古文。参见乾卦用九爻辞辨。

"悔",虞翻作"悔",作"悔"是取今文。参见乾卦上九爻辞辨。

"亡",虞翻作"亡",作"亡"是取古文。参见乾卦九三爻辞辨。

"藩",虞翻作"藩",作"藩"是取今文。参见本卦九三爻辞辨。

"决","决"通"块"。"塊"即"块"之简体。《说文·土部》:"凷,墣也。块,凷或从鬼。"《礼记·丧大记》:"寝苫枕凷。"《仪礼·丧服》作"寝苫枕块",《经典释文》:"块,本又作凷。"王应电《周礼翼传》:"块,古文作凷。"通行本作"决",今帛书本作"块","块"与"决"皆以"夬"得声,故可以互借。由此知作"决""块"同为今文,作"凷"为古文,虞翻作"决"是取今文。

"不",虞翻作"不",作"不"是取古文。参见坤卦六二爻辞辨。

"羸",虞翻作"羸",作"羸"是取今文。参见本卦九三爻辞辨。

"壮",虞翻作"壮",作"壮"是取今文。参见本卦卦辞辨。

“于”,虞翻作“于”,作“于”是取古文。参见坤卦上六爻辞辨。

“大”,虞翻作“大”,作“大”是取古文。参见泰卦卦辞辨。

“舆”,虞翻作“轝”,作“轝”是取今文。参见师卦六三爻辞辨。

“之”,虞翻作“之”,作“之”是取古文。参见坤卦卦辞辨。

“輹”,虞翻作“輹”,作“輹”是取古文。参见小畜卦九三爻辞辨。

六五,丧羊于易,无悔。

郑玄《周易注》作“丧羊于易”。

陆绩《周易述》作“丧羊于场”。

虞翻《周易注》作“丧羊于易,无悔”。

“丧”,郑玄、陆绩、虞翻作“丧”,作“丧”是取古文。参见坤卦卦辞辨。

“羊”,郑玄、陆绩、虞翻作“羊”,作“羊”是取古文。参见本卦九三爻辞辨。

“于”,郑玄、陆绩、虞翻作“于”,作“于”是取古文。参见坤卦上六爻辞辨。

“易”,“易”通“埸”。《经典释文》:“易,陆作场,谓疆场之场。”《玉篇·土部》“埸,畔也。疆场也。亦道之别名。”吕祖谦《古易音训》:“晁氏曰:‘易乃古文疆埸字,与象数合。’”吴玉搢《别雅》卷五:“《隶释·杨统碑》‘疆易不争’,《隶释·魏吕君碑》‘畺易失守’,皆以易为埸。《汉书·食货志》‘殖于疆易’,师古曰:‘《诗·小雅·信南山》云:“中田有卢,疆埸有瓜。”即此谓也。’盖借易作埸耳。畺即疆本字。”惠士奇《春秋左传补注》卷一:“古文作畺易,《周礼》有畺地易地,《吕群碑》‘慎守畺易’,盖用此文。”李富孙《易经异文释》:“《说文》埸为新附字,是古从省作易。”通行本、今帛书本皆作“易”。若依晁说、惠注,知作“易”为古文,作“埸”为今文,郑玄、虞翻作“易”是取古文,陆绩作“埸”是取今文。

“无”,虞翻作“无”,作“无”是取古文。参见乾卦九三爻辞辨。

“悔”,虞翻作“悔”,作“悔”是取今文。参见乾卦上九爻辞辨。

上六,羝羊触藩,不能退,不能遂,无攸利,艰则吉。

虞翻《周易注》作“羝羊触藩,不能退,不能遂,无攸利,艰则吉”。

“羝”,虞翻作“羝”,作“羝”是取今文。参见本卦九三爻辞辨。

“羊”,虞翻作“羊”,作“羊”是取古文。参见本卦九三爻辞辨。

“触”,虞翻作“触”,作“触”是取今文。参见本卦九三爻辞辨。

“藩”,虞翻作“藩”,作“藩”是取今文。参见本卦九三爻辞辨。

“不”,虞翻作“不”,作“不”是取古文。参见坤卦六二爻辞辨。

“能”,虞翻作“能”,作“能”是取古文。参见履卦六三爻辞辨。

“退”,虞翻作“退”,作“退”是取今文。参见观卦六三爻辞辨。

“遂”,“遂”通“隧”。《史记·春申君列传》:“而不知干隧之败也。”《新序·善谋》作“而不知干遂之败”。“遂”亦通“队”。《史记·楚世家》:“韩已得武遂,于秦以河山为塞。”“武遂”,即战国韩地。考《玺汇》有“武队大夫”。《穆天子传》卷一:“天子猎于钘山之西河,于是得绝钘山之队。”郭璞:“队,音遂。”《史记·扁鹊仓公列传》:“是以阳脉下遂,阴脉上升。”裴骃《集解》引徐广曰:“遂,一作队。”《吕氏春秋·知分》:“荆有次非者,得宝剑于干遂。”《淮南子·道应训》作“荆有佽非,得宝剑于干队”。考通行本震卦九四爻辞“震遂泥”之“遂”,荀爽《周易注》作“队”,虞翻《周易注》作“遂”,是其明证。又《荀子·礼论》:“暴慢、恣睢、轻俗似为高之属,入焉而队。”杨倞注:“队,古坠字,堕也。”《说文·辵部》:“遂,亡也。逎,古文遂。”《玉篇·辵部》:“遂,进也,久也,安也,信也。逺,古文。”又《八部》:“㒸,从意也。今作遂也。”通行本、今帛书本皆作“遂”。由此知作“队”“逎”“逺”同为古文,作“遂”为今文,虞翻作“遂”是取今文。参见颐卦六四爻辞辨。

“无”,虞翻作“无”,作“无”是取古文。参见乾卦九三爻辞辨。

“攸”,虞翻作“攸”,作“攸”是取古文。参见坤卦卦辞辨。

“利”,虞翻作“利”,作“利”是取古文。参见乾卦卦辞辨。

“艰”,虞翻作“艰”,作“艰”是取今文。参见泰卦九三爻辞辨。

“则”,虞翻作“则”,作“则”是取今文。参见蒙卦卦辞辨。

“吉”,虞翻作“吉”,作“吉”是取古文。参见乾卦用九爻辞辨。

晋䷢

晋，康侯用锡马蕃庶，昼日三接。初六，晋如，摧如，贞吉。罔孚，裕无咎。六二，晋如，愁如，贞吉。受兹介福，于其王母。六三，众允，悔亡。九四，晋如鼫鼠，贞厉。六五，悔亡，失得勿恤，往吉无不利。上九，晋其角，维用伐邑，厉吉，无咎，贞吝。

晋，康侯用锡马蕃庶，昼日三接。

孟喜《周易章句》作“齐”。

马融《周易传》作“晋，康侯用锡马蕃庶”。

郑玄《周易注》作“晋，康侯用锡马蕃庶，昼日三接”。

陆绩《周易述》作“晋，康侯”。

虞翻《周易注》作“晋，康侯用锡马蕃庶，昼日三接”。

“晋”，“晋”通“齐”。《经典释文》云：“晋，孟作齐，子西反，义同。乾宫游魂卦。”《玉篇·日部》：“晋”同“晉”。吕祖谦《古易音训》：“晁氏曰：‘《说文》作晉。案，齐，古文；晉，篆文；晋，今文。’”不确。考《仪礼·士虞礼》：“隮祔尔于尔皇祖某甫。”郑玄注：“今文隮为齐。”《六经正误》卷六《春秋左氏传正误》：“晋，古文从两至字，下从日，隶亦作晋，非从吅也。”《类篇·日部》：“晉，隶省晋。”《集韵·稕韵》：“晋，古作𣊫。奇字作晉，隶省文。”

"晋"亦通"箭"。《仪礼·大射仪》:"缀诸箭。"郑玄注:"古文箭作晋。"《周礼·夏官·职方氏》:"其利金锡竹箭。"郑玄注:"故书箭为晋。杜子春曰:'晋当为箭,书亦或为箭。'"通行本作"晋"、今帛书本作"溍","溍""晋"皆以"晋"得声,可以通假。若依《集韵》,知作"䇴""晉"同为古文,作"晋""溍""齐"同为今文,孟喜作"齐",马融、荀爽、郑玄、陆绩、虞翻作"晋"是取今文。

"康","康"通"汤"。通行本《礼记·缁衣》:"唯尹躬及汤,咸有一德。"上博竹简本《缁衣》作"隹尹夋及康,咸又一悳"。郭店楚墓竹简本《缁衣》作"隹尹躬及汤,咸又一悳。"通行本、今帛书本皆作"康"。若依上博竹简、郭店楚墓竹简本《缁衣》,则知"康""汤"同为古文。然考《字汇补·又部》:"㡅,古文康字。"知"㡅"亦为古文,马融、郑玄、陆绩、虞翻作"康"是取今文。

"侯",马融、郑玄、陆绩、虞翻作"侯",作"侯"是取今文。参见屯卦卦辞辨。

"用",马融、郑玄、虞翻作"用",作"用"是取古文。参见乾卦初九爻辞辨。

"锡",马融、郑玄、虞翻作"锡",作"锡"是取今文。参见讼卦上九爻辞辨。

"马",马融、郑玄、虞翻作"马",作"马"是取古文。参见坤卦卦辞辨。

"蕃",马融、郑玄、虞翻作"蕃",作"蕃"是取今文。参见贲卦六四爻辞辨。

"庶","庶"同"遮"。《管子·侈靡》:"六畜遮育。"洪颐煊《管子义证》:"遮、庶古字通用。"《集韵·麻韵》:"遮,《说文》:'过也。'或省。"又《御韵》:"庶,古作庻。"《字汇补·广部》:"庻,庶本字。"此外又有作"庻""㢊"者,皆为"庻"之别体。考郭店楚墓竹简本《成之闻之》:“古(故)君子不贵德勿(物)而贵民又(有)同也。”释文“德”作“庶”。古从彳从辵字可以互通。如“径”可以作“迳”,“退”可以作“徂”等,此“德”字,疑即“遮”字。通行本、今帛书本皆作“庶”。由此知作“庶”为今文,作“德”“蔗”“遮”同为古文,马融、郑玄、虞翻作“庶”是取今文。

“昼”,《说文·聿部》:“昼,日之出入,与夜为介。𦘠,籀文昼。”段玉裁注:“今篆体盖亦少一横。”《集韵·宥韵》:“昼,籀作𦘠。”通行本、今帛书本皆作“昼”。由此知作“昼”为今文。作“𦘠”为古文,郑玄、虞翻作“昼”是取今文。

“日”,郑玄、虞翻作“日”,作“日”是取古文。参见乾卦九三爻辞辨。

“三”,郑玄、虞翻作“三”,作“三”是取古文。参见蒙卦卦辞辨。

“接”,“接”通“捷”。《经典释文》:“如字,郑音捷,胜也。”《荀子·大略》:“先事虑事谓之接。”杨倞注:“接读为捷,速也。”《大戴礼记·保傅》:“博闻强记、接给而善对者谓之承。”《新书·保傅》引作“博闻而强记、捷给而善对者谓之承”。又《春秋左氏传》庄公十二年经:“宋万弑其君捷。”《春秋公羊传》《春秋穀梁传》“捷”字皆作“接”。《礼记·内则》:“接以太牢。”郑玄注:“接读为捷。”“接”又可以假借为“挟”,《仪礼·乡射礼》《仪礼·大射仪》:“兼挟乘矢。”郑玄并注:“古文挟皆作接。”《一切经音义》卷十七《阿毗昙毗婆沙论音义》引张揖《古今字诂》:“古文捷,今作接。”通行本作“接”,今帛书本作“緌”,“緌”“接”皆从妾得声,可以通假。若依郑玄注,知作“接”为古文,作“緌”为今文,郑玄、虞翻作“接”是取古文。

初六，晋如，摧如，贞吉。罔孚，裕无咎。

郑玄《周易注》作“晋如摧如”。

虞翻《周易注》作“晋如摧如，贞吉。罔孚，裕无咎”。

“晋”，郑玄、虞翻作“晋”，作“晋”是取今文。参见本卦卦辞辨。

“如”，郑玄、虞翻作“如”，作“如”是取今文。参见屯卦六二爻辞辨。

“摧”，“摧”通“崔”“确”。《隶释·费凤别碑》：“肝确意悲，感切伤心。”洪适注：“碑以确为摧。”《集韵·灰韵》：“崔，或作确。”“摧”可通“浚”。扬雄《太玄·众》：“丈人摧孥。”范望注：“摧，趣也。”刘熙《释名·释言语》：“取，趣也。”《庄子·齐物论》：“趣舍不同。”《经典释文》：“趣本作取。”又《庄子·天地》：“趣舍滑心，使性飞扬。”成玄英疏：“趣，取也。”“取”通“浚”。《春秋左氏传》襄公二十四年：“子实生我，而谓子浚我以生乎？”杜预注：“浚，取也。言取我财以自生。”故“摧”字与“浚”字亦可通假。考《诗·小雅·鸳鸯》：“乘马在厩，摧之秣之。”郑玄笺：“摧，今之莝字也。”郑玄以“莝”为今字，以“摧”字为古字。通行本“摧”，今帛书本作“浚”，“浚”之古文作“濬”。由此知作“摧”为古文，作“浚”为今文，郑玄、虞翻作“摧”是取古文。参见恒卦初六爻辞辨。

“贞”，虞翻作“贞”，作“贞”是取古文。参见乾卦卦辞辨。

“吉”，虞翻作“吉”，作“吉”是取古文。参见乾卦用九爻辞辨。

“罔”，虞翻作“罔”，作“罔”是取今文。参见大壮卦九三爻辞辨。

“孚”，虞翻作“孚”，作“孚”是取古文。参见需卦卦辞辨。

“裕”,虞翻作“裕”,作“裕”是取今文。参见蛊卦六四爻辞辨。

“无”,虞翻作“无”,作“无”是取古文。参见乾卦九三爻辞辨。

“咎”,虞翻作“咎”,作“咎”是取古文。参见乾卦九三爻辞辨。

按,此条爻辞“初六”,通行本同。今帛书本作“初九”,疑为传抄者笔误。

六二,晋如,愁如,贞吉。受兹介福,于其王母。

马融《周易传》作“受兹介福”。

郑玄《周易注》作“晋如,愁如”。

虞翻《周易注》作“晋如,愁如,贞吉。受兹介福,于其王母”。

“晋”,郑玄、虞翻作“晋”,作“晋”是取今文。参见本卦卦辞辨。

“如”,郑玄、虞翻作“如”,作“如”是取今文。参见屯卦六二爻辞辨。

“愁”,“愁”通“秋”。《礼记·乡饮酒义》:“秋之为言愁也。”“愁”通“愀”。《集韵·小韵》:“愀,争变皃。或书作愁。”又《尤韵》:“愁,或书作㥢。”通行本、今帛书本皆作“愁”。由此知作“愁”为今文,郑玄、虞翻作“愁”是取今文。

“贞”,虞翻作“贞”,作“贞”为古文。参见乾卦卦辞辨。

“吉”,虞翻作“吉”,作“吉”为古文。参见乾卦用九爻辞辨。

“受”,“受”通“授”。《史记·儒林列传》:“弟子传以久次相受业。”《汉书·董仲舒传》作“弟子传以久次相授业”。《周官·天官·司仪》:"再拜授幣。"郑玄注:"授,当为受。"《集韵·有韵》:"受,古作叐。"通行本、今帛书本皆作"受",知作"受"为今文。然考《仪礼·燕礼》《大射仪》《特牲馈食礼》:"更爵。"郑玄并注:"古文更为受。"又郭店楚墓竹简本《唐虞之道》:"受臤(贤)则民兴。"上博竹简本《容成之》:"皆不受亓子而受亓臤。"释文"受"字皆作"授",知作"受""叐"同为古文,作"授"为今文,马融、虞翻作"受"是取古文。

"兹","兹"通"滋"。《吕氏春秋·谨听》:"太公钓于滋泉。"《水经注·渭水》引作"太公钓于兹泉"。《墨子·尚同上》:"其人兹众,其所谓义者亦兹众。"孙诒让《墨子间诂》:"古正作兹,今相承作滋。"考《集韵·之韵》:"兹,古作丝。"又同韵:"滋,古作滋。"《正字通·艸部》:"茲,古文兹。"通行本作"兹"。又考郭店楚墓竹简本《成之闻之》:"型丝亡愳。"释文"愳"作"兹"。由此知作"兹"为今文,作"愳""滋""茲"同为古文,马融、虞翻作"兹"是取今文。参见复卦上六爻辞辨。

"介",马融、虞翻作"介",作"介"是取今文。参见豫卦六二爻辞辨。

"福",马融、虞翻作"福",作"福"是取古文。参见泰卦九三爻辞辨。

"于",虞翻作"于",作"于"是取古文。参见坤卦上六爻辞辨。

"其",虞翻作"其",作"其"是取今文。参见坤卦上六爻辞辨。

"王",虞翻作"王",作"王"是取古文。参见坤卦六三爻辞辨。

"母",虞翻作"母",作"母"是取古文。参见蛊卦九二爻辞辨。

六三，众允，悔亡。

虞翻《周易注》作“众允，悔亡”。

“众”，“众”通“终”。《史记·五帝纪》：“怙终贼刑。”徐广注：“终，一作众。”《杂卦传》：“大有，众也。”荀爽《周易注》作“大有，终也。”武威汉简本《士相见》：“终皆如是。”今本《仪礼·士相见礼》：“众皆若是。”郑玄注：“今文众为终。”郑玄以“终”为今文，以“众”为古文，不确。《玉篇·乑部》：“乑，众也。”《集韵·送韵》：“众，古作眔。”《正字通·丿部》：“乑，隶作众。”《字汇补·丿部》：“乑，古本众字。”通行本、今帛书本皆作“众”。由此知作“眔”“乑”同为古文，作“众”“终”同为今文，然考郭店楚墓竹简本《尊德义》：“善者民必众，众者必訂(治)。”知作“众”亦为古文。虞翻作“众”是取古文。

“允”，“允”通“夋”。《说文·夲部》：“夋，进也。从夲，从中，允声。《易》曰：‘夋升大吉。’”段玉裁注：“盖古本作夋。”《汗简》引古《周易》作“夋”。《集韵·准韵》引作“岏升大吉。”吕祖谦《古易音训》：“晁氏曰：‘《说文》作夋升大吉。说之案，允，古文。夋，篆文。’”通行本、今帛书本皆作“允”。由此知作“夋”“允”同为古文，虞翻作“允”是取古文。

“悔”，虞翻作“悔”，作“悔”是取今文。参见乾卦上九爻辞辨。

“亡”，虞翻作“亡”，作“亡”是取古文。参见乾卦九三爻辞辨。

九四，晋如鼫鼠，贞厉。

子夏《易传》作“晋如硕鼠”。

郑玄《周易注》作“晋如硕鼠”。

九家《周易集注》作“晋如鼫鼠,贞厉”。

“晋”,子夏、郑玄、九家作“晋”,作“晋”是取今文。参见本卦卦辞辨。

“如”,子夏、郑玄、九家作“如”,作“如”是取今文。参见屯卦六二爻辞辨。

“鼫”,“鼫”通“硕”。《经典释文》:“硕,音石。”《吕氏春秋·尊师》:“高何县子石。”《墨子·耕柱》“县子石”作“县子硕”。《说文·鼠部》:“鼫,从鼠,石声。”“鼫”因从石声与“硕”互借。通行本作“鼫”,今帛书本作“炙”,“炙”与“硕”“鼫”古音同属昔韵,可以互借。《说文·炙部》:“炙,𤎅籀文。”《玉篇》《集韵》同。由此知作“炙”“鼫”同为今文,作“硕”“𤎅”同为古文,子夏、郑玄作“硕”,九家作“鼫”是取今文。参见剥卦上九爻辞辨。

“鼠”,“鼠”通“癙”。《诗·小雅·正月》:“癙忧以痒。”《六书故》:“按,癙当作鼠。”通行本、今帛书本皆作“鼠”,知作“鼠”为今文,子夏、郑玄、九家作“鼠”是取今文。

“贞”,九家作“贞”,作“贞”是取古文。参见乾卦卦辞辨。

“厉”,九家作“厉”,作“厉”是取今文。参见乾卦九三爻辞辨。

六五,悔亡,失得勿恤,往吉无不利。

孟喜《周易章句》作“矢得勿血”。

马融《周易传》作“矢得勿血”。

荀爽《周易注》作“悔亡,矢得勿恤,往吉无不利”。

郑玄《周易注》作“矢得勿恤”。

虞翻《周易注》作“矢得勿恤”。

王肃《周易注》作“矢得勿恤”。

“悔”，荀爽作“悔”，作“悔”是取今文。参见乾卦上九爻辞辨。

“亡”，荀爽作“亡”，作“亡”是取古文。参见乾卦九三爻辞辨。

“失”，孟喜、马融、荀爽、郑玄、虞翻、王肃作“矢”。作“矢”“失”同取今文。参见比卦九五爻辞辨。

“得”，孟喜、马融、荀爽、郑玄、虞翻、王肃作“得”，作“得”是取今文。参见坤卦卦辞辨。

“勿”，孟喜、马融、荀爽、郑玄、虞翻、王肃作“勿”，作“勿”是取古文。参见乾卦初九爻辞辨。

“恤”，孟喜、马融作“血”，荀爽、郑玄、虞翻、王肃作“恤”。作“血”是取古文，作“恤”是取今文。参见坤卦上六爻辨。

“往”，荀爽作“往”，作“往”是取今文。参见坤卦卦辞辨。

“吉”，荀爽作“吉”，作“吉”是取古文。参见乾卦用九爻辞辨。

“无”，荀爽作“无”，作“无”是取古文。参见乾卦九三爻辞辨。

“不”，荀爽作“不”，作“不”是取古文。参见坤卦六二爻辞辨。

“利”，荀爽作“利”，作“利”是取古文。参见乾卦卦辞辨。

上九，晋其角，维用伐邑，厉吉，无咎，贞吝。

虞翻《周易注》作“晋其角，维用伐邑，厉吉，无咎，贞吝”。

“晋”，虞翻作“晋”，作“晋”是取今文。参见本卦卦辞辨。

“其”,虞翻作“其”,作“其”是取今文。参见坤卦上六爻辞辨。

“角”,虞翻作“角”,作“角”是取古文。参见大壮九三爻辞辨。

“维”,虞翻作“维”,作“维”是取今文。参见随卦上六爻辞辨。

“用”,虞翻作“用”,作“用”是取古文。参见乾卦初九爻辞辨。

“伐”,虞翻作“伐”,作“伐”是取古文。参见谦卦六五爻辞辨。

“邑”,虞翻作“邑”,作“邑”是取古文。参见讼卦九二爻辞辨。

“厉”,虞翻作“厉”,作“厉”是取今文。参见乾卦九三爻辞辨。

“吉”,虞翻作“吉”,作“吉”是取古文。参见乾卦用九爻辞辨。

“无”,虞翻作“无”,作“无”是取古文。参见乾卦九三爻辞辨。

“咎”,虞翻作“咎”,作“咎”是取古文。参见乾卦九三爻辞辨。

“贞”,虞翻作“贞”,作“贞”是取古文。参见乾卦卦辞辨。

“吝”,虞翻作“吝”,作“吝”是取古文。参见屯卦六三爻辞辨。

明夷䷣

明夷，利艰贞。初九，明夷于飞，垂其翼。君子于行，三日不食。有攸往，主人有言。六二，明夷，夷于左股，用拯马壮，吉。九三，明夷于南狩，得其大首，不可疾贞。六四，入于左腹，获明夷之心，于出门庭。六五，箕子之明夷，利贞。上六，不明晦，初登于天，后入于地。

明夷，利艰贞。

郑玄《周易注》作“明夷，利艰贞”。

虞翻《周易注》作“明夷，利艰贞”。

“明”，郑玄、虞翻作“明”，作“明”是取古文。参见随卦九四爻辞辨。

“夷”，“夷”通“侇”。《礼记·丧大记》：“男女奉尸夷于堂。”《经典释文》：“夷，本或作侇。”《仪礼·士丧礼》：“男女奉尸侇于堂。”郑玄注：“今文侇作夷。”《玉篇·人部》：“侇，夷也。”《汉书·地理志上》：“江在西北。”颜师古注：“𡰥，古夷字。”《玉篇·尸部》：“𡰥，古文夷字。《说文》曰：‘古文仁字。”吕祖谦《古易音训》：“说之案，夷，古文：眱，篆文。睇，今文。睇又作眱，又作眤，皆通迎亲也，合象数。”通行本、今帛书本皆作“夷”。若依郑玄注、《玉篇》,知作“夷”为今文,作“巳”“侇”同为古文,郑玄、虞翻作“夷”是取今文。

“利”,郑玄、虞翻作“利”,作“利”是取古文。参见乾卦卦辞辨。

“艰”,郑玄、虞翻作“艰”,作“艰”是取今文。参见泰卦九三爻辞辨。

“贞”,郑玄、虞翻作“贞”,作“贞”是取古文。参见乾卦卦辞辨。

初九,明夷于飞,垂其翼。君子于行,三日不食。有攸往,主人有言。

荀爽《周易注》作“明夷于飞,垂其翼,君子于行,三日不食”。

“明”,荀爽作“明”,作“明”是取古文。参见随卦九四爻辞辨。

“夷”,荀爽作“夷”,作“夷”是取今文。参见本卦卦辞辨。

“于”,荀爽作“于”,作“于”是取古文。参见坤卦上六爻辞辨。

“飞”,荀爽作“飞”,作“飞”是取古文。参见乾卦九五爻辞辨。

“垂”,“垂”通“垂”。《史记·袁盎晁错列传》:“千金之子坐不垂堂。”《汉书·晁错传》作“千金之子坐不垂堂”。颜师古注:“垂堂,谓坐堂外边,恐坠堕也。”“垂”即“𠂹”字。《说文·𠂹部》:“𠂹,艸木华叶𠂹。𡍮,古文。”段玉裁注:“引申为凡下𠂹之称。今字垂行而𠂹废矣。”《玉篇·𠂹部》:“𠂹。今作垂。𡍮,古文。”通行本、今帛书本皆作“垂”。由此知作“垂”为今文,作

“㘥”为古文，荀爽作“垂”是取今文。

“其”，荀爽作“其”，作“其”为今文。参见坤卦上六爻辞辨。

“翼”，“翼”通“异”。《墨子·耕柱》：“和氏之璧，隋侯之珠，三棘六异。”《史记·楚世家》作：“吞三翮六翼以高世主。”又《礼记·孔子闲居》：“威仪翼翼。”上博竹简本《民之父母》作“䰠我异异”。“翼”同“䎀”。《说文·羽部》：“䎀，翼也。䎗，䎀或从羽、氏。”《玉篇·羽部》：“翼，翅也，辅也，敬也，助也。䎃同。”《广韵·职韵》：“䎃，古文。”《集韵·职韵》：“《说文》：‘䎀也。’篆作翼。或作䎃。”通行本、今帛书本皆作“翼”。由此知作“翼”为今文，作“䎃”“异”同为古文，荀爽作“翼”是取今文。

“君”，荀爽作“君”，作“君”是取古文。参见乾卦九三爻辞辨。

“子”，荀爽作“子”，作“子”是取古文。参见乾卦九三爻辞辨。

“行”，荀爽作“行”，作“行”是取古文。参见泰卦九二爻辞辨。

“三”，荀爽作“三”，作“三”是取古文。参见蒙卦卦辞辨。

“日”，荀爽作“日”，作“日”是取古文。参见乾卦九三爻辞辨。

“不”，荀爽作“不”，作“不”是取古文。参见坤卦六二爻辞辨。

“食”，荀爽作“食”，作“食”是取今文。参见需卦九五爻辞辨。

按，此条爻辞“垂其翼”，通行本同。今帛书本作“垂亓左翼”，多一“左”字。考《诗·小雅·鸳鸯》：“鸳鸯在梁，戢其左翼。”又证之明夷卦六二爻辞“夷于左股”之“股”字、六四爻辞

"入于左腹"之"腹"字前皆有"左"字之例,疑通行本少一"左"字,或为传抄者笔误,导致其文意有别。

六二,明夷,夷于左股,用拯马壮,吉。

子夏《易传》作"睇于左股,用抍马壮,吉"。

孟喜《周易章句》作"抍马壮,吉"。

京房《周易章句》作"眱于左股"。

马融《周易传》作"夷于左般"。

郑玄《周易注》作"明夷,睇于左股。用拯马"。

陆绩《周易述》作"睇于左股"。

王肃《周易注》作"夷于左般"。

姚信《周易注》作"夷于右槃"。

九家《周易集注》作"明夷于左股,用拯马壮,吉"。

"明",郑玄、九家作"明",作"明"是取古文。参见随卦九四爻辞辨。

"夷",子夏作"睇",京房作"眱",马融、郑玄、王肃、姚信、九家作"夷",作"夷"是取今文。参见本卦卦辞辨。

"于",子夏、京房、马融、郑玄、陆绩、王肃、姚信、九家作"于",作"于"是取古文。参见坤卦上六爻辞辨。

"左",子夏、京房、马融、郑玄、陆绩、王肃、九家作"左",姚信作"右",作"左""右"同取古文。参见师卦九四爻辞辨、大有卦上九爻辞辨。

"股","股"通"般""槃"。《经典释文》:"左股,马、王肃字作'般',般,旋也。姚作右槃。""般"为"盘"字之省,汉隶又省作"股"。考汉石经《尚书》残碑《盘庚》字作"般"。《仲秋下旬碑》"盘桓",字作"股",杨孟文《石门颂》《孔府君碑阴》亦以"股"为

“般”。《玉篇·木部》:“槃,或作盤、鎜。”通行本、帛书本皆作“股”。由此知作“股”“般”“槃”同为今文,子夏、京房、郑玄、陆绩、九家作“股”,马融、王肃作“般”,姚信作“槃”同取今文。作“般”为古文。参见屯卦六二爻辞辨、讼卦上九爻辞辨。

“用”,子夏、郑玄、九家作“用”,作“用”是取古文。参见乾卦初九爻辞辨。

“拯”,“拯”通“抍”。《隶释·博陵太守孔彪碑》:“抍马蠲害。”洪适注:“抍即拯字。”《说文·手部》:“拯,上举也。《易》曰:‘拯马壮吉。’撜,抍或从登。”《集韵·蒸韵》“承、丞、抍”同字。“拯”通“撜”。《吕氏春秋·察微》:“子路拯溺。”《淮南子·齐俗训》作“子路撜溺”。又《淮南子·氾论训》:“至其溺也,则捽其发而拯。”高诱注:“拯,升也,出溺曰拯。”《玉篇·手部》:“抍,助也。撜、抍并同。”则拯、抍、撜三字可以互通。项安世《周易玩辞》卷七:“拯字作承。古文作抍,亦音承。”不确。通行本作“拯”,今帛书本作“撜”,然考通行本艮卦六二爻辞“不拯其随”之“拯”,今帛书本作“登”,上博竹简本“陞”,其义皆同。由此知作“撜”“拯”为今文,作“陞”为古文,子夏、孟喜作“抍”,郑玄、九家作“拯”是取今文。

“马”,子夏、孟喜、郑玄、九家作“马”,作“马”是取古文。参见坤卦卦辞辨。

“壮”,子夏、孟喜、九家作“壮”,作“壮”是取今文。参见大壮卦九三爻辞辨。

“吉”,子夏、孟喜、九家作“吉”,作“吉”是取古文。参见乾卦用九爻辞辨。

九三,明夷于南狩,得其大首,不可疾贞。

九家《周易集注》作“明夷于南狩，得其大首，不可疾贞”。

“明”，九家作“明”，作“明”是取古文。参见随卦九四爻辞辨。

“夷”，九家作“夷”，作“夷”是取今文。参见本卦卦辞辨。

“于”，九家作“于”，作“于”是取古文。参见坤卦上六爻辞辨。

“南”，九家作“南”，作“南”是取古文。参见坤卦卦辞辨。

“狩”，“狩”通“守”。《经典释文》：“狩，本亦作守，同。”《尚书·舜典》：“东巡守。”《经典释文》：“守，或作狩。”《礼记·王制》：“天子五年一巡守。”《经典释文》：“守，本又作巡狩。”吕祖谦《古易音训》：“说之案，守，古文。狩，今文。”“狩”亦通“兽”。《诗·小雅·车攻》：“搏兽于敖。”《文选·东京赋》引作“薄狩于敖”。《水经注·济水》：“济水又东径敖山北，《诗》所谓薄狩于敖者也。”注：“今《诗》作‘搏兽于敖’。”郑玄笺：“兽，田猎搏兽也。”《说文·嘼部》：“兽，守备者。”徐灏注笺：“兽之言狩也，田猎所获。”惠栋《九经古义》卷五《毛诗古义》：“狩，本古兽字。”不确。考郭店楚墓竹简本《六德》：“能兽弌曲安。”释文“兽”作“守”。又郭店楚墓竹简《老子》甲本：“侯王女（如）能兽之。”通行本《老子》“兽”作“守”。通行本、今帛书本皆作“守”。由此知作“守”为今文，作“狩”“兽”同为古文，九家作“狩”是取古文。

“得”，九家作“得”，作“得”是取今文。参见坤卦卦辞辨。

“其”，九家作“其”，作“其”是取今文。参见坤卦上六爻辞辨。

“大”，九家作“大”，作“大”是取古文。参见乾卦九二爻辞辨。

“首”，九家作“首”，作“首”是取古文。参见乾卦用九爻辞辨。

“不”，九家作“不”，作“不”是取古文。参见坤卦六二爻辞辨。

“可”，九家作“可”，作“可”是取古文。参见坤卦六三爻辞辨。

“疾”，九家作“疾”，作“疾”是取古文。参见豫卦六五爻辞辨。

“贞”，九家作“贞”，作“贞”是取古文。参见乾卦卦辞辨。

按，此条爻辞“明夷于南狩”，通行本同。今帛书本作“明夷，夷于南狩”，多一“夷”字。证之明夷卦六二爻辞“明夷，夷于左股”，通行本、今帛书本同，疑通行本少一“夷”字，或为传抄者笔误，其文意基本无别。

六四，入于左腹，获明夷之心，于出门庭。

荀爽《周易注》作“入于左腹，获明夷之心，于出门庭”。

干宝《周易注》作“入于左腹，获明夷之心，于出门庭”。

“入”，荀爽、干宝作“入”，作“入”是取今文。参见屯卦六三爻辞辨。

“于”，荀爽、干宝作“于”，作“于”是取古文。参见坤卦上六爻辞辨。

“左”，荀爽、干宝作“左”，作“左”是取古文。参见师卦九四爻辞辨

“腹”，“腹”通“覆”。《晏子春秋·内篇·问上》：“为人主所案据腹而有之。”《韩诗外传》“腹”作“覆”。《孟子·尽心下》：“仁覆天下。”马王堆汉墓帛书《老子》甲本作“仁腹天下”。通行本、今

帛书本皆作“腹”,知作“腹”为今文,荀爽、干宝作“腹”是取今文。

“获”,荀爽、干宝作“获”,作“获”为今文。参见随卦九四爻辞辨。

“明”,荀爽、干宝作“明”,作“明”是取古文。参见随卦九四爻辞辨。

“夷”,荀爽、干宝作“夷”,作“夷”是取今文。参见本卦卦辞辨。

“之”,荀爽、干宝作“之”,作“之”是取古文。参见坤卦卦辞辨。

“心”,荀爽、干宝作“心”,作“心”是取古文。参见坎卦卦辞辨。

“出”,荀爽、干宝作“出”,作“出”是取古文。参见需卦六四爻辞辨。

“门”,荀爽、干宝作“门”,作“门”是取今文。参见同人卦初九爻辞辨。

“庭”,“庭”通“廷”。《诗·周颂·闵予小子》:“陟降庭止。”《汉书·匡衡传》引作“陟降廷止”。《春秋左氏传》昭公二十三年:“张武军于荧廷。”《经典释文》:“廷,本亦作庭。”《国语·鲁语下》:“有隼集于陈侯之庭而死。”《史记·孔子世家》作“有隼集于陈廷而死”。《集韵·径韵》:“庭,廷或省。”《汗简·土部》“庭”之古文作“廷”。通行本作“庭”,今帛书本作“廷”。证之通行本艮卦卦辞“行其庭”,上博竹简本作“行丌廷”。由此知作“廷”为古文,作“庭”为今文,荀爽、干宝作“庭”是取今文。

按,此条爻辞“入于左腹”,通行本同。今帛书本作“明夷,夷于左腹”,多“明夷”二字,又“入”作“夷”,疑传抄者笔误,其文意基本相同。

六五，箕子之明夷，利贞。

孟喜《周易章句》作“箕子之明夷”。

马融《周易传》作“箕子之明夷，利贞”。

荀爽《周易注》作“箕子之明夷”。

蜀才《周易注》作“其子之明夷”。

“箕”，“箕”通“其”。《经典释文》：“蜀才箕作其，刘向云：‘今《易》箕子作荄滋。’邹湛云：‘训箕为荄，诂子为滋，漫衍无经，不可致诘。以讥荀爽。’”吕祖谦《古易音训》：“晁氏曰：‘其，古文。箕，今文。’”考《说文·箕部》：“箕，簸也。𠀠，古文箕省。㠱，亦古文箕。[illegible]，亦古文箕。”《玉篇·箕部》：“箕，簸，箕也。㠱、[illegible]、[illegible]、𠀠并古文。”惠栋《周易述》卷五云：“蜀才本从古文作其子。其古音亥，故读为亥，亦作萁，古文其子，其与亥，子与兹，字异而音义同。”商承祚《说文中之古文考》：“其为箕字，既借之后，箕始加竹。”通行本、今帛书本皆作“箕”。若依《说文》《玉篇》等，知作“其”“箕”为今文，作“㠱”“𠀠”“[illegible]”“[illegible]”同为古文，孟喜、马融、荀爽作“箕”，蜀才作“其”是取今文。参见坤卦上六爻辞辨。

“子”，孟喜、马融、荀爽、蜀才作“子”，作“子”是取古文。参见乾卦九三爻辞辨。

“之”，孟喜、马融、荀爽、蜀才作“之”，作“之”是取古文。参见坤卦卦辞辨。

“明”，孟喜、马融、荀爽、蜀才作“明”，作“明”是取古文。参见随卦九四爻辞辨。

“夷”，孟喜、马融、荀爽、蜀才作“夷”，作“夷”是取今文。参见本卦卦辞辨。

“利”，马融作“利”，作“利”是取古文。参见乾卦卦辞辨。

"贞",马融作"贞",作"贞"是取古文。参见乾卦卦辞辨。

上六,不明晦,初登于天,后入于地。

虞翻《周易注》作"不明晦,初登于天,后入于地"。

"不",虞翻作"不",作"不"是取古文。参见坤卦六二爻辞辨。

"明",虞翻作"明",作"明"是取古文。参见随卦九四爻辞辨。

"晦","晦"通"海"。《吕氏春秋·求人》:"北至人正之国、夏海之穷、衡山之上。"《淮南子·时则训》作"北方之极,自九泽穷夏晦之极"。通行本《老子》二十章:"澹兮其若海。"《经典释文》:"海,古本河上作'忽兮若海',严遵作'忽兮若晦'。"刘熙《释名·释水》:"海,晦也。主承秽浊水,黑如晦也。"《广雅·释水》:"海,晦也。"《玉篇·水部》"海"同"𣴴",《集韵·水部》同。通行本作"晦",今帛书本作"海"。若依古本《老子》"晦"作"海",知作"晦"为今文,作"海""𣴴"同为古文,虞翻作"晦"是取今文。

"初",虞翻作"初",作"初"是取古文。参见蒙卦卦辞辨。

"登",虞翻作"登",作"登"是取今文。参见同人卦九三爻辞辨。

"于",虞翻作"于",作"于"是取古文。参见坤卦上六爻辞辨。

"天",虞翻作"天",作"天"是取古文。参见乾卦九五爻辞辨。

"后",虞翻作"后",作"后"是取今文。参见坤卦卦辞辨。

"入",虞翻作"入",作"入"是取今文。参见屯卦六三爻辞辨。

"地","地"通"坠"。《大戴礼记·保傅》:"下无取于坠。"《贾子新书·胎教》引作"毋取于地"。《汉书·赵充国传》:"令不得归肥饶之坠。"《汉书·儒林传》:"先驱旄头剑挺堕坠。"颜师古皆注:"坠,古地字。"《说文·土部》:"地,从土,也声。墬,籀文地从隊。"《玉篇·土部》:"地,墬,籀文。"《龙龛手鉴·山部》:"嶳,古文。音地。"《字汇补·山部》:"嶳,古文地字。"通行本、今帛书本皆作"地"。证之郭店楚墓竹简本《忠心之道》"地"字皆作"埅"。由此知作"地"为今文,作"坠""墬""嶳""埅"同为古文,虞翻作"地"是取今文。

家人䷤

家人，利女贞。初九，闲有家，悔亡。六二，无攸遂，在中馈，贞吉。九三，家人嗃嗃，悔厉，吉。妇子嘻嘻，终吝。六四，富家，大吉。九五，王假有家，勿恤吉。上九，有孚威如，终吉。

家人，利女贞。

马融《周易传》作“家人，利女贞”。

虞翻《周易注》作“家人，利女贞”。

“家”，马融、虞翻作“家”，作“家”是取今文。参见蒙卦九二爻辞辨。

“人”，马融、虞翻作“人”，作“人”是取古文。参见乾卦九二爻辞辨。

“利”，马融、虞翻作“利”，作“利”是取古文。参见乾卦卦辞辨。

“女”，马融、虞翻作“女”，作“女”是取古文。参见屯卦六二爻辞辨。

“贞”，马融、虞翻作“贞”，作“贞”是取古文。参见乾卦卦辞辨。

初九，闲有家，悔亡。

马融《周易传》作“闲有家”。

荀爽《周易注》作“闲有家，悔亡”。

郑玄《周易注》作“闲有家”。

“闲”，马融、荀爽、郑玄作“闲”，作“闲”是取今文。参见大畜九三爻辞辨。

“有”，马融、荀爽、郑玄作“有”，作“有”是取今文。参见乾卦上九爻辞辨。

“家”，马融、荀爽、郑玄作“家”，作“家”是取今文。参见蒙卦九二爻辞辨。

“悔”，荀爽作“悔”，作“悔”是取今文。参见乾卦上九爻辞辨。

“亡”，荀爽作“亡”，作“亡”是取古文。参见乾卦九三爻辞辨。

六二，无攸遂，在中馈，贞吉。

荀爽《周易注》作“无攸遂，在中馈，贞吉”。

郑玄《周易注》作“无攸遂，在中馈”。

“无”，荀爽、郑玄作“无”，作“无”是取古文。参见乾卦九三爻辞辨。

“攸”，荀爽、郑玄作“攸”，作“攸”是取古文。参见坤卦辞辨。

“遂”，荀爽、郑玄作“遂”，作“遂”是取今文。参见大壮上六爻辞辨。

“在”，荀爽、郑玄作“在”，作“在”是取今文。参见乾卦九二爻辞辨。

“中”，荀爽、郑玄作“中”，作“中”是取古文。参见屯卦六三爻辞辨。

“馈”，“馈”通“餽”。《汉书·律历志上》：“在中餽之象也。”颜师古注：“餽字与馈同。”《汉书·谷永传》：“《易》曰‘在中和餽，无攸遂’言妇人不得与事也。”颜师古注：“餽与馈同。”《说文·食部》：“馈，饷也。从食，贵声。”《汉书·伊翁归传》：“公廉不受馈。”颜师古注：“餽，亦馈字也。”《玉篇·食部》：“餽，《苍颉篇》：‘饟也。’《声类》：‘亦馈字也。’”《集韵·至韵》：“馈，或作归，古作餽，通作餽。”考《仪礼·聘礼》：“归饔饩五牢。”郑玄注：“今文归或为馈。”《论语·阳货》：“归孔子豚。”《论语·先进》：“咏而归。”其二“归”字，《经典释文》皆云：“郑本作馈，鲁读馈为归，今从古。”再考《一切经音义》卷七《求佛本业经音义》云：“馈，古文餽同。”通行本作“馈”，今帛书本、阜阳汉墓本皆作“贵”，“贵”或为“馈”字之省。《集韵·未韵》：“貴，隶作贵，古作肖。”由此知作“贵”“馈”同为今文，作“餽”“餽”“肖”同为古文，荀爽、郑玄作“馈”是取今文。参见讼卦九二爻辞辨。

“贞”，荀爽作“贞”，作“贞”是取古文。参见乾卦卦辞辨。

“吉”，荀爽作“吉”，作“吉”是取古文。参见乾卦用九爻辞辨。

九三，家人嗃嗃，悔厉，吉。妇子嘻嘻，终吝。

马融《周易传》作“家人嗃嗃，妇子嘻嘻”。

荀爽《周易注》作“家人确确”。

郑玄《周易注》作“家人熇熇，妇子嘻嘻”。

刘表《周易章句》作“家人熇熇”。

陆绩《周易述》作“妇子喜喜”。

张璠《周易集解》作“妇子嬉嬉”。

九家《周易集注》作“家人嗃嗃,妇子嘻嘻”。

“家”,马融、荀爽、郑玄、刘表、九家作“家”,作“家”是取今文。参见蒙卦九二爻辞辨。

“人”,马融、荀爽、郑玄、刘表、九家作“人”,作“人”是取古文。参见乾卦九二爻辞辨。

“嗃”,“嗃”通“确”“熇”,《经典释文》:“嗃嗃,马云:‘悦乐自得貌。’郑云:‘苦热之意。’荀作确确,刘作熇熇。”“嗃”“确”“熇”古同属铎韵和觉韵,可以互借。按,《说文》无嗃字,《说文新附》始有之。郑珍《说文新附考·口部》:“依郑君义,则熇是本字。《毛诗》‘多将熇熇’,《笺》云:‘多行熇熇惨毒之恶。’此热义之引申,与《易》‘熇熇’训严酷者同。”吕祖谦《古易音训》:“晁氏曰:‘案,确,古文。’”通行本作“嗃”,今帛书本作“樂”,刘大均认为“樂”为古“烁”字的简体。张立文认为“樂”通“乐”。其实,“烁”亦通“乐”。《集韵·铎韵》:“烁,或作乐。”“烁”“乐”因古音同属铎韵,故与“嗃”亦可通假。由此知“嗃”为今文,作“确”“樂”同为古文,马融、九家作“嗃”、郑玄、刘表作“熇”是取今文,荀爽作“确”是取古文。

“妇”,马融、郑玄、陆绩、张璠、九家作“妇”,作“妇”是取古文。参见蒙卦九二爻辞辨。

“子”,马融、郑玄、陆绩、张璠、九家作“子”,作“子”是取古文。参见乾卦九三爻辞辨。

“嘻”,马融、郑玄、九家作“嘻”,陆绩作“喜”,张璠作“嬉”,作“喜”“嘻”“嬉”同取今文。参见否卦上九爻辞辨。

六四,富家,大吉。

虞翻《周易注》作"富家,大吉"。

"富",虞翻作"富",作"富"是取今文。参见小畜卦九五爻辞辨。

"家",虞翻作"家",作"家"是取今文。参见蒙卦九二爻辞辨。

"大",虞翻作"大",作"大"是取古文。参见乾卦九二爻辞辨。

"吉",虞翻作"吉",作"吉"是取古文。参见乾卦用九爻辞辨。

九五,王假有家,勿恤吉。

马融《周易传》作"王假有家"。

郑玄《周易注》作"王假有庙"。

陆绩《周易述》作"王假有家,勿恤吉"。

虞翻《周易注》作"王假有家"。

"王",马融、郑玄、陆绩、虞翻作"王",作"王"是取古文。参见坤卦六三爻辞辨。

"假","假"通"叚"。《后汉书·孝安帝纪》:"诏以鸿池假与贫民。"李贤注:"假,借也。"《说文·又部》:"叚,借也。䢆,古文叚。"《广雅·释诂二》:"假,借也。"考《曾伯陭壶》:"为德无叚。"此"叚"借为"瑕",《曾伯簠》:"叚不黄耇。"此"叚"又借为"遐",知作"叚"亦为古文,许说不确。"假"亦通"格"。《尚书·尧典》:"光被四表,格于上下。"《后汉书·明帝纪》引作"恊和万邦,假于上下"。《仪礼·士冠礼》:"孝友时格。"郑玄注:"今文格为嘏。"考《汉书·五行志中之下》:"惟先假王正厥事。"《考证》:"假,古文作格。"通行本作"假",今帛书本作"叚"。由此知作“假”为今文，作“格”“叚”“徦”同为古文，马融、郑玄、陆绩、虞翻作“假”是取今文。

“有”，马融、郑玄、陆绩、虞翻作“有”，作“有”是取今文。参见乾卦上九爻辞辨。

“家”，“家”通“庙”。《仪礼·士冠礼》：“筮于庿门。”《经典释文》：“刘昌宗音庙。案，庿，古庙字。”《说文·广部》：“庿，古文。”通行本作“庙”，今帛书本作“家”，上博竹简本作“窗”，“窗”同“庙”。由此知作“家”“庙”同为今文，作“庿”“窗”同为古文。马融、陆绩、虞翻作“家”，郑玄作“庙”，作“家”、作“庙”是取今文。参见蒙卦九二爻辞辨。

“勿”，陆绩作“勿”，作“勿”是取古文。参见乾卦初九爻辞辨。

“恤”，陆绩作“恤”，作“恤”是取今文。参见坤卦上六爻辨。

“吉”，陆绩作“吉”，作“吉”是取古文。参见乾卦用九爻辞辨。

上九，有孚威如，终吉。

虞翻《周易注》作“有孚，威如，终吉”。

“有”，虞翻作“有”，作“有”是取今文。参见乾卦上九爻辞辨。

“孚”，虞翻作“孚”，作“孚”是取古文。参见需卦卦辞辨。

“威”，虞翻作“威”，作“威”是取今文。参见大有卦六五爻辞辨。

“如”，虞翻作“如”，作“如”是取今文。参见屯卦六二爻辞辨。

“终”，虞翻作“终”，作“终”是取今文。参见乾卦九三爻辞辨。

“吉”，虞翻作“吉”，作“吉”是取古文。参见乾卦用九爻辞辨。

睽䷥

睽，小事吉。初九，悔亡，丧马勿逐，自复。见恶人，无咎。九二，遇主于巷，无咎。六三，见舆曳，其牛掣。其人天且劓，无初有终。九四，睽孤，遇元夫，交孚，厉无咎。六五，悔亡，厥宗噬肤，往何咎？上九，睽孤，见豕负涂，载鬼一车，先张之弧，后说之弧，匪寇婚媾，往，遇雨则吉。

睽，小事吉。

郑玄《周易注》作"睽，小事吉"。

虞翻《周易注》作"睽，小事吉"。

"睽"，"睽"通"乖"。《庄子·天运》："三皇之知，上悖日月之明，下睽山川之精，中堕四时之施。"《经典释文》："睽，乖也。"《序卦传》："家道穷必乖，故受之以睽，睽者乖也。"《说文·𠂹部》："乖，戾也。"段玉裁注："乖，隶从北。"《玉篇·目部》："睽，乖也。"《玉篇·𠂹部》："𠧪，戾也，异也，睽也，背也，今作乖。"通行本作"睽"，今帛书本作"乖"，上博竹简本作"楑"，"睽""楑"皆从癸声可以互借。若依《玉篇》、上博竹简本，知作"睽""乖"同为今文，作"楑""𠧪"同为古文，郑玄、虞翻作"睽"是取今文。

"小"，郑玄、虞翻作"小"，作"小"是取古文。参见需卦九二爻辞辨。

“事”,郑玄、虞翻作“事”,作“事”是取古文,参见坤卦六三爻辞辨。

“吉”,郑玄、虞翻作“吉”,作“吉”是取古文。参见乾卦用九爻辞辨。

初九,悔亡,丧马勿逐,自复。见恶人,无咎。

虞翻《周易注》作“悔亡,丧马勿逐,自复。见恶人,无咎”。

“悔”,虞翻作“悔”,作“悔”是取今文。参见乾卦上九爻辞辨。

“亡”,虞翻作“亡”,作“亡”是取古文。参见乾卦九三爻辞辨。

“丧”,虞翻作“丧”,作“丧”是取古文。参见坤卦卦辞辨。

“马”,虞翻作“马”,作“马”是取古文。参见坤卦卦辞辨。

“勿”,虞翻作“勿”,作“勿”是取古文。参见乾卦初九爻辞辨。

“逐”,虞翻作“逐”,作“逐”是取今文。参见颐卦六四爻辞辨。

“自”,虞翻作“自”,作“自”是取古文。参见需卦六四爻辞辨。

“复”,虞翻作“复”,作“复”是取古文。参见讼卦九四爻辞辨。

“见”,虞翻作“见”,作“见”是取古文。参见乾卦九二爻辞辨。

“恶”,“恶”通“亚”。《史记·韩王信卢绾列传》:“卢绾孙他之以东胡王降,封为亚谷侯。”《汉书·卢绾传》作“绾孙它人以东胡王降,封为恶谷侯”。《易·系辞上》:“言天下之至赜而不可恶也。”《经典释文》:“恶,荀作亚。”《尚书大传》:“王升舟入水,鼓钟恶,观坛恶,将舟恶,宗庙恶。”郑玄注:“恶,皆为亚。”帛书《经法四度》:“美亚有名,逆顺有刑。”是其明证。然考《仪礼·既夕礼》:“主乘恶车。”郑玄注:“古文恶作垩。”郭店楚墓竹简本《性自命出》:“好亚,眚也。所好所亚,勿也。”又《缁衣》:“亚亚女亚遈白。”上博竹简《缁衣》:“亚女亚遈白伯。”诸“亚”字,释文皆作“恶”,通行本《礼记·缁衣》作“恶恶如巷伯”。证之《商器款识》铭文亦镌有“亚鼎”“亚尊”“亚卣”“亚觚”字样等。通行本作“恶”,今帛书本作“亚”,上博竹简本作“晋”。由此知作“恶”为今文,作“垩”“晋”“亚”同为古文,虞翻作“恶”是取今文。

“人”,虞翻作“人”,作“人”是取古文。参见乾卦九二爻辞辨。

“无”,虞翻作“无”,作“无”是取古文。参见乾卦九三爻辞辨。

“咎”,虞翻作“咎”,作“咎”是取古文。参见乾卦九三爻辞辨。

九二,遇主于巷,无咎。

虞翻《周易注》作“遇主于巷,无咎”。

“遇”,虞翻作“遇”,作“遇”是取古文。参见同人卦九五爻辞辨。

“主”,虞翻作“主”,作“主”是取今文。参见坤卦卦辞辨。

“于”,虞翻作“于”,作“于”是取古文。参见坤卦上六爻辞辨。

"巷","巷"通"衖"。《经典说文》:"《说文》云:'里中道也。'《广雅》云:'居也。'字书作衖。"《说文·䢼部》:"䢼,里中道。𨞬,篆文,从邑省。"段玉裁注:"𨞬为小篆,则知䢼为古文、籀文也。先古籀后篆者,亦部之例。𨞬,今作巷。"《正字通·邑部》:"䢼,隶作郷、巷,通作衖。"通行本、今帛书本皆作"巷",上博竹简本作"衢","衢"或为"衖"之别体。由此知作"巷"为今文,作"𨞬""衢""䢼"同为古文,虞翻作"巷"是取今文。

"无",虞翻作"无",作"无"是取古文。参见乾卦九三爻辞辨。

"咎",虞翻作"咎",作"咎"是取古文。参见乾卦九三爻辞辨。

六三,见舆曳,其牛掣。其人天且劓,无初有终。

子夏《易传》作"其牛契"。

孟喜《周易章句》作"其牛犁,其人天且劓"。

马融《周易传》作"其人天且劓"。

荀爽《周易注》作"其牛觭"。

郑玄《周易注》作"其牛挈"。

刘表《周易章句》作"见舆曳,其牛犁"。

虞翻《周易注》作"见舆曳,其牛犁。其人天且劓,无初有终"。

王肃《周易注》作"其人天且臲"。

"见",刘表、虞翻作"见",作"见"是取古文。参见乾卦九二爻辞辨。

"舆",刘表、虞翻作"舆",作"舆"是取今文。参见师卦六三爻辞辨。

“曳”,“曳”通“抴”。《说文 · 手部》:“抴,捈也。”段玉裁注:“抴与曳音义皆同。”《经典释文》:“抴,刘音泄。”通行本作“曳”,今帛书本作“諜”,阜阳汉墓本作“渫”,上博竹简本作“遏”。然考通行本既济卦初九爻辞、未济卦九二爻辞“曳其轮”之二“曳”字,今帛书本皆作“抴”,上博竹简本作“厚”。“厚”,或为“抴”之别体。“渫”通“泄”。《集韵 · 薛韵》:“渫,或作泄。”扬雄《方言》卷十:“泄,歇也。”钱绎《方言笺疏》:“渫,与泄同。”“遏”与“歇”皆从曷声,“遏”与“曳”“諜”义近声通,故“遏”亦与“曳”可以通假。“厚”,何琳仪等皆释为“逸”,可通“曳”。考《仪礼 · 士相见礼》:“举前曳踵。”郑玄注:“古文曳作抴。”若依郑玄注、上博竹简本,知作“曳”为今文,作“抴”“遏”“厚”同为古文,刘表、虞翻作“曳”是取今文。

“其”,子夏、孟喜、马融、荀爽、郑玄、刘表、虞翻、王肃作“其”,作“其”是取今文。参见坤卦上六爻辞辨。

“牛”,子夏、孟喜、荀爽、郑玄、刘表、虞翻作“牛”,作“牛”是取古文。参见无妄卦六三爻辞辨。

“掣”,“掣”通“觢”。《说文 · 角部》释“觢”引作“觢”云:“一角仰也。”《玉篇 · 牛部》:“挈,或作觢。”“觢”与“觭”同。《说文 · 角部》释“觭”云:“角一俛一仰也。”《尔雅 · 释畜》释“掣”云:“角一俯一仰,觭;皆踊,觢。”子夏《易传》作“契”,并云:“一角仰也。”“契”即“契”字。李富孙《易经异文释》云:“盖诸家皆本《尔雅》之说,以字形相涉而文义亦因各异。”宋翔凤《周易考异》云:“《说文》无掣、挈字,郑本或传写之误。”此说不确。惠栋《九经古义》卷一《周易古义》:“《复古编》云:‘觢,从角,契省。别作掣,非。’觢从角、契,故子夏作契。觭角一低一仰,故荀爽作觭。诸家无作掣者,王弼以为其牛掣者滞隔,所在不获进，是读为牵掣之字，失之。”则“掣”“挈”“契”“觭”“觢”五字义皆可互借。吕祖谦《古易音训》：“晁氏曰：‘案，篆无㓞字，挈古文，觢篆文，掣今文。’”《荀子·议兵》：“掎契司诈，权谋倾覆，未免盗兵也。”杨倞注：“契读为挈。挈，持也。”段玉裁《说文解字注·手部》：“挈，古假借为契。”段玉裁以“契”为古文，以“挈”为今文。通行本作“掣”，今帛书本作“恝”，“恝”“掣”同属古霁韵，可以通假。“恝”通“忦”，《集韵·薺韵》：“忦，急也，忧也，古作恝。”考上博竹简本作“放”，或为“忦”之古文。由此知作“契”“恝”“放”同为古文，作“觢”“觭”“挈”“掣”同为今文，孟喜、刘表、虞翻作“觢”，荀爽作“觭”，郑玄“挈”是取今文，子夏作“㓞”是取古文。

“人”，孟喜、马融、虞翻、王肃作“人”，作“人”是取古文。参见乾卦九二爻辞辨。

“天”，孟喜、马融、虞翻、王肃作“天”，作“天”是取古文。参见乾卦九五爻辞辨。

“且”，马融、虞翻、王肃作“且”，作“且”是取古文。参见坎卦六三爻辞辨。

“劓”，“劓”通“臬刂”。《说文·刀部》：“臬刂，刖鼻也。从刀，臬声。《易》曰：‘天且臬刂。’劓，臬刂或从鼻。”通行本、今帛书本皆作“劓”，然考上博竹简本亦作“劓”，知作“劓”为古文，孟喜、马融作“臬刂”、王肃作“䠩”是取今文，虞翻作“劓”是取古文。参见困卦六五爻辞辨。

“无”，虞翻作“无”，作“无”是取古文。参见乾卦九三爻辞辨。

“初”，虞翻作“初”，作“初”是取古文。参见蒙卦卦辞辨。

“有”，虞翻作“有”，作“有”是取今文。参见乾卦上九爻辞辨。

“终”，虞翻作“终”，作“终”是取今文。参见乾卦九三爻辞辨。

九四，睽孤，遇元夫，交孚，厉无咎。

虞翻《周易注》作“睽孤，遇元夫，交孚，厉无咎”。

“睽”，虞翻作“睽”，作“睽”是取今文。参见本卦卦辞辨。

“孤”，“孤”通“狐”。《史记·春申君列传》：“鬼神孤伤。”《战国策·秦策四》作“鬼神狐祥”。通行本作“孤”，今帛书本作“苽”，上博竹简作“佤”，“佤”“苽”“孤”三字皆从瓜声，可以互借。由上博竹简本作“佤”，知作“苽”“孤”为今文，作“佤”为古文，虞翻作“孤”是取今文。

“遇”，虞翻作“遇”，作“遇”是取古文。参见同人卦九五爻辞辨。

“元”，虞翻作“元”，作“元”是取古文。参见乾卦卦辞辨。

“夫”，虞翻作“夫”，作“夫”是取古文。参见蒙卦六三爻辞辨。

“交”，虞翻作“交”，作“交”是取古文。参见大有卦初九爻辞辨。

“孚”，虞翻作“孚”，作“孚”是取古文。参见需卦卦辞辨。

“厉”，虞翻作“厉”，作“厉”是取今文。参见乾卦九三爻辞辨。

“无”，虞翻作“无”，作“无”是取古文。参见乾卦九三爻辞辨。

“咎”，虞翻作“咎”，作“咎”是取古文。参见乾卦九三爻辞辨。

六五，悔亡，厥宗噬肤，往何咎？

虞翻《周易注》作“悔亡，厥宗噬膚，往何咎”。

“悔”，虞翻作“悔”，作“悔”是取今文。参见乾卦上九爻辞辨。

“亡”，虞翻作“亡”，作“亡”是限古文。参见乾卦九三爻辞辨。

“厥”，虞翻作“厥”，作“厥”是取今文。参见大有卦六五爻辞辨。

“宗”，虞翻作“宗”，作“宗”是取古文。参见同人卦六二爻辞辨。

“噬”，虞翻作“噬”，作“噬”是取今文。参见蒙卦卦辞辨。

“肤”，虞翻作“膚”，作“膚”是取今文。参见噬嗑六二爻辞辨。

“往”，虞翻作“往”，作“往”是取今文。参见坤卦卦辞辨。

“何”，虞翻作“何”，作“何”是取今文。参见小畜卦初九爻辞辨。

“咎”，虞翻作“咎”，作“咎”是取古文。参见乾卦九三爻辞辨。

上九，睽孤，见豕负涂，载鬼一车，先张之弧，后说之弧，匪寇婚媾，往，遇雨则吉。

京房《周易章句》作“后说之壶”。

马融《周易传》作“后说之壶”。

郑玄《周易注》作“后说之壶”。

陆绩《周易述》作“先张之弧，后说之壶”。

虞翻《周易注》作“睽孤，见豕负涂，载鬼一车，先张之弧，后说之壶，匪寇婚媾，往，遇雨则吉”。

王肃《周易注》作“后说之壶”。

翟玄《周易义》作“后说之壶”。

“睽”，虞翻作“睽”，作“睽”是取今文。参见本卦卦辞辨。

“孤”，虞翻作“孤”，作“孤”是取今文。参见本卦九四爻辞辨。

“见”，虞翻作“见”，作“见”是取古文。参见乾卦九二爻辞辨。

“豕”，虞翻作“豕”，作“豕”是取古文。参见大畜卦六五爻辞辨。

“负”，“负”通“伏”。《墨子·节葬下》：“以此求众，譬犹使人负剑而求其寿也。”孙诒让《墨子间诂》：“负、伏通。”“负”亦通“妇”。《尔雅·释虫》：“蟠，鼠负。”《经典释文》：“负，又作妇。”通行本、今帛书本、阜阳汉墓本皆作“负”，上博竹简本作“偩”，濮茅左以为“偩，从人守贝，不声，疑负字”。由此知作“负”为今文，作“偩”为古文，虞翻作“负”是取今文。

“涂”，“涂”通“途”。《广韵·模韵》：“涂，通作途。”《集韵·模韵》：“途，通作涂。”通行本、今帛书本、汉石经《周易》皆作“涂”，上博竹简本作“奎”，“奎”读作“涂”。由此知作“涂”为今文，作“奎”为古文，虞翻作“涂”是取今文。

“载”，虞翻作“载”，作“载”是取古文。参见大有卦九二爻辞辨。

“鬼”，“鬼”通“九”。《礼记·明堂位》：“脯鬼侯。”《史记·周本纪》引作“醢九侯”。《说文·鬼部》：“鬼，人所归为鬼。魂，古文从示。”《玉篇·鬼部》：“天曰神，地曰祇，人曰鬼，鬼之言归也。又，鬼，慧也。魂，古文。”《龙龛手鉴·示部》：“臾，古文，音鬼。”与《说文》《玉篇》合。又《字汇补·鬼部》:“槐,古文鬼字,见古《孝经》。”通行本、今帛书本皆作“鬼”。若依《说文》,知作“槐”为古文,作“鬼”为今文,虞翻作“鬼”是取今文。

“一”,“一”通“壹”。《尚书·武成》:“一戎衣。”《礼记·中庸》作“壹戎衣”。《说文·一部》:“一,惟太初始,道立于一,造分天地,化成万物。弌,古文一。”《玉篇·一部》:“一,或作壹。弌,古文。”《集韵·质韵》:“一,或作弌。”考《仪礼·士冠礼》:“壹揖、壹让升。”郑玄注:“古文壹作一。”《仪礼·聘礼》:“公于宾壹食再飨。”郑玄注:“古文壹皆为一。”通行本、今帛书本作“一”。然考通行本萃卦初六爻辞“一握为笑”之“一”,上博竹简本亦作“一”。由此知作“一”“弌”同为古文,作“壹”为今文。虞翻作“一”是取古文

“车”,虞翻作“车”,作“车”为古文。参见大有卦九二爻辞辨。

“先”,虞翻作“先”,作“先”为古文。参见坤卦卦辞辨。

“张”,“张”通“长”。《墨子·所染》:“范吉射染于长柳朔。”《春秋左氏传》哀公五年“长柳朔”作“张柳朔”。惠栋《春秋左传补注》卷六云:“古张字省作长。”《隶释·楚相孙叔敖碑》:“长掖太守。”洪适注:“以长掖为张掖。”吕大临《考古图》卷三载有“弡中匜”,其铭文镌有“弡中作宝”字样,释文“弡”作“张”。考《字汇补·弓部》:“弡,又古张字。”通行本、今帛书本皆作“张”。由此知作“张”为今文,作“弡”“长”同为古文。陆绩、虞翻作“张”是取今文。

“之”,京房、马融、郑玄、陆绩、虞翻、王肃、翟玄作“之”,作“之”是取古文。参见坤卦卦辞辨。

“弧”,“弧”通“柧”。《说文·弓部》:“弧,木弓也。从弓,

瓜声。”又《木部》:“柧,棱也。从木,瓜声。”《周礼·考工记·辀人》:“凡揉辀欲其孙而无弧深。”郑玄注:“弧,木弓也。”《汉书·艺文志》:“弦木为弧。”颜师古注:“弧,木弓也。”弓由木所制而成,故又从木作“柧”。通行本作“弧”,今帛书本作“柧”。“弧”亦通“壶”。《经典释文》释“弧”云:“弧,本亦作壶。京、马、郑、王肃、翟子玄作壶。”论者谓汉儒皆作“壶”,后由王弼改为“弧”。《集韵·谆韵》:“壶或作䓞。”惠栋《九经古义》卷一《周易古义》:“今作弧者,声之误也。《礼说》云:‘古说与设相通。虞云犹置也。张弧者拒之如外寇,设壶者礼之若宾,壶误为弧,失其义矣。’”考吕大临《考古图》卷四载有“兽环细文壶”,其释文云:“古文壶字作䓞,象形,此器类之,当名为壶。”今帛书本、阜阳汉墓本皆作“壶”。由此知作“弧”“柧”“壶”同为今文,作“䓞”为古文,京房、马融、郑玄、陆绩、虞翻、王肃、翟玄作“壶”是取今文。

“后”,京房、马融、郑玄、陆绩、虞翻、王肃、翟玄作“后”,作“后”是取今文。参见坤卦卦辞辨。

“说”,京房、马融、郑玄、陆绩、虞翻、王肃、翟玄作“说”,作“说”是取古文。参见蒙卦初六爻辞辨。

“匪”,虞翻作“匪”,作“匪”是取今文。参见屯卦九二爻辞辨。

“寇”,虞翻作“寇”,作“寇”是取今文。参见屯卦六二爻辞辨。

“婚”,虞翻作“婚”,作“婚”是取今文。参见屯卦六二爻辞辨。

“媾”,虞翻作“媾”,作“媾”是取今文。参见屯卦六二爻辞辨。

“往”,虞翻作“往”,作“往”是取今文。参见坤卦卦辞辨。

"遇",虞翻作"遇",作"遇"是取古文。参见同人卦九五爻辞辨。

"雨","雨"通"雩"。虞翻作"雨",作"雨"是取古文。参见小畜卦上九爻辞辨。

"则",虞翻作"则",作"则"是取今文。参见蒙卦卦辞辨。

"吉",虞翻作"吉",作"吉"是取古文。参见乾卦用九爻辞辨。

蹇䷦

蹇，利西南，不利东北。利见大人，贞吉。初六，往蹇，来誉。六二，王臣蹇蹇，匪躬之故。九三，往蹇，来反。六四，往蹇，来连。九五，大蹇，朋来。上六，往蹇，来硕，吉。利见大人。

蹇，利西南，不利东北。利见大人，贞吉。

虞翻《周易注》作"蹇，利西南，不利东北，利见大人，贞吉"。

"蹇"，"蹇"通"蹇"。《说文·足部》："蹇，跛也。从足，寒省声。"又《走部》："蹇，走皃。从走，寒省声。"徐灏《说文解字注笺·走部》："蹇，《足部》蹇音义略同，皆谓行蹇难也。"从走、从足，其义相同，则"蹇""蹇"可以互借。《音韵阐微》卷十三："《广韵》走皃，《韵会》作蹇。""蹇"又通"寋"。《玉篇·卩部》："寋，难也。"张参《五经文字》："寋，难也。《易》及经典作蹇难字皆作蹇。"现存汉碑"蹇"字多作"寋"。如《隶释·殽坑碑阴》"寋亮"，《隶续·周憬碑阴》"寋秖"，《隶释·益州大守高颐碑》"寋之"，《隶释·梁相费泛碑》"寋鄂"，等等。《正字通·走部》："蹇为蹇俗字。"金建德《经今古文字考》："《一切经音义》卷九《大智度论音义》引《古文官书》谓'蹇，今作寋'。卫宏以作'寋'字为今文，作'蹇'字为古文。"通行本作"蹇"，今帛书本作

“蹇”,然考上博竹简本卦各条爻辞“蹇”字作“讦”。《说文·言部》:“讦,面相斥罪,相告讦也。”《玉篇·言部》:“讦,攻人之阴私也。”《类篇》卷七:“讦,又蹇列切,告发也。”《象传》:“山上有水,蹇。君子以反身修德。”《序卦传》:“蹇者,难也。”由此知“蹇”“讦”声通义近,可以互借,或亦为“蹇”之古文。若依《一切经音义》,由此知作“蹇”为古文,“蹇”“謇”同为今文,虞翻作“蹇”是取古文。

“利”,虞翻作“利”,作“利”是取古文。参见乾卦卦辞辨。

“西”,虞翻作“西”,作“西”是取古文。参见坤卦卦辞辨。

“南”,虞翻作“南”,作“南”是取古文。参见坤卦卦辞辨。

“不”,虞翻作“不”,作“不”是取古文。参见坤卦六二爻辞辨。

“东”,虞翻作“东”,作“东”是取古文。参见坤卦卦辞辞辨。

“北”,虞翻作“北”,作“北”是取古文。参见坤卦卦辞辞辨。

“见”,虞翻作“见”,作“见”是取古文。参见乾卦九二爻辞辨。

“大”,虞翻作“大”,作“大”是取古文。参见乾卦九二爻辞辨。

“人”,虞翻作“人”,作“人”是取古文。参见乾卦九二爻辞辨。

“贞”,虞翻作“贞”,作“贞”是取古文。参见乾卦卦辞辨。

“吉”,虞翻作“吉”,作“吉”是取古文。参见乾卦用九爻辞辨。

按,此条爻辞“贞吉”,通行本、阜阳汉墓本、今帛书本同。证之《彖传》释此卦辞云:“当位贞吉,以征邦也。”知当时传本有“贞吉”二字。上博竹简本少“贞吉”二字,疑为传抄者笔误,或为别种《周易》传本,然其文意基本相通。

初六,往蹇,来誉。

虞翻《周易注》作“往蹇,来誉”。

“往”,虞翻作“往”,作“往”是取今文。参见坤卦卦辞辨。

“蹇”,虞翻作“蹇”,作“蹇”是取古文。参见本卦卦辞辨。

“来”,虞翻作“来”,作“来”是取今文。参见需卦上六爻辞辨。

“誉”,虞翻作“誉”,作“誉”是取古文。参见坤卦六三爻辞辨。

六二,王臣蹇蹇,匪躬之故。

虞翻《周易注》作“王臣蹇蹇,匪躬之故”。

“王”,虞翻作“王”,作“王”是取古文。参见坤卦六三爻辞辨。

“臣”,虞翻作“臣”,作“臣”是取古文。参见遯卦九三爻辞辨。

“蹇”,虞翻作“蹇”,作“蹇”是取古文。参见本卦卦辞辨。

“匪”,虞翻作“匪”,作“匪”是取今文。参见屯卦九二爻辞辨。

“躬”,虞翻作“躬”,作“躬”是取今文。参见蒙卦六三爻辞辨。

“之”,虞翻作“之”,作“之”是取古文。参见坤卦卦辞辨。

“故”,“故”通“古”。《楚辞·招魂》:“魂兮归来,反故居些。”王逸注:“故,古也。”《盂鼎》:“古丧师。”杨树达《积微居读书记》:“假古为故。”《石鼓文·而师》:“古我来口。”郭沫若注:

“古读为故。”《说文·口部》:“古,故也。从十、口。识前言者也。𠖠,古文古。”《集韵·姥韵》:“古,古作𠖠。”考郭店楚墓竹简本《六德》“是古夫死又宔”“古曰”“是古先王之𡥈”等诸“古”字,释文皆作“故”。通行本、今帛书本皆作“故”,然考上博竹简本作“古”。由此知作“故”为今文,作“𠖠”“古”同为古文,虞翻作“故”是取今文。

按,此条爻辞“王臣蹇蹇,匪躬之故”,通行本同。今帛书本作“王仆蹇蹇,非□之故”,上博竹简本作“王臣讦讦,非今之古”,证之马王堆汉墓帛书本《二三子》作“王臣蹇蹇,非今之故”,后又引孔子曰:“‘王臣蹇蹇’者,言亓难也。夫唯智亓难,故重言之,以戒今也。‘非今之故’者,非言独今也,古以状也。”可证帛书本与上博竹简本同,与通行本异,其文意帛书本、上博竹简本似更合孔子的文意。

九三,往蹇,来反。

虞翻《周易注》作“往蹇,来反”。

“往”,虞翻作“往”,作“往”是取今文。参见坤卦卦辞辨。

“蹇”,虞翻作“蹇”,作“蹇”是取古文。参见本卦卦辞辨。

“来”,虞翻作“来”,作“来”是取今文。参见需卦上六爻辞辨。

“反”,虞翻作“反”,作“反”是取古文。参见小畜卦九二爻辞辨。

六四,往蹇,来连。

马融《周易传》作“往蹇,来连”。

郑玄《周易注》作“往蹇,来连”。

虞翻《周易注》作“往蹇,来连”。

“往”,马融、郑玄、虞翻作“往”,作“往”是取今文。参见坤卦卦辞辨。

“蹇”,马融、郑玄、虞翻作“蹇”,作“蹇”是取古文。参见本卦卦辞辨。

“来”,马融、郑玄、虞翻作“来”,作“来”是取今文。参见需卦上六爻辞辨。

“连”,马融、郑玄、虞翻作“连”,作“连”是取古文。参见屯卦上六爻辞辨。

九五,大蹇,朋来。

陆绩《周易述》作“大蹇朋来”。

虞翻《周易注》作“大蹇朋来”。

干宝《周易注》作“大蹇朋来”。

“大”,陆绩、虞翻、干宝作“大”,作“大”是取古文。参见乾卦九二爻辞辨。

“蹇”,陆绩、虞翻、干宝作“蹇”,作“蹇”是取古文。参见本卦卦辞辨。

“朋”,陆绩、虞翻、干宝作“朋”,作“朋”是取今文。参见复卦卦辞辨。

“来”,陆绩、虞翻、干宝作“来”,作“来”是取今文。参见需卦上六爻辞辨。

上六,往蹇,来硕,吉。利见大人。

虞翻《周易注》作“往蹇来硕吉,利见大人”。

“往”,虞翻作“往”,作“往”是取今文。参见坤卦卦辞辨。

“蹇”,虞翻作“蹇”,作“蹇”是取古文。参见本卦卦辞辨。

“来”,虞翻作“来”,作“来”是取今文。参见需卦上六爻辞辨。

“硕”,虞翻作“硕”,作“硕”是取古文。参见剥卦上九爻辞辨。

“吉”,虞翻作“吉”,作“吉”是取古文。参见乾卦用九爻辞辨。

“利”,虞翻作“利”,作“利”是取古文。参见乾卦卦辞辨。

“见”,虞翻作“见”,作“见”是取古文。参见乾卦九二爻辞辨。

“大”,虞翻作“大”,作“大”是取古文。参见乾卦九二爻辞辨。

“人”,虞翻作“人”,作“人”是取古文。参见乾卦九二爻辞辨。

解䷧

解，利西南，无所往，其来复，吉。有攸往，夙吉。初六，无咎。九二，田获三狐，得黄矢，贞吉。六三，负且乘，致寇至，贞吝。九四，解而拇，朋至斯孚。六五，君子维有解，吉，有孚于小人。上六，公用射隼于高墉之上，获之，无不利。

解，利西南，无所往，其来复，吉。有攸往，夙吉。

虞翻《周易注》作"解，利西南，无所往，其来复吉，有攸往，夙吉"。

"解"，"解"通"懈"。《诗·大雅·烝民》："夙夜匪解。"《韩诗外传》作"夙夜匪懈"。《汉书·赵充国传》："虏久屯聚，解弛。"颜师古注："解，读曰懈。""懈"同"懈"。《隶释·巴郡太守张纳碑》："夙宵在公，匪懈于职。"洪适注："懈即懈字。"《玉篇·心部》："懈，古文解。"《集韵·卦韵》："懈，或书作懈。"通行本、今帛书本皆作"解"，上博竹简本作"繲"，知"解""懈""繲"古音同属卦韵，可以互借。由此知作"解"为今文，作"懈""繲"同为古文，虞翻作"解"是取今文。

"利"，虞翻作"利"，作"利"是取古文。参见乾卦卦辞辨。

"西"，虞翻作"西"，作"西"是取古文。参见坤卦卦辞辨。

"南",虞翻作"利",作"利"是取古文。参见坤卦卦辞辨。

"无",虞翻作"无",作"无"是取古文。参见乾卦九三爻辞辨。

"所",虞翻作"所",作"所"是取古文。参见讼卦初六爻辞辨。

"往",虞翻作"往",作"往"是取今文。参见坤卦卦辞辨。

"其",虞翻作"其",作"其"是取今文。参见坤卦上六爻辞辨。

"来",虞翻作"来",作"来"是取今文。参见需卦上六爻辞辨。

"复",虞翻作"复",作"复"是取古文。参见讼卦九四爻辞辨。

"吉",虞翻作"吉",作"吉"是取古文。参见乾卦用九爻辞辨。

"有",虞翻作"有",作"有"是取今文。参见乾卦上九爻辞辨。

"攸",虞翻作"攸",作"攸"是取古文。参见坤卦卦辞辨。

"夙","夙"通"宿"。《吕氏春秋·用民》:"夙沙之民,自攻其君。"《淮南子·道应训》作"宿沙之民,皆自攻其君。"《说文·夕部》:"𡖉,从丮、从夕。𠈇,古文。𠊊,古文。"《玉篇·人部》:"𠈇、𠊊,并古文夙字。"又《宀部》:"宿,留也。𡨦,古文。"陈启源《毛诗稽古编》卷二十七《字形》:"宿本作𡨦,古文夙。"通行本作"夙",今帛书本作"宿",上博竹简本作"𠊊"。由此知作"夙"为今文,作"𠈇""𠊊""𡨦"同为古文,虞翻作"夙"是取今文。

初六,无咎。

虞翻《周易注》作“无咎”。

“无”，虞翻作“无”，作“无”是取古文。参见乾卦九三爻辞辨。

“咎”，虞翻作“咎”，作“咎”是取古文。参见乾卦九三爻辞辨。

九二，田获三狐，得黄矢，贞吉。

虞翻《周易注》作“田获三狐，得黄矢，贞吉”。

“田”，虞翻作“田”，作“田”是取今文。参见乾卦九二爻辞辨。

“获”，虞翻作“获”，作“获”是取今文。参见随卦九四爻辞辨。

“三”，虞翻作“三”，作“三”是取古文。参见蒙卦卦辞辨。

“狐”，“狐”通“孤”。《战国策·秦策四》：“鬼神狐祥。”《史记·春申君列传》作“鬼神孤伤”，《新序·善谋》作“鬼神潢洋”，是“狐”“孤”“潢”声近可以互借。通行本作“狐”，今帛书作本作“狐”，上博竹简本作“豾”。濮茅左认为疑即“狐”字。“狐”通“狐”，《字汇·豸部》：“狐，同狐。”《正字通·豸部》：“狐，俗狐字。”知古文字中“豸”“犬”等兽旁之字可以互借。若依上博竹简本作“豾”推之，知作“豾”为古文，作“狐”为今文，虞翻作“狐”是取今文。

“得”，虞翻作“得”，作“得”是取今文。参见坤卦卦辞辨。

“黄”，虞翻作“黄”，作“黄”是取古文。参见坤卦六五爻辞辨。

“矢”，虞翻作“矢”，作“矢”是取今文。参见噬嗑卦九四爻辞辨。

"贞",虞翻作"贞",作"贞"是取古文。参见乾卦卦辞辨。

"吉",虞翻作"吉",作"吉"是取古文。参见乾卦用九爻辞辨。

六三,负且乘,致寇至,贞吝。

虞翻《周易注》作"负且乘,致寇至,贞吝"。

王肃《周易注》作"负且乘"。

"负",虞翻、王肃作"负",作"负"是取今文。参见睽卦上九爻辞辨。

"且",虞翻、王肃作"且",作"且"是取古文。参见坎卦六三爻辞辨。

"乘",虞翻、王肃作"乘",作"乘"是取今文。参见屯卦六二爻辞辨。

"致",虞翻作"致",作"致"是取今文。参见需卦九三爻辞辨。

"寇",虞翻作"寇",作"寇"是取今文。参见需卦九三爻辞辨。

"至",虞翻作"至",作"至"是取古文。参见需卦九三爻辞辨。

"贞",虞翻作"贞",作"贞"是取古文。参见乾卦卦辞辨。

"吝",虞翻作"吝",作"吝"是取古文。参见屯卦六三爻辞辨。

按,此条爻辞"贞吝",通行本同、今帛书本同。上博竹简本少"贞吝"二字,疑为传抄者笔误,或为别种《周易》传本,然其文意基本相通。

九四,解而拇,朋至斯孚。

荀爽《周易注》作“解而母”。

陆绩《周易述》作“解而拇”。

虞翻《周易注》作“解而母,朋至斯孚”。

王肃《周易注》作“解而拇”。

“解”,荀爽、陆绩、虞翻、王肃作“解”,作“解”是取今文。参见本卦卦辞辨。

“而”,荀爽、陆绩、虞翻、王肃作“而”,作“而”是取古文。参见履卦六三爻辞辨。

“拇”,荀爽、虞翻作“母”,陆绩、王肃作“拇”,作“母”“拇”同取古文。参见咸卦初六爻辞辨。

“朋”,虞翻作“朋”,作“朋”是取今文。参见复卦卦辞辨。

“至”,虞翻作“至”,作“至”是取古文。参见需卦九三爻辞辨。

“斯”,“斯”通“此”。《尔雅·释诂下》:“斯,此也。”《诗·大雅·荡》:“斯言之玷,不可为也。”郑玄笺:“斯,此也。”《尚书·君陈》:“斯谋斯猷。”《礼记·坊记》引《君陈》作“此谋此猷。”《玉篇·斤部》:“斯,析也,又此也。菥,古文,”通行本作“斯”,今帛书本作“此”,然考通行本旅卦初六爻辞“斯其所取灾”之“斯”,今帛书本、上博竹简本“斯”字皆作“此”。由此知作“斯”为今文,作“此”“菥”同为古文,虞翻作“斯”是取今文。

“孚”,虞翻作“孚”,作“孚”是取古文。参见需卦卦辞辨。

按,此条爻辞“解而母”,通行本同。今帛书本作“解亓母”、上博竹简本作“繲亓母”,可证汉初确有作“解亓母”的别种《周易》传本,然其文意基本相通。

六五，君子维有解，吉，有孚于小人。

虞翻《周易注》作“君子惟有解，吉，有孚于小人”。

“君”，虞翻作“君”，作“君”是取古文。参见乾卦九三爻辞辨。

“子”，虞翻作“子”，作“子”是取古文。参见乾卦九三爻辞辨。

“维”，虞翻作“惟”，作“惟”是取今文。参见屯卦六三爻辞辨。

“有”，虞翻作“有”，作“有”是取今文。参见乾卦上九爻辞辨。

“解”，虞翻作“解”，作“解”是取今文。参见本卦卦辞辨。

“吉”，虞翻作“吉”，作“吉”是取古文。参见乾卦用九爻辞辨。

“孚”，虞翻作“孚”，作“孚”是取古文。参见需卦卦辞辨。

“于”，虞翻作“于”，作“于”是取古文。参见坤卦上六爻辞辨。

“小”，虞翻作“小”，作“小”是取古文。参见需卦九二爻辞辨。

“人”，虞翻作“人”，作“人”是取古文。参见乾卦九二爻辞辨。

上六，公用射隼于高墉之上，获之，无不利。

马融《周易传》作“公用射隼于高墉之上”。

虞翻《周易注》作“公用射隼于高庸之上，获之，无不利”。

“公”，马融、虞翻作“公”，作“公”是取今文。参见大有卦九三爻辞辨。

“用”，马融、虞翻作“用”，作“用”是取古文。参见乾卦初九爻辞辨。

“射”，“射”通“䠶”。《楚辞·天问》：“皆归䠶鞠。”洪兴祖《楚辞补注》：“䠶，一作射。”《说文·矢部》：“䠶，弓弩发于身而中于远也。从矢、射，篆文䠶。”《玉篇·矢部》：“䠶，今作射。”《汗简·矢部》同《玉篇》。通行本、今帛书本皆作“射”，然考通行本井卦九二爻辞“射鲋”之“射”，上博竹简本作“矤”。《说文·矢部》：“矤，况也。”段玉裁注：“《尚书》多用矤字，俗作矧。”《尔雅·释言》：“矧，况也。”郝懿行《尔雅义疏》：“矧者，矤之或体也。”商承祚《说文中之古文考》云：“射，为篆文，则䠶为古文矣。是䠶从弓、从矢，或从弓、从矢、从又，象张弓注矢而射。此从身，乃弓形之讹。”由此知“䠶”即为“矤”之异体，又知“矤”“䠶”同为古文，作“射”为今文，马融、虞翻作“射”是取今文。

“隼”，“隼”通“鶽”。《经典释文》释“隼”云：“《毛诗草木鸟兽疏》云鹞。”又云：“隼，或作鶽。”《国语·鲁语下》：“有隼集于陈侯之庭而死。”韦昭注：“隼，鸷鸟也。”《集韵·准韵》“鵻”“鶽”“隼”同，是猛禽古皆可通作“隼”。《说文·鸟部》：“鵻，祝鸠也。从鸟，隹声。隹，鵻或从隹、一。”段玉裁注：“《毛诗尔雅音义》云：‘鵻，本作隼。’盖是本作隹，转写讹之耳。”。通行本作“隼”，今帛书本作“夐”，马王堆汉墓帛书本《二三子》作“鵻”，马王堆汉墓帛书本《系辞》作“鶽”，“夐”“隼”亦声近互借。考《古鉥》作“隼，”由此知作“隼”为古文，作“夐”为今文，马融、虞翻作“隼”是取古文。

“于”，马融、虞翻作“于”，作“于”是取古文。参见坤卦上六爻辞辨。

“高”，马融、虞翻作“高”，作“高”是取古文。参见同人卦九三爻辞辨。

“墉”，马融作“墉”、虞翻作“庸”，作“墉”“庸”是取今文。参见同人卦九四爻辞辨。

“之”，马融、虞翻作“之”，作“之”是取古文。参见坤卦卦辞辨。

“上”，马融、虞翻作“上”，作“上”是取古文。参见乾卦上九爻辞辨。

“获”，虞翻作“获”，作“获”是取今文。参见随卦九四爻辞辨。

“无”，虞翻作“无”，作“无”是取古文。参见乾卦九三爻辞辨。

“不”，虞翻作“不”，作“不”是取古文。参见坤卦六二爻辞辨。

“利”，虞翻作“利”，作“利”是取古文。参见乾卦卦辞辨。

损䷨

损，有孚，元吉，无咎，可贞，利有攸往。曷之用？二簋可用享。初九，巳事遄往，无咎，酌损之。九二，利贞，征凶。弗损，益之。六三，三人行则损一人，一人行则得其友。六四，损其疾，使遄有喜，无咎。六五，或益之十朋之龟，弗克违，元吉。上九，弗损益之，无咎，贞吉。利有攸往，得臣无家。

损，有孚，元吉，无咎，可贞，利有攸往。曷之用？二簋可用享。

荀爽《周易注》作"损而有孚，元吉，无咎，可贞，利有攸往。曷之用？二簋可用享"。

郑玄《周易注》作"二簋可用亨"。

虞翻《周易注》作"有孚，元吉，无咎，可贞，利有攸往"。

蜀才《周易注》作"二轨可用亨"。

"损"，"损"通"云"。《诗·郑风·出其东门》："缟衣綦巾，聊乐我员。"《经典释文》："员音云，本亦作云。"马王堆汉墓帛书《老子》乙本《德经》："云之而益。"今本《老子》作"益之而损"。《诗·商颂·烈祖》："景员维河。"郑玄笺："员，古文作云。""损"亦通"员"。郭店楚墓竹简《老子》乙本："员之或员。"《唐虞之道》:“亡天下弗能员。”《语丛三》:“自视其所能,员。”诸“员”字,释文皆作“损”。《集韵·混韵》:“损,《说文》:‘减也。’古作抎。”通行本、今帛书本皆作“损”。由此知作“损”为今文,作“云”“员”“抎”同为古文,荀爽作“损”是取今文。

“而”,荀爽作“而”,作“而”是取古文。参见履卦六三爻辞辨。

“有”,荀爽、虞翻作“有”,作“有”是取今文。参见乾卦上九爻辞辨。

“孚”,荀爽、虞翻作“孚”,作“孚”是取古文。参见需卦卦辞辨。

“元”,荀爽、虞翻作“元”,作“元”是取古文。参见乾卦卦辞辨。

“吉”,荀爽、虞翻作“吉”,作“吉”是取古文。参见乾卦用九爻辞辨。

“无”,荀爽、虞翻作“无”,作“无”是取古文。参见乾卦九三爻辞辨。

“咎”,荀爽、虞翻作“咎”,作“咎”是取古文。参见乾卦九三爻辞辨。

“可”,荀爽、郑玄、虞翻、蜀才作“可”,作“可”是取古文。参见坤卦六三爻辞辨。

“贞”,荀爽、虞翻作“贞”,作“贞”是取古文。参见乾卦卦辞辨。

“利”,荀爽、虞翻作“利”,作“利”是取古文。参见乾卦卦辞辨。

“攸”,荀爽、虞翻作“攸”,作“攸”是取古文。参见坤卦卦辞辨。

“往”,荀爽、虞翻作“往”,作“往”是取今文。参见坤卦卦辞辨。

“曷”,“曷”通“害”。《尚书·汤誓》:“时日曷丧。”《孟子·梁惠王上》作“时日害丧”。《汉书·翟方进传》:“害其不可旅力同心戒之哉!”颜师古注:“害读曰曷,曷,何也。”焦循《孟子正义》:“《尔雅·释诂》云:‘曷,盍也。’赵氏读害为曷。”通行本作“曷”,今帛书本作“禽”,于豪亮认为即今帛书本大有卦初九爻“无交禽”之“禽”,亦即通行本大有卦初九爻的“无交害”之“害”。证之郭店楚墓竹简本《成之闻之》:“《君奭》曰:‘唯乍不嘼再悳害?’”又同篇:“昔者君子有言曰:‘圣人天悳害?’”其“害”字,释文皆作“曷”。由此知作“禽”“曷”同为今文,作“害”为古文,荀爽作“曷”是取今文。参见大有卦初九爻辞辨。

“之”,荀爽作“之”,作“之”是取古文。参见坤卦卦辞辨。

“用”,荀爽、郑玄、蜀才作“用”,作“用”是取古文。参见乾卦初九爻辞辨。

“二”,荀爽、郑玄、蜀才作“二”,作“二”是取古文。见坎卦六四爻辞辨。

“簋”,荀爽、郑玄作“簋”,作“簋”是取今文,蜀才作“轨”,作“轨”是取古文。参见坎卦六四爻辞辨。

“可”,荀爽、郑玄、虞翻、蜀才作“可”,作“可”是取古文。参见坤卦六三爻辞辨。

“享”,荀爽作“享”,郑玄、蜀才作“亨”,作“享”“亨”同是取今文。参见乾卦卦辞辨。

初九,已事遄往,无咎,酌损之。

孟喜《周易章句》作“目事遄往”。

荀爽《周易注》作"巳事颛往"。

虞翻《周易注》作"祀事遄往,无咎,酌损之"。

"巳",孟喜作"目",荀爽作"巳",虞翻"祀",作"巳""目"是取古文,作"祀"是取今文。参见大畜卦初九爻辞辨。

"事",孟喜、荀爽、虞翻作"事",作"事"是取古文。参见坤卦六三爻辞辨。

"遄","遄"通"颛"。《经典释文》:"遄,速也。荀作颛。""颛"亦通"专"。《汉书·货食传》:"郡国富民兼业颛利。"颜师古注:"颛与专同。"《龙龛手鉴·辵部》:"遄,俗;遄,今。"考《周礼·考工记·磬氏》:"已下则摩其耑。"《经典释文》:"耑,本或作端。"《汉书·艺文志》:"言感物造耑,材知深美。"颜师古注:"耑,古端字也。"知作"遄""颛""端"皆从耑可以互借。《石鼓文》:"猷作邍作,导乍我嗣。"《金薤琳琅·周石鼓文》引作"猷作原作,导遄我治",焦竑《俗书刊误·略记字始》:"石鼓文尤难识,其以今文读者,亦多意会,今附记之。乍,遄。"《字汇补·辵部》:"乍,古遄字省文。见《石鼓文》。"通行本作"遄",今帛书本作"端"。由此知作"遄""颛""端"同为今文,作"乍""耑"同为古文,孟喜、虞翻作"遄"、荀爽作"颛"是同取今文。

"往",孟喜、荀爽、虞翻作"往",作"往"是取今文。参见坤卦卦辞辨。

"无",虞翻作"无",作"无"是取古文。参见乾卦九三爻辞辨。

"咎",虞翻作"咎",作"咎"是取古文。参见乾卦九三爻辞辨。

"酌","酌"通"勺"。《礼记·内则》:"十三舞勺。"郑玄注:"勺与酌同。"《仪礼·有司彻》:"宰夫洗觶以升,主人受酌隆。"

郑玄注:“古文酌为爵。”通行本、今帛书本皆作“酌”。若依郑玄注,知作“酌”为今文,作“爵”为古文,虞翻作“酌”是取今文。

“损”,虞翻作“损”,作“损”是取今文。参见本卦卦辞辨。

“之”,虞翻作“之”,作“之”是取古文。参见坤卦卦辞辨。

九二,利贞,征凶。弗损,益之。

虞翻《周易注》作“利贞,征凶。弗损,益之”。

“利”,虞翻作“利”,作“利”是取古文。参见乾卦卦辞辨。

“贞”,虞翻作“贞”,作“贞”是取古文。参见乾卦卦辞辨。

“征”,虞翻作“征”,作“征”是取古文。参见小畜卦上九爻辞辨。

“凶”,虞翻作“凶”,作“凶”是取古文。参见讼卦卦辞辨。

“弗”,虞翻作“弗”,作“弗”是取古文。参见同人卦九四爻辞辨。

“损”,虞翻作“损”,作“损”是取今文。参见本卦卦辞辨。

“益”,“益”通“锡”。闻一多《古典新义·周易义证类纂》:“益读为锡。《御览》八十八引《随巢子》:‘司禄益食而民不饥,司金益富而国家实,司命益年而民不夭。’即锡食、锡富、锡年也。‘或益之十朋之龟’,亦即锡之十朋之龟。”考《史记·五帝本纪》:“以益为朕虞。”《汉书·百官公卿表上》作“萕作朕虞”,颜师古注:“萕,古益字也。”《集韵·昔韵》:“益,古通作萕。”通行本、今帛书本皆作“益”。由此知作“萕”为古文,作“益”为今文。然郭店楚墓竹简本《性自命出》:“嗌乐龙指。”释文“嗌”作“益”。《说文·口部》:“嗌,咽也。萕,籀文嗌。”“嗌”或亦为“益”之古文。虞翻作“益”是取今文。

“之”,虞翻作“之”,作“之”是取古文。参见坤卦卦辞辨。

按，此条爻辞“利贞，征凶”，山井鼎《七经孟子考文补遗》云：“古本经九二‘利贞征凶’，征作往，注同。”阮元《周易注疏校勘记·损卦》同。证之通行本、今帛书本皆作“征”。

六三，三人行则损一人，一人行则得其友。

虞翻《周易注》作“三人行则损一人，一人行则得其友”。

“三”，虞翻作“三”，作“三”是取古文。参见蒙卦卦辞辨。

“人”，虞翻作“人”，作“人”是取古文。参见乾卦九二爻辞辨。

“行”，虞翻作“行”，作“行”是取古文。参见泰卦九二爻辞辨。

“则”，虞翻作“则”，作“则”是取今文。参见蒙卦卦辞辨。

“损”，虞翻作“损”，作“损”是取今文。参见本卦卦辞辨。

“一”，虞翻作“一”，作“一”是取古文。参见睽卦上九爻辞辨。

“得”，虞翻作“得”，作“得”是取今文。参见坤卦卦辞辨。

“其”，虞翻作“其”，作“其”是取今文。参见坤卦上六爻辞辨。

“友”，“友”通“有”。《尚书·牧誓》：“嗟！我友邦冢君。”《史记·周本纪》作“嗟！我有国冢君”。“友”同“叐”。《旧唐书·魏玄同传》：“居家视其孝友。”顾炎武《日知录》卷八引作“居家视其孝叐”。《说文·又部》：“叐，同志为友。㕛，古文友。䜴，古文友。”《玉篇·又部》：“叐，今作友。㕛、䜴并古文。”考郭店楚墓竹简本《语丛三》，“友”字作“䜴”。通行本、今帛书本皆作“友”。由此知作“友”为今文，作“䜴”“㕛”“䜴”同为古文，虞翻作“友”是取今文。

六四,损其疾,使遄有喜,无咎。

虞翻《周易注》作“损其疾,使遄有喜,无咎”。

“损”,虞翻作“损”,作“损”是取今文。参见本卦卦辞辨。

“其”,虞翻作“其”,作“其”是取今文。参见坤卦上六爻辞辨。

“疾”,虞翻作“疾”,作“疾”是取古文。参见豫卦六五爻辞辨。

“使”,虞翻作“使”,作“使”是取古文。参见坤卦六三爻辞辨。

“遄”,虞翻作“遄”,作“遄”是取今文。参见本卦初九爻辞辨。

“有”,虞翻作“有”,作“有”是取今文。参见乾卦上九爻辞辨。

“喜”,虞翻作“喜”,作“喜”是取今文。参见否卦上九爻辞辨。

“无”,虞翻作“无”,作“无”是取古文。参见乾卦九三爻辞辨。

“咎”,虞翻作“咎”,作“咎”是取古文。参见乾卦九三爻辞辨。

六五,或益之十朋之龟,弗克违,元吉。

马融《周易传》作“或益之十朋之龟”。

郑玄《周易注》作“或益之十朋之龟”。

虞翻《周易注》作“或益之十朋之龟,弗克违,元吉”。

“或”,马融、郑玄、虞翻作“或”,作“或”是取古文。参见乾卦九四爻辞辨。

“益”，马融、郑玄、虞翻作“益”，作“益”是取今文。参见本卦九二爻辞辨。

“之”，马融、郑玄、虞翻作“之”，作“之”是取古文。参见坤卦卦辞辨。

“十”，马融、郑玄、虞翻作“十”，作“十”是取古文。参见屯卦屯卦六二爻辞辨。

“朋”，马融、郑玄、虞翻作“朋”，作“朋”是取今文。参见复卦卦辞辨。

“龟”，马融、郑玄、虞翻作“龟”，作“龟”是同取古文。参见颐卦初九爻辞辨。

“弗”，虞翻作“弗”，作“弗”是取古文。参见同人卦九四爻辞辨。

“克”，虞翻作“克”，作“克”是取古文。参见蒙卦九二爻辞辨。

“违”，“违”通“回”。《诗·大雅·大明》：“厥德不回。”毛传：“回，违也。”《尚书·尧典》：“静言庸违。”《论衡·恢国》引作“靖言庸回”。《春秋左氏传》昭公二十六年“晏子曰：‘君无违德。’”《论衡·变虚》引作“君无回德”。《说文·口部》：“回，转也。囘，古文。”《玉篇·口部》：“回，转也，又邪也。囘，古文。”通行本作“违”，今帛书本作“回”，马王堆汉墓帛书本《系辞》亦作“回”。由此知作“违”“回”同为今文，作“囘”为古文，虞翻作“违”是取今文。

“元”，虞翻作“元”，作“元”为古文。参见乾卦卦辞辨。

“吉”，虞翻作“吉”，作“吉”为古文。参见乾卦用九爻辞辨。

上九，弗损，益之，无咎，贞吉。利有攸往，得臣无家。

虞翻《周易注》作“弗损，益之，无咎，贞吉，利有攸往，得臣无家”。

王肃《周易注》作“弗损，益之，无咎，贞吉，利有攸往，得臣无家”。

“弗”，虞翻、王肃作“弗”，作“弗”是取古文。参见同人卦九四爻辞辨。

“损”，虞翻、王肃作“损”，作“损”是取今文。参见本卦卦辞辨。

“益”，虞翻、王肃作“益”，作“益”是取今文。参见本卦九二爻辞辨。

“之”，虞翻、王肃作“之”，作“之”是取古文。参见坤卦卦辞辨。

“无”，虞翻、王肃作“无”，作“无”是取古文。参见乾卦九三爻辞辨。

“咎”，虞翻、王肃作“咎”，作“咎”是取古文。参见乾卦九三爻辞辨。

“贞”，虞翻、王肃作“贞”，作“贞”是取古文。参见乾卦卦辞辨。

“吉”，虞翻、王肃作“吉”，作“吉”是取古文。参见乾卦用九爻辞辨。

“利”，虞翻、王肃作“利”，作“利”是取古文。参见乾卦卦辞辨。

“有”，虞翻、王肃作“有”，作“有”是取今文。参见乾卦上九爻辞辨。

“攸”，虞翻、王肃作“攸”，作“攸”是取古文。参见坤卦卦辞辨。

“往”,虞翻、王肃作“往”,作“往”是取今文。参见坤卦卦辞辨。

“得”,虞翻、王肃作“得”,作“得”是取今文。参见坤卦卦辞辨。

“臣”,虞翻、王肃作“臣”,作“臣”是取古文。参见遯卦九三爻辞辨。

“家”,虞翻、王肃作“家”,作“家”为今文。参见蒙卦六二爻辞辨。

益䷩

益，利有攸往，利涉大川。初九，利用为大作，元吉，无咎。六二，或益之十朋之龟，弗克违，永贞吉。王用享于帝，吉。六三，益之，用凶事，无咎。有孚，中行，告公用圭。六四，中行，告公从，利用为依迁国。九五，有孚惠心，勿问元吉，有孚惠我德。上九，莫益之，或击之，立心勿恒，凶。

益，利有攸往，利涉大川。

郑玄《周易注》作“益，利有攸往，利涉大川”。

宋衷《周易注》作“益，利有攸往”。

虞翻《周易注》作“益，利有攸往，利涉大川”。

向秀《周易义序》作“益，利有攸往，利涉大川”。

“益”，郑玄、宋衷、虞翻、向秀作“益”，作“益”是取今文。参见损卦九二爻辞辨。

“利”，郑玄、宋衷、虞翻、向秀作“利”，作“利”是取古文。参见乾卦卦辞辨。

“有”，郑玄、宋衷、虞翻、向秀作“有”，作“有”是取今文。参见乾卦上九爻辞辨。

“攸”，郑玄、宋衷、虞翻、向秀作“攸”，作“攸”是取古文。参见坤卦卦辞辨。

“往”,郑玄、宋衷、虞翻、向秀作“往”,作“往”是取今文。参见坤卦卦辞辨。

“涉”,郑玄、虞翻、向秀作“涉”,作“涉”是取今文。参见需卦卦辞辨。

“大”,郑玄、虞翻、向秀作“大”,作“大”是取古文。参见乾卦九二爻辞辨。

“川”,郑玄、虞翻、向秀作“川”,作“川”是取古文。参见坤卦卦辞辨。

按,此条爻辞“利有攸往”,通行本同,今帛书本作“利用攸往”。考通行本贲、剥、复、无妄等卦辞及大畜卦九三爻辞“利有攸往”,今帛书本皆作“利有攸往”,唯此条爻辞作“利有用往”,疑传抄者笔误,其文意基本相同。

初九,利用为大作,元吉,无咎。

虞翻《周易注》作“利用为大作,元吉,无咎”。

“利”,虞翻作“利”,作“利”是取古文。参见乾卦卦辞辨。

“用”,虞翻作“用”,作“用”是取古文。参见乾卦初九爻辞辨。

“为”,虞翻作“为”,作“为”是取古文。参见蒙卦上九爻辞辨。

“大”,虞翻作“大”,作“大”是取古文。参见乾卦九二爻辞辨。

“作”,“作”通“诈”。《礼记·月令》:“于时毋或作为淫巧以荡上心。”郑玄注:“今《月令》无‘于时’,‘作为’为‘诈伪’。”“作”同“乍”。《墨子·兼爱下》:“文王若日若月,乍照光于四方。”孙诒让《墨子间诂》引孙星衍云：“乍，古与作通。”林光义《文源》：“乍，即作之古文。”《集韵·铎韵》：“作，《说文》：‘起也。’古作胙、䋏。”通行本、今帛书本皆作“作”。考郭店楚墓竹简《缁衣》“万邦乍孚”，今本《礼记·缁衣》作“万国作孚”。由此知作“作”为今文，作“胙”“䋏”“乍”同为古文，虞翻作“作”是取今文。

“元”，虞翻作“元”，作“元”是取古文。参见乾卦卦辞辨。

“吉”，虞翻作“吉”，作“吉”是取古文。参见乾卦用九爻辞辨。

“无”，虞翻作“无”，作“无”是取古文。参见乾卦九三爻辞辨。

“咎”，虞翻作“咎”，作“咎”是取古文。参见乾卦九三爻辞辨。

六二，或益之十朋之龟，弗克违，永贞吉。王用享于帝，吉。

虞翻《周易注》作“或益之十朋之龟，弗克违，永贞吉，王用享于帝，吉”。

王廙《周易注》作“王用享于帝”。

干宝《周易注》作“王用享于帝，吉”。

“或”，虞翻作“或”，作“或”是取古文。参见乾卦九四爻辞辨。

“益”，虞翻作“益”，作“益”是取今文。参见损卦卦辞辨。

“之”，虞翻作“之”，作“之”是取古文。参见坤卦卦辞辨。

“十”，虞翻作“十”，作“十”是取古文。参见屯卦六二爻辞辨。

“朋”,虞翻作“朋”,作“朋”是取今文。参见复卦卦辞辨。

“龟”,虞翻作“龟”,作“龟”是取古文。参见颐卦初九爻辞辨。

“弗”,虞翻作“弗”,作“弗”是取古文。参见同人卦九四爻辞辨。

“克”,虞翻作“克”,作“克”是取古文。参见蒙卦九二爻辞辨。

“违”,虞翻作“违”,作“违”是取今文。参见损卦六五爻辞辨。

“永”,虞翻作“永”,作“永”是取今文。参见坤卦用六爻辞辨。

“贞”,虞翻作“贞”,作“贞”是取古文。参见乾卦卦辞辨。

“吉”,虞翻、干宝作“吉”,作“吉”是取古文。参见乾卦用九爻辞辨。

“王”,虞翻、王廙、干宝作“王”,作“王”是取古文。参见坤卦六三爻辞辨。

“用”,虞翻、王廙、干宝作“用”,作“用”是取古文。参见乾卦初九爻辞辨。

“享”,虞翻、王廙、干宝作“享”,作“享”是取今文。参见乾卦卦辞辨。

“于”,虞翻、王廙、干宝作“于”,作“于”是取古文。参见坤卦上六爻辞辨。

“帝”,虞翻、王廙、干宝作“帝”,作“帝”是同取古文。参见泰卦六五爻辞辨。

按,此“六二”,通行本同。今帛书本作“九二”,疑为传抄者笔误。

六三，益之，用凶事，无咎。有孚，中行，告公用圭。

虞翻《周易注》作“益之，用凶事，无咎。有孚中行，告公用圭”。

王肃《周易注》作“告公用桓圭”。

干宝《周易注》作“益之，用凶事，无咎。有孚中行，告公用圭”。

九家《周易集注》作“有孚中行，告公用圭”。

“益”，虞翻、干宝作“益”，作“益”是取今文。参见损卦九二爻辞辨。

“之”，虞翻、干宝作“之”，作“之”是取古文。参见坤卦卦辞辨。

“用”，虞翻、王肃、干宝、九家作“用”，作“用”是取古文。参见乾卦初九爻辞辨。

“凶”，虞翻、干宝作“凶”，作“凶”是取古文。参见讼卦卦辞辨。

“事”，虞翻、干宝作“事”，作“事”是取古文。参见坤卦六三爻辞辨。

“无”，虞翻、干宝作“无”，作“无”是取古文。参见乾卦九三爻辞辨。

“咎”，虞翻、干宝作“咎”，作“咎”是取古文。参见乾卦九三爻辞辨。

“有”，虞翻、干宝、九家作“有”，作“有”是取今文。参见乾卦上九爻辞辨。

“孚”，虞翻、干宝、九家作“孚”，作“孚”是取古文。参见需卦卦辞辨。

“中”，虞翻、干宝、九家作“中”，作“中”是取古文。参见屯卦六三爻辞辨。

“行”，虞翻、干宝、九家作“行”，作“行”是取古文。参见泰卦九二爻辞辨。

“告”，虞翻、王肃、干宝、九家作“告”，作“告”是取今文。参见蒙卦卦辞辨。

“公”，虞翻、王肃、干宝、九家作“公”，作“公”是取今文。参见大有卦九三爻辞辨。

“桓”，王肃作“桓圭”，其“桓”字衍。

“圭”，“圭”通“珪”。《尚书·金縢》：“植璧秉珪。”《论衡·死伪》引作“植璧秉圭”，《春秋左氏传》僖公九年：“《诗》所谓白圭之玷。”《史记·晋世家》引作“《诗》所谓白珪之玷”。“圭”亦通“闺”。《说文·门部》：“闺，独立之户，上圜下方，有似圭。从门，圭声。”《春秋左氏传》襄公十年：“筚门闺宝之人。”《经典释文》：“闺，音圭，本亦作圭。”通行本作“圭”，今帛书本作“闺”。考《说文·土部》：“圭，瑞玉也。珪，古文圭从玉。”《玉篇·玉部》：“珪，古圭字。”郭店楚墓竹简本《缁衣》：“白圭之石。”今本《礼记·缁衣》作“白圭之玷”。由此知作“圭”“闺”同为今文，作“珪”为古文，虞翻、王肃、干宝、九家作“圭”是取今文。

六四，中行，告公从，利用为依迁国。

虞翻《周易注》作“中行，告公从，利用为依迁邦”。

“中”，虞翻作“中”，作“中”是取古文。参见屯卦六三爻辞辨。

“行”，虞翻作“行”，作“行”是取古文。参见泰卦九二爻辞辨。

“告”，虞翻作“告”，作“告”是取今文。参见蒙卦卦辞辨。

“公”，虞翻作“公”，作“公”是取今文。参见大有卦九三爻辞辨。

“从”，虞翻作“從”，作“從”是取古文。参见坤卦六三爻辞辨。

“利”，虞翻作“利”，作“利”是取古文。参见乾卦卦辞辨。

“用”，虞翻作“用”，作“用”是取古文。参见乾卦初九爻辞辨。

“为”，虞翻作“为”，作“为”是取古文。参见蒙卦上九爻辞辨。

“依”，“依”通“哀”。《汉书·天文志》：“后聚十五星曰哀乌郎位。”《考证》云：“《晋志》作依乌郎府。”马王堆汉墓帛书《老子》甲本《道经》：“杀人众，以悲依立（莅）之。”郭店楚墓竹简《老子》丙本作“以悲怴位”，通行本《老子》“依”“怴”二字皆作“哀”。《说文·口部》：“哀，闵也。从口，衣声。”“依”与“怴”皆从衣声，可以通假。通行本作“依”，今帛书本作“家”，“家”之古文作“冢”。由此知作“依”“家”同为今文，作“怴”为古文，虞翻作“依”是取今文。

“迁”，“迁”同“遷”。《隶释·楚相孙叔敖碑》：“即岁遷长掖太守。”洪适注：“遷即迁。”《隶释·卫尉衡方碑》：“征拜议郎，遷大医令。”洪适注以“遷”作“迁”。《说文·辵部》：“迁，登也。从辵，䙴声。拪，古文迁从手，从西。”《广雅·释诂五》：“䙴，迁也。”王念孙《广雅疏证》：“隶省作䙴。”《集韵·僊韵》：“隶作迁，古作拪。”考《汉书·律历志下》：“周人䙴其行序。”《汉书·地理志下》：“故《春秋经》曰：‘卫䙴于帝丘。’”颜师古并注：“䙴，古迁字。”郭店楚墓竹简本《五行》：“䙴于兄弟。”释文“䙴”作“迁”。证之今帛书本作“迁”。由此知作“迁”为今文，作“拪”

“䙴”“䙴”同为古文,虞翻作“迁”是取今文。

“国”,虞翻作“邦”,作“国”为今文,作“邦”为古文。参见师卦上六爻辞辨。

九五,有孚惠心,勿问元吉,有孚惠我德。

虞翻《周易注》作“有孚惠心,勿问元吉,有孚惠我德”。

“有”,虞翻作“有”,作“有”是取今文。参见乾卦上九爻辞辨。

“孚”,虞翻作“孚”,作“孚”是取古文。参见需卦卦辞辨。

“惠”,“惠”通“慧”。《国语·晋语九》:“巧文辩惠则贤。”《资治通鉴》卷一《周纪一》引作“巧文辩慧则贤”。《说文·心部》:“惠,仁也。从心,从叀。𢢍,古文惠从芔。”《玉篇·叀部》:“惠,又作憓。𢢍,古文。”《字汇补·心部》:“𢢍,古文惠字。”通行本、今帛书本皆作“惠”。由此知作“惠”为今文,作“𢢍”为古文,虞翻作“惠”是取今文。

“心”,虞翻作“心”,作“心”是取古文。参见坎卦卦辞辨。

“勿”,虞翻作“勿”,作“勿”是取古文。参见乾卦初九爻辞辨。

“问”,“问”通“闻”。《诗·大雅·文王》:“亹亹文王,令闻不已。”《隶释·平都蒋君碑》引《诗》“令闻不已”作“令问不已”。《诗·大雅·卷阿》:“令闻令望。”《经典释文》:“闻,本亦作问。”又《诗·大雅·江汉》:“明明天子,令闻不已。”《孔子家语·问玉》引《诗》作“明明天子,令问不已。”《礼记·檀弓上》:“问丧于夫子乎?”《经典释文》:“问,或作闻。”《说文·耳部》:“闻,知闻也。从耳,门声。䎽,古文从昏。”《玉篇·耳部》:“闻,又音问。䎽、聋并古文。”《字汇补·耳部》:“䎽,古文耳字。与䎽同。”《五音集韵·文韵》:“闻,䎽古文。”通行本、今帛书本皆作“问”,然考通行本夬卦九四爻辞“闻言不信”之“闻”,今帛书本作“闻”,上博竹简本作“䎽”,“䎽”同“䎽”。由此知作“问”“闻”同为今文,作“䎽”“䎽”同为古文,虞翻作“问”是取今文。

“元”,虞翻作“元”,作“元”是取古文。参见乾卦卦辞辨。

“吉”,虞翻作“吉”,作“吉”是取古文。参见乾卦用九爻辞辨。

“我”,虞翻作“我”,作“我”是取古文。参见蒙卦卦辞辨。

“德”,虞翻作“德”,作“德”是取今文。参见讼卦六三爻辞辨。

上九,莫益之,或击之,立心勿恒,凶。

虞翻《周易注》作“莫益之,或击之,立心勿恒,凶”。

“莫”,虞翻作“莫”,作“莫”是取古文。参见遯卦六二爻辞辨。

“益”,虞翻作“益”,作“益”是取今文。参见损卦九二爻辞辨。

“之”,虞翻作“之”,作“之”是取古文。参见坤卦卦辞辨。

“或”,虞翻作“或”,作“或”是取古文。参见乾卦九四爻辞辨。

“击”,虞翻作“击”,作“击”是取古文。参见蒙卦上九爻辞辨。

“立”,“立”通“位”。《论语·卫灵公》:“知柳下惠之贤而不与立也。”俞樾《群经平议》:“立,当读为位。”《春秋左氏传》襄公三十一年:“辨于其大夫之族姓班位。”《说苑·理政》引作“族姓变立”。惠栋《春秋左氏传补注》卷四云:“变立,即古文班位字也。古读变为辨，辨为班，古文位作立。《刘歆传》曰：'《春秋传》多古字古言。'乃知向所据者皆古字也。"《仪礼·乡射礼》："坐奠觯兴退烧少立。"郑玄注："古文曰：'少退立。'"《周礼·春官·小宗伯》："掌建国之神位。"郑玄注："故书位作立。郑司农云：'立读为位。'古者立、位同字，古文《春秋经》'公即位'为'公即立'。"通行本、今帛书本皆作"立"，然考通行本萃卦九五爻辞"萃有位"，今帛书本作"卒有立"，是其明证。郭店楚墓竹简本《尊德义》："雀（爵）立，所以信其肽（然）也。"上博竹简本《容成氏》："文王堋（崩），武王即立。"此二"立"字，释文皆作"位"。由此知作"位"为今文，作"立"为古文，虞翻作"立"是取古文。

"心"，虞翻作"心"，作"心"是取古文。参见坎卦卦辞辨。

"勿"，虞翻作"勿"，作"勿"是取古文。参见乾卦初九爻辞辨。

"恒"，虞翻作"恒"，作"恒"是取今文。参见需卦初九爻辞辨。

"凶"，虞翻作"凶"，作"凶"是取古文。参见讼卦卦辞辨。

夬䷪

夬，扬于王庭，孚号有厉，告自邑。不利即戎，利有攸往。初九，壮于前趾，往不胜，为咎。九二，惕号，莫夜有戎，勿恤。九三，壮于頄，有凶。君子夬夬，独行，遇雨若濡，有愠，无咎。九四，臀无肤，其行次且。牵羊悔亡，闻言不信。九五，苋陆夬夬，中行，无咎。上六，无号，终有凶。

夬，扬于王庭，孚号有厉，告自邑。不利即戎，利有攸往。

郑玄《周易注》作"夬，扬于王庭"。

虞翻《周易注》作"夬，扬于王庭，孚号有厉，告自邑。不利即戎，利有攸往"。

干宝《周易注》作"告自邑"。

翟玄《周易义》作"告自邑"。

"夬"，郑玄、虞翻作"夬"，作"夬"是取古文。参见了履卦九五爻辞辨。

"扬"，"扬"通"阳"。《诗·小雅·正月》："燎之方扬。"《汉书·谷永传》引作"燎之方阳"。《礼记·玉藻》："盛气颠实扬休。"郑玄注："扬读为阳。"《周礼·考工记·梓人》："其声清阳而远闻。”孙诒让《正义》：“阳与扬通。”《说文·手部》：“扬，飞举也。敭，古文杨，从攴。”段玉裁注：“汉碑用飏历，他文用敭历，皆用今文《尚书·盘庚》之优贤扬历也。”《集韵·阳韵》：“扬，古作敭。”又《阳韵》：“阳，《说文》：‘高明也。’古作䧵。”《字汇补·阜部》：“䧵，古文阳字。”通行本作“扬”，今帛书本作“阳”。由此知作“扬”“阳”同为今文，作“䧵”“敭”同为古文，郑玄、虞翻作“扬”是取今文。

“于”，郑玄、虞翻作“于”，作“于”是取古文。参见坤卦上六爻辞辨。

“王”，郑玄、虞翻作“王”，作“王”是取古文。参见坤卦六三爻辞辨。

“庭”，郑玄、虞翻作“庭”，作“庭”是取今文。明夷卦六四爻辞辨。

“孚”，虞翻作“孚”，作“孚”是取古文。参见需卦卦辞辨。

“号”，虞翻作“号”，作“号”是取今文。参见同人卦九五爻辞辨。

“有”，虞翻作“有”，作“有”是取今文。参见乾卦上九爻辞辨。

“厉”，虞翻作“厉”，作“厉”是取今文。参见乾卦九三爻辞辨。

“告”，虞翻、翟玄、干宝作“告”，作“告”是取今文。参见蒙卦卦辞辨。

“自”，虞翻、翟玄、干宝作“自”，作“自”是取古文。参见需卦六四爻辞辨。

“邑”，虞翻、翟玄、干宝作“邑”，作“邑”是取古文。参见讼卦九二爻辞辨。

“不”，虞翻作“不”，作“不”是取古文。参见坤卦六二爻辞辨。

“利”，虞翻作“利”，作“利”是取古文。参见乾卦卦辞辨。

“即”，虞翻作“即”，作“即”是取古文。参见屯卦六三爻辞辨。

“戎”，虞翻作“戎”，作“戎”是取古文。参见同人卦九三爻辞辨。

“攸”，虞翻作“攸”，作“攸”是取古文。参见坤卦卦辞辨。

“往”，虞翻作“往”，作“往”是取今文。参见坤卦卦辞辨。

初九，壮于前趾，往不胜，为咎。

荀爽《周易注》作“壮于前止”。

虞翻《周易注》作“壮于前趾。往不胜，为咎”。

“壮”，荀爽、虞翻作“壮”，作“壮”是取今文。参见大壮卦卦辞辨。

“于”，荀爽、虞翻作“于”，作“于”是取古文。参见坤卦上六爻辞辨。

“前”，荀爽、虞翻作“前”，作“前”是取古文。参见比卦九五爻辞辨。

“趾”，荀爽作“止”，虞翻作“趾”，作“趾”是取今文，作“止”是取古文。参见噬嗑初九爻辞辨。

“往”，虞翻作“往”，作“往”是取今文。参见坤卦卦辞辨。

“不”，虞翻作“不”，作“不”是取古文。参见坤卦六二爻辞辨。

“胜”，虞翻作“胜”，作“胜”是取今文。参见遯卦六二爻辞辨。

“为”，虞翻作“为”，作“为”是取古文。参见蒙卦上九爻辞辨。

“咎”，虞翻作“咎”，作“咎”是取古文。参见乾卦九三爻辞辨。

九二，惕号，莫夜有戎，勿恤。

荀爽《周易注》作“锡号，莫夜”。

郑玄《周易注》作“惕号，莫夜”。

虞翻《周易注》作“惕号，莫夜有戎，勿恤”。

王廙《周易注》作“惕号，莫夜”。

翟玄《周易义》作“锡号，莫夜”。

“惕”，荀爽、翟玄作“锡”，郑玄、虞翻、王廙作“惕”，作“惕”是取今文，作“锡”是取古文。参见乾卦九三爻辞辨。

“号”，荀爽、郑玄、虞翻、王廙、翟玄作“号”，作“号”是取今文。参见同人卦九五爻辞辨。

“莫”，荀爽、郑玄、虞翻、王廙、翟玄作“莫”，作“莫”是取古文。参见遯卦六二爻辞辨。

“夜”，“夜”通“掖”。《战国策·齐策六》：“当今将军东有夜邑之奉，西有菑上之虞。”《说苑·指武》“夜邑”引作“掖邑”。《后汉书·欧阳歙传》：“九年，更封夜侯。”李贤注：“夜，今莱州掖县。”“夜”亦通“液”。《尚书大传》：“脂液之妖。”《汉书·五行志下》引作“脂夜之妖”。《集韵·祃韵》：“夜，古作亱。”《字汇补·几部》：“夙，古文夜字。”通行本、今帛书本皆作“夜”，上博竹简本作“譽”，“譽”与“夜”，《广韵》同属鱼部，音近故可通假。由此知作“夜”为今文，作“夙”“亱”“譽”同为古文，荀爽、郑玄、虞翻、王廙、翟玄作“夜”是取今文。参见坤卦六四爻辞辨。

“有”，虞翻作“有”，作“有”是取今文。参见乾卦上九爻辞辨。

“戎”，虞翻作“戎”，作“戎”是取古文。参见同人卦九三爻辞辨。

“勿”，虞翻作“勿”，作“勿”是取古文。参见乾卦初九爻辞辨。

“恤”，虞翻作“恤”，作“恤”是取今文。参见坤卦上六爻辨。

九三，壮于頄，有凶。君子夬夬，独行，遇雨若濡，有愠，无咎。

荀爽《周易注》作“君子夬夬，独行，遇雨若濡，有愠，无咎”。

郑玄《周易注》作“壮于頯”。

王肃《周易注》作“壮于頯”。

蜀才《周易注》作“壮于仇”。

翟玄《周易义》作“壮于頄”。

“壮”，郑玄、王肃、蜀才、翟玄作“壮”，作“壮”是取今文。参见大壮卦卦辞辨。

“于”，郑玄、王肃、蜀才、翟玄作“于”，作“于”是取古文。参见坤卦上六爻辞辨。

“頄”，“頄”通“頯”。《说文》无“頄”字，《集韵·鱼韵》：“頯，或作頄。”又《集韵·尤韵》：“頄，面颧也。或作頯。”“頄”亦通“鼽”。《素问·缺府论》：“鼽骨下各一。”王冰注：“鼽，頄也。頄，面颧也。”“鼽”又读为“怨仇”之“仇”。《吕氏春秋·季秋纪》：“民多鼽窒。”高诱注：“鼽，读曰仇怨之仇。”《淮南子·时则训》亦引作“民多鼽窒”，高诱注：“鼽，仇。”是“頄”“頯”“仇”三字皆声近可以互借。通行本作“頄”，今帛书本作“頯”，然考上博竹简本作“頁”,“頁”即“傾”。由此知作“傾”为古文,作“頯”“仇”同为今文,郑玄、王肃作“頯”,蜀才作“仇”是取今文,翟玄作“傾”是取古文。

“君”,荀爽作“君”,作“君”是取古文。参见乾卦九三爻辞辨。

“子”,荀爽作“子”,作“子”是取古文。参见乾卦九三爻辞辨。

“夬”,荀爽作“夬”,作“夬”是取古文。参见本卦卦辞辨。

“独”,荀爽作“独”,作“独”是取今文。参见复卦六四爻辞辨。

“行”,荀爽作“行”,作“行”是取古文。参见泰卦九二爻辞辨。

“遇”,荀爽作“遇”,作“遇”是取古文。参见同人九五爻辞辨。

“雨”,荀爽作“雨”,作“雨”是取古文。参见小畜卦上九爻辞辨。

“若”,荀爽作“若”,作“若”是取古文。参见乾卦九三爻辞辨。

“濡”,“濡”通“儒”。《经典释文》:“濡,音儒。”余萧客《古经解钩沉》卷十四“儒行”条:“儒者,濡也。以先王之道能濡其身。”“濡”同“渜”。《礼记·丧大记》:“濡濯弃于坎。”《仪礼·士丧礼》:“渜濯弃于坎。”郑玄注:“古文渜作缘,荆沔之间语。”贾公彦疏云:“《禹贡》云:‘荆河惟豫州。’则郑见豫州语渜为缘,是以古文误作缘也。”通行本、今帛书本皆作“濡”,上博竹简本作“雺”。《说文·雨部》:“雺,雺,籀文省。”《集韵·遇韵》:“霚,古从矛,或作雺。”“濡”“雺”古音同属遇韵,其义相近,故可互借。若依郑玄注、上博竹简本,知作“濡”为今文,作“潒”“雺”同为古文,荀爽作“濡”是取今文。

“有”,荀爽作“有”,作“有”是取今文。参见乾卦上九爻辞辨。

“愠”,“愠”通“温”。《礼记·内则》:“柔色以温之。”《经典释文》:“温,又作愠。”通行本作“愠”,今帛书本作“温”,上博竹简本作“礷”,“礷”“愠”音义不通,故亦不可通“温”,或为别种传本。由此知作“愠”“温”同为今文,作“礷”为古文,荀爽作“愠”是取今文。

“无”,荀爽作“无”,作“无”是取古文。参见乾卦九三爻辞辨。

“咎”,荀爽作“咎”,作“咎”为古文。参见乾卦九三爻辞辨。

九四,臀无肤,其行次且。牵羊悔亡,闻言不信。

子夏《易传》作“掔羊悔亡”。

孟喜《周易章句》作“其行趑趄”。

马融《周易传》作“其行趑且”。

郑玄《周易注》作“其行趑趄”。

虞翻《周易注》作“臀无膚,其行次且。牵羊悔亡,闻言不信”。

王肃《周易注》作“其行趑趄”。

“臀”,“臀”通“脤”。《庄子·德符充》:“闉跂支离无脤。”《经典释文》:“崔云脤、臀同。简文云脤,臀也。”《周礼·考工记·桌氏》:“其臀一寸,其实一豆。”郑玄注:“故书臀作唇,杜子春云当为臀。”《说文·肉部》:“唇,口端也。頣,古文唇从页。”《玉篇·页部》:“頣,古唇字。”通行本作“臀”,今帛书本作

"脤",上博竹简本作"誫",然考通行本困卦初六爻辞"臀困于株木"之"臀",今帛书本作"辰"。由此知作"臀""脤""辰""誫"皆可通假,又知作"臀"为今文,作"顾""誫"同为古文,虞翻作"臀"是取今文。

"无",虞翻作"无,"作"无"是取古文。参见乾卦九三爻辞辨。

"肤",虞翻作"膚",作"膚"是取今文。参见噬嗑卦六二爻辞辨。

"其",孟喜、马融、郑玄、虞翻、王肃作"其",作"其"是取今文。参见坤卦上六爻辞辨。

"行",孟喜、马融、郑玄、虞翻、王肃作"行",作"行"是取古文。参见泰卦九二爻辞辨。

"次",孟喜、郑玄作"趀",马融、王肃作"趑",虞翻作"次",作"趑"、"次"是同取今文。参见师卦六四爻辞辨。

"且",孟喜、郑玄、王肃作"趄",马融、虞翻作"且",作"趄"是取今文,作"且"是取古文。参见坎卦六三爻辞辨。

"牵","牵"通"掔"。《庄子·徐无鬼》:"君将黜耆欲,掔好恶,则耳目病矣。"《史记·郑世家》:"郑襄公肉袒掔羊以迎。"其二"掔"字,吴玉搢《别雅》卷二考证云:"掔并同牵"。《说文·手部》:"掔,固也。"段玉裁注:"掔,或假借为牵字。"清姚文田、严可均《说文校议》:"《一切经音义》卷十三《邪祇经音义》引《三苍》云:'掔亦牵字,引前也。'"《仪礼·士丧礼》:"设决丽于掔。"郑玄注:"古文掔作捥。"《汉书·郊祀志上》:"燕齐之间,莫不搤掔,而自言有禁方能神迁矣。"颜师古注:"掔,古手腕之字也。"《汉书·扬雄传》:"搫象犀。"颜师古注:"搫,古牵字。"《集韵·先韵》:"掔,牵也。""牵,古作搫。"通行本作"牵"、今帛书本作"坚","坚"或为"掔"之省,可假借为"牵"。《春秋公羊传》定公十四年:"公会齐侯、魏侯于齐。"《经典释文》:"坚,如字。本又作掔,音牵。左氏作牵。"又考吕祖谦《古易音训》:"晁氏曰:'掔,古文。'"郭忠恕《汗简》卷五《手部》亦云"牵"字之古文作"掔"。若依郑玄注、《集韵》等,知作"牵""坚"同为今文,作"捥""掔""掔"同为古文,子夏作"掔"是取古文,虞翻作"牵"是取今文。

"羊",子夏、虞翻作"羊",作"羊"是取古文。参见大壮九三爻辞辨。

"悔",子夏、虞翻作"悔",作"悔"是取今文。参见乾卦上九爻辞辨。

"亡",子夏、虞翻作"亡",作"亡"是取古文。参见乾卦九三爻辞辨。

"闻",虞翻作"闻",作"闻"是取今文。参见益卦九五爻辞辨。

"言",虞翻作"言",作"言"是取古文。参见需卦九二爻辞辨。

"不",虞翻作"不",作"不"是取古文。参见坤卦六二爻辞辨。

"信","信"通"伸"。《易·系辞上》:"引而伸之。"《经典释文》:"伸,本亦作信,音身。"《说文·言部》:"信,诚也。从人,从言。㐰,古文从言省。"《玉篇·人部》:"㐰,古文信。"考《仪礼·士相见礼》:"君子欠伸。"郑玄注:"古文伸作信。"通行本、今帛书本皆作"信"。若依《说文》、郑玄注,作"㐰""信"同为古文,作"伸"为今文。然考今本《礼记·缁衣》"而信其所贱""信以结之""以成其信"等"信"字,证之郭店楚墓竹简本《缁衣》"信"字皆作“訐”,知作“訐”亦为“信”之古文。虞翻作“信”是取古文。

按,此条爻辞“牵羊”,通行本、今帛书本同。上博竹简本作“尯羊”。考通行本井卦卦辞“无丧无得”,通行本同,今帛书本作“无亡无得”,上博竹简本作“亡尯亡旻”,知“尯”字也有亡、丧之义,故“尯羊”亦即“亡羊”或“丧羊”,较之“牵羊”,文意更为明确。

九五,苋陆夬夬,中行,无咎。

子夏《易传》作“苋陆夬夬”。

孟喜《周易章句》作“苋陆夬夬”。

马融《周易传》作“苋陆夬夬”。

荀爽《周易注》作“苋陆夬夬”。

郑玄《周易注》作“苋陆”。

宋衷《周易注》作“苋陆夬夬”。

董遇《周易章句》作“苋陆夬夬”。

虞翻《周易注》作“苋陆夬夬,中行无咎”。

王肃《周易注》作“苋陆夬夬”。

蜀才《周易注》作“苋睦夬夬”。

“苋”,“苋”通“莞”。《经典释文》:“苋,一本作莞。”《集韵·潸韵》“苋,或作莞。”惠栋《九经古义》卷十六《论语古义》释“夫子莞尔而笑”云:“《释文》莞作苋,云本今作莞。’《周易》夬之九五曰‘苋陆夬夬’,虞翻注云:‘苋,悦也。读如夫子苋尔而笑之苋。’是汉以来皆作苋,唐石经仍作莞,非也。《广雅》曰莧,笑也。疑苋字之误,亦训笑,故何晏云:‘苋尔,小笑貌。’”通行本、今帛书本皆作“苋”,然考上博竹简本亦作“苋”。由此知作“苋”为古文,作“莞”为今文,子夏、孟喜、马融、荀爽、郑玄、宋衷、董遇、虞翻、王肃、蜀才作“苋”是取古文。

“陆”,“陆”通“睦”。《后汉书·阴皇后纪》:“光烈阴皇后讳丽华。”韦昭注:“《东观记》有阴子公者生子方,方生幼公,公生君孟,名睦,即后之父也。世本睦作陆。”考汉《成阳令唐扶颂》:“耽经史兮履仁义,内和陆兮外奔赴。”《都乡孝子严举碑》:“九族和陆,事继若真。”《北军中侯郭仲奇碑》:“崇和陆,垂以仁,赫斯严,威若神。”皆以“陆”为“睦”。惠栋《九经古义》卷一《周易古义》:“古睦字亦作陆。”《说文·阜部》:“䮰,籀文陆。”《玉篇·阜部》:“陆,道也。古文作𡍞。”又《说文·目部》:“睦,目顺也。𥈭,古文睦。”《玉篇·目部》:“睦,和也。𥈭,古文。”通行本作“陆”,今帛书本作“勲”,上博竹简本作“芺”。张政烺以“芺”“陆”音近(双声)义通。张立文认为“陆”“勲”音同,可假借为“踛”,故亦可通“陆”。濮茅左说“芺”同“𡴎”。刘大钧认为:由竹书爻辞“壹”作“一”、“贰”作“二”、“陆”作“六”考之,此“芺”即“六”,亦即“陆”古文作“六”“芺”。可备一说。《说文·屮部》:“𡴎,菌𡴎。𡵓,籀文𡴎,从三𡴎。”徐锴《说文系传》:“从屮者,象三菌丛生也。《易》夬卦曰:‘苋陆夬夬。’陆即𡴎也,与苋皆为柔脆之物。坴字从此。”由此知作“陆”“睦”同为今文,作“𡵓”“芺”“𥈭”同为古文,子夏、孟喜、马融、荀爽、郑玄、宋衷、董遇、虞翻、王肃作“陆”,蜀才作“睦”是同取今文。

“夬”,子夏、孟喜、马融、荀爽、宋衷、董遇、虞翻、王肃作“夬”,作“夬”是取古文。参见本卦卦辞辨。

“中”,虞翻作“中”,作“中”是取古文。参见屯卦六三爻辞辨。

“行”,虞翻作“行”,作“行”是取古文。参见泰卦九二爻辞辨。

“无”,虞翻作“无”,作“无”是取古文。参见乾卦九三爻辞辨。

“咎”,虞翻作“咎”,作“咎”是取古文。参见乾卦九三爻辞辨。

上六,无号,终有凶。

虞翻《周易注》作“无号,终有凶”。

“无”,虞翻作“无”,作“无”是取古文。参见乾卦九三爻辞辨。

“号”,虞翻作“号”,作“号”是取今文。参见同人卦九五爻辞辨。

“终”,虞翻作“终”,作“终”是取今文。参见乾卦九三爻辞辨。

“有”,虞翻作“有”,作“有”是取今文。参见乾卦上九爻辞辨。

“凶”,虞翻作“凶”,作“凶”是取古文。参见讼卦卦辞辨。

姤䷫

姤，女壮，勿用取女。初六，系于金柅，贞吉。有攸往，见凶，羸豕孚蹢躅。九二，包有鱼，无咎，不利宾。九三，臀无肤，其行次且，厉无大咎。九四，包无鱼，起凶。九五，以杞包瓜，含章，有陨自天。上九，姤其角，吝，无咎。

姤，女壮，勿用取女。

郑玄《周易注》作"遘，女壮，勿用取女"。

虞翻《周易注》作"姤，女壮，勿用取女"。

"姤"，"姤"通"遘"。《经典释文》："薛云：'古文作遘。'郑同。《序卦》及《彖》皆云：'遇也。'"《说文》："遘，遇也。从辵，冓声。"高翔麟《说文字通》："《易·杂卦》、唐《石经》本：'遘，遇也。'不作姤，与《说文》合。古《易》卦名本作遘，王辅嗣实时改为姤。《说文》无姤字，《新附》始有之。"通行本作"姤"，今帛书本作"狗"，马王堆汉墓帛书本《衷》作"坸""句"，上博竹简本作"敂"，"狗""坸""敂"三字皆从"句"得声，读作"姤"或"遘"，可以互借。由郑玄、陆德明以"遘"为古文，知作"姤"为今文。然由上博竹简本"遘"作"敂"，知"敂"亦为"姤"之古文，郑玄作"遘"是取古文，虞翻作"姤"是取今文。

“女”,郑玄、虞翻作“女”,作“女”是取古文。参见屯卦六二爻辞辨。

“壮”,郑玄、虞翻作“壮”,作“壮”是取今文。参见大壮卦卦辞辨。

“勿”,郑玄、虞翻作“勿”,作“勿”是取古文。参见乾卦初九爻辞辨。

“用”,郑玄、虞翻作“用”,作“用”是取古文。参见乾卦初九爻辞辨。

“取”,郑玄、虞翻作“取”,作“取”是取古文。参见蒙卦六三爻辞辨。

初六,系于金柅,贞吉。有攸往,见凶,羸豕孚蹢躅。

子夏《易传》作“系于金鑈”。

孟喜《周易章句》作“系于金檷”。

马融《周易传》作“系于金柅”。

宋衷《周易注》作“羸豕孚蹢躅”。

陆绩《周易述》作“羸豕孚蹢躅”。

虞翻《周易注》作“系于金柅,贞吉。有攸往,见凶,羸豕孚蹢躅”。

王肃《周易注》作“系于金抳。羸豕孚蹢躅”。

蜀才《周易注》作“系于金尼”。

九家《周易集注》作“系于金柅,贞吉。有攸往,见凶”。

“系”,子夏、孟喜、马融、虞翻、王肃、蜀才、九家作“系”,作“系”是取古文。参见蒙卦上九爻辞辨。

“于”,子夏、孟喜、马融、虞翻、王肃、蜀才、九家作“于”,作

“于”是取古文。参见坤卦上六爻辞辨。

“金”，子夏、孟喜、马融、虞翻、王肃、蜀才、九家作“金”，作“金”是取古文。参见蒙卦六三爻辞辨。

“柅”，“柅”通“檷”“抳”“尼”。《经典释文》：“柅，《说文》作檷。”《集韵·纸韵》：“檷，所以制动。或作鑈，通作柅。”《玉篇·尸部》：“尼，止也。”《广雅·释诂三》：“抳，止也。”吕祖谦《古易音训》：“说之案，尼，古文。”王念孙《广雅疏证》：“《说文》作檷，王肃作抳，子夏作鑈，蜀才作尼，止也。《正义》引马融注云：‘柅者在车下，所以止轮令不动者也。’《尔雅》：‘尼，止也。’并声近而义同。”通行本作“柅”，今帛书本作“梯”，“抳”“梯”因声近义通可以互借。然考上博竹简本亦作“柅”。由此知作“柅”“尼”同为古文，作“檷”“鑈”“抳”“梯”同为今文，子夏作“鑈”、孟喜作“檷”、王肃作“抳”、蜀才作“尼”是取今文，马融、虞翻、九家作“柅”是取古文。

“贞”，虞翻、九家作“贞”，作“贞”是取古文。参见乾卦卦辞辨。

“吉”，虞翻、九家作“吉”，作“吉”是取古文。参见乾卦用九爻辞辨。

“有”，虞翻、九家作“有”，作“有”是取今文。参见乾卦上九爻辞辨。

“攸”，虞翻、九家作“攸”，作“攸”是取古文。参见坤卦卦辞辨。

“往”，虞翻、九家作“往”，作“往”是取今文。参见坤卦卦辞辨。

“见”，虞翻、九家作“见”，作“见”是取古文。参见乾卦九二爻辞辨。

"凶",虞翻、九家作"凶",作"凶"是取古文。参见讼卦卦辞辨。

"羸",宋衷、陆绩、虞翻、王肃作"羸",作"羸"是取今文。参见大壮卦九三爻辞辨。

"豕",宋衷、陆绩、虞翻、王肃作"豕",作"豕"是取古文。参见大畜卦六五爻辞辨。

"孚",宋衷、陆绩、虞翻、王肃作"孚",作"孚"是取古文。参见需卦卦辞辨。

"蹢","蹢"通"适"。《说文·足部》:"蹢,从足,适省声。或曰蹢躅。"通行本作"蹢",今帛书本作"适"。"适"同"啻",《说文·辵部》:"适,从辵,啻声。"《战国策·秦策》:"疑臣者不适三人。"鲍彪注:"适、啻同。"宋翔凤《周易考异》:"蹢字篆作足旁啻,隶作足旁商,本一字形异。"《经典释文》:"一本作踯,古文作蹢。"吕祖谦《古易音训》:"一本作踯,古文作蹢。"《集韵·昔韵》:"蹢,亦作踯,古作蹢"。然考上博竹简本作"是","是""啻"音通,故亦可与"蹢"通假。由此知作"蹢""适"同为今文,作"蹢""是"同为古文,宋衷、陆绩、虞翻、王肃作"蹢"是取今文。

"躅","躅"通"蹢"。《经典释文》:"本作躅,蹢躅,不静也。古文作蹢。"又《说文·足部》:"躅,蹢躅也。从足,蜀声。"《玉篇·足部》:"躅同躅。"吕祖谦《古易音训》:"古文作蹢。"《集韵·烛韵》:"躅,或从属。"通行本作"躅",今帛书本作"属",《仪礼·既夕礼》:"属引。"郑玄注:"古文属为烛。"郑玄以"属"为今文,以"烛"为古文。惠栋《九经古义》卷二《周易古义》:"蹢躅,古文作蹢蹢。啻与商通,逐与蜀古今字。"然考上博竹简本作"蜀","蜀"与"蠋"声近韵同,亦可通假。由此知"躅""属"同为今文，作“蹵”“蜀”同为古文，宋衷、陆绩、虞翻、王肃作“躅”是取今文。

九二，包有鱼，无咎，不利宾。

荀爽《周易注》作“胞有鱼”。

虞翻《周易注》作“包有鱼，无咎。不利宾”。

“包”，荀爽作“胞”，虞翻作“包”，作“胞”“包”是同取今文。参见蒙卦九二爻辞辨。

“有”，荀爽、虞翻作“有”，作“有”是取今文。参见乾卦上九爻辞辨。

“鱼”，荀爽、虞翻作“鱼”，作“鱼”是取古文。参见剥卦六五爻辞辨。

“无”，虞翻作“无”，作“无”是取古文。参见乾卦九三爻辞辨。

“咎”，虞翻作“咎”，作“咎”是取古文。参见乾卦九三爻辞辨。

“不”，虞翻作“不”，作“不”是取古文。参见坤卦六二爻辞辨。

“利”，虞翻作“利”，作“利”是取古文。参见乾卦卦辞辨。

“宾”，虞翻作“宾”，作“宾”是取今文。参见观卦六四爻辞辨。

九三，臀无肤，其行次且，厉无大咎。

虞翻《周易注》作“臀无膚，其行次且，厉无大咎”。

“臀”，虞翻作“臀”，作“臀”是取今文。参见夬卦九四爻辞辨。

“无”,虞翻作“无”,作“无”是取古文。参见乾卦九三爻辞辨。

“肤”,虞翻作“膚”,作“膚”是取今文。参见噬嗑卦六二爻辞辨。

“其”,虞翻作“其”,作“其”是取今文。参见坤卦上六爻辞辨。

“行”,虞翻作“行”,作“行”是取古文。参见泰卦九二爻辞辨。

“次”,虞翻作“次”,作“次”是取今文。参见师卦六四爻辞辨。

“且”,虞翻作“且”,作“取”是取古文。参见夬卦九四爻辞辨。

“厉”,虞翻作“厉”,作“厉”是取今文。参见乾卦九三爻辞辨。

“大”,虞翻作“大”,作“大”是取古文。参见乾卦九二爻辞辨。

“咎”,虞翻作“咎”,作“咎”是取古文。参见乾卦九三爻辞辨。

九五,以杞包瓜,含章,有陨自天。

子夏《易传》作“以杞苞瓜”。

马融《周易传》作“以杞包瓜”。

郑玄《周易注》作“以杞包瓜”。

虞翻《周易注》作“以杞苞瓜。含章。有陨自天”。

张璠《周易集解》作“以杞包瓜”。

干宝《周易注》作“以杞包瓜,含章”。

“以”，子夏、马融、郑玄、虞翻、张璠、干宝作“以”，作“以”是取今文。参见蒙卦初六爻辞辨。

“杞”，“杞”通“芑”。《山海经·东山经》：“有木焉，其状如杨而赤理，其汁如血，不实，其名曰芑。”郝懿行《山海经笺疏》：“李善注《西京赋》引此经作杞。云：‘杞如杨，赤理。’是知杞假借作芑也。经内多此例。”通行本作“杞”，今帛书本作“忌”，然考上博竹简本作“芑”，“杞”“忌”“芑”皆从己声，可以互借。由此知作“杞”为今文，作“芑”为古文，子夏、马融、郑玄、虞翻、张璠、干宝作“杞”是取今文。

“包”，子夏、虞翻作“苞”，马融、郑玄、张璠、干宝作“包”，作“苞”是取古文，作“包”是取今文。参见蒙卦九二爻辞辨。

“瓜”，“瓜”通“苽”。《论语·乡党》：“虽疏食菜羹瓜祭。”皇侃《论语集解义疏》作“虽蔬菜羹苽祭”。《说文·瓜部》：“瓜，蓏也。”《集韵·麻韵》：“瓜，俗作苽。非是。”通行本、今帛书本皆作“瓜”，然考上博竹简本亦作“苽”，由此知《集韵》所释“瓜”字不确。又知作“瓜”为今文，作“苽”为古文，子夏、马融、郑玄、虞翻、张璠、干宝作“瓜”是取今文。

“含”，虞翻、干宝作“含”，作“含”是取今文。参见坤卦六三爻辞辨。

“章”，虞翻、干宝作“章”，作“章”是取古文。参见坤卦六三爻辞辨。

“有”，虞翻作“有”，作“有”是取今文。参见乾卦上九爻辞辨。

“陨”，“陨”通“员”。《诗·商颂·长发》：“外大国是疆，幅陨既长。”郑玄笺：“陨当作圆。”朱熹注：“陨，读作员，谓周也。”《集韵·准韵》：“陨，《易》曰：‘有陨自天。’或作抎。”通行本作

"陨",今帛书本作"塤",韩仲民云:"帛书此处有破损,细辨损字左下傍出头,原释塤,误,应为损。""塤""陨"皆由员得声,可以通假。上博竹简本作"悳","悳"从"忧"省。与"陨"声韵字义皆不通,或为别种传本。《说文·心部》:"悳,愁也。""悳""忧"古今字。由此知作"陨""塤"为今文,作"悳"为古文,虞翻作"陨"是取今文。

"自",虞翻作"自",作"自"是取古文。参见需卦六四爻辞辨。

"天",虞翻作"天",作"天"是取古文。参见乾卦九五爻辞辨。

按,此条爻辞"九五",通行本、上博竹简本同。今帛书本作"六五",疑传抄者笔误。

上九,姤其角,吝,无咎。

虞翻《周易注》作"姤其角,吝,无咎"。

"姤",虞翻作"姤",作"姤"是取今文。参见本卦卦辞辨。

"其",虞翻作"其",作"其"是取今文。参见坤卦上六爻辞辨。

"角",虞翻作"角",作"角"是取古文。参见大壮卦九三爻辞辨。

"吝",虞翻作"吝",作"吝"是取古文。参见屯卦六三爻辞辨。

"无",虞翻作"无",作"无"是取古文。参见乾卦九三爻辞辨。

"咎",虞翻作"咎",作"咎"是取古文。参见乾卦九三爻辞辨。

萃䷬

萃，亨，王假有庙，利见大人，亨，利贞。用大牲，吉，利有攸往。初六，有孚不终，乃乱乃萃。若号，一握为笑，勿恤，往无咎。六二，引吉，无咎，孚乃利用禴。六三，萃如，嗟如，无攸利，往无咎，小吝。九四，大吉，无咎。九五，萃有位，无咎，匪孚，元永贞，悔亡。上六，赍咨涕洟，无咎。

萃，亨，王假有庙，利见大人，亨，利贞。用大牲，吉，利有攸往。

马融《周易传》作"萃，王假有庙"。

郑玄《周易注》作"萃，王假有庙，利见大人，亨，利贞。用大牲，吉，利有攸往"。

陆绩《周易述》作"萃，王假有庙"。

虞翻《周易注》作"萃，王假有庙，利见大人，亨，利贞。用大牲，吉，利有攸往"。

王肃《周易注》作"萃，亨，王假有庙"。

九家《周易注》作"利贞"。

"萃"，"萃"通"倅""卒"。《周礼·春官·车仆》："掌戎路之萃。"郑玄注："萃，犹副也。"《周礼·春官·戎仆》："掌王倅车之政。”郑玄注:“倅,副也。”孙诒让《周礼正义》:“萃、倅字通。”“倅”亦通“卒”。《周礼·夏官·诸子》:“诸子掌国子之倅。”郑玄注:“故书倅为卒。郑司农云:‘卒,读如物有副倅之倅。’”郑玄以“卒”为古文,以“倅”为今文。通行本、汉石经《周易》皆作“萃”、今帛书本作“卒”,然考上博竹简本作“啐”,“萃”“卒”“倅”“啐”四字皆从卒声,可以互借。若以郑玄注,上博竹简本,知作“萃”为今文,作“卒”“啐”同为古文,马融、郑玄、陆绩、虞翻、王肃、九家作“萃”是取今文。

“王”,马融、郑玄、陆绩、虞翻、王肃作“王”,作“王”是取古文。参见坤卦六三爻辞辨。

“假”,马融、郑玄、陆绩、虞翻、王肃作“假”,作“假”是取今文。参见家人卦九五爻辞辨。

“有”,马融、郑玄、陆绩、虞翻、王肃作“有”,作“有”是取今文。参见乾卦上九爻辞辨。

“庙”,马融、郑玄、陆绩、虞翻、王肃作“庙”,作“庙”是取今文。参见家人九五爻辞辨。

“利”,郑玄、虞翻、九家作“利”,作“利”是取古文。参见乾卦卦辞辨。

“见”,郑玄、虞翻作“见”,作“见”是取古文。参见乾卦九二爻辞辨。

“大”,郑玄、虞翻作“大”,作“大”是取古文。参见乾卦九二爻辞辨。

“人”,郑玄、虞翻作“人”,作“人”是取古文。参见乾卦九二爻辞辨。

“亨”,郑玄、虞翻、王肃作“亨”,作“亨”是取今文。参见乾卦卦辞辨。

“贞”,郑玄、虞翻、九家作“贞”,作“贞”是取古文。参见乾卦卦辞辨。

“用”,郑玄、虞翻作“用”,作“用”是取古文。参见乾卦初九爻辞辨。

“牲”,“牲”通“生”。《尚书·舜典》:“二生。”《风俗通·山》引作“二牲”。《论语·乡党》:“君赐生,必畜之。”《经典释文》:“鲁读生为牲。”《玉篇·生部》:“生,产也,进也,起也,出也。生,古文。”《集韵·庚韵》:“生,古作生,唐武后作匩。”通行本作“牲”,今帛书本作“生”,然考上博竹简本亦作“牲”。由此知作“牲”“生”同为古文,作“生”为今文。然考郭店楚墓竹简本《五行》诸“生”字,知“生”亦为古文。郑玄、虞翻作“牲”是取古文。参见观卦六三爻辞辨。

“攸”,郑玄、虞翻作“攸”,作“攸”是取古文。参见坤卦卦辞辨。

“往”,郑玄、虞翻作“往”,作“往”是取今文。参见坤卦卦辞辨。

按,此条卦辞“王假有庙”,通行本、王肃《周易注》、阜阳汉墓本前有“亨”字,今帛书本、上博竹简本少一“亨”字,证之马融《周易传》、郑玄《周易注》、陆绩《周易述》、虞翻《周易注》等皆无“亨”字,可证其“亨”字并非衍文,而为别种《周易》传本,其文意基本相同。

又按,此条卦辞“用大牲,吉”,通行本、今帛书本有“吉”字,上博竹简本少一“吉”字,证之郑玄《周易注》、虞翻《周易注》等皆有“吉”字,疑上博竹简本少一“吉”字,疑为传抄者笔误,其文意基本相同。

初六，有孚不终，乃乱乃萃。若号，一握为笑，勿恤，往无咎。

马融《周易传》作“若号”。

郑玄《周易注》作“一握为笑”。

虞翻《周易注》作“有孚不终，乃乱乃萃，若号，一握为笑，勿恤，往无咎”。

王肃《周易注》作“若号”。

王廙《周易注》作“若号”。

蜀才《周易注》作“一握为笑”。

“有”，虞翻作“有”，作“有”是取今文。参见乾卦上九爻辞辨。

“孚”，虞翻作“孚”，作“孚”是取古文。参见需卦卦辞辨。

“不”，虞翻作“不”，作“不”是取古文。参见坤卦六二爻辞辨。

“终”，虞翻作“终”，作“终”是取今文。参见乾卦九三爻辞辨。

“乃”，虞翻作“乃”，作“乃”是取古文。参见屯卦六二爻辞辨。

“乱”，“乱”通“治”。《尚书·皋陶谟》：“乱而敬。”《史记·夏本纪》引作“治而敬”。《说文·乙部》：“乱，治也。从乙。乙，治之也。从𤔔。”又《𠬪部》：“𤔔，治也。么子相乱，𠬪治之也。读如乱同。一曰理也。𡅅，古文𤔔。”段玉裁注：“此与《乙部》乱音义皆同。”《玉篇·𠬪部》：“𤔔，理也。亦作乱。𠄌，古文。”考《集韵·至韵》“治，古作乿”，则“乿”与“乱”亦通。通行本作“乱”，今帛书本作“乳”，疑即“乳”“乿”形近互借。上博竹简本作“䜌”，即古文“䜌”字，《集韵·换韵》：“乱，古作䜌。”由此知作

"乱"为今文,作"爱""𤔔""𠫓""𤔕"同为古文,虞翻作"乱"是取今文。

"萃",虞翻作"萃",作"萃"是取今文。参见本卦卦辞辨。

"若",马融、虞翻、王肃、王廙作"若",作"若"为古文。参见乾卦九三爻辞辨。

"号",马融、虞翻、王肃、王廙作"号",作"号"是取今文。参见同人卦九五爻辞辨。

"一",郑玄、虞翻、蜀才作"一",作"一"是取古文。参见睽卦上九爻辞辨。

"握","握"通"屋"。《经典释文》:"傅氏作屋。郑云:'握当读为"圾三为屋"之屋。'蜀才同。"《说文·手部》:"握,搤持也。从手,屋声。𡍮,古文握。"通行本、汉石经《周易》皆作"握",今帛书本作"屋"。"屋"之古文作"𡉢"。《说文·尸部》:"室、屋皆从至。𡉢,古文屋。"然考上博竹简本作"斛","斛""握"古音同属屋部,故可互借。由此知作"握""屋"同为今文,作"斛""𡍮""𡉢"同为古文,郑玄、虞翻、蜀才作"握"是取今文。

"为",郑玄、虞翻、蜀才作"为",作"为"是取古文。参见蒙卦上九爻辞辨。

"笑",郑玄、虞翻、蜀才作"笑",作"笑"是取今文。参见同人卦九五爻辞辨。

"勿",虞翻作"勿",作"勿"是取古文。参见乾卦初九爻辞辨。

"恤",虞翻作"恤",作"恤"是取今文。参见坤卦上六爻辞辨。

"往",虞翻作"往",作"往"是取今文。参见坤卦卦辞辨。

"无",虞翻作"无",作"无"是取古文。参见乾卦九三爻辞辨。

“咎”，虞翻作“咎”，作“咎”是取古文。参见乾卦九三爻辞辨。

按，此条爻辞“若号”，通行本、上博竹简本同。今帛书本作“若亓号”，多一“亓”字。证之马融《周易传》、虞翻《周易注》、王肃《周易注》、王廙《周易注》等皆作“若号”，无“其”字，疑为传抄者笔误，其文意基本相同。

六二，引吉，无咎，孚乃利用禴。

马融《周易传》作“孚乃利用禴”。

郑玄《周易注》作“孚乃利用禴”。

刘表《周易章句》作“孚乃利用爚”。

虞翻《周易注》作“引吉，无咎，孚乃利用禴”。

王肃《周易注》作“孚乃利用禴”。

蜀才《周易注》作“孚乃利用跃”。

“引”，“引”同“扚”。《集韵·準韵》：“引，《说文》：‘开弓也。’古从手。”通行本、今帛书本皆作“引”，然考通行本兑卦上六爻辞“引兑”之“引”，今帛书本“引”作“景”，“景”通“影”。《周礼·地官·大司徒》：“以土圭之法测土深，正日景。”《经典释文》：“景，本或作影。”《庄子·齐物论》：“罔两问景。”《经典释文》：“景，本或作影。”王观国《学林》卷二释“鲧”云：“古文景字，《尚书》变为影。”“引”“影”因音同义近而互借。由此知作“引”为今文，作“景”“扚”同为古文，虞翻作“引”是取今文。

“吉”，虞翻作“吉”，作“吉”是取古文。参见乾卦用九爻辞辨。

“无”，虞翻作“无”，作“无”是取古文。参见乾卦九三爻辞辨。

"咎",虞翻作"咎",作"咎"是取古文。参见乾卦九三爻辞辨。

"孚",马融、郑玄、刘表、虞翻、王肃、蜀才作"孚",作"孚"是取古文。参见需卦卦辞辨。

"乃",马融、郑玄、刘表、虞翻、王肃、蜀才作"乃",作"乃"是取古文。参见屯卦六二爻辞辨。

"利",马融、郑玄、刘表、虞翻、王肃、蜀才作"利",作"利"是取古文。参见乾卦卦辞辨。

"用",马融、郑玄、刘表、虞翻、王肃、蜀才作"用",作"用"是取古文。参见乾卦初九爻辞辨。

"禴","禴"同"礿"。《尔雅·释天》:"夏祭曰礿。"《经典释文》:"本或作禴。"通行本既济卦九五爻辞"不如西邻之禴祭",证之上博竹简本"禴祭"作"酌祭"。"酌"通"礿",《论衡·祭义》引作"不如西邻之礿祭"。"禴"通"爚"。《集韵·药韵》:"礿,《说文》:'夏祭也。'或作禴,亦从火。""跃"与"禴"亦音同可以互借,李富孙《易经异文释》:"跃、禴音同,蜀才多通假字也。"通行本作"禴",今帛书本作"濯","濯""跃"皆从翟声,亦可以互借,故与"禴"亦通。考《壴鼎》:"攻龠无敌。"此"龠"假为"跃"。由此知作"禴""爚""跃""濯"同为今文,作"龠""酌"同为古文,马融、郑玄、虞翻、王肃作"禴",刘表作"爚",蜀才作"跃"是取今文。

六三,萃如,嗟如,无攸利,往无咎,小吝。

虞翻《周易注》作"萃如嗟如,无攸利,往无咎,小吝"。

"萃",虞翻作"萃",作"萃"是取今文。参见本卦卦辞辨。

"如",虞翻作"如",作"如"是取今文。参见屯卦六二爻辞辨。

"嗟",虞翻作"嗟",作"嗟"是取今文。参见离卦九三爻辞辨。

"无",虞翻作"无",作"无"是取古文。参见乾卦九三爻辞辨。

"攸",虞翻作"攸",作"攸"是取古文。参见坤卦卦辞辨。

"利",虞翻作"利",作"利"是取古文。参见乾卦卦辞辨。

"往",虞翻作"往",作"往"是取今文。参见坤卦卦辞辨。

"咎",虞翻作"咎",作"咎"是取古文。参见乾卦九三爻辞辨。

"小",虞翻作"小",作"小"是取古文。参见需卦九二爻辞辨。

"吝",虞翻作"吝",作"吝"是取古文。参见屯卦六三爻辞辨。

九四,大吉,无咎。

虞翻《周易注》作"大吉,无咎"。

"大",虞翻作"大",作"大"是取古文。参见乾卦九二爻辞辨。

"吉",虞翻作"吉",作"吉"是取古文。参见乾卦用九爻辞辨。

"无",虞翻作"无",作"无"是取古文。参见乾卦九三爻辞辨。

"咎",虞翻作"咎",作"咎"是取古文。参见乾卦九三爻辞辨。

九五，萃有位，无咎，匪孚，元永贞，悔亡。

虞翻《周易注》作"萃有位，无咎匪孚，元永贞，悔亡"。

"萃"，虞翻作"萃"，作"萃"是取今文。参见本卦卦辞辨。

"有"，虞翻作"有"，作"有"是取今文。参见乾卦上九爻辞辨。

"位"，虞翻作"位"，作"位"是取今文。参见益卦上九爻辞辨。

"无"，虞翻作"无"，作"无"是取古文。参见乾卦九三爻辞辨。

"咎"，虞翻作"咎"，作"咎"是取古文。参见乾卦九三爻辞辨。

"匪"，虞翻作"匪"，作"匪"是取今文。参见屯卦九二爻辞辨。

"孚"，虞翻作"孚"，作"孚"是取古文。参见需卦卦辞辨。

"元"，虞翻作"元"，作"元"是取古文。参见乾卦卦辞辨。

"永"，虞翻作"永"，作"永"是取今文。参见坤卦用六爻辞辨。

"贞"，虞翻作"贞"，作"贞"是取古文。参见乾卦卦辞辨。

"悔"，虞翻作"悔"，作"悔"是取今文。参见乾卦上九爻辞辨。

"亡"，虞翻作"亡"，作"亡"是取古文。参见乾卦九三爻辞辨。

上六，赍咨涕洟，无咎。

马融《周易传》作"赍咨涕洟"。

荀爽《周易注》作"赍咨涕洟，无咎"。

郑玄《周易注》作“赍咨涕洟”。

虞翻《周易注》作“赍咨涕洟,无咎”。

王肃《周易注》作“赍咨涕洟”。

“赍”,“赍”通“资”。《周礼·春官·巾车》:“毁折入赍于职币。”郑玄注引杜子春云:“赍,读为资。”《战国策·燕策一》:“于是赍苏秦车马金帛以至赵。”《史记·苏秦列传》“赍”作“资”。《汉书·严助传》:“今发兵行数千里,资衣粮。”颜师古注:“资,犹赍。”《汉书·霍去病传》:“约轻赍,绝大幕,涉获单于章渠。”颜师古注:“赍字与资同。”《仪礼·聘礼》:“问几月之资。”郑玄注:“古文资作赍。”又《仪礼·少牢馈食礼》:“资黍于羊俎两端。”郑玄注:“今文资作赍。”郑玄以“赍”为今文,或为古文,没有定说。再考《周礼·天官·典枲》:“以待时颁功而授赍。”郑玄注:“故书赍作资。”则郑玄是以“赍”为今文,“资”为古文。“赍”通“粢”,《周礼·春官·小祝》:“设道赍之奠,分祷五祀。”郑玄注引杜子春云:“赍,当为粢。道中祭也。”《说文·禾部》:“粢,或从次。”段玉裁注:“今日经典粢盛皆从米作,则又粉餈之或字而误假之。”邵瑛《群经正字》:“变从禾之从米作粢,其字盖始汉隶。”《隶续·汉禹庙残碑》:“资盛三牲。”洪适注:“以资为粢。”通行本作“赍”,今帛书本作“粢”,“粢”同“粢”。考《集韵·至韵》:“恣,秦刻石文作资。”若依郑玄注,知作“赍”“粢”同为今文,作“资”为古文,马融、荀爽、郑玄、虞翻、王肃作“赍”是取今文。

“咨”,“咨”通“谘”。《经典释文》:“咨,音谘”。《集韵·脂韵》:“谘,或从言。”“咨”又通“兹”。《尔雅·释诂下》:“兹、斯、咨、呰、已,此也。”邢昺注:“咨与兹同。”郝懿行《尔雅义疏》:“咨者,与兹声近同字通。魏《孔羡碑》云:‘咨可谓命世大圣,千载之师表者已。’咨即兹也。”通行本作“咨”，今帛书本作“秶”，“秶”读若“次”，与咨声近而互借。由此知“咨”“咨”同为今文，马融、荀爽、郑玄、虞翻、王肃作“咨”是取今文。

“涕”，马融、荀爽、郑玄、虞翻、王肃作“涕”，作“涕”是取今文。参见离卦六五爻辞辨。

“洟”，《经典释文》：“洟，音夷。”《玉篇·水部》：“洟，鼻液也。古为鮷。”《集韵·荠韵》：“洟，或作蕛。”通行本作“洟”，今帛书本作“洎”。《玉篇·水部》：“洎，肉汁也。”《周礼·秋官·士师》：“洎镬水。”郑玄注：“洎，谓增其沃汁。”《史记·封禅书》：“其牛色白，鹿居其中，彘在鹿中，水而洎之。”裴骃《集解》引徐广曰：“洎，一作酒，灌水于釜中曰洎，音冀。”“洟”“洎”声近义通，故可互借。若依《玉篇》，知作“洟”“洎”同为今文，作“鮷”为古文，马融、荀爽、郑玄、虞翻、王肃作“洟”是取今文。

“无”，荀爽、虞翻作“无”，作“无”是取古文。参见乾卦九三爻辞辨。

“咎”，荀爽、虞翻作“咎”，作“咎”是取古文。参见乾卦九三爻辞辨。

升䷭

升，元亨，用见大人，勿恤。南征，吉。初六，允升，大吉。九二，孚乃利用禴，无咎。九三，升虚邑。六四，王用亨于岐山，吉，无咎。六五，贞吉，升阶。上六，冥升，利于不息之贞。

升，元亨，用见大人，勿恤。南征，吉。

马融《周易传》作“昇”。

郑玄《周易注》作“昇”。

虞翻《周易注》作“升，元亨，用见大人，勿恤。南征，吉”。

“升”，马融、郑玄作“昇”，虞翻作“升”，作“昇”是取今文，作“升”是取古文。参见同人卦九三爻辞辨。

“元”，虞翻作“元”，作“元”是取古文。参见乾卦卦辞辨。

“亨”，虞翻作“亨”，作“亨”是取今文。参见乾卦卦辞辨。

“用”，虞翻作“用”，作“用”是取古文。参见乾卦初九爻辞辨。

“见”，虞翻作“见”，作“见”是取古文。参见乾卦九二爻辞辨。

“大”，虞翻作“大”，作“大”是取古文。参见乾卦九二爻辞辨。

“人”,虞翻作“人”,作“人”是取古文。参见乾卦九二爻辞辨。

“勿”,虞翻作“勿”,作“勿”是取古文。参见乾卦初九爻辞辨。

“恤”,虞翻作“恤”,作“恤”是取今文。参见坤卦上六爻辞辨。

“南”,虞翻作“南”,作“南”是取古文。参见坤卦卦辞辨。

“征”,虞翻作“征”,作“征”是取古文。参见小畜卦上九爻辞辨。

“吉”,虞翻作“吉”,作“吉”是取古文。参见乾卦用九爻辞辨。

按,此条卦辞“用见大人”,通行本、虞翻《周易注》同。《经典释文》云:“本或作利见。”证之今帛书本作“利见大人”,可证《经典释文》至确,知迟至唐时仍有其本传世。

初六,允升,大吉。

孟喜《周易章句》作“䊷升大吉”

荀爽《周易注》作“允升大吉”。

九家《周易集注》作“允升大吉”。

“允”,孟喜作“䊷”,荀爽、九家作“允”;作“允”“䊷”是取古文。参见晋卦六三爻辞辨。

“升”,孟喜、荀爽、九家作“升”,作“升”是取古文。参见同人卦九三爻辞辨。

“大”,孟喜、荀爽、九家作“大”,作“大”是取古文。参见乾卦九二爻辞辨。

“吉”,孟喜、荀爽、九家作“吉”,作“吉”是取古文。参见乾卦用九爻辞辨。

按，此条爻辞"允升大吉"，阮元《周易注疏校勘记·升卦》云："石经、岳本、闽监本、毛本同。古本下衍也字。"证之通行本、孟喜《周易章句》、荀爽《周易注》、九家《周易集注》、今帛书本等皆无"也"字。

九二，孚乃利用禴，无咎。

虞翻《周易注》作"孚乃利用禴，无咎"。

干宝《周易注》作"孚乃利用禴，无咎"。

"孚"，虞翻、干宝作"孚"，作"孚"是取古文。参见需卦卦辞辨。

"乃"，虞翻、干宝作"乃"，作"乃"是取古文。参见屯卦六二爻辞辨。

"利"，虞翻、干宝作"利"，作"利"是取古文。参见乾卦卦辞辨。

"用"，虞翻、干宝作"用"，作"用"是取古文。参见乾卦初九爻辞辨。

"禴"，虞翻、干宝作"禴"，作"禴"是取今文。参见萃卦六二爻辞辨。

"无"，虞翻、干宝作"无"，作"无"是取古文。参见乾卦九三爻辞辨。

"咎"，虞翻、干宝作"咎"，作"咎"是取古文。参见乾卦九三爻辞辨。

按，此条爻辞"孚乃利用禴"，通行本、今帛书本同。汉石经《周易》作"孚乃利禴"，少一"用"字，疑为传抄者笔误，其文意基本相同。

九三，升虚邑。

马融《周易传》作“昪虚邑”。

荀爽《周易注》作“升虚邑”。

“升”，马融作“昪”，荀爽作“升”，作“升”是取古文，作“昪”是取今文。参见同人卦九三爻辞辨。

“虚”，“虚”同“墟”。《大戴礼记·易本命》：“虚土之人大。”《孔子家语·执辔》作“墟土之人大”。《荀子·儒效》：“虚殷国。”杨倞注：“虚读为墟。”《汉书·地理志》：“河内殷虚更属于晋。”颜师古注：“虚读曰墟。”《集韵·鱼韵》：“虚，或从土。”同“墟”。又云：“虚，古作㙓。”通行本、今帛书本皆作“虚”。由此知作“虚”为今文，作“㙓”为古文，马融、虞翻作“虚”是取今文。

“邑”，马融、虞翻作“邑”，作“邑”是取古文。参见讼卦九二爻辞辨。

六四，王用亨于岐山，吉，无咎。

马融《周易传》作“王用亨于岐山”。

荀爽《周易注》作“王用亨于岐山，吉，无咎”。

郑玄《周易注》作“王用亨于岐山”。

陆绩《周易述》作“王用亨于岐山”。

王肃《周易注》作“王用亨于岐山”。

“王”，马融、荀爽、郑玄、陆绩、王肃作“王”，作“王”是取古文。参见坤卦六三爻辞辨。

“用”，马融、荀爽、郑玄、陆绩、王肃作“用”，作“用”是取古文。参见乾卦初九爻辞辨。

“亨”，马融、荀爽、郑玄、陆绩、王肃作“亨”，作“亨”是取今文。参见乾卦卦辞辨。

"于",马融、荀爽、郑玄、陆绩、王肃作"于",作"于"是取古文。参见坤卦上六爻辞辨。

"岐","岐"通"郊"。《史记·匈奴列传》:"秦襄公伐戎至岐。"《汉书·匈奴传》作"秦襄公伐戎至郊"。又《汉书·郊祀志》:"大王建国于郊梁。"颜师古皆注:"郊,古岐字。"《说文·邑部》:"郊,周文王所封,在右扶风美阳中水乡。从邑,支声。岐,郊或从山,支声。因岐山以名之也。嶅,古文嶅。从枝、多山。"段玉裁注:"古文郊当作古文岐,此亦浅人改山部之文入此部耳。"《玉篇·邑部》:"嶅,亦作岐,古作岐山。"《集韵·支韵》:"岐,山名。古作嶅。"又云:"郊,地名。或作岐、郊,古书作嶅。"通行本作"岐",阜阳汉墓本作"枝","枝""岐"皆从"支"声互假。由此知作"岐""郊"同为今文,作"郊""嶅"同为古文,马融、荀爽、郑玄、陆绩、王肃作"岐"是取今文。

"山",马融、荀爽、郑玄、陆绩、王肃作"山",作"山"是取古文。参见随卦上六爻辞辨。

"吉",荀爽作"吉",作"吉"是古文。参见乾卦用九爻辞辨。

"无",荀爽作"无",作"无"是取古文。参见乾卦九三爻辞辨。

"咎",荀爽作"咎",作"咎"是取古文。参见乾卦九三爻辞辨。

六五,贞吉,升阶。

虞翻《周易注》作"贞吉,升阶"。

"贞",虞翻作"贞",作"贞"是取古文。参见乾卦卦辞辨。

"吉",虞翻作"吉",作"吉"是取古文。参见乾卦用九爻辞辨。

"升",虞翻作"升",作"升"是取古文。参见同人卦九三爻辞辨。

"阶","阶"通"娃"。《山海经·北山经》:"是炎帝之少女名曰娃。"郭璞注:"娃或作阶。""阶"亦通"登"。扬雄《太玄·上》:"阶天不悠。"司马光注:"阶,犹登也。"《玉篇·阜部》:"阶,登道也。"《集韵·皆韵》:"阶,或从土。"通行本作"阶",帛书本作"登"。《玉篇·収部》:"豋,籀文登。"又《玉篇·癶部》:"登,升也,上也,进也。豋,古文。"由此知作"阶""登"同为今文,作"豋"为古文,虞翻作"阶"是取今文。参见同人卦九三爻辞辨。

上六,冥升,利于不息之贞。

荀爽《周易注》作"冥升,利于不息之贞"。

"冥",荀爽作"冥",作"冥"是取今文。参见豫卦上六爻辞辨。

"升",荀爽作"升",作"升"是取古文。参见同人卦九三爻辞辨。

"利",荀爽作"利",作"利"是取古文。参见乾卦卦辞辨。

"于",荀爽作"于",作"于"是取古文。参见坤卦上六爻辞辨。

"不",荀爽作"不",作"不"是取古文。参见坤卦六二爻辞辨。

"息","息"通"思"。《诗·周南·汉广》:"南有乔林,不可休思。"《经典释文》"休思"作"休息",并云:"本或作休思,此以意改耳。"《韩诗外传》"息"作"思"。《礼记·乐记》:"使其文足论而不息。"其"息"字,《荀子·乐论》作"諰"。《说文·言部》:

“諰,思之意。从言、思。”段玉裁注:“《广韵》曰:‘言且思之。’疑古本作‘言且思之意也。’”惠栋《九经古义》卷五《毛诗古义》:“《礼记》多古文,或思、息通也。”《集韵·职韵》:“息,古作諰。”通行本、今帛书本皆作“息”。由此知作“息”为今文,作“諰”为古文,荀爽作“息”是取今文。

“之”,荀爽作“之”,作“之”是取古文。参见坤卦卦辞辨。

“贞”,荀爽作“贞”,作“贞”是取古文。参见乾卦卦辞辨。

困䷮

困，亨，贞，大人吉，无咎。有言不信。初六，臀困于株木，入于幽谷，三岁不觌。九二，困于酒食，朱绂方来，利用享祀，征凶，无咎。六三，困于石，据于蒺藜，入于其宫，不见其妻，凶。九四，来徐徐，困于金车，吝有终。九五，劓刖，困于赤绂，乃徐有说。利用祭祀。上六，困于葛藟，于臲卼，曰动悔，有悔。征吉。

困，亨，贞，大人吉，无咎。有言不信。

郑玄《周易注》作"困，亨"。

虞翻《周易注》作"困，亨，贞，大人吉，无咎。有言不信"。

"困"，"困"通"捆"。《汉书·匡衡传》："莫不始乎捆内。"颜师古注："捆与阃同。"《仪礼·大射仪》："既拾取矢捆之。"又云："扬触捆复。"郑玄皆注："古文捆作魁。""阃"同"困"。睡虎地秦简《日书·盗者》："行到邦门困。"释文"困"作"阃"。《说文·口部》："朱，古文困。"《玉篇·木部》："朱，古文困。"《集韵·混韵》："捆，《说文》：'门橛也。'或作阃、朱。"通行本、今帛书本皆作"困"。然考本卦上六爻辞"困于葛藟"之"困"，上博竹简本亦作"困"。由此知作"困""朱"同为古文，作"阃"为今文，郑玄、虞翻作"困"是取古文。

“亨”,郑玄、虞翻作“亨”,作“亨”是取今文。参见乾卦卦辞辨。

“贞”,虞翻作“贞”,作“贞”是取古文。参见乾卦卦辞辨。

“大”,虞翻作“大”,作“大”是取古文。参见乾卦九二爻辞辨。

“人”,虞翻作“人”,作“人”是取古文。参见乾卦九二爻辞辨。

“吉”,虞翻作“吉”,作“吉”是取古文。参见乾卦用九爻辞辨。

“无”,虞翻作“无”,作“无”是取古文。参见乾卦九三爻辞辨。

“咎”,虞翻作“咎”,作“咎”是取古文。参见乾卦九三爻辞辨。

“有”,虞翻作“有”,作“有”是取今文。参见乾卦上九爻辞辨。

“言”,虞翻作“言”,作“言”是取古文。参见讼卦初六爻辞辨。

“不”,虞翻作“不”,作“不”是取古文。参见坤卦六二爻辞辨。

“信”,虞翻作“信”,作“信”是取古文。参见夬卦九四爻辞辨。

初六,臀困于株木,入于幽谷,三岁不觌。

干宝《周易注》作“臀困于株木”。

九家《周易集注》作“臀困于株木,入于幽谷,三岁不觌”。

“臀”,干宝、九家作“臀”,作“臀”是取今文。参见睽卦六五爻辞辨。

“困”,干宝、九家作“困”,作“困”是取古文。见本卦卦辞辨。

“于”,干宝、九家作“于”,作“于”是取古文。参见坤卦上六爻辞辨。

“株”,“株”通“诛”。刘熙《释名·释丧制》:“罪及余人曰诛。诛,株也,如株木根枝叶尽落也。”“株”亦通“侏”。《集韵·虞韵》:“株,通作侏。”通行本、今帛书本皆作“株”。由此知作“株”为今文,干宝、九家作“株”是取今文。

“木”,“木”通“沐”。《史记·项羽本纪》:“人言楚人沐猴而冠耳。”扬雄《法言·重黎》“沐猴”作“木侯”。又《山堂肆考》卷二百十九《毛虫》考证云:“《白虎通》曰:‘猴,侯也。楚人谓之木猴。’”通行本、今帛书本皆作“木”。又证之西周《格伯簋》所镌铭文“木”字。由此知作“木”为古文。干宝、九家作“木”是取古文。

“入”,干宝作“入”,作“入”是取今文。参见屯卦六三爻辞辨。

“幽”,干宝作“幽”,作“幽”是取古文。参见履卦九二爻辞辨。

“谷”,“谷”通“浴”。通行本《老子》第六章“谷神不死”,《隶释·老子铭》作“浴神不死”,洪适云:“碑以浴神为谷神。”马王堆汉墓帛书《老子》乙本《德经》:“浴得一者。”通行本《老子》第三十九章作“谷得一以盈”。又“上德若浴”,通行本《老子》第四十一章作“上德若谷”。吕祖谦《古易音训》:“晁氏曰:案,谷,古文浴字。”郭店楚墓竹简《老子》甲本:“江海所以百浴王,以其能为百浴下,是以能为百浴王。”其三“浴”字,释文皆作“谷”。通行本作“谷”,今帛书本作“浴”,然考通行本井卦九二爻辞“井谷”，上博竹简本作“汬浴”。由此知作“谷”“浴”同为古文，九家作“谷”是取古文。参见蛊卦六四爻辞辨。

“三”，九家作“三”，作“三”是取古文。参见蒙卦卦辞辨。

“岁”，九家作“岁”，作“岁”是取今文。参见同人卦九三爻辞辨。

“不”，九家作“不”，作“不”是取古文。参见坤卦六二爻辞辨。

“觌”，“觌”通“儥”。《仪礼·士昏礼》：“昏姻请觌。”郑玄注：“觌，见也。”《经典释文》：“觌，见也。”《说文·人部》：“儥，见也。”段玉裁注：“按经传今皆作觌，觌行而儥废矣。许书无觌字，独存古形古义于此也。以他字例之，盖《礼经》古文作儥，今文作觌，许从古文，不从今文欤。”段玉裁以“觌”为今文，以“儥”为古文，不确。通行本作“觌”，今帛书本作“擅”，知“觌”“儥”“擅”皆从“賣”得声，可以互借。然考通行本丰卦上六爻辞“三岁不觌”之“觌”，上博竹简本亦作“觌”。由此知作“觌”“儥”同为古文，作“擅”为今文，九家作“觌”是取古文。

按，此条爻辞“三岁不觌”，通行本同。今帛书本作“三岁不觌，凶”，多一“凶”字，疑传抄者笔误所致，其文意基本相同。

九二，困于酒食，朱绂方来，利用享祀，征凶，无咎。

郑玄《周易注》作“困于酒食，朱韨方来，利用享祀”。

“困”，郑玄作“困”，作“困”是取古文。见本卦卦辞辨。

“于”，郑玄作“于”，作“于”是取古文。参见坤卦上六爻辞辨。

“酒”，郑玄作“酒”，作“酒”是取今文。参见需卦九五爻辞辨。

“食”，郑玄作“食”，作“食”是取今文。参见需卦九五爻辞辨。

“朱”，“朱”通“絑”。《尚书·益稷》：“丹朱。”《说文·糸部》：“絑，纯赤也。《虞书》‘丹朱’如此。从系，朱声。”段玉裁注：“凡经传言朱，皆当作絑。朱，其假借字也。朱，赤心木也。”考薛季宣《书古文训》“丹朱”作“丹絑”。通行本作“朱”，今帛书本作“絑”。由此知作“朱”“絑”同为今文，郑玄作“朱”是取今文。

“绂”，“绂”通“韨”。《说文·市部》：“市，韠也。上古衣蔽前而已，市以象之。韠，篆文市。”徐铉称“绂”即“韨”之俗字。段玉裁注：“《系部》：‘绶，韨维也。’然则韨废而绶乃出，韨字废而绂字乃出。”《经典释文》释“绂”云：“音弗。”释“韨”亦云：“音弗。”《汉书·诸侯王表》：“奉上玺韨，惟恐在后。”颜师古注：“韨，音弗，玺之绶也。”又《汉书·王莽传中》：“奉皇太后玺韨。”颜师古注：“韨谓玺之组，音弗。”考通行本既济卦六二爻“妇丧其茀”，通行本、汉石经《周易》皆作“绂”，今帛书本作“发”，“绂”“韨”“茀”“弗”“发”皆音近可以互借。《玉篇·韦部》：“韨，今作市。”“发”之古文作“癹”。由此知作“韨”为古文，作“绂”“发”同为今文，郑玄作“韨”是取古文。参见蒙卦初六爻辞辨。

“方”，郑玄作“方”，作“方”为今文。参见坤卦六二爻辞辨。

“来”，郑玄作“来”，作“来”为今文。参见需卦上六爻辞辨。

“利”，郑玄作“利”，作“利”为古文。参见乾卦卦辞辨。

“用”，郑玄作“用”，作“用”为古文。参见乾卦初九爻辞辨。

“享”，郑玄作“享”，作“享”为今文。参见乾卦卦辞辨。

“祀”，郑玄作“祀”，作“祀”为今文，参见大畜卦初九爻辞辨。

六三，困于石，据于蒺蔾，入于其宫，不见其妻，凶。

虞翻《周易注》作“困于石，據于蒺蔾，入于其宫，不见其妻，凶”。

“困”，虞翻作“困”，作“困”是取古文。参见本卦卦辞辨。

“于”，虞翻作“于”，作“于”是取古文。参见坤卦上六爻辞辨。

“石”，虞翻作“石”，作“石”是取古文。参见豫卦六二爻辞辨。

“据”，“据”通“據”。《说文·手部》：“據，从手，居声。”段玉裁注：“據，或作据。《汉书·扬雄传》：‘三摹九据。’晋灼曰：‘据，今據字也。’按，何氏《春秋公羊传》注據亦皆作据，是假借拮据字。”《汉书·酷吏传赞》：“赵禹据法守正。”颜师古注：“据，音據。”通行本作“據”，今帛书本作“号”，古从“虍”之字多可互借。如《集韵·御韵》：“处，齐有梁丘处。通作據。”又同韵：“蘧，或作據。”由此知“号”与“據”因同从“虍”亦可以互借，非为转写之误。考《文选·魏都赋》：“因长川之据势。”李善注：“据，古據字。”由此知作“據”“号”同为今文，作“据”为古文，虞翻作“據”是取今文。参见同人卦九五爻辞辨。

“蒺”，虞翻作“蒺”。“蒺”通“疾”。作“疾”是取古文，知作“蒺”为今文。参见豫卦六五爻辞辨。

“蔾”，“蔾”通“莉”。通行本作“蔾”，今帛书本作“莉”。“莉”通“蔾”。考上博竹简本《子羔》：“童士之莉民。”释文“莉”作“黎”，知“黎”“蔾”“莉”三字古音同属齐韵，又同为草名，声近义通，故“莉”与“藜”亦可以互借。由上博竹简本作“莉”，知作“黎”“蔾”同为今文，作“莉”为古文，虞翻作“蔾”是取今文。

“入”，虞翻作“入”，作“入”是取今文。参见屯卦六三爻辞辨。

“于”，虞翻作“于”，作“于”是取古文。参见坤卦上六爻辞辨。

“其”，虞翻作“其”，作“其”是取今文。参见坤卦上六爻辞辨。

“宫”，虞翻作“宫”，作“宫”是取古文。参见剥卦六五爻辞辨。

“不”，虞翻作“不”，作“不”是取古文。参见坤卦六二爻辞辨。

“见”，虞翻作“见”，作“见”是取古文。参见乾卦九二爻辞辨。

“妻”，虞翻作“妻”，作“妻”是取古文。参见小畜九三爻辞辨。

“凶”，虞翻作“凶”，作“凶”是取古文。参见讼卦卦辞辨。

九四，来徐徐，困于金车，吝有终。

子夏《易传》作“来荼荼”。

马融《周易传》作“来徐徐”。

虞翻《周易注》作“来荼荼，困于金轝，吝有终”。

王肃《周易注》作“来余余”。

翟玄《周易义》作“来荼荼”。

“来”，子夏、马融、虞翻、王肃、翟玄作“来”，作“来”是取今文。参见需卦上六爻辞辨。

“徐”，“徐”通“舒”。《淮南子·天文训》：“执徐之岁。”高诱注：“徐，舒也。”“舒”通“余”。《说文·彳部》：“余，语之舒也。”《尔雅·释天》：“四月为余。”李巡云：“四月，万物皆生枝布叶,故曰余余,舒也。”“舒”亦通“荼”。《诗·鲁颂·閟宫》:“戎狄是膺,荆舒是惩。”《史记·建元以来侯者年表》“荆舒是惩”引作“荆荼是征”。司马贞《索隐》曰:“荼音舒。”《礼记·玉藻》“诸侯荼,前诎后直。”郑玄注:“荼,读为舒迟之‘舒’。舒,懦者所畏在前也。”《荀子·大略》:“天子御珽,诸侯御荼。”杨倞注:“荼,古舒字。”“荼”“徐”“余”三字皆从“余”得声,可以通假。《周礼·考工记·弓人》:“宽缓以荼。”郑玄注:“荼,古文舒,假借字。郑司农云:‘荼读为舒。舒,徐也。’”吕祖谦《古易音训》:“晁氏曰:‘案,余,古文。’”通行本、今帛书本皆作“徐”。若依郑玄、杨倞注,吕祖谦《古易音训》,知作“荼”“余”同为古文,作“徐”“舒”同为今文,子夏、虞翻、翟玄作“荼”,王肃作“余”是取古文,马融作“徐”是取今文。

“困”,虞翻作“困”,作“困”是取古文。见本卦卦辞辨。

“于”,虞翻作“于”,作“于”是取古文。参见坤卦上六爻辞辨。

“金”,虞翻作“金”,作“金”是取古文。参见蒙卦六三爻辞辨。

“车”,虞翻作“轝”,作“轝”是取今文。参见大有卦九二爻辞辨。

“吝”,虞翻作“吝”,作“吝”是取古文。参见屯卦六三爻辞辨。

“有”,虞翻作“有”,作“有”是取今文。参见乾卦上九爻辞辨。

“终”,虞翻作“终”,作“终”是取今文。参见乾卦九三爻辞辨。

按,此条爻辞“来徐徐”,通行本同。今帛书本作“来徐”,少一“徐”字，证之子夏、翟玄作“来荼荼”，马融作“来徐徐”，虞翻作“来荼荼”，王肃作“来余余”，皆为迭词。据此，疑今帛书本作“来徐”为传抄者笔误，其文意基本相同。

九五，劓刖，困于赤绂，乃徐有说，利用祭祀。

孟喜《周易章句》作“槷䊷”。

京房《周易章句》作“劓刽”。

荀爽《周易注》作“臲䠥”。

郑玄《周易注》作“劓刖”。

陆绩《周易述》作“臲䠥”。

虞翻《周易注》作“劓刖，困于赤绂。乃徐有说”。

王肃《周易注》作“臲䠥”。

“劓刖”，今所传古代《易》家有多种写法。如孟喜作“槷䊷”，京房作“劓刽”，荀爽、陆绩、王肃作“臲䠥”，郑玄、虞翻作“劓刖”。汉石经《周易》作“剌刽”。吕祖谦《古易音训》：“晁氏曰：‘案，象数当作倪仉，即臲䠥之古文。’与上六字同。”吴澄《易纂言》改作“臲卼”。方以智《通雅》卷六云：“臲卼，一作臬兀、槷刖、朗危、梲杌、倪仉，转作杌揑、槷䊷。《易》劓刖古作倪仉。”吴玉搢《别雅》卷五“倪仉，臲卼也”条云：“《易》困卦‘困于臲卼’，古文《易》作‘倪仉’。按《释文》臲引《说文》作‘剌’，卼引《说文》作‘䊷’，薛作‘杌’。又上文九五‘劓刖’，《释文》云：‘王肃本劓刖作臲卼，郑云劓刖当为倪仉。’是今本虽分四字实则二字也。又臲卼二字，音义同而通用者甚众。”吕祖谦《古易音训》：“晁氏曰：‘案，古文作倪仉。’”惠栋《九经古义》卷二《周易古义》考证云：“案，文当作槷杌，郑康成注《周礼》云：‘槷，古文臬。’古文闑亦作槷，见《仪礼》注，假借字。《尚书》曰：‘邦之杌隉。'孔氏传云:'不安,言危也。'《说文》亦云:'槷䵽,不安也。'劓本劓字,䵽无考,槷杌皆古文,今臬杌从危旁,当是后人所加。"此后,段玉裁《说文解字注》、李富孙《易经异文释》等考证皆本上述诸说。于豪亮、高亨认为"鯢鮠""劓刖""劓刽"等词声近义通。据此,"劓刽""鯢鮠""劓刖""劓刽""槷䵽""倪伌""槷刖""梲杌""臬兀"等虽音转文异,但义相同。通行本作"劓刖",今本帛书本作"贰椽",与"劓刽"音近可以通假。由此知作"槷䵽""倪伌""槷杌"同为古文,作"劓刖""劓刽""劓刽""贰椽"同为今文。然考上博竹简本本卦上六爻辞作作"劓口","劓"通"劓"。《说文·刀部》:"劓,刑鼻也。"《集韵·祭韵》:"劓或从鼻。"由此知作"劓""劓"同为古文,故孟喜作"槷䵽",京房作"劓刽",荀爽、陆绩、王肃作"鯢䠊",郑玄、虞翻作"劓刖"是皆取古文。参见睽卦六三爻辞辨。

"困",虞翻作"困",作"困"是取古文。见本卦卦辞辨。

"于",虞翻作"于",作"于"是取古文。参见坤卦上六爻辞辨。

"赤","赤"同"捇"。《周礼·秋官·司寇》:"赤犮氏,下士一人,徒二人。"郑玄注:"赤犮,犹言捇拔也。"《说文·赤部》:"赤,南方色也。从大,从火。烾,古文。从炎、土。"通行本、今帛书本皆作"赤"。由此知作"赤"为今文,作"烾"为古文,虞翻作"赤"是取今文。

"绂",虞翻作"绂",作"绂"是取今文。参见本卦九二爻辞辨。

"乃",虞翻作"乃",作"乃"是取古文。参见屯卦六二爻辞辨。

"徐",虞翻作"徐",作"徐"是取今文。参见本卦九四爻辞辨。

“有”，虞翻作“有”，作“有”是取今文。参见乾卦上九爻辞辨。

“说”，虞翻作“说”，作“说”是取古文。参见蒙卦初六爻辞辨。

上六，困于葛藟，于臲卼，曰动悔、有悔，征吉。

孟喜《周易章句》作“困于葛藟，于劓𣫍”。

虞翻《周易注》作“困于葛藟，于臲卼，曰动悔、有悔，征吉”。

向秀《周易义》作“曰动悔、有悔”。

“困”，孟喜、虞翻作“困”，作“困”是取古文。见本卦卦辞辨。

“于”，孟喜、虞翻作“于”，作“于”是取古文。参见坤卦上六爻辞辨。

“葛”，“葛”通“褐”。《春秋穀梁传》昭公八年：“以葛覆质以为槷。”范宁注：“葛，或为褐。”通行本作“葛”，今帛书本作“褐”，知“褐”“葛”皆从“曷”得声，可以互借。然考上博竹简本作“䓣”，“褐”“葛”“䓣”同为草名，或可互借。由此知作“褐”“葛”同为今文，作“䓣”为古文，孟喜、虞翻作“葛”是取今文。

“藟”，“藟”通“累”“虆”。《经典释文》：“藟，似葛之草，本又作虆。《毛诗草木疏》云：‘一名巨荒，似燕薁连蔓而生，幽州人谓之推𦯬虆。’”《诗·大雅·旱麓》：“莫莫葛藟。”刘向《古列女传》卷四《贞顺传》引作“莫莫葛累”，《晏子春秋》卷五《内篇·杂上》引作“莫莫葛虆”。《诗·周南·樛木》：“葛藟虆之。”《楚辞·九叹》：“葛藟虆于桂树兮。”王逸注引《诗》云：“葛藟虆之。”通行本、汉石经《周易》皆作“藟”，今帛书本作“累”，上博竹简本作“蘲”,“蘲”或为“虆”字。如包山楚竹简“壘”字作“壨”。《集韵·脂韵》:“虆,盛土笼。或作蘽。”“藟”“蘽”“虆”“蘲”皆从畾得声,可以互借。由此知作“藟”“蘽”同为今文,作“虆”“蘲”同为古文,孟喜、虞翻作“藟”是取今文。

“鼿”,孟喜作“劓”,虞翻作“鼿”,作“劓”是取古文,作“鼿”是取今文。参见本卦九五爻辞辨。

“卼”,孟喜作“𫴄”,虞翻作“卼”,作“𫴄”是取古文,作“卼”是取今文。参见本卦九五爻辞辨。

“曰”,虞翻、向秀作“曰”,作“曰”是取古文。参见大畜九三爻辞辨。

“动”,“动”通“董”。《周礼·春官·大祝》:“四曰振动。”郑玄注:“郑大夫曰:‘动,读为董,书亦或为董。’”《说文·力部》:“动,作也。逋,古文动从辵。”《玉篇·彳部》:“逋,亦作踵,又古文动字。”《集韵》:“动,古从辵,从彳,或作勭。”通行本作“动”,上博竹简本作“迏”,“迏”通“逐”,读作“动”。《汗简》中之二《犬部》“逐”字作“迏”。由此知作“动”为今文,作“迏”“逋”同为古文,虞翻、向秀作“动”是取今文。

“悔”,虞翻、向秀作“悔”,作“悔”是取今文。参见乾卦上九爻辞辨。

“有”,虞翻、向秀作“有”,作“有”是取今文。参见乾卦上九爻辞辨。

“征”,虞翻作“征”,作“征”是取古文。参见小畜卦上九爻辞辨。

“吉”,虞翻作“吉”,作“吉”是取古文。参见乾卦用九爻辞辨。

井䷯

井，改邑不改井，无丧无得，往来井井。汔至，亦未繘井，羸其瓶，凶。初六，井泥不食，旧井无禽。九二，井谷射鲋，瓮敝漏。九三，井渫不食，为我心恻，可用汲，王明，并受其福。六四，井甃，无咎。九五，井洌寒泉食。上六，井收，勿幕。有孚，元吉。

井，改邑不改井，无丧无得，往来井井。汔至，亦未繘井，羸其瓶，凶。

郑玄《周易注》作"汔至，亦未繘井，羸其瓶"。

陆绩《周易述》作"改邑不改井"。

虞翻《周易注》作"攺邑不攺井，无丧无得，往来井井。汔至，亦未繘井，羸其瓶，凶"。

王肃《周易注》作"汔至，亦未繘井"。

干宝《周易注》作"井，攺邑不攺井，无丧无得，往来井井。汔至，亦未繘井，羸其瓶，凶"。

蜀才《周易注》作"累其瓶"。

"井"，"井"通"阱"。《说文·井部》："阱，陷也。汬，古文阱从水。"《玉篇·井部》："汬，古文。"通行本、今帛书本、汉石经《周易》皆作"井"，惠士奇《易说》卷六云："古文井作丼。"然考上博竹简本作“荥”，与《说文》《玉篇》同。由此知作“井”为今文，作“荥”“丼”同为古文，郑玄、陆绩、虞翻、王肃、干宝作“井”是取今文。

“改”，“改”通“攺”。许慎以“改”“攺”为二字。《说文·攴部》：“攺，毅改，大刚卯，以逐鬼魅也。从攴已声，读如巳。”又《殳部》：“改，毅改，大刚卯也。以逐精魅。多殳，亥声。”此许慎释“毅”“改”二字重出，实为一类。“改”“攺”都从攴、已而可以互借。通行本作“改”，今帛书本作“茝”，古代从“巳”“己”之字往往可以通假。如“曩”与“杞”可以通假即是一例。然考上博竹简本亦作“攺”。由此知作“攺”为古文，作“改”“茝”同为今文，陆绩、虞翻、干宝作“攺”是取古文。

“邑”，陆绩、虞翻、干宝作“邑”，作“邑”是取古文。参见讼卦九二爻辞辨。

“不”，陆绩、虞翻、干宝作“不”，作“不”是取古文。参见坤卦六二爻辞辨。

“无”，陆绩、虞翻作“无”，作“无”是取古文。参见乾卦九三爻辞辨。

“丧”，陆绩、虞翻作“丧”，作“丧”是取古文。参见坤卦卦辞辨。

“得”，陆绩、虞翻作“得”，作“得”是取今文。参见坤卦卦辞辨。

“往”，陆绩、虞翻作“往”，作“往”是取今文。参见坤卦卦辞辨。

“来”，陆绩、虞翻作“来”，作“来”是取今文。参见本需卦上六爻辞辨。

“汔”，“汔”通“汽”。《说文·水部》：“汽，《诗》曰：‘汽可小康。’”通行本《诗·大雅·民劳》作“汔可小康”。郑玄笺：“汔，几也。”《正字通·水部》：“汔，同汽省，几也。”通行本作“汔”，今帛书本作“𣱼”，上博竹简本作“气”，然考通行本未济卦卦辞“小狐汔济”，今帛书本作“小狐气涉”，可证“汔”“𣱼”皆从“气”得声，可以互借。王鸣盛《蛾术编》：“案，气字隶变，以氣代气。气废而不用，而氣字之本义则专用重文饩以当之。”高翔麟《经典异字释》：“气为古氣字，氣为古饩字，许氏所引从古文也。”《字汇补·气部》：“氙，古文氣字。见《韵会》。”由此知作“氙”“气”同为古文，作“汔”“𣱼”同为今文，陆绩、虞翻作“汔”是取今文。

“至”，陆绩、虞翻作“至”，作“至”是取古文。参见需卦九三爻辞辨。

“亦”，“亦”通“奕”。《隶释·帝尧碑》：“于赫大圣，奕孔祯纯。”洪适注：“奕为亦。”“亦”通“赦”。《尚书·胤征》：“先时杀无赦。”《经典释文》：“赦，亦作亦。”《说文·亦部》：“亦，人之臂亦也。”徐灏《说文解字注笺》：“亦，即古腋字。”《玉篇·亦部》：“亦，胳也。今作掖。”通行本、今帛书本、上博竹简本皆作“亦”。考郭店楚墓竹简本《五行》：“而弗亦也。”释文“亦”作“赦”，《字汇补·火部》：“灸，古赦字。”由此知作“亦”“灸”同为古文，作“赦”为今文，陆绩、虞翻作“亦”是取古文。

“未”，“未”通“味”。《说文·未部》：“未，味也。”《礼记·祭统》：“以至尊既祭之未而不忘至贱。”《初学记·礼部上》引“未”作“味”。马王堆汉墓帛书《老子》甲本《德经》：“为无为，事无事，味无未。”郭店楚墓竹简《老子》甲本作“为亡为，事无事，未亡未”。释文“未”作“味”。通行本、今帛书本皆作“未”，上博竹简本作“母”，金文“母”“毋”为一字，“毋”“未”古音同韵，可以通假。由此知作“未”“母”同为古文，作“味”为今文，陆绩、虞翻作“未”是取古文。

“繘”，“繘”通“矞”。《经典释文》：“繘，音橘，徐又居密反。郑云：‘绠也。’《方言》云：‘关西谓绠为繘。’郭璞云：‘汲水索也。’又其律反，又音述。”《六书故》卷三十《工事六》：“绠下垂为繘，谓其可以矞取也。”王引之《经义述闻》卷一“亦未繘井”条：“矞与繘通，矞训为出，故出井谓之矞井。作繘者，字之假借耳。亦未繘井者，所汲之水尚未出井口也。”“繘”可通“汲”。通行本作“繘”，今帛书本作“汲”，“汲”“繘”义通。《说文·糸部》：“繘，绠也。𦃃，古文从丝。”《周礼·考工记·匠人》：“凡任索约大汲其版。”郑玄注：“故书汲作没。杜子春云当为汲。玄谓约，缩也；汲，引也。”然考本卦九三爻辞“可用汲”，今帛书本同、上博竹简本作“可㠯汲”。由此知作“繘”为今文，作“𦃃”“汲”同为古今文，陆绩、虞翻作“繘”是取今文。

“羸”，郑玄、陆绩、虞翻作“羸”，蜀才作“累”，作“羸”“累”是同取今文。参见大壮卦九三爻辞辨。

“其”，郑玄、陆绩、虞翻、蜀才作“其”，作“其”是取今文。参见坤卦上六爻辞辨。

“瓶”，“瓶”通“缾”。《经典释文》：“瓶，本又作缾。”《诗·小雅·蓼莪》：“缾之罄矣，维罍之耻。”《春秋左氏传》昭公二十四年引作“瓶之罄矣，惟罍之耻”。《五经文字》“缾”与“瓶”同。《说文·缶部》：“缾，罋也。从缶，并声。瓶，缾或从瓦。”通行本作“瓶”，今帛书本作“垪”，然考上博竹简本作“缾”，“垪”即“缾”之别体。由此知作“缾”为古文，作“瓶”“垪”同为今文，郑玄、陆绩、虞翻、蜀才作“瓶”是取今文。

“凶”，陆绩、虞翻作“凶”，作“凶”是取古文。参见讼卦卦辞辨。

按，此条卦辞“汔至，亦未繘井”，郑玄、虞翻、王肃、干宝同。证之通行本、今帛书本、上博竹简本亦同。阮元《周易注疏校勘记·井卦》云：“石经、岳本、闽监本、毛本同，古本脱亦字。”可备一说。其文意基本相同。

又按，此条卦辞“羸其瓶”，通行本、上博竹简本同。今帛书本作“累亓刑垪”，多一“刑”字，疑为传抄者笔误，其文意基本相同。

初六，井泥不食，旧井无禽。

干宝《周易注》作“井泥不食，旧井无禽”。

“井”，干宝作“井”，作“井”是取今文。参见本卦卦辞辨。

“泥”，干宝作“泥”，作“泥”是取今文。参见需卦九三爻辞辨。

“不”，干宝作“不”，作“不”是取古文。参见坤卦六二爻辞辨。

“食”，干宝作“食”，作“食”是取今文。参见需卦九五爻辞辨。

“旧”，干宝作“旧”，作“旧”是取古文。参见讼卦六三爻辞辨。

“无”，干宝作“无”，作“无”是取古文。参见乾卦九三爻辞辨。

“禽”，干宝作“禽”，作“禽”是取今文。参见师卦六五爻辞辨。

九二，井谷射鲋，瓮敝漏。

子夏《易传》作“井谷射鲋”。

孟喜《周易章句》作"甕敝漏"

荀爽《周易注》作"井谷耶鲋"。

郑玄《周易注》作"井谷射鲋,甕敝漏"。

虞翻《周易注》作"井谷射鲋,甕敝漏"。

王肃《周易注》作"井谷射鲋,瓮敝漏"。

"井",子夏、荀爽、郑玄、虞翻、王肃作"井",作"井"为今文。参见本卦卦辞辨。

"谷",子夏、荀爽、郑玄、虞翻、王肃作"谷",作"谷"为古文。参见困卦初六爻辞辨。

"射",子夏、荀爽、郑玄、虞翻、王肃作"射",荀爽作"耶"。"耶"通"邪"。《字汇·耳部》"耶,与邪同。"李富孙《易经异文释》释"耶"云:"案,郑、王肃射皆音'亦'相近。左氏文元年传'归余于终',《史记·历书》作'归邪',《诗·邶风》《释文》:'邪,音余。'《史记·司马相如》'留落胥余',《汉书》《文选》作'胥邪',荀或从此义。""射"与"耶"一声之转,可以互假。证之今帛书本于此条爻辞作"射",知作"射""耶"同为今文,故子夏、荀爽、郑玄、虞翻、王肃作"射",荀爽作"耶"是取今文。参见解卦上六爻辞辨。

"鲋","鲋"通"付"。《荀子·宥坐》:"付里乙。"《汉书·古今人表》作"鲋里乙"。《说文·鱼部》:"鲋,鱼名。从鱼,付声。"《集韵·遇韵》"鲋"同"鲋",并云:"或从附。"《周礼·秋官·小司寇》:"附于刑。"郑玄注:"故书附作付。"通行本作"鲋"、今帛书作"付",上博竹简本作"豣",知"付""鲋""豣"声通可以互借。若依郑玄注,知作"鲋"为今文,作"付""豣"同为古文,子夏、荀爽、郑玄、虞翻、王肃作"鲋"是取今文。

"瓮","瓮"通"甕"。《玉篇·瓦部》:"瓮",同"甕"。《广韵·送韵》:“瓮”,同“罋”。《正字通·隹部》:“雍,通作瓮。”《墨子·大取》“其类在漏雍”,孙诒让《墨子间诂》:“王云:‘雍与瓮同。’”“雍”为“雝”之隶变。《诗·周颂·振鹭》:“振鹭于飞,于彼西雝。”陈奂《毛诗传疏》:“雍即雝之隶变。”李富孙《易经异文释》谓“雍”即“瓮”“罋”之省。《集韵·用韵》:“雍,古作邕。”通行本作“瓮”,今帛书本作“唯”,上博竹简本作“隹”。“隹”通“惟”“唯”。王引之《经传释词》卷三:“惟,字或作唯。”《六书正伪·支韵之韵》:“隹,隶作惟。”《墨子·明鬼》:“矧隹人面,胡敢异心?”毕沅注:“隹,古惟字。”“瓮”“罋”“雍”皆从“隹”,故“唯”“隹”与“瓮”“罋”“雍”亦可以互借。由此知作“瓮”“罋”“雍”“唯”同为今文,作“隹”或“邕”同为古文,孟喜、郑玄、虞翻作“甕”,王肃作“雍”是取今文。参见屯卦六三爻辞辨。

“敝”,“敝”通“獘”。《史记·淮阴侯列传》:“今将军欲举倦獘之兵。”《汉书·韩信传》作“今足下举倦敝之兵”。《玉篇·㡀部》:“敝,或作獘。弊,俗。”《隶释·泰山都尉孔宙碑》:“雕币济弘。”洪适注:“币为弊。”通行本、今帛书本、阜阳汉墓本皆作“敝”,上博竹简本作“襒”,知“敝”“弊”“币”“襒”皆从“㡀”得声,可以互借,其义相同。考郭店楚墓竹简本《缁衣》“行则稽其所币”“必见其币”,此二“币”字,通行本《礼记·缁衣》“币”字皆作“敝”。由此知作“敝”为今文,作“襒”“币”同为古文,孟喜、郑玄、虞翻、王肃作“敝”是取今文。

“漏”,“漏”通“屚”。《说文·雨部》:“屚,屋穿水下也。从雨,在尸下。尸者,屋也。”段玉裁注:“今字作漏,漏行而屚废矣。”《玉篇·雨部》:“屚,屋穿水入也。与漏同。”“漏”通“蝼”。《周礼·天官·内饔》:“马黑脊而般臂蝼。”《礼记·内则》作“马黑脊而般臂漏。”郑玄注：“漏，当为蝼。”“漏”又通“屡”，李富孙《易经异文释》释“漏”字云：“晁氏《易》云：‘漏，陆希声作屡。’”《集韵·遇韵》：“屡，或作娄，古作嬰、要。”通行本作“漏”，阜阳汉墓本作“屡”、上博竹简本作“缕”，“蝼”“屡”“缕”皆从“娄”声可以通假。然今帛书本“漏”作“句”，考通行本噬嗑卦初九爻辞“屦校灭趾”，今帛书本“屦”亦作“句”，可证“句”通“屦”，亦可以与“屡”“缕”通假，故与“漏”亦可互借。若依《集韵》、上博竹简本。由此知作“要”“嬰”“缕”为古文，作“漏”“屡”“句”同为今文，孟喜、郑玄、虞翻、王肃作“漏”是取今文。参见噬嗑卦初九爻辞辨。

九三，井渫不食，为我心恻，可用汲，王明，并受其福。

京房《周易章句》作“可用汲，王明，並受其福”。

荀爽《周易注》作“井渫不食，为我心恻。可用汲，王明，並受其福”。

郑玄《周易注》作“井渫不食”。

张璠《周易集解》作“井渫不食，为我心恻”。

向秀《周易义》作“井渫不食”。

干宝《周易注》作“井渫不食，为我心恻，可用汲，王明，並受其福”。

“井”，荀爽、郑玄、张璠、向秀、干宝作“井”，作“井”是取今文。参见本卦卦辞辨。

“渫”，“渫”通“泄”。《汉书·董仲舒传》：“勾践与大夫泄庸、种、蠡谋伐吴，遂灭之。”《文选·四子论德论》作“勾践有种、蠡、渫庸克灭强吴”。《集韵·薛韵》：“渫，或作泄。”扬雄《方言》

卷十云："泄，歇也。"钱绎《方言笺疏》："渫，与泄同。"李塨《周易传注》卷三云："渫者，泄也。《史记·屈原传》作'井泄'是也。"通行本作"渫"，今帛书本作"迣"，古书"止""足"字可以互换。如"蹯"可作"𣦢"，故"迣"字也可作"跇"。"跇""泄""渫"古音同属祭韵，故"迣""渫"可以互借。证之上博竹简本"渫"作"朻"，意或同"渫"，待考。由此知作"渫"为今文，作"朻"为古文，荀爽、郑玄、张璠、向秀、干宝作"渫"是取今文。

"不"，荀爽、郑玄、张璠、向秀、干宝作"不"，作"不"是取古文。参见坤卦六二爻辞辨。

"食"，荀爽、郑玄、张璠、向秀、干宝作"食"，作"食"是取今文。参见需卦九五爻辞辨。

"为"，荀爽、张璠、干宝作"为"，作"为"是取古文。参见蒙卦上九爻辞辨。

"我"，荀爽、张璠、干宝作"我"，作"我"是取古文。参见蒙卦卦辞辨。

"心"，荀爽、张璠、干宝作"心"，作"心"是取古文。参见坎卦卦辞辨。

"恻"，"恻"同"𢡱"，《诗·卫风·氓》："信誓旦旦。"郑玄笺："言其恳恻款诚。"《经典释文》："恻，本亦作𢙹。"《隶释·冀州刺史王纯碑》："𢡱隐口至，恩加穷民。"《字汇补·心部》："𢡱，与恻同。"《玉篇·心部》："𢙹，古恻字。"通行本作"恻"，今帛书本作"塞"，上博竹简本作"𡨘"。"塞"通"𡨘"，《集韵·代韵》："𡨘，实也。通作塞。"《说文·心部》："𡨘，实也。《虞书》曰：'刚而𡨘。'"段玉裁注："塞行而𡨘废。"通行本《尚书·皋陶谟》作"刚而塞。"朱骏声《说文通训定声·颐部》："经传皆以塞为之。""恻""𡨘"都从"心"，声近可以通假。《集韵·德韵》："𡨘。古作寑。”若依《玉篇》、上博竹简本,知作“恻”“塞”同为今文,作“寑”“惪”“寋”同为古文,荀爽、张璠、干宝作“恻”是取今文。

“可”,京房、荀爽、干宝作“可”,作“可”是取古文。参见坤卦六三爻辞辨。

“用”,京房、荀爽、干宝作“用”,作“用”是取古文。参见乾卦初九爻辞辨。

“汲”,京房、荀爽、干宝作“汲”,作“汲”是取古文。参见本卦卦辞辨。

“王”,京房、荀爽、干宝作“王”,作“王”是取古文。参见坤卦六三爻辞辨。

“明”,京房、荀爽、干宝作“明”,作“明”是取古文。参见随卦九四爻辞辨。

“并”,“并”通“旁”。通行本《老子》:“万物并作。”马王堆汉墓帛书《老子》甲、乙本《道经》作:“万物旁作。”“并”同“竝”,《仪礼·公食大夫礼》:“皆二以竝。”又《仪礼·士丧礼》:“二以竝东北上。”郑玄注:“今文竝皆为并。”《玉篇·并部》“竝”同“並”。《集韵·迥韵》:“竝,隶作並。”通行本作“並”,今帛书本作“竝”,然考上博竹简本亦作“並”。由此知作“並”“竝”同为古文,作“并”为今文,京房、荀爽、干宝作“並”是取古文。

“受”,京房、荀爽、干宝作“受”,作“受”是取古文。参见晋卦六二爻辞辨。

“其”,京房、荀爽、干宝作“其”,作“其”是取今文。参见坤卦上六爻辞辨。

“福”,京房、荀爽、干宝作“福”,作“福”是取古文。参见泰卦九三爻辞辨。

六四，井甃，无咎。

子夏《易传》作“井甃，无咎”。

马融《周易传》作“井甃，无咎”。

荀爽《周易注》作“井甃，无咎”。

干宝《周易注》作“井甃，无咎”。

“井”，子夏、马融、荀爽、干宝作“井”，作“井”是取今文。参见本卦卦辞辨。

“甃”，“甃”通“收”。本卦上六爻辞荀爽《周易注》“甃”作“收”。《玉篇·瓦部》：“甃，井甃也。㼾，古文。”《五音集韵》：“甃，井甃。㼾，古文。”通行本作“甃”，今帛书本作“椒”，于豪亮认为此即“椒”字，可假借为“甃”，上博竹简本作“䲡”，“䲡”从“膚”声，读为“疏”，其义与“甃”相近。若依《玉篇》《五音集韵》，知作“甃”为今文，作“㼾”为古文，子夏、马融、荀爽、干宝作“甃”是取今文。

“无”，子夏、马融、荀爽、干宝作“无”，作“无”是取古文。参见乾卦九三爻辞辨。

“咎”，子夏、马融、荀爽、干宝作“咎”，作“咎”为古文。参见乾卦九三爻辞辨。

九五，井洌寒泉食。

虞翻《周易注》作“井洌寒泉食”。

王肃《周易注》作“井洌寒泉食”。

“井”，虞翻、王肃作“井”，作“井”是取今文。参见本卦卦辞辨。

“洌”，“洌”通“冽”。《诗·小雅·大东》：“有洌氿泉，无浸获薪。”陈启源《毛诗稽古编》卷八：“《诗》古本原作冽，唐初犹然也。”阮元《毛诗注疏校勘记·大东》:“唐石经小字本、相台本同,闽本同,明监本、毛本洌作冽。”《说文·水部》释“洌”引《易》作“井瀏寒泉,食”。《集韵·薛韵》:“瀏,隶作洌。”通行本、汉石经《周易》皆作“洌”,今帛书本作“戾”,阜阳汉墓本作“厉”,上博竹简本作“㓟”。“戾”之古文作“盭”。《史记·司马相如列传》:“盭夫为之垂涕。”《索隐》:“字或作戾。盭,古戾字。”《汉书·张耳陈馀传赞》:“何乡者慕用之诚,后相背之盭也?”颜师古注:“盭,古戾字。”“厉”的本字为“迾”。《周礼·秋官·司隶》:“守王宫与野舍之厉禁。”郑玄注:“厉,遮迾也。”刘师培《古注集疏》:“厉之本字为迾。迾,遮也。”“洌”“戾”“厉”皆音同可以互借。“㓟”与“洌”形音义皆通。由此知作“洌”“戾”同为今文,作“盭”“瀏”“㓟”同为古文,虞翻、王肃作“洌”是取今文。

“寒”,“寒”通“蒹”。《尔雅·释草》:“葴,寒浆。”《经典释文》“寒”作“蒹”,并云:“本今作寒。”《玉篇·艸部》“寒浆”作“蒹蒋”。《说文·水部》:“洌,水清也。从水,列声。《易》曰:‘井洌寒泉,食。’”《说文·宀部》:“寒,冻也。从人在宀下,以茻荐覆之,下有仌。”仌即冰之古文。《集韵·寒韵》:“寒,古作㝨。”通行本、今帛书本、汉石经《周易》皆作“寒”,然考上博竹简本亦作“寒”。由此知作“寒”“㝨”同为古文,虞翻、王肃作“寒”是取古文。

“泉”,“泉”通“湶”。《隶释·楚相孙叔敖碑》:“波障源湶,溉灌坺泽。”洪适注:“激湶,泉添水而为湶。”《周礼·地官·泉府》:“泉府上士四人。”郑玄注:“故书泉或作钱。”《玉篇·水部》:“洤,古文泉字。”通行本作“泉”,今帛书本作“湶”,然考上博竹简本“泉”字亦作“湶”。由此知作“泉”为今文,作“洤”“湶”同为古文,虞翻、王肃作“泉”是取今文。

"食",作"食"为今文。参见需卦六五爻辞辨。

上六,井收,勿幕。有孚,元吉。

马融《周易传》作"井收勿幕"。

荀爽《周易注》作"井甃勿幕"。

陆绩《周易述》作"井收勿幕"。

虞翻《周易注》作"井收勿幕。有孚,元吉"。

干宝《周易注》作"井收网幕"。

"井",马融、陆绩、虞翻、干宝作"井",作"井"是取今文。参见本卦卦辞辨。

"收","收"通"纠"。《玉篇·丩部》:"纠,收也。"又《手部》:"抖,古收字,聚也。"《集韵·尤韵》:"收,古作抖。"通行本、今帛书本、汉石经《周易》皆作"收",上博竹简本作"朻",或为"抖"之误,"收""朻""纠"皆从"丩"得声,可以互借。若依《玉篇》《集韵》,知作"收"为今文,作"抖"为古文,马融、陆绩、虞翻、干宝作"收",荀爽作"甃"是取今文。

"勿",干宝作"网"。"网"通"罔",《广韵·养韵》:"网,同罔。"《楚辞·九歌·湘夫人》:"罔薜荔兮为帷。"王逸注:"网,结也。""网"与"勿"义同互假。《尚书·盘庚》:"罔罪尔众,"孔传:"今我不罪汝。"王引之《经传释词》卷十:"罔,犹不也。""不"同"勿"。《论语·雍也》:"虽欲勿用。"皇侃《论语义疏》:"勿,犹不也。"《说文·网部》:"𦉪,古文网。"《玉篇·网部》:"网,古文。"今帛书于此条爻辞作"勿",证之上博竹简本于此条爻辞作"勿",知作"勿""罔""𦉪"同为古文,马融、荀爽、陆绩、虞翻作"勿"是取古文,干宝作"网"是取今文。参见乾卦初九爻辞辨。

“幕”,“幕”通“莫”。《仪礼·聘礼》:“管人布幕。”《经典释文》:“幕,音莫。”《史记·张释之冯唐列传》:“斩首捕虏,上功莫府。”司马贞《索隐》:“莫当为幕,古字少耳。”《汉书·李广传》:“莫府省文书。”颜师古注:“莫府者,以军幕为义,古字通单用耳,”刘熙《释名·释采帛》:“煮茧曰莫,莫,幕也。”“莫”通“冥”,朱骏声《说文通训定声·豫部》:“莫,假借为嗼(冥)。”考《仪礼·公食大夫礼》:“簠有盖幂。”郑玄注:“幂,巾也。今文或作幕。”通行本、今帛书本皆作“幕”,上博竹简本作“冥”。由此知作“幕”为今文,作“冥”为古文,马融、荀爽、陆绩、虞翻、干宝作“幕”是取今文。

“有”,虞翻作“有”,作“有”是取今文。参见乾卦上九爻辞辨。

“孚”,虞翻作“孚”,作“孚”是取古文。参见需卦卦辞辨。

革䷰

革,巳日乃孚,元亨,利贞,悔亡。初九,巩用黄牛之革。六二,巳日乃革之,征吉,无咎。九三,征凶,贞厉。革言三就,有孚。九四,悔亡。有孚,改命吉。九五,大人虎变,未占有孚。上六,君子豹变,小人革面,征凶,居贞吉。

革,巳日乃孚,元亨,利贞,悔亡。

宋衷《周易注》作"巳日乃孚"。

陆绩《周易述》作"巳日乃孚"。

虞翻《周易注》作"巳日乃孚,元亨,利贞,悔亡"。

"巳",宋衷、陆绩、虞翻作"巳",作"巳"是取古文。参见大畜卦九二爻辞辨。

"日",宋衷、陆绩、虞翻作"日",作"日"是取古文。参见乾卦九三爻辞辨。

"乃",宋衷、陆绩、虞翻作"乃",作"乃"是取古文。参见屯卦六二爻辞辨。

"孚",宋衷、陆绩、虞翻作"孚",作"孚"是取古文。参见需卦卦辞辨。

"元",虞翻作"元",作"元"是取古文。参见乾卦卦辞辨。

“亨”,虞翻作“亨”,作“亨”是取今文。参见乾卦卦辞辨。

“利”,虞翻作“利”,作“利”是取古文。参见乾卦卦辞辨。

“贞”,虞翻作“贞”,作“贞”是取古文。参见乾卦卦辞辨。

“悔”,虞翻作“悔”,作“悔”是取今文。参见乾卦上九爻辞辨。

“亡”,虞翻作“亡”,作“亡”是取古文。参见乾卦九三爻辞辨。

按,此条爻辞“元亨利贞”,通行本、今帛书本同。上博竹简本作“元羕贞利贞”,多一“贞”字,文字重复而不通顺自然,疑传抄者笔误,其文意基本相同。

初九,巩用黄牛之革。

马融《周易传》作“巩用黄牛之革”。

干宝《周易注》作“巩用黄牛之革”。

“巩”,“巩”通“共”。《说文·革部》:“巩,以韦束也。从革,巩声。”通行本作“巩”、今帛书本作“共”,上博竹简本作“𡛚”,“共”“巩”音同互借。《说文·共部》:“共,同也。𢀨,古文。”“𢀜”同“巩”。《广韵·肿韵》:“巩,抱也。《说文》作𢀜。”知作“𢀜”由“𡛚”而来。《玉篇·丮部》:“巩,抱也。或为拲。”“拲”或为“𡛚”之传抄之误。若依《说文》、上博竹简本,知作“巩”“共”同为今文,作“𡛚”“𢀨”同为古文,马融、干宝作“巩”是取今文。

“用”,马融、干宝作“用”,作“用”是取古文。参见乾卦初九爻辞辨。

“黄”,马融、干宝作“黄”,作“黄”是取古文。参见坤卦六五爻辞辨。

"牛",马融、干宝作"牛",作"牛"是取古文。参见无妄卦六三爻辞辨。

"之",马融、干宝作"之",作"之"是取古文。参见坤卦卦辞辨。

"革",马融、干宝作"革",作"革"是取古文。参见遯卦六二爻辞辨。

六二,巳日乃革之,征吉,无咎。

荀爽《周易注》作"巳日乃革之,征吉,无咎"。

"巳",荀爽作"巳",作"巳"是取古文。参见大畜卦九二爻辞辨。

"日",荀爽作"日",作"日"是取古文。参见乾卦九三爻辞辨。

"乃",荀爽作"乃",作"乃"是取古文。参见屯卦六二爻辞辨。

"革",荀爽作"革",作"革"是取古文。参见遯卦六二爻辞辨。

"之",荀爽作"之",作"之"是取古文。参见坤卦卦辞辨。

"征",荀爽作"征",作"征"是取古文。参见小畜卦上九爻辞辨。

"吉",荀爽作"吉",作"吉"是取古文。参见乾卦用九爻辞辨。

"无",荀爽作"无",作"无"是取古文。参见乾卦九三爻辞辨。

"咎",荀爽作"咎",作"咎"是取古文。参见乾卦九三爻辞辨。

九三，征凶，贞厉。革言三就，有孚。

荀爽《周易注》作“征凶，贞厉”。

翟玄《周易义》作“革言三就，有孚”。

“征”，荀爽作“征”，作“征”是取古文。参见小畜卦上九爻辞辨。

“凶”，荀爽作“凶”，作“凶”是取古文。参见讼卦卦辞辨。

“贞”，荀爽作“贞”，作“贞”是取古文。参见乾卦卦辞辨。

“厉”，荀爽作“厉”，作“厉”是取今文。参见乾卦九三爻辞辨。

“革”，翟玄作“革”，作“革”是取古文。参见遯卦六二爻辞辨。

“言”，翟玄作“言”，作“言”是取古文。参见需卦九二爻辞辨。

“三”，翟玄作“三”，作“三”是取古文。参见蒙卦卦辞辨。

“就”，“就”通“逑”。《诗·周颂·敬之》《礼记·孔子闲居》：“日就月将。”上博竹简本《民之父母》作“日逑月将”。《说文·京部》：“就，就高也。从京、从尤。尤，异于凡也。就，籀文就。”《玉篇·京部》：“就，终也。就，籀文。”《集韵·宥韵》：“就，籀作就。”通行本作“就”，然考上博竹简本作“𣪠”（或作𣪠），郭店楚墓竹简本《六德》：“就”字皆作“𦎫”。由此知作“就”为今文，作“就”“𦎫”同为古文，翟玄作“就”是取今文。

“有”，翟玄作“有”，作“有”是取今文。参见乾卦上九爻辞辨。

“孚”，翟玄作“孚”，作“孚”是取古文。参见需卦卦辞辨。

按，此条爻辞“征凶，贞厉”，通行本、帛书本同。上博竹简本无“贞厉”二字，疑为传抄者笔误，或为别种《周易》传本，其文意基本相同。

九四，悔亡，有孚，改命吉。

虞翻《周易注》作"悔亡，有孚，㱾命吉"。

干宝《周易注》作"悔亡，有孚，㱾命吉"。

"悔"，虞翻、干宝作"悔"，作"悔"是取今文。参见乾卦上九爻辞辨。

"亡"，虞翻、干宝作"亡"，作"亡"是取古文。参见乾卦九三爻辞辨。

"有"，虞翻、干宝作"有"，作"有"是取今文。参见乾卦上九爻辞辨。

"孚"，虞翻、干宝作"孚"，作"孚"是取古文。参见需卦卦辞辨。

"改"，虞翻、干宝作"㱾"，作"㱾"是取古文。参见大畜卦九二爻辞辨。

"命"，虞翻、干宝作"命"，作"命"是取古文。参见讼卦九四爻辞辨。

"吉"，虞翻、干宝作"吉"，作"吉"是取古文。参见乾卦用九爻辞辨。

九五，大人虎变，未占有孚。

马融《周易传》作"大人虎变，未占有孚"。

虞翻《周易注》作"大人虎变，未占有孚"。

"大"，马融、虞翻作"大"，作"大"是取古文。参见乾卦九二爻辞辨。

"人"，马融、虞翻作"人"，作"人"是取古文。参见乾卦九二爻辞辨。

“虎”，马融、虞翻作“虎”，作“虎”是取古文。参见履卦卦辞辨。

“变”，“变”通“辩”。《易·文言》：“由辩之不早辩也。”《经典释文》：“辩，荀作变。”《庄子·逍遥游》：“若夫乘天地之正，而御六气之辩，以游无穷者，彼且恶乎待哉！”郭象注：“御六气之辩者，即是游变化之途也。”成玄英疏：“辩者，变也。”《礼记·礼运》：“大夫死宗庙谓之变。”郑玄注：“变当为辩。”朱骏声《说文通训定声·坤部》：“辩”假借为“变”。汉代“辩”字又作“徧”，“徧”“便”近形声通可以互借。通行本作“变”，汉石经《周经》作“辩”，今帛书本作“便”，然考通行本革卦九五爻辞“大人虎变”，今帛书本作“大人虎便”，上六爻辞“君子豹变”，今帛书本作“君子豹便”，《史记·孔子世家》：“辩辩言，唯谨尔。”司马贞《索隐》：“《论语》作‘便便’。”《仪礼·乡饮酒礼》：“众宾辩有脯醢。”郑玄注：“今文辩皆作徧。”孙堂《汉魏二十一家易注》引晁氏云：“辩，古文变字。”考《玉篇·彡部》：“彭，古文变。”由此知作“辩”“彭”同为古文，作“变”“便”同为今文，马融、虞翻作“变”是取今文。参见剥卦六二爻辞辨。

“未”，马融、虞翻作“未”，作“未”是取古文。参见井卦卦辞辨。

“占”，“占”同“佔”。《说文·卜部》：“占，视兆问也。”《周礼·春官·占人》：“凡卜簭，君占体，大夫占色，史占墨，卜人占坼。”郑玄注：“尊者视兆象而已，卑者以次详其余也。”扬雄《方言》卷十：“占，视也。凡相窃视，南楚或谓之占。”《礼记·学记》：“今之教者，呻其佔毕。”郑玄注：“呻，吟也。佔，视也。简谓之毕。”王引之《经义述闻》卷十五“呻其佔毕”条云：“佔、占并与笘同。笘亦简之类,故以佔毕连文。郑谓吟诵其所视简之文,殆失之迂矣。”通行本、今帛书本皆作“占”,然考上博竹简本《从政》:“毋占民瞻则同。”由此知作“占”为古文,马融、虞翻作“占”是取古文。

“有”,马融、虞翻作“有”,作“有”是取今文。参见乾卦上九爻辞辨。

“孚”,马融、虞翻作“孚”,作“孚”是取古文。参见需卦卦辞辨。

上六,君子豹变,小人革面,征凶,居贞吉。

虞翻《周易注》作“君子豹变,小人革面,征凶,居贞吉”。

干宝《周易注》作“君子豹变,小人革面,征凶,居贞吉”。

“君”,虞翻、干宝作“君”,作“君”是取古文。参见乾卦九三爻辞辨。

“子”,虞翻、干宝作“子”,作“子”是取古文。参见乾卦九三爻辞辨。

“豹”,今帛书本皆作“豹”,虞翻、干宝作“豹”,作“豹”是取今文。

“变”,虞翻、干宝作“变”,作“变”是取今文。参见本卦九五爻辞辨。

“小”,虞翻、干宝作“小”,作“小”是取古文。参见需卦九二爻辞辨。

“人”,虞翻、干宝作“人”,作“人”是取古文。参见乾卦九二爻辞辨。

“革”,虞翻、干宝作“革”,作“革”是取古文。参见遯卦六二爻辞辨。

“面”,“面”通“湎”。《说文·水部》:“湎,湛于酒也。”《尚书·酒诰》:“罔敢湎于酒。”马王堆汉墓帛书《经法六分》:“饮食喜乐而不面康。”“面康”,即沉湎于酒。《说文长笺·面部》:“靣,面本字。”《字汇·口部》:“圁,面本字。”通行本作“面”。由此知作“面”为今文,作“靣”或“圁”同为古文,虞翻、干宝作“面”是取今文。

“征”,虞翻、干宝作“征”,作“征”是取古文。参见小畜卦上九爻

“凶”,虞翻、干宝作“凶”,作“凶”是取古文。参见讼卦卦辞辨。

“居”,虞翻、干宝作“居”,作“居”是取今文。参见屯卦初九爻辞辨。

“贞”,虞翻、干宝作“贞”,作“贞”是取古文。参见乾卦卦辞辨。

“吉”,虞翻、干宝作“吉”,作“吉”是取古文。参见乾卦用九爻辞辨。

鼎䷱

鼎，元吉，亨。初六，鼎颠趾，利出否，得妾以其子，无咎。九二，鼎有实，我仇有疾，不我能即，吉。九三，鼎耳革，其行塞，雉膏不食，方雨亏悔，终吉。九四，鼎折足，覆公餗，其形渥，凶。六五，鼎黄耳金铉，利贞。上九，鼎玉铉，大吉，无不利。

鼎，元吉，亨。

虞翻《周易注》作“鼎，元吉，亨”。

“鼎”，虞翻作“鼎”，作“鼎”是取古文。参见乾卦卦辞辨。

“元”，虞翻作“元”，作“元”是取古文。参见乾卦卦辞辨。

“吉”，虞翻作“吉”，作“吉”是取古文。参见乾卦用九爻辞辨。

“亨”，虞翻作“亨”，作“亨”是取今文。参见乾卦卦辞辨。

初六，鼎颠趾，利出否，得妾以其子，无咎。

郑玄《周易注》作“鼎颠趾，利出否，得妾以其子，无咎”。

虞翻《周易注》作“鼎颠趾，利出否，得妾以其子，无咎”。

“鼎”，郑玄、虞翻作“鼎”，作“鼎”是取古文。参见乾卦卦辞辨。

“颠”，郑玄、虞翻作“颠”，作“颠”是取今文。参见颐卦六二爻辞辨。

“趾”,郑玄、虞翻作“趾”,作“趾”是取今文。参见噬嗑卦初九爻辞辨。

“利”,郑玄、虞翻作“利”,作“利”是取古文。参见乾卦卦辞辨。

“出”,郑玄、虞翻作“出”,作“出”是取古文。参见需卦六四爻辞辨。

“否”,郑玄、虞翻作“否”,作“否”是取古文。参见师卦初六爻辞辨。

“得”,郑玄、虞翻作“得”,作“得”是取今文。参见坤卦卦辞辨。

“妾”,郑玄、虞翻作“妾”,作“妾”是取古文。参见遯卦九三爻辞辨。

“以”,郑玄、虞翻作“以”,作“以”是取今文。参见蒙卦初六爻辞辨。

“其”,郑玄、虞翻作“其”,作“其”是取今文。参见坤卦上六爻辞辨。

“子”,郑玄、虞翻作“子”,作“子”是取古文。参见乾卦九三爻辞辨。

“无”,郑玄、虞翻作“无”,作“无”是取古文。参见乾卦九三爻辞辨。

“咎”,郑玄、虞翻作“咎”,作“咎”是取古文。参见乾卦九三爻辞辨。

九二,鼎有实,我仇有疾,不我能即,吉。

郑玄《周易注》作“我仇有疾”。

虞翻《周易注》作“鼎有实,我仇有疾,不我能即,吉”。

“鼎”,虞翻作“鼎”,作“鼎”是取古文。参见乾卦卦辞辨。

“有”,郑玄、虞翻作“有”,作“有”是取今文。参见乾卦上九爻辞辨。

“实”,虞翻作“实”,作“实”是取古文。参见颐卦卦辞辨。

“我”,郑玄、虞翻作“我”,作“我”是取古文。参见蒙卦卦辞辨。

“仇”,“仇”通“訄”。《说文·口部》:“訄,高气也。”桂馥《说文解字义证》云:“高气也者,《诗·正月》‘执我仇仇’,传云:‘仇仇,犹謷謷。’《尔雅·释训》:‘仇仇、敖敖,傲也。’郭云:‘皆傲慢贤者。’馥谓仇即訄。”通行本作“仇”,今帛书本作“救”,“救”读作“求”,“求”“仇”音近可以互借,故“仇”亦可以通“救”。又扬雄《太玄·内》:“谨于婴執。”司马光《集注》:“婴執,古妃仇字。”证之《中山王壘》:“救人在彷”。又郭店楚墓竹简本《缁衣》“仇”字作“栽”,“栽”与“救”字形近似,或为一字。由此知作“仇”为今文,作“救”为古文,郑玄、虞翻作“仇”是取今文。参见夬卦九三爻辞辨。

“疾”,郑玄、虞翻作“疾”,作“疾”是取古文。参见豫卦六五爻辞辨。

“不”,虞翻作“不”,作“不”为古文。参见坤卦六二爻辞辨。

“能”,虞翻作“能”,作“能”是取古文。参见履卦六三爻辞辨。

“即”,虞翻作“即”,作“即”是取古文。参见屯卦六三爻辞辨。

“吉”,虞翻作“吉”,作“吉”是取古文。参见乾卦用九爻辞辨。

九三，鼎耳革，其行塞，雉膏不食，方雨亏悔，终吉。

郑玄《周易注》作“雉膏不食”。

陆绩《周易述》作“鼎耳革”。

虞翻《周易注》作“鼎耳革，其行塞，雉膏不食，方雨虧悔，终吉”。

“鼎”，陆绩、虞翻作“鼎”，作“鼎”是取古文。参见乾卦卦辞辨。

“耳”，陆绩、虞翻作“耳”，作“耳”是取今文。参见噬嗑上九爻辞辨。

“革”，陆绩、虞翻作“革”，作“革”是取古文。参见遯卦六二爻辞辨。

“其”，虞翻作“其”，作“其”是取今文。参见坤卦上六爻辞辨。

“行”，虞翻作“行”，作“行”是取古文。参见泰卦九二爻辞辨。

“塞”，“塞”通“赛”。《史记·封禅书》：“秋涸冻，冬赛祷祠。”《汉书·郊祀志》作“秋涸冻，冬塞祷祠”。颜师古注：“塞谓所其所祈也。”《汉书考证》云：“按，《封禅书》作赛是也。以师古注推之，似本文原作赛。”又马王堆汉墓帛书《老子》甲本：“赛其门。”通行本《老子》作“塞其兑”。郭店楚墓竹简本《语丛四》：“利其渚者，不赛其溪(溪)。”释文“赛”作“塞”。通行本、今帛书本皆作“塞”，由此知作“塞”为今文，作“赛”为古文，虞翻作“塞”是取今文。参见井卦九三爻辞。

“雉”，“雉”通“紖”。《周礼·地官·封人》：“置其紖。”郑玄注引郑司农云：“紖，着牛鼻绳，所以牵牛者，今时谓之雉。”《说文·隹部》：“雉，从隹，矢声。睇，古文雉从弟。”《玉篇·隹部》："雉，野鸡也。𪁉，古文。"又《一切经音义》卷十一："雉，鸟。古文同。"通行本、今帛书本作"雉"。若依《说文》《玉篇》，知作"雉"为今文，作"𪁉"为古文，郑玄、虞翻作"雉"是取今文。

"膏"，郑玄、虞翻作"膏"，作"膏"是取今文。参见屯卦六五爻辞辨。

"不"，郑玄、虞翻作"不"，作"不"是取古文。参见坤卦六二爻辞辨。

"食"，郑玄、虞翻"食"，作"食"是取今文。参见需卦九五爻辞辨。

"方"，虞翻作"方"，作"方"是取今文。参见坤卦六二爻辞辨。

"雨"，虞翻作"雨"，作"雨"是取古文。参见小畜卦上九爻辞辨。

"亏"，"亏"同"虧"。《说文·亏部》："亏，或从兮。"段玉裁注："亏、兮皆谓气。"《集韵·支韵》："亏，或从兮。"邵瑛《群经正字》："今经典如《易》谦卦'天道亏盈而益谦'，《诗·閟宫》'不亏不崩'，《左传》闵二年传'齐侯使公子无亏'，《尔雅·释诂》'亏，毁也'之类，多从或体作虧。旧本亦作亏。"通行本、今帛书本作"亏"。由此知作"亏""虧"同为今文，虞翻作"虧"是取今文。

"悔"，虞翻作"悔"，作"悔"是取今文。参见乾卦上九爻辞辨。

"终"，虞翻作"终"，作"终"是取今文。参见乾卦九三爻辞辨。

"吉"，虞翻作"吉"，作"吉"是取古文。参见乾卦用九爻辞辨。

九四，鼎折足，覆公餗，其形渥，凶。

子夏《易传》作"其形握"。

京房《周易章句》作"其刑剭"。

马融《周易传》作"覆公餗"。

荀爽《周易注》作"其形渥"。

郑玄《周易注》作"鼎折足，覆公餗，其刑剭"。

虞翻《周易注》作"鼎折足，覆公餗，其形渥，凶"。

九家《周易集注》作"鼎折足，覆公餗，其形渥，凶"。

"鼎"，郑玄、虞翻、九家作"鼎"，作"鼎"是取古文。参见乾卦卦辞辨。

"折"，郑玄、虞翻、九家作"折"，作"折"是取古文。参见离卦上九爻辞辨。

"足"，郑玄、虞翻、九家作"足"，作"足"是取今文。参见剥卦初六爻辞辨。

"覆"，马融、郑玄、虞翻、九家作"覆"，作"履"是取今文。参见坤卦初六爻辞辨。

"公"，马融、郑玄、虞翻、九家作"公"，作"公"是取今文。参见大有卦九三爻辞辨。

"餗"，"餗"通"鬻"。《经典释文》："餗，马云：'鍵也。'""餗"，一作"鬻"。《说文·䰜部》："鬻，鼎实。苇及蒲。陈留谓鍵为鬻。从䰜，速声。餗，鬻或从食，束声。"又《玉篇·鬻部》："鬻，鼎实。或作餗。"《集韵》"鬻"同"餗"。通行本作"餗"，今帛书本作"芒"，马王堆汉墓帛书本《二三子》《要》引"芒"作"莡"，"芒"同"莡"。"莡""餗"声近互借。考《宣和博古图》所载周鼎"栾鼎盖"与"宋夫人鼎盖"，其铭文分别镌有"宋公栾之餗鼎""宋君夫人餗釪鼎"字样。由此知作"餗"为古文，作"芒"

"鬻"同为今文,马融、郑玄、虞翻、九家作"饻"是取古文。

"其",子夏、京房、荀爽、郑玄、虞翻、九家作"其",作"其"是取今文。参见坤卦上六爻辞辨。

"形","形"通"刑"。《孔子家语·屈节解》:"诚于此者刑乎彼。"《颜氏家训·名实》引作"诚于此者形于彼"。《周易集解》"形"作"刑"。《逸周书·武纪》:"其形慎而杀。"朱右曾《周书集训校释》:"形当为刑,刑当其罪曰杀。形、刑古通。"考诸汉碑"形"字皆作"刑"。《集韵·青韵》:"荆,古作㓝,通作刑。"又郭店楚墓竹简本本《缁衣》引《尚书·吕刑》作《郘型》。通行本作"形",今帛书本作作"刑"。由此知作"形""刑"同为今文,作"㓝""型"同为古文,子夏、荀爽、虞翻、九家作"形",京房、郑玄作"刑"是同取今文。参见蒙卦初六爻辞辨。

"渥","渥"通"屋""握""剭"。《经典释文》:"渥,郑作剭,音屋。"《周礼·秋官·司烜氏》:"邦若屋诛。"郑玄注:"屋,读如'其刑剭'之剭。"《战国策·齐策》颜触曰:"祸必握。"姚宏《战国策续注》:"《高士传》握作渥。"吕祖谦《古易音训》:"晁氏曰:'渥,九家、京、虞作剭,重刑也。'薛云:'古文作渥。'"不确。清人朱珔《说文假借义证》:"屋当为剭之省。""握""屋"之古文,《说文·手部》《尸部》皆作"𡍮""𡍮"。又《集韵·觉韵》:"握,古作𡍮。"通行本作"渥",今帛书本作"屋"。由此知作"屋""握""剭""渥"同为今文,作"𡍮""𡍮"同为古文,子夏作"握",京房、郑玄作"剭",荀爽、虞翻、九家作"渥"是同取今文。参见萃卦初六爻辞辨。

"凶",虞翻、九家作"凶",作"凶"是取古文。参见讼卦卦辞辨。

六五，鼎黄耳金铉，利贞。

马融《周易传》作“鼎黄耳金铉”。

郑玄《周易注》作“金铉”。

陆绩《周易述》作“鼎黄耳金铉，利贞”。

虞翻《周易注》作“鼎黄耳金铉，利贞”。

干宝《周易注》作“鼎黄耳金铉，利贞”。

“鼎”，马融、陆绩、虞翻、干宝作“鼎”，作“鼎”是取古文。参见乾卦卦辞辨。

“黄”，马融、陆绩、虞翻、干宝作“黄”，作“黄”是取古文。参见坤卦六五爻辞辨。

“耳”，马融、陆绩、虞翻、干宝作“耳”，作“耳”是取今文。参见噬嗑上九爻辞辨。

“金”，马融、郑玄、陆绩、虞翻、干宝作“金”，作“金”是取古文。参见蒙卦六三爻辞辨。

“铉”，“铉”通“弦”。《战国策·齐策五》：“矛戟折，镮铉绝。”吴师道《战国策校注》：“铉，姚相作弦。”《仪礼·士冠礼》《仪礼·公食大夫礼》《仪礼·士虞礼》：“设扃鼏。”郑玄皆注：“今文扃作铉。”郑玄以“扃”为古文，以“铉”为今文。《集韵·青韵》：“扃，一曰鼎扃，古作鼏，或作閛。”通行本、今帛书本皆作“铉”。若依郑玄注，知作“铉”为今文，作“鼏”“閛”“扃”同为古文，马融、郑玄、陆绩、虞翻、干宝作“铉”是取今文。

“利”，陆绩、虞翻、干宝作“利”，作“利”是取古文。参见乾卦卦辞辨。

“贞”，陆绩、虞翻、干宝作“贞”，作“贞”是取古文。参见乾卦卦辞辨。

上九，鼎玉铉，大吉，无不利。

虞翻《周易注》作“鼎玉铉，大吉，无不利”。

干宝《周易注》作“鼎玉铉，大吉，无不利”。

“鼎”，虞翻、干宝作“鼎”，作“鼎”为古文。参见乾卦卦辞辨。

“玉”，“玉”通“王”。《周礼·天官·九嫔》：“赞玉齍。”郑玄注：“故书玉为王，杜子春读为玉。”《仪礼·士丧礼》：“决用正王棘。”郑玄注：“古文王为玉。”郑玄以“王”为今文，以“玉”为古文。考《说文·玉部》：“玉，石美也。𤣩，古文玉。”《玉篇·玉部》：“玉，𤣩，古文。”《广韵·烛韵》：“玉，《说文》本作王，隶加点以别王字。”通行本作“玉”，今帛书本缺“鼎玉铉，大吉”五字，然考马王堆汉墓帛书本《二三子》引作“鼎玉𡌵，大吉，无不利”。由此知郑玄注不确，又知作“玉”为今文，作“𡌵”为古文，虞翻、干宝作“玉”是取今文。

“铉”，虞翻、干宝作“铉”，作“铉”是取今文。参见本卦六五爻辞辨。

“大”，虞翻、干宝作“大”，作“大”是取古文。参见乾卦九二爻辞辨。

“吉”，虞翻、干宝作“吉”，作“吉”是取古文。参见乾卦用九爻辞辨。

“无”，虞翻、干宝作“无”，作“无”是取古文。参见乾卦九三爻辞辨。

“不”，虞翻、干宝作“不”，作“不”是取古文。参见坤卦六二爻辞辨。

“利”，虞翻、干宝作“利”，作“利”是取古文。参见乾卦卦辞辨。

震䷲

震，亨，震来虩虩，笑言哑哑，震惊百里，不丧匕鬯。初九，震来虩虩，后笑言哑哑，吉。六二，震来厉，亿丧贝。跻于九陵，勿逐，七日得。六三，震苏苏，震行无眚。九四，震遂泥。六五，震往来厉，亿无丧，有事。上六，震索索，视矍矍，征凶。震不于其躬，于其邻，无咎，婚媾有言。

震，亨，震来虩虩，笑言哑哑，震惊百里，不丧匕鬯。

郑玄《周易注》作“震，亨。震惊百里，不丧匕鬯”。

陆绩《周易述》作“震惊百里，不丧匕鬯”。

虞翻《周易注》作“震，亨。震来虩虩，笑言哑哑，震惊百里，不丧匕鬯”。

王肃《周易注》作“震惊百里，不丧匕鬯”。

“震”，郑玄、陆绩、虞翻、王肃作“震”，作“震”是取今文。参见恒卦上六爻辞辨。

“亨”，郑玄、虞翻作“亨”，作“亨”是取今文。参见乾卦卦辞辨。

“来”，虞翻作“来”，作“来”是取今文。参见需卦上六爻辞辨。

“虢”，虞翻作“虢”，作“虢”是取今文。参见履卦九四爻辞辨。

“笑”，虞翻作“笑”，作“笑”是取今文。参见同人卦九五爻辞辨。

“言”，虞翻作“言”，作“言”是取古文。参见需卦九二爻辞辨。

“哑”，虞翻作“哑”，“哑”同“亚”，作“哑”为今文。参见睽卦初九爻辞辨。

“惊”，郑玄、陆绩、虞翻、王肃作“惊”，作“惊”为今文。参见需卦上六爻辞辨。

“百”，郑玄、陆绩、虞翻、王肃作“百”，作“百”为古文。参见讼卦九二爻辞辨。

“里”，“里”通“理”。《孙子·九地》：“九地之变，屈伸之利，人情之理，不可不察也。”又银雀山汉墓竹简本《孙子兵法·九地》作“九地之法，人请（情）之里也。”考郭店楚墓竹简本《性自命出》：“里其青（情）而出内（入）之。”又《成之闻之》：“以里人仑（伦）。”释文“里”字皆作“理”。通行本、今帛书本皆作“里”。由此知作“里”为古文，作“理”为今文，郑玄、陆绩、虞翻、王肃作“里”是取古文。

“不”郑玄、陆绩、虞翻、王肃作“不”，作“不”是取古文。参见坤卦六二爻辞辨。

“丧”郑玄、陆绩、虞翻、王肃作“丧”，作“丧”是取古文。参见坤卦卦辞辨。

“匕”，“匕”通“比”。《说文·匕部》：“匕，相与比叙也。”徐灏《说文解字注笺》：“匕、比，古今字。”段玉裁注：“匕即今之饭匙也。”《玉篇·匕部》：“匕，矢镞也。”通行本作“匕”，今帛书本作“鈚”。《玉篇·金部》:“鈚,箭也。”“匕”“鈚”皆为金属所制,或后人加入“金”旁分为二字。《集韵·貉韵》:“朼,古作匕。”考《仪礼·少牢馈食礼》:“乃朼载。”《仪礼·士丧礼》:“皆盥于洗长朼。”郑玄并注:“古文朼为匕。”由此知作“匕”为古文,作“鈚”为今文,郑玄、陆绩、虞翻、王肃作“匕”是取古文。

“鬯”,“鬯”通“畅”。《礼记·曲礼下》:“天子用鬯。”《春秋繁露·执贽》引作“天子用畅”。《史记·封禅书》:“青龙止于郊,草木畅茂。”《汉书·郊祀地》作“青龙止于郊,草林鬯茂。”颜师古注:“鬯与畅同。”通行本作“鬯”,今帛书本作“肠”,“肠”“畅”皆从“昜”可以互借,故“肠”与“鬯”亦可通假。考《国语·周语上》:“史奉牺牲,玉鬯往献焉。”《说苑·辨物》引“鬯”作“觞”,《说文·角部》:“觞……从角,煬省声。䙵,籀文觞从爵省。”由此知作“鬯”“肠”同为今文,作“䙵”为古文,郑玄、陆绩、虞翻、王肃作“鬯”是取今文。

初九,震来虩虩,后笑言哑哑,吉。

马融《周易传》作“震来虩虩,笑言哑哑”。

荀爽《周易注》作“震来愬愬”。

郑玄《周易注》作“震来虩虩,笑言哑哑”。

虞翻《周易注》作“震来虩虩,后笑言哑哑,吉”。

干宝《周易注》作“震来虩虩,后笑言哑哑”。

“震”,马融、荀爽、郑玄、虞翻、干宝作“震”,作“震”是取今文。参见恒卦上六爻辞辨。

“来”,马融、荀爽、郑玄、虞翻、干宝作“来”,作“来”是取今文。参见需卦上六爻辞辨。

“虩”,马融、郑玄、虞翻、干宝作“虩”,荀爽作“愬”,作“虩”

"愬"是取今文。参见履卦九四爻辞辨。

"后",虞翻、干宝作"后",作"后"是取今文。参见坤卦卦辞辨。

"笑"马融、郑玄、虞翻、干宝作"笑",作"笑"是取今文。参见同人卦九五爻辞辨。

"言",马融、郑玄、虞翻、干宝作"言",作"言"是取古文。参见需卦九二爻辞辨。

"哑",马融、郑玄、虞翻、干宝作"哑",作"哑"是取今文。参见睽卦初九爻辞辨。

"吉",虞翻作"吉",作"吉"是取古文。参见乾卦用九爻辞辨。

六二,震来厉,亿丧贝。跻于九陵,勿逐,七日得。

荀爽《周易注》作"亿丧贝"。

郑玄《周易注》作"亿丧贝"。

虞翻《周易注》作"震来厉,亿丧贝。跻于九陵,勿逐,七日得"。

干宝《周易注》作"震来厉,亿丧贝。跻于九陵,勿逐,七日得"。

"震",虞翻、干宝作"震",作"震"是取今文。参见恒卦上六爻辞辨。

"来",虞翻、干宝作"来",作"来"是取今文。参见需卦上六爻辞辨。

"厉",虞翻、干宝作"厉",作"厉"是取今文。参见乾卦九三爻辞辨。

"亿","亿"通"噫""意"。《经典释文》:"亿,本又作噫。"

《庄子·在宥》:"意,治人之过也。"《经典释文》:"意,本又作噫。"《史记·屈原贾生列传》:"大人不曲兮,亿变齐同。"《汉书·贾谊传》作"大人不曲,意变齐同"。又《史记·屈原贾生列传》:"众人或或兮,好恶积意。"《文选·鹏鸟赋》作"众人惑惑兮,好恶积亿"。"亿"同"䔲"。《隶释·巴郡太守张纳碑》:"光乎䔲年。"洪适注:"以䔲为亿。"又《隶释·小黄门谯敏碑》:"曷亿遘罹。"洪适注:"汉碑多借意作亿。此云曷亿遘罹,却是借亿作意也。"《玉篇·心部》:"䔲,《说文》'满也。'今作亿。"《集韵·之韵》:"噫,或作亿、意,古作䔲。"证之郭店楚墓竹简本《语丛三》"意"字作"啻","啻"或为"䔲"之省。通行本、今帛书本皆作"意"。由此知作"亿""意"同为今文,作"䔲"为古文,荀爽、郑玄、虞翻、干宝作"亿"是取今文。

"丧",荀爽、郑玄、虞翻、干宝作"丧",作"丧"是取古文。参见坤卦卦辞辨。

"贝","贝"通"败"。《经典释文》:"贝,荀音败。"《说文·攴部》:"敗,籀文败,从䀠。"《集韵·夬韵》:"败,古作敗、贝。"通行本、今帛书本皆作"贝"。由此知作"贝""敗"同为古文,作"败"为今文,荀爽、郑玄、虞翻、干宝作"贝"是取古文。参见复卦上六爻辞辨。

"跻","跻"通"隮"。《经典释文》:"跻,本又作隮。升也。"《说文·足部》:"跻,登也。从足,齐声。《商书》曰:'予颠跻。'"考通行本《尚书·微子》作"今尔无指,告予颠隮"。通行本、汉石经《周易》皆作"跻",今帛书本作"齍","齍""跻""隮"皆从齐声,可以互借。考《集韵·霁韵》:"跻,古作踰。"又《玉篇·二部》:"亝,古文齊。"由"亝"为古文"齊"推之,知作"跻""齍"为今文,作"踰"为古文,虞翻、干宝作"跻"是取今文。

“于”，虞翻、干宝作“于”，作“于”是取古文。参见坤卦上六爻辞辨。

“九”，“九”通“鸠”。《说文·鸟部》：“鸠，鹘鸼也。从鸟，九声。”《庄子·天下》：“禹亲自操橐耜，而九杂天下之川。”《经典释文》：“九，本亦作鸠，聚也。”《玉篇·鸟部》：“鸠，鸟名，或作勼。”《集韵·尤韵》：“勼，《说文》：‘聚也。’或作九。通作鸠。”考《玉篇·勹部》：“勼，聚也、解也，今作鸠。”《玉篇》以“勼”为古文，以“鸠”为今文。通行本、今帛书本皆作“九”，然考上博竹简本凡“初九”“上九”等“九”字，亦皆作“九”。由此知作“九”“勼”同为古文，作“鸠”为今文，虞翻、干宝作“九”是取古文。

“陵”，虞翻、干宝作“陵”，作“陵”是取今文。参见同人卦九三爻辞辨。

“勿”，虞翻、干宝作“勿”，作“勿”是取古文。参见乾卦初九爻辞辨。

“逐”，虞翻、干宝作“逐”，作“逐”是取今文。参见颐卦六四爻辞辨。

“七”，虞翻、干宝作“七”，作“七”是取今文。参见复卦卦辞辨。

“日”，虞翻、干宝作“日”，作“日”是取古文。参见乾卦九三爻辞辨。

“得”，虞翻、干宝作“得”，作“得”是取今文。参见坤卦卦辞辨。

六三，震苏苏，震行无眚。

马融《周易传》作“震苏苏”。

郑玄《周易注》作“震苏苏”。

虞翻《周易注》作“震苏苏,震行无眚”。

王肃《周易注》作“震苏苏”。

“震”,马融、郑玄、虞翻、王肃作“震”,作“震”是取今文。参见恒卦上六爻辞辨。

“苏”,“苏”通“穌”。《说文·禾部》:“穌,把取禾若也。”段玉裁注:“《离骚》:‘苏粪壤以充帏兮,谓申椒其不芳。’王逸曰:‘苏,取也。’《韩信传》曰:‘樵苏复爨,师不宿饱。’《汉书音义》曰:‘樵,取薪也;苏,取草也。’此皆假苏为穌也。苏,桂荏也。苏行而穌废也。”《集韵·莫韵》:“穌,通作苏,俗作苏,非是。”通行本作“苏”,今帛书本作“疏”,“疏”通“疋”。《玉篇·疋部》:“疋,通也,达也,《月令》云:‘其器疋以达。’今作疏。”按,通行本《礼记·月令》“疋”作“疏”。“疏”“苏”古音同属微韵,故可通假。若依《玉篇》,知作“苏”“疏”同为今文,作“疋”为古文,马融、郑玄、虞翻、王肃作“苏”是取今文。

“行”,虞翻作“行”,作“行”是取古文。参见泰卦九二爻辞辨。

“无”,虞翻作“无”,作“无”是取古文。参见乾卦九三爻辞辨。

“眚”,虞翻作“眚”,作“眚”为古文。参见讼卦九二爻辞辨。

九四,震遂泥。

荀爽《周易注》作“震队泥”。

虞翻《周易注》作“震遂泥”。

“震”,荀爽、虞翻作“震”,作“震”是取今文。参见恒卦上六爻辞辨。

“遂”,荀爽作“队”、虞翻作“遂”,作“队”是取古文,作“遂”

是取今文。参见大壮卦上六爻辞辨。

“泥”，荀爽、虞翻作“泥”，作“泥”是取今文。参见需卦九三爻辞辨。

六五，震往来厉，亿无丧，有事。

虞翻《周易注》作“震往来厉，意无丧，有事”。

“震”，虞翻作“震”，作“震”是取今文。参见恒卦上六爻辞辨。

“往”，虞翻作“往”，作“往”是取今文。参见坤卦卦辞辨。

“来”，虞翻作“来”，作“来”是取今文。参见本需卦上六爻辞辨。

“厉”，虞翻作“厉”，作“厉”是取今文。参见乾卦九三爻辞辨。

“亿”，虞翻作“亿”，作“亿”是取今文。参见本卦六二辞辨。

“无”，虞翻作“无”，作“无”是取古文。参见乾卦九三爻辞辨。

“丧”，虞翻作“丧”，作“丧”是取古文。参见坤卦卦辞辨。

“有”，虞翻作“有”，作“有”是取今文。参见乾卦上九爻辞辨。

“事”，虞翻作“事”，作“事”是取古文。参见坤卦六三爻辞辨。

上六，震索索，视矍矍，征凶。震不于其躬，于其邻，无咎，婚媾有言。

马融《周易传》作“震索索，视矍矍”。

郑玄《周易注》作“震索索，视矍矍”。

虞翻《周易注》作“震索索，视矍矍，征凶。震不于其躬，于其邻，无咎，婚媾有言”。

“震”，马融、郑玄、虞翻作“震”，作“震”是取今文。参见恒卦上六爻辞辨。

“索”，“索”通“素”。《礼记·中庸》：“素隐行怪，后世有述。”《汉书·艺文志》引作“索隐行怪，后世有述”。《春秋左氏传》昭公十二年：“八索九丘。”《经典释文》：“索，本或作素。”通行本作“索”，今帛书本作“昔”。“昔”同“错”。通行本离卦初九爻辞“履错然”，今帛书本作“礼昔然”。“错”通“素”。通行本履卦初九爻辞“素礼”，今帛书本作“错礼”，帛书本既以“昔”为“索”，又以“错”为“素”，故“昔”与“索”亦可通假。《集韵·昔韵》：“筶，隶作昔。”考郭店楚墓竹简《老子》甲本：“视索保仆（朴）。”释文“索”作“素”，通行本《老子》“索”字作“素”。由此知作“索”为古文，作“昔”为今文，马融、郑玄、虞翻作“索”是取古文。参见离卦初九爻辞辨。

“视”，马融、郑玄、虞翻作“视”，作“视”是取古文。参见履卦六三爻辞辨。

“矍”，“矍”通“戄”。《后汉书·班固传》：“矍然失容。”又《后汉书·李固传》：“泰使戄然。”通行本作“矍”，帛书本作“惧”。“矍”，即“戄”之省。“惧”同“戄”。《庄子·天运》：“吾始闻之惧。”《经典释文》：“惧，一本作戄。案《说文》，惧是正字，戄古文。”。《说文·心部》“惧，恐也。从心，瞿声。愳，古文。”《玉篇·心部》：“惧，恐也。愳，古文。”若依《说文》《经典释文》，知作“戄”“愳”同为古文，作“矍”“惧”同为今文，马融、郑玄、虞翻作“矍”是取今文。

“征”，虞翻作“征”，作“征”是取古文。参见小畜卦上九爻辞辨。

“凶”，虞翻作“凶”，作“凶”是取古文。参见讼卦卦辞辨。

“不”，虞翻作“不”，作“不”是取古文。参见坤卦六二爻辞辨。

“于”，虞翻作“于”，作“于”是取古文。参见坤卦上六爻辞辨。

“其”，虞翻作“其”，作“其”是取今文。参见坤卦上六爻辞辨。

“躬”，虞翻作“躬”，作“躬”是取今文。参见蒙卦六三爻辞辨。

“邻”，虞翻作“邻”，作“邻”是取今文。参见小畜卦九五爻辞辨。

“无”，虞翻作“无”，作“无”是取古文。参见乾卦九三爻辞辨。

“咎”，虞翻作“咎”，作“咎”是取古文。参见乾卦九三爻辞辨。

“婚”，虞翻作“婚”，作“婚”是取今文。参见屯卦六二爻辞辨。

“媾”，虞翻作“媾”，作“媾”是取今文。参见屯卦六二爻辞辨。

“有”，虞翻作“有”，作“有”是取今文。参见乾卦上九爻辞辨。

“言”，虞翻作“言”，作“言”是取古文。参见需卦九二爻辞辨。

按，此条爻辞“无咎”，通行本同。证之马融、虞翻亦作“无咎”。今帛书本作“往无咎”，多一“往”字，疑为传抄者笔误，或为别种《周易》传本，其文意基本相同。

艮䷳

艮，艮其背，不获其身，行其庭，不见其人，无咎。初六，艮其趾，无咎，利永贞。六二，艮其腓，不拯其随，其心不快。九三，艮其限，列其夤，厉熏心。六四，艮其身，无咎。六五，艮其辅，言有序，悔亡。上九，敦艮，吉。

艮，艮其背，不获其身，行其庭，不见其人，无咎。

郑玄《周易注》作"艮其背"。

虞翻《周易注》作"艮其背，不获其身，行其庭，不见其人，无咎"。

"艮"，"艮"通"根"。"根"从艮声，可以与艮互借。《说文·匕部》："艮，很也。从匕、目，匕目，犹目相匕，不相下也。《易》曰：'艮其限。匕目为𥃩，匕目为真。'"《玉篇·匕部》："𥃩，坚也，很也。今作艮。"通行本作"艮"，今帛书本作"根"，然考上博竹简本亦作"艮"。由此知作"𥃩""艮"同为古文，作"根"为今文，郑玄、虞翻作"艮"是取古文。

"其"，郑玄、虞翻作"其"，作"其"是取今文。参见坤卦上六爻辞辨。

"背"，"背"通"北"。《尉缭子·攻权》："心疑者背。"银雀山汉墓竹简本《尉缭子二》作“心疑者北”。《说文·北部》:“北,菲也。从二人相背。”徐灏《说文解字注笺》:“背,古今字。”《汉书·高帝纪》:“田荣归,沛公、项羽追北。”服虔曰:“师败曰北。”韦昭曰:“北,古背字也,北去而走也。”师古曰:“北,阴幽之处,故谓退败奔走者为北。”通行本作“背”,今帛书本作“北”,然考上博竹简本作“伓”,郭店楚墓竹简本《忠信之道》:“信人不伓、不伓死也、至信不伓。”其三“伓”字,释文皆作“背”。由此知作“背”为今文,作“北”“伓”同为古文,郑玄、虞翻作“背”是取今文。

“不”,虞翻作“不”,作“不”是取古文。参见坤卦六二爻辞辨。

“获”,虞翻作“获”,作“获”是取今文。参见随卦九四爻辞辨。

“身”,“身”通“信”。《周礼·春官·大宗伯》:“侯执信圭。”郑玄注:“信当为身,声之误也。”《说文·身部》:“身,躳也。”《玉篇·身部》:“身,《说文》云:‘躳也。’”通行本、今帛书本、上博竹简本皆作“身”。然考通行本本卦六四爻辞“艮其身”之“身”,今帛书本作“竆”,上博竹简本作“躳”。“竆”同“穷”。《说文·邑部》:“竆,夏侯时诸侯夷羿国也。从邑,窮省声。”段玉裁注:“今《左传》作穷,许所据作竆,今古字也。”“窮”通“躳”。《说文·穴部》:“穷,极也。从穴,躳声。”邵瑛《群经正字》:“窮,今经典作穷,盖躳字《说文》或体作躬。经典穷字从或体躬也。”又《说文·人部》:“伸,神也。”段玉裁注:“身者,古字。伸者,今字。”若依段玉裁注、上博竹简本,知作“身”“躳”同为古文,作“竆”“穷”同为今文,虞翻作“身”是取古文。

“行”,虞翻作“行”,作“行”是取古文。参见泰卦九二爻辞辨。

“庭”,虞翻作“庭”,作“庭”是取今文。明夷卦六四爻辞辨。

“见”,虞翻作“见”,作“见”是取古文。参见乾卦九二爻辞辨。

“人”,虞翻作“人”,作“人”是取古文。参见乾卦九二爻辞辨。

“无”,虞翻作“无”,作“无”是取古文。参见乾卦九三爻辞辨。

“咎”,虞翻作“咎”,作“咎”是取古文。参见乾卦九三爻辞辨。

按,此条卦辞“艮其背”,通行本、上博竹简本同。今帛书本作“根根亓北”,多一“根”字,疑传抄者笔误,其文意基本相同。

初六,艮其趾,无咎,利永贞。

荀爽《周易注》作“艮其止”。

虞翻,《周易注》作“艮其趾,无咎,利永贞”。

“艮”,荀爽、虞翻作“艮”,作“艮”是取古文。参见本卦卦辞辨。

“其”,荀爽、虞翻作“其”,作“其”是取今文。参见坤卦上六爻辞辨。

“趾”,荀爽作“止”,虞翻作“趾”,作“止”“趾”是同取今文。参见噬嗑卦初九爻辞辨。

“无”,虞翻作“无”,作“无”是取古文。参见乾卦九三爻辞辨。

“咎”,虞翻作“咎”,作“咎”是取古文。参见乾卦九三爻辞辨。

"利",虞翻作"利",作"利"是取古文。参见乾卦卦辞辨。

"永",虞翻作"永",作"永"是取今文。参见坤卦上六爻辞辨。

"贞",虞翻作"贞",作"贞"是取古文。参见乾卦卦辞辨。

六二,艮其腓,不拯其随,其心不快。

孟喜《周易章句》作"不承其随"。

京房《周易章句》作"不承其随"。

马融《周易传》作"不抍其随"。

陆绩《周易述》作"不承其随"。

虞翻《周易注》作"艮其腓,不拯其随,其心不快"。

"艮",虞翻作"艮",作"艮"是取古文。参见本卦卦辞辨。

"其",孟喜、京房、马融、陆绩、虞翻作"其",作"其"是取今文。参见坤卦上六爻辞辨。

"腓",虞翻作"腓",作"腓"是取今文。参见咸卦六二爻辞辨。

"不",孟喜、京房、马融、陆绩、虞翻作"不",作"不"是取古文。参见坤卦六二爻辞辨。

"拯",孟喜、京房、陆绩作"承",马融作"抍",虞翻作"拯",作"拯""抍""承"是取今文。参见明夷卦六二爻辞辨。

"随",孟喜、京房、马融、陆绩、虞翻作"随",作"随"是取今文。参见随卦卦辞辨。

"心",虞翻作"心",作"心"是取古文。参见坎卦卦辞辨。

"快","快"通"决"。《楚辞·九章》:"愁郁郁之无快兮。"洪兴祖《楚辞补注》:"快,一作决。"通行本、今帛书本皆作"快",上博竹简本作"悸"。"悸"通"偰",《集韵·至韵》:"悸,《说文》：'心动也。'或作傒。""傒""快"声通，故"悸"与"快"亦可通假。考郭店楚墓竹简本《尊德义》："快不足以智仑。"裘锡圭注："疑快当读为决。"由此知作"快""悸"同为古文，作"决"为今文，虞翻作"快"是取古文。

九三，艮其限，列其夤，厉熏心。

孟喜《周易章句》作"𥃩其限，裂其胂"。

京房《周易章句》作"列其胂"。

马融《周易传》作"艮其限，列其夤，厉熏心"。

荀爽《周易注》作"艮其限，列其肾，厉动心"。

郑玄《周易注》作"艮其限，列其膑"。

虞翻《周易注》作"艮其限，裂其夤，厉阍心"。

王肃《周易注》作"厉熏心"。

"艮"，孟喜作"𥃩"，马融、荀爽、郑玄、虞翻作"艮"，作"艮""𥃩"是取古文。参见本卦卦辞辨。

"其"，孟喜、京房、马融、荀爽、郑玄、虞翻作"其"，作"其"是取今文。参见坤卦上六爻辞辨。

"限"，"限"通"眼"。《周礼·考工记·轮人》："望其毂，欲其眼也。"郑玄注："郑司农云：'眼读如限切之限。'"通行本作"限"，上博竹简本，濮茅左隶定作"䁦"，徐在国作"瞳"，从目，堇声，上古音见纽文部，"限"为古音匣纽文部，二字音通互借。考《玉篇·目部》："䁦，张目也。""䁦""瞳"二字笔划相近，"瞳"或即"䁦"字。由此知由此作"限"为今文，作"瞳"为古文，孟喜、马融、荀爽、郑玄、虞翻作"限"是取今文。

"列"，"列"通"裂"。《史记·韩信卢绾列传》："故得列地。"《汉书》"列地"作"裂地"。《淮南子·泰族训》："乃裂地而州之。"《文子·上礼》作"列地而州之"。"列"通"迣"。《汉书·鲍宣传》:"部落鸣鼓,男女遮迣。"荀悦《前汉纪》作"部落鸣鼓,男妇遮列"。晋灼曰:"迣,古列字也。""列"同"迾"。《汉书·扬雄传上》:"迾虖高原之上。"《文选·羽猎赋》作"列乎高原之上"。《说文·辵部》:"迣,迾也。晋、赵曰迣。"《玉篇·辵部》:"迣,迾也。古文以为迾字。"《广韵》古文迾字。通行本作"列",今帛书本作"戾",上博竹简本作"劙",考通行本井卦九五爻辞"井洌寒泉,食",今帛书本作"戾",上博竹简本作"𥿍"。由此知"劙"即"𥿍"之省,又知"劙""迣"同为古文,作"列""裂"同为今文,孟喜、虞翻作"裂",京房、马融、荀爽、郑玄作"列"是同取今文。参见井卦九五爻辞辨。

"夤","夤"通"䐔""肾"。《经典释文》:"马云:'脊肉也。'郑本作䐔,徐又音胤。荀作肾,云互体有坎,坎为肾。"《玉篇·肉部》:"䐔,脊肉也。"《集韵·谆韵》:"䐔,脊肉也。通作夤。"通行本作"夤",今帛书本"夤"字左偏旁作"月",右偏旁缺损不清,隶定为"肥","肥""夤"声通。或为"胂"字。《说文·肉部》:"胂,夹脊肉也。"《玉篇·肉部》:"胂,夹脊肉。"《集韵·脂韵》:"胂,夹脊肉。或作胰。"吕祖谦《古易音训》:"晁氏曰:'䐔,今文也。'"李富孙《易经异文释》云:"马云'脊肉也',辅嗣注云'当中脊之肉',是与许训'胂'同。"上博竹简本作"衜"。"衜"从"胤"声,与《经典释文》"徐又音胤"合,与"夤"亦声通,故可以互借。由此知作"夤""胂""䐔""肾"同为今文,作"衜"为古文,孟喜、京房作"朋",马融、虞翻作"夤",荀爽作"肾",郑玄作"䐔"是同取今文。

"厉"马融、荀爽、虞翻、王肃作"厉",作"厉"是取今文。参见乾卦九三爻辞辨。

“薰”,“薰”通“熏”。《庄子·应帝王》:“以避熏凿之患。”《艺文类聚》卷九十五引作“以避薰凿之患”。《集韵·焮韵》“熏”同“熏”。“熏”与“阍”亦通。虞翻《周易注》云:“艮为阍。阍,守门人,坎盗动门,故‘厉熏心’。古‘阍’字作‘熏’字,马因言‘熏灼其心’,未闻易道以坎水熏灼人也。荀氏以熏为勋,读作动,皆非也。”《经曲释文》:“荀作动,云互体震,震为动。”朱震《汉上易传》卷五云:“古本当作‘勳心’,‘勳心’二字,传者误并作勋字耳。再传者脱其偏傍作熏,而后来者又加草,遂成薰字,故荀以熏为薰。”吕祖谦《古易音训》:“晁氏曰:‘荀以为熏为动,或误作勳,皆非。’”李富孙《易经异文释》云:“古动、勋字每相乱。《乐记》‘谨以立动’,注云:‘动或作勋。’古勋、阍通。此以汉时音读释经矣。”通行本、今帛书本皆作“薰”,上博竹简本作“同”,“同”“动”古音同属东韵,可以互借。考《仪礼·公食大夫礼》:“腳以东臐、膮、牛炙。”郑玄注:“古文腳作香,臐作薰。”又《仪礼士相见礼》:“问夜,膳荤。”郑玄注:“古文荤作熏。”若依郑玄所注,朱震所考,知作“薰”“勳”“熏”同为古文,作“阍”为今文,马融、王肃作“熏”是取古文,荀爽作“动”、虞翻作“阍”是取今文。

“心”,作“心”为古文。参见坎卦卦辞辨。

六四,艮其身,无咎。

虞翻《周易注》作“艮其身,无咎”。

“艮”,虞翻作“艮”,作“艮”是取古文。参见本卦卦辞辨。

“其”,虞翻作“其”,作“其”是取今文。参见坤卦上六爻辞辨。

“身”,虞翻作“身”,作“身”是取古文。参见本卦卦辞辨。

“无”，虞翻作“无”，作“无”是取古文。参见乾卦九三爻辞辨。

“咎”，虞翻作“咎”，作“咎”是取古文。参见乾卦九三爻辞辨。

按，此条爻辞“无咎”，通行本同。今帛书本、上博竹简本均无“无咎”二字，疑为传抄者所增，其文意基本相同。

六五，艮其辅，言有序，悔亡。

虞翻《周易注》作“艮其辅，言有孚，悔亡”。

“艮”，虞翻作“艮”，作“艮”是取古文。参见本卦卦辞辨。

“其”，虞翻作“其”，作“其”是取今文。参见坤卦上六爻辞辨。

“辅”，虞翻作“辅”，作“辅”是取今文。参见咸上六爻辞辨。

“言”，虞翻作“言”，作“言”是取古文。参见需卦九二爻辞辨。

“有”，虞翻作“有”，作“有”是取今文。参见乾卦上九爻辞辨。

“序”，“序”通“叙”。《尚书·禹贡》：“三苗丕叙。”《史记·夏本纪》引作：“三苗大序。”《集韵·语韵》：“叙，通作序。”通行本、今帛书本皆作“序”，上博竹简本作“畬”，释为舒，读作序。由此知作“序”为今文，作“畬”为古文，虞翻作“孚”，作“孚”是取古文。参见需卦卦辞辨。

“悔”，虞翻作“悔”，作“悔”是取今文。参见乾卦上九爻辞辨。

“亡”，虞翻作“亡”，作“亡”是取古文。参见乾卦九三爻辞辨。

上九,敦艮,吉。

虞翻《周易注》作"敦艮,吉"。

"敦",虞翻作"敦",作"敦"是取今文。参见临卦上六爻辞辨。

"艮",虞翻作"艮",作"艮"是取古文。参见本卦卦辞辨。

"吉",虞翻作"吉",作"吉"是取古文。参见乾卦用九爻辞辨。

渐䷴

渐，女归吉，利贞。初六，鸿渐于干，小子厉，有言，无咎。六二，鸿渐于磐，饮食衎衎，吉。九三，鸿渐于陆，夫征不复，妇孕不育，凶。利御寇。六四，鸿渐于木，或得其桷，无咎。九五，鸿渐于陵，妇三岁不孕，终莫之胜，吉。上九，鸿渐于陆，其羽可用为仪，吉。

渐，女归吉，利贞。

虞翻《周易注》作“女归吉，利贞”。

“女”，虞翻作“女”，作“女”是取古文。参见屯卦六二爻辞辨。

“归”，虞翻作“归”，作“归”是取今文。参见讼卦九二爻辞辨。

“吉”，虞翻作“吉”，作“吉”是取古文。参见乾卦用九爻辞辨。

“利”，虞翻作“利”，作“利”是取古文。参见乾卦卦辞辨。

“贞”，虞翻作“贞”，作“贞”是取古文。参见乾卦卦辞辨。

初六，鸿渐于干，小子厉，有言，无咎。

荀爽《周易注》作“鸿渐于干”。

郑玄《周易注》作“鸿渐于干”。

陆绩《周易述》作“鸿渐于干”。

虞翻《周易注》作“鸿渐于干，小子厉，有言，无咎”。

王肃《周易注》作“鸿渐于干”。

翟玄《周易义》作“鸿渐于干”。

“鸿”，“鸿”通“洪”。《尚书·洪范》：“鲧陻洪水。”《史记·宋微子世家》引作“鲧陻鸿水”。《隶释·石经尚书残碑·洪范》作“鸿水”，洪适注：“孔作洪。”又《史记·夏本纪》：“当帝尧之时，鸿水滔天。”司马贞《索隐》：“一作洪。鸿，大也。以鸟大曰鸿，小曰鴈，故近代文字大义者皆作鸿也。”古“鸿”字又作“鳿”。《汉书·司马相如传上》：“鳿鹔鹄鸨，鴐鹅属玉。”张辑曰：“鳿，大鸟也。”颜师古注：“鳿，古鸿字。”《玉篇·鸟部》：“鳿，鸟肥大也，或作鸿。”《集韵·东韵》：“鸿，鳿，古省。”通行本作“鸿”，今帛书本皆作“鳿”，然考上博竹简本“鸿”字亦作“鳿”。由此知作“鸿”为今文，作“鳿”为古文，荀爽、郑玄、陆绩、虞翻、王肃、翟玄作“鸿”是取今文。

“渐”，“渐”通“潜”。《尚书·洪范》：“沈潜刚克。”《史记·宋微子世家》引作“沈渐刚克”。司马贞《索隐》：“《尚书》作‘沈潜’，此作‘渐’字，其义当依马注。”又《春秋左氏传》文公五年亦引作“沈渐刚克”。通行本、今帛书本皆作“渐”，上博竹简本作“蔪”，濮茅左说“蔪”同“渐”，何琳仪谓“蔪”为“渐”之讹字。若依濮说，知作“渐”为今文，作“蔪”为古文，荀爽、郑玄、陆绩、虞翻、王肃、翟玄作“渐”是取今文。

“于”，荀爽、郑玄、陆绩、虞翻、王肃、翟玄作“于”，作“于”是取古文。参见坤卦上六爻辞辨。

“干”，“干”通“涧”。《诗·卫风·考槃》：“考槃在涧。”《经典释文》:"涧,《韩诗》作干。"又《诗·小雅·斯干》:"秩秩斯干,幽幽南山。"毛传:"干,涧也。"通行本作"干",今帛书本作"渊",上博竹简本作"鯝",濮茅左以为"鯝"为"涧"字异体。"渊""涧"义同,"渊"或为"涧"之相混。郦道元《水经注·谷水》云:"渊涧字相似,时有字错为渊也。""渊"之古文作"囦",《说文·水部》:"渊,回水也。囦,古文。"由此知作"干""渊"同为今文,作"囦""鯝"同为古文,荀爽、郑玄、陆绩、虞翻、王肃、翟玄作"干"是取今文。

"小",虞翻作"小",作"小"是取古文。参见需卦九二爻辞辨。

"子",虞翻作"子",作"子"是取古文。参见乾卦九三爻辞辨。

"厉",虞翻作"厉",作"厉"是取今文。参见乾卦九三爻辞辨。

"有",虞翻作"有",作"有"是取今文。参见乾卦上九爻辞辨。

"言",虞翻作"言",作"言"是取古文。参见需卦九二爻辞辨。

"无",虞翻作"无",作"无"是取古文。参见乾卦九三爻辞辨。

"咎",虞翻作"咎",作"咎"是取古文。参见乾卦九三爻辞辨。

六二,鸿渐于磐,饮食衎衎,吉。

马融《周易传》作"鸿渐于磐,饮食衎衎"。

陆绩《周易述》作"鸿渐于磐,饮食衎衎,吉"。

虞翻《周易注》作“鸿渐于磐，饮食衎衎，吉”。

王肃《周易注》作“饮食衎衎，吉”。

“鸿”，马融、陆绩、虞翻作“鸿”，作“鸿”是取今文。参见本卦初六爻辞辨。

“渐”，马融、陆绩、虞翻作“渐”，作“渐”是取今文。参见本卦初六爻辞辨。

“于”，马融、陆绩、虞翻作“于”，作“于”是取古文。参见坤卦上六爻辞辨。

“磐”，马融、陆绩、虞翻作“磐”，作“磐”是取今文。参见屯卦初九爻辞辨。

“饮”，“饮”同“歓”。《战国策·赵策四》：“日食饮得无衰乎？”马王堆汉墓帛书本《战国纵横家·触龙见赵太后章》作“食歓得毋衰乎？”《说文·歓部》：“歓，歠也。㱃，古文歓，从今、食。”《玉篇·食部》：“㱃，古文饮。亦作歓。”又《欠部》：“歓，古文饮。”《集韵·寑韵》：“歓，《说文》：‘歠也。’或从食，古作酓。”《正字通·酉部》：“饮，本作酓，别作歓。”通行本、今帛书本皆作“饮”，然考上博竹简本作“酓”。由此知作“饮”为今文，作“酓”“㱃”“歓”同为古文，马融、陆绩、虞翻、王肃作“饮”是取今文。参见坤卦六三爻辞辨。

“食”，马融、陆绩、虞翻、王肃作“食”，作“食”是取今文。参见需卦九五爻辞辨。

“衎”，“衎”通“衍”。《荀子·赋》：“仁人绌约，暴人衍矣。”杨倞注：“衍，饶也。”《春秋左氏传》襄公二十六年：“卫侯衎复归于卫。”《经典释文》：“衎，本作衍。”马融《周易述》释“衎”字云：“衎衎，饶衍。”王肃《周易注》释“衎”字云：“衎衎，宽饶之貌也。”是其明证。通行本作“衎”，今帛书本作“衍”，上博竹简本作“衎”，“衎”从侃声，与“衎”古音同属旱韵，故可通假。《尔雅·释诂上》：“衎，乐也。”郝懿行《尔雅义疏》：“衎，通作侃。”《广雅·释诂》：“衎衎，和也。”王念孙《广雅疏证补正》：“衎衎，即侃侃也。”由此知作“衎”“衎”同为今文，作“衎”为古文，马融、陆绩、虞翻、王肃作“衎”是取今文。

“吉”陆绩、虞翻、王肃作“吉”，作“吉”是取古文。参见乾卦用九爻辞辨。

九三，鸿渐于陆，夫征不复，妇孕不育，凶。利御寇。

马融《周易传》作“鸿渐于陆”。

荀爽《周易注》作“妇乘不育”。

郑玄《周易注》作“夫征不复，妇孕不育”。

虞翻《周易注》作“鸿渐于陆，夫征不复，妇孕不育，凶。利御寇”。

“鸿”，马融、虞翻作“鸿”，作“鸿”是取今文。参见本卦初六爻辞辨。

“渐”，马融、虞翻作“渐”，作“渐”是取今文。参见本卦初六爻辞辨。

“于”，马融、虞翻作“于”，作“于”是取古文。参见坤卦上六爻辞辨。

“陆”，马融、虞翻作“陆”，作“陆”是取今文。参见夬卦九五爻辞辨。

“夫”，郑玄、虞翻作“夫”，作“夫”是取古文。参见蒙卦六三爻辞辨。

“征”，郑玄、虞翻作“征”，作“征”是取古文。参见小畜卦上九爻辞辨。

“不”，荀爽、郑玄、虞翻作“不”，作“不”是取古文。参见坤卦六二爻辞辨。

“复”，郑玄、虞翻作“复”，作“复”是取古文。参见讼卦九四爻辞辨。

“妇”，荀爽、郑玄、虞翻作“妇”，作“妇”是取古文。参见蒙卦九二爻辞辨。

“孕”，“孕”通“乘”“绳”。《诗·大雅·绵》：“其绳则直。”《经典释文》：“绳，本或作乘。案，经作绳，传作乘。笺云传破之，乘字后人遂误改经文。”《周礼·秋官·薙氏》：“秋绳而芟之。”郑玄注：“含实曰绳。”《经典释文》：“绳，音孕。”《一切经音义》作“含实曰孕”。惠栋《九经古义》卷八《周礼古义》考证云：“孕读如绳，《易》渐九三‘妇孕不育’，荀爽本孕作乘，乘、绳声近，故渐九五云‘鸿渐于陵，妇三岁不孕，终莫之胜’。”又云：“绳当为䲋字之误也。”吕祖谦《古易音训》：“晁氏曰：‘案，乘，古文。’”不确。考《管子·五行篇》：“䲋妇不销弃。”注云：“䲋，古孕字。”《玉篇·肉部》：“䲋，或孕字。”又《子部》：“孕，古文作䲋。”“乘”之古文作“椉”。通行本作“孕”，今帛书本作“绳”，然考上博竹简本亦作“孕”。由此知作“孕”“䲋”同为古文，作“乘”“绳”同为今文，荀爽作“乘”是取今文，郑玄、虞翻作“孕”是取古文。

“育”，“育”通“毓”。《象传》：“君子以振民育德。”王肃《周易注》作“君子以振民毓德”。《说文·月部》“《虞书》曰‘教育子’，毓、育或从每。”《周礼·地官·大司徒》：“以蕃鸟兽，以毓草木。”郑玄注：“毓音育。”《汉书·五行志中之下》：“孕毓根核。”颜师古注：“毓字与育同。”《汉书·叙传上》：“鸟鱼之毓。”颜师古注：“毓与育同。”《周礼·天官·大宰》：“二曰园圃毓草木。”《经典释文》:“毓,古育字。”魏了翁《周易要义》:“育,王肃作毓,古育字。”吕祖谦《古易音训》:“晁氏曰:‘案,毓,古文。’”通行本作“育”。若依《经典释文》,知作“毓”为古文,作“育”为今文,荀爽、郑玄、虞翻作“育”是取今文。

“凶”,虞翻作“凶”,作“凶”是取古文。参见讼卦卦辞辨。

“利”,虞翻作“利”,作“利”是取古文。参见乾卦卦辞辨。

“御”,虞翻作“御”,作“御”是取今文。参见蒙卦九爻辞辨。

“寇”,虞翻作“寇”,作“寇”是取今文。参见屯卦六二爻辞辨。

按,此条爻辞“妇孕不育”,通行本同。今帛书本作“妇绳不口”,上博竹简本作“妇孕而口”,多一“而”字,疑传抄者笔误,其文意基本相同。

六四,鸿渐于木,或得其桷,无咎。

马融《周易传》作“或得其桷”。

陆绩《周易述》作“鸿渐于木,或得其桷”。

虞翻《周易注》作“鸿渐于木,或得其桷,无咎”。

翟玄《周易义》作“或得其桷”。

“鸿”,陆绩、虞翻作“鸿”,作“鸿”是取今文。参见本卦初六爻辞辨。

“渐”,陆绩、虞翻作“渐”,作“渐”是取今文。参见本卦初六爻辞辨。

“于”,陆绩、虞翻作“于”,作“于”是取古文。参见坤卦上六爻辞辨。

“木”,陆绩、虞翻作“木”,作“木”是取古文。参见困卦初六爻辞辨。

"或",马融、陆绩、虞翻、翟玄作"或",作"或"是取古文。参见乾卦九四爻辞辨。

"得",马融、陆绩、虞翻、翟玄作"得",作"得"是取今文。参见坤卦六三爻辞辨。

"其",马融、陆绩、虞翻、翟玄作"其",作"其"是取今文。参见坤卦上六爻辞辨。

"桷","桷"通"榱"。《说文·木部》:"桷,榱,椽方曰桷。《春秋传》曰:'刻桓宫之桷。'"《尔雅·释宫》:"桷谓之榱。"《经典释文》引《字林》云:"周人名椽曰榱,齐鲁名榱曰桷。""桷"亦通"构"。《说文·木部》:"构,杜林以为椽桷字。"《集韵·觉韵》:"桷,或作构。"通行本作"桷",今帛书本作"寇","桷""寇"声近韵同,可以互借。《文选·七哀诗》:"豺虎方遘患。"李善注:"遘与构同,古字通也。"由此知作"桷""寇"同为今文,作"构"为古文,马融、陆绩、虞翻、翟玄作"桷"是取今文。

"无",虞翻作"无",作"无"是取今文。参见乾卦九三爻辞辨。

"咎",虞翻作"咎",作"咎"是取古文。参见乾卦九三爻辞辨。

按,此条爻辞"或得其桷",通行本同。今帛书本作"或直其寇𣪠",多一"𣪠"字,证之马融、陆绩、虞翻、翟玄皆作"或得其桷",疑今帛书本为别种《周易》文本,其文意也有别。

九五,鸿渐于陵,妇三岁不孕,终莫之胜,吉。

陆绩《周易述》作"鸿渐于陵"。

虞翻《周易注》作"鸿渐于陵,妇三岁不孕,终莫之胜,吉"。

"鸿",陆绩、虞翻作"鸿",作"鸿"是取今文。参见本卦初六爻辞辨。

"渐",陆绩、虞翻作"渐",作"渐"是取今文。参见本卦初六爻辞辨。

“于”，陆绩、虞翻作“于”，作“于”是取古文。参见坤卦上六爻辞辨。

“陵”，陆绩、虞翻作“陵”，作“陵”是取今文。参见同人卦九三爻辞辨。

“妇”，虞翻作“妇”，作“妇”是取古文。参见蒙卦九二爻辞辨。

“三”，虞翻作“三”，作“三”是取古文。参见蒙卦卦辞辨。

“岁”，虞翻作“岁”，作“岁”是取今文。参见同人卦九三爻辞辨。

“不”，虞翻作“不”，作“不”是取古文。参见坤卦六二爻辞辨。

“孕”，虞翻作“孕”，作“孕”是取古文。参见本卦九三爻辞辨。

“终”，虞翻作“终”，作“终”是取今文。参见乾卦九三爻辞辨。

“莫”，虞翻作“莫”，作“莫”是取古文。参见遯卦六二爻辞辨。

“之”，虞翻作“之”，作“之”是取古文。参见坤卦卦辞辨。

“胜”，虞翻作“胜”，作“胜”是取今文。参见遯卦六二爻辞辨。

“吉”，虞翻作“吉”，作“吉”是取古文。参见乾卦用九爻辞辨。

上九，鸿渐于陆，其羽可用为仪，吉。

虞翻《周易注》作“鸿渐于陆，其羽可用为仪，吉”。

“鸿”,虞翻作“鸿”,作“鸿”是取今文。参见本卦初六爻辞辨。

“渐”,虞翻作“渐”,作“渐”是取今文。参见本卦初六爻辞辨。

“于”,虞翻作“于”,作“于”是取古文。参见坤卦上六爻辞辨。

“陆”,虞翻作“陆”,作“陆”是取今文。参见夬卦九五爻辞辨。

“其”,虞翻作“其”,作“其”是取今文。参见坤卦上六爻辞辨。

“羽”,“羽”通“禹”。《春秋左氏传》:“徐子章羽。”《春秋公羊传》作“徐子章禹”。“羽”亦通“頨”。《论衡·骨相》:“孔子反羽。”《牟子理惑论》作“孔子反頨”。《说文·羽部》:“羽,鸟长毛也。”“羽”亦通“昱”。考商代金文“昱”字,多假借作“羽”。如《亚鱼鼎》:“隹王七祀羽日。”通行本、今帛书本皆作“羽”。由此知作“羽”为古文,虞翻作“羽”是取古文。

“可”,虞翻作“可”,作“可”是取古文。参见坤卦六三爻辞辨。

“用”,虞翻作“用”,作“用”是取古文。参见乾卦初九爻辞辨。

“为”,虞翻作“为”,作“为”是取古文。参见蒙卦上九爻辞辨。

“仪”,虞翻作“仪”,作“仪”是取今文。参见临卦六五爻辞辨。

“吉”,虞翻作“吉”,作“吉”是取古文。参见乾卦用九爻辞辨。

归妹䷵

归妹，征凶，无攸利。初九，归妹以娣，跛能履，征吉。九二，眇能视，利幽人之贞。六三，归妹以须，反归以娣。九四，归妹愆期，迟归有时。六五，帝乙归妹，其君之袂，不如其娣之袂良。月几望，吉。上六，女承筐，无实，士刲羊，无血，无攸利。

归妹，征凶，无攸利。

陆绩《周易述》作"归妹，征凶"。

虞翻《周易注》作"归妹，征凶，无攸利"。

"归"，陆绩、虞翻作"归"，作"归"是取古文。参见讼卦九二爻辞辨。

"妹"，虞翻作"妹"，作"妹"是取今文。参见泰卦九五爻辞辨。

"征"，虞翻作"征"，作"征"是取古文。参见小畜卦上九爻辞辨。

"凶"，虞翻作"凶"，作"凶"是取古文。参见讼卦卦辞辨。

"无"，虞翻作"无"，作"无"是取今文。参见乾卦九三爻辞辨。

"攸"，虞翻作"攸"，作"攸"是取古文。参见坤卦卦辞辨。

"利",虞翻作"利",作"利"是取古文。参见乾卦卦辞辨。

初九,归妹以娣,跛能履,征吉。

虞翻《周易注》作"归妹以娣,跛能履,征吉"。

"归",虞翻作"归",作"归"是取今文。参见讼卦九二爻辞辨。

"妹",虞翻作"妹",作"妹"是取今文。参见泰卦九五爻辞辨。

"以",虞翻作"以",作"以"是取今文。参见蒙卦初六爻辞辨。

"娣","娣"通"弟"。《春秋左氏传》庄公二十八年:"其娣生卓子。"《史记·晋世家》引作"骊姬弟生悼子"。今帛书本于此条爻辞"娣"字作"弟",于九三爻辞"娣"字又作"苐","娣"与"苐"皆从弟得声,可以互借。弟之古文作"𠂔"。知作"娣"、作"弟"同为今文,虞翻作"娣"是取今文。参见师卦六五爻辞辨。

"跛",虞翻作"跛",作"跛"是取今文。参见履卦六三爻辞辨。

"能",虞翻作"能",作"能"是取古文。参见履卦六三爻辞辨。

"履",虞翻作"履",作"履"是取今文。参见坤卦初六爻辞辨。

"征",虞翻作"征",作"征"是取古文。参见小畜卦上九爻辞辨。

"吉",虞翻作"吉",作"吉"是取古文。参见乾卦用九爻辞辨。

九二，眇能视，利幽人之贞。

子夏《易传》作“利幽人贞”。

虞翻《周易注》作“眇能视，利幽人之贞”。

“眇”，虞翻作“眇”，作“眇”是取今文。参见履卦六三爻辞辨。

“能”，虞翻作“能”，作“能”是取今文。参见履卦六三爻辞辨。

“视”，虞翻作“视”，作“视”是取古文。参见履卦六三爻辞辨。

“利”，子夏、虞翻作“利”，作“利”是取古文。参见乾卦卦辞辨。

“幽”，子夏、虞翻作“幽”，作“幽”是取古文。参见履卦九二爻辞辨。

“人”，子夏、虞翻作“人”，作“人”是取古文。参见乾卦九二爻辞辨。

“之”，子夏、虞翻作“之”，作“之”是取古文。参见坤卦卦辞辨。

“贞”，子夏、虞翻作“贞”，作“贞”是取古文。参见乾卦卦辞辨。

按，此条爻辞“幽人之贞”，通行本、阜阳汉墓本同。今帛书本作“幽人贞”，少一“之”字。证之子夏《易传》亦作“幽人贞”，知非为传抄者笔误，或为别种《周易》传本，其文意基本相同。

六三，归妹以须，反归以娣。

子夏《易传》作“归妹以嬬”。

孟喜《周易章句》作“归妹以嬬”。

京房《周易章句》作“归妹以嫥”。

荀爽《周易注》作“归妹以嬬”。

郑玄《周易注》作“归妹以须”。

陆绩《周易述》作“归妹以嬬”。

虞翻《周易注》作“归妹以须,反归以娣”。

“归”,子夏、孟喜、京房、荀爽、郑玄、陆绩、虞翻作“归”,作“归”是取今文。参见讼卦九二爻辞辨。

“妹”,子夏、孟喜、京房、荀爽、郑玄、陆绩、虞翻作“妹”,作“妹”是取今文。参见泰卦九五爻辞辨。

“以”,子夏、孟喜、京房、荀爽、郑玄、陆绩、虞翻作“以”,作“以”是取今文。参见蒙卦初六爻辞辨。

“须”,“须”通“鬚”。《庄子·渔夫》:“鬚眉交白。”《经典释文》:“须本亦作鬚。”“须”又通“嬬”“嫥”。《经典释文》:“荀、陆作嬬,陆云:‘妾也。’”吕祖谦《古易音训》:“晁氏曰:‘子夏、孟、京作嫥,媵之妾也,古文作须。一行云:须亦贱女也,天文有婺。’”通行本作“须”,今帛书本作“嬬”。若依晁注,知作“嬬”“嫥”同为今文,作“须”为古文,子夏、孟喜、京房作“嫥”,荀爽、陆绩作“嬬”是取今文,郑玄、虞翻作“须”是取古文。

“反”,虞翻作“反”,作“反”是取古文。参见小畜卦九二爻辞辨。

“娣”,虞翻作“娣”,作“娣”是取今文。参见师卦六五爻辞辨。

九四,归妹愆期,迟归有时。

马融《周易传》作“归妹愆期”。

陆绩《周易述》作“归妹愆期,迟归有时”。

虞翻《周易注》作“归妹愆期，迟归有时”。

王肃《周易注》作“归妹愆期”。

“归”，马融、陆绩、虞翻、王肃作“归”，作“归”是取今文。参见讼卦九二爻辞辨。

“妹”，马融、陆绩、虞翻、王肃作“妹”，作“妹”是取今文。参见泰卦九五爻辞辨。

“愆”，“愆”通“寋”。《文选·扶风歌》：“惟昔李寋期。”李善注：“《周易》曰：‘归妹愆期。’寋与愆通也。”“愆”亦通“衍”。通行本作“愆”，今帛书本作“衍”。“衍”“愆”古音同属僊韵，可以互借。《说文·辛部》：“辛，辠也。读如愆。”《广韵·僊韵》：“愆，过也。辛，古文。”《集韵·僊韵》：“愆，籀作𠍮。”《字汇补·人部》：“𠍮，古文愆字，见《集韵》。”由此知作“愆”为今文，作“辛”“𠍮”同为古文，马融、陆绩、虞翻、王肃作“愆”是取今文。参见渐卦六二爻辞辨。

“期”，“期”通“其”。《诗·小雅·頍弁》：“有頍者弁，实维何期。”《经典释文》：“期，本作其，音基。”《集韵·之韵》：“期，或作𣅀、𠀇。”又同韵：“其，古作丌、亓。”《说文·月部》：“期，会也。𣅀，古文期，从日、丌。”《玉篇·日部》：“𣅀，古文期。𣅻，亦古文期。”考《仪礼·士丧礼》：“度兹幽宅兆基。”郑玄注：“古文无兆，基作期。”通行本、今帛书本皆作“期”。若依《说文》《玉篇》，由此知作“𣅀”“𣅻”同为古文，作“期”为今文，马融、陆绩、虞翻、王肃作“期”是取今文。

“迟”，马融、陆绩、虞翻、王肃作“迟”，作“迟”是取今文。参见豫卦六三爻辞辨。

“有”，马融、陆绩、虞翻、王肃作“有”，作“有”是取今文。参见乾卦上九爻辞辨。

“时”,“时”通“之”。《彖传》:“天下随时。”王肃《周易注》、陆绩《周易述》“随时”作“随之”。朱震《汉上易传》引胡旦曰:“王肃本作‘随之’,篆字‘之’为‘㞢’,‘时’为‘旹’,转隶者增‘日’为‘时’。”《楚辞·九章·思美人》:“迁逡次而勿驱兮,聊假日以须旹。”洪兴祖《楚辞补注》:“旹,古时字。”《说文·日部》:“时,四时也。旹,古文时,从之、日。”《玉篇·日部》:“时,四时也。旹,古文时。”通行本、今帛书本皆作“时”。由此知作“时”为今文,作“旹”为古文,马融、陆绩、虞翻、王肃作“时”是取今文。

六五,帝乙归妹,其君之袂,不如其娣之袂良。月几望,吉。

荀爽《周易注》作“月既望”。

虞翻《周易注》作“帝乙归妹,其君之袂,不如其娣之袂良。月几望,吉”。

“帝”,虞翻作“帝”,作“帝”是取古文。参见泰卦六五爻辞辨。

“乙”,虞翻作“乙”,作“乙”是取古文。参见泰卦六五爻辞辨。

“归”,虞翻作“归”,作“归”是取今文。参见讼卦九二爻辞辨。

“妹”,虞翻作“妹”,作“妹”是取今文。参见泰卦六五爻辞辨。

“其”,虞翻作“其”,作“其”是取今文。参见坤卦上六爻辞辨。

“君”,虞翻作“君”,作“君”是取古文。参见乾卦九三爻辞辨。

“之”，虞翻作“之”，作“之”是取古文。参见坤卦卦辞辨。

“袂”，“袂”通“襼”。《文选·藉田赋》：“椅裳连襼。”李善注：“郭璞《方言注》曰：‘襼即袂字也。’”“襼”同“槸”。《玉篇·衣部》：“槸，袂也。”《集韵·祭韵》：“槸，《方言》：‘复襦谓之筩槸。’或作袂。”通行本作“袂”，今帛书本作“袂”，后“袂”字作“快”，知作“快”即“袂”之讹。由此知作“袂”为今文，虞翻作“袂”是取今文。作“快”为古文。参见艮卦六二爻辞辨。

“不”，虞翻作“不”，作“不”是取古文。参见坤卦六二爻辞辨。

“如”，虞翻作“如”，作“如”是取今文。参见屯卦六二爻辞辨。

“娣”，虞翻作“娣”，作“娣”是取今文。参见本卦初九爻辞辨。

“良”，虞翻作“良”，作“良”是取古文。参见大畜卦九三爻辞辨。

“月”，荀爽、虞翻作“月”，作“月”是取古文。参见小畜卦上九爻辞辨。

“几”，荀爽作“既”，虞翻作“几”，作“几”“既”是同取古文。参见屯卦六三爻辞辨。

“望”，荀爽、虞翻作“望”，作“望”是取今文。参见小畜卦上九爻辞辨。

“吉”，虞翻作“吉”，作“吉”是取古文。参见乾卦用九爻辞辨。

按，此条爻辞“月几望”，通行本同。今帛书本作“日月既望”，多一“日”字，证之今帛书本小畜卦上九爻辞“月几望”、中孚卦六四爻辞“月既望”，又证之荀爽、虞翻皆作“月几望”，可证今帛书本此条爻之“日”字应为衍文，其文意基本相同。

上六，女承筐，无实，士刲羊，无血，无攸利。

子夏《易传》作“士刲羊无血”。

马融《周易传》作“士刲羊无血”。

郑玄《周易注》作“女承筐无实”。

虞翻《周易注》作“女承筐无实，士刲羊无血，无攸利”。

“女”，郑玄、虞翻作“女”，作“女”是取古文。参见屯卦六二爻辞辨。

“承”，郑玄、虞翻作“承”作“承”是取今文。参见师卦上六爻辞辨。

“筐”，“匡”通“筐”。《庄子·齐物论》：“与王同筐床。”《经典释文》：“筐，本亦作匡。”《淮南子·诠言训》：“心有忧者，筐床衽席，弗能安也。”《淮南子·主术训》作“匡床蒻席，非不宁也”。郑玄《周易注》作“匡”，虞翻《周易注》作“筐”，是其明证。《说文·匚部》：“匩，饭器。筐，匩或从竹。”《说文长笺》“匩”为“匡”之本字。通行本、今帛书本皆作“筐”。由此知作“筐”“匡”同为今文，作“匩”为古文，郑玄、虞翻作“筐”是取今文。

“无”，子夏、马融、郑玄、虞翻作“无”，作“无”是取古文。参见乾卦九三爻辞辨。

“实”，郑玄、虞翻作“实”，作“实”是取古文。参见颐卦卦辞辨。

“士”，子夏、马融、虞翻作“士”，作“士”是取古文。参见大过九五爻辞辨。

“刲”，“刲”通“刲”。《玉篇·刀部》：“刲”同“刲”。《集韵·齐韵》:“刲,或作挂、刲。”通行本、今帛书本皆作“刲”,知作“刲”为今文,子夏、马融、虞翻作“刲”是取今文。

“羊”,子夏、马融、虞翻作“羊”,作“羊”是取古文。参见大壮卦九三爻辞辨。

“血”,子夏、马融、虞翻作“血”,作“血”是取古文。参见乾卦上九爻辞辨。

“攸”,虞翻作“攸”,作“攸”是取古文。参见坤卦卦辞辨。

“利”,虞翻作“利”,作“利”是取古文。参见乾卦卦辞辨。

丰䷶

丰，亨，王假之，勿忧，宜日中。初九，遇其配主，虽旬无咎，往有尚。六二，丰其蔀，日中见斗，往得疑疾，有孚发若，吉。九三，丰其沛，日中见沬，折其右肱，无咎。九四，丰其蔀，日中见斗，遇其夷主，吉。六五，来章，有庆誉，吉。上六，丰其屋，蔀其家，窥其户，阒其无人，三岁不觌，凶。

丰，亨，王假之，勿忧，宜日中。

马融《周易传》作“王假之”。

虞翻《周易注》作“丰，亨，王假之，勿忧，宜日中”。

干宝《周易注》作“勿忧，宜日中”。

九家《周易集注》作“勿忧，宜日中”。

“丰”，“丰”通“逢”。《史记·天官书》：“五谷逢昌。”《淮南子·天文训》作“五谷丰昌”。《经典释文》：“依字作丰。今并三直画犹是变体，若曲下作豆，礼字耳，非也。世人乱之久也。《彖》及《序卦》皆云大也。案，丰是腆厚光大之义，郑云：‘丰之言腆，充满意也。’”通行本作“丰”，今帛书本作“豊”。《说文·豆部》：“丰，豆之丰满者也。豐，古文丰。”《玉篇·丰部》：“丰，大也。俗作豊。豐，古文。”又《豊部》云：“豊，行礼之器也。”《集韵·东韵》:"丰,古作豊。"然考上博竹简本于本卦九三、九四、上六爻辞皆作"丰",又考郭店楚墓竹简本《尊德义》:"豊不隶于小人。"《成之闻之》:"君子不人于豊。"释文"豊"字皆作"礼",是"豊"为"礼"之古文。由此知作"丰""豊""豊"同为古文,虞翻作"丰"是取古文。

"亨",虞翻作"亨",作"亨"是取今文。参见乾卦卦辞辨。

"王",马融、虞翻作"王",作"王"是取古文。参见坤卦六三爻辞辨。

"假",马融、虞翻作"假",作"假"是取今文。参见家人卦九五爻辞辨。

"之",马融、虞翻作"之",作"之"是取古文。参见坤卦卦辞辨。

"勿",虞翻、干宝、九家作"勿",作"勿"是取古文。参见乾卦初九爻辞辨。

"忧",虞翻、干宝、九家作"忧",作"忧"是取今文。参见临卦六三爻辞辨。

"宜",虞翻、干宝、九家作"宜",作"宜"是取古文。参见临卦六四爻辞辨。

"日",虞翻、干宝、九家作"日",作"日"是取古文。参见乾卦九三爻辞辨。

"中",虞翻、干宝、九家作"中",作"中"是取古文。参见屯卦六三爻辞辨。

初九,遇其配主,虽旬无咎,往有尚。

孟喜《周易章句》作"遇其配主"。

荀爽《周易注》作"虽均无咎"。

郑玄《周易注》作“遇其妃主,虽旬无咎”。

虞翻《周易注》作“遇其配主,虽旬无咎,往有尚”。

王肃《周易注》作“虽旬无咎”。

“遇”,孟喜、郑玄、虞翻作“遇”,作“遇”是取古文。参见同人九五爻辞辨。

“其”,孟喜、郑玄、虞翻作“其”,作“其”是取今文。参见坤卦上六爻辞辨。

“配”,“配”通“妃”。《诗·大雅·皇矣》:“天立厥配。”《经典释文》:“配,本亦作妃。”《玉篇·女部》:“妃,《说文》匹也。又音配。”清人席世昌《读说文记》卷十四:“古妃、配本同声也,重读如今之配,轻读即如今之妃,无二音也。又按,古书多以妃作配,后代妃字既专为后妃之妃,常人妃合字不便通用,转借配字当之。”“配”“妃”亦通“肥”。《仪礼·少牢馈食礼》:“以某妃配某氏。”武威汉简本《少牢》作“以其肥肥某氏”。通行本作“配”,今帛书本作“肥”。《集韵·微韵》:“妃,或作婓。”“肥”即“婓”字之省。吕祖谦《古易音训》:“晁氏曰:‘案,妃,古文配字。’”由此知作“配”为今文,作“妃”“肥”同为古文,孟喜、虞翻作“配”是取今文,郑玄作“妃”是取古文。参见咸卦九二爻辞辨。

“主”,孟喜、郑玄、虞翻作“主”,作“主”是取今文。参见坤卦卦辞辨。

“虽”,“虽”通“唯”。《礼记·表记》:“唯天子受命于天。”郑玄注:“唯当为虽。”《荀子·性恶》:“然则唯禹不知仁义法正。”杨倞注:“只读为虽。”吕祖谦《古易音训》:“晁氏曰:‘观辞意当作惟,古文本作惟,读《易》者失之。’”通行本作“虽”,今帛书本作“唯”,“唯”通“惟”,晁氏说至确。《集韵·脂韵》:“虽,一曰不定，一曰况辞。古作帷。"若依《集韵》，知作"虽""唯"同为今文，作"帷"为古文，荀爽、郑玄、虞翻、王肃作"虽"是取今文。参见屯卦六三爻辞辨。

"旬"，"旬"通"均"。《管子·侈靡》："旬身行，法制度量，王者典器也。"尹知章注："旬，均也。"《礼记·内则》："由命士以上，及大夫之子，旬而见。"郑玄注："旬，当为均声之误也。"又《周礼·地官·均人》："丰年则公旬用三日。"郑玄注："旬，均也。读如'畇畇原隰'之畇。《易》'坤为均'，今书亦有作'旬'者。"《说文·勹部》："旬，徧也。眴，古文。"《玉篇·勹部》："旬，徧也，均也。眴，古文。"吕祖谦《古易音训》："晁氏曰：'旬，古文均字。'""旬"或为"眴"之省。通行本、今帛书本皆作"旬"。由此知作"旬""眴"同为古文，作"均"为今文，荀爽作"均"是取今文，郑玄、虞翻、王肃作"旬"是取古文。

"无"，荀爽、郑玄、虞翻、王肃作"无"，作"无"是取古文。参见乾卦九三爻辞辨。

"咎"，荀爽、郑玄、虞翻、王肃作"咎"，作"咎"是取古文。参见乾卦九三爻辞辨。

"往"，虞翻作"往"，作"往"是取今文。参见坤卦卦辞辨。

"有"，虞翻作"有"，作"有"是取今文。参见乾卦上九爻辞辨。

"尚"，虞翻作"尚"，作"尚"是取今文。参见乾卦上九爻辞辨。

六二，丰其蔀，日中见斗，往得疑疾，有孚发若，吉。

孟喜《周易章句》作"日中见主"。

郑玄《周易注》作"丰其菩"。

虞翻《周易注》作“丰其蔀，日中见斗，往得疑疾，有孚发若，吉”。

王廙《周易注》作“丰其蔀”。

“丰”，郑玄、虞翻、王廙作“丰”，作“丰”是取古文。参见本卦卦辞辨。

“其”，郑玄、虞翻、王廙作“其”，作“其”是取今文。参见坤卦上六爻辞辨。

“蔀”，“蔀”通“菩”。《经典释文》：“蔀，音部。郑、薛作菩。”“菩”通“倍”。《集韵·海韵》：“菩，《说文》：‘艹也。’或作蓓。”《穆天子传》卷二：“茅、蓓、蒹、葽。”郭璞注：“蓓，今菩字，音倍。”郭璞以“蓓”为古文，以“菩”为今文，不确。吕祖谦《古易音训》：“晁氏曰：‘案，菩，古文蔀字。’”《字汇补·刀部》：“剖，古剖字。”《齐民要术·种穀》：“二月上旬及麻菩杨生种者为上时。”原注：“菩，音倍、音勃。”通行本作“蔀”，今帛书本作“剖”，“剖”“蔀”“菩”古音同属厚韵，可以互借。若依吕祖谦《古易音训》，知作“蔀”“剖”同为今文，作“菩”“剖”同为古文，郑玄作“菩”是取古文，虞翻、王廙作“蔀”是取今文。

“日”，孟喜、虞翻作“日”，“日”是取古文。参见乾卦九三爻辞辨。

“中”，孟喜、虞翻作“中”，作“中”是取古文。参见屯卦六三爻辞辨。

“见”，孟喜、虞翻作“见”，作“见”为是取古文。参见乾卦九二爻辞辨。

“斗”，“斗”通“主”。《周礼·春官·鬯人》：“大丧之大渳设斗彼。”《经典释文》：“斗音主。”吕祖谦《古易音训》：“晁氏曰：‘案，主，古文斗字。’”不确。《字汇补·斤部》：“斤，古文斗字。”通行本、今帛书本皆作“斗”。由此知作“斤”为古文，作“斗”“主”同为今文，孟喜作“主”，虞翻作“斗”是取今文。参见坤卦卦辞辨。

“往”，虞翻作“往”，作“往”是取今文。参见坤卦卦辞辨。

“得”，虞翻作“得”，作“得”是取今文。参见坤卦卦辞辨。

“疑”，虞翻作“疑”，作“疑”是取今文。参见豫卦九四爻辞辨。

“疾”，虞翻作“疾”，作“疾”是取古文。参见豫卦六五爻辞辨。

“有”，虞翻作“有”，作“有”是取今文。参见乾卦上九爻辞辨。

“孚”，虞翻作“孚”，作“孚”是取古文。参见需卦卦辞辨。

“发”，虞翻作“发”，作“发”是取今文。参见蒙卦初六爻辞辨。

“若”，虞翻作“若”，作“若”是取古文。参见乾卦九三爻辞辨。

“吉”，虞翻作“吉”，作“吉”是取古文。参见乾卦用九爻辞辨。

按，此条爻辞“往得疑疾”，通行本同。今帛书本作“往得疑”，少一“疾”字，疑为传抄者笔误。又“有孚发若，吉”，今帛书本作“有复洫若”，少一“吉”字，亦疑传抄者笔误，其文意基本相同。

九三，丰其沛，日中见沬，折其右肱。无咎。

子夏《易传》作“丰其芾，日中见昧”。

郑玄《周易注》作“丰其芾，日中见昧，折其右肱”。

虞翻《周易注》作“丰其沛，日中见沬，折其右肱，无咎”。

王肃《周易注》作“丰其沛，日中见沬”。

姚信《周易注》作“丰其沛，折其右股”。

王廙《周易注》作“丰其沛”。

干宝《周易注》作“丰其芾”。

九家《周易集注》作“丰其沛，日中见沬”。

“丰”，子夏、郑玄、虞翻、王肃、姚信、王廙、干宝、九家作“丰”，作“丰”是取古文。参见本卦卦辞辨。

“其”，子夏、郑玄、虞翻、王肃、姚信、王廙、干宝、九家作“其”，作“其”是取今文。参见坤卦上六爻辞辨。

“沛”，“沛”通“芾”。《经典释文》：“沛，本或作旆，谓幡幔也。姚云：‘滂沛也。’子夏作芾。”《说文·方部》：“旆，继旐之旗也，沛然而垂。”“沛”“旆”“芾”古音同属太韵，皆从巿声，可以互借。“旆”亦通“末”。《仪礼·士丧礼》：“书铭于末曰：‘某氏某之柩。’”郑玄注：“今文铭皆为名，末为旆也。”郑玄以“旆”为今文，以“末”为古文。“芾”通“韨”。《说文·巿部》：“巿，韠也。上古衣蔽前而已，巿以象之。天子朱巿，诸侯赤巿。韨，篆文巿，从韦，从犮。俗作绂。”段玉裁注：“此（韨）为篆文，则知巿为古文也。芾与沛，盖本用古文作巿。”通行本作“沛”，今帛书本作“薠”。“薠”“沛”古音可通。然考上博竹简本作“芾”。由此知作“沛”“薠”同为今文，作“芾”“巿”同为古文，子夏、郑玄、干宝作“芾”是取古文，虞翻、王肃、姚信、王廙、九家作“沛”是取今文。

“日”，子夏、郑玄、虞翻、王肃、姚信、王廙、干宝、九家作“日”，作“日”是取古文。参见乾卦九三爻辞辨。

“中”，子夏、郑玄、虞翻、王肃、姚信、王廙、干宝、九家作

“中”,作“中”是取古文。参见屯卦六三爻辞辨。

“见”,子夏、郑玄、虞翻、王肃、姚信、王廙、干宝、九家作“见”,作“见”是取古文。参见乾卦九二爻辞辨。

“沬”,“沬”通“昧”。《经典释文》:“沬,微昧之光也。《字林》作昧。”《汉书·五行志下之下》引《易》作:“日中见昧”。《说文·水部》:“沬,洒面也。湏,古文沬从页。”考《汉书·司马迁传》:“沬血饮血。”颜师古注:“沬,古頮字,洒面也。”《汉书·礼乐志二》:“沬流赭。”晋灼曰;“沬,古靧也。”《集韵·队韵》:“沬,古作湏,或作靧、頮。”“昧”之古文作“昢”。《集韵·队韵》:“昧,古作昢。”通行本作“沬”,今帛书本作“茉”,上博竹简本作“芾”。《字汇补·艸部》:“芾,音满。”“茉”“芾”皆与“沬”声近互借。若依《说文》、《集韵》、上博竹简本,知作“沬”“昧”同为今文,作“湏”“芾”“昢”同为古文,子夏、马融、郑玄作“昧”,虞翻、王肃、九家作“沬”是同取今文。

“折”,郑玄、虞翻、姚信作“折”,作“折”是取古文。离卦上九爻辞辨。

“右”,郑玄、虞翻、姚信作“右”,作“右”是取古文。参见大有卦上九爻辞辨。

“肱”,“肱”通“股”。《说文·又部》:“厷,臂上也。从又,从古文厷。厶,古文厷。肱,厷或从肉。”古书“股肱”二字往往连言通用。“肱”亦通“弓”。《春秋左氏传》昭公三十一年:“冬,黑肱以滥来奔晋。”《春秋公羊传》“黑肱”作“黑弓”。又《仪礼·乡射礼》:“侯道五十弓,弓二寸以为侯中。”郑玄注:“今文改弓为肱。”通行本作“肱”,今帛书本作“弓”,上博竹简本作“拡”,知“拡”亦可与“肱”通假。若依郑玄注,知作“弓”“拡”同为古文,作“肱”“股”同为今文,郑玄、虞翻作“肱”,姚信作“股”

是同取今文。

“无”，虞翻作“无”，作“无”是取古文。参见乾卦九三爻辞辨。

“咎”，虞翻作“咎”，作“咎”是取古文。参见乾卦九三爻辞辨。

按，此条爻辞“无咎”，通行本、今帛书本同。上博竹简本作“亡咎”，证之《汉书·五行志》刘歆引《易》亦作“亡咎”，可知当时确有古文《周易》的传本，其文意基本相同。

九四，丰其蔀，日中见斗，遇其夷主，吉。

马融《周易传》作“丰其蔀，日中见昧”。

虞翻《周易注》作“丰其蔀，日中见斗，遇其夷主，吉”。

“丰”，马融、虞翻作“丰”，作“丰”是取古文。参见本卦卦辞辨。

“其”，马融、虞翻作“其”，作“其”是取今文。参见坤卦上六爻辞辨。

“蔀”，马融、虞翻作“蔀”，作“蔀”是取今文。参见本卦六二爻辞辨。

“日”，马融、虞翻作“日”，作“日”是取古文。参见乾卦九三爻辞辨。

“中”，马融、虞翻作“中”，作“中”是取古文。参见屯卦六三爻辞辨。

“见”，马融、虞翻作“见”，作“见”是取古文。参见乾卦九二爻辞辨。

“斗”，马融作“昧”，虞翻作“斗”，作“昧”“斗”是同取今文。参见坤卦卦辞辨、本卦九三爻辞辨。

"遇",虞翻作"遇",作"遇"是取古文。参见同人九五爻辞辨。

"夷",虞翻作"夷",作"夷"是取今文。参见明夷卦初九爻辞辨。

"主",虞翻作"主",作"主"是取今文。参见坤卦卦辞辨。

"吉",虞翻作"吉",作"吉"是取古文。参见乾卦用九爻辞辨。

六五,来章,有庆誉,吉。

虞翻《周易注》作"来章,有庆誉,吉"。

"来",虞翻作"来",作"来"是取今文。参见需卦上六爻辞辨。

"章",虞翻作"章",作"章"是取古文。参见坤卦六三爻辞辨。

"有",虞翻作"有",作"有"是取今文。参见乾卦上九爻辞辨。

"庆","庆"通"卿"。《史记·天官书》:"若烟非烟,若云非云,郁郁纷纷,萧索轮囷,是谓卿云。"张守节《正义》:"卿,音庆。"《汉书·天文志》"卿云"作"庆云"。卫湜《礼记集说》卷一百十六云:"古者庆、卿同音,其字同用,故庆云谓之卿云。"《正字通·心部》:"慶,古文庆字。"《字汇补·心部》:"𢜽,古文庆字。见《集韵》。"通行本、今帛书本皆作"庆",然考上博竹简本亦作"庆"。由此知作"庆""慶""𢜽"同为古文,作"卿"亦为古文,虞翻作"庆"是取古文。参见乾卦卦辞辨。

"誉",虞翻作"誉",作"誉"是取古文。参见坤卦六四爻辞辨。

“吉”，虞翻作“吉”，作“吉”是取古文。参见乾卦用九爻辞辨。

上六，丰其屋，蔀其家，窥其户，阒其无人，三岁不觌，凶。

孟喜《周易章句》作“豐其屋，窒其无人”。

马融《周易传》作“阒其无人”。

郑玄《周易注》作“阒其无人”。

陆绩《周易述》作“丰其屋，蔀其家，窥其户，阒其无人，三岁不觌，凶”。

虞翻《周易注》作“丰其屋，蔀其家，窥其户，阒其无人，三岁不觌，凶”。

姚信《周易注》作“阋其无人”。

干宝《周易注》作“丰其屋，蔀其家，窥其户，阒其无人，三岁不觌，凶”。

“丰”，孟喜作“豐”，陆绩、虞翻、干宝作“丰”，作“丰”是取古文，作“豐”是取今文。参见本卦卦辞辨。

“其”，孟喜、马融、郑玄、陆绩、虞翻、姚信、干宝作“其”，作“其”是取今文。参见坤卦上六爻辞辨。

“屋”，孟喜、陆绩、虞翻、干宝作“屋”，作“屋”是取今文。参见萃卦初六爻辞辨。

“蔀”，陆绩、虞翻、干宝作“蔀”，作“蔀”是取今文。参见本卦六二爻辞辨。

“家”，陆绩、虞翻、干宝作“家”，作“家”是取今文。参见蒙卦九二爻辞辨。

“窥”,陆绩、虞翻、干宝作“窥”,作“窥”是取今文。参见观卦六二爻辞辨。

“户”,陆绩、虞翻、干宝作“户”,作“户”是取古文。参见讼卦九二爻辞辨。

“阒”,“阒”通“窒”“阋”。《经典释文》:“马融、郑云:‘无人貌。’《字林》云:‘静也。’姚作阋,孟作窒,并通。”通行本作“阒”,今帛书本作“哭”,上博竹简本作“歖”。于豪亮《帛书〈周易〉》认为“哭”即“瞁”的异体字,又认为“哭即狊,以声近假为阒”。《玉篇·目部》:“瞁,惊视也。”又《犬部》:“狊,犬视也。”《集韵·昔韵》“瞁,惊视皃。或作规”,又“狊,夫视也”。《锡韵》:“瞁,视也。或作眢。”又“狊,犬视”,濮茅左读“歖”为“宎”,《说文·穴部》隶作“宎”,“宎”与“阒”声近,故与“阒”亦通。若依上博竹简本,知作“阒”为今文,作“歖”为古文,孟喜作“窒”是取古文,马融、郑玄、陆绩、虞翻、干宝作“阒”,姚信作“阋”是取今文。

“无”,孟喜、马融、郑玄、陆绩、虞翻、姚信、干宝作“无”,作“无”是取古文。参见乾卦九三爻辞辨。

“人”,孟喜、马融、郑玄、陆绩、虞翻、姚信、干宝作“人”,作“人”是取古文。参见乾卦九二爻辞辨。

“三”,陆绩、虞翻、干宝作“三”,作“三”是取古文。参见蒙卦卦辞辨。

“岁”,陆绩、虞翻、干宝作“岁”,作“岁”是取今文。参见同人卦九三爻辞辨。

“不”,陆绩、虞翻、干宝作“不”,作“不”是取古文。参见坤卦六二爻辞辨。

“觌”,陆绩、虞翻、干宝作“觌”,作“觌”是取古文。参见困卦初六爻辞辨。

“凶”，陆绩、虞翻、干宝作“凶”，作“凶”是取古文。参见讼卦卦辞辨。

旅䷷

旅，小亨，旅贞吉。初六，旅琐琐，斯其所取灾。六二，旅即次，怀其资，得童仆贞。九三，旅焚其次，丧其童仆，贞厉。九四，旅于处，得其资斧，我心不快。六五，射雉，一矢亡，终以誉命。上九，鸟焚其巢，旅人先笑后号咷；丧牛于易，凶。

旅，小亨，旅贞吉。

虞翻《周易注》作"旅，小亨，旅贞吉"。

"旅"，"旅"通"鲁"。《史记·周本纪》："周公受禾东土，鲁天子之命。"裴骃《集解》引徐广曰："《尚书序》云'旅天子之命。'"《说文·㫃部》："𣄼，古文旅。古文以为鲁、卫之鲁。"《集韵·语韵》："旅，古作鲁、𣄼。"又《姥韵》："鲁，古作𣄼。""旅"亦同"胪"。《汉书·叙传》："大夫胪岱。"颜师古注："旅，陈也，胪亦陈也。胪、旅声相近，其义一耳。"考《仪礼·士冠礼》："旅占卒进告吉。"郑玄注："旅，众也。古旅作胪。"《玉篇·止部》："𣄼，古文旅。"又《㫃部》："旅，众也。㫂，古文。"通行本、今帛书本皆作"旅"，上博竹简本作"遊"，"遊"通"旅"。由此知作"旅"为今文，作"遊""𣄼""胪""㫂"同为古文，虞翻作"旅"是取今文。

“小”，虞翻作“小”，作“小”是取古文。参见需卦九二爻辞辨。

“亨”，虞翻作“亨”，作“亨”是取今文。参见乾卦卦辞辨。

“贞”，虞翻作“贞”，作“贞”是取古文。参见乾卦卦辞辨。

“吉”，虞翻作“吉”，作“吉”是取古文。参见乾卦用九爻辞辨。

初六，旅琐琐，斯其所取灾。

马融《周易传》作“旅琐琐”。

郑玄《周易注》作“旅琐琐，斯其所取灾”。

陆绩《周易述》作“旅琐琐，斯其所取灾”。

王肃《周易注》作“旅琐琐”。

“旅”，马融、郑玄、陆绩、王肃作“旅”，作“旅”是取今文。参见本卦卦辞辨。

“琐”，“琐”通“璅”。《经典释文》：“琐，或作璅字者，非也。郑云琐琐，小也。马云疲弊貌。王肃云细小貌。”《文选·东京赋》：“既璅璅焉。”注：“璅璅，小也。”《集韵·果韵》：“琐，或作璅。”“琐”通“貨”。《说文·贝部》：“貨，贝声也。从小、贝。”段玉裁注：“貨，引申为细碎之称。今俗琐屑字当作此，琐行而貨废矣。”邵瑛《群经正字》：“貨，为貨细之貨。今经典统用琐字。正字当作貨，但今废貨字不用，衹用琐字耳。”通行本、今帛书本皆作“琐”，上博竹简本作“羸”，“羸”“琐”古音可通。由此知作“琐”为今文，作“貨”“羸”同为古文，马融、郑玄、陆绩、王肃作“琐”是取今文。

“斯”，郑玄、陆绩作“斯”，作“斯”为是取今文。参见解卦九四爻辞辨。

“其”，郑玄、陆绩作“其”，作“其”是取今文。参见坤卦上六爻辞辨。

“所”，郑玄、陆绩作“所”，作“所”是取古文。参见讼卦初六爻辞辨。

“取”，郑玄、陆绩作“取”，作“取”是取古文。参见蒙卦六三爻辞辨。

“灾”，郑玄、陆绩作“灾”，作“灾”是取今文。参见复卦上六爻辞辨。

六二，旅即次，怀其资，得童仆贞。

九家《周易集注》作“旅即次，怀其资，得童仆贞”。

“旅”，九家作“旅”，作“旅”是取今文。参见本卦卦辞辨。

“即”，九家作“即”，作“即”是取古文。参见屯卦六三爻辞辨。

“次”，九家作“次”，作“次”是取今文。参见师卦六四爻辞辨。

“怀”，“怀”通“褱”。《尚书·尧典》：“荡荡怀山襄陵。”《汉书·地理志》引作“褱山襄陵”。颜师古注：“褱字，与古怀字同。”《说文·心部》：“怀，念思也。从心，褱声。”“怀”亦通“坏”。《荀子·礼论》：“诸侯不敢坏。”《史记·礼书》引作“诸侯不敢怀”。通行本作“怀”，今帛书本作“坏”，上博竹简本作“褱”。由此知作“怀”“坏”为今文，作“褱”为古文，九家作“怀”是取今文。

“其”，九家作“其”，作“其”是取今文。参见坤卦上六爻辞辨。

“资”，“资”通“齐”。《经典释文》：“《子夏传》及众家并作齐斧。张轨云：‘齐斧，盖黄銊斧也。’张晏云：‘整齐也。’应劭云：‘齐，利也。’虞喜《志林》云：‘齐，当作斋，斋戒入庙而受斧。’下卦同。”《礼记·缁衣》作“民惟曰怨资”。《仪礼·少牢馈食礼》：“资黍于羊俎两端。”郑玄注：“今文资作赍。”《周礼·天官·典枲》：“以待时颁功而授赍。”郑玄注：“故书赍作资。”《汉书·王莽传》卷下引《易》“此经所谓丧其齐斧者也”。颜师古注：“此《易》巽卦上九爻辞。”《玉篇·二部》：“齐，整也。亝，古文齐。”通行本作“资”，今帛书本作“茨”，上博竹简本作“次”，古音“资”“茨”“次”可以通假。若依郑玄注，知作“茨”“赍”为今文，作“资”，“次”同为古文，九家作“资”是取古文。参见萃卦上六爻辞辨。

“得”，九家作“得”，作“得”是取今文。参见坤卦卦辞辨。

“童”，九家作“童”，作“童”是取今文。参见蒙卦卦辞辨。

“仆”，九家作“仆”，作“仆”是取今文。参见遯卦九三爻辞辨。

“贞”，九家作“贞”，作“贞”是取古文。参见乾卦卦辞辨。

按，此条爻辞“旅即次”，通行本、今帛书本、上博竹简本同。阜阳汉墓本作“旅即其次”，多一“其”字。“得童仆贞”，通行本、今帛书本同。上博竹简本作“旻僮僕之贞”，多一“之”字，疑皆为传抄者笔误，其文意基本相同。

九三，旅焚其次，丧其童仆，贞厉。

虞翻《周易注》作“旅焚其次，丧其童仆，贞厉”。

“旅”，虞翻作“旅”，作“旅”是取今文。参见本卦卦辞辨。

“焚”，虞翻作“焚”，作“焚”是取今文。参见离卦九四爻辞辨。

“其”，虞翻作“其”，作“其”是取今文。参见坤卦上六爻辞辨。

“次”，虞翻作“次”，作“次”是取今文。参见师卦六四爻辞辨。

“丧”，虞翻作“丧”，作“丧”是取古文。参见坤卦卦辞辨。

“童”，虞翻作“童”，作“童”是取今文。参见蒙卦卦辞辨。

“仆”，虞翻作“仆”，作“仆”是取今文。参见遯卦九三爻辞辨。

“贞”，虞翻作“贞”，作“贞”是取古文。参见乾卦卦辞辨。

“厉”，虞翻作“厉”，作“厉”是取今文。参见乾卦九三爻辞辨。

九四，旅于处，得其资斧，我心不快。

子夏《易传》作“得其齐斧”。

虞翻《周易注》作“旅于处，得其资斧，我心不快”。

“旅”，虞翻作“旅”，作“旅”是取今文。参见本卦卦辞辨。

“于”，虞翻作“于”，作“于”是取古文。参见坤卦上六爻辞辨。

“处”，虞翻作“处”，作“处”是取古文。参见屯卦初初九爻辞辨。

“得”，子夏、虞翻作“得”，作“得”是取今文。参见坤卦卦辞辨。

“其”，子夏、虞翻作“其”，作“其”是取今文。参见坤卦上六爻辞辨。

“资”，子夏作“齐”，虞翻作“资”，作“资”是取古文，作“齐”是取今文。参见本卦六二爻辞辨、萃卦上六爻辞辨。

“斧”,“斧”通“补”。银雀山汉墓竹简本《孙膑兵法·见威王》:“神戎战斧遂。”《战国策·秦策一》作“神农伐补遂”。高诱注:“补遂,国名也。”刘熙《释名·释用器》:“斧,甫也。甫,始也。”《仪礼·士冠礼》:“章甫,殷道也。”郑玄注:“甫,或为父,今文为斧。”通行本、今帛书本皆作“斧”。由此知作“斧”为今文,作“父”“甫”同为古文,子夏、虞翻作“斧”是取今文。

“我”,虞翻作“我”,作“我”是取古文。参见蒙卦卦辞辨。

“心”,虞翻作“心”,作“心”是取古文。参见坎卦卦辞辨。

“不”,虞翻作“不”,作“不”是取古文。参见坤卦六二爻辞辨。

“快”,虞翻作“快”,作“快”是取古文。参见艮卦六二爻辞辨。

六五,射雉,一矢亡,终以誉命。

虞翻《周易注》作“射雉,一矢亡,终以誉命”。

干宝《周易注》作“射雉,一矢亡,终以誉命”。

“射”,虞翻、干宝作“射”,作“射”是取今文。参见解卦上六爻辞辨。

“雉”,虞翻、干宝作“雉”,作“雉”是取今文。参见鼎卦九三爻辞辨。

“一”,虞翻、干宝作“一”,作“一”是取古文。参见睽卦上九爻辞辨。

“矢”,虞翻、干宝作“矢”,作“矢”是取今文。参见噬嗑九四爻辞辨。

“亡”,虞翻、干宝作“亡”,作“亡”是取古文。参见乾卦九三爻辞辨。

"终",虞翻、干宝作"终",作"终"是取今文。参见乾卦九三爻辞辨。

"以",虞翻、干宝作"以",作"以"是取今文。参见蒙卦初六爻辞辨。

"誉",虞翻、干宝作"誉",作"誉"是取古文。参见坤卦六四爻辞辨。

"命",虞翻、干宝作"命",作"命"是取古文。参见讼卦九四爻辞辨。

上九,鸟焚其巢,旅人先笑后号咷,丧牛于易,凶。

虞翻《周易注》作"鸟焚其巢,旅人先笑后号咷,丧牛于易,凶"。

王肃《周易注》作"丧牛于易,凶"。

"鸟","鸟"通"岛"。《尚书·禹贡》:"岛夷皮服。"《史记·夏本纪》《汉书·地理志》"岛夷"并引作"鸟夷"。《集韵·晧韵》:"島,古作鸟。"通行本、今帛书本皆作"鸟"。由此知作"鸟"为古文,作"岛"为今文,虞翻作"鸟"是取古文。

"焚",虞翻作"焚",作"焚"是取今文。参见离卦九四爻辞辨。

"其",虞翻作"其",作"其"是取今文。参见坤卦上六爻辞辨。

"巢","剿"通"樔"。《礼记·礼运》:"夏则财橧巢。"《经典释文》"巢"作"樔",并云:"本又作巢。"《说文·巢部》:"巢,鸟在木上曰巢,在穴曰窠。"《字汇·巛部》:"巢,古巢字。"通行本、今帛书本皆作"巢"。由此知作"巢"为今文,作"巢"为古文,虞翻作"巢"是取今文。

“旅”,虞翻作“旅”,作“旅”是取今文。参见本卦卦辞辨。

“人”,虞翻作“人”,作“人”是取古文。参见乾卦九二爻辞辨。

“先”,虞翻作“先”,作“先”是取古文。参见坤卦卦辞辨。

“笑”,虞翻作“笑”,作“笑”是取今文。参见同人卦九五爻辞辨。

“后”,虞翻作“后”,作“后”是取今文。参见坤卦卦辞辨。

“号”,虞翻作“号”,作“号”是取今文。参见同人卦九五爻辞辨。

“咷”,虞翻作“咷”,作“咷”是取今文。参见同人卦九五爻辞辨。

“丧”,虞翻、王肃作“丧”,作“丧”是取古文。参见坤卦卦辞辨。

“牛”,虞翻、王肃作“牛”,作“牛”是取古文。参见无妄卦六三爻辞辨。

“于”,虞翻、王肃作“于”,作“于”是取古文。参见坤卦上六爻辞辨。

“易”,虞翻、王肃作“易”,作“易”是取古文。参见大壮卦六五爻辞辨。

“凶”,虞翻、王肃作“凶”,作“凶”是取古文。参见讼卦卦辞辨。

按,此条爻辞“旅人先笑后号咷”,虞翻同。阮元《周易注疏校勘记·旅卦》云:“石经、岳本、闽监本、毛本,同。古本后上衍而字。”证之通行本、今帛书本皆无“而”字,阮说是。

巽䷸

巽，小亨，利有攸往，利见大人。初六，进退，利武人之贞。九二，巽在床下，用史巫纷若，吉，无咎。九三，频巽，吝。六四，悔亡，田获三品。九五，贞吉，悔亡，无不利，无初有终，先庚三日，后庚三日，吉。上九，巽在床下，丧其资斧，贞凶。

巽，小亨，利有攸往，利见大人。

孟喜《周易章句》作“顨”。

虞翻《周易注》作“巽，小亨，利有攸往，利见大人”。

“巽”，“巽”通“顨”。《说文·丌部》：“巺，具也。巽，古文巽。巽，篆文巽。”又同部释“顨”云：“顨，巽也。从丌，从頭。此《易》顨卦‘为长女、为风’者。”《集韵·恨韵》：“巽，古作巺，篆作巽。”吕祖谦《古易音训》：“说之案，巺，古文。顨，篆文。巽，俗文也。”《字汇补·廾部》：“顨，古巽字。见《古易》。”惠栋《易汉学》卷三云：“马融注《尚书》曰：顨，逊也。顨古文巽，巽纳辛，许叔重谓受辛者宜解之，故辞字从受从辛，亦巽让之义也。”通行本作“巽”，今帛书本作“筭”，“筭”同“算”，古书假选为算。《论语·子路》：“何足算也。”《汉书·公孙贺传》引作“何足选也”。《集韵·缓韵》：“选，数也。或作算、筭。”“巽”与“选”古音同属猕韵,故“巽”与“筭”亦通。“筭”之古文作“祘”。《说文·示部》:“祘,明视以筭之。从二、示,读如筭。”朱骏声《说文通训定声·乾部》:“祘,实即筭字之古文也。”黄生《字诂》“祘”条:“算字,古作祘。”考《仪礼·既夕》:“主人之史请读赗执算。”郑玄注:“古文算皆为筴。”由此知作“巽”“筭”同为今文,作“顨”“羿”“祘”“筴”“荚”同为古文,孟喜作“顨”是取古文,虞翻作“巽”是其取今文。

“小”,虞翻作“小”,作“小”是取古文。参见需卦九二爻辞辨。

“亨”,虞翻作“亨”,作“亨”是取今文。参见乾卦卦辞辨。

“利”,虞翻作“利”,作“利”是取古文。参见乾卦卦辞辨。

“有”,虞翻作“有”,作“有”为是取文。参见乾卦上九爻辞辨。

“攸”,虞翻作“攸”,作“攸”是取古文。参见坤卦辞辨。

“往”,虞翻作“往”,作“往”是取今文。参见坤卦卦辞辨。

“见”,虞翻作“见”,作“见”是取古文。参见乾卦九二爻辞辨。

“大”,虞翻作“大”,作“大”是取古文。参见乾卦九二爻辞辨。

“人”,虞翻作“人”,作“人”是取古文。参见乾卦九二爻辞辨。

初六,进退,利武人之贞。

虞翻《周易注》作“进退,利武人之贞”。

“进”,虞翻作“进”,作“进”是取今文。参见观卦六三爻辞辨。

“退”,虞翻作“退”,作“退”是取今文。参见观卦六三爻辞辨。

“利”,虞翻作“利”,作“利”是取古文。参见乾卦卦辞辨。

“武”,虞翻作“武”,作“武”是取今文。参见履卦六三爻辞辨。

“人”,虞翻作“人”,作“人”是取古文。参见乾卦九二爻辞辨。

“之”,虞翻作“之”,作“之”是取古文。参见坤卦卦辞辨。

“贞”,虞翻作“贞”,作“贞”是取古文。参见乾卦卦辞辨。

九二,巽在床下,用史巫纷若,吉,无咎。

荀爽《周易注》作“巽在牀下”。

宋衷《周易注》作“巽在牀下”。

“巽”,荀爽、宋衷作“巽”,作“巽”是取今文。参见本卦卦辞辨。

“在”,荀爽、宋衷作“在”,作“在”是取今文。参见乾卦九二爻辞辨。

“床”,荀爽、宋衷作“牀”,作“牀”是取今文。参见剥卦初六爻辞辨。

“下”,《说文·一部》:“下,篆文丅。”段玉裁改作“二”,并注云:“有物在一之下也。此古文下本如此。后人改二为丅,谓之古文,则不得不改丅为下,谓之小篆文矣。”通行本、今帛书本皆作“下”。由此知作“下”为今文,作“丅”为古文,荀爽、宋衷作“下”是取今文。

九三，频巽，吝。

虞翻《周易注》作“频巽，吝”。

“频”，虞翻作“频”，作“频”是取今文。参见复卦六三爻辞辨。

“巽”，虞翻作“巽”，作“巽”是取今文。参见本卦卦辞辨。

“吝”，虞翻作“吝”，作“吝”是取古文。参见屯卦六三爻辞辨。

六四，悔亡，田获三品。

虞翻《周易注》作“悔亡，田获三品”。

翟玄《周易义》作“悔亡，田获三品”。

“悔”，虞翻、翟玄作“悔”，作“悔”是取今文。参见乾卦上九爻辞辨。

“亡”，虞翻、翟玄作“亡”，作“亡”是取古文。参见乾卦九三爻辞辨。

“田”，虞翻、翟玄作“田”，作“田”是取今文。参见乾卦九二爻辞辨。

“获”，虞翻、翟玄作“获”，作“获”是取今文。参见随卦九四爻辞辨。

“三”，虞翻、翟玄作“三”，作“三”为古文。参见蒙卦卦辞辨。

“品”，《说文·品部》：“品，众庶也。”贾谊《鹏鸟赋》：“品庶每生。”通行本、今帛书本皆作“品”，然考《保卣》铭文所镌：“乙卯，王令保及殷东五侯（诞），兄六品蔑（历）于保。”由此知作“品”为古文，虞翻、翟玄作“品”是取古文。

九五，贞吉，悔亡，无不利，无初有终，先庚三日，后庚三日，吉。

虞翻《周易注》作“贞吉，悔亡，无不利，无初有终，先庚三日，后庚三日，吉”。

“贞”，虞翻作“贞”，作“贞”是取古文。参见乾卦卦辞辨。

“吉”，虞翻作“吉”，作“吉”是取古文。参见乾卦用九爻辞辨。

“悔”，虞翻作“悔”，作“悔”是取今文。参见乾卦上九爻辞辨。

“亡”，虞翻作“亡”，作“亡”是取古文。参见乾卦九三爻辞辨。

“无”，虞翻作“无”，作“无”是取古文。参见乾卦九三爻辞辨。

“不”，虞翻作“不”，作“不”是取古文。参见坤卦六二爻辞辨。

“利”，虞翻作“利”，作“利”是取古文。参见乾卦卦辞辨。

“初”，虞翻作“初”，作“初”是取古文。参见蒙卦卦辞辨。

“有”，虞翻作“有”，作“有”是取今文。参见乾卦上九爻辞辨。

“终”，虞翻作“终”，作“终”是取今文。参见乾卦九三爻辞辨。

“先”，虞翻作“先”，作“先”是取古文。参见坤卦卦辞辨。

“庚”，“庚”通“唐”。《史记·韩世家》：“司马庚三反于郢。”裴骃《集解》引徐广曰：“庚一作唐。”《淮南子·修务训》：“司马庚谏曰。”高诱注：“庚或作唐。”《诗·小雅·大东》：“东有启明，西有长庚。”毛传：“庚，续也。”黄侃《〈春秋名字解诂〉补谊》："古文赓从庚。庚亦续也。"通行本、今帛书本皆作"庚"。由此知作"庚"为今文，作"赓"为古文，虞翻作"庚"是取今文。

"三"，虞翻作"三"，作"三"是取古文。参见蒙卦卦辞辨。

"日"，虞翻作"日"，作"日"是取古文。参见乾卦九三爻辞辨。

"后"，虞翻作"后"，作"后"是取今文。参见坤卦卦辞辨。

上九，巽在床下，丧其资斧，贞凶。

荀爽《周易注》作"丧其资斧，贞凶"。

虞翻《周易注》作"巽在牀下，丧其资斧，贞凶"。

九家《周易注》作"巽在牀下"。

"巽"，虞翻、九家作"巽"，作"巽"是取今文。参见本卦卦辞辨。

"在"，虞翻、九家作"在"，作"在"是取今文。参见乾卦九二爻辞辨。

"床"，虞翻、九家作"牀"，作"牀"是取今文。参见剥卦初六爻辞辨。

"下"，虞翻、九家作"下"，作"下"是取今文。参见本卦六二爻辞辨。

"丧"，荀爽、虞翻作"丧"，作"丧"是取古文。参见坤卦卦辞辨。

"其"，荀爽、虞翻作"其"，作"其"是取今文。参见坤卦上六爻辞辨。

"资"，荀爽、虞翻作"资"，作"资"为是取古文。参见萃卦上六爻辞辨。

"斧"，荀爽、虞翻作"斧"，作"斧"是取今文。参见旅卦九四爻辞辨。

“贞”，荀爽、虞翻作“贞”，作“贞”是取古文。参见乾卦卦辞辨。

“凶”，荀爽、虞翻作“凶”，作“凶”是取古文。参见讼卦卦辞辨。

兑䷹

兑，亨，利贞。初九，和兑，吉。九二，孚兑，吉，悔亡。六三，来兑，凶。九四，商兑未宁，介疾有喜。九五，孚于剥，有厉。上六，引兑。

兑，亨，利贞。

虞翻《周易注》作“兑，亨，利贞”。

“兑”，“兑”通“锐”。《荀子·议兵》：“兑则若莫邪之利锋。”刘向《新序·杂事》作“锐则若莫邪之利锋”。《史记·天官书》：“三星随北端兑。”《汉书·天文志》作“三星随北端锐”。通行本作“兑”，今帛书本于本卦初、三、四、上诸爻辞“兑”字皆作“夺”。《礼记·檀弓下》：“齐庄公袭莒于夺，杞梁死焉。”郑玄注：“隧、夺声相近，或为兑。”《说文·攴部》：“敓，强取也。《周书》：‘敓攘矫虔。’从攴，兑声。”段玉裁注：“《吕刑》篇文，今《尚书》作夺。后人假夺为敓，夺行而敓废矣。”《玉篇·攴部》：“敚，强取也。”《广韵·末韵》：“敓，强取也。古夺字。古《周书》曰：‘敓攘矫虔。’”《集韵·夳韵》：“兑，古作敚。”又《字汇补·女部》：“㚀，古夺字。见《洞灵经》。”考郭店楚墓竹简本《缁衣》：“此以生不可敓志，死不可敓名。”其二“敓”字，通行本《礼记·缁衣》皆作“夺”。又今本《老子》第五十四章“善抱者不脱”，郭店楚墓竹简《老子》乙本作“善休者不兑”。再今本《五行》“悦”字，郭店楚墓竹简本《五行》皆作“兑”。由此知作“夺”为今文，作“兑”“敓”“敓”“兊”同为古文。虞翻作“兑”是取古文。参见遯卦六二爻辞辨。

“亨”，虞翻作“亨”，作“亨”是取今文。参见乾卦卦辞辨。

“利”，虞翻作“利”，作“利”是取古文。参见乾卦卦辞辨。

“贞”，虞翻作“贞”，作“贞”是取古文。参见乾卦卦辞辨。

“亨”，虞翻作“亨”，作“亨”是取今文。参见乾卦卦辞辨。

按，通行本卦辞“利贞”，今帛书本卦辞作“小利贞”，多一“小”字，或为别本《周易》，文意略有不同。

初九，和兑，吉。

虞翻《周易注》作“和兑，吉”。

“和”，“和”通“龢”。《春秋左氏传》襄公十一年：“子教寡人和诸戎狄以正诸华。”《国语·晋语七》作“子教寡人龢戎翟而正诸华”。《说文·龠部》：“龢，调也。从龠，禾声。读与和同。”《玉篇·龠部》：“龢，今作和。”朱骏声《说文通训定声·随部》：“《一切经音义》六引《说文》：‘音乐和调也。’《周语》：‘声相应保曰龢。’《洞箫赋》：‘与讴谣乎相龢。’《东都赋》：‘龢銮玲珑。’经传多以和为之。”通行本作“和”，今帛书本作“休”，“休”与“和”义近可通。考《玉篇·口部》：“和，《易》曰；‘其子和之。’咊，古文。”《集韵·戈韵》：“和，古书作咊。”由此知作“和”“休”为今文，作“咊”“龢”“休”同为古文，虞翻作“和”是取今文。参见否卦九五爻辭辨。

“兑”，虞翻作“兑”，作“兑”是取古文。参见本卦卦辞辨。

"吉",虞翻作"吉",作"吉"是取古文。参见乾卦用九爻辞辨。

九二,孚兑,吉,悔亡。

虞翻《周易注》作"孚兑,吉,悔亡"。

"孚",虞翻作"孚",作"孚"是取古文。参见需卦卦辞辨。

"兑",虞翻作"兑",作"兑"是取古文。参见本卦卦辞辨。

"吉",虞翻作"吉",作"吉"是取古文。参见乾卦用九爻辞辨。

"悔",虞翻作"悔",作"悔"是取今文。参见乾卦上九爻辞辨。

"亡",虞翻作"亡",作"亡"是取古文。参见乾卦九三爻辞辨。

按,此条爻辞"孚兑,吉",通行本同。今帛书本作"誶吉",少一"兑"字,证之其卦六三"来夺"、九四"章夺"、六爻辞"景夺"皆有"夺"字,疑为传抄者笔误,其文意基本相同。

六三,来兑,凶。

虞翻《周易注》作"来兑,凶"。

"来",虞翻作"来",作"来"是取今文。参见需卦上六爻辞辨。

"兑",虞翻作"兑",作"兑"是取古文。参见本卦卦辞辨。

"凶",虞翻作"凶",作"凶"是取古文。参见讼卦卦辞辨。

按,此条爻辞"六三",今帛书本作"九三",疑为传抄者笔误。

九四，商兑未宁，介疾有喜。

马融《周易传》作“介疾有喜”。

郑玄《周易注》作“商兑”。

虞翻《周易注》作“商兑未宁，介疾有喜”。

“商”，“商”通“章”。《韩非子·外储说左下》：“夷吾不如弦商。”《吕氏春秋·勿躬》作“臣不若弦章”。《汉书·律历志》：“商字为言章也。”颜师古《匡谬正俗》卷七：“商子旧有章音。”通行本作“商”，今帛书本作“章”。《说文·冏部》：“商，从外知内也。从冏，章省声。商，古文商。”《集韵·阳韵》：“商，古作商。”由此知作“商”为今文，作“商”为古文，郑玄、虞翻作“商”是取今文。

“兑”，郑玄、虞翻作“兑”，作“兑”是取古文。参见本卦卦辞辨。

“未”，虞翻作“未”，作“未”是取古文。参见井卦卦辞辨。

“宁”，虞翻作“宁”，作“宁”是取今文。参见比卦卦辞辨。

“介”，马融、虞翻作“介”，作“介”是取今文。参见豫卦六二爻辞辨。

“疾”，马融、虞翻作“疾”，作“疾”是取古文。参见豫卦六五爻辞辨。

“有”，马融、虞翻作“有”，作“有”是取今文。参见乾卦上九爻辞辨。

“喜”，马融、虞翻作“喜”，作“喜”是取今文。参见否卦上九爻辞辨。

九五，孚于剥，有厉。

虞翻《周易注》作“孚于剥，有厉”。

“孚”,虞翻作“孚”,作“孚”是取古文。参见需卦卦辞辨。

“于”,虞翻作“于”,作“于”是取古文。参见坤卦上六爻辞辨。

“剥”,虞翻作“剥”,作“剥”是取今文。参见剥卦卦辞辨。

“有”,虞翻作“有”,作“有”是取今文。参见乾卦上九爻辞辨。

“厉”,虞翻作“厉”,作“厉”是取今文。参见乾卦九三爻辞辨。

上六,引兑。

虞翻《周易注》作“引兑”。

“引”,虞翻作“引”,作“引”是取今文。参见萃卦六二爻辞辨。

“兑”,虞翻作“兑”,作“兑”是取古文。参见本卦卦辞辨。

涣䷺

涣，亨，王假有庙，利涉大川，利贞。初六，用拯马壮，吉。九二，涣奔其机，悔亡。六三，涣其躬，无悔。六四，涣其群，元吉。涣有丘，匪夷所思。九五，涣汗其大号，涣，王居，无咎。上九，涣其血，去逖出，无咎。

涣，亨，王假有庙，利涉大川，利贞。

虞翻《周易注》作“涣，亨，王假有庙，利涉大川，利贞”。

“涣”，“涣”通“洹”。《诗·郑风·溱洧》：“溱与洧方涣涣兮。”《经典释文》：“涣，《韩诗》作洹。”“涣”亦通“奂”。《论语·泰伯》：“焕乎其有文章。”《诗·大雅·卷阿》：“伴奂尔游。”《正义》引作“奂乎其有文章”。《玉篇·火部》：“焕，明也。亦作奂。”通行本、今帛书本皆作“涣”，马王堆汉墓帛书本《系辞》《二三子》作“奂”，上博竹简本作“⿱穴⿰廾睪”，其九二、六三、六四、九五、上九条爻辞诸“涣”字又皆作“⿱穴⿰廾爰”。“⿱穴⿰廾爰”即“⿱穴⿰廾睪”字之省，犹如“奂”亦可写作“奐”，同读为“涣”。由此知作“涣”“奂”同为今文，作“⿱穴⿰廾睪”“⿱穴⿰廾爰”同为古文，虞翻作“涣”是取今文。

“亨”，虞翻作“亨”，作“亨”是取今文。参见乾卦卦辞辨。

“王”，虞翻作“王”，作“王”是取古文。参见坤卦六三爻辞辨。

"假",虞翻作"假",作"假"是取今文。参见家人九五爻辞辨。

"有",虞翻作"有",作"有"是取今文。参见乾卦上九爻辞辨。

"庙",虞翻作"庙",作"庙"是取今文。参见家人九五爻辞辨。

"利",虞翻作"利",作"利"是取古文。参见乾卦卦辞辨。

"涉",虞翻作"涉",作"涉"是取今文。参见需卦卦辞辨。

"大",虞翻作"大",作"大"是取古文。参见乾卦九二爻辞辨。

"川",虞翻作"川",作"川"是取古文。参见坤卦卦辞辨。

"贞",虞翻作"贞",作"贞"是取古文。参见乾卦卦辞辨。

按,此条卦辞,上博竹简本较通行本、今帛书本多"利见大人"四字,少"利贞"二字,或为别种《周易》传本,文意基本相同。

初六,用拯马壮,吉。

子夏《易传》作"用拯马壮,吉"。

马融《周易传》作"用拯马壮,吉"。

虞翻《周易注》作"用拯马壮,吉"。

王肃《周易注》作"用拯马壮,吉"。

"用",子夏、马融、虞翻、王肃作"用",作"用"是取古文。参见乾卦初九爻辞辨。

"拯",子夏、马融、虞翻、王肃作"拯",作"拯"是取今文。参见明夷卦六二爻辞辨。

"马",子夏、马融、虞翻、王肃作"马",作"马"是取古文。参见坤卦卦辞辨。

“壮”，子夏、马融、虞翻、王肃作“壮”，作“壮”是取今文。参见大壮卦卦辞辨。

“吉”，子夏、马融、虞翻、王肃作“吉”，作“吉”为古文。参见乾卦用九爻辞辨。

按，此条爻辞“用拯马壮”，通行本同。今帛书本作“撜马”，少“用”“壮”二字，上博竹简本作“拯马藏”，少一“用”字。又此条爻辞“悔亡”二字，通行本无，今帛书本、上博竹简本皆有此二字。证之虞翻《周易注》作“用拯马壮，吉，悔亡”，孙堂《汉魏二十一家易注》考证云：“今本及《集解》本俱无‘悔亡’二字，《汉上易传》引虞本有之，今据补。”阮元《周易注疏校勘记·涣卦》云：“石经、岳本、闽监本、毛本同。古本下有悔亡二字。”疑通行本为传抄者笔误，或为别种《周易》传本，其文意基本相同。

九二，涣奔其机，悔亡。

虞翻《周易注》作“涣奔其机，悔亡”。

“涣”，虞翻作“涣”，作“涣”是取今文。参见本卦卦辞辨。

“奔”，“奔”通“贲”。《诗·鄘风·鹑之奔奔》：“鹊之强强，鹑之奔奔，”《礼记·表记》引作“鹊之姜姜，鹑之贲贲”。《汉书·百官公卿表》：“平帝元始元年更名虎贲郎。”颜师古注：“贲读与奔同，言如猛兽之奔。”通行本作“奔”，今帛书本作“贲”，上博竹简本作“走”。《说文·夭部》：“奔，走也。从夭，贲省声。与走同意，俱从夭。”是“走”与“奔”“贲”可以互借。《玉篇·夭部》：“奔，今作奔。”《集韵·魂韵》：“奔，古作犇。”又《汉书·礼乐志》：“乐官师鼓抱其器而犇散。”颜师古注：“犇，古奔字。”由此知作“奔”“贲”同为今文，作“犇”“奔”“走”同为古文，虞翻作“奔”是取今文。

"其",虞翻作"其",作"其"是取今文。参见坤卦上六爻辞辨。

"机","机"通"几"。《孔子家语·五仪解》:"仰视榱桷,俯察机筵。"《四库全书》本"机"作"几"。《春秋左氏传》襄公十年:"投之以机。"《经典释文》:"机,本又作几。"《庄子·齐物论》:"隐机而嘘。"《经典释文》:"机,李本作几。"《玉篇·几部》:"几,案也。亦作机。"通行本作"机",今帛书本作"阶",上博竹简本作"凥"。"阶"通"机"。《系辞传上》:"则言语以为阶。"《经典释文》:"阶,姚作机。""凥"亦通"几"。《说文》:"凥,处也。从尸、几,得几而止也。"又《说文·木部》:"机,木也。"段玉裁注:"机、榿古今字。"由上博竹简本作"凥",知作"机""阶"同为今文,作"凥"为古文,虞翻作"机"是取今文。参见屯卦初九爻辞辨、升卦六五爻辞辨。

"悔",虞翻作"悔",作"悔"是取今文。参见乾卦上九爻辞辨。

"亡",虞翻作"亡",作"亡"是取古文。参见乾卦九三爻辞辨。

六三,涣其躬,无悔。

荀爽《周易注》作"涣其躬,无悔"。

"涣",荀爽作"涣",作"涣"是取今文。参见本卦卦辞辨。

"其",荀爽作"其",作"其"是取今文。参见坤卦上六爻辞辨。

"躬",荀爽作"躬",作"躬"是取今文。参见蒙卦六三爻辞辨。

"无",荀爽作"无",作"无"是取古文。参见乾卦九三爻辞辨。

“悔”，荀爽作“悔”，作“悔”是取今文。参见乾卦上九爻辞辨。

按，此条爻辞“无悔”，通行本同。今帛书本作“无咎”，上博竹简本作“亡咎”，疑传抄者将“无咎”误作“无悔”，其文意基本相同。

六四，涣其群，元吉。涣有丘，匪夷所思。

荀爽《周易注》作“匪弟所思”。

虞翻《周易注》作“涣其羣，元吉。涣有丘，匪夷所思”。

姚信《周易注》作“涣有近，匪夷所思”。

“涣”，虞翻、姚信作“涣”，作“涣”为是取今文。参见本卦卦辞辨。

“其”，虞翻作“其”，作“其”是取今文。参见坤卦上六爻辞辨。

“群”，虞翻作“羣”，作“羣”是取古文。参见乾卦用九爻辞辨。

“元”，虞翻作“元”，作“元”是取古文。参见乾卦卦辞辨。

“吉”，虞翻作“吉”，作“吉”是取古文。参见乾卦用九爻辞辨。

“有”，虞翻、姚信作“有”，作“有”是取今文。参见乾卦上九爻辞辨。

“丘”，虞翻作“丘”，姚信作“近”，作“丘”“近”是同取今文。参见贲卦六五爻辞辨、小畜上九爻辞辨。

“匪”，荀爽、虞翻、姚信作“匪”，作“匪”是取今文。参见屯卦九二爻辞辨。

"夷",荀爽作"弟",虞翻、姚信作"夷",作"夷""弟"是取今文。参见明夷卦卦辞辨。

"所",荀爽、虞翻、姚信作"所",作"所"是取古文。参见讼卦初六爻辞辨。

"思",荀爽、虞翻、姚信作"思",作"思"是取今文。参见咸卦九四爻辞辨。

按,此条爻辞"六四",通行本、上博竹简本同。今帛书本作"九四",疑传抄者笔误。

九五,涣汗其大号,涣,王居,无咎。

荀爽《周易注》作"涣,王居,无咎"。

郑玄《周易注》作"涣汗其大号"。

王肃《周易注》作"涣汗其大号"。

九家《周易集注》作"涣汗其大号"。

"涣",荀爽、郑玄、王肃、九家作"涣",作"涣"是取今文。参见本卦卦辞辨。

"汗","汗"通"肝"。《说文·水部》:"汗,人液也。从水,乾声。"又《肉部》:"肝。木藏也。从肉,乾声。""汗"亦通"旰"。《史记·司马相如列传》:"磷磷烂烂,采色雪旰,丛积乎其中。"《汉书·司马相如传》作"磷磷烂烂,采色澔汗,丛积乎其中"。"汗""肝""旰"古音皆从干声可以通假。"肝"通"乾"。《仪礼·少牢馈食礼》:"上佐食举尸牢干。"郑玄注:"古文干为肝。"通行本作"汗",今帛书本作"肝"。由此知作"汗"为今文,作"肝"为古文,郑玄、王肃、九家作"汗"是取今文。参见蛊卦初六爻辞辨。

"其",郑玄、王肃、九家作"其",作"其"是取今文。参见坤卦上六爻辞辨。

“大”，郑玄、王肃、九家作“大”，作“大”是取古文。参见乾卦九二爻辞辨。

“号”，郑玄、王肃、九家作“号”，作“号”是取今文。参见同人卦九五爻辞辨。

“王”，荀爽作“王”，作“王”是取古文。参见坤卦六三爻辞辨。

“居”，荀爽作“居”，作“居”是取今文。参见屯卦初九爻辞辨。

“无”，荀爽作“无”，作“无”是取古文。参见乾卦九三爻辞辨。

“咎”，荀爽作“咎”，作“咎”是取古文。参见乾卦六三爻辞辨。

按，此条爻辞“涣汗其大号”，通行本同。证之郑玄、王肃、九家《周易集注》皆作“涣汗其大号”。今帛书本作“涣其肝大号”，“汗(肝)”与“其”字位倒置，上博竹简本作“𩏂”，缺一“汗”字，疑传抄者笔误，其文意基本相同。

上九，涣其血，去逖出，无咎。

虞翻《周易注》作“涣其血，去逖出，无咎”。

“涣”，虞翻作“涣”，作“涣”是取今文。参见本卦卦辞辨。

“其”，虞翻作“其”，作“其”是取今文。参见坤卦上六爻辞辨。

“血”，虞翻作“血”，作“血”是取古文。参见坤卦上六爻辞辨。

“去”，虞翻作“去”，作“去”是取今文。参见小畜六四爻辞辨。

“逖”,“逖”通“逷”。《说文·辵部》:“逖,远也。从辵,狄声。逷,古文逖。”《玉篇·辵部》:“逖,远也。逷,古文。”《集韵·锡韵》“逖”同“逷”,并云:“逖,古从易或省。”通行本作“逖”,今帛书本作“汤”,上博竹简本作“易”,古书从“易”之字亦可以互借。如“鬄”作“剔”,“逷”又作“剔”等。若依《说文》《玉篇》《集韵》,知作“逖”为今文,作“逷”“汤”“易”同为古文,虞翻作“逖”是取今文。参见乾卦九三爻辞辨。

“出”,虞翻作“出”,作“出”是取古文。参见需卦六四爻辞辨。

“无”,虞翻作“无”,作“无”是取古文。参见乾卦九三爻辞辨。

“咎”,虞翻作“咎”,作“咎”是取古文。参见乾卦九三爻辞辨。

按,此条爻辞“去逖出,无咎”,通行本同。今帛书本、上博竹简本均无“无咎”二字,或为传抄者所增,或为别种《周易》传本。

节䷻

节，亨，苦节，不可贞。初九，不出户庭，无咎。九二，不出门庭，凶。六三，不节若，则嗟若，无咎。六四，安节，亨。九五，甘节，吉，往有尚。上六，苦节，贞凶，悔亡。

节，亨，苦节，不可贞。

虞翻《周易注》作"亨，苦节，不可贞"。

"亨"，虞翻作"亨"，作"亨"是取今文。参见乾卦卦辞辨。

"苦"，虞翻作"苦"，作"苦"是取今文。参见大过九二爻辞辨。

"节"，"节"通"即"。郭店楚墓竹简本《六德》："宜(义)，敬之方也。敬，勿(物)之即也。"上博竹简本《性情论》："敬，勿(物)之即也。"释文"即"字皆作"节"。考《仪礼·士冠礼》："赞者奠纚笄栉于筵南端。"郑玄注："古文栉为节。"《玉篇·卩部》："卩，瑞信也。今作节。"通行本、今帛书本皆作"节"。由此知作"节""即""卩"同为古文，虞翻作"节"是取古文。参见屯卦六三爻辞辨。

"不"，虞翻作"不"，作"不"是取古文。参见坤卦六二爻辞辨。

"可",虞翻作"可",作"可"是取古文。参见坤卦六三爻辞辨。

"贞",虞翻作"贞",作"贞"是取古文。参见乾卦卦辞辨。

初九,不出户庭,无咎。

虞翻《周易注》作"不出户庭,无咎"。

"不",虞翻作"不",作"不"是取古文。参见坤卦六二爻辞辨。

"出",虞翻作"出",作"出"是取古文。参见需卦六四爻辞辨。

"户",虞翻作"户",作"户"是取古文。参见讼卦九二爻辞辨。

"庭",虞翻作"庭",作"庭"是取今文。参见明夷卦六四爻辞辨。

"无",虞翻作"无",作"无"是取古文。参见乾卦九三爻辞辨。

"咎",虞翻作"咎",作"咎"是取古文。参见乾卦九三爻辞辨。

按,此条爻辞"不出门庭凶",虞翻《周易注》、通行本、今帛书本同。阮元《周易注疏校勘记·节卦》云:"石经、岳本、闽监本、毛本同,古本凶上有之字。"

九二,不出门庭,凶。

虞翻《周易注》作"不出门庭,凶"。

"不",虞翻作"不",作"不"是取古文。参见坤卦六二爻辞辨。

"出",虞翻作"出",作"出"是取古文。参见需卦六四爻辞辨。

"门",虞翻作"门",作"门"是取今文。参见同人卦初九爻辞辨。

"庭",虞翻作"庭",作"庭"是取今文。参见明夷卦六四爻辞辨。

"凶",虞翻作"凶",作"凶"是取古文。参见讼卦卦辞辨。

六三,不节若,则嗟若,无咎。

虞翻《周易注》作"不节若,则差若,无咎"。

"不",虞翻作"不",作"不"是取古文。参见坤卦六二爻辞辨。

"节",虞翻作"节",作"节"是取古文。参见本卦卦辞辨。

"若",虞翻作"若",作"若"是取古文。参见乾卦九三爻辞辨。

"则",虞翻作"则",作"则"是取今文。参见蒙卦卦辞辨。

"嗟",虞翻作"差",作"差"是取古文。参见离卦九三爻辞辨。

"无",虞翻作"无",作"无"是取古文。参见乾卦九三爻辞辨。

"咎",虞翻作"咎",作"咎"是取古文。参见乾卦九三爻辞辨。

六四,安节,亨。

虞翻《周易注》作"安节,亨"。

"安",虞翻作"安",作"安"为古文。参见坤卦卦辞辨。

“节”,虞翻作“节”,作“节”是取古文。参见本卦卦辞辨。

“亨”,虞翻作“亨”,作“亨”是取今文。参见乾卦卦辞辨。

九五,甘节,吉,往有尚。

虞翻《周易注》作“甘节,吉,往有尚”。

“甘”,虞翻作“甘”,作“甘”是取今文。参见临卦六三爻辞辨。

“节”,虞翻作“节”,作“节”是取古文。参见本卦卦辞辨。

“吉”,虞翻作“吉”,作“吉”是取古文。参见乾卦用九爻辞辨。

“往”,虞翻作“往”,作“往”是取今文。参见坤卦卦辞辨。

“有”,虞翻作“有”,作“有”是取今文。参见乾卦上九爻辞辨。

“尚”,虞翻作“尚”,作“尚”是取今文。参见乾卦上九爻辞辨。

上六,苦节,贞凶,悔亡。

虞翻《周易注》作“苦节,贞凶,悔亡”。

干宝《周易注》作“苦节,贞凶,悔亡”。

“苦”,虞翻、干宝作“苦”,作“苦”是取今文。参见大过九二爻辞辨。

“节”,虞翻、干宝作“节”,作“节”是取古文。参见本卦卦辞辨。

“贞”,虞翻、干宝作“贞”,作“贞”是取古文。参见乾卦卦辞辨。

“凶”,虞翻、干宝作“凶”,作“凶”是取古文。参见讼卦卦辞辨。

“悔”，虞翻、干宝作“悔”，作“悔”是取今文。参见乾卦上九爻辞辨。

“亡”，虞翻、干宝作“亡”，作“亡”是取古文。参见乾卦九三爻辞辨。

中孚☴☱

中孚，豚鱼吉，利涉大川，利贞。初九，虞吉，有它不燕。九二，鸣鹤在阴，其子和之，我有好爵，吾与尔靡之。六三，得敌，或鼓或罢，或泣或歌。六四，月几望，马匹亡，无咎。九五，有孚挛如，无咎。上九，翰音登于天，贞凶。

中孚，豚鱼吉，利涉大川，利贞。

郑玄《周易注》作"豚鱼吉"。

虞翻《周易注》作"中孚，豚鱼吉，利涉大川，利贞"。

"中"，虞翻作"中"，作"中"是取古文。参见屯卦六三爻辞辨。

"孚"，虞翻作"孚"，作"孚"是取古文。参见需卦卦辞辨。

"豚"，郑玄、虞翻作"豚"，作"豚"是取古文。参见遯卦卦辞辨。

"鱼"，郑玄、虞翻作"鱼"，作"鱼"是取古文。参见剥卦六五爻辞辨。

"吉"，郑玄、虞翻作"吉"，作"吉"是取古文。参见乾卦用九爻辞辨。

"利"，虞翻作"利"，作"利"是取古文。参见乾卦卦辞辨。

"涉",虞翻作"涉",作"涉"是取今文。参见需卦卦辞辨。

"大",虞翻作"大",作"大"是取古文。参见乾卦九二爻辞辨。

"川",虞翻作"川",作"川"是取古文。参见坤卦卦辞辨。

"贞",虞翻作"贞",作"贞"是取古文。参见乾卦卦辞辨。

初九,虞吉,有它不燕。

荀爽《周易注》作"虞吉,有它不燕"。

"虞",荀爽作"虞",作"虞"是取今文。参见屯卦产三爻辞辨。

"吉",荀爽作"吉",作"吉"是取古文。参见乾卦用九爻辞辨。

"有",荀爽作"有",作"有"是取今文。参见乾卦上九爻辞辨。

"它",荀爽作"它",作"它"是取古文。参见比圤初六爻辞辨。

"不",荀爽作"不",作"不"是取古文。参见坤卦六二爻辞辨。

"燕","燕"通"宴"。《史记·留侯世家》:"及燕,置酒,太子侍。"《汉书·张良传》作"及宴,置酒,太子侍"。《尔雅·释言》:"燕燕。"《经典释文》:"燕,字又作宴。"《说文·宀部》:"宴,安也。"段玉裁注:"引伸为宴飨。经典多叚燕为之。"通行本作"燕",今帛书本作"宁"。"宁"的古文作"寍"。《说文·宀部》:"寍,安也。"《玉篇·宀部》:"寍,安也。今作宁。"故"宁""燕"义同可以互借。《周礼·乐师》:"燕射。"郑玄注:"故书燕为舞,先郑云当为燕。"《一切经音义》卷三:"宴,石经为古文燕。”由此知作“燕”“宁”同为今文,作“宴”“寍”同为古文,荀爽作“燕”是取今文。

九二,鸣鹤在阴,其子和之,我有好爵,吾与尔靡之。

子夏《易传》作“我与爾縻之”。

孟喜《周易章句》作“我有好爵,吾与爾靡之”。

京房《周易章句》作“鸣鹤在阴,吾与爾劘之”。

陆绩《周易述》作“我有好爵,吾与爾靡之”。

虞翻《周易注》作“鸣鹤在阴,其子和之,我有好爵,吾与爾靡之”。

王肃《周易注》作“我有好爵”。

干宝《周易注》作“我有好爵,吾与爾縻之”。

“鸣”,京房、虞翻作“鸣”,作“鸣”是取古文。参见谦卦六二爻辞辨。

“鹤”,“鹤”同“翯”。《诗·大雅·灵台》:“白鸟翯翯。”《孟子·梁惠王上》引《诗》作“白鸟鹤鹤”。王先谦《诗三家义集疏》:“《鲁》翯作皜,一作鹤。”“鹤”字的别体作“鶴”。唐张说《故许州长史赵公墓志铭并序》:“龙德既亨,鶴鸣有应,往而利见,縻以好爵。”《集韵·铎韵》:“鹤,或作鶮。”考《史记·秦始皇本纪》:“卒屯留、蒲鶮反。”司马贞《索隐》:“鶮,古鶴字。”通行本、今帛书本皆作“鹤”。由此知作“鹤”为今文,作“鶮”为古文,京房、虞翻作“鹤”是取今文。

“在”,京房、虞翻作“在”,作“在”是取今文。参见本卦九二爻辞辨。

“阴”,“阴”通“闇”。《尚书·无逸》:“高宗亮阴。”《礼记·

丧服四制》引作“高宗谅闇”。《集韵·覃韵》:“闇,《礼》:‘高宗谅闇,三年不言。’或作阴。”《说文·阜部》:“阴,闇也。侌声。”段玉裁注:“自汉以后通用,此为霒字,霒古文作侌。”《说文·云部》:“霒,云覆日也。侌,古文或省。”《玉篇·云部》:“霒,今作阴。侌,古文。”又《字汇补·阜部》:“隂,古文阴字。见《乾坤凿度》。”通行本、今帛书本皆作“阴”。由此知作“阴”为今文,作“侌”“隂”同为古文,京房、虞翻作“阴”是取今文。

“其”,虞翻作“其”,作“其”是取今文。参见坤卦上六爻辞辨。

“子”,虞翻作“子”,作“子”是取古文。参见乾卦九三爻辞辨。

“和”,虞翻作“和”,作“和”是取今文。参见兑卦初九爻辞辨。

“之”,子夏、孟喜、京房、陆绩、虞翻、干宝作“之”,作“之”为古文。参见坤卦卦辞辨。

“我”,子夏、孟喜、陆绩、虞翻、王肃、干宝作“我”,作“我”是取古文。参见蒙卦卦辞辨。

“有”,孟喜、陆绩、虞翻、王肃、干宝作“有”,作“有”是取今文。参见乾卦上九爻辞辨。

“好”,孟喜、陆绩、虞翻、王肃、干宝作“好”,作“好”是取古文。参见遯卦九四爻辞辨。

“爵”,“爵”通“雀”。《孟子·离娄上》:“为丛驱爵者,鹯也。”朱熹注:“爵,与雀同。”《说文·鬯部》:“爵,古文爵如此,象形。”《字汇补·穴部》:“爵,古文爵字。”考《仪礼·有司彻》:“主人坐奠爵,拜。”郑玄注:“古文酌为爵。”又同篇:“兄弟之后生者举觯于其长。”郑玄注:“古文觯皆为爵。”通行本、今帛书本皆作“爵”。若依郑玄注,知作“爵”“㸑”同为古文,“酌”“觯”同为今文。然考郭店楚墓竹简本《鲁穆公问子思》其“爵”字皆作“雀”,又知“雀”同为古文。孟喜、陆绩、虞翻、王肃、干宝作“爵”是取古文。

“吾”,“吾”同“我”。《说文·口部》:“吾,我自称也。”《尔雅·释诂》:“吾,我也。”《集韵·模韵》:“吾,古作𠰻。”考通行本《老子》:“吾所以有大梡者,为吾有身。”其“吾”字,马王堆汉墓帛书本《老子》同,郭店楚墓竹简《老子》乙本作“虗”。通行本、马王堆汉墓帛书本《系辞》《二三子》皆作“吾”。由此知作“吾”为今文,作“虗”“虐”同为古文,孟喜、京房、陆绩、虞翻、干宝作“吾”是取今文。

“与”,“与”通“與”。《春秋左氏传》襄公三十一年:“莒犁比公生去疾及展與。”《经典释文》:“與,本又作与,音同。”《玉篇·舁部》:“与,用也。𢌿,古文。”通行本、马王堆汉墓帛书本《系辞》《二三子》皆作“与”。由此知作“𢌿”为古文,作“与”为今文,子夏、孟喜、京房、陆绩、虞翻、干宝作“与”是取今文。参见师卦六三爻辞辨。

“尔”,子夏、孟喜、京房、陆绩、虞翻、干宝作“爾”,作“爾”是取今文。参见颐卦初九爻辞辨。

“靡”,通“縻”“劘”“糜”。《经典释文》:“靡,本又作縻,同亡池反,散也。干同。徐又武寄反,又亡彼反。《韩诗》云:‘共也。’孟同。《埤苍》作縻,云:‘散也。’陆作𦆆,京作劘。”《集韵·支韵》:“靡,分也。京房从刀。”《字汇补·刀部》:“劘,与縻同。《九经考异》:《易》‘吾与尔靡之’,京房作劘。”“靡”“縻”“糜”“劘”四字因皆从麻声而可以互借。吕祖谦《古易音训》:“晁氏曰:‘案,靡、糜、劘、㦟、縻、𦀚、𦆆七字,并同靡音,未知古文用甚字。'"宋翔凤《周易考异》:"靡、縻、䌕、劘文异而义可通。"通行本作"靡",今帛书本作"羸","羸"与"靡"同韵,可以通假。《玉篇·彳部》:"䌕,今作靡。"《康熙字典》:"靡,古文䌕。"由此知作"靡""縻""縻""劘"同为今文,作"䌕"或为古文,子夏作"縻",孟喜、陆绩、虞翻作"靡",京房作"劘",干宝作"縻"是同取今文。

六三,得敌,或鼓或罢,或泣或歌。

荀爽《周易注》作"得敌,或鼓或罢,或泣或歌"。

王肃《周易注》作"或罢"。

"得",荀爽作"得",作"得"是取今文。参见坤卦卦辞辨。

"敌","敌"通"适"。《战国策·秦策三》:"征敌伐国。"《史记·范雎蔡泽列传》作"政适伐国",裴骃《集解》引徐广曰:"政适,音征敌。"《礼记·杂记》:"讣于适者。"郑玄注:"适,读为匹敌之敌。"惠栋《九经古义》卷十三《公羊古义》云:"适,读为敌,古文也。董氏所据《公羊》依古本,以适为敌。"通行本、今帛书本皆作"敌"。由此知作"敌"为今文,作"适"为古文,荀爽作"敌"是取今文。

"或",荀爽、王肃作"或",作"或"是取古文。参见乾卦九四爻辞辨。

"鼓",荀爽作"鼓",作"鼓"是取今文。参见离卦九三爻辞辨。

"罢","罢"通"皮"。《经典释文》:"罢,王肃音皮。"《说文·皮部》:"皮,剥取兽革者谓之皮。笈,古文皮。"《玉篇·竹部》:"笈,古文皮。"吕祖谦《古易音训》:"晁氏曰:'案,罢,古文。'""罢"亦通"彼"。马王堆汉墓帛书《老子》乙本《道经》:"故去罢而取此",甲本"罢"字作"皮",通行本《老子》作"彼"。

通行本作“罢”，今帛书本作“皮”，然考之通行本小过卦六五爻辞“取彼在穴”，通行本作“罢”，今帛书本作“皮”，上博竹简本亦作“皮”。由此知作“罢”为今文，作“皮”“笾”同为古文，荀爽、王肃作“罢”是取今文。

“泣”，荀爽作“泣”，作“泣”是取今文。参见屯卦上六爻辞辨。

“歌”，荀爽作“歌”，作“歌”是取今文。参见离卦九三爻辞辨。

六四，月几望，马匹亡，无咎。

孟喜《周易章句》作“月既望”。

京房《周易章句》作“月近望”。

荀爽《周易注》作“月既望”。

虞翻《周易注》作“月几望，马匹亡，无咎”。

“月”，孟喜、京房、荀爽、虞翻作“月”，作“月”是取古文。参见小畜卦上九爻辞辨。

“几”，孟喜、荀爽作“既”，京房作“近”，虞翻作“几”。作“近”是取今文，作“几”“既”是取古文。参见屯卦六三爻辞辨、小卦上九爻辞辨。

“望”，孟喜、京房、荀爽、虞翻作“望”，作“望”是取今文。参见小畜卦上九爻辞辨。

“马”，虞翻作“马”，作“马”是取古文。参见坤卦卦辞辨。

“匹”，“匹”通“疋”。《经典释文》：“疋，音匹。”“疋”之古文，《说文·疋部》作“疋”。《礼记·缁衣》：“唯君子能好其正。”郑玄注：“正，当为匹字之误也。”然考郭店楚墓竹简本《缁衣》作“唯君子能好其駜”，释文“駜”作“匹”，知郑注至确。通行本作“匹”，今帛书本作“必”，郭店楚墓竹简本《语丛四》：“佖妇禺夫，不知其向之小人、君子。”释文“佖”作“匹”，知帛书之“必”，即“佖”字之省，“匹”“必”“駜”声近义通。由此知作“匹”“必”同为今文，作“駜”“佖”同为古文，虞翻作“匹”是取今文。

按，“必”通“閟”。《说文·门部》：“閟，闭门也。从门，必声。”《六书故·工事二》：“閟，揜也。”《汉书·卢绾传》：“绾愈恐，閟若。”颜师古注：“閟，闭也。闭其踪迹，藏匿其人也。”今帛书本作“必”，正谓其马虽然被藏匿而亡，但是可免灾祸，其义较通行本为长。

“亡”，虞翻作“亡”，作“亡”是取古文。参见乾卦九三爻辞辨。

“无”，虞翻作“无”，作“无”是取古文。参见乾卦九三爻辞辨。

“咎”，虞翻作“咎”，作“咎”是取古文。参见乾卦九三爻辞辨。

九五，有孚挛如，无咎。

虞翻《周易注》作“有孚挛如，无咎”。

“有”，虞翻作“有”，作“有”是取古文。参见乾卦上九爻辞辨。

“孚”，虞翻作“孚”，作“孚”是取古文。参见需卦卦辞辨。

“挛”，虞翻作“挛”，作“挛”是取今文。参见小畜卦九五爻辞辨。

“如”，虞翻作“如”，作“如”是取今文。参见屯卦六二爻辞辨。

“无”，虞翻作“无”，作“无”是取古文。参见乾卦九三爻辞辨。

"咎",虞翻作"咎",作"咎"是取古文。参见乾卦九三爻辞辨。

上九,翰音登于天,贞凶。

虞翻《周易注》作"翰音登于天,贞凶"。

"翰",虞翻作"翰",作"翰"是取今文。参见贲卦六四爻辞辨。

"音","音"通"意"。《管子·内业》:"不可呼以声,而可迎以音。"王念孙《读书杂志》:"音,即意字也。言不可呼之声,而但可迎之以意也。音与力、德、得为韵,明是意之借字。"又云:"音以先言,音然后形,形然后言。"于省吾《甲骨文字释林·释言》:"言与音初本同名,后世以用各有当,遂分为二,然古文字音与言之互作常见。"通行本、今帛书本皆作"音"。由此知作"音"为古文,虞翻作"音"是取古文。

"登",虞翻作"登",作"登"是取今文。参见同人卦九三爻辞辨。

"于",虞翻作"于",作"于"是取古文。参见坤卦上六爻辞辨。

"天",虞翻作"天",作"天"是取古文。参见乾卦九五爻辞辨。

"贞",虞翻作"贞",作"贞"是取古文。参见乾卦卦辞辨。

"凶",虞翻作"凶",作"凶"是取古文。参见讼卦卦辞辨。

小过䷽

小过，亨，利贞。可小事，不可大事。飞鸟遗之音，不宜上，宜下，大吉。初六，飞鸟以凶。六二，过其祖，遇其妣，不及其君，遇其臣，无咎。九三，弗过防之，从或戕之，凶。九四，无咎，弗过遇之，往厉必戒，勿用，永贞。六五，密云不雨，自我西郊，公弋取彼在穴。上六，弗遇过之，飞鸟离之，凶，是谓灾眚。

小过，亨，利贞。可小事，不可大事。飞鸟遗之音，不宜上，宜下，大吉。

郑玄《周易注》作“小过，亨，利贞，不宜上”。

虞翻《周易注》作“小过，亨，利贞。可小事，不可大事。飞鸟遗之音，不宜上，宜下，大吉”。

“小”，郑玄、虞翻作“小”，作“小”是取古文。参见需卦九二爻辞辨。

“过”，郑玄、虞翻作“过”，作“过”是取今文。参见大过卦上六爻辞辨。

“亨”，郑玄、虞翻作“亨”，作“亨”是取今文。参见乾卦卦辞辨。

“利”，郑玄、虞翻作“利”，作“利”是取古文。参见乾卦卦辞辨。

“贞”,郑玄、虞翻作“贞”,作“贞”是取古文。参见乾卦卦辞辨。

“可”,虞翻作“可”,作“可”是取古文。参见坤卦六三爻辞辨。

“事”,虞翻作“事”,作“事”是取古文。参见坤卦六三爻辞辨。

“不”,郑玄、虞翻作“不”,作“不”是取古文。参见坤卦六二爻辞辨。

“大”,虞翻作“大”,作“大”是取古文。参见乾卦九二爻辞辨。

“飞”,虞翻作“飞”,作“飞”是取古文。参见乾卦九五爻辞辨。

“鸟”,虞翻作“鸟”,作“鸟”是取古文。参见旅卦上九爻辞辨。

“遗”,虞翻作“遗”,作“遗”是取今文。参见泰卦九二爻辞辨。

“之”,虞翻作“之”,作“之”是取古文。参见坤卦卦辞辨。

“音”,虞翻作“音”,作“音”是取古文。参见中孚卦上九爻辞辨。

“宜”,郑玄、虞翻作“宜”,作“宜”是取古文。参见临卦六四爻辞辨。

“上”,郑玄、虞翻作“上”,作“上”是取古文。参见乾卦上九爻辞辨。

“下”,虞翻作“下”,作“下”是取今文。参见巽卦九二爻辞辨。

"吉",虞翻作"吉",作"吉"是取古文。参见乾卦用九爻辞辨。

按,此条爻辞"飞鸟遗之音",通行本、今帛书本、上博竹简本同。阜阳汉墓本作"飞鸟遗音",少一"之"字,疑为传抄者笔误,其文意基本相同。

初六,飞鸟以凶。

虞翻《周易注》作"飞鸟以凶"。

"飞",虞翻作"飞",作"飞"是取古文。参见乾卦九五爻辞辨。

"鸟",虞翻作"鸟",作"鸟"是取今文。参见旅卦上九爻辞辨。

"以",虞翻作"以",作"以"是取今文。参见蒙卦初六爻辞辨

"凶",虞翻作"凶",作"凶"是取古文。参见讼卦卦辞辨。

六二,过其祖,遇其妣,不及其君,遇其臣,无咎。

虞翻《周易注》作"过其祖,遇其妣,不及其君,遇其臣,无咎"。

"过",虞翻作"过",作"过"是取今文。参见大过卦上六爻辞辨。

"其",虞翻作"其",作"其"是取今文。参见坤卦上六爻辞辨。

"祖","祖"通"阻"。《尚书·尧典》:"黎民祖饥。"古文《尚书·虞书》作"黎民阻饥"。《史记·五帝本纪》引《书》作"黎民始饥",裴骃《集解》引徐广曰:"今文《尚书》作'祖饥'。《索

隐》:古文作'阻饥'。祖、阻声相近,未知谁得。"《汉书·食货志》引《书》作"黎民祖饥",孟康曰:"祖,始也。古文言阻。"考钟鼎文"祖"字皆作"且",如盂鼎、秦公钟等皆然。"且""阻"为一字。《仪礼·大射仪》:"左且还。"郑玄注:"古文且为阻。"通行本、今帛书本皆作"祖"。由此知作"祖"为今文,作"阻"为古文,虞翻作"祖"是取今文。参见坎卦六三爻辞辨。

"遇",虞翻作"遇",作"遇"是取古文。参见同人九五爻辞辨。

"妣","妣"通"比"。《说文·女部》:"妣,殁母也。从女,比声。𡚱,籀文妣省。"《玉篇》《集韵》同。考《宣和博古图》卷二十二《周齐侯镈钟铭》铭文所镌:"用享于其皇祖皇𡚱,皇母皇考。"罗振玉《增订殷虚书契考释》云:"卜辞多作匕,与古金文同,多不从女。吴中丞说:'古妣字与父相比,右为父,左为匕。'予案:考妣之匕引申为匕箸字。匕必有偶,犹父之与母相匕矣。"又《说文·比部》:"比,密也。夶,古文比。"《集韵·旨韵》:"比,古作夶。"《周礼·地官·遂师》:"庀其委积。"郑玄注:"故书庀为比,郑司农云:'比读为庀。'"通行本作"妣",今帛书本作"比"。若依郑玄注,知作"妣""比"同为今文,作"𡚱""匕""夶"同为古文,虞翻作"妣"是取今文。

"不",虞翻作"不",作"不"是取古文。参见坤卦六二爻辞辨。

"及","及"通"伋"。《尚书·顾命》:"齐侯吕伋。"《史记·齐太公世家》裴骃《集解》:引徐广曰:"一作及。"《说文·又部》:"及,逮也。乁,古文及,秦刻石及如此。弓,亦古文及。𨘢,亦古文及。"通行本、今帛书本皆作"及"。由此知作"及"为今文,作"乁""弓""𨘢"同为古文,虞翻作"及"是取今文。然考郭店楚墓竹简本《五行》“及”作“返”,知“返”亦为“及”之故文。

“君”,作“君”为古文。参见乾卦九三爻辞辨。

“臣”,作“臣”为古文。参见遯卦九三爻辞辨。

“无”,作“无”为古文。参见乾卦九三爻辞辨。

“咎”,作“咎”为古文。参见乾卦九三爻辞辨。

九三,弗过防之,从或戕之,凶。

虞翻《周易注》作“弗过防之,从或戕之,凶”。

“弗”,虞翻作“弗”,作“弗”是取古文。参见同人卦九四爻辞辨。

“过”,虞翻作“过”,作“过”是取今文。参见大过卦上六爻辞辨。

“防”,“防”通“妨”。《史记·秦本纪》:“有子曰女防。”《汉书·古今人表》作“女妨”。“防”亦通“仿”,通行本作“防”,今帛书本作“仿”。“仿”同“旁”。《汉书·司马相如传》:“仿偟乎海外。”颜师古注:“仿,音旁。”按《说文·二部》“旁”之古文作“㫄”“雱”。然考郭店楚墓竹简本《穷达以时》:“才仿。”释文“仿”作“旁”。又《说文·阜部》:“防,堤也。埅,防或从土。”《周礼·地官·稻人》:“掌稼下地,以潴畜水,以防止水。”郑玄注:“防,猪旁堤也。”郭店楚墓竹简本《语丛一》:“豊(礼)不同,不口不䖃。”释文“䖃”作“防”。由此知“防”“仿”“䖃”“旁”皆从“方”声可以互借。若依郭店楚墓竹简,又知作“防”为今文,作“仿”“䖃”同为古文,虞翻作“防”是取今文。

“之”,虞翻作“之”,作“之”是取古文。参见坤卦卦辞辨。

“从”,虞翻作“從”,作“從”是取古文。参见坤卦六三爻辞辨。

"或",虞翻作"或",作"或"是取古文。参见乾卦九四爻辞辨。

"戕","戕"通"臧"。《诗·小雅·十月之交》:"曰予不戕,礼则然矣。"郑玄笺:"戕,残也。"《经典释文》:"戕,在良反,王肃作臧。臧,善也。"考《小盂鼎》:"卜有戕。"于省吾《泽螺居诗经新证》作"卜有臧"。通行本作"戕",今帛书本作"臧","臧"之古文作"臧"。由此知作"戕""臧"同为古文,作"臧"为今文,虞翻作"戕"是取古文。参见师卦初六爻辞辨。

"凶",虞翻作"凶",作"凶"是取古文。参见讼卦卦辞辨。

九四,无咎,弗过遇之,往厉必戒,勿用永贞。

九家《周易集注》作"无咎,弗过遇之"。

"无",九家作"无",作"无"是取古文。参见乾卦九三爻辞辨。

"咎",九家作"咎",作"咎"是取古文。参见乾卦九三爻辞辨。

"弗",九家作"弗",作"弗"是取古文。参见同人卦九四爻辞辨。

"过",九家作"过",作"过"是取今文。参见大过卦上六爻辞辨。

"遇",九家作"遇",作"遇"是取古文。参见同人九五爻辞辨。

"之",九家作"之",作"之"是取古文。参见坤卦卦辞辨。

六五,密云不雨,自我西郊,公弋取彼在穴。

虞翻《周易注》作"密雲不雨,自我西郊,公弋取彼在穴"。

“密”,“密”通“蜜”。《释名·释言语》:“密,蜜也。”“密”亦通“宓”。《吕氏春秋·备具》:“宓子。”《淮南子·泰族训》作“密子”。《文选·演连珠》:“蒲密之黎。”李善注:“或者以密为宓子贱。”《玉篇·宀部》:“宓,止也,静也,默也,今作密。”《集韵·质韵》:“宓,通作密,俗作窨。”《玉篇》以“宓”为古文,以“密”为今文。考《仪礼·士丧礼》:“设扃鼏,鼏西末。”“取鼏委于鼎北。”郑玄皆注:“古文鼏为密。”通行本、今帛书本皆作“密”。由此知作“密”“宓”同为古文,虞翻作“密”是取古文。

“云”,“云”同“雲”。《战国策·秦策四》:“楚汉之兵云翔不敢校。”《史记·春申君列传》“云翔”作“雲翔”。《说文·云部》:“云,古文省雨。”《玉篇·云部》:“云,古文雲字。”《集韵·文韵》:“云,通作雲。”通行本、今帛书本皆作“雲”。由此知作“雲”为今文,作“云”为古文,虞翻作“雲”是取今文。

“不”,虞翻作“不”,作“不”是取古文。参见坤卦六二爻辞辨。

“雨”,虞翻作“雨”,作“雨”是取古文。参见小畜卦卦辞辨。

“自”,虞翻作“自”,作“自”是取古文。参见需卦六四爻辞辨。

“我”,虞翻作“我”,作“我”是取古文。参见蒙卦卦辞辨。

“西”,虞翻作“西”,作“西”是取古文。参见坤卦卦辞辨。

“郊”,虞翻作“郊”,作“郊”是取今文。参见需卦初九爻辞辨。

“公”,虞翻作“公”,作“公”是取今文。参见大有卦九三爻辞辨。

“弋”,“弋”通“忒”。《诗·曹风·鸤鸠》:“其仪不忒。”上博竹简《缁衣》引《诗》作“丌义不弋”。《说文·弋部》:“弋,橜也。”段玉裁注：“俗用杙为弋，顾用弋为鵻射字，其误久矣。”《玉篇·弋部》：“弋，今作杙。”通行本作“弋”，今帛书本作“射”，然考通行本井卦九二爻辞“射鲋”之“射”，上博竹简本作“矤”。证之通行本《礼记·缁衣》引《诗》“成王之孚，下土之式”，郭店楚墓竹简本《缁衣》作“成王之孚，下土之弋”。由此知作“弋”为古文，作“射”为今文，虞翻作“弋”是取古文。参见解卦上六爻辞辨。

“取”，虞翻作“取”，作“取”是取古文。参见蒙卦六三爻辞辨。

“彼”，“彼”通“皮”。《诗·小雅·正月》：“彼求我则。”郭店楚墓竹简本《缁衣》、上博竹简本《缁衣》引《诗》皆作“皮求我则”。通行本作“彼”，今帛书本作“皮”，然考上博竹简本亦作“皮”。由此知作“皮”为古文，作“彼”为今文，虞翻作“彼”是取今文。参见中孚卦六三爻辞辨。

“在”，虞翻作“在”，作“在”是取今文。参见乾卦九二爻辞辨。

“穴”，虞翻作“穴”，作“穴”是取今文。参见需卦六四爻辞辨。

上六，弗遇过之，飞鸟离之，凶，是谓灾眚。

虞翻《周易注》作“弗遇过之，飞鸟离之，凶，是谓灾眚”。

“弗”，虞翻作“弗”，作“弗”是取古文。参见同人卦九四爻辞辨。

“遇”，虞翻作“遇”，作“遇”是取古文。参见同人九五爻辞辨。

“过”，虞翻作“过”，作“过”是取今文。参见大过卦上六爻辞辨。

"之",虞翻作"之",作"之"是取古文。参见坤卦卦辞辨。

"飞",虞翻作"飞",作"飞"是取古文。参见乾卦九五爻辞辨。

"鸟",虞翻作"鸟",作"鸟"是取今文。参见旅卦上九爻辞辨。

"离",虞翻作"离",作"离"是取古文。参见否卦九四爻辞辨。

"凶",虞翻作"凶",作"凶"是取古文。参见讼卦卦辞辨。

"是",虞翻作"是",作"是"是取古文。参见颐卦卦辞辨。

"谓","谓"通"为"。《春秋左氏传》庄公二十二年:"是谓观国之光。"《史记·陈杞世家》《史记·田敬仲完世家》皆引作"是为观国之光"。"谓"亦通"胃"。郭店楚墓竹简本《唐虞之道》:"上直受旼之胃也。"又《老子》甲本:"解其纷,是胃玄同。"二"胃"字,释文皆作"谓"。通行本、今帛书本皆作"谓",上博竹简本作"胃"。由此知作"谓"为今文,作"胃"为古文,虞翻作"谓"是取古文。

"灾",虞翻作"灾",作"灾"是取今文。参见复卦上六爻辞辨。

"眚",虞翻作"眚",作"眚"是取古文。参见讼卦九二爻辞辨。

既济䷾

既济，亨小，利贞，初吉，终乱。初九，曳其轮，濡其尾，无咎。六二，妇丧其茀，勿逐，七日得。九三，高宗伐鬼方，三年克之，小人勿用。六四，繻有衣袽，终日戒。九五，东邻杀牛，不如西邻之禴祭，实受其福。上六，濡其首，厉。

既济，亨小，利贞，初吉，终乱。

子夏《易传》作“既济，亨”。

虞翻《周易注》作“既济，亨小，利贞，初吉，终乱”。

“既”，子夏、虞翻作“既”，作“既”是取古文。参见小畜卦上九爻辞辨。

“济”，“济”通“齐”。《礼记·祭议》：“齐齐乎其敬也，”《春秋公羊传》桓公八年作“济济乎致其敬也”。考《楚辞·九歌·远逝》：“横舟航而湓湘兮，耳聊啾而戃慌。”王逸注：“湓，一作济。”《玉篇·水部》：“济，渡也。湓，古文。”《集韵·荠韵》：“济，古作湓。”通行本、今帛书本皆作“济”。然考通行本未济卦六三爻辞“未济贞凶”，今帛书本作“未济正凶”，上博竹简本作“未凄贞凶”。由此知“济”与“凄”亦可通假，又知作“凄”“湓”同为古文，作“济”为今文，子夏、虞翻作“济”是取今文。

"亨",子夏、虞翻作"亨",作"亨"是取今文。参见乾卦卦辞辨。

"小",虞翻作"小",作"小"是取古文。参见需卦九二爻辞辨。

"利",虞翻作"利",作"利"是取古文。参见乾卦卦辞辨。

"贞",虞翻作"贞",作"贞"是取古文。参见乾卦卦辞辨。

"初",虞翻作"初",作"初"是取古文。参见蒙卦卦辞辨。

"吉",虞翻作"吉",作"吉"是取古文。参见乾卦用九爻辞辨。

"终",虞翻作"终",作"终"是取今文。参见乾卦九三爻辞辨。

"乱",虞翻作"乱",作"乱"是取今文。参见萃卦初六爻辞辨。

初九,曳其轮,濡其尾,无咎。

宋衷《周易注》作"曳其轮,濡其尾,无咎"。

"曳",宋衷作"曳",作"曳"是取今文。参见睽卦六三爻辞辨。

"其",宋衷作"其",作"其"是取今文。参见坤卦上六爻辞辨。

"轮","轮"通"纶"。《文选·西征赋》:"徒观其鼓迴轮。"李善注:"轮,或为纶。""轮"亦通"伦"。《说卦传》:"为弓轮。"《经典释文》:"姚作伦。"考《仪礼·既夕礼》:"伦如朝服。"郑玄注:"古文伦为轮。"通行本作"轮",今帛书本作"纶"。若依郑玄注,知作"轮"为古文,作"伦""纶"同为今文,宋衷作"轮"是取古文。

“濡”，宋衷作“濡”，作“濡”是取今文。参见夬卦九三爻辞辨。

“尾”，宋衷作“尾”，作“尾”是取今文。参见履卦卦辞辨。

“无”，宋衷作“无”，作“无”是取古文。参见乾卦九三爻辞辨。

“咎”，宋衷作“咎”，作“咎”是取古文。参见乾卦九三爻辞辨。

按，此条爻辞“初九”，通行本同。今帛书本作“初六”，疑为传抄者笔误。

六二，妇丧其茀，勿逐，七日得。

子夏《易传》作“妇丧其髴”。

孟喜《周易章句》作“妇丧其髴”

马融《周易传》作“妇丧其茀”。

荀爽《周易注》作“妇丧其绂”。

郑玄《周易注》作“归丧其茀”。

董遇《周易章句》作“妇丧其髢”。

虞翻《周易注》作“妇丧其髴，勿逐，七日得”。

王肃《周易注》作“妇丧其髴，勿逐，七日得”。

干宝《周易注》作“妇丧其髴”。

“妇”，子夏、孟喜、马融、荀爽、董遇、虞翻、王肃、干宝作“妇”，郑玄作“归”，作“妇”是取古文，作“归”是取今文。参见蒙卦九二爻辞辨。

“丧”，子夏、孟喜、马融、荀爽、郑玄、董遇、虞翻、王肃、干宝作“丧”，作“丧”是取古文。参见坤卦卦辞辨。

“其”，子夏、孟喜、马融、荀爽、郑玄、董遇、虞翻、王肃、干宝作“其”,作“其”是取今文。参见坤卦上六爻辞辨。

“茀”,“茀”通“髴”“绂”“髢”。《经典释文》:“茀,马同。干云马髴也。郑云车蔽也。子夏作髴,荀作绂,董作髢也。”《说文·髟部》:“髴,若似也。从髟,弗声。”《汉书·律历志》:“及微公茀立瀆。”颜师古注:“茀音弗。瀆,古沸字。”通行本作“茀”,今帛书本作“发”,与“茀”“绂”声近互借。考《仪礼·既夕礼》:“马不齐髦。”郑玄注:“今文髦为毛。”《仪礼·有司彻》:“厞用席。”郑玄注:“古文厞作茀。”吕祖谦《古易音训》:“晁氏曰:‘案,茀,古文绂字。’”由此知作“髴”“绂”“发”同为今文,作“茀”“髦”同为古文,子夏、孟喜、虞翻、王肃、干宝作“髴”,荀爽作“绂”是同取今文,马融、郑玄作“茀”,董遇作髢是同取古文。参见困卦九二爻辞辨。

“勿”,虞翻、王肃作“勿”,作“勿”是取古文。参见乾卦初九爻辞辨。

“逐”,虞翻、王肃作“逐”,作“逐”是取今文。参见颐卦六四爻辞辨。

“七”,虞翻、王肃作“七”,作“七”是取今文。参见复卦卦辞辨。

“日”,虞翻、王肃作“日”,作“日”是取古文。参见乾卦九三爻辞辨。

“得”,虞翻、王肃作“得”,作“得”是取今文。参见坤卦卦辞辨。

九三,高宗伐鬼方,三年克之,小人勿用。

虞翻《周易注》作“高宗伐鬼方,三年克之,小人勿用”。

干宝《周易注》作“高宗伐鬼方,三年克之,小人勿用”。

“高”,虞翻作“高”,知作“高”是取古文。参见同人卦九三爻辞辨。

“宗”,虞翻作“宗”,作“宗”是取古文。参见同人卦六二爻辞辨。

“伐”,虞翻作“伐”,作“伐”是取古文。参见谦卦六五爻辞辨。

“鬼”,虞翻作“鬼”,作“鬼”是取今文。参见睽卦上九爻辞辨。

“方”,虞翻作“方”,作“方”是取今文。参见坤卦六二爻辞辨。

“三”,虞翻作“三”,作“三”是取古文。参见蒙卦卦辞辨。

“年”,虞翻作“年”,作“年”是取今文。参见屯卦六二爻辞辨。

“克”,虞翻作“克”,作“克”是取古文。参见蒙卦九二爻辞辨。

“之”,虞翻作“之”,作“之”是取古文。参见坤卦卦辞辨。

“小”,虞翻作“小”,作“小”是取古文。参见需卦九二爻辞辨。

“人”,虞翻作“人”,作“人”是取古文。参见乾卦九二爻辞辨。

“勿”,虞翻作“勿”,作“勿”是取古文。参见乾卦初九爻辞辨。

“用”,虞翻作“用”,作“用”是取古文。参见乾卦初九爻辞辨。

六四，繻有衣袽，终日戒。

子夏《易传》作“襦有衣茹”。

孟喜《周易章句》作“需有衣絮”。

京房《周易章句》作“繻有衣絮”。

郑玄《周易注》作“繻有衣袽”。

虞翻《周易注》作“繻有衣袽，终日戒”。

王肃《周易注》作“繻有衣袽”。

王廙《周易注》作“襦有衣袽”。

“繻”，“繻”通“需”。《经典释文》：“王肃云音须。子夏作襦，王廙同。薛虞云：‘古文作繻。’”通行本作“繻”，今帛书本作“襦”。“襦”通“繻”。《周礼·夏官·罗氏》：“罗氏，掌罗乌鸟，蜡则作罗襦。”郑玄注：“郑司农云：‘襦，细密之罗。襦，读为‘繻有衣絮’之‘繻。’’”“襦”通“襦”。《集韵·虞韵》：“襦，或作襦。”“繻”“襦”“需”“襦”古音同属虞韵，故可以互借。《说文·糸部》引《易》作“需有衣絮”，然考上博竹简本亦作“需”。由此知作“襦”“襦”同为今文，作“需”“繻”同为古文，子夏、王廙作“襦”是取今文，孟喜作“需”，京房、郑玄、虞翻、王肃作“繻”是取古文。

“有”，子夏、孟喜、京房、郑玄、虞翻、王肃、王廙作“有”，作“有”是取今文。参见乾卦上九爻辞辨。

“衣”，“衣”通“依”。《礼记·学记》：“不学博衣。”郑玄注：“依或为衣。”《说文·衣部》：“衣，依也。”“衣”亦通“殷”。《礼记·中庸》：“壹戎衣而有天下。”郑玄注：“衣读如殷，声之误也。齐人言殷声如衣。”通行本、今帛书本皆作“衣”，然考上博竹简本亦作“衣”。由此知作“衣”为古文，作“依”为今文，子夏、孟喜、京房、郑玄、虞翻、王肃、王廙作“衣”是取古文。

“袽”,“袽”通“茹”“絮”。《经典释文》:“王肃音如,《说文》作絮云:‘缊也。’《广雅》云:‘塞也。’子夏作茹,京作絮。”孟喜《周易章句》作“帤”,是其明证。“袽”通“帤”。《玉篇·糸部》:“帤,缊也,塞也,或作袽。”《集韵·鱼韵》:“帤,或作袽,亦书作袈。”吕祖谦《古易音训》:“说之案,近文帤称袽,又作袈,通用。”“絮”“帤”“茹”“袽”古音同属鱼韵,可以互借,其义亦同。通行本作“袽”,今帛书本作“茹”,上博竹简本作“帤”。由此知作“袽”“茹”“絮”同为今文,作“帤”为古文,子夏作“茹”,京房作“絮”,郑玄、虞翻、王肃、王廙作“袽”是取今文,孟喜作“帤”是取古文。

“终”,虞翻作“终”,作“终”是取今文。参见乾卦九三爻辞辨。

“日”,虞翻作“日”,作“日”是取古文。参见乾卦九三爻辞辨。

“戒”,虞翻作“戒”,作“戒”是取古文。参见比卦九五爻辞辨。

九五,东邻杀牛,不如西邻之禴祭,实受其福。

郑玄《周易注》作“东邻杀牛,不如西邻之禴祭”。

虞翻《周易注》作“东邻杀牛,不如西邻之禴祭,实受其福”。

“东”,郑玄、虞翻作“东”,作“东”是取古文。参见坤卦卦辞辨。

“邻”,郑玄、虞翻作“邻”,作“邻”是取今文。参见小畜卦九五爻辞辨。

“杀”,“杀”通“弑”。《周礼·夏官·大司马》:“放杀其君则残之。”《经典释文》:“杀,又作弑。”又《礼记·明堂位》:“君臣未尝相弑也。"《经典释文》:"弑,本又作杀。"《说文·殳部》:"杀,戮也。从殳,杀声。殺,古文杀。㪚,古文杀。"《集韵·志韵》:"弑,或作杀。"又《黠韵》:"杀,古作㪚。"通行本、今帛书本皆作"杀",然考上博竹简本亦作"杀"。由此知作"杀""㪚"同为古文,作"弑"为今文,郑玄、虞翻作"杀"是取古文。

"牛",郑玄、虞翻作"牛",作"牛"为古文。参见无妄卦六三爻辞辨。

"不",郑玄、虞翻作"不",作"不"为古文。参见坤卦六二爻辞辨。

"如",郑玄、虞翻作"如",作"如"为今文。参见屯卦六二爻辞辨。

"西",郑玄、虞翻作"西",作"西"为古文。参见坤卦卦辞辨。

"之",郑玄、虞翻作"之",作"之"为古文。参见坤卦卦辞辨。

"禴",郑玄、虞翻作"禴",作"禴"为今文。参见萃卦六二爻辞辨。

"祭","祭"通"际"。《春秋繁露·祭议》:"祭之为言际也,察也。"《广雅·释言》:"祭,际也。"《集韵·夬韵》:"际,祭,或省。"通行本、今帛书本皆作"祭",然考上博竹简本亦作"祭"。由此知作"祭"为古文,作"际"为今文,郑玄、虞翻作"祭"是取古文。

"实",郑玄、虞翻作"实",作"实"是取古文。参见颐卦卦辞辨。

"受",郑玄、虞翻作"受",作"受"是取古文。参见晋卦六二爻辞辨。

“其”,郑玄、虞翻作“其”,作“其”是取今文。参见坤卦上六爻辞辨。

“福”,郑玄、虞翻作“福”,作“福”是取古文。参见泰卦九三爻辞辨。

按,此条爻辞“实受其福”,通行本同。今帛书本作“实受其福吉”,多一“吉”字,与《象传》“实受其福,吉大来也”吻合,通行本无“吉”字,疑传抄者笔误,其文意基本相同。

上六,濡其首,厉。

虞翻《周易注》作“濡其首,厉”。

“濡”,虞翻作“濡”,作“濡”是取今文。参见夬卦九三爻辞辨。

“其”,虞翻作“其”,作“其”是取今文。参见坤卦上六爻辞辨。

“首”,虞翻作“首”,作“首”是取古文。参见乾卦用九爻辞辨。

“厉”,虞翻作“厉”,作“厉”是取今文。参见乾卦九三爻辞辨。

未济䷿

未济，亨，小狐汔济，濡其尾，无攸利。初六，濡其尾，吝。九二，曳其轮，贞吉。六三，未济，征凶，利涉大川。九四，贞吉，悔亡。震用伐鬼方，三年有赏于大国。六五，贞吉，无悔。君子之光，有孚吉。上九，有孚于饮酒，无咎。濡其首，有孚，失是。

未济，亨，小狐汔济，濡其尾，无攸利。

子夏《易传》作“小狐汔济”。

孟喜《周易章句》作“小狐汔济，濡其尾”。

郑玄《周易注》作“小狐汔济”。

虞翻《周易注》作“未济，亨，小狐汔济，濡其尾，无攸利”。

王肃《周易注》作“小狐汔济”。

干宝《周易注》作“未济，亨，小狐汔济，濡其尾，无攸利”。

“未”，虞翻、干宝作“未”，作“未”是取古文。参见井卦卦辞辨。

“济”，子夏、孟喜、郑玄、虞翻、王肃、干宝作“济”，作“济”是取今文。参见既济卦卦辞辨。

“亨”，虞翻、干宝作“亨”，作“亨”是取今文。参见乾卦卦辞辨。

“小”，子夏、孟喜、郑玄、虞翻、王肃、干宝作“小”，作“小”是取古文。参见需卦九二爻辞辨。

“狐”，子夏、孟喜、郑玄、虞翻、王肃、干宝作“狐”，作“狐”是取今文。参见解卦九二爻辞辨。

“汔”，子夏、孟喜、郑玄、虞翻、王肃、干宝作“汔”，作“汔”是取今文。参见井卦卦辞辨。

“濡”，虞翻、干宝作“濡”，作“濡”是取今文。参见夬卦九三爻辞辨。

“其”，虞翻、干宝作“其”，作“其”是取今文。参见坤卦上六爻辞辨。

“尾”，虞翻、干宝作“尾”，作“尾”是取今文。参见履卦卦辞辨。

“无”，虞翻、干宝作“无”，作“无”是取古文。参见乾卦九三爻辞辨。

“攸”，虞翻、干宝作“攸”，作“攸”是取古文。参见坤卦卦辞辨。

“利”，虞翻、干宝作“利”，作“利”是取古文。参见乾卦卦辞辨。

初六，濡其尾，吝。

虞翻《周易注》作“濡其尾，吝”。

“濡”，虞翻作“濡”，作“濡”是取今文。参见夬卦九三爻辞辨。

“其”，虞翻作“其”，作“其”是取今文。参见坤卦上六爻辞辨。

“尾”，虞翻作“尾”，作“尾”是取今文。参见履卦卦辞辨。

“吝”，虞翻作“吝”，作“吝”是取古文。参见屯卦六三爻辞辨。

九二，曳其轮，贞吉。

姚信《周易注》作“曳其轮，贞吉”。

干宝《周易注》作“曳其轮，贞吉”。

“曳”，姚信、干宝作“曳”，作“曳”是取今文。参见睽卦六三爻辞辨。

“其”，姚信、干宝作“其”，作“其”是取今文。参见坤卦上六爻辞辨。

“轮”，姚信、干宝作“轮”，作“轮”是取古文。参见既济卦初九爻辞辨。

“贞”，姚信、干宝作“贞”，作“贞”是取古文。参见乾卦卦辞辨。

“吉”，姚信、干宝作“吉”，作“吉”是取古文。参见乾卦用九爻辞辨。

按，此条爻辞“贞吉”，通行本同。今帛书本作“贞”，少一“吉”字。上博竹简本“贞吉”后有“利涉大川”四字，疑为别本《周易》传本，其文意基本相同。

六三，未济，征凶，利涉大川。

干宝《周易注》作“未济，征凶，利涉大川”。

“未”，荀爽、干宝作“未”，作“未”是取古文。参见井卦卦辞辨。

“济”，荀爽、干宝作“济”，作“济”是取今文。参见既济卦卦辞辨。

“征”,荀爽、干宝作“征”,作“征”是取古文。参见小畜卦上九爻辞辨。

“凶”,荀爽、干宝作“凶”,作“凶”是取古文。参见讼卦卦辞辨。

“利”,荀爽、干宝作“利”,作“利”是取古文。参见乾卦卦辞辨。

“涉”,荀爽、干宝作“涉”,作“涉”是取今文。参见需卦卦辞辨。

“大”,荀爽、干宝作“大”,作“大”是取古文。参见乾卦九二爻辞辨。

“川”,荀爽、干宝作“川”,作“川”是取古文。参见坤卦卦辞辨。

九四,贞吉,悔亡。震用伐鬼方,三年有赏于大国。

孟喜《周易章句》作“震用伐鬼方”。

京房《周易章句》作“震用伐鬼方”。

虞翻《周易注》作“贞吉,悔亡,震用伐鬼方,三年有赏于大邦”。

“贞”,虞翻作“贞”,作“贞”是取古文。参见乾卦卦辞辨。

“吉”,虞翻作“吉”,作“吉”是取古文。参见乾卦用九爻辞辨。

“悔”,虞翻作“悔”,作“悔”是取今文。参见乾卦上九爻辞辨。

“亡”,虞翻作“亡”,作“亡”是取古文。参见乾卦九三爻辞辨。

“震”,孟喜、京房、虞翻作“震”,作“震”是取今文。参见恒卦上六爻辞辨。

“用”,孟喜、京房、虞翻作“用”,作“用”是取古文。参见乾卦初九爻辞辨。

“伐”,孟喜、京房、虞翻作“伐”,作“伐”是取古文。参见谦卦六五爻辞辨。

“鬼”,孟喜、京房、虞翻作“鬼”,作“鬼”是取今文。参见睽卦上九爻辞辨。

“方”,孟喜、京房、虞翻作“方”,作“方”是取今文。参见坤卦六二爻辞辨。

“三”,虞翻作“三”,作“三”是取古文。参见蒙卦卦辞辨。

“年”,虞翻作“年”,作“年”是取今文。参见屯卦六二爻辞辨。

“有”,虞翻作“有”,作“有”是取今文。参见乾卦上九爻辞辨。

“赏”,“赏”通“商”。《尚书·费誓》:“我商赉尔。”证之金文“赏”字每每作“商”。如《省卣铭》:“甲寅,子商小子消息贝五朋。”杨树达《小学述林》:“商,同赏。”《说文·冏部》:“商,从外知内也。从冏,章省声。商,古文商。”《集韵·阳韵》:“商,古作。商”。通行本作“赏”,今帛书本作“商”。由此知作“赏”“商”同为今文,作“商”为古文,虞翻作“赏”是取今文。参见兑卦九四爻辞辨。

“于”,虞翻作“于”,作“于”是取古文。参见坤卦上六爻辞辨。

“大”,虞翻作“大”,作“大”是取古文。参见乾卦九二爻辞辨。

“国”,虞翻作“邦”,作“邦”是取古文。参见师卦上六爻辞辨。

六五，贞吉，无悔。君子之光，有孚吉。

虞翻《周易注》作“贞吉无悔，君子之光，有孚吉”。

干宝《周易注》作“贞吉无悔，君子之光，有孚吉”。

“贞”，虞翻、干宝作“贞”，作“贞”是取古文。参见乾卦卦辞辨。

“吉”，虞翻、干宝作“吉”，作“吉”是取古文。参见乾卦用九爻辞辨。

“无”，虞翻、干宝作“无”，作“无”是取古文。参见乾卦九三爻辞辨。

“悔”，虞翻、干宝作“悔”，作“悔”是取今文。参见乾卦上九爻辞辨。

“君”，虞翻、干宝作“君”，作“君”是取古文。参见乾卦九三爻辞辨。

“子”，虞翻、干宝作“子”，作“子”是取古文。参见乾卦九三爻辞辨。

“之”，虞翻、干宝作“之”，作“之”是取古文。参见坤卦卦辞辨。

“光”，虞翻、干宝作“光”，作“光”是取古文。参见需卦卦辞辨。

“有”，虞翻、干宝作“有”，作“有”是取今文。参见乾卦上九爻辞辨。

“孚”，虞翻、干宝作“孚”，作“孚”是取古文。参见需卦卦辞辨。

上九，有孚于饮酒，无咎。濡其首，有孚，失是。

虞翻《周易注》作"有孚于饮酒，无咎。濡其首，有孚，失是"。

"有"，虞翻作"有"，作"有"是取今文。参见乾卦上九爻辞辨。

"孚"，虞翻作"孚"，作"孚"是取古文。参见需卦卦辞辨。

"于"，虞翻作"于"，作"于"是取古文。参见坤卦上六爻辞辨。

"饮"，虞翻作"饮"，作"饮"是取今文。参见渐卦六二爻辞辨。

"酒"，虞翻作"酒"，作"酒"是取今文。参见需卦六五爻辞辨。

"无"，虞翻作"无"，作"无"是取古文。参见乾卦九三爻辞辨。

"咎"，虞翻作"咎"，作"咎"是取古文。参见乾卦九三爻辞辨。

"濡"，虞翻作"濡"，作"濡"是取今文。参见夬卦九三爻辞辨。

"其"，虞翻作"其"，作"其"是取今文。参见坤卦上六爻辞辨。

"首"，虞翻作"首"，作"首"是取古文。参见乾卦用九爻辞辨。

"失"，虞翻作"失"，作"失"是取今文。参见比卦九五爻辞辨。

"是"，虞翻作"是"，作"是"是取古文。参见颐卦卦辞辨。

漢魏易注綜合研究

（中册）

陈居渊　著

齊魯書社

汉魏二十一家《易注》六十四卦释义异同考

目　录

乾䷀

乾，元亨利贞。《彖》曰：大哉乾元，万物资始。乃统天。云行雨施，品物流形。大明终始。六位时成。时乘六龙以御天。乾道变化，各正性命。保合大和，乃利贞。首出庶物，万国咸宁。《象》曰：天行健，君子以自强不息。

子夏注：元，始也。亨，通也。利，和也。贞，正也。言乾秉纯阳之性，故能首出庶物，各得元始、开通、和谐、贞固，不失其宜。是以君子法乾而行四德，故曰元亨利贞。《周易集解》。《正义》。

孟喜注：天子驾六。《诗·干旄》正义。

京房注：天子驾六。《诗·干旄》正义。《事物纪原》。

荀爽注：谓分为六十四卦，万一千五百二十册，皆受始于乾也。册取始于乾，犹万物之生禀于天。《周易集解》。《义海撮要》。乾起坎而终于离，坤起于离而终于坎。离坎者，乾坤之家而阴阳之府，故曰"大明终始"也。《周易集解》。《义海撮要》。《困学纪闻》。《六经天文编》。《玉海》三十五。六爻随时而成乾。《周易集解》。

郑玄注：资，取也。统，本也。《经典释文》。谓先有旧形渐渐改者，谓之变。虽有旧形忽改者，谓之化。及本无旧形非类而改,亦谓之化。《礼记·月令》正义。

刘表注:言健者,详其名也。《正义》。

宋衷注:昼夜不懈,以健详其名。余卦各当名,不假于详也。《口诀义》。《周易集解》何妥引。

陆绩注:卦辞,文王。《正义》序。《瑞桂堂暇录》。

虞翻注:已成既济,上坎为云,下坎为雨,故云行雨施。乾以云雨流坤之形,万物化成,故曰"品物流形"也。《周易集解》君子谓三。乾健,故强。天一日一夜过周一度,故自强不息。《老子》曰"自胜者强"。《周易集解》。

干宝注:言君子通之于贤也。凡勉强以进德,不必须在位也。故尧舜一日万几,文王日昃不暇,仲尼终夜不寝,颜子欲罢不能。自此以下,莫敢淫心舍力,故曰"自强不息"矣。《周易集解》。《义海撮要》。

九家注:阳称大,六爻纯阳,故曰"大"。乾者纯阳,众卦所生,天之象也。观乾之始知知德,惟天为大,惟乾则之,故曰"大哉"。元者,气之始也。《周易集解》。乾之为德,乃统继天道,与天合化也。《周易集解》。

刘瓛注:阳气为万物之所始,故曰"首出庶物"。立君而天下皆宁,故曰"万国咸宁"也。《周易集解》。

按,"天子驾六",出自《尚书·夏书·五子之歌》曰:"懔乎若朽索之驭六马。"逸礼《王度记》曰:"天子驾六,诸侯驾五,卿驾四,大夫三,士二,庶人一。"孔颖达《周易正义》:"六龙,即六位之龙也。"是古代的礼制的一种行为。皇帝级别的六匹马拉的两辆马车。其义孟喜、京房同。以乾卦象征天道运行而喻君子自强不息,其义刘表、宋衷、虞翻、九家同。干宝以尧、舜、文王、孔子、颜渊喻之,其义则异。

初九，潜龙勿用。《象》曰：潜龙勿用，阳在下也。

子夏注：龙所以象阳也。《周易集解》。

马融注：卦辞文王，爻辞周公。《正义》序。《汉上丛说》。赵氏《辑闻》。《瑞桂堂暇录》。《群书考索》前集一、续集三。物莫大于龙，故借龙以喻天地阳气也。初九建子之月，阳气始动于黄泉，既未萌芽，犹是潜伏，故曰"潜龙"也。《周易集解》。

荀爽注：气微位卑，虽有阳德，潜藏在下，故曰"勿用"也。《周易集解》。

陆绩注：爻辞，周公。阳在初，称初九。去初之二，称九二，则初复七。阴在初，称初六。去初之二，称六二，则初复八矣。《汉上易传》。《易裨传外篇》。

虞翻注：爻辞，周公所作。《春秋左传序》疏。

王肃注：周公作爻辞。董氏《会通》。

姚信注：周公作爻辞。董氏《会通》。

干宝注：位始，故称初。阳重，故称九。阳在初九，十一月之时，自复来也。初九甲子，天正之位，而乾元所始也。阳处三泉之下，圣德在愚俗之中。此文王在羑里之爻也。虽有圣明之德，未被时用，故曰"勿用"。《周易集解》。

刘瓛注：彖者，断也，断一卦之才也。《周易集解》。

按，以龙喻天地阳气，《文言传》："潜龙勿用，阳气潜藏。"京房《京氏易传》卷上："建子起潜龙。"唐李鼎祚《周易集解》引隋代何妥在解释《文言传》"潜龙勿用，阳气潜藏"时说"以天道明之。当十一月，阳气虽动，犹在地中，故曰潜龙也。"《初学记》卷三十引《春秋元命包》："龙之言萌也，阴中之阳也，故言龙举而云兴。"考马王堆汉墓帛书《二三子》："龙浸矣而不阳，时至矣而不出，可谓浸矣。"由此知龙为阳为建子之月，当在秦汉之间已有此说。其义子夏、马融同。又，乾初九爻潜藏于六爻之末，有德而无位者。《文言传》："龙，德而隐者也。"故"勿用"（无所作为），荀爽引申为阳德，干宝以潜龙喻周文王，引申其被囚羑里，未被时用。其义荀爽与干宝异。

周公作爻辞，马融、陆绩、虞翻、王肃、姚信同。卦辞，相传为文王所撰。司马迁《史记·自序》云："西伯囚羑里，演周易。"曹丕《典论·论文》云："故西伯幽而演易，周旦显而制礼。"文王受纣王所囚，困于羑里，遂愤发作卦辞。《周易·系辞传》云："易之兴也，其当殷之末世，周之盛德邪？当文王与纣之事邪？是故其辞危。危者使平，易者使倾，其道甚大，百物不废。"马融、陆绩、虞翻、王肃、姚信皆以周公作爻辞，则文王作卦辞亦与马融、虞翻同，故孔颖达《周易正义》说："卦辞，文王；爻辞，周公。马融、陆绩等并同此说。"

九二，见龙在田，利见大人。《象》曰：见龙在田，德施普也。

荀爽注：见者，见居其位。田谓坤也。二当升坤五，故曰"见龙在田"。大人谓天子，见据尊位，临长群阴，德施于下，故曰"德施普也"。《周易集解》。

郑玄注：二于三才为地道，地上即田，故称田也。《周易集解》。九二"利见"九五之"大人"。《正义》。

虞翻注：见龙在田，利见大人。何谓也？子曰：龙德而正中者也。中，下之中。二非阳位，故明言能正中也。《周易集解》。《易》曰：见龙在田，利见大人，君德也。阳始触瘾，当升五为君。时舍于二，宜利天下。直方而大，德无不利，明言君德。地数始二，故称"《易》曰"。《周易集解》。

王肃注：大人，圣人在位之目。《经典释文》、《文选·圣主贤臣颂》注。

向秀注：圣人在位，谓之大人。《史记索隐》二十六。

干宝注：阳在九二，十二月之时，自临来也。二为田上，田在地之表而有人功者也。阳气将施，圣人将显。此文王免于羑里之日也，故曰“利见大人”。《周易集解》。

按，九二爻，在三才中为“地”。九二在初九之上，位在地表，旁通坤卦，坤为地，故称田。孔颖达《周易正义》：“田在地上可营为有益之处，阳气发在地上，故曰在田。且一之与二，俱为地道，二在一上，所以称田。”其义荀爽、虞翻、郑玄、干宝同。又，“大人”，荀爽释大人为“天子”，虞翻释为“有德之君”，王肃、向秀释为“圣人”，干宝则明指“大人”为“文王”。从广义上说，“圣人”、“大人”都是指身居高位、有道德学问的人。如《论语·季氏》：孔子曰：“君子有三畏：畏天命，畏大人，畏圣人之言。”考《易纬·乾凿度》：“大人者，圣人之在位者也。”由此知王肃、向秀之释“大人”，是取《易纬》，其义同。

九三，君子终日乾乾，夕惕若厉，无咎。《象》曰：终日乾乾，反复道也。

荀爽注：日以喻君，谓三居下体之中而为之君。承乾行乾，故曰“乾乾”。夕惕以喻臣，谓三臣于五。则疾修柔顺，危去阳行，故曰“无咎”。《周易集解》。

郑玄注：三于三才为人道，有乾德而在人道，君子之象。《周易集解》。惕，惧也。《经典释文》。

虞翻注：谓阳息至三，二变成离，离为日，坤为夕。至三体复，故反复道，谓否泰反其类也。《周易集解》。

干宝注：爻以气表，繇以龙兴，嫌其不关人事，故著君子焉。阳在九三，正月之时，自泰来也。阳气始出地上而接动物，人为灵，故以人事成天地之功者，在于此爻焉。故君子以之忧深思远，朝夕匪懈。仰忧嘉会之不序，俯惧义和之不逮，反复天道，谋始反终，故曰“终日乾乾”。此盖文王反国，大厘其政之日也。凡无咎者，忧中之喜，善补过者也。文恨早耀文明之德，以蒙大难，增修柔顺，以怀多福，故曰“无咎”矣。《周易集解》。《义海撮要》节引。

按，汉《易》中九三为三公之位，九五为天子之位。乾为阳为龙为天，荀爽、郑玄、干宝等释义皆同。“夕惕若”之“惕”，郑玄、干宝释为“惧”。考帛书《易传》作“沂”，“沂”的本字为“析”，“析”由解除的意思，引申为安闲休息。如帛书《易传·衷》“夕沂若，厉无，息也”，故“沂”、“析”、“惕”其义相通，所以“夕惕若”应该解释为因日而动，因夜以息，那是因为《淮南子·人间训》说过“终日乾乾，以阳动也。夕惕若厉，以阴息也。因日而动，因夜以息，唯有道者能行之。”《淮南子》在当时被视为道家的作品，这表明对《周易》的解释都出自个人的学术信仰，各自对《周易》的理解可以有所不同。焦循《易章句》：“《易》重日新，非反无由复也。”沈祖绵《周易孟氏学》云：“惠士奇《易说》作‘夕惕若夤，厉无咎’，《说文》两举‘夕惕若厉’，孟氏《章句》如此，虞注亦未言夤，在《说文》，夤当读若惕。夤，敬惕也。是明以惕字释夤字也。”然而从帛书作“沂”来看，文字虽然用的是今文，其解释显然也是保存了先秦易学的旧说。从象来看，九三爻居下卦之上，亦居九二爻位上，进一步即入四爻位，日夜以修德，所以“无咎”。荀爽、郑玄、虞翻以君臣喻之，其义同。干宝则专喻为文王。

九四，或跃在渊，无咎。《象》曰：或跃在渊，进无咎也。

荀爽注：乾者，君卦。四者，阴位。故上跃居五者，欲下居坤初，求阳之正。地下称“渊”也。阳道乐进，故曰“进无咎也”。《周易集解》。

干宝注：阳气在四，二月之时，自大壮来也。四，虚中也。跃者，暂起之言，既不安于地，而未能飞于天也。四以初为应。渊谓初九甲子，龙之所由升也。或之者，疑之也。此武王举兵孟津，观衅而退之爻也。守柔顺，则逆天人之应。通权变，则违经常之教。故圣人不得已而为之，故其辞疑矣。《周易集解》。《义海撮要》。

按，根据《系辞传》“二与四，同功而异位，其善不同。二多誉，四多惧”的理论，四爻已是上卦之初，即乾之初位，亦即伏坤之下位，进为九五爻位，上乾伏坤内，故有“或跃”的态势。可见本卦九四之爻，象征着处于进可取誉，退可免难的转折时期。爻辞以龙跃深渊为喻，龙跃入深潭，退可藏身于千仞之下，进可升腾于云天之外，进退有据，潜跃由心，喻指君子处境从容，故无灾难。孔颖达《周易正义》：“或，疑也。跃，跳跃也。言九四阳气渐进，似若龙体欲飞，犹疑或也。跃于在渊，未即飞也。此自然之象，犹若圣人位渐尊高欲进于王位，犹豫鹗疑，在于故位，未即进也。”荀爽与干宝所释之辞虽然不同，前者以“乾坤升降”释《易》，后者以“卦气”释《易》，但是其义基本相通。

九五，飞龙在天。《象》曰：飞龙在天，大人造也。

荀爽注：飞者，喻无所拘。天者，首事造制。大人造成法，见居天位，圣人作而万物睹，是其义也。《周易集解》。

郑玄注：五于三才为天道。天者，清明无形，而龙在焉，飞之象也。《周易集解》。造，为也。《经典释文》。

虞翻注：谓四已变，则五体离。离为飞，五在天，故飞龙在天，利见大人也。谓若庖牺观象于天，造作八卦，备物致用，以利天下，故曰“飞龙在天”。天下之所利见也。

干宝注：阳在九五，三月之时，自夬来也。五在天位，故曰“飞龙”。此武王克纣正位之爻也。圣功既就，万物既睹，故曰“利见大人”矣。《周易集解》。《义海撮要》节引。

按，五为天位，以喻飞龙，其义荀爽、郑玄、虞翻、干宝皆同。造，即“造为造之造”，孔颖达《周易正义》：“飞龙在天，犹圣人之在王位。造，为也。唯大人能为之而成就也。姚信、陆绩之属，皆以‘造’为‘造至之造’。今案《象》辞皆上下为韵，则姚信之义，其读非也。”《说文·辵部》：“造，就也。”《尔雅·释言》：“造，为也。”《汉书·刘向传》引《易》作“飞龙在天，大人聚也。”聚与造可以通假。宋翔凤《周易考异》：“取与造声之转也。”杨树达《积微居小学述林·〈诗〉造舟为梁解》：“诸家说造舟为比舟，其义诚是。然造训为比，古书训诂未见。余谓造当读为聚，造舟谓聚合其舟也。”《诗·郑风·缁衣》：“缁衣之好兮，敝予又改造兮。”郑玄笺：“造，为也。”《礼记·玉藻》：“大夫不得造车马。”郑玄注：“造，谓作新也。”知荀爽、郑玄释“造”为“为”，虞翻释“造”为“作”，干宝以周武王克商纣王喻之，其义皆同。又知孔颖达《周易正义》以姚信、陆绩释“以造为造至之造”之非，则不确。

上九，亢龙有悔。《象》曰：亢龙有悔，盈不可久也。

子夏注：亢，极也。《经典释文》。

郑玄注：尧之末年，四凶在朝，是以有悔，未大凶也。《正义》。

陆绩注：阳极阴来，吉去凶生。京氏《易传》注。

王肃注：穷高曰亢，知进忘退，故悔也。《周易集解》。

干宝注：阳在上九，四月之时也。亢，过也。乾体既备，上位既终。天之鼓物，寒暑相报。圣人治世，威德相济。武功既成，义在止戈。盈而不反，必陷于悔。《周易集解》。《义海撮要》节引。

九家注：阳当居五，今乃居上，故曰"盈"也。亢极失位，当下之坤，故曰"盈不可久"，若太极皇者也。下之坤三，屈为诸侯，故曰"悔"者也。《周易集解》。

按，"亢"之义，汉魏诸家不同。子夏、九家同释"亢"为"极"，王肃解释为"穷高"，干宝解释为"过"。《庄子·人间世》："故解之以牛之白颡者，与豚之亢鼻者。"陆德明《经典释文》引司马彪云："亢，高也。"《银雀山汉墓竹简·孙膑兵法·雄化城》："城在渒泽之中，无亢山名谷。"此亢字均作"高"义解。又《春秋左氏传》宣公三年："先纳之，可以亢宠。"杜预注："亢，极也。"《广雅·释诂一》："亢，极也。"又《广雅·释诂四》："极，高也。"是知"极"、"穷高"、"过"其义相近。上九阳爻，处穷极之位，有"亢龙"之象。物极必反，满盈之时，也即亏损之始，程颢《易传》谓"上九至于亢极，故有悔也"。由此诸家释义基本相通。

用九，见群龙无首，吉。《象》曰：天德不可为首也。

郑玄注：六爻皆体乾，群龙之象也。舜既受道，禹与稷、契、咎繇之属，并在于朝。《后汉书·郎颉传》注、《班固传》注。

宋衷注：用九，六位皆九，故曰"见群龙"。纯阳，则天德也。万物之始，莫能先之，不可为首。先之者凶，随之者吉，故曰"无首吉"。《周易集解》。

陆绩注：纯阳用九之德。京氏《易传》注。

刘瓛注：揔六爻纯阳之义，故曰"用九"也。《周易集解》。

按，乾卦六爻全阳，纯阳纯刚正是天道之性，至高无上。宋代程颐、朱熹认为“无首”就是“无自为首”，意为资质刚健的英雄人物不能自为天下人之首，而让天下人拥我为首，这与现在所用的成语“群龙无首”的含义不完全相通。《文言传》：“乾元用九，乃见天则。”“九”为最大阳数，数至九则变而进位，以避“亢极”，即刚极趋柔，柔至转刚，周而复始，故为“无首”。王弼注：“九，天之德也。能用天德，乃见群龙之义焉。”其义宋衷、陆绩、刘瓛基本相通。

坤䷁

坤，元亨，利牝马之贞。君子有攸往，先迷后得主，利。西南得朋，东北丧朋。安贞吉。《彖》曰：至哉坤元，万物资生，乃顺承天。坤厚载物，德合无疆。含弘光大，品物咸亨。牝马地类，行地无疆，柔顺利贞。君子攸行，先迷失道，后顺得常。西南得朋，乃与类行。东北丧朋，乃终有庆。安贞之吉。应地无疆。《象》曰：地势坤。君子以厚德载物。

子夏注：先迷后得主也。《汉上易传》。

京房注：女既嫁，降父之服。臣既仕，先公后私。《汉上易传》。

马融注：孟秋之月，阴气始著，而坤之位，同类相得，故"西南得朋"。孟春之月，阳气始著，阴始从阳，失其党类，故"东北丧朋"。《周易集解》虞翻引。丧，失也。《经典释文》。

荀爽注：阴起于午，至申三阴，得坤一体，故曰"西南得朋"。阳起于子，至寅三阳，丧坤一体，故曰"东北丧朋"。《周易集解》虞翻引。《汉上易丛说》。谓万一千五百二十册，皆受始于坤，由坤而生也。册生于坤，犹万物成形出乎地也。《周易集解》。乾二居坤五为含，坤五居乾二为弘。坤初居乾四为光，乾四居坤初为大也。《周易集解》。天地交，万物生，故咸亨。《周易集解》。

宋衷注：地有上下九等之差，故以形势言其性也。《周易集解》。

虞翻注：谓阴极阳生，乾流坤形，坤含光大，凝乾之元，终于坤亥，出乾初子，品物咸亨，故元亨也。坤为牝，震为马，初动得正，故利牝马之贞矣。《周易集解》。谓阳得其类，月朔至望，从震至乾，与时偕行，故乃与类行。《周易集解》。阳丧灭坤，坤终复生，谓月三日，震象出庚，故乃终有庆。此指说易道阴阳消息之大要也。谓阳月三日，变而成震出庚，至月八日，成兑见丁，庚西丁南，故西南得朋。谓二阳为朋，故兑君子以朋友讲习。《文言》曰"敬义立而德不孤"，《彖》曰"乃与类行"。二十九日，消乙入坤，灭藏于癸，乙东癸北，故东北丧朋。谓之以坤灭乾，坤为丧故也。马君云："孟秋之月，阴气始著，而坤之位，同类相得，故'西南得朋'。孟春之月，阳气始著，阴始从阳，失其党类，故东北丧朋。"失之甚矣。而荀君以为阴起于午，至申三阴，得坤一体，故曰"西南得朋"。阳起于子，至寅三阳，丧坤一体，故东北丧朋。就如荀说，从午至申，经当言南西得朋，子至寅，当言北东丧朋。以乾变坤而言丧朋，经以乾卦为丧耶！此何异于马也。《周易集解》。坤道至静，故安。复初得正，故贞吉。《周易集解》。震为应。阳正于初，以承坤阴，地道应，故应地无疆。《周易集解》。势，力也。君子谓乾，阳为德，动在坤下。君子之德车，故厚德载物。《老子》曰"胜人者有力"也。《周易集解》。

王肃注：西南阴类，故得朋。东北阳类，故丧朋。《汉上易丛说》。

干宝注：阴气之始，妇德之常，故称元。与乾合德，故称亨。行天者莫若龙，行地者莫若马，故乾以龙繇，坤以马象也。坤阴类，故称利牝马之贞矣。《周易集解》。

蜀才注：坤以广厚之德，载含万物，无有穷竟也。《周易集解》。

天有无疆之德，而坤合之，故云："德合无疆"也。《周易集解》。

九家注：坤为牝、为迷。《周易集解》。谓乾气至坤，万物资受而以生也。坤者纯阴，配乾生物，亦善之始，地之象也，故又叹言至美。《周易集解》。《义海撮要》节引。谓坤爻本在柔顺阴位，则利正之乾，则阳爻来据之，故曰"君子攸行"。《周易集解》。

刘瓛注：至，极也。《文选·邹阳书注》。自无出有曰"生"，生得性之始也。《文选·陶渊明诗注》、《魏都赋注》引首句。万物资生于地，故地承天而生也。《周易集解》。

按，据十二消息卦，阴起于午（五月），消息为姤，至未（六月），遁申（七月）否阴起午至申，即五月至七月，皆三阴合坤体，以坤阴为西南之卦，故西南得朋。阳起于子，十一月复一阳生，十二月丑临，正月寅泰，皆三阳合而丧坤体，坤在西南，不在东北，故东北丧朋。其义马融、荀爽、王肃同。虞翻以纳甲之法释之，以艮震为东北丧朋，巽兑为西南得朋，其义与马融、荀爽、王肃异。焦循《易通释》："虞仲翔迂谬其说，谓震初不见东，故不称东方卦。巽阳隐初，又不见东南，亦不称东南卦。兑三失位不正，故言正秋。兑象不见西，故不言西方之卦，与坤同义。顾正秋即是正西，以四时互见四方，圣文简妙，无不该也。若震则明称东方，巽明称东南，何不见之有？盖言卦不言卦，乃属文之或省或不省耳。据以牵合其纳甲之说何哉！"此可备一说。

初六，履霜，坚冰至。《象》曰：履霜坚冰，阴始凝也。驯致其道，至坚冰也。

郑玄注：履读为"礼"。《经典释文》。驯，从也。《经典释文》。

向秀注：驯，从也。《经典释文》。

干宝注：重阴，故称六。刚柔相推故生变，占变故有爻，《系》曰"爻者，言乎变者也"，故《易》系辞皆称九六也。阳数奇，阴数偶，是以乾用一也，坤用二也。阴气在初，五月之时，自姤来也。阴气始动乎三泉之下，言阴气动矣，则必至于履霜，履霜则必至于坚冰，言有渐也。藏器于身，贵其俟时，故阳在潜龙，戒以勿用。防祸之原，欲其先几，故阴在三泉，而显以履霜也。《周易集解》。

九家注：霜者，乾之命也。坚冰者，阴功成也。谓坤初六之乾四，履乾命令而成坚冰也。此卦本乾，阴始消阳，起于此爻，故履霜也。驯，犹顺也。言阳顺阴之性，成坚冰矣。初六始姤。姤为五月盛夏而坚冰，五月阴气始生地中，言姤于微霜，终至坚冰，以明渐顺至也。《周易集解》。

按，履、礼二字古代通用。《尔雅·释言》："履，礼也。"马王堆汉墓帛书《周易》凡履字皆作礼。礼释"驯"为"从"，其义郑玄、向秀同。九家释"驯"为"顺"，"顺"亦含"从"义，《说文·马部》："驯，马顺也。"段玉裁注："驯之本义为马顺，引伸为凡顺之称。"故其义九家与郑玄、向秀亦同。初六居最下，阴之初现，阳开实时生出，如履霜面而知坚冰将接踵而至。焦循《易章句》："霜，犹丧也。"又《易通释》："《九家易》则傅会其说，言阳顺阴之性。卦本乾阳，初六始姤，五月阴气始生地中，始于微霜，终至坚冰。然以阴消阳，何得为顺？以顺为正者，妾妇之道，阳而顺阴，岂为致道！心疑久之，及细测于传，传赞经甚明，无容望文生意者也。"李道平《周易集解纂疏》释"履霜"之义云："初六阴气之微，似若初寒之始，但履践其霜，微而积渐，故坚冰乃至。"其义干宝与九家同。

六二，直方大，不习无不利。《象》曰：六二之动，直以方也。不习无不利，地道光也。

荀爽注：大者，阳也。二应五，五下动之，则应阳出直，布阳于四方。《周易集解》。不习无不利。物唱乃和，不敢先有所习。阳之所唱，从而和之，无不利也。《周易集解》。

郑玄注：直也、方也，地之性。此爻得中气而在地上，自然之性，广生万物，故生动直而且方。《礼记·深衣》正义。

干宝注：阴气在二，六月之时，自遯来也。阴出地上，佐阳成物，臣道也，妻道也。臣贵其直，义尚其方，地体其大，故曰"直方大"。士该九德，然后可以从王事，女躬四教，然后可以配君子。道成于我而用之于彼，不妨以仁学为政，不妨以嫁学为妇，故曰"不习无不利"也。《周易集解》。女德光于夫，士德光于国也。《周易集解》。

九家注：谓阳，下动应之，则直而行，布阳气于四方也。《周易集解》。

按，以阳为大，坤与乾为旁通卦，坤初二应乾九五，乾动则直，乾为阳，坤为方，故布阳气于四方。朱熹《周易本义》云："六二柔顺而中正，又得坤道之纯者，故其德内直外方而又盛大。"其义荀爽、九家同。《文言传》："坤至静而德方，故直也，方也，地之性也。"《坤·彖传》："大哉坤元，万物资生，故能广生万物。"是郑玄取《文言传》、《彖传》释"直方大"，而干宝引申为人事，故与荀爽、九家皆异。"习"，《说文·羽部》："习，数飞也。"段玉裁注："鹰乃学习，引申之义为习孰。"焦循《易章句》："习，重也。"其义荀爽、干宝同。

六三，含章可贞，或从王事，无成，有终。《象》曰：含章可贞，以时发也。或从王事，知光大也。

陆绩注：阴臣阳君，臣不敢为物之始。阳唱阴和，君命臣终其事也。京氏《易传》注。

虞翻注：贞，正也。以阴包阳，故含章。三失位，发得正，故可贞也。《周易集解》。或从王事,无成有终。谓三已发成泰,乾为王,坤为事,震为从,故或从王事。地道无成而有终,故无成有终。《周易集解》。

干宝注:阴气在三,七月之时,自否来也。阳降在四,三公在位也。阴升在三,三公事也。上失其权,位在诸侯。坤体既具,阴党成群,君弱臣强,戒在二国。唯文德之臣,然后可以遭之,运而不失其柔顺之正。坤为文,坤象既成,故曰"含章可贞"。此盖平襄之王,垂拱以赖晋郑之辅也。苟利社稷,专之则可,故曰"或从王事"。迁都诛亲,疑于专命,故亦或之。失后顺之节,故曰"无成"。终于济国安民,故曰"有终"。《周易集解》。位弥高,德弥广也。《周易集解》。

按,坤卦六位中,初、三、五爻为阳位,二、四、上爻为阴位,六三处阳位则不当位,以阴包阳,故"含章"。变而得正,故可贞。《文言传》:"阴虽有美,含之以从王事,弗敢成也。"张惠言《周易虞氏义》云:"坤言乾三,又阳位。章,美也。发即动也。三虽体健,不敢当王,故别自取震象,非其位,故曰或也。三为泰时,四即否时,故以时发。乾为知三,体乾成,故知光大,光大,乾坤之合,所谓王事也。"干宝引申以平、襄王之事喻之,其义与虞翻异。

六四,括囊,无咎无誉。《象》曰:括囊,无咎,慎不害也。

虞翻注:括,结也。谓泰反成否,坤为囊,艮为手,巽为绳,故括囊。在外,多咎也。得位承五,系于包桑,故无咎。阴在二我誉,而远在四,故无誉。《周易集解》。

干宝注:阴气在四,八月之时,自观来也。天地将闭,贤人必隐怀智苟容,以观时衅。此盖宁戚、蘧瑗与时卷舒之爻也。不艰其身则无咎,功业不建故无誉也。《周易集解》。

按，坤为囊，四为多惧，六四阴处阴位，惧而吝，有退缩之象。六四处上卦之下位，又有不交之象，故无咎无誉。李鼎祚《周易集解》引卢氏云："慎言则无咎也。"张惠言《周易虞氏义》云："四既否时，故囊括不动，则五正否成观也。四多惧，即多咎，不动故得位，五动体否五。坤为害，艮为慎，四填承五，故不害。"干宝引申以宁戚、蘧瑗事齐桓公、卫灵公之史喻之，其义与虞翻异。

上六，龙战于野，其血玄黄。《象》曰：龙战于野，其道穷也。

荀爽注：消息之位元，坤在于亥，下有伏乾，为其嗛于阳，故称龙也。《周易集解》。（取孟喜十二消息主十二月）

郑玄注：圣人喻龙，君子喻蛇。《仪礼》注。

陆绩注：乾配西北，积阴之地，阴盛故战。乾坤并处，天地之气杂，称玄黄也。戌亥是乾之位，乾伏本位，积阴之地，犹盛故战。京氏《易传》注。

干宝注：阴在上六，十月之时也。爻终于酉而卦成于乾，乾体纯刚，不堪阴盛，故曰"龙战"。戌亥，乾之都也，故称龙焉。阴德过度，以逼乾战。郭外曰"郊"，郊外曰"野"。坤位未申之维，而气溢酉戌之闲，故曰"于野"。未离阴类，故曰"血"。阴阳色杂，故曰"玄黄"。言阴阳离则异气，合则同功，君失夫妻，其义一也。故文王之忠于殷，抑参二之强，以事独夫之纣，盖欲弥缝其阙，而救其恶，以祈殷命，以济生民也。纣遂长恶不悛，天命极之，是以至于武王，遂有牧野之事，是其义也。《周易集解》。天道穷，至于阴阳相薄也。君德穷，至于攻战受诛也。柔顺穷，至于用权变矣。《周易集解》。

九家注：实本坤体，未离其类，故称血焉，血以喻阴也。玄黄，天地之杂，言乾坤合居也。《周易集解》。

按，上六处坤卦之上，称为“野”，坤阴已盛至极顶，上六纳巳，巳为蛇，上六下伏乾，乾为阳，蛇得阳气而似龙，故为龙战于野。孔颖达《周易正义》：“阴盛为阳所疑，阳乃发动，欲除去此阴，阴既强盛，不肯退避，故必战也。”朱熹《周易本义》：“阴盛之极，至与阳争，两败具伤。”其义荀爽、干宝同取孟喜十二消息主十二月。郑玄释“龙”引申为“圣人”，其义与荀爽、干宝异。阴阳杂色、天地之气相杂称“玄黄”。孔颖达《周易正义》：“上六之爻，兼有天地杂气，所以上六被伤，其血玄黄也。天色玄，地色黄，故血有天地之色。”其义陆绩、干宝、九家皆同。干宝则引申为“君失夫妻”并指定为历史上的牧野之战。

屯䷂

屯，元亨，利贞。勿用有攸往，利建侯。《彖》曰：屯，刚柔始交而难生，动乎险中，大亨贞。雷雨之动满形，天造草昧。宜建侯而不宁。《象》曰：云雷，屯。君子以经论。

荀爽注：物难在始生，此本坎卦也。雷震雨润，则万物满形而生也。《周易集解》。谓阳动在下，造生万物于冥昧之中也。《周易集解》。天地初开，世尚屯难，震位承乾，故宜建侯。动而遇险，故不宁也。《周易集解》。屯难之代，万事失正。经者，常也；论者，理也。君子以经论，不失常道也。《周易集解》。晁氏节引。

郑玄注：造，成也。草，草创。昧，昧爽也。《文选注》三十八。读而曰能，能犹安也。《经典释文》。谓论撰书礼乐，施政事。《经典释文》。

陆绩注：水在雷上，如云雷交作，天地草昧，经论之始，无出于此也。京氏《易传》注。

董遇注：草昧，微物。《经典释文》。

虞翻注：坎二之初，刚柔交震，故元亨。之初得正，故利贞矣。《周易集解》。之外称往。初震得正，起之欲应。动而失位，故勿用有攸往。震为侯。初刚难拔，故利以建侯，老子曰"善建者不拔"也。《周易集解》。乾刚坤柔，坎二交初，故始交。确乎难拔，故难生也。《周易集解》。震雷坎雨，坤为形也。谓三已反正，成既济，坎水流坤，故满形。谓雷动雨施，品物流形也。《周易集解》。造，造生也。草，草创物也。坤冥为昧，故天造草昧。成既济定，故曰“不宁”，言宁也。《周易集解》。

姚信注：经，纬也。时在屯难，是天地经纶之日，故君子法之，须经纶艰难也。《周易集解》。纶，谓纬也。以织综经纬，此君子之事。《正义》。《会通》。

干宝注：水运将终，木德将始，殷周际也。百姓盈盈，匪君子不宁。天下既遭屯之难，后王宜荡之以雷雨之政，故封诸侯以宁之也。《周易集解》。

九家注：雷雨者，兴养万物。今言屯者，十二月雷伏藏地中，未得动出，虽有云雨，非时长育，故言屯也。《周易集解》。

按，草昧，即事物初始阶段。孔颖达《周易正义》：“草谓草创，昧谓冥昧，言天造万物于草创之始，如在冥昧之时也。”焦循《易章句》：“草，犹早也。草昧，昧而未至于晦。”其义荀爽、郑玄、陆绩、董遇、虞翻皆同。屯卦是由坎卦初六爻辞与九二爻辞的转换而组成。屯下卦为震，阳近于阴，上卦为坎，阳入于阴，有交合之象。李鼎祚《周易集解》云：“初六升二，九二降初，是刚柔始交也。交则成震，震为动也，上有坎，是动乎险中也。动则物通而得正，故曰‘动乎险中，大亨贞’也。”其义荀爽、虞翻同。

又，“造”通“聚”，《汉书·刘向传》：“《易》曰‘飞龙在天，大人聚也’。”宋翔凤《周易考异》云：“聚与造专声之转也。”郑玄释“造”为“成”，有“作为”之意，虞翻为“造生”，其义同。“论”通“纶”。《说文·言部》：“论，议也。”段玉裁注云：“凡言语循其理、得其宜谓之论。”邢昺《论语序解》：“论者，纶也，轮也，理也，次也，撰也。”孔颖达《周易正义》：“经谓经纬，纶谓纲纶，言君子法此屯象有为之时，以经纶天下，约束于物，故云‘君子以经纶’也。姚信云：‘纶谓纲也，以织综经纬。’此君子之事，非其义也。刘表、郑玄云‘以纶为沦字’，非王本意也。”朱熹《周易本义》：“经纶，治丝之事。经引之，纶理之。屯难之世，君子有为时也。”其义荀爽、郑玄、陆绩、姚信同。

初九，磐桓，利居贞，利建侯。《象》曰：虽磐恒。志行正也。以贵下贱，大得民也。

子夏注：磐桓，犹桓旋也。《汉上易传》。

马融注：槃桓，旋也。《经典释文》。

荀爽注：盘桓者，动而退也。谓阳从二动而退居初，虽盘桓，得其正也。《周易集解》。阳贵而阴贱，阳从二来，是以贵下贱，所以得民也。《周易集解》。

陆绩注：屯难之际，盘桓不进之貌。京氏《易传》注。

虞翻注：震起艮止，动乎险中，故盘桓。得正得民，故利居贞。谓君子居其室，慎密而不出也。《周易集解》。

按，磐通槃、盘。初九居内卦震之下，震为动，震之覆象为艮，三、四、五爻互艮，艮为山、为止。震虽动而遇艮，欲动因则止，故“磐桓”有徘徊不进之象。王弼谓：“不可以进，故磐桓。”孔颖达《周易正义》：“磐桓，不进之貌。”焦循《易章句》：“磐桓，不进也。勿用故磐桓。”其义子夏、马融、荀爽、陆绩同。李道平《周易集解纂疏》云：“言初九虽磐桓不进，非苟求晏安，志欲以静息乱，志行正也。”初九虽然处磐桓之际，困难重重，但是在六二之下，是阳处阴下，阳贵阴贱，以贵而下降于贱，所以可以得民。其义荀爽、虞翻同。

六二，屯如邅如，乘马班如。匪寇，婚媾。女子贞不字，十年乃字。《象》曰：六二之难，乘刚也。十年乃

字，反常也。

子夏注：如，辞也。《经典释文》。班如，相牵不进貌。《经典释文》。《正义》。

马融注：邅如，难行不进之貌。《正义》。《义海撮要》。班，班旋不进也。重婚曰媾。《经典释文》。

荀爽注：阳动而止，故屯如也。阴乘于阳，故邅如也。《周易集解》。

郑玄注：马牝牡曰乘。《经典释文》。冓，犹会也。《经典释文》。

陆绩注：字，爱也。时通则道亨，合正匹也。京氏《易传》注。

虞翻注：屯邅，盘桓，谓初也。震为马作足，二乘初，故乘马。班，踬也。马不进，故班如矣。《周易集解》。匪，非也。寇谓五，坎为寇盗，应在坎，故匪寇。阴阳德正，故婚媾。字，妊娠也。三失位，变复体离，离为女子，为大腹，故称字。今失位为坤，离象不见，故女子贞不字。坤数十，三动反正，离女大腹，故十年反常乃字，谓成既济定也。《周易集解》。

王肃注：班如，槃桓不进也。《文选·演连珠》注。

九家注：阴出于坤，今还为坤，故曰"反常也"。阴出于坤，谓乾再索而得坎。今变成震，中有坤体，故言阴出于坤，今还于坤。谓二从初即逆，应五顺也。去逆就顺，阴阳道正，乃能长养，故曰"十年乃字"。《周易集解》。

按，释"邅如、班如"为"不进"，孔颖达《周易正义》："乘马班如者，《子夏传》云：'班如者，谓相牵不进也。'马季长云：'班，班旋不进也。'"焦循《易章句》："邅，转也。""班，旋也。"其义子夏、马融、荀爽、虞翻、王肃同。

又，孙堂《汉魏二十一家易注》考证云："抱经堂《释文考证》臧氏琳云：'马融云班旋不进义，当作般。'然则马融亦读班为般，与郑本合。古般、班字通。《书序》'班宗彝'，《释文》'班本作般'。《左传·成十三年》'郑公子般自訾求入于大宫'，《释文》'般本亦作班'。《汉书·礼乐志》'班裔裔'，师古曰：'般读与班同。'王弼云：'涉远而行，难可以进，故曰乘马班如。'则王意亦作般。陆德明云：'如字。'此误也。堂案：左氏襄公十八年《传》'有班马之声'，郭璞《尔雅注》引班作般，赵岐《孟子注》'公输子鲁班'，疏引《淮南》墨子见楚王为证云：'是公输即鲁班也。'《战国策》'公输班'，高诱注云：'公输班，鲁班之号也。'吴氏《国策校注》云：'般，它书或作班。'《周礼·内饔》《礼·内则》'马黑脊而般臂'，《太玄经》'涣爵般秩'，皆以般为班。般旋，字，音燔，又通盘。《说文》：'般，北潘切，辟也。象舟之施，从舟，从殳，殳所以旋也。'《尔雅·释言》：'般，还也。'彼《释文》云：'般，一音蒲安反，还音旋。'《广雅·释训》：'般桓，不进也。'《屯》初九'般桓'，马融云：'旋也。'《明夷》'夷于左股'，马融作"左般"，云旋也，义并同。史绳祖《学斋占毕》引陆德明《音义》云：'左般，马融、王肃音股，字作般，般，旋也云云。'堂案：般，盘字之省。汉隶又省作股，石经《尚书》残碑《盘庚》字作般。《仲秋下旬碑》'盘桓'字作股，杨孟文《石门颂》、《孔府君碑》阴亦以股为般，与股、肱、股字形同，故诸家异读耳。史氏以为音股，字作般，误矣。"

又，"媾"同"冓"，《说文·冓部》："冓，交积材也。象对交之形。"《说文·女部》："媾，重婚也。"《经典释文》："马云：重婚，本作冓。"故其义马融、郑玄同。屯卦上卦为坎，下卦为震，二、三、四爻互坤，坤为年，为虚，其数十。六二虽进九五应有屯难之难，但六二与九五为正应，有婚媾之象，终有和合，所以说十年乃字。其义虞翻、九家同。

六三，即鹿无虞，惟入于林中，君子几，不如舍，往吝。《象》曰：即鹿无虞，以从禽也。君子舍之，往吝穷也。

马融注：吝，恨也。《经典释文》。

郑玄注：机，弩牙也。《经典释文》。

虞翻注：即，就也。虞谓虞人，掌禽兽者。艮为山，山足称鹿，鹿，林也。三变体坎，坎为蘩木，山下，故称林中。坤为兕虎，震为麋鹿，又为惊走，艮为狐狼。三变，禽走入于林中，故曰"即鹿无虞，惟入林中"矣。《周易集解》。君子谓阳已正位。几，近；舍，置；吝，疵也。三应于上，之应历险，不可以往，动如失位，故不如舍之，往必吝穷矣。《周易集解》。

王肃注：麓，山足。

按，"鹿"通"麓"，释"鹿"为"山足"，所谓"即鹿"，是指近于山下之林，或非专指动物，也包括草植物。焦循《易通释》云："鹿同麓，山足也。"其义虞翻、王肃同。"几"，虞翻释为"近"，《汉书·五行志中》："以成王之宝圭湛于河，几以获神助。"颜师古注："几，读如冀。"郑玄作"机"，《尔雅·释器》："机，弩牙也。"其义与虞翻异。马融释"吝"为"恨"，《说文·心部》："恨，怨也。"《荀子·成相》："不知戒，后必有恨。"虞翻释为"疵"，《说文·疒部》："疵，病也。"引申为忧虑，其义与马融相近。

又按，此条爻辞"无虞"，古人解释为因无虞人作向导而放弃狩猎。孔颖达《周易正义》："言即鹿当有虞官，即有鹿也，若无虞官，以从逐于禽，亦不可得也。"按之今帛书本作"无虞"作"毋华"，"毋华"即为"无光"，意为天气阴霾，光线暗淡，猎人迷入其林中，于是放弃对禽兽的追逐，与《象传》"即鹿无虞，以从禽也"之意相吻合，其义更长。

上六，乘马班如，泣血涟如。《象》曰：泣血涟如，何可长也？

虞翻注：乘五也。坎为马，震为行，艮为止，马行而止，故班如也。《周易集解》。谓三变时，离为目，坎为血，震为出，血流出目，故泣血涟如。柔乘于刚，故不可长也。《周易集解》。

九家注：上六乘阳，故班如也。下二四爻，虽亦乘阳，皆更得承五，忧解难除。今上无所复承，忧难不解，故泣血涟如也。体坎为血，伏离为目，互艮为手，掩目流血，泣之象也。《周易集解》。

按，屯卦上卦为坎，下卦为震，二、三、四互坤，坎、震、坤皆有马象。六二、六四、上六皆阴爻处阴位，初九待六四之应，六二待九五之应，六三与上六皆阴爻无应，阴阳无应是为不吉。坎不血，为雨，故有"泣血涟如"之象。孔颖达《周易正义》："处险难之极，而下无应援，若欲前进，即无所之适，故'乘马班如'，穷困闉厄，无所委仰，故'泣血涟如'。"朱熹《周易本义》："阴柔无应，出屯之终。进无所之，忧惧而已。"张惠言《周易虞氏义》云："涟如，泣貌。三不应上，故上泣，二四乘阳，则不承刚矣。"其义虞翻、九家同。

蒙䷃

蒙，亨，匪我求童蒙，童蒙求我。初筮告，再三渎，渎则不告。利贞。《彖》曰：蒙，山下有险，险而止，蒙。蒙亨，以亨行，时中也。匪我求蒙童，童蒙求我，志应也。初筮告，以刚中也。再三渎，渎则不告，渎蒙也。蒙以养正，圣功也。《象》曰：山下出泉，蒙。君子以果行育德。

荀爽注：此本艮卦也。再三，谓三与四也。皆乘阳不敬，故曰“渎”。渎不能尊阳，蒙气不除，故曰“渎蒙也”。《周易集解》。

郑玄注：蒙者，蒙。物初生形，是其未开著之名也。人幼稚曰童，未冠之称。亨者，阳也。渎，亵也。筮，问也。互体震而得中，嘉会礼通。阳自动其中，德施地道之上，万物应之而萌牙生。教授之师取象焉，修道蓺于其室，而童蒙者求为之弟子，非己乎求之也。弟子初问则告之以事义，不思其三隅相况以反解而筮者，此勤师而功寡，学者之灾也。渎筮则不复告，欲令思而得之，亦所以利义而干事也。《公羊》疏。《经典释文》。

陆绩注：六五阴爻，在蒙暗，又体艮少男，故曰“童蒙”。京氏《易传》注。

虞翻注：艮三之二。亨谓二，震刚柔接，故亨。蒙亨，以通行时中也。《周易集解》。童蒙谓五，艮为童蒙，我谓二也。震为动起，嫌求之五，故曰“匪我求童蒙”。五阴求阳，故童蒙求我，志应也。艮为求。二体师象，坎为经，谓礼有来学无往教。《周易集解》。二五失位，利变之正，故利贞。蒙以养正，圣功也。《周易集解》。体颐故养。五多功，圣谓二，二志应五，变得正而亡其蒙，故圣功也。《周易集解》。《汉上易传》节引。

干宝注：蒙者，离宫阴也。世在四，八月之时，降阳布德，荠麦并生，而息来在寅，故蒙。于世为八月，于消息为正月卦也。正月之时，阳气上达，故屯为物之始生，蒙为物之稚也。施之于人，则童蒙也。苟得其运，虽蒙必亨，故曰“蒙亨”。此盖以寄成王之遭周公也。《周易集解》。武王之崩，年九十三矣，而成王八岁。言天后成王之年，将以养公正之道，而成三圣之功。《周易集解》。艮为山，震为出，坎泉流出，故山下出泉。《周易集解》。君子谓二，艮为果，震为行。育，养也。二至上有颐养象，故以果行育德也。《周易集解》。

按，《汉书·京房传》云：“二年二月朔，拜上封事曰：‘辛酉以来，蒙气衰去。……辛巳蒙气复乘卦。……丁亥蒙气去，然少阴并力而乘消息，戊子益甚，到五十分，蒙气复起。’”由此知荀爽此释与京房同义。蒙卦上卦为艮，下卦为坎，艮为少男，即为童。坎为隐伏，隐则不明，是为蒙。其义郑玄、陆绩、虞翻同。又，李鼎祚《周易集解》云：“二进居三，三降居二，刚柔得中，故能通发蒙时，令得时中矣。故曰蒙亨，以亨行时中也。二与五，志相应也。”孔颖达《周易正义》：“蒙者，微昧暗弱之名。物皆蒙昧，唯愿亨通，故云蒙亨。”其义虞翻、荀爽亦同。郑玄以弟子求学，寻师择学为其卦义，虞翻亦同。干宝引申以周公养育周成王故事喻之，其义则异。

初六，发蒙，利用刑人，用说桎梏，以往，吝。《象》

曰：利用刑人，以正法也。

孟喜注：以往遴。《说文·口部》。

郑玄注：木在足曰桎，在手曰梏。《周礼·大司寇》疏。

虞翻注：发蒙之正。初为蒙始而失其位，发蒙之正以成兑，兑为刑人，坤为用，故曰"利用刑人"矣。坎为穿木，震足艮手，互与坎连，故称桎梏。初发成兑，兑为说，坎象毁坏，故曰"用说桎梏"。之应历险，故以往吝。吝，小疵也。《周易集解》。坎为法，初发之正，故正法也。《周易集解》。

干宝注：初六戊寅，平明之时，天光始照，故曰"发蒙"。此成王始觉周公至诚之象也。坎为法律，寅为贞廉，以贞用刑，故利用刑人矣。此成王将正四国之象也。说，解也。正四国之罪，宜释周公之党，故曰"用说桎梏"。既感《金縢》之文，追恨《昭德》之晚，故曰"以往吝"。初二失位，吝之由也。《周易集解》。

按，《说文·木部》："桎，足械也。梏，手械也。"孔颖达《周易正义》："在足曰桎，在手曰梏。《小雅》云：'杻谓之梏，械谓之桎。'"焦循《易章句》："说，读如脱去之脱。""桎梏，校也。桎，犹至也。是桎梏而后用说也。"郑玄、虞翻以木在足在手释"桎梏"，是皆取《说文》，其义同。干宝以成王故事喻之则异。"吝"通"遴"《汉书·地理志》："民以贪遴争讼生分为失。"《汉书·景十三王传》："子安王光嗣，初好音乐舆马，晚节遴，唯恐不足于财。"颜师古皆注："遴，与吝同。"初六与六四均为阴爻，阴与阴无应，九二不当位，故有吝，其义孟喜、虞翻、干宝同。

九二，包蒙，吉。纳妇吉，子克家。《象》曰：子克家，刚柔接也。

孟喜注：彪，文也。晁氏。

京房注：彪，文也。晁氏。

郑玄注:彪,文也。《经典释文》。

陆绩注:彪,文也。晁氏。

虞翻注:坤为包,应五据初,初与三同四体,包养四阴,故包蒙吉。震刚为夫,伏巽为妇,二以刚接柔,故纳妇吉。二称家,震长子,主器者,纳妇成初,故有子克家也。《周易集解》。

按,释"彪"为"文",《说文·虍部》:"彪,文也。"《经典释文》:"郑云苞当作彪,彪,文也。"吕祖谦《古易音训》引晁氏云:"苞,京房、郑、陆绩作:'彪,文也。'"李富孙《易经胜义》引晁氏云:"苞,孟、京作彪。孟喜曰:'彪,文也。'"虞翻作包,苞通包(详见否卦卦辞辨)。孔颖达《周易正义》:"包谓包含。"沈祖绵《周易孟氏学》云:"李氏以汉时孟、京并称,故以京说为孟说耳。"其义孟喜、京房、郑玄、陆绩、虞翻同。

六五,童蒙,吉。《象》曰:童蒙之吉,顺以巽也。

荀爽注:顺于上,巽于二,有似成王任用周、召也。《周易集解》。

虞翻注:艮为童蒙,处贵承上,有应于二,动而成巽,故吉也。《周易集解》。

按,蒙卦上卦为艮,艮为少男,称童。三、四、五互坤,坤为顺,上九为阳,所以顺于上。六五爻失正,变阳,则下卦为巽,巽一作逊。孔颖达《周易正义》:"言六五以阴居于尊位,其应在二,二刚而得中,五则委以事于二,不劳己之聪明,犹若童稚蒙昧之人,故所以得吉也。"李道平《周易集解纂疏》:"五以童稚之年,居于尊位,委任于二,君师于臣,反蒙为圣,故曰有似成王任用周、召也。"其义荀爽、虞翻相通。

上九,击蒙,不利为寇,利御寇。《象》曰:利用御寇,上下顺也。

虞翻注：体艮为手，故击。谓五已变，上动成坎称寇，而逆乘阳，故不利为寇矣。御，止也。此寇谓二，坎为寇。巽为高，艮为山，登山备下，顺有师象，故利御寇也。《周易集解》。自上御下，故顺也。《周易集解》。

王肃注：击，治也。《经典释文》。

按，蒙卦上卦为艮，下卦为坎，艮为手，以刚居上，能击去众阴之蒙，故称"击"。坎为盗寇，上九与六三为应，而六三在坎中，上九不宜下就六三，下就六三则与寇为应，故不利。上九居极上，居高临下，所以说"利御寇"。虞翻释"击"为"御寇"，王肃释"击"为"治"，治即对抗。《汉书·韩安国传》："安国笑曰：'公等足与治乎？'"颜师古注："治谓当敌也，今人犹云对治。"其义王肃与虞翻相通。

需䷄

需，有孚，光亨，贞吉，利涉大川。《彖》曰：需，须也，险在前也。刚健而不陷，其义不困穷矣。需有孚，光享贞吉，位乎天位，以正中也。利涉大川，往有功也。《象》曰：云上于天，需。君子以饮食宴乐。

郑玄注：需读为秀，阳气秀而不直前者，畏上坎也。《经典释文》。宴，享宴也。《经典释文》。

宋衷注：云上于天，须时而降也。《周易集解》。

虞翻注：大壮四之五。孚谓五。离日为光，四之一得位正中，故光亨。贞吉谓壮于大轝之辐。《周易集解》。谓二失位，变而涉坎，坎为大川，得位应五，故利涉大川。五多功，故往有功也。《周易集解》。君子谓乾。坎水兑口，水流入口为饮，二失位，变体噬嗑，为食，故以饮食。阳在内称宴。大壮震为乐，故宴乐也。《周易集解》。

王肃注：云在天上，需。《经典释文》。

干宝注：上，升也。《经典释文》。

蜀才注：此本大壮卦。《周易集解》。

按，郑玄以“需”读为“秀”，需字的本义，为古代求雨代祭，引申为止、须。秀字的本义，为草木茂盛，吐华挺出之义，引申为出、不直前。《释名·释天》：“秀者，物皆成也。”《广雅·释诂一》:“秀,出也。”“需”之“止”,与“秀”之“不直前”,其义接近,“需”“秀”一声之转亦可通假。由此可证,郑玄读“需”为“秀”,重在解释阳气不直前,其义更胜。

又,宋衷、王肃、干宝释“需”皆云“云上于天”,需卦由大壮卦的六五爻辞与九四爻辞的置换而组成,李鼎祚《周易集解》:“六五降四‘有孚,光亨,贞吉’,九四升五‘位乎天位,以正中也’。”上卦坎为云,乾为天。云在天上,待时降雨,故名为“需”。释“宴”为“宴乐”,《诗·卫风·氓》:“言笑晏晏。”王弼《周易注》:“童蒙已发,盛德光亨,饮食宴乐,其在兹乎。”张惠言《周易虞氏义》云:“天需云降雨以养物。宴,在宅内,安也。由乐而饮食,故取震象。”其义郑玄、虞翻同。

九二,需于沙,小有言,终吉。《象》曰:需于沙,衍在中也。虽小有言,以终吉也。

荀爽注:二应于五,水中之刚,故曰“沙”。知前有沙漠而不进也。体乾处和,美德优衍在中而不进也。《周易集解》。《义海撮要》。二与四同功,而三据之,故小有言。乾虽在下,终当升上,二当居五,故终吉也。《周易集解》。《义海撮要》。

郑玄注:沚,接水者。《诗·凫鹥》正义。

虞翻注:沙谓五,水中之阳称沙也。二变之阴称小,大壮震为言,兑为口,四之五,震象半见,故小有言。二变应之,故终吉。《周易集解》。衍,流也。中谓五也。《周易集解》。

按,“沚”,《诗·大雅·凫鹥》正义引作“沙”。《说文·水部》:“沙,水边散石也,从水从少,水少沙见。”其义荀爽、郑玄、虞翻同。九二居下卦之中,以应九五,沙衍在其中。虽然“小有言”,但是乾伏坤,坤为终,结果终能获吉。孔颖达《周易正义》:“沙是水傍之地,去水渐近,待时于沙,故难稍近。虽小有责让之言，而终得其吉也。”其义荀爽、虞翻同。

九三，需于泥，致寇至。《象》曰：需于泥，灾在外也。自我致寇，敬慎不败也。

荀爽注：亲与坎接，帮称“泥”。须止不进，不取于四，不致寇害。《周易集解》。

虞翻注：离为戎，乾为敬，阴消至五遯，臣将弑君，四上壮坤，故敬慎不败。《周易集解》。

按，需卦上卦为坎，下卦为乾，坎为陷，故云“灾在外也”。九三进于六四，坎为水，为险，有招致寇来之象，故云“自我致寇”，倘若有所防备则可免灾。孔颖达《周易正义》：“泥者，水傍之地，泥溺之处，逼近于难，欲进其道，难必害已。故致寇至，犹且迟疑而需待时，虽即有寇至，亦未为祸败也。”焦循《易章句》：“寇当依郑康成、王肃作戎，寇至，败矣。敬慎则不致寇而致戎，则不败。”荀爽释为“不至寇害”，虞翻释为“敬慎不败”，其义基本相通。

六四，需于血，出自穴。《象》曰：需于血，顺以听也。

陆绩注：外卦坎水为险，亦阴，称血也。京氏《易传》注。

九家注：云从地出，上升于天。自地出者，莫不由穴，故曰“需于血，出自穴”也。《周易集解》。云欲升天，须时当降，顺以听五，五为天也。《周易集解》。

按，上卦为坎，坎有血象，六四与初九相应，所以出自穴。孔颖达《周易正义》：“凡称血者，阴阳相伤者也。”朱熹《周易本义》：“血者，杀伤之地。穴者，险陷之所。”其义陆绩与九家相通

九五，需于酒食，贞吉。《象》曰：酒食贞吉，以中正也。

荀爽注：五互离坎，水在火上，酒食之象。需者，饮食之道，故坎在需家为酒食也。云须时欲降，乾须时当升五，有刚德，处中居正，故能帅群阴，举坎以降，阳能正居其所则吉，故曰“需于酒食”也。《周易集解》。

九家注：谓乾二当升五，正位者也。《周易集解》。

按，九五居正之位，又系尊位，二爻互兑在下，兑为口中，口向上，故有需待饮食之象。孔颖达《周易正义》：“酒食贞吉，言九王居中得正，需道亨通，上下无事也。”朱熹《周易本义》：“酒食，宴乐之具，言安以待之。”其义荀爽与九家同。

上六，入于穴，有不速之客三人来，敬之，终吉。《象》曰：不速之客来，敬之，终吉。虽不当位，未大失也。

马融注：速，召也。《经典释文》。

荀爽注：需道已终，云当下入穴也。云上升极，则降而为雨，故《诗》云“朝跻于西，崇朝其雨”，则还入地，故曰“入于穴”。云雨入地，则下三阳动而自至者也。《周易集解》。《义海撮要》。人，谓下三阳也。须时当升，非有召者，故曰“不速之客”焉。乾升在上，君位以定，坎降在下，当循臣职，故敬之终吉也。《周易集解》。《义海撮要》。上降居三，虽不当位，承阳有实，故终吉，无大失矣。《周易集解》。

按，释“速”为“召”，意为招请。张衡《南都赋》：“以速远朋，嘉宾是将，揖让而升，宴于兰堂。”《尔雅·释言》：“速，徵也。”《玉篇·辵部》：“速，召也。”三人亦即九三，九三上行与上六为应，需待时而至，非一招即来，故称“不速之客”。孔颖达《周易正义》：“速，召也。不须召唤之客有三人自来。三人谓初九、九二、九三。”其义马融、荀爽同。

讼䷅

讼，有孚，窒惕。中吉，终凶。利见大人，不利涉大川。《彖》曰：讼，上刚下险，险而健，讼。讼有孚、窒惕、中吉，刚来而得中也。终凶，讼不可成也。利见大人，尚中正也。不利涉川，入于渊也。《象》曰：天与水违行，讼。君子以作事谋始。

马融注：咥，读为踬，犹止也。《经典释文》。《集韵》。

荀爽注：阳来居二而孚于初，故曰"讼有孚"。《周易集解》。《义海撮要》。利见大人，尚中正也。二与四讼，利见于五。五以中正之道，解其讼也。《周易集解》。不利涉川，入于渊也。阳来居二，坎在下为渊。《周易集解》。天自西转，水自东流，上下违行，成讼之象也。《周易集解》。

郑玄注：辩财曰讼。《经典释文》。咥，觉悔貌。《经典释文》。

陆绩注：天道西行，水东流，其路背也。外象乾，西北方之卦。内坎水，正北方之卦，其流东也。二气不交曰讼。京氏《易传》注。

虞翻注：遯三之二也。孚谓二。窒，塞止也。惕，惧二也。二失位，故不言贞。遯将成否，则子弑父，臣弑君，三来之二得中，弑不得行，故中吉也。《周易集解》。二失位，终止不变，则入于渊，故终凶也。《周易集解》。君子谓乾三，来变坤为作事，坎为谋，乾知大始,故"以作事谋始"。《周易集解》。

王肃注:以讼成功者,终必凶也。《周易集解》。

干宝注:讼,离之游魂也。离为戈兵,此天气将刑杀,圣人将用师之卦也。讼,不亲也。兆民未识天命不同之意。《周易集解》。省民之情,以制作也。武王故先观兵孟津,盖以卜天下之心,故曰"作事谋始"也。《周易集解》。

蜀才注:此本遯卦。《周易集解》。

按,讼卦是由遯卦的六二爻与九三爻的置换所组成,李鼎祚《周易集解》云:"二进居三,三降居二,是刚来而得中也。"故释"孚"为"二",其义荀爽、虞翻、蜀才同。郑玄释"讼"为"辩财",《说文·言部》:"讼,争也。"相争每每起自财富。《周礼·大司徒》:"凡万民之不服教而有狱讼者。"郑玄注:"争罪曰狱,争财曰讼。"陆绩释为"二气不交",干宝释为"不亲",其义各相异。

又,窒,马融、郑作咥,"窒"通"咥"。《经曲释文》:"马作咥,云读为踬,犹止也。郑云:'咥,觉悔貌。'"李富孙《易经异文释》:"马读咥为踬,训犹止,与窒义略同。"虞翻云:"窒,塞止也。"郑玄释为"觉悔貌",是取"咥"字本义。《说文·口部》:"咥,大笑也。从口,至声。《诗》曰'咥其笑矣。'"李富孙《易经异文释》云:"郑云觉悔貌,当即本义而引申之。盖以笑若有觉悔之意也。"其义马融、虞翻同,郑玄异。道为西行,水向东流,其路相背,其义荀爽、陆绩同。孔颖达《周易正义》:"言君子当防此讼源。凡欲兴作其事,先须谋虑其始。若初始分职分明,不相干涉,即终无所讼也。"朱熹《周易本义》:"天上水下,其行相违。作事谋始,讼端绝矣。"干宝以周武王观兵孟津故事释"作事谋始",虞翻言处事之始必须缜密谋划思考,其义相通。

九二,不克讼,归而逋,其邑人三百户,无眚。

《象》曰：不克讼，归逋窜也。自下讼上，患至掇也。

子夏注：妖祥曰眚。《经典释文》。

马融注：眚，灾也。《经典释文》。

荀爽注：三不克讼，故逋而归，坤称邑，二者，邑中之阳人。归逋，逃也。谓逃失邑中之阳人。《周易集解》。下与上争，即取患害，如拾掇小物而不失也。坤有三爻，故云"三百户无眚"。二者，下体之君。君不争，则百姓无害也。《周易集解》。

郑玄注：小国之下大夫采地方一成，其定税三百家，故三百户也。《杂记》正义。不易之田，岁种之，一易之田，休一岁乃种，再易之田，休二岁乃种，言至薄也。苟自藏隐，不敢与五相敌，则无灾眚。《正义》。眚，过也。《经典释文》。惙，忧也。《经典释文》。

虞翻注：谓与四讼，坎为隐伏，故逋。乾位刚在上，坎濡失正，故不克也。《周易集解》。眚，灾也，坎为眚。谓二变应五，乾为百，坤为户，三爻，故三百户。坎化为坤，故无眚。《周易集解》。

王肃注：掇，若手拾掇物然。《正义》。

按，"眚"之本义为目病，《说文·目部》："眚，目病，生翳也。"引申为灾眚。《春秋左氏传》庄公二十五年："非日月之眚，不鼓。"杜注："眚，犹灾也。月侵日为眚。"《汉书·五行志中之上》："时则有青眚青祥。"李奇注："内曰眚，外曰祥。"陆德明《经典释文》引郑玄云："自内生曰眚，自外曰祥，害物为灾。"《史记·五帝本纪》"眚灾过，赦"，《周易集解》引郑玄曰："眚灾，为人作患害者也。过失，虽有害则赦之。"清徐灏《说文解字注笺》："眚，灏谓灾眚之义即由此引申。"故释"眚"为"妖祥""灾""患害""过"，其义子夏、马融、荀爽、郑玄、虞翻同。

又，释"掇"为"拾掇小物"，其义荀爽、王肃同。郑玄作"惙"，《说文·心部》："惙，忧也。从心，叕声。"《淮南子·原道训》"其为悲不惙惙",高诱注:"惙,伤性也。"朱骏声《说文通训定声》引该爻辞又作"掇"。"掇"与"惙"字形相似,又同为"叕声",亦可假借。孔颖达《周易正义》:"患至极者,掇犹拾掇也。乍下讼上,悖逆之道,故祸患来至,若手自拾其物,言患必来也。故王肃云'若手拾掇物然'。"焦循《易章句》:"掇读如剟,削也。"通观该卦上下文义,郑玄以"惙"释"患",其义为胜。

九四,不克讼,复即命渝,安贞,吉。《象》曰:复即命,渝安贞,不失也。

马融注:渝,变也。《经典释文》。

郑玄注:渝,然也。《经典释文》。

虞翻注:失位,故不克讼。渝,变也。不克讼,故复位,变而成巽,巽为命令,故复即命渝。动而得位,故安贞吉,谓二已变坤安也。《周易集解》。

按,释"渝"为"变",马融、虞翻同。《诗·郑风·羔裘》:"彼其之子,舍命不渝。"毛传:"渝,变也。"郑玄笺:"是子处命不变,谓守死善道,见危授命之等。"孔颖达《周易正义》:"渝,变也。"然郑玄此"渝"释为"然",《广雅·释诂三》:"然,成也。"《大戴礼记·武王践阼》:"楹之名曰:'毋曰胡残,其祸将然。'"其义与马融、虞翻稍异。三、四、五爻互巽,巽为命令,即命就是从命。焦循《易章句》:"即,从也。"四与初相应,故安贞吉。

上九,或锡之鞶带,终朝三褫之。《象》曰:以讼受服,亦不足敬也。

马融注:鞶,大也;旦至食时为终朝。《经典释文》。鞶带,大带衣也。《口诀义》。

荀爽注:二四争三,二本下体,取之有缘。"或"者,疑之辞也。以三锡二,于义疑矣。争竞之世,分理未明,故或以锡二。

终朝者，君道明，三者，阳成功也。君明道盛，则夺二与四，故曰“终朝三拕之”也。鞶带，宗庙之服。三应于上，上为宗庙，故曰“鞶带”也。《周易集解》。

郑玄注：鞶带，佩鞶之带。《周礼·车巾》疏。

虞翻注：锡谓王之锡命。鞶带，大带，男子鞶革。初四已易位，三二之正，巽为腰带，故鞶带。《周易集解》。位终乾上，二变时，坤为终，离为日，乾为甲，日出甲上，故称朝。应在三，三变时，艮为手，故终朝三拕之。使变应已，则去其鞶带，体坎乘阳，故《象》曰“不足敬也。”《周易集解》。服谓鞶带。终朝见拕，乾象毁坏，故不足敬。《周易集解》。

王肃注：褫，解也。《经典释文》。

翟玄注：上以六三，锡下三阳，群刚交争，得不以让，故终一朝之间，各一夺之，为三拕。《周易集解》。

九家注：初二三四皆不正，以不正相讼而得其服，故不足敬也。《周易集解》。

按，鞶通盘，“鞶”为“大带”，《春秋左氏传》桓公二年：“鞶厉旒缨。”杜预注：“盘，大带也。”《说文·革部》：“鞶，大带也。《易》曰：‘或锡之鞶带。’男子带鞶，妇人带丝。”《说文》所引为孟氏《易》，张惠言《易义别录》云：“大带衣者，以大带表衣，犹云冕弁服也。《礼》云鞶裂不得训大，故郑改顺为佩鞶之带，则革带也。”朱熹《周易本义》：“鞶带，命服之饰。”其义马融、旬爽、郑玄、虞翻与孟喜同。拕，荀爽、郑玄、虞翻、翟玄同，马融、王肃作“褫”。《说文·衣部》：“褫，夺也。”沈涛《说文古本考》云：“褫本夺衣，故字从衣，而引申之，凡夺物皆谓之褫。”焦循《易章句》：“褫，犹夺也。”其义荀爽、翟玄同。“三褫”之义，历来众说纷纭。孔颖达《周易正义》：“以其因讼得胜，受此锡服，非德而受，亦不足可敬，故终朝之间，三被褫脱也。”考《礼记·杂记》：“申加大带于上。”郑玄注：“申，重也，重于革带也。革带以佩韨，必言重加大带者，明虽有变必备此二带。”如郑玄谓因讼而受赏大带，终朝三加之于身，以示夸耀，其义有别。王肃则谓以讼受赐，荣耀短暂，终朝之间，褫带者三。若依今竹书本作“三”解，则郑玄义胜。九家所谓“不得其服”，服即鞶带，故与虞翻所释“不足敬”，其义相通。以此爻喻“争竞之世”或“群刚交争”，翟玄则引申荀爽之说。

师䷆

师,贞,丈人吉,无咎。《彖》曰:师,众也。贞,正也。能以众正,可以王矣。刚中而应,行险而顺。以此毒天下而民从之,吉又何咎矣。《象》曰:地中有水,师。君子以容民畜众。

子夏注:大人,王者之师也。《周易集解》。

马融注:二千五百人为师。毒,治也。《经典释文》。

荀爽注:谓二有中和之德而据群阴,上居五位,可以王也。《周易集解》。

郑玄注:军二千五百人为师。多以军为名,次以师为名,少以旅为名。师乾,举中之言。丈之言长,能御众,有正人之德,以法度为人之长,吉而无咎,谓天子诸侯主军者。《春官·天府》疏。《经典释文》。

陆绩注:丈人者,圣人也。帅师未必圣人,若汉高祖,光武,应此义也。《周易集解》。《义海撮要》节引。师为众首,法长而行。《口诀义》。坎在坤内,故曰"地中有水"。师,众也。坤中众者,莫过于水。《周易集解》。

虞翻注:坤为众。谓二失位,变之五为比,故能以众正,乃可以王矣。《周易集解》。君子以容民畜众。君子谓二。容,宽也。坤为民众,又畜养也。阳在二,宽以居士,五变执言时,有颐养象,故以容民畜众矣。《周易集解》。

王肃注:畜,养也。《经典释文》。《丙子学易编》。

干宝注:坎为险,坤为顺。兵革刑狱,所以险民也。毒民于险中,而得顺道者,圣王之所难也。毒,荼苦也。五刑之用,斩刺肌体,六军之锋,残破城邑,皆所荼毒奸凶之人,使服王法者也,故曰“以此毒天下而民从之”。毒以治民,明不获已而用之,故于《彖》、《象》、六爻皆著戒惧之辞也。《周易集解》。《义海撮要》节引。

蜀才注:此本剥卦。《周易集解》。

按,师卦上卦为乾,下卦为坎,上九爻与六二爻置换而成剥卦。李鼎祚《周易集解》:“上九降六,六二升上,是‘刚中而应,行险而顺’也。”子夏作“大人”,古代以二千五百人为师,率领军队,既是王之事,也是大人之事,证之今马王堆汉墓帛书《周易》亦作“大人”。郑玄、陆绩作“丈人”。古代“大”、“丈”两字常被混同。《大戴礼记·本命》:“丈者,长也。”朱熹《周易本义》:“丈人,长者之称。”王夫之《周易内传》:“丈人,为壮猷之元老。”朱骏声《经解》云:“丈者,度数所自出,师行以法令节制为主,是以丈人吉。”孙堂《汉魏二十一家易注》:“丈人能以法度长于人。”据此,“大人”或“丈人”,陆绩则专指汉高祖、汉光武一类的开国君主为丈人,其义诸家皆同

又,释“毒”为“治”,治即治理、统治。王引之《经义述闻》:“《广雅》:‘毒,安也’毒天下者,安天下也。《广雅》训毒为安,盖《周易》旧注也,视诸说为长。”王弼《周易注》谓“毒,犹役也”,知干宝释“毒”为“荼苦”,其义与马融同。释“师”为“众”,陆绩、九家同。释“畜”为“养”,其义虞翻、王肃同。

九二,在师中,吉,无咎,王三锡命。《象》曰:在师

中吉，承天宠也。王三锡命，怀万邦也。

荀爽注：王谓二也。三者，阳德成也。德纯道盛，故能上居王位而行锡命，群阴归之，故曰“王三锡命，怀万邦也”。《周易集解》。

郑玄注：宠，光耀也。《经典释文》。

陆绩注：阳居九二也。京氏《易传》注。

王肃注：龙，宠也。《经典释文》。

九家注：虽当为王，尚在师中，为天所宠，事克功成，故吉无咎。二非其位，盖谓武王受命而未即位也。受命为王，定天下以师，故曰“在师中吉”。《周易集解》。《义海撮要》。

按，宠之义，郑玄作“光耀”。“耀”同“燿”。《老子》第五十八章：“是以圣人方而不割，廉而不刿，直而不肆，光而不燿。”《韩非子·解老》引作“光而不耀”。《说文·火部》：“燿，照也。”徐灏《说文解字注笺》云：“俗作耀。”《淮南子·修务》：“察于辞者，不可以耀以名。”“宠”“龙”古为一字，《广雅·释言》：“龙，彰也。”故王肃释“龙”为“宠”、九家谓“为天所宠”，其义亦与郑玄同。又，据陆绩注京房《易传》，此条爻辞作“阳居九二称中男”，九二居下坎之中称中男，其义与荀爽异。

六五，田有禽，利执言，无咎。长子帅师，弟子舆尸，贞凶。《象》曰：长子帅师，以中行也。弟子舆尸，使不当也。

荀爽注：田，猎也。谓二帅师禽五，五利度二之命，执行其言，故无咎也。《周易集解》。长子谓九二也。五处中应二，受任帅师，当上升五，故曰“长子帅师，以中行也”。《周易集解》。

宋衷注：弟子，谓六三也。失位乘阳，处非所据，众不听从，师人分北，或败绩死亡，舆尸而还，故曰“弟子舆尸”。谓使不当其职也。《周易集解》。

虞翻注：田谓二，阳称禽。震为言，五失位，变之正，艮为执，故利执言，无咎。《周易集解》。长子谓二，震为长子。在师中，故帅师也。《周易集解》。弟子谓三，三体坎，坎震之弟而乾之子。失位乘阳，逆，故贞凶。《周易集解》。

按，六五居尊位，二、三、四爻互震，震为长子，六三互坎，坎为弟。故释“长子”为“九二”，其义荀爽、虞翻同。释“弟子”为“六三”，其义宋衷、虞翻同。孔颖达《周易正义》引庄氏云：“长子谓九二，德长于人。弟子谓六三，德劣于物。”释“田”为“猎”，闻一多《周易义征类纂》：“执者，犹执讯也。”其义荀爽、虞翻皆同。

上六，大君有命，开国承家，小人勿用。《象》曰：大君有命，以正功也。小人勿用，必乱邦也。

荀爽注：大君谓二，师旅已息，既上居五，当封赏有功，立国命家也。开国，封侯；承家，立大夫也。《周易集解》。

郑玄注：命，所受天命也。《文先注》二十四。

宋衷注：阳当之五，处坤之中，故曰“开国”。阴下之二，在二承五，故曰“承家”。开国，谓析土地以封诸侯，如武王封周公七百里地也。承家，立大夫为差次，立大夫因采地名。正其功勋，行其赏禄。《周易集解》。

虞翻注：同人乾为大君，巽为有命。承，受也。坤为国，二称家。谓变乾为坤，欲令二上居五为比，故开国承家。《周易集解》。阴称小人。坤虚无君，体迷复凶，坤成乾灭以弑君，故小人勿用。《周易集解》。谓五多功。五动正位，故正功也。《周易集解》。坤反君道，故乱邦也。《周易集解》。

干宝注：大君，圣人也。有命，天命也。五常为王位，至师之家而变其例者，上为郊也，故易位，以见武王亲征，与师人同处于野也，离上九曰“王用出征，有嘉折首”。上六为宗庙，武王以文王行，故正开国之辞于宗庙之爻。明已之受命，文王之德也，故《书·泰誓》曰“予克纣，非予武，惟朕文考无罪。纣克予，非朕文考有罪，惟予小子无良”。开国，封诸侯也。承家，立都邑也。小人勿用，非所能矣。《周易集解》。《义海撮要》节引。汤武之事。《周易集解》。楚灵、齐闵穷兵之祸也。《周易集解》。

按，释“命”为“天命”，其义郑玄、干宝同。开国承家，孔颖达《周易正义》：“大君有命者，上六处师之极，是师之终竟也。大君谓天子也，言天子爵命此上六，若其功大，使之开国为诸侯；若其功小，使之承家为卿大夫。”程颐《易传》：“大君以爵命赏有功也。开国，封之为诸侯也。承家，以为卿大夫也。承，受也。”其义荀爽、虞翻同，宋衷、干宝则专主商汤与周武王以武力推翻前朝的革命故事。

比䷇

比，吉。原筮，元永贞，无咎。不宁方来，后夫凶。《彖》曰：比，吉也。比，辅也，下顺从也。原筮，元永贞，无咎，以刚中也。不宁方来，上下应也。后夫凶，其道穷也。《象》曰：地上有水，比。先王以建万国，亲诸侯。

子夏注：地得水而柔，水得土而流，比之象也。夫凶者，生于乖争，今既亲比，故云"比，吉"也。《周易集解》。《经典释文》。《口诀义》。《汉艺文志考证》。《困学纪闻》。

荀爽注：后夫谓上六。逆礼乘阳，不比圣王，其义当诛，故其道穷凶也。《周易集解》。《义海撮要》。

陆绩注：比卦一阳五阴，少者为贵，众之所尊者也。京氏《易传》注。

虞翻注：师二上之五，得位，众阴顺从，比而辅之，故吉。与大有旁通。《周易集解》。水性流动，故不宁，坤阴为方，上下应之，故方来也。《周易集解》。后谓上，夫谓五也。坎为后，艮为背，上位在背，后无应乘阳，故后夫凶也。《周易集解》。先王谓五，初阳已复，震为建、为诸侯，坤为万国、为腹，坎为心。腹心亲比，故以建万国，亲诸侯。《诗》曰"公侯腹心"，是其义也。《周易集解》。

干宝注：比者，坤之归魂也。亦世于七月，而息来在巳，去阴居阳，承乾之命，义与师同也。原，卜也。《周礼》三卜，一曰原兆。坤德变化，反归其所，四方既同，万国既亲，故曰"比吉"。考之蓍龟，以谋王业，大相东土，卜惟洛食，遂乃定鼎郏鄏，卜世三十，卜年七百，德善长于兆民，戬禄永于被业，故曰"原筮元永贞"。逆取顺守，居安如危，故曰"无咎"。天下归德，不唯一方，故曰"不宁方来"。后服之夫，违天失人，必灾其身，故曰"后夫凶"也。《周易集解》。

蜀才注：此本师卦。《周易集解》。

按，比卦坤下坎上，坤为地，坎为水。地与水有相互比附的关系。《说文·比部》："比，密也。"《史记·天官书》："危东六星，两两相比。"《汉书·陈汤传》："无比者，先以闻。"颜师古注："谓相附也。"水性润下，今在地上，更相浸润，有比之象。此亦子夏所释之义。又，比卦是由师的六五降二，九二升五的爻位转换而成。李鼎祚《周易集解》云："六五降二，九二升五，刚往得中，为比之主，故能原究筮道，以求长正而无咎矣。"张惠言《周易虞氏义》云："消息卦师二正五，与大有旁通，阴比于阳，故名曰比。"其义虞翻、蜀才与子夏异。干宝则采京房《易传》为坤宫之归魂卦之说。

初六，有孚比之，无咎。有孚盈缶，终来有它吉。《象》曰：比之初六，有它吉也。

子夏注：非应，称它也。《古占法》。《汉上易传》。《会通》。

荀爽注：初在应外，以喻殊俗。圣王之信，光被四表。绝域殊俗，皆来亲比，故无咎也。《周易集解》。缶者应内，以喻中国。孚既盈满中国，终来及初，非应，故曰"它"也。象曰"有它吉"者，谓信及非应，然后吉也。《周易集解》。

郑玄注：爻辰在未，上值东井。井之水，人所汲用缶。缶，汲器也。《诗·宛丘》正义。《经典释文》。

陆绩注:变而得正,故吉。《汉上易传》。

虞翻注:孚谓五。初失位,变来得正,故无咎也。《周易集解》。坤器为缶,坎水流坤,初动成屯。屯者,盈也。故盈缶。终变得正,故终来有它吉,在内,称来也。《周易集解》。坤器为缶,坎水流坤,初动成屯。屯者,盈也。故盈缶。终变得正,故终来有它吉,在内,称来也。《周易集解》。

按,"非应称它","它"即"外"。其义子夏、荀爽同。缶为瓦器,《说文·缶部》:"缶,瓦器,所以盛酒浆。"《尔雅》:"盎谓之缶。"其义荀爽、郑玄、虞翻同。初六失位与六四不应,本当有咎,然与九五亲比,故"有它吉"而"无咎"。比卦下卦互坤,坤为蛇,古蛇字作"它",与龙同类。《列子·黄帝》:"庖牺氏、女娲氏、神农氏、夏后氏蛇身人面、牛首虎鼻,此有非人之状,而有大圣之德。"《拾遗记》云:"蛇身之神即羲皇也。"故可称"它吉".其义陆绩、虞翻同。

六三,比之匪人。《象》曰:比之匪人,不亦伤乎。

子夏注:处非其位,非人道也。《汉上易传》。

马融注:匪,非也。《经典释文》。

虞翻注:匪,非也。失位无应,三又多凶,体剥伤象,弑父弑君,故曰"匪人"。《周易集解》。

干宝注:六三乙卯,坤之鬼吏,在比之家,有土之君也。周为木,卯为木辰,同姓之国也。爻失其位,辰体阴贼,管蔡之象也。比建万国,唯去此人,故曰"比之匪人",不亦伤王政乎!《周易集解》。

按,释"匪"为"非",以六三失位无应,又临坎,坎为非人,六三承坎,故比之匪人,喻失人道。孔颖达《周易正义》:"六三所比，皆非己亲之人。四自外比，二为五贞，近不相得，远又无应，是所欲亲比，皆非其亲，是以悲伤也。”焦循《易章句》：“匪，犹非也，失是故非。”其义子夏、马融、虞翻同，干宝则专喻周文王同母弟管叔鲜、蔡叔度在周武王弟死后发动的叛乱之义。

六四，外比之，贞吉。《象》曰：外比于贤，以从上也。

虞翻注：在外体，故称外。得位比贤，故贞吉也。《周易集解》。

干宝注：四为三公，在比之象而得其位，上比圣主，下御列国，方伯之象也。能外亲九服贤德之君，务宣上志，绥万邦也。故曰“外比于贤，以从上也。”《周易集解》。《义海撮要》节引。

按，“外”指上卦，“贤”即九五，六四上承九五，九五在六四之外，是下顺从上之九五之阳刚，故“贞吉”而“从上”。王弼《周易注》：“外比于五，复得其位，比不失贤，故贞吉也。”干宝喻之以“能外亲九服贤德之君”之义，其义与虞翻同。

九五，显比，王用三驱，失前禽，邑人不诫，吉。《象》曰：显比之吉，位正中也。舍逆取顺，失前禽也。邑人不诫，上使中也。

马融注：三驱者，一曰乾豆，二曰宾客，三曰君庖。《经典释文》。

郑玄注：王因天下显，习兵于搜狩焉。驱禽而射之，三则已，法军礼也。失前禽者，谓禽在前来者不逆而射之，傍去又不射，唯背走者，顺而射之，不中则已，是皆所以失之。用兵法亦如之，降者不杀，奔者不禁，背者不杀，加以仁恩养威之道。《秋官·士师》疏。《左传》桓四年正义。

虞翻注：五贵多功，得位正中，初三以变体重明，故显比，谓显诸仁也。《周易集解》。坎五称王，三驱谓驱下三阴，不及于初，故失前禽。谓初已变成震,震为鹿,为惊走,鹿之斯奔,则失前禽也。《周易集解》。坤为邑,师震为人,师时坤虚无群,使师二上居五中,故不戒吉也。《周易集解》。谓离象明,正上中也。《周易集解》。背上六,故舍逆。据三阴,故取顺。不及初,故失前禽。《周易集解》。谓二,使师二上居五中。《周易集解》。

按,"三驱"之义,代表性的有两说。其一,《春秋穀梁传》桓公四年:"四时之田,用三焉。一曰乾豆,二曰宾客,三曰充君之庖。"《礼记·王制》:"天子、诸侯无事,则岁三田,一为乾豆,二为宾客,三为充君之庖。"颜师古亦谓:"三驱,古射猎之等也。一为笾豆,二为宾客,三为充君之庖也。"马融即取此说。其二,皇甫谧《帝王世纪》曰:"成汤出见罗者方祝,汤问之曰:'尔之祝何也?'罗者曰:'从天下者,从地出者,从四方来者,皆入吾网。'汤闻曰:'嘻!尽之矣。非桀其孰能为?'乃令解其三面,留其一面。"孔颖达《周易正义》:"夫三驱之礼者,先儒皆云'三度驱禽而射之也'。三度则已,今亦从之,去则射之。褚氏诸儒皆以'为三面着人驱禽',必知三面者,禽唯有背己、向己、趣己,故左右及于后皆有驱之。"宋祁谓:"一说三驱者,三面驱之,阙其一面,使有可去之道而不忍尽物,盖先王之仁心也。礼所谓天子不合围者也。"朱熹《周易本义》亦谓"天子不合围,故开一面之网,用三驱也"。其义郑玄、虞翻相通,马融则异。

上六,比之无首,凶。《象》曰:比之无首,无所终也。

荀爽注:阳欲无首,阴以大终,阴而无首,不以大终,故凶也。《周易集解》。《义海撮要》。

虞翻注:首,始也。阴道无成而代有终,无首凶。《周易集解》。迷失道,故无所终也。《周易集解》。

按,上卦为坎,坎为失,是无首之象。上六不当位,下无坤之应,坤为元首,与元首失比,所以凶。孔颖达《周易正义》:“无首凶者,谓无能为头首。它人皆比,己独在后,是亲比于人,无能为头首也。它人皆比,亲道已成,己独在后,众人所弃,宜其凶也。”其义荀爽、虞翻同。

小畜䷈

小畜，亨，密云不雨，自我西郊。《彖》曰：小畜，柔得位而上下应之，曰小畜。健而巽，刚中而志行，乃亨。密云不雨，尚往也。自我西郊，施未行也。《象》曰：风行天上，小畜。君子以懿文德。

九三，舆说辐，夫妻反目。《象》曰：夫妻反目，不能正室也。

子夏注：辐，车剧也。《正义》。輹，车下伏菟也。《左传》正义。《丹铅总录》。

孟喜注：车说輹。《说文》。晁氏引同。

马融注：乾为车，《周易集解》虞翻引。輹，车下缚也。《经典释文》。

郑玄注：辐，伏菟。《经典释文》。谓舆下缚木，与轴相连，钩心之木是也。《正义》。

陆绩注：不义之兆。京氏《易传》注。

虞翻注：豫坤为车，为輹，至三成乾，坤象不见，故车说輹。马君及俗儒皆以乾为车，非也。《周易集解》。豫震为夫、为反，巽为妻，离为目，今夫妻共在四，离火动上，目象不正，巽多白眼，夫妻反目。妻当在内，夫当在外，今妻乘夫而出在外，象曰“不能正室”。三体离需，饮食之道，饮食有讼，故争而反目也。《周易集解》。

九家注：四互体离，离为反目也。离既不正，五引而上，三引而下，故反目也。舆以轮成车，夫以妻成室，今以妻乘夫，其道逆，故不能正室。《周易集解》。

按，“辐”“輹”字异义同。辐是连结车辋和车毂的直条。《说文·车部》：“辐，轮轑也。”輹是捆绑车伏兔与车轴的绳索。《说文·车部》：“輹，车轴缚也。”段玉裁注：“谓以革若丝之类缠束于轴，以固轴也。缚者，束也。”《易·大畜》：“舆说輹。”《经典释文》：“輹，车下缚也。”张惠言《易义别录》云：“谓輹为轴与车之勮连关轴与车者，车谓舆也。”章炳麟《訄书·分镇匡谬》云：“若其检式群下，和齐县内，微革更官制，则犹篆车之无輹，而丁时者或未意是也。”一说指车箱底板伏兔。古代车子上钩连车箱底板与车轴的部件，用绳或革相连接。焦循《易章句》：“辐当作輹，舆下伏菟也。”“菟”即“兔”。《诗·周南·兔罝》《经典释文》作“菟罝”云：“菟又作兔。”《楚辞·天问》：“厥利维何，而顾菟在腹。”王逸注：“言月中有菟。”《史记·司马相如传》《子虚赋》“掩菟辚鹿”，《汉书·贾谊传》“不搏反寇而搏畜菟”，《汉书·邹阳传》“上覆飞鸟，下不见伏菟”等，“兔”均作“菟”。“伏菟”亦即“伏兔”，《周礼·考工记·辀人》：“良辀环灂，自伏兔不至轨七寸。”由此知其义子夏、马融、郑玄同。虞翻以豫坤为车，与马融以乾为车则异。

又，小畜卦下卦为乾，乾为夫，上卦为巽，巽为妇，三、四、五爻互离，离为目，巽为多白眼，有怨气，而且九三阳爻为夫在下卦，六四阴爻为妻在上卦，妻乘夫在上，夫被制于下，故夫妻反目，不能正室。孔颖达《周易正义》：“以九三之夫不能正上九之室，故曰反目也。此假象以喻人事也。”其义虞翻、九家同。焦循《易章句》：“九家谓妻乘夫，其道逆，非是。”陆绩释为“不义之兆”，其义相通。

六四，有孚，血去惕出，无咎。《象》曰：有孚惕出，上合志也。

马融注：血当作恤，忧也。《经典释文》。

荀爽注：血以喻阴，四阴臣象，有信顺五。惕，疾也。四当去初，疾出从五，故曰“上合志也”。《周易集解》。

虞翻注：孚谓五。豫坎为血为惕，惕，忧也。震为出，变成小畜，坎象不见，故血去惕出。得位承五，故无咎也。《周易集解》。

按，小畜卦三、四、五爻互离，伏坎，坎为血，马融释“血”为“忧”，荀爽释“惕”为“疾”，虞翻释为“惕”为“忧”，焦循《易章句》：“惕，逷也。”孔颖达《周易正义》：“所以惕出者，由己与上九同合其志，共恶于三也。”其义马融、荀爽、虞翻三家各异。

九五，有孚挛如，富以其邻。《象》曰：有孚挛如，不独富也。

子夏注：恋，思也。《经典释文》。

马融注：挛，连也。《经典释文》。

虞翻注：孚五谓二也。挛，引也。巽为绳，豫艮为的手，二失位，五欲其变，故曰“挛如”。以，及也。五贵称富，邻谓三，兑西震东称邻，二变承三，故富以其邻，《象》曰“不独富”。二变为既济，与东西邻同义。《周易集解》。

九家注：有信，下三爻也。体巽，故挛如。如谓连接其邻，邻谓四也。五以四阴作财，与下三阳共之，故曰“不独富也”。《周易集解》。

按，释“挛”为“连”，孔颖达《周易正义》：“挛如，相牵系不绝之名。”其义马融、九家同。虞翻释“连”为“引”，其义相通。子夏释作“恋”释为“思”。“挛”同“恋”。《汉书·叙传》：“既系挛于世教矣。”《汉书·孝武李夫人传》:“上所以挛挛顾念我者,乃以平生容貌也。”颜师古皆注:“挛,又读曰恋。”《隶释·仙人唐公房碑》:“妻子挛家不去。”《隶释·北海相景君碑》:“路遐挛亲。”洪适注:“挛即恋字”。其义子夏、马融、虞翻、九家相通。

不过,以“恋”解为“思”的观念,大致出现在汉魏时期。如《后汉书·姜肱传》:“及各娶妻,兄弟相恋,不能别寝。”又如嵇康《思亲诗》即有“日远迈兮思予心,恋所生兮泪不禁”的诗句。然而根据现传先秦古籍来看,其恋字所包含思念之意还可以追溯到先秦。如《左传·宣公二年》:“‘我之怀矣,自诒伊戚’,自我之谓也。”杜预注:“逸《诗》也。言人多所怀恋,则自遗忧。”逸《诗》所言“怀矣”“遗忧”,亦即“怀思”之义,与子夏“挛”作“恋”,释为“思”之义合。

上九,既雨既处,尚德载,妇贞厉,月几望,君子征凶。《象》曰:既雨既处,德积载也。君子征凶,有所疑也。

荀爽注:卦以一阴畜四阳,故密云不雨。上处畜之极,故阳德上通。犹畜德不已,泽乃行也。泽行则物安,故既雨既处也。既,尽也。尽雨泽、尽安处之,此乃上畜德能积载,与三阳同志而无私应也。《义海撮要》。

虞翻注:既,已也。应在三,坎水零为雨,巽为处,谓二已变,三体坎雨,故既雨既处。坎云复天,坎为车,积载在坎上,故上得积载。巽为妇,坎成巽坏,故妇贞厉。《周易集解》。几,近也。坎月离日,上已正,需时成坎,与离相望,兑西震东,日月象对,故月几望。上变阳消,之坎为疑,故君子征,有所疑矣。与归妹、中孚月几望义同也。《周易集解》。巽消承坎,故得积载。坎习为积也。《周易集解》。变坎为盗,故有所疑也。《周易集解》。

按,上九巽变成坎,坎为雨,为处,乾在下为德,为积,其喻雨已停而引申为上畜阳德积满之义。荀爽释“既”为“尽”,虞翻释为“已”,其义相通。

履䷉

履，履虎尾，不咥人，亨。《彖》曰：履，柔履刚也。说而应乎乾。是以履虎尾不咥人，亨。刚中正，履帝位而不疚，光明也。《象》曰：上天下泽，履。君子以辩上下，定民志。

马融注：咥，龁。《经典释文》。疚，病也。《经典释文》。

荀爽注：谓三履二也。二五无应故无元，以乾履兑故有通。六三履二非和正，故云"利贞"也。《周易集解》。

郑玄注：噬，音誓。啮也。《文选注》十。

陆绩注：当履之时。京氏《易传》注。履者，礼也。京氏《易传》注。

虞注：谓变讼初为兑也，与谦旁通。以坤履乾，以柔履刚。谦坤为虎，艮为尾，乾为人，乾兑乘谦，震足蹈艮，故履虎尾。兑悦而应，虎口，与上绝，故不咥人。刚当位，故通。俗儒皆以兑为虎，乾履兑，非也。兑刚卤，非柔也。《周易集解》。坤柔乾刚，谦坤籍乾，故柔履刚。《周易集解》。说，兑也。明兑不履乾，故言应也。《周易集解》。刚中正谓五，谦震为帝，五，帝位，坎为疾病，乾为大明，五履帝位，坎象不见，故履帝位而不疚，光明也。《周易集解》。君子谓乾。辩，别也。乾天为上，兑泽为下，谦坤为民，坎为志，谦时坤在乾上，变而为履，故辩上下，定民志也。《周易集解》。

九家注：动来为兑而应上，故曰“说而应乎乾”也。以喻一国之君，应天子命以临下，承上以巽，据下以说，其正应天，故虎为之不咥人也。《周易集解》。虎尾谓三也。三以说道履五之应，上顺于天，故不咥人，亨出。能巽说之道，顺应于五，故虽践虎，不见咥噬也。太平之代，虎不食人。亨谓于五也。《周易集解》。

按，马融释“咥”为“龁”，郑玄“咥”作“噬”，释为“啮”，“咥”同“噬”。《广雅·释诂三》：“咥，啮也。”啮即“龁”字。《广雅·释诂三》：“龁，啮也。”《说文·齿部》：“啮，噬也。”《春秋左氏传》哀公十二年：“国狗之瘈，无不噬也。”杜预注：“噬，啮也。”都指用牙咬紧东西，引申为食物之义。《说文·口部》：“啮，噬也。”《释名·释饮食》：“鸟曰啄，兽曰啮。”《广雅·释诂》：“噬，啮也。”“噬，食也。”扬雄《方言》：“噬，食也。”虞翻、九家作“咥”，其义亦与马融、郑玄同。

又，马融释“疚”为“病”，《说文·疒部》：“疾，病也。”《诗·小雅·采薇》“忧心孔疚，我行不来”，毛传：“疚，病。”《周礼·地官·乡大夫》“服公事者，老者、疾者，皆舍。”郑玄注：“疾者，谓若今癃，不可事者。”焦循《易章句》：“疚，疾也。”虞翻以九五阳刚居中得正，五为帝位，坎为疾病，其义与马融同。钱大昕《潜研堂文集》云：“卦位，坤在西南未申之间，于天文，参为白虎，正当实沈申方，《管辂传》亦云‘申未为虎’。汉儒据《礼记》‘左苍龙，右白虎’，震为龙，则兑为虎，然于天文未密，仲翔讥之。”陆绩释“履”为“礼”，《序卦传》：“物畜然后有礼，故受之以履。”其义虞翻略同。

初九，素履，往，无咎。《象》曰：素履之往，独行愿也。

荀爽注：初九者潜位，隐而未见，行而未成。素履者，谓布衣之士，未得居位，独行礼义，不失其正，故无咎也。《周易集解》。《义海撮要》。

虞翻注：应在巽为白，故素。履四失位，变往得正，故“往无咎”。初已得正，使四独变，在外称往，《象》曰“独行愿也”。《周易集解》。

按，荀爽释“素履”为“布衣之士”，虞翻释“素”为“白”，白与素义同。《说文·素部》：“素，白也。”《诗·召南·羔羊》：“羔羊之皮，素丝五紽。”毛传：“素，白也。”白即“白衣”，古代指未曾获得功名的人，与“布衣”同义。《列子·说符》：“杨朱之弟曰布，衣素衣而出。天雨，解素衣，衣缁衣而反。”焦循《易章句》：“素，犹空也。”空即无、空白，其义与素相通。王弼《周易注》：“处履之初，为履之始，履道恶华，故素乃无咎。处履以常，何往不从？必独行其愿，物无犯也。”其义虞翻与荀爽同。

六三，眇能视，跛能履，履虎尾，咥人凶，武人为于大君。《象》曰：眇能视，不足以有明也。跛能履，不足以与行也。咥人之凶，位不当也。武人为于大君，志刚也。

陆绩注：此履非其位，六三也。京氏《易传》注。

虞翻注：离目不正，兑为小，故眇而视，视，上应也。讼坎为曳，变震时为足，足曳故跛而履。俗儒多以兑刑为跛，兑折震足为刑人，见刑断足者，非为跛也。《周易集解》。艮为尾，在兑下，故履虎尾。位在虎口中，故咥人凶。既跛又眇，视步不能，为虎所啮，故咥人凶。《象》曰“位不当也”。《周易集解》。乾象在上为武人，三失位，变而得正成乾，故曰“武人为于大君，志刚也”。《周易集解》。

按，六三以阴居阳，履而又失其位，以此视物，犹如眇目自为能视，不足为明。其义陆绩、虞翻同。

九四，履虎尾，愬愬，终吉。《象》曰：愬愬，终吉。志行也。

子夏注：愬愬，恐慎貌。《经典释文》。《口诀义》。

马融注：虩虩，恐惧也。《经典释文》。

虞翻注：体与下绝，四多惧，故朔朔。变体坎，得位，承五应初，故终吉。《周易集解》。

按，“愬愬”即“虩虩”。《说文·虍部》引《易》作“履虎尾虩虩”，《吕氏春秋·慎大篇》引《易》作“愬愬履虎尾”，高诱注：“愬一作逆字，读如虩虩，愬愬，惧也。”焦循《易章句》：“愬愬即虩虩，惧也。”虞翻作“朔朔”，“朔”即为“愬”字之省。上卦乾伏坤，九四正履虎尾，以刚处柔位，九四逼近九五君位，即逼近至尊，故有恐惧之义。其义子夏、马融、虞翻皆同。

九五，夬履，贞厉。《象》曰：夬履，贞厉，位正当也。

虞翻注：谓三上已变，体夬履。四变，五在坎中也，为上所乘，故贞厉。《周易集解》

干宝注：夬，决也。居中履正为履，贵主万方，所履一决于前，恐夬失正，恒惧危厉，故曰“夬履贞厉，位正当也”。《周易集解》。

按，九五以阳居阳位，以刚决正。九五又居互巽之上，反巽为兑，兑有毁折、陨败之象，所以为厉。王弼《周易注》：“得位处尊，以刚决正，故曰‘夬履，贞厉也’。”孔颖达《周易正义》：“夬履者，夬者，决也。得位处尊，以刚决正，履道行正，故夬履也。贞厉者，厉，危也。履道恶盈，而五以阳居尊，故危厉也。”其义虞翻、干宝同。

上九，视履考祥，其旋元吉。《象》曰：元吉在上，大有庆也。

荀爽注：详，审也。晁氏。

郑玄注：履道之终，考正详备。晁氏。

虞翻注：应在三，三先视上，故上亦视三，故曰“视履考详”矣。三上易位，故其旋元吉。《周易集解》。

按，古“祥”字亦作“详”。《尚书·君奭》：“其终出于不祥。”石经残碑作“其道出于不详”。《吕刑》：“告尔祥刑。”《后汉书·刘恺传》、郑康成《周礼》注，“祥刑”字皆作“详”。昭十一年《春秋经》“盟于祲祥”，服虔引“祥”亦作“详”。《说文·言部》：“详，审议也。”又《吕刑》：“度作详刑，以诘四方。”郑玄注：“审察之也。”上九为履之终，据所行以审察吉凶之征兆，祥谓征祥。孔颖达《周易正义》：“上九处履之极，履道已成，故视其所履之行；善恶得失，考其祸福之征祥。”由此知荀爽、郑玄、虞翻所释“祥”，其义皆同。

泰䷊

泰，小往大来，吉，亨。《彖》曰：泰，小往大来，吉亨。则是天地交而万物通也，上下交而其志同也。内阳而外阴，内健而外顺，内君子而外小人。君子道长，小人道消也。《象》曰：天地交，泰。后以裁成天地之道，辅相天地之宜，以左右民。

马融注：泰，大也。《经典释文》。

荀爽注：坤气上升，以成天道，乾气下降，以成地道。天地二气，若时不交，则为闭塞。今既相交，乃通泰。《周易集解》。

郑玄注：泰，通也。财，节也。辅相、左右，助也。以者，取其顺阴阳之节，为出内之政。春崇宽仁，夏以长养，秋教收敛，冬敕盖藏，皆可以成物助民也。《周易集解》。

虞翻注：阳息坤反，否也。坤阴诎外为小往，乾阳信内称大来，天地交，万物通，故吉亨。《周易集解》。后，君也。阴升乾位，坤，女主，故称后。坤富称财，守位以人，聚人以财，故曰"成天地之道"。《周易集解》。相，赞。左右，助之。震为左，兑为右，坤为民，谓以阴辅阳，《诗》曰："宜民宜人，受禄于天。"《周易集解》。

蜀才注：此本坤卦。小谓阴也，大谓阳也。天气小，地气上，阴阳交，万物通，故吉亨。《周易集解》。

九家注：谓阳息而升，阴消而降也。阳称息者，长也，起复成巽，万物盛长也。阴言消者，起姤终乾，万物成熟，成熟则给用，给用则分散，故阴用特言消也。《周易集解》。

按，《序卦传》："泰者，通也。"荀爽、郑玄、虞翻、蜀才释"泰"为"通"，是取《序卦传》。马融释"泰"为"大"，"泰"通"大"。《汉书·礼乐志·郊祀歌》："扬金光，横泰河。"颜师古注："泰河，大河也。"其义则异。"财"通"裁"，朱骏声《说文通训定声·颐部》："财，叚借为裁。"《荀子·天论》："财非其类以养其类，夫是之谓天养。"杨倞注："财，与裁同。"裁有节制之义。《尔雅·释言》："裁，节也。"郑玄释"裁"为"阴阳之节"，李道平《周易集解纂疏》云："以者，释后以也。取其顺阴阳之节者，释财成天地之道。"虞翻则释为"财物"之"财"，与天地自然之道不合，其义郑玄为胜。

初九，拔茅茹，以其汇，征吉。《象》：拔茅、征吉，志在外也。

郑玄注：汇，音谓。类也。茹，牵引也。茅音苗。喻君，有絜白之德，臣下引其类而仕之。《汉书·刘向传》注。

董遇注：𢏚，出也。《经典释文》。

虞翻注：否泰反其类，否巽为茅。茹，茅根。艮为手。汇，类也。初应四，故拔茅茹以汇。震为征，得位应四，征吉。外谓四也。《周易集解》。

按，释"汇"为"类"，郑玄、虞翻同。朱骏声《六十四卦经解》："彙当作'𢍰'，类也，也勤也。"惠栋《周易述》："否泰反其类，三阴三阳为类，故云𥁕，类也。"董遇作"𢏚"释为"出"，"𢏚""彙"字形相似，或为后人传抄之误，其义与郑玄、虞翻异。郑玄释"茹"为"牵引"，虞翻释为"茅根"，茅根又名茅草，根壮茎白色，横走于地下，密集而互相牵扯。初九与六四当位，六四来下，乾变为巽，巽为茅。初往四，坤变为震，震反为艮，艮为手，手向下为拔茅之象。王弼《周易注》："茅之为物，拔其根而相牵引者也。茹，相牵引之貌也。"孔颖达《周易正义》："初九欲往于上，九二、九三皆欲上行，己去则从，而似拔茅举其根相牵茹也。"其义郑玄、虞翻同。

九二，包荒，用冯河，不遐遗。朋亡，得尚于中行。《象》曰：包荒，得尚于中行，以光大也。

荀爽注：河出于乾，行于地中，阳性欲升，阴性欲承，冯河而上，不用舟航。自地升天，道虽辽远，三体俱上，不能止之，故曰"不遐遗"。《周易集解》。中谓五，坤为朋，朋亡而下，则二上居五，而行中和矣。《周易集解》。

郑玄注：荒，读为康，虚也。《经典释文》。

虞翻注：在中称包。荒，大川也。冯河，涉河；遐，远；遗，亡也。失位，变得正，体坎，坎为大川、为河，震为足，故用冯河。乾为远，故不遐遗。兑为朋，坤虚无君，欲使二上，故朋亡。二与五易位，故得上于中行，震为行，故光大也。《周易集解》。

翟玄注：荒，虚也。二五相应，五虚无阳，二上包之。《周易集解》。

按，释"荒"为"虚"，《诗·大雅·桑柔》："具赘卒荒。"毛传："荒，虚也。"其义郑玄、翟玄同。虞翻释为"大川"。《诗·大雅·公刘》："幽居允荒。"毛传："荒，大也。"《诗·周颂·天作》："天作高山，大王荒之。"毛传："荒，大也。"《春秋左传》昭公七年："有亡荒阅。"杜预注："荒，大也。"张惠言考证云："《晁氏易》云：'荒，郑读为康，大也。'晁氏所见《经典释文》北宋本，作'大也'为是，今本误耳。"据此，其义虞翻与郑玄、翟玄亦同。释"遐"为"远"，焦循《易章句》："遐，远也。"其义荀爽、虞翻同。

"二上居五",即九二阳爻升居五,亦即"二五易位",九二居乾之中,故得上于中行,有光大之义。其义荀爽、虞翻、翟玄皆同。

九三,无平不陂,无往不复,艰贞无咎。勿恤其孚,于食有福。《象》曰:无往不复,天地际也。

宋衷注:位在乾极,应在坤极,天地之际也。地平极则险陂,天行极则还复,故曰"无平不陂,无往不复"也。《周易集解》。

虞翻注:陂,倾,谓否上也。平谓三,天地分,故平。天成地平,谓危者使平,易者使倾。往三至上体复,终日乾乾,反复道,故无平不陂,无往不复。《周易集解》。艰,险;贞,正;恤,忧;孚,信也。二之五得正,在坎中,故艰贞。坎为忧,故勿恤。阳在五孚险,坎为孚,故有孚。体噬嗑食也,二上之五据四,则三乘二,故于食有福也。《周易集解》。

按,三、四、五爻互震,为大道,是平。二、三、四爻互兑,为泽,即为陂。九三一爻在上卦(坤)之下,下卦(乾)之上,以象天地之际。九三往与上六相应,上位是终极之位,至极必反,故无往不复。孔颖达《周易正义》:"九三处天地相交之际,将各分复其所处。乾体初虽在下,今将复归于上,坤体初虽在上,今欲复归于下,是初始平者,必将有险陂也。初始往者,必将有反复也。"焦循《易通释》:"用柔中,即易也。要即倾也,惧而后要,则终而有始,故无咎也。有始而后有终,即易者使倾也。"其义宋衷与虞翻略异。

六四,翩翩,不富以其邻,不戒以孚。《象》曰:翩翩不富,皆失实也。不戒以孚,中心愿也。

子夏注:翩翩,轻举貌。《经典释文》。

宋衷注:四互体震,翩翩之象也。阴虚阳实,坤今居上,故言失实也。《周易集解》。

虞翻注:二五变时,四体离飞,故翩翩。坤虚无阳,故不富。兑西震东,故称其邻。三阴乘阳,不得之应,《象》曰“皆失实也”。《周易集解》。不戒以孚,谓坤。邑人不戒,故使二升五,信来孚邑,故不戒以孚。二上体坎,中正。《象》曰“中心愿也”。与比邑人不戒同义也。《周易集解》。

向秀注:翩翩,轻举貌也。《经典释文》。

按,释“翩翩”为“轻举”之义,子夏、宋衷、虞翻、向秀皆同。六四以上连三阴爻,将渐显消逝,故有翩翩接飞之象。焦循《易章句》:“翩翩,往来貌。”宋衷“四体互震”,震为翩翩有翼象,故言翩翩。虞翻“四体离飞,离为飞鸟,故翩翩”。其义与“轻举”相通。孔颖达《周易正义》:“皆失实者,解翩翩不富之义,犹众阴皆失其本实所居之处,今既见命,翩翩乐动,不待财富,并悉从之,故云皆失实也。”其义宋衷、虞翻同。

六五,帝乙归妹,以祉元吉。《象》曰:以祉元吉,中以行愿也。

子夏注:帝乙归妹,汤之归妹也。《汉上易传》。《辑闻》。《困学纪闻》

孟喜注:《易》有周人五号。帝,天称,一也。王,美称,二也。天子,爵号,三也。大君者,兴盛行异,四也。大人者,圣人德备,五也。《礼记·曲礼》正义。

京房注:《易》有周人五号。帝,天称,一也。王,美称,二也。天子,爵号,三也。大君者,兴盛行异,四也。大人者,圣人德备,五也。《礼记·曲礼》正义。汤嫁妹之辞曰“无以天子之尊而乘诸侯,无以天子之富而骄诸侯,阴之从阳,女之顺夫,本天地之义也。往事尔夫,必以礼义。”《辑闻》。《困学纪闻》。

荀爽注:妇人谓嫁曰归,言汤以娶礼,归其妹于诸侯也。《后汉书》本传。

郑玄注：五爻辰在卯，春为阳中，万物以生。生育者，嫁娶之贵。仲春之月，嫁娶，男女之礼，福禄大吉。《周礼·媒氏》疏。

虞翻注：震为帝，坤为乙，帝乙，纣父。归，嫁也。震为兄，兑妹，故嫁妹。祉，福也。谓五变本离，离为大腹，则妹嫁而孕。得位正中，故以祉元吉也。《周易集解》。

九家注：五者帝位，震象称乙，是为帝乙。六五以阴处尊位，帝者之姊妹，五在震后，明其为妹也。五应于二，当下嫁二，妇人谓嫁曰归，故言帝乙归妹。谓下居二，以中和相承，故元吉也。《周易集解》。五下于二而得中正，故言中以行愿也。《周易集解》。

按，释“帝乙”为“成汤”，子夏、京房、荀爽同，虞翻则释“帝乙”为纣王辛受之父。以“归妹”为嫁娶，其义子夏、京房、荀爽、郑玄、虞翻、九家皆同。焦循《易通释》：“归妹之帝乙，即指其成泰而言，与泰之帝乙一以贯之。然仲翔以坤为乙，胜于《九家》以震为乙。彼鳃鳃于成汤嫁女（荀氏说）。及微子之父者（见《左传》，虞氏用之）。于《易》义为滞矣。”《易》有周人五号，其义孟喜、京房同。

上六，城复于隍，勿用师，自邑告命，贞吝。《象》曰：城复于隍，其命乱也。

子夏注：埠，是城下池也。《正义》。

郑玄注：隍，壑也。《诗·韩奕》正义。

虞翻注：否艮为城，故称城。坤为积土。隍，城下沟。无水称隍，有水称池。今泰反否，乾坏为土，艮城不见而体复象，故城复于隍也。《周易集解》。谓二动时体师，阴皆乘阳，行不顺，故勿用师。坤为目邑，震为言，兑为口，否巽为命。今逆陵阳，故自邑告命。命逆不顺，阴道先迷，失实远应，故贞吝。《周易集解》。

九家注：乾当来上，不可用师而拒之也。自邑者，谓从坤性而降也。告命者，谓下为巽，宣布君之命令也。三阴自相告语，俱下服顺承乾也。城复于隍，国政崩也。坤为乱，否巽为命，交在泰上，故其命乱也。《周易集解》。

按，释"隍"为"城下池"，子夏、郑玄同，虞翻云："隍，城下沟。无水称隍，有水称湟。"考之《文选·两都赋序》："京师修宫室，浚城隍，起苑囿，以备制度。"李善注引《说文》曰："城池无水曰隍。"焦循《易章句》："池无水曰隍。上坤不成坎，是池之无水者也。"其义与子夏、郑玄异。孔颖达《周易正义》："教命不乱，臣当辅君，犹土当扶城。由其命错乱，下不奉上，犹土不陪城，使复于隍，故云其命乱也。"其义虞翻、九家同。

否䷋

否，否之匪人，不利君子贞，大往小来。《彖》曰：否之匪人，不利君子贞。大往小来，则是天地不交而万物不通也，上下不交而天下无邦也，内阴而外阳，内柔而外刚，内小人而外君子。小人道长，君子道消。《象》曰：天地不交，否。君子以俭德辟难，不可荣以禄。

陆绩注：阴，小人。阳，君子。京氏《易传》注。

宋衷注：天地不交，犹君臣不接。天气上升而不下降，地气沈下又不上升，二气特隔，故云“否”也。《周易集解》。

虞翻注：阴消乾，又反泰也。谓三。比坤灭乾。以臣弑其君，子弑其父，故曰“匪人”。阴来灭阳，君子道消，故不利君子贞。阴信阳诎，故大往小来。则是天地不交而万物不通，与比三同义也。《周易集解》。君子谓乾。坤为营，乾为禄。难谓坤为弑君，故以俭德辟难。巽为入，伏乾为远，艮为山，体遯象，谓辟难，远遁入山，故不可营以禄。“营”或作“荣”，“俭”或作“险”。《周易集解》。

蜀才注：此本乾卦。‘大往’，阳往而消。‘小来’，阴来而息也。《周易集解》。

按，否卦下卦为乾，上卦为坤，乾为天，坤为地，天地阴阳不交，故云否。其义宋衷、虞翻、蜀才皆同。虞翻“荣”作“营”，焦循《易通释》：“循按：《否·传》云：‘君子以俭德辟难，不可荣以禄。’说者但谓生此否时，以节俭为德，不可荣华其身，以居禄位。孔颖达《正义》虞仲翔荣作营，谓避难远遁入山。大抵皆望文生义而已。”然而考今本《象传》“不可荣以禄”，李鼎祚《周易集解》作“不可营以禄”。今本《系辞》“枢机之发，荣辱之主也”，今帛书本《系辞》作“区几之发，营辰之斗也”，由此可知当时确有作“荣”或作“营”的不同《周易》传本，又可知焦氏之说不确。

九五，休否，大人吉。其亡其亡，系于苞桑。《象》曰：大人之吉，位正当也。

京房注：桑有衣食人之功，圣人亦有天覆地载之德，故以喻。《周易集解》。

荀爽注：阴欲消失阳，由四及五，故曰“其亡其亡”。谓坤性顺从，不能消乾使亡。《周易集解》。包者，乾坤相包也。桑者，上玄下黄，以象乾坤也。乾职在上，坤体在下，虽欲消乾，系其本体，不能亡也。《周易集解》。

郑玄注：休，美也。苞，植也否。世之人不知圣人有命，咸曰“其将亡矣，其将亡矣”。而圣乃自系于植桑不亡也。《文选注》五十二。犹纣囚文王于羑里之狱，四臣献珍异之物而终免于难，系于苞桑之谓。《周易集解》。

陆绩注：包，本也。言其坚固不亡，如以巽绳系也。《周易集解》。苞桑则丛桑也。京氏《易传》注。

九家注：否者，消卦。阴欲消阳，故五处和居正，以否绝之。乾坤异体，升降殊隔，卑不犯尊，故大人吉也。《周易集解》。

按，“包”通“苞”。《经典释文》：“包，本亦作苞。”《庄子·天运》：“其形充满天地，苞裹六极。”《经典释文》：“苞，本或作包。”陆贾《新语·道基》:“苞之以六合,罗之以纲纪。”注:“苞与包同。”《仪礼·既夕礼》:“苞牲取下体。”《周礼·夏官·量人》贾公彦疏引“苞”作“包”。段玉裁《说文解字注·艸部》:“苞,假借为包裹。凡《诗》言‘白茅苞之,《书》言‘厥苞橘柚’,《礼》言‘苞苴’,《易》言‘苞蒙’‘苞荒’,皆用此字。近时经典凡训包裹者,皆径改为包字。”郑玄释“苞”为“植”,“植”或作“稹”。《尔雅·释言》:“苞,稹也。”孙炎云:“物丛生曰苞,齐人名曰稹。”郝懿行《尔雅义疏》云:“植,即稹之形讹耳。”否卦上乾下坤,下卦坤为地,三、四、五爻互巽,巽为木,为绳,有系象。孔颖达《周易正义》:“苞,本也,凡物系于桑之苞本则牢固也。”焦循《易章句》:“系,继续也。”苞桑为丛桑。坎为丛棘,四、五爻为半坎,故称苞。由于系于苞桑而牢固不失,其义荀爽、陆绩同。郑玄则以商纣王与文王的故事释之,其义异。

上九,倾否,先否后喜。《象》曰:否终则倾,何可长也。

陆绩注:否极则泰来。京氏《易传》注。

虞翻注:否终必倾,盈不可久,故先否。下反于初,成益,体震。民说无疆,故后喜。以阴剥阳,故不可久也。《周易集解》。

按,上九爻为上卦之极,极至而变,一变为泰,则否消亡,是谓先否后喜,亦即所谓的“否极泰来”。孔颖达《周易正义》:“否道未倾之时,是先否之道;否道已倾之后,其事得通,故曰后有喜也。”其义陆绩、虞翻同。

同人䷌

同人，同人于野，亨，利涉大川，利君子贞。《彖》曰：同人，柔得位得中，而应乎乾，曰同人。同人曰，同人于野，亨。利涉大川，乾行也。文明以健，中正而应，君子正也。唯君子为能通天下之志。《象》曰：天与火，同人。君子以类族辨物。

荀爽注：乾舍于离，相与同居，故曰"同人"也。《周易集解》。

郑玄注：乾为天，离为火，卦体有巽，巽为风。天在上，火炎上而从之，是其性同于天也。火得风然后炎上益炽，是犹人君在上施政教，使天下之人和同而事之，以是为人和同者，君之所为也，故谓之同人。风行无所不徧，徧则会通之德大行，故曰"同人于野，亨"。《周易集解》。

虞翻注：旁通师卦。巽为同，乾为野，师震为人。二得中应乾，故曰"同人于野，亨"。此孔子所以明嫌表微。师震为夫，巽为妇，所谓二人同心。故不称君臣、父子、兄弟、朋友，而故言人耳。乾四上失位，变而体坎，故曰"利涉大川，乾行也"。《周易集解》。唯，独也。四变成坎，坎为通、为志，故能通天下之志。谓五以类族辩物，圣人作而万物睹。《周易集解》。君子谓乾。师坤为类，乾为族。辩，别也。乾阳物，坤能物，体姤，天地相遇，品物咸章，以乾照坤，故以类族辩物。谓方以类聚，物以群分。孔子曰"君子和而不同",故于同人家见以类族辩物也。《周易集解》。

蜀才注:此本夬卦。九二升上,上六降二,则'柔得位得中而应乎乾。'下奉上之象,义同于人,故曰'同人'。《周易集解》、《汉上丛说》节引。

九家注:谓乾舍于离,同而为日。天日同明,以照于下。君子则之,上下同心,故曰"同人"。《周易集解》。

按,释"同人"为"与人和同",孔颖达《周易正义》:"居同人之首,无应于上,心无系吝,含弘光大,和同于人,在于门外,出门皆同。"其义郑玄、蜀才、九家同。荀爽释为"同人"为"同居"、虞翻释"同人"为"二人同心",其义则异。

六二,同人于宗,吝。《象》曰:同人于宗,吝道也。

荀爽注:宗者,众也。三据二阴,二与四同功,五相应,初相近。上下众阳皆欲与二为同,故曰"同人于宗"也。阴道贞静,从一而终,今宗同之,故吝也。《周易集解》。《义海撮要》。

郑玄注:天子、诸侯、后、夫人无子不出。《仪礼·士昏礼》疏。《诗·河广》正义。

按,同人卦上乾下离,离为阴卦,主爻在二,二、三、四爻互巽,巽也是阴卦,其主爻也是二,故有同宗之众相合之象。《五经异义》:"谨按:《易》曰:'同人于宗,吝。'言同姓相娶,吝道也。即犯诛绝之罪,言五属之内,禽兽行乃当绝。"曹元弼《周易集解补释》云:"郑意谓天子、诸侯、后、夫人无子不出,其犯六出。则王后废远,夫人以下出而归宗,故吝,明妇人既嫁天夫,当一心于所事也。"其郑玄释宗为归宗族,荀氏释宗为众,其义与郑玄相通。

九三,伏戎于莽,升其高陵,三岁不兴。《象》曰:伏戎于莽,敌刚也。三岁不兴,安行也。

郑玄注：莽，丛木也。大阜曰陵。《丙子学易编》。

虞翻注：巽为伏，震为草莽，离为戎。谓四变时，三在坎中，隐伏自藏，故伏戎于莽也。巽为高，师震为陵，以巽股升其高陵。爻在二，乾为岁。兴，起也。动不失位，故三岁不兴也。《周易集解》。

刘瓛注：三居下体之上，故谓之陵。有凭上之志，故谓之升。《会通》。

按，释“莽”为“丛木”，下卦为离，离为兵，有戎象。互巽为伏，为草莽，焦循《易章句》：“莽，众草也。”其义郑玄、虞翻同。《说文·阜部》：“陵，大阜也。”《尔雅·释地》：“大阜曰陵。”《释名·释山》：“土山曰阜，阜，厚也。言高厚也，大阜曰陵。陵，隆也。体高隆也。”九三应上九，上九为高，互巽又为高，故称高陵。孔颖达《周易正义》：“九三处下卦之极，不能包弘上下，通夫大同，欲下居六二，上与九五相争也。但九五刚健，九三力不能敌，故伏潜兵戎于草莽之中，升其高陵。”其义虞翻、刘瓛同。

九五，同人，先号咷而后笑，大师克相遇。《象》曰：同人之先，以中直也。大师相遇，言相克也。

陆绩注：隔于阳位，不能决胜，故曰“先号咷”。后获合方喜。故曰“后笑”。京氏《易传》注。

虞翻注：应在二，巽为号咷，乾为先，故先号咷。师震在下，故后笑。震为后笑也。乾为大，同人反师，故大师。二至五，体姤遇也，故相遇。《周易集解》。

九家注：乾为言。《周易集解》。

按，九五与六二阴阳得中且得位，九五应六二，是为同人。九五应六二，其中间经二、三、四爻互巽，巽为号咷。后又遇初、二、三爻互离，离为目，巽伏震，六二为离之主爻，亦为伏震之主爻所居之位，有目动为笑之象。其义陆绩、虞翻异。

大有䷍

大有，元亨。《彖》曰：大有，柔得尊位大中，而上下应之，曰大有。其德刚健而文明，应乎天而时行，是以元亨。《象》曰：火在天上，大有。君子以遏恶扬善，顺天休命。

荀爽注：谓夏，火王在天，万物并生，故曰“大有”也。《周易集解》。

郑玄注：六五体离，处乾之上。犹大臣有圣明之德，代君为政，处其位有其事而理之也。元亨者，又能长群臣以善使，嘉会通用。若周公摄政，朝诸侯于明堂是也。《周易集解》。

陆绩注：离为火，为日，故曰“大有”。京氏《易传》注。

虞翻注：与比相通，柔得尊位大中，应天而时行，故元亨也。《周易集解》。谓五。以日应乾而行于天也。时谓四时也。大有亨，比初动成震为春，至二兑为秋，至三离为夏，坎为冬，故曰“时行”。以乾亨坤，是以元亨。《周易集解》。遏，绝。扬，举也。乾为扬善，坤为遏恶，为顺。以乾灭坤。体夬，扬于王庭，故遏恶扬善。乾为天休，二变时，巽为命，故顺天休命。《周易集解》。

按，大有卦上离下乾，乾为天，离为日、为火，离居乾上，火在天上，无所不照，且六五一阴居尊得中，五阳应之，故称大有。其义荀爽、陆绩、虞翻同。郑玄以人事言“元亨”。焦循《易章句》：

"有,犹亲也。"李道平《周易集解纂疏》云:"五为尊位,阴为臣象。六阴,故云'犹大臣'。体离为明,故云'圣明之德'。离处乾上,故云'代君为政'。六处五位,则当行五之事,故云'处其位有事而理之也'。元者,善之长也,故云'长群臣以善使'。亨者,嘉之会也,故云'嘉会礼通'。《礼·明堂位》曰:'武王崩,成王幼弱,周公践天子之位,以治天下。六年,朝诸侯于明堂。'是周公摄政之事也。"其义与虞翻异。

又,子夏释乾卦云:"元,始也。亨,通也。利,和也。贞,正也。言乾秉纯阳之性,故能首出庶物,各得元始、开通、和谐、贞固,不失其宜。是以君子法乾而行四德,故曰元亨利贞。""元亨利贞"解释为"四德",出自《左传》襄公九年穆姜口说。史载穆姜说此话是发生在公元前575年,孔子出生于公元前551年,可见用"四德"说来解释"元亨利贞",并不是穆姜自己的理解,而是当时一种较为流行的解释。换言之,不待孔子作《文言传》,"四德"说已被当时社会所认同,孔子显然接纳了这样一种观念。也正因此,《周易》原本就有占卜与演德两种价值观念并行不悖。如果再作深一层理解,那么《文言传》所解释乾卦的"元亨利贞"实可以视为《周易》乾卦的最具代表性的意见。

九三,公用亨于天子,小人弗克。《象》曰:公用亨于天子,小人害也。

京房注:亨,献也。《经典释文》。《汉上易传》。《六经正误》。

虞翻注:天子谓五。三,公位也。小人谓四,二变得位,体鼎象,故公用亨于天子。四折鼎足,覆公馀,故小人不克也。《周易集解》。小人,谓四也。《周易集解》。

姚信注:亨,祀也。《经典释文》。

干宝注:亨,宴也。《经典释文》。《义海撮要》。

按，《尔雅·释诂下》："享，献也。"《礼记·曲礼下》："五官致贡曰享。"郑玄注："享，献也。"《广雅·释言》："亯，祀也。"王念孙《广雅疏证》云："亯与享同。"其义京房、姚信同，又《春秋左传》成公十二年："于是乎有享宴之礼，享以训共俭，宴以示慈惠。"阮元校勘记："贾公彦《仪礼·燕礼》'享'作'飨'。"张惠言《易义别录》云："诸侯贡三牲鱼腊以助天子大祭，谓之大飨，故曰祀也。"干宝释"享"为"宴"，其义与京房、姚信亦同。

九四，匪其彭，无咎。《象》曰：匪其尩，无咎，明辨晰也。

子夏注：旁，盛满貌。《汉上易传》。

郑玄注：遰，读如明星晢晢。《经典释文》。

虞翻注：匪，非也。其位尩，足尩，体行不正。四失位，折震足，故尩。变而得正，故无咎。"尩"或为"彭"，作"旁"声，字之误。《周易集解》。折之离，故明辩折也。四在乾则尩；在坤为鼠；在震噬胏得金矢；在巽折鼎足，在坎为鬼方；在离焚死；在艮旅于处，言无所容；在兑睽孤孚厉。三百八十四爻，独无所容也。《周易集解》。

王肃注：彭，壮也。《经典释文》。

姚信注：彭，旁。《经典释文》。

干宝注：彭，亨，骄满貌。《经典释文》。《玩辞》。《六经正误》。

按，"旁"通"彭"。《诗·大雅·烝民》："百两彭彭。"《隶续·防东尉司马季德碑》引作"百两旁旁"。《墨子·备穴》："若彭有水浊非常者，此穴土也。"焦循《易章句》："彭读若旁，谓旁通也。"孙诒让《墨子间诂》云："彭与旁通"。《诗·齐风·载驱》："汶水荡荡，行人彭彭。"毛传："彭彭，多皃。"《广雅·释训》："彭彭，盛也。"焦循《易章句》："《传》以鼎之折足赞此爻匪字，非谓彭为折足。虞氏改彭为尪残，非也。"子夏、虞翻、姚信释"旁"为"盛满"，王肃释为"壮"，干宝释为"娇满"，其义各不相通。

上九，自天祐之，吉无不利。《象》曰：大有上吉，自天祐也。

虞翻注：谓乾也。右，助也。大有通比，坤为自，乾为天，兑为右，故自天右之。比坤为顺，乾为信。天之所助者顺，人之所助者信。履信思顺，又以尚贤，故自天右之，吉无不利。《周易集解》。

九家注：上九说五，以柔处尊而自谦损。尚贤奉己，上下应之，为乾所右，故吉且和也。《周易集解》。

按，佑，虞翻、九家作右，右通佑。《说文·又部》："右，手口相助也。"朱骏声《说文通训定声·颐部》："佑、右实同字。今据许书，凡助为右、为佑，神助则为佑。"上九居六位之上，五、上皆为天位。三、四、五爻互兑，兑为右。上九居六五之上，六五为尊而助上九，故自天佑之。孔颖达《周易正义》："上九而得吉者，以有三德，从天已下，悉皆祐之，故云自天祐之。"其义虞翻、九家同。

谦䷎

谦，亨，君子有终。《彖》曰：谦，亨。天道下济而光明，地道卑而上行。天道亏盈而益谦，地道变盈而流谦。鬼神害盈而福谦，人道恶盈而好谦。谦，尊而光，卑而不可逾。君子之终也。《象》曰：地中有山，谦。君子以裒多益寡，称物平施。

子夏注：嗛，谦也。《汉上易传》。

荀爽注：乾来之坤，故下济。阴去为离，阳来成坎。日月之象，故光明也。《周易集解》。捊，取也。《经典释文》。

郑玄注：艮为山，坤为地。山体高，今在地下。其于人道，高能下下，嗛之象。亨者，嘉会之礼，以嗛为主。嗛者，自贬损以下人，唯艮之坚固，坤之厚顺，乃能终之，故君子之人有终也。《周易集解》。捊，取也。《经典释文》。

刘表注：地中有山，以高下下，故曰'谦'。谦之为道，降己升人。山本地上，今居地中，亦降体之义，故为谦象也。《周易集解》。

董遇注：捊，取也。《经典释文》。

虞翻注：乾上九来之坤，与履旁通，天道下济，故亨。彭城蔡景君说剥上来之三。《周易集解》。君子谓三，艮终万物，故君子有终。《周易集解》。谓乾盈履上，亏之坤三，故亏盈。贵处贱位，故益谦。《周易集解》。谦二以坤变乾盈，坎动而润下，水流湿，故流谦也。《周易集解》。鬼谓四，神谓三，坤为鬼害，乾为神福，故鬼神害盈而福谦也。《周易集解》。乾为好，为人，坤为恶也。故人道恶盈。从上之三，故好谦矣。《周易集解》。天道远，故尊光。三位贱，故卑。坎水就下，险弱难胜，故不可踰。《周易集解》。君子谓三。捊，取也。艮为多，坤为寡，乾为物，为施，坎为平。谦乾盈益谦，故以捊多益寡，称物平施。《周易集解》。

蜀才注：捊，取也。《经典释文》。

九家注：艮山坤地。山至高，地至卑。以至高下至卑，故曰"谦"也。谦者，兑世。艮与兑合，故亨。《周易集解》。史征《口诀义》。

按，谦，子夏、郑玄作嗛。谦通嗛。《庄子·齐物论》："大仁不仁，大廉不嗛。"《经典释文》："嗛，徐音谦。"《汉书·艺文志》："《易》之嗛嗛。"颜师古注："嗛字与谦同。"《隶释·冯焕碑阴》："过嗛。"洪适注："嗛即谦字。"张惠言《易义别录》则云："《九家易》云：'谦者，兑世。艮与兑合，故亨。'夬本坤世，下有伏坤，屯上六体坎为血，伏离为目，用京氏法也。"谦者以上者自居于下，其义子夏、郑玄、刘表、虞翻、九家同。捊，今本作裒，汉石作褎。古音孚声包声同在三部，故捊可通裒或褎。《说文·手部》："捊，引取也。"段玉裁注："裒者，捊之俗。《易》'君子以裒多益寡'，郑、荀、董、蜀才作捊，云取也。"其义荀爽、郑玄、董遇、虞翻、蜀才皆同。

初六，谦谦君子，用涉大川，吉。《象》曰：谦谦君子，卑以自牧也。

荀爽注：初最在下为谦，二阴承阳亦为谦，故曰"谦谦"也。二阴一阳，相与成体，故曰"君子"也。九三体坎，故用涉大川吉也。《周易集解》。《义海撮要》。

郑玄注：牧，养也。《文选注》。

九家注：承阳卑谦，以阳自牧养也。《周易集解》。

按，下卦为艮，艮为君子，初六居艮之下，又以二阴承阳为谦，故称谦谦。其义荀爽、九家同。以"牧"为"养"，《说文·牛部》："牧，养牛人也。"桂馥《说文义证》云："牧者，畜养之总名，非止牛马也。"后亦泛指为提高自我修养。陆九渊《与张元善书》云："漕台会次，得借一言之重，使获区区牧养之志，不胜幸甚。"郑玄、九家所释"牧"字皆为此义。

六四，无不利，㧑谦。《象》曰：无不利㧑谦，不违则也。

子夏注：㧑谦，化谦也。《汉上易传》。

京房注：上下皆通曰㧑谦。《义海撮要》。

马融注：㧑，犹离也。《经典释文》。

荀爽注：四得位处正，家性为谦，故无不利。阴欲㧑三，使上居五，故曰"㧑谦"。㧑，犹举也。《周易集解》。《义海撮要》。

郑玄注：㧑谦。㧑，读为宣。《经典释文》。

九家注：阴㧑上阳，不违法则。《周易集解》。

按，㧑字之义，诸家解释各异。子夏释为"化"，京房释为"通"，马融释为"离"，荀爽释为"举"，以六四居阴得位，在谦时处正道，故无不利。艮为手，故有挥举之象。《后汉书·皇甫嵩传》："指㧑足以振风云。"李贤注："㧑即麾字，古通用。"张惠言《易义别录》云："㧑者，指麾之意，故云离，离谦义迂，故郑读为宣。"焦循《易章句》："㧑，古麾字，手指曰麾。"其义九家与荀爽同。郑玄读作"宣"。李富孙《易经异文释》云："郑读为宣，当取显著之义。"曹元弼《周易郑氏注笺释》云："以撝为宣之声，转借字。”故与诸家异。“化”与“讹”通。《尔雅·释言》：“讹，化也。”《诗·小雅·节南山》：“式讹尔心。”郑玄注：“讹，化。”证之今帛书本作“讹”，上博竹简竹本作“蒦”。“讹”通“讹”。《汉书·江充传》：“苟为奸譌。”颜师古注：“譌，古讹字”。“化”亦可假借作“货”，《管子·侈靡》：“民服信，诸侯服化。”郭沫若等校：“化同货”。“蒦”通“货”，“货”之古文作“賵”。《说文·贝部》：“賵，资也。或曰，此古货字。”段玉裁注：“为、化二声同在十七部，货古作賵，犹讹、譌通用耳。”其义与马融、荀爽等人亦同。

上六，鸣谦，可用行师，征邑国。《象》曰：鸣谦，志未得也。可用行师，征邑国也。

虞翻注：应在震，故曰“鸣谦”。体师象，震为行，坤为邑国，利五之正，已得从征，故利用行师，征邑国。《周易集解》。

九家注：阴阳相应，故鸣谦也。虽应不承，故志未得。谓下九三，可行师来上，坤为邑国也。三应上，上呼三，征来居五位，故曰“利用行师，征邑国也”。《周易集解》。

按，谦卦上与三当位正应，三、四、五爻互震，震为鸣，故鸣谦。震为行，坤为邑国、为众，为顺，故有利用行师，征邑国之象。孔颖达《周易集解》：“上六最处于外，不与内政，不能于实事而谦，但有虚名声闻之谦，故云鸣谦。志欲立功，未能遂事，其志未得。既在外而行谦顺，唯利用行师征伐外旁国邑而已，不能立功在内也。”焦循《易章句》：“不鸣则不可征，既鸣成益，有邑国。又以变而通之以尽利，乃可以征邑国。”其义虞翻、九家同。

豫䷏

豫，利建侯行师。《彖》曰：豫，刚行而志行，顺以动，豫。豫，顺以动，故天地如之，而况建侯行师乎？天地以顺动。故日月不过而四时不忒。圣人以顺动，则刑罚清而民服。豫之时义大矣哉。《象》曰：雷出地奋，豫。先王以作乐崇德，殷荐之上帝，以配祖考。

马融注：豫，乐。殷，盛也。《经典释文》。

郑玄注：坤，顺也。震，动也。顺其性而动者，莫不得其所，故谓之豫。豫，喜佚说乐之貌也。震又为雷，诸侯之象。坤又为众，师役之象。故利建侯行师矣。《周易集解》。忒，差也。《经典释文》。奋，动也。雷动于地上，万物乃豫也。以者，取其喜佚动摇。犹人至乐，则手欲鼓之，足欲舞之也。崇，充也。殷，盛也。荐，进也。上帝，天帝也。王者功成作乐。以文得之者作钥舞，以武得之者作万舞，各充其德而为制。祀天地以配祖考，使与天同飨其功也，故《孝经》云“郊祀后稷以配天，宗祀文王于明堂以配上帝”是也。《周易集解》。

陆绩注：坤顺震动。京氏《易传》注。

虞翻注：复初之四，与小畜旁通。坤为邦国，震为诸侯。初四至五体比象，四利复初，故利建侯。三至上体师象，故行师。《周易集解》。小畜乾为天，坤为地。如之者，谓天地亦动以成四时，而况建侯行师，言其皆应而豫也。《周易集解》。豫变通小畜，坤为地，动初至三成乾，故天地以顺动也。《周易集解》。过谓失度。忒，差迭也。谓变初至需，离为日，坎为月，皆得其正，故日月不过。动初时，震为春，至四兑为秋，至五坎为冬，离为夏，四时为正，故四时不忒。通变之谓事，盖此之类。《周易集解》。清犹明也。动初至四，兑为刑，至坎为罚。坎兑体正，故刑事罚清。坤为民，乾为清，以乾乘坤，故民服。《周易集解》。顺动天地，使日月四时皆不过差，刑罚清而民服，故大义也。《周易集解》。

九家注：震为建侯，坤为行师。建侯所以兴利，行师所以除害，兴利除害，民所豫乐也。天地有生杀，万物有始终。王者盛衰，亦有迭更。犹武王承乱而应天地，建侯行师，奉辞除害，民得豫说，君得安乐也。《周易集解》。

按，释"豫"为"乐"，《荀子·礼论》："说豫娩泽。"注："豫，乐也。"《尔雅·释诂上》："豫，乐也。"邢昺疏："豫者，逸乐也。"豫卦下卦为坤，上卦为震，坤顺为和，震为鸣，故有乐象。其义马融、郑玄、九家同。释"殷"为"盛"，《说文·月部》："殷，作乐之盛称殷。"其义马融、郑玄、九家皆同。忒，《尔雅·释言》："爽，忒也。""爽，差也。"段玉裁《说文解字注》："差者，忒也。参差不相值也。不相值即更改之意。凡人有过失改常谓之忒。"孔颖达《周易正义》："雷是鼓动，故先王法此鼓动而作乐，崇盛德业，乐以发扬盛德故也。"其义郑玄、陆绩、虞翻同。

六二，介于石，不终日，贞吉。《象》曰：不终日，贞吉，以中正也。

马融注：扴，触小石声。《经典释文》。

郑玄注：砎，谓磨砎也。《经典释文》。

虞翻注：介，纤也。与四为艮，艮为石，故介于石。《周易集解》。不终日，贞吉。与小畜通，应在五，终变成离，离为日，得位。欲四急复初，己得休之，故不终日，贞吉。《周易集解》。

按，“扴”“砎”“介”因皆读介声可以通假。《说文·手部》：“扴，刮也。”段玉裁注：“扴于石，谓摩礤于石也。”以刮磨、摩擦释“介”，其义马融、郑玄相通。虞翻释“介”为“纤”为细小，《汉书·马皇后纪》：“母子慈爱，始终无纤介之间。”颜师古注：“纤介，犹微细也。”其义与马融、郑玄稍异。

六三，盱豫，悔，迟有悔。《象》曰：盱豫有悔，位不当也。

郑玄注：盱，夸也。《经典释文》。

王肃注：盱，大也。《经典释文》。

姚信注：盱日始出，《诗》“盱日始旦”。《经典释文》。

向秀注：盱豫，小人喜说佞媚之貌也。《周易集解》。《经典释文》。《辑闻》同《周易集解》。

按，郑玄释“盱”为“夸”，王肃释为“大”，其义引申为自夸自矜、张扬跋扈。《说文》：“盱，张目也。”《一切经音义》卷十五：“通俗文，自矜曰夸。”《汉书·外戚传》：“妾夸布服粝食。”颜师古注：“夸，大也。”证之《庄子·寓言》：“睢睢盱盱。”注：“睢睢盱盱，跋扈之貌。”向秀释“盱”为“小人喜说佞媚之貌”，其义郑玄、王肃、向秀皆同。姚信作“盱”，“盱”同“旭”。《经典释文》：“姚信作盱，云‘日始出’，引《诗》：‘盱日始旦。’”《说文·日部》：“旭，日旦出皃。”《诗·邶风·匏有苦叶》：“雝雝鸣鴈，旭日始旦。”毛传：“旭，日始出。”六三、九四为离之半象，离为日，半象为日出地平之际。《汉书·谷永传》：“故又广盱营表。”颜师古注引引晋灼曰：“盱音吁，大也。”故其义亦与王肃同，与郑玄、王肃异。焦循《易章句》：“盱，忧也。”此可备一说。

九四，由豫，大有得，勿疑，朋盍簪。《象》曰：由豫，大有得，志大行也。

子夏注：簪，疾也。《经典释文》。

马融注：犹豫，疑也。《经典释文》。

郑玄注：由，用也。簪，速也。《经典释文》。

虞翻注：由，自从也。据有五阴，坤以众顺，故大有得，得群阴也。坎为疑，故勿疑。小畜兑为朋。盍，合也。坤为盍。戠，聚会也。坎为聚，坤为众。众阴并应，故朋盍戠。"戠"，旧作"撍"、作"宗"也。《周易集解》。

王肃注：簪，速也。《集韵》。《类篇》。

蜀才注：撍，速也。《经典释文》。

按，由通犹。《孟子·公孙丑上》："文王犹方百里起，是以难也。"朱熹注："犹方之犹，与由通。"《春秋公羊传》昭公四年："犹无明天子也。"惠栋《九经古义》卷十四《公羊古义》云："犹、由同。"为"用"，"用"与"以"通。《一切经音义》卷七引《苍颉篇》云："用，以也。"《诗·邶风·雄雉》："不忮不求，何用不臧。"王引之《经传释词》："用、以、为，皆一声之转，故'何以'谓之'何用'，'何为'谓之'何用'。"虞翻释"由"为"自"，《玉篇·自部》："自，由也。"《广韵·至韵》："自，从也。"又《尚书·康诰》："凡民自得罪。"焦循《易章句》："由，自也。"李道平《周易集解纂疏》云："自，用也。"故其义与郑玄同。释"簪"为"疾""速"，子夏、郑玄、王肃同。

虞翻、蜀才"簪"作"撍"，段玉裁《说文解字注》："笄，簪也。二字为转注。古言笄，汉言先，此谓今之先即古之笄也。古经无簪字，惟《易·豫》九四'朋盍簪'，郑云'速也'，实寁之假借字。张揖《古今字诂》庚作撍，《埤仓》云'撍，速也'，寁、庚、撍同字。"

孔颖达《周易正义》:"盍,合也。簪,疾也。"焦循《易章句》:"盍,合也。簪读若戠,谓相胶殖。戠,亦同枳,弋也。"李道平《周易集解纂疏》云:"古有笄而无簪,至秦汉始有之,虞作戠是也。"知其义与子夏、郑玄、五肃皆同。释"由豫"为"疑",其义马融、虞翻同。

上六,冥豫,成有渝,无咎。《象》曰:冥豫在上,何可长也。

马融注:冥,昧,耽于乐也。《经典释文》。

荀爽注:阴性冥昧,居尊在上而犹豫说,故不可长。《周易集解》。

郑玄注:冥,读为鸣。《经典释文》。

虞翻注:应在三,坤为冥。渝,变也。三失位无应多凶,变乃得正,体艮成,故成有渝,无咎。《周易集解》。

王廙注:冥,深也。《经典释文》。

按,马融释"冥"为"昧",王廙释"冥"为"深",即深陷歌舞享乐,焦循《易章句》:"冥,迷也。"其义马融、王廙同。《尔雅·释言》:"冥,晦也。"《说文·日部》:"晦,月尽也。"上六为坤,坤为暗,三、四、五爻互坎,伏离,离为日,上卦震伏巽,巽为入,日入即天黑。以纳甲而言,月灭于坤,坤为阴性故晦。孔颖达《周易正义》:"处动豫之极,极豫尽乐,乃至于冥昧之豫而成就也。如俾昼作夜,不能休已,灭亡在近。"其义荀爽、虞翻同。

随䷐

随，元亨，利贞，无咎。《彖》曰：随，刚来下柔，动而说，随。大亨贞无咎。而天下随时，随时之义大矣哉。《象》曰：泽中有雷，随。君子以向晦入宴息。

荀爽注：随者，震之归魂。震归从巽，故大通。动爻得正，故利贞。阳降升，嫌于有咎。动而得正，故无咎。《周易集解》。

郑玄注：震，动也。兑，说也。内动之为德，外说之以言，则天下之民，咸慕其行而随从之，故谓之随也。既见随从，能长之以善，通其嘉礼，和之以义，乾之以正，则功成而有福。若无此四德，则有凶咎焉。焦赣曰："汉高帝与项籍，其明征也。"《周易集解》。《左传》襄九年正义。晦，宴也。犹人君既夕之后，入于宴寝而止息。《正义》。

陆绩注：震一阳二阴，阳君阴民，得其正也。京氏《易传》注。

虞翻注：否上之初。刚来下柔，初上得正，故元亨利贞，无咎。《周易集解》。否乾上来之坤初，故刚来而下柔。动，震；说，兑也。《周易集解》。乾为天，坤为下。震春兑秋。三四之正，坎冬离夏。四时位正，时行则行，故天下随时矣。《周易集解》。

蜀才注：此本否卦。刚自上来居初，柔自初而升上。则内动而外说，是'动而说，随也'。相随而大亨无咎，得于时也。得时则天下随之矣，故曰'随时之义大矣哉'。《周易集解》。

翟玄注:晦者,冥也。雷者,阳气。春夏用事。今在泽中,秋冬时也。故君子象之,日出视事,其将晦冥,退入宴寝而休息也。《周易集解》。

九家注:兑泽震雷,八月之时,雷藏于泽,则天下随时之象也。《周易集解》。

按,释“晦”为“宴寝”,孙堂《汉魏二十一家易注》云:“注首句晦,宴也。宴字当从宋本、毛本作冥。《尔雅·释言》:‘晦,冥也。’《公羊》僖十五年传、成十六年传并云:‘晦者何?冥也。’《穀梁》僖十五年传义同。又《说文·夕部》:‘夕,冥也。’郑下注云:‘既夕之后。’与诸书合。今作宴者,因字形相近而讹。”由此知其义郑玄、蜀才、翟玄同。

又,随卦下卦为震,上卦为兑,是由否卦初九与上六爻位置换而来。兑为泽,震为雷,八月为秋多时,雷藏于泽。《说卦传》:“震,动也。”《礼记·月令》:“仲春之月,雷乃发声。”又“仲秋之月,雷始收声。”雷为阳气,始于二月仲春,盛于夏,息于秋冬。其义翟玄、九家同。“兑”为“说”,“说”通“悦”。《释名·释天》:“兑,悦也,物得备足,皆喜悦也。”其义虞翻、蜀才同。

初九,官有渝,贞吉,出门交有功。《象》曰:官有渝,从正吉也。出门交有功,不失也。

郑玄注:震为大涂,又为日门,当春分,阴阳之所交也。是臣出君门,与四方贤人交,有成功之象也。昔舜慎徽五典,五典克从。内于百揆,百揆时序。宾于四门,四门穆穆,是其义也。《周易集解》。

九家注:渝,变也。谓阳来居初,得正为震,震为子,得土之位,故曰“官”也。阴阳出门,相与交通。阴往之上,亦不失正,故曰“贞吉”而“交有功”。《周易集解》。

蜀才注：馆有渝。《经典释文》。《两汉刊误补遗》。

按，蜀才“官有渝”作“馆有渝”。官通馆，官为馆之古文。下卦震为出，二、三、四爻互艮，艮为门阙，为有功，初九与上六，阴遇阳成交，故有功。孔颖达《周易正义》：“官谓职掌之职。”焦循《易章句》：“官，吏事君也。随君之命以为之主。”其义郑玄、九家略同。

上六，拘系之，乃从维之。王用亨于西山。《象》曰：拘系之，上穷也。

京房注：亨，祭也。晁氏。

陆绩注：亨，祭也。《经典释文》。

虞翻注：应在艮，艮手为拘。巽为绳，两系称维。故拘系之，乃从维之。在随之上而无所随，故维之。《象》曰“上穷”，是其义也。《周易集解》。否乾为王，谓五也。有观象，故亨。兑为西，艮为山，故王用亨于西山也。《周易集解》。享，祭也。晁氏。乘刚无应，故上穷也。《周易集解》。

按，释“亨”为“祭”，“亨”同“享”。孔颖达《周易正义》：“所以须拘系者，以其在上而穷极，不肯随从故也。”其义京房、陆绩、虞翻同。

蛊䷑

蛊，元亨，利涉大川，先甲三日，后甲三日。《彖》曰：蛊，刚上而柔下，巽而止，蛊。蛊，元亨，而天下治也。利涉大川，往有事也。先甲三日，后甲三日，终则有始，天行也。《象》曰：山下有风，蛊。君子以振民育德。

子夏注：先甲三日者，辛壬也。后甲三日者，乙丙丁也。《周易集解》。

马融注：甲在东方，艮在东北，故云"先甲"。巽在东南，故云"后甲"。所以十日之中，唯称甲者。甲为十日之首，蛊为造事之端，故举初而明事始也。言所以三日者，不令而诛谓之暴，故令先后各三日，欲使百姓偏习行而不犯也。《周易集解》、《义海撮要》节引。

荀爽注：蛊者，巽也。巽归合震，故元亨也。蛊者，事也。备物致用，故天下治也。《周易集解》。

郑玄注：甲者，造作新令之日。先之三日，而用辛也，欲取改过自新之义。后之三日，而用丁也，取其丁宁之义。《正义》。

虞翻注：泰初之上，与随旁通。刚上柔下，乾坤交，故元亨也。《周易集解》。谓二失位，动而之坎，故利涉大川也。《周易集解》。泰初之上故刚上，坤上之初故柔下，上艮下巽，故巽而止，蛊也。《周易集解》。谓初变成乾,乾为甲。至二成离,离为日。谓乾三爻在前,故先甲三日。贲,时也。变三至四体离,至五成乾。乾三爻在后,故后甲三日。无妄时也。易出震消息,历乾坤象,乾为始,坤为终,故终则有始。乾为天,震为行,故天行也。《周易集解》。《六经天文编》。君子谓泰乾也。坤为民,初上抚坤,故振民。乾称德,体大畜须养,故以育德也。《周易集解》。

九家注:阳往据阴,阴来乘阳,故有事也。此卦本泰,乾天有河,坤地有水,二爻升降,出入乾坤,利涉大川也。阳往求五,阴来求二,未得正位,戎事不息,故有事。《周易集解》。

按,释"蛊"为"事",《序卦传》:"蛊者,事也。"孔颖达《周易正义》:"褚氏云:'蛊者,惑也。'物既惑乱,终致损坏,当须有事也,有为治理也。故《序卦》云:'蛊者,事也。'谓物蛊必有事,非谓训蛊为事义,当然也。"焦循《易章句》:"蛊,事也。通变之谓事。"马融、荀爽、郑玄皆释为政事,九家则释专释为戎事,古代戎与祀为国家主要政事,故其义亦相通。张惠言《易义别录》云:"此用说《说卦》方位取象例,以此知马、郑于易事皆有象,类无空者,惜其尽佚,虽巽之先庚后庚,犹不能推此其例。"

又,先甲三日,是指十天乾甲的前三位即辛日、壬日和癸日。《礼记·月令》:"其日庚辛。"郑玄注:"辛之言新也。"《释名》:"辛,新也。"《南齐书》引卢植《郊特牲》注云:"辛之为言,自新洁也。"郑玄释"辛"谓"改过自新",即是此义。孔颖达《周易正义》:"甲者,创制之令也。"其义与马融、虞翻异。后甲三日为乙日、丙日和丁日,郑玄释"丁"取丁宁之义,其义马融、虞翻略同。

初六,干父之蛊,有子,考无咎,厉终吉。《象》曰:干父之蛊,意承考也。

郑玄注:子改父道,始虽劳而终则吉。盖其事若不顺,而其意则在于承其父也。董氏《会通》。

虞翻注:乾,正。蛊,事也。泰乾为父,坤为事,故干父之蛊。初上易位,艮为子,父死大过称考,故有子考。变而得正,故无咎,厉,终吉也。《周易集解》。

按,下卦为巽之初爻,交于乾体,乾为父。乾变为巽,巽为蛊事。巽伏震,震为长子,是子匡正父过之道,初与四不应,有厉,初上有阳,故吉。焦循《易章句》:"不称击称考者,以与有子贵也。"其义郑玄、虞翻同。

六四,裕父之蛊,往见吝。《象》曰:裕父之蛊,往未得也。

马融注:裕,宽也。《经典释文》。

虞翻注:裕,不能争也。孔子曰:"父有争子,则身不陷于不义。"四阴体大过本末弱,故裕父之蛊。兑为见。变而失正,故往见吝。《象》曰"往未得",是其义也。《周易集解》。《义海撮要》引首句。往失位,折鼎足,故未得。《周易集解》。

按,《尚书·康诰》:"乃由裕民。"传云:"汝用宽民之政。"《说文·衣部》:"裕,衣服饶也。"蛊卦下卦为巽,巽为阴,入乾体之下,二、三、四爻互兑为阴,而入乾体之上,有两女宽容其父蛊害之象。焦循《易章句》:"裕,解缓不急也。"张惠言《周易虞氏义》云:"裕亦宽意,震为宽阴柔,故为裕也。"马融释"裕"为"宽",虞翻释为"不能争",其义相通。

六五,干父之蛊,用誉。《象》曰:干父用誉,承以德也。

荀爽注:体和应中,承阳有实。用斯干事,荣誉之道也。《周易集解》。

虞翻注:誉谓二也。二五失位,变而得正,故用誉。变二使承五，故承以德。二乾爻，故称德矣。《周易集解》。

按，六五处上卦之中，与九二相应，上承上九之阳，以此干事，有获荣誉之象。又变九二使承六五有应，《系辞传》："二多誉，二五皆失，变皆得正。"故其义荀爽、虞翻同。

上九，不事王侯，高尚其事。《象》曰：不事王侯，志可则也。

荀爽注：年老事终，不当位，体艮为止，故不事王侯。据上临下，重阴累实，故志不可则。《周易集解》。《义海撮经》节引。

郑玄注：上九艮爻，艮为山，辰在戌，得乾气，父老之象，是臣之致事也。故不事王侯，是不得事君，君犹高尚其所为之事。《礼记·表记》正义。

虞翻注：泰乾为王。坤为事。应在于三，震为侯。坤象不见，故不事王侯。《周易集解》。谓五已变，巽为高。艮阳升在坤上，故高尚其事。《周易集解》。

按，上卦艮为阳爻入于坤体之上，坤为王，为事。坤交阳爻变为艮，坤体已失，艮为止，故不事王侯而高尚其事。孔颖达《周易正义》："自尊高慕尚其清虚之事，故云高尚其事也。"张惠言《周易虞氏义》云："王侯皆指三上不变无应，故不事王侯。"其义荀爽、郑玄、虞翻同。

临䷒

临，元亨，利贞。至于八月有凶。《彖》曰：临，刚浸而长。说而顺，刚中而应。大亨以正，天之道也。至于八月有凶，消不久也。《象》曰：泽上有地，临。君子以教思无穷，容保民无疆。

荀爽注：兑为八月。《周易集解》。虞翻引。泽卑地高，高下相临之象也。《周易集解》。

郑玄注：临，大也。阳气自此浸而长大。阳浸长矣，而有四德，齐功于乾，盛之极也。人之情，盛则奢淫，奢淫将亡，故戒以凶也。临卦斗建丑而用事，殷之正月也。当文王之时，纣为无道，故于是卦为殷家著兴衰之戒，以见周改殷正之数云。临自周二月用事，讫其七月，至八月而遯卦受之。此终而复始，王命然矣。《周易集解》。

陆绩注：建丑至未，至于八月入遯。京氏《易传》注。

虞翻注：阳息至二，与遯旁通。刚浸而长，乾来交坤，动则成乾，故元亨利贞。《周易集解》。与遯旁通。临消于遯，六月卦也。于周为八月。遯弑君父，故至于八月有凶。荀公以兑为八月。兑于周为十月，言八月，失之甚也。《周易集解》。刚谓二也。兑为水泽。自下浸上，故浸而长也。《周易集解》。说，兑也。顺，坤，刚中谓二也。四阴皆应之，故曰“而应”。大亨以正，谓三动成乾，天得正为泰，天地交通，故亨以正，天之道也。《周易集解》。《义海撮要》节引。君子谓二也。震为言，兑口讲习。学以聚之，问以辩之。坤为思。刚浸长，故以教思无穷。容，宽也。二宽以居之，仁以行之，坤为容、为民，故保民无疆矣。《周易集解》。

蜀才注：此本坤卦。刚长而柔消，故大亨利正也。《周易集解》。《义海撮要》节引。

按，临为十二月消息卦，临为十月，建丑。夏十二月即为殷之正月。临为二月用事，临至遯历经七月，遯为六月，在殷为七月，在周为八月，所以说由临至遯则为八月。李鼎祚《周易集解》云："临，十二月卦也。自建丑之月，至建申之月，凡历八月则成否也。否则天地不交，万物不通，是至于八月有凶，斯之谓也。"十月坤卦纯阴用事，至十一月为复卦为一阳生，群阴始退。至十二月为临卦，阳渐长，群阴消退。其义郑玄、陆绩、虞翻、蜀才同。焦循《易章句》："兑为正秋，八月谓下兑也。"荀爽以兑为正秋，七、八、九皆属兑，临卦下卦为兑，故以八月为兑释之，其义与诸家异。

初九，咸临，贞吉。《象》曰：咸临贞吉，志行正也。

荀爽注：阳始咸升，以刚临柔。得其正位而居，是吉，故曰"志行正"。《周易集解》。

虞翻注：咸，感也。得正应四，故贞吉也。《周易集解》。初在卦下，四当临之。阳升之世，阴亦下降。初动而说，往感于四，四顺其欲，相与志行其正，犹贤人思治。愿奉其上，上能用之，以为临者也。《义海撮要》。

按，咸为感，初九与六四当位，阴阳相感而正，故称志行正。王弼《周易注》："咸，感也。感，应也，有应于四，感以临者也。四履正位，而己应焉，志行正者也。"孔颖达《周易正义》："咸，感也。有应于四，感之而临，志行得正，故贞吉也。"其义荀爽、虞翻同。

九二，咸临，吉，无不利。《象》曰：咸临，吉，无不利，未顺命也。

荀爽注：阳感至二，当升居五，阴当相承，故无不利也。阳当居五，阴当顺从，今尚在二，故曰"未顺命也"。《周易集解》。《义海撮要》节引。

虞翻注：得中多誉，兼有四阴，体复初元吉，故无不利。《周易集解》。

按，九二与六五有应，虽遇重阴但是无阻，故吉无不利。孔颖达《周易正义》："咸，感也。有应于五，是感以临而得其吉也。"其义荀爽、虞翻同。

六四，至临，无咎。《象》曰：至临无咎，位当也。

荀爽注：四与二同功，欲升二至五，已得承顺之，故曰"至临"也。阳虽未乘，处位居正，故得无咎，是位当也。《周易集解》。

虞翻注：至，下也。谓下至初应，当位有实，故无咎。《周易集解》。

按，六四与初九相应，以阴居位，故当位有实。又与九同功，九二升于五，四得上承于阳，阳虽未乘，位处得正，故无咎。孔颖达《周易正义》："以六四以阴所居得正，柔不为邪，位当其处，故无咎也。"焦循《易章句》："至，二至五也。至临，则不至于八月矣。"其义荀爽、虞翻同。

上六，敦临，吉，无咎。《象》曰：敦临之吉，志在内也。

荀爽注：上应于三，欲因三升二，过应于阳，敦厚之意，故曰"敦临，吉，无咎"。《周易集解》。

九家注：志在升二也。阴以阳为主，故志在内也。《周易集解》。

按，上六处阴位，阴居阴位得正。临卦为阳长阴消之卦，阳已至二，即有阳升于三之趋势，则有应。孔颖达《周易正义》："敦，厚也。上六处坤之上，敦厚而为临，志在助贤，以敦为德。"其义荀爽、九家同。

观䷓

观，盥而不荐，有孚颙若。《彖》曰：大观在上，顺而巽，中正以观天下，观。盥而不荐，有孚颙若，下观而化也。观天之神道，而四时不忒。圣人以神道设教，而天下服矣。《象》曰：风行地上，观。先王以省方观民设教。

马融注：盥者，进爵灌地以降神也。此是祭祀盛时。及神降荐牲，其礼简略，不足观也。国之大事，唯祀与戎。王道可观，在于祭祀。祭祀之盛，莫过初盥降神。故孔子曰"禘自既灌而往者，吾不欲观之矣。"此言及荐简略，则不足观也。以下观上，见其至盛之礼，万民信敬，故云"有孚颙若"。孚，信。颙，敬也。《周易集解》。

郑玄注：坤为地，为众。巽为木，为风。九五，天子之爻。互体有艮，艮为鬼门，又为宫阙。地上有木而为鬼门、宫阙者，天子宗庙之象也。《周易集解》。诸侯贡士于天子，乡大夫贡士于其君，必以礼宾之，唯主人盥献宾，宾盥而酢主人，设荐俎则弟子也。《仪礼·乡饮酒礼》疏。

陆绩注：君子之德风，小人之德草也。京氏《易传》注。

虞翻注：谓阳息临二，直方大，临者，大也，在观上，故称大观。顺，坤也。中正谓五。五以天神道观示天下，咸服其化，宾于王庭。《周易集解》。观，反临也。以五阳观示民，故称观。盥，沃盥。荐，羞牲也。孚，信，谓五。颙颙，君德有威容貌。若，顺也。坎为水，坤为器。艮手临坤，坎水沃之，盥之象也。故观盥而不荐，孔子曰："禘自既灌，吾不欲观之矣。"巽为进退，容止可观，进退可度，则下观其德而顺其化。上之三，五在坎中，故有孚颙若，下观而化。《诗》曰"颙颙卬卬，如珪如璋"，君德之义也。《周易集解》。忒，差也。神道谓五，临震兑为春秋。三上易位，坎冬离夏。日月象正，故四时不忒。《周易集解》。圣人谓乾，退藏于密而齐于巽，以神明其德教，故圣人设教，坤民顺从，而天下服矣。《周易集解》。

王肃注：观，盥而观荐。《经典释文》。大观在上。《经典释文》。

九家注：先王谓五，应天顺民，受命之王也。风行地上，草木必偃。枯槁朽腐，独不从风，谓应外之爻。天地气绝，阴阳所去，象不化之民，五刑所加。故以省察四方，观视民俗而设其教也。言先王德化，光被四表。有不宾之民，不从法令，以五刑加之，以齐德教也。《周易集解》。

蜀才注：此本乾卦。《周易集解》。《义海撮要》节引。

按，释"盥"为"祭祀"，王弼《周易注》："王道之可观者，莫盛乎宗庙，宗庙之可观者，莫盛乎盥也。至荐简略，不足复观，故观盥而不荐也。"朱熹《周易本义》："盥，将祭而洁手也。"焦循《易章句》："盥，澡手也。上之三，两坎。下盥于艮手，故为盥也。荐，犹藉也。"观卦上卦为巽，巽为白眼，有观象。下卦为坤，坤为水。李鼎祚《周易集解》："柔小浸长，刚大在上，其德可观，故曰'大观在上'也。"三、四、五爻互艮，艮为手，为鬼门，为宫阙，有宗庙象，其义马融、郑玄、虞翻、王肃皆同。释"孚"为"信"，《说文·爪部》："孚，信也。""颙"为"景仰"，《广韵·钟韵》："颙，仰也。”李道平《周易集解纂疏》云：“颙，严正之貌。”其义马融、虞翻同。圣人以德施教，以德化民，其义马融、陆绩、九家、蜀才皆同。

初六，童观，小人无咎，君子吝。《象》曰：初六童观，小人道也。

马融注：童，犹独也。《经典释文》。

郑玄注：童，稚也。《经典释文》。

虞翻注：艮为童。阴小人，阳君子。初位贱，以小从乘君子，故无咎，阳伏阴下，故君子吝矣。《周易集解》。

按，马融释“童”为“独”，《说文·犬部》：“独，犬相得而斗也。羊为群，犬为独也。”段玉裁注：“犬好斗，好斗则独而不群。”《诗·小雅·正月》：“念我独兮，忧心殷殷。”郑玄笺：“此贤者孤特自伤也。”郑玄释“童”为“稚”，“童”通“僮”。《春秋左氏传》成公十七年：“厉公将作难胥童。”《韩非子·内储说下》：“胥僮之谏厉公。”《说文·人部》：“僮，未冠也。从人，童声。”段玉裁注：“《说文》僮童之训，与后人所用正相反。如穜种二篆之比。今经传僮子字皆作童子，非古也。”《广雅·释诂三》：“稚，少也。”《广韵·至韵》：“稚，幼稚。”初六为阴爻处初位，阴为柔，柔为小，初亦为小，下卦艮为童，称小童，小童即稚童，由童蒙而成观，其义郑玄与虞翻略同，与马融异。

六三，观我生，进退。《象》曰：观我生，进退，未失道也。

荀爽注：我谓五也。生者，教化生也。三欲进观于五，四既在前而三故退，未失道也。《周易集解》。《义海撮要》。

陆绩注：我生，即道也。京氏《易传》注。

虞翻注：坤为我，临震为生，生谓坤生民也。巽为进退，故观我生，进退。临震进之五，得正居中，故《象》曰“未失道”。《周易集解》。

按，临卦下卦为兑，上卦为坤，与观卦上卦为坤上卦为兑，正阴阳相对为旁通卦，坤身为我，临卦二、三、四爻互震，震为反生，观卦下卦为坤，坤为民，上卦为巽，巽为进退，又三、四、五爻互艮，艮为门，六三爻当门户边缘，可进可退，故未失道。孔颖达《周易正义》：“三居下体之极，是有可进之时；又居上体之下，复是可退之地。远则不为童观，近则未为观国，居在进退之处，可以自观我之动出也。故时可则进，时不可则退，观风相几，未失其道。”张惠言《周易虞氏义》云：“谓五二观示坤民进退，三欲五二正，上来易己，震为道，二进五退，故失道。”其义荀爽、陆绩、虞翻相通。

六四，观国之光，利用宾于王。《象》曰：观国之光，尚宾也。

陆绩注：臣道出于六四爻也。京氏《易传》注。

虞翻注：坤为国，临阳至二，天下文明。反上成观，进显天位，故观国之光。王谓五阳，阳尊宾坤，坤为用、为臣。四在王庭，宾事于五，故利用宾于王矣。《诗》曰“莫敢不来宾，莫敢不来王”，是其义也。《周易集解》。

按，坤为国，五位至尊，六四诸侯位，近于五，故可利用宾于王。居在亲近而得其位，明习国之礼仪。张惠言《周易虞氏义》：云“艮为门庭，四诸侯位，故在王庭。”焦循《易章句》：“宾即不利宾之宾。”其义陆绩、虞翻同。

噬嗑䷔

噬嗑，亨，利用狱。《彖》曰：颐中有物，曰噬嗑。噬嗑而亨，刚柔分，动而明，雷电合而章。柔得中而上行，虽不当位，利用狱也。《象》曰：雷电，噬嗑，先王以明罚敕法。

郑玄注：敕，犹理也。《经典释文》。

陆绩注：象雷电也。京氏《易传》注。

宋衷注：雷动而威，电动而明，二者合而其道彰也。用刑之道，威明相兼。若威而不明，恐致刑事滥。明而无威，不能伏物。故须雷电并合，而噬嗑备。《周易集解》。

虞翻注：否五之坤初，坤初之五，刚柔交，故亨也。坎为狱，艮为手，离为明，四以不正而系于狱，上当之三，蔽四，成丰折狱致刑，故利用狱。坤为用也。《周易集解》。物谓四，则所噬乾脯也。颐中无物则口不噬，故先举颐中有物曰噬嗑也。《周易集解》。

按，噬嗑卦下卦为震，震为雷，上卦为离，离为火，为电，雷、电威猛。张惠言《周易虞氏义》引《稽览图》云："雷有声名曰雷，有光名曰电，则电亦雷也。雷之发必先有光，而声随之，故言电雷。则雷动而上，电明而下，噬嗑象也。"其义陆绩、宋衷同。以雷震喻明法施刑可畏，其义郑玄、宋衷同。

初九，屦校灭趾，无咎。《象》曰：屦校灭趾，不行也。

虞翻注：屦，贯。趾，足也。震为足，坎为校，震没坎下，故屦校灭趾。初位得正，故无咎。《周易集解》。否坤小人，以阴消阳。其亡其亡，故五变灭初，否坤杀不行也。《周易集解》。

干宝注：趾，足也。屦校，贯械也。初居刚躁之家，体贪狠之性，以震掩巽，强暴之男也。行侵陵之罪，以陷屦校之刑，故曰"屦校灭趾"。得位于初，顾震知惧，小征大戒，以免刑戮，故曰"无咎"矣。《周易集解》。不敢遂行强也。《周易集解》。

按，释"屦"为"贯"，"趾"为"足"，指脚上戴上刑具。王充《论衡·谴告》："子云识微，知后复然，借变复之说，以效其言，故愿贯械以待时也。"崔敦礼《刍言》卷上："汉诛滥于名节，贯械、腰斧质请罪者相属，荣其辱矣。"方孔照《别黄石斋太史》诗："藏经身作壁，贯械血成书。"焦循《易章句》："下震为足，以革丽于足为屦。校，犹交也。"张惠言《周易虞氏义》："坎水曰灭，震体以初为主，故独象屦校。"灭趾，即斩足趾之刑。三、四、五爻互坎，坎为灾，初九、六二为半坎，轻罪之象，其义虞翻、干宝同。

六二，噬肤灭鼻，无咎。《象》曰：噬肤灭鼻，乘刚也。

马融注：柔脆肥美曰"肤"。《经典释文》。《汉上丛说》。

虞翻注：噬，食也。艮为肤、为鼻。鼻没水坎中，隐藏不见，故噬肤灭鼻。乘刚，又得正多誉。《周易集解》。

按，《诗·卫风·硕人》："手如柔荑，肤如凝脂。"马融释"肤"为"柔脆肥美"，即其义。灭鼻，即劓刑，与灭趾同属古代肉刑之一。孔颖达《周易正义》："肤是柔脆之物，以喻服罪受刑之人也。"焦循《易章句》："灭鼻，犹灭趾也。"下卦体在艮，二、三、四爻互艮，艮为山、为鼻、为表面，故艮亦可为肤。其义虞翻、马融相通。

六三，噬腊肉，遇毒，小吝，无咎。《象》曰：遇毒，位不当也。

马融注：晞于阳而炀于火曰“腊肉”。《经典释文》。

荀爽注：昔肉谓四也。三以不正，噬取异家，法当遇罪，故早“遇毒”。为艮所止，欲不得，故小吝也。所欲不得，则免于罪，故无咎矣。《周易集解》。

虞翻注：三在肤里，故称肉。离日熯之为昔。坎为毒。故噬昔肉遇毒。毒谓矢毒也。失位承四，故小吝。与上易位，利用狱成丰，故无咎。《周易集解》。

按，“腊”通“昔”。《经典释文》“腊肉，音昔”，李鼎祚《周易集解》作“噬昔肉”。《说文·日部》“昔，乾肉也。𦢊，籀文从肉。”段玉裁注：“今隶作腊。”焦循《易章句》：“腊肉，有毒者也。”又《易通释》：“昔肉犹昔酒，谓肉久不噬而成腊。”马融作“腊肉”，荀爽、虞翻皆作“昔肉”，故其义同。六三阳处阴位不当，故有吝。六三与上九可应，或有免罪可能，故无咎。孔颖达《周易正义》：“腊是坚刚之肉也。毒者，苦恶之物也。三处下体之上，失政刑人，刑人不服。若啮其腊肉，非但难啮，亦更生怨咎，犹噬腊而难入，复遇其毒味然也。”其义荀爽、虞翻同。

九四，噬干胏，得金矢，利艰贞吉。《象》曰：利艰贞吉，未光也。

马融注：有骨谓之胏。《经典释文》。

郑玄注：胏，簀也。《经典释文》。

陆绩注：肉有骨谓之胏。离为干肉，又为兵矢。失位用刑，物亦不服，若噬有骨之干胏也。金矢者，取其刚直也。噬胏虽复艰难，终得伸其刚直。虽获正吉，未为光大也。《周易集解》。《义海撮要》引首句。

王肃注：四体离阴卦，骨之象。骨在干，肉脯之象。金矢所以获野禽，故食之反得金矢，君子于味，必思其毒，于利必备其难。《初学记》二十六《器物部》。《太平御览》八百六十二《饮食部》。《困学纪闻》。

按，释“胏”为有骨之肉，孔颖达《周易正义》：“乾胏是脔肉之干者。”马融、陆绩、王肃同。郑玄“胏”作“箦”，《说文·竹部》：“箦，床栈也。”曹元弼《周易集解笺释》云：“肉有骨，谓之胏。胏读如箦也。胏、箦一声之转。盖读胏如箦，见其坚鲠不可噬，如木板然，以别于荀氏之诸家作脯耳。”故其义郑玄与诸家亦同。

六五，噬干肉，得黄金，贞厉，无咎。《象》曰：贞厉无咎，得当也。

荀爽注：谓阴来正居是而厉阳也。以阴厉阳，正居其处而无咎者，以从下明上，不失其中，所言“得当”。《周易集解》。

虞翻注：阴称肉。位当离，日中烈，故干肉也。干金黄，故得黄金。贞，正。厉，危也。变而得正，故无咎。《周易集解》。

按，焦循《易章句》：“腊肉，肉而不干。干胏，干而不肉。肉久不噬，至于腊毒，柔久不进，至于恶积，虽噬亦晚矣。”六五与六二虽然无应，但是六王居尊位，故有危厉而无咎。其义荀爽与虞翻稍同。

上九，何校灭耳，凶。《象》曰：何校灭耳，聪不明也。

马融注：耳无所闻。《经典释文》。

荀爽注：为五所何，故曰“何校”。据五应三，欲尽灭坎，三体坎为耳，故曰“灭耳凶”。上以不正，侵欲无已，夺取异家。恶积而不可弃，罪大而不可解，故宜凶矣。《周易集解》。《义海撮要》节引。

郑玄注：离为槁木，坎为耳，木在耳上，何校灭耳之象也。《周易集解》。目不明，耳不聪。《经典释文》。

王肃注：荷，担。言其聪之不明。《经典释文》。

九家注：当据离坎以为聪明。坎既不正，今欲灭之，故云"聪不明也"。《周易集解》。

按，噬嗑卦上卦为离，下卦为震，《说卦传》离"于木也，为科上槁"，三、四、五爻互体坎，坎为耳，槁木在耳上，所以"灭耳"。其义荀爽、郑玄同。上九离为目，是居上体之极而失位，故"聪不明"。王弼《周易注》："聪不明故不虑，恶积至于不可解也。"焦循《易章句》："何读若荷，负也。"其义马融、郑玄、王肃、九家皆相通。

贲䷕

贲，亨，小利有攸往。《彖》曰：贲亨，柔来而文刚，故亨。分刚上而文柔，故小利有攸往。刚柔交错，天文也。文明以止，人文也。观乎天文，以察时变。观乎人文，以化成天下。《象》曰：山下有火，贲。君子以明庶政，无敢折狱。

荀爽注：此本泰卦。谓阴从上来，居乾之中。文饰刚道，交于中和，故亨也。分乾之二，居坤之上。上饰柔道，兼据二阴，故小利有攸往矣。《周易集解》。

郑玄注：贲，文饰也。离为日，天文也。艮为石，地文也。天文在下，地文在上，天地二文，相饰成贲者也。一云"天地之文交相而成贲"。贲，然也。犹人君以刚柔仁义之道饰成其德也。刚柔杂，仁义合，然后嘉会礼通，故亨也。卦互体坎艮，艮止于上，坎险止于下，夹震在中，故不利大行，小有所之则可矣。《诗·白驹》正义。《周易集解》。贲，变也，文饰之貌。《经典释文》。折，断也。《经典释文》。虞翻注：泰上之乾二，乾二之坤上，柔来文刚，阴阳交，故亨也。《周易集解》。小利有攸往。小谓五。五失位，动得位体离，以刚文柔，故小利有攸往。《周易集解》。谓五利变，之正成巽体离，艮为星，离日坎月，巽为高，五天位，离为文明，日月星辰高丽于上，故称天之文也。《周易集解》。人谓三，乾为人。文明，离；止，艮也。震动离明。五变据四，二五分则止文三，故以三为人文也。《周易集解》。日月星辰为天文也。泰震春兑秋，贲坎冬离夏。巽为进退，日月星辰进退盈缩，谓朓侧朒也。历象在天成变，故以察时变矣。《周易集解》。泰乾为人，五上动，体既济。贲离象重明丽正，故以化成天下也。《周易集解》。君子谓乾，离为明，坤为庶政，故明庶政。坎为狱，三在狱得正，故无敢折狱。噬嗑四不正，故利用狱也。《周易集解》。

王肃注：贲，有文饰，黄白色。《经典释文》。离下艮上，离为火，艮为山。贲，饰。《家语》注。

王廙注：山下有火，文明相照。贲之象也。《口诀义》。《周易集解》。

干宝注：四时之变，县乎日月，圣人之化，成乎文章。观日月而要其会通，观文明而化成天下。《周易集解》。

按，释“贲”为“文饰”，源自《序卦传》“贲者，饰也”，《杂卦传》“贲，无色也”。《吕氏春秋·壹行》：“孔子卜得贲，孔子曰不吉。”高诱注：“贲，色不纯也。《诗》曰‘鹑之贲贲’。”《系辞传》：“物相杂为文。”李道平《周易集解纂疏》云：“欲见火上照山，有光明文饰也。”《说文·贝部》：“贲，饰也。”其义郑玄、虞翻、王肃、王廙、干宝皆同。贲卦上卦为艮，下卦为离，是由泰卦上六之二，九二之上置换而来，是阴从上来居二，而为泰卦下卦乾之中，天文在下，地文在上，天地二文相饰而成贲，故其义荀爽与诸家亦同。坤之上爻与乾之中爻置换成艮，艮为刚，是以刚饰柔，但上九不当位，不得中正，所以小利有攸往。其义荀爽、虞翻同。

初九：贲其趾，舍车而徒。《象》曰：舍车而徒，义弗乘也。

郑玄注：趾，足。《经典释文》。

虞翻注：应在震，震为足，故贲其趾也。《周易集解》。应在艮，艮为舍，坎为车。徒，步行也。位在下，故舍车而徒。《周易集解》。

王肃注：在下，故称趾。既舍其车，又饰其趾，是徒步也。《周易集解》。

按，释"趾"为"足"，即艮其趾之趾。其义郑玄、虞翻、王肃同。引申为"舍车步行"，孔颖达《周易正义》："以刚处下，居于无位之地，乃弃于不义之车，而从有义之徒步。"焦循《易章句》："下坤为车，又舍此车，下有震足为徒行。"其义则虞翻、王肃同。

六四，贲如皤如，白马翰如；匪寇，婚媾。《象》曰：六四，当位疑也。匪寇婚媾，终于尤也。

马融注：翰，高也。《经典释文》。

荀爽注：翰，高也。《经典释文》。

郑玄注：六四，贲如蹯如。蹯音烦。《经典释文》。六四，巽爻也。有应于初九，欲自饰以适初，既进退未定，故蹯如也。《檀弓》正义。谓九三位在辰，得巽气为白马。翰，犹乾也。见六四适初未定，欲乾而有之。《檀弓》正义。

陆绩注：震为马、为白，故曰"白马翰如"。《周易集解》。

董遇注：翰，马举头高卬也。《经典释文》。《辑闻》。

按，释"翰"为"高"，《说文·羽部》："翰，天鸡也。从羽倝声。《逸周书》云：'文翰若翚雉，一名鷐内，周成王时，蜀人献之。'"《玉篇·羽部》："翰，高也。"《经典释文》："翰，黄云：高举头高昂也。"其义马融、荀爽同。陆绩、董遇皆以为"白马"。三、四、五爻互震，震为马、为白。张惠言考证云："雅雨堂本《经典释文》有'翰'，郑云'乾也。'他本皆作'白也'。王本见《玉海》者，此条末有'翰白也'三字，盖宋时《经典释文》已误，惠始校郑注，删此三字。"孙堂《汉魏二十一家易注》云："《释文》引'翰，犹乾也’一句，一本作‘翰，白也’，误。”曹元弼《周易集解补释》云：“白马翰如，三体震坎皆为马，爻辰在辰，三月东南，巽位。巽为白，故象白马。”故其义郑玄与陆绩、董遇亦同。

六五，贲于丘园，束帛戋戋，吝，终吉。《象》曰：六五之吉，有喜也。

子夏注：五匹为束，三玄二纁象阴阳。《经典释文》。《汉书艺文志考证》。

马融注：戋戋，委积貌。《经典释文》。

荀爽注：艮山震林。失其正位，在山林之闲，贲饰丘陵，以为园圃，隐士之象也。五为王位，体中履和，勤贤之主，尊道之君也。故曰“贲于丘园，束帛戋戋”。君臣失正，故吝。能以中和，饰上成功，故终吉而有喜也。《周易集解》。

虞翻注：艮为山，五半山，故称丘。木果曰园，故贲于丘园也。六五失正，动之成巽，巽为帛、为绳，艮手持，故束帛。以艮断巽，故戋戋。失位无应，故吝。变而得正，故终吉矣。《周易集解》。五变之阳，故有喜。凡言喜庆皆阳爻，束帛戋戋，委积之貌。《周易集解》。

王肃注：失位无应，隐处丘园，盖象衡门之人。《东都赋》注作《盖蒙闇之人》。道德弥明，必有束帛之聘。戋戋，委积之貌也。《文选·谢平原内史表》注。《演连珠》注。《东都赋》注。

按，“丘园”，即家园。荀爽、虞翻、王肃皆释隐士之象，其义同。释“戋戋”为“委积”，李道平《周易集解纂疏》云：“《说文》：‘戋。残也。’《广韵》‘伤也’，通作残。以艮手断巽帛，故称戋戋，即剪裁分裂帛制为衣服之意也。”焦循《易章句》：“戋戋，犹残残，伤也。”其义马融、虞翻、王肃同。《文选·东京赋》：“聘丘园之耿絜，旅束帛之戋戋。”薛综注：“言丘园中有隐士，贞絜清白之人，聘而用之。束帛，谓古聘士，必发束帛加璧于上。”又，《仪礼·士昏礼》：“纳征玄纁、束帛、俪皮。”《尔雅·释器》：“三染谓之纁。”孔颖达《周易正义》：“汉聘隐士，或乃用羔雁玄纁，蒲轮驷马，岂止束帛之间而云俭约之事？”其义子夏亦同。

上九，白贲，无咎。《象》曰：白贲无咎，上得志也。

虞翻注：在巽上，故曰“白贲”。乘五阴，变而得位，故无咎矣。《周易集解》。上之正得位，体成既济，故曰“得志”。坎为志也。《周易集解》。

干宝注：白，素也。延山林之人，采素士之言，以饰其政，故上得志也。《周易集解》。《义海撮要》。

按，五变则上九在巽上，巽为白，变位得正成既济，既济卦上卦为坎，下卦为离，坎为心、为志，所以是上得志。王弼《周易注》：“处饰之终，饰终反素，故任其质素，不劳文饰而无咎也。以白不饰而无患忧，得志者也。”孔颖达《周易正义》：“言居上得志也。”干宝以政事释之，其义与虞翻异。

剥䷖

剥，不利有攸往。《彖》曰：剥，剥也，柔变刚也。不利有攸往，小人长也。顺而止之，观象也。君子尚消息盈虚，天行也。《象》曰：山附于地，剥。上以厚下安宅。

初六，剥床以足，蔑贞凶。《象》曰：剥床以足，以灭下也。

马融注：剥，落也。蔑，无也。《经典释文》。

荀爽注：谓阴外变五。五者至尊，为阴所变，故曰剥也。灭，犹削也。《周易集解》。

郑玄注：阴气侵阳，上至于五，万物零落，故谓之剥也。五阴一阳，小人极盛，君子不可有所之，故不利有攸往也。《周易集解》。蔑，轻慢。《经典释文》。

陆绩注：艮为山，坤为地，山附于地，谓高附于卑，贵附于贱，君不能制臣也。《周易集解》。

虞翻注：坤顺艮止，谓五消观成剥，故观象也。《周易集解》。乾为君子，乾息为盈，坤消为虚，故君子尚消息盈虚，天行也。则出入无疾，反复其道。易亏巽消长，出震息兑，盈乾虚坤，故于是见之耳。《周易集解》。

按，焦循《易章句》："剥，挩也。挩，犹脱也。剥卦之剥，即剥脱之义。”其义马融、荀爽、郑玄同。蔑通灭。《逸周书·克殷》:“侮灭神祇不祀。”《史记·周本纪》引作“侮蔑神祇不祀灭”。马融释为“无”,荀爽释为“削”。“蔑”又通“懱”。《说文·心部》:“懱,轻愓也。”段玉裁注云:“谓轻易,人蔑视之也。”《玉篇·心部》:“懱,轻也,易也,侮也。”《经典释文》:“蔑,犹削也。荀作灭。”李鼎祚《周易集解》云:“卢氏曰:‘蔑,灭也。’”焦循《易章句》:“蔑,轻也。”“灭,犹蔑也。以蔑下,则不以厚下。”郑玄释“蔑”为“轻慢”,其义与马融、荀爽亦同。

六二,剥床以辨,蔑贞凶。《象》曰:剥床以辨,未有与也。

马融注:辨,足上也。《经典释文》。

郑玄注:足上称辩。谓近膝之下,屈则相近,信则相远,故谓之辩。辩,分也。《周易集解》。

虞翻注:指间称辨,剥,剥二成艮。艮为指,二在指闲,故剥床以辨。无应在剥,故蔑贞凶也。《周易集解》。

按,辨,马融、虞翻同,郑玄作辩。辩通辨。《大戴礼记·文王官人》:“不学而性辨。”王引之《经义述闻》:“辨或作辩。”释“辨”为“足上”,《经典释文》:“辨,足上也。马、郑同。”孔颖达《周易正义》云:“谓床身之下,床足之上,足与床身分辨之处也。”张惠言《周易虞氏义》云:“《说文》:‘釆,辨别也。象兽指爪分别也。读若辨,辨判也。故指间称辨。与,应也。五未之正,故未有与。’”焦循《易通释》:“虞仲翔谓指闲称辨,马融、郑康成谓足上称辨,《说文》:‘釆,象兽指爪分别,读若辨。’釆之读辨,取于分别,则剥床以辨,即如虞、郑说,亦仍取于分别耳。”其义马融、郑玄、虞翻相通。

六四,剥床以肤,凶。《象》曰:剥床以肤,切近

灾也。

虞翻注：辨上称肤，艮为肤。以阴变阳，至四乾毁，故剥床以肤。臣弑君，子弑父，故凶矣。《周易集解》。

王肃注：在下而安人者，床也。在上而处床者，人也。坤以象床，艮以象人。床剥尽以及人身，为败滋深，害莫甚焉，故曰"剥床以肤，凶"也。《周易集解》。

按，剥卦上卦为艮，艮为肤，下卦为坤，坤为床，可载物，床足被剥灭，故凶。孔颖达《周易正义》："四道浸长，剥床已尽，乃至人之肤体，物皆失身，所以凶也。"其义虞翻、王肃同。

上九，硕果不食，君子得舆，小人剥庐。《象》曰：君子得舆，民所载也。小人剥庐，终不可用也。

郑玄注：小人傲很，当剥彻庐舍而去。《周礼·天官·遣人》疏。

陆绩注：君子全得剥道，安其位，小人终不可安也。《周易集解》。

虞翻注：艮为硕果，谓三已复位，有颐象，颐中无物，故不食也。夬乾为君子、为德，坤为车、为民，乾在坤，故以德为车。小人谓坤，艮为庐，上变灭艮，坤阴迷乱，故小人剥庐也。《周易集解》。

按，上九阳爻，为坤所载，坤为舆，为车，为小人。上卦为艮，艮为庐，为屋舍，艮之上九为五阴所剥削，故小人剥庐。孔颖达《周易正义》："言小人处此位为君，剥彻民之庐舍，此小人终不可用为君也。"焦循《易章句》："剥之为小人，犹童观之小人。"其义郑玄、陆绩、虞翻同。

复䷗

复，亨。出入无疾，朋来无咎。反复其道，七日来复，利有攸往。《彖》曰：复，亨。刚反，动而以顺行。是以出入无疾，朋来无咎。反复其道，七日来复，天行也。利有攸往，刚长也。复，其见天地之心乎！《象》曰：雷在地中，复。先王以至日闭关，商旅不行，后不省方。

荀爽注：利往居五，刚道浸长也。《周易集解》。复者，冬至之卦。阳起初九，为天地心，万物所始，吉凶之先，故曰"见天地之心"矣。《周易集解》。《义海撮要》。

郑玄注：复，反也，还也。阴气侵阳，阳失其位，至此始还反，起于初，故谓之复。阳君象，君失国而还反，道德更兴也。《春秋》正义。建戌之月，以阳气既尽。建亥之月，纯阴用事。至建子之月，阳气始生。隔此纯阴一卦，卦主六日七分，举其成数言之，而云"七日来复"。《正义》序。旅，客也。《经典释文》。

宋衷注：商旅不行。自天子至公侯，不省四方之事。将以辅遂阳体，成致君道也。制之者，王者之事。奉之者，为君之业也。故上言先王，而下言后也。《周易集解》。

虞翻注：谓出震成乾，入巽成坤。坎为疾，十二消息不见坎象，故出入无疾。兑为朋，在内称来，五阴从初，初子曰正，息而成兑，故朋来无咎矣。《周易集解》。阳息临成乾，小人道消，君子道长，故利有攸往矣。《周易集解》。阳息坤，与姤旁通，刚反初交，故亨。《周易集解》。刚从艮入坤，反震，故曰“反动”。坤顺震行，故而以顺行。阳不从上来反初，故不言刚自外来。是以明不远之复，入坤出震义也。《周易集解》。谓乾成坤，反出于震而来复，阳为道，故复其道。刚为昼日，消乾六爻为六日。刚来反初，故七日来复，天行也。《周易集解》。《玉海》三十五节引。坤为复。谓三复位时，离为见，坎为心，阳息临成泰，乾天坤地，故见天地之心也。《周易集解》。先王谓乾初，至日，冬至之日，坤阖为闭关。巽为商旅、为近利市三倍，姤巽伏初，故商旅不行。姤象曰“后以施命诰四方”，今隐复下，故后不省方。复为阳始，姤则阴始。天地之始，阴阳之首。已言先王，又更言后，后，君也，六十四卦，唯此重耳。《周易集解》。

陆绩注：七日，阳之称也。七九，称阳数也。谓坤上六，阴极阳战之地。阴虽不能胜，阳不可轻犯，六阳涉六阴，反下七爻在初，故称七日。日，亦阳也。京氏《易传》注。

按，释“复”为“反”“还”，《经典释文》：“复，音服。反也，还也。”十一月冬至，阴极阳生，是为复卦。朱震《汉上易传·卦图》云：“七日来复……京房曰六爻反复之称。陆绩曰六阳涉六阴，又下七爻在初，故称七日，日亦阳也。”孔颖达《周易正义》：“阳气始于剥尽之后，至阳气来复时，凡经七日。”其义荀爽、郑玄、虞翻、陆绩与孟喜、京房卦气与十二消息同。冬至，一阳复始，有复归之象。先王以冬至日闭关，停止商旅通行往来，全民休息。《太平御览·时序部·冬至》引《五经通义》云：“冬至，寝兵鼓城，商旅不行，君不听政事。曰：冬至，阳气萌，阴阳交，精始成，万物气微，在下，不可动泄。王者承天理，故率天下静而不忧也。”其义宋衷、虞翻同。孔颖达《周易正义》：“天地养万物，以静为心，不为而物自为，不生而物自生，寂然不动，此天地之心相似。观此复象，乃见天地之心也。”朱熹《周易本义》：“积阴之下一阳复生，天地生物之心几于灭息，而至此乃复可见。在人则为静极而动，恶极而善，本心几息而复见之端也。”其义荀爽、虞翻同。

初九，不远复，无祇悔，元吉。《象》曰：不远之复，以修身也。

京房注：祇，安也。晁氏。

马融注：祇，辞也。《集韵》。

郑玄注：祇，病也。《经典释文》。

刘表注：祇，安也。晁氏。

陆绩注：反至初九，阳来阴复。远，违也。京氏《易传》注。禔，安也。《经典释文》

按，祇，陆绩作禔。祇同祇。《诗·小雅·何人斯》：“胡逝我梁，祇搅我心。”郑玄《笺》：“祇，适也。”《诗·小雅·我行其野》“成不以富，亦祇以异”，毛传：“祇，适也。”祇通禔，《史记·韩长孺列传》：“禔取辱耳。”徐广注：“禔，一作祇也。”钱大昕《十驾斋养新录》云：“祇，古文氏、是通用，则禔、祇亦可通，但相承读为支音，与神、祇音小异耳。”故释“祇”“禔”为“安”，其义京房、刘表、陆绩同。郑玄释“祇”为“病”，马融释“祇”为“辞”，其义与京房、刘表、陆绩等异。焦循《易章句》：“远，犹缓也。”“祇读若氏，本也，下也。”李鼎祚《周易集解》引侯果曰：“祇，大也。”孔颖达《周易正义》：“韩氏云：‘祇，大也。’既能速复，是无大悔，所以大吉。”所以无祇悔，亦即无大悔。

六三，频复，厉，无咎。《象》曰：频复之厉，义无

咎也。

马融注：忧，频也。《经典释文》。

虞翻注：频，蹙也。三失位，故频复，厉。动而之正，故无咎也。《周易集解》。《义海撮要》节引。

按，马融释“频”为“忧”，虞翻释“频”为“蹙”。蹙，愁苦、担忧。《诗·小雅·小明》“政事愈蹙”。《孟子·梁惠王下》：“举疾首蹙额而相告曰：‘吾王之好鼓乐，夫何使我至于此极也？父子不相见，兄弟妻子离散。”王弼《周易注》：“频，频蹙之貌也。处下体之终，虽愈于上六之迷，已失复远矣，是以蹙也。”孔颖达《周易正义》：“频谓频蹙。六三处下体之上，去复稍远，虽胜于上六迷复，犹频蹙而复，复道宜速，谓蹙而求复也。去复犹近，虽有危厉，于义无咎。”张惠言《周易虞氏义》云：“频，蹙也。三失位，故频复厉。《说文》曰：‘频，水厓。’频蹙不前，三处震终虩虩畏惧，震为足，变坎大川，将变而惧，故谓之频。离为目，目上震惧，频蹙之象。”其义虞翻与马融同。

六四，中行独复。《象》曰：中行独复，以从道也。

郑玄注：爻处五阴之中，度中而行，四独应初。《汉上易传》。

虞翻注：中谓初，震为行，初一阳爻，故称独。四得正应初，故曰“中行独复，以从道也”。俗说以四位在五阴之中而独应复，非也。四在外体，又非内象，不在二五，何得称中行耳。《周易集解》。《汉上易传》节引。

按，中行独复，六四处于上卦之下，上下各有二阴，处群阴之中，而独与初应。为与众俱行，而犹能从善之象。焦循《易章句》：“独复，不远复也。”其义郑玄、虞翻同。

六五，敦复，无悔。《象》曰：敦复，无悔，中以自考也。

郑玄注:考,成也。《经典释文》。

向秀注:考,察也。《经典释文》。

按,郑玄释“考”为“成”,《春秋左氏传》隐公五年:“考仲子之宫。”《尔雅·释诂》:“考,成也。”“考”亦可释为考察,司马迁《报任安书》:“略考其行事。”《正字通·宀部》:“察,考也。”《论语·卫灵公》:“众恶之,必察焉;从好之,必察焉。”焦循《易章句》:“考即考祥之考。”向秀即其义,故与郑玄异。

上六,迷复,凶,有灾眚。用行师,终有大败,以其国君凶,至于十年。不克征。《象》曰:迷复之凶,反君道也。

子夏注:伤害曰灾,妖祥曰眚。

荀爽注:坤为众,故用行师也。谓上行师而距于初,阳息上升,必消群阴,故终有大败。国君谓初也。受命复道,当从下升。今上六行师,王诛必加,故以其国君凶也。《周易集解》。《义海撮要》。

郑玄注:异自内生曰眚,自外曰祥,害物曰灾。

虞翻注:坤冥为迷,高而无应,故凶。五变正时,坎为灾眚,故有灾眚也。《周易集解》。三复位时,而体师象,故用行师。阴逆不顺,坤为死丧,坎流血,故终有大败。姤乾为君,灭藏于坤,坤为异邦,故国君凶矣。《周易集解》。坤为至,为十年。阴逆坎临,故不克征。谓五变设险,故帅师败,丧君而无征也。《周易集解》。姤乾为君,坤阴灭之,以国君凶,故曰“反君道也”。《周易集解》。

按,释“伤害”为“灾”,释“眚”为“妖祥”,《说文·目部》:“眚,目病生翳也。”引申为灾异。《汉书·五行志》:“异物生谓之眚。”《汉书·五行志》:“妖孽自外来谓之祥。”《广韵·梗韵》:

“眚，灾也。”其义子夏、郑玄同。又，复卦上卦为坤，下卦为震，上六处穷极而下位无应，五爻变为坎，坎为灾眚，故其义虞翻与子夏、郑玄亦同。上六处至位，与六三无应，故行师大败，六五君位不正，危及国君，故凶。其义荀爽、虞翻同。

无妄䷘

无妄，元亨，利贞。其匪正有眚，不利有攸往。《彖》曰：无妄，刚自外来而为主于内。动而健，刚中而应，大亨以正，天之命也。其匪正有眚，不利有攸往。无妄之往，何之矣。天命不祐，行矣哉。《象》曰：天下雷行，物与无妄。先王以茂对时育万物。

京房注：大旱之卦，万物皆死，无所复望。《周易集解》虞翻引。

马融注：妄，犹望，谓无所希望也。《经典释文》。谓天不右行。《经典释文》。《周易集解》虞翻引。茂，勉也。对，配也。《经典释文》。

郑玄注：妄，犹望，谓无所希望也。妄之言望，人所望宜正，行必有所望，行而无所望，是失其正，何可往也。《后汉书·李通传》注。右，助也。《经典释文》。

虞翻注：遯上之初。此所谓四阳二阴，非大壮则遯来也。刚来交初，体乾，故元亨。三四失位，故利贞也。《周易集解》。《汉上易》。《卦图》节引。非正谓上也。四已之正，上动成坎，故有眚。变而逆乘，天命不右，故不利有攸往矣。《周易集解》。动，震也。健、大亨谓乾。刚中谓五，而应二，大亨以正，变四承五，乾为天，巽为命，故曰"大亨以正，天之命也"。《周易集解》。谓四已变，上动体屯，坎为泣血涟如，故何之矣。《周易集解》。天，五也。巽为命。右，助也。四已变成坤，天道具助顺。上动逆乘巽命，故天命不右。行矣哉，言不可行也。马君云“天命不右行”非矣。《周易集解》。与，谓举。妄，亡也。谓雷以动之，震为反生，万物出震，无妄者也。故曰“物与无妄”。《序卦》曰“复则不妄矣，故受之以无妄”。而京氏及俗儒以为大旱之卦，万物皆死，无所复望，失之远矣。有无妄，然后可畜，不死明矣。若物将死，将何畜聚，以此疑也。《周易集解》。

先王谓乾，乾盈为茂，艮为对时体颐养象，万物出震，故以茂对时育万物。言物皆死，违此甚矣。《周易集解》。《汉上易传》节引。

王肃注：妄，犹望，谓无所希望也。《经典释文》。

蜀才注：此本遯卦。《周易集解》。

九家注：天下雷行，阳气普偏，无物不与，故曰“物与”也。物受之以生，无有灾妄，故曰“物与无妄”也。《周易集解》。

按，释“妄”为“望”，引申为“无所希望”。《汉书·谷永传》：“遭无妄之卦运，直百六之灾阸。”颜师古注引应劭云：“无妄者，无所望也。万物无所望于天，灾异之最大者也。”李鼎祚《周易集解》：“刚自上降，为主于初，故‘动而健，刚中而应’也。于是乎邪妄之道消，大通以正矣。无妄大亨，天道恒命也。”孔颖达《周易正义》：“体刚居下，以贵下贱，所行教化，不为妄动。”焦循《易章句》：“妄者，虚而不实也。”其义京房、马融、郑玄、蜀才同。释“妄”为“无有灾妄”，张惠言《周易虞氏义》云：“遯消乾，子弑父，上之初，出震反生，阳无所亡，故名无妄。妄，亡也。”其义虞翻、九家同。释“右”为“助”，古佑、祐、右三字可通假，引申为“天不右行”，其义郑玄、虞翻同。马融谓“天命不右行”则异。马融释“茂”为“勉”，《说文·力部》：“茂，彊也。”其义马融、虞翻相通。

六二，不耕获，不菑畬，则利有攸往。《象》曰：不

耕获，未富也。

马融注：菑，一岁也。畬，田三岁也。《经典释文》。

郑玄注：一岁曰菑，二岁曰新田，三岁曰畬。《诗·采芑》笺。

董遇注：菑，反草也。悉耨曰畬。《经典释文》。

虞翻注：有益耕象，无坤田，故不耨。震为禾稼，艮为手，禾在手中，故称获。田在初，一岁曰菑。在二，二岁曰畬。初爻非坤，故不菑而畬也。得位应五，利四变之益，则坤体成，有耒耨之利，故利有攸往。往应五也。《周易集解》。四动坤虚，故未富也。《周易集解》。

按，释"菑"为"一岁"，释"畬"为"三岁"，《尔雅·释地》："田一岁曰菑，二岁曰新，三岁曰畬。"《诗·周颂·臣工》："嗟嗟保介，维莫之春。亦又何求，如何新畬。"毛传："田二岁曰新，三岁曰畬。"其义马融、郑玄同。然《礼记·坊记》引《易》"不菑畬"，郑玄注："田一岁曰菑，二岁曰畬，三岁曰新。"《说文·田部》："畬，二岁治田也。从田余声。《易》曰：'不菑，畬田。'"段玉裁注云："二，各本作三。今正。《周易音义》云畬，马曰田三岁，《说文》云二岁治田，此许作二之证。考《释地》曰'一岁曰菑。二岁曰新田。三岁曰畬'，《小雅·周颂》、毛传同。马融，孙炎，郭朴皆同。郑注《礼记·坊记》，许造《说文》，虞翻注《易》无妄皆云二岁曰畬。许全书多宗毛公，而意有未安者则不从。此其一也。菑，《艸部》云反耕田也。反耕者，初耕反艸。一岁为然。二岁则用力渐舒矣。畬之言舒也。三岁则为新田。"焦循《易章句》："耕为稼穑之始，获为稼穑之成，一岁曰菑，三岁曰畬。"由此知虞翻释"畬"为"二岁"是取《说文》、郑玄《礼记》注。

大畜䷙

大畜，利贞，不家食，吉。利涉大川。《彖》曰：大畜，刚健，笃实辉光，日新其德，刚上而尚贤。能止健，大正也。不家食吉，养贤也。利涉大川，应乎天也。《象》曰：天在山中，大畜。君子以多识前言往行，以畜其德。

京房注：谓二变五，体坎，故利涉大川。五天位，故曰“应乎天”。《周易集解》。

郑玄注：自九三至上九，有颐象，居外是不家食，吉而养贤。《礼记·表记》正义。辉光日新，其德刚上而尚贤。《经典释文》。

虞翻注：大壮初之上，其德上也。与萃旁通，二五失位，故利贞。此萃五之复二，成临。临者，大也。至上有颐养之象，故名大畜也。《周易集解》。二称家，谓二五易位成家人，家人体噬嗑食，故利涉大川，应乎天也。《周易集解》。刚健谓乾，笃实谓艮。二已之五，利涉大川。互体离坎，离为日，故辉光日新也。《周易集解》。健，乾。止，艮也。二五易位，故大正。旧读言能止健，误也。《周易集解》。二五易位成家人，今体颐养象，故不家食吉，养贤也。《周易集解》。君子谓乾。乾为言，震为行，坎为志。乾知大始，震在乾前，故志前言往行。有颐养象，故以畜其德矣。《周易集解》。

向秀注：止莫若山，大莫若天，天在山中，大畜之象。天为大器，山则极止，大器，故名大畜也。《周易集解》。

蜀才注：此本大壮卦。《周易集解》。

按，大畜卦下卦为乾，上卦为艮，三、四、五爻互震，四、五、上爻为艮，下震上艮为颐，《说卦传》："颐者，养也。"故有养贤之象。其义郑玄、虞翻同。向秀以天为至大，而在山之中，所畜至大之象，君子观象以大其蕴蓄，以畜成其德，故其义与郑玄、虞翻亦相通。蜀才谓"此本大壮"，大畜卦四阳二阴之卦，是由大壮卦的初九升上，依次递降为六五、六四、九三、九二、初九而成大畜。李鼎祚《周易集解》云："刚自初升，为主于外。刚阳居上，尊尚贤也。"故其义蜀才亦与郑玄、虞翻同。又，二、三四爻互兑，兑为泽，三、四、五爻互震，震为木，木在水上，有舟行水上之象，故利涉大川。其义京房、虞翻同。

九二，舆说輹。《象》曰：舆说輹，中无尤也。

马融注：说，解也。《经典释文》。

虞翻注：萃坤为车、为腹，坤消乾成，故车说腹。腹或作"輹"也。《周易集解》。

按，说通脱，《说文·车部》："輹，车轴缚也。从车，复声。《易》曰：'舆脱輹。'"孔颖达《周易正义》："若遇斯而进，则舆说其輹，车破败也。"其义马融、虞翻同。

九三，良马逐，利艰贞，曰闲舆卫，利有攸往。《象》曰：利有攸往，上合志也。

马融注：闲，习。《经典释文》。

郑玄注：逐逐，两马走也。日闲舆卫，日习车徒。闲，习。《经典释文》。

刘表注：曰，犹言也。《经典释文》。

虞翻注：乾为良马，震为惊走，故称逐也。谓二已变，三在坎中，故利艰贞吉。离为日，二至五体师象，坎为闲习。坤为车舆，乾人在上，震为惊卫，讲武闲兵。故曰"日闲舆卫"也。《周易集解》。晁氏节引。谓上应也。五已变正，上动成坎，坎为志，故利有攸往，与上合志也。《周易集解》。

姚信注：逐逐，疾并驱之貌。《经典释文》。

按，郑玄释"逐逐"为"两马走"，姚信释为"疾并驱"，虞翻为"惊走"，焦循《易章句》："乾为良马，逐犹随也。"诸家之义相通。"闲"为"熟习"，《尔雅·释诂》："闲，习也。"《诗·秦风·驷驖》："游于北园，四马既闲。"毛传："闲，习也。"《礼记·仲尼燕居》："以之田猎有礼，故戎事闲也。"孔颖达《周易正义》："进得其时，涉难无患，虽曰有人欲闲阂车舆，乃是防卫见护也。"其义马融、郑玄同。虞翻谓"讲武闲兵"，亦即谓习兵，其义亦与郑玄相通。

六四，童牛之牿，元吉。《象》曰：六四元吉，有喜也。

郑玄注：巽为木，互体震，震为牛之足，足在艮体之中，艮为手，持木以就足，是施梏。《周礼·大司寇》疏。

刘表注：童，妾也。牿之言角也。《经典释文》。

陆绩注：牿当作角。《经典释文》。

虞翻注：艮为童。五已之正，萃坤为牛。告谓以木楅其角。大畜，畜物之家，恶其触害。艮为手，为小木。巽为绳。绳缚小木，横著牛角，故曰"童牛之告"。得位承五，故元吉而喜。喜谓五也。《周易集解》。

九家注：牛触角著横木，所以告人。

按，"牿"通"梏""告"。《说文·告部》："告，牛触人，角著横木，所以告人也。《易》曰：'僮牛之告。'"释"牿"为"角"，刘表、陆绩、虞翻、九家皆同。六四阴爻为巽体，三、四、五互震，震为足，上卦为艮，艮为手，故有手持木以就足之象。考郑玄《周礼·天官·内饔》注："牛在手曰梏，牛无手以前足当之。"又《周礼·秋官·大司寇》注："巽为木，互体震，震为牛之足，足在艮体之中，艮为手，持木以就足，是施梏。"其义与诸家相通。

六五，豶豕之牙，吉。《象》曰：六五之吉，有庆也。

郑玄注：牙，读为互。《经典释文》。

刘表注：豕去势曰豶。《经典释文》。

虞翻注：二变时，坎为豕。剧豕称豶，令不害物。三至上体颐象。五变之刚，巽为白，震为出。刚白从颐中出，牙之象也。动而得位，豶豕之牙吉。《周易集解》。五变得正，故有庆也。《周易集解》。

按，以阉割过的猪称豶豕，《说文·豕部》："豶，羠豕也。"段玉裁注："羠，騬，犗马也。犗，騬牛也。皆去势之谓也。"牙通互。《汉书·谷永传》："百官盘互，亲疏相借。"颜师古注："互字或作牙，言如豕牙之盘曲，犬牙之相入也。"互即古人用来拦阻人马通行的木架，或指挂肉的木架子。《周礼·地官·牛人》："凡祭祀共有其牛牲之互。"郑玄注："互谓楅横之属。"郑玄注引郑司农云："玄谓互若今屠家县肉格。"又《周礼·秋官·修闾氏》："修闾氏掌比国中宿互柝者。"郑玄注引郑司农云："互，谓行马，所以障互，禁止人也。"孔颖达《周易正义》："褚氏云：'豶，除也。除其牙也。'然豶之为除，《尔雅》无训。案《尔雅》云：'坟(墳)，大防。'则坟是堤防之义。此豶其牙，谓防止其牙。古字假借，虽豕旁土边之异，其义亦通。"其义郑玄、刘表、虞翻同。

上九，何天之衢，亨。《象》曰：何天之衢，道大

行也。

马融注：四达谓之衢。《经典释文》。

郑玄注：艮为手，手上肩也。乾为首，首肩之间荷物处。乾为天，艮为径路，天衢象也。《后汉书·崔骃传》注。人君在上位，负荷天之大道。《文选注》十一。

虞翻注：何，当也。衢，四交道。乾为天，震艮为道，以震交艮，故何天之衢，亨。上变，坎为亨也。《周易集解》。谓上据二阴，乾为天道，震为行，故道大行矣。《周易集解》。

按，释"衢"为"道路"，《说文·行部》："四达谓之衢。"《春秋左氏传》昭公二年："尸诸周氏之衢。"杜预注："衢，道也。"张载《横渠易传》："其道大行也，升于天，何待衢路而进？"朱熹《周易本义》："何天之衢，言何其通达之甚也。"即大路通天之意，其义马融、郑玄、虞翻皆同。

颐䷚

颐，贞吉。观颐，自求口实。《彖》曰：颐，贞吉，养正则吉也。观颐，观其所养也。自求口实，观其自养也。天地养万物，圣人养贤以及万民。颐之时大矣哉。《象》曰：山下有雷，颐。君子以慎言语，节饮食。

荀爽注：雷为号令，今在山下闭藏，故慎言语。雷动于上，以阳食阴，艮以止之，故节饮食也。言出乎身，加乎民，故慎言语，所以养人也。饮食不节，残贼群生，故节饮食以养物。《周易集解》。饮食失宜，患之所起。《口诀义》。

郑玄注：颐，口车辅之名也。震动于下，艮止于上。口车动而上，因辅嚼物以养人，故谓之颐。颐，养也。能行养则其干事，故吉矣。二五离爻皆得中，离为目，观象也。观颐，观其养贤与不肖也。颐中有物曰口实，自二至五，有二坤，坤载养物，而人所食之物皆存焉。观其求可食之物，则贪廉之情可别也。《周易集解》。

刘表注：山止于上，雷动于下，颐之象也。《周易集解》。

宋衷注：颐者，所由饮食，自养也。君子割不正不食，况非其食乎！是故所养必得贤明，自求口实必得体宜，是谓养正也。《周易集解》。

陆绩注：上下阳位，包阴也。京氏《易传》注。

虞翻注：晋四之初，与大过旁通。养正则吉，谓三之正，五上易位，故颐贞吉。反复不衰，与乾、坤、坎、离、大过、小过、中孚同义，故不从临观四阴二阳之例。或以临二之上。兑为口，故有口实也。《周易集解》。《汉上易丛说》节引。离为目，故观颐，观其所养也。《周易集解》。或以大过、兑为口，或以临、兑为口，坤为目，艮为求。口实，颐中物，谓其自养。《周易集解》。乾为圣人，艮为贤人。颐下养上，故圣人养贤。坤阴为民，皆在震上，以贵下贱，大得民，故以及万民。《周易集解》。天地养物，圣人养贤，以及万民。人非颐不生，故大矣。《周易集解》。

姚信注：以阳养阴，动于下，止于上，各得其正，则吉也。《周易集解》。

翟玄注：天，上；地，初也。万物，众阴也。天地以元气养万物，圣人以正道养贤及万民，此其圣也。《周易集解》。

按，颐卦上卦为艮，下卦为震，艮震合体，有口颊之象。颐，养也。由养而引申为圣人养贤及万民。刘熙《释名·释形体》："颐，养也。动于下，止于上，上下咀物以养人也。或曰辅车，言其骨强所以辅持口也。或曰牙车，牙所载也。或曰颔车，颔，含也。口含物之车也。或曰颊车，亦所以载物也。"又云："颊，夹也，面旁称也。亦取挟敛食物也。"孔颖达《周易正义》："人之开发言语、咀嚼、饮食，皆动颐之事，故君子观此颐象，以谨慎言语，裁节饮食。"焦循《易章句》："能养己养人，故终则有始。"其义荀爽、郑玄、刘表、宋衷、虞翻、姚信、翟玄皆同。

初九，舍尔灵龟，观我朵颐，凶。《象》曰：观我朵颐，亦不足贵也。

京房注：揣，动也。晁氏。《集韵》。《类篇》。

郑玄注：朵，动也。《经典释文》。

刘表注：端颐，多辩也。晁氏。

按，朵，京房作"揣"，刘表作"端"。朵通揣、端。《经典释文》："京作椯。"《经典释文》："朵，动也。"《集韵·果韵》："端，动也。《易》：'观我端颐。'京房读。"又同韵："揣，摇也。或从朵。"《广雅·释诂一》："揣，动也。"孔颖达《周易正义》："朵是动义，如手捉物谓之朵也。"焦循《易章句》："朵通作揣，动也。"其义京房、郑玄释"朵"或"揣"同。刘表释为"多辩"，吕祖谦《古易音训》引晁氏云："京作端，与朵同音，动也。刘亦作端，端颐，多辨也。"辩通辨，则其义与京房、郑玄亦相通。

六二，颠颐，拂经于丘颐，征凶。《象》曰：六二征凶，行失类也。

子夏注：弗，辅弼也。《经典释文》。

刘表注：弗，辅弼也。晁氏。

王肃注：养下曰"颠"。拂，违也。经，常也。丘，小山，谓六五也。二宜应五，反下养初，岂非颠赜。违常于五也。故曰"拂经于丘"矣。拂丘虽阻常理，养下故谓养贤。上既无应，征必凶矣。故曰"征凶"。《周易集解》。《义海撮要》。

按，拂，子夏、刘表作弗，王肃作拂。拂通弗。《经典释文》："拂，《子夏传》作弗。"朱骏声《说文通声定训·履部》云："弗，经传皆以拂为之。"《汉书·王莽传》："必躬载拂。"颜师古注："拂音弗，所以击治禾者也。今谓之迦枷。"《广雅·释诂四》："拂，辅也。"王念孙《广雅疏证》云："拂读为弼。"《集韵·质韵》："弼，《说文》：'辅也。'隶作弼，或作拂。"《汉书·盖宽饶传》："乃欲以太古久之事匡拂天子。"颜师古注："拂读如弼。"释"弗"为"辅弼"，其义子夏、刘表同。王肃释"拂"为"违"，《集韵·勿韵》："拂，戾也。"《汉书·杜周传》："臣窃有所忧，言之则拂心逆指。”颜师古注：“拂，谓违戾也。”孔颖达《周易正义》：“拂，违也。”其义王肃与子夏、刘表异。

六四，颠颐，吉。虎视眈眈，其欲逐逐，无咎。《象》曰：颠颐之吉，上施光也。

马融注：兑为虎。《汉上易传》。眈眈，虎下视貌。《经典释文》。

刘表注：跾跾，远也。《经典释文》。

虞翻注：晋四之初，谓三已变，故颠颐。与屯四乘坎马同义。坤为虎，离为目。眈眈，下视貌。逐逐，心烦，坤为吝啬，坎水为欲。故其欲逐逐。得位应初，故无咎。谓上已反，三成离，故上施光也。《周易集解》。

九家注：艮有虎象。《会通》。张氏。

按，马融以兑为虎，虞翻以坤为虎，九家以艮为虎，释虎之象，诸家不同。释“眈眈”为“虎下视”，颐卦上卦为艮，下卦为震，二、三、四爻互坤，坤为虎，艮为视，为明，故虎视眈眈。其义马融、虞翻、九家同。“逐逐”同“跾跾”。孙堂《汉魏二十一家易注》云：“抱经堂《说文考证》引臧氏琳云：‘《说文》：跾，疾也。一训与薛云速也合，长也。一训与刘云远也合，贪利则欲速而志高远，此字当从刘表作跾。《汉书·叙传下》‘其欲浟浟’，师古引《易》‘其欲浟浟’云‘浟浟，欲利之貌，浟亦攸之俗字’，然亦可见本不作逐也。《志林》妄云攸当为逐，王弼等同之，汉《易》皆不作逐。”焦循《易章句》：“逐逐，悠悠，远也。”虞翻释“逐逐”为“心烦”，刘表为“远也”，孔颖达《周易正义》：“既养于下，不可有求，其情之所欲逐逐然，尚于敦实也。”其义虞翻、刘表相通。

上九，由颐，厉吉，利涉大川。《象》曰：由颐，厉吉，大有庆也。

马融注：厉，危。《经典释文》。

郑玄注:君以得人为庆。《汉上易传》。

虞翻注:由,自从也。体剥居上,众阴顺承,故由颐。失位,故厉。以坤艮自辅,故吉也。《周易集解》。失位,故厉。之五得正成坎,坎为大川,故利涉大川。变阳得位,故大有庆也。《周易集解》。《义海撮要》。《汉上易传》俱节引。

王肃注:厉,危。《经典释文》。

按,释“厉”为“危”,《后汉书·皇后纪·明德马皇后》:“故日夜惕厉,思自降损。居不求安,食不念饱。”李贤注:“厉,危也。”《经典释文》:“厉,严厉也。马、王云危。”颐卦上卦为艮,艮为止,上九不当位,故厉。其义马融、王肃同。上九阳爻为君,二、三、四、五爻互体二坤,居坤之上。坤为众,有君得众人之象,得众人则安,故有庆。其义郑玄与虞翻相通。

大过䷛

大过，栋桡，利有攸往，亨。《彖》曰：大过，大者过也。栋桡，本末弱也。刚过而中，巽而说行，利有攸往，乃亨。大过之时大矣哉。《象》曰：泽灭木，大过。君子以独立不惧，遯世无闷。

陆绩注：大者相过。京氏《易传》注。

虞翻注：阳称大，谓二也。二失位，故大者过也。《周易集解》。刚过而中谓二。说，兑也。故利有攸往。大壮震五之初，故亨。与遯二同义。《周易集解》。国之大事，在祀与戎。藉用白茅，女妻有子，继世承祀，故大矣哉。《周易集解》。君子谓乾初，阳伏巽中，体复一爻，潜龙之德，故称独立不惧。忧则违之，乾初同义，故遯世无闷也。《周易集解》。

向秀注：栋桡则屋坏，主弱则国荒。所以桡，由于初上两阴爻也。初为善始，末是令终。始终皆弱，所以栋桡。《周易集解》。

按，以“大”释“过”，《彖传》：“大过，大者过也。”阳称大，阴称小，九二失位，故大者过也。孔颖达《周易正义》：“谓盛大者乃能过其分理以拯难也。故于二爻阳处阴位，乃能拯难也，亦是过甚之义。”陆绩、虞翻同取《彖传》，其义同。

初六，藉用白茅，无咎。《象》曰：藉用白茅，柔在下也。

马融注：在下曰藉。《经典释文》。

虞翻注：位在下称藉，巽柔白为茅，故藉用白茅。失位，咎也。承二，过四应五士夫，故无咎矣。《周易集解》。《义海撮要》节引。

按："在下曰藉"，上古人卧，无褥可藉，穴居以白茅为藉，似为枕卧。《汉书·佞幸传》："（董贤）常与上卧起。尝昼寝，偏藉上褏，贤未觉，不欲动贤，乃断褏而起。"颜师古注："藉谓身卧其上也。"焦循《易章句》："藉，荐也。用茅而后荐也。"张惠言《周易虞氏义》云："初过应五，义具二也。承二应五，所谓藉也。初为下。"白指巽，茅指巽下之柔爻。茅、柔二字皆从矛，矛在初，柔在下。孔颖达《周易正义》："以柔处下，心能谨慎，荐藉于物，用絜白之茅，言以絜素之道奉事于上也。"其义马融、虞翻同。

九二，枯杨生稊，老夫得其女妻，无不利。《象》曰：老夫女妻，过以相与也。

郑玄注：枯，音姑。谓无姑山榆。羊朱反。荑，音夷。木更生，谓山榆之实。《经典释文》。以丈夫年过娶二十之女，老妇年过嫁于三十之男，皆得其子。《诗·桃夭》正义。

虞翻注：稊，稚（穉）也。杨叶未舒称稊。巽为杨，乾为老，老杨故枯。阳在二也，十二月时，周之二月。兑为雨泽，枯杨得泽复生稊。二体乾老，故称老夫。女妻谓上兑。兑为少女，故曰"女妻"。大过之家，过以相与，老夫得其女妻，故无不利。《周易集解》。《会通》节引。谓二过初与五，五过上与二。独大过之爻，得过其应，故过以相与也。《周易集解》。

按，稊，郑玄作荑。稊通荑。《孟子·告子上》："苟为不熟，不如荑稗。"《齐民要术·种谷》引作"苟为不熟，不如稊稗"。《大戴礼·夏小正》曰："正月：柳稊。稊者，发孚也。"荑与稊，音义同。《诗·邶风·静女》:“自牧归荑,洵美且异。”毛传:“荑,茅之始生也。”《说文·禾部》:“稚,幼禾也,是稊者初生之貌也。”焦循《易章句》:“稊,犹弟也。”曹元弼《周易郑氏注笺释》云:“荑者,木更生,在枯则为实,硕果之种也。在杨则为萌芽,颠木之蘖也。”孔颖达《周易正义》:“九二以阳处阴,能过其本分,而救其衰弱。上无其应,心无特吝,处大过之时,能行此道,无有衰者不被拯济。故衰者更盛,犹若枯槁之杨,更生少壮之稊,枯老之夫,得其少女为妻也。”又云:“若老夫而有老妻,是依分相对。今老夫而得女妻,是过分相与也。老夫得女妻,是女妻以少而与老夫。老夫得少而更壮,是女妻过分而与夫也。女妻而得少夫,是依分相对。今女妻得老夫,是老夫减老而与少。女妻既得其老则益长,是老夫过分而与妻也,故云‘过以相与’。”其义郑玄、虞翻同。

九五,枯杨生华,老妇得其士夫,无咎无誉。《象》曰:枯杨生华,何可久也。老妇士夫,亦可丑也。

马融注:初为女妻,上为老妇。《周易集解》。虞翻引。

荀爽注:初阴失正当变,数六为女妻。二阳失正,数九为老夫。以五阳得正位不变,数七为士夫。上阴得正,数八为老妇。《周易集解》。虞翻引。晁氏。

虞翻注:阳在五也。夬三月时,周之五月。枯杨得泽,故生华矣。老妇谓初,巽为妇,乾为老,故称老妇也。士夫谓五,大壮震为夫,兑为少,故称士夫。五过二使应上,二过五使取初,五得位,故无咎。阴在二多誉,今退伏初,故无誉。体姤淫女,故过以相与,使应少夫。《象》曰“亦可丑也”。旧说以初为女妻,上为老妇,误矣。马君亦然。荀公以初阴失正当变,数六为女妻。二阳失正,数九为老夫。以五阳得正位,不变,数七为士夫。上阴得正，数八为老妇。此何异俗说也。悲夫学之难。而以初本为小，反以上末为老，后之达者，详其义焉。《周易集解》。乾为久，枯而生华，故不可久也。妇体姤淫，故可丑也。《周易集解》。

按，"老妇""女妻"，大过卦上卦为兑，下卦为巽，三、四、五爻互乾为老，伏坤为妇，为母，有老妇之象，其义马融、荀爽、虞翻各异。孔颖达《周易正义》："妇当少稚于夫，今年老之妇，而得强壮士夫，亦可丑辱也。此言九五不能广拯衰难，但使枯杨生华而已，但使老妇得其士夫而已。拯难狭劣，故不得长久，诚可丑辱，言不如九二也。"张惠言《周易虞氏义》云："五为杨，犹四栋皆取反巽也。或者初巽老妇为枯杨得士夫为生华，巽长女，故象已嫁为妇。巽入乾体，故初亦老。五阳必取大壮，震为夫者，兑本女也。然则二亦以大壮，乾为老夫，注略耳。巽为退伏，非由二退也，但以数多少为老少。"此可备一说。

坎䷜

习坎，有孚，维心亨，行有尚。《彖》曰：习坎，重险也。水流而不盈，行险而不失其信。维心亨，乃以刚中也。行有尚，往有功也。天险不可升也。地险山川丘陵也。王公设险，以守其国。险之时，用大矣哉。《象》曰：水洊至，习坎。君子以常德行，习教事。

京房注：欿，险也，陷也。《经典释文》。

荀爽注：阳动阴中，故流。阳陷阴中，故不盈也。《周易集解》。谓阳来为险而不失中，中称信也。《周易集解》。

刘表注：水流行不休，故曰‘习’。欿，险也，陷也。《经典释文》。洊，仍也。《经典释文》。

陆绩注：坎水能深陷于物，处坎之险，不可不习，故曰“习坎”。便习之习，后可履于险而不陷没者，不以刚履柔，不能成坎之道也。京氏《易传》注。水性趋下，不盈溢崖岸也。月者，水精。月在天，满则亏，不盈溢之义也。《周易集解》。内外居坎，阳处中而为坎，主纯阴得阳，为明臣得君而安其居也。君得一明臣，而显其道。京氏《易传》注。洊，再；习，重也。水再至而益，通流不舍昼夜，重重习相随以为常，有似于习。故君子象之，以常习教事，如水不息也。《周易集解》。

虞翻注：乾二五之坤，与离旁通。于爻，观上之二。习，常也。孚，信。谓二五。水行往来，朝宗于海，不失其时，如月行天，故习坎为孚也。《周易集解》。《汉上易丛说》节引。坎为心，乾二五旁行流坤，阴阳会合，故亨也。《周易集解》。行谓二，尚谓五也。二体震为行，动得正应五，故行有尚，往有功也。《周易集解》。两象也。天险地险，故曰"重险也"。《周易集解》。信谓二也。震为行。水性有常，消息与月相应，故不失其信矣。《周易集解》。功谓五，二动应五，故往有功也。《周易集解》。谓五在天位，五从乾来，体屯难，故天险不可升也。《周易集解》。坤为地，乾二之坤，故曰"地险"。艮为山，坎为川，半山称丘，丘下称陵，故曰"地险山川丘陵也"。《周易集解》。王公，大人。谓乾五，坤为邦，乾二之坤成坎险。震为守，有屯难象，故王公设险，以守其邦。离言王用出征，以正邦是也。《周易集解》。君子谓乾五。在乾称大人，在坎为君子。坎为习、为常，乾为德，震为行，巽为教令，坤为事，故以常德行习，教事也。《周易集解》。

王肃注：守险以德，据险以时，成功大矣。《周易集解》。

按，坎，京房、刘表作欿，荀爽作陷，坎通埳、陷、欿。《经典释文》："坎，本亦作埳。"《玉篇·土部》："埳，陷也，与坎同。"《楚辞·七谏》："然埳轲而留滞。"王逸注："埳轲，不遇也。"洪兴祖补注："音坎可。"又《诗·魏风·伐檀》："坎坎伐轮兮。"《隶释·石经鲁诗残碑》作"欿欿伐轮兮"，洪适注："毛作坎。"段玉裁《说文解字注》："欿，欲得也。从欠，臽声。声若贪。《孟子》：'附之以韩魏之家，如其自视欿然。'张镒曰：'欿，音坎，内顾不足而有所欲也。'玉裁按：《孟子》假欿为坎，谓视盈若虚也。《太玄》'雷推欿'，即坎窞也。今本《太玄》欿字伪不可识。"《晏子春秋·问下》："鍖然不满。"孙星衍《音义》云："《玉篇》'鍖，丑甚切。'此当为欿然之假音。"坎为水，为险，习坎即重险，故释"坎"为

"险"。焦循《易章句》:"窞,陷也。"张惠言《周易虞氏义》云:"五天位,二地位,盈,溢也。谓五艮为止水流不溢,刚中谓二五,自离成坎,兑秋震春,坎冬离夏,因时设险。"朱熹《周易本义》:"坎,险陷也。"其义京房、荀爽、刘表、陆绩、虞翻、王肃同。洊通再,陆德明《经典释文》:"洊,《尔雅》云:'再也。'"《文选·舞鹤赋》:"众变繁姿,参差洊密。"李善注:"《字书》曰:'洊,仍也。'"其义刘表、陆绩同。

又释"习"为"常习",孔颖达《周易正义》:"习者,便习之义。险难之事,非经便习,不可以行。诸卦之名,皆于卦上不加其字。此坎卦之名特加习者,以坎为险难,故特加习名。习有二义:一者习重也,谓上下俱坎,是重叠有险,险之重叠,乃成险之用也。二者人之行险,先须使习其事,乃可得通,故云习也。"张惠言《周易虞氏义》云:"常,德行也。变观,习教事也。"焦循《易章句》:"习,重也,重坎。""一筮再筮,故习。"其义陆绩、虞翻同。

初六,习坎,入于坎窞,凶。《象》曰:习坎入坎,失道凶也。

虞翻注:习,积也。位下,故习。坎中小穴称窞。上无其应,初二失正,故曰"失道凶"矣。《周易集解》。

王肃注:窞,坎底也。《经典释文》。《集韵》。《类篇》。

干宝注:窞,坎之深者也,江、河、淮、济,百川之流,行乎地中,水之正也。及其为灾,则泛滥平地,而入于坎窞,是水失其道也,刑狱之用,必当于理,刑事之正也。及其不平,则枉滥无辜,是法失其道也。故曰"入于坎窞凶"矣。《周易集解》。

按,释"窞"为"深",《广雅·释水》:"窞,坑也。"王念孙《广雅疏证》:"窞之言深也。"其义王肃、干宝同。《说文·穴部》:"窞,坎中更有坎也。从穴、臽,臽亦声。《易》曰'入于坎窞,一曰旁入也。'"虞翻释"窞"为"小穴","坎中小坎"与"坎中更有坎"意义相通,虞翻是取《说文》。《说文》所引为孟氏易,故其义虞翻与孟喜亦同。孔颖达《周易正义》:"既处坎底,上无应援,是习为险难之事。无人应援,故入于坎窞而至凶也。以其失道,不能自济。"坎为水,二、三、四爻互震在坎中,坎为入,为坎陷,故其道凶。焦循《易章句》:"重坎故险,承上入于坎,窞也。"其义虞翻、干宝同。

九二,坎有险,求小得。《象》曰:求小得,未出中也。

荀爽注:处中而比初,未足为援,虽求小得,未出于险中。《周易集解》。

虞翻注:阳陷阴中,故有险。据阴有实,故求小得也。《周易集解》。

按,九二为下卦之中,阳处阴位,虽然不当位,但是未离中,失位而未离中道,坎而有险,未能出险之中。处中而与初三相得,故可求而小有可得。其义荀爽与虞翻相通。

六三,来之坎坎,险且枕,入于坎窞,勿用。《象》曰:来之坎坎,终无功也。

郑玄注:木在手曰检,在首曰枕。《经典释文》。

陆绩注:枕,闲碍险害之貌。《经典释文》。

虞翻注:坎在内称来,在坎终坎,故来之坎坎,枕,止也。艮为止。三失位,乘二则险。承五隔四,故险且枕。入于坎窞,体师三舆,故勿用。《周易集解》。忱,止也。闲碍险害之貌。晁氏。

干宝注:坎,十一月卦也。又失其位,喻殷之执法者失中之象也。来之坎坎者,斥周人观衅于殷也。枕,安也。险且枕者,言安忍以暴政加民而无哀矜之心。淫刑滥罚,百姓无所措手足,故曰“来之坎坎,终无功也”。《周易集解》。

按,释“枕”为“安”“止”,其义虞翻、干宝同。郑玄释“枕”为“在首”,即喻头上刑具。孔颖达《周易正义》:“枕,枝而不安之谓也。”焦循《易章句》:“且,荐也。枕所以荐首也。下乾为首,木在首,是为枕也。”曹元弼《周易集解补释》云:“三体艮为小木、为手。五在艮上,自乾来。乾为首,木在手曰检,梏也。在首曰枕,噬嗑所谓何校也。检且枕,谓既检且枕,与睽天且劓文例同。检、枕以喻险。”陆绩以“闲碍险害”释“枕”,其义正与郑玄、虞翻相通。

六四,樽酒,簋贰,用缶,纳约自牖,终无咎。《象》曰:尊酒簋贰,刚柔际也。

京房注:内自约束。晁氏。

郑玄注:六四上承九五,又互体在震上。爻辰在丑,丑上值斗,可以斟之象。斗上有建星,建星之形似簋。贰,副也。建星上有弁星,弁星之形又如缶。天子大臣以王命出会诸侯,主国尊于簋,副设玄酒而用缶也。《诗·宛丘》正义。《礼器》正义。

虞翻注:震主祭器,故有尊簋。坎为酒。簋,黍稷器。三至五有颐口象,震献在中,故为簋。坎为木,震为足,坎酒在上,尊酒之象。贰,副也。坤为缶。礼有副尊,故贰用缶耳。《周易集解》。晁氏节引。坎为内也。四阴小,故约。艮为牖。坤为户,艮小光照户牖之象。贰用缶,故内约自牖。得位承五,故无咎。《周易集解》。乾刚坤柔,震为交,故曰“刚柔际也”。《周易集解》。

按,坎为酒,上下卦阳爻皆不当位,入坤体。坤为土,为腹。三、四、五爻互艮,艮为鼻,二、三、四爻互震,震为足,有盛酒之具之象,故释“簋”为酒器,释“贰”为“副”,其义郑玄、虞翻同。释“纳约自牖”为“内自约束”,一樽之酒,二簋之食,瓦缶之器,纳此至约，自进于牖。焦循《易章句》："贰，副也。盈也。纳，有所入而受之也。约，要也。牖，明也。"李道平《周易集解纂疏》云："纳约终无咎者，纳此俭约之物，从牖而荐之。"《诗·国风·采苹》："于以奠之，宗室牖下。"郑玄笺："牖下，户牖间之前，祭不于室中者。凡婚事于女，礼设几筵于户外。此其义也。"孔颖达《周易正义》："所以一樽之酒、贰簋之食得进献者，以六四之柔与九五之刚两相交际而相亲，故得以此俭约而为礼也。"其义京房、虞翻同。

九五，坎不盈，祇既平，无咎。《象》曰：坎不盈，中未大也。

郑玄注：祇当为坻，小丘也。《经典释文》。

虞翻注：盈，溢也。艮为止，谓水流而不盈。坎为平。禔，安也。艮止坤安，故禔既平。得位正中，故无咎。《周易集解》。体屯五中，故未光大也。《周易集解》。

按，郑玄释"祇"为"坻"，坻为水中小丘。《说文·土部》："坻，小渚也。"《尔雅·释水》："水中可居者曰洲，小洲者曰陼，小陼曰沚，小沚曰坻。"虞翻作"禔"，释为"安"。《说文·示部》："禔，安也。"段玉裁注："虞翻自言臣高祖光、曾祖成、祖凤、父歆皆治孟氏易，至臣五世。翻注此爻云：'祇，字也。'然则孟易作禔训安甚明，翻本作祇，谓祇即之假借也。"孔颖达《周易正义》："祇，辞也，谓险难既得盈满而平。"其义虞翻同孟喜，与郑玄释"坻"为"小丘"异。

上六，系用徽纆，寘于丛棘，三岁不得，凶。《象》曰：上六失道，凶三岁也。

马融注：徽纆，索也。《周易集解》。《春秋穀梁》疏十二。

郑玄注：系，拘也。爻辰在巳，巳为蛇，蛇之蟠屈似徽纆也。

三五互体艮，又与震同体。艮为门阙，于木为多节。震之所为，有丛拘之类。门阙之内，有丛木、多节之木，是天子外朝左右九棘之象也。外朝者，所以询事之处也。左嘉石平罢民焉，右肺石达穷民焉。罢民，邪恶之民也。上六乘阳，有邪恶之罪，故缚以徽纆，置于丛棘，而使公卿以下议之，其害人者，置之圜土，而施职事焉，以明刑耻之。能复者，上罪三年而赦，中罪二年而赦，下罪一年而赦。不得者，不自思以得正道，终不自改而出诸圜土者，杀。故曰"凶"。《春秋公羊传》疏。

刘表注：系，缀也。系，束也。三股曰徽，两股曰纆，皆索名。《经典释文》。《春秋穀梁传》疏十二。《周易集解》李氏引。言众议于九棘之下也。《经典释文》。

虞翻注：徽纆，黑索也。观巽为绳，艮为手，上变入坎，故系用徽纆。寘，置也。坎多心，故丛棘。狱外种九棘，故称丛棘。二变则五体剥，剥伤坤杀，故寘于丛棘也。不得谓不得出狱。艮止坎狱，乾为岁，五从乾来，三非其应，故曰"三岁不得，凶"矣。《周易集解》。《汉上易丛说》节引。以置九棘，取改过自新，故曰"系用徽纆，寘于丛棘"也。若置之九棘之中，而不能改过自新，必致罪咎，故曰"三岁不得，凶"也。《口诀义》。

姚信注：寔，置也。《经典释文》。

九家注：坎为丛棘，又为法律。案《周礼》：王之外朝，左九棘、右九棘、面三槐。司寇公卿，议狱于其下。害人者，加明刑，任之以事。上罪三年舍，中罪二年而舍，下罪一年而舍也。《周易集解》。《义海撮要》。

按，《说文·人部》："係，絜束也。"段玉裁注："絜束者，围而束之。"郑玄释"系"为"拘"，刘表释"缀"，又云"系，束也"。随卦上六爻辞"拘系之"，是其证。故其义郑玄、刘表同。

又,《说文·糸部》:“纆,索也。”马融、刘表、虞翻皆释“纆”为“索”,其义同。释“丛棘”为“九棘”,《周礼·秋官·朝士》:“掌建邦外朝之法,左九棘,孤卿大夫位焉。右九棘,公侯伯子男位焉。面三槐,三公位焉。左嘉石平罢民焉,右肺石达穷民焉。”又《司圜》:“掌收教罢民,凡害人者弗使冠饰,而加明刑焉。任之以事而收教之,能改者,上罪三年而舍,中罪二年而舍,其不能改而出国者杀。”焦循《易章句》:“丛,细也。细,小也。”其义郑玄、刘表、虞翻、九家同。“寘”同“置”,《礼记·中庸》:“治国其如示诸掌乎?”郑玄注:“示,读如寘,诸河干之寘。寘,置。”其义郑玄、虞翻、姚信同。孔颖达《周易正义》:“囚执之处,以棘丛而禁之也。”其义为断狱之事,郑玄、虞翻、刘表、九家皆同。

离䷝

离，利贞，亨。畜牝牛，吉。《彖》曰：离，丽也。日月丽乎天，百谷草木丽乎土，重明以丽乎正，乃化成天下。柔丽乎中正，故亨。是以畜牝牛吉也。《象》曰：明两作，离。大人以继明照于四方。

荀爽注：阴丽于阳，相附丽也。亦为别离，以阴隔阳也。离者，火也。讬于木，是其附丽也。烟焰飞升，炭灰降滞，是其别离也。《周易集解》。牛者，土也。生土于火。离者阴卦，牝者阴性，故曰"畜牝牛吉"矣。《周易集解》。作，用也。《经典释文》。

郑玄注：作，起也。《经典释文》。明两者，取君明上下以明德相承，其于天下之事无不见也。《文选注》二十一。

陆绩注：离卦中虚，始于乾象，纯刚健不能柔明，故以北方阴气贯中，柔刚而文明也。京氏《易传》注。

虞翻注：坤二五之乾，与坎旁通。于爻，遯初之五。柔丽中正，故利贞亨。《周易集解》。畜，养也。坤为牝牛，乾二五之坤成坎，体颐养象，故畜牝牛吉。俗说皆以离为牝牛，失之矣。《周易集解》。乾五之坤成坎，为月；离为日。日月丽天也。《周易集解》。震为百谷，巽为草木，坤为地。乾二五之坤成坎，震体屯。屯者，盈也。盈天地之闲者，唯万物。万物出震，故百谷草木丽乎地。《周易集解》。两象，故重明。正谓五阳。阳变之坤来化乾，以成万物,谓离日化成天下也。《周易集解》。柔谓五阴,中正谓五伏阳。出在坤中畜牝牛,故中正而亨也。《周易集解》。两谓日与月也。乾五之坤成坎,坤二之乾成离。离坎,日月之象,故明两作,离。作,成也。日月在天,动成万物,故称作矣。或以日与火,为明两作也。《周易集解》。阳气称大人,则乾五大人也。乾二五之光,继日之明。坤为方。二五之坤,震东兑西,离南坎北,故曰"照于四方"。《周易集解》。

王肃注:两离相续继,明之义也。《初学记》十《储宫部》。《太平御览》一百四十六《皇亲部》。

按,《说文·人部》:"作,起也。"作有兴起、发生之意。荀爽释"作"为"用",郑玄为"起",虞翻为"成",其义相通。离为明,上、下皆离故称"明两作"。郑玄以取"君明上下"喻之,虞翻以日月喻之,王肃以上下皆离喻之,其义亦皆相通。

九三,日昃之离,不鼓缶而歌,则大耋之嗟,凶。

《象》曰:日昃之离,何可久也。

马融注:七十曰耋。《经典释文》。

荀爽注:初为日出,二为日中,三为日昃,以喻君道衰也。《周易集解》。

郑玄注:艮爻也。位近丑,丑上值弁星,弁星似缶。《诗》云"坎其击缶",则乐器亦有缶。《诗·宛丘》正义。则大耋之差。年踰七十也。《诗·车邻》正义。《礼记·射义》正义。《尔雅》疏。

王肃注:八十曰耋。《经典释文》。

九家注:鼓缶者,以目下视。离为大腹,瓦缶之象。谓不取二也。歌者,口仰向上,谓兑为口而向上取五也。日昃者,向下也。今不取二而上取五,则上九耋之。阳称大也。差者,谓上被三夺五,忧差穷凶也。火性炎上,故三欲取五也。《周易集解》。日昃当降,何可久长。三当据二,以为鼓缶。而今与四同取于五,故曰“不鼓缶而歌”也。《周易集解》。

按,释“耋”为“七十”,马融、郑玄同,王肃则以“八十”为“耋”,与马融、郑玄异。《诗·车邻》毛传:“耋,老也。八十曰耋。”《经典释文》及马融注、《诗正义》引《春秋左传》服虔注皆云“七十曰耋”。知王肃释为“八十”是取毛传之说。九三处下卦离体之极,故有日昃之象。孔颖达《周易正义》:“时既老耄,当须委事任人,自取逸乐。若不委之于人,则是不鼓击其缶而为歌。”其义荀爽、九家相通。

九四,突如其来如,焚如,死如,弃如。《象》曰:突如其来如,无所容也。

荀爽注:阳升居五,光炎宣扬,故㐬如也。阴退居四,灰炭降坠,故其来如也。阴以不正,居尊乘阳,历尽数终,天命所诛。位丧民畔,下离所害,故焚如也。以离入坎,故死如也。火息灰损,故弃如也。《周易集解》。

郑玄注:震为长子,爻失正,又互体兑。兑为附,决子居明法之家,而无正,何以自断其君父,不志也。㐬如,震之失正,不知其所如。又为巽,巽为进退,不知所从。不孝之罪,五刑莫大焉,得用议贵之辟刑之,若如所犯之罪。焚如,杀其亲之刑。死如,杀人之刑。弃如,流宥之刑。《周礼·秋官·掌戮》疏。

九家注:在五见夺,在四见弃,故无所容。《周易集解》。

按,突同㐬。《说文·𠫓部》:“不顺忽出也。从到子。《易》曰:‘突如其来如。’不孝子突出,不容于内也。凡𠫓之属皆从𠫓。㐬或从到。古文子,即《易》突字。”《玉篇·𠫓部》:“㐬,古文,今作突。”又《字汇补·宀部》:“宊,古突字。《乾坤凿度》:‘下济河沱。’”李富孙《易经异文释》云:“《说文》𠫓为正字,㐬或体字。《㳄部》：‘㐬，突忽也。’今作突，假借字也。”段玉裁注云：“郑注曰：‘震为长子，爻失正。突如，震之失正，不知其所如。不孝之罪、五刑莫大，故有焚如死如弃如之刑。如淳注《王莽传》亦曰‘焚如死如弃如’，谓不孝子也，皆与许合，盖出于孟氏矣。”《说文》所引即孟氏《易》，故知其义郑玄与孟喜同。孔颖达《周易正义》：“突然而至，忽然而来。”焦循《易章句》：“突，不顺也。死者，澌也。弃如，死而弃于野，无棺椁也。”离卦离上离下，二、三、四爻互巽，巽为急，为风，伏震为动，为行，故突如其来如。离为火，故焚如。三、四、五爻互兑，兑为毁折，为刑杀，故死如。巽又为陨落，故弃如。其义郑玄与荀爽、九家异。

六五，出涕沱若，戚嗟若，吉。《象》曰：六五之吉，离王公也。

子夏注：嘁，咨惭也。《经典释文》。

荀爽注：六五阴柔，退居于四，出离为坎，故出涕池若而下，以顺阴阳也。《周易集解》。

郑玄注：自目出曰涕。人为烟所冲，则出涕曰沱若，以下卦离火冲突之烈也。董氏《会通》。

虞翻注：坎为心，震为声，兑为口，故戚嗟若。动而得正，尊丽阳，故吉也。《周易集解》。

王肃注：丽王者之后为公。《经典释文》。

九家注：戚差顺阳，附丽于五，故曰“离王公”也。阳当据五，阴退还四，五当为王，三则三公也。四处其中，附上下矣。《周易集解》。

按，戚，子夏作嘁。戚通嘁。《经典释文》：“戚，子夏作嘁。”“戚”可以假借为“促”。《孔子家语·曲礼·子夏问》：“周以戚，吾从殷。”王肃注：“戚，犹促也。”《说文·人部》：“促，迫也；或作戚。”段玉裁《说文解字注·戈部》:“戚,又引伸训忧。度古只有戚,后乃别制慽。”焦循《易章句》:“戚,亲也。”其义子夏、虞翻、九家同。释“离”为“丽”,孔颖达《周易正义》:“离,丽也,各得安其所丽谓之离。”《经典释文》:“离音丽,郑作丽,王肃云丽王者之后为公。”焦循《易章句》:“离,即丽泽之丽。”离为丽,六五居尊位,承乘皆阳,有附丽之象,故其义虞翻、王肃、九家皆同。

咸䷞

咸，亨，利贞。取女吉。《彖》曰：咸，感也。柔上而刚下，二气感应以相与。止而说，男下女，是以亨利贞，取女吉也。天地感而万物化生。圣人感人心而天下和平。观其所感，而天地万物之情可见矣。《象》曰：山上有泽，咸。君子以虚受人。

子夏注：妇人学于舅姑者也。《汉上易传·说卦》

荀爽注：乾下感坤，故万物化生于山泽。《周易集解》。

郑玄注：咸，感也。艮为山，兑为泽，山气下，泽气上，二气通而相应，以生万物，故曰“咸”也。其于人也。嘉会礼通，和顺于义，乾事能正。三十之男，有此三德，以下二十之女，正而相亲说，娶之则吉也。《周易集解》。与，犹亲也。《经典释文》。

虞翻注：咸，感也。坤三之上成女，乾上之三成男。乾坤气交以相与，止而说，男下女，故通利贞，取女吉。《周易集解》。乾为圣人，初四易位成既济，坎为心、为平，故圣人感人心而天下和平。此保合太和，品物流形也。《周易集解》。谓四之初，以离日见天，坎月见地，县象着明，万物见离，故天地万物之情可见也。《周易集解》。君子谓否乾。乾为人，坤为虚。谓坤虚三受上，故以虚受人。艮山在地下为谦，在泽下为虚。《周易集解》。

陆绩注：艮少男，兑少女，男下于女，取妇之象。京氏《易传》

注。天地因山泽孔窍以通其气,化生万物也。《周易集解》。

王肃注:山泽以气通,男女以礼感。男而下女,初婚之所以为礼也。通义正,取女之所以为吉也。《周易集解》。

蜀才注:此本否卦。《周易集解》。《义海撮要》。《会通》节引。

按,咸通感。《春秋左氏传》昭公二十一年:"窕则不咸,槬则不容。"《经典释文》:"咸,本亦作感。"《荀子·大略》:"《易》之咸,见夫妇。夫妇之道,不可不正也,君臣父子之本也。咸,感也。"焦循《易章句》:"寂然不动,感而遂动。"其义荀爽、郑玄、虞翻同。咸卦下艮上兑,兑为泽,艮为山,山高而在下,泽卑而在上,泽下润,山土受润,有山泽二气相通感应之象。又艮为少男,兑为少女,有男女相通嫁娶之象。咸卦亦由否卦六三爻与上九爻的置换而组成,李鼎祚《周易集解》云:"六三升上,上九降三,是'柔上而刚下,二气交感以相与'也。"以二气交感而喻男女初婚之礼,其义荀爽、郑玄、虞翻、陆绩、王肃、蜀才皆同。子夏以"媳妇学于公婆"释之,其义则与诸家异。

初六,咸其拇。《象》曰:咸其母,志在外也。

马融注:拇,足大指也。《经典释文》。

荀爽注:母,阴位之尊。《经典释文》。

郑玄注:足大指也。《经典释文》。

虞翻注:母,足大指也。艮为指,坤为母,故咸其母。失位远应,之四得正,故志在外,谓四也。《周易集解》。《汉上易传》节引。

按,拇通母,朱骏声《说文通训定声·颐部》云:"母,叚借为拇。"释"母"为"足大指",《春秋左氏传》定公十六年:"伤将指。"杜预注:"其足大指见斩。"《说文·手部》:"拇,将指也。"孔颖达《周易正义》:"拇是足大指也,体之最末。初应在四,俱处卦始,为感浅末,取譬一身,在于足指而已。"焦循《易章句》:

"拇，将指也。"是足大指亦可称将指。初爻居下，有人足之象，故称拇为足大指，其义马融、郑玄、虞翻同。荀爽为"阴位之尊"，初六以下阴居阳位，失位不正，当感之时，初应于九四，有感其母之象。四阴位为诸侯，故荀爽云"阴位之尊"，其义与诸家异。

六二，咸其腓，凶，居吉。《象》曰：虽凶居吉，顺不害也。

荀爽注：肥谓五也。尊盛，故称肥。《经典释文》。

郑玄注：腨肠也。《经典释文》。

王廙注：腓，腓肠也。《经典释文》。动于腓肠，斯则行矣。《正义》。

按，腓，郑玄、王廙同，荀爽作肥。肥通腓。《经典释文》："腓，荀作肥。"又于艮卦六二爻辞释"腓"云："本又作肥，义与咸卦同。""肥""腓"皆以"飞"声可以互借。《唐韵》《集韵》并云："肥，音腓。"又并云："腓，音肥。"焦循《易章句》："腓，肥肠，在足上，即艮其腓之腓。"丁宴《周易解故》："《释文》：'荀作肥。'案，《艮》六二'艮其腓'，《释文》云：'本作肥。'《五经文字》腓又音肥。"宋翔凤《周易考异》：云："按《说文》四篇下：'腓，胫腨也。''腨，腓肠也。'此谓足胫，胫之后多肉者似有肠，故谓之腨肠。犹今俗所谓腿肚。"孔颖达《周易正义》："腓，足之腓肠也。"朱熹《周易本义》："腓，足肚也。"二、三、四爻互巽，六二在巽体下，有腓象。足上胫后多肉之处，谓之肥肠，即谓之腓。腓在足后，犹背在身后，故腓又训避。《诗》"小人所腓""牛羊腓字之"，传皆训为辟。由此知郑玄释"腓"为"腨肠"，王廙释"腓"为"腓肠"，其义同。荀爽释"腓"为"尊盛"，六二居中得正，上应于九五，九五以阳处之，五为帝位，故称"尊盛"，其义与郑玄、王廙异。

九四，贞吉，悔亡，憧憧往来，朋从尔思。《象》曰：贞吉悔亡，未感害也。憧憧往来，未光大也。

马融注：憧憧，行貌。《经典释文》。

刘表注：憧憧，意未定也。《经典释文》。

虞翻注：失位，悔也。应初动得正，故贞吉而悔亡矣。憧憧，怀思虑也。之内为来，之外为往。欲感上隔五，感初隔三，故憧憧往来矣。兑为朋，少女也。艮初变之四，坎心为思，故曰"朋从尔思"也。《周易集解》。《义海撮要》。坤为害也。今未感坤初，体遯弑父，故曰"未感害也"。《周易集解》。未动之离，故未光大也。《周易集解》。

王肃注：憧憧往来，不绝貌。《经典释文》。

按，憧憧，《说文·心部》："憧憧，意不定也。"九四不当位，上下皆阳，三、四、五爻互乾，乾之中爻即坎之中爻，坎为思，为忧，四多惧。焦循《易章句》："憧憧往来，不绝也。"刘表释为"未定"，虞翻释为"思虑"，王肃释为"不绝"，其义皆相通。马融释"憧憧"为"行"，即往来不定，与"未定"之义近似。

九五，咸其脢，无悔。《象》曰：咸其脢，志末也。

子夏注：在脊曰脢。《正义》。

马融注：脢，背脊肉也。《正义》。《汉上易传》。

郑玄注：脢，背脊肉也。《经典释文》。

虞翻注：脢，夹脊肉也。谓四已变坎为脊，故咸其脢。得正，故无悔。《周易集解》。

王肃注：脢在背而夹脊。《正义》。晁氏。

按，释"脢"为"背脊肉"，《礼记·内则》："取牛羊麋鹿之肉必胨。"《经典释文》："胨，夹脊肉。"脢同胨。《楚辞·招魂》："敦胨血拇，逐人駓駓些。"王逸注："胨，背也。一作脢。"洪兴祖补注:"朘,脊侧之肉。"《说文·肉部》:"脢,背肉也。"段玉裁注:"子夏《易传》云:'在脊曰脢。'马云:'脢,背也。'郑云:'脢,背脊肉也。'虞云:'夹脊肉也。'按诸家之言,不若许分析了然。胂为迫吕之肉,脢为全背之肉也。"《广韵·灰韵》:"助我张目,脊侧之肉。"朱震《汉上易传》云:"夹脊肉之夹作背。"焦循《易章句》:"脢,夹脊肉也。"孔颖达《周易正义》:"子夏《易传》曰:'在脊曰脢。'马融云:'脢,背也。'郑玄云:'脢,脊肉也。'王肃云:'脢在背而夹脊。'《说文》云:'脢,背肉也。'虽诸说不同,大体皆在心上。"其义子夏、马融、郑玄、虞翻、王肃皆同。

上六,咸其辅、颊、舌。《象》曰:咸其辅、颊、舌,滕口说也。

马融注:辅,上颔也。《经典释文》。《正义》。

郑玄注:滕,送也。《经典释文》。咸道极薄,徒送口舌,言语相感而已,不复有志于其间。《正义》。

虞翻注:耳目之间称颊。滕,送也。不得之三,山泽通气,故滕口说也。《周易集解》。

按,释"滕"为"送",《楚辞·九歌·河伯》:"波滔滔兮来迎,鱼邻邻兮媵予。"王逸注:"媵,送也。"其义郑玄、虞翻同。"滕口说"郑玄认为是"徒送口舌言语",虞翻认为"山泽通气",孔颖达《周易正义》:"旧说字作滕,徒登反。滕,竞与也。郑玄作媵。媵,送也。"焦循《易章句》:"辅颊,颐也,兑为舌。"张惠言《周易虞氏义》云:"上为兑,舌也。上感于五,不得之三,而与三通气,以言语相感。"其义郑玄、虞翻相通。

恒䷟

恒，亨，无咎，利贞，利有攸往。《彖》曰：恒，久也。刚上而柔下，雷风相与，巽而动，刚柔皆应，恒。恒，亨，无咎，利贞，久于其道也。天地之道，恒久而不已也。利有攸往，终则有始。日月得天而能久照。四时变化而能久成。圣人久于其道，而天下化成。观其所恒，而天地万物之情可见矣。《象》曰：雷风，恒。君子以立不易方。

荀爽注：恒，震世也。巽来乘之，阴阳合会，故通无咎。长男在上，长女在下，夫妇道正，故利贞，久于其道也。《周易集解》。谓乾气下终，始复升上居四也。坤气上终，始复降下居初者也。《周易集解》。

郑玄注：恒，久也。巽为风，震为雷。雷风相须而养物，犹长女承长男，夫妇同心而成家，久长之道也。夫妇以嘉会礼通，故无咎。其能和顺干事，所行而善矣。《周易集解》。

宋衷注：雷以动之，风以散之，二者常相薄而为万物用。故君子象之，以立身守节而不易道也。《周易集解》。

虞翻注：恒，久也。与益旁通。乾初之坤四，刚柔皆应，故通。无咎，利贞矣。《周易集解》。初利往之四，终变成益，则初四二五皆得其正。终则有始，故利有攸往也。《周易集解》。泰，乾坤为天地。谓终则复始，有亲则可久也《周易集解》。动初，成乾为天，至二离为日，至三坎为月，故日月得天而能久照也。《周易集解》。春夏为变，秋冬为化。变至二离夏，至三兑秋，至四震春，至五坎冬，至，故四时变化而能久成，谓乾坤成物也。《周易集解》。圣人谓乾，乾为道，初二已正，四五复位，成既济定。乾道变化，各正性命。有两离象，重明丽正，故化成天下。《周易集解》。君子谓乾三也。乾为易、为立，坤为方，乾初之坤四，三正不动，故立不易方也。《周易集解》。

蜀才注：此本泰卦。《周易集解》。

九家注：初四、二五虽不正，而刚柔皆应，故通无咎矣。《周易集解》。

按，释“恒”为“久”，《说文·二部》：“恒，常也。”段玉裁注：“常当作长。古长久字只作长。”《玉篇·心部》：“恒，常也，久也。”孔颖达《周易正义》：“恒之为名，以长久为义。”雷风相与，即二气感应以相与，二气即刚柔。刚柔皆应，即二气感应。皆应则上下应，刚柔相感而上下皆应，则当位，引申为“久长之道”。王弼《周易注》：“刚尊柔卑，得其序也。”李鼎祚《周易集解》：“六四降初，初九升四，是‘刚上而柔下’也。分乾与坤，雷也。分坤与乾，风也。是‘雷风相与，巽而动’也。”其义荀爽、宋衷、虞翻、蜀才、九家皆同。

初六，浚恒，贞凶，无攸利。《象》曰：浚恒之凶，始求深也。

孟喜注：榰恒，凶。《说文》。

虞翻注：浚，深也。初下称浚，故曰“浚恒”。乾初为渊，故深矣。失位变之正，乾为始，故曰“始求深也”。《周易集解》。

按，今本“浚恒”，孟喜作“榰恒”，王弼《周易注》作“振恒”，李鼎祚《周易集解》作“震恒”。孔颖达《周易正义》：“浚，深也。

最处卦底，故曰深也。深恒者，以深为恒是也。”初六深居初始之阳位，当动之时不动，久之则凶而无攸利。其义孟喜、虞翻同。

九二，悔亡。《象》曰：九二悔亡，能久中也。

荀爽注：乾为久也。能久行中和，以阳据阴，故曰“能久中也”。《周易集解》。

虞翻注：失位，悔也。动而得正，处中多誉，故悔亡也。《周易集解》。

按，九二虽然不当位有悔，但是因居中与九五有应，故悔亡。王弼《周易注》：“虽失其位，恒位于中，可以消悔也。”孔颖达《周易正义》：“失位故称悔，居中故悔亡也。”其义荀爽、虞翻同。

九三，不恒其德，或承之羞，贞吝。《象》曰：不恒其德，无所容也。

荀爽注：与初同象，欲据初隔二。与五为兑，欲说之隔四。意无所定，故不恒其德。与上相应，欲往承之，为阴所乘，故或承之羞也。贞吝者，谓正居其所，不与阴通也。无居自容，故贞吝矣。《周易集解》。

郑玄注：爻得正，互体为乾，乾有刚健之德；体在巽，巽为进退，不恒其德之象。又互体兑，兑为毁折，是将有羞辱也。《礼记·缁衣》正义。

陆绩注：恒者，常也。而九三以阳居位，立于阴阳交互之上，是知不久为失所然。京氏《易传》注。

九家注：言三取初隔二，应上见乘，是无所容。无居自容，故贞吝。《周易集解》。

按，《论语·子路》：“南人有言曰‘人而无恒，不可以学巫医。’善夫。‘不恒其德，或承之羞’。”焦循《易章句》：“羞，犹辱也。奸礼为羞。”恒二、三、四爻互体乾，乾有刚健之德之象。恒下卦巽，巽为进退，是“不恒”之象。三、四、五爻互兑，《说卦传》：“兑为口舌、为毁折”，故必然蒙羞。其义与荀爽、九家同。陆绩释“恒”为“常”，其义亦与荀爽、宋衷、虞翻相通。

六五，恒其德，贞，妇人吉，夫子凶。《象》曰：妇人贞吉，从一而终也。夫子制义，从妇凶也。

郑玄注：以阴爻而处尊位，是天子之女。又互体兑，兑为和说。至尊主家之主，以和说干家事，问正于人，故为吉也。应在九二，又男子之象，体在巽，巽为进退，是无所定而妇言是从，故云“夫子凶”也。《礼记·缁衣》正义。

虞翻注：动正成乾，故恒其德。妇人谓初，巽为妇，终变成益，震四复初，妇得归阳，从一而终，故贞妇人吉也。震乾之子而为巽夫，故曰“夫子”。终变成益，震四从巽，死于坤中，故夫子凶也。《周易集解》。一谓初，终变成益，以巽应初震，故从一而终也。《周易集解》。震没从巽，入坤，故从妇凶矣。《周易集解》。

按，六五为阴爻，居天子之尊位，是为天子之女，三、四、五爻互兑，兑为说，说通悦，故主家之女和乐干家事。又，兑为少女，六五为兑主爻，上卦为震，震为夫子，兑为毁折，主爻折断震体，故夫子凶。孔颖达《周易正义》：“六五系应在二，不能旁及他人。用心专贞，从唱而已，是妇人之吉也。夫子须制断事宜，不可专贞从唱，故曰夫子凶。”其义郑玄与虞翻异。

上六，振恒，凶。《象》曰：振恒在上，大无功也。

马融注：振，动也。《经典释文》。

郑玄注：振，摇落也。《经典释文》。

虞翻注：震，动也。晁氏。在震上，故震恒。五动乘阳，故凶。终在益上，五远应，故无功也。《周易集解》。

张璠注：震，动也。晁氏。

按，振，虞翻、张璠作震。振通震。《战国策·燕策二》："天下莫不振动。"《史记·乐毅列传》作"天下莫不震动"。又《荀子·正论》："天下莫不振动。"杨倞注："振与震同。"《说卦传》："震，动也。"《尔雅·释诂》："震，动也。"《广雅·释诂》："振，动也。"释"振"为"动"。孔颖达《周易正义》："振，动也。凡处于上者，当守静以制动，今上六居恒之上，处动之极，以振为恒，所以凶也。"焦循《易章句》："振读若震，五失道，上卦为震，若凶如之。"其义马融、虞翻、张璠同。郑玄释为"摇落"。曹元弼《周易集解补释》云："郑作振，训摇落者，初浚恒如揠苗助长，故至上而摇落。""摇落"即摇动，故其义与马融、虞翻、张璠亦同。

遯䷠

遯，亨，小利贞。《彖》曰：遯，亨，遯而亨也。刚当位而应，与时行也。小利贞，浸而长也。遯之时义大矣哉。《象》曰：天下有山，遯。君子以远小人，不恶而严。

荀爽注：阴称小，浸而长，则将消阳，故利正居二，与五相应也。《周易集解》。

郑玄注：遂，逃去之名也。艮为门阙，乾有健德，互体有巽，巽为进退，君子出门，行有进退、逃去之象。二五得位而有应，是用正道，得礼见召聘。始仕他国，当尚嗛。嗛，小其和顺之道。居小官干小事，其进以渐，则远妬忌之害，昔陈敬仲奔齐辞卿是也。《周易集解》。

宋衷注：太公遯殷，四皓遯秦之时也。《周易集解》。

陆绩注：谓阳气退，阳气将害，随时遯避，其义大矣。《周易集解》。遯，退也。京氏《易传》注。遯，俟时也。京氏《易传》注。

虞翻注：阴消姤二也。艮为山，巽为入，乾为远，远山入藏，故遯。以阴消阳，子弑其父，小人道长，避之乃通，故遯而通，则当位而应，与时行也。《周易集解》。小阴谓二，得位浸长，以柔变刚，故小利贞。《周易集解》。刚谓五而应二，艮为时，故与时行矣。《周易集解》。君子谓乾，乾为远、为严。小人谓阴，坤为恶，为小人，故以远小人，不恶而严也。《周易集解》。

按，遯，《说文·辵部》："遯，逃也。"《玉篇·辵部》："遁，退还也，隐也。遯，同遁。"郑玄释"遯"为"逃去之名"，孔颖达《周易正义》："遁者，隐退逃避之名。"焦循《易章句》："遯，则去此而从彼，"宋衷、陆绩、虞翻所释"遯"字，都含有"退避""隐退""逃离"之意，故其义与郑玄亦同。

六二，执之用黄牛之革，莫之胜说。《象》曰：执用黄牛，固志也。

虞翻注：艮为手称执，否坤为黄牛，艮为皮，四变之初，则坎水濡皮，离日乾之，故执之用黄牛之革。莫，无也。胜，能。说，解也。乾为坚刚，巽为绳，艮为手，持革缚三在坎中，故莫之胜说也。《周易集解》。

王肃注：说，解说也。《经典释文》。

按，释"说"为"解"，《说文·言部》："说，说释也。"《增韵·薛韵》："说，解也。"《论语·八佾》："成事不说。"何晏注引包咸曰："事已成，不可复解说。"其义虞翻、王肃同。

九三，系遯，有疾厉，畜臣妾，吉。《象》曰：系遯之厉，有疾惫也。畜臣妾吉，不可大事也。

荀爽注：大事谓与五同任天下之政。潜遯之世，但可居家畜养臣妾，不可治国之大事。《周易集解》。

虞翻注：厉，危也。巽为。四变时，九三体坎，坎为疾，故有疾厉。遯阴剥阳，三消成坤，与上易位，坤为臣，兑为妾，上来之三，据坤应兑，故畜臣妾吉也。《周易集解》。三动入坤，坤为事，故不可大事也。《周易集解》。

王肃注：三上系于二而获遯，故曰"系遯"。病此系执而获危惧，故曰"有疾惫也"。此于六二畜臣妾之象，足以畜其臣妾，不可施为大事也。《周易集解》。

按，释“系遯”为“居家畜养臣妾”而不可为“大事”，九三为六二奴婢，为臣，为妾，受女主畜养。上卦为乾，乾伏坤，坤为臣，故畜臣妾。畜臣妾，家中小事不宜为大事。《五经异义》云：“许慎谨按：《易》曰：‘系遯，有疾厉，畜臣妾吉。’知诸侯无去国之义也。”沈祖绵《周易孟氏学》云：“许氏此案，不能以虞注证。许《易》称孟氏，其《异义》称《易》曰孟京《易》，引孟氏、京房十一篇语也。曰《易》下邳传甘容说，曰《易》施雠等记，皆举姓氏。凡‘《易》曰’以《说文》证，是称孟氏也。”陈寿祺《五经异义疏证》卷下云：“许氏《说文》称《易》孟氏，《异义》引遯九三‘系遯，畜臣妾吉’，为诸侯守社稷之义，当是孟氏说。”其义荀爽、虞翻、王肃皆与孟喜相通。

九四，好遯，君子吉，小人否。《象》曰：君子好遯，小人好否也。

马融注：“好遯，君子吉”，言虽身外乃心在王室，此之谓也。小人则不然，身外心必怨也。《太平御览》五百一《逸民部》。

郑玄注：否，塞也。《经典释文》。

虞翻注：否乾为好、为君子，阴称小人。动之初，故君子吉。阴在四多惧，故小人否，得位承五，故无凶咎也。《周易集解》。

王肃注：否，塞也。《经典释文》。

按，释“否”为“塞”，《广雅·释诂一》：“否，隔也。”《广韵·旨韵》：“否，塞也。”《汉书·薛宣传》：“夫人道不通，则阴阳否鬲。”颜师古注：“否，闭也。”否卦上卦为乾，下卦为坤，乾为天为阳，坤为地为阴，上下阻隔，阴阳不通，万物不交，故否为塞，其义郑玄、王肃同。九四处在外，而有应于内。处外虽可远遯，但应内则未能弃舍。若好遯君子，超然不顾，所以得吉。小人有所系恋，即不能遯。其义马融与虞翻异。

上九，肥遯，无不利。《象》曰：肥遯，无不利，无所疑也。

子夏注：肥，饶裕也。《正义》。《经典释文》。

虞翻注：乾盈为肥，二不及上，故肥遯无不利。《象》曰“无所疑也”。《周易集解》。

按，肥通蜚、飞，“肥遯”亦即“飞遯”。上九与九三无应，尚在卦极，有高飞之象，故无所疑。孔颖达《周易正义》：“《子夏传》曰：‘肥，饶裕也。’四、五虽在于外，皆在内有应，犹有反顾之心。惟上九最在外极，无应于内，心无疑顾，是遯之最优，故曰肥遯。”朱熹《周易本义》：“肥者，宽裕自得之意。”上卦为乾，乾为肥，其义子夏与虞翻同。

大壮䷡

大壮,利贞。《彖》曰:大壮,大者壮也。刚以动,故壮。大壮利贞,大者正也。正大而天地之情可见矣。《象》曰:雷在天上,大壮。君子以非礼弗履。

马融注:壮,伤也。《经典释文》。

荀爽注:乾刚震动,阳从下升,阳气大动,故壮也。《周易集解》。

郑玄注:壮,气力浸强之名。《经典释文》。

陆绩注:内阳升降,二象俱阳曰大壮。京氏《易传》注。天尊雷卑,君子见卑乘尊,终必消除,故象以为戒,非礼弗履。《周易集解》。

虞翻注:阳息,泰也。壮,伤也。大谓四,失位为阴所乘,兑为毁折,伤。与五易位乃得正,故利贞也。《周易集解》。谓四进之五乃得正,故大者正也。《周易集解》。正大谓四,之五成需,以离日见天,坎月见地,故天地之情可见也矣。《周易集解》。

王肃注:壮,盛也。《经典释文》。

按,壮通伤,扬雄《方言》:"凡草木刺人,北燕朝鲜之间或谓之策,或谓之壮。"郭璞注:"今淮南亦呼壮为伤。"大壮卦四阳爻二阴爻,阳长阴消,阳势大而壮。张惠言《周易虞氏义》云:"物过则伤,不云伤而云壮者,阴阳之辞。"李道平《周易集解纂疏》云:"阳息过盛而为阴阳,故云:'壮,伤也。'"又,壮通戕。《国语·晋语一》“可以小戕,而不能丧国”,韦昭注:“定在内为戕。戕,犹伤也。”焦循《易通释》:“戕之训为伤,马融、虞翻训壮为伤,此正古戕、壮相通之遗义。”其义荀爽、马融、郑玄、陆绩、虞翻、王肃皆同。

九三,小人用壮,君子用罔,贞厉。羝羊触藩,羸其角。《象》曰:小人用壮,君子罔也。

京房注:壮,一也。小人用之,君子有而不用。《会通》。

马融注:罔,无。《经典释文》。藩,篱落也。羸,大索也。《经典释文》。

荀爽注:三与五同功为兑,故曰“羊”,终始阳位,故曰“羝”,藩谓四也。三欲触四而危之,四反羸其角,角谓五也。《周易集解》。

虞翻注:应在震也。三阳君子,小人谓上。上逆故用壮。谓二已变离,离为罔。体乾夕惕,故贞厉也。《周易集解》。

王肃注:罔,无。《经典释文》。

张璠注:羝羊,羖羊也。《经典释文》。

按,释“罔”为“无”,《诗·大雅·荡》:“罔敷求先王。”郑玄笺:“罔,无也。”《尔雅·释言》:“罔,无也。”《汉书·扬雄传下》:“故意者以为事罔隆而不杀,物靡盛而不亏。”颜师古注:“罔、靡,皆无也。”其义马融、王肃同。孔颖达《周易正义》:“罔,罗罔也。羝羊,羖羊也。藩,藩篱也。羸,拘累缠绕也。九三处乾之上,是健之极也。又以阳居阴,是健而不谦也。健而不谦,必用其壮也。小人当此,不知恐惧,即用以为壮盛。”其义京房、虞翻同。羝羊即羖羊,其义荀爽、张璠同。

六五,丧羊于易,无悔。《象》曰:丧羊于易,位不当也。

郑玄注：谓佼易也。《经典释文》。

陆绩注：埸，谓疆埸也。《经典释文》。

虞翻注：四动成泰，坤为丧也。乾为易，四上之五，兑还属乾，故丧羊于易。动各得正，而处中和，故无悔矣。《周易集解》。

按，"疆场"，又作"畺易"。《隶释·杨统碑阴》"疆易不争"，《隶释·魏横海将军吕君碑》"慎守畺易"，皆以"易"为"场"。《周礼地官县师》郑玄注："郊内谓之易。"则疆界之地称易。《汉书·食贷志》："殖于疆易。"颜师古注："《诗·小雅·信南山》云：'中田有卢，疆场有瓜。'即此谓也。"曹元弼《周易郑氏注笺》云："郑训佼易，则当读难易之易，而《经典释文》云郑音亦，或注佼当为交。"又《周易集解补释》："郑训佼易者，以易简之德化小人之阴贼险狠也，但训佼易，不当音亦，或佼当为交。"王弼《周易注》："居于大壮，以阳处阳，犹不免咎，而况以阴处阳，以柔乘刚者乎？羊，壮也。必丧其羊，失其所居也。"六五阴柔居阳位，失位不当，三、四、五爻互兑，兑为羊，五坤爻为土，有丧羊于疆场之象。知其义郑玄与陆绩、虞翻亦同。

上六，羝羊触藩，不能退，不能遂，无攸利，艰则吉。《象》曰：不能退，不能遂，不详也。艰而吉，咎不长也。

郑玄注：祥，善也。《经典释文》。

虞翻注：应在三，故羝羊触藩。遂，进也。谓四已之五体坎，上能变之巽，巽为进退，故不能退，不能遂。退则失位，上则乘刚，故无攸利。坎为艰，得位应三利上，故艰则吉。《周易集解》。乾善为详。不得三应，故不详也。《周易集解》。巽为长，动失位为咎，不变之巽，故咎不长也。《周易集解》。

王肃注：祥，善也。《经典释文》。

按，详通祥，《尚书·君奭》："其终出于不祥。"石经残碑作

“其道出于不详”。《尚书·吕刑》:“告尔祥刑。”《后汉书·刘恺传》、郑康成《周礼》注,“祥刑”字皆作“详”。《春秋左氏传》昭公十一年:“盟于祲祥。”服虔引“祥”亦作“详”。《说文·示部》:“祥,善。”《尔雅·释诂》:“祥,善也。”郝懿行《尔雅义疏》云:“是祥兼福、善二义。”孔颖达《周易正义》:“祥者善也。进退不定,非为善也。”焦循《易章句》:“详与祥同,谓兑羊也。二之五,当位而吉,则称祥。”其义郑玄、虞翻、王肃同。

晋䷢

晋，康侯用锡马蕃庶，昼日三接。《彖》曰：晋，进也。明出地上，顺而丽乎大明。柔进而上行，是以康侯用锡马蕃庶，昼日三接也。《象》曰：明出地上，晋。君子以自照明德。

马融注：康，安也。《经典释文》。

荀爽注：阴进居五，处用事之位。阳中之阴，侯之象也。阴性安静，故曰"康侯"。马谓四也。五以下群阴锡四也。坤为众，故曰"蕃庶"矣。《周易集解》。

郑玄注：康，尊也，广也。蕃发袁反。庶，止奢反。谓蕃遮禽也。《经典释文》。接，胜也。地虽生万物，日出于上，其功乃著，故君子法之，而以明自照其德。《周易集解》。

陆绩注：康，安也，乐也。《经典释文》。

虞翻注：观四之五。晋，进也。坤为康，康，安也。初动体屯，震为侯，故曰"康侯"。震为马，坤为用，故用锡马。艮为多，坤为众，故蕃庶。离日在上，故昼日。三阴在下，故三接矣。《周易集解》。君子谓观乾，乾为德，坤为自，离为明。乾五动，以离日自照，故以自照明德也。《周易集解》。

蜀才注：此本观卦。《周易集解》。

按，晋卦上卦为离，下卦为坤，是由观卦的九五爻辞与六四爻辞的置换而成。李鼎祚《周易集解》："九五降四，六四进五，是'柔进而上行'。"释"康"为"安"，《尔雅·释诂上》："康，乐也。"邢昺疏："康者，安乐也。"《经典释文》："康，美之名也。"焦循《易通释》："康者，安也，宁也。不宁而先侯，既建侯则可以宁。康侯者，在此则康，在彼则侯也。"其义马融、荀爽、陆绩、虞翻同。郑玄释"康"为"尊"为"广"，其义与诸家异。下卦为坤，坤为土、为国、为民，有建侯之象，其义荀爽、虞翻同。孔颖达《周易正义》："昭亦明也，谓自显其德也。"其义郑玄、虞翻同。

初六，晋如，摧如，贞吉。罔孚，裕无咎。《象》曰：晋如摧如，独行正也。裕无咎，未受命也。

郑玄注：摧，读如"南山崔崔"之"崔"。《经典释文》。

虞翻注：晋，进；摧，忧愁也。应在四，故晋如。失位，故摧如。动得位，故贞吉。应离为罔，曰坎称孚，坤弱为裕。欲四之五成巽，初受其命，故无咎也。《周易集解》。《义海撮要》节引。初动震为行，初一称独也。《周易集解》。五未之巽，故未受命也。《周易集解》。

按，《说文·山部》："崔，大高也。"《集韵·支韵》："崔，高大皃。"《诗·齐风·南山》："南山崔崔。"毛传："崔崔，高大也。"李富孙《易经异文释》云："毛传云'崔崔，高大也'，笺但谓'南山之上'，此读如崔，当取进而上行之义，不失其正，则吉。故《象》曰'独行正也'。"曹元弼《周易集解补释》云："郑读摧为崔，谓以至正屹然特立于群邪之间。"又《说文·手部》："摧，折也。"焦循《易章句》："摧，挤也。挤，队也。与隤下同义。"《广韵·灰韵》："摧，阻也。"《广韵·语韵》："阻，忧也。"由此知其义郑玄与虞翻异。

六二，晋如，愁如，贞吉。受兹介福，于其王母。《象》

曰:受兹介福,以中正也。

马融注:介,大也。《经典释文》。

郑玄注:愁,变色貌。《经典释文》。

虞翻注:震为应,在坎上,故愁如。得位处中,故贞吉也。《周易集解》。乾为介福,艮为手,坤为虚,故称受。介,大也。谓五已正中,乾为王,坤为母,故受兹介福,于其王母。《周易集解》。

九家注:五动得正中,故二受大福矣。大福谓马与蕃庶之物是也。《周易集解》。

按,释"介"为"大",《经典释文》:"介音戒,大也。"《尔雅·释诂上》:"介,大也。"其义马融、虞翻、九家同。程颐《易传》:"于进为可忧愁。"朱熹《周易本义》:"六二中正,上无应援,故欲进而愁。"其义郑玄、虞翻同。

九四,晋如鼫鼠,贞厉。《象》曰:鼫鼠贞厉,位不当也。

郑玄注:《诗》云:"硕鼠硕鼠,无食我黍。"谓大鼠也。《正义》。

翟玄注:硕鼠昼伏夜行,贪猥无已,谓虽进承上,然潜据下阴,久居不正之位,故有危厉也。《周易集解》。《义海撮要》。

九家注:鼫鼠喻贪,谓四也。体离欲升,体坎欲降。游不度渎,不出坎也。飞不上屋,不至上也。缘不及木,不出离也。穴不掩身,五坤薄也。走不先足,外震在下也。五伎皆劣,四爻当之,故曰"晋如鼫鼠"也。《周易集解》。

按,"鼫"通"硕"。《经典释文》:"硕,音石。"《吕氏春秋·尊师》:"高何县子石。"《墨子·耕柱》"县子石"作"县子硕"。《说文·鼠部》:"鼫,从鼠,石声。""鼫"因从石声与"硕"互借。《说文·页部》:"硕,头大也。"段玉裁注:"引申为凡大之称。"

《玉篇·页部》:“硕,大也。”郑玄、翟玄作“硕鼠”,其义同。九家作“鼫”。孔颖达《周易正义》:“蔡邕《劝学篇》云:‘鼫鼠有五能,不成一伎术。’注曰:‘能飞不能过屋,能缘不能穷木,能游不能渡谷,能穴不能掩身,能走不能先人。’《本草经》云:‘蝼蛄一名鼫鼠。’谓此也。郑引《诗》云:‘硕鼠硕鼠,无食我黍。’谓大鼠也。陆机以为雀鼠。案:王以为‘无所守’,盖五伎者当之。”孙堂《汉魏二十一家易注》考证云:“玄本经文及注,‘硕鼠’皆作‘鼫鼠’。《说文》‘鼫,五伎鼠也’,《诗·魏风·硕鼠》篇笺同序义,训‘硕’为‘大’。正义:‘陆玑疏云,今河东有大鼠,能人立,交前两脚于颈上,跳舞善鸣,食人禾苗,有逐则走入树空中。亦有五伎,或谓之雀鼠。其形大,故《序》云大鼠也。魏国,今河北县,言其方物,宜谓此鼠非鼫鼠也。’案此经作‘硕鼠’,训之为‘大’不作‘鼫鼠’之字,其义或如陆言也。据此,知郑笺《诗》既训‘硕’为‘大’,此引《诗》不当复作‘鼫鼠’,且《易》正义引此文亦作‘硕鼠’,故改之。”此可备一说。

六五,悔亡,失得勿恤,往吉无不利。《象》曰:失得勿恤,往有庆也。

马融注:离为矢。《经典释文》。

荀爽注:五从坤动而来为离,离者,射也,故曰“矢得”。阴居尊位,故有悔也。以中盛明,光照四海,故悔亡,勿恤,吉,无不利也。《周易集解》。

虞翻注:动之乾,乾为庆也。矢,古“誓”字;誓,信也。勿,无。恤,忧也。五变得正,坎象不见,故誓得勿恤,往有庆也。《周易集解》。

王肃注:离为矢。《经典释文》。

按,释“离”为“矢”,李富孙《易经异文释》云:“失矢以字形相涉而乱。”宋翔凤《周易考异》云：“汉魏《易》皆作矢，王弼乃改失。”焦循《易章句》：“失当作矢，即得金矢之矢。”其义马融、荀爽、王肃同。虞翻以“矢”为古“誓”字，释为“信”，《字汇·言部》：“誓，约信也。”《正字通·言部》：“誓，以言语相邀约为信用誓礼。”《诗·卫风·氓》：“言笑晏晏，信誓旦旦。”郑玄笺：“我其以信相誓旦旦耳。”其义与马融、荀爽、王肃等人异。

明夷䷣

明夷，利艰贞。《彖》曰：明入地中，明夷。内文明而外柔顺，以蒙大难，文王以之。利艰贞，晦其明也。内难而能正其志，箕子以之。《象》曰：明入地中，明夷。君子以莅众，用晦而明。

荀爽注：明在地下，为坤所蔽，大难之象。大难，文王君臣相事，故言大难也。《周易集解》。

郑玄注：夷，伤也。日出地上，其明乃光，至其入地，明则伤矣。故谓之明夷。日之明伤，犹圣人、君子有明德而遭乱世，抑在下位，则宜自艰，无干事政，以避小人之害也。《周易集解》。蒙，犹遭也。《经典释文》。

虞翻注：夷，伤也。临二之三而反晋也。明入地中，故伤矣。《周易集解》。谓五也。五失位，变出成坎，为艰，故利艰贞矣。《周易集解》。以，用也。三喻文王。大难谓坤，坤为弑父。迷乱荒淫，若纣杀比干。三幽坎中，象文王之拘羑里。震为诸侯，喻从文王者。纣惧出之，故以蒙大难，得身全矣。《周易集解》。箕子，纣诸父，故称内难。五乾天位，今化为坤，箕子之象。坤为晦。箕子正之，出五成坎，体离，重明丽正，坎为志，故正其志，箕子以之，而纣奴之矣。《周易集解》。而，如也。君子谓三。体师象，以坎莅坤。坤为众、为晦，离为明，故用晦如明也。《周易集解》。

王肃注:唯文王能用之。《经典释文》。

蜀才注:此本临卦也。《周易集解》。

按,释"夷"为"伤",《小尔雅·广言》:"夷,伤也。"其义郑玄、虞翻同。蜀才云"此本临卦",即临卦的六爻与九三爻置换而成明夷卦。李鼎祚《周易集解》:"夷,灭也。九二升三,六三降二,'明入地中'也。'明入地中',则明灭也。"又《荀子·君子》:"一人有罪而三族皆夷。"注:"夷,灭也。"《广雅·释诂四》:"夷,灭也。"故其义蜀才亦与郑玄、虞翻相通。此卦喻文王羑里蒙难之事,其义荀爽、郑玄、虞翻、王肃皆同。焦循《易章句》:"《传》之言文王,犹经之称帝乙。《易》之曲而中、肆而隐者如此。执于周王而实以羑里之事,失之矣。"此可备一说。

六二,明夷,夷于左股,用拯马壮,吉。《象》曰:六二之吉,顺以则也。

子夏注:旁视曰睇。《经典释文》。

马融注:般,旋也。日随天左旋也。《经典释文》。

郑玄注:旁视为睇。六二辰在酉,酉在西方,又下体离,离为目。九三体在震,震东方。九三又在辰,辰得巽气为股。此谓六二有明德,欲承九三,故云"睇于左股"。拯,承也。《礼记·内则》正义。

陆绩注:旁视曰睇。《经典释文》。

王肃注:般,旋也。日随天左旋也。《经典释文》。

姚信注:自辰右旋,入丑。《经典释文》。

九家注:左股谓初,为二所夷也。离为飞鸟,盖取小过之义,鸟飞舒翼而行。夷者,伤也。今初伤垂翼在下,故曰"明夷于左股"矣。九三体坎,坎为马也。二应与五,三与五同功。二以中和应天,应天合众。欲升上三以壮于五,故曰"用承马壮,吉"。

《周易集解》。二欲上三居五，五为天子，坎为法律，君有法则，众阴当顺从之矣。《周易集解》。

按，夷，子夏、郑玄、陆绩作睇，九家作夷。《经典释文》："旁视曰睇，亦作睼。"马王堆汉墓帛书《周易》亦作"夷"。《说文·目部》："睇，目小视也。从目，弟声。"郑玄注《礼记·内则》云："睇，倾视也。"其义子夏、郑玄、陆绩同。九家释"夷"为"伤"，孔颖达《周易正义》："言左者，取其小伤。"闻一多《周易新义》云："九家及《正义》并训下夷字为伤。案，读为痍。矢伤谓之痍。《公羊传》成十六年曰：'王痍者何？伤乎矢也。'矢伤谓之夷。是'夷于左股'即射于左股明甚。"其义与郑玄、虞翻异。释"般"为"旋"，其义马融、王肃、姚信同。拯为承，郑玄、九家同。

六四，入于左腹，获明夷之心，于出门庭。《象》曰：入于左腹，获心意也。

荀爽注：阳称左，谓九三也。腹者，谓五居坤，坤为腹也。四得位比三，应于顺首，欲上三居五，以阳为腹心也。故曰"入于左腹，获明夷之心"。言三当出门庭，升五君位。《周易集解》。

干宝注：一为室，二为户，三为庭，四为门，故曰"于出门庭"矣。《周易集解》。

九家注：四欲上三居五为坎，坎为心，四以坤爻为腹，故曰"入于左腹，获心意也"。《周易集解》。

按，明夷卦下卦离，上卦坤，二、三、四爻互坎，六四在坎之上口，故称入。又，三、四、五爻互震，震为左，坤为腹，坎为心，覆艮为手，是为获明夷之心。其义荀爽、九家同。

六五，箕子之明夷，利贞。《象》曰：箕子之贞，明不可息也。

孟喜注：阴阳气亡箕子，箕子者，万物方荄兹也。《汉书》本传。

马融注：箕子，纣之诸父。明于天道洪范之九畴，德可以王，故以当五。知纣之恶,无可奈何,同姓恩深,不忍弃去,被发佯狂,以明为暗,故曰“箕子之明夷”。卒以全身为武王师,名传无穷,故曰“利贞”矣。《周易集解》。《义海撮要》节引。

荀爽注:箕为荄,子为滋。《经典释文》。

虞翻注:箕子,纣诸父,故称内难。五乾天位,今化为坤,箕子之象。《周易集解》。

按,孟喜、荀爽以“箕子”为“荄兹”,马融、虞翻以“箕子”为“纣之诸父”(见上)。唐宋以来,易家每每未有深究“荄兹”“箕子”之义。孙堂《汉魏二十一家易注》考证云:“此蜀人赵宾说,云受孟喜,喜尝名之。颜师古曰:‘荄兹者,言其根荄方滋茂也。’《经典释文》引刘向亦云:‘今《易》‘箕子’作‘荄滋。’”孔颖达《周易正义》:“六五最比暗君,似箕子之近殷纣。”焦循《易通释》云:“古之其字,既为箕籀文,则箕字正是其之本字,则中孚、鼎亦可作箕子。《曲礼》‘粱曰芗萁’,《经典释文》:‘萁,字又作箕,同音姬,语辞也。’以明夷之‘其子’作‘箕子’解,可也。以中孚、鼎之‘箕子’作‘其子’解,可也。《易》以六书假借为引申,‘帝乙’‘鬼方’皆非实事,又何疑于‘箕子’‘其子’之不同乎!”又云:“荄、箕本通,《淮南·时则训》‘蕢萁’,高诱注云:‘萁,读荄备之荄。’《尔雅》‘山无草木’,《说文》:‘无草木为屺。’《经典释文》引《三苍》《字林》《声类》言犹屺字,通于屺,犹荄之声通于萁。作荄可也,以荄兹而傅会其说不可也。《汗简》兹作芓,云见《尚书》。以中孚、鼎之其子证之,虽父师之箕子已为假借,而荄兹之说,又何容混入乎!”马融、虞翻释“箕子”为“纣之诸父”,其义与孟喜、荀爽异。

家人䷤

家人,利女贞。《彖》曰:家人,女正位乎内,男正位乎外。男女正,天地之大义也。家人有严君焉,父母之谓也。父父,子子,兄兄,弟弟,夫夫,妇妇,而家道正,正家而天下定矣。《象》曰:风自火出,家人。君子以言有物,而行有恒。

马融注:家人以女为奥主。长女、中女各得其正,故特曰"利女贞"矣。《周易集解》、《会通》。木生火,火以木为家。故曰"家人"。火生于木,得风而盛,犹夫妇之道,相须而成。《周易集解》。《义海撮要》节引。

荀爽注:离巽之中有乾坤,故曰"父母之谓也"。《周易集解》。父谓五,子谓四。兄谓三,弟谓初。夫谓五,妇谓二也。各得其正,故天下定矣。《周易集解》。风火相与,必附于物。物大火大,物小火小。君子之言,必因其位。位大言大,位小言小。不在其位,不谋其政。故言有物也。大暑烁金,火不增其烈。大寒凝冰,火不损其热。故曰"行有恒"矣。《周易集解》。

陆绩注:圣人教先从家始,家正则天下化之,修己以安百姓者也。《周易集解》。

虞翻注:遯初之四也。女谓离巽,二四得正,故利女贞也。《周易集解》。遯乾为天,三动坤为地。男得天正于五,女得地正于二，故天地之大义也。《周易集解》。遯乾为父，艮为子，三五位正，故父父子子。三动时，震为兄，艮为弟，初三位正，故兄兄弟弟。《周易集解》。三动时，震为夫，巽四为妇，初四位正，故夫夫妇妇也。《周易集解》。

王肃注：凡男女所以各得其正者，由家人有严君也。家人有严君，故父子夫妇各得其正。家家咸正，而天下之治大定矣。《周易集解》。

按，是卦谓家道正，家人之间人亲相爱、循礼遵法，然后天下和谐安定。孔颖达《周易正义》："此叹美正家之功，可以定于天下，申成道齐邦国。既家有严君，即父不失父道，乃至妇不失妇道，尊卑有序，上下不失，而后为家道之正。各正其家，无家不正，即天下之治定矣。"其义马融、荀爽、陆绩、虞翻、王肃皆同。

初九，闲有家，悔亡。《象》曰：闲有家，志未变也。

马融注：闲，阑也，防也。《经典释文》。

荀爽注：初在潜位，未干国政，闲习家事而已，未得治官，故悔。居家理治，可移于官，守之以正，故悔亡。而未变从国之事，故曰"志未变也"。《周易集解》。

郑玄注：闲，习也。《经典释文》。

按，马融释"闲"为"阑"，为防备之义。《说文·门部》："闲，阑也。"门中有木，本义为栅栏，引申为防闲。《周礼·夏官·虎贲氏》："舍则守王闲。"郑玄注："闲，梐枑。"贾公彦疏："闲与梐枑皆禁卫之物。"焦循《易章句》："闲即日闲之闲。"此"闲"荀爽、郑玄皆释为"习"，即指练习，其义与马融异。

六二，无攸遂，在中馈，贞吉。《象》曰：六二之吉，顺以巽也。

荀爽注：六二处和得正，得正有应，有应有实，阴道之至美者也。坤道顺从，故无所得遂。供肴中馈，酒食是议，故曰“中馈”。居中守正，永贞其志则吉，故曰“贞吉”也。《周易集解》。

郑玄注：二为阴爻，得正于内。五，阳爻也，得正于外，犹妇人自修正于内，丈夫修正于外。无攸遂，言妇人无敢自遂也。爻体离，又互体坎，火位在下，水在上，飪之象也。馈，酒食也。故云“在中馈”也。《后汉书·杨震传》注。《王符传》注。

九家注：谓二居贞，巽顺于五，则吉矣。《周易集解》。《义海撮要》作“顺以巽，谓二居正，顺于五也”。

按，遂，《春秋公羊传》桓公八年：“遂者何？生事也。大夫无遂事。”何休注：“专事之辞。”此言妇人主内守正不干政事之意。《大戴礼记·本命》：“妇人，伏于人也。是故无专制之义，有三从之道……无所敢自遂也。故令不出闺门，事在馈食之间而已矣。”《汉书·谷永传》：“永对问云：《易》曰：“在中馈，无攸遂。”言妇人不得与事也。”《后汉书·杨震传》震上疏云：“夫女子小人，近之喜，远之怨，实为难养。《易》曰：‘无攸遂，在中馈。’言妇人不得于政事也。”其义荀爽、郑玄同。释“馈”为“酒食”，指厨房饮食之事。《说文·食部》：“馈，饷也。”其义荀爽、郑玄亦同。六二处二得正，居中位，以阴应阳，尽妇人之职，得妇人之道。孔颖达《周易正义》：“六二履中居位，以阴应阳，尽妇人之义也。妇人之道，巽顺为常，无所必遂。其所职主，在于家中馈食供祭而已，得妇人之正吉。”其义荀爽、郑玄、九家同。

九三，家人嗃嗃，悔厉，吉。妇子嘻嘻，终吝。《象》曰：家人嗃嗃，未失也。妇子嘻嘻，失家节也。

京房注：治家之道，于此备矣。《汉上易传》。

马融注：嗃嗃，说乐自得貌。嘻嘻，笑声。《经典释文》。

郑玄注：熇熇，苦热之意。嘻嘻，骄佚喜笑之意。《经典释文》。

九家注：别体异家，阴阳相据，喜乐过节也。别体巽家，谓三五也，阴阳相据，三五各相据阴，故言妇子也。《周易集解》。

按，"嗃嗃"通"熇熇"，马融释为"说乐自得"，郑玄释为"苦热"。《说文·火部》："熇，火热也。"郑珍《说文新附考·口部》云："依郑君义，则熇是本字。《毛诗》'多将熇熇'，《笺》云：'多行熇熇惨毒之恶。'此热义之引伸，与《易》'熇熇'训严酷者同。"焦循《易章句》："嗃嗃，犹亢也。"孔颖达《周易正义》："嗃嗃，严酷之意也。"其义马融与郑玄异。

又，马融释"嘻嘻"为笑声，郑玄释为"骄佚喜笑"，九家释为"喜乐过节"，其义大致相通。孔颖达《周易正义》："嘻嘻，喜笑之貌也。"焦循以"嘻嘻"为悲怨之叹。其《易通释》考证云："嘻嘻，先儒俱训作喜笑，惟项安世以为怨叹，与嗃嗃一意，《诗》之噫嘻，《礼》之嘻甚，《左传》之嘻嘻出出，阳虎从者曰嘻，皆有叹惧之词，未有训为笑乐也。《玉篇·女部》：'嬉，乐也。'嘻，即《檀弓》'夫子曰嘻'之嘻，悲叹之声也。悲叹之甚，故嘻嘻。《公羊》僖公元年传：'庆父闻奚斯哭声曰："嘻，此奚斯之声也。诺已，吾不得人矣。"于是抗辀经而死。'何休注云：'嘻，发痛语首之声。'《列子·天瑞》篇：'向氏为盗，以赃获罪，没其先居之财，往怨国氏。国氏曰："嘻。"'张湛注云：'音熙，哀痛之声。'《大戴礼·少闲》篇'公曰"嘻！善之不同也"'，注云：'嘻，叹惜之声。'《史记》：'张仪掠笞数百，其妻曰："嘻，子毋读书游说，安得此辱乎？"'《索隐》云：'嘻，悲恨之声。'诸嘻皆与《檀弓》同。董子《精华》篇载奚斯之言，正作'嘻嘻'两字。马融以'妇子嘻嘻'为笑声，郑康成以为'骄佚喜笑之意'，皆不合。"焦循此考，可备一说。

九五，王假有家，勿恤吉。《象》曰：王假有家，交相爱也。

马融注:假,大也。《经典释文》。

郑玄注:假,登也。《经典释文》。

陆绩注:假,大也。五得尊位,据四应二,以天下为家,故曰"王大有家"。天下正之,故无所忧则吉。《周易集解》。

虞翻注:乾为爱也。二称家,三动成震,五得交二,初得交四,故交相爱。震为交也。《周易集解》。

按,释"假"为"大",《尔雅·释诂上》:"假,大也。"《尚书·大禹谟》:"不自满假。"孔传:"假,大也。"李道平《周易集解纂疏》云:"执心谦冲,不自盈大。"其义马融、陆绩同。郑玄释"假"为"登",郑玄注萃卦"王家有庙"云:"假,至也。"扬雄《方言》:"假,至也。"《诗·商颂·玄鸟》:"四海来假,来假祁祁。"郑玄笺:"假,至也。""登"可通"至",焦循《易章句》:"假,格也。格,至也。"曹元弼《周易集解补释》云:"郑读假为格,训登,与萃注训至义同。假、格皆假之借字。古者登堂直曰登。《春秋传》曰:'公登亦登,王登有家。'谓登家之堂而与族人燕食,与'王假有庙'文例同。"知郑玄释"假"为"登",其义与马融、陆绩异。

睽䷥

睽，小事吉。《彖》曰：睽，火动而上，泽动而下。二女同居，其志不同行。说而丽乎明，柔进而上行，得中而应乎刚。是以小事吉。天地睽而其事同也。男女睽而其志通也。万物睽而其事类也。睽之时用大矣哉。《象》曰：上火下泽，睽。君子以同而异。

荀爽注：小事者，臣事也。百官异体，四民殊业，故睽而不同。刚者，君也。柔得其中而进于君，故言小事吉也。《周易集解》。火性炎上，泽性润下，故曰“睽”也。《周易集解》。大归虽同，小事当异。百官殊职，四民异业，文武并用，威德相反，共归于治，故曰“君子以同而异”也。《周易集解》。《义海撮要》节引。

郑玄注：睽，乖也。火欲上，泽欲下，犹人同居而志异也。故谓之睽。二五相应，君阴臣阳，君而应臣，故小事吉。《周易集解》。

陆绩注：兑处下，为积阴暗之象也。离在上，为明照于下。京氏《易传》注。

虞翻注：大壮上之三，在《系》盖取无妄二之五也。小谓五，阴称小，得中应刚，故吉。《周易集解》。离火炎上，泽水润下也。《周易集解》。二女，离兑也。坎为志，离上兑下。无妄震为行，巽为同，艮为居。二五易位，震巽象坏，故二女同居，其志不同行也。《周易集解》。说，兑。丽，离也。明谓乾，当言大明以丽于晋。

柔谓五，无妄巽为进，从二之五，故上行。刚谓应乾，五伏阳，非应二也。与鼎五同义也。《周易集解》。五动乾为天，四动坤为地，故天地睽。坤为事也，五动体同人，故事同矣。《周易集解》。四动艮为男，兑为女，故男女睽。坎为志、为通，故其志通也。《周易集解》。四动，万物出乎震，区以别矣，故万物睽。坤为事、为类，故其事类也。《周易集解》。

王肃注：高卑虽异，同育万物。《周易集解》。

九家注：乖离之卦，于义不大。而天地事同，共生万物，故曰“用大”。《周易集解》。

按，《序卦传》：“睽，乖也。”睽卦上卦为离，离为中女，下卦为兑，兑为少女，二女同处一卦之中，其志不相通，故称睽。又，离为火，兑为泽，火性上炎，泽性下流，故离兑有相背相反之象。孔颖达《周易正义》：“上火下泽，动而相背，所以为睽也。”其义荀爽、郑玄、陆绩、虞翻、王肃、九家相通。

六三，见舆曳，其牛掣，其人天且劓，无初有终。《象》曰：见舆曳，位不当也。无初遇终，遇刚也。

子夏注：契，一角仰也。《经典释文》。

马融注：刺凿其额曰“天”。《经典释文》。《汉上易传》。

郑玄注：牛角皆踊曰挈。《经典释文》。

刘表注：牛角皆踊曰觢。《经典释文》。

虞翻注：离为见，坎为车、为曳，故见舆曳。四动坤为牛、为类，牛角一低一仰，故称觢。离上而坎下，其牛觢也。《周易集解》。其人谓四，恶人也。黥额为天，晁氏引云“剠凿其额曰天”。割鼻为劓。无妄乾为天，震二之乾五，以阴墨其天，乾五之震二，毁艮，割其鼻也，兑为刑人，故其人天且劓。失位，动得正成乾，故无初有终。《象》曰“遇刚”是其义也。《周易集解》。动正成乾，故遇刚。《周易集解》。

按，掣，子夏作契，郑玄作犎，刘表、虞翻作觢。掣通觢。《说文·角部》释"掣"引作"觢"云："一角仰也。"《玉篇·牛部》："犎，或作觢。"惠栋《九经古义》卷一《周易古义》："《复古编》云：'觢，从角，契省。别作掣，非。'觢从角、契，故子夏作契。觭，角一低一仰，故荀爽作觭。诸家无作掣者，王弼以为其牛掣者滞隔，所在不获进，是读为牵掣之字，失之。"沈祖绵《周易孟氏学》云："《释文》《说文》作觢，之世反，云角一俯一仰，以虞注及《释文》证之，是一角仰误也。宜作角一仰一俯为正。今《说文》作一角仰，文理不通，是文有脱夺，俗人妄窜耳。张惠言《虞氏义》云'为类未详'，疑字之误。《说卦传》'坤为地'，天之类也，为母父之类也，为均、为众，均与众皆类也，何疑之有？"其义子夏、郑玄、刘表、虞翻皆相通。马融释作"刺凿其额曰天"、虞翻释作"黥额为天"，"剠"与"黥"同，《说文·黑部》："黥，墨刑在面也。从黑，京声。"《广韵·庚韵》："剠"同"黥"，其义马融、虞翻同。

上九，睽孤，见豕负涂，载鬼一车，先张之弧，后说之弧，匪寇婚媾，往，遇雨则吉。《象》曰：遇雨之吉，群疑亡也。

陆绩注：先疑，暗也。后说，明也。京氏《易传》注。

虞翻注：睽三顾五，故曰"睽孤"也。离为见，坎为豕、为雨，四变时，坤为土，土得雨为泥涂，四动艮为背，豕背有泥，故见豕负涂矣。坤为鬼，坎为车，变在坎上，故载鬼一车也。《周易集解》。谓五已变，乾为先，应在三，坎为弧，离为矢，张弓之象也，故先张之弧。四动震为后。说，犹置也。兑为口，离为大腹，坤为器，大腹有口，坎酒在中，壶之象也。之应历险以与兑，故后说之壶矣。《周易集解》。匪，非。坎为寇，之三历坎，故匪寇。阴阳相应，故婚媾。三在坎下,故遇雨。与上易位,坎象不见,各得其正,故则吉也。《周易集解》。物三称群,坎为疑,三变坎败,故群疑亡矣。《周易集解》。

按,睽卦上卦为离,离为明,下卦为兑,兑为阴,故先暗后明。孔颖达《周易正义》:"往与三合,如雨之和。向之见豕、见鬼、张弧之疑并消释矣,故曰群疑亡也。"其义陆绩与虞翻异。

蹇䷦

蹇，利西南，不利东北。利见大人，贞吉。《彖》曰：蹇，难也，险在前也。见险而能止，知矣哉。蹇利西南，往得中也。不利东北，其道穷也。利见大人，往有功也。当位贞吉，以正邦也。蹇之时用大矣哉。《象》曰：山上有水，蹇。君子以反身修德。

荀爽注：西南谓坤。乾动往居坤五，故得中也。《周易集解》。东北，艮也。艮在坎下，见险而止，故其道穷也。《周易集解》。谓五当尊位正，居是，君阴顺从，故能正邦国。《周易集解》。

郑玄注：中，和也。《经典释文》。

陆绩注：水在山上，失流通之性，故曰"蹇"。水本应山下，今在山上，终应反下，故曰"反身"。《正义》。

虞翻注：观上反三也。坤，西南卦，五在坤中，坎为月，月生西南，故利西南。往得中，谓西南得朋也。《周易集解》。谓三也。艮，东北之卦，月消于艮，丧乙灭癸，故不利东北，其道穷也。则东北丧朋矣。《周易集解》。离为见，大人谓五，二得位应五，故利见大人，往有功也。《周易集解》。《义海撮要》节引。谓五当在正邦，故贞吉也。《周易集解》。离见坎险，艮为止。观乾为知，故知矣哉。《周易集解》。大人谓五，二往应五，五多功，故往有功也。《周易集解》。《义海撮要》节引。谓坎月生西南而终东北，震象出庚，兑象见丁，乾象盈甲，巽象退辛，艮象消丙，坤象穷乙，丧灭于癸，终则复始，以生万物，故用大矣。《周易集解》。君子谓观，乾坤为身，观上反三，故反身。阳在三，进德修业，故以反身修德。孔子曰“德之不修，是吾忧也”。《周易集解》。

王肃注：中，适也。《经典释文》。

按，坤为西南，上卦九五居中，故称“得中”，其义荀爽、虞翻同。郑玄释“中”为“和”，王肃释“中”为“适”。“和”同“适”。《广韵·戈韵》：“和，不坚不柔也。”《周礼·春官·大司乐》：“以乐德教国子：中、和、祗、庸、孝、友。”郑玄注：“和，刚柔适也。”《论语·学而》：“有子曰：‘礼之用，和为贵。’”和，今言适合，恰当。《汉书·王吉传》：“吸新吐故以练藏，专意积精以适神。”颜师古注：“适，和也。”《正字通·辵部》：“适，和也。”孔颖达《周易正义》：“二、三、四、五爻皆当位，所以得正而吉，故曰当位贞吉也。以正邦也者，居难守正，正邦之道，故曰以正邦也。”其义郑玄、王肃同。

六四，往蹇，来连。《象》曰：往蹇来连，当位实也。

荀爽注：蹇难之世，不安其所。欲往之三，不得承阳，故曰“往蹇”也。来还承五，则与至尊相连，故曰“来连”也。处正承阳，故曰“当位实也”。《周易集解》。《义海撮要》。

马融注：连，亦难也。《经典释文》。

郑玄注：连，如字，迟久之意。《经典释文》。

虞翻注：连、辇、蹇，难也。在两坎间，进则无应，故往蹇。退初介三，故来连也。《周易集解》。

按，“连”，《说文·辵部》：“连，负车也。”马融释“连”为“难”，虞翻释为“辇”，李道平《周易集解纂疏》云：“连，古音辇，辇亦难也。”王弼《周易注》：“往来皆难，故曰往蹇来连。”蹇卦上卦为坎，下卦为艮，坎为险。六四已在坎体，故往蹇。二、三、四爻又互坎，故又来亦难，是往来皆难。其义荀爽、马融、虞翻同。“连”有连续之意。《释名·释水》：“风行水波成文曰澜。澜，连也。波体转流，相及连也。”《广雅·释诂二》：“连，续也。”焦循《易章句》：“连，犹烂（爛）也。”“烂（爛）”假借为“澜”，郑玄释“连”为“迟久之意”，或亦引申其往来之难久长。孔颖达《周易正义》：“马云‘连亦难也’。郑云‘迟久之意’。六四往则无应，来则乘刚，往来皆难。”其义与马融、虞翻相通。

九五，大蹇，朋来。《象》曰：大蹇朋来，以中节也。

陆绩注：外卦九五变入坤，内见艮，故曰得朋也。京氏《易传》注。

虞翻注：当位正邦，故大蹇。睽兑为朋，故朋来也。《周易集解》。

按，九五处坎中，与六二正应，故称朋来。孔颖达《周易正义》：“九五处难之时，独在险中，难之大者也，故曰大蹇。然得位履正，不改其节，如此则同志者自远而来，故曰朋来。”朱熹《周易本义》：“九五居尊而有刚健中正之德，必有朋来而助之者。”其义陆绩、虞翻同。

解䷧

解，利西南，无所往，其来复，吉。有攸往，夙吉。《彖》曰：解，险以动，动而免乎险，解。解利西南，往得众也。其来复吉，乃得中也。有攸往夙吉，往有功也。天地解而雷雨作。雷雨作而百果草木皆甲坼。解之时大矣哉。《象》曰：雷雨作，解。君子以赦过宥罪。

马融注：宅，根也。《经典释文》。

荀爽注：阴处尊位，阳无所往也。《周易集解》。《义海撮要》。乾动之坤而得众，西南众之象也。《周易集解》。来复居二，处中成险，故曰"复吉"也。《周易集解》。《义海撮要》。五位无君，二阳又卑，往居之乾则吉。据五解难，故有功也。《周易集解》。《义海撮要》。《汉上易传》节引。谓乾坤交通，动而成解卦。坎下震上，故雷雨作也。《周易集解》。解者，震世也。仲春之月，草木萌牙，雷以动之，雨以润之，日以烜之，故甲宅也。《周易集解》。

郑玄注：木实曰果，解读如人倦之解，解谓坼嘑。嘑，火亚反。皮曰甲，根曰宅。宅，居也。《文选·蜀都赋》注。

陆绩注：震雷坎雨。京氏《易传》注。宅，根也。《经典释文》。

虞翻注：临初之四，坤西南卦，初之四得坤众，故利西南，往得众也。《周易集解》。谓四本从初之四，失位于外而无所应，故无所往。宜来反初，复得正位，故其来复吉也。二往之五，四来之初,成屯体复象,故称来复吉矣。《周易集解》。谓二也。夙,早也。离为日、为甲,日出甲上,故早也。九二失正,早往之五则吉,故有攸往夙吉,往有功也。《周易集解》。险,坎。动,震。解,二月,雷以动之,雨以润之,物咸孚甲,万物生震,震出险上,故免乎险也。《周易集解》。君子谓三伏阳。出成大过。坎为罪,入则大过象坏,故以赦过。二四失位,皆在坎狱中,三出体乾,两坎不见,震喜兑悦,罪人皆出,故以宥罪。谓三入则赦过,出则宥罪,公用射隼以解悖,是其义也。《周易集解》。

按,释"宅"通"坼",《经典释文》:"坼,《说文》云:'裂也。'《广雅》云:'分也。马、陆本作宅,云根也。'"《文选·蜀都赋》:"百果甲宅,异色同荣。"李善注:"皮曰甲,根曰宅。"孔颖达《周易正义》:"天地否结,则雷雨不作,交通感散,雷雨乃作也。雷雨之作,则险厄者亨,否结者散,故百果草木皆甲坼也。"焦循《易章句》:"下艮与互巽相连巽木。艮,果也。甲,始也。坼,终也。"其义马融、荀爽、郑玄、陆绩皆相通。

九四,解而拇,朋至斯孚。《象》曰:解而拇,未当位也。

陆绩注:拇,足大指。《经典释文》。

虞翻注:二动时艮为指。四变之坤为母,故解而母。临兑为朋,坎为孚,四阳从初,故朋至斯孚矣。《周易集解》。

王肃注:拇,手大指。《经典释文》。

按,陆绩释"拇"为"足大指",王肃释为"手大指"则异。虞翻作"母",其义同陆绩。可参见咸卦初六爻辞。

上六,公用射隼于高墉之上,获之,无不利。《象》曰:公用射隼,以解悖也。

马融注:墉,城也。《经典释文》。

虞翻注：上应在三，公谓三伏阳也。离为隼。三失位，动出成乾，贯隼，入大过死象。故公用射隼于高庸之上，获之无不利也。《周易集解》。坎为悖，三出成乾，而坎象坏，故解悖也。《周易集解》。

九家注：隼，鸷鸟也。今捕禽雀者。其性疾害，喻暴君也。阴盗阳位，万事悖乱，今射去之，故曰“以解悖也”。《周易集解》。

按，“墉”通“庸”。《诗·大雅·皇矣》：“以伐崇墉。”毛传：“墉，城也。”《诗·大雅·崧高》：“以作尔庸。”毛传：“庸，城也。”《礼记·王制》注：“小城曰墉。”解卦上卦为震，下卦为坎，震伏巽，巽为高墉。其义马融、虞翻同。隼为猛禽，孔颖达《周易正义》：“隼者，贪残之鸟，鹯鹞之属。”射隼除害，故称解悖，其义虞翻、九家同。

損䷨

损，有孚，元吉，无咎，可贞，利有攸往。曷之用？二簋可用享。《彖》曰：损，损下益上，其道上行。损而有孚，元吉，无咎可贞，利有攸往。曷之用？二簋可用亨。二簋应有时，损刚益柔有时，损益盈虚，与时偕行。《象》曰：山下有泽，损。君子以惩忿窒欲。

荀爽注：谓损乾之三，居上孚二阴也。《周易集解》。居上据阴，故元吉无咎。以未得位，嫌于咎也。《周易集解》。少男在下，少妇虽年尚幼，必当相承，故曰“可贞”。《周易集解》。谓阳利往居上。损者，损下益上，故利往居上。《周易集解》。二簋谓上体二阴也。上为宗庙。簋者，宗庙之器，故可享献也。《周易集解》。

郑玄注：艮为山。兑为泽，互体坤，坤为地。山在地上，泽在地下，泽以自损，增山之高也。犹诸侯损其国之富，以贡献于天子，故谓之损矣。《周易集解》。四以簋进黍稷于神也。初与二直，其四与五承上，故用二簋。四，巽爻也。巽为木。五，离爻也。离为日。日体圜，木器而圜，簋象也。《考工记·旊人》疏。《少牢馈食礼》疏。《诗·权舆》正义。征，犹清也。懫，止也。《经典释文》。

陆绩注：乾九三变六三，阴柔，益上九，臣奉君之象。京氏《易传》注。

虞翻注：泰初之上，损下益上，以据二阴，故有孚，元吉无咎。

艮男居上，兑女在下，男女位正，故可贞，利有攸往矣。《周易集解》。时谓春秋也。损二之五，震二月，益正月，春也。损七月，兑八月，秋也。谓春秋祭祀，以时思之。艮为时，震为应，故应有时也。《周易集解》。谓冬夏也。二五已易成益，坤为柔，谓损益上之三成既济，坎冬离夏，故损刚益柔有时。《周易集解》。乾为盈，坤为虚，损刚益柔，故损益盈虚。谓泰初之上，损二之五，益上之三，变通趋时，故与时偕行。《周易集解》。君子，泰乾。乾阳刚武为忿，坤阴吝啬为欲。损乾之初成兑说，故征忿。初上据坤，艮为山，故窒欲也。《周易集解》。

刘表注：澄，清也。慣，止也。《经典释文》。

蜀才注：此本泰卦。《周易集解》。

按，损卦是由泰卦的九三爻辞与上六爻辞置换而组成，李鼎祚《周易集解》："坤之上九下处乾三，乾之九三上升坤六，'损下益上'者也。阳德上行，故曰'其道上行'也。"由此知其义荀爽、蜀才同。惩同征，朱骏声《说文通训定声·升部》："征，叚借为惩。"释"征"为"清"，刘表作"澄"，"征"通"澄"，《说文·水部》："澄，清也。"其义郑玄、刘表同。郑玄、刘表释"慣"为"止"，《广雅·释诂三》："慣，止也。"《玉篇·心部》："慣，止也，塞也，满也。"其义郑玄、刘表、虞翻亦同。

六四，损其疾，使遄有喜，无咎。《象》曰：损其疾，亦可喜也。

虞翻注：四谓二也。四得位，远应初，二疾上五，已得承之，谓二之五，三上复坎为疾也。阳在五称喜，故损其疾，使遄有喜。二上体观，得正承五，故无咎矣。《周易集解》。二上之五，体大观象，故可喜也。《周易集解》。

蜀才注：四当承上，而有初应，必上之所疑矣。初，四之疾也，宜损去初，使上遄喜。《周易集解》。

按，三、四、五爻互坤，坤为丧，为疾病。六四与初九当位相应，使疾病速愈。孔颖达《周易正义》："速乃有喜，有喜乃无咎。"焦循《易章句》："遄，速也。使，从也。"初九半兑，兑为喜，故称可喜。其义虞翻、蜀才同。

六五，或益之十朋之龟，弗克违，元吉。《象》曰：六五元吉，自上祐也。

马融注：案：《尔雅》云："十月之龟者，一曰神龟，二曰灵龟，三曰摄龟，四曰宝龟，五曰文龟，六曰筮龟，七曰山龟，八曰泽龟，九曰水龟，十曰火龟。"《正义》。

郑玄注：案《尔雅》云"十朋之龟者，一曰神龟，二曰灵龟，三曰摄龟，四曰宝龟，五曰文龟，六曰筮龟，七曰山龟，八曰泽龟，九曰水龟，十曰火龟"。《礼记·礼器》正义。《正义》。

虞翻注：谓二五已变成益，故或益之。坤数十，兑为从。三上失位，三动离为龟，十谓神、灵、摄、宝、文、筮、山、泽、水、火之龟也，故十朋之龟。三上易位成既济，故弗克违，元吉矣。《周易集解》。

按，"十朋之龟"，马融、郑玄、虞翻皆据《尔雅》释为十种龟。孔颖达《周易正义》："马、郑皆案《尔雅》云：'十朋之龟者，一曰神龟，二曰灵龟，三曰摄龟，四曰宝龟，五曰文龟，六曰筮龟，七曰山龟，八曰泽龟，九曰水龟，十曰火龟。'"其义诸家皆同。

上九，弗损益之，无咎，贞吉。利有攸往，得臣无家。《象》曰：弗损益之，大得志也。

虞翻注：损上益三也。上失正，之三得位，故弗损益之，无咎贞吉。动成既济，故大得志。《周易集解》。谓三往之上，故利有攸往。二五已动成益，坤为臣。三变据坤成家人，故曰"得臣"。

动而应三成既济，则家人坏，故曰“无家”。《周易集解》。谓二五已变，上下益三成既济定，离坎体正，故大得志。《周易集解》。

王肃注：处损之极，损极则益，故曰“弗损益之”。非无咎也，为下所益，故无咎。据五应三，三阴上附，外内相应，上下交接，正之吉也，故利有攸往矣。刚阳居上，群下共臣，故曰“得臣”矣。得臣则万方一轨，故无家也。《周易集解》。《义海撮要》。

按，上九复于初成乾象，是得臣。艮为家，上九复初，艮象失，是“无家”之象。孔颖达《周易正义》：“无家者，光宅天下，无适一家也。”其义虞翻、王肃同。

益䷩

益，利有攸往，利涉大川。《彖》曰：益，损上益下，民说无疆。自上下下，其道大光。利有攸往，中正有庆。利涉大川，木道乃行。益动而巽，日进无疆。天施地生，其益无方。凡益之道，与时偕行。《象》曰：风雷，益。君子以见善则迁，有过则改。

子夏注：雷以动之，风以散之，万物皆益。《正义》。

孟喜注：雷以动之，风以散之，万物皆益。《正义》。

郑玄注：阴阳之义，阳称为君，阴称为臣。今震一阳二阴，臣多于君矣。而四体巽之下，应初，是天子损其所有以下诸侯也。人君之道，以益下为德，故谓之益也。震为雷，巽为风，雷动风行，二者相成，犹人君出教令，臣奉行之，故利有攸往，利涉大川也。《周易集解》。

宋衷注：明君之德，必须损己而利人，则下尽益矣。君能以益物为意，动而无有违者，即斯以往，何所往不利，故曰"利有攸往"也。《口诀义》。

陆绩注：内外顺动，风雷益。四象分明，刚柔定矣。京氏《易传》注。

虞翻注：否上之初也。损上益下，其道大光。二利往坎应五，故利有攸往，中正有庆也。《周易集解》。谓三失正，动成坎，体涣,坎为大川,故利涉大川。涣,舟楫象,木道乃行也。《周易集解》。上之初,坤为无疆,震为喜笑。以贵下贱,大得民,故说无疆矣。乾为大明,以乾照坤,故其道大光。或以上之三,离为大光矣。《周易集解》。中正谓五,而二应之,乾为庆也。《周易集解》。谓三动成涣。涣,舟楫象,巽木得水,故木道乃行也。《周易集解》。震三动为离,离为日,巽为进,坤为疆,日与巽俱进,故日进无疆也。《周易集解》。乾下之坤,震为出生,万物出震,故天施地生。阳在坤初为无方,日进无疆,故其益无方也。《周易集解》。上来益三,四时象正。艮为时,震为行,与损同义,故与时偕行也。《周易集解》。君子谓乾也。上之三,离为见,乾为善,坤为过,坤三进之乾四,故见善则迁。乾上之坤初,改坤之过,体复象,复以自知,故有过则改之也。《周易集解》。

向秀注:明王之道,志在惠下,故取下谓之损,与下谓之益。《正义》。

蜀才注:此本否卦。《周易集解》。《义海撮要》。

按,益卦是由否卦的初六爻与上九爻置换而组成,李鼎祚《周易集解》:"乾之上九下处坤初,坤之初六上升乾四,损上益下者也。"益上卦巽,下卦为震,巽为风,震为雷,雷动风行,风调雨顺,万物皆益。孔颖达《周易正义》:"《子夏传》云:'雷以动之,风以散之,万物皆盈。'孟僖亦与此同其意。言必须雷动于前,风散于后,然后万物皆益。如二月启蛰之后,风以长物八月收声之后,风以残物。风之为益,其在雷后,故曰'风雷,益'也。迁谓迁徙慕尚,改谓改更惩止,迁善改过,益莫大焉,故君子求益,以'见善则迁,有过则改'也。六子之中,并有益物,犹取雷风者,何晏云:'取其最长可久之义也。'"朱熹《周易本义》:"益,增益也。"其义子夏、孟喜、郑玄、宋衷、陆绩,虞翻、向秀、蜀才大致相通。

六二，或益之十朋之龟，弗克违，永贞吉。王用享于帝，吉。《象》曰：或益之，自外来也。

虞翻注：谓上从外来益也。故或益之。二得正远应，利三之正，已得承之。坤数十，损兑为朋，谓三变离为龟，故十朋之龟。坤为永，上之三得正，故永贞吉。《周易集解》。震称帝，王谓五，否乾为王，体观象，艮为宗庙，三变折坤牛，体噬嗑食，故王用享于帝。得位，故吉。《周易集解》。乾上称外，来益三也。《周易集解》。

干宝注：圣王先成其名，而后致力于神，故王用享于帝。在巽之宫，处震之象，是则仓精之帝同始祖矣。《周易集解》。

按，益卦上卦为巽，下卦为震，二、三、四爻互坤，坤为王、为帝、为用，震为口，是王用享于帝。王弼《周易注》："帝者，生物之主，兴益之宗，出震而齐巽者也。"其义虞翻、干宝同。

六三，益之，用凶事，无咎。有孚，中行，告公用圭。《象》曰：益用凶事，固有之也。

虞翻注：坤为事，三多凶，上来益三得正，故益用凶事，无咎。《周易集解》。公谓三伏阳也。三动体坎，故有孚。震为中行、为告，位在中，故曰"中行"。三，公位，乾为圭，乾之三，故告公用圭。圭，桓圭也。《周易集解》。三上失正当变，是固有之。《周易集解》。

干宝注：固有如桓文之徒，罪近篡弑，功实济世。六三失位而体奸邪，处震之动，怀巽之权，是矫命之士，争夺之臣，桓文之爻也。故曰"益之用凶事"。在益之家而居坤中，能保社稷，爱抚人民，故曰"无咎"。既乃中行近仁，故曰"有孚中行"。然后俯列盟会，仰致锡命，故曰"告公用圭"。《周易集解》。

九家注：天子以尺二寸元圭事天，以九寸事地也。上公执桓圭九寸，诸侯执信圭七寸，诸伯执躬七寸，诸子执谷璧五寸，诸男执蒲璧五寸。五等诸侯，各执之以朝见天子也。《周易集解》。

按，释"圭"为"桓圭"，《周礼·春官·典瑞》："公执桓圭，侯执信圭，伯执躬圭，子执谷璧，男执蒲璧，以朝覲宗、遇会、同于王。四圭有邸，以祀天，旅上帝。两圭有邸，以祀地，旅四望。"《周礼·考工记》："玉人用事：镇圭尺有二寸，天子守之。命圭九寸，谓之桓圭，公守之。命圭七寸，谓之信圭，侯守之。命圭九寸，谓之躬圭，伯守之。"焦循《易章句》："用玉成圭也。"其义虞翻、干宝、九家同。

上九，莫益之，或击之，立心勿恒，凶。《象》曰：莫益之，偏辞也。或击之，自外来也。

孟喜注：徧，周帀也。《经典释文》。

虞翻注：莫，无也。自非上，无益初者。唯上当无应，故莫益之矣。《周易集解》。谓上不益初，则以剥灭乾。艮为手，故或击之《周易集解》。上体巽为进退，故勿恒。动成坎心，以阴乘阳，故立心勿恒，凶矣。《周易集解》。徧，周帀也。三体刚凶，故至上应，乃益之矣。《周易集解》。外谓上，上来之三，故曰"自外来也"。《周易集解》。

按，偏，孟喜、虞翻作徧。徧同偏。《墨子·非儒》："远施周偏。"孙诒让《墨子间诂》："偏，与徧同。"释"徧"为"周帀"，《玉篇·彳部》："徧，周帀也。"《广韵·线韵》："徧，周也。"沈祖绵《周易孟氏学》云："虞亦作徧，孟氏家法也。《说文》：'徧，帀也，'义与孟同。"孔颖达《周易正义》："偏辞者，此有求而彼不应，是偏辞也。自外来者，怨者非一，不待召也，故曰自外来也。"其义孟喜、虞翻同。

夬䷪

夬，扬于王庭，孚号有厉，告自邑。不利即戎，利有攸往。《彖》曰：夬，决也。刚决柔也。健而说，决而和。扬于王庭，柔乘五刚也。孚号有厉，其危乃光也。告自邑，不利即戎，所尚乃穷也。利有攸往，刚长乃终也。《象》曰：泽上于天，夬。君子以施禄及下，居德则忌。

荀爽注：信其号令于下，众阳危去上六，阳乃光明也。《周易集解》。不利即尚兵戎，而与阳争必困穷。《周易集解》。

郑玄注：夬，决也。阳气浸长，至于五。五，尊位也，而阴先之。是犹圣人积德说天下，以渐消去小人，至于受命为天子，故谓之夬。扬，越也。五互体乾，乾为君，又居尊位，王庭之象也。阴爻越其上，小人乘君子，罪恶上闻于圣人之朝，故曰"夬，扬于王庭"也。《周易集解》。

陆绩注：水气上天，决降成雨，故曰"夬"。《周易集解》。

虞翻注：阳决阴，息卦也。刚决柔，与剥旁通。乾为扬、为王，剥艮为庭，故扬于王庭矣。《周易集解》。阳在二五称孚，孚谓五也。二失位，动体巽，巽为号，离为光，不变则危，故孚号有厉，其危乃光也。《周易集解》。阳息动复，刚长成夬。震为告，坤为自邑。夬从复升，坤逆在上，民众消灭。二变时，离为戎，故不利即戎,所尚乃穷也。《周易集解》。阳息阴消,君子道长,故利有攸往,刚长乃终。《周易集解》。乾决坤也。《周易集解》。健,乾;说,兑也。以乾阳获阴之和,故决而和也。《周易集解》。乾体大成,以决小人,终乾之刚,故乃以终也。《周易集解》。君子谓乾,乾为施禄。下谓剥坤,坤为众臣。以乾应坤,故施禄及下。乾为德,艮为居,故居德则忌。阳极阴生,谓阳忌阴。《周易集解》。

翟玄注:坤称邑也。《周易集解》。

干宝注:夬九五则飞龙在天之爻也。应天顺民,以发号令,故曰"孚号"。以柔决刚,以臣伐君,君子危之,故曰"有厉"。德大而心小,功高而意下,故曰"其危乃光也"。《周易集解》。殷民告周以纣无道。《周易集解》。

按,郑玄云:"扬,越也。"《尔雅·释言》:"越,扬也。"《后汉书·袁术传》注:"越,逸也。言其失其所居。"夬卦上卦为兑,下卦为乾,乾为扬,兑为伏艮,艮为庭,坤为王,五阳决一阴,焦循《易章句》:"扬,犹显也。"是臣逼君,王换改其所居之象。其义郑玄、虞翻、干宝同。

又夬卦上卦为兑,兑为泽水,下卦为乾,乾为天,乾天居下,泽水居上,水气上天,决降成雨。孔颖达《周易正义》:"夬者,泽性润下,虽复泽上于天,决来下润,此事必然,故是夬之象也。"其义郑玄、陆绩同。夬旁通剥,剥下卦为坤,坤为地,故称邑。其义虞翻、翟玄同。

九二,惕号,莫夜有戎,勿恤。《象》曰:有戎勿恤,得中道也。

荀爽注:锡,赐也。《经典释文》。

虞翻注:惕,惧也。二失位,故惕。变成巽,故号。剥坤为莫夜,二动成离,离为戎,变而得正,故有戎。四变成坎,坎为忧,坎又得正，故勿恤，谓成既济定也。《周易集解》。动得正应五，故得中道。《周易集解》。

翟玄注：锡，赐也。《经典释文》。

按，“锡”通“赐”。《春秋公羊传》庄公元年：“王使荣叔来锡桓公命。锡者何？赐也。”《尔雅·释诂上》：“锡，赐也。”《尚书·禹贡》：“锡土姓。”《史记·夏本纪》引作“赐土姓”，《汉书·地理志上》引作“锡土姓”。孙堂《汉魏二十一家易注》考证云：“《书序》‘平王锡晋文侯秬鬯圭瓒’，马融本‘锡’作‘赐’。《左氏春秋经》‘王使毛伯卫来锡公命’，唐石经作‘来赐’。古本‘锡’字多作‘赐’。”其义荀爽、翟玄同。虞翻释“惕”为“惧”，《春秋左氏传》襄公二十二年：“无日不惕，岂敢忘职。”杜预注：“惕，惧也。”其义与荀爽、翟玄异。

九三，壮于頄，有凶。君子夬夬，独行，遇雨若濡，有愠，无咎。《象》曰：君子夬夬，终无咎也。

荀爽注：九三体乾，乾为君子。三五同功。二爻俱欲决上。故曰“君子夬夬”也。独行谓一爻独上，与阴相应，为阴所施，故遇雨也。《周易集解》。虽为阴所濡，能愠不说，得无咎也。《周易集解》。

郑玄注：頯，夹面也。《经典释文》。

翟玄注：頄，面颧颊间骨也。《经典释文》。頄，面也。谓上处乾首之前称‘頄’，頄，夹间骨。三往壮上，故‘有凶’也。《周易集解》。

蜀才注：壮于仇。

按，《说文·页部》无“頄”字，《说文》：“頯，权也。”王弼《周易注》云：“頄，面权也。”《素问·气府论》“鼽骨”，王冰注：“鼽，頄也。頄，面颧也。”仇亦通頄。焦循《易通释》：“蜀才作仇，《吕顴》、《淮南》高诱注，皆读鼽为怨仇之仇，然则頄、鼽、馗、仇四字皆通。仇者，犹敌也。顴在面之两畔，其高出相敌，名頄原有仇义，《易》取义于頄、仇者，即中孚得敌之谓也。”九三与上六应，上六在兑，兑为颊。《广韵》：“頄，颊间之骨。”考之今帛书《周易》頄字亦作頯，由此知郑玄作“頯”，翟玄作“頄”，蜀才作“仇”，其义皆相通。

九四，臀无肤，其行次且。牵羊悔亡，闻言不信。《象》曰：其行次且，位不当也。闻言不信。聪不明也。

马融注：趑，却行不前也。且，语助也。《经典释文。》

虞翻注：二四已变，坎为臀，剥艮为肤，毁灭不见，故臀无肤。大壮震为行，坎为破、为曳，故其行次且。《周易集解》。兑为羊，二变巽为绳，剥艮手持绳，故牵羊。谓四之正，得位承五，故悔亡。震为言，坎为耳，震坎象不正，故闻言不信也。《周易集解》。坎耳离目，折入于兑，故聪不明矣。《周易集解》。

王肃注：趑趄，行止之碍也。《经典释文》。

按，“次”通“趑”。《经典释文》：“次，本亦作趑。”《集韵·脂韵》：“趑，或作次。”《论语·里仁》：“造次必于是。”郑玄注：“次、趑咸同声。”是其明证。惠栋《九经古义》卷二《周易古义》云：“次且，读为趑趄，古文省。”《说文·走部》：“趑，趑趄，行不进也。”段玉裁注：“王肃云：‘趑趄，行止之碍也。按，马云却行不前者，于次本字得其义也。’”考《文选·剑阁铭》：“一人荷锄，万夫趑趄。”李善注：“趑趄，难行也。”焦循《易章句》：“次且，不行也。明所以次且者，不独为牵羊之悔亡，兼为闻言之不信也。”其义马融、虞翻、王肃皆同。

又，“牵羊悔亡”之“牵”，据刘大钧先生考证：帛本同，竹书作“尥”。考之井卦卦辞“无丧无得”，帛本作“无亡无得”，而竹书作“亡兦亡旻”，可证竹书“兦”字在此有“亡”“丧”之义。故本爻今本之“牵”字竹书作“兦”，是谓丧羊悔亡，所谓丧羊悔亡者，即民间俗语之所谓破财免灾也。今由竹书作“兦”谓丧，方悟今、帛本作“牵”者，非自牵也，乃是指羊被人牵走，则悔事可亡也。过去因未见竹书，不知此“牵”字之确义，故读《易》至此，每每不解：何以牵一只羊，悔事即可亡，若不牵之，悔事是否又复返之？于义实难通也。此可备一说。

九五，苋陆夬夬，中行，无咎。《象》曰：中行无咎，中未光也。

子夏注：苋陆，木根草茎，刚下柔上也。《正义》。《学斋占毕》。《兼明书》。

孟喜注：苋陆，兽名。决有兑，兑为羊也。《路史·疏仡纪》注。

马融注：苋陆，商陆也。《经典释文》。一名商陆。《正义》。《学斋占毕》。一名章陆。《兼明书》。或名当陆。《辑闻》。

荀爽注：苋谓五，陆谓三，两爻决上，故曰“夬夬”也。苋者，叶柔而根坚且赤，以言阴在上六也。陆亦取叶柔根坚也。去阴远，故曰“陆”，言差坚于苋。苋根小，陆根大。五体兑柔居上，苋也。三体乾刚，在下根深，故谓之陆也。《周易集解》。晁氏节引。

郑玄注：苋陆，一名商陆。《经典释文》。《正义》。

宋衷注：苋，苋菜也。陆，当陆也。《经典释文》。苋，蒉。陆，当陆。《辑闻》。陆，商陆也。《学斋占毕》

董遇注：苋，人苋也。陆，商陆也。《正义》。《学斋占毕》。前人以苋陆、当陆为二草，陆之为叶，差坚于苋。苋根小，陆根大。赵氏《辑闻》。

虞翻注：苋，说也。苋，读为“夫子苋尔而笑”之“苋”。陆，和睦也。震为笑，言五得正位，兑为说，故苋陆夬夬。大壮震为行，五在上中，动而得正，故中行无咎。旧读言苋陆，字之误也。马君、荀氏，皆从俗言“苋陆”，非也。《周易集解》。在坎阴中，故未光也。《周易集解》。

王肃注：苋陆，一名商陆，《正义》。《学斋占毕》。一名章陆。《兼明书》。

蜀才注：睦，亲也，通也。《经典释文》。睦，和也。晁氏。

按，释“苋陆”为“商陆”，子夏、荀爽、马融、郑玄、宋衷、董遇、王肃皆以为草名。虞翻、蜀才释为“和睦”则异。王弼《周易注》：“苋陆，草之柔脆者也。”孔颖达《周易正义》：“注直云草之柔脆者，亦以为一同于子夏等也。”焦循《易章句》：“苋陆，草名，一名商陆。陆即鸿渐于陆之陆，苋为见之假借。”孙堂《汉魏二十一家易注》考证云：“堂案：《本艸集解》苋凡六种：赤苋、白苋、灰苋、紫苋、五色苋、马苋也。人、白二苋可入药，但大者为白苋，小者为人苋耳。《尔雅·释艸》：‘蓫薚，马尾。’《广雅》：‘马尾蔏陆。’郭璞云：‘今江东为当陆。’《说文》‘薚’作‘蓫’，云：‘枝枝相值，叶叶相当。’或云多当陆路而生，故曰‘当陆’。”又云：“‘苋’，古’莞‘字，见《论语》释文，今本依唐石经作‘莞’。《广雅》云‘苋，笑也’，字又从艸，从见。‘陆’，古‘睦’字，见《隶释》。赵氏《辑闻》引虞云‘苋，蕢’，史氏《学斋占毕》又引作‘苋，萁也；陆，商也’，俱非是。今《经典释文》亦有误者，晁氏改‘陆’作‘睦’，云‘和也’，亦非。”孟喜释“苋陆”为兽名，其义又异。王夫之《周易稗疏》云：“苋字当从丬，而不从艸，音胡官切。山羊细角者也。”《说文·苋部》：“苋，山羊细角，从兔足，从苜声。”沈祖绵《周易孟氏学》云：“苋上从羊，是羊头不是艸头，下从见如兔字，非见字，字异而声亦别，以虞旧读言苋陆，则孟作苋字也。”此可备一说。

姤䷫

姤，女壮，勿用取女。《彖》曰：姤，遇也，柔遇刚也。勿用取女，不可与长也。天地相遇，品物咸章也。刚遇中正，天下大行也。姤之时义大矣哉。《象》曰：天下有风，姤。后以施命诰四方。

荀爽注：谓乾成于巽而舍于离。坤出于离，与乾相遇。南方夏位，万物章明也。《周易集解》。《汉上易传》节引。

郑玄注：遘，遇也。一阴承五阳，一女当五男，苟相遇耳，非礼之正，故谓之遘。女壮如是，壮健似淫，故不可娶。妇人以婉娩为其德也。《周易集解》。

陆绩注：天地相遇，万物亦然，故其义大也。《周易集解》。巽，入也。风入于物，皆动也。故知天下有风动其物也。京氏《易传》注。

虞翻注：消卦也，与复旁通。巽长女，女壮，伤也。阴伤阳，柔消刚，故女壮也。《周易集解》。阴息剥阳，以柔变刚，故勿用取女，不可与长也。《周易集解》。后，继体之君。姤阴在下，故称后。与泰称后同义也。乾为施，巽为命、为诰。复震二月东方，姤五月南方，巽八月西方，复十一月北方，皆总在初，故以诰四方也。孔子行夏之时，经用周家之月，夫子传《彖》《象》以下，皆用夏家月，是故复为十一月，姤为五月矣。《周易集解》。

王肃注：女不可取，以其不正，不可与长久也。《周易集解》。诘，止也。《经典释文》。

翟玄注：刚谓九五，遇中处正，教化大行于天下也。《周易集解》。天下有风，风无不周布，故君以施令，告化四方之民矣。《周易集解》。

九家注：谓阳起子，运行至四月，六爻成乾。巽位在巳，故言乾成于巽。既成，转舍于离。万物皆盛大，坤从离出，与乾相遇，故言天地遇也。《周易集解》。

按，姤通遘，《广雅·释言》："姤，遇也。"《经典释文》："薛云：'古文作遘。'郑同。《序卦》及《彖辞》皆云：'遇也。'"姤亦通后。《后汉书·鲁恭传》："案《易》五月姤用事。"李贤注："本多作后，古字通。"姤卦上卦为乾，乾为天，下卦为巽，巽为风，风在天之下，可以补救风在天上之失，故相遇。其义荀爽、郑玄、陆绩、翟玄、九家皆相通。

又，取通娶。《诗·豳风·伐柯》："取妻如何？匪匪不得。"《经典释文》："取，亦作娶。"《史记·鲁周公世家》："庄公取齐女为夫人曰哀姜。"《春秋左氏传》襄公三十年："为太子般娶于楚。"《史记·十二诸侯年表》"娶"字引作"取"字。其义郑玄、王肃同。释"后"为"继体之君"，《说文·后部》："后，继体君也，《易》曰：'后以施命告四方。'"段玉裁注："盖用孟易。"孔颖达《周易正义》："风行草偃，天之威令，故人君法此，以施教命，诰于四方也。"其义虞翻、翟玄皆与孟喜相通。王肃作诰为诘，其义与诸家异。

初六，系于金柅，贞吉。有攸往，见凶。羸豕孚蹢躅。《象》曰：系于金柅，柔道牵也。

马融注：柅者，在车之下，所以止轮令不动者也。《正义》。《丙子学易记》。

宋衷注:羸,大索,所以系豕者也。巽为股,又为进退,股而进退则蹢躅也。初应于四,为二所据,不得从应,故不安矣。体巽为风,动摇之貌也。《周易集解》。

陆绩注:羸读为累。《经典释文》。

虞翻注:柅谓二也。巽为绳,故系柅。乾为金,巽木入金,柅之象也。初四失正,易位乃吉,故贞吉矣。《周易集解》。以阴消阳,往谓成坤,遯子弑父,否臣弑君。夬时,三动离为见,故有攸往,见凶矣。三,夬之四,在夬动而体坎,坎为豕、为孚,巽绳操之,故称羸也。巽为舞、为进退,操而舞,故羸豕孚蹢躅。以喻姤女望于五阳,如豕蹢躅也。《周易集解》。阴道柔,巽为绳,牵于二也。《周易集解》。

王肃注:柅,织绩之器,妇人所用。《正义》。

蜀才注:尼,止也。《经典释文》。

九家注:丝系于柅,犹女系于男,故以喻初宜系二也。若能专心顺二则吉,故曰"贞吉"。今既为二所据,不可往应四,往则有凶,故曰"有攸往,见凶"也。《周易集解》。《义海撮要》节引。

按,柅,蜀才作尼。"柅"通"尼"。《广雅·释诂三》:"抳,止也。"王念孙《广雅疏证》:"《说文》作檷,王肃作抳,子夏作鑈,蜀才作尼,止也。《正义》引马融注云:'柅者在车下,所以止轮令不动者也。'《尔雅》:'尼,止也。'并声近而义同。"孔颖达《周易正义》:"柅者,制动之者,柅之为物,众说不同。王肃之徒皆为织绩之器,妇人所用。惟马云:'柅者,在车之下,所以止轮令不动者也。'王注云:'柅,制动之主。'盖与马同。"焦循《易章句》:"柅,籆柄收丝者也。乾金在巽绳旋于金上,是柅也。"又《易通释》:"《说文》:'杘,篗柄也。或从木,尼声。'又云:'檷,络丝檷也，读若柅。'檷、柅、尿三字通。又《竹部》：'篗，收丝者也。'收丝者，丝之所旋。姤巽绳在下，小畜巽绳在上，乾为金，以巽绳之在乾下者，旋而在乾上，如丝之旋，其象为篗柄。坤为柄，巽绳与乾金相上下，而实为豫二坤柄所系，姤绳在下，则复柄在上，小畜绳在上，则豫柄在下，故云'系于金柅'，取象之精，未可以空言解也。"张惠言《易义别录》云："取象及义尽与虞同。"其义马融、虞翻、王肃、蜀才、九家相通。

又，释"羸"为"大索"，宋衷、虞翻同。陆绩读为"累"，《释名·释语言》："羸，累也。"累通累，累即大索。《说文·糸部》："累，缀理也。一曰大索也。"焦循《易通释》云："王肃作缧，郑、虞作累，蜀才作累，累、缧、累三字同。缧为索名，故宋衷、马融以为大索，虞仲翔以为钩罗，钩罗即拘系也。读羸为缧，于羊、豕、瓶皆可达矣。"知陆绩作"累"，其义亦与宋衷、虞翻相通。

九二，包有鱼，无咎。不利宾。《象》曰：包有鱼，义不及宾也。

荀爽注：胞有鱼。《经典释文》。

虞翻注：巽为白茅，在中称包，《诗》云"白茅包之"。鱼谓初阴，巽为鱼，二虽失位，阴阳相承，故包有鱼，无咎。宾谓四，乾尊称宾，二据四应，故不利宾。或以包为庖厨也。《周易集解》。《义海撮要》节引。

按，胞同包。《说文·包部》："胞，儿生裹也。从肉，从包。"徐灏注笺："胞即包字，从包加肉旁。"孙堂《汉魏二十一家易注》考证云："堂案：《礼·祭统》：'夫祭有畀辉、胞、翟、阍者。'又云：'胞者，肉吏之贱者也。'彼《释文》云：'胞，步交反。'《天官》：'庖人。'《汉书》作'胞人'，颜师古云：'胞与庖同。'"孔颖达《周易正义》："初六以阴而处下，故称鱼也。以不正之阴，处遇之始，不能逆于所近，故舍九四之正应，乐充九二之庖厨，故曰‘九二，庖有鱼’。”其义荀爽、虞翻同。

九五，以杞包瓜，含章，有陨自天。《象》曰：九五含章，中正也。有陨自天，志不舍命也。

子夏注：杞梓连抱瓜，阴实而曼生，象阴之来，绵绵未已。《辑闻》。

马融注：杞，大木也。《经典释文》。《正义》。

郑玄注：杞，柳也。《经典释文》。

虞翻注：杞，杞柳，木名也。巽为杞、为苞，乾圆称瓜，故以杞苞瓜矣。含章谓五也。五欲使初四易位，以阴含阳己得乘之，故曰“含章”。初之四体兑口，故称含也。《周易集解》。陨，落也。乾为天，谓四陨之初，初上承五，故有陨自天矣。《周易集解》。巽为命也。欲初之四承己，故不舍命矣。《周易集解》。

张璠注：杞，苟杞。《经典释文》。

干宝注：初二体巽为草木，二人为田，田中之果，柔而蔓者，瓜之象也。《周易集解》。

按，释“杞”为木名，《说文·木部》：“杞，枸杞也。”严粲《诗缉》云：“《诗》有三杞。《将仲子》‘无折我树杞’，柳属也。《有台》‘南山有杞’，《湛露》‘在彼杞棘’，山木也。此诗集于苞杞。《雅·杕杜》、《北山》‘言采其杞’，《四月》‘隰有杞桋’，枸杞是也。”《广韵·止韵》：“杞，木名，苟杞。春名天精子，夏名苟杞，秋名却老枝，冬名地骨根。”孔颖达《周易正义》：“杞之为物，生于肥地者也，先儒说杞，亦有不同。马云：‘杞，大木也。’《左传》云：‘杞梓皮革自楚往，则为杞梓之杞。’子夏《传》曰：‘作杞匏瓜。’薛虞《记》云：‘杞，杞柳也。杞性柔刃，宜屈桡，似匏瓜。’又为杞柳之杞。案：王氏云‘生于肥地’，盖以杞为今之枸杞也。”

子夏、张璠同为枸杞，郑玄、虞翻同为杞柳，马融则为大木，其义相通。焦循《易通释》："杞为杞柳，性柔韧，可屈挠以包物，见薛虞《记》。固矣，而虞氏第以巽为杞，巽为木，木之类多矣，何独取于杞？盖杞即起，《说文》：'起从辰巳之巳，杞从戊己之己，其声不同而相近。'《白虎通·五行篇》云：'土为中宫，其日戊己。'戊者茂也，己者抑屈起。郑康成本以注《月令》云：'己之言起也。其含秀者，仰屈而起。'杞从己，则亦取义于起。但有起而无所包则凶，有所包则吉，故云'以杞包瓜'。杞柳可屈挠以包物，犹萑苇可包物也。"其义子夏、虞翻、干宝同。

萃䷬

萃，亨，王假有庙，利见大人，亨，利贞。用大牲，吉，利有攸往。《彖》曰：萃，聚也。顺以说，刚中而应，故聚也。王假有庙，致孝享也。利见大人亨，聚以正也。用大牲吉，利有攸往，顺天命也。观其所聚，而天地万物之情可见矣。《象》曰：泽上于地，萃。君子以除戎器，戒不虞。

荀爽注：谓五以刚居中，君阴顺说而从之，故能聚众也。《周易集解》。泽者卑下，流潦归之，万物生焉，故谓之萃也。《周易集解》。

郑玄注：萃，聚也。坤为顺，兑为说。臣下以顺道承事其君，说德居上待之，上下相应，有事而和通，故曰"萃，亨"也。假，至也。互有艮巽，巽为木，艮为阙，木在阙上，宫室之象也。四本震爻，震为长子。五本坎爻，坎为隐伏，居尊而隐伏，鬼神之象。长子入阙升堂，祭祖祢之礼也，故曰"王假有庙"。二本离爻也，离为目，居正应五，故利见大人矣。大牲，牛也。言大人有嘉会时可干事，必杀牛而盟，既盟则可以往，故曰"利往"。《周易集解》。除，去也。《经典释文》。

陆绩注：王五庙上也。王者聚百物以祭其先，诸侯助祭于庙中。假，大也。言五亲奉上矣。《周易集解》。《义海撮要》节引。除，犹修治也。《经典释文》。《丙子学易编》。凡聚众必慎防闲,假阳为主,成萃之义。伏戎必豫备,众聚去疑心。京氏《易传》注。

虞翻注:观上之四也。观乾为王。假,至也。艮为庙,体观享祀,上之四,故假有庙,致孝享矣。《周易集解》。大人谓五。三四失位,利之正,变成离,离为见,故利见大人,亨利贞,聚以正也。《周易集解》。坤为牛,故曰"大牲"。四之三,折坤得正,故用大牲吉。三往之四,故利有攸往,顺天命也。《周易集解》。享,享祀也。五至初有观象,谓享坤牛,故致孝享矣。《周易集解》。坤为聚,坤三之四,故聚以正也。《周易集解》。坤为顺,巽为命,三往之四,故顺天命也。《周易集解》。三四易位成离坎,坎月离日,日以见天,月以见地,故天地之情可见矣。与大壮、咸、恒同义也。《周易集解》。君子谓五。除,修;戎,兵也。《诗》曰"修尔车马,弓矢戎兵",阳在三四为修,坤为器,三四之正,离为戎兵、甲胄、飞矢,坎为弓弧,巽为绳,艮为石,谓敹甲胄,锻厉矛矢,故除戎器也。坎为寇,坤为乱,故戒不虞也。《周易集解》。

王肃注:除,犹修治。《经典释文》。《丙子学易记》。

姚信注:除,犹修治。《经典释文》。《丙子学易编》。

蜀才注:除去戎器,修行文德也。《经典释文》。

九家注:五以正聚阳,故曰"利贞"。《周易集解》。

按,释"萃"为"聚",《说文·艸部》:"萃,艸皃。"朱骏声《说文通训定声》:"萃,按:草聚皃。"聚为众,其义荀爽、郑玄、陆绩、虞翻、九家皆同。释"除"为"修治",《经典释文》:"王肃、姚、陆云:'除,犹修治。'"孔颖达《周易正义》:"除者,治也。人既聚会,不可无防备。故君子于此之时,修治戎器以戒备不虞也。"朱熹《周易本义》:"除者,修而聚之之谓。"其义陆绩、虞翻、王肃、姚信、蜀才、九家同。郑玄释"除"为"去",《广雅·释诂二》:

“除，去也。”焦循《易章句》：“除谓除去也。”其义与诸家稍异。释“大牲”为“牛”，其义郑玄、虞翻同。释“假”为“至”，其义郑玄、虞翻同。

初六，有孚不终，乃乱乃萃。若号，一握为笑，勿恤，往无咎。《象》曰：乃乱乃萃，其志乱也。

郑玄注：握，当读为“夫三为屋”之“屋”。《经典释文》。

虞翻注：孚谓五也，初四易位，五坎中，故有孚。失正当变，坤为终，故不终。萃，聚也。坤为乱、为聚，故乃乱乃萃。失位不变，则相聚为乱，故象曰“其志乱也”。《周易集解》。巽为号，艮为手，初称一，故一握。初动成震，震为笑，勿恤。初之四得正，故往无咎矣。《周易集解》。号，号令。《晁氏》。坎为志，初之四，其志乱也。《周易集解》。

蜀才注：握，当读为“夫三为屋”之“屋”。《经典释文》。

按，“握”通“屋”，《经典释文》：“傅氏作屋。郑云：‘握当读为夫三为屋之屋。’蜀才同。”焦循《易章句》：“握与渥同，渥，足也。”其义郑玄、蜀才同。“一握”之义，前人解释为“众人所笑”。孔颖达《周易正义》：“一握者，小之貌也，自比一握之间，言至小也。为笑者，非严毅之容，言懦劣也。”刘大钧先生认为“一握”系指殷周演卦术语，因直至西汉尚有“一握”之数。其实，“一握”是古代一种演算器物。杨慎《丹铅录》卷十五：“古算法与今不同，算器亦不同。算法之异，见孙子《算经》犹可考见，算器不可见矣。《汉书·律历志》云：‘算法用竹，径一分，长六寸，二百七十一枚而成六觚，为一握。’所以为算法之用也。沈存中谓算法用赤筹、黑筹以别正副之数，详此亦见其概矣。”此可备一说。

六二，引吉，无咎，孚乃利用禴。《象》曰：引吉无咎，中未变也。

马融注：禴，殷春祭名。《经典释文》。

郑玄注：禴，夏祭名。《经典释文》。

虞翻注：应巽为绳，艮为手，故引吉。得正应五，故无咎。利引四之初使避己，己得之五也。《周易集解》。孚谓五，禴，夏祭也。体观象，故利用禴。四之三，故用大牲。离为夏，故禴夏，故禴祭，《诗》曰“禴祭蒸尝”，是其义。《周易集解》。二得正，故不变也。《周易集解》。

王肃注：六二，与九五相应，俱履贞正。引，由，迎也。为吉所迎，何咎之有？《旧唐书》一百《王志愔列传》。禴，殷春祭名。《经典释文》。

按，释“禴”为“殷春祭名”，马融、王肃同。释“禴”为“夏祭名”，则郑玄、虞翻同。张惠言《易义别录》云：“马以易用殷礼，郑以用周礼，著于此也。此马、郑之大异义。”然考《周礼·大宗伯》：“以禴夏享先王。”《白虎通·宗庙》：“夏曰禴者，麦熟进之。”焦循《易章句》：“禴与礿同，犹约也。”《说文·示部》：“礿，夏祭也。”《春秋公羊传》桓公八年：“夏曰礿。”《礼记·王制》：“天子诸侯宗庙之祭，春曰礿，夏曰禘，秋曰尝，冬曰烝，”郑玄注：“此盖夏殷之祭名。周则改之，春曰祠，夏曰禘。”由此知殷、夏祭名都可以称“禴”，都指祭祀，故其义亦可相通。

上六，赍咨涕洟，无咎。《象》曰：赍资涕洟，未安上也。

荀爽注：此本否卦。上九阳爻，见灭迁移，以喻夏桀殷纣。以上六阴爻代之，若夏之后封东娄公子杞，殷之后封微子于宋。去其骨肉，臣服异姓，受人封土，未安居位，故曰“赍资涕洟，未安上也”。《周易集解》。

马融注：赍咨，悲声、怨声。《经典释文》。《丙子学易记》。

郑玄注：赍咨，嗟叹之辞也。自目曰涕，自鼻曰洟。《经典释文》。

虞翻注：赍，持；资，赙也，货财丧称赙。自目曰涕，自鼻称洟。坤为财，巽为进，故赍资也。三之四体离坎，艮为鼻，涕泪流鼻目，故涕洟。得位应三，故无咎。上体大过死象，故有赍资涕洟之哀。《周易集解》晁氏引首句。乘刚远应，故未安上也。《周易集解》。

按，释"赍咨"为悲声、怨声，郑玄释为"嗟叹"之辞，焦循《易章句》："赍，犹齐也。咨，即嗟也。"其义马融、郑玄同。咨通资，虞翻以释所持货财，其义则异。自目曰涕，自鼻曰洟，上六与六三应，三在坤、艮，而上六无应。艮为鼻、为目上。兑为雨，兑伏艮，有涕洟之象。其义郑玄、虞翻亦同。荀爽所释"未安"，未安即未宁，上六虽然当位，但居极端，是有不得安宁之象，故称"未安上"。荀爽以夏商史事喻之，其义与虞翻相通。

升䷭

升，元亨，用见大人，勿恤。南征，吉。《彖》曰：柔以时升。巽而顺，刚中而应，是以大亨。用见大人勿恤，有庆也。南征吉，志行也。《象》曰：地中生木，升。君子以顺德，积小以高大。

荀爽注：谓二以刚居中而来应五，故能大亨，上居尊位也。《周易集解》。大人，天子，谓升居。五见为大人。群阴有主，无所复忧而有庆也。《周易集解》。地谓坤，木谓巽。地中生木，以微至著，升之象也。《周易集解》。

郑玄注：升，上也。坤地巽木，木生地中，日长而上，犹圣人在诸侯之中，明德日益高大也，故谓之升。升，进益之象也。《周易集解》。

陆绩注：地中生木，升。君子以顺德。积小以高大。合抱之林，始于毫末。京氏《易传》注。

虞翻注：临初之三，又有临象，刚中而应，故元亨也。《周易集解》。谓二当之五为大人，离为见，坎为恤，二之五得正，故用见大人勿恤，有庆也。《周易集解》。离，南方卦。二之五成离，故南征吉，志行也。《周易集解》。柔谓五，坤也。升谓二。坤邑无君，二当升五虚。震兑为春秋，二升坎离为冬夏，四时象正，故柔以时升也。《周易集解》。二之五，坎为志，震为行。《周易集解》。君子谓三。小谓阳息复时,复小为德之本。至二成临,临者,大也。临初之三,巽为高。二之五,艮为慎,坤为积,故慎德积小成高大。《周易集解》。

按,大人即天子,二升居五,为坎卦,阴爻有主,三、四、五爻互离,离为见,阳为庆。张惠言《周易虞氏义》:“卦以升二为义,使二升者五,故曰五为二介,巽以顺坤,刚中谓二,四阴应之,阳为庆,坤有阳,故庆。”其义荀爽、虞翻同。上卦为坤,坤为地,下卦巽,巽为木,木在地中,有破土而出之象,从小渐大,喻德积少成多之势。孔颖达《周易正义》:“升者,登上之义,升而得大通。”其义郑玄、陆绩、虞翻同。

初六,允升,大吉。《象》曰:允升大吉,上合志也。

荀爽注:谓一体相随,允然俱升。初欲与巽一体,升居坤上,位尊得正,故大吉也。《周易集解》。《汉上易传》节引。

九家注:谓初失正,乃与二阳允然合志,俱升五位,故曰“上合志也”。《周易集解》。

按,初六应于六四,六四阴爻,阴与阴,其品性一致,阴与阴同类合志。孔颖达《周易正义》:“允,当也。巽卦三爻,皆应升上,而二、三有应于五、六,升之不疑。惟初无应于上,恐不得升。当二、三升时,与之俱升,必大得矣,故曰‘允升,大吉也’。”其义荀爽、九家同。

九二,孚乃利用禴,无咎。《象》曰:九二之孚,有喜也。

虞翻注:禴,夏祭也。孚谓二,之五成坎为孚,离为夏,故乃利用禴,无咎矣。《周易集解》。升五得位,故有喜。《周易集解》。

干宝注:刚中而应,故“孚”也。又言乃利用禴,于春时也,非时而祭曰“禴”。然则文王俭以恤民,四时之祭,皆以禴礼,神享德与信，不求奢也，故既济九五曰东邻杀牛，不如西邻之禴祭，实受其福。九五坎，坎为豕。然则禴祭以豕而已，不奢盈于礼，故曰“有喜”矣。《周易集解》。

按，九二与六五有应，九二阳爻。阳即可升上，升上而又有应，故有喜。其义虞翻、干宝同。虞翻以“禴”为夏祭，干宝以“禴”为春祭，其义相通。可参见萃卦六二爻辞说解。

九三，升虚邑。《象》曰：升虚邑，无所疑也。

马融注：升，高也。虚，丘也。《经典释文》。

荀爽注：坤称邑也。五虚无君，利二上居之，故曰“升虚邑，无所疑也”。《周易集解》。《义海撮要》节引。

虞翻注：坎为疑，上得中，故无所疑也。《周易集解》。

按，九三上应于上六，升至上是阴柔，则为空虚之邑。坤变为艮，坤为疑，艮为止，故无所疑。其义马融、荀爽、虞翻同。

六四，王用亨于岐山，吉，无咎。《象》曰：王用亨于岐山，顺事也。

马融注：亨，祭也。《经典释文》。

郑玄注：亨，献也。《经典释文》。

按，亨同享。“亨”即古代祭祀，祭祀需进献祭品，《说文·亯部》：“亯，献也。享，篆文亯。”《字汇·亠部》：“享，祭也。”其义马融、郑玄同。

困䷮

困，亨，贞，大人吉，无咎。有言不信。《彖》曰：困，刚掩也。险以说。困而不失其所，亨。其唯君子乎？贞，大人吉，以刚中也。有言不信，尚口乃穷也。《象》曰：泽无水，困。君子以致命遂志。

荀爽注：谓二五为阴所弇也。《周易集解》。《义海撮要》。此本否卦，阳降为险，阴升为说也。《周易集解》。《义海撮要》。谓二虽弇阴陷险，犹不失中，与正阴合，故通也。喻君子虽陷险中，不失中和之行也。《周易集解》。《义海撮要》。谓五虽弇于阴，近无所据，远无所应。体刚得中，正居五位，则吉无咎也。《周易集解》。《义海撮要》。阴从二升上六，成兑为有言，失中为不信，动而乘阳，故曰“尚口乃穷也”。《周易集解》。《义海撮要》。

郑玄注：坎为月，互体离，离为日，兑为暗昧，日所入也。今上弇日月之明，犹君子处乱代，为小人所不容，故谓之困也。君子虽困，居俭能说，是以通而无咎也。《周易集解》。

陆绩注：困卦上下不应，阴阳不交，六三阴，上六亦阴无配，入九五求阳，阳亦无纳也。

虞翻注：否二之上，乾坤交，故通也。《周易集解》。贞大人吉，谓五也。在困无应，宜静则无咎，故贞大人吉无咎。《周易集解》。《义海撮要》节引。震为言，折入兑，故有言不信。尚口乃穷。《周易集解》。兑为口，上变口灭，故尚口乃穷。《周易集解》。君子谓三，伏阳也。否坤为致，巽为命，坎为志，三入阴中，故致命遂志也。《周易集解》。

按，大人为六三。六三为互离、互巽的主爻，在公位，巽为命、为风，离为明、为日，明命风行，故大人吉无咎。焦循《易章句》："揜，犹伏也。刚揜伏于二。"其义荀爽、郑玄、虞翻相通。

初六，臀困于株木，入于幽谷，三岁不觌。《象》曰：入于幽谷，幽不明也。

荀爽注：为阴所弇，故不明。《周易集解》。

干宝注：兑为孔穴，坎为隐伏。隐伏在下而漏孔穴，臀之象也。《周易集解》。

九家注：臀谓四，株木，三也。三体为木，泽中无水，兑金伤木，故枯为株也。初者四应，欲进之四，四困于三，故曰"臀困于株木"也。《周易集解》。幽谷，二也。此本否卦，谓阴来入坎，与初同体，故曰"入幽谷"。三者，阳数。谓阳陷险中，为阴所弇，终不得见，故曰"三岁不觌"也。《周易集解》。

按，困卦上卦为兑，下卦为坎，即由否卦的上九爻与六二爻的换位而成，即九家所说的此本否卦。初应在四，四在巽，巽为入，坎为幽谷，初六在巽坎之下，是入于幽谷之象。孔颖达《周易正义》："言幽者，正是不明之辞，所以入不明，以自藏而避困也。释株者，初不谓之株也。"焦循《易章句》："谷，穷也。"二、三、四爻互离，离为目，坎为失，故不明。其义荀爽、干宝、九家同。

九二，困于酒食，朱绂方来，利用享祀，征凶，无咎。《象》曰：困于酒食，中有庆也。

荀爽注：二升在庙，五亲奉之，故"利用享祀"。阴动而上，失中乘阳，阳下而陷，为阴所弇，故曰"征凶"。阳来降二，虽位不正，得中有实，阴虽去中，上得居正，而皆免咎，故曰“无咎”也。《周易集解》。

郑玄注：二据初，辰在未，未为土，此二为大夫，有地之象。未上值天厨，酒食象。困于酒食者，采地薄不足己用也。二与日为体离，为镇霍。爻四为诸侯，有明德受命当王者。离为火，火色赤。四爻辰在午时，离气赤为朱是也。文王将王，天子制用朱韨。《周礼·士冠礼》疏。朱深曰赤。《诗·斯干》正义。

翟玄注：阳从上来，居中得位，富有二阴，故“中有庆也”。《周易集解》。

按，困卦下坎上兑，上九爻与六二爻的换位成为否卦。上面九家所谓“阴来入坎”，即荀爽的“阳来降二”，翟玄所说的“阳从上来”亦相通，亦指上九爻与六二爻的换位，故其义荀爽、翟玄同。郑玄则以爻辰二爻为大夫，二据初则有地释之，其义异。

六三，困于石，据于蒺藜，入于其宫，不见其妻，凶。《象》曰：据于蒺藜，乘刚也。入于其宫，不见其妻，不祥也。

虞翻注：二变正时，三在艮山下，故困于石。蒺藜，木名。坎为蒺藜，三变艮手据坎，故据蒺藜者也。《周易集解》。巽为人，二动艮为宫，兑为妻，谓上无应也。三在阴下，离象毁坏，阴在坤中，死其将至，故不见其妻凶也。《周易集解》。

九家注：此本否卦，二四同功。为艮，艮为门阙，宫之象也。六三居困而位不正，上困于民，内无仁恩，亲戚叛逆，诛将加身，入宫无妻，非常之困，故曰“不详也”。《周易集解》。

按，巽为入，伏艮为宫门，兑为妻。六三与上六两阴无应，故不见其妻。其义虞翻、九家同。又，焦循《易通释》：“《韩诗外传》引此爻辞说之云：此言困而不见据贤人者也。昔者，秦穆公困于殽，疾据五羖大夫、蹇叔、公孙支而小霸。晋文公困于骊氏，疾据咎犯、赵衰、介子推而遂为君。越王勾践困于会稽，疾据范蠡、大夫种而霸南国。齐桓公困于长勺，疾据管仲、宁戚、隰朋而匡天下。此皆困而知疾据贤人者也。夫困而不知疾据贤人，而不亡者，未尝有也。《韩氏易》以'疾'字解蒺藜之蒺，同声假借为《易》中比例之要，韩氏尚能传之，惜当日仅传其《诗》不传其《易》，而断珪碎璧闲见于《诗外传》者，殊可宝贵也。"此可备一说。

九四，来徐徐，困于金车，吝有终。《象》曰：来徐徐，志在下也，虽不当位，有与也。

子夏注：荼荼，音图，内不定之意。《经典释文》。

马融注：徐徐，安行貌。《经典释文》。

虞翻注：来，欲之初。荼荼，舒迟也。见险，故来荼荼。否乾为金，坤为轝。之应历险，故困于金轝。易位得正，故吝有终矣。《周易集解》。

翟玄注：荼荼，内不定之意。《经典释文》。

按，九四待初六来应，而初六为九二所阻隔。四为诸侯之位，有金车被困不进之象，故"荼荼"为"内不定之意"，其义子夏、翟玄同。马融作"徐徐"，"徐"通"舒"。《淮南子·天文训》："执徐之岁。"高诱注："徐，舒也。"《礼记·玉藻》"诸侯荼，前诎后直。"郑玄注："荼，读为舒迟之舒。"故"徐"与"荼"亦通。《说文·彳部》："徐，安行也。"《广雅·释诂四》："徐，迟也。"孔颖达《周易正义》："徐徐者，疑惧之辞。九四有应于初而碍于九二，故曰'困于金车'。欲弃之，惜其配偶疑惧，而行不敢疾速，故来徐徐也。"焦循《易章句》："徐徐，怠缓也。"其义马融、虞翻同。

九五，劓刖，困于赤绂，乃徐有说。利用祭祀。《象》曰：劓刖，志未得也。乃有徐说，以中直也。利用祭祀，受福也。

荀爽注：鼿𫛞，不安貌。谓五爻合同，据国当位而主祭礼，故受福也。《周易集解》。

郑玄注：劓刖当为倪仉。《经典释文》。

陆绩注：鼿𫛞，不安貌。无据无应，故志未得也。二言失绂，此言赤绂，二言享祀，此言祭祀，传互言耳，无他义也。谓二困五，三困四，五初困上，斯乃迭困之义也。《周易集解》。

虞翻注：割鼻曰劓，断足曰刖，四动时，震为足，艮为鼻，离为兵，兑为刑，故劓刖也。赤绂谓二，否乾为朱，故赤。坤为绂，二未变应五，故困于赤绂也。《周易集解》。兑为说，坤为徐，二动应己，故乃徐说也。《周易集解》。

王肃注：鼿𫛞，不安貌。《经典释文》。《丙子学易记》。

按，"鼿𫛞"即为"劓刖"。吴玉搢《别雅》卷五"倪仉，鼿𫛞也"条云："《易》困卦'困于鼿𫛞'，古文《易》作'倪仉'。按《释文》鼿引《说文》作'剌'，𫛞引《说文》作'䠷'，薛作'杌'。又上文九五'劓刖'，《释文》云：'王肃本劓刖作鼿𫛞，郑云劓刖当为倪仉。'是今本虽分四字实则二字也。又鼿𫛞二字，音义同而通用者甚众。"《易·乾凿度》："劓刖，不安貌。"《说文·出部》："槷䠷，不安也。"其义荀爽、陆绩、王肃同。郑玄、虞翻释为劓刑，其义则异。孙堂《汉魏二十一家易注》云："案：元辑经文九五'鼿𫛞'作'劓刖'，下注'劓刖'当为'倪刖'，盖误解《释文》也。案《释文》云：'劓刖。'荀、王肃本作'鼿𫛞'，云不安貌。陆同。'谓陆与荀、王同也。李氏《丙子学易编》、毛太史《仲氏易》引义皆然。《释文》又云：'郑云：劓刖当为倪仉。''倪仉'二字是郑义，非陆义也。姚氏误以为‘陆同’二字连下，故有此失。”赤绂，即官服。《后汉书·东平宪王苍传》：“愚顽之质，加以固病，诚羞负乘，辱污辅将之位，将被诗人‘三百赤绂’之刺。”李贤注：“赤绂，大夫之服也。”困于赤绂，亦即为官所困。孔颖达《周易正义》：“九五以阳居阳，用其刚壮，物不归已。见物不归，而用威刑，行其劓刖之事。既行其威刑，则异方愈乖，遐迩愈叛。兑为西方之卦，赤绂南方之物，故曰劓刖，困于赤绂也。”其义陆绩、虞翻同。

井䷯

井，改邑不改井，无丧无得，往来井井。汔至，亦未繘井，羸其瓶，凶。《彖》曰：巽乎水而上水，井。井养而不穷也。改邑不改井，乃以刚中也。汔至，亦未繘井，未有功也。羸其瓶，是以凶也。《象》曰：木上有水，井。君子以劳民劝相。

荀爽注：巽乎水，谓阴下为巽也。而上水，谓阳上为坎也。木入水出，井之象也。《周易集解》。刚得中，故为改邑。柔不得中，故为不改井也。《周易集解》。阴来居初，有实为无丧，失中为无得也。《周易集解》。此本泰卦，阳在居五，得坎为井，阴来在下亦为井，故曰“往来井井”也。《周易集解》。《汉上易传》引第四句。汔至者，阴来居初，下至汔竟也。繘者，所以出水通井道也。今乃在初，未得应五，故未繘也。繘者，绠汲之具也。《周易集解》。井谓二，瓶谓初。初欲应五，今为二所拘羸，故凶也。《周易集解》。

郑玄注：坎，水也。巽木，桔槔也。互体离兑。离外坚中虚也。兑为暗泽，泉口也。言桔槔引瓶下入泉口汲水而出，井之象也。井以汲人，水无空竭，犹君子以政教养天下，惠泽无穷也。《周易集解》。井，法也。《经典释文》。繘，绠也。《经典释文》。羸，读曰虆。《经典释文》。

陆绩注：井道以澄清见用为功也。井象德不可渝变也。京氏

《易传》注。井以德立君正民，信德以其道也。京氏《易传》注。

虞翻注：泰初之五也。坤为邑，乾初之五折坤，故改邑。初为旧井，四应甃之，故不改井。《周易集解》。无丧，泰初之五，坤象毁坏，故无丧。五来之初，失位无应，故无得。坎为通，故往来井井。往谓之五，来谓之初也。《周易集解》。巽绳为繘。汔，几也，谓二也。几至初改，未繘井，未有功也。《周易集解》。羸，钩罗也。艮为手，巽为繘，离为瓶，手繘折其中，故羸其瓶。体兑毁缺，瓶缺漏，故凶矣。《周易集解》。兑口饮水，坎为通，往来井井，故养不穷也。《周易集解》。谓二未变应五，故未有功也。《周易集解》。君子谓泰乾也。坤为民，初上成坎为劝，故劳民劝相。相，助也，谓以阳助坤矣。《周易集解》。

干宝注：水，殷德也。木，周德也。夫井，地之德也，所以养民性命，而清洁之主者也。自震化行，至于五世，改殷纣比屋之乱俗，而不易成汤昭假之法度也，故曰“改邑不改井”。二代之制，各因时宜，损益虽异，括囊则同，故曰“无丧无得，往来井井”也。当殷之末，井道之穷，故曰“汔至”。周德虽兴，未及革正，故曰“亦未繘井”。井泥为秽，百姓无聊，比屋之闲，交受涂炭，故曰“羸其瓶，凶”矣。《周易集解》。

按，《说文·糸部》：“繘，绠也。”段玉裁注：“绠者，汲水索也。”繘亦读作绠。扬雄《方言》：“繘，自关而东，周、洛、韩、魏之间谓之绠，或谓之络，关西谓之繘。”《急就篇》：“繘，汲索也。一名绠。”焦循《易章句》：“繘，汲绠也。巽为绳。”郑玄读羸为虆，虆同累，俞樾《群经平议》云：“《周易》羸字，皆以作累者为正。”“羸”“缧”“累”“絫”“虆”皆音同可以互借，《说文·糸部》：“累，大索也。”其义荀爽、郑玄、虞翻同。井卦上卦为坎，下卦为巽，巽为损、为落，坎为灾，二、三、四爻互兑，兑为毁折，三、四、五爻互离，离为瓶又羸，所以为凶。程颐《易传》："羸，毁败也。"其义荀爽、虞翻、干宝同。汔，《说文·水部》："汔，水涸也。"《广雅》索、涸、澌、汔并训尽。水涸，即水即尽。其义虞翻、干宝相通。

九二，井谷射鲋，瓮敝漏。《象》曰：井谷射鲋，无与也。

子夏注：鲋谓虾蟇。《经典释文》。鲋是虾蟇也。《口诀义》。井中虾蟆，呼为鲋鱼也。《正义》。

郑玄注：九二，坎爻也。坎为水，上直巽。九三，艮爻也。艮为山，山下有井，必因谷水所生鱼无大鱼，但多鲋鱼耳，言微小也。夫感动天地，此鱼之至大，射鲋井谷，此鱼之至小，故以相况。《文选·吴都赋》注。瓮，停水器也。《经典释文》。射，厌也。《经典释文》。

虞翻注：巽为谷、为鲋，鲋，小鲜也。离为瓮，瓮瓶毁缺，羸其瓶凶，故瓮敝漏也。《周易集解》。

王肃注：射，厌也。《经典释文》。鲋，小鱼也。《太平御览》卷九百三十七《鳞介部》。

按，释"射"为"厌"，《尔雅·释诂》："射，厌也。"《诗·周颂·清庙》："不显不承，无射于人斯。"《经典释文》："射，音亦，厌也。"其义郑玄、王肃同。巽为鲋，或巽为鱼，《易》无明文。孙堂《汉魏二十一家易注》考证云："《吕氏春秋·孟夏纪》：'蝼蝈鸣。'高诱注云：'蝼蝈，虾蟇也。'《淮南·时则训》注又云：'蝼，蝼蛄也。蝈，虾蟇也。'《周礼》'蝈氏'，郑司农云：'蝈，读为蜮。蜮，虾蟇也。《月令》'蝼蝈鸣'，故曰'掌去鼃黾'。鼃黾，虾蟇属。书或为'掌去虾蟇'。《说文》：'鼃，虾蟆也。'蜮，短狐也。蜮，又从国。徐铉曰：'蝈，今俗作古获切，以为虾蟆之别名。'

《月令》,《经典释文》引蔡氏云:‘蝈,蛙也。’蛙,即虾蟆也。《尔雅》‘鳖蟇’,郭璞云‘蛙类’,郑樵云‘即虾蟇’。《玉篇》:‘鳖,虾蟇也。’又云:‘蝼蝈,虾蟇。’诸书皆以蛙蝈、虾蟆为一物。然案《急就篇》:‘水虫,科斗、鼃、虾蟆。’颜师古注云:‘鼃,一名蝼蝈,色青,小形而长。虾蟆,一名鳖,大腹而短脚。’《本草》:‘蛙似虾蟆,而背青绿色,尖嘴细腹。’《庄子·秋水篇》:‘子独不闻夫埳井之鼃乎?’司马彪云:‘鼃,水虫,形似虾蟆。’《汉书·五行志》:‘武帝元鼎五年秋,蛙与虾蟆群斗。’是蛙与蝈为一物,虾蟇又一物也。《子夏传》以鲋鱼为虾蟇者,王应麟《急就篇补注》云:‘鲋,小鱼也。似鲤,色黑而耐寒。《易》井谷射鲋,音付。《子夏传》谓虾蟇。’又引《广雅》‘鲋,鰿也’,以为即今之鲫鱼。案《文选注》引郑康成《易注》云:‘鲋鱼,言微小也。’又云:‘此鱼之至小。’鲍彪《国策注》亦云:‘鲋,鱼之小者。’是鲋又小鱼之通称。虾蟇,鱼属,故呼虾蟇为小鱼,未闻以鲫鱼为虾蟇也。”由此知子夏释鲋为虾蟇,其义与郑玄、虞翻、王肃皆同。释瓮为瓶,焦循《易章句》:“瓮,瓶也,”其义郑玄、虞翻同。

九三,井渫不食,为我心恻,可用汲,王明,并受其福。《象》曰:井渫不食,行恻也。求王明,受福也。

京房注:言我道可汲而用也。《史记索隐》卷二十。上有明王,汲我道而用之,天下并受其福,故曰“王明并受其福”也。《史记索隐》卷二十。

荀爽注:渫云秽浊,清絜之意也,三者得正,故曰“井渫”。不得据阴,喻不得用,故曰“不食”。道既不行,故我心恻。《周易集解》。谓五可用汲,则王道明而天下并受其福。《周易集解》。

郑玄注:谓已浚渫也。犹臣修正其身以事君也。《文选·登楼赋》注。

张璠注：可为恻，然伤道未行也。然不食以被任用也。《文选·登楼赋》注。《史记·屈原传》集解。

向秀注：渫者，浚治去泥浊也。《史记·屈原传》。《周易集解》。

干宝注：此托殷之公侯，时有贤者，独守成汤之法度，而不见任，谓微、箕之伦也，故曰"井渫不食，为我心恻"。恻，伤悼也。民乃外附，故曰"可用汲"。周德来被，故曰"王明"。王得其民，民得其王，故曰"求王明，受福也"。《周易集解》。

按，释"渫"为"秽浊"，《说文·水部》："渫，除去也。"孔颖达《周易正义》："渫，治去秽污之名也。井被渫治，则清洁可食。九三处下卦之上，异初六井泥之时，得位而有应于上，非射鲋之象。但井以上出为用，犹在下体，未有成功。功既未成，井虽渫治，未食也。故曰'井渫不食'也。"焦循《易章句》："渫同泄，即漏也。"《太平广记》卷四百二十三引《剧谈录》："因井渫，得鲤鱼一头长五尺。"其义荀爽、向秀同。三、四、五爻互离，离为明，是王明之象，郑玄引申为大臣正身以待君主，其意与京房、荀爽亦相通。

六四，井甃，无咎。《象》曰：井甃，无咎，修井也。

子夏注：甃，修治也。《经典释文》。

马融注：甃，为瓦裹下达上也。《经典释文》。

荀爽注：坎性下降，嫌于从三。能自修正，以甃辅五，故无咎也。《周易集解》。《义海撮要》。

虞翻注：修，治也。以瓦甓垒井称甃。坤为土，初之五成离，离火烧土为瓦治象，故曰"井甃无咎，修井也"。《周易集解》。

干宝注：以砖垒井曰甃。《经典释文》。

按，马融、虞翻释"甃"为"瓦"，干宝释"砖"，《说文·瓦部》："甃，井壁也。"桂馥《说文解字义证·瓦部》云："甃，《五经文字》:‘砖垒井。’《风俗通》:‘甃井,聚砖修井也。’《易》‘井甃’,《经典释文》:‘马云:为瓦裹下达上也。’干云:‘以砖垒井曰甃。’馥案:虞翻云:‘以瓦甓垒井称甃。’”孔颖达《周易正义》:“可修井之坏,未可上给养人也。”以甃修井之义,子夏、马融、荀爽、虞翻、干宝皆同。

上六,井收,勿幕。有孚,元吉。《象》曰:元吉在上,大成也。

马融注:收,汲也。《经典释文》。

陆绩注:收,井干也。《经典释文》。

虞翻注:幕,盖也。收谓以辘轳收繘也。坎为车,应巽绳为繘,故井收勿幕。有孚谓五坎,坎为孚,故元吉也。《周易集解》。《义海撮要》。《汉上易传》俱节引。谓初二已变,成既济定,故大成也。《周易集解》。

干宝注:处井上位,在瓶之水也,故曰“非收”。幕,覆也。井以养生,政以养德,无覆水泉而不惠民,无蕴典礼而不兴教,故曰“井收网幕”。网幕则教信于民,民服教则大化成也。《周易集解》。

按,释“幕”为“盖”或“覆”,《说文·巾部》:“幕,覆食案亦曰幕。”扬雄《方言》卷十二:“幕,覆。”《庄子·则阳》:“解朝服而幕之。”《经典释文》引司马彪云:“幕,覆也。”孔颖达《周易正义》:“幕,覆也。”其义虞翻、干宝同。释“收”为“汲水”,其义马融、虞翻同。陆绩释“收”为“井干”,意思为井水被汲空,无须加盖。《礼记·大传》:“大夫士有大事,省于其君,干祫及其高祖。”郑玄注:“干,犹空也。”其义与马融异。虞翻释“收”为绳索,其义与马融、陆绩亦异。水既被汲出,有大功告成之义。焦循《易章句》:“大成,犹云大终。”其义虞翻、干宝同。

革䷰

革,巳日乃孚,元亨,利贞,悔亡。《彖》曰:革,水火相息。二女同居,其志不相得,曰革。巳日乃孚,革而信之。文明以说,大亨以正,革而当,其悔乃亡。天地革而四时成。汤武革命,顺乎天而应乎人。革之时大矣哉。《象》曰:泽中有火,革。君子以治历明时。

马融注:革,改也。息,灭也。《经典释文》。《黄氏日抄》。

郑玄注:革,改也。水火相息而更用事,犹王者受命改正朔,易服色,故谓之革。《周易集解》。《经典释文》。

宋衷注:人性习常,不说改易,及变之后,乐其所成,故即日不孚,已日乃孚矣。故曰“已日乃孚”也。已,竟也。《口诀义》。

陆绩注:孚,犹信也。京氏《易传》注。

虞翻注:遯上之初,与蒙旁通。悔亡谓四也。四失正,动得位,故悔亡。离为日,孚谓坎。四动体离,五在坎中,故巳日乃孚。以成既济,乾道变化,各正性命,保合太和,乃利贞,故元亨利贞悔亡矣。与乾《彖》同义也。《周易集解》。《六经天文编》节引。息,长也。离为火,兑为水,《系》曰“润之以风雨”,风,巽;雨,兑也。四革之正坎见,故独于此称水也。《周易集解》。二女,离兑,体同人象,蒙艮为居,故二女同居。四变,体两坎象,二女有志,离火志上,兑水志不相得,坎为志也。《周易集解》。文明谓离,说,兑也。大亨谓乾。四动成既济定，故大亨以正。革而当位，故悔乃亡也。《周易集解》。谓五位成乾为天，蒙坤为地。震春兑秋，四之正，坎冬离夏，则四时具坤。革而成乾，故天地革而四时成也。《周易集解》。汤武谓乾，乾为圣人。天谓五，人谓三，四动顺五应三，故顺天应人。巽为命也。《周易集解》。革天地，成四时，诛二叔，除民害，天下定，武功成，故大矣哉也。《周易集解》。君子，遯乾也。历象谓日月星辰也。离为明，坎为月，离为日，蒙艮为星，四动成坎离，日月得正。天地革而四时成，故君子以治历明时也。《周易集解》。

干宝注：天命已至之日也。乃孚，大信着也。武王陈兵孟津之上，诸侯不期而会者八百国，皆曰"纣可伐矣"，武王曰"尔未知天命，未可也"，还归。二年，纣杀比乾，囚箕子，尔乃伐之，所谓已日乃孚，革而信也。《周易集解》。《义海撮要》节引。革天地，成四时，诛二叔，除民害，天下定，武功成，故曰"大矣哉"也。《周易集解》。

按，释"革"为"改"，《说文·革部》："革，兽皮治去其毛，革更之。"《玉篇·革部》："革，改也。"《尚书·尧典》："鸟兽希革。"孔传："革，改也。"息，《集韵·职韵》："息，生也。"《礼记·中庸》："其人亡，则其政息。"郑玄注："息，犹灭也。"焦循《易章句》："息，犹止也。"上卦为兑，兑为泽，下卦为离，离为火，火在泽中，水火二性相违，必相改变，有改革之象，此比喻社会朝代更替。其义马融、郑玄、虞翻、干宝同。释"孚"为"信"，其义陆绩、干宝同。"巳日乃孚"之"巳"，宋衷作"竟"，干宝作"已至之日"，皆释为"已止"。焦循《易通释》："《革·彖》'巳日乃孚'，《释文》无音义，干宝解为'天命已至之日'，宋衷解为'即日不孚，已日乃孚'；六二'巳日乃革之'，荀慈明解为'五已居位'，则皆作已然解。读纪则是戊己之己，作祀则是巳午之巳，同一字而音读各异，巳日、已事、利已之义，遂莫能明。”其义宋衷、干宝同。

又，孙堂《汉魏二十一家易注》云：“此条雅雨堂本作干宝说，毛本、胡本并作虞翻，未知孰是，姑并存之。”

初九，巩用黄牛之革。《象》曰：巩用黄牛，不可以有为也。

马融注：巩，固也。《经典释文》。

虞翻注：得位无应，动而必凶，故不可以有为也。《周易集解》。

干宝注：巩，固也。离为牝牛，离爻本坤，黄牛之象也。在革之初而无应据，未可以动，故曰“巩用黄牛之革”。此喻文王虽有圣德，天下归周，三分有二，而服事殷，是其义也。《周易集解》。

按，释“巩”为“固”，《尔雅·释诂上》：“巩，固也。”《诗·大雅·瞻卬》：“藐藐昊天，无不克巩。”毛传：“巩，固也。”孔颖达《周易正义》：“巩，固也。”焦循《易章句》：“巩，固执之也。”革卦下卦为离，上卦为兑，离为黄牛，初九在离卦之外，有皮革之象，初九虽然当位，但是无应，所以宜固而不宜动，不可有为。其义马融、虞翻、干宝同。

六二，巳日乃革之，征吉，无咎。《象》曰：巳日革之，行有嘉也。

荀爽注：日以喻君也。谓五已居位为君，二乃革，意去三应五，故曰“巳日乃革之”。上行应五，去卑事尊，故曰“征吉无咎”也。《周易集解》。

虞翻注：嘉谓五，乾为嘉。四动承五，故行有嘉矣。《周易集解》。

按，九五已居尊位，已立为君。二五虽是相应，而水火殊体，嫌有相克之过。故曰“无咎”。往应见纳，即行则有吉，有喜，有受嘉赏之象。其义荀爽、虞翻相通。

九三，征凶，贞厉。革言三就，有孚。《象》曰：革言三就，又何之矣。

荀爽注：三应于上，欲往应之，为阴所乘，故曰“征凶”。若正居三而据二阴，则五来危之，故曰“贞厉”也。《周易集解》。《义海撮要》。

翟玄注：言三就上二阳，乾得共有，信据于二阴，故曰：“革言三就，有孚。”于二矣。《周易集解》。

按，革卦三、四、五爻互体乾，九三阳处阳位，又居火极，火性炎上，处革之时，欲征之使革。征之非道，则正之危，又上遇重阳，既已成就，不复再往。其义荀爽、翟玄相通。

九四，悔亡，有孚改命，吉。《象》曰：改命之吉，信志也。

虞翻注：革而富，其悔乃亡。孚谓五也。巽为命，四动，五坎改巽，故改命吉。四乾为君，进退无恒，在离焚弃，体大过死，《传》以比桀纣汤武革命，顺天应人，故改命吉也。《周易集解》。

干宝注：爻入上象，喻纣之郊也。以逆取而四海顺之，动凶器而前歌后舞，故曰“悔亡”也。中流而白鱼入舟，天命信矣，故曰“有孚”。甲子夜阵雨甚至，水德宾服之祥也，故曰“改命之吉，信志也”。《周易集解》。

按，此喻周武王顺应民意，进而讨伐纣王成功，故为改命之吉。孔颖达《周易正义》：“九四与初，同处卦下。初九处下卦之下，革道未成，故未能变。九四处上卦之下，所以能变也。无应，悔也，能变，故悔亡也。处水火之际，居会变之始，能不固吝，不疑于下，信彼改命之志，而能从之，合于时愿，所以得吉。”其义虞翻、干宝同。

九五，大人虎变，未占有孚。《象》曰：大人虎变，其文炳也。

京房注：虎文疏而著。《汉上易传》。

马融注："大人虎变"，虎变威德，折冲万里，望风而信，以喻舜舞干羽而有苗自服，周公修文德，越裳卖雉，故曰"未占，有孚"矣。《周易集解》。《义海撮要》。

虞翻注：乾为大人，谓五也。蒙坤为虎变。传论汤武以坤臣为君。占，视也，离为占。四未之正，五未在坎，故未占有孚也。《周易集解》。乾为大明，四动成离，故其文炳也。《周易集解》。

宋衷注：阳称大，五以阳居中，故曰"大人"。兑为白虎，九者，变爻，故曰"大人虎变，其文炳也"。《周易集解》。

按，虎皮之纹明艳，光泽炳然。孔颖达《周易正义》："创制立法，有文章之美，焕然可观，有似虎变，其文彪炳。则是汤武革命，广大应人，不劳占决，信德自著，故曰'大人虎变，未占有孚'也。"焦循《易章句》："物相杂曰文，炳犹著也。蒙杂而著。"其义京房、宋衷同。马融、虞翻引申为商周故事，其义亦同。

上六，君子豹变，小人革面，征凶，居贞吉。《象》曰：君子豹变，其文蔚也。小人革面，顺以从君也。

陆绩注：兑之阳爻称虎，阴爻称豹。豹，虎类而小者也。君子小于大人，故曰"豹变，其文蔚也。"《周易集解》。

虞翻注：蒙艮为君子、为豹，从乾而更，故君子豹变也。《周易集解》。阴称小人也。面谓四，革为离，以顺承五，故小人革面。乘阳失正，故征凶。得位，故居吉。蒙艮为居也。《周易集解》。蔚，蔇也。兑小，故其文蔚也。《周易集解》。乾君谓五也。四变顺五，故顺以从君也。《周易集解》。

干宝注：君子，大贤次圣之人。谓若太公、周、召之徒也。

豹，虎之属。蔚，炳之次也。君圣臣贤，殷之顽民，皆改志从化，故曰“小人革面”。天下既定，必倒载干戈，包之以虎皮。将率之士，使为诸侯。故曰“征凶，居贞吉”。得位有应，君子之象也。《周易集解》。《义海撮要》。

按，《说文·豸部》：“豹，似虎，圜文。”上六阴爻当位，称君子。上卦兑阳爻称虎，阴爻称豹。释“蔚”为“蔚”或“炳”，《说文·艸部》：“蔚，艸多貌。”《说文·火部》：“炳，明也。”文蔚即色彩丰美，近似文炳。王弼《周易注》：“居变之终，变道已成。君子处子，能成其文。小人乐成，则变面以顺上也。”焦循《易通释》：“陆绩注‘豹变’云：‘豹为虎类而小者也。’以小字发明豹字，在陆氏指上六阴爻为小，虽未得《易》义，而豹之取义于小，则有精义焉。凡字之从勺者，多有小义。盖勺之受小，故《中庸》言‘水一勺之’。”其义陆绩、虞翻、干宝皆同。

鼎䷱

鼎，元吉，亨。《彖》曰：鼎，象也。以木巽火，亨饪也。圣人亨以享上帝，而大亨以养圣贤。巽而耳目聪明，柔进而上行，得中而应乎刚，是以元亨。《象》曰：木上有火，鼎。君子以正位凝命。

荀爽注：三鼎形同，以足为异。巽人离下，中有乾象。木火在外，金在其内，鼎镬亨饪之象也。《周易集解》。《会通》。木火相因，金在其闲，调和五味，所以养人，鼎之象也。《周易集解》。

郑玄注：鼎，象也。卦有木火之用，互体乾兑，乾为金，兑为泽，泽钟金而含水，爨以木火，鼎亨孰物之象。鼎亨孰以养人，犹圣君兴仁义之道，以教天下也，故谓之鼎矣。《周易集解》。凝，成也。《经典释文》。

陆绩：木见火中发，火木相资，象鼎之兆。下穴为足，中虚见纳，任熟之义明矣。京氏《易传》注。

虞翻注：大壮上之初，与屯旁通。天地交，柔进上行，得中应乾五刚，故元吉亨也。《周易集解》。六十四卦皆观系辞，而独于鼎言象，何也？象事知器，故独言象也。《周易集解》。《学斋占毕》。圣人谓乾。初四易位体大畜，震为帝，在乾天上，故曰“上帝”。体颐象，三动噬嗑食，故以享上帝也。大亨谓天地养万物，圣人养贤，以及万民。贤之能者称圣人矣。《周易集解》。谓三也。三在巽上，动成坎离，有两坎两离象，乃称聪明。日月相推而明生焉，故巽而耳目聪明。眇而视，不足以有明。闻言不信，聪不明，皆有一离一坎象故也。《周易集解》。柔谓五，得上中，应乾五刚，巽为进，震为行。非谓应二刚，与睽五同义也。《周易集解》。君子谓三也。鼎五爻失正，独三得位，故以正位。凝，成也。体姤谓阴始凝初，巽为命，故君子以正位凝命也。《周易集解》。

翟玄注：拟，度也。《经典释文》。

九家注：鼎言象者，卦也木火，互有乾兑。乾金兑泽，泽者，水也。爨以木火，是鼎镬亨饪之象。亦象三公之位，上则调和阴阳，下而抚毓百姓。鼎能执物养人，故云"象也"。牛鼎受一斛，天子饰以黄金，诸侯白金。三足以象三台，足上皆作鼻目为饰也。羊鼎五斗，天子饰以黄金，诸侯白金，大夫以铜。豕鼎三斗，天子饰以黄金，诸侯白金，大夫铜，士铁。三鼎形同。亨饪，煮肉。上离阴爻为肉也。《周易集解》。

按，释"鼎"为食用或作礼器，《彖传》："鼎，象也。以木巽火，亨饪也。"鼎卦上卦为离，下卦为巽，离为火，巽为木，二、三、四爻互乾，乾为金，木火在外，有鼎以亨饪之象。其义荀爽、郑玄、陆绩、九家同。释"凝"为"成"，《尚书·皋陶谟》："庶绩其凝。"孔传："凝，成也。"郑玄、虞翻同。翟玄"凝"作"拟"，释为"度"，《说文·手部》："拟，度也。"段玉裁注："今所谓揣度也。"《经典释文》："凝，翟作拟，云度也。"孔颖达《周易正义》："凝者，严整之貌也。鼎既成新，即须制法。制法之美，莫若上下有序，正尊卑之位，轻而难犯，布严凝之命。"其义与郑玄、虞翻亦同。

初六，鼎颠趾，利出否，得妾以其子，无咎。《象》曰：鼎颠趾，未悖也。利出否，以从贵也。

荀爽注：以阴承阳，故未悖也。《周易集解》。

郑玄注：颠，踣也。趾，足也。无事曰趾，陈设曰足。爻体巽为股，初爻在股之下，足象也。足所以承正鼎也。初阴爻而柔，与乾同体，以否正承乾。乾为君，以喻君夫人事君，若失正礼，踣其为足之道，情无怨，则当以和义出之。然如否者，嫁于天子，虽失礼，无出道，废远之而已。若其无子，不废远之，后尊如故，其犯六出，则废之，远之，子废。坤为顺，又为子母牛，今在后妃之旁侧。妾之例也。有顺德，子必贤，贤而立以为世子，又何咎也。《仪礼·士昏礼》疏。《内则》正义。《御览》一百四十六。

虞翻注：趾，足也。应在四，大壮震为足，折入大过，大过，颠也，故鼎颠趾也。《周易集解》。初阴在下，故否。利出之四，故曰"利出"。兑为妾，四变得正成震，震为长子，继世守宗庙而为祭主，故得妾以其子，无咎矣。《周易集解》。出初之四，承乾五，故以从贵也。《周易集解》。

按，释"趾"为"足"，其义郑玄、虞翻同。郑玄释"颠"为"踣"，《经典释文》："颠，倒也。"焦循《易章句》："颠，填也。""踣"即向前仆倒之意。《尔雅·释言》："毙，踣也。"郭璞注："前覆。"邢昺疏："前却颠倒之名也。"《说文·足部》："踣，僵也。"段玉裁注："踣与仆音义皆同。孙炎曰：'前覆曰仆。'"鼎卦上卦为离，二卦为巽，巽伏震，有鼎颠趾之象，其义郑玄、虞翻亦同。

九二，鼎有实，我仇有疾，不我能即，吉。《象》曰：鼎有实，慎所之也。我仇有疾，终无尤也。

郑玄注：怨耦曰仇。《经典释文》。

虞翻注：二为实，故鼎有实也。坤为我，谓四也。二据四妇，故相与为仇。谓三变时，四体坎，坎为疾，故我仇有疾。四之二历险，二动得正，故不我能即，吉。《周易集解》。《汉上易传》节引。二变之正，艮为慎。《周易集解》。动成两坎，坎为耳，而革在乾，故鼎耳革。初四变时,震为行,鼎以耳行。伏坎,震折而入乾,故其行塞。离为雉,坎为膏,初四已变,三动体颐,颐中无物,离象不见,故雉膏不食。《周易集解》。雉膏,八珍之一。晁氏。

按,仇,古代夫妻之间不和睦称仇。《经典释文》:“仇,匹也。”《尔雅·释诂》:“仇,匹也。”《春秋左氏传》桓公二年:“嘉偶说妃,怨偶曰仇。”《一切经音义》:“仇,怨也,匹也。”焦循《易章句》:“仇,犹敌也。”郑玄释“仇”是取《左传》。此卦初爻与四爻虽应,但是九二上往则遇重阳,即九四与九二相争为仇。其义郑玄、虞翻同。

九四,鼎折足,覆公餗,其形渥,凶。《象》曰:覆公餗,信如何也。

京房注:刑在頄为剭。晁氏。

马融注:餗,键也。《经典释文》。餗,谓糜也。《春秋穀梁传》疏九。

郑玄注:糁谓之餗,震为竹,竹萌曰笋,笋者,餗之为菜也。餗美馔,是八珍之食,鼎三足,三公象。若三公倾覆王之美道,屋中刑之。《天官·醢人》疏。《秋官·司烜氏》疏。《诗·韩奕》正义。《经典释文》。

虞翻注:谓四变时,震为足,足折入兑,故鼎折足。兑为刑,渥,大刑也。鼎足折,则公餗覆,言不胜任。象入大过死,凶,故鼎折足,覆公餗,其刑渥,凶。《周易集解》。餗,八珍之具。《经典释文》。

九家注:鼎者,三足一体,犹三公承天子也。三公谓调阴阳,鼎谓调五味。足折餗覆,犹三公不胜其任,倾败天子之美,故曰“覆餗”也。《周易集解》。渥者,厚大,言辠重也。既覆公餗,信有大辠。刑罚当加,无可如何也。《周易集解》。

按,"形",京房、郑玄、虞翻、九家皆作"刑",其义同。孙堂《汉魏二十一家易注》云:堂案:"刑字今本作形,古通用。《家语·屈节解》云:'诚于此者刑乎彼。'《颜氏家训·名实》篇作'形于彼',《吕氏春秋·大乐》篇:'萌芽始震,凝凓以形。'《御览》引作'萌芽始厥,凝寒以刑',《汉上易传》引此亦作'形'。'渥'字,《汉上易传》及晁氏并作'剭',晁氏引虞云:'剭,重刑也。'颜师古《汉书·叙传》注曰:'剭者,厚刑,谓重诛也。'亦与此合"。其义京房、郑玄、虞翻同。"餗",马融释为"糜",郑玄释为"糁"、"菜",泛指佳肴美味。焦循《易章句》:"餗,鼎实也。覆,犹悖也。公,君也。"李道平《周易集解纂疏》云:"餗,糁也,八珍之膳,鼎之实也。"其义马融、郑玄、虞翻、九家皆同。

六五,鼎黄耳金铉,利贞。《象》曰:鼎黄耳,中以为实也。

马融注:铉,扛鼎而举之也。《经典释文》。

郑玄注:金铉,喻明道能举君之官职也。《文选西征赋》注。《唐律义疏》。

陆绩注:六五委任贤臣,假之位也。京氏《易传》注。得中承阳,故曰"中以为实"。《周易集解》。

宋衷注:五当耳,中色黄,故曰"鼎黄耳"。兑为金,又正秋,故曰"金铉"。公侯,谓五也。上尊故玉,下卑故金,金和良,可柔屈,喻诸侯顺天子。《周易集解》。

虞翻注:离为黄,三变,坎为耳,故鼎黄耳。铉谓三,贯鼎两耳,乾为金,故金铉。动而得正,故利贞。《周易集解》。

干宝注:凡举鼎者,铉也。尚三公者,王也。金喻可贵,中之美也,故曰"金铉"。铉鼎得其物,施令得其道,故曰"利贞"也。《周易集解》。

按，“铉”，《说文·金部》：“铉，举鼎具也。”其义马融、干宝同。郑玄以喻明道而举君之官职之义释之。曹元弼《周易集解补释》云：“郑以金喻明道，铉喻举君之官职。大臣有明德，为君所任，所以能举其职而正君位义相成。”鼎卦上卦为离，离为黄，离伏坎，无须为耳。离为黄金，坎为穿通。五爻处阳位，伏坎之中爻，坎中爻有贯通鼎耳之象。孔颖达《周易正义》：“铉，所经贯鼎举之也。”其义郑玄、宋衷、干宝同。

上九，鼎玉铉，大吉，无不利。《象》曰：玉铉在上，刚柔节也。

宋衷注：以金承玉，君臣之节。上体乾为玉，故曰“玉铉”。虽非其位，阴阳相承，刚柔之节也。《周易集解》。

虞翻注：铉谓三，乾为玉铉。体大有上九，自天右之，位贵据五，三动承上，故大吉，无不利。谓三亏悔应上，成未济，虽不当位，六位相应，故刚柔节。《象》曰“巽耳目聪明”，为此九三发也。《周易集解》。

干宝注：玉又贵于金者。凡亨饪之事，自镬升于鼎，载于俎，自俎入于口，馨香上达，动而弥贵，故鼎之义，上爻愈吉也。鼎主亨饪，不失其和；金玉铉之，不失其所，公卿仁贤，天王明圣之象也。君臣相临，刚柔得节，故曰“吉无不利”也。《周易集解》。

按，上九阳居阴位，是刚柔相制之象。孔颖达《周易正义》：“刚柔节者，以刚履柔，虽复在上，不为乾之亢龙。”其义宋衷、虞翻、干宝同。

震䷲

震，亨，震来虩虩，笑言哑哑，震惊百里，不丧匕鬯。《彖》曰：震，亨。震来虩虩，恐致福也。笑言哑哑，后有则也。震惊百里，惊远而惧迩也。不丧匕鬯，出可以守宗庙社稷，以为祭主也。《象》曰：洊雷，震。君子以恐惧修省。

郑玄注：震为雷，雷，动物之气也。雷之发声，犹人君出政教以动国中之人也。故谓之震。人君有善声教，则嘉会之礼通矣。《周易集解》。《诗·召南》正义。惊之言警戒也。震发声闻于百里，古者诸侯之象。诸侯之出教令，能警戒其国疆之内。《诗·召南》正义。则守其宗庙、社稷，为之祭主，不亡其匕与鬯也。人君于祭之礼，尚牲体、荐鬯而已，其余不亲为也。《仪礼·特牲馈食礼》疏。升牢于俎，君匕之，臣载之。鬯，秬酒，芬芳条鬯，因名焉。《周易集解》。恐惧貌。《经典释文》。乐也。《经典释文》。

陆绩注：震为雷声，惊于百里，春发秋收，顺天行也。取象定吉凶。京氏《易传》注。匕者，棘匕，桡鼎之器。《正义》。

虞翻注：临二之四，天地交，故通。虩虩谓四也。来应初，初命四变而来应己，四失位多惧，故虩虩。之内曰来也。《周易集解》。哑哑，笑且言，谓初也。得正有则，故笑言哑哑，后有则也。《周易集解》。谓阳。从临二阴为百二十，举其大数，故当震百里也。坎为棘匕，上震为鬯，坤为丧，三上之坤成震，体坎，得其匕鬯，故不丧匕鬯也。《周易集解》。惧变，承五应初，故恐致福也。《周易集解》。则，法也。坎为则也。《周易集解》。远谓四，近谓初，震为百。谓四出惊远，初应惧近也。《周易集解》。谓五出之正，震为守，艮为宗庙社稷，长子主祭器，故以为祭主也。《周易集解》。君子谓临二，二出之坤四，体以修身。坤为身，二之四，以阳照坤，故以恐惧修省。《老子》曰"修之身，德乃真"也。《周易集解》。

王肃注：在有灵而尊者，莫若于天。有灵而贵者，莫若于王。有声而威者，莫若于雷。有政而严者，莫若于侯。是以天子当乾，诸侯用震。地不过一同，雷不过百里。政行百里则匕鬯，亦不丧祭祀。国家大事不丧，宗庙安矣。处则诸侯执其政，出则长子掌其祀。《太平御览》一百四十六《皇亲部》。

干宝注：周，木德震之正象也。为殷诸侯，殷诸侯之制，其地百里，是以文王小心翼翼，昭事上帝，聿怀多福，厥德不回，以受方国，故以百里而臣诸侯也。为诸侯，故主社稷。为长子，而为祭主也。祭礼荐陈甚多，而经独言不丧匕鬯者，上牲体，荐鬯酒，人君所自亲也。《周易集解》。

按，震卦上震下震，震为雷、为动、征伐，喻诸侯出教令。王弼《周易注》："威震惊乎百里，则是可以不丧七鬯矣。匕，所以载鼎实。鬯，香酒。奉宗庙之盛也。"孔颖达《周易正义》："先儒皆云：雷之发声，闻乎百里。故古帝王制国，公侯地方百里，故以象焉。窃谓天之震雷，不应止闻百里，盖以古之启土，百里为极。文王作《繇》在殷时，明长子威震于一国，故以百里言之也。鬯者，郑玄之义，则为秬黍之酒，其气调畅，故谓之鬯。《诗传》则为鬯是香草。案：王度《记》云：'天子鬯，诸侯薰，大夫兰。'以例而言之，则鬯是草明矣。今特言匕鬯者，郑玄云：'人君于祭祀之礼，尚牲荐鬯而已，其馀不足观也。'"焦循《易章句》："鬯，香草，犹如臭如兰也。"上卦震为鬯，伏巽为兰，故称鬯为香酒。其义郑玄、王肃、干宝相通，陆绩则以"定吉凶"释之，与郑玄、王肃、干宝异。

初九，震来虩虩，后笑言哑哑，吉。《象》曰：震来虩虩，恐致福也。笑言哑哑，后有则也。

马融注：虩虩，恐惧貌；哑哑，笑声。《经典释文》。

郑玄注：恐惧貌。《经典释文》。乐也。《经典释文》。

虞翻注：虩虩谓四也。初位在下，故后笑言哑哑。得位，故吉也。《周易集解》。阳称福。《周易集解》。得正，故有则也。《周易集解》。

干宝注：得震之正，首震之象者。震来虩虩，羑里之厄也。笑言哑哑，后受方国也。《周易集解》。《义海撮要》节引。

按，释"虩虩"为"恐惧"，《说文·虎部》："虩，《易》'履虎尾虩虩'，恐惧。""哑哑"为"笑"或"乐"，《说文·口部》："哑，笑也。"《玉篇·口部》："哑，笑声。"九四为上震主爻，不当位而失位，四位多惧，故震来虩虩。下震主爻当位，为笑、为言，故笑言哑哑。其义马融、郑玄、虞翻、干宝皆同。

六二，震来厉，亿丧贝。跻于九陵，勿逐，七日得。《象》曰：震来厉，乘刚也。

荀爽注：贝，覆也。《群经音辨》。

郑玄注：十万曰亿。《经典释文》。

虞翻注：厉，危也。乘刚故厉。亿，惜辞也。坤为丧。三动，离为蠃蚌，故称贝。在艮山下，故称陵。震为足，足乘初九，故跻于九陵。震为逐，谓四已体复象，故丧贝勿逐。三动时，离为日，震数七，故七日得者也。《周易集解》。

干宝注：六二木爻，震之身也，得位无应，而以乘刚为危。此托文王积德累功，以被囚为祸也，故曰“震来厉”。亿，叹辞也。贝，宝货也，产乎东方，行乎大涂也。此以喻纣拘文王，闳夭之徒乃于江淮之浦，求盈箱之贝，而以赂纣也，故曰“亿丧贝”。贝，水物而方升于九陵，今虽丧之，犹外府也，故曰“勿逐，七日得”。七日得者，七年之日也，故《书》曰“诞保文武受命，惟七年”是也。《周易集解》。《义海撮要》。

按，释“亿”为“惜辞”“叹辞”。《经典释文》：“亿，本又作噫，辞也。”焦循《易章句》：“亿，犹拟也。”张惠言《周易虞氏义》云：“亿、噫同，本亦有作噫者。”其义虞翻、干宝同。郑玄“亿”为言数之大，曹元弼《周易集解补释》云：“郑云‘十万曰亿’，数之大者，故六五《传》曰：‘大无丧。’以大训亿，犹万为大名也。”其义与虞翻、干宝异。荀爽释“贝”为“覆”，虞翻释为“蠃蚌”，《说文·贝部》：“贝，海介虫。”其义与荀爽异。干宝释“贝”为“宝货”（钱币），孔颖达《周易正义》：“亿，辞也。贝，资货粮用之属。”其义与荀爽、虞翻又异。

六三，震苏苏，震行无眚。《象》曰：震苏苏，位不当也。

马融注：苏苏，尸素餐貌。《经典释文》。

郑玄注：苏苏，不安也。《经典释文》。

虞翻注：死而复生称苏，三死坤中，动出得正，震为生，故苏苏。坎为眚，三出得正，坎象不见，故无眚。《春秋传》曰“晋获秦谍，六日而苏”也。《周易集解》。

王肃注：苏苏，躁动貌。《经典释文》。

按，释“苏苏”为“不安”“躁动”。《经典释文》：“苏苏，疑惧貌。郑云：不安也。”孔颖达《周易正义》：“苏苏，畏惧不安之貌。”其义郑玄、王肃同。马融释为“尸素餐貌”，即指的是空占着职位而不做事，白吃饭。《汉书·朱云传》：“今朝廷大臣，上不能匡主，下亡以益民，皆尸位素餐。”其义与郑玄、王肃异。虞翻释“苏苏”为“死而复生”，《小尔雅·广名》：“死而复生谓之苏。”焦循《易章句》：“苏苏，犹生生，死而复生。”其义与马融、郑玄、王肃又异。

上六，震索索，视矍矍，征凶。震不于其躬，于其邻，无咎，婚媾有言。《象》曰：震索索，中未得也。虽凶无咎，畏邻戒也。

马融注：索索，内不安貌。矍矍，中未得之貌。《经典释文》。

郑玄注：索索犹缩缩，足不正也。矍矍，目不正。《经典释文》。

虞翻注：上谓四也。欲之三隔坎，故震索索。三已动，应在离，故矍矍者也。《周易集解》。上得位，震为征，故征凶。四变时，坤为躬，邻谓五也。四上之五，震东兑西，故称邻。之五得正，故不于其躬于其邻，无咎。谓三已变，上应三，震为言，故婚媾有言。《周易集解》。四未之五，故中未得也。《周易集解》。谓五正位，已乘之逆，畏邻戒也。《周易集解》。

按，“索索”为“内不安貌”，焦循《易章句》：“索索，空虚也。”上六爻居震动之极，无应于下，故不安。郑玄作“缩缩”，其义与马融同。“矍矍”，《说文·目部》：“矍，鹰隼之视也。”惊惧四顾貌，焦循《易章句》：“矍矍，视遽貌。”震在坎中，有惧象。孔颖达《周易正义》：“索索，心不安之貌，矍矍，视不专之容。上六处震之极，极震者也。既居震位，欲求中理以自安而未能得，故惧而索索，视而矍矍，无所安亲。”其义与马融、郑玄、虞翻同。

艮䷳

艮，艮其背，不获其身，行其庭，不见其人，无咎。《彖》曰：艮，止也。时止则止，时行则行。动静不失其时，其道光明。艮其止，止其所也。上下敌应，不相与也。是以不获其身，行其庭，不见其人，无咎也。《象》曰：兼山，艮。君子以思不出其位。

郑玄注：艮为山，山立峙各于其所，无相顺之时，犹君在上，臣在下，恩敬不相与通，故谓之艮也。《周易集解》。艮之言很也。《经典释文》。

虞翻注：观五之三也。艮为多节，故称背。观坤为身，观五之三，折坤为背，故艮其背。坤象不见，故不获其身。震为行人，艮为庭，坎为隐伏，故行其庭不见其人。三得正，故无咎。《周易集解》。位穷于上，故止也。《周易集解》。时止谓上阳穷止，故止。时行，谓三体处震，为行也。《周易集解》。动谓三，静谓上，艮止则止，震行则行，故不失时。五动成离，故其道光明。《周易集解》。谓两象各止其所。《周易集解》。艮其背，背也。两象相背，故不相与也。《周易集解》。君子谓三也。三君子位，震为出，坎为隐伏、为思，故以思不出其位也。《周易集解》。

按，艮为背，相对于人身体的正面而言。艮为山，山的北面为阴，南面为阳。艮卦六爻，初四、二五、三上皆不能应，故无论是人的正面与背面，或者是山的南面与北面，都不能相应。其义郑玄、虞翻同。

六二，艮其腓，不拯其随，其心不快。《象》曰：不拯其随，未退听也。

马融注：拚，举也。《汉上易传》。

虞翻注：巽长为股，艮小为腓。拯，取也。随谓下二阴。艮为止，震为动，故不拯其随。坎为心，故其心不快。《周易集解》。坎为耳，故未违听也。《周易集解》。

按，拯，郑玄作拚，虞翻作拯。拚通拯。《隶释·博陵太守孔彪碑》："拚马蠲害。"洪适注："拚即拯字。"《说文·手部》："拚，上举也。《易》曰：'拚马壮吉。'撜，拚或从登。""举"通"取"，《吕氏春秋·乐成》："财务之遗者，民莫之举。"高诱注："举，取也。"孔颖达《周易正义》："拯，举也。今既施止于腓，腓不得动，则足无拯举。"焦循《易章句》："拯，升也。"其义马融、虞翻同。

九三，艮其限，列其夤，厉熏心。《象》曰：艮其限，危熏心也。

马融注：限，要也。夤，夹脊肉也。《汉上易传》。熏灼其心。《周易集解》虞翻引。

荀爽注：限，要也。《经典释文》。互体有坎，坎为肾。《经典释文》。互体有震，震为动。《经典释文》。

郑玄注：限，要也。《经典释文》。

虞翻注：限，要带处也。坎为要，五来之三，故艮其限。夤，脊肉，艮为背，坎为脊，艮为手，震起艮止，故裂其夤。坎为心，厉，危也。艮为阍，阍，守门人，坎盗动门，故厉阍心。古"阍"作"熏"字，马因言熏灼其心，未闻易道以坎水熏灼人也。荀氏以"熏"为"勋"，读作"动"，皆非也。《周易集解》。《学斋占毕》。坎为心，坎盗动门，故危阍心也。《周易集解》。

王肃注：熏灼其心。《汉上易传》。

按，“限”为“要”。《经典释文》：“限，要也。”朱熹《周易本义》：“限，上下身之际，即腰胯也。”焦循《易章句》：“限，要也。”其义马融、荀爽、郑玄、虞翻同。释“夤”为“脊肉”，《经典释文》：“马云：‘脊肉也。’郑本作膑，徐又音胤。荀作肾，云互体有坎，坎为肾。”焦循《易章句》：“夤，胂也。在脊之下半，两坎相贯如脊背，形列为谦，第有脊之下半耳。”其义马融、虞翻同。释“厉熏心”为“熏灼其心”，孔颖达《周易正义》：“限，身之中，人是带之处，言三当两象之中，故谓之限。施止于限，故曰‘艮其限’也。夤，当中脊之肉也。熏，烧灼也。既止加其身之中，则上下不通之义也，是分列其夤。夤既分列，身将丧亡，故忧危之切，熏灼其心矣。然则君臣共治，大体若身，大体不通，则君臣不接，君臣不接，则上下离心，列夤则身亡，离心则国丧，故曰‘列其夤，厉熏心’。”其义马融、王肃同。

又，荀爽释“熏”为“动”，虞翻释“熏”为“阍”，焦循《易章句》“熏”作“薰”，释为香草。李富孙《易经异文释》云：“古动、勋字每相乱。《乐记》‘谨以立动’，注云：‘动或作勋。’……古勋、阍通。此以汉时音读释经矣。”尚秉和云：“虞翻以艮不阍。读熏为阍，谓古阍作熏字。并云马言熏灼其心，未闻易道以坎水熏灼人者。岂知艮为火，马氏所诂，正与易合。至荀氏以熏为勋，读作动。来知德又云以三十年之功，始悟熏字之由于伏离。由斯证一象之失传，可使名家易人人异同，真可叹也。”此可备一说。

渐䷴

渐，女归吉，利贞。《彖》曰：渐之进也，女归吉也。进得位，往有功也。进以正，可以正邦也。其位，刚得中也。止而巽，动不穷也。《象》曰：山上有木，渐。君子以居贤德善俗。

初六，鸿渐于干，小子厉，有言，无咎。《象》曰：小子之厉，义无咎也。

荀爽注：山间涧水也。《经典释文》。

郑玄注：干谓大水之旁，故停水处者。《诗·伐檀》正义。《诗·斯干》正义。《经典释文》。

陆绩注：水畔称干。《经典释文》。

虞翻注：鸿运，大雁也。离五，鸿。渐，进也。小水从山下流下称"干"。艮为山，为小径。坎水流下山，故鸿渐于干也。艮为小子，初失位，故厉。变得正，三动受上成震，震为言，故小子厉有言，无咎也。《周易集解》。动而得正，故义无咎也。《周易集解》。

王肃注：干，山间涧水也。《经典释文》。

翟玄注：干，涯也。《经典释文》。

按，释"干"为"山间涧水"，《诗·小雅·斯干》："秩秩斯干。"毛传："干，涧也。"荀爽、王肃同。又释为"岸"，《诗·魏风·伐檀》:“寘之河之干兮。”毛传:“干,涯也。”孔颖达《周易正义》:“鸿,水鸟也。干,水涯也。”郑玄、陆绩、虞翻、翟玄同。考之帛书《周易》“干”字作“渊”,楚竹书作“涧”。焦循《易通释》:“《礼记·大传》注:‘干,犹空也。’水畔空虚,故有干之名。干亦名涧,涧从闲,闲亦空也。”其义诸家基本相通。

六二,鸿渐于磐,饮食衎衎,吉。《象》曰:饮食衎衎,不素饱也。

马融注:山中石磐纡,故称磐也。《正义》。《经典释文》。衎衎,饶衍。《经典释文》。

陆绩注:贤人进位也。京氏《易传》注。

虞翻注:艮为山石,坎为聚,聚石称磐。初已之正,体噬嗑食,坎水阳物,并在颐中,故饮食衎衎。得正应五,故“吉”。《周易集解》。素,空也。承三应五,故不素饱。《周易集解》。

王肃注:衎衎,宽饶之貌也。《文选·魏都赋》注。

按,“磐”,《玉篇·石部》:“磐,大石。”《集韵·桓韵》:“磐,大石。一曰山石之安者。”其义马融、虞翻同。孔颖达《周易正义》:“马季长云山中磐纡,故称磐也。鸿是水鸟,非是集于山石陵陆之禽,而爻辞以此言鸿渐者,盖渐之为义,渐渐之于高,故取山石陵陆,以应渐高之义,不复系水鸟也。”焦循《易通释》考证云:“渐六爻皆取象于鸿,说者或以为大雁,虞翻。或以为水鸟,王弼。或谓随阳鸟喻女从夫,李鼎祚。然皆执鸿之为鸟名耳。《易》之系辞,每假借于声音、训诂间以为之义。如豹则取于约,鲋则取于附,鹤则取于确,思而核之,昭然无疑。因究《尔雅·释诂》之文云‘鸿,代也’,《康诰》‘乃洪大诰治’,郑康成注云‘洪,代也’,洪、鸿二字通。鸿之为代,其义古矣。爻辞作于周公,《释诂》亦周公所作,以周公之所释,释周公之书,则此鸿、代之训，以为即疏解渐卦之鸿可也。渐即《文言传》所谓由来者渐，渐而至于积不善有余殃，由辨之不早辨，早辨何如？惟更变改悔以旁通补救之而已。代者，更也。故六爻于渐之上皆用‘鸿’字，无论渐于乾、渐于磐、渐于陆、渐于陵、渐于木，皆宜变而通之，故云‘鸿渐’。鸿渐者，变通其所渐，即早辨其所渐也。传于坤初六用‘渐’字，于坤六二用‘代’字，正赞此鸿渐也。《尔雅》训鸿为代，亦训显为代。《比》九五‘显比，王用三驱’，‘显比’即是‘代比’，比成屯而更变于鼎，以代有终，所以‘三驱’也。又训昏为代，经五称‘昏媾’，皆由失道而更变，故云‘匪寇昏媾’。由失是而‘致寇’，由变更而和解，昏而媾，犹云变而通也。显之义同于扬，代之义同于赓。《尔雅·释诂》又云‘赓，扬续也’，夬‘扬于王庭’，谓更变而通于剥也。传赞《大有》云‘君子以遏恶扬善’，扬善犹云‘继之者善’也。扬与杨通，《诗》‘扬之水’，《释文》：‘或作杨木之字。’《左传》‘解扬’，《史记》作‘解杨’。《左传》‘扬干’，《汉书·古今人表》作‘杨干’。《广雅·释言》：‘杨，扬也。’大过两称枯杨，枯犹苦也，杨即扬也。枯而能扬，谓困成大过，剥成颐，能更变而旁通也。惟能更变，所以‘生稊’‘生华’。徒以杨为泽木，鸿为水鸟，以索诸巽、兑、离、坎之间，非圣人取象之妙也。”此可备一说。

又，“衎”通“衍”。《荀子·赋》：“仁人绌约，暴人衍矣。”杨倞注：“衍，饶也。”《春秋左氏传》襄公二十六年：“卫侯衎复归于卫。”《经典释文》：“衎，本作衍。”《礼记·檀弓上》：“居处言语饮食衎尔。”郑玄注：“衎尔，自得貌。”《说文·食部》：“饶，饱也。”孔颖达《周易正义》：“衎衎，乐也。”张惠言《周易虞氏义》云：“阳为物也，衎衎。饮食貌。”其义马融、王肃同。

九三，鸿渐于陆，夫征不复，妇孕不育，凶。利御

寇。《象》曰：夫征不复，离群丑也。妇孕不育，失其道也。利用御寇，顺相保也。

马融注：山上高平曰陆。《经典释文》。

郑玄注：九三上与九五互体为离，离为大腹，孕之象也。又互体为坎，坎为丈夫，坎为水，水流而去，是夫征不复也。夫既不复，则妇人之道颠覆，故孕而不育。《郊特牲》正义。孕，犹娠也。《经典释文》。离，犹去也。《经典释文》。

虞翻注：高平称陆。谓初已变，坎水为平，三动之坤，故鸿渐于陆。《周易集解》。谓初已之正，三动成震，震为征、为夫，而体复象，坎阳死坤中，坎象不见，故夫征不复也。《周易集解》。孕，妊娠也。育，生也。巽为妇，离为孕，三动成坤，离毁失位，故妇孕不育，凶。《周易集解》。《汉上易丛说》节引。御，当也。坤为用，巽为高，艮为山，离为戈兵甲胄，坎为寇，自上御下，三动坤顺，坎象不见，故利用御寇，顺相保。保，大也。《周易集解》。坤三爻为丑，物三称群也。《周易集解》。三动离毁，阳陨坤中，故失其道也。《周易集解》。三动坤顺，坎象不见，故以顺相保也。《周易集解》。

按，《说文·阜部》释“陆”云：“陆，高平也。”《尔雅·释地》：“高平曰陆。”其义马融、虞翻同。释“孕”为“妊娠”，其义郑玄、虞翻同。渐卦九三、六四、九五三爻互体为离，六二、九三、六四三爻互体为坎。《说卦传》“离为中女、为大腹”，是为有孕之象。坎再索而得中男、坎为水，水流而去，有夫征不复之象，其义郑玄与虞翻略异。

六四，鸿渐于木，或得其桷，无咎。《象》曰：或得其桷，顺以巽也。

马融注：桷，榱也。《经典释文》。

陆绩注：桷，榱也。《经典释文》。

虞翻注:巽为木。桷,椽也。方者谓之桷。巽为交、为长木,艮为小木,坎为脊,离为丽,小木丽长木,巽绳束之,象脊之形,椽桷象也,故或得其桷。得位顺五,故无咎。四已承五,又顾得三,故或得其桷也矣。《周易集解》。坤为顺,以巽顺五。《周易集解》。

翟玄注:方曰桷,桷,椽也。《经典释文》。

按,马融、陆绩释"桷"为"榱",虞翻、翟玄释为"椽",《说文·木部》:"秦名为屋椽,周谓之榱,齐鲁谓之桷。"孔颖达《周易正义》:"桷,榱也。之木而遇堪为桷之枝,取其易直可安也。"焦循《易章句》:"桷,犹角也。"其义马融、陆绩、虞翻、翟玄皆相通。

九五,鸿渐于陵,妇三岁不孕,终莫之胜,吉。《象》曰:终莫之胜,吉,得所愿也。

陆绩注:陆、陵俱是高处,然陵卑于陆也。《口诀义》。

虞翻注:陵,丘,妇谓四也。三动受上时,而四体半艮山,故称陵。巽为妇,离为孕,坎为岁,三动离坏,故妇三岁不孕。《周易集解》。莫,无;胜,陵也。得正居中,故莫之胜吉。上终变之三,成既济定,坎为心,故象曰"得所愿也"。《周易集解》。

按,上卦震伏艮,艮为丘陵。《说文·丘部》:"丘,土之高也。"《尔雅·释地》:"大阜曰陵。"以大小而论,陵大而丘小。以高下而论,陵卑而丘高。以《易》而论,大抵艮之在上者取于丘,艮之在下者取于陵。孔颖达《周易正义》:"陵,次陆者也。"其义陆绩、虞翻同。

上九,鸿渐于陆,其羽可用为仪,吉。《象》曰:其羽可用为仪,吉,不可乱也。

虞翻注:陆谓三也。三坎为平,变而成坤,故称陆也。谓三变受,成既济,与家人《象》同义。上之三得正,离为鸟,故其羽可用为仪,吉。三动失位,坤为乱,乾四止坤,《象》曰"不可乱",

《象》曰“进以正邦”，为此爻发也。三已得位，又变受上，权也。孔子曰“可与适道，未可与权”，宜无怪焉。《周易集解》。坤为乱，上来正坤，六爻得位，成既济定，故不可乱也。《周易集解》。

干宝注：处渐高位，断渐之进，顺艮之言，谨巽之含，履坎之通，据离之耀，妇德既终，母教又明，有德而可爱，有仪而可象，故曰“其羽可用为仪，不可乱也”。《周易集解》。

按，渐卦上卦为巽，下卦为艮，二、三、四爻互坎，坎为平，羽毛有序，有序故成仪，无序不成仪则乱。焦循《易章句》：“羽，犹翼也。仪即两仪之仪，可用则为仪，不可用而用，则夫征不复，妇孕不育矣。羽翼所以辅也。两仪所以羽翼太极也。仪，犹宜也。”《尔雅·释水》：“正绝流曰乱。”水以流为连续，水绝无序则乱。其义虞翻与干宝同。

归妹䷵

归妹，征凶，无攸利。《彖》曰：归妹，天地之大义也。天地不交而万物不兴。归妹，人之终始也。说以动，所归妹也。征凶，位不当也。无攸利，柔乘刚也。《象》曰：泽上有雷，归妹。君子以永终知敝。

陆绩注：归者，嫁也。京氏《易传》注。震长男，兑少女，少女匹长男，气非合也。京氏《易传》注。

虞翻注：归，嫁也。兑为妹。泰三之四，坎月离日，俱归妹象。阴阳之义配日月，则天地交而万物通，故以嫁娶也。《周易集解》。谓四也。震为征，三之四不当位，故征凶也。《周易集解》。谓三也。四之本，失正无应，以柔乘刚，故无攸利也。《周易集解》。乾天坤地，三之四，天地交，以离日坎月战阴阳，阴阳之义配日月，则万物兴，故天地之大义。乾主壬，坤主癸，日月会北。震为玄黄，天地之杂。震东兑西，离北坎北。六十四卦，此象最备四时正卦，故天地之大义也。《周易集解》。乾三之坤四，震为兴，天地以离坎交阴阳，故天地不交则万物不兴矣。《周易集解》。人始生乾而终于坤，故人之终始。《杂卦》曰"归妹，女之终"。谓阴终坤癸，则乾始震庚也。《周易集解》。说，兑；动，震也。谓震嫁兑，所归必妹也。《周易集解》。君子谓乾也。坤为永终、为敝，乾为知，三之四为永终，四之三兑为毁折，故以永终知敝。《周易集解》。

王肃注:男女交而后人民蕃,天地交然后万物兴,故归妹以及天地交之义也。《周易集解》。以征,则有不正之凶。以处,则有乘刚之进也。故无所利矣。《周易集解》。

干宝注:归妹者,衰落之女也。父既没矣,兄主其礼,子续父业,人道所以相终也。《周易集解》。雷薄于泽,八月九月,将藏之时也。君子象之,故不敢恃当今之虞,而虑将来之祸也。《周易集解》。

按,释“归”为“嫁”,《说文·止部》:“归,女嫁也。”《国语·晋语》:“秦伯归女五人。”韦昭注:“归,嫁也。”焦循《易章句》:“妹,犹昧也。昧而后归。”其义陆绩、虞翻同。干宝释为“衰落之女”则异。归妹上卦为震,震为雷、为长男,下卦兑为泽,为少女,泽上有雷,有少女配长男之象,故为天地之大义。孔颖达《周易正义》:“天地以阴阳相合而得生物不已,人伦以长少相交而得继嗣不绝,归妹岂非天地之大义,人伦之终始也?”其义陆绩、虞翻、王肃同。

六三,归妹以须,反归以娣。《象》曰:归妹以须,位未当也。

子夏注:媰,媵之妾也。晁氏。

孟喜注:媰,媵之妾也。晁氏。

京房注:媰,媵之妾也。晁氏。

郑玄注:须,有才智之称。天文有须女,屈原之妹名女须。《诗·桑扈》正义。

陆绩注:嬬,妾也。《经典释文》。

虞翻注:须,需也。初至五体需象,故归妹以须。娣谓初也。震为反,反马归也。三失位,四反得正,兑进在四,见初进之,初在兑后，故反归以娣。《周易集解》。三未变之阳，故位未当。《周易集解》。

按，“须”，子夏、孟喜、京房作“嬬”，皆云“嬬，媵之妾也”。陆绩作“嬬”，郑玄、虞翻作“须”。“嬬”，帛书作“嬬”。须与胥通。《孟子·万章上》：“帝将胥天下而迁之焉。”赵岐注：“胥，须也。”《史记·赵世家》：“太后盛气而胥之。”裴骃《集解》：“胥，犹须也。”通“媭”。焦循《易章句》：“须即需也。”需即待。《汉书·高后纪》载吕禄“过其姑吕媭”。张晏曰：“媭音须。”颜师古注云：“吕后妹。”《史记·吕太后本纪》：“太后女弟吕媭。”古代嫁女以娣为媵，《春秋公羊传》庄公十九年：“诸侯娶一国，则二国往媵之，以侄、娣从之。”《诗》正义引作屈原之妹，义与颜氏同。

又，孙堂《汉魏二十一家易注》考证云：“此条亦见《周礼·冢宰》疏，首句无‘有’字，末句‘妹’字作‘姊’，《诗》正义引此注及《郑志·答泠刚》俱云：‘屈原之妹。’或贾、孔所见本不同也。‘须’字古与‘胥’通，故《诗笺》、《周礼》注‘胥’字下贾、孔二疏并引《易》注‘须’字为证。‘女须’字，古亦作‘媭’。《汉书·高后纪》：‘吕禄过其姑吕媭。’颜师古注云：‘媭，吕后妹。’《诗》正义引作‘屈原之妹’，义与颜同。然案《说文》：‘贾侍中说，楚人谓姊为媭。’王逸《楚辞注》亦云：‘女媭，屈原姊。’又《水经》‘江水又东过秭归县之南’注，袁山松曰：‘屈原有贤姊，闻原放逐，亦来归，喻令自宽全，乡人冀其见从，因名曰姊归。’《广韵》引云：‘姊与秭同音。’是贾疏作‘姊’字更有据。”孔颖达《周易正义》释六五爻辞“帝乙归妹”云：“六五居归妹之中，独处贵位，是帝王之所嫁妹也，故曰‘帝乙归妹’。”朱熹《周易本义》：“须，女之贱者。”其义子夏、孟喜、京房、陆绩皆同，郑玄释其为屈原之妹，虞翻释其为待则异。

九四，归妹愆期，迟归有时。《象》曰：愆期之志，有待而行也。

马融注：愆，过也。《经典释文》。

陆绩注：迟，待也。《经典释文》。

虞翻注：愆，过也。谓二变，三动之正，体大过象，坎月离日为期。三变，日月不见，故愆期。坎为曳，震为行，行曳，故"迟"也。归谓反三。震春兑秋，坎冬离夏，四时体正，故归有时也。《周易集解》。待男行矣。《周易集解》。

王肃注：愆，过也。《文选注》二十八。

按，释"愆"为"过"，《说文·心部》："愆，过也。"其义马融、虞翻、王肃同。《说文·辵部》："迟，徐行也。"陆绩释"迟"为"待"，《说文·彳部》："待，竢也。"段玉裁注："今人易其语曰等。"焦循《易章句》："待即迟也。"又《说文·申部》："曳，臾曳也。"段玉裁注："臾曳，犹牵引。引之则长，故衣长曰曳地。"《玉篇·曰部》："曳，申也，牵也，引也。"归妹卦上卦为震，下卦为兑，震为雷，三、四、五爻互坎，坎为云，二、三、四爻互离，离为日，云雷虽现，而日出，雨不能降，故"迟"。其义陆绩与马融、虞翻、王肃异。

上六，女承筐，无实，士刲羊，无血，无攸利。《象》曰：上六无实，承虚筐也。

子夏注：血谓四，士刲羊三而无血。《汉上易传》。

马融注：刲，刺也。《经典释文》。

郑玄注：宗庙之礼，主妇奉匡米。《士昏礼》云："妇人三月而后祭行。"《诗·葛屦》正义。

虞翻注：女谓应三兑也。自下受上称承，震为筐。以阴应阴，三四复位，坤为虚，故无实，《象》曰"承虚筐也"。《周易集解》。刲，刺也。震为士，兑为羊，离为刀，故士刲羊。三四复位成泰，坎象不见，故无血。三柔承刚，故无攸利也。《周易集解》。泰坤为虚，故承虚筐也。《周易集解》。

按，马融释"刲"为"刺"，虞翻释为"刺"，《论衡·量知》："而儒生修有经传之学，犹女工织锦刺绣之奇也。"《集韵·寘韵》："刺，俗作刺。"其义子夏、马融、虞翻同。孔颖达《周易正义》："筐本盛币，以币为实。今之无实，正是承捧虚筐，空无所有也。"郑玄释为宗庙之礼，其义与虞翻异。

丰䷶

丰，亨，王假之，勿忧，宜日中。《彖》曰：丰，大也。明以动，故丰。王假之，尚大也。勿忧，宜日中，宜照天下也。日中则昃，月盈则食。天地盈虚，与时消息，而况于人乎，况于鬼神乎。《象》曰：雷电皆至，丰。君子以折狱致刑。

马融注：假，大也。《经典释文》。

荀爽洗：丰者，至盛，故日中。下居四，日昃象也。《周易集解》。丰者，阴据不正，夺阳之位而行以丰。故折狱致刑，以讨除之也。《周易集解》。

郑玄注：丰之言腆，充满意也。《经典释文》。言皆有休已，无常盛也。《公羊》疏。

虞翻注：此卦三阴三阳之例，当从泰二之四。而丰三从噬嗑上来之三，折四于坎狱中而成丰，故君子以折狱致刑。阴阳交故通，噬嗑所谓利用狱者，此卦之谓也。《周易集解》。《汉上易丛说》节引。乾为王。假，至也。谓四宜上至五，动之正成乾，故五假之，尚大也。《周易集解》。五动之正，则四变成离，离日中当五，在坎中，坎为忧，故勿忧，宜日中。体两离象照天下也。日中则昃，月盈则食。天地盈虚，与时消息。《周易集解》。五动成乾，乾为天，四动成两离，重明丽正，故宜照天下，谓化成天下也。《周易集解》。

月之行，生震见兑，盈于乾甲。五动成乾，故月盈。四变，体噬嗑食，故则食。此丰其屋，蔀其家也。《周易集解》。五息成乾为盈，四消入坤为虚，故天地盈虚也。丰之既济，四时象具。乾为神人，坤为鬼。鬼神与人，亦随时消息，谓人谋鬼神，百姓与能，与时消息。《周易集解》。君子谓三。噬嗑四失正，系在坎狱中。故上之三。折四入大过死象，故以折狱致刑。兑折为刑。贲三得正，故无敢折狱也。《周易集解》。

姚信注：四体震王，假，大也。四上之五，得其盛位谓之大。《周易集解》。

干宝注：丰，坎宫阴世在五，以其宜中而忧其昃也。坎为夜，离为昼，以离变坎，至于天位，日中之象也。殷水德，坎象。昼败而离居之，周伐殷，居王位之象也。圣人德大而心小，既居天位而戒惧不怠。勿忧者，劝勉之言也，犹《诗》曰"上帝临汝，无贰尔心"。言周德当天人之心，宜居王位，故宜日中。《周易集解》。

九家注：震动而上，故勿忧也。日者君，中者五，君宜居五也。谓阴处五日中之位，当倾昃矣。《周易集解》。信著于五，然后乃可发其顺志。《周易集解》。

按，释"假"为"大"，马融、姚信同。虞翻释为"至"，张惠言《易义别录》云："虞注云'王假之'，谓四宜上之五，正与此同，但以假为至异耳。"其义与马融、姚信异。（参见家人九五爻辞"王假有庙"）。四上至五，即九四之阳升于五，六五之阴降于四，此为荀爽阳升阴降之说，故其义亦与荀爽同。释"丰"为"盛"，《说文·豆部》："丰，豆之充满者。"《广雅·释诂一》："丰，满也。"其义荀爽、郑玄同。

初九，遇其配主，虽旬无咎，往有尚。《象》曰：虽旬无咎，过旬灾也。

孟喜注：嘉耦曰妃。《汉上易传》。

荀爽注：虽均无咎。

郑玄注：嘉耦曰妃，初修礼上朝四，四以匹敌恩厚待之，虽留十日，不为咎。正以十日者，朝聘之礼，止于主国，以为限。聘礼毕归，大礼曰旬而稍。旬之外为稍，久留非常。《诗·有客》正义。

虞翻注：妃嫔谓四也。四失位，在震为主。五动体姤遇，故遇其妃主也。《周易集解》。谓四失位，变成坤，应初，坤数十。四上之五成离，离为日。《周易集解》。体大过，故过旬灾。四上之五，坎为灾也。《周易集解》。

按，"配"通"妃"。《诗·大雅·皇矣》："天立厥配。"《经典释文》："配本亦作妃。"《玉篇·女部》："妃，《说文》匹也。又音配。"清人席世昌《读说文记》卷十四云："古妃、配本同声也，重读如今之配，轻读即如今之妃，无二音也。又按，古书多以妃作配，后代妃字既专为后妃之妃，常人妃合字不便通用，转借配字当之。"朱震《汉上易传》："孟氏、郑氏本作妃，嘉耦曰妃。妃，媲也。亦匹配之义"《春秋左氏传》桓公二年："嘉耦曰妃。"孟喜、郑玄即取其义，虞翻作"妃"，其义亦同。

又，旬，荀爽作均，郑玄、虞翻作旬。旬通均。《周礼·地官·均人》："丰年则公旬用三日。"郑玄注："旬，均也。"《礼记·内则》："旬而见。"郑玄注："旬，当为均，声之误也。"郑玄释旬为十日，十正为坤数。其义荀爽、郑玄、虞翻同。

六二，丰其蔀，日中见斗，往得疑疾，有孚发若，吉。《象》曰：有孚发若，信以发志也。

马融注：蔀，小也。《周易集解》。

郑玄注：菩，小席。《经典释文》。

虞翻注:日蔽云中称蔀。蔀小,谓四也。二利四之五,故丰其蔀。噬嗑离为见,象在上为日中,艮为斗。斗,七星也。噬嗑艮为星、为止,坎为北中,巽为高舞。星止于中而舞者,北斗之象也。离上之三,隐坎云下,故日中见斗。四往之五,得正成坎,坎为疑疾,故往得疑疾也。《周易集解》。坎为孚。四发之五成坎孚,动而得位,故有孚发若吉也。《周易集解》。四发之五,坎为志也。《周易集解》。

按,"蔀"通"菩"。李富孙《易经异文释》云:"《说文》云:'菩,草也。'《广韵》:'蔀,小席也。'后人滋乳之字。晁氏曰:'菩,古文蔀字。'"《经典释文》:"蔀,音部。郑、薛作菩。云小席。"《说文·艸部》:"蔽,小草也。"王弼《周易注》:"蔀,覆暧,鄣光明之物也。"其义马融、虞翻同。郑玄释为"小席"则为引申之义。

九三,丰其沛,日中见沬,折其右肱,无咎。《象》曰:丰其沛,不可大事也。折其右肱,终不可用也。

子夏注:芾,小也。昧,星之小者。《经典释文》。

郑玄注:芾,祭祀之蔽膝。《经典释文》。三艮爻,艮为手,互体为巽,巽又为进退,手而便于进退,右肱也。犹大臣用事于君,君能诛之,故无咎。《仪礼·觐礼》疏。

虞翻注:日在云下称沛。沛,不明也。沬,小星也。噬嗑离为日,艮为沬,故日中见沬。上之三,日入坎云下,故见沬也。《周易集解》。《义海撮要》节引。兑为折、为右,噬嗑艮为肱。上来之三,折艮入兑,故折其右肱。之三得正,故无咎也。《周易集解》。利四之阴,故不可大事。《周易集解》。四死大过,故终不可用。《周易集解》。

姚信注:沛,滂沛也。《经典释文》。

干宝注：芾，祭祀之蔽膝。《经典释文》。

九家注：大暗谓之沛。沬，斗杓后小星也。《周易集解》。

按，沛，子夏、郑玄、干宝作芾，虞翻、姚信、九家作沛。"沛"通"芾"。《经典释文》："沛，本或作旆，谓幡幔也。姚云：'滂沛也。'子夏作芾。"《诗·召南·甘棠》："蔽芾甘棠，勿剪勿伐。"毛传："蔽芾，小貌。"焦循《易通释》："《风俗通·山泽篇》云：'沛者，草木之所蔽茂，禽兽之所蔽匿也。'虞仲翔谓'日在云下称沛'，《九家》谓'大暗谓之沛'，亦取蔽义，则沛之义本同于市。《子夏传》作芾，乃训芾为小。《释文》谓郑康成、干宝作韦，韦当是韍之残字，或即芾之讹，玩蔽膝之训可见。《诗》'赤芾在股'，笺云：'芾，太古蔽膝之象。'王弼作旆，解为旛，旆能蔽日光，尚与蔽义相近。姚信以为滂沛，则以字作沛，而不知其通作市。盖困之绂取于揜蔽，丰之沛即取于绂，泽有草木为禽兽所蔽，乃谓之沛。"孙堂《汉魏二十一家易注》云："芾，《说文》作市，云：'韠也。上古衣蔽前而已，市以象之。'音分勿切。又云：'韍，篆文市。'徐铉云：'俗作绂。'今案《钟鼎款识》周宰辟父敦'朱市'字皆作'芾'，是芾亦古字也。《诗·曹风·候人》篇'三百赤芾'，毛传云：'芾，韠也。'《小雅·采菽》篇'赤芾在股'，笺云：'芾，大古蔽膝之象也。'并与此同。"其义子夏、郑玄、干宝同。又《广雅·释诂一》："沛，大也。"《广雅·释训》："滂滂，沛沛，流也。"孔颖达《周易正义》："沛，幡幔，所以御盛光也。"其义虞翻、姚信、九家各异。

又，"沬"通"昧"。《经典释文》："沬，微昧之光也。《字林》作昧。"《汉书·五行志下之下》引《易》作："日中见昧"。昧亦通妹。《释名·释亲属》："妹，昧也。"《尚书·酒诰》"妹邦"，即《诗》"沬之乡"。王弼《周易略例》"暗甚则明尽，未尽则明昧。

明尽则斗星见,明微故见昧”,《经典释文》:“昧,本亦作妹,又作沫。”李道平《周易集解纂疏》云:“《星经》曰:‘北斗七星,辅一星在大微北,北斗第六星旁。’陆希声云:‘沫者,斗槩谓斗之辅星,斗以象大臣,槩以象家臣。’故曰:‘沫,小星也。’”孔颖达《周易正义》:“沫,微昧之明也,以九三应在上六,志在乎阴,虽愈于六二以阴处阴,亦未见免于暗也,是所以‘丰在沛,日中见沫’。”由此知子夏作“昧”,释为“小星”,其义与郑玄、虞翻、王肃、九家皆同。

九四,丰其蔀,日中见斗,遇其夷主,吉。《象》曰:丰其蔀,位不当也。日中见斗,幽不明也。遇其夷主,吉行也。

马融注:蔀,小也。昧,辅星也。《周易集解》。

虞翻注:蔀,蔽也。噬嗑离日之坎云中,故丰其蔀。《象》曰“位不当也”。《周易集解》。噬嗑日在上为中。上之三为巽,巽为入。日入坎云下,幽伏不明,故日中见斗。《象》曰“幽不明”,是其义也。《周易集解》。震为主,四行之正成明夷,则三体震为夷主,故遇其夷主,吉也。《周易集解》。离上变入坎云下,故幽不明。坎,幽也。《周易集解》。动体明夷,震为行,故曰“吉行”。《周易集解》。

按,九四居阴位,又处二阴之下,位不当。三、四、五爻互兑,兑为暗,故为蔽。王弼《周易注》:“以阳居阴,丰其蔀也。”其义马融与虞翻相通(见上)。

上六,丰其屋,蔀其家,窥其户,阒其无人,三岁不觌,凶。《象》曰:丰其屋,天际翔也。窥其户,阒其无人,自藏也。

孟喜注:天降下恶祥也。《周易集解》。

马融注:阒,无人貌。戕,残也。《经典释文》。

郑玄注:阒,无人貌。际当为瘵。瘵,病也。《经典释文》。戕,伤也。《经典释文》。

陆绩注:上六,积暗而动,凶之于上反下,见阴之兆。京氏《易传》注。

虞翻注:丰大,蔀小也。三至上体大壮屋象,故丰其屋。谓四五已变,上动成家人。大屋见则家人坏,故蔀其家。与泰二同义。故《象》曰"天降祥明",以大壮为屋象故也。《周易集解》。谓从外窥三应。阒,空也。四动时,坤为阖。户阖,故窥其户。坤为空虚,三隐伏坎中,故窥其无人,《象》曰"自藏也"。四五易位,噬嗑离目为窥。窥人者,言皆不见。坎为三岁,坤冥在上,离象不见,故三岁不觌,凶。《周易集解》。谓三隐伏坎中,故自藏者也。《周易集解》。

王肃注:戕,残也。《经典释文》。

干宝注:在丰之家,处乾之位,乾为屋宇,故曰"丰其屋"。此盖托纣之侈,造为璇室玉台。蔀其家者,以记纣多倾国之女也。社稷既亡,宫室虚旷,故曰"窥其户,阒其无人"。阒,无人貌也。三者,天地人之数也。凡国于天地,有兴亡焉,故王者之亡其家也,必天示其祥,地出其妖,人反其常。非斯三者,亦弗之亡也,故曰"三岁不觌,凶"。然则璇室之成,三年而后亡国矣。《周易集解》。

按,上六重阴,与九三应,九三为大坎,大坎为死象,故有凶兆。其义孟喜、陆绩同。释"阒"为"无人貌",《说文新附·门部》:"阒,静也。"《经典释文》:"《字林》:'阒,静也。'"其义马融、郑玄、干宝皆同。陆绩释"阒"为"空",其义亦相通。释"戕"为"残",《说文·戈部》:"戕,杀也。"段玉裁注:"《小雅》曰:'子不戕。’传曰：‘戕，残也。’此戕之正义。”《诗·小雅·十月不交》：“曰予不戕，礼则然矣。”郑玄笺：“戕，残也。”其义马融、郑玄、王肃同。

旅䷷

旅，小亨，旅贞吉。《彖》曰：旅，小亨。柔得中乎外而顺乎刚，止而丽乎明，是以小亨，旅，贞吉也。旅之时义大矣哉。《象》曰：山上有火，旅。君子以明慎用刑，而不留狱。

荀爽注：谓阳升居五，与阳通者也。《周易集解》。

陆绩注：火在上，无止象，旅之义。京氏《易传》注。

虞翻注：贲初之四，否三之五，非乾坤往来也。与噬嗑之丰同义。小谓柔，得贵位而顺刚，丽乎大明，故旅小亨，旅现吉。再言旅者，谓四凶，进退无恒，无所容处，故再言旅，恶而愍之。《周易集解》。以离日丽天，县象著明，莫大日月，故义大也。《周易集解》。君子谓三。离为明，艮为慎，兑为刑，坎为狱，贲初之四，狱象不见，故以明慎用刑事，而不留狱，与丰折狱同义者也。《周易集解》。

王肃注：旅，军旅。《经典释文》。

姚信注：此本否卦三五交易，去其本体，故曰"客旅"。《周易集解》。

蜀才注：否三升五，柔得中于外，上顺乎刚。九五降三，降不失正。止而丽乎明，所以"小享，旅贞吉"也。《周易集解》。

按，旅卦是否卦六三爻与九五爻的置换而成，李道平《周易集解纂疏》云:“否三阴为小,升居于五,五阳降居于三,阴与阳通,故亨。”荀爽、蜀才主升降,虞翻主卦变旁通,其义同。孔颖达《周易正义》:“旅者,客寄之名,羁旅之称。”上卦为离,离为火,火动有旅象,故陆绩谓“夫止象”。姚信释为“客旅”、王肃释为“军旅”,其义大同小异。

初六,旅琐琐,斯其所取灾。《象》曰:旅琐琐,志穷灾也。

马融注:琐琐,疲弊貌。《经典释文》。

郑玄注:琐琐,犹小小也。爻互体艮,艮小石,小小之象。三为聘客,初与二,其介也。介当以笃实之人为之,而用小人琐琐然。客主人为言,不能辞曰非礼,不能对曰非礼。每者不能以礼行之,则其所以得罪。《仪礼·聘礼》疏。

虞翻注:琐琐,最蔽之貌也。失位远应,之正介坎。坎为灾眚,艮手为取。谓三动就坎,坎为志,坤称穷,故曰“志穷灾也”。《周易集解》。

陆绩注:琐琐,小也。艮为小石,故曰“旅琐琐”也。履非其正,应离之始,离为火,艮为山,以应火,灾焚自取也。故曰“斯其所取灾”也。《周易集解》。

王肃注:琐琐,细小貌。《经典释文》。

按,“琐琐”,扬雄《太玄·成》:“成魁琐,以成获祸。”范望注:“琐,细也。”司马光注:“琐细之行必且堕其功而获祝矣。”焦循《易章句》:“琐琐,琐而又琐,小而又小。”其义郑玄、陆绩、王肃同。马融、虞翻同释“琐琐”为“疲弊”,初六应在九四,九四在离,离为火,艮为门,为取,出门遇火是取其灾。孔颖达《周易正义》:“琐琐者,细小卑贱之貌也。初六当旅之时,最处下极,是寄旅不得所安,而为斯卑贱之役。然则为斯卑贱劳役,由其处于穷下,故致此灾。”其义亦同。

六五,射雉,一矢亡,终以誉命。《象》曰:终以誉命,上逮也。

虞翻注:三变坎为弓,离为矢,故射雉。五变乾体,矢动雉飞,雉象不见,故一矢亡矣。《周易集解》。誉谓二,巽为命。五终变成乾,则二来应己,故终以誉命。《周易集解》。逮,及也。谓二上及也。《周易集解》。

干宝注:逮,安也。离为雉、为矢,巽为木、为进退,艮为手,兑为决。有木在手,进退其体,矢决于处,射之象也。一阴升乾,故曰“一矢”。履非其位,下又无应,虽复射雉,终亦失之,故曰“一矢亡”也。一矢亡者,喻有损而小也。此记录父为王者后,虽小叛扰,终逮安周室,故曰“终以誉命”矣。《周易集解》。

按,逮,虞翻释为“及”,干宝释为“安”。《说文·辵部》:“逮,及也。”《尔雅·释言》:“逮,及也。”焦循《易章句》:“逮,及也。”又《礼记·孔子闲居》:“威仪逮逮,不可选也。”郑玄注:“逮逮,安和之貌也。”其义虞翻与干宝异。

上九,鸟焚其巢,旅人先笑后号咷,丧牛于易,凶。《象》曰:以旅在上,其义焚也。丧牛于易,终莫之闻也。

马融注:义,宜也。《经典释文》。

虞翻注:离为鸟、为火,巽为木、为高。四失位变,震为筐,巢之象也。今巢象不见,故鸟焚其巢。震为笑,震在前,故先笑。应在巽,巽为号咷,巽象在后,故后号咷。《周易集解》。谓三动时,坤为牛。五动成乾,乾为易。上失三,五动应二,故丧牛于易。失位无应,故凶也。五动成遯,六二执之用黄牛之革,则旅家所丧牛也。《周易集解》。离火焚巢,故其义焚也。《周易集解》。坎耳入兑,故终莫之闻。《周易集解》。

按,义,马融释为"宜",宜通义,其义马融、虞翻同。

巽䷸

巽，小亨，利有攸往，利见大人。《彖》曰：重巽以申命。刚巽乎中正而志行，柔皆顺乎刚，是以小亨。利有攸往，利见大人。《象》曰：随风，巽。君子以申命行事。

荀爽注：巽为号令，两巽相随，故申命也。法教百端，令行为上，贵其必从，故曰"行事"也。《周易集解》。《义海撮要》节引。

陆绩注：本乾象，阴成荡，成巽，巽者，顺也。京氏《易传》注。巽为命令，重命令者，欲丁宁也。《周易集解》。《义海撮要》。二得中，五得正，体两巽，故曰"刚巽乎中正"也。皆据阴，故志行也。《周易集解》。《义海撮要》。阴为卦主，故小亨。《周易集解》。《义海撮要》。

虞翻注：遯二之四，柔得位而顺五刚，故小亨也。大人谓五，离目为见。二失位利正，往应五，故利有攸往，利见大人矣。《周易集解》。刚中正谓五也。二失位，动成坎，坎为志，终变为震，震为行也。《周易集解》。君子谓遯乾也。巽为命，重象，故申命。变至三，坤为事，震为行，故行事也。《周易集解》。

按，巽为风，巽上巽下，风与风相随之象。风行天下，无处不到，君子申喻号令，行事如风行天下。孔颖达《周易正义》："上下皆巽，不为违逆，君唱臣和，教令乃行，故于重巽之卦，以明申命之理。"焦循《易通释》："道变化而不已，命分于道，则有所限。

有当安于所限者，不舍命是也。有不当安于所限者，申命、改命、致命是也。命而能改、能申、能致，则命不已，即道之不已，如是乃为知命。自变通之义不明，而未受命、未顺命之文，遂成一莫解之说矣。”其义荀爽、陆绩、虞翻皆同。

初六，进退，利武人之贞。《象》曰：进退，志疑也。利武人之贞，志治也。

荀爽注：风性动，进退，欲承五，为二所据，故志以疑也。《周易集解》。《义海撮要》。

虞翻注：巽为进退，乾为武人。初失位，利之正为乾，故利武人之贞矣。《周易集解》。动而志乾，乾为大明，故志治，乾元用九，天下治，是其义也。《周易集解》。

按，巽为风，风动为进退。孔颖达《周易正义》：“初六，处令之初，法未宣，著体于柔巽，不能自决，心怀进退，未能从令者也。成命齐邪，莫善威武，既未能从令，则宜用武人之正，以整齐之。”焦循《易通释》：“巽初六‘利武人之贞’，虞仲翔以武人为乾象。《广雅》‘乾，武健也’，《楚语》‘天事武，地事文’，韦昭注云：‘乾称刚健，故武。地质柔顺，故文。’《说卦传》以坤为文，乾不言武。郑《目录》云‘马者，武也’。乾为马，则亦为武之证。”其义荀爽与虞翻异。

九二，巽在床下，用史巫纷若，吉，无咎。《象》曰：纷若之吉，得中也。

荀爽注：床下，以喻近也。二者军帅，三者号令，故言床下，以明将之所专，不过军中事也。《周易集解》。史以书勋，巫以告庙。纷，变；若，顺也。谓二以阳应阳，君所不臣，军帅之象。征伐既毕，书勋告庙，当变而顺五则吉，故曰“用史巫纷若，吉无咎”也。《周易集解》。谓二以处中和，故能变。《周易集解》。

宋衷注：巽为木，二阳在上，初阴在下，床之象也。二无应于上，退而据初，心在于下，故曰“巽在床下”也。《周易集解》。

按，九二处巽下体，而复以阳居阴，卑巽之甚。巽为木，为卑，木即床，有卑伏于床下之象，其义荀爽、宋衷同。

上九，巽在床下，丧其资斧，贞凶。《象》曰：巽在床下，上穷也。丧其资斧，正乎凶也。

荀爽注：军罢师旋，亦告于庙。还斧于君，故丧齐斧。正如其故，不执臣节，则凶。故曰“丧其齐斧，贞凶”。《周易集解》。

虞翻注：床下谓初也。穷上反下成震，故“巽在床下”。《象》曰“上穷也”，明当变穷上而复初者也。《周易集解》。变至三时，离毁入坤，坤为丧，巽为齐，离为斧，故丧其齐斧。三变失位，故贞吉。《周易集解》。阳穷上反下，故曰“上穷也”。《周易集解》。上应于三，三动失正，故曰“正乎凶也”。《周易集解》。

九家注：上为宗庙。礼封赏出军，皆先告庙，然后受行。三军之命，将之所专，故曰“巽在床下”也。《周易集解》。

按，资斧，荀爽、虞翻皆作齐斧。齐通资。《经典释文》：“资斧，子夏传及众家并作齐斧，张轨云：‘齐斧盖黄钺也。’虞喜《志林》云：‘齐，当作斋，斋戒入庙而受斧。’”《汉书·王莽传下》：“此经所谓丧其齐斧者也。”颜师古注引应劭曰：“齐，利也。”故资斧、齐斧、利斧，其义同。上九爻不当位，与九三不应，又处穷极，穷而变，变而复于初，故为床下。李道平《周易集解纂疏》：“古者饮至策勋，皆在于庙，赐弓矢斧钺，然后得专征伐。故出则授斧，入则还斧，还斧于君，故丧齐斧，已丧齐斧，若正如其故，是不执臣节，则凶矣。”孔颖达《周易正义》：“斧能斩决，以喻威断也，巽过则不能行威命。命之不行，是丧其所用之斧。”其义荀爽、虞翻、九家同。

兑䷹

兑，亨，利贞。《彖》曰：兑，说也。刚中而柔外，说以利贞，是顺乎天而应乎人。说以先民，民忘其劳。说以犯难，民忘其死。说之大，民劝矣。《象》曰：丽泽，兑。君子以朋友讲习。

九四，商兑，未宁，介疾有喜。《象》曰：九四之喜，有庆也。

马融注：介，大也。

虞翻注：坎为疾，故介疾。得位承五，故有庆。

按，马融释“介”为大，王弼《周易注》：“商，商量裁制之谓也。介，隔也。三为佞说，将近至尊。故四以刚德，裁而隔之，匡内制外，是以未宁也。处于几近，闲邪介疾，宜其有喜也。”孔颖达《周易正义》：“居近至尊，防邪隔疾，宜其有喜，故曰介疾有喜。”据易例，阴称疾，阳称庆，四介三、五之间，下比三称疾，上承五，故称庆。《说文·内部》：“商，从外知内也。”四即当于内卦与外卦之介。其义马融与虞翻异。

涣䷺

涣，亨，王假有庙，利涉大川，利贞。《彖》曰：涣，亨，刚来而不穷，柔得位乎外而上同。王假有庙，王乃在中也。利涉大川，乘木有功也。《象》曰：风行水上，涣。先王以享于帝立庙。

荀爽注：谓阳来居二，在坤之中为立庙。假，大也。言受命之王，居五大位，上体之中，上享天帝，下立宗庙也。《周易集解》。谓受命之王，收集散民，上享天帝，下立宗庙也。阴上至四承五为享帝，阳下至二为立庙也。离日上为宗庙，而谓天帝。宗庙之神所配食者，王者所奉，故继于上。至于宗庙，其实在地。地者，阴中之阳，有似庙中之神。《周易集解》。

陆绩注：涣者，散也。京氏《易传》注。虚舟行也。京氏《易传》注。木浮于水也。京氏《易传》注。

虞翻注：否四之二，成坎巽，天地交，故亨也。《周易集解》。乾为王，假，至也。否体观，艮为宗庙，乾四之坤二，故王假有庙，王乃在中也。《周易集解》。坎为大川，涣，舟楫象，故涉大川，乘木有功。二失正，变应五，故"利贞"也。《周易集解》。巽为木，坎为水，故乘木有功也。《周易集解》。否乾为先王。享，祭也。震为帝、为祭，艮为庙，四之二杀坤大牲，故以享帝立庙，谓成既济，有噬嗑食象故也。《周易集解》。

按，荀爽释"假"为"大"，即王亨有宗庙（政权），可以行使权力。虞翻释为"至"，王至庙中行使权力，其义荀爽与虞翻相通。上卦为巽，下卦为坎，巽为木，坎为水，巽木在坎水之上，有水上行舟之象。王弼《周易注》："木者，所以涉川也。"其义陆绩、虞翻同。

初六，用拯马壮，吉。《象》曰：初六之吉，顺也。

子夏注：抍，取也。《经典释文》。

马融注：拯，举也。《汉上易传》。

虞翻注：坎为马，初失正，动，体大壮得位，故拯马壮吉，悔亡之矣。《周易集解》。承二，故顺也。《周易集解》。

王肃注：拯，拔也。《经典释文》。

按，"拯"，马融释为"取"，王肃释为"拔"，子夏作"抍"，其义相通。可参见明夷卦。

九五，涣汗其大号，涣，王居，无咎。《象》曰：王居无咎，正位也。

荀爽注：布其德教，王居其所，故无咎矣。《周易集解》。

郑玄注：号，令也。《文选注》三。

虞翻注：五为王，艮为居，正位居五，四阴顺命，故王居无咎，正位也。《周易集解》。

王肃注：王者出令，不可复返，喻如身中汗出，出不可返也。《北堂书钞》一百三《艺文部》。

九家注：谓五建二为诸侯，使下君国，故宣布号令，百姓被泽，若汗之出身，不还反也。此本否卦，体乾为首，来下处二，成坎水，汗之象也。阳称大，故曰"涣汗其大号"也。《周易集解》。

按，释"号"为"令"，《说文·号部》："号，呼也。"《吕氏春秋·怀宠》："先发声出号。"高诱注："号，令。"焦循《易章句》："号即号吼之号。"九五为王，居尊位，下有六四顺从，王者发布号令，得民拥护，所以无咎。孔颖达《周易正义》："九五处尊履正，在号令之中，能行号令，以散险阨者也。"其义荀爽、郑玄、虞翻、王肃、九家相通。

节䷻

节，亨，苦节，不可贞。《彖》曰：节，亨，刚柔分而刚得中。苦节，不可贞，其道穷也。说以行险。当位以节，中正以通。天地节而四时成。节以制度，不伤财，不害民。《象》曰：泽上有水、节。君子以制数度，议德行。

荀爽注：乘阳于上，无应于下，故其道穷也。《周易集解》。

虞翻注：泰三之五，天地交也。五当位以节，中正以通，故节亨也。《周易集解》。谓上也。应在三，三变，成离火。炎上作苦。位在火上，故苦节。虽得位乘阳，故不可贞。《周易集解》。位极于上，乘阳，故穷也。《周易集解》。

按，节卦上卦为坎，下卦为兑，兑为泽，坎为水，泽中有水，若不能持续节制，便为苦节。孔颖达《周易正义》："为节过苦，不可为正。若以苦节为正，则其道困穷。"其义荀爽、虞翻相通。

上六，苦节，贞凶，悔亡。《象》曰：苦节，贞凶，其道穷也。

虞翻注：二三变在两离，火炎上作苦，故苦节。乘阳，故贞凶。得位，故悔亡。《周易集解》。

干宝注：《象》称苦节不可贞，在此爻也。禀险伏之教，怀贪狠之志，以苦节之性而遇甘节之主，必受其诛，华士、少正卯之爻也，故曰“贞凶”。苦节既凶，甘节志得，故曰“悔亡”。《周易集解》。

按，上六居卦之极，亦为穷尽之地。孔颖达《周易正义》：“上六处节之极，过节之中，节不能甘，以至于苦，故曰‘苦节’也。物所不堪，不可复正，正之凶也，故曰‘贞凶’。若以苦节施人，则是正道之凶。若以苦节修身，则俭约无妄，可得亡悔，故曰‘悔亡’也。”其义虞翻、干宝相通。

中孚䷼

中孚，豚鱼吉，利涉大川，利贞。《彖》曰：中孚，柔在内而刚得中，说而巽，孚乃化邦也。豚鱼吉，信及豚鱼也。利涉大川，乘木舟虚也。中孚以利贞，乃应乎天也。《象》曰：泽上有风，中浮。君子以议狱缓死。

荀爽注：两巽对合，外实中虚。《汉上易丛说》。豚鱼谓四三也。艮为山陆，豚所处。三为兑泽，鱼所在。豚者卑贱，鱼者幽隐。中信之道，皆及之矣。《周易集解》。

郑玄注：孚，信也。两阴在内，亦以五以中和之气候之。两阴，犹民于君在上矣，臣在下候，行中正之道，政教信于民，故谓之中孚。两阴者，三辰在亥为豕，爻失正，故变而为小名言豚。四辰在丑为鳖。鳖，鱼之微者，爻为正，变以其大节言鱼。三体兑为泽，四值天渊，二五皆坎爻如水，水以水度浸泽所养，故吉。互体是震，震为木，二爻巽为风，木在水上，而风行之，济大川，象君能济于难也。《易纬稽览图》。三辰在亥，亥为豕。爻失正，故变而从小名言豚耳。四辰在丑，丑为鳖蟹，鼈蟹，鱼之微者。爻得正，故变而从大名言鱼耳。互体互，兑为泽，四上值天渊，二五皆坎爻，坎为水，二浸泽，则豚利，五亦以水灌渊，则鱼利。豚鱼，以喻小民也。而为明君贤臣恩意所供养，故吉。《诗·无羊》正义。空府藏则伤财，力役繁则害民，二者奢泰之所致。《后汉书·王符传》注。舟谓集板，如今自空大木为之曰虚。《诗·谷风》正义。

陆绩注：豚鱼幽微之物，信尚及之，何况于人乎！京氏《易传》注。

虞翻注：讼四之初也。坎孚象在中，谓二也，故称中孚。此当从四阳二阴之例，遯阴未及三，而大壮阳已至四，故从讼来。二在讼时，体离为鹤，在坎阴中，故有鸣鹤在阴之义也。《周易集解》。坎为大川，谓二已化邦，三利出涉，坎得正，体涣，涣舟楫象，故利涉大川，乘木舟虚也。《周易集解》。谓二利之正，而应五也。中孚以利贞，乃应于天也。《周易集解》。二化应五成坤，坤为邦，故化邦也。《周易集解》。讼乾为天，二动应乾，故乃应乎天也。《周易集解》。君子谓乾也。讼坎为狱，震为议、为缓，坤为死。乾四之初，则二出坎狱，兑说震喜，坎狱不见，故议狱缓死也。《周易集解》。

王肃注：三四在内，二五得中，兑说而巽顺，故孚也。《周易集解》。中孚之象，外实内虚，有似可乘虚木之舟也。《周易集解》。

按，释豚为小、为微，其义荀爽、郑玄、陆绩同。中孚卦上卦为巽，下卦为兑，两巽对合，外实内虚，为中孚之象。其义荀爽、郑玄、虞翻、王肃相通。

九二，鸣鹤在阴，其子和之，我有好爵，吾与尔靡之。《象》曰：其子和之，中心愿也。

孟喜注：好，小也。靡，共也。《经典释文》。

京房注：九二处和，体震，则震为鹤。《汉上易传》。

虞翻注：靡，共也。震为鸣，讼离为鹤，坎为阴夜，鹤知夜半，故鸣鹤在阴。二动成坤体益，五艮为子，震巽同声者相应，故其子和之。坤为身，故称我。吾谓五也。离为爵，爵，位也。坤为邦国。五在艮，阍寺庭阙之象，故称好爵。五利二变之正应以，故吾与尔靡之矣。《周易集解》。坎为心，动得正应五，故中心愿也。《周易集解》。

干宝注：縻，散也。《经典释文》。

按，“靡”通“縻”，《洪武正韵·支韵》：“縻，又作靡。”焦循《易章句》：“靡，硙切也，”张惠言《易义别录》云：“靡，共也，虞用之，好爵谓五以离与二共。”李道平《周易集解纂疏》云：“靡，散也。”孟喜、虞翻释“靡”为“共”，其义孟喜、虞翻同。干宝作“縻”释为“散”，散有聚集而分离之意。其义与孟喜、虞翻亦同。

六四，月几望，马匹亡，无咎。《象》曰：马匹亡，绝类上也。

孟喜注：既望，十六日也。晁氏。

虞翻注：讼坎为月，离为日。兑西震东，月在兑二，离在震三，日月象对，故月几望。乾坎两马匹。初四易位，震为奔走，体遯山中，乾坎不见，故马匹亡。初四易位，故无咎矣。《周易集解》。讼初之四，体与上绝，故绝类上也。《周易集解》。

按，几，孟喜作既，虞翻作几。几同既。四、五爻半坎，坎为月，月尚未圆，故称几望。孔颖达《周易正义》：“六四居中孚之时，处巽应说，得位履顺，上承于五，内毗元首，外宣德化，充乎阴德之盛，如月之近望。”其义孟喜、虞翻相通。

小过䷽

小过，亨，利贞。可小事，不可大事。飞鸟遗之音，不宜上，宜下，大吉。《彖》曰：小过，小者过而亨也。过以利贞，与时行也。柔得中，是以小事吉也。刚失位而不中，是以不可大事也。有飞鸟之象焉，飞鸟遗之音。不宜上，宜下，大吉，上逆而下顺也。《象》曰：山上有雷，小过。君子以行过乎恭，丧过乎哀，用过乎俭。

宋衷注：二阳在内，上下各阴，有似飞鸟舒翮之象，故曰"飞鸟"。震为声音，飞而且鸣，鸟去而音止，故曰"遗之音"也。《周易集解》。

虞翻注：晋上之三。当从四阴二阳，临观之例，临阳未至三，而观四已消也。又有飞鸟之象，故知从晋来。杵臼之利，盖取诸此。柔得中而应乾刚，故亨。五失正，故利贞。过以利贞，与时行也。离为飞鸟，震为音，艮为止。晋上之三，离去震在，鸟飞而音止，故飞鸟遗之音。上阴乘阳，故不宜上。下阴顺阳，故宜下大吉。俗说或以卦象二阳在内，四阴在外，有似飞鸟之象，妄矣。《周易集解》。

按，孔颖达《周易正义》："遗，失也。鸟之失声，必是穷迫，未得安处。《论语》曰：'鸟之将死，其鸣也哀。'故知遗音即哀声也。”焦循《易章句》:“遗,即不遐遗之遗。音,即翰音之音。单出曰声,杂比曰音。中孚成益,下震为鸣,鸣但有声耳。”其义宋衷、虞翻同。

既济䷾

既济，亨小，利贞，初吉，终乱。《彖》曰：既济，亨，小者亨也。利贞，刚柔正而位当也。初吉，柔得中也。终止则乱，其道穷也。《象》曰：水在火上，既济。君子以思患而豫防之。

子夏注：阳已下阴，万物皆成。《汉上易传》。

荀爽注：天地既交，阳升阴降，故小者亨也。《周易集解》。六爻既正，必当复乱，故君子象之，思患而豫防之，治不忘乱也。《周易集解》。

郑玄注：既，已也，尽也。济，度也。《经典释文》。

陆绩注：离坎分子午，水上火下，性相交敌，不间隔，是曰既济也。京氏《易传》注。

虞翻注：泰五之二，小谓二也。柔得中，故亨小。六爻得位，各正性命，保合大和，故利贞矣。《周易集解》。《汉上易丛说》节引。初，始也。谓泰乾，乾知大始，故称初。坤五之乾二，得正处中，故初吉，柔得中也。《周易集解》。泰坤称乱，二上之五，终止于泰，则反成否。子弑其父，臣弑其君，天下无邦，终穷成坤，故乱，其道穷。《周易集解》。中谓二。《周易集解》。反否终坤，故其道穷也。《周易集解》。

按，既济卦上卦为坎，下卦为离。坎本坤体，离本乾体。坤上乾下，是泰卦泰之九二上交于六五，即为既济，六爻皆当位，万事尽成之象。孔颖达《周易正义》：“济者，济渡之名，既者，皆尽之称，万事皆济，故以既济为名。”其义子夏、荀爽、郑玄、陆绩、虞翻皆相通。

六二，妇丧其茀，勿逐，七日得。《象》曰：七日得，以中道也。

孟喜注：髴，鬒发也。晁氏。

马融注：茀，首饰也。《经典释文》。

郑玄注：茀，车蔽也。《经典释文》。

虞翻注：离为妇，泰坤为丧，髴发，谓鬒发也。一名妇人之首饰，坎为玄云，故称髴，《诗》曰“鬒髮如云”，乾为首，坎为美，五取乾二之坤为坎，坎为盗，故妇丧其髴。泰震为七，故勿逐七日得。与睽丧马勿逐同义。“髴”或作“茀”，俗说以“髴”为妇人蔽膝之“茀”，非也。《周易集解》。

王肃注：体柔应五，履顺承刚，妇人之义也。髴，首饰。坎为盗，离为妇。丧其髴，邻于盗也。勿逐自得，履中道也。二五相应，故七日得也。《周易集解》。

干宝注：髴，马髴也。《经典释文》。

按，茀，孟喜、虞翻、王肃、干宝作髴，马融、郑玄作茀。茀通髴。《经典释文》：“茀，首饰也。”又云：“茀，马同。干云马髴也。郑云车蔽也。子夏作髴，荀作绂，董作髢也。”《说文·髟部》：“髴，若似也。从髟，弗声。”孔颖达《周易正义》：“茀者，妇人之首饰也。”焦循《易章句》：“茀，首饰也。与拂通。”孙堂《汉魏二十一家易注》云：“《诗·墉风·君子偕老》篇：‘鬒髮如云，不屑髢也。’《正义》：‘髢，髲也。’《说文》云：‘髲。益发也。言人发少，聚他人发益之。’《左传》‘使髡之以为吕姜髢’是也。神庙本

《释文》及《经义考》作'妇丧其笄',未知孰是。"沈祖绵《周易孟氏学》云:"虞氏宗孟氏家法。故释茀为鬓,髮或首饰。"其义孟喜、马融、虞翻、王肃同。郑玄释为"车蔽",源自《毛诗》。《诗·卫风·硕人》:"翟茀以朝。"毛传:"翟翟,车也。夫人以翟羽饰车。茀,蔽也。"又《诗·齐风·载驱》:"簟茀朱鞹。"毛传:"车之蔽曰茀。"干宝释为"马髴",故其义与诸家皆同。

九三,高宗伐鬼方,三年克之,小人勿用。《象》曰:三年克之,惫也。

郑玄注:惫,劣弱也。《经典释文》。

陆绩注:备当为惫;惫,困劣也。《经典释文》。

虞翻注:高宗,殷王武丁。鬼方,国名。乾为高宗,坤为鬼方。乾二之坤五,故高宗伐鬼方。坤为年,位在三,故三年。坤为小人,二上克五,故三年克之,小人勿用,《象》曰"惫也"。《周易集解》。坎为劳,故惫也。《周易集解》。

干宝注:高宗,殷中兴之君。鬼方,北方国也。高宗尝伐鬼方,三年而后克之。离为伐兵,故称伐。坎为北方,故称鬼。在既济之家而述先代之功,以明周因于殷,有所弗革也。《周易集解》。

按,遯卦九三爻《象传》曰:"有疾惫也。"郑玄注:"惫,困也。"《广雅·释诂四》:"困,穷也。"《广韵·慁韵》:"困,悴也。"《一切经音义》卷七引《通俗文》云:"疲极曰惫。"《玉篇·心部》:"惫,极也,疲劳也。"孔颖达《周易正义》:"惫也者,以衰惫之故,故三年乃克之。"焦循《易章句》:"惫,犹罢也。"罢通疲,《广雅·释诂一》:"罢,劳也。"王念孙疏证:"罢与疲同。"其义郑玄、陆绩、虞翻同。释"鬼方"为国名,殷王武丁攻伐三年才克定,其义虞翻、干宝同。

上六，濡其首，厉。《象》曰：濡其首，厉，何可久也。

荀爽注：居上濡五，处高居盛，必当复危，故何可久也。《周易集解》。

虞翻注：乾为首，五从二，上在坎中，故濡其首，厉。位极乘阳，故何可久。《周易集解》。

按，上六为首，即濡其首，是既济之终，处卦之极，故不可长久。孔颖达《周易正义》："上六处既济之极，则反于未济。若反于未济，则首先犯焉。若进而不已，必遇于难，故濡其首也。既被濡首，将没不久，危莫先焉。"其义荀爽、虞翻同。

未济䷿

未济，亨，小狐汔济，濡其尾，无攸利。《彖》曰：未济，亨，柔得中也。小狐汔济，未出中也。濡其尾，无攸利，不续终也。虽不当位，刚柔应也。《象》曰：火在水上，未济。君子以慎辨物居方。

子夏注：坎称小狐。《汉上易传·说卦》引。

孟喜注：坎，穴也。狐穴居，小狐济木，未济一步下其尾，故曰“汔济濡尾”。《汉上易传》。

荀爽注：柔上居正，与阳合同，故亨也。《周易集解》。虽刚柔相应而不以正，由未能济也。《周易集解》。《义海撮要》。

郑玄注：汔，几也。《经典释文》。

陆绩注：离炎上，坎务下，二象不合，各殊阴阳也。京氏《易传》注。

虞翻注：否二之五也。柔得中，天地交，故亨。济，成也。六爻皆错，故称未济也。《周易集解》。《义海撮要》。《汉上易丛说》节引。否艮为小狐。汔，几也。济，济渡。狐济几渡而濡其尾，未出中也。《周易集解》。艮为尾，狐，兽之长尾者也。尾谓二，在坎水中，故濡其尾。失位，故无攸利，不续终也。《周易集解》。谓二未变，在坎中也。《周易集解》。否阴消阳，至剥终坤，终止则乱，其道穷也。乾五之二，坤杀不行，故不续终也。《周易集解》。君子，否乾也。艮为慎，辨，辨别也。物谓乾，阳物也，坤阴也，艮为居，坤为方，乾别五以居坤二，故以慎辨物居方也。《周易集解》。

王肃注：坎为水、为险、为隐伏，物之在险，穴居隐伏。往来水间者，狐也。《汉上易传》。

干宝注：坎为狐。《说文》曰："汔，涸也。"案刚柔失正，故未济也。五居中应刚，故亨也。小狐力弱，汔乃可济，水既未涸而乃济之，故尾濡而无所利也。《周易集解》。《义海撮要》节引。狐，野兽之妖者，以喻禄父。中谓二也，困而犹处中故也。此以托纣虽亡国，禄父犹得封矣。《周易集解》。言禄父不能敬奉天命，以续既终之礼，谓叛而被诛也。《周易集解》。六爻皆相应，故微子更得为客也。《周易集解》。

按，释"坎"为"狐"，子夏、孟喜、虞翻、王肃、干宝同。沈祖绵《周易孟氏学》云："孟氏以坎为狐，虞氏以否艮为小狐，义不相通。否者，否与未济皆三阴三阳之卦，未济由否而来，未济二五两爻之变为否是也。治《易》好曲解，此其大谬者也。"此说不确。张惠言《周易虞氏义》云："小狐谓四也。几，渡。谓二上之五涉坎，由濡尾，故未济。未济非可终之道。"又《易义别录》云："虞云汔，几也，申成此义。坎，穴也。狐，穴居，坎为穴，不为狐，故虞取否艮，艮为小狐，艮黔喙之属，又为小也。否二之五，艮狐在坎穴，无妨亦有穴居之象，汉上不见孟《易》，采之它书所引，故不能全其说。"未济卦上卦为离，下卦为坎，离为火，坎为水、为狐，火水不交，六爻皆失位，故无所利。其义孟喜、虞翻、王肃、干宝同。

九二，曳其轮，贞吉。《象》曰：九二贞吉，中以行正也。

虞翻注：谓初已正，二动成震，故行正。《周易集解》。

姚信注:坎为曳为轮,两阴夹阳,轮之象也。二应于五而隔于四,止而据初,故曳其轮。处中而行,故曰“贞吉”。《周易集解》。

干宝注:坎为轮,离为牛,牛曳轮,上以承五命,犹东蕃之诸侯,共攻三监,以康周道,故曰“贞吉”也。《周易集解》。

按,未济卦上卦为坎,下卦为离,坎为轮。九二应六五,六五互坎,有轮象,上有应,故吉。“二应于五而隔于四”,正与荀爽释《象》谓“虽刚柔相应而不以正,由未能济也”之义相通。张惠言《周易虞氏义》云:“坎为轮,为曳,未济之家,不正相应,故皆不取应爻,二应五而曳其轮也。贞而得位,故吉矣。”其义虞翻、姚信、干宝同。

六三,未济,征凶,利涉大川。《象》曰:未济,征凶,位不当也。

荀爽注:未济者,未成也。女在外,男在内,婚姻未成,征上从四则凶。利下从坎,故利涉大川矣。《周易集解》。《义海撮要》。

干宝注:吉凶者,言乎其得失也。禄父反叛,管蔡与乱,兵连三年,诛及骨肉,故曰“未济征凶”。平克四国,以济大难,故曰“利涉大川”。坎也。以六居三,不当其位,犹周公以臣而君,故流言作矣。《周易集解》。

按,未济未成,六三失位,处二坎之间,不能自济,故不能涉大川。孔颖达《周易正义》:“六三以阴柔之质,失位居险,不能自济者也。身既不能自济,而欲自进求济,必丧其身。”干宝以“禄父反叛,管蔡与乱”喻之,其义异于荀爽喻以男女婚姻。

九四,贞吉,悔亡。震用伐鬼方,三年有赏于大国。《象》曰:贞吉,悔亡,志行也。

孟喜注:震,敬也。晁氏。

京房注：震，敬也。晁氏。

虞翻注：动正得位，故吉而悔亡矣。《周易集解》。变之震体师，坤为鬼方，故震用伐鬼方。坤为年、为大邦，阳称赏。四在坤中，体既济离三，故三年有赏于大邦。《周易集解》。震，敬也。晁氏。

按，释“震”为“敬”，吕祖谦《古易音训》引晁氏曰：“震字汉名臣作祗，孟、京、虞云：‘震，敬也。’一行同。”其义孟喜、京房、虞翻同。孔颖达《周易正义》：“震发威怒。”焦循《易章句》：“震用，犹用震也。”沈祖绵《周易孟氏学》云：“虞氏注无释震为敬之文，且震由变之而来，以互卦释也。晁氏之说不足据也。”此可备一说。

系辞上

（第一章）

天尊地卑，乾坤定矣。

荀爽注：谓否卦也。否七月，万物已成，乾坤各得其位，定矣。《周易集解》。

虞翻注：天贵故尊，地贱故卑，定谓成列。《周易集解》。

按，汉代易学中有“卦气”一说，依阴阳消息的次序排列，由乾坤二卦相互推移而形成的十二卦象比拟一年十二个月的节气变化，其中否卦就表示七月的卦象。否卦上乾为天，下坤为地，先天后地，天尊地卑。孔颖达《周易正义》：“易含万象，天地最大。若天尊地卑，各得其所，则乾坤之义得定矣。若天之不尊，降在滞溺；地之不卑，进在刚盛，则乾坤之体，何由定矣？”焦循《易章句》：“《易》首乾坤，而乾又先于坤，有地必有天，故有母必有父，有民必有君。夫妇定而后父子亲，君臣定而后上下辨。伏羲本天地以定夫妇、父子、君臣，因定乾、坤二卦，三纲自是始立，为万古不易之道也。”其义荀爽、虞翻相通。

卑高以陈，贵贱位矣。

荀爽注：谓泰卦也。《周易集解》。

郑玄注：君臣尊卑之贵贱，如山泽之有高卑也。《乐记》正义。

虞翻注:乾高贵五,坤卑贱二,列贵贱者,存乎位也。《周易集解》。

按,泰卦上坤下乾,爻自初而上,故云卑高。阳尊于阴五,贵于初三,故贵贱已定。孔颖达《周易正义》:"卑,谓地体卑下;高,谓天体高上。卑高既以陈列,则物之贵贱,得其位矣。若卑不处卑,谓地在上,高不处高,谓天在下。上下既乱,则万物贵贱不得其位矣。此《经》明天地之体,亦涉乎万物之形。此贵贱总兼万物,不唯天地而已,先云卑者,使文尔。案前《经》云天尊地卑,天地别陈。此卑高以陈,不更别陈。总云卑高者,上文详,于此略也。"其义荀爽、郑玄、虞翻同。

动静有常,刚柔断矣。

郑玄注:雷,风也。阳动阴静,刚柔之断也。《乐记》正义。《穀梁》疏。《公羊》疏。

虞翻注:断,分也。乾刚常动,坤柔常静。分阴分阳,迭用柔刚。《周易集解》。

按,天动地静,是指先秦时期人们对自然界一般规律的认知。如《庄子·天道》:"其动也天,其静也地。"孔颖达《周易正义》:"天阳为动,地阴为静,各有常度,则刚柔断定矣。动而有常则成刚,静而有常则成柔,所以刚柔可断定矣。"焦循《易章句》:"刚柔以五言,刚在五则静,柔在五则动。动静之有常,以五之刚柔为断。二四上从乎五初三,尊卑之义也。初四、三上从乎二五,贵贱之义也。二五已定,则静而不动,二五未定,则动而不静,刚柔之义也。诸爻以五为主,故卦之刚柔,以五为断。旧说阳动阴静,失其义矣。"其义郑玄、虞翻同。

方以类聚,物以群分,吉凶生矣。

郑玄注:谓水火也。《乐记》正义。

虞翻注：物三称群，坤方道静，故以类聚。乾物动行，故以群分。乾生故吉，坤杀故凶，则吉凶生矣。《周易集解》。

九家注：谓姤卦，阳爻聚于午也。方，道也。谓阳道施生，万物各聚其所也。谓复卦，阴爻群于子也。阴主成物，故曰"物"也。至于万物一成，分散天下也，以周人用，故曰"物以群分"也。《周易集解》。

按，世界上的事情根据类别而聚集，万物根据类别而分为不同的群体，不同类别或群体之间利害冲突产生了吉凶。孔颖达《周易正义》："方，谓法术性行，以类共聚，固方者则同聚也。物，谓物色群党，共在一处，而与他物相分别。"郑玄分别以水类与火类喻之，虞翻以动静喻之，九家专以姤、复两卦喻之，其义相通。

在天成象，在地成形，变化见矣。

马融注：象者，日月星。植物、动物也。《礼·乐记》正义。

郑玄注：日月星辰也。谓草木鸟兽也。《乐记》正义。《御览》三十六。

虞翻注：谓日月在天成八卦，震象出庚，兑象见丁，乾象盈甲，巽象伏辛，艮象消丙，坤象丧乙，坎象流戊，离象就己，故在天成象也。在地成形，谓震竹巽木、坎水离火、艮山兑泽、乾金坤土。在天为变，在地为化，刚柔相推，而生变化矣。《周易集解》。

王肃注：象者，日月星。山川泽物也。《礼·乐记》正义。

王廙注：形谓山川等。《太平御览》三十六《地部》一。

按，此承上"类聚群分"而申言之。象即类，指天上有日月星辰雨雷之象，地上有山泽草木鸟兽之形。变，阳变为阴。化，阴化为阳。见，显，显示事物变化的道理。《礼记·乐记》："在天成象，在地成形。"孔颖达疏："在天成象者，马融、王肃注《易》

并云象者日月星，郑注《易》云‘成象，日月星辰也，注此云‘象，光耀也’。在地成形者，马融注《易》云‘植物，动物也’，王肃注《易》云‘山川群物也’，郑注《易》云‘谓草木鸟兽也’，注此云‘形，体貌也。’”孔颖达《周易正义》：“象谓悬象，日月星辰也。形谓山川草木也。悬象运转而成昏明，山泽通气而云行雨施，故变化是也。”其义马融、郑玄、虞翻、王肃、王廙皆相通。

是故刚柔相摩，八卦相荡。

京房注：相磨，相硙切也。《经典释文》。

马融注：摩，切也。荡，除也。《经典释文》。

虞翻注：旋转称摩，薄也。《周易集解》。

按，摩通磨，《礼记·乐记》：“阴阳相摩，天地相荡。”郑玄注：“摩本又作磨，迫也。荡本作盪。”《经典释文》：“相盪，众家作荡。王肃音唐党反。马云徐也，桓云动也，唯韩云相推盪。”《古今韵会举要·歌韵》：“磨，通作摩。”孔颖达《周易正义》：“以变化形见，即阳极变为阴，阴极变为阳，阳刚而阴柔，故刚柔共相切摩，更递变化也。”其义京房、马融、虞翻皆同。

鼓之以雷霆。

京房注：霆者，雷之余气，挺生万物也。《经典释文》。

陆绩注：鼓，鼓动也。《经典释文》。

董遇注：鼓，鼓动也。《经典释文》。

虞翻注：鼓，动。《经典释文》同。

王肃注：霆，音庭。《经典释文》。

蜀才注：霆，疑为电。《经典释文》。

刘瓛注：霆，雷也。震为雷，离为电。释元应《大智度论音义》第二十。

按，释鼓为动，《史记·魏公子列传》：“臣乃市井鼓刀屠者。”阴阳两气交错互动，似雷鼓动。其义陆绩、董遇、虞翻同。释霆为电，《经典释文》：“霆，王肃、吕忱音庭。徐又徒鼎反。又音定。京云：‘霆者，雷之余气，挺生万物也。’《说文》同。蜀才疑为电。”孙堂案《汉魏二十一家易注》：“《玉篇》：‘霆，电也。’《穀梁》隐九年《传》云：‘电，霆也。’陆佃《埤雅》：‘霆，或谓之电。’又云：‘音庭则为雷，音蜓则为电。’是霆、蜓俱有平上二声。此霆字，徐邈音徒鼎反。《尔雅》：‘蜓蚨之蜓。’谢峤音同。今注首句云：‘霆，雷也。’雷乃电字之误，况下文明云‘离为电’。”又《西京杂记》董仲舒曰：“雷，其相击之声也。电，其相击之光也。’”其义京房、王肃、蜀才、刘瓛同。

乾知大始，坤作成物。

荀爽注：坤化成物。物谓坤任育体，万物资生。《周易集解》。

虞翻注：坤化成物。《经典释文》。《丙子学易编》。

姚信注：坤化成物。化当为作。《经典释文》。《丙子学易编》。

九家注：乾知大始。始谓乾禀元气，万物资始也。《周易集解》。

按，《经典释文》：“坤作，虞、姚作坤化，姚云化当为作。”焦循《易章句》：“知，犹为也。为，犹治也。大始，元也。作，当依虞翻、姚信作化。”孔颖达《周易正义》：“以乾是天阳之气，万物皆始在于气，故云知其大始也。坤是地阴之形，坤能造作以成物也。初始无形，未有营作，故但云知也。已成之物，事可营为，故云作也。”其义荀爽、虞翻、姚信、九家皆同。

乾以易知，坤以简能。

荀爽注：易音亦。《经典释文》。

郑玄注：易音亦。《经典释文》。

董遇注：易音亦。《经典释文》。

虞翻注：阳见称易，阴藏为简。简，阅也。乾息昭物，天下文明，故以易知。坤阅藏物，故以简能矣。《周易集解》。

姚信注：能当为从。《经典释文》。《丙子学易编》。

按，读"易"为"亦"，荀爽、郑玄、董遇同。虞翻释"简"为"阅"，姚信释"简能"为"简从"。孔颖达《周易正义》："案《经》乾易坤简，各自别言，而《注》合云天地者，若以坤对乾，乾为易也，坤为简也。《经》之所云者是也。若据乾坤相合皆无为，自然养物之始也，是自然成物之终也。是乾亦有简，坤亦有易，故《注》合而言之也。用使圣人俱行易简，法无为之化。"焦循《易章句》："能，姚信作从，坤初从，则三不从，三从，则初不从，所以简而不烦。若初从三又从，成两既济，则不能变化。"此可备一说。

天下之理得，而成位乎其中矣。

马融注：而易成位乎其中。《经典释文》。

荀爽注：而易成位乎其中矣。阳位成于五，五为上中，阴位成于二，二为下中，故易成位乎其中也。《周易集解》。

王肃注：而易成位乎其中。《经典释文》。

按，今本无"易"字，孔颖达《周易正义》："成位况立象，言圣人极易简之善，则能通天下之理，故能成立卦象于天地之中，言并天地也。"其义马融、荀爽、王肃同。

（第二章）

悔吝者，忧虞之象也。

荀爽注：忧虞小疵，故悔吝也。《周易集解》。

虞翻注：悔则象忧，吝则象虞也。《周易集解》。

干宝注：悔亡则虞，有小吝则忧。忧虞未至于失得，悔吝不入于吉凶。事有小大,故辞有急缓,各象其意也。《周易集解》。

按,《说文·口部》:"吝,恨,惜也。"孔颖达《周易正义》:"《经》称悔吝者,是得失微小,初时忧念虞度之形象也。以忧虞不已,未是大凶,终致悔吝。悔者,其事已过,意有追悔之也。吝者,当事之时,可轻鄙耻,故云吝也。"焦循《易章句》:"能忧之、虞之,则悔,悔则虽吝不失道。"又《易通释》:"忧即既忧、勿忧之忧,虞即虞吉、无虞之虞,能虞而后能悔,因忧而乃致吝。凡云介、云或、云害、云忧虞、云远近,皆举经文所有以赞明之。说者以介为纤小,(韩伯、干宝)以远为乾,近为坤,(虞翻)或以远为应,近为比,(崔憬)以阳取阴生悔,阴取阳生吝,情感伪生利,伪感情生定害,(虞翻)皆望文生意,求之经文、传文,未有能合也。"其义荀爽、虞翻、干宝同。

六爻之动,三极之道也。

马融注:三极,三统也。《经典释文》。《丙子学易编》。

郑玄注:三极,三才也。《经典释文》。

陆绩注:阴阳失位则变,得位则否,故以阳居阴位,阳居阴位则动。《易裨传》外篇【补】。极,至也。《经典释文》。天有阴阳二气,地有刚柔二性,人有仁义二行,六爻之动,法乎此也。此三才极至之道也。初四下极,二五中极,三上上极也。《周易集解》。

虞翻注:阴阳失位则变,得位则否,故以阳居阴位,阳居阴位则动。《易裨传·外篇》。

王肃注:阴阳、刚柔、仁义为三极,三极之道,三才极至之理。《经典释文》。《丙子学易编》。《小学绀珠》天文类一。

按,《系辞传》:"易之为书也……有天道焉,有地道焉,有人道焉,兼三才而两之,故六。"《说卦传》:"立天之道曰阴阳,立地之道曰柔与刚,立人之道曰仁与义。兼三才而两之,故易六画而成卦。分阴分阳,迭用柔刚,故易六位而成章。”三极即三才之道,其义郑玄、陆绩、王肃同。

又《汉书·刘向传》:“王者必通三统,明天命所授者博,非独一姓也。”颜师古注引张晏曰:“一曰天统,为周十一月建子为正,天始施之端也。二曰地统,谓殷以十二月建丑为正,地始化之端也。三曰人统,谓夏以十三月建寅为正,人始成立之端也。”全祖望《经史问答》:“古人于岁首,则有建子、建丑、建寅之别,谓之三统。”其义马融与诸家亦同。焦循《易章句》:“两卦旁通,十二爻,所动者六。二五之动,固为大中。初四、三上之动,亦视乎大中而从之,故为三极。明设卦示人以动。”其义陆绩、虞翻同。

是故君子所居而安者,易之序也。

京房注:序,次也。《经典释文》。《丙子学易编》。

陆绩注:序,象也。《经典释文》。

虞翻注:君子谓文王。象谓乾二之坤,成坎月离日,日月为象。君子黄中通理,正位居体,故居而安者,易之象也。旧读“象”误作“厚”,或作“序”,非也。《周易集解》。

按,序,顺序。《广雅·释诂三》:“序,次也。”《仪礼·乡饮酒礼》:“众宾序升,即席。”郑玄注:“序,次也。”象,用卦、爻表示自然变化与人事休咎。《经典释文》:“序,陆云:象,象也。虞本作象。”孔颖达《周易正义》:“以其在上,吉凶显其得失,变化明其进退,以此之故,君子观象知其所处,故可居治之位,而安静居之,是易位之次序也。”焦循《易章句》:“居而安,未酬接时也。易之序,即六十四卦自乾坤至未济之序。”其义马融与陆绩、虞翻异。

所乐而玩者,爻之辞也。

马融注:所乐而玩者,爻之辞也。玩,贪也。《经典释文》。

虞翻注:所变而玩者,爻之辞也。《释文》。《丙子学易编》同。爻者,言乎变者也。谓乾五之坤,坤五动则观其变,旧作"乐",字之误。《集解》。

按,孔颖达《周易正义》:"言君子爱乐而习玩者,是六爻之辞也。辞有吉凶悔吝,见善则思齐其事,见恶则惧而自改,所以爱乐而耽玩也。卦之与爻,皆有其辞,但爻有变化,取象既多,以知得失。故君子尤所爱乐,所以特云'爻之辞'也。"其义马融、虞翻相通。

是故君子居则观其象而玩其辞。

郑玄注:君子居则观其象而翫其辞。《经典释文》。

虞翻注:翫,弄也。谓乾五动成大有,以离之目,观天之象。兑口翫习所系之辞。故翫其辞。《周易集解》。

按,"翫",今本作"玩"。《说文·玉部》:"玩,弄也。"《说文·习部》:"翫,猒也。"《荀子·礼论》:"尒则翫,翫则厌,厌则忘。"扬倞注:"翫,戏狎也。"孙堂《汉魏二十一家易注》:"《经典释文》云:'而玩,郑作翫。'上文'所乐而玩',亦当作翫。"孔颖达《周易正义》:"以易象则明其善恶,辞则示其吉凶,故君子自居处其身,观看其象,以知身之善恶,而习玩其辞,以晓事之吉凶。"焦循《易章句》:"易之序以未动,爻之辞以动,似文王之系辞殊乎伏羲之设卦矣。不知伏羲设卦,其未动如君子之居而安,其动即如君子之乐而玩。"其义郑玄、虞翻同。

(第三章)

辩吉凶者,存乎辞。

京房注:辩,明也。《经典释文》。《丙子学易编》。

陆绩注：吉凶之兆，见乎爻象。京氏《易传》注。

董遇注：辩，别也。《经典释文》。

虞翻注：辩，别也。《经典释文》。《丙子学易编》。

姚信注：辩，别也。《经典释文》。

蜀才注：辩，别也。《经典释文》。

按，辩通别。《尚书·康诰》："别求闻由古先哲王，用康保民。"王引之《经义述闻》："别，读'先饭辩尝羞'之辩。辩，偏也。古字别与辩通。"别即明辨、区分之意。《春秋穀梁传序》："《公羊》辩而裁，其失也俗。"扬士勋疏云："辩，谓说事分明。"其义京房、董遇、虞翻、姚信、蜀才同。陆绩以卦辞爻辞所显示之象辨别吉凶，孔颖达《周易正义》："谓辩明卦之与爻之吉凶，存乎卦爻下之言辞是也。"焦循《易章句》："卦动而后见吉凶，伏羲所设之卦虽存，而象之变，久而渐晦，文王以辞存之。吉凶本乎贵贱、小大，则辞本乎卦耳。"其义陆绩与诸家亦相通。

忧悔吝者，存乎介。

虞翻注：介，纤也。介如石焉，断可识也，故存乎介，谓识小疵。《周易集解》。

王肃注：介，纤介也。《经典释文》。

干宝注：介，纤介也。《经典释文》。

刘瓛注：介，微也。释元应《五分律音义》第八。

按，介为细小。《说文·糸部》："纤，细也。"《广雅·释诂二》："微，小也。"《荀子·非相》："叶公子高，微小短瘠。"杨倞注："微，细也。"《礼记·乐记》："是故志微噍杀之音作。"郑玄注："志微，意细也。"《经典释文》："介音界，注同。王肃、干、韩云：纤介也。"孔颖达《周易正义》："介谓纤介，谓小小疵病。能预忧虞悔吝者，存于细小之疵病也。"其义虞翻、王肃、干宝、刘瓛同。

震无咎者，存乎悔。

马融注：震，惊也。《经典释文》。《丙子学易编》。

郑玄注：震，惧也。《经典释文》。

虞翻注：震，动也。有不善，未尝不知之，知之，未尝复行，无咎者，善补过，故存乎悔也。《周易集解》。

王肃注：震，动也。《经典释文》。《丙子学易编》。

按，释震为恐惧而悔，《诗·大雅·常武》："如雷如霆，徐方震惊。"《尚书·舜典》："谗说殄行，震惊朕师。"孔颖达《周易正义》："震，动也。动而无咎者，存乎能自悔过也。"其义马融、郑玄、虞翻、王肃相通。

(第四章)

易与天地准，故能弥纶天地之道。

京房注：准，等也。弥，遍；纶，知也。《经典释文》。《丙子学易编》。

郑玄注：准，中也，平也。《经典释文》。

虞翻注：准，同也。弥，大。纶，络。谓易在天下，包络万物，以言乎天地之间则备矣，故与天地准也。《周易集解》。

王肃注：弥纶，缠裹也。《经典释文》。《文选·文赋》注。

按，《说文·水部》："准，平也。"《国语·晋语》："夫以回鬻国之中。"韦昭注："中，平也。"又《淮南子·主术》："有法者而不用，与无法等。"高诱注："等，同。"《经典释文》："京云：'准，等也。'"孔颖达《周易正义》："谓准拟天地，则乾健以法天，坤顺以法地之类是也。"其义京房、郑玄、虞翻同。焦循《易章句》："凖，等也。弥，偏也。纶，伦也。天地之道，一阴一阳之道也。弥则广大不已，纶则品次不越。"易能遍知天地之道，其义京房、虞翻、王肃同。

原始反终，故知死生之说。

郑玄注：原始及终。《经典释文》。

虞翻注：原始及终。《经典释文》。

宋衷注：说，始锐反。舍也。《经典释文》。

九家注：阴阳交合，物之始也。阴阳分离，物之终也。合则生，离则死，故原始及终，故知死生之说矣。交合，泰时春也。分离，否时秋也。《周易集解》。

按，及终，今本作"反终"，郑玄、虞翻、九家同。泰为正月卦，天地交泰，万物始生。否卦为七月卦，天地不交，万物舍离。泰否两卦为万物的终始，皆由坎离两卦阴阳爻画的变化而来，故宋衷以为"说"为"舍"。孔颖达《周易正义》："原穷事物之初始，反复事物之终末，始终吉凶，皆悉包罗，以此之故，知死生之数也。"其义与九家同。焦循《易章句》："原，犹复也，即原筮元永贞之原。反其道而后终，则始而又始。世人以形存为生，形丧为死，此非《易》所言生死也。原始反终，则积善有余庆。终则有始，形丧而中未亡，是但为终而不为死，故君子曰终也。惟不能原始反终，积不善有余殃，乃谓之死。死者，澌也。故小人曰死。说，解说也。傅示人《易》之言生死，其解说如此。"此可备一说。

精气为物，游魂为变，是故知鬼神之情状。与天地相似，故不违。

郑玄注：精气，谓七八也。游魂，谓九六也。七八，木火之数。九六，金水之数。木火用事而物生，故曰"精气为物"。金水用事而物变，故曰"游魂为变"。精气谓之神，游魂谓之鬼。木火生物，金水终物，二物变化，其情与天地相似，故无所差违之也。《周易集解》。《乐记》正义。

虞翻注:魂,阳物,谓乾坤也。变谓坤鬼。乾纯粹精,故主为物。乾流坤体,变成万物,故游魂为变也。乾神似天,坤鬼似地。圣人与天地合德,鬼神合吉凶,故不违。《周易集解》。

按,精气,指阴阳两气。游魂是指阴阳两气的变化,即春夏生物,秋冬终物。孔颖达《周易正义》:"云精气为物者,谓阴阳精灵之气,氤氲积聚而为万物也。游魂为变者,物既积聚,极则分散,将散之时,浮游精魂,去离物形,而为改变,则生变为死,成变为败,或未死之间,变为异类也。"其义郑玄、虞翻同。焦循《易章句》:"精,静也,谓定而不动。气归于形魄之中而静,则为物。游,行也。魂,阳神也。性情知识,不为形拘,是能变化。此言鬼神之情状。旧说以游为散,变为死,非是。《礼记》孔子答宰我曰:'气也者,神之盛也。魄也者,鬼之盛也。'又曰:'众生必死,死必归土,此之谓鬼,骨肉毙于下,阴为野土,其气发扬于上为昭明,焄蒿凄怆,此百物之精也,神之着也。'郑氏注《礼运》曰:'鬼者,精气所归。神者,引物而出。人之死也,骨肉为鬼,灵爽为神。人之生也,形魄为鬼,性识为神,魂游而能变,故人性善,人即神也。'其气拘于形而不能变,虽生亦鬼也。阮嗣宗曰:'情者,游魂之变欲也。'似,继续也。忧则违之,与天地相似,续则不忧,故不违也。"此可备一说。

知周乎万物,而道济天下,故不过。

郑玄注:道当作导。《经典释文》。

九家注:言乾坤道,济成天下而不过也。《周易集解》。

按,道同导。孙堂《汉魏二十一家易注》:"《说文》:'道,所行道也。导,导引也。'古导字,亦省作道。《论语》:'道千乘之国。'今本与汉石经同,皇侃本改作导。《汉书·文帝纪》:'令各率其意,以道民焉。'颜师古注云:'道,读曰导。'"孔颖达《周易正义》:"圣人无物不知,是知周于万物。天下皆养,是道济天下也。"其义郑玄、九家同。

旁行而不流,乐天知命,故不忧。安土敦乎仁,故能爱。

京房注:旁行而不留。《经典释文》。

荀爽注:坤建于亥,乾立于巳。阴阳孤绝,其法宜忧。坤下有伏乾为乐天,乾下有伏巽为知命,阴阳合居,故不忧。《周易集解》。安土谓否卦,乾坤相据,故安土。敦仁谓泰卦,天气下降,以生万物,故敦仁。生息万物,故谓之爱也。《周易集解》。

九家注:旁行,周合。六十四卦月主五卦,爻主一日,岁既周而复始也。《周易集解》。

按,流,京房作留。留通流。《经典释文》:"流,京作留。"马王堆汉墓帛书《十六经·本伐》:"是以方行不留。"《淮南子·主术》作"方行而不流"。旁通方。焦循《易通释》:"方即旁也。《广雅》:'旁,方也。'《尧典》'方鸠',《史记》作'旁聚',《说文》作'旁逑';《甫刑》'方告',《论衡》作'旁告';《仪礼》'牢中旁寸'注:'今文旁为方。'"旁行而不流,即方行而不留。其义京房、九家同。又《易章句》:"旁行,旁通也。流,读如乐,胜则流之。流,谓失礼也。孟子曰:'乐天者保天下。'"此可备一说。

范围天地之化而不过。

马融注:犯违天地之化而不过。《经典释文》。

郑玄注:范,法也。《经典释文》。

王肃注:犯违天地之化而不过。《经典释文》。

九家注:范者,法也。围者,周也。言乾坤消息,法周天地,而不过于十二辰也。辰,日月所会之宿,谓诹訾、降娄、大梁、实沈、鹑首、鹑火、鹑尾、寿星、大火、析木、星纪、玄枵之属是也。《周易集解》。

张璠注：犯围天地之化而不过。犯围，犹裁成也。《经典释文》。

按，范围，马融、王肃、张璠作"犯违"，郑玄、九家作"范围"。犯通范。《墨子·备蛾传》："轴间广大，以围犯之，融其两端以束轮。"于新吾新证："犯应读作范。"违通围。《墨子·贵义》："是围心而虚天下也。"孙诒让《墨子间诂》："吴玉搢云：'围心即违心。'"孔颖达《周易正义》："范谓模范，围谓周围，言圣人所为所作，模范周围天地之化养，言法则天地以施其化，而不有过失违天地者也。"焦循《易章句》："范，有以规之不违者也。围，环而周之也。天地之化，非有以范围之，则或过矣。如饮食男女，天性也，必教渔佃以各食其力。民知母不知父，必定人道、制嫁娶以教之。"其义诸家皆同。

（第五章）

故君子之道鲜矣。

马融注：故君子之道尟矣。尟，少也。《经典释文》。

郑玄注：故君子之道尟矣。尟，少也。《经典释文》。

王肃注：故君子之道尟矣。尟，少也。《经典释文》。

按，鲜，马融、郑玄、王肃作"尟"。尟同鲜。《说文·是部》："尟，是少也。"段玉裁注："郑本作尟，云'少也'。又'尟不及矣'，本亦作鲜。'"《经典释文》："鲜，尽也。郑作尟，马、郑、王肃云少也。"又《系辞下》"力小而任重，尟不及也。"《经典释文》："尟，本亦作鲜，少也。"其义马融、郑玄、王肃皆同。

生生之谓易。

荀爽注：阴阳相易，转相生也。《周易集解》。

陆绩注：凡卦阴极阳生，阳极阴生，生生之义，不绝之貌。京氏《易传》注【补】。

按，生生不已，则善有所继而道不穷。继而不成，则性命不能各正。阴阳变化生生不息，以见宇宙万物之象谓之易。孔颖达《周易正义》："生生，不绝之辞。阴阳变转，后生次于前生，是万物恒生，谓之易也。前后之生，变化改易。生必有死，易主劝戒，奖人为善，故云生不云死也。"焦循《易章句》："生而又生，往来交易，此易所以名易也。"其义荀爽、陆绩同。

效法之谓坤。

马融注：爻法之谓坤。爻，如字。考也。《经典释文》。

蜀才注：效法之谓坤。《经典释文》。

按，爻通效。《广雅·释诂三》："爻，效也。"王念孙《广雅疏证》："《系辞传》云：'爻也者，效此者也。'又云：'爻也者，效天下之动者也。'又'效法之谓坤。'古本皆作爻，是爻、效同声同义。"孔颖达《周易正义》："谓画卦效坤之法，拟坤之顺，故谓之坤也。"焦循《易章句》："法，即象也。乾以行健成象，坤顺而效之。凡诸卦初四、三上相承以应者，是也。"其义马融、蜀才同。

（第六章）

夫乾，其静也专，其动也直，是以大生焉。

宋衷注：乾静不用事，则清静专一，含养万物矣。动而用事，则直道而行，导出万物矣。一专一直，动静有时，而物无夭瘁，是以大生也。《周易集解》。

陆绩注：夫乾，其静也颛。京氏《易传》注。

按，"专"同"颛"。孙堂《汉魏二十一家易注》："今文'专'，

《经典释文》引陆本或作‘砖’，亦作‘抟’。抱经堂《考证》云：‘《左传》“若琴瑟之专”，一亦作“抟”。’《史记·始皇本纪》：‘抟心揖志。’皆与‘专’同。元辑作‘颛’，与《释文》异。然案《史记》《汉书》‘专’字亦作‘颛’，颜师古云：‘颛与专同。’元辑作‘颛’或别有据，今仍之。”孔颖达《周易正义》：“乾是纯阳，德能普备，无所偏主，唯专一而已。若气不发动，则静而专一，故云其静也专。若其运转，则四时不忒，寒暑无差，则而得正，故云其动也直。以其动静如此，故能大生焉。”其义宋衷、陆绩同。

（第七章）

知崇礼卑，崇效天，卑法地，天地设位而易行乎其中矣。

虞翻注：知崇体卑，崇效天，卑法地。知谓乾，效天崇，体谓坤，法地卑也。《周易集解》。

蜀才注：知崇体卑。《经典释文》。

按，礼，虞翻、蜀才皆作体。体通礼。《礼记·礼器》：“礼也者，犹体也。”孔颖达《周易正义》：“易兼知之与礼，故此明知礼之用。知者通利万物，象天阳无不覆，以崇为贵也。礼者卑敬于物象，地柔而在下，故以卑为用也。”焦循《易章句》：“知属元，礼属亨。知所以始条理，故崇；礼所以承尊，不紊次序品节，故卑。”其义虞翻、蜀才同。

（第八章）

圣人有以见天下之赜，而拟诸其形容。

京房注：圣人有以见天下之啧。啧，情也。《经典释文》。

陆绩注：极天下之啧者存乎卦。言卦象极尽天下之深情也。

《周易集解》。

虞翻注：圣人有以见天下之啧，而拟诸其形容。乾称圣人，谓庖牺也。啧谓初。自上议下称拟。形容谓阴，在地成形者也。《周易集解》。

按，赜，京房、陆绩、虞翻皆作啧。赜同啧。《荀子·正名》："啧然而不类，誻誻然而沸。"杨倞注："啧，或曰与赜同。深也。"扬雄《太玄·玄莹》："啧，情也。"孔颖达《周易正义》："赜谓幽深难见，圣人有其神妙，以能见天下深赜之至理也。"焦循《易章句》："赜之言积也，言万物之众多。形，已成者也。容，成之不尽者也。拟，度也。"由此知其义京房、陆绩同，虞翻则异。

圣人有以见天下之动，而观其会通，以行其典礼。

荀爽注：谓三百八十四爻，阴阳动移，各有所会，各有所通。《周易集解》。

虞翻注：重言圣人，谓文王也。动谓六爻矣。《周易集解》。

张璠注：会者，阴阳合会，若蒙九二也。通者，乾坤交通，既济是也。《周易集解》。

按，阴阳会通，乾通坤，卦与卦旁通。既知万物以此变动，观看其物之会合变通，当此会通之时，以施行其典法礼仪。其义荀爽、虞翻、张璠相通。

言天下之至赜，而不可恶也。

马融注：言天下之至啧，而不可恶也。恶，乌落反。《经典释文》。

荀爽注：言天下之至啧，而不可亚也。亚，次也。《经典释文》。

郑玄注：言天下之至啧，而不可恶也。恶，乌落反。《经典释文》。

虞翻注：言天下之至啧，而不可恶也。至啧无情。阴阳会通，品物流宕，以乾简也。元善之长，故不可恶也。《周易集解》。

按，赜，马融、荀爽、郑玄、虞翻皆作啧。啧通赜（见上所考）。《义海撮要》引郑玄注云："天下之赜，去人情也远矣，则疑若可恶，象之所言，每与理会，则人将乐而玩之矣。"焦循《易章句》释"至赜"云："积善、积恶皆积也。象物宜，行等礼，则取类于善，以善可积，恶不可积也。"恶同亚。《经典释文》："荀作亚，亚次也。又乌路反，马、郑乌洛反，亚通。"孙堂《汉魏二十一家易注》引惠栋云："晁氏以'亚'为古文'善恶'字，非也。'恶'乃古文'亚'。《尚书大传》曰：'王升舟入水，鼓钟恶，观台恶，将舟恶，宗庙恶。'康成注云：'恶读为亚。'宋时有玉印曰'周恶父印'，刘原甫以为即条侯亚父。《史记》卢绾孙他之封'恶谷侯'，《汉书》作'亚谷'。"是"恶"皆读为"亚"。堂案：《商器款识》有"亚鼎""亚尊""亚卣""亚觚"，是"亚"乃古字也。旧说云《正讹》谓："'亚'本涂饰字，余皆借义，既为借义所夺，小篆遂从土作'垩'字，从心作'恶'字以别之。'亚''垩''恶'本一字，秦《诅楚文》以'亚驼'代'滹池'，则因声借用明矣。"然则"亚"非古文"恶"，"恶"亦非古文"亚"，古"亚"字或借作"恶"，后来二字通用。《经典释文》："恶，于嫁反。"亦以"恶"为"亚"。《周礼·肆师》注引《尚书大传》文，"恶"字正作"亚"。其义马融、荀爽、郑玄、虞翻皆同。

言天下之至动，而不可乱也。

郑玄注：啧，当为动。《经典释文》。

虞翻注：以阳动阴，万物以生，故不可乱。六二之动，直以方。"动"，旧误作"啧"也。《周易集解》。

九家注：言天下之至册而不可乱也。《经典释文》。

按，至动，《经典释文》："众家本并然。郑本作至赜，云赜当为动。九家亦作册。”孙堂《汉魏二十一家易注》本“赜”作“啧”，今从孙本。册、赜亦通。刘熙《释名·释书契》：“册，赜也。敕使整赜不犯之也。”乱，即错乱，不可乱，即不可乖违天下正理。孔颖达《周易正义》：“谓天下至赜变动之理，论说之时，明不可错乱也。若错乱，则乖违正理也。”其义郑玄、虞翻、九家同。

拟之而后言，议之而后动，拟仪以成其变化。

陆绩注：仪之而后动。《经典释文》【补】。

虞翻注：以阳拟坤而成震，震为言、议，为后、动，故拟之而后言，议之而后动。安其身而后动，谓当时也矣。《周易集解》。

姚信注：仪之而后动。《经典释文》。

按，议，陆绩、姚信作仪，虞翻作议。孙堂《汉魏二十一家易注》：“吕氏《音训》引别本《经典释文》云：‘议之，陆绩、姚、桓玄、荀柔之作仪之。’别本《经典释文》‘陆’字下脱一‘绩’字。明神庙本、卢氏雅雨堂本‘陆’字又改作‘郑’，故《经义考》亦引为郑义。然案下文‘以动者尚其变’，李鼎祚《周易集解》引陆注明云‘仪之’，是陆非郑无疑。”议通仪。《仪礼·有司彻》：“其脀体，仪也。”郑玄注：“今文仪皆为肵，或为议。”焦循《易章句》：“议，仪也，谓谋而择其宜也。动，爻所之也，谓系辞所指。不能虞度，则不可用为仪，拟之议之，而后变化见也。”姚配中《周易姚氏学》：“拟之，拟天下之赜。言，谓卦辞。议之，议天下之动。动，谓六爻。系辞以尽言，故拟之而后言。系辞焉而命之，动在其中矣，故议之而后动。拟议动赜以成卦爻之变化，卦爻明而天下之动赜见矣。”由卦爻模拟物象而讨论，然后论正它的各种变化。即《系辞传》所说“极天下之赜者存乎卦，鼓天下之动者存乎辞，化而裁之存乎变”。其义陆绩、虞翻、姚信同。

言行，君子之枢机，枢机之发，荣辱之主也。

荀爽注：艮为门，故曰“枢”。震为动，故曰“机”也。《周易集解》。

郑玄注：枢，户枢也。机，弩牙也。户枢之发，或明或暗。弩牙之发，或中或否。以喻君子之言，或荣或辱。一云“以譬言语之发，有荣有辱”。《礼记·曲礼》正义。《左传》襄二十五年正义。

王廙注：枢，户枢也。机，弩牙也。《经典释文》。

翟玄注：枢注开闭，机主发动，开闭有明暗，发动有中否，主于荣辱也。《周易集解》。

按，门上转轴称枢。《说文·木部》：“枢，户枢也。”《汉书·五行志下》：“视门枢下。”颜师古注：“门扇所由开闭者也。”机指弩弓的发动机关。《尚书·太甲上》：“若虞机张。”孔安国传：“机，弩牙也。”《说文·弓部》：“弩，弓有臂者。《周礼》四弩：夹弩、庾弩、唐弩、大弩。”刘熙《释名·释兵》：“弩，怒也。有执怒也，其柄曰臂，似人臂也。钩弦者曰牙，似齿牙也。牙外曰郭，为牙之规郭也。下曰悬刀，其形然也，含括之口曰机。言如机之巧也。亦言如门户之枢机开阖有节也。”孔颖达《周易正义》：“枢谓户枢，机谓弩牙。言户枢之转，或明或暗；弩牙之发，或中或否，犹言行之动，从身而发，以及于物，或是或非也。”焦循《易章句》：“荣辱，犹言得失。”君子之言有善有不善，有得有失。其义荀爽、郑玄、王廙、翟元皆同。

二人同心，其利断金。同心之言，其臭如兰。

虞翻注：二人谓夫妇，师震为夫，巽为妇。坎为心，巽为同。六二震巽，俱体师坎，故二人同心。巽为利，乾为金，以离断金，故其利断金。谓夫出妇处，妇默夫语，故同心也。臭，气也。兰，香草。震为言，巽为兰，离日燥之，故其臭如兰也。《周易集解》。

王肃注：断，丁管反。《经典释文》。

王廙注:金,至坚矣。同心者,其利无不入。兰,芳物也。无不乐者,言其同心者,物无不乐也。《世说新语注·言语二》。

按,此为同人九二爻辞“先号咷而后笑”而言。孔子认为君子为人处世的原则,或入世服务天下,或独处静居修善自身,或默而不语,或广发议论。只要二人同心同德,犹如利刃可以断铁。二人意愿一致的话语,其芳香之气犹如兰花一样。孔颖达《周易正义》:“言二人同齐其心,吐发言语,氤氲臭气,香馥如兰也。此谓二人言同也。”其义虞翻、王肃、王廙同。

慎斯术也以往,其无所失矣。

郑玄注:术,道。慎,时震反。《经典释文》。

干宝注:慎,时震反。《经典释文》。

按,道即术,术即道。《春秋左氏传》定公五年:“吾未知吴道。”杜预注:“道,犹法术。”《国语·吴语》:“道将不行。”韦昭注:“道,术也。”焦循《易章句》:“术,犹道也。无所失,即无咎。”其义郑玄、干宝同。

劳而不伐,有功而不德,厚之至也。

郑玄注:有功而不置。置,当为德。《经典释文》。

陆绩注:子曰:劳而不伐,有功而不置,厚之至也。《经典释文》。

虞翻注:子曰:劳而不伐,有功而不德,厚之至也。坎为劳,五多功。乾为德,德言至。以上之贵,下居三贱,故劳而不伐,有功而不德。艮为厚,坤为至,故厚之至也。《集解》。

蜀才注:有功而不置。《经典释文》。

按,德通置。《经典释文》:“德,郑、陆、蜀才作置。郑云置当为德。”李富孙《易经异文释》:“古德字作悳,与置字形似,亦易相乱。卢氏曰‘置德古通’。”孙堂《汉魏二十一家易注》:“抱经堂《考证》云:'置、德古通用。'《大戴·哀公问五义》云:'躬行忠信,其心不置。'《荀子·哀公篇》:'言忠信而心不德。'"孔颖达《周易正义》:"虽有其功,而不自以为恩德,是笃厚之至极。"其义郑玄、陆绩、蜀才同。

乱之所生也,则言语以为阶。

虞翻注:节本泰卦,坤为乱,震为生、为言语,坤称阶,故乱之所生,则言语以为阶也。《周易集解》。

姚信注:则言语以为机。《经典释文》。

按,阶,姚信作机。《经典释文》:"为阶,姚作机。"机即枢机,阶即途经,天下祸乱的产生,往往是由语言的不慎引发的,即所谓的祸从口出。孔颖达《周易正义》:"阶谓梯也。言乱之所生,则由言语以为乱之阶梯也。"其义虞翻与姚信相通。

几事不密则害成。

郑玄注:几,微也。密,静也。言不慎于微而以动作,则祸变必成。《公羊》疏。

虞翻注:几,初也。谓二已变成坤,坤为事,故几事不密。初利居贞,不密。初动,则体剥,子弑其父,臣弑其君,故害成。《周易集解》。

按,微通几。几,指事物之初而处于微小。《系辞传》:"几者,动之微,吉之先见者也。"韩康伯注:"吉凶之彰,始于微兆。"《说文·丝部》:"几,微也。"孔颖达《周易正义》:"几谓几微之事,当须密慎,预防祸害。若其不密而漏泄,祸害交起,是害成也。"此言君臣治国之术。其义郑玄、虞翻同。

慢藏诲盗,冶容诲淫。

郑玄注:野容诲淫,谓饰其容而见于外曰野。《后汉·崔骃传》注。言妖野容仪、教诲淫泆也。《经典释文》。

陆绩注：野容诲淫。言妖野容仪，教诲淫佚也。《经典释文》。

虞翻注：慢藏悔盗，野容诲淫。坎心为悔，坤为藏，兑为见。藏不见，故慢藏。三动成乾为野，坎水为淫，二变藏坤，则五来夺之，故慢藏悔盗，野容悔淫。《周易集解》。悔谓悔恨，野容悔淫，言妖野容仪，教诲淫泆也。《经典释文》。

王肃注：言妖野。容仪，教诲淫泆也。《经典释文》。

姚信注：言妖野容仪，教诲淫泆也。《经典释文》。

刘瓛注：冶，妖冶也。谓傲雅自得，庄饰鲜明之貌也。释元应《中本起经音义》下卷。谓恣态之貌也。《维摩诘经音义》上卷。《大爱道比丘尼经音义》下卷引首句。

按，孙堂《汉魏二十一家易注》："元（郑玄）本无'谓'字，今据《后汉书》注补。元本无'也'字，据《经典释文》。补。"又云："（虞翻）'不'疑作'而'。《经典释文》下句注仍作'教诲'之'诲'，疑误。"冶，郑玄、陆绩、虞翻、王肃、姚信皆作野，刘瓛作冶。冶通野。朱骏声《说文通训定声·颐部》："冶假借为野。"《论衡·言毒》："草则为巴豆冶葛。"同篇"冶葛"又作"野葛"。《楚辞·九章·惜往日》："妒佳冶之芳芬兮，么母姣而自好。"洪兴祖补注："冶，妖冶，女态。"孔颖达《周易正义》："若慢藏财物，守掌不谨，则教诲于盗者，使来取此物；女子妖冶其容，身不精悫，是教诲淫者，使来淫己也。以此小人而居贵位，骄矜而不谨慎，而致寇至也。"焦循《易章句》："冶，销也，或作野，亦不修饰之义也。容，包也。销灭其容，即无所容也。淫，水溢也。谓坎溢于上，与盗同义。严饬其容，则严然人望而畏之。不严而慢，销灭其容，以为柔媚，所为冶容也。"疏于财物管理将被盗寇来抢，打扮娇艳则将引诱盗寇来奸淫。其义诸家皆相通。

《易》曰："负且乘，致寇至。"盗之招也。

宋衷注:致寇至。《周易集解》。

虞翻注:五来夺三,以离兵伐之。故变寇言戎,以成三恶。二藏坤时,艮手招盗,故盗之招。《周易集解》。

按,《经典释文》:“寇,徐邈或作戎,宋衷云戎误。”盗之招,即自招盗来。其义宋衷、虞翻同。

(第九章)

大衍之数五十,其用四十有九。

京房注:五十者,谓十日、十二辰、二十八宿也。凡五十,其一不用者,天之生气,将欲以虚来实,故用四十九焉。《正义》。《义海撮要》。《汉上易传》。《易图说》。《钩隐图》。《筮宗》。《礼书》七十三。《群书考索》别集三。《玉海》三十六。

马融注:易有太极,北辰是也。太极生两仪,两仪生日月,日月生四时,四时生五行,五行生十有二月,十有二月生二十四气,北辰居位。不动,其余四十有九转运而用也。《正义》。《义海撮要》。《易图说》。《筮宗》。《礼书》七十三。《群书考索》别集三。《玉海》三十六。

荀爽注:卦各有六爻,六八四十八,加乾坤二用,凡有五十。乾初九潜龙勿用,故用四十九也。《正义》。《义海撮要》。《汉上丛说》。《易图说》。《钩隐图》。《筮宗》。《礼书》七十三。《群书考索》别集三。《玉海》三十六。

郑玄注:天地之数五十有五,以五行气通。凡五行减五,大衍又减一,故四十九也。《正义》。衍,演也。揲,取也。《经典释文》。天一生水于北,地二生火于南,天三生木于东,地四生金于西,天五生土于中,阳无耦,阴无配,未得相成。地六成水于北,与天一并。天七成火于南,与地二并。地八成木于东,与天三并。天九成金于西，与地四并。地十成土于中，与天五并。大衍之数五十有五，五行各气并，气并而减五，惟有五十，以五十之数，不可以为七、八、九、六，卜筮之占以用之，更减其一，故四十有九也。《月令》正义。

董遇注：天地之数五十有五者，其六以象六画之数，故减之而用四十九。《正义》。《汉上易传》。《易图说》。《钩隐图》。《筮宗》。《山堂考索》前集一、别集三。《礼书》七十三。《玉海》三十六。

姚信注：天地之数五十有五者，其六以象六画之数，故减之而用四十九。《正义》。《筮宗》。《易图说》。《钩隐图》。《群书考索》前集一、别集三。《玉海》三十六。《礼书》七十三。

王廙注：衍，广也。《经典释文》。

干宝注：衍，合也。《周易集解》。《经典释文》。

蜀才注：衍，广也。《经典释文》。

按，上述各家所言“五十”，如以算术可以推演为：一、京房 10 + 12 + 28 = 50。马融 1 + 2 + 2 + 4 + 5 + 12 + 24 = 50。荀爽 48 + 2 = 50。郑玄 55 - 5 = 50。董遇、姚信 55 - 6 = 49。焦循《易章句》：“五十者，一、二、三、四连乘之数也。互相推衍，故为大衍。四十有九者，一一数之，二二数之，三三数之，四四数之，皆奇一之数也。奇皆一，乃可为用数。”孔颖达《周易正义》：“谓万物筹策，虽万有一千五百二十，若用之推演天地之数，所赖者唯赖五十，其余不赖也。但赖五十者，自然如此，不知其所以然。”《小尔雅·广言》：“衍，广也。”《经典释文》：“干宝云合也。”其义郑玄、王廙、干宝、蜀才同。

归奇于扐以象闰。

马融注：扐，指间也。《经典释文》。

虞翻注：奇，所挂一策。扐，所揲之余。不一则二，不三则四也。取奇以归扐，扐并合挂左手之小指为一扐，则以闰月定四时成岁，故归奇于扐以象闰者也。《周易集解》。

按，扐，古代筮法，筮者数蓍草的奇零之数，夹在左手指间。《说文·手部》："扐，易筮，再扐而后卦。"孔颖达《周易正义》："奇谓四揲之余，归此残奇于所扐之策而成数，以法象天道。归残聚馀，分而成闰也。"其义马融、虞翻同。

五岁再闰，故再扐而后挂。

马融注：再扐而后布卦。《经典释文》。

虞翻注：谓已一扐，复分挂，如初揲之归奇于初扐。并挂左手次小指间为再扐，则再闰也。又分扐揲之如初，而挂左手第三指间成一变，则布挂之一爻，谓已二扐，又加一为三，并重合前二扐为五岁，故五岁再闰，再扐而后挂，此参五以变。据此为三扐，不言三闰者，闰岁余十日，五岁闰六十日尽矣。后扐闰余分，不得言三扐二闰，故从言"再扐而后挂"者也。《周易集解》。

按，孔颖达《周易正义》："既分天地，天于左手，地于右手，乃四四揲天之数，最末之馀，归之合于扐挂之一处，是一揲也。又以四四揲地之数，最末之馀，又合于前所归之扐而总挂之，是再扐而后挂也。"此孔氏言布卦之一爻，其义马融、虞翻同。

天数五，地数五，五位相得而各有合。

郑玄注：天地之气各有五，五行之次：一曰水，天数也。二曰火，地数也。三曰木，天数也。四曰金，地数也。五曰土，天数也。此五者，阴无匹，阳无耦，故又合之。地六为天一匹也。天七为地二耦也。地八为天三匹也。天九为地四耦也。地十为天五匹也。二五阴阳各有合，然后气相得，施化行也。《春秋》正义。

虞翻注：天数五，谓一三五七九。地数五，谓二四六八十也。五位，谓五行之位。甲乾乙坤，相得合木，谓天地定位也。丙艮丁兑，相得合火，山泽通气也。戊坎己离，相得合土，水火相逮也。庚震辛巽，相得合金，雷风相薄也。天壬地癸，相得合水，言阴阳相薄而战于乾。故五位相得而各有合。或以一六合水，二七合火，三八合木，四九合金，五十合土也。《周易集解》。

按，古代有关五位与天地之数的关系，代表性的有三说：一是指天地之数各有五位数。二是五个方位，一六居北，二七居南，三八居东，四九居西，五十居中。三是五行之位，一六合为水位，二七合为火位，三八合为木位，四九合为金位，五十合为土位。焦循《易章句》："五偶数，二、四、六、八、十。五位相得，谓一与六，二与七，三与八，四与九，五与十。而各有合。六即一合五，七即二合五，八即三合五，九即四合五，十即五合五。惟各有合，所以相得也。一、二、三、四生六、七、八、九，六、七、八、九之中，自有五数合之，故衍数、用数不用五，而五自合也。"郑玄与虞翻表述不同，其义相通。

此所以成变化而行鬼神也。

荀爽注：在天为变，在地为化，在地为鬼，在天为神。《周易集解》。

姚信注：此天地之数五十有五，分为爻者，故能成就乾坤之变化，能知鬼神之所为也。《周易集解》。

按，此指天地之数可以贯通阴阳两气的变化，而阴阳两气的变化又能知鬼神而行鬼神。其义荀爽、姚信同。

凡三百有六十，当期之日。

陆绩注：日月十二交会，积三百五十四日有奇为一会。今云三百六十当期，则实十二月六日也。十二月为一期，故云"当期之日"也。《周易集解》。

虞翻注：阳爻三十六，阴爻二十四。三爻一百二十，曰三百者，举大概也。《汉上易丛说》。

按，古人以蓍草演卦，一根蓍草为一策。乾卦六爻，每爻以蓍数推演十八变后可得216策。坤卦六爻，同样每爻以蓍数推演十八变后可得114策。乾坤两卦所演策数相加得360，360相当于一年的360天，故曰“当期之日”。《尚书·尧典》：“期三百有六十有六日。”孔颖达《周易正义》：“举合乾、坤两策，有三百有六十，当期之数。三百六十日，举其大略，不数五日四分日之一也。”焦循《易章句》：“期之日，岁实也。岁实古今不同，此举统数言之。”其义陆绩与虞翻异。

是故四营而成易。

荀爽注：营者，谓七八九六也。《周易集解》。

陆绩注：分而为二以象两，一营也。挂一以象三，二营也。揲之以四以象四时，三营也。归奇于扐以象闰，四营也。谓四度营为，方成之一爻者也。《周易集解》。

按，四营，指每一爻的生成经过四次推演，即分二、挂一、揲四、归奇于扐。推演中又分别得老阴数六、老阳数九、少阴数八、少阳数七等四个数字。孔颖达《周易正义》：“营谓经营，谓四度经营蓍策，乃成易之一变也。”焦循《易章句》：“营，求也。四营，谓分二、挂一、揲四、归奇，三变而成一爻，四营仅有一变，故谓之易。”其义荀爽、陆绩同。

是故可与酬酢，可与祐神矣。

京房注：是故，可与酬醋。《经典释文》。

马融注：可与祐神矣。祐，配也。《经典释文》。

荀爽注：可与侑神矣。《经典释文》。

九家注：是故可与酬酢，可与右神矣。阳往为酬，阴来为酢。阴阳相配，谓之右神也。孔子言大衍以下，至于能事毕矣。此足以显明易道，又神易德行。可与经义相斟酌也，故喻以宾主酬酢之礼。所以助前圣,发见于神,秘矣。《礼·饮酒》主人酌宾为献,宾酌主人为酢。主人饮之,又酌宾为酬也。先举为酢,答报为酬,酬取其报。以象阳唱阴和,变化相配。是助天地,明其鬼神者也。《周易集解》。

按,酬酢,京房作酬醋。酢同醋。《说文·酉部》:“醋,客酌主人也。”段玉裁注:“诸经多以酢为醋,唯《礼经》尚仍其旧。后人醋、酢互易,如种、穜互易。”《仪礼·特牲馈食礼》:“祝酌授尸,尸以醋主人。”郑玄注:“醋,报也。古文醋作酢。”孙堂《汉魏二十一家易注》:“抱经堂《考证》云:‘案《说文》酢,醶也。醋,客酌主人也。’后来每互易用之,京氏尚不失其旧。”孔颖达《周易正义》:“酬酢,谓应对报答,言易道如此。若万物有所求为,此易道可与应答,万物有求则报,故曰‘可与酬酢也’。”其义京房、九家同。祐、右、侑互通。孙堂云:“古祐字作右,右或通侑。《周礼·大祝》:‘享右祭祀。’注云:‘右读为侑。’”《篇海类编·食货类·酉部》:“配,侑也。”焦循《易章句》:“酬酢,与占筮者相问答也。如与臣言忠,与子言孝,是也。佑,助也。以筮助神之不测。”其义马融、荀爽同。

子曰:知变化之道者,其知神之所为乎?

马融注:“子曰”为首章。《周易集解》虞翻引。

荀爽注:“子曰”为首章。《周易集解》虞翻引。《吴志·虞翻传》注。

虞翻注:在阳称变,乾二之坤;在阴称化,坤五之乾。阴阳不测之谓神,知变化之道者,故知神之所为。诸儒皆上“子曰”为章首,而荀、马又从之,甚非者矣。《周易集解》。

按,荀爽、马融、王弼等将此句列于第十章首,李鼎祚《周易集解》据虞翻而列于九第九章之末,朱熹从之。其义荀爽、虞翻异。

（第十章）

以制器者尚其象。

荀爽注：结绳为网罟，盖取诸离，此类是也。《周易集解》。

郑玄注：此四者，存于器象可得而用。一切器物及造立皆是。《春官·太卜》疏。

按，孙堂《汉魏二十一家易注》："元本首句无'四'字，遵殿版《周礼疏》补。"孔颖达《周易正义》："此四者存乎器象。……辞是爻辞，爻辞是器象也。变是变化，见其来去，亦是器象也。象是形象，占是占其形状，并是有体之物。有体则是物之可用，故云可得而用者也。"焦循《易章句》："辞变象占，易所有也。以言、以动、以制器、以卜筮，圣人所制之事也。因上专言揲蓍之事，故此推广言之。有易而后有卜筮，圣人之道之一而已。或谓《易》為卜筮之书，非矣。"其义荀爽、郑玄相通。

参伍以变，错综其数。

虞翻注：逆上称错。综，理也。谓五岁再闰，再扐而后挂，以成一爻之变，而倚六画之数。卦从下升，故错综其数，则三天两地而倚数者也。《周易集解》。

王肃注：错，交也。综，理事也。《文选注》十三、三十四。

按，孔颖达《周易正义》："参，三也。伍，五也。或三或五，以相参合，以相改变。略举三五，诸数皆然也。错综其数者，错谓交错，综谓总聚，交错总聚其阴阳之数也。"朱熹《周易本义》："参者，三数之也。伍者，五数之也。既参以变，又伍以变，一先一后，更相考核，以审其多寡之实也。错者，交而互之，一左一右之谓也。综者，总而挈之，一低一昂之谓也。此亦皆谓揲蓍求卦之事。"焦循《易章句》："参伍，言不齐也。如乾、坤变为蹇、革，则疑或不信。错谓较，两数相差也。综，谓和，两数相合也。或差或合，所以不齐。”阴阳爻画的变化，错综往复地推演蓍数，其义虞翻、王肃同。

通其变，遂成天地之文。

陆绩注：通其变，遂成天地之爻。《经典释文》【补】。

虞翻注：变而通之，观变阴阳始立卦。乾坤相亲，故成天地之文。物相杂，故曰“文”。《周易集解》。

按，《经典释文》：“一本作天下，虞、陆本之作爻。”与此不合。孔颖达《周易正义》：“通其变者，由交错总聚，通极其阴阳相变也。遂成天地之文者，以其相变，故能遂成就天地之文。若青赤相杂，故称文也。”焦循《易章句》：“参伍不齐，有以通之则齐，齐则有品叙而成文。爻有等，故有物，物相杂，故曰文。”其义陆绩、虞翻同。

夫易，圣人之所以极深而研几也。

荀爽注：谓伏羲画卦，穷极易幽深。文王系辞，研尽易几微者也。《周易集解》。

郑玄注：机，当作几。几，微也。《经典释文》。研喻思虑。《文选·册魏公九锡文》注。《陆士衡文》注。

按，《周易》是圣人用来穷极深奥的道理，研判事物的细微之处。朱熹《周易本义》：“研，犹审也。几，微也。所以研几者，至变也。”焦循《易章句》“深，藏伏不显也。变通而有大中，则显矣。研，犹靡也。谓知几而靡切之。”其义荀爽、郑玄同。

（第十一章）

夫易，开物成务。

陆绩注：开物谓庖牺引信八卦，重以为六十四。触长爻册，至于万一千五百二十，以当万物之数，故曰“开物”。圣人观象而制网罟耒耜之属，以成天下之务，故曰“成务”也。《周易集解》。

虞翻注：以阳辟坤，谓之开物。以阴翕乾，谓之成务。冒，触也。触类而长之，如此也。《周易集解》。

王肃注：夫易，闿物成务。《经典释文》。

按，开，王肃作闿。开同闿。孙堂《汉魏二十一家易注》：“闿与开同。《说文》云：‘闿，开也。’《仪礼·乡射》篇：‘袒决遂。’注：‘决，犹闿也。’彼《经典释文》云：‘闿音开。’”朱熹《周易本义》：“开物成务，谓使人卜筮，以知吉凶而成事业。”焦循《易章句》：“开，始也。成，终也。务，犹事也。开物而后成务，终则有始也。”《周易》的作用，是圣人揭示事物本质，开启人类智慧和成就事业的。其义陆绩、虞翻、王肃相通。

六爻之义，易以贡。

京房注：六爻之义，易以工。《经典释文》。

荀爽注：六爻之义，易以功。《经典释文》。

陆绩注：六爻之义，易以工。《经典释文》。

虞翻注：六爻之义，易以工。《经典释文》。

按，《经典释文》：“贡，京、陆、虞作工，荀作功。”孙堂《汉魏二十一家易注》：“功、贡义同。《周礼·太宰》注云：‘贡，功也。古功字通工。’《春官·肆师》：‘凡师不功。’注云：‘故书功为工，郑司农工读为功，古者工与功同字。’《魏志·管辂传》注：‘拙而不功也。’工拙字亦作功”。孔颖达《周易正义》：“贡，告也。六爻有吉凶之义，变易以告人也。”焦循《易章句》：“义，利也。易，交易也。贡，献功也。爻之所以尽利，由交易而献其功。然则卜筮尚占，亦依旁通交易也。”其义京房、荀爽、陆绩、虞翻同。

圣人以此洗心。

京房注:圣人以此先心。《经典释文》。

荀爽注:圣人以此先心。《经典释文》。

董遇注:圣人以此先心。《经典释文》。

虞翻注:圣人以此先心。圣人谓庖牺,以蓍神知来,故以先心。《经典释文》。

王肃注:圣人以此洗心。《经典释文》。

蜀才注:圣人以此先心。《经典释文》。

刘瓛注:圣人以此洗心。洗,尽也。《经典释文》。

按,先,王肃、刘瓛作洗,洗通先。《经典释文》:"京、荀、虞、董、张、蜀才作先,石经同。"孔颖达《周易正义》:"圣人以此《易》之卜筮,洗荡万物之心。"焦循《易章句》:"洗,读为先。心,谓五也。六爻之义先五,圣人以之,故先心。"马王堆汉墓帛书《系辞》"洗心"作"佚心",知"佚"与"洗"、"先"通假。其义诸家皆同。

退藏于密,吉凶与民同患。

陆绩注:受蓍龟之报应,决而退藏之于心也。《周易集解》。

虞翻注:阳动入巽,巽为退伏,坤为闭户,故藏密。谓齐于巽以神明其德。阳吉阴凶,坤为民,故吉凶与民同患,谓作《易》者,其有忧患也。《周易集解》。

按,孔颖达《周易正义》:"言易道进则荡除万物之心,退则不知其所以然,万物日用而不知,有功用藏于密也。"焦循《易章句》:"六爻五先得中,则退而通于外,以反复其道。密,实而不妄也,先心则密矣。圣人以之,故退藏于密。反其道,柔在五称民,反而不复则忧患。圣人忧天下之忧,使天下之民,无一物不得其所,民之休戚,不忘于心,所以与民同患也。"其退藏之义,陆绩、虞翻同。

神以知来，知以藏往。

刘表注：知以臧往。臧，善也。《经典释文》。

虞翻注：乾坤知来，坤知藏往。来谓先心，往谓藏密也。《周易集解》。

按，藏，刘表作臧，虞翻作藏。藏通臧。孙堂《汉魏二十一家易注》："臧，古藏字，今字别作藏。贾谊《新书·傅职》篇'不举不臧'，《大戴礼》作藏。《荀子·解蔽》篇：'心未尝不臧也。'杨倞注云：'臧读为藏。'《墨子·耕柱》篇：'不举而自臧。'《玉海》引作藏。《诗·小雅·隰桑》篇'中心藏之'，笺云：'藏，善也。'然《说文》无藏字，徐铉曰：'《汉书》通作臧字，从艸，后人所加。"孔颖达《周易正义》："以蓍望卦，则是知卦象将来之事，故言神以知来。以卦望蓍，则是聚于蓍象往去之事，故言知以藏往也。"其义刘表、虞翻相通。

古之聪明睿知，神武而不杀者夫？

马融注：杀，所戒反。《经典释文》。

郑玄注：杀，所戒反。《经典释文》。而不杀者夫。不意杀也。《音训》。晁氏。

陆绩注：杀如字。《经典释文》【补】。

虞翻注：谓大人也。庖牺在乾五，动而之坤，与天地合聪明。在坎则聪，在离则明。神武谓乾，睿知谓坤，乾坤坎离，反复不衰，故而不杀者夫。《周易集解》。

王肃注：杀，所戒反。《经典释文》。

干宝注：杀，所戒反。《经典释文》。

按，杀，杀伐，或作刑杀。马王堆汉墓帛书《系辞》"杀"作"恙"。焦循《易章句》："睿，通也。武，行健也。聪明睿知，则能知法之过不及，与民之情伪，不待其倦而变通之以行健，天下皆默运于圣人之心，不用刑杀，而天下之过自寡矣。”其义诸家皆同。

是故阖户谓之坤。

虞翻注：阖，闭翕也。谓从巽之坤。坤柔象夜，故以闭户者也。《周易集解》。

王肃注：辟户谓之坤。辟，甫亦反。《经典释文》。

按，阖，《说文·门部》：“阖，门扇也。一曰闭也。”辟，《说文·门部》：“辟，开也。”孔颖达《周易正义》：“阖户，谓闭藏。万物若室之闭阖其户，故云‘阖户谓之坤’也’。”其义虞翻与王肃异。

是故易有太极，是生两仪。

马融注：太极，北辰也。《经典释文》。

郑玄注：极中之道，淳和未分之气也。《文选注》十九。

虞翻注：太极，太一也。分为天地，故生两仪也。《周易集解》。

王肃注：此章首独言“是故”者，总众章之意。《经典释文》。两仪，天地也。《文选注》二十四、三十六。

干宝注：发初言“是故”，总众篇之义也。《周易集解》。

按，太极，马融释为“北辰”，虞翻释为“太一”，太一也称北辰。《易纬·乾凿度》：“故太一取其数以行九宫，四正四维皆合于十五。”郑玄注：“太一者，北辰之神名也。”其义马融、虞翻同。郑玄释为“极中之道”，李道平《周易集解纂疏》：“太一者，极大曰太，未分曰一。郑氏所谓未分之道是也。太极者，《说文》：‘极，栋也。’《逸雅》：‘栋，中也，居屋之中也。’是极者，中也。未分曰一，故谓之太一。未发为中，故谓之太极。在人为皇极，即郑氏所谓极中之道是也。”孔颖达《周易正义》：“太极谓天地未分之前，元气混而为一，即是太初、太一也。故《老子》云：‘道生一。'即此太极是也。又谓混元既分,即有天地,故曰太极生两仪,即《老子》云'一生二'也。不言天地而言两仪者,指其物体,下与四象相对,故曰两仪,谓两体容仪也。"其义郑玄与马融、虞翻异。两仪即为天地。其义虞翻、王肃同。王肃、干宝皆认为此句为总结各章之意。焦循《易通释》:"易有大极,乃有大业,故业之大,属生而不属成。大极二字,并非实有一物,如大乙、北辰之类。亦非虚无玄渺,如老氏、庄生之说。云易、云大、云生、云极、云是、云仪、云象、云业,孔子已一一赞明,本无疑义。说者不肯从经文、传文中求之,而各传以臆说,宜其不可合耳。要而言之,大极,元也;两义,亨也;四象,利也;大业,贞也。圣人赞《易》,即不离乎易。宁有一语出乎彖辞、爻辞之外?"此可备一说。

两仪生四象。

郑玄注:布六于北方以象水,布八于东方以象木,布九于西方以象金,布七于南方以象火。《乾凿度》注,并见《汉上易丛说》。

虞翻注:四象,四时也。两仪谓乾坤也。乾二五之坤,成坎离震兑。震春兑秋,坎冬离夏,故两仪生四象。归妹卦备,故《彖》独称天地之大义也。《周易集解》。

按,郑玄以东西南北四方位释四象,虞翻以春夏秋冬四时释四象,其义异。

探赜索隐,钩深致远,以定天下之吉凶,成天下之亹亹者,莫大乎蓍龟。

荀爽注:娓娓者,阴阳之微,可成可败也。顺时者成,逆时者败也。《周易集解》。

郑玄注:凡天下之善恶及没没之众事皆成定之,言其广大无不包也。《公羊》疏。亹亹,没没也。《经典释文》。

虞翻注：探，取；啧，初也。初隐未见，故探啧索隐，则幽赞神明而生蓍。初深，故曰"钩深"。致远谓乾，乾为蓍。乾五之坤，大有离为龟。乾生知吉，坤杀知凶，故定天下之吉凶，莫善于蓍龟也。《周易集解》。

王肃：亹亹，勉也。《经典释文》。

刘瓛：亹亹，犹微微也。释元应《大智度论音义》第十六。

按，亹通没。《尔雅·释言》云："亹亹，蠠没，勉也。"郭璞注："蠠没，犹黾勉。"《诗·大雅·文王》："亹亹文王，令闻不已。"笺云："勉勉乎不倦。"《礼记·礼器》："君子达亹亹焉。"郑玄注："亹亹，勉勉也。"此注"没没"，《尔雅·释诂》："没，勉也。"惠栋《周易述》："亹、没同训，故云亹亹犹没没也。"高亨《周易大传今注》："亹亹，《周易集解》本均作娓娓。二字古通用。"又云："于省吾曰：'亹娓微古亦音近字通。'"马王堆汉墓帛书《系辞》作"勿勿"，《礼记·祭义》："勿勿乎其欲飨之也。"郑玄注："勿勿，犹勉勉也。"孔颖达《周易正义》："言天下万事，悉动而好生，皆勉勉营为，此蓍龟知其好恶得失，人则弃其得而取其好，背其失而求其得，是成天下之亹亹也。"焦循《易章句》："亹亹，犹勉勉。百姓不知自勉，假卜筮，使之变通悔过，以自僶而进于道也。"其义诸家皆相通。

天垂象，见吉凶，圣人象之。

荀爽注：谓在旋玑玉衡，以齐七政也。《周易集解》。

宋衷注：天垂阴阳之象，以见吉凶，谓日月薄蚀，五星乱行。圣人象之，亦著九六爻位，得失示人，所以有吉凶之占也。《周易集解》。

按，天垂象以示人，易亦垂象以示人。《尚书·舜典》："在璇玑玉衡，以齐七政。"孔安国传："在，察也。璇，美玉。玑衡，王者正天文之器，可转运者，七政日月五星。”孔颖达《周易正义》：“若璇玑玉衡，以齐七政，是圣人象之也。”其义荀爽、宋衷同。

河出图，洛出书，圣人则之。

郑玄注：《春秋纬》云：“河以通乾出天苞，洛以流坤吐地符。”河龙图发，洛龟书成。河图有九篇，洛书有六篇也。《周易集解》。

王肃注：河出图，八卦也。《尚书·顾命》正义。雒出书。《经典释文》。

按，洛同雒，东汉建都洛阳，刘秀以汉为火德，忌水，改洛阳为雒阳。《经典释文》：“王肃作雒云母家以火德，王故从各、佳。”河图与洛书是中国古代流传下来的两幅神秘图案，历来被认为是河洛文化的滥觞。汉代儒士认为，河图就是八卦，而洛书就是《尚书》中的《洪范九畴》。河图洛书最早记录在《尚书》之中，其次在《易传》之中，诸子百家多有记述。太极、八卦、周易、六甲、九星、风水等皆可追源至此。郑玄认为河图有九篇，洛书有六篇。王肃则认为河图就是八卦，洛书即为九畴，这显然是受到了孔安国所说的“河图则八卦也，洛书则九畴也”的影响。孔颖达《周易正义》：“如郑康成之义，则《春秋纬》云：河以通乾出天苞，洛以流坤吐地符。河龙图发，洛龟书感。《河图》有九篇，《洛书》有六篇。孔安国以为《河图》则八卦是也，《洛书》则九畴是也。辅嗣之义，未知何从。”其义郑玄与王肃则异。

（第十二章）

鼓之舞之以尽神。

荀爽注：鼓者，动也。舞者，行也。谓三百八十四爻，动行相反其卦，所以尽易之神也。《周易集解》。

虞翻注：神，易也。阳息震为鼓，阴消巽为舞，故鼓之舞之以尽神。《周易集解》。

按，就著占言，鼓、行皆指立象、设卦、系辞以及卦爻之间的旁通与置换。孔颖达《周易正义》："'鼓之舞之以尽神'者，此一句总结立象尽意，《系辞》尽言之美。圣人立象以尽其意，《系辞》则尽其言，可以说化百姓之心，百姓之心自然乐顺，若鼓舞然，而天下从之，非尽神，其孰能与于此？故曰'鼓之舞之以尽神也'。"焦循《易章句》："鼓所以进，舞所以节。民不知进，假卜筮以进之。民不知节，假卜筮以节之。"其义荀爽、虞翻同。

举而措之天下之民谓之事业。

陆绩注：变通尽利，观象制器，举而措之于天下，民咸用之，以为事业。《周易集解》。

九家注：谓圣人画卦为万民事业之象，故天下之民尊之，得为事业矣。《周易集解》。

按，将易的变通之理为天下民众谋利，这就是所谓的事业。孔颖达《周易正义》："谓举此理以为变化，而错置于天下之民。凡民得以营为事业。"焦循《易章句》："举，犹拯也。措之天下之民，谓二五，行健不已，终则有始，乃成大业。"其义陆绩、九家同。

以行其典礼。

京房注：以行其等礼。《经典释文》。

姚信注：以行其典体。《经典释文》。

按，等通典，礼通体。《文心雕龙·宗经》："礼以立体，据事剬范。"其义京房、姚信同。

系辞下

（第一章）

因而重之，爻在其中矣。

陆绩注：凡八卦分为八宫，每宫八卦，八八六十四卦。京氏《易传》晋卦注【补】。

虞翻注：谓参重三才为六爻，发挥刚柔，则爻在其中。六画称爻。六爻之动，三极之道也。重卦，伏牺。《周易集解》。《辑闻》。

按，京房易学中，八重卦（乾坤震巽坎离艮兑）每个变化出七个卦，连同本卦成为一个宫，八八六十四卦成为八宫。陆绩取京房说，其义与虞翻异。

系辞焉而命之。

孟喜注：系辞焉而明之。《经典释文》。

虞翻注：系辞焉而命之。《周易集解》。

按，命，孟喜作明，明通名。刘熙《释名·释语言》："名，明也。名实事使分明也。"朱骏声《说文通训定声·鼎部》："名，假借为明。"名通命。《说文·口部》："名，自命也。"其义孟喜、虞翻同。

吉凶者，贞胜者也。

虞翻注：贞，正也。胜，灭也。阳生则吉，阴消则凶者也。

《周易集解》。

姚信注：吉凶者，贞称者也。《经典释文》。

按，贞胜，姚信作贞称。《经典释文》："贞胜，姚本作贞称。"称通胜。郑玄注《周礼·考工记·弓人》云："故书胜或作称。"《国语·晋语四》："为礼而不终，耻也。中不胜貌，耻也。"韦昭注："胜，当为称，中不称貌，情貌相违。"朱骏声《说文通训定声·升部》："胜，假借为称。"孔颖达《周易正义》："贞，正也。言吉之与凶，皆由所动不能守一而生吉凶，唯守一贞正，而能克胜此吉凶。谓但能贞正，则免此吉凶之累也。"朱熹《周易本义》："贞，正也，常也。物以其所正为常者也。天下之事，非吉则凶，非凶则吉，常相胜而不已也。"贞胜则终而有始，贞而不胜则不可贞。其义虞翻、陆绩同。

日月之道，贞明者也。

荀爽注：离为日。日中之时，正当离位，然后明也。月者，坎也。坎正位冲离，冲谓十五日，月当日冲，正值坎位，亦大圆明。故曰"日月之道，贞明者也"。言日月正当其位，乃大明也。《周易集解》。

陆绩注：言日月正，以明照为道矣。《周易集解》。

按，日月之道，以正而得光明。其义荀爽、陆绩同。

夫乾，确然示人易矣。

孟喜注：夫乾，隺然。《说文》。

马融注：确然，刚貌。《经典释文》。

虞翻注：阳在初弗用，确然无为，潜龙时也。不易世，不成名，故示人易者也。《周易集解》。

按，确然，马融、虞翻同，孟喜作"隺然"。确通隺。《说文·冂部》："隺，高至也。《易》曰：'夫乾隺然。'"孟喜释为"高至"、马融释为“刚健”、虞翻释为“无为”,其义各异。若与下文“聩然”相较,则孟说为胜。

夫坤,隤然示人简矣。

孟喜注:夫坤,退然示人简矣。《经典释文》。

马融注:隤然,柔貌也。《经典释文》。

陆绩注:夫坤,妥然示人简矣。《经典释文》。

董遇注:夫坤,妥然示人简矣。《经典释文》。

虞翻注:隤,安。简,阅也。坤以简能,阅内万物,故示人简者也。《周易集解》。

姚信注:夫坤,妥然示人简矣。《经典释文》。

按,隤然,马融、虞翻同。孟喜作退然,陆绩、董遇、姚信皆作妥然。《礼记·檀弓下》:“文子其中退然如不胜衣。”郑玄注:“中,身也。退,柔和貌。”段玉裁《说文解字注》:“妥,安也。妥与安同意。”朱熹《周易本义》:“隤然,顺貌。”焦循《易章句》:“隤,孟喜作退,顺也。坤成屯不通鼎,而以三之家人上,则知进不知退。惟退而从鼎,故简而不烦而上下顺矣。”其义诸家相通。

何以守位?曰仁。

郑玄注:持一不惑曰守。《诗·凫鹥·序》正义。

宋衷注:守位当得士、大夫、公、侯,有其仁贤,兼济天下。《周易集解》。

按,仁,《经典释文》作“人”。《坎·彖》:“王公设险,以守其国。”《震·彖》:“出可以守宗庙社稷。”孔颖达《周易正义》:“言圣人何以保守其位,必信仁爱,故言曰仁也。”其义郑玄、宋衷同。

(第二章)

古者包牺氏之王天下也。

孟喜注:古者伏戏氏之王天下也。伏,服也。戏,化也。《经典释文》。

京房注:古者伏戏氏之王天下也。伏,服也。戏,化也。《经典释文》。

郑玄注:古者包牺氏之王天下也。包,取也。鸟兽全具曰牺。《经典释文》。

虞翻注:古者庖牺氏之王天下也。庖牺,太昊氏,以木德王天下,位乎乾五,五动见离,离生于木,故知火化。炮啖牺牲,号庖牺氏也。《周易集解》。

按,包牺生于陇西成纪(今甘肃天水),有文字记载的出现时代在战国以后。又有伏羲、宓羲、庖牺、包牺、牺皇、皇羲及太昊等称名,《史记》中称伏牺。传说中的中国古代君主。华夏太古三皇之天皇,与女娲同被尊为人类始祖,中国神话中与女娲一样,有龙身人首、蛇身人首的特征,因而被后人称之为龙祖。据孔颖达考证:"大皞帝包牺氏,风姓也。母曰华胥,燧人之世,有大人迹出于雷泽,华胥履之而生包牺。长于成纪,蛇身人首,有圣德,取牺牲以充包厨,故号曰'包牺氏'。后世音谬,故或谓之伏牺,或谓之虙牺,一号皇雄氏,在位一百一十年。包牺氏没,女娲氏代立为女皇,亦风姓也。女娲氏没,次有大庭氏、柏黄氏、中央氏、栗陆氏、骊连氏、赫胥氏、尊卢氏、混沌氏、皞英氏、有巢氏、朱襄氏、葛天氏、阴康氏、无怀氏,凡十五世,皆习包牺氏之号也。神农者,案《帝王世纪》云:炎帝神农氏,姜姓也。母曰任己,有蟜氏女,名曰女登。为少典正妃,游华山之阳,有神龙首感女登于尚羊,生炎帝,人身牛首,长于姜水,有圣德,继无怀之后,本起烈山,或称烈山氏,在位一百二十年而崩。纳奔水氏,女曰听谈,生帝临魁,次帝承,次帝明,次帝直,次帝氂,次帝哀,次帝榆罔,凡八代及轩辕氏也。”李鼎祚《周易集解》即引虞翻:“庖牺,太昊氏,以木德王天下。”诸家所释称名虽异,其义基本相通。

仰则观象于天,俯则观法于地。

荀爽注:俯则察法于地。《本义辩证》云。

九家注:俯则观法于地。艮兑为山泽也。地有水火五行,八卦之形者也。《周易集解》。

按,观,荀爽作察,九家作观。察通观。《易·贲》:“观乎人文,以化成天下。”《楚辞·离骚》:“瞻前而顾后兮,相观民之计极。”王逸注:“足以观察万民忠佞之谋,穷其真伪也。”孔颖达《周易正义》:“言圣人观察人文,则诗书礼乐之谓,当法此教而化成天下也。”其义荀爽、九家同。

观鸟兽之文。

荀爽注:乾为马,坤为牛,震为龙,巽为鸡之属是也。《周易集解》。

陆绩注:谓朱鸟、白虎、苍龙、玄武四方二十八宿经纬之文。《周易集解》。

按,荀爽取《说卦传》释鸟兽身上绵纹理,陆绩以所拟天上四象,意为无所不包。孔颖达《周易正义》:“言取象细也。大之与细,则无所不包也。”其义荀爽、陆绩相通。

以通神明之德。

荀爽注:乾坤为天地,离坎为日月,巽震为雷风,艮兑为山泽,此皆神明之德也。《周易集解》。

九家注:隐藏谓之神,著见谓之明。阴阳交通,乃谓之德。《周易集解》。

按,此言包牺若不作八卦,此神明之德,闭塞幽隐。既作八卦,则而象之,是通达神明之德。焦循《易章句》:“伏羲察天地万物，又推己以絜人，而知人之性善，可以先觉觉之，故为之画八卦。示以有母必有父，而后有六子，使男女有定偶，民知父子，长幼尊卑，缘是而序，三纲五伦，由是而建。其先民知有母不知有父，与禽兽同。书八卦示之，而民遂悟。以示禽兽，禽兽则不悟也。是以人性之善，异乎禽兽，所谓神明之德也。”其义荀爽与九家同。

作结绳而为网罟，以佃以渔，盖取诸离。

马融注：罟，犹网也。取兽曰佃，取鱼曰渔。《经典释文》。

虞翻注：离为日，巽为绳。目之重者唯罟，故结绳为罟。坤二五之乾成离，巽为鱼。坤二称田，以罟取兽曰田。故取诸离也。《周易集解》。

姚信注：罟，犹网也。《经典释文》。

按，鱼之网称罟，取鱼为渔。虞翻作鱼，渔通鱼。《经典释文》：“渔，音鱼。本亦作鱼。”佃通田。《玉篇·人部》：“佃，作田也。”虞翻“离为日”，“日”疑为“目”，两目相连，互体有为巽，巽为绳，故有结绳为网罟之象。孔颖达《周易正义》：“用此罟罔，或陆畋以罗鸟兽，或水泽以罔鱼鳖也。”其义马融、虞翻、姚信同。焦循《易章句》：“作，始也。结，交也。结绳，谓离与坎交成家人，上巽为绳也。坎成屯，初九为囊之底，五鱼在坎水之中，囊以贮之，故为罔罟。屯五为包有鱼，亦为田有禽，故以田以渔。鱼在坎水中，亦禽在坤野中也。以下十三‘盖取’，皆明制器尚象之也事。备物制用，立成器以为天下利。变通乃尽利。旧说离为目，互巽为绳，则离未变通矣。非也。”此可备一说。

斫木为耜，揉木为耒，耒耨之利，以教天下，盖取诸益。

孟喜注：耘，除草。《经典释文》。《丙子学易编》。

京房注：耜，耒下耓也。耒，耜上句木也。《经典释文》。《会通》。《丙子学易编》。

马融注：耨，鉏也。《经典释文》。

陆绩注：耜广五寸。京氏《易传》注。

虞翻注：否四之初也。巽为木。为入，艮为手，乾为金。手持金以入木，故斲木为耜。耜止所踰，因名曰耜。艮为小木，手以桡之，故揉木为耒。耒耜，耔器也。巽为号令，乾为天，故以教天下。坤为田，巽为股、进退。震足动耜，艮手持耒，进退田中，耕之象也。益万物者，莫若雷风，故法风雷而作耒耜。《周易集解》。

按，耜，今之犁头，耒即不犁柄。耨即锄、耘。焦循《易章句》："揉，与鍒同，《考工记》：耒，中直者三尺有三寸，上句者尺有二寸。句曲必揉。耜，耒头金也。耨，芸草器。"其义诸家皆相通。

易穷则变，变则通，通则久。是以自天祐之，吉无不利。

陆绩注：阴穷则变为阳，阳穷则变为阴，天之道也。庖牺作纲罟，教民取禽兽，以充民食。民众兽少其道穷，则神农教播殖以便之。此穷变之大要也。穷则变，变则通，与天终始，故可久。民得其用，故无所不利者也。《周易集解》。

虞翻注：谓乾五变之坤成大有，有天地日月之象。文王则庖牺，亦与天地合德，日月合明。天道助顺，人道助信，履信思顺，故自天右之，吉无不利也。《周易集解》。

按，佑，陆绩、虞翻皆作右。右通佑。《说文·又部》："右，手口相助也。"朱骏声《说文通训定声·颐部》："字亦作佑。"圣人治天下，穷则变，变则通，通变神化，皆合于易。与天地俱始终，所以有天的庇护，吉祥而无不利。其义陆绩、虞翻同。

黄帝、尧、舜，垂衣裳而天下治，盖取诸乾坤。

郑玄注：始去羽毛。《公羊》疏。金天氏、高阳、高辛遵黄帝之道，无所改作。《春官·大司乐》疏。乾为天，其色玄。坤为地，其色黄。《王制》正义。土托位南方，南方色赤，黄而兼赤，故为纁也。《礼·王制》正义。聂崇义《三礼图》二十。王应麟《集注》。乾为天，坤为地。天色玄，地色黄，故玄以为衣，黄以为裳，象天在上，地在下。《诗·豳风·七月》正义。

虞翻注：乾为治，在上为衣，坤下为裳。乾坤，万物之缊，故以象衣裳。乾为明君，坤为顺臣，百官以治，万民以察，故天下治，盖取诸此也。《周易集解》。

九家注：黄帝以上，羽皮革木，以御寒暑。至乎黄帝，始制衣裳，垂示天下。衣取象乾，居上覆物。裳取象坤，在下含物也。《周易集解》。

按，孙堂《汉魏二十一家易注》："《太平御览》六百八十九《服章部》引此句注云：'上衣下裳，乾坤之象。'亦当是郑注。"孔颖达《周易正义》："垂衣裳者，以前衣皮，其制短小，今衣丝麻布帛所作衣裳，其制长大，故云垂衣裳也。取诸乾坤者，衣裳辨贵贱，乾坤则上下殊体，故云取诸乾坤也。"黄帝、尧、舜时，民知识已开，故变通神化，使民日迁善而不知为之者。不知为之，故民无能名，所谓无为而治，笃恭而天下平，这是取法于乾坤两卦的卦象。其义郑玄、虞翻、九家同。

服牛乘马，引重致远，以利天下，盖取诸随。

孟喜注：犕牛乘马。《说文》。

虞翻注：否上之初也。否乾为马、为远，坤为牛、为重。坤初之上为引重，乾上之初为致远。艮为背，巽为股。在马上，故乘马。巽为绳,绳束缚物,在牛背上,故服牛。出否之随,引重致远,以利天下,故取诸随。《周易集解》。

按,服牛,孟喜作犕牛。《说文·牛部》:"犕,《易》曰:'犕牛乘马。'"段玉裁注:"此盖与《革部》之'鞁'同义。鞁,车驾具也。故《玉篇》云:'犕,服也。以鞌装马也。'"又云:"以车驾牛马之字当作犕,作服者假借耳。"其义孟喜与虞翻同。

重门击柝,以待暴客,盖取诸豫。

孟喜注:重门击欜。《说文》。

马融注:重门击柝。柝,两木相击以行夜。《经典释文》。

郑玄注:重门击欜,以待虣客。豫坤下震上,九四体震,又互体有艮,艮为门,震日所出,亦为门,重门象。艮又为手,巽爻也。应在四,皆木也。手持二木也。手持二木以相敲,是为击欜。击欜为守备惊戒也。四又互体为坎,坎为盗,五离爻,为甲胄戈兵,盗甲胄持戈兵,是虣客也。又以其卦为豫,有守备则不可自佚。《天官·宫正》疏。

干宝注:重门击欜,以待虣客。卒暴之客,为奸寇也。《周易集解》。

九家注:重门击欜,以待虣客,盖取诸豫。下有艮象。从外示之,震复为艮。两艮对合,重门之象也。欜者,两木相击以行夜也。艮为手、为小木,又为上持。震为足,又为木、为行。坤为夜。即手持欜木夜行,击门之象也。坎为盗。虣,水虣。长无常,故以待虣客。既有不虞之备,故取诸豫矣。《周易集解》。

按,柝,孟喜、郑玄、干宝、九家皆作欜。欜同柝。《经典释文》:"《说文》作,《字林》他各反,同。"又《春秋左氏传》哀公七年:"鲁击柝闻于邾。"《经典释文》:"柝,字又作欜。"《周礼·夏官·挈壶氏》:"凡军事,县壶以序聚欜。"郑玄注:"郑司农云:

‘县壶以为漏，以序聚欜，以次更聚击欜，备守也。’玄谓击欜，两木相敲，夜行时也。”其义诸家同。郑玄以艮为门，震亦为门为重门，九家以两艮反对为重门，其义异。

古之葬者，厚衣之以薪，葬之中野，不封不树，丧期无数，后世圣人易之以棺椁，盖取诸大过。

郑玄注：大过者，巽下兑上之卦。初六在巽体，巽为木，上六位在巳，巳当巽位，巽又为木，二木在外，以夹四阳，四阳互体为二乾，乾为君，为父，二木夹君父，棺椁之象。《檀弓》正义。

虞翻注：巽为木、为入处，兑为口，乾为人。木而有口，乾人入处，棺敛之象。中孚艮为山丘，巽木在里，棺藏山陵，椁之象也。故取诸大过。《周易集解》。

按，孔颖达《周易正义》：“若《礼记》云：‘有虞氏瓦棺。’未必用木为棺也，则《礼记》又云：‘殷人之棺椁。’以前云椁，无文也。”孙堂《汉魏二十一家易注》：“此条正义不言郑注，王应麟以为说本康成。”焦循《易章句》：“衣，被也。薪，萑苇之属。谓不棺也。不封，不聚土；不树，不植木。随哀至则哭，无卒哭虞葬之制。困于株木，则栋桡于泽下，二藏巽木中，棺椁之象也。木虽桡，亦因而利用之。”其义郑玄、虞翻同。

上古结绳而治，后世圣人易之以书契。

郑玄注：结绳为约。事大，大结其绳。事小，小结其绳。《正义》。《书·孔序》正义。书之于木，刻其侧为契，各持其一，后以相考合。《书》正义。以书，书木边，言其事，刻其木，谓之书契。《书序》释文。《文献通考·经籍一》。

虞翻注：履上下象易也。乾象在上，故复言上古。巽为绳，离为罟，乾为治，故结绳以治。后世圣人，谓黄帝、尧、舜也。夬旁通剥，剥坤为书，兑为契，故易之以书契。

王肃注:结绳,识其政事。《书·孔序》正义。

九家注:古者无文字,其有约誓之事,事大大其绳,事小小其绳。结之多少,随物众寡,各执以相考,亦足以相治也。夬本坤世,下有伏坤,书之象也。上又见乾,契之象也。以乾照坤,察之象也。夬者,决也。取百官以书治职,万民以契明其事。契,刻也。大壮进而成夬,金决竹木为书契象,故法夬而作书契矣。《周易集解》。《路史·因提纪》注节引。

按,古无文字,其有誓约之事,事大大结其绳,事小小结其绳,结之多少,随物众寡,各执以相考。言载于册谓大书,刻两札而合之,一持左札,一持右札,合其刻处以为信,谓之契。孔颖达《周易正义》:"郑康成注云:'事大大结其绳,事小小结其绳。'义或然也。"其义郑玄、虞翻、九家同,王肃谓识其政事亦相通。

(第三章)

象也者,像也。

孟喜注:象也者,象也。《经典释文》。

京房注:象也者,象也。《经典释文》。

董遇注:象也者,象也。《经典释文》。

虞翻注:象也者,象也。《经典释文》。

姚信注:象也者,象也。《经典释文》。

按,像,诸家皆作象。像通象。像,似也。谓似续不穷,改易似更端。《经典释文》:"众本并云'像,拟也'。孟、京、虞、董、姚还作象。"孔颖达《周易正义》:"谓卦为万物象者,法像万物,犹若乾卦之象,法像于天也。"其义诸家同。

（第五章）

精义入神，以致用也。

姚信注：阳称精，阴为义，入在初也。阴阳在初，深不可测，故谓之神。变为姤复，故曰“致用也”。《周易集解》。

干宝注：能精义理之微，以得未然之事，是以涉于神道而逆祸福也。《周易集解》。

按，孙堂《汉魏二十一家易注》：“《志林》本此条共四十八字，与汲古阁《周易集解》本同，似有错误，今从雅雨堂本。”孔颖达《周易正义》：“亦言先静而后动。此言人事之用，言圣人用精粹微妙之义，入于神化，寂然不动，乃能致其所用。精义入神，是先静也；以致用，是后动也。是动因静而来也。”焦循《易章句》：“精，静也。义，谓变通以尽利也。静而后动，入而后出，故以精而义，以入而神。但阳而不阴，非所以致用也。”其义姚信与干宝异。

是故君子安而不忘危。

虞翻注：君子，大人，谓否五也。否坤为安，危谓上也。《周易集解》。

翟玄注：在安而虑危。《周易集解》。

按，君子居安思危，其义虞翻、翟元同。

存而不忘亡。

荀爽注：谓除戎器，戒不虞也。《周易集解》。

翟玄注：在存而虑亡。《周易集解》。

按，《经典释文》“除”当作“虑”。君子安而不忘危，存而不忘亡，治而不忘乱，是以身安而国家可保。其义荀爽、翟玄同。

治而不忘乱。

荀爽注：谓思患而逆防之。《周易集解》。

翟玄注：在治而虑乱。《周易集解》。

按，治世而不忘祸乱之害，防患于未然。其义荀爽、翟元同。

《易》曰："其亡其亡，系于苞桑。"

荀爽注：存不忘亡也。桑者，上玄下黄。乾坤相包以正，故不可亡也。《周易集解》。

陆绩注：自此以上，皆谓否阴灭阳之卦。五在否家，虽得中正，常自惧以危亡之事者也。《周易集解》【补】。

按，孔颖达《周易正义》："君子今虽复安，心恒不忘倾危之事；国之虽存，心恒不忘灭亡之事；政之虽治，心恒不忘祸乱之事。"此为否卦上九五爻辞，安不忘危，存不忘亡，如苞桑那样坚固。其义荀爽、翟元同。

君子知微知彰，知柔知刚，万夫之望。

荀爽注：圣人作而万物睹。《周易集解》。

郑玄注：知微，谓幽昧。知章，谓明显也。《文选·西征赋》注。

姚信注：此谓豫卦也。二下交初，故曰"知微"。上交于三，故曰"知章"。体坤处和，故曰"知柔"。与四同功，故曰"知刚"。《周易集解》。

干宝注：言君子苟达于此，则万夫之望矣。周公闻齐鲁之政，知后世强弱之势。辛有见被发髪祭，则知为戎狄之居。凡若此类，可谓知几也。皆称君子，君子则以得几，不必圣者也。《周易集解》。

按，孙堂《汉魏二十一家易注》："此条今《文选》不云郑注。"荀爽释万夫为圣人，干宝释万夫为君子，其义异。焦循《易章句》："反其道，则知微知柔。复其道，则知彰知刚。知微知柔，即不忘危、不忘亡也。然又必使危者安，亡者存。知微又必知彰，知柔又必知刚。柔中称民，刚中称夫，不忘万民而皆得所利，故为万民之望也。"君子知几知微知著，知柔顺知刚健，其义郑玄、姚信相通。

天地细缊，万物化醇。

孟喜注：天地壹壺。《说文》。

虞翻注：天地壹壺，万物化醇。谓泰上也。先说否，否反成泰，故不说泰。天地交，万物通，故化醇。《周易集解》。

按，细缊，《经典释文》："细，本又作氤，同因音。缊，本又作氲。"孟喜作壹壺、虞翻作壹壺。《说文·壶部》："壹，壹壺也。从凶，从壹。不得泄凶也。《易》曰：'天地壹壺。'"段玉裁注："不得泄也者，谓元气浑然，吉凶未分，故其字从吉凶在壶中。会意。"朱熹《周易本义》："细缊，交密之状。醇谓厚而凝也。"焦循《易章句》："细缊，纷纭不齐也。岁实有消长，日行有盈缩，故不齐也。醇与惇同，不偏化一物也。《素问》曰：'化淳而守诚。'《史记》言惇化鸟兽虫蚁，亦此义。"天地阴阳气交感，万物化育凝固，其义孟喜、虞翻同。

男女构精，万物化生。

郑玄注：覯，合也。男女以阴阳合其精气。《诗·草虫》正义。

虞翻注：谓泰初之上成损，艮为男，兑为女，故男女构精。乾为精。损反成益，万物出震，故万物化生也。《周易集解》。

干宝注：男女，犹阴阳也，故万物化生。不言阴阳而言男女者，以指释损卦六三之辞，主于人事也。《周易集解》。

按，覯通构。《说文·见部》："覯，遇见也。"段玉裁注："毛云遇也，实含会合之义。"朱骏声《说文通训定声·需部》："覯，假借为构。"孔颖达《周易正义》："构，合也。言男女阴阳相感，任其自然，得一之性，故合其精则万物化生也。若男女无自然之性，而各怀差二，则万物不化生也。”朱熹《周易本义》：“言气化者也，化生形化者也。此释损六三爻义。”焦循《易章句》：“构，合也。《穀梁传》曰：‘独阴不生，独阳不生，独天不生。’”男女构精交合，万物化育衍生。其义郑玄、虞翻、干宝皆同。

因贰以济民行，以明失得之报。

郑玄注：贰，当为式。《经典释文》。

虞翻注：二谓乾与坤也。坤为民，乾为行。行得则乾报以吉，行失则坤报以凶也。《周易集解》。

按，贰同二。《说文·贝部》：“贰，副益也。”又云：“二，地之数也。以耦一。式，古文二。”其义郑玄、虞翻同。焦循《易章句》：“贰，疑也。民愚，不可正以易道告。因其疑，制为卜筮。高允《筮论》云：‘昔明元末起白台，其高二十余丈，乐平王尝梦登其上，四望无所见。王以问日者董道秀，筮之曰：‘大吉。’王默然而有喜色。后事发，王遂忧死，而道秀弃市。道秀若推六爻以对王曰：‘《易》称亢龙有悔。穷高曰亢，高而无民，不为善也。’夫如是，则上宁于王，下保于己，福禄方至，岂有祸哉！如允之说，所谓因贰以济民行也。吉凶本于善不善，告以趣吉避凶，正使之为善，去不善也。圣人裁成辅相，所以为神，而卜筮之用，所以为大。易道不明，佛氏乃以祸福转移愚民之行，而卜筮者，舍善不善，而专言吉凶，遂成术数小道。至《火珠林》，并舍《易》辞，别为占法，其术益贱。圣人所以济民行者，岂如是哉！失则报之以凶，得则报之以吉，民疑于吉凶，则明之以失得，所以济民行者如此。”此可备一说。

（第七章）

《易》之兴也，其于中古乎？

马融注：文王为中古。《周易集解》虞翻引。

荀爽注：文王为中古。《周易集解》虞翻引。

郑玄注：文王为中古。《周易集解》虞翻引。

按，中古，殷末周初。伏羲时代为上古，文王时代为中古，孔子时代为下古。孔颖达《周易正义》："谓《易》之爻卦之辞，起于中古。若《易》之爻卦之象，则在上古伏牺之时，但其时理尚质素，圣道凝寂，直观其象，足以垂教矣。但中古之时，事渐浇浮，非象可以为教，又须系以文辞，示其变动吉凶，故爻卦之辞，起于中古。则《连山》起于神农，《归藏》起于黄帝，周《易》起于文王及周公也。此之所论，谓《周易》也。"焦循《易章句》："中古，包牺时也。天地不能正人之性命，圣人忧天地之忧，《易》所以作也。伏羲以前，无三纲五常，卧之诂诂，起之吁吁，知识未开，虽抱善性，而莫能自觉，是为上古。天生伏羲，以先觉觉万民，使男女有别，以定君臣、父子、尊卑、上下，而天地之化育以赞，人物之性以尽，是为中古。其先性命不正，未有忧患之人，至此以忧患而立教，以开王道。性命正，而人乃尊于物，亦田渔兴，而人之力乃胜于物，故伏羲为百王先首。荘子之徒，重上古混茫，而以伏羲氏为顺而不一，未能知道者也。"其义马融、荀爽、郑玄皆同。

作《易》者，其有忧患乎？

郑玄注：文王囚而演易。《正义序》。

虞翻注：谓忧患百姓，未知兴与利远害，不行礼义，茹毛饮血，衣食不足。庖牺则天八卦，通为六十四，以德化之。吉凶与民同患，故有忧患。《周易集解》。

按，人处忧虑患难之际作《周易》，郑玄指认为文王，虞翻指认为庖牺。《史记》："西伯即位五十年，其囚羑里，盖益《易》之八卦为六十四卦。"其义郑玄与虞翻异。

谦，德之柄也。

虞翻注：坤为柄。柄，本也。凡言德，皆阳爻也。《周易集解》。

干宝注：柄所以持物，谦所以持礼者也。《周易集解》。

按，谦有谦逊，礼让之义。柄为本，亦即把柄之义。谦持礼如柄之本，犹斧刃以柯柄为用。朱熹《周易本义》："谦者，自卑而尊人。又为礼者之所当执持而不可失者也。"其义虞翻、干宝同。

损，德之修也。

马融注：损，德之循也。《经典释文》。

荀爽注：征忿窒欲，所以修德。《周易集解》。

郑玄注：修，治也。《经典释文》。

按，修，马融作循。循通修。孙堂《汉魏二十一家易注》考证云："韩昌黎《复志赋》：'惩此志之不修兮。'朱子《考异》：'修，莆田方氏作循'，云唐人书修近循，《楚辞》亦有误者。今案：二字古书多溷，不自唐人始也。左氏昭公二十九年《传》：'少皞氏有四叔：曰重、曰该、曰修、曰熙。'又云：'修及熙为元冥师。'《吕氏春秋·孟冬纪》修作循，《战国策》'循法无愆''厉气循城''苟可循'也。循本亦作修，《史记·孝文纪》：'乃循从代来功臣。'《汉书》循作修，《三国志》郭循亦作郭修。《庄子·天地篇》《鹖冠子·王铁篇》修、循二字，本亦互异。《太平御览》引《晏子春秋》云：'反圣王之德，而修灭君之行。'今本作'而循灭君之行'。又引《白虎通》云：'循道无穷则佩环。'本亦作'修道无穷则佩环'，皆其证也。《隶释·北海相景君铭》赵氏云：'碑阴载故吏自都昌丘暹而下十九人，皆作修行。'汉隶循、修二字颇相近，恐是借用耳。《隶续》云：'修、脩二字，隶法只争一画。'然则此修字作循，亦系汉隶之讹。"身处忧患之境，进而修治美德，其义马融、荀爽、郑玄同。

困，德之辨也。

郑玄注：辨，别也。遭困之时，君子固穷，小人穷则滥，德于是别也。《周易集解》。

王肃注：困，德之辩也。辩，卜免反。《经典释文》。

按，辨通辩。朱骏声《说文通训定声·坤部》："辩，假借为辨。"遭困之时，守操不移，德乃可分辨。其义郑玄、王肃同。

益，长裕而不设。

郑玄注：设，大也。《周礼·考工》曰："中耳茎，设其后。"《考工·桃氏》疏。

虞翻注：谓天施地生，其益无方，凡益之道，与时偕行，故不设也。《周易集解》。

按，长，即恒，为长久之道，则设施不得不缓。孔颖达《周易正义》："益是增益于物，能长养宽裕于物，皆因物性自然而长养，不空虚妄设其法而无益也。"其义郑玄、虞翻相通。

（第八章）

《易》之为书也不可远。

马融注：远，袁万反。《经典释文》。

王肃注：远，袁万反。《经典释文》。

按，《经典释文》："远，马、王肃、韩，袁万反。注皆同。师读如字。"朱熹《周易本义》："远，犹忘也。"《周易》为古人处世行事的准则，故不可远，即有不可忘、不可离之意。其义马融、王肃同。

变动不居，周流六虚。

陆绩注：六虚，即六爻也。京氏《易传》颐卦注【补】。

虞翻注：变，易。动，行。六虚，六位也。日月周流，终则复始，故周流六虚。谓甲子之旬辰巳虚。坎戊为月，离己为日，入在中宫，其处空虚，故称六虚。五甲如次者也。《周易集解》。

按，六虚，即六爻、六位。朱熹《周易本义》："周流六虚，谓阴阳流行于卦之六位。"焦循《易章句》："旁通两卦十二爻，六爻定者实，六爻未定者虚也。终则有始，故周流常使有六虚也。"其义陆绩与虞翻相通。

无有师保，如临父母。

虞翻注：临，见也。言阴阳施行，以生万物。无有师保，生成之者。万物出生，皆如父母。孔子曰"父母之道天地"，乾为父，坤为母。《周易集解》。

干宝注：言易道以戒惧为本，所谓惧以终始，归无咎也。外为丈夫之从王事，则夕惕若厉。内为妇人之居室，则无攸遂也。虽无师保切磋之训，其心敬戒，常如父母之临己者也。《周易集解》。

按，朱熹《周易本义》："虽无师保，而常若父母临之戒惧之至。"焦循《易章句》："如读若而。无师保所以忧患，临父母谓能变通。"其义虞翻、干宝同。

初率其辞而揆其方，既有典常。

马融注：方，道也。《经典释文》。

虞翻注：初，始，下也。帅，正也。谓修辞立诚。方谓坤也。以乾通坤，故初帅其辞而揆其方。《周易集解》。

按，朱熹《周易本义》："方，道也。始由辞以度其理，则见其有典常矣。然神而明之，则存乎其人也。"焦循《易章句》："初，即初筮之初。率，帅也。系辞视乎爻，率其辞，谓二五为诸爻率。揆，度也。方，旁通也。既率其辞而元亨矣。又揆度之以旁通为利也。”遵循《周易》卦爻辞，揣度其所蕴含的道理，其义马融、虞翻相通。

（第九章）

《易》之为书也，原始要终，以为质也。

虞翻注：质，本也。以乾原始，以坤要终。谓原始及终，以知死生之说。《周易集解》。

干宝注：重发《易》者，别殊旨也。《周易集解》。

按，原，再。一始又始乃终。要，约。质，本。《周易》是观照其事物的本末，追索其代表不同时间事物变化的书。王弼《周易注》：“质，体也。卦兼终始之义也。”朱熹《周易本义》：“质谓卦体，卦必举其始终而后成体。”焦循《易章句》：“质，本也。易之本义如此。”其义虞翻、干宝相通。

六爻相杂，唯其时物也。

虞翻注：阴阳错居称杂，时阳则阳，时阴则阴，故唯其时物。乾阳物，坤阴物。《周易集解》。

干宝注：一卦六爻，则皆杂有八卦之气。若初九为震爻，九二为坎爻也。或若见辰戌言艮，已亥言兑也。或若以甲壬名乾，以乙癸名坤也。或若以午位名离，以子位名坎。或若德来为好物，刑来为恶物。王相为兴，休废为衰。《周易集解》。

按，六爻错杂，代表不同的时间和事物。干宝则以卦气、五行喻之。其义虞翻与干宝异。

若夫杂物撰德，辨是与非，则非其中爻不备。

郑玄注：若夫杂物算德。算，数也。《经典释文》。

虞翻注：撰德谓乾。辨，别也。是谓阳，非谓阴也。中，正。乾六爻，二四上非正。坤六爻，初三五非正。故杂物。因而重之,爻在其中。故非其中,则爻辞不备。道有变动,故曰“爻”也。《周易集解》。

按,撰德,郑玄作算德。算通撰。《集韵·缓韵》:“算,《说文》:‘数也。’或作撰。”孙堂《汉魏二十一家易注》:“算字今本作撰,《周礼·大司马》‘群吏撰车徒’之‘撰’,郑亦读曰‘算’。”朱熹《周易本义》:“此谓卦中四爻。”焦循《易章句》:“杂物,六爻相杂也。撰,选也。于众爻杂错之中,而选其德,以辨是非。中爻,谓二五也。诸爻之是非视乎二五,此初所以难知,上所以易知也。旧说谓中四爻,未是。”其义郑玄与虞翻异。

噫! 亦要存亡吉凶,则居可知矣。

马融注:噫,辞也。居,处也。《经典释文》。

虞翻注:谓知存知亡,要终者也。居乾吉则存,居坤凶则亡,故曰“居可知矣”。《周易集解》。

按,噫为叹词,与抑同。孔颖达《周易正义》:“噫者,发声之辞。”其义马融、虞翻同。居为助辞。郑玄《礼记·檀弓上》:“何居。”郑玄注:“居读为姬姓之姬,齐鲁之间助语也。”马融为居处之居,其义与虞翻相通。

知者观其彖辞。

马融注:彖辞,卦辞也。《经典释文》。

郑玄注:彖辞,爻辞也。《经典释文》。

王肃注:彖,举象之要也。《经典释文》。

按,彖辞,是指卦辞或卦爻。《经典释文》:“师说通谓爻卦之辞也。”孔颖达《周易正义》:“‘夫彖者,举立象之统’者,谓文王卦下彖辞,举明立此卦象之纲统也。”焦循《易章句》:“彖辞、爻辞,皆发明杂物撰德之指,而爻辞又发明彖辞者也。”其义马融、郑玄、王肃同。

（第十一章）

易之兴也，其当殷之末世，周之盛德邪？当文王与纣之事邪？

郑玄注：据此言以《易》文王所作，断可知矣。《左传》昭二年正义。

虞翻注：谓文王书《易》六爻之辞也。末世，乾上。盛德，乾三也。文王三分天下而有其二，以服事殷，周德其可谓至德矣，故周之盛德。纣穷否上，知存而不知亡，知得而不知丧，终以焚死，故殷之末世也。而马、荀、郑君从俗，以文王为中古，失之远矣。《周易集解》。

按，伏羲之教，历经神农、黄帝、尧、舜述而宗之，殷末邪说暴行有作，易道不明，文王系辞以明伏羲之教作，故《周易》兴于是时。孔颖达《周易正义》："以当纣世忧畏灭亡，故作《易》辞，多述忧危之事，亦以垂法于后，使保身危惧，避其患难也。周氏云：'谓当纣时，不敢指斥纣恶，故其辞微危而不正也。'今案康伯之注云：'文王与纣之事，危其辞也。'则似周释为得也。案下复云：'危者使平'，则似危谓忧危，是非既未可明，所以两存其释也。"其义郑玄、虞翻同。

（第十二章）

人谋鬼谋，百姓与能。

郑玄注：鬼谋，谓谋卜筮于庙门是也。《士冠礼》疏。

虞翻注：乾为人，坤为鬼。乾二五之坤，坎为谋。乾为百，坤为姓，故人谋鬼谋，百姓与能。《周易集解》。

按，鬼谋，指卜筮和祭祀。朱熹《周易本义》："人谋鬼谋，虽百姓之愚，皆得以与其能。”其义郑玄与虞翻异。

将叛者其辞惭。

荀爽注：谓屯六三往吝之属也。《周易集解》。

虞翻注：坎人之辞也。近而不相得，故叛。坎为隐伏，将叛。坎为心，故惭也。《周易集解》。

按，将有反叛之心的人，其言语必然显露愧色。孔颖达《周易正义》：“此已下说人情不同，其辞各异。将欲违叛己者，貌虽相亲，辞不以实。”荀爽以屯卦六三爻辞“往吝”喻之，虞翻以“坎人”释之，其义相异。

中心疑者其辞枝。

荀爽注：或从王事无成之属也。《周易集解》。

虞翻注：离人之辞也。火性枝分，故枝疑也。《周易集解》。

按，心中存有疑惑的人，其言语辞混乱不清。孔颖达《周易正义》：“中心于事疑惑，则其心不安，其辞分散若闲枝也。”荀爽以“王事无成”释之，虞翻以“离人”喻之，其义则异。

躁人之辞多。

荀爽注：谓睽上九之属也。《周易集解》。

虞翻注：震人之辞也。震为决躁，恐惧虩虩，笑言哑哑，故多辞。《周易集解》。

按，心气多浮躁的人，其言语多而繁杂。荀爽以睽卦上九爻辞喻之，虞翻以震人释之，其义则异。

诬善之人其辞游。

荀爽注：游豫之属也。《周易集解》。

虞翻注：兑人之辞也。兑为口舌诬进，乾为善人也。《周易集解》。

按，诬害善良之人，其言语游而不定。其义荀爽、虞翻相通。

失其守者其辞屈。

荀爽注：失其守者其辞诎。谓泰上六“城复于隍”之属也。《周易集解》。

虞翻注：失其守者其辞诎。巽人之辞也。巽诘诎，阳在初守巽，初阳入伏阴下，故其辞诎。此六子也，离上坎下，震起艮止，兑见巽伏。上经终坎离，则下经终既济未济。上《系》终乾坤，则下《系》终六子。此《易》之大义者也。《周易集解》。

按，屈，荀爽、虞翻皆作诎。诎通屈。《荀子·劝学》：“若挈裘领，诎五指而顿之，顺者不可胜数也。”杨倞注：“诎与屈同。”《说文·言部》：“诎，诘诎也。”段玉裁注：“二字双声，屈曲之意。”邵瑛《群经正字》：“诎，今经典多用屈字。”有失操守的人，其言语多钝诎。孔颖达《周易正义》：“凡此辞者，皆论《易经》之中有此六种之辞，谓作《易》之人，述此六人之意，各准望其意而制其辞也。”荀爽以泰卦上六爻辞“城复于隍”释之，虞翻则以巽卦大人喻之，其义则异。

又，此章均申明“以言者尚其辞”之义。叛、疑、诬、失等皆为不善而以言语显示。然而欲免其惭，必改其叛。欲免其枝，必改其疑。欲免其多，必改其躁。欲免其游，必改其诬。欲免其屈，必改其失。改其动之失，则为吉人。吉则辞寡，而不惭、不枝、不多、不游、不屈，此即圣人之所以作《易》教人改过的意义所在。焦循《易通释》：“《易》者，圣人教人改过之书也。故每一卦，必推其有过、无过，又推其能改、能变，非谓某卦变自某卦，某卦自某卦来也。自荀、虞有之卦之说，唐宋以后，遂以为卦变各立一例，左支右诎，愈失圣人作《易》赞易之本意。”可备一说。

说卦

（第一章）

昔者圣人之作《易》也。

马融注：伏牺得河图而作《易》。《正义序》。《玉海》三十五。

郑玄注：谓伏牺、文王也。《尚书·孔序》正义。

虞翻注：重言昔者，明谓庖牺也。《周易集解》。

王肃注：伏牺得河图而作《易》。《正义序》。《玉海》三十五。

姚信注：伏牺得河图而作《易》。《正义序》。《玉海》卷三十五。连山氏神农，得河图，夏人因之曰《连山》。归藏氏黄帝，得河图，商人因之曰《归藏》。伏羲氏得河图，周人因之曰《周易》。《汉上易传》。《玉海》三十五。

按，相传伏羲得河图而作《周易》。孔颖达《周易正义》："据今而称上世，谓之昔者也。聪明睿智，谓之圣人。此圣人即伏羲也。"其义诸家皆同。

幽赞于神明而生蓍。

荀爽注：幽，隐也。赞，见也。神者在天，明者在地，神以夜光，明以昼照。蓍者，册也。谓阳爻之册，三十有六，阴爻之册，二十有四，二篇之册，万有一千五百二十。上配列宿，下副物数。生蓍者，谓蓍从中生也。《周易集解》。

干宝注：幽，昧，人所未见也。赞，求也。言伏羲用明于昧冥之中，以求万物之性尔，乃得自然之神物。能通天地之精，而管御百灵者，始为天下生用蓍之法者也。《周易集解》。

按，蓍，即卜筮。祈求神明而创拟蓍法，使民不倦，而假卜筮，因贰以济民行，是赞之于幽隐之中。孔颖达《周易正义》："幽者，隐而难见，故训为深也。赞者，佐而助成，而令微者得著，故训为明也。"其义荀爽与干宝相通。

参天两地而倚数。

马融注：五位相合，以阴从阳。天得三合，谓一、三与五也。地得两合，谓二与四也。《正义》。倚，依也。《经典释文》。

郑玄注：天地之数备于十，乃三之以天，两之以地，而倚托大演之数五十也。必三之以天、两之以地者，天三覆，地二载，必极于数，庶几得吉凶之审也。《正义》。

虞翻注：倚，立。《经典释文》同。参，三分也。谓分天象为三才，以地两之，立六画之数，故倚数也。《周易集解》。

王肃注：倚，立也。《经典释文》。《集韵》。五位相合，以阴从阳，天得三合，谓一三与五也；地得两合，谓二与四也。《正义》。

蜀才注：参天两地而奇数。《经典释文》。

按，倚，蜀才作奇。奇通倚。孙堂《汉魏二十一家易注》引惠栋云："倚，郑玄注《周礼》引作奇。倚本古奇字。《荀子·大儒》篇云：'倚物怪变。'杨倞读为奇。《汉书·外戚传》：'欲倚两女。'《史记》作奇，《方言》曰：'倚，奇也。'郭璞云：'奇耦参两成五，故云奇。'"孔颖达《周易正义》："倚，立也。既用蓍求卦，其揲蓍所得，取奇数于天，取耦数于地，而立七、八、九、六之数，故曰参天两地而倚数也。"焦循《易章句》："倚，依也。参，即奇；两，即偶也。天地之数，不外于奇偶，而易之刚柔依之。其变化旁通，亦不外九数之齐同、比例也。《管子》言伏羲作九九之数，以合天道，而天下化之。”其义马融、郑玄、王肃、蜀才相通，虞翻则异。

发挥于刚柔而生爻。

郑玄注：挥，扬也。《经典释文》。

虞翻注：谓立地之道曰柔与刚。发，动。挥，变。变刚生柔爻，变柔生刚爻，以三为六也。因而重之，爻在其中，故生爻。《周易集解》。

王廙注：挥，散也。《经典释文》。

按，挥通扬、散。《经典释文》：“挥，郑云扬也。王廙、韩云散也。”《说文·手部》：“挥，奋也。”《广雅·释诂》：“挥，动也。”《后汉书·荀彧传》：“权诡时逼，挥金僚朋。”李贤注：“挥，散也。”孔颖达《周易正义》：“既观象立卦，又就卦发动挥散，于刚柔两画而生变动之爻，故曰‘发挥於刚柔而生爻’也。”六爻发挥，变动生爻，其义郑玄、虞翻、王廙同。

和顺于道德而理于义，穷理尽性以至于命。

郑玄注：言穷其义理，尽其人之情性，以至于命，吉凶所定。《文选注》六十。

虞翻注：谓立人之道曰仁与义。和顺谓坤，道德谓乾，以乾通坤，谓之理义也。以乾推坤，谓之穷理。以坤变乾，谓之尽性。性尽理穷，故至于命，巽为命也。《周易集解》。

按，变通以尽利则分，穷理穷其所分。尽性至命，所以穷理。孔颖达《周易正义》：“《易》道周备，无理不尽。圣人用之，上以和协顺成圣人之道德，下以治理断人伦之正义。又能穷极万物深妙之理，究尽生灵所禀之性，物理既穷，生性又尽，至于一期所赋之命，莫不穷其短长，定其吉凶。”朱熹《周易本义》：“理谓随事得其条理析言之也。穷天下之理，尽人物之性而合于天道，此人作《易》之极功也。”其义郑玄、虞翻相通。

（第二章）

兼三才而两之，故易六画而成卦。

郑玄注：三才，天、地、人之道。六画，画六爻。《士冠礼》疏。

虞翻注：谓参天两地，乾坤各三爻而成六画之数也。《周易集解》。

按，圣人作《周易》，顺从性命之理，以天、地、人三道为三才，六画而成一卦。朱熹《周易本义》：“兼三才而两之，总言六画。”其义郑玄、虞翻相通。

（第三章）

雷风相薄。

马融注：薄，入也。《经典释文》。

郑玄注：薄，入也。《经典释文》。

陆绩注：相薄，相附薄也。《经典释文》【补】。

虞翻注：谓震巽。同声相应，故相薄。《周易集解》。《困学纪闻》。

按，恒卦上雷下风，二五爻交则相迫。《文选·吴都赋》：“倾薮薄。”刘注：“薄，不入之丛也。”又《战国策·韩策二》：“吾得为役之日浅，事今薄，奚敢有请？”鲍彪注：“薄，犹迫。”其义诸家皆同。

水火不相射。

陆绩注：射，厌也。《经典释文》。

董遇注：射，厌也。《经典释文》。

虞翻注：谓坎离。射，厌也。《经典释文》同。水火相通，坎戊离己，月三十日一会于壬，故不相射也。《周易集解》。《困学纪闻》。

王肃注：射，厌也。《经典释文》。

姚信注：射，厌也。《经典释文》。

按，《尔雅·释诂》："射，厌也。"既济卦上水下火，六爻皆定，不相往来，故不相厌。其义诸家皆同。

（第四章）

日以烜之。

京房注：晅，乾也。《经典释文》。

荀爽注：烜，休远反。谓建午之月，太阳欲长者也。《周易集解》。

王肃注：互相备也。《正义》。

按，晅通烜。孔颖达《周易正义》："烜，乾也。"又云："此一节总明八卦养物之功。上四举象，下四举卦者，王肃云'互相备也'，雷风与震巽同用，乾坤与天地通功也。"其义京房、荀爽同，王肃则异。

（第五章）

万物出乎震，震，东方也。

郑玄注：万物出于震，雷发声以生之也。《汉上易》九卷。《周易折中》。

虞翻注：出，生也。震初不见东，故不称东方卦也。《周易集解》。

按，万物生于震，震为东方。震为雷，其义郑玄、虞翻同。

齐乎巽，巽，东南也．齐也者，言万物之絜齐也。

郑玄注：齐于巽，相见于离，风摇动以齐之也。絜，犹新也。《汉上易》九卷。《周易折中》。

陆绩注：齐者，整肃万物，得其道也。京氏《易传》恒卦注【补】。

虞翻注：巽阳隐初，又不见东南，亦不称东南卦，与震同义。巽阳藏室，故絜齐。《周易集解》。

按，以巽是东南之卦，斗柄指东南之时，万物皆絜齐。焦循《易章句》："絜，读如姑洗修洁百物之洁。韦昭谓洗濯枯秽，改柯易叶也。"齐为整齐天下万物，其义郑玄、陆绩、虞翻相通。

离也者，明也。万物皆相见，南方之卦也。

郑玄注：万物皆相见，日照之使光大。万物皆致养焉。《汉上易》九卷。《周易折中》。

虞翻注：离为日、为火，故明。日出照物，以日相见，离象三爻皆正日中，正南方之卦也。《周易集解》。

按，以离为象日之卦，离为日、为火、为光明，万物由此互相显现。其义郑玄、虞翻同。

坤也者，地也，万物皆致养焉，故曰致役乎坤。

郑玄注：坤不言方者，所言地之养物不专一也。《正义》。

虞翻注：坤阴无阳，故道广布，不主一方，含弘光大，养成万物。《周易集解》。

按，坤为土，则震、巽为木，乾、兑为金，离为火，坎为水，艮为山，山属于地，亦皆互相显现。坤为地、滋养地上万物。其义郑玄、虞翻同。

战乎乾，乾，西北之卦也，言阴阳相薄也。

郑玄注：战言阴阳相薄，西北阴也，而乾以纯阳临之，犹君臣对合也。《汉上易》九卷。《周易折中》。

陆绩注：乾为阳，西北阴，阳入阴，二气盛，必战。京氏《易传》

乾卦注【补】。

虞翻注：乾刚正五，月十五日，晨象西北，故西北之卦。薄，入也。坤十月卦，乾消剥入坤，故阴阳相薄也。《周易集解》。

按，乾为阳，坤为阴，乾为西北之卦，坤为西南之卦，西南、西北，故称阴阳两气相薄。郑玄喻为君臣对合，陆绩释为阴阳两气互相逼迫，虞翻称阴盛至于阳，其义相通。

坎者水也，正北方之卦也，劳卦也，万物之所归也，故曰劳乎坎。

郑玄注：坎，劳卦也，水性劳而不倦，万物之所归也。万物自春出生于地，冬气闭藏，还皆入地。《汉上易》九卷。《周易折中》。

虞翻注：归，藏也。坎二失位不正，故言正北方之卦，与兑正秋同义。坎月夜中，故正北方。《周易集解》。

按，坎为水，正北之卦，又为疲劳之卦，所以是万物归入地而休息。其义郑玄、虞翻同。

艮，东北之卦也，万物之所成终而所成始也，故曰成言乎艮。

郑玄注：万物之所成终而所成始，言万物阴气终，阳气始，皆艮之用事也。《汉上易》九卷。《周易折中》。

虞翻注：艮三得正，故复称卦。万物成始乾甲，成终坤癸。艮东北是甲癸之间，故万物之所成终，而成始者也。《周易集解》。《困学纪闻》节引。

按，艮为东北之卦，既是形成万物的终点，又是万物新的起点。其义郑玄、虞翻同。

（第六章）

神也者，妙万物而为言者也。

郑玄注：共成万物，物不可得而分，故合谓之神。《汉上易》。

董遇注：眇，成也。《经典释文》。

王肃注：眇，成也。《集韵》按。

按，今本妙，郑玄、董遇、王肃皆作眇。眇同妙。《经典释文》："妙，如字。王肃作眇，音妙。董云：'眇，成也。'"《楚辞·九叹》："承皇考之妙仪。"王逸注："妙，一作眇。"孙堂《汉魏二十一家易注》："眇，古妙字，见《陈君阁道碑》。"眇万物，即成万物，非为神奇美妙之谓。其义郑玄、董遇、王肃同。

燥万物者，莫熯乎火。

孟喜注：燥万物者，莫暵乎离。《说文》。晁氏引同。

陆绩注：燥万物者，莫熯乎火。离火炎上。京氏《易传》既卦注【补】。

按，熯，孟喜作暵。暵通熯。《经典说文》："熯，王肃云呼旦反，火气也。"《说文·火部》："熯，乾皃。"段玉裁注："乾读如干，此与《日部》'暵'同音同义，从火犹从日也。"离为火、为日，故可燥裂万物。其义孟喜、陆绩同。

故水火相逮。

郑玄注：故水火相逮。《经典释文》。

宋衷注：故水火相逮。《经典释文》。

陆绩注：水火相逮。《经典释文》【补】。

王肃注：故水火相逮。《经典释文》。

王廙注：故水火相逮。《经典释文》。

按，《经典释文》出"水火不相逮"五字，云："逮，音代，一音大计反。郑、宋、陆、王肃、王廙无'不'字。"孔颖达《周易正义》："上章言水火不相入，此言水火相逮者，既不相入，又不相及，则无成物之功，明性虽不相入，而气相逮及也。"焦循《易章句》：

"逮,及也。相逮,谓既济变通于未济。"其义诸家皆同。

(第八章)

坎为豕。

京房注:坎为彘。《经典释文》。

九家注:污辱卑下也。六九五十四,主时精为豕,坎豕怀胎四月而生。宣时理节,是其义也。《周易集解》。

按,豕,京房作彘,九家作豕。《说文·彑部》:"彘,豕也。"扬雄《方言》卷八:"豬,北燕、朝鲜之间谓之豭,关东西或谓之彘,或谓之豕。"其义京房、九家同。

艮为狗。

郑玄注:艮卦在丑,艮为止,以能吠守止人则属艮。以能言则属兑,兑为言故也。《周礼·秋官》正义。

虞翻注:为拘。指屈伸制物,故为拘。拘旧作狗,上已为狗,字之误码。《周易集解》。

九家注:艮止,主守御也。艮数三,七九六十三,三主斗,斗为犬,故犬怀胎三月而生。斗运行十三时日出,故犬十三日而开目。斗屈,故犬卧屈也。斗运行四匝,犬亦夜绕室也。火之精,畏水不敢饮,但舌舐水耳。犬斗,以水灌之则解也。犬近奎星,故犬淫,当路不避人者也。《周易集解》。《玩辞》节引。

按,郑玄、九家作狗,虞翻作拘。拘通狗。《说文·句部》:"拘,止也。"焦循《易通释》:"狗即拘也。拘之义为止,狗叩气以守,亦取于止。经无狗而传言狗者,明经文假借之例,与马、牛、豕、羊并言则为狗,不可云'狗系之',则为拘。拘之为狗,犹祥之为羊也。"艮为止,为狗。其义郑玄、九家皆释为守御为狗同,虞翻则异。

兑为羊。

郑玄注：其畜好刚卤。《夏官·羊人序官》疏。

王廙注：羊者，顺之畜，故为羊也。《正义》。

按，《易》称羊皆指兑，兑为金，为西方，西方为咸质坚硬之地，羊即居西方之畜。兑为悦，羊为吉祥，又能顺从人意。孔颖达《周易正义》："兑，说。羊者，顺从之畜，故为羊也。"其义郑玄与王廙相通。

（第十章）

震一索而得男，故谓之长男。

马融注：索，数也。《经典释文》。

王肃注：索，求也。《经典释文》。

按，《玉篇·索部》："索，求也。"《说文·攴部》："数，计也。"其义马融与王肃相通。

（第十一章）

乾为天。

郑玄注：天清明无形。《汉上易》。

宋衷注：乾动作不解，天亦转运。《周易集解》。

按，《易》凡称天，皆指乾。天是由清明之气运动而成的，即《淮南子·天文训》"宇宙生气，气有涯垠。青阳者薄靡而为天，重浊者凝滞而为地。"其义郑玄与宋衷相通。

为瘠马。

京房注：柴马多筋干。《经典释文》。

荀爽注：柴马多筋干。《经典释文》。

郑玄注：凡骨为阳，肉为阴。《汉上易》。

王廙注：健之甚者，为多骨也。《经典释文》。

按，瘠马，京房、荀爽作柴马，郑玄、王廙作瘠马。脊通柴。《玉篇·疒部》："瘠，瘦也。"崔觐曰："骨为阳，肉为阴。乾纯阳爻骨多，故为瘠马。"柴为干瘦，不松软。是瘠马、柴马都是指骨多肉少之马。其义京房、荀爽、郑玄、王廙皆同。

为驳马。

宋衷注：天有五行之色，故为驳马也。《周易集解》。

王廙注：驳马能食虎豹，取其至健也。《正义》。

按，孙堂《汉魏二十一家易注》："驳当作駮。《尔雅·释畜》云：'駮如马，倨牙食虎豹。'《海外北经》云：'北海有兽焉，其名曰駮，状如白马，锯牙食虎豹。'《西山经》云：'中曲山有兽，如马而身黑，二尾一角，虎牙爪，音如鼓音，其名曰駮，是食虎豹可以御兵。'并与此注义同。《周易集解》本亦作駮马。"其义宋衷、王廙同。

为龙。

郑玄注：龙，读为龙，取日出时色杂也。《汉上易传》。

虞翻注：駹，苍色。《经典释文》同。震东方，故为駹。旧读作"龙"，上已为龙，非也。《周易集解》。《汉上易传》。

干宝注：駹，杂色。《经典释文》。《容斋随笔》。

按，龙通駹。孙堂《汉魏二十一家易注》："《周礼·犬人》：'用駹可也。'注云：'故书駹作龙，龙读为駹，谓不纯色也。'《牧人》：'用龙可也。'注云：'故书龙作庬，庬当为龙，谓杂色不纯。'是龙、駹义同。古駹字多作龙，虞、干本经文龙改为駹。古庬字亦通駹。《集韵》引《诗·长发》篇为'下国骏庬，《齐诗》作骏駹。"曹元弼《周易集解补释》："苍者，玄黄之杂，郑、虞、干义同。龙与駹、龙古多通借，然其义易之讹，故郑云当为以正之。"焦循

《易章句》:“前后复言之,犹乾为父、坤为母也。旧破字马駹,解为杂色、苍色,非是。”此可备一说。

为敷。

虞翻注:阳在初隐静,未出触坤,故専,而乾静也専。延叔坚说,以“専”为“旉”,大布,非也。《周易集解》。晁氏节引。

王肃注:旉,华之通名。铺为华皃谓之藪。戴侗《六书故》三十三。

姚信注:専,一也。《经典释文》。

干宝注:旉,花之通名,铺为花朵,谓之藪。《经典释文》。《集韵》。《类篇》。

按,敷,郑玄、虞翻、姚信作専,王肃、干宝作旉。敷通専、旉。《经典释文》:“藪,本又作旉。”《汉书·礼乐志》:“朱明盛长,旉与万物。”颜师古注:“旉,古敷字也。旉与,言开舒也。”《孟子·滕文公上》:“尧独忧之,举舜而敷治焉。”焦循《孟子正义》:“敷之训布,布,散也。散亦分也。然则敷治即分治。”又《易通释》:“敷布之敷,《说文》作専,専形近专,故一本讹作专。虞仲翔依讹本,以‘乾静也专’解之,转讥延叔坚说为旉之非,盖孔子赞《易》之微言,久不明矣。”《尚书·舜典》:“敬敷五教。”孔安国传:“布五常之教。”又《禹贡》:“禹敷土。”郑玄注:“敷,布也。”释旉为花之通名,其义王肃、干宝同。释旉为乾初,一阳初生,故旉。孔颖达《周易正义》:“为旉,取其春时气至,草木皆吐,旉布而生也。”其义郑玄、姚信同,虞翻则异。

为大涂。

郑玄注:国中三道曰涂,震上值房心,涂而大者,取房有三涂焉。《汉上易》。

王廙注:大涂,万物所出。《太平御览》百九十五《居处部》。

按，震为道路。震二阴一阳，一阳在下有大道之象。古道路分三。《礼记·王制》："道路，男子由右，妇人由左，车从中央。"郑玄注："道中三途，远别也。"惠栋《周易述》："郑注云房有三道，出入之象，三途即三道也。"刘熙《释名·释道》："道，蹈也。路，露也。言人践蹈而露见也。"孔颖达《周易正义》："为大涂，取其万物之所生也。"其义郑玄、王廙相通。

为萑苇。

郑玄注：竹类。《汉上易》。

九家注：萑苇，蒹葭也。根茎丛生，蔓衍相连，有似雷行也。《周易集解》。

按，《诗·豳风·七月》："七月流火，八月萑苇。"孔颖达疏："初生为葭，长大为芦，成则名为苇。"萑苇与竹相似。孔颖达《周易正义》："萑苇，竹之类也。"其义郑玄与九家同。

为馵足。

京房注：为朱足。阳在下。《经典释文》。

荀爽注：为朱足。阳在下。《经典释文》。

虞翻注：马白后左足为馵。《周易集解》。

按，馵足，京房、荀爽皆作"朱足"。朱通馵。李富孙《易经异文释》："朱、馵声之转，义并通。"马后左足白为馵。孔颖达《周易正义》："马后足白为馵，取其动而见也。"其义京房、荀爽、虞翻同。

为的颡。

孟喜注：为馰颡。《说文》。

虞翻注：的，白；颡，额也。震体头在口上，白，故的颡。《诗》云"有马白颠"是也。《周易集解》。

按，的颡，孟喜作馰颡，虞翻作的颡。馰通的。《玉篇·马部》:“馰,馰顙,白额。或作的。”的亦通旳。《说文·日部》:“旳,明也。《易》曰:‘为的顙。’”邵瑛《群经正字》:“今经典作的。《易说卦》传‘为的顙’,《礼记·中庸》‘的然而日亡’,《诗·宾之初筵》‘发彼有的’之类皆是。”孙堂《汉魏二十一家易注》:“头在,疑作‘在头’。”其义孟喜、虞翻同。

为反生。

郑玄注:生而反出也。《汉上易》。

宋衷注:阴在上,阳在下,故为反生。谓枲豆之类,戴甲而生。《周易集解》。《汉上易传》作“戴甲而出”。

陆绩注:反,当为阪。《经典释文》。

虞翻注:阪,陵阪也。《经典释文》。

按,反通阪。孙堂《汉魏二十一家易注》:“元辑经文作‘阪’,注云‘阪’当作‘反’,别本《经典释文》同。惠征君定宇曰:‘反,古阪字。《前汉·地理志》蒲阪字作反。《刘宽碑阴》同此。当仍经文作反,读为阪。’今据正与神庙本《经典释文》合。”震卦二阴在上,一阳在下,初动于下谓反生。反生谓麻豆之类的倒生植物,《经典释文》:“麻豆之属反生,戴莩甲而出也。”其义郑玄、宋衷、陆绩、虞翻同。

为工。

郑玄注:为墨。晁氏云。

荀爽注:以绳木,故为工。《周易集解》。

虞翻注:为近利市三倍,故为工。子夏曰“工居肆”。《周易集解》。

按,工,郑玄作墨。李富孙《易经异文释》:“《礼记》云绳墨诚设,上言为绳直,此作为墨,取同类之义。疏云为工,亦皆取绳直之类。然绳直下又言工似赘。”《易》凡言木皆指巽,其义郑玄、荀爽同。巽居东南，离居南方，与离相近。离为日，日中为市，故近利市三倍。其义虞翻异。

为进退。

荀爽注：风行无常，故进退。《周易集解》。

虞翻注：阳初退，故进退。《周易集解》。

按，巽为风，风行无常，有进退之象。其义荀爽、虞翻同。

为臭。

虞翻注：臭，气也。风至知气。巽二入艮鼻，故为臭。《系》曰“其臭如兰”。《周易集解》。

王肃注：为香臭。《经典释文》。《正义》。

按，臭为兰香之气。巽为臭，臭通于鼻。鼻通臭，如山之通气。臭在鼻，则鼻中有物。如巽中之阳，实充于艮中，故艮为山亦为鼻。孔颖达《周易正义》：“为臭，王肃作‘为香臭’也。取其风所发也，又取下风之远闻。”其义虞翻、王肃同。

其于人也为寡发。

马融注：宣为寡髮。《周易集解》虞翻引。

郑玄注：宣髮取四月靡草死，髮在人体，犹靡草在地。《考工·车人》疏。

虞翻注：为白，故宣髮。马君以宣为寡髮，非也。《周易集解》。

按，寡发，郑玄、虞翻作宣发，马融作寡发。宣通寡。《经典释文》：“寡发，如字，本又作宣。黑白杂为宣发。”《周礼·考工记·车人》：“车人之事，半矩谓之宣。”郑玄注：“头发皓落曰宣。”贾公彦疏：“云‘头发皓落曰宣’者，以得谓宣去之义，人发皓白则落堕，故云此者解头各宣意也。”焦循《易通释》：“寡发，犹寡拔寡。寡发者，不可拔而拔也。拓拔与秃发同源，是发同拔，”其义马融、郑玄、虞翻相通。

为广颡。

郑玄注：为黄颡。《经典释文》。

虞翻注：变至三，坤为广。四动成乾为颡，在头口上，故为广颡。与震的颡同义。震一阳，故的颡。巽变乾二阳，故广颡。《周易集解》。

按，广，郑玄作黄，虞翻作广。黄通广。李富孙《易经异文释》："黄、广声之转，又字形相涉也。虞云'变至三，坤为广'，九家'坤为黄'，此与郑合。"其义郑玄、虞翻同。

为矫𫐓。

京房注：为矫柔。《经典释文》。

马融注：为矫𫐓。《经典释文》。

荀爽注：为矫桡。《经典释文》。《汉上易丛说》。

郑玄注：为矫𫐓。《经典释文》。

宋衷注：为矫揉。《经典释文》。《汉上易传》。曲者更直为矫，直者更曲为揉。水流有曲直，故为矫揉。《周易集解》。

陆绩注：为矫𫐓。《经典释文》。

虞翻注：可矫揉，故为弓轮。《周易集解》。

王肃注：为矫𫐓。《经典释文》。

王廙注：为矫揉。《经典释文》。《汉上易传》。

按，矫𫐓，京房作柔，马融、郑玄、陆绩、王肃作矫𫐓，荀爽作矫桡，宋衷、虞翻、王廙作矫揉。《荀子·劝学》："木直中绳，𫐓以为轮，其曲中规。"《汉书·公孙弘传》："揉曲木者不累日。"孔颖达《周易正义》："取其使曲者直为矫，使直者曲为𫐓。"孙堂《汉魏二十一家易注》："《经典释文》：'宋云使曲者直，直者曲为揉。'专训揉字，似有脱文。据《周易集解》云云，则《经典释文》当云'使曲者直为矫，直者曲为揉'，首句增'为矫'二字。"考《说文·木部》:“桡,曲木。”段玉裁注:“桡,引伸为凡曲之称。”《木部》:“柔,木典直也。”焦循《易章句》:“直者使曲,曲者使信。”是柔、桡、揉、鞣四字义通。其义诸家同。

为弓轮。

虞翻注:坎为月,月在于庚为弓,在甲象轮,故弓轮也。《周易集解》。

姚信注:为弓伦。《经典释文》。

按,轮,姚信作伦,伦通轮。《经典释文》:“轮,姚作伦。”《仪礼·既夕礼》:“伦如朝服。”郑玄注:“古文伦为轮。”又《礼记·王制》:“必即天论。”郑玄注:“论,或作伦。”孔颖达《周易正义》:“轮者,运行如水行也。”是轮、论、伦三字可通假。其义虞翻、姚信同。

为亟心。

荀爽注:极,中也。《经典释文》。

王肃注:为亟心。《经典释文》。

按,亟,荀爽作极。极通亟。《荀子·赋》:“出入甚极,莫知其门。”杨倞注:“读为亟。”极、亟声之转,焦循《易章句》:“亟,极也。”孔颖达《周易正义》:“亟,急也。取其中坚内动也。”其义荀爽与王肃同。

其于舆也,为多眚。

虞翻注:眚,败也。坤为大车,坎折坤体,故为车多眚也。《周易集解》。

王廙注:眚,病也。《经典释文》。

按,李鼎祚《周易集解》引虞翻曰:“眚,败也。”其义虞翻、王廙相通。

为月。

郑玄注：臣象也。《文选·月赋》注。

虞翻注：坤为夜，以坎阳光坤，故为月也。《周易集解》。

按，郑玄释月为臣象，虞翻释月为夜光。孔颖达《周易正义》："取其月是水之精也。"其义异。

为乾卦。

郑玄注：乾当为干，阳在外，能干正也。《经典释文》。

董遇注：为干卦。《经典释文》。

虞翻注：火日熯燥物，故为乾卦也。《周易集解》。

按，乾，郑玄、董遇作干，虞翻作乾。乾通干。孙堂《汉魏二十一家易注》："《列子》：'木叶幹壳。''张湛注云：'幹，音乾。'是古乾字亦作幹。"其义郑玄、董遇、虞翻同。

为鳖，为蟹，为蠃，为蚌，为龟。

京房注：为螺。《经典释文》。《汉上丛说》。

郑玄注：皆骨在外。《考工·梓人》疏。

虞翻注：此五者皆取外刚内柔也。《周易集解》。

姚信注：为蠡。《经典释文》。

按，蠃，京房作螺，姚信作蠡，郑玄、虞翻作蠃。螺、蠃、蠡三字同属蚌类，音同义通。《经典释文》："蠃，京作螺，姚作蠡。"《说文·虫部》："蠃，虒蝓，俗作螺。"《文选·东征赋》："谅不登樔而椓蠡兮，得不陈力而相追。"李善注："蠡与蠃古字通。"《集韵·戈韵》："蠃，蚌属或作蠡。"其义诸家同。

为科上槁。

郑玄注：为科上稾。科上者，阴在内为疾。《汉上易》。

宋衷注：为折上稾。阴在内则空中，木中空则上折稾也。《周易集解》。

虞翻注：为折上稾。《经典释文》、《汉上易丛说》同。巽木在离中，体大过死，巽虫食心则折也。蠹虫食口木，故上槀。或以离火烧巽，故折上槀。《周易集解》、晁氏、《汉上易传》俱节引。

干宝注：为枯上熇。《经典释文》。

按，科，郑玄作科，宋衷、虞翻作折，干宝作枯。槁，郑玄、宋衷、虞翻作槀，干宝作熇。李富孙《易经异文释》："折与科，字形相似。槁，《说文》作槀，《周礼·小行人》注云'故书槁为槀。'槁、熇并从高声，熇训火热，与槁义亦相近。"孔颖达《周易正义》："科，空也。阴在内为空，木既空中者，上必枯槁也。"其义诸家同。

为径路。

郑玄注：田间之道曰径路。艮为之者，取山间鹿兔之蹊。《初学记》二十四。

虞翻注：艮为山中径路。震阳在初，则为大涂。艮阳小，故为径路也。《周易集解》。

王廙注：物始，故为径路。《太平御览》百九十五《居处部》。

按，径路，郑玄释为田间之道，虞翻释为山中径路。《易》"终万物始万者，莫盛乎艮"，艮二阴在下，一阳在上，为小路，王廙即取其义，与郑玄、虞翻相通。

为果苽。

京房注：为果堕。《经典释文》。

马融注：为果蓏。果，桃李之属。蓏，瓜瓠之属。《经典释文》。

宋衷注：为果蓏。木实谓之果，草实谓之蓏。桃李瓜瓞之属，皆出山谷也。《周易集解》。《汉上丛说》。

按，果苽，京房作堕，马融、宋衷作蓏。苽、蓏、堕三字通。李富孙《易经异文释》："《史记·货殖传》云果隋，《汉书·食货志》作果蓏，隋即隋之省，《诗·氓》《传》、《经典释文》云隋字又作堕，隋、蓏音相近。京作随，即《史记》之隋字。晁氏以随为古文，亦非。”晁氏云：“堕，古文‘蓏’字。”孔颖达《周易正义》：“木实为果，草实为蓏，取其出于山谷之中也。”其义京房、马融、宋衷同。

为指。

郑玄注：为小指。晁氏云。

虞翻注：艮手多节，故为指。《周易集解》。

按，艮为手，其义郑玄、虞翻相通。

为黔喙之属。

孟喜注：为黔喙。《说文》。晁氏云：“无‘之属’二字。”

马融注：黔喙，肉食之兽，谓豺狼之属。黔，黑也。阳玄在前也。《周易集解》。

郑玄注：为黚喙之属。谓虎豹之属，贪冒之类，取其为山兽。《汉上易》。《经典释文》。

按，黔，郑玄作黚。黔通黚。《说文·黑部》：“黚，浅黄黑也。”又《广韵·盐韵》：“黔，黑黄色。”其义诸家皆同，其为黑色山兽，马融、郑玄同。

兑为泽。

宋衷注：阴在上，令下湿，故为泽也。《周易集解》。

虞翻注：坎水半见，故为泽。《周易集解》。

按，兑为泽，取其阴卦之小，地类属卑。其义宋衷、虞翻相通。

为羊。

郑玄注：为阳。此阳谓为养，无家女行赁炊爨，今时有之，贱于妾也。《汉上易》。晁氏仝。羊，女使。项氏《玩辞》。

虞翻注：为羔。羔，女使。皆取位贱，故为羔。旧读以震駹为龙，艮拘为狗，兑羔为羊，皆已见上，此为再出，非孔子意也。震已为长男，又言长子，谓以当继世，守宗庙，主祭祀，故详举之。三女皆言长、中、少，明女子各当外成，故别见之。此其大例者也。《周易集解》。

按，羊，郑玄作阳，或作羊，虞翻作羔。羊通阳。孙堂《汉魏二十一家易注》："古阳字与羊通。《淮南·氾论训》：'山出枭阳。'高诱注云：'枭阳，山精也。'《尔雅》：'狒狒。'郭璞注云：'枭羊也。'陆德明云：'狒狒，《说文》作[illegible][illegible]，读若费费。一曰枭阳，今《说文》作'枭羊'，《通志·六书略》引同。《列女传》：'晋人有毕羊。'《国语》《国策》并作'阳'。《汉绥民校尉熊君碑》：'治欧羊《尚书》。'又以羊为阳。"羔与羊亦通。《说文·羊部》："羔，羊子也。"《诗·召南·羔羊》："羔羊之皮，素丝五紽。"毛传："小曰羔，大曰羊。"以羊、羔为女使，皆取其位贱与性顺。其义郑玄、虞翻同。

序卦

（上）

屯者，盈也。屯者，物之始生也。

荀爽注：谓阳动在下，造生万物于冥昧之中也。《周易集解》。

王肃注：屯，刚柔始交而难生，故为物始生也。《正义》。

按，屯卦上震下坎，坎为雨，震为雷，雷雨动荡，震为乾刚坤柔，阴阳二气催生万物于地。其义荀爽、王肃同。

需者，饮食之道也。

荀爽注：坎在乾上，中有离象，水火交和，故为饮食之道也。《周易集解》。

郑玄注：言孩稚不养，则不长也。《周易集解》。

按，需卦上坎下下乾，坎为水，乾为天。三四五爻互离，离为火，水火为饮食所需求，也是万物幼小成长时所必需。其义荀爽、郑玄相通。

饮食必有讼，故受之以讼。

孟喜注：阴阳养万物，必讼而成之。君臣养万民，亦讼而成之。《古占法》。《困学纪闻·汉艺文志考证一》。

郑玄注：讼，犹争也。言饮食之会，恒多争也。《周易集解》。

按，因饮食而发生争执，争执必然导致诉讼。其义孟喜、郑玄相通。

履者，礼也。履而泰，然后安，故受之以泰。泰者，通也。

荀爽注：谓乾来下降，以阳通阴也。《周易集解》。

姚信注：安上治民，莫过于礼。有礼然后泰，泰然后安也。《周易集解》。

按，泰卦上坤下乾，乾阳下降，坤阴上升，所以说是阳通阴。履卦上乾下兑，乾为天，兑为泽，上天下泽，上下等级分明。履为礼，循礼而后安泰。其义荀爽与姚信异。

豫必有随，故受之以随。

郑玄注：喜乐而出，人则随从。《孟子》曰："吾君不游，吾何以休。吾君不豫，吾何以助。"此之谓也。《正义》。

王肃注：欢豫人必有随。《正义》。

按，喜乐必然有人随从，《孟子·梁惠王下》："吾王不游，吾何以休。吾王不豫，吾何以助。"赵岐注："豫亦游也，游亦豫也。"其义郑玄、王肃同。

有事而后可大，故受之以临。临者，大也。

荀爽注：阳称大，谓二阳动升，故曰"大也"。《周易集解》。

宋衷注：事立功成，可推而大也。《周易集解》。

按，临卦上坤下兑，兑一阴在上，二阳在下，有渐升的趋势，以居尊位，阳为大，故称大。宋衷以事功为大，其义与荀爽异。

致饰然后亨则尽矣，故受之以剥。剥者，剥也。

荀爽注：致饰而后亨则尽矣，故受之以剥。剥者，剥也。极饰反素，文章败，故为剥也。《周易集解》。

郑玄注：致饰然后亨则尽矣。《经典释文》。

按，然，荀爽作而，郑玄作然，其义同。

不养则不可动，故受之以大过。

郑玄注：以养贤者，宜过于厚。《正义》。

虞翻注：人颐不动则死，故受之以大过。大过否卦，棺椁之象也。《周易集解》。

王肃注：过莫大于不养。《正义》。

按，颐者，养也。养为养贤，养贤则当过于厚施。其义郑玄、王肃同。虞翻喻以棺椁之象，其义则异。

（中）

有天地，然后有万物；有万物，然后有男女；有男女，然后有夫妇；有夫妇，然后有父子；有父子，然后有君臣；有君臣，然后有上下；有上下，然后礼义有所错。

虞翻注：谓天地否也。谓否反成泰。天地壹壸，万物化醇，故有万物也。《周易集解》。谓泰已有否，否三之上，反正成咸。艮为男，兑为女，故有男女。《周易集解》。咸反成恒，震为夫，巽为妇，故有夫妇也。《周易集解》。谓咸上复乾成遯。乾为父，艮为子，故有父子。《周易集解》。谓遯三复坤成否。乾为君，坤为臣，故有君臣也。《周易集解》。否乾君尊上，坤臣卑下。天尊地卑，故有上下也。《周易集解》。错，置也。谓天君父夫，象尊错上。地妇臣子，礼卑错下。坤，地道、妻道、臣道，故礼义有所错者也。《周易集解》。

干宝注：错，施也。此详言人道，三纲六纪，有自来也。人有男女，阴阳之性，则自然有夫妇配合之道。有夫妇配合之道，则自然有刚柔尊卑之义。阴阳化生，血体相传，则自然有父子之亲。以父立君，以子资臣，则必有君臣之位。有君臣之位，故有上下之序。有上下之序，则必礼以定其体，义以制其宜。明先王制作，盖取之于情者也。上经始于乾坤，有生之本也。下经始于咸恒，人道之首也。《易》之兴也，当殷之末世，有妲己之祸。当周之盛德，有三母之功。以言天不地不生，夫不妇不成，相须之至，王教之端。故《诗》于《关雎》为《国风》之始。而《易》于咸恒，备论礼义所由生也。《周易集解》。

按，此言咸卦，以明三纲六纪为礼之本。焦循《易通释》："古之时，未有三纲六纪，民人但知其母，不知其父，伏羲因夫妇正五行，始定人道。夫妇者，一阴一阳之交孚也。有夫妇而后有父子，有父子而后有君臣上下，于是尊卑贵贱，品物咸亨，后顺得常，而终则有始也。"其义虞翻、干宝同。

杂卦

艮,止也。

陆绩注:乾三生男,将至艮极,京氏《易传》艮卦注。又云"止也"。师卦注【并补】。

虞翻注:震阳动行,故起。艮阳终止,故止。《周易集解》。

按,艮上下皆艮,艮为山,上下皆山不动,故为止。艮为少男,阳卦之极,故亦为止。其义陆绩、虞翻同。

谦轻而豫怠也。

京房注:谦轻而豫治也。《经典释文》。

虞翻注:谦轻而豫怡也。《经典释文》同。谦位三贱,故轻。豫荐乐祖考,故怡。怡或言怠也。《周易集解》。晁氏节引。

姚信注:谦轻而豫怠也。《经典释文》。

按,怠,京房作治,虞翻作怡,姚信作怠。治通怡。李富孙《易经异文释》:"治与怡皆时来怠字协韵怠字通,有苔音。"《管子·侈靡》:"此百姓之怠生,百振而食,非独自为也。"郭沫若《管子集校》:"怠与怡古本一字。此怠生当读为怡生,谓安居乐业也。"其义京房、虞翻、姚信同。

随无故也,蛊则饬也。

郑玄注:蛊则饰也。《经典释文》。

虞翻注:蛊,泰初上饰坤,故则饰也。《周易集解》。

王肃注：蛊则饰也。《经典释文》。

按，饬，郑玄、虞翻、王肃皆作饰。饬通饰。《集韵·职韵》："饬，《说文》：'致坚也。'或作饰。"孙堂《汉魏二十一家易注》："饰字今作饬，汉隶通。《吕氏春秋·贵公》篇：'日醉而饰服。'高诱注云：'饰读曰饬。'又《先己》篇：'子女不饬。'注云：'不文饬也。'《太平御览》引饬作饰，唐石经此《杂卦》文及《诗》'戎车既饬'，皆作饰。"其义郑玄、虞翻、王肃同。

明夷，诛也。

荀爽注：诛，灭也。《经典释文》。

陆绩注：诛，伤也。《经典释文》。

虞翻注：诛，伤也。离日在上，故昼也。明入地中，故诛也。《周易集解》。

干宝注：日上中，君道明也。明君在上，罪恶必罚也。《周易集解》。

按，诛，《礼记·曲礼上》："齿路马者有诛。"郑玄注："诛，罚也。"伤，《礼记·月令》："命理瞻伤，察创，视折。"郑玄注："创之浅者曰伤。"陆绩、虞翻作伤，荀爽作灭，干宝作罚，其义相通。

大有，众也。

荀爽注：大有，终也。《经典释文》。

陆绩注：大有，众也。柔处尊位，以柔履刚，以阴处阳，能柔顺于物，万物归附。京氏《易传》大有卦注【补】。

虞翻注：大有，众也。五阳并应，故众也。《周易集解》。

按，众，荀爽作终，陆绩、虞翻作众。众通终。孙堂《汉魏二十一家易注》："终、众字通。《仪礼·士相见》篇'众皆若是'，注云：'今文众为终。'《史记·五帝纪》：'怙终贼刑。'徐广曰：'终一作众'。"其义荀爽、陆绩、虞翻同。

丰，多故也。亲寡，旅也。

荀爽注：丰多故亲。寡，旅也。《经典释文》。

虞翻注：丰大，故多。旅无容，故亲寡。六十四象，皆先言卦，及道其指。至旅体离四焚弃之行，又在旅家，故独先言亲寡，而后言旅。《周易集解》。

按，孔颖达《周易正义》："丰大者，多忧故也。亲寡，故寄旅也。"焦循《易通释》："《杂卦传》云：'亲寡，旅也。'虞仲翔谓旅无容故亲寡，王弼谓亲寡故旅寄，望文生意，圣人赞《易》，不如是之浅。荀慈明以'丰多故亲'绝句，'寡旅也别为句，尤为臆见。《杂卦传》云：'小畜，寡也。'《谦·传》云：'君子以裒多益寡。'即此两'寡'字思之，可得其义。《孟子》云：'得道者多助，失道者寡助。寡助之至，亲戚畔之。多助之至，天下顺之。'此数语与《易》相发明。"亲则不寡，寡则不亲。其义荀爽、虞翻异。

大过，颠也。

郑玄注：自此以下，卦音不协，似错乱失正，弗敢改耳。晁氏。

虞翻注：颠，殒也，顶载泽中，故颠也。《周易集解》。

按，大过卦上卦为兑，下为巽。兑为泽，巽为木。木即舟，舟覆于泽，所载舟中人亦亡，故为颠。郑玄则认为《杂卦传》所列之卦的前五十八卦，每每以阴阳爻画为对解卦。而后八卦则是卦音不协，似错乱失正。其义郑玄与虞翻异。

归妹，女之终也。

陆绩注：兑归魂，配六十四卦之终也。京氏《易传》归妹卦注【补】。

虞翻注：归妹，人之终始。女终于嫁，从一而终，故女之终也。《周易集解》。

按，归妹卦上震下兑，震为长男，兑为少女，有少女嫁长男之象。又八宫中的兑宫之归魂卦为归妹，是八宫六十四卦之终，亦为女子之终。其义陆绩、虞翻同。

夬，决也，刚决柔也。君子道长，小人道忧也。

郑玄注：小人道消也。晁氏云。

虞翻注：以乾决坤，故刚决柔也。乾为君子，坤为小人。乾息，故君子道长。坤体消灭，故小人道消。谕武王伐纣。自大过至此八卦，不复两卦对说。大过死象，两体姤决，故次以姤而终于夬。言君子之决小人，故君子道长，小人道消。《周易集解》。

干宝注：凡《易》既分为六十四卦以为上下经，天人之事，各有始终。夫子又为《序卦》，以明其相承受之义。然则周公、文王所遭遇之运，武王、成王所先后之政，苍精受命短长之期，备于此矣。而夫子又重为《杂卦》，以易其次第。《杂卦》之末，又改其例，不以两卦反复相酬者，以示来圣后王明道非常道，事非常事也。化而裁之存乎变，是以终之以决，言能决断其中，唯阳德之主也。故曰"易穷则变，通则久"。总而观之，伏羲、黄帝皆系世象贤，欲使天下世有常君也。而尧、舜禅代，非黄、农之化，朱、均顽也。汤、武逆取，非唐、虞之迹，桀纣之不君也。伊尹废立，非从顺之节，使太甲思愆也。周公摄政，非汤武之典，成王幼年也。凡此皆圣贤所遭遇异时者也。夏政尚志，忠之弊野，故殷自野以教敬。敬之弊鬼，故周自鬼以教文。文弊薄，故《春秋》阅诸三代而损益之。颜回问为邦，子曰"行夏之时，乘殷之辂，服周之冕"，弟子问政者数矣，而夫子不与言三代损益，以非其任也。回则备言，王者之佐，伊尹之人也，故夫子及之焉。是以圣人之于天下也，同不是，异不非。百世以俟圣人而不惑，一以贯之矣。《周易集解》。

按，忧，郑玄、虞翻作消。焦循《易章句》："忧，当依李氏《周易集解》作消。夬通剥,以阳孚阴为小人。夬二之剥五,以阴化阳为君子。君子、小人迭为消长,惟旁通有然。师、比以下,虽仍序卦之反对,而已不依屯、蒙、需、讼之序,明序卦以名,不拘卦之先后也。大过以下,不依反对,明序虽用反对,必散别以旁通他卦,为反复消长,故末直以君子道长、小人道消明之,非仅言夬而已也。"其义郑玄、虞翻同,干宝异。

附　　录

古代“易象”新说

——兼论《周易》原有象经问题

“易象”是中国古代易学的重要组成部分。易象主要是通过对天、地、人、物等形状的摹拟，象征自然变化与人事休咎，从而推求和印证某一现象与结论。自《春秋左传》将“易象”作为书名与《春秋》《周易》等经典并提后，引起了历代许多易学研究者的种种猜测，或谓古《易》称“象”，或以《归藏》《连山》当之，或以为《象传》的省称。但是到目前为止，“易象”究系何书？学术界亦仁智互见，仍无共识。笔者认为：“易象”是《周易》的早期名称，它的基本内容与今本《周易》相似。《易象》与今本《象传》（大象）尚无直接联系，《象传》之外，尚有《象经》。《象经》今已不传，但它所取卦象的资料，仍见于今本《说卦传》《春秋》《国语》及流传至今的所谓“逸象”之中。本文拟就这些问题，发表一点管见，以就教于专家学者。

一、“易象”是《周易》的早期名称

“易象”之名，首见于《春秋左传·昭公二年》云：“二年春，晋侯使韩宣子（韩起）来聘，且告为政而来见，礼也。观书于大史氏，见《易象》与《鲁春秋》，曰：‘周礼尽在鲁矣。吾乃今知周公之德，与周公所以王矣。’公享之，季武子赋《绵》之卒章。韩

子赋《角弓》。”按照晋代杜预的解释,《春秋左传》所云“易象”,就是今本《象传》上下两篇的概称:“易象,上下经之象辞。《鲁春秋》,史记之策。《春秋》尊周公之典以序事,故曰周礼尽在鲁矣。”按照杜预的解释,所谓的“易象”,应该是解释今本《周易》的《象传》(大象与小象)。然而杜预在肯定了“易象”即今本《象传》之后,又接着说:“《易象》《春秋》,文王、周公之制,当此时,儒道废,诸国多阙,唯鲁备,故宣子适鲁而说之。”按照“六经”的早期排列次第的常例,《易》与《春秋》总是列于“六经”的末后两位,据此《易象》似乎又特指《春秋》一类的儒家典籍,当与《象传》分为两书。自杜预后,对《易象》定性的代表性意见,则是唐代孔颖达提出的《易象》演德说。他为《春秋左传正义》作疏云:“太史氏之官职掌书籍,必有藏书之处,若今之秘阁也。观书于太史氏者,氏犹家也。就其所司之处观其书也。见《易象》,《易象》鲁无增改,故不言《鲁易象》,其《春秋》用周公之法,书鲁国之事,故言《鲁春秋》也。鲁国宝文王之书、遵周公之典,故云周礼尽在鲁矣。文王、周公能制此典,因见此书而追叹周德,吾乃于今日始知周公之德,以周公制春秋之法故也。与周之所以得王天下之由,由文王有圣德能作《易象》故也。”①孔颖达除了确认《易象》系当时唯一未经人们改编而最具原始面貌的《周易》通行本外,同时还提供了文王之所以演易,实际上是为了“演德”的信息。孔颖达对《易象》的定性,显然是对杜预说的引申,基本上没有新意,后来的易学研究者都认同这一说法。考诸《春秋左传》,凡述占卜之事,往往直称《周易》而罕言《易象》者。现

① 杜预集解,孔颖达正义:《春秋左传正义》卷四十二,《十三经注疏》,中华书局1980年版,第2029页。

兹将《左传》相关材料简录如下：

(1)庄公二十二年："周史有以《周易》见陈侯者。"

(2)宣公六年："无德而贪，其在《周易》《丰》之《离》"。

(3)宣公十二年："《周易》有之，在《师》与《临》。"

(4)襄公九年："姜曰：亡。是于《周易》曰：《随》，元亨利贞无咎。"

(5)襄公二十八年："《周易》有之，在《复》之《颐》。"

(6)昭公元年："在《周易》，女惑男，风落山，谓之《蛊》。"

(7)昭公五年："庄叔以《周易》筮之，遇《明夷》之《谦》。"

(8)昭公七年："孔成子以《周易》筮之，曰：元尚享卫国，主其社稷。"

(9)昭公二十九年："《周易》有之，在《乾》之《姤》曰：潜龙不用。"

(10)昭公三十二年："在《易》卦，雷乘《乾》曰《大壮》，天下之道也。"

(11)哀公九年："阳虎以《周易》筮之，遇《泰》之《需》。"

上述十一例说明，如果《易象》就是今本《周易》，按照《左传》书写惯例，似不太可能是二名混用。南宋学者叶适曾提出怀疑说："韩宣子所观《易象》《鲁春秋》，今亦不能灼知其旨安在。盖若止是《易象》及策书大事，则非韩起仓卒所能究其义；若并见讲解凡例，则其说不传，杜预遂谓即周之旧典礼经，何可悬断！故余以为略用旧说传之新义，非其实也。"[①]叶适因《易象》《鲁春秋》已无法考究，由此推断杜预所言缺乏事实依据，但他也未能进一步说明《易象》究竟是什么书。李学勤先生认为："《周易》

---

① 叶适：《习学记言序目》卷十一《左传二》，中华书局1977年版，第154页。

经文当时为列国所俱有,韩起没有必要到鲁太史处观览,也不会为之赞叹。”[①]这是有根据的。因为从《春秋》《国语》的记载来看,当时人们以《周易》占筮论事,史不绝书,可见人们对《周易》是非常熟悉的。如果鲁太史出示给韩宣子的《易象》只是人们早已习以为常的《周易》,韩氏何以感叹?但是这种由书籍名称的差异所作出的判断不是唯一的解释,其根本原因还是深受《周易》之“周”为代名说的影响。如孔颖达就说:“文王作《易》,正在羑里,周德未兴,犹是殷世也,故题‘周’别于殷。以此文王所演,故谓之《周易》,其犹《周书》《周礼》题‘周’经别余代,故《易纬》云:‘因代以题周。’是也。”[②]姜广辉先生对此曾提出新说,认为当时有二种不同内涵的《周易》流行,一为秘府之《周易》,一为方术之《周易》。秘府之《周易》为文王、周公所作,方术之《周易》与文王、周公无涉。韩宣子聘鲁所见《易象》,当由文王创制、周公完成的今本《周易》。并引苏蒿坪《周易通义附录》说“《易象》属周,故号《周易》,宣子以周公与周并言,原非专美周公也。”[③]姜先生的这一解释,其意义在于区别了当时有两种不同文本的《周易》,这对进一步探求《易象》性质提供了可以继续讨论的基础。

众所周知,以“象”为书名,这是中国古代命书的惯例。如《尚书·尧典》“历象日月星辰”,《尚书·舜典》“象以典刑”,《尚书·益稷》“予欲观古人之象”等,前两者分别指历书和刑书,后者即专指《周易》。清人惠栋说:“象者,五帝时书名也。

① 李学勤:《周易经传溯源》,长春出版社1992年版,第46页。

② 王弼、韩康伯注,孔颖达等正义:《周易正义》卷首,《十三经注疏》,中华书局1980年版,第9页。

③ 姜广辉:《“文王演〈周易〉”新说》,《哲学研究》1997年第3期。

《尧典》'历象日月星辰',此历书也。象以典刑,《皋陶谟》曰:'方施象刑惟明。'此刑书也。'予欲观古人之象',此《易》书也。《易》曰:'在天成象,法象莫大乎天地。'圣人因天,故治天下之书皆名象。《周礼》六官称'六象悬于象魏',故《春秋传》'命藏《象魏》,曰:'旧章不可忘也。'韩宣子聘鲁见《易象》,犹沿五帝之名,则象为书名无疑。"[①]并进一步说:"八卦者,由纳甲而生,故《系辞》曰:'在天成象,易者象也;象也者,象也。'古只名象。《皋陶谟》曰:'观古人之象'是也。至周,始有三易之名,犹《春秋传》曰:'见易象。'则象之名犹未亡也。"[②]汪中《左氏春秋释疑》云:"古者《诗》《书》《礼》《乐》,大司乐掌之;《易象》《春秋》,大史掌之。"[③]由此可见,所谓"易象",仅是当时《周易》的另一种称谓而已,它并不神秘。

二、"易象"不是今本《象传》

既然《易象》就是春秋时期流行于齐鲁地区的《周易》,那么它与今本《象传》(大象)之间是否有着必然的联系呢?前文已说到,杜预曾认为《易象》是指今本《周易》上下经的象辞,亦即今本《象传》(大象与小象)。根据现代学者的研究,《大象》与《小象》是两个不同的系统,并非作于一人一时,是后人陆续将两者缀合在一起的。晋太康二年(281)得汲冢本《周易》,杜预等人皆谓与《周易》上下经同,而其中尚无《象传》。1973年长沙马王堆帛书《周易》现世,仍无《象传》。但是司马迁在《史记·

---

① 惠栋:《易例·象五帝时书名》,文渊阁《四库全书》本。
② 惠栋:《春秋左传补注》卷四,文渊阁《四库全书》本。
③ 汪中:《述学·内篇二》,《四部丛刊初编》本。

孔子世家》中明言“孔子晚年而喜《易》,序《彖》《系》《象》《说卦》《文言》”,此《象》即谓今本《象传》。唐代孔颖达于贞观十六年(624)编撰成《周易正义》,首列《八论》,其第六论“夫子十翼”说:“其《彖》《象》等十翼之辞以为孔子所作,先儒更无异论。但数十翼亦有多家。既文王《易经》本分为上下二篇,则区域各别,《彖》《象》释卦亦当随经而分。故一家数十翼云:《上彖》一、《下彖》二、《上象》三、《下象》四、《上系》五、《下系》六、《文言》七、《说卦》八、《序卦》九、《杂卦》十。郑学之徒并同此说,故今亦依之。”所谓“依之”,也就是说在没有掌握确凿证据的前题下,虽然有所怀疑,但是只能按照前人所说作为依据。宋人吴仁杰《古周易》说:“今《易》指孔子象辞为《大象》,而以释爻辞之文为《小象》者。案《易》固有大小之象焉。《大象》指八卦八物之象,所谓八卦以象告,立象以尽意。如乾为天,震为雷之类。《说卦》‘帝出乎震’至‘言乎艮’。《小象》指六十四卦八物相配之象,所谓象其物宜,是故谓之象。八卦成列,象在其中。雷在天上大壮之类,孔子所著《象传》是已。”[①]

高亨先生对此曾作过考证,认为韩宣子所见之《易象》,决非《象传》。理由是韩氏所见之《易象》乃维护周礼之书,否则韩宣子就不会发“周礼尽在鲁矣”的感叹;而且《十翼》之《象传》无“周礼”字样,又兼有儒法两家思想,鲁昭公二年,孔子年仅12岁,此时儒法两家尚未形成,不可能出现反映儒法思想的《象传》。[②] 高先生指出《易象》决非《象传》,并认为《易象》是维护周礼之书的意见是正确的;但是他指出其不可能出现反映儒法

① 吴仁杰:《古周易·乾传第一》,文渊阁《四库全书》本。
② 高亨:《周易大传今注》卷首《周易大传通说》,齐鲁出版社1979年版。

思想似可商榷。首先,高先生既承认“《易象》乃维护周礼之书”,这就等于承认《易象》是儒家的作品,因为代表儒家思想的正是渊源于周代的礼乐文化。其次,孔子年幼,不等于儒家思想的萌发就不能早于孔子。自孔子作《易传》以来,一般都认同它是阐发《周易》思想的,而《周易》是被理解为圣人用于“演德”的,由于《象传》(大象)虽然是讲卦象,但是同时也讲卦德的,又因孔颖达明言“由文王有圣德能作《易象》故也”,而《易象》之名又冠以“象”字,因此很容易使人与《象传》发生联想,认为《易象》就是今本《大象》。如饶宗颐先生根据《大象》以“德”释卦的特征指出:“《易象》的作者,在解释各卦时屡屡以‘德’为言,如《坤》象云:‘厚德载物。’《蒙》象云:‘以果行育德。’《小畜》象云:‘以懿文德。’《否》象云:‘以俭德避难。’《豫》象云:‘以作乐崇德。’《蛊》象云:‘以振民有德。’《大畜》象云:‘以多识前言往行,以畜其德。’《坎》象云:‘以常德行习教事。’《晋》象云:‘以自昭明德。’《蹇》象云:‘以反身修德。’《夬》象云:‘以施禄及下,居德则忌。’《升》象云:‘以顺德积小以高大。’《渐》象云:‘以居贤德善俗。’《节》象云:‘以制度数议德行。’”①至于其他十卦如《乾》象云:“君子以自强不息。”《屯》象云:“君子以经纶。”《讼》象云:“君子以作事谋始。”《师》象云:“君子以容民畜众。”等等,虽然没有直接提到“德”字,但也无疑在教导“君子”应具备某种德行。与饶先生这一观点近似的还有廖名春先生。如他认为《易象》与《大象传》有着渊源关系。理由有二:一是名称一致。司马迁称孔子晚而喜《易》,序彖系象说卦文言。此象

① 饶宗颐:《天神观与道德思想》,台湾“中央研究院”历史语言研究所集刊四十九本一分。

亦可称为《易象》,它与《左传》所载之《易象》名同,绝非偶然。第二是内容有关。所谓“周公之德”“周公所以王”,就是敬德保民、谨慎戒惧的思想,认为“天命靡常”“治民祇惧”“不敢荒宁”“无以水监,当于民监”,这从《尚书》中的《酒诰》《无逸》《召诰》等篇中可以看得清楚。这些思想在《大象传》中盈篇累牍,如“君子以反身修德”,“君子以恐惧修省”,“君子以思患而豫防之”,“君子以慎言语,节饮食”,等等。因此考定《大象传》源于鲁太史所藏之《易象》。[①] 这种以《大象》“演德”特征混同于《易象》的含意,显然是受到孔颖达《正义》的影响。如果《周易》确系文王“演德”,那么《大象》讲卦德自然与之相符合,但一定认为《大象》就是《易象》,则尚可再作讨论。细观韩宣子观书于太史氏,上自《易象》,下至《鲁春秋》,并着意周礼,并由此引发了他对“周公之德”与“周之所以王”的感叹。换言之,《易象》本身并没有提供“周公之德”与“周之所以王”的直接数据,而是通过《易象》所保存的周代一套完整的典章制度才使他有所领悟,否则又何以理解他接着又赋《角弓》一诗,喻义韩、鲁两国宜如兄弟之亲,此正与上文所言“且告为政而来见,礼也”(修好同盟)的意向是一致的。论者往往忽略韩宣子所说的“周礼尽在鲁矣”一语,遂以《易象》卦爻辞均由周公所作,以与“周公之德”相吻合。诚如惠栋所言“读者不考周礼一语,遂谓易象爻辞乃国公所以作,以实周公之德一语,失之远矣。”[②]清人姜炳璋说:“太卜掌《三易》,此周礼也。鲁占《周易》,或用爻辞,或推演卦意,其用二易者,亦释经《周易》之文无不合者,故韩宣子以《三易》独

① 廖名春:《周易经传与易学史新论》,齐鲁书社 2001 年版,第 105 页。
② 惠栋:《春秋左传补注》卷四,文渊阁《四库全书》本。

备于鲁。若列国用《周易》兼用杂占,如《蛊》之雄狐,《复》之飞矢,与《周易》迥异,盖别有一种占书,非复周官之旧也”[①]此话既可印证姜先生对当时确有两种不同性质《周易》同时流行的判断不误,同时也可证明韩宣子所见《易象》确与周礼有关。《礼记·礼运》云:“夫礼本必于太一,转而为阳,阳变而为四时。”太一即“太极”,[②]汉代郑玄注《易》,即以古代礼乐制度比拟经义。如他以婚礼注《泰》《咸》《大过》,又以宾礼注《观》,以刑法之礼注《鼎》等等。清人张惠言说:“《易》家言礼者,惟郑氏,惜残缺不尽存,虞氏于礼已略,然揆诸郑氏,原流本末,盖有同焉。”[③]皮锡瑞说“郑学最精者三礼,其注《易》亦据礼以证,易义广大,无所不包。据礼证《易》,以视阴阳术数,实远胜之。”[④]这说明在汉代仍保存有以古礼诠释《周易》的传统,而据礼证《易》,应是《易》学之正途。今观今本《周易》卦爻也恰恰具备“五礼”,现列举如下:

1、郊祀之礼。《益》六二:“王用亨于帝,吉。”据《月令·孟春令》曰:“择日祈谷于上帝。”张惠言订为南郊祭感生帝之礼。

2、封禅之礼。《随》上六:“王用亨于西山。”《升》六四:“王用亨于岐山。”西山,即岐山。亨,《经典释文》引陆绩:“亨,祭也。”谓君王主祭山川上帝。

---

① 姜炳璋:《读左补义》卷三十四,清同治三年(1864)刻本。

② “太一”一词来源于老子思想,如《庄子·天下篇》介绍老子思想时说:“建之以常无有,主之以太一。”今本《老子》则不其言“太一”一词。《吕氏春秋·太乐篇》云:“道也者,至精也。不可为形,不可为名,强为之,谓之太一。”又云:“太一出两仪,两仪出阴阳”,“万物所出,造于太一”。今本《易传》则把“太一”改为“太极”。

③ 张惠言:《虞氏易礼·自序》,《续修四库全书》本。

④ 皮锡瑞:《经学通论·易经》“论郑据礼以证易”条,中华书局1957年版,第21页。

3、宗庙之礼。《观》云:“盥而不荐,有孚颙若。”虞翻以祭释之,《释文》:“盥,进爵灌地以降神也。”《尔雅·释诂》:“荐,进也。”此谓荐牲,古祭礼先灌后荐。

4、时祭之礼。《萃》六二:“孚乃利用禴。”《升》九二:“孚乃利用禴。”《既济》九五:“东邻杀牛,不如西邻之禴。祭实受其福。”“禴”或作“礿”。《说文》:“礿,夏祭也。”虞翻云:“禴,夏祭也。”

5、馈食之礼。《损》:“二簋可用享”。又云:“祀事遄往。”九二、九四咸言“利用祭祀”。郑玄注《损》卦曰:言以簋进黍稷于神也。

6、田狩之礼。《屯》六三:“即鹿无虞,惟入于林中”。《师》六五:“田有禽”。《比》九五:“王用三驱,失前禽。”《大畜》九二:“日闲舆卫。”《解》九二:“田获三狐。”《巽》六四:“田获三品。”虞即虞人,掌禽兽者。田即田猎。郑玄以驱禽为搜狩习兵之典,张惠言以闲卫亦指田猎。

7、婚礼。《泰》六五:“帝乙归妹。”《归妹》九四:“归妹愆期,迟归有时。”《归妹》属九月卦,周代定春季、夏季为初行婚礼,故以九月为愆。

8、宾王之礼。《观》六四:“观国之光,利用宾于王。”虞翻引《诗》“来享来王”,即《周礼》以宾礼亲邦国。

9、时会之礼。《萃》云:“王假有庙,利见大人,亨,利贞。用大牲吉。”虞翻以为孝享之事,郑玄以为嘉会之事,《周礼》所谓“时会以发四方之禁”。

10、酬庸之礼。《大有》九三:“公用亨于天子。”“亨”一作“享”。张惠言以“公”为“上公”,《周礼》:“上公有功德,加命为之伯。”《诗·小雅·彤弓》:“钟鼓既设,一朝飨之。”享之者,盖锡命也。

11、朝勤之礼。《丰》初九:"遇其配主,虽旬无咎,往有尚。"郑玄注云:"初修礼上朝,四四以匹敌,恩厚待之,虽留十日不为咎。"张惠言云:"王者受命,诸侯修礼来朝者,恩厚待之。"

12、丧礼。《大过》,《系辞》谓"古之葬者,厚衣之以薪,葬之中野,不封不树,丧期无数,后世圣人易以棺椁,盖取诸《大过》"。《益》六三:"益之用凶事无咎,有孚,中行告公用圭。"《周礼·大宗伯》:"以凶礼哀邦国之忧。"《说文》:"圭,瑞玉也。"古代国有凶事,即持圭告诸它邦。《萃》上六:"赍咨涕洟。"《周易集解》引虞翻曰:"自目称涕,自鼻称洟",此为吊他人之丧之象。

从上举十二例二十一卦的古礼分类中,我们可以看到《周易》确实保留了较多的周礼内容,诚如《礼记·表记》所云:"殷人尊神,率民以事神,先鬼而后礼……周人尊礼尚施,事鬼敬神而远之。"如果我们综合现存郑玄、虞翻以礼注《易》的各类例证,那么韩宣子观《易象》而感叹"周礼尽在鲁矣"是符合当时实际情况的。后因《大象》的作者"屡屡以德为言",以迎合文王、周公作《易象》"演德"的传说,从而《易象》的尊礼意义反而不彰,所以便有叶适"略用旧说传之新义,非其实也"的批评。

三、《周易》原有《象经》

在上述的分析中,可知韩宣子所见的《易象》是"尊礼"而非"演德",而《象传》(大象)是讲卦德的,所以《易象》与《象传》没有直接联系。但《大象》既称之为"传",显然是对"经"而言,但这"经"显然也不是指《易象》。对此,刘师培曾提出一个值得重视的意见。他说:"《周易》本有《象经》,今《象传》存而《象经》亡,故《易》有佚象。凡见于《说卦传》及《国语》、《左传》诸书者,皆《象经》之佚义也。见于《说卦传》者,如'帝出乎震'一节是也。见于《左传》者,如‘坤,土也;巽,风也;离为牛’之类是也。见于《国语》者,如‘坤,母也‘震,长也;坎,众也;车,震也’之类是也。汉儒说经,多引易象佚文,盖亦古经义仅存者也。后儒不知象之有经,或以卦画为象,或以爻辞为象,均失之矣。《易》以设卦与设象并言,则卦非象。又言爻象动乎内,则象非爻。”[①]按照刘师培的见解,《周易》的卦爻与像是各自独立的,在《象传》之外,尚有一种专论卦象而称之为《象经》的书,虽然世无传本,但是仍保留在今本《说卦传》《左传》《国语》中,汉代学者都藉此诠释经典,而《象经》才是最为原始的取象资料。这是一个至今未见有人提出的观点,我颇同意刘氏此说。春秋时,对《周易》的解释并不限于我们今天所说的《易传》十篇,而是有不同的解《易》传本流行。同样,随着筮占活动的频繁,原有八卦之象所包含的信息量已不能适应和满足日趋众多事物占问的需求,因此在基本卦象的基础上又引申出同类事物的诸多卦象,即由八卦单纯的抽象意义符号转化为代表具体事物的卦象。如坤卦本象土,土生养万物,母养子女,故母为坤象。土又兼有安静、温柔等特征,所以安、静、温、柔等均可属坤象。《周礼·春官·太卜》说:“掌三兆之法,一曰玉兆,二曰瓦兆,三曰原兆。其经兆之体,皆百有二;其颂皆千有二百。”所谓“经兆之体”之“体”,即指兆象[②];“颂”指“繇”,可见今本《说卦传》所保存的八卦卦

---

① 刘师培:《论易象》,《经学教科书》第2册,上海古籍出版社2006年版,第180页。

② 郑玄注《周礼·春官·占人》云:“体,兆象也。”贾公彦疏云:“体,兆象也者。谓金、木、水、火、土五种之兆。言体言象者,谓兆之墨纵横其形体,象以金、木、水、火、土也。凡卜欲作龟之时,灼龟之四足,依四时而灼之。其兆直上向背者为木兆,直下向足者为水兆,邪向背者为火兆,邪向下者为金兆,横者为土兆,是兆象也。”这里所说的象,当是占卜过程中出现的兆象。

象及引申诸象，便是对春秋时期零散的易象加以概括和补充使之理论化、系统化。也正因此，今本《说卦传》中所取之象，虽然有见于今本《周易》卦爻辞中，但是多数已不再为卦爻辞所取之象。现摘要如下：

乾为圜、为大赤、为老马、为瘠马、为驳马、为木果。

坤为布、为釜、为吝啬、为均、为子母牛、为大舆、为柄，其于地也为黑。

震为旉、为大涂、为苍筤竹、为萑苇，其于马也为善鸣、为馵足、为作足、为的颡，其于稼也为反生，其究为健、为蕃鲜。

巽为不果、为臭，其于人也为寡发、为广颡、为多白眼、为近利市三倍，其究为躁卦。

坎为骄揉，其于人也为加忧、为心病、为耳痛、为血卦，其于马也为美脊、为亟心、为下首、为薄蹄，其于舆也为多眚，其于木也为坚多心。

离为甲胄、为戈兵，其于人也为大腹，为鳖、为蟹、为蠃、为蚌，其于木也为科上槁。

艮为径路、为门阙、为果蓏、为阍寺、为黔喙之属，其于木也为坚多节。

兑为巫、为毁折、为附决，其于地也为刚卤。

朱熹曾于《说卦传》最后一章说："此章广八卦之象，其间多不可晓者，求之于经，亦不尽合也。"①朱氏此说，诚有见地。因为上述所举八卦引申诸象也正是《说卦传》的最后一章，而且多数已不为今本卦爻所取用。这是否意味着《说卦传》仍留有《易象》的痕迹，《易象》即为经后人改定的《说卦传》的祖本？刘大

① 朱熹：《周易本义》卷四，文渊阁《四库全书》本。

钧先生曾认为《说卦传》的整理成篇早于《彖传》和《大象》,这一观察可谓切中肯綮。[1] 其实,早在晋人从魏襄王墓发现的几十种古文献中,就有一篇《卦下易经》,“似《说卦》而异”,《晋书·束晳传》载:“太康三年,汲郡人不准发盗魏襄王墓,或言安僖王冢,得竹书数十加。……其《易经》二篇,与《周易》上下经同。《卦下易经》一篇,似与《说卦》而异。”这就证明在春秋战国时期,不仅已有《说卦》,而且还出现类似《说卦》那种专论卦象的其他易学著作传世。所谓“似《说卦》而异”,即指《卦下易经》与《说卦》性质虽然相同,但是在具体卦象论上则存有较明显的差异。依今人习惯,该书既称《卦上易经》,似应还有《卦下易经》,二者互相补充才是一篇完整的别本“说卦”。尤其值得注意的是,当时该书已被尊称为“经”,从这一意义上说,刘师培推测“《周易》本有《象经》”是有理由的。由于《卦下易经》今已不传,《象经》之名则迄今未见诸古代文献,两者是否为一书?所论卦象是否一致?现已无法作出明断,还有待于新材料的发现。不过,我们从清代学者以朴学方法整理出由汉代遗存下来的大量“逸象”便可窥一斑。如毛奇龄所引逸象二十七种,惠栋在《易汉学》中列虞翻逸象三百二十七种,张惠言《周易虞氏义》共得逸象四百五十六种,方申《周易卦象集证》《虞氏易象汇编》《诸家易象别录》计逸象一千四百七十一种之多。当然,在这些数以千计的逸象中,虽然有相当一部分纯属牵强附会,但是大致为我们提供了古代《象经》的概貌。

综上所述,可以得出如下结论:一,韩宣子所见《易象》,即与今本《周易》相似,书同名异。二,《易象》与今本《象传》(大

---

① 刘大钧:《周易概论》,齐鲁书社 1983 年版,第 24 页。

象）尚无渊源，《象传》“演德”，《易象》“尊礼尚施”。三，《周易》原有《象经》，或以《卦下易经》当之，惜已不传；但在清人的《易》着中，至今仍可见其传承与衍展的轨迹。二百年前，清代乾嘉时期的著名易学家焦循就说过：“学《易》者必先知伏羲未作八卦之前是何世界？伏羲作八卦重为六十四何以能治天下？神农、尧、舜、文王、周公、孔子何奉此卦画为万古修己冶人之道？”[1]我们今天重新审视《易象》以及早期易学的形成与嬗变仍可如此观。

---

① 焦循：《易话》卷上，《焦氏丛书》本。

郑玄“以《易》笺《诗》”考论

在中国《诗经》学史上，郑玄的《毛诗传笺》久负盛名。尤其是他利用由古代礼义与礼例对《诗》作了制度化的研究，一直被认为是孔子以来说《诗》的重要发展。然而，作为郑玄《诗》学中不可或缺的重要组成部分学的以《易》笺《诗》，却常为世人所忽略。本文通过对郑玄易学渊源的辨析、《郑笺》与《易注》的梳理与考证，指出郑玄以《周易》卦爻象与《易传》笺《诗》，虽然大多是片断的，不连贯的，有的甚至是随文引申有感而发，但是他借助《周易》话语，运用当时的社会观念和理论表述自己对《诗》的理解，丰富和深化了《诗》学的“比兴”手法、“天命”观念与讽喻功能，为我们展示了汉代《诗》学研究的新思路和新动向。

《诗经》作为中国最早的诗歌总集，在汉代被尊为“五经”之一。《诗经》不但成为当时士大夫“以其讽诵，不独在赖竹帛”的必读经典，[①]而且同时也出现了许多诠释《诗经》的著作，如汉代较有影响的就有鲁、齐、韩、毛四家诗说。其中《毛诗》虽然没有立于学官，但一直在私相传授，尤其是经过东汉学者郑玄对它作了笺注之后，“毛传郑笺”便成为汉代以后诠释《诗经》的经典性名著。又因为郑玄本人对儒家“三礼”之学的研究备受历代学

① 班固：《汉书》卷三十《艺文志》，中华书局1983年版，第1708页。

者的推重，被誉为“礼是郑学”，而他也往往利用古代的礼学资源来诠释《诗经》，于是后人每每将其概括为“以‘礼’注《诗》”“以‘礼’解《诗》”“以‘礼’笺《诗》”等，并且被广泛渲染。最迟从宋代开始，历经元明清，凡论《郑笺》者可以说是连篇累牍，其中虽然有褒有贬，但是都无法绕开“以礼注诗”的这个议题，以至于今天仍然得到了学术界的关注。[①]

不过，笔者在细读《郑笺》过程中，发现“以礼注诗”或“以礼解诗”显然不是《郑笺》唯一的，其中与此相辅相成的还有“以《易》笺《诗》”，即以研究易学的思想、方法诠释《诗经》。

遗憾的是，近百年来学术界似乎还未见有学者对此作一番系统的梳理和讨论，这对于重新认识郑玄的诗学研究乃至解读《诗经》都是一种缺失。[②] 为此，本文分别就郑玄的易学渊源、以《易》笺《诗》的内容、方法以及《诗》学意义等三个方面，作一些新的稽考与评说。

一、郑玄以《易》笺《诗》的易学渊源辨析

郑玄笺《诗》的易学渊源，史无明文。据《后汉书》的记载，郑玄早年师事京兆第五元先学习《京氏易》，三十三岁时，因“山

① 如宋代欧阳修的《诗本义》、李邦直的《诗论》、严粲的《诗缉》、林希逸的《诗缉》、黄震的《黄氏日抄》，元代刘玉汝的《诗缵绪》，清代姚际恒的《诗经通论》、陈奂的《郑氏笺考证》、包世臣的《毛诗礼征》、陈澧的《东塾读书记》等。近代以来则有皮锡瑞的《经学通论》、马宗霍的《中国经学史》、黄焯的《毛诗郑笺平议》、张舜徽的《郑学丛着》、陈戍国的《诗经刍议》，等等。至于作专门研究的，则有现代学者梁锡锋的《郑玄以礼笺诗研究》一书。

② 恕我寡闻，虽然清人陈启源《毛诗稽古编》、陈奂的《郑氏笺考证》、臧庸辑《周易郑注》等都注意到郑玄笺《诗》援引易学，但是在一般情况下，他们意在考察郑玄笺《诗》的学术渊源，而不涉及其具体方法。至于明确其“以《易》笺《诗》”，则为笔者首次提出。

东无足问者”而经名儒卢植的推荐，改从当时“才高博洽，为世通儒”的马融为师，并由马融传授《费氏易》，于是郑玄作《易注》。《隋书·经籍志》载：“后汉，陈元、郑众皆传《费氏易》，马融又为其《传》以授郑玄，玄作《易注》，荀爽又作《易传》。魏代，王肃、王弼并为之《注》，自是费氏大兴。”可见，郑玄的易学渊源来自马融的授受，并且传承了费氏古文易学的学脉。揆之史实，这样的一种结论，仅仅是一种推测。

首先，郑玄不是马融的亲炙弟子，而是马融的再传弟子，郑玄的易学也并非来自马融的亲自传授。史载郑玄在马融门下学习的境况是“三年不得见，乃使高业弟子传授于玄”，而且在《后汉书》的郑玄本传中，也始终找不到有关郑玄在马融门下究竟研读了哪些具体经典的记载。论者往往据《后汉书》郑玄本传中提到郑玄完成学业辞归的情况时，马融曾经对他的弟子们感慨地说“郑生今去，吾道东矣”的话，确信郑玄的易学来自马融所传授的《费氏易》。所以到了宋代，一般学者都予以认同，如王应麟就明确称之为“郑康成学《费氏易》”。[①] 事实上，范晔《后汉书》所载马融所说的话，实是模仿班固《汉书·儒林传》“田何授《易》于丁宽，学成，宽东归，何谓门人曰：‘《易》以东矣。’”一语移植而来。后又经唐人李贤在注释《后汉书·郑玄列传》中马融的此番话时，更以《汉书·儒林传》的这句原话注出，而且田何、马融在当时确实都是易学名家，于是使人很自然地将郑玄的易学与马融的易学联系起来，造成了马融所说的“吾道东矣”即是马融之“《易》以东矣”的假象。当然，这两句话的形式上非常

① 王应麟辑：《周易郑注》自序，参见朱彝尊《经义考》卷三十，文渊阁《四库全书》本。

相似，但是相似不等于说本质上也一致，“吾道东矣”不能证明就是“《易》以东矣”。据《后汉书·马融列传》提到马融“注《孝经》、《论语》、《诗》、《易》、三《礼》、《尚书》、《列女传》、《老子》、《淮南子》、《离骚》”等多种，而这些著作在当时都被视为传道的经典。如《老子》被称为《道德经》，《离骚》被称为《离骚经》等。这就表明《后汉书》所载马融“吾道东矣”的话，并不是哪一门具体的学问，更不是专指易学，它与《汉书·儒林传》“易以东矣”的明确指向完全不同。考刘义庆《世说新语·文学》载：“及（郑）玄业成辞归，既而融有‘礼乐皆东’之叹，恐玄擅名而心忌焉。”[①]再考刘敬叔《异苑》载：“后汉郑玄字康成师马融，三载无闻，融鄙而遣归，叹曰‘诗书礼乐皆已东矣’。”[②]刘义庆、刘敬叔都生活在南朝刘宋元嘉时代，上距汉末远远早于唐人李贤，而且所述郑玄行事基本一致，可见马融所谓的“吾道东矣”，确切地说是指郑玄学成了礼学之后辞归山东故里，并不是专指易学。所以到了宋代叶廷珪编写《海录碎事》时，就直接援引了《世说新语》的“礼乐皆东之叹”而摒弃了《后汉书》的“吾道东矣”的记载。[③] 据笔者所考，所谓“吾道东矣”，事实上是当时学者之间彼此推崇学术造诣高明而普遍使用的一种客套话，并不具有特别的含意。如南朝张邵之子张敷与画家宗炳讨论“玄言”，“往复数番，少文每欲屈，握麈尾叹曰：‘吾道东矣。’于是名价日重。宋武帝闻其美，召见奇之，曰：‘真千里驹也。’”[④]范晔编撰《后汉书》是在刘宋元嘉元年（424），他与刘义庆、刘敬叔为同时代人，

---

① 刘义庆：《世说新语》卷上之下《文学第四》，文渊阁《四库全书》本。

② 刘敬叔：《异苑》卷九“郑玄”条，文渊阁《四库全书》本。

③ 叶廷珪：《海录碎事》卷十八“礼乐皆东”条，文渊阁《四库全书》本。

④ 李延寿：《南史》卷三十二《张邵传》，中华书局1975年版，第826页。

然而对于同一史实却有不同的记载。由此推之,当时有关郑玄易学的渊源已经难以甄别了,故有较为笼统的"吾道东矣"一说。也正因此,《后汉书》提供的"吾道东矣"并不能成为确认郑玄传承了马融《费氏易》的主要依据。

其次,我们再检核一下马融《周易传》与郑玄《周易注》的相关内容,郑玄的易学与马融易学的差异也极为明显。限于篇幅,现试举一例。《周易·蛊》"先甲三日,后甲三日",马融注:"甲在东方,艮在东北,故云'先甲'。巽在东南,故云'后甲'。所以十日之中,唯称甲者,甲为十日之首,蛊为造事之端,故举初而明事始也。言所以三日者,不令而诛谓之暴,故令先后各三日,欲使百姓遍习行而不犯也。"①而郑玄则注:"甲者,造作新令之日,先之三日,而用辛也,欲取改过自新之义。后之三日,而用丁也,取其丁宁之义。"②马融的解释意在平息"造事之端",而郑玄的解释志在"改过自新",两者的价值取向完全不同。当然,郑玄与马融也有完全一致的解释。如《周易·无妄》中的"妄"字,马融与郑玄都解释为"妄犹望,无所希望也"。又如《周易·艮》九三爻辞中的"艮其限",马融与郑玄也都解释为"限,要也"。即便如此,我们还是很难肯定郑玄对《周易》词语的训释都来自马融的传授,那是因为与郑玄同时或稍后的荀爽、王肃、虞翻等学者对这些词语也同样作出相同的释义。这说明《周易》中的一些字语释义在当时易学家中都已经形成共识,并非是马融的专利,郑玄也未必信从马融。如李贤在《后汉书·赵岐传》注中就

---

① 马融:《马融周易传》,参见孙堂《汉魏二十一家易注》,清嘉庆四年(1799)平湖孙氏映雪草堂刻本。

② 郑玄:《郑康成周易注》卷上,参见孙堂《汉魏二十一家易注》,清嘉庆四年(1799)平湖孙氏映雪草堂刻本。

说："马季长虽有名当世，而不持士节，三辅高士未曾以衣裾襒其门也。"清人王鸣盛据此考证出郑玄不仅鄙视马融，而且"郑虽师融，著述中从未引融语"的结论。[①] 晚清学者曹元弼则力辨郑玄为马融弟子之非。[②] 因此，从《后汉书》的记载与传世的马融与郑玄的《周易》注本的比照来看，一定说郑玄易学渊源于马融传授的《费氏易》也是有困难的。

郑玄易学的渊源虽然难以考实，但是根据由宋人王应麟辑录并后经清人惠栋、丁杰、张惠言、黄奭、袁钧等人相继修订的郑玄《周易注》的辑本来看，由郑玄本人创拟的"爻辰说"，即以京房的纳甲筮法为基础，而他的"卦气说"则是继承了孟喜的卦气说。再如他诠释《诗经》所援引的一些具体易学数据来看，郑玄的易学渊源，不仅有费直、马融易学的影子，而且同样烙有孟喜、京房易学的印记。如《小雅·白驹》"皎皎白驹，贲然来思"，郑玄笺云："易卦曰'山下有火'，贲贲，黄白色也。"所谓"易卦"，即指《象传》"山下有火，贲"，但是郑玄又认为贲有"文饰之貌"，这显然因袭了《京房易传》"贲者，饰也。五色不成谓之贲，文彩杂也。山下有火，取象文明"的解释。又如《大雅·大明》"会朝清明"，郑玄笺云："会，合也。《书·牧誓》曰：时甲子昧爽，武王朝至于商郊牧野，乃誓。"考《焦氏易林》"噬嗑""复""夬""升"四卦取象都解释为"周师伐纣，克于牧野。甲子平旦，天下悦喜"，"平旦"即"昧爽"，表示为拂晓，天未全明之时。《尚书·太甲

---

① 王鸣盛：《蛾术编》卷五十八《说人》，商务印书馆1958年版，第889页。

② 曹元弼曾从"申释别传以明子郑子非马融弟子"、"辨《后汉书》以子郑子为马融弟子之误"、"辨《释文》及诸家说之误"、"据郑君经注说以证成郑君非马融弟子之说并辨家之误"四个方面，详细考证出郑玄未曾为马融弟子。参见《复礼堂文集》卷七《子郑子非马融弟子考》，民国六年（1917）刊本。

上》:"先王昧爽丕显,坐以待旦。"所以郑玄所说的"甲子昧爽",事实上也就是由《焦氏易林》所载的"甲子平旦"转换而来。清代乾嘉学者臧庸曾经考证说:"郑注《诗》、《礼》中所引《易》义皆用京氏学,与《易注》用费学不同。"[①]由此可见,郑玄笺《诗》的易学渊源是融通诸说,兼采各家之长,形成了不同于汉代其他易学而独树一帜,从而也为他以《易》笺《诗》提供了新的内容与方法。

二、郑玄以《易》笺《诗》的主要内容和基本方法

从现有保存在宋人王应麟辑录的《周易郑康成注》和清人惠栋、张惠言、孙堂、黄奭、袁钧等相继增补修订的《郑氏周易注》以及《毛诗注疏》所引《郑笺》来看,郑玄以《易》笺《诗》基本上涵盖了《风》、《雅》、《颂》三大部分。据笔者所考,其中《周南》3,《召南》1,《邶风》2,《墉风》2,《卫风》2,《王风》2,《郑风》1,《齐风》1,《魏风》2,《秦风》2,《陈风》5,《豳风》1,《小雅》17,《大雅》12,《周颂》3,共 56 首,几乎占《诗经》三百篇的五分之一。为了便于分析,现将《郑笺》中的具体篇名、诗文、主要笺文与笺文来源列表如下,以示比照:

《诗经》篇名	诗文	主要笺文	笺文来源
周南·桃夭	国无鳏民	以丈夫年过娶二十之女,老妇年过嫁于三十之男,皆得其子。	《大过》九二注
周南·日月	畜我不卒	畜,养也。	《小畜》注

① 臧庸辑:《周易郑注·叙录》,清嘉庆二十四年(1819)萧山陈氏刻《湖海楼丛书》本。

（续表）

《诗经》篇名	诗文	主要笺文	笺文来源
周南·关雎	君子好逑	怨耦曰仇，九四为九二仇。	《鼎》九二注
召南·草虫	亦既觏止	觏，合也。男女以阴阳合其精气。	《系辞传》注
邶风·匏有苦叶	雉鸣求其牡	马牝牡曰乘。	《屯》六二注
邶风·谷风	方之舟之	舟谓集板，如今自空大木为之曰虚。	《中孚·象》注
墉风·柏舟	日居月诸	日，君象也。月，臣象也。	《说卦传》注
墉风·干旄	素丝纰之	素丝者以为缕，以缝纰旌旗之旒縿。	《焦氏易林》师之随
卫风·河广	思而不止	天子诸侯后夫人无子不出。	《同人》六二注
卫风·河广	思而不止	嫁于天子，虽失礼，无出道，远之而已民。	《鼎》初六注
王风·兔爰	尚无为	尚，庶几也。	《小过》六五《象传》注
王风·兔爰	尚寐无吪	庶，幸也。几，觊也。	《系辞传》注
郑风·将仲子	无折我树杞	折，断也。	《贲·象》注

（续表）

《诗经》篇名	诗文	主要笺文	笺文来源
齐风·甫田	无田甫田	立功致治，必勤身修德，积小以成高大。	《升·象》注
魏风·葛屦	可以缝裳	妇入三月而后祭。	《归妹》上六注
魏风·伐檀	寘之河之干兮	干谓大水之旁，故停水处。	《渐》初六注
秦风·车邻	逝者其耋	耋，年逾七十。	《离》九三注
秦风·权舆	每食四簋	离为日，日体圜，木器而圜，簋象也。	《损》注
陈风·宛丘	坎其击缶	爻辰在未，上值东井。井之水，人所汲缶。缶，汲器也。	《比》初六注
陈风·宛丘	坎其击缶	可以斟之象。斗上有建星，建星之形似簋。	《坎》六四注
陈风·宛丘	坎其击缶	艮爻也。位近丑，丑上值弁星，弁星似缶。	《离》九三注
陈风·东门之杨	明星晢晢	遰，读如明星晢晢	《大有》九四《象传》注
陈风·泽陂	涕泗滂沱	自目出曰涕。巽为长，沱若也。	《离》六五注
豳风·七月	为公子裳	黄以为裳，象天在上，地在下，土托位南方。	《系辞传》注

（续表）

《诗经》篇名	诗文	主要笺文	笺文来源
小雅·天保	禴祠烝尝	禴，夏祭之名。	《既济》九五注
小雅·采薇	岁亦阳止	阳为今消息用事，乾也。上六为蛇，得乾气杂以龙。	《乾·文言》注
小雅·蓼萧	为龙为光	为宠为光。	《师》九二《象传》注
小雅·采芑	于彼新田	一岁曰菑，二岁曰新田，三岁曰畬。	《无妄》六二注
小雅·祈父	予王之爪牙	予我转移也，此勇力士责司马之士也。	《焦氏易林》
小雅·白驹	贲然来思	山下有火，贲。贲，黄白色。	《贲·象》注
小雅·白驹	在彼空谷	府谓宝藏货贿之处也。	《节·象》注
小雅·斯干	秩秩斯干	乾谓大水之旁，故停水处。	《渐》初六注
小雅·斯干	朱芾斯皇	朱深曰赤。	《困》九二注
小雅·无羊	众维鱼矣	豚鱼，以喻小民也。	《中孚》注
小雅·大东	尚可载也	尚，庶几也。	《小过》六五《象传》注

（续表）

《诗经》篇名	诗文	主要笺文	笺文来源
小雅·桑扈	君子乐胥	胥有才智之名也。	《归妹》六三注
小雅·青蝇	营营青蝇	蝇之为虫，污白使黑，污黑使白，喻佞人变乱善恶也。	《焦氏易林》
小雅·宾之初筵	酌彼康爵	康，虚也。	《泰》九二注
小雅·采菽	赤芾在股	芾，大古蔽膝之象也。	《丰》九三注
小雅·菀柳	不尚息焉	尚，庶几也。	《小过》六五《象传》注
小雅·菀柳	无自瘵也	际当为瘵，瘵，病也。	《丰》上六《象传》注
大雅·文王	亹亹文王	勉勉乎不倦。	《系辞传》注
大雅·大明	会朝清明	时甲子昧爽，武王朝至于商郊牧野，乃誓。	《焦氏易林》
大雅·棫朴	六师及之	多以军为名，次以师为名，少以旅为名。师者，举中之言。	《师》注
大雅·凫鹥	守成也	持一不惑曰守。	《系辞》注
大雅·凫鹥	凫鹥在沙	沚，接水处。	《需》九二注
大雅·桑柔	具赘卒荒	荒读为康，虚也。	《泰》九二注

（续表）

《诗经》篇名	诗文	主要笺文	笺文来源
大雅·韩奕	其蔌维何	蔌为八珍之所用。	《鼎》九四注
大雅·韩奕	簟茀错衡	簟茀，漆簟以为车蔽，今之藩也。	《既济》六二注
大雅·韩奕	实墉实壑	隍，壑也。	《泰》上六注
大雅·韩奕	蹶父孔武	蹶父甚武健，为王使于天下，国国皆至。	《焦氏易林》
大雅·召旻	我居圉卒荒	荒，虚也。	《泰》九二注
大雅·桑柔	国步蔑资	蔑，犹轻也。	《剥》初六注
周颂·周颂谱	周颂谱	行诛之后致太平。	《离》上九《象传》注
周颂·天作	岐有夷之行	易，佼易。	《系辞传》注
周颂·有客	有客信信	聘礼毕，归大礼，曰旬而稍。旬之外为稍，久留非常。	《丰》初九注

从上述所列表中，不难看出，郑玄以《易》笺《诗》的内容，大都致集中在《风》《雅》两部分，而《风》以《周南》《陈风》为主，《雅》则《小雅》与《大雅》基本相当。而这些注释涉及了《大过》《小畜》《鼎》《屯》《中孚》《同人》《小过》《贲》《升》《归妹》《渐》

《离》《损》《比》《坎》《既济》《师》《无妄》《节》《困》《泰》《丰》《需》《剥》等二十四卦与四十二爻辞以及《象传》《彖传》《系辞传》《说卦传》《文言传》与《焦氏易林》共计 56 条《易》注。就其内容而言,一是以易学的字义训释《诗》的词语。如《周南·日月》“畜我不卒”,《郑笺》:“畜,养也。”源于郑玄《周易注》的《小畜》注。《周颂·天作》“岐有夷之行”,《郑笺》:“易,佼易。”源于郑玄《周易注》的《系辞传》注。《小雅·宾之初筵》“酌彼康爵”,《郑笺》:“康,虚也。”源于郑玄《周易注》的《泰》九二注等。二是阐发《诗》的意义。如《召南·草虫》“亦既觏止”,《郑笺》:“觏,合也。男女以阴阳合其精气。”源于郑玄《周易注》的《系辞传》注。《陈风·泽陂》“涕泗滂沱”,《郑笺》:“自目出曰涕。巽为长,沱若也。”源于郑玄《周易注》的《离》六五注。《周颂·有客》“有客信信”,《郑笺》:“聘礼毕,归大礼,曰旬而稍。旬之外为稍,久留非常。”源于郑玄《周易注》的《丰》初九注等。那么郑玄又是以怎样的具体方法来以《易》笺《诗》的呢?据笔者的初步考察,总体上不出《周易》卦爻象与《易传》笺《诗》二端,现分述如下:

一、以《周易》卦爻象笺《诗》。

以《周易》卦爻象笺《诗》,这是郑玄以《易》笺《诗》的方法之一。所谓卦爻象,是指综论一卦或一爻之象征的事物和现象,它是对物对事不只是含有重复或两种意义,而且包含多种意义和多种事物。如《周易·乾》卦的“元亨利贞”,《周易·坤》卦的“利牝马之贞”等。郑玄即以此笺《诗》。如《大雅·棫朴》“周王于迈,六师及之”,《毛传》说:“天子六军。”《郑笺》云:“军二千五百人为师,多以军为名,次以师为名,少以旅为名。师者,举中之言。”这样的一种解释,正是来自郑玄对《师》卦象的注释。又如《小雅·无羊》"众维鱼矣"，《毛传》说："阴阳和，则鱼众多矣。"《郑笺》云："三，辰在亥，亥为豕。爻失正，故变而从小名言豚耳。四，辰在丑，丑为鳖蟹，鳖蟹，鱼之微者。爻得正，故变而从大名言鱼耳。三体兑，兑为泽。四上值天渊，二五皆坎爻，坎为水，二侵泽，则豚利，五亦以水灌渊，则鱼利。豚鱼，以喻小民也。而为明君贤臣恩意所供养，故吉。"这是郑玄《周易注》中对《中孚》卦辞"豚鱼吉"的解释。按照郑玄的爻辰说，《中孚》的三四两爻为阴爻，当从三四两爻爻辰，三爻值亥，亥的生肖为猪，三爻以阴爻居阳位失正，所以说是小猪。又按爻体，因为三爻是《中孚》的下兑爻，兑为泽。四上值丑，丑为斗，为天渊星。由于《中孚》的二五爻都处阳位，体坎，坎为水，二爻以水进，而兑泽有利于豚，五又以水灌于四爻的天渊，也是有利于鱼。就人事而言，则为小民。四为臣，五为君，故三四豚鱼为明君贤臣所供养而有吉了。可见，这是郑玄利用爻辰与爻体之象来诠释《棫朴》诗的。

再如《小雅·宛丘》"坎其击缶，宛丘之道"，说的是古人鼓缶唱歌的娱乐活动，并没有其他的含意，《毛传》仅解释为说："盎，谓之缶。"然而郑玄笺《诗》则联系《比》初六"有孚盈缶"，《坎》六四"尊酒簋贰用缶"和《离》九三"不击缶而歌"的三卦三爻辞的注释而提出了新解。他说：

《比》初六：爻辰在未，上值东井，井之水，人所汲用缶。缶，汲器也。

《坎》六四：上承九五，又互体在震上。爻辰在丑，丑上值斗，可以斟之象。斗上有建星，建星之形似簋。建星上有弁星，弁星之形又如缶。天子大臣以王命出会诸侯，主国尊于簋副设玄酒而用缶也。

《离》九三：艮爻也。位近丑，丑上值弁星，弁星似缶。

所谓“爻辰在未”，是指《比》卦的初爻属阴，当取《坤》卦的初爻纳未，而未与天上值东井（二十八宿中南方七宿之一的井宿），《礼记·月令》“仲夏之月，日在东井”，《小雅·大东》“维南有箕”，孔颖达疏：“郑称参旁有玉井，则井星在参东，故称东井。”据《开元占经》记载，东井属水星，象法水。未就时间而言为六月，就空间而言为西南。西南之分野与井宿之星象对应，故“上值东井”。同时，郑玄又解释说：建星有六星组成，属斗宿，弁星一名天弁，有九星组成，亦属斗宿，其形状像缶。可见郑玄是从爻象纳未引出天上东井，并且又从东井为水星，引出水和汲水器缶之象，这种把天上星象对应于地上方位的分野虽然并非是郑玄的首创[①]，但是可以证明郑玄是以取《周易》爻辰所主天星之象来解释《小雅·宛丘》诗的。

郑玄除了假借卦象，也借用爻象笺《诗》。如《小雅·斯干》“秩秩斯干”，所谓“秩秩”，是指秩序井然；所谓“斯干”，是指宫室。考《毛传》：“斯干，宣王考室也。”《汉书·刘向传》载刘向上疏汉成帝：“周德既衰而奢侈，宣王贤而中兴，更为俭宫室，小寝朝。诗人美之，《斯干》之诗是也。”[②]又汉元帝时，翼奉上迁都之议说：“因丙子之孟夏，顺太阴以东行，到后七年之明岁，必有五年之余蓄，然后大行考室之礼”，李奇注：“凡宫新成，杀牲以衅

① 如《吕氏春秋》卷十三《有始览》载：“何谓九野？中央曰钧天，其星角、亢、氐。东方曰苍天，其星房、心、尾。东北曰变天，其星箕、斗、牵牛。北方曰玄天，其星婺女、虚、危、营室。西北曰幽天，其星东壁、奎、娄。西方曰颢天，其星胃、昴、毕。西南曰朱天，其星觜雟、参、东井。南方曰炎天，其星舆鬼、柳、七星。东南曰阳天，其星张、翼、轸。”参见王范之《吕氏春秋选注》，中华书局1981年版，第89页。

② 班固：《汉书》卷三十六《刘向传》，中华书局1983年版，第1955页。

祭,致其五祀之神,谓之考室。”师古曰:“考,成夜,成其礼也。《诗·小雅·斯干》之诗序曰:‘斯干,宣王考室也’,故奉引之。”[①]可见该句所描述的是当时宫室建筑的一种基本风貌。自郑玄解释“秩秩,流行也;干,涧也”后,于是就有所谓的“涧中流水”一说。古代“乾”字又可假借为“涧”字,《诗·卫风·考槃》:“考槃在涧。”《经典释文》:“涧,《韩诗》作干。”然而涧从间,间即空阔宽大的意思,《楚辞·招魂》“像设居室,静闲安些”,王逸注:“空宽曰闲。”再考郑玄注《礼记·大传》“干祫及其高祖”句说:“干,犹空也。”这说明干字还包含有水畔空虚之义。《魏风·伐檀》“寘之河之干兮”之“干”,郑玄注:“干谓大水之旁,故停水处。”可见《斯干》《伐檀》两诗之“干”,郑玄都认定与水有关。对此,宋代学者欧阳修曾批评说:“毛于《斯干》诂训而已,然与他诗多不同。郑《笺》不详诗之首卒,随文为解,至有一章之内,每句别为一说,是以文意散离,前后错乱,而失诗之旨归矣。”[②]不过,郑玄之所以将干解释为大水之旁,那正是来源于他对《渐》卦初六爻辞“鸿渐于干”的注释。按照传统的解释,该爻辞的“渐”字,意为逐渐前进,鸿指水鸟或大雁,干即水边,“鸿渐于干”句所描述的是鸿雁飞起来逐渐前进到水域的岸边场景。由此可见,郑玄是以《周易》的爻象来笺《斯干》诗的。

郑玄不仅运用《周易》的卦爻象与《易传》笺《诗》,而且也援引《焦氏易林》提供的各种卦爻象笺《诗》。《焦氏易林》以《周易》六十四卦的先后为序,每一卦下面各配六十四首短诗,共计有短诗四千零九十六首。全书内容包蕴着内外卦象、互象、错

---

① 班固:《汉书》卷七十五《翼奉传》,中华书局1983年版,第3178页。

② 欧阳修:《诗本义》卷七《斯干》,文渊阁《四库全书》本。

象、反象、易象等丰富的卦象易理。同时,《焦氏易林》还吸收《周易》以韵散相间的散体和《诗》句法简洁的特点,将其改造成为精炼的四言短体诗。如《乾》卦辞“乾,元亨利贞”,《焦氏易林》解释为:“道陟多阪,胡言连蹇,译瘖且聋,莫使道通,请谒不行,求事无功。”《坤》卦辞“坤,元亨,利贞。勿用有攸往。利建侯。”《焦氏易林》则解释为:“招殃来螫,害我邦国,病伤手足,不得安息。”这种在解释《周易》卦象时注重诗句的韵律和节奏,通过运用扩充、缩略、替换、变换卦辞句子结构成分、化合诗句等各种手段,将卦辞改造成整齐划一的四言韵语的特点也为郑玄笺《诗》所汲取。如《小雅・青蝇》“营营青蝇”,《郑笺》:“蝇之为虫,污白使黑,污黑使白,喻佞人变乱善恶也。”又如《大雅・韩奕》“蹶父孔武”,《郑笺》:“蹶父甚武健,为王使于天下,国国皆至。”再如《墉风・乾旄》“素丝纰之”及下章“素丝组之”,《郑笺》都以“旄旗”解之,这也正是源于《焦氏易林》“乾旄旌旗,执帜在郊,虽有宝珠,无路致之”对《周易・随》卦的取象。

二、以《易传》笺《诗》。

以《易传》来揭示《诗》义,也是郑玄以《易》笺《诗》的重要方法之一。《易传》是一部战国时期解说和发挥《周易》经文的论文集,相传其学说本于孔子,具体则由孔门后学编撰而成。从上述表格所列郑玄以《易传》笺《诗》的具体内容来看,他所援引的主要是《彖传》《象传》《系辞传》《文言传》和《说卦传》五种。如《谷风》《柏舟》《将仲子》《采薇》《菀柳》《小星》等。其中尤以《象传》与《系辞传》为主。《象传》是专门解释卦名、卦义、爻辞的文字。如《乾》卦的卦名被解释为“天行健,君子以自强不息”,而其初九爻辞“潜龙勿用”则被解释为“阳在下也”。据此,《小雅・蓼萧》“为龙为光”句,按照《毛传》的解释，“龙”当为“宠”，认为此诗为“天子燕诸侯时的以上颂下之词”。郑玄则将其改为“为宠为光”，并进一步申言是“言天子恩泽光耀被及己也”。不过从整诗的意思来看，解“龙”为“宠”，并不贴切，因为“宠”的意思是荣幸，用于下对上，如《左传·昭公二年》“少姜有宠于晋候”，说的是少姜深受晋侯的宠爱。又如《吕氏春秋·介立》：“晋文公反国，介子推不肯受赏，自为赋诗曰：‘有龙于飞，周遍天下。’”高诱注：“龙，君也，以喻文公”。清代学者俞樾认为该诗为远国之君朝见天子时的誉美之词，即是诸侯在宴会中祝颂周王的诗。[①] 所以“为龙为光”，实际是以下颂上之词，所表达的是各路诸侯见到天子时的崇拜之情，而龙在中国文化中一直是天子的象征，将龙比喻天子也是中国古代在惯例，因此此处的龙应取其本义，不当解释“为宠”。至于“光”字，则可解释为“日”，《楚辞·九歌·云中君》“与日月兮齐光”，又《说卦传》说“离为日”，考虞翻于《未济》六五注“离为光”，于《需·象》则曰“离日为光”。[②] 由此可见，“日”与“光”字义相同。张孟阳《七哀诗》注“朱光，日也。”陆士衡《演连珠》注“重光，日也”，以日为光，应该是本义。也正因此，“为龙为光”实际上就是“为龙为日”，“龙”与“日”本来就是人君之象，古即有此义，然而郑玄改为“为宠为光”，实际上是他将《象传》对《师》九二爻辞“在师中吉，承天宠也”的解释移植于对《小雅·蓼萧》“为龙为光”的解释。此外，如《兔爰》“尚无为”、《大东》“尚可载”、《菀柳》“不尚息”

---

① 俞樾：《古书疑义举例》卷一“变文协韵例”，参见《古书疑义举例五种》，中华书局1983年版，第21页。

② 虞翻：《虞翻周易注》卷一、卷七，孙堂辑《汉魏二十一家易注》，清嘉庆四年(1799)平湖孙氏映雪草堂刻本。

等句,《郑笺》均解释为“尚,庶几也”,而这也正是渊源他对《象传》“密云不雨,已尚也”的解释。此外如《天作》《凫鹥》《文王》《七月》等诗篇也都借用《系辞传》来解释。

需要指出的是,郑玄在以《易传》笺《诗》的过程中,往往《易》《礼》相辅相成。如《秦风·权舆》“每食四簋”,《郑笺》云:“四以簋进黍稷于神也。初与二直,其四与五承上,故用二簋。四巽爻也,巽为木。五离爻也,离为日。日体圜,木器而圜,簋象也。”此注又互见于《周礼·考工记·旊人》《仪礼·少牢馈食礼》。又如《魏风·葛屦》“可以缝裳”,《郑笺》援引《仪礼·特牲馈食礼》云:“宗庙之礼,主妇奉筐米。”又援引《仪礼·士昏礼》云:“妇入三月而后祭。”此实源于郑玄对《归妹》上六“女承筐无实”的注释。再如《召南·草虫》“亦既见止,亦既觏止,我心则降”,《毛传》云:“止,辞也。觏,遇;降,下也。”《郑笺》云:“既见,谓已同牢而食也。既觏,谓已昏也。始者忧于不当,今君子待已以礼,庶自此可以宁父母,故心下也。《易》曰:‘男女觏精,万物化生。’”这里所说的“同牢”,即同牢之礼,指古代婚礼中新夫妇同食的一种仪式。据《仪礼·士婚礼》载,夫妇先同牢共食而后成婚,意思是说男女先举行仪式而后才能成婚,所以郑玄又引《系辞传》的“男女觏精,万物化生”来证明“既觏”即已成婚。清人陈启源在《毛诗稽古编》中评价该诗时也说:“《笺》以见止为同牢之时,以觏止为初婚之夕,因引《易》‘觏精’之语证之,后儒多笑其凿。然古诗简贵,不应一事而重复言之,郑分为两义,亦非无见。”①陈氏所说的“两义”,显然是指郑玄既用礼学也用易学来诠释《草虫》一诗的含义,在一定程度上弥补了由古

① 陈启源:《毛诗稽古编》卷二《草虫》,文渊阁《四库全书》本。

代礼义与礼例对《诗经》作古代制度化诠释的偏失，可以说是独辟蹊径。

郑玄以《周易》的卦爻象特别是爻辰、爻体诠释易学，虽然拓展了象数易学“象外生象”的取象原则，但是从《周易》文本所载内容来看，其中曲意附会的缺点也在所难免。清代学者焦循批评他是“谬悠非经义”“尤非圣人之义也，余于爻辰无取焉”，[①]王引之批评他为“辗转牵合，徒见纠纷耳”。[②] 不过，郑玄之所以采用易学来诠释《诗经》，主要基于当时特定的历史文化背景。

首先，郑玄生活的时代正是东汉末年，这时的学术导向发生了较为明显的变化，儒家经典的研究，正由今文经学为主转向以古文经学为基础的相容今古文经学，那种注重师承又兼重家法的治经方式日益淡化。此时“玄风”正悄然兴起，经学出现了信仰危机，即所谓的“士气颓丧而儒风寂寥”。[③] 学人们热衷于《老子》《庄子》《周易》的研究，并且从新的视角去诠释儒家经典。如被称之为秉承古文经学传统的“大儒”马融，首先突破传统经学的藩篱，崇奉老庄所谓的“生贵于天下”来为自己的解经寻求新的理论根据。如马融说：“古人有言：‘左手据天下之图，右手刎其喉，愚夫不为。’所以然者，生贵于天下也。今以曲俗咫之羞，灭无货之驱，殆非老、庄所谓也。”李贤注云：“《庄子》曰。言

---

① 焦循：《易图略》“论爻辰第十”，陈居渊《易章句导读》，齐鲁书社 2002 年版，第 357 页。

② 王引之：《经义述闻》卷一“爻辰”条，江苏古籍出版社 1985 年据清道光 7 年(1827)刻本影印，第 34 页。

③ 皮锡瑞：《经学历史》，中华书局 1981 年版，第 141 页。

不以名害其生者。”[①]适逢其时的郑玄不能不深受其影响，如他认为天地万物是有形的，有形的天地万物起起源于无形，又认为《易传》中所称的太极就是“太易，无也”，这显然是对老子“有生于无”思想的易学发挥。[②] 这种由儒经独尊转向兼容诸子的解经思想意识，虽然未能完全改变郑玄信奉的象数易学，但是无疑为立志“念述先圣之玄意，思整百家之不齐”的郑玄重新认识和诠释《诗经》提供了可能，他以《易》笺《诗》也正是东汉末年这样一种学术生态变化最为直接的反映。

其次，作为文学遗产的《诗经》，在汉代列为五经之首，这种崇高的地位使它的传播和影响更加广泛。秦朝灭亡之后，儒家五经中，唯《诗经》最早出，作为重制礼作乐工作的重要部分一直受到朝廷的提倡而迅速风行。由于《诗经》原先是由先秦流传下来的经书或者文献，它都具有相对的真实性，此时的齐、鲁、韩、毛四家诗说仍是学术界《诗经》研究的主流，而他们也每每援引《周易》说《诗》。如《国风·关雎》“窈窕淑女”句，《韩诗》解释说：“淑女奉顺坤德，成其纪纲。”[③]以“淑女”与“坤德”相对应，即是以易学观照诗学。又如《郑风·清人》，《齐诗》解释说：“清人高子，久屯野外，逍遥不归，思我慈母。”这显然与《焦氏易林》的“师之睽”、“观之升”和“遁之鼎”的取象相吻合。再如司

---

① 班固：《后汉书》卷六十上《马融列传》，中华书局 1982 年版，第 1953 页。

② 如郑玄在说注释《乾凿度》“太易者未见气也，太初者气之始也”说：“以其寂然无物，故名之为太易，元气之所本始。太易既自寂然无物矣，焉能生此太初哉。则太初者，亦忽然自生。”在注释“气形质具而未离，故曰浑沦”说：“虽合此三始，而犹未有分判。老子曰：‘有物浑成，先天地生。’”注释“易无形畔”说：“此明太易列形之时，虚豁寂寞，不可以视听寻。”参见《周易乾凿度》卷上，郑康成注，文渊阁《四库全书》本。

③ 范家相：《三家诗拾遗》卷三“关雎”条，文渊阁《四库全书》本。

马迁说:“《易》基乾、坤,《诗》始《关雎》,夫妇之际,人道之大伦也。”[①]司马迁所习为《鲁诗》,此当为《鲁诗》遗说。[②] 可见,在郑玄之前的鲁、齐、韩三家诗也每每从易学的角度审视《诗经》。郑玄注释儒家经书,不受汉代经有数家,家有数说,壁垒森严的束缚,而是“囊括大典,网罗众家,删裁繁芜,刊改漏失”,[③]融会贯通,创造了一个相容并畜的经学诠释体系,他以《周易》卦爻象与《易传》笺《诗》,正为我们展示了他尝试运用新的思路研究《诗经》,从而也就凸显出多层次的《诗》学意义。

三、郑玄以《易》笺《诗》的诗学意义

《周易》从本质说不是一部文学评论著作,但是通过上述郑玄以运用《周易》“易象”“取象”等笺《诗》所体现出来的审美联想,使作品在一定程度上达到了“言有尽而意无穷”的效果,可以说这也是古代文学形象理论的源头之一。也正因此,郑玄以《易》笺《诗》所展示的诗学意义也是多层次的。

首先,《周易》“易象”“取象”的审美联想,丰富了《诗》学的“比兴”手法。《周易》的卦、爻象作为一种意象,主要是以事物的外态图形为审美特征,即意中见美,因形得象,由象得意,得意忘形。然而诗歌则以语言描绘出形象,为想象提供了清晰的表象,它与易象一样直接供人们心灵的享受。《系辞传》称《周易》“其称名也小,其取类也大”,韩康伯解释为“托象以明义,因小以喻大”,即以个别表现一般,以有限表现无限。卦像是特定的,

---

① 司马迁:《史记》卷四十九《外戚世家》,中华书局 1982 年版,第 1967 页。

② 参见清人陈寿祺撰、陈乔枞述《三家诗遗说考》卷一“鲁诗国风一”案语,王先谦《三家诗遗说考》卷首《诗三家义集疏序例》,《续修四库全书》本。

③ 范晔:《后汉书》卷三十五《郑玄传》,中华书局 1982 年版,第 1213 页。

其内涵却可以加以引申。可见《周易》的卦、爻象并不是直接展现,而是借外物比况和衬托,这与《诗经》的比兴在表现方式上是相通的。如《王风·君子于役》"君子于役",《明夷》初九"君子于行",行、役,在古代都是指因服役或公务而跋涉在外,所以又并称为"行役",如《魏风·陟岵》"予子行役,夙夜无已"。"君子"这个概念在古代有其特殊的含义,它并非专指手握权力的"大人",而是泛指一切有德行的人。"君子于役"与"君子于行",当然也并非指"大人",而是站在妻子的角度指行役在外的丈夫,所以在"君子"这个词的象征意义上,《诗》与《易》是相通的。又如《小雅·甫田》"以其妇子"《小雅·大田》"以其妇子",而《易·家人》九三"妇子嘻嘻",《易》与《诗》所称的"妇子",都是指妻子儿女,这是当时的习惯使用的语言。也正因此,清人汪师韩称"可与言《诗》,必也通于《易》"[①],章学诚也说"《易》之象也,《诗》之兴也","易象虽包六艺,与《诗》之比兴,尤为表里""易象通于诗之比兴"[②],现代学者尚秉和先生曾说:"始吾以《易》象失传,故《易》说多晦,乃浏览《毛诗》新旧各说,其晦黯与《易》同。"[③]闻一多先生将隐和喻进行对照时,把比归入喻,把兴和象归入隐。他认为喻和隐"手段和效果皆同,不同的只是目的"。他还认为,由于《诗》有兴,《易》有象,"所以《易》有《诗》的效果,《诗》亦兼《易》的功能,而二者在形式上往

① 汪师韩:《诗学纂闻·四美四失》,民国十六年(1927)刊本。

② 章学诚:《文史通义》卷一《内篇·易教下》,中华书局1985年版,分见第18页、19页、20页。

③ 尚秉和:《周易尚氏学》附录,《滋溪老人传》,中华书局1980年版,第361页。

往不能分别”[1]。他这里所说的“《易》有象”，就是《周易》“取象”的表现方式。事实上，郑玄对此早有明确地说明。他在注释《周礼·春官宗伯·大师》曾引郑众之语说：“比者，比方于物也；兴者，托事于物也。”在笺《诗大序》中又认为“风化，风刺，皆谓譬喻”，“兴者，以善物喻善事”。孔颖达《诗序·正义》说：“比与兴虽同是附托外物，比显而兴隐，当先显后隐，故比居行也。”可见比兴实际上既是一种隐喻，也是一种取象，所以孔颖达在疏解《大雅·凫鹥》认为“凡喻皆取象”，又在《周易正义》说“凡《易》者，象也，以物象而明人事，若《诗》之比喻”。这表明他们都意识到了《周易》卦、爻辞的“取象”与“立象见义”，与诗歌运用隐语或比兴的形象表现原则的一致关系，从而强化了诗歌的表现力。如《小雅·鹤鸣》“鹤鸣于九皋，声闻于野。鱼潜在渊，或在于渚”，“鹤鸣于九皋，声闻于天，鱼在于渚，或潜在渊”，此里的“渚”“渊”交错协韵，都象征水。《毛传》说：“兴也，皋，泽也。言身隐而名著也。”《郑笺》则进一步解释说：“兴者，喻贤者虽隐居，人咸知之。”而《周易·中孚》九二爻辞为“鸣鹤在阴，其子和之”，上九爻辞为“翰音登于天”。这样，《易》与《诗》二者都用“天之高”“渊之深”“鹤鸣之音”为基本素材，从而构成“比兴”与“取象”的融通，诗歌自身那种朦胧、薄弱的感性形象得到了充分的外现。此外，如《邶风·柏舟》“日居月诸，胡迭而微？”意思是说白昼有日夜有月，为什么明暗相交迭？对此，《毛传》并没有指明其兴为何，而《郑笺》则云：“日，君象也；月，臣象也。”又《豳风·七月》“我朱孔阳，为公子裳”，《郑笺》云：“乾为

① 闻一多：《闻一多全集》第一卷，《说鱼》，生活·读书·新知三联书店 1982 年版，第 117～118 页。

天，坤为地，天色玄，地色黄，故玄以为衣，黄以为裳，象天在上，地在下，土托位南方。”郑玄的这一种解释，溯其源头，都渊自于《周易》的“取象”，这不仅加强了作品的形象性，而且也提升了诗歌“比兴”的艺术效果。从理论上看，《易》与《诗》都是全面反映当时社会生活的画面，但是它又不是生活的简单复写，它必须创造出自己特殊的感悟来观照世界。从这一意义上说，郑玄借用《周易》的“易象”或“取象”笺《诗》也就丰富了《诗经》的比兴手法。

其次，《周易》的天人之学，深化了《诗》学的“天命”的观念。《周易》经传虽然涵泳天地人三才之道，昭示了人生于天地之间与天地同一，但是天地之道终究归宿为人道。如《象传》解释《泰》卦说：“天地交，泰。后以财成天地之道，辅相天地之宜，以左右民。”郑玄解释说：“财，节也。辅相、左右，助也。以者，取其以其顺阴阳之节，为出内之政。春崇宽仁，夏以长养，秋以教收敛，冬敕盖藏，皆可以成物助民也。”这里郑玄虽然没有明确指出天道是什么，但是所谓“阴阳”“春夏秋冬”，其实就是代表了天道，最后又都落实到“宽仁、长养、收敛、盖藏”的人道。郑玄以《易》笺《诗》，并不是纯粹的学术活动，而是有着更多的他对现实社会的关怀，即将易学的天地之道以及人君的道德行为贯串于他的《诗》学之中。我们知道，在《诗经》中，古人对于天道的崇敬往往是与他们对道德行为评判标准紧密联系在一起的。《大雅·生板》：“敬天之怒，无敢戏豫；敬天之渝，无敢驰驱。”《大雅·大明》：“天监在下，有命既集。有命自天，命此文王。”《大雅·假乐》：“假乐君子，显显令德。宜民宜人，受禄于天。保右命之，自天申之。”在古人看来，天命事实上不是外在于他们的客观存在，而是德性的外化，即无德性即无天命，有德性就能应天命。换言之，天命不是根据自己的善恶行为作用于人事，而是根据人们善恶行为是否合乎德性做出赐福还是降祸的选择，这种充满了浓厚的效法天命的理念，正与《周易》的天人之学相一致的。如《齐风·甫田》“无田甫田，维莠骄骄”句，传统的解释认为该章描述的是大田一望无垠及野草的茂盛，诚如《毛传》所说的“大田过度而无人功终不能获”。然而《郑笺》云“喻人君欲立功致治，必勤身修德，积小以成高大”，这正是基于郑玄对《升》卦的解释：“升，上也。坤地巽木，木生地中，日长而上，犹圣人在诸侯中，明德日益高大也。”这是以树木在地上生长、由小到大比喻为“圣人”之美德积累由少渐多，即将植物生长的自然性、自然法则比喻为人的处世品德，这显然是郑玄引申了《象传》解释《升》卦为“君子以顺德，积小以高大”所作出的诠释。其实，《周易》所描绘的现实世界，曾为古人为追求理想世界提供了广阔的前景，与天同一，与天同寿，也是古人憧憬平安、吉祥的共同心理。郑玄虽然崇尚《周易》的一种天人之学，然而他并没有离开人道而一味地去探讨天道，同样也没有离开天道而一味地去探讨人道，而是着眼于探索自然与社会的相互关系，寻求带有普遍规律性的东西，从而不仅指导人事，而且是着眼于现实政治。这不仅深化了《诗》学所体现的“天命”观念，而且也深化了将自身与自然同一，即“天人同一”的诗化世界。

再次，《周易》的仁义教化，深化了《诗》学的讽喻功能。众所周知，郑玄对《诗经》功能的总体认识归结为“匡救其恶”与“刺过讥失”，那就是他在《诗谱序》中所说的那段著名的话：“论功颂德所以将顺其美，刺过讥失所以匡救其恶，各于其党，则为法者彰显，为戒者着明。”而在《六艺论·诗论》中他补又充说：“诗者，弦歌讽喻之声也。自书契之兴，朴略尚质，面称不为谄，目谏不为谤。君臣之接,如朋友然,在于恳诚而已。斯道稍衰,奸伪以生,上下相犯。及其制礼,尊君卑臣,君道刚严,臣道柔顺,于是箴谏者希,情志不通,故作诗者以诵其美而讥其过。”郑玄的这样一种诗学意识,在《郑笺》中也确实表现得相当充分。如《小雅·十月之交》“今此下民,亦孔之哀”,《小雅·四月》“冬日烈烈,飘风发发”,对此《毛传》均未作出解释,而《郑笺》则认为“君臣失道,灾害将起,故下民亦甚可哀”,“言王为酷虐惨毒之政如冬日之烈烈矣,其巫急行于天下如飘风之疾也”。又如《小雅·小宛》“螟蛉有子,蜾蠃负之。”《毛传》日“螟岭,桑虫也;蜾蠃,蒲卢也;负,持也。”《郑笺》则解释说:“喻有万民不能治,则能治者将得之。”前二条当然是讥刺为王执政的残酷,后一条言则预示王祚将终,昏主佞臣必遭遇大祸。仅从此数条笺注而言,郑玄诗学对“匡救其恶”和“刺过讥失”意识是较为明显的。不过,郑玄并没有停留在这一讽喻的层面,而是更加强调了人君当以仁义教化天下为职责,这也正是与他注《易》注重为君之道与圣贤之道的指导思想相吻合。如他在注释《鼎》卦时说:“鼎象也,卦有木水之用。鼎亨孰以养人,犹圣君兴仁义之道以教天下也。”在注释《井》卦时说:“井以养人水无空竭,犹君子以政教养天下,惠泽无穷也。”在注释《明夷》卦说:“夷,伤也。日出地上,其明乃光。至其入地,明则伤矣。帮谓之明夷。目之明伤,犹圣人君子有明德而遭乱世抑在下位,则宜自艰无乾事政,以避小人害之。”如果说郑玄注《周易》体现了他的思想活动和价值取向的话,那么他以《易》笺《诗》强调仁义教化,同样折射出他对人世的感怀。虽然郑玄以《易》笺《诗》的表述大多是片断的,不连贯的,有的甚至是随文引申有感而发,但是他借助《周易》话语,运用当时的社会观念和理论表述自己对《诗》的理解,阐发他所理解的抽象的仁义教化观念，从而也在一定程度上深化了他本人一再强调“匡救其恶”与“刺过讥失”的《诗》学理论。

综上所说，郑玄以《易》笺《诗》，虽然远远不如他“以礼笺诗”那样为历代学人所注目，但是从《诗》学的角度而言，无疑更具文学的意蕴与审美特征。它与“以礼笺诗”一样，客观上都为《诗》注入了新的养料，不仅提高了《毛诗》的文学地位，同时也开启了研究《诗经》新的思路和学术方向，为我们提供了一个认识早期《诗经》研究基本情况的连续性线索，值得我们重视与研究。

清代的郑玄易学研究探析

郑玄的易学研究，在中国象数易学史上占有重要的地位。自宋代发展出图书易学后，汉代的象数易学逐渐淡出人们的视域。随着清代汉学的全面繁荣，郑玄的象数易学被再度唤起。清人对其易学的辑录与考索、对其易学方法的解读、对其易学研究特色的肯定，不仅有力地推动了汉代象数易学在清代的复兴，而且给今人总结中国传统象数易学以有益的启示与借鉴。

清代初期，宋明以来的图书易学盛行，作为汉代象数易学代表的郑玄易学，问津者不多。自雍正二年(1724)特允儒臣之请，恢复郑玄从祀孔庙资格并追褒其学术贡献之后，随着汉学的全面繁荣，郑玄的学术得到了学者的推崇，诚如梁启超所描述的“家家许郑，如日中天”。也正因此，郑玄易学再度成为学者构建易学的重要理论来源，对郑玄易学的整理、传播及其研究蔚为大观，成为清代乃至中国易学发展史上不可或缺的一个重要环节。因此，本文通过清人对郑玄易学的辑录与考索、易学方法的解读及其研究的特点，作一些初步的梳理，使郑玄象数易学在清代发展的脉络更为清晰，有利于今人对古代象数易学研究的总结与借鉴。

一、清人对郑玄易学的辑录与考索

郑玄撰写的易学著作，根据历代的史书和文献数据的记载，现在可以确证的有《周易注》《易赞》《易论》《易纬注》等，其中最为学人重视的便是《周易注》。《周易注》是郑玄晚年的易学著作，据唐人陆德明《经典释文·叙录》著录为十卷，并云："《录》一卷。《七录》云'十二卷'。"《隋书·经籍志》《旧唐书·经籍志》均著录为九卷，《新唐书·艺文志》作十卷。北宋庆历年间的《崇文总目》则著录为一卷，其中仅存《文言》《说卦》《序卦》《杂卦》四篇。至南宋淳熙五年(1178)，秘书省少监陈骙的《中兴馆阁书目》已不见有著录，可见郑玄的《周易注》在南宋时已亡佚，后由王应麟从《周易集解》、《经典释文》、《毛诗笺》、《三礼注》、《春秋》义疏、《文选注》、《后汉书》等古代文献中所保存的郑玄《易》注汇辑成《周易郑康成注》一卷，郑玄的《周易注》也因此得以传世。自王应麟之后，明代胡震亨、姚士粦在王应麟辑本的基础上相继作了增补。然而无论是王应麟还是胡震亨、姚士粦，他们搜辑郑玄易学遗说的缺点是经传混淆、篇第凌乱、出处不明、难分真伪。清代乾嘉之际，经典考据蔚然成风，辑佚古书成为一种时髦。学者往往搜罗群书，寻章摘句，把已经散失的书籍汇集起来，力求恢复原书的面貌，供人阅读。因此，在宋明学者汇辑的基础上，重新辑录郑玄的易学，也就成为当时经典考据中的热点。据笔者初步的考察，常见的主要有以下几种：(1)惠栋所辑补的《增补郑氏周易》三卷；(2)丁杰所辑补的《周易郑注》十二卷；(3)张惠言所辑补的《周易郑氏注》三卷；(4)张惠言所辑的《周易郑氏义》；(5)袁钧所辑补的《郑氏周易注》九卷；(6)黄奭所辑补的《郑氏周易注》一卷；(7)孙堂所辑补的《郑康成周易注》三卷，补遗一卷；(8)孔广林所辑补的《周易注》十二卷。综观上述八种辑补的郑玄《周易注》，大致可以归纳出以下的一些学术特征：

1、在王应麟辑本的基础上复加辑补，使郑玄《周易注》的文本日臻完善。如惠栋辑本在王应麟辑本的基础上，上经补充了二十八条，下经补充了十六条，《系辞传》补充十四条，《说卦传》补充二十二条，《序卦传》补充了七条，《杂卦传》补充了五条，共计九十二条。移王应麟所辑《周易郑康成注》所附《易赞》一篇于卷首，删去所引诸经《正义》论互卦者八条，增加了朱震、晁说之等人之说，合编为三卷。又如丁杰辑本则删去了王应麟、惠栋辑本所保留的《易纬》之文和郑注《汉书》之文，增补了郑玄《周易注》二十余条，并据《经典释文》所引《七录》著录为“十二卷”，依孔颖达《周易正义》之例，重订为十二篇。后附张惠言正误八条、《易赞》、《易论》及臧庸所纂叙录与考订，成为当时诸家辑补郑玄《周易注》中最为完备的一种。再如袁钧仿照王应麟辑本之例、诸经义疏，参考其他辑本，辨析谬误，补正阙失，注明出处，附以考证，补其注五条。孔广林辑本又补充两条。此后，孙堂辑本又在惠、丁、张辑本上新补四条，并录有《补遗》一卷。黄奭辑本不仅将上述不同辑本中同类注释并辑，而且又补充了九条。经过清代这些学者的持续辑录和增补，作为研究郑玄易学文本的《周易注》，可以说日臻完善。

2、在王应麟辑本的基础上复加订正，使郑玄《周易注》的内容更为翔实。由于王应麟辑本主要辑自《周易集解》、《经典释文》、《毛诗笺》、《三礼注》、《春秋》义疏、《文选注》、《后汉书》等古代文献中所保存的郑玄《周易注》资料，但都没明确注明这些数据的出处，而且篇第凌乱。对此，惠栋辑本则以元刊本《玉海》为底本，“凡应麟书所已载者，一一考求原本，注其出自某书，明其信而有征，极为详核”。如《谦》“初六”象辞“卑以自牧也”，郑玄注：“牧，养也。”王应麟未明出处，惠栋则注明其出自

《释文》、《文选注》十六。其次序先后，亦悉从经文厘定。同时，惠栋还根据郑玄《周礼·太师》注作《十二月爻辰图》，根据郑玄《月令》注作《爻辰所值二十八宿图》，以驳朱震《汉上易传》所作“十二律图”之误，考核精密，学术价值超过王辑本。又如丁杰辑本在王应麟、惠栋辑本基础上复加考订。如《贲》“六四”爻辞“白马翰如”，郑玄注：“翰，犹干也。”丁本考证云：“雅雨堂本《释文》有‘翰’，郑云‘乾也’，他本皆作‘白也’。王本见《玉海》者，此条本有‘翰白也’三字。盖宋时《释文》已误，惠始校正郑注，删此三字。雅雨本《释文》当亦惠所定。”同时，丁本又每每注明所引前人各种辑本，如“姚补”“惠补”“臧补”“丁补”等字样与所出之书及其考证。如《革》“九五”爻辞“大人虎变”，丁杰考证云：“臧补注云：‘大人，谓天子。君子，谓诸侯。’惠言谓《仪礼·士相见礼》贾疏云：‘君子豹变’，据诸侯，则大人虎变为天子可知。’谓郑望文注大人也，《礼记·礼运》孔疏云：‘《易》革卦大人虎变对君子豹变，故大人为天子。’则郑《易注》以大人为天子，君子为诸侯，其义是也，以为注如是，则妄矣。”凡此种种，郑玄《周易注》的基本内容更加翔实。

3、在郑玄《周易注》的基础上复加考索，提升其学术价值。我们知道，对于郑玄易学而言，王应麟的辑本虽然有筚路蓝缕之功，惠栋辑本对王应麟辑本也有“王氏之功臣”一说，而丁杰辑本被当时学界誉为“倍臻详密”。但是，这些辑本的主要贡献，主要表现在对郑玄《周易注》文本和内容的不断完善上，而对其学术则少有进一步考索。如惠栋辑本对王应麟辑本虽然有“补葺之功”，但是仍有学者指出其存有“不可尽删”“取舍不当”“校勘不慎”“脱字无算”等“十疑”的弊端。[①] 近人尚秉和也指出惠本“擅改经文,不可胜数,淆乱耳目”。[②] 又如袁钧辑本每每从《九家易》和《口诀易》辑出郑注,也为学者所诟病。再如黄奭辑本从《义海撮要》中辑出许多郑玄的《易》注并不完全符合郑意,这些无疑会影响到对郑玄易学的正确评价。因此,在郑玄《周易注》的基础上作一番新的考索,从而提升郑玄《周易注》的学术价值,成为清代学者辑补郑玄《周易注》过程中一种新的追求。如《晋》六四“晋如硕鼠”,郑玄《周易注》谓:“《诗》云‘硕鼠硕鼠,无食我黍’谓大鼠也。”对此,惠栋辑本改“硕”为“鼫”。丁杰辑本考证云:“《正义》引郑为‘大鼠’,异于王弼之五伎,则郑本当作‘硕’字,《释文》或略耳。”孙堂辑本则进一步考证说:“原本经文及注‘硕鼠’皆作‘鼫鼠’。《说文》‘鼫,五伎鼠也’,《诗·魏风·硕鼠》篇《诗笺》同义,训‘硕’为‘大’。《正义》:‘陆玑疏云今河东有大鼠,能人立,交前两脚于颈上,跳舞善鸣,食人禾苗,人逐则走入树空中。亦有五伎,或谓之雀鼠,其形大,故《序》云‘大鼠’也。魏国,今河北县,言其方物也。’此经作‘硕鼠’,训之为‘大’,不作‘鼫鼠’之字,据此知郑笺《诗》既训‘硕’为‘大’,此引《诗》不当复作‘鼫鼠’,且《易》正义引此文亦作‘鼫鼠’,故改之。”这种对郑玄《易》注的辨析和证实,无疑提升了郑玄《周易注》本身的学术价值。

正是经过清代学者持续不断地辑补和考索,为进一步研究郑玄易学提供了较为翔实的文本,并且由此展开了对郑玄易学方法论的解读。

---

① 黄奭:《周易郑注序》。

② 尚秉和:《续修四库全书总目》,清道光间刊本。

二、清人对郑玄易学方法的解读

郑玄研究《周易》的方法众多，其中除“卦气”与“易数”之外，对后世影响较大的莫过于“爻辰取象”“以礼注易”。清人曹元弼在谈及郑玄“爻辰取象”时说：“国朝诸儒兴灭继绝尚能传之，爻辰仅散见各书。”[①]刘师培说：“郑氏本礼以说《易》。”[②]所谓“爻辰”，是郑玄有别于孟喜、京房等汉代象数易学而创立的一种新的解释《周易》的象数易学方法。“爻辰取象”的内核，是指乾坤两卦十二爻与地支十二时辰（子、丑、寅、卯、辰、巳、午、未、申、酉、戌、亥）相配合，兼取爻辰所主天星、时令、卦气、属相动物、五行方位等解释《周易》的方法。如《比》初六“有孚盈缶”，郑注：“爻辰在未，上值东井，井之水，人所汲用缶。缶，汲器也。”所谓“爻辰在未”，是指《比》卦的初爻属阴，当取《坤》卦的初爻纳未，而未与天上值东井（二十八宿中南方七宿之一的井宿），《礼记·月令》“仲夏之月，日在东井”，《小雅·大东》“维南有箕”，孔颖达疏：“郑称参旁有玉井，则井星在参东，故称东井。”据《开元占经》记载，东井属水星，象法水。未就时间而言为六月，就空间而言为西南。西南之分野与井宿之星象对应，故称“上值东井”。同时，郑玄又解释说：建星由六星组成，属斗宿，弁星一名天弁，由九星组成，亦属斗宿，其形状像缶。可见郑玄是从爻象纳未引出天上东井，并且又从东井为水星，引出水和汲水器缶之象，这种把天上星宿对应于地上方位的分野，正是郑玄取爻辰所主天星来解释《周易》的方法。又如《中孚》卦辞“豚

① 曹元弼：《复礼堂文集》卷二《周易郑氏大义在爻辰说》，民国六年（1927）刊本。
② 刘师培：《经学教科书》，上海古籍出版社2006年版，第244页。

鱼吉，利涉大川，利贞”（《诗·小雅·无羊》），郑玄解释说：“三辰在亥，亥为豕。爻失正，故变而从小名，言豚耳。”意思是说，《中孚》三爻为阴爻，当从坤三爻辰，三爻辰值亥，亥属肖为猪，三爻本阳而以阴爻居阳位则失正，所以说是小猪，这显然是取爻辰所主属相或动物所作出的解释。郑玄创拟了这种“爻辰取象”的解《易》方法后，虽然在很长一段时间内被广泛传播，但是三国时期虞翻就批评他“未得其门，难以示世”。① 后来的王弼以老庄解《易》，摒弃了郑玄的“爻辰取象”。唐代孔颖达奉命编撰《周易正义》则取王舍郑，李鼎祚的《周易集解》博取汉魏各家易说，却独不接纳郑玄“爻辰取象”。宋代虽然有朱震、王应麟等人对“爻辰取象”的追褒，但应者寥寥。清初除了有毛奇龄《仲氏易》中用爻辰解释《坎》六四、《明夷》六二爻辞，徐文靖《经言拾遗》用爻辰解释《比》初六、《泰》六五、《贲》六四，《坎》六四、《离》九三、《明夷》六二、《困》九二、《中孚》卦爻辞，庄存与《八卦观象解》二篇，即从郑玄爻辰中推出以卦象证天象之外，郑玄的“爻辰取象”基本上淡出了《周易》研究者的视域，诚如吴翊寅所说的“国朝诸家鲜有能通其义者”。②

郑玄“爻辰取象”方法的被再度唤起，并有了新的解读，那是在清代乾嘉学者不遗余力地辑录和考索《周易注》之后。如惠栋在辑录《郑氏周易注》时就指出：“康成以爻辰说《易》，其书已亡，间见于唐人《正义》者，采之备考。”③又如卢见曾在通读了惠栋所辑录的《郑氏周易注》后，才真正了解了郑玄“爻辰取象”

① 《三国志文类》卷十二《虞翻上易注二奏》，文渊阁《四库全书》本。
② 吴翊寅：《易汉学考》卷一，光绪十九年（1893）广雅书局刻本。
③ 惠栋：《易汉学》卷六《郑氏周易爻辰图》，文渊阁《四库全书》本。

方法的奥秘。他在为惠栋《刻郑氏周易序》中说:“往余读《五经正义》所采郑《易》间及爻辰,初未知爻辰是何物,及考郑注《周礼·太师》与韦宏嗣昭注《周语》,乃律家合辰、乐家合声之法。盖乾坤十二爻左右相错,《乾凿度》所云间时而治六辰,故谓之爻辰也。”[①]再如何秋涛说:“近儒裒集郑注十得四五,而爻辰之论不过数条。”[②]赵坦也说:“武进张皋文先生惠言既订正郑氏易注,又作《郑氏义》一卷,于郑氏体例一一分晰。”[③]戴棠则作《郑氏爻辰补》六卷,“以广异闻”和“所见及者补之”。[④] 可以说,清代学者对郑玄“爻辰取象”的讨论,事实上起源于对郑玄《周易注》的辑录与考索,从而也引发了他们对郑玄“爻辰取象”方法的种种不同的解读:

1、充分肯定郑玄“爻辰取象”的解读方法。如王昶在批评宋人林光世《水村易镜》“独遗‘仰观’、‘俯察’之义。因居海上测验天文,悟天、泽、火、雷、风、水、山、地八宫之星皆自然有六十四卦,遂以星配卦。先取《系辞》所列自《离》至《夬》十三卦,推阐其旨,以发大凡,所列星图,穿凿附会,自古说《易》之家未有纰缪至此者”时指出:“郑君取象主于星,郑君传费氏学,则是爻辰之配,其来自有,故班固《律历志》、韦昭《周语注》率与郑同。”[⑤]又如钱大昕根据郑玄乾坤十二爻辰的基本原则,列举各卦“初九,辰在子”“九二,辰在寅”“九三,辰在辰”“九五,辰在

---

① 卢见曾:《雅雨堂文集》卷一,清道光二十年(1840)刻本。

② 何秋涛:《一镫精舍甲部稿》卷二《周易爻辰申郑义》,清光绪五年(1879)淮南书局刻本。

③ 赵坦:《保甓斋文录》上卷《周易郑注引义序》,清道光七年(1827)刻本。

④ 戴棠:《郑氏爻辰补序》,清道光二十九年(1849)燕山书屋刻本。

⑤ 王昶:《春融堂集》卷三十五《郑氏爻辰解》,清嘉庆十二年(1807)刻本。

申”“上九，辰在戌”“初六，辰在未”“六三，辰在亥”“六四，辰在丑”“上六，辰在巳”等例，认为“皆可以爻辰求之者也”。[①] 戴裳说：“康成以爻辰释《易》，三百八十四爻当无不可通。”[②]赵坦则认为“惟康成郑氏采爻辰、卦气诸说，别为变通，闳深博大，确可依据”。[③] 清代学者何以如此肯定郑玄“爻辰取象”？笔者认为主要是基于这样几个方面的观察：首先，在清代学者看来，汉儒研究《周易》，往往是一义贯通全经，虽然师法不同，但是殊途同归，尽管方法有异，然而在阐发圣人思想的目的上是一致的。如曹元弼就认为郑玄“爻辰取象”“皆本夫子”。[④] 其次，他们认为郑玄“爻辰取象”传承并发展了以京房为代表的西汉象数易学。如钱塘说：“康成以十二爻分主十二月，而京氏以两爻合主一月，故十二爻而有二十四爻之用也，二家之爻辰既本月律与合声矣。”[⑤]事实上，郑玄所创拟的爻辰与京房易学并非完全一致。京房虽然也说过“十日、十二辰、二十八宿”为“大衍之数五十”的话，但是他并没有明确提出“爻辰”诠释《周易》，而是纳入了他的纳甲筮法的运作中（即卦爻纳支）。最为明显的不同是，郑玄坤卦六爻辰的次序是未、酉、亥、丑、卯、巳，而京房坤卦六爻辰的次序为未、巳、卯、丑、亥、酉，这表明郑玄与京房分别采取了顺势地支与逆势地支两种不同的分配，前者着眼于诠释《周易》六十四卦，意在拓展取象的思路，后者是纳甲筮法的基础，从易学史的角度而言，两者同属象数易学的体系。理性探索郑玄“爻辰

① 钱大昕：《潜研堂文集》卷四《答问一·易》，清嘉庆十一年（1806）刻本。
② 戴棠：《郑氏爻辰补序》，清道光二十九年（1849）燕山书屋刻本。
③ 赵坦：《保甓斋文录》上卷《周易郑注引义序》，清道光七年（1827）刻本。
④ 曹元弼：《复礼堂文集》卷二《周易郑氏大义在爻辰说》，民国六年（1927）刻本。
⑤ 钱塘：《溉亭述古录》卷一《爻辰论》，小琅嬛馆叙录本。

取象”的解读方法。如何秋涛说：“高密论《易》，理象兼赅，其言爻辰也，譬之纳甲、卦气不可尽废，而亦不可专用。在善学者择取之耳。然则攻爻辰之说以为无与于经者，固未免于矫枉过正，而执爻辰之说欲强经义以从爻辰者亦皮傅之学，岂真知康成者哉。”①李孟麟说：“康成易注如纳甲、卦气、爻辰之说，从多疑之，不知此皆易之外道，未可废也。”②在他们看来，郑玄的“爻辰取象”虽然不宜积极提倡，但是也有其自身的学术价值，作为一家之学，仍然应该得到尊重与肯定。如李祖望说：“爻辰之说，虽郑氏一家之学，要其理不外寒暑推迁阴阳消息。”③焦循在考察了郑玄“爻辰取象”后总结说：“自为一家之学，非本之《乾凿度》，亦不必本于月律也。”④沈绍勋说：“爻辰之说，本诸仰观天文以取象，非爻爻用辰也。戴氏震爻辰补未免附会穿凿，因一卦六爻三才之道悉备，有天道有地道有人道，不必以天道包括地人之道也。端木国瑚《周易指言》爻辰亦详。”⑤清代学者之所以在一定程度上认同郑玄的“爻辰取象”，那是因为他们认为郑玄的“爻辰取象”本质上与后来荀爽的“乾坤升降”、虞翻的“消息”强调卦变如同一辙、基本一致，虽然郑玄没有明确提出卦变，但是他以辰定爻，则爻正者当位不变，辰不正者不当位宜变，最终以成《既济》，这与荀爽、虞翻“之正”成《既济》之义相通，而他们都传承了费直易学以《易传》诠释《周易》六十四卦的传统。诚如曹

① 何秋涛：《一镫精舍甲部稿》卷二《周易爻辰申郑义》，清光绪五年(1879)淮南书局刻本。

② 李孟麟：《沅湘通艺录》卷一《郑参天象王释人事合释》，《丛书集成初编》本。

③ 李祖望：《锲不舍斋文集》卷一《爻辰说》，民国十三年(1934)半亩园刻本。

④ 焦循：《易图略·论爻辰十》，江都焦氏刻《雕菰楼易学》本。

⑤ 沈绍勋：《周易示儿录》下编，民国二十年(1931)铅印本。

元弼所说:“郑君治费氏易者也,费氏以《彖》、《象》、《文言》十篇解说上下经者也。”[1]

3、全盘否定郑玄“爻辰取象”的解读方法。如焦循虽然认为郑玄易学“自为一家之学”,但是他又批评“爻辰取象”是“谬悠百经义”,所以“余于爻辰无取焉”。[2] 张裕钊批评郑玄:“其爻辰诸说,皆偏诡无当于《易》,宜其为晋宋人所不取,而近世或犹有纂而述之者,可以为大惑也。”[3]王引之在批评郑玄解释《坎》六四“尊酒簋,贰用缶”用爻辰取星象时说:“爻辰既值斗,何不遂取斗象,而取于斗所斟之尊?又不直取建星弁星,而取建星弁星所似之簋与缶,不亦迂回而难通乎?”[4]其实,类似的批评在唐代就出现了。如孔颖达曾经以乾卦为例,认为郑玄的“爻辰取象”与《周易》本义不相吻合,他说:“先儒以为九二当太蔟之月,阳气见地。则九三为建辰之月,九四为建午之月,九五为建申之月,为阴气始杀,不宜称‘飞龙在天’。上九为建戌之月,群阴既盛,上九不得吉,与时偕极,于此时阳气仅存,何极之有?先儒此说于理稍乖。”孔颖达这里所说的“先儒”,根据惠栋考证,即指郑玄。这种现象,在郑玄《周易注》中是确实存在的。然而我们今天研究郑玄易学,不能因为前人对他有所批评而否认郑玄的易学贡献。在中国古代易学的发展史上,没有哪一家或哪一种学说不存在缺失,而这种缺失,恰恰启迪了后来学者重开新途。也正因此,就清人的批评而言,其本身也意味着是对郑玄“爻辰取象”的一种解读。至于郑玄“以礼注易”的取象方法,清代学

---

① 曹元弼:《复礼堂文集》卷二《周易郑氏义序》,民国六年(1927)刻本。

② 焦循:《易图略·论爻辰十》,江都焦氏刻《雕菰楼易学》本。

③ 张裕钊:《濂亭文录》卷一《书郑氏易注后》,清光绪八年(1882)刻本。

④ 王引之:《经义述闻》卷一《爻辰》,清道光七年(1827)王氏京师刻本。

者一般都予以认同,争议不多。如张惠言认为"易家言礼者,惟郑氏",赵坦说:"郑氏邃于三礼,故释易亦援礼。"如郑玄注《易》时每每引据礼仪制度,而且涉及婚礼、祭礼、宾礼、封侯礼、刑礼等多个方面。比如郑玄以"朝觐之礼"解释《丰》,以"聘礼"解释《旅》,以"王臣出会之礼"解释《坎》,以"宾礼"解释《观》等等。《周易》作为中国古代文化典籍之一,其内涵确实蕴含着古代礼仪制度,而且可以与《三礼》等其他古代文化典籍所载相互呼应、相互补充。从这一意义上说,郑玄的"以礼注易"于此揭明其义,还是不乏合理之处的。不过《周易》的卦爻辞作为古代人们默认对象的符号,它不可能是纯粹地对此作一个制度化的诠释,但是客观上为他的"爻辰取象"拓展了取象的范围,提供了一种新的取象思路。

三、清人研究郑玄易学的特色

清代学者对郑玄易学的辑录、考索以及对其易学方法的解读,一方面是为了恢复郑玄易学的原貌,另一方面也是为了深化郑玄易学的研究,从而呈现出两大特色。

1、郑玄易学研究的图式化。

清代郑玄易学研究的图式化,始于惠栋。众所周知,为郑玄的易学作图解,可以追溯到宋人朱震。在《汉上易传》中,他根据郑玄《周易注》中的实例,作《律吕起于冬至之气图》和《十二律相生图》,祝泌的《观物篇解》也载有《八卦交为十二辰图》。清代学者却是在上述解读郑玄易学方法的基础上,纷纷为郑玄的"爻辰取象"作图解,从而呈现出郑玄易学研究图式化的学术取向。如惠栋作《十二爻辰作图》以纠正朱震的错误,又作《爻辰所值二十八宿图》,《四库全书总目》赞其为"考核精密,实胜原书”。王昶则从乾坤至既济、未既的六十四卦的每一卦的六爻与六辰错杂相配，一一复原，作《六十四卦爻辰分配图》。此外，何秋涛作《爻辰图》、李道平作《郑氏爻辰图》、戴棠作《郑氏爻辰图》、《郑氏爻辰详图》。同又作《近南极星图》《近北极星图》《赤道北十二星宫图》《南极十二星宫图》，杨履泰作《爻辰图》，何其杰作《爻辰简明图》，沈绍勋作《八卦爻辰图》，秦嘉泽作《十二月爻辰图》，萧光远作《十二辰图》，冯道立作《周易爻辰贯》、《爻辰应二十八宿见众星共辰图》等等。郑玄的易学研究是否原来就有图，现在难以考实。不过，在清代学者看来，以绘图的方式解读郑玄的“爻辰”说，最能体现郑玄易学的特色。如惠栋说：“朱子发卦图合郑前后注合而一之，学者几不能辨，余特为改正，一目了然矣。”[1]何秋涛说：“定宇惠氏以爻辰及值宿分为二图，皋文张氏合而为一，今按惠图太略，张氏增之是已。然考郑康成传费氏易，费氏有《周易分野》书，虽不传而《晋书·天文志》注及《开元占经·分野略例》皆引其宫度之说。自应据以立图，张图乃用陈卓所定宫度，既在费氏之后，又乖郑君之旨，于义未安。今故改定兹图。其八卦八风方位易明，图不覆载，增十二次之名，与钟律节气相比附，庶使郑氏一家之学了若指掌，览者详之。”[2]这表明，清代学者研究郑玄易学是从绘图结合《易》注入手的，而绘图的本身也呈现出一种与宋儒迥然不同的易学研究图式化的新趋向。

① 惠栋：《易汉学》卷六《郑氏周易爻辰图》，文渊阁《四库全书》本。

② 何秋涛：《一镫精舍甲部稿》卷二《周易爻辰申郑义》，清光绪五年（1879）淮南书局刻本。

2、郑玄改变《周易》体例的诘辩。

郑玄易学是否改变了《周易》原来的体例？即郑玄“合《彖》《象》于经”，这也是清代学者研究郑玄易学的一个重要特色。在中国古代易学史上，有关《周易》的体例，即《周易》的经与传究竟是分体还是连体，可以说争议不断，最迟从唐代开始便有学者提出质疑。如孔颖达认为《周易》的经传相杂始于王弼，宋代欧阳修认为汉代费直是混淆《周易》经传的始作俑者，朱震则认为《周易》的经传相配是从郑玄开始，由王弼完成。上述三种意见，历代各有信奉者。清代学者在解读郑玄易学的过程中，则持有两种不同的观点。一种是传承和发展了朱震关于《周易》经传相配始于郑玄的观点。如顾炎武认为流传至今的经传连体本《周易》，其编定过程，则是滥于西汉费直，修订于东汉郑玄，完成于王弼。他说：“朱子记嵩山晁氏《卦爻彖象说》，谓古经始变于费氏，而卒大乱于王弼。……故谓连合经传始于辅嗣，不知其实本于康成也。”[①]盛世佐在《仪礼集编》中说：“据《汉书·艺文志》所载诸记，与经文各自为书，本不相杂，以记附于逐篇目之下者，其始于郑氏乎。郑氏注《易》，合《彖》《象》于经，亦其例也。”[②]戴震也认为“郑康成始合《彖》《象》于经”[③]，并由王弼最终完成经传合一的《周易》文本。段玉裁也认为“郑注本则《彖》与经文相连”。[④]

与顾炎武、戴震、段玉裁等人不同，其他清代学者则持有相反的观点。他们坚持认为郑玄不仅没有改变过《周易》体例，而

① 顾炎武：《日知录》卷一《朱子周易本义》，文渊阁《四库全书》本。
② 盛世佐：《仪礼集编》卷二“记”，文渊阁《四库全书》本。
③ 戴震：《戴东原集》卷一《周易补注目录后语》，经韵楼刻本。
④ 段玉裁：《经韵楼集》卷一《重刊周易本义原本序》，经韵楼刻本。

且所谓的费直乱经也是一种臆测，缺乏事实根据。如戴震虽然认定郑玄有改经之嫌，但是他也明确指出“费氏易自立故训章句，其解说经即用十篇之言，明其当时口讲指画如此。是十二篇未尝改也。”①，王鸣盛也指出：“费直未尝自为书，以传解经者，乃口说其义耳，非乱其本也……如果改出于费、郑，颖达何以专归于弼乎？”②细察宋代学者与清代学者之有关郑玄改变《周易》体例的判断，其根据的主要资料，几乎无一例外地转引自《三国志·魏志·高贵乡公传》所记载曹髦与《易》博士淳于俊讨论《周易》的一节对话中明确提到的“郑玄合《彖》《象》于经者，欲使学者寻省易了也”之言。③ 而这些清代学者认为之所以会出现这种事实性判断的失误，那是因为他们错误理解了陈寿《三国志》中所记载曹髦与淳于俊的那段对话。如孙志祖认为高贵乡公的本意是以孔子《易传》不附经文之下，与郑玄以己注附于经文之下不同，所以高贵乡公有此发问，认为“以传附经实始乱于王弼，以为始于费直、康成者皆误”。④ 吴承志则认为高贵乡公所问是指“郑氏之注连《彖》《象》，未尝谓郑氏之经连《彖》《象》也”，并指出“读者不察妄生异论，于是以讹传讹，而郑本几与费易同受其诬”，所以他的结论是“疑费氏之《易》非也，疑郑氏之

---

① 段玉裁：《经韵楼集》卷一《重刊周易本义原本序》，经韵楼刻本。

② 王鸣盛：《蛾述编》卷三“周易古本王弼所乱以为费郑者非”条，清道光二十三(1843)年刻本。

③ 《三国志·魏志·高贵乡公髦》载：帝幸太学，问诸儒曰：“孔子作《彖》《象》，郑玄作注，虽圣贤不同，其所释经义一也。今《彖》《象》不与经文相连，而注连之，何也？”俊对曰：“郑玄合之于经者，欲使学者寻省易了也。”帝曰：“若郑玄合之，于学诚便，则孔子曷为不合以了学者乎？”俊对曰：“孔子恐其与文王相乱，是以不合，此圣人以不合为谦。”帝曰：“若圣人以不合为谦，则郑玄何独不谦邪？”俊对曰：“古义宏深，圣问奥衍，非臣所能详尽。”陈寿：《三国志》，中华书局1982年版，第131页。

④ 孙志祖：《读书脞录续编》卷一“郑易”条，皇清经解本。

《易》尤非也”。[1] 对此,俞樾的诘辩最具代表性。他说:

> 顾氏《日知录》据此谓连合经传始于康成,而非自王辅嗣始。乃愚于《魏志》此条,窃有所疑。寻帝之旨,盖以孔子作《彖》《象》自为一篇,不与经文相连,而康作注即连属经文之下,二者不同,故发此问,非谓康成作注时将孔《彖》《象》合之于经也。其云今《彖》《象》不与经连,则高贵乡公所见之本,经自经,传自传,明矣。其下云“若圣人以不合为谦,则郑玄何独不谦邪?”盖孔子作传,不与经连,是孔子之谦也。康成作注,即与经连,是郑之不谦也。若康成将孔子所作之传合之于经,传非郑作,何云不谦?岂郑当代孔子谦乎!高贵乡公不应有此谬问,而博士又何至不能对乎。窃疑俊所云“郑玄合《彖》《象》于经”句,本作“郑玄合注于经”,方与帝问相应。今作“合《彖》《象》于经”,乃后人据王辅嗣之本而追改陈寿之文,非其实也。孔氏正义云一家数十翼,云上《彖》一,下《彖》二,上《象》三,下《象》四,上《系》五,下《系》六,《文言》七,《说卦》八,《序卦》九,《杂卦》十,郑学之徒,并同此说。若康成合《彖》《象》于经,则上下《彖传》、上下《象传》,不应别出,为郑学者当有异说。以是言之,康成未尝合《彖》《象》于经,此其明证也。[2]

据笔者浅见,俞樾的这段话大致包含了四层含意:(1)高贵乡公当时所见到的《周易》文本,分别是经传各自独立体例和带有注释体例的两种,所以引起了高贵乡公的疑问。(2)孔子作

---

① 吴承志:《逊斋文集》卷一《郑易合彖象于经辨》,《求恕斋丛书》本。

② 俞樾:《诂经精舍自课文》卷二《郑易合彖象于经辨》,清光绪十一年(1831)刻本。

传不与经连，是孔子出于对经的尊重。(3)郑玄作注与经相连，是郑玄对经的不尊重，郑玄将孔子所作之传合之于经，而传又非郑玄所作，事实上是对孔子的一种不尊重。(4)“郑玄合《彖》《象》于经”一句，系后人传抄陈寿《三国志》之误，原文应作“郑玄合注于经”，方合高贵乡公所问与淳于俊所对相应，与文理相合。在此基础上，俞樾接着进一步否定费直改经这一事实。他说：“至《汉书·儒林传》曰：‘费直治《易》无章句，徒以《彖》《象》《系辞》《文言》解说上下经。’此盖谓费氏不自为章句而但以孔子之传说文王、周公之经。顾氏据此遂谓传与经并不始于康成而始于费直。然则费直岂并上《系》下《系》而亦入乎！顾氏此言，直忘《汉书》有‘系辞’二字，斯尤不足辨矣。”表面上看，俞樾是对顾炎武等人作出的判断提出质疑，但是实际上却否定了清代学者一般都认同郑玄改定《周易》文本为经传合一体制的结论。

其实，确定汉代费直始合传于经，并没有古代文献可以直接证明。至于郑康成一说，也仅仅见于《三国志·魏志》，刘大钧先生认为这是《三国志》的作者作为一种观点提出而加以商榷的，《三国志》的作者对此持否定态度。刘先生说得极是。[①] 这里，笔者要补充的是，高贵乡公与淳于俊讨论的“郑玄合《彖》《象》于经”，事实上是易学史上的重大问题，它关乎如何彰显孔子的个人意图与形象，当时双方均未能自圆其说。由于古代流传下来的任何一部经书或文献，从传抄的角度而言，它的真实性和非真实性都是相对的，也正因此，它提供了各种猜想的可能性。《经典释文·序录》云“永嘉之乱，施氏、梁丘之《易》亡，孟、

① 刘大钧、林忠军：《周易传文白话解》，齐鲁书社1993年版，“总论”第19页。

京、费之《易》人无传者，唯郑康成、王辅嗣所注行于世，而王氏为世所重”。可以说，俞樾认为后人据王弼改本而追改陈寿之文的可能性也不是没有。所以，在没有相应的证据前提下，就确认郑玄改定《周易》文本体制是有困难的，俞樾的意见实可备为一说。当然，清代学者围绕郑玄是否改定《周易》文本体制的不同意见，事实上体现了他们对《周易》与《易传》各自的体系、价值和特点的重新思考，这与他们尝试恢复汉代易学原貌的愿望基本上是一致的。

总之，清代学者对郑玄易学的辑录与考索、易学方法的解读及其研究的特色，不仅使郑玄易学在清代发展的脉络更为清晰，而且对今天我们重新评估郑玄的易学具有积极的借鉴意义。

汉魏二十一家《易注》与今本《周易》六十四卦今古文对照表

乾

卦爻辞	卦辞	初九	九二	九三	九四	九五	上九	用九
今本 古文	元利贞	勿用	见利 大人	君子日夕 若无咎	或无咎	飞天利 见大人	上亢	见群无 首吉
子夏		勿用					上亢	
孟喜				夕			上	
京房								
马融		勿用						
荀爽				君子日夕 若无咎	或无咎		上亢	
郑玄			见利 大人	君子日夕 若无咎		飞天利 见大人	上亢	见群无 首吉
刘表								
宋衷								
陆绩	元利贞	勿用					上亢	见群无 首吉
董遇								

（续表）

虞翻		勿用	见利大人	君子日夕若无咎		飞天利见大人		
王肃		勿用	见利大人				上亢	
姚信		勿用						
王廙								
张璠								
向秀			见利大人					
干宝		勿用	见利大人	君子日夕若无咎	或无咎	飞天利见大人	上亢	
蜀才								
翟玄								
九家								
刘瓛								

坤

卦爻辞	卦辞	初六	六二	六三	六四	六五	上六	用六
今本 / 古文	坤元利马之贞君子攸先迷西南东北丧	至	大不习无不利	章可贞或从王事无	括无咎无誉	黄元吉	于血黄	利贞
子夏								
孟喜								
京房	东北亡							

（续表）

马融								
荀爽	西南东北亡		大不习无不利				于	
郑玄		至					于	
刘表								
宋衷								
陆绩				或从王事无			于血黄	
董遇								
虞翻	坤元利马之贞			章可贞或从王事无	括无咎无誉			
王肃	西南东北亡							
姚信								
王廙								
张璠								
向秀								
干宝	坤元利马之贞	至	大不习无不利	章可贞或从王事无	括无咎无誉	黄元吉	于血黄	利贞
蜀才								
翟玄								
九家	坤元利马之贞君子攸先迷西							
刘瓛								

屯

卦爻辞	卦辞	初九	六二	六三	六四	六五	上六
今本 / 古文	屯元利贞勿用攸建	利贞建	屯马班婚媾女子贞不十	即无于林中君子幾不舍吝	马	屯	马血涟
子夏			屯马				
孟喜			马				
京房							
马融			屯马	君子幾不舍吝			
荀爽			屯				
郑玄			马般昏冓	君子不舍吝			
刘表							
宋衷							
陆绩		利贞	女子贞不十				
董遇							
虞翻	屯元利贞勿用攸建	利贞建	屯马女昏冓女子贞不十	即无于林中君子幾不舍吝	马	屯	马
王肃			马	即无			
姚信							

（续表）

王廙							
张璠							
向秀							
干宝							
蜀才							
翟玄							
九家							马血连
刘瓛							

蒙

卦爻辞	卦辞	初六	九二	六三	六四	六五	上九
今本 古文	我求初三渎不利贞	利用人说吝	包吉妇子克	勿用取女见金夫不无攸利		吉	击不利为
子夏							
孟喜	三		吉				
京房			吉				
马融							
荀爽							
郑玄	我求初三渎不	用说	苞				
刘表							
宋衷							
陆绩	我求		吉				

（续表）

董遇							
虞翻	我求利贞	利用人 说吝	吉妇子克	勿用取女 见金夫不 无攸利		吉	击不利为
王肃							击
姚信							
王廙							
张璠							
向秀							
干宝		利用人 说吝					
蜀才							
翟玄							
九家							
刘瓛							

需

卦爻辞	卦辞	初九	九二	九三	六四	九五	上六
今本 古文	需孚光贞 吉利大川	需于利 用无咎	需于小 言吉	需于寇至	需于血 出自	需于 贞吉	于不之客 三人敬吉
子夏							
孟喜							
京房							
马融							

（续表）

荀爽				需于至		需于贞吉	于不之客三人敬吉
郑玄	需光贞吉		需于小言吉	戎至			
刘表							
宋衷							
陆绩					需于血		
董遇							
虞翻	需乎光贞吉利大川		需于小言吉				
王肃				戎至			
姚信							
王廙							
张璠							
向秀							
干宝		需于利用无咎					
蜀才							
翟玄							
九家					需于血出自		
刘瓛							

讼

卦爻辞	卦辞	初六	九二	六三	九四	九五	上九
今本 古文	孚中 吉凶	不所事 小言吉	不克讼而 邑人三百 户无眚	旧贞吉或 从王事无	不克讼 复即命 渝贞吉	讼元吉	或之朝
子夏							
孟喜							
京房							
马融	中吉				安贞吉		或之朝
荀爽	孚						或之朝
郑玄	孚		而邑人三 百户无眚		安贞吉		或之朝
刘表							
宋衷							
陆绩							
董遇							
虞翻	孚中 吉凶	不所事 小言吉	不克讼而 邑人三百 户无眚	旧贞吉或 从王事无	不克讼 复即命 俞安贞吉		或之朝
王肃						讼元吉	或之朝
姚信							
王廙							
张璠							
向秀							

（续表）

干宝	孚						
蜀才	孚中吉						
翟玄							之三朝
九家							
刘瓛							

师

卦爻辞	卦辞	初六	九二	六三	六四	六五	上六
今本 古文	贞丈人吉	出否凶	在中吉无咎王三命	或凶	左无咎	利言无咎长子弟贞凶	大君命小人勿用
子夏	贞大人吉						
孟喜							
京房							
马融	贞丈人吉						
荀爽		不凶			左无咎		大君命
郑玄	丈人吉	凶	王三命				
刘表		不凶					
宋衷							
陆绩	贞丈人吉	出凶	在吉在中吉无咎王三命				
董遇							

（续表）

虞翻				或凶			大君命小人勿用
王肃		凶					
姚信							
王廙							
张璠							
向秀							
干宝							大君命小人勿用
蜀才							
翟玄							
九家		出					
刘瓛							

比

卦爻辞	卦辞	初六	六二	六三	九四	九五	上六
今本 古文	比吉元永贞无咎后夫凶	孚比之无咎缶它吉	比之自内贞吉	比之人	外比之贞吉	比王用三驱前邑人不诫吉	比之无首凶
子夏	比吉			比之人			
孟喜							
京房							
马融				比之人		王用三驱	

（续表）

荀爽		孚比之无咎缶它吉					比之无首凶
郑玄		孚缶				王用三毆前	
刘表							
宋衷							
陆绩							
董遇							
虞翻	比吉	孚比之无咎缶它吉		比之人	外比之贞吉	比王用三毆前邑人不戒吉	比之无首凶
王肃				比之人			
姚信							
王廙							
张璠							
向秀							
干宝	比吉元永贞无咎后夫凶		比之自内贞吉	比之人	外比之贞吉		
蜀才							
翟玄							
九家							
刘瓛							

小畜

卦爻辞	卦辞	初九	九二	九三	六四	九五	上九
今本 古文	复自 道咎吉			舆说辐 夫妻反目	孚血 出无咎	孚	既雨处载 贞妇月几 君子征凶
子夏				说輹		孚	载月
孟喜				车说輹			
京房							载月
马融				车说輹	孚血 出无咎	孚	
荀爽							
郑玄				说			
刘表							月
宋衷							
陆绩				说輹夫 妻反目			
董遇							
虞翻	复自 道咎吉			说车輹 夫妻反目	孚血 出无咎	孚	既雨处载 贞妇月几 君子征凶
王肃							
姚信							
王廙							
张璠							

（续表）

向秀							
干宝							
蜀才							
翟玄							
九家							
刘瓛							

履

卦爻辞	卦辞	初九	九二	六三	九四	九五	上九
今本／古文	虎不利贞咥		道人贞吉	眇能视虎人凶为于大君	虎吉	贞	视祥元吉
子夏					吉		
孟喜					虎吉		
京房							
马融	虎不人				虎吉		
荀爽	虎不人利贞						视详
郑玄	虎不人						视详
刘表							
宋衷							
陆绩				眇能视			
董遇							

（续表）

虞翻	虎不 人利贞		道人贞吉	眇而视 虎人凶 为于大君	虎吉	贞	视详元吉
王肃							
姚信							
王廙							
张璠							
向秀							
干宝						贞	
蜀才							
翟玄							
九家	虎不人						
刘瓛							

泰

卦爻辞	卦辞	初九	九二	九三	六四	六五	上六
今本 古文	小大吉	拔茅征吉	包荒用 不遗亡 于中行	无不复 贞咎勿 孚于福	不戒孚	帝乙元吉	复于勿 用自邑 命贞吝
子夏					不	帝乙元吉	复于
孟喜			用			帝乙元吉	
京房						帝乙元吉	
马融						帝乙元吉	

（续表）

荀爽			用不遗 亡于中行			帝乙元吉	
郑玄		茅	苞			帝乙元吉	复于
刘表							
宋衷							
陆绩							复于
董遇		茅					
虞翻	小大吉	茅征吉	巟	无不复 贞咎勿 孚于福	不戒孚	帝乙元吉	复于勿 用自邑 命贞吝
王肃		犮茅					
姚信							复于
王廙							
张璠							
向秀					不		
干宝							
蜀才							
翟玄			巟				
九家						帝乙元吉	复于
刘瓛							

否

卦爻辞	卦辞	初六	六二	六三	九四	九五	上九
今本 \ 古文	否之人不利君子贞大小	茅贞吉	小人吉大否	羞	命无咎离畴	休否大人吉亡系于苞桑	先否
子夏							
孟喜							
京房						系于桑	
马融							
荀爽		茅贞吉	小人吉大否	羞		亡系于桑	
郑玄					𠷎离	休否亡系于苞桑	
刘表							
宋衷							
陆绩						亡系于桑	
董遇							
虞翻	否之人不利君子贞大小						先否
王肃							
姚信							
王廙							
张璠							

（续表）

向秀							
干宝							
蜀才	大小						
翟玄							
九家					命无咎离	休否 大人吉	
刘瓛							

同人

卦爻辞	卦辞	初九	六二	六三	九四	九五	上九
今本 古文	同人于	同人 于无咎	同人 于宗吝	戎于升 高三不兴	弗克攻吉	同人先而 大克相遇	同人 于无
子夏							
孟喜							
京房							
马融							
荀爽			同人 于宗吝				
郑玄	同人于		同人于宗	戎于			
刘表							
宋衷							
陆绩						同人先而	
董遇							

（续表）

虞翻		同人于无咎		戎于升高三不兴	弗克攻吉	同人先而大克相遇	同人于无
王肃							
姚信							
王廙							
张璠							
向秀							
干宝							
蜀才							
翟玄							
九家							
刘瓛				升高			

大有

卦爻辞	卦辞	初九	九二	九三	九四	六五	上九
今本／古文	大元	无交害咎	大车载攸无咎	用于天子小人弗克	彭	孚交吉	自天祐之吉无不利
子夏			大载		旁		
孟喜							
京房				用于天子			
马融							
荀爽							
郑玄	大元						

（续表）

刘表							
宋衷							
陆绩							
董遇							
虞翻	大元	无交害咎	大载 攸无咎	用于天子 小人弗克	无咎	孚交吉	自天右之 吉无不利
王肃			大车载		彭		
姚信				用于天子	彭		
王廙							
张璠							
向秀							
干宝				用于天子	彭		
蜀才			大载				
翟玄							
九家							
刘瓛							

谦

卦爻辞	卦辞	初六	六二	九三	六四	六五	上六
今本 古文	谦君子	君子用 大川吉	鸣贞吉	君子吉	无不利	不利 用无伐	鸣利用 行征邑
子夏					无不利		
孟喜							

（续表）

京房					无不利		
马融					无不利		
荀爽		君子用大川吉		君子吉	无不利	不利用无伐	
郑玄	嗛君子						
刘表							
宋衷							
陆绩							
董遇							
虞翻	君子						鸣利用行征邑
王肃							
姚信		鸣贞吉					
王廙						利用伐	
张璠							
向秀							
干宝							
蜀才							
翟玄							
九家							
刘瓛							

豫

卦爻辞	卦辞	初六	六二	六三	九四	六五	上六
今本 / 古文	豫利建行		介于石 不日贞吉	豫	由豫 大勿簪	贞疾不死	豫无咎
子夏				豫			
孟喜							
京房				豫			
马融	豫		扴于石		豫		豫
荀爽							
郑玄	豫利建行		砎于石	豫	由豫大勿		豫
刘表							
宋衷							
陆绩				豫			
董遇							
虞翻	豫利建行	鸣豫凶	于石 不日贞吉		由豫 大勿戠	贞疾不死	豫无咎
王肃				豫			
姚信				豫			
王廙							豫
张璠							
向秀				豫			
干宝							
蜀才					撍		

（续表）

翟玄							
九家							
刘瓛							

随

卦爻辞	卦辞	初九	六二	六三	九四	九五	上六
今本＼古文	元利贞无咎	官贞吉出交功	系小子丈夫	系丈夫小子求利贞	贞凶孚道明咎	孚于嘉吉	系之乃从王用于西山
子夏							
孟喜							
京房							王用于西山
马融							
荀爽							
郑玄	元利贞无咎	出交工					
刘表							
宋衷							
陆绩							王用于西山
董遇							
虞翻	元利贞无咎	官贞吉出交功	系小子丈夫	系丈夫小子求利贞	贞凶孚道明咎	孚于嘉吉	系之乃从王用于西山

（续表）

王肃							
姚信							
王廙							
张璠							
向秀							
干宝							
蜀才		馆					
翟玄							
九家							
刘瓛							

蛊

卦爻辞	卦辞	初六	九二	九三	九四	九五	上九
今本 古文	蛊元利大川先甲三日	父之蛊子无咎吉	母之蛊不可贞		父之蛊见吝	父之蛊用誉	不事王高
子夏	先甲三日						
孟喜	先甲三日						
京房							
马融		父之蛊子无咎			父之蛊		
荀爽						父之蛊用誉	
郑玄	先甲三日						

（续表）

刘表							
宋衷							
陆绩							
董遇							
虞翻	蛊元利大川	父之蛊子无咎吉	母之蛊不可贞		父之蛊见吝	父之蛊用誉	不事王高
王肃		父之蛊子无咎					
姚信							
王廙							
张璠							
向秀							
干宝							
蜀才							
翟玄							
九家							
刘瓛							

临

卦爻辞	**卦辞**	**初九**	**九二**	**六三**	**六四**	**六五**	**上六**
今本＼古文	元利贞至于八月凶	咸贞吉	咸吉无不利	无攸利既之无咎	至无咎	大君之宜吉	吉无咎
子夏							

（续表）

孟喜							
京房							
马融							
荀爽	至于八月凶					大君之宜吉	吉无咎
郑玄	至于八月凶						
刘表							
宋衷							
陆绩	至于八月凶						
董遇							
虞翻	元利贞至于八月凶	咸贞吉	咸吉无不利	无攸利既之无咎	至无咎		
王肃							
姚信							
王廙							
张璠							
向秀							
干宝							
蜀才							
翟玄							
九家							
刘瓛							

观

卦爻辞	卦辞	初六	六二	六三	六四	九五	上九
今本 古文	观而不孚若	童观小人无咎君子吝	观利女贞	观我生	观之利用于王	观我生君子无咎	观生君子无咎
子夏							
孟喜							
京房							观生君子无咎
马融	观而不孚若	童观					
荀爽				观我生			
郑玄	观而不	童观					
刘表							
宋衷							
陆绩				观我生	利用于王		
董遇							
虞翻		童观小人无咎君子吝	观利女贞	观我生	观之利用于王	观我生君子无咎	观生君子无咎
王肃	观而不						
姚信							
王廙							
张璠							

（续表）

向秀							
干宝							
蜀才							
翟玄							
九家							
刘瓛							

噬嗑

卦爻辞	卦辞	初九	六二	六三	九四	六五	上九
今本 古文	利用	无咎	无咎	遇小 吝无咎	胏金 利贞吉	黄金 贞无咎	何
子夏							
孟喜							
京房							
马融		无咎	无咎				
荀爽				遇小 吝无咎			凶
郑玄							凶
刘表							
宋衷							
陆绩					金利贞吉		
董遇							

（续表）

虞翻	利用	无咎	无咎	遇小 吝无咎		黄金 贞无咎	
王肃					金		凶
姚信							
王廙							
张璠							
向秀							
干宝		无咎					
蜀才							
翟玄							
九家							
刘瓛							

贲

卦爻辞	卦辞	初九	六二	九三	六四	六五	上九
今本 / 古文	贲小利攸	贲舍而车			贲皤白马	贲于 帛吝吉	白贲无咎
子夏						贲于帛	
孟喜							
京房							
马融					白马	帛	
荀爽					白马	贲于 帛吝吉	

（续表）

郑玄	贲小利攸	贲舍而			贲皤白马		
刘表							
宋衷							
陆绩					白马白马		
董遇							
虞翻	贲小利攸	贲舍而车				贲于 帛吝吉	白贲无咎
王肃		贲舍而车					
姚信							
王廙							
张璠		舍而					
向秀							
干宝							
蜀才							
翟玄							
九家							
刘瓛							

剥

卦爻辞	卦辞	初六	六二	六三	六四	六五	上九
今本 古文	不利攸	贞凶	辨贞凶	无咎	凶	鱼宫人 无不利	硕果不君 子舆小人
子夏							

（续表）

孟喜							
京房				无咎			君子
马融		贞凶					
荀爽		征凶		无咎			
郑玄		贞凶					小人
刘表				无咎			
宋衷							
陆绩							君子小人
董遇							君子车
虞翻	不利攸	贞凶	辩贞凶		凶	鱼宫人 无不利	车
王肃					凶		硕果不 君子小人
姚信							
王廙							
张璠							
向秀							
干宝							
蜀才							
翟玄							
九家							
刘瓛							

复

卦爻辞	卦辞	初九	六二	六三	六四	六五	上六
今本 / 古文	出无疾 咎反复道 七日利攸	不复无		复无咎	中行复		迷复凶 眚用行 大君至于 十不克征
子夏							眚
孟喜							
京房	无咎	无					
马融		无					
荀爽							用行 大君凶
郑玄	复七日	无		复	中行复		眚
刘表	反复道	无					
宋衷							
陆绩	七日复	不复无					
董遇							
虞翻	出无疾 咎利攸			复无咎	中行复		迷复凶 眚用行 大君至于 十不克征
王肃		无					
姚信							
王廙							
张璠							

（续表）

向秀							
干宝							
蜀才							
翟玄							
九家		无					
刘瓛							

无妄

卦爻辞	卦辞	初九	六二	六三	九四	九五	上九
今本 / 古文	无元利贞眚不攸	无吉	不利攸	无之或系之牛行人邑	可贞无咎	无之疾勿药	无行眚攸利
子夏							
孟喜							
京房							
马融	无元利贞		不				
荀爽							
郑玄			不				
刘表							
宋衷							
陆绩							
董遇			不				

（续表）

虞翻	无元利贞眚不攸	无吉	不利	无之或系之牛行人邑	可贞无咎	无之疾勿药	无行眚攸利
王肃							
姚信							
王廙							
张璠							
向秀							
干宝							
蜀才							
翟玄							
九家							
刘瓛							

大畜

卦爻辞	卦辞	初九	九二	九三	六四	六五	上九
今本 / 古文	利贞不吉大川	利已	说輹	良马利贞曰攸	童牛之牿元吉	豕之吉	天之
子夏							
孟喜					牛之		
京房							
马融			说輹	曰			天之
荀爽							

（续表）

郑玄	不吉			良马日	童牛之元吉	豕之	天之
刘表				曰	牛之	豕之	
宋衷							
陆绩					牛之		
董遇							
虞翻	利贞不吉大川		说輹	良马利贞曰攸	牛之元吉告	豕之吉	天之
王肃							
姚信		利 已		良马			
王廙							
张璠							
向秀							
干宝							
蜀才			说輹				
翟玄							
九家					牛之告		
刘瓛							

颐

卦爻辞	卦辞	初九	六二	六三	六四	六五	上九
今本 古文	颐贞吉观自求口实	舍龟观我朵颐凶	颐拂经于征凶	颐贞凶十勿用无攸利	颐吉虎视无咎	经贞吉不可大川	颐吉利大川

（续表）

子夏			颐弗经				
孟喜							
京房		观我揣颐					
马融					虎视		颐吉
荀爽							
郑玄	颐贞吉观自求口实	观我揣颐					
刘表		观我颐	颐弗经于				
宋衷							
陆绩							
董遇							
虞翻	颐贞吉观自求口实	舍龟观我颐凶		颐贞凶十勿用无攸利	颐吉虎视无咎	经贞吉不可大川	颐吉利大川
王肃			颐经于征凶				颐吉
姚信							
王廙							
张璠							
向秀							
干宝							
蜀才							
翟玄							
九家							

（续表）

刘瓛							

大过

卦爻辞	卦辞	初六	九二	九三	九四	九五	上六
今本 / 古文	大利攸	用白茅无咎	枯生夫女妻无不利	凶	吉它吝	枯生妇士夫无咎誉	凶无咎
子夏							
孟喜							
京房							
马融		用白茅				枯生妇士夫	
荀爽						枯生妇士夫无咎誉	
郑玄			枯生夫女妻				
刘表							
宋衷							
陆绩							
董遇							
虞翻	大利攸	用白茅无咎	枯生夫女妻无不利	凶	吉它吝	枯生妇士夫无咎誉	凶无咎
王肃							
姚信							
王廙							

（续表）

张璠							
向秀							
干宝							
蜀才							
翟玄							
九家							
刘瓛							

坎

卦爻辞	卦辞	初六	九二	六三	六四	九五	上六
今本 / 古文	习孚心行	习于凶	求小	之且 于勿用	樽用缶 纳自无咎	不既无咎	系用于 三不凶
子夏							于
孟喜						既	
京房					用缶自	即	
马融							系用
荀爽							
郑玄				且	尊用缶自	既	系用于 三不凶
刘表					用缶		系用于
宋衷							
陆绩				且	内自		
董遇							

（续表）

虞翻	习孚心行	习于凶	求小	之且 于勿用	尊用缶 自无咎	不既无咎	系用于 三不凶
王肃		于		且			
姚信				且			于
王廙							
张璠							于
向秀				且			
干宝		习于凶		之且 于勿用			
蜀才							
翟玄							
九家				且			系用于 三不凶
刘瓛							

离

卦爻辞	卦辞	初九	六二	九三	九四	六五	上九
今本 古文	离利贞 畜牛吉	敬之无咎	黄离元吉	日之离 不缶而 大嗟凶	突死	出若 戚嗟吉	王用出征 嘉折无咎
子夏						嘁	
孟喜				日之离			
京房				大之			
马融				大之			

（续表）

荀爽		敬之无咎		日之 离大差	死	出	
郑玄			黄离元吉	不缶而 大之差	死		
刘表							
宋衷							
陆绩							
董遇							
虞翻	离利贞 畜牛吉					戚若差吉	王用出征 嘉折无咎
王肃				大之			
姚信							
王廙							
张璠							
向秀							
干宝							
蜀才				大之			
翟玄							
九家				不缶而 大之差凶			
刘瓛							

咸

卦爻辞	卦辞	初六	六二	九三	九四	九五	上六
今本 古文	咸利贞 取女吉	咸拇	咸腓	咸吝	憧贞 吉亡从思	咸无	咸
子夏		蹈				咸	
孟喜							
京房					偅		
马融		咸拇				咸	
荀爽		咸母	咸肥				
郑玄	咸利贞 取女吉	咸拇	咸			咸	
刘表					从		
宋衷							
陆绩	咸利贞 取女吉						
董遇							
虞翻	咸利贞 取女吉	咸母		咸吝	贞吉亡 从思	咸无	
王肃						咸	
姚信							
王廙			咸				
张璠							
向秀							

（续表）

干宝							
蜀才							
翟玄							
九家							
刘瓛							

恒

卦爻辞	卦辞	初六	九二	九三	九四	六五	上六
今本 / 古文	无咎 利贞攸		亡	不或 之贞吝	无	贞妇人 吉夫子凶	振凶
子夏							
孟喜							凶
京房							
马融							振凶
荀爽				不或 之贞吝			
郑玄	无咎			不咸之		贞妇人 吉夫子凶	振
刘表							
宋衷							
陆绩				不			
董遇							
虞翻	无咎 利贞攸		亡		无	贞妇人 吉夫子凶	凶

（续表）

王肃							
姚信							
王廙							
张璠							凶
向秀							
干宝							
蜀才							
翟玄							
九家							
刘瓛							

遯

卦爻辞	卦辞	初六	六二	九三	九四	九五	上九
今本 / 古文	遯小利贞	勿用攸	执之用黄牛革莫说	系疾畜臣妾吉	好君子吉小人否	嘉贞吉	肥无不利
子夏							肥
孟喜							
京房							
马融					好君子吉小人否		
荀爽							
郑玄	小利贞				小人否		
刘表							

（续表）

宋衷							
陆绩		勿用攸					
董遇							
虞翻	小利贞		执之用黄牛革莫说	系疾畜臣妾吉	好君子吉小人否	嘉贞吉	肥无不利
王肃			莫之说		小人否		
姚信							
王廙							
张璠							
向秀							
干宝							
蜀才							
翟玄							
九家							
刘瓛							

大壮

卦爻辞	卦辞	初九	九二	九三	九四	六五	上六
今本 古文	大利贞	于征凶孚	贞吉	小人用君子贞羊角	贞吉亡不于大之輹	丧羊于易无	羊不能无攸利吉
子夏							
孟喜							
京房							

（续表）

马融				君子用角			
荀爽				羊角			
郑玄				角		丧羊 于易	
刘表							
宋衷							
陆绩						丧羊于	
董遇							
虞翻	大利贞	于征凶孚	贞吉	小人用君 子贞羊角	贞吉亡不 于大之輹	丧羊 于易无	羊不能 无攸利吉
王肃				君子用角			
姚信							
王廙							
张璠				羊角			
向秀							
干宝							
蜀才				角			
翟玄							
九家							
刘瓛							

晋

卦爻辞	卦辞	初六	六二	六三	九四	六五	上九
今本 古文	用马 日三接	摧贞吉 孚无咎	贞吉受 福于王母	众允亡		亡勿恤 吉无不利	角用伐 邑吉无 咎贞吝
子夏							
孟喜						勿血	
京房							
马融	用马		受福			勿血	
荀爽						亡勿吉 无不利	
郑玄	用马 日三接	摧				勿	
刘表							
宋衷							
陆绩							
董遇							
虞翻	用马 日三接	摧贞吉 孚无咎	贞吉受 福于王母	众允亡		勿	角用伐 邑吉无 咎贞吝
王肃						勿	
姚信							
王廙							
张璠							

（续表）

向秀							
干宝							
蜀才							
翟玄							
九家					贞		
刘瓛							

明夷

卦爻辞	卦辞	初九	六二	九三	六四	六五	上六
今本＼古文	明利贞	明于飞 君子行 三日不	明于左 用马吉	明于南 狩大首 不可疾贞	于左明 之心出	子之 明利贞	不明 初于天
子夏			于用马吉				
孟喜			马吉			子之明	
京房			于左				
马融			于左			子之 明利贞	
荀爽		明于飞 君子行 三日不			于左明 之心出	子之明	
郑玄	明利贞		明于左 用马吉				
刘表							
宋衷							

（续表）

陆绩			于左				
董遇							
虞翻	明利贞						不明 初于天
王肃			于左				
姚信			于右				
王廙							
张璠							
向秀							
干宝					于左明 之心出	子之明	
蜀才							
翟玄							
九家			于左 用马吉	明于南 狩大首 不可疾贞			
刘瓛							

家人

卦爻辞	卦辞	初九	六二	九三	六四	九五	上九
今本 / 古文	人利女贞	亡	无攸 中贞吉	人嗃 吉妇子	大吉	王勿吉	孚吉
子夏							
孟喜							

（续表）

京房							
马融	人女利贞			人妇子			
荀爽		亡	无攸 中贞吉	有确			
郑玄			无攸中	人妇子		王	
刘表				人			
宋衷							
陆绩				妇子		王勿吉	
董遇							
虞翻	人女利贞				大吉	王	孚吉
王肃							
姚信							
王廙							
张璠				妇子			
向秀							
干宝							
蜀才							
翟玄							
九家				人妇子			
刘瓛							

睽

卦爻辞	卦辞	初九	九二	六三	九四	六五	上九
今本 古文	小事吉	亡丧马 勿自复 见人无咎	遇于无咎	见牛人天 且劓无初	遇元夫 交孚无咎	亡宗咎	见豕载 一车先之 说遇雨吉
子夏				牛			
孟喜				牛人天且			
京房							说之
马融				人天且			说之
荀爽				牛			
郑玄	小事吉			㸷			说之
刘表				见			
宋衷							
陆绩							先说之
董遇							
虞翻	小事吉	亡丧马 勿自复 见人无咎	遇于无咎	见牛人天 且劓无初	遇元夫 交孚无咎	亡宗咎	见豕载一 车先之说 遇雨吉壶
王肃				人天且			说之
姚信							
王廙							
张璠							
向秀							
干宝							

（续表）

蜀才							
翟玄							说之
九家							
刘瓛							

蹇

卦爻辞	卦辞	初六	六二	九三	六四	九五	上六
今本 / 古文	蹇利西南不东北见大人贞吉	蹇誉	王臣蹇之	蹇反	蹇连	大蹇	蹇硕吉利见大人
子夏							
孟喜							
京房							
马融					蹇连		
荀爽							
郑玄					蹇连		
刘表							
宋衷							
陆绩						大蹇	
董遇							
虞翻	蹇利西南不东北见大人贞吉	蹇誉	王臣蹇之	蹇反	蹇连	大蹇	蹇硕吉利见大人
王肃							

（续表）

姚信							
王廙							
张璠							
向秀							
干宝						大寒	
蜀才							
翟玄							
九家							
刘瓛							

解

卦爻辞	卦辞	初六	九二	六三	九四	六五	上六
今本 古文	利西南无所复吉攸	无咎	三黄贞吉	且至贞吝	而拇至孚	君子吉孚于小人	用隼于高之上无不利
子夏							
孟喜							
京房							
马融							用隼于高之上
荀爽					而母		
郑玄							
刘表							
宋衷							

（续表）

陆绩					而拇		
董遇							
虞翻	利西南无所复吉攸	无咎	三黄贞吉	且至贞吝	而母至孚	君子吉孚于小人	用隼于高之上无不利
王肃					而拇		
姚信							
王廙							
张璠							
向秀							
干宝							
蜀才							
翟玄							
九家							
刘瓛							

损

卦爻辞	卦辞	初九	九二	六三	六四	六五	上九
今本 / 古文	孚元吉无咎可贞利攸之用二簋可	巳事无咎之	利贞征凶弗之	三人行一	疾使无咎	或之十龟弗克元吉	弗之无咎贞吉利攸臣
子夏							
孟喜		㠯事					

（续表）

京房							
马融						或之十龟	
荀爽	孚元吉无咎可贞利攸之用二簋可	巳事					
郑玄	二可用					或之十龟	
刘表							
宋衷							
陆绩							
董遇							
虞翻	孚元吉无咎可贞利攸	事无咎之	利贞征凶弗之	三人行一	疾使无咎	或之十龟弗克元吉	弗之无咎贞吉利攸臣
王肃							弗之无咎贞吉利攸臣
姚信							
王廙							
张璠							
向秀							
干宝							
蜀才	二轨可用						
翟玄							
九家							

（续表）

刘瓛							

益

卦爻辞	卦辞	初九	六二	六三	六四	九五	上九
今本 / 古文	利攸大川	利用为大元吉无咎	或之十龟弗克贞吉王用于帝	之用凶事无咎孚中行	中行从利用为国	孚心勿元吉我	莫之或击立心勿凶
子夏							
孟喜							
京房							
马融							
荀爽							
郑玄	利攸大川						
刘表							
宋衷	利攸						
陆绩							
董遇							
虞翻	利攸大川	利用为大元吉无咎	或之十龟弗克贞吉王用于帝	之用凶事无咎孚中行	中行从利用为邦	孚心勿元吉我	莫之或击立心勿凶
王肃				用			
姚信							
王廙			王用于帝				
张璠							

（续表）

向秀	利攸大川						
干宝			王用于帝吉	之用凶事无咎孚中行			
蜀才							
翟玄							
九家				孚中行用			
刘瓛							

夬

卦爻辞	**卦辞**	**初九**	**九二**	**九三**	**九四**	**九五**	**上六**
今本 / 古文	夬于王孚自邑不利即戎攸	于前趾不为咎	惕莫戎勿	于頄凶君子夬行遇雨若无咎	无行且牵羊亡言不信	苋夬中行无咎	无凶
子夏					掔羊亡	苋夬	
孟喜					行	苋夬	
京房							
马融					行且	苋夬	
荀爽		于前止	锡莫	君子夬行遇雨若无咎		苋夬	
郑玄	夬于王		莫	于	行	苋	
刘表							
宋衷						苋夬	

（续表）

陆绩							
董遇						苋夬	
虞翻	夬于王孚自邑不利即戎攸	于前不为咎	莫戎勿		无行且牵羊亡言不信	苋夬中行无咎	无凶
王肃				于	行	苋夬	
姚信							
王廙			莫				
张璠							
向秀							
干宝	自邑						
蜀才				于		苋夬	
翟玄	自邑		锡莫				
九家				于頄			
刘瓛							

姤

卦爻辞	卦辞	初六	九二	九三	九四	九五	上九
今本 \ 古文	姤女勿用取	系于金柅贞吉攸见凶豕孚	鱼无咎不利	无行且大咎		包章自天	角吝无咎
子夏		系于金				苞	
孟喜		系于金					
京房							

（续表）

马融		系于金					
荀爽			鱼				
郑玄	遘女勿用取						
刘表							
宋衷		豕孚					
陆绩		豕孚					
董遇							
虞翻	女勿用取	系于金柅贞吉攸见凶豕孚	鱼无咎不利	无行且大咎		苞章自天	角吝无咎
王肃		系于金柅豕孚					
姚信							
王廙							
张璠							
向秀							
干宝							
蜀才		系于金尼					
翟玄							
九家		系于金柅贞吉攸见凶					
刘瓛							

萃

卦爻辞	卦辞	初六	六二	六三	九四	九五	上六
今本／古文	王利见大人贞用牲吉攸	孚不乃若一为勿无咎	吉无咎孚乃利用	无攸利咎小吝	大吉无咎	无咎孚元贞亡	无咎
子夏							
孟喜							
京房							
马融	王	若	孚乃利用				
荀爽							无咎
郑玄	王利见大人贞用牲吉攸	一为	孚乃利用				
刘表			孚乃利用				
宋衷							
陆绩	王						
董遇							
虞翻	王利见大人贞用牲吉攸	孚不乃若一为勿无咎	吉无咎孚乃利用	无攸利咎小吝	大吉无咎	无咎孚元贞亡	无咎
王肃	王	若	孚乃利用				
姚信							
王廙		若					
张璠							

（续表）

向秀							
干宝							
蜀才		一为	孚乃利用				
翟玄							
九家	利贞						
刘瓛							

升

卦爻辞	卦辞	初六	九二	九三	六四	六五	上六
今本 \ 古文	元见用大人勿南征吉	允升大吉	孚乃利用无咎	升邑	王用于山吉无咎	贞吉升	升利于不之贞
子夏							
孟喜		㽙升大吉					
京房							
马融				邑	王用于山		
荀爽		允升大吉		升邑	王用于山吉无咎		升利于不之贞
郑玄					王用于山		
刘表							
宋衷							
陆绩					王用于山		
董遇							

（续表）

虞翻	元见用大人勿南征吉		孚乃利用无咎			贞吉升	
王肃					王用于山		
姚信							
王廙							
张璠							
向秀							
干宝			孚乃利用无咎				
蜀才							
翟玄							
九家		允升大吉					
刘瓛							

困

卦爻辞	卦辞	初六	九二	六三	九四	九五	上六
今本 古文	困贞大人吉无咎言不信	困于木幽谷三不觌	困于绂利用	困于石宫不见妻凶	徐困于金车吝	劓刖困于乃说	困于臲卼曰征吉
子夏					荼		
孟喜						槷	困于𦤿
京房						劓刽	
马融							

（续表）

荀爽						鼿臲	
郑玄	困		困于韍利用				
刘表							
宋衷							
陆绩						鼿困于乃说	困于鼿卼曰征吉
董遇							
虞翻	困贞大人吉无咎言不信			困于石宫不见妻凶	困于金吝荼		
王肃					余	鼿	
姚信							
王廙							
张璠							
向秀							曰
干宝		困于木					
蜀才							
翟玄					荼		
九家		困于木幽谷三不觌					
刘瓛							

井

卦爻辞	卦辞	初六	九二	九三	六四	九五	上六
今本 古文	改邑无丧 至亦未凶	不旧无	谷	不为我心 可用汲王 明并受福	无咎	寒	勿孚元吉
子夏			谷		无咎		
孟喜							
京房				可用汲王 明並受福			
马融					无咎		
荀爽			谷	不为我心 可用汲王 明並受福	无咎		勿
郑玄	至亦未		谷	不			
刘表							
宋衷							
陆绩	改邑不						勿
董遇							
虞翻	改邑无丧 至亦未凶		谷			寒	勿孚元吉
王肃	至亦未		谷			寒	
姚信							
王廙							
张璠				不为我心			

（续表）

向秀				不			
干宝	改邑无丧至亦未凶	不旧无		不为我心可用汲王明並受福	无咎		
蜀才							
翟玄							
九家							
刘瓛							

革

卦爻辞	**卦辞**	**初九**	**六二**	**九三**	**九四**	**九五**	**上六**
今本／古文	巳日乃孚元利贞亡	用黄牛之革	巳日乃革之征吉无咎	征凶贞革言三孚	亡孚改命吉	大人虎未占孚	君子小人革征凶贞吉
子夏							
孟喜							
京房							
马融		用黄牛之革				大人虎未占孚	
荀爽			巳日乃革之征吉无咎	征凶贞			
郑玄							
刘表							
宋衷	巳日乃孚						

（续表）

陆绩	巳日乃孚						
董遇							
虞翻	巳日乃孚 元利贞亡				亡孚 改命吉	大人虎 未占孚	君子小 人革征 凶贞吉
王肃							
姚信							
王廙							
张璠							
向秀							
干宝		用黄 牛之革			亡孚 改命吉		君子小 人革征 凶贞吉
蜀才							
翟玄				革言三孚			
九家							
刘瓛							

鼎

卦爻辞	卦辞	初六	九二	九三	九四	六五	上九
今本 古文	鼎元吉	鼎利出否 妾子无咎	鼎实我疾 不能即吉	鼎革行 不雨吉	鼎折悚凶	鼎黄 金利贞	鼎大吉 无不利
子夏							
孟喜							

（续表）

京房							
马融					悚	鼎黄金	
荀爽							
郑玄		鼎利出否妾子无咎	我疾	不	鼎折悚	金	
刘表							
宋衷							
陆绩				鼎革		鼎黄金利贞	
董遇							
虞翻	鼎元吉	鼎利出否妾子无咎	鼎实我疾不能即吉	鼎革行不雨吉	鼎折悚凶	鼎黄金利贞	鼎大吉无不利
王肃							
姚信							
王廙							
张璠							
向秀							
干宝						鼎黄金利贞	鼎大吉无不利
蜀才							
翟玄							
九家					鼎折悚凶		
刘瓛							

震

卦爻辞	卦辞	初九	六二	六三	九四	六五	上六
今本 古文	言百里 不丧匕	言吉	丧贝于 九勿日	行无眚	遂	无丧事	索视征 凶不于 无咎言
子夏							
孟喜							
京房							
马融		言					
荀爽			丧贝		队		索视
郑玄	百里 不丧匕	言	丧贝				索视
刘表							
宋衷							
陆绩	百里 不丧匕						
董遇							
虞翻	言百里 不丧匕	言吉	丧贝于 九勿日	行无眚		无丧事	索视征 凶不于 无咎言
王肃	百里 不丧匕						
姚信							
王廙							

（续表）

张璠							
向秀							
干宝		言					
蜀才							
翟玄							
九家							
刘瓛							

艮

卦爻辞	卦辞	初六	六二	九三	六四	六五	上九
今本 / 古文	艮不身行见人无咎	艮趾无咎利贞	艮不心快	艮熏心	艮身无咎	艮言序亡	艮吉
子夏							
孟喜			不	𦤎			
京房			不				
马融			不	艮熏			
荀爽		艮止		艮心			
郑玄	艮			艮			
刘表							
宋衷							
陆绩			不				
董遇							

（续表）

虞翻	艮不身行见人无咎	艮无咎利贞	艮不心快	艮心	艮身无咎	艮言孚亡	艮吉
王肃				熏心			
姚信							
王廙							
张璠							
向秀							
干宝							
蜀才							
翟玄							
九家							
刘瓛							

渐

卦爻辞	卦辞	初六	六二	九三	六四	九五	上九
今本 古文	女吉利贞	小子言无咎	于吉	于夫征不复妇孕凶利	于木或无咎	于妇三不孕莫之吉	于羽可用为吉
子夏							
孟喜							
京房							
马融				于	或		
荀爽				妇不			

（续表）

郑玄				夫征不复妇孕			
刘表							
宋衷							
陆绩			吉		于木或	于	
董遇							
虞翻	女吉利贞	小子言无咎	吉	于夫征不复妇孕凶利	于木或无咎	于妇三不孕莫之吉	于羽可用为吉
王肃			吉				
姚信							
王廙							
张璠							
向秀							
干宝							
蜀才							
翟玄					或		
九家							
刘瓛							

归妹

卦爻辞	卦辞	初九	九二	六三	九四	六五	上六
今本 古文	征凶 无攸利	能征吉	能视利 幽人之贞	须反		帝乙君 之不良 月几吉	女无实士 羊血攸利
子夏			利幽人贞				士羊无血
孟喜							
京房							
马融							士羊无血
荀爽						月既	
郑玄				须			女无实
刘表							
宋衷							
陆绩	征凶 无攸利						
董遇							
虞翻	征凶 无攸利	能征吉	能视利 幽人之贞	须反		帝乙君 之不良 月几吉	女无实士 羊血攸利
王肃							
姚信							
王廙							
张璠							
向秀							

（续表）

干宝							
蜀才							
翟玄							
九家							
刘瓛							

丰

卦爻辞	卦辞	初九	六二	九三	九四	六五	上六
今本 / 古文	丰王之勿宜日中	遇配旬无咎	丰蔀日中见疾孚若吉	丰沛日中见折右无咎	丰日中见遇吉	章庆誉吉	丰户阒无人三不觌凶
子夏				丰芾日中见			
孟喜		遇	日进口货见				窒无人
京房							
马融	王				丰日中见		无人
荀爽		无咎					
郑玄		遇妃旬无咎	丰菩	丰芾日中见折右			无人
刘表							
宋衷							

（续表）

陆绩							丰户无人三不觌凶
董遇							
虞翻	丰王之勿宜日中	遇旬无咎	丰日中见疾乎若吉	丰日中见折右无咎	丰日中见遇吉	章庆誉吉	丰户无人三不觌凶
王肃		旬无咎		丰日中见			
姚信				丰折右			阒无人
王廙			丰	丰			
张璠							
向秀							
干宝	勿宜日中			丰芾			丰户无人三不觌凶
蜀才							
翟玄							
九家	勿宜日中			丰日中见			
刘瓛							

旅

卦爻辞	卦辞	初六	六二	九三	九四	六五	上九
今本 / 古文	小贞吉	所取	既资贞	丧贞	于处资我心不快	一亡誉命	鸟人先丧牛于易凶
子夏							
孟喜							
京房							

（续表）

马融							
荀爽							
郑玄		所取					
刘表							
宋衷							
陆绩		所取					
董遇							
虞翻	小贞吉			丧贞	于处资 我心不快	一亡誉命	鸟人先丧 牛于易凶
王肃							丧牛 于易凶
姚信							
王廙							
张璠							
向秀							
干宝						一亡誉命	
蜀才							
翟玄							
九家			既资贞				
刘瓛							

巽

卦爻辞	卦辞	初六	九二	九三	六四	九五	上九
今本 古文	巽小利攸利见大人	利人之贞		吝	亡三品	贞吉亡无不利初三日吉	丧资贞凶
子夏							
孟喜	顨						
京房							
马融							
荀爽							丧资贞凶
郑玄							
刘表							
宋衷							
陆绩							
董遇							
虞翻	小利攸利见大人	利人之贞		吝	亡三品	贞吉亡无不利初三日吉	丧资贞凶
王肃							
姚信							
王廙							
张璠							
向秀							
干宝							

（续表）

蜀才							
翟玄					亡三品		
九家							
刘瓛							

兑

卦爻辞	卦辞	初九	九二	六三	九四	九五	上六
今本 古文	兑利贞	兑吉	孚兑吉亡	兑凶	兑未疾	孚于	兑
子夏							
孟喜							
京房							
马融					疾		
荀爽							
郑玄					兑		
刘表							
宋衷							
陆绩							
董遇							
虞翻	兑利贞	兑吉	孚兑吉亡	兑凶	兑未疾		兑
王肃							
姚信							
王廙							

（续表）

张璠							
向秀							
干宝							
蜀才							
翟玄							
九家							
刘瓛							

涣

卦爻辞	卦辞	初六	九二	六三	六四	九五	上九
今本 / 古文	王利大川贞	用马吉	亡	无	群元吉所	大王无咎	血出无咎
子夏		用马吉					
孟喜							
京房							
马融		用马吉					
荀爽				无	所	王无咎	
郑玄						大	
刘表							
宋衷							
陆绩							
董遇							

（续表）

虞翻	王利 大川贞	用马吉	亡		群元吉所		血出无咎
王肃		用马吉				大	
姚信					所		
王廙							
张璠							
向秀							
干宝							
蜀才							
翟玄							
九家						大	
刘瓛							

节

卦爻辞	卦辞	初九	九二	六三	六四	九五	上六
今本 古文	节不可贞	不出 户无咎	不出凶	不节若 嗟无咎	安节	节吉	节贞凶亡
子夏							
孟喜							
京房							
马融							
荀爽							
郑玄							

（续表）

刘表							
宋衷							
陆绩							
董遇							
虞翻	节不可贞	不出户无咎	不出凶	不节若差无咎	安节	节吉	节贞凶亡
王肃							
姚信							
王廙							
张璠							
向秀							
干宝							
蜀才							
翟玄							
九家							
刘瓛							

中孚

卦爻辞	卦辞	初九	九二	六三	六四	九五	上九
今本/古文	中孚豚鱼吉利大川贞	吉它不	鸣子之我好爵之	或	月几马亡无咎	孚无咎	音于天贞凶
子夏			我之				
孟喜			我好爵之		月既		

（续表）

京房			鸣之		月		
马融							
荀爽		吉它不		或	月既		
郑玄	豚鱼吉						
刘表							
宋衷							
陆绩			我好爵之				
董遇							
虞翻	中孚豚 鱼吉利 大川贞		鸣子之 我好爵之		月几马 亡无咎	孚无咎	音于 天贞凶
王肃			我好爵	或			
姚信							
王廙							
张璠							
向秀							
干宝			我好爵之				
蜀才							
翟玄							
九家							
刘瓛							

小过

卦爻辞	卦辞	初六	六二	六三	九四	六五	上六
今本 古文	小利贞可事不大飞鸟之音宜上吉	飞鸟凶	遇不君臣无咎	弗之从或戕凶	无咎弗遇之	密不雨自我西弋取	弗遇之飞鸟离凶是谓眚
子夏							
孟喜							
京房							
马融							
荀爽							
郑玄	小利贞不宜上						
刘表							
宋衷							
陆绩							
董遇							
虞翻	小利贞可事不大飞鸟之音宜上吉	飞鸟凶	遇不君臣无咎	弗之从或戕凶		密不雨自我西弋取	弗遇之飞鸟离凶是谓眚
王肃							
姚信							
王廙							
张璠							

（续表）

向秀							
干宝							
蜀才							
翟玄							
九家					无咎 弗遇之		
刘瓛							

既济

卦爻辞	卦辞	初九	六二	九三	六四	九五	上六
今本 古文	既小利 贞初吉	轮无咎	妇丧 茀勿日	高宗伐 三克之 小人勿用	繻衣 袽日戒	东杀牛 不西之 祭实福	首
子夏	既		妇丧		衣		
孟喜			妇丧		需衣		
京房					繻衣		
马融			妇丧茀				
荀爽			好丧				
郑玄			霄茀		繻衣	东杀牛 不西之祭	
刘表							
宋衷		轮无咎					
陆绩							
董遇			妇丧髢				

（续表）

虞翻	既小利 贞初吉		妇丧勿日	高宗伐 三克之 小人勿用	繻衣日戒	东杀牛 不西之祭 实受福	首
王肃			妇丧勿日		繻衣		
姚信							
王廙					衣		
张璠							
向秀							
干宝			妇丧	高宗伐 三克之 小人勿用			
蜀才							
翟玄							
九家							
刘瓛							

未济

卦爻辞	**卦辞**	**初六**	**九二**	**六三**	**九四**	**六五**	**上九**
今本 古文	未小 无攸利	吝	轮贞吉	未征凶 利大川	贞吉亡 用伐三 于大国	贞吉无君 子之光孚	孚于 无首是
子夏	小						
孟喜	小						
京房							
马融							

（续表）

荀爽							
郑玄	小						
刘表							
宋衷							
陆绩							
董遇							
虞翻	未小无攸利	吝			贞吉亡用伐三于大邦	贞吉无君子之光孚	孚于无首是
王肃	小						
姚信			轮贞吉				
王廙							
张璠							
向秀							
干宝	未小无攸利		轮贞吉	未征凶利大川		贞吉无君子之光孚	
蜀才							
翟玄							
九家							
刘瓛							

汉魏二十一家《易注》与今本《周易》六十四卦异文对照表

乾

卦爻辞	卦辞	初九	九二	九三	九四	九五	上九	用九
今本 / 异文				厉			亢	
子夏								
孟喜				夤			忼	
京房								
马融								
荀爽								
郑玄								
刘表								
宋衷								
陆绩								
董遇								
虞翻								
王肃								
姚信								

（续表）

王廙								
张璠								
向秀								
干宝								
蜀才								
翟玄								
九家								
刘瓛								

坤

卦爻辞	卦辞	初六	六二	六三	六四	六五	上六	用六
今本 / 异文	丧							
子夏								
孟喜								
京房	亡							
马融								
荀爽	亡							
郑玄								
刘表								
宋衷								
陆绩								
董遇								

（续表）

虞翻								
王肃	亡							
姚信								
王廙								
张璠								
向秀								
干宝								
蜀才								
翟玄								
九家								
刘瓛								

屯

卦爻辞	卦辞	初九	六二	六三	六四	六五	上六
今本／异文		磐	邅 班 婚 媾	鹿 幾			血 涟
子夏							
孟喜			驙				涕㥣
京房							
马融		槃					
荀爽		盤					
郑玄			般 昏 冓	機			
刘表							

（续表）

宋衷							
陆绩		盤					
董遇							
虞翻		盤	昏 冓				
王肃				麓			
姚信							
王廙							
张璠							
向秀							
干宝							
蜀才							
翟玄							
九家							连
刘瓛							

蒙

卦爻辞	卦辞	初六	九二	六三	六四	六五	上九
今本 / 异文	渎	吝	包				击
子夏							
孟喜	黩	遴	彪				
京房			彪				
马融							系

（续表）

荀爽							系
郑玄			苞				系
刘表							
宋衷							
陆绩			彪				
董遇							
虞翻							
王肃							
姚信							
王廙							
张璠							
向秀							
干宝							
蜀才							
翟玄							
九家							
刘瓛							

需

卦爻辞	卦辞	初九	九二	九三	六四	九五	上六
今本 / 异文			沙	寇			
子夏							

（续表）

孟喜							
京房							
马融							
荀爽							
郑玄			沚	戎			
刘表							
宋衷							
陆绩							
董遇							
虞翻							
王肃				戎			
姚信							
王廙							
张璠							
向秀							
干宝							
蜀才							
翟玄							
九家							
刘瓛							

讼

卦爻辞	卦辞	初六	九二	六三	九四	九五	上九
今本 / 异文	窒				渝		鞶褫
子夏							
孟喜							
京房							
马融	咥						
荀爽							
挖							
郑玄	咥						
挖							
刘表							
宋衷							
陆绩							
董遇							
虞翻					俞		
挖							
王肃							槃
姚信							
王廙							
张璠							
向秀							

（续表）

干宝							
蜀才							
翟玄							拕
九家							
刘瓛							

师

卦爻辞	卦辞	初六	九二	六三	六四	六五	上六
今本 / 异文	丈	否	锡				
子夏	大						
孟喜							
京房							
马融							
荀爽		不					
郑玄			赐				
刘表		不					
宋衷							
陆绩							
董遇							
虞翻							
王肃							
姚信							

（续表）

王廙							
张璠							
向秀							
干宝							
蜀才							
翟玄							
九家							
刘瓛							

比

卦爻辞	卦辞	初六	六二	六三	九四	九五	上六
今本 / 异文						驱 诫	
子夏							
孟喜							
京房							
马融							
荀爽							
郑玄						敺	
刘表							
宋衷							
陆绩							
董遇							

（续表）

虞翻						戒	
王肃							
姚信							
王廙							
张璠							
向秀							
干宝							
蜀才							
翟玄							
九家							
刘瓛							

小畜

卦爻辞	卦辞	初九	九二	九三	六四	九五	上九
今本 / 异文				舆、辐		挛	德 几
子夏				輹		恋	得 近
孟喜				车、輹			
京房							得 近
马融				车、輹			
荀爽							
郑玄							
刘表							近

（续表）

宋衷							
陆绩				輹			
董遇							
虞翻				车、輹			得
王肃							
姚信							
王廙							
张璠							
向秀							
干宝							
蜀才							
翟玄							
九家							
刘瓛							

履

卦爻辞	卦辞	初九	九二	六三	九四	九五	上九
今本 / 异文	咥			能	愬		祥
子夏							
孟喜					虩		
京房							
马融					虩		

(续表)

荀爽							详
郑玄	噬						详
刘表							
宋衷							
陆绩							
董遇							
虞翻				而			详
王肃							
姚信							
王廙							
张璠							
向秀							
干宝							
蜀才							
翟玄							
九家							
刘瓛							

泰

卦爻辞	卦辞	初九	九二	九三	六四	六五	上六
今本 / 异文		拔,汇	包 荒				隍
子夏							堭

（续表）

孟喜							
京房							
马融							
荀爽							
郑玄			苞				
刘表							
宋衷							
陆绩							
董遇		夤					
虞翻			巟				
王肃		犮					
姚信							湟
王廙							
张璠							
向秀							
干宝							
蜀才							
翟玄			巟				
九家							
刘瓛							

否

卦爻辞	卦辞	初六	六二	六三	九四	九五	上九
今本 / 异文					畴	苞	
子夏							
孟喜							
京房						包	
马融							
荀爽						包	
郑玄					𠷎		
刘表							
宋衷							
陆绩						包	
董遇							
虞翻							
王肃							
姚信							
王廙							
张璠							
向秀							
干宝							
蜀才							
翟玄							

（续表）

九家							
刘瓛							

同人

卦爻辞	卦辞	初九	六二	六三	九四	九五	上九
今本 \ 异文					墉		
子夏							
孟喜							
京房							
马融							
荀爽							
郑玄					庸		
刘表							
宋衷							
陆绩							
董遇							
虞翻					庸		
王肃							
姚信							
王廙							
张璠							
向秀							

（续表）

干宝							
蜀才							
翟玄							
九家							
刘瓛							

大有

卦爻辞	卦辞	初九	九二	九三	九四	六五	上九
今本 / 异文			车		彭		祐
子夏			舆		旁		
孟喜							
京房							
马融							
荀爽							
郑玄							
刘表							
宋衷							
陆绩							
董遇							
虞翻			轝		尪		右
王肃							
姚信							

（续表）

王廙							
张璠							
向秀							
干宝							
蜀才			舆				
翟玄							
九家							
刘瓛							

谦

卦爻辞	卦辞	初六	六二	九三	六四	六五	上六
今本 \ 异文	谦				㧑	侵	
子夏							
孟喜							
京房					挥		
马融							
荀爽							
郑玄	嗛						
刘表							
宋衷							
陆绩							
董遇							

（续表）

虞翻							
王肃							
姚信							
王廙						寝	
张璠							
向秀							
干宝							
蜀才							
翟玄							
九家							
刘瓛							

豫

卦爻辞	卦辞	初六	六二	六三	九四	六五	上六
今本 / 异文			介	盱	由 簪		
子夏				纡			
孟喜							
京房				污	撍		
马融			扴		犹 臧		
荀爽					宗		
郑玄			砎				
刘表							

（续表）

宋衷							
陆绩				纡			
董遇							
虞翻					戠		
王肃							
姚信				旴			
王廙							
张璠							
向秀							
干宝							
蜀才					撍		
翟玄							
九家							
刘瓛							

随

卦爻辞	卦辞	初九	六二	六三	九四	九五	上六
今本 / 异文		官 功					
子夏							
孟喜							
京房							
马融							

（续表）

荀爽							
郑玄		工					
刘表							
宋衷							
陆绩							
董遇							
虞翻							
王肃							
姚信							
王廙							
张璠							
向秀							
干宝							
蜀才		馆					
翟玄							
九家							
刘瓛							

蛊

卦爻辞	卦辞	初六	九二	九三	九四	九五	上九
今本 / 异文							
子夏							

（续表）

孟喜							
京房							
马融							
荀爽							
郑玄							
刘表							
宋衷							
陆绩							
董遇							
虞翻							
王肃							
姚信							
王廙							
张璠							
向秀							
干宝							
蜀才							
翟玄							
九家							
刘瓛							

临

卦爻辞	卦辞	初九	九二	六三	六四	六五	上六
今本 异文							
子夏							
孟喜							
京房							
马融							
荀爽							
郑玄							
刘表							
宋衷							
陆绩							
董遇							
虞翻							
王肃							
姚信							
王廙							
张璠							
向秀							
干宝							
蜀才							
翟玄							

（续表）

九家							
刘瓛							

观

卦爻辞	卦辞	初六	六二	六三	六四	九五	上九
今本 异文							
子夏							
孟喜							
京房							
马融							
荀爽							
郑玄							
刘表							
宋衷							
陆绩							
董遇							
虞翻							
王肃							
姚信							
王廙							
张璠							
向秀							

（续表）

干宝							
蜀才							
翟玄							
九家							
刘瓛							

噬嗑

卦爻辞	卦辞	初九	六二	六三	九四	六五	上九
今本 \ 异文					胏		
子夏					脯		
孟喜					𩙿		
京房							
马融							
荀爽							
郑玄							
刘表							
宋衷							
陆绩							
董遇							
虞翻							
王肃							
姚信							

（续表）

王廙							
张璠							
向秀							
干宝							
蜀才							
翟玄							
九家							
刘瓛							

贲

卦爻辞	卦辞	初九	六二	九三	六四	六五	上九
今本 / 异文		车			皤	戋	
子夏						残	
孟喜							
京房							
马融							
荀爽					波		
郑玄		舆			燔		
刘表							
宋衷							
陆绩					蹯		
董遇							

（续表）

虞翻							
王肃							
姚信							
王廙							
张璠		舆					
向秀							
干宝							
蜀才							
翟玄							
九家							
刘瓛							

剥

卦爻辞	卦辞	初六	六二	六三	六四	六五	上九
今本／异文		蔑	辨	剥之无咎	肤		舆
子夏							
孟喜							
京房				剥无咎	簠		
马融							
荀爽		灭		剥无咎			
郑玄							
刘表				剥无咎			

（续表）

宋衷							
陆绩							
董遇							车
虞翻			辩				车
王肃							
姚信							
王廙							
张璠							
向秀							
干宝							
蜀才							
翟玄							
九家							
刘瓛							

复

卦爻辞	卦辞	初九	六二	六三	六四	六五	上六
今本 / 异文	朋	祇		频			灾
子夏							
孟喜							
京房	崩						
马融							

（续表）

荀爽							
郑玄				顰			烖
刘表							
宋衷							
陆绩		禔					
董遇							
虞翻							
王肃		禔					
姚信							
王廙							
张璠							
向秀							
干宝							
蜀才							
翟玄							
九家		𢻱					
刘瓛							

无妄

卦爻辞	卦辞	初九	六二	六三	九四	九五	上九
今本 / 异文							
子夏							

（续表）

孟喜							
京房							
马融							
荀爽							
郑玄							
刘表							
宋衷							
陆绩							
董遇							
虞翻							
王肃							
姚信							
王廙							
张璠							
向秀							
干宝							
蜀才							
翟玄							
九家							
刘瓛							

大畜

卦爻辞	卦辞	初九	九二	九三	六四	六五	上九
今本 / 异文				曰	童 牿		
子夏							
孟喜					僮		
京房							
马融							
荀爽							
郑玄				日	梏		
刘表							
宋衷							
陆绩							
董遇							
虞翻					告		
王肃							
姚信							
王廙							
张璠							
向秀							
干宝							
蜀才							
翟玄							

（续表）

九家					告		
刘瓛							

颐

卦爻辞	卦辞	初九	六二	六三	六四	六五	上九
今本 / 异文		朵	拂		逐		
子夏			弗		攸		
孟喜							
京房		揣					
马融							
荀爽					悠		
郑玄							
刘表		揣	弗		跾		
宋衷							
陆绩							
董遇							
虞翻							
王肃							
姚信							
王廙							
张璠							
向秀							

（续表）

干宝							
蜀才							
翟玄							
九家							
刘瓛							

大过

卦爻辞	卦辞	初六	九二	九三	九四	九五	上六
今本 / 异文			稊				
子夏							
孟喜							
京房							
马融							
荀爽							
郑玄			荑				
刘表							
宋衷							
陆绩							
董遇							
虞翻							
王肃							
姚信							

（续表）

王廙							
张璠							
向秀							
干宝							
蜀才							
翟玄							
九家							
刘瓛							

坎

卦爻辞	卦辞	初六	九二	六三	六四	九五	上六
今本 / 异文	坎			险 枕	樽 牖	祇	寘
子夏							湜
孟喜						禔	
京房	欿					禔	
马融							
荀爽							
郑玄				检	尊		
刘表	欿						示
宋衷							
陆绩					诱		
董遇							

（续表）

虞翻					尊	禔	
王肃							
姚信							寔
王廙							
张璠							置
向秀				检			
干宝							
蜀才							
翟玄							
九家				玷			
刘瓛							

离

卦爻辞	卦辞	初九	六二	九三	九四	六五	上九
今本 / 异文				昃 鼓 耋 嗟	突	沱 若 戚 嗟	
子夏						嘁	
孟喜				庰	云		
京房				绖	㐬		
马融				耊			
荀爽				耊 差	㐬	池嶷	
郑玄				击 耊 差	㐬		
刘表							

（续表）

宋衷							
陆绩							
董遇							
虞翻						差	
王肃				耊			
姚信							
王廙							
张璠							
向秀							
干宝							
蜀才				咥			
翟玄							
九家				击 耊 差			
刘瓛							

咸

卦爻辞	卦辞	初六	六二	九三	九四	九五	上六
今本 / 异文		拇	腓		憧		辅 颊
子夏		踇					
孟喜							侠
京房					偅		
马融							

（续表）

荀爽		母	肥				
郑玄							
刘表							
宋衷							
陆绩							
董遇							
虞翻		母					酺
王肃							
姚信							
王廙							
张璠							
向秀							
干宝							
蜀才							
翟玄							
九家							
刘瓛							

恒

卦爻辞	卦辞	初六	九二	九三	九四	六五	上六
今本 / 异文				或			振
子夏							

（续表）

孟喜							楕
京房							
马融							
荀爽							
郑玄				咸			
刘表							
宋衷							
陆绩							
董遇							
虞翻							震
王肃							
姚信							
王廙							
张璠							震
向秀							
干宝							
蜀才							
翟玄							
九家							
刘瓛							

遯

卦爻辞	卦辞	初六	六二	九三	九四	九五	上九
今本 异文	遯						
子夏							
孟喜							
京房							
马融							
荀爽							
郑玄	逯						
刘表							
宋衷							
陆绩							
董遇							
虞翻							
王肃							
姚信							
王廙							
张璠							
向秀							
干宝							
蜀才							
翟玄							

（续表）

九家							
刘瓛							

大壮

卦爻辞	卦辞	初九	九二	九三	九四	六五	上六
今本 / 异文				羸	輿	易	
子夏							
孟喜							
京房							
马融							
荀爽							
郑玄				累			
刘表							
宋衷							
陆绩						埸	
董遇							
虞翻				累	轝		
王肃				缧			
姚信							
王廙							
张璠				虆			
向秀							

（续表）

干宝							
蜀才				累			
翟玄							
九家							
刘瓛							

晋

卦爻辞	卦辞	初六	六二	六三	九四	六五	上九
今本 \ 异文	晋				鼫	失、恤	
子夏					硕		
孟喜	齐					矢、血	
京房							
马融						矢、血	
荀爽						矢	
郑玄					硕	矢	
刘表							
宋衷							
陆绩							
董遇							
虞翻						矢	
王肃						矢	
姚信							

（续表）

王廙							
张璠							
向秀							
干宝							
蜀才							
翟玄							
九家							
刘瓛							

明夷

卦爻辞	卦辞	初九	六二	九三	六四	六五	上六
今本 / 异文			夷 股 拯			箕	
子夏			睇 抍				
孟喜			抍				
京房			眱				
马融			般				
荀爽							
郑玄			睇				
刘表							
宋衷							
陆绩			睇				
董遇							

（续表）

虞翻							
王肃			般				
姚信			槃				
王廙							
张璠							
向秀							
干宝							
蜀才						其	
翟玄							
九家							
刘瓛							

家人

卦爻辞	卦辞	初九	初九	六二	九三	六四	九五	上九
今本 异文				嗃 嘻				
子夏								
孟喜								
京房								
马融								
荀爽				确				
郑玄				熇				
刘表				熇				

（续表）

宋衷								
陆绩				喜				
董遇								
虞翻								
王肃								
姚信								
王廙								
张璠				嬉				
向秀								
干宝								
蜀才								
翟玄								
九家								
刘瓛								

睽

卦爻辞	卦辞	初九	九二	六三	九四	六五	上九
今本 异文				掣 劓			弧
子夏				挈			
孟喜				觢劓			
京房							壶
马融				劓			壶

（续表）

荀爽				觭			
郑玄				挈			壶
刘表				[illegible]			
宋衷							
陆绩							壶
董遇							
虞翻				[illegible]			壶
王肃				觤			壶
姚信							
王廙							
张璠							
向秀							
干宝							
蜀才							
翟玄							壶
九家							
刘瓛							

蹇

卦爻辞	卦辞	初六	六二	九三	六四	九五	上六
今本 / 异文							
子夏							

（续表）

孟喜							
京房							
马融							
荀爽							
郑玄							
刘表							
宋衷							
陆绩							
董遇							
虞翻							
王肃							
姚信							
王廙							
张璠							
向秀							
干宝							
蜀才							
翟玄							
九家							
刘瓛							

解

卦爻辞	卦辞	初六	九二	六三	九四	六五	上六
今本 异文					拇		
子夏							
孟喜							
京房							
马融							
荀爽					母		
郑玄							
刘表							
宋衷							
陆绩							
董遇							
虞翻					母		
王肃							
姚信							
王廙							
张璠							
向秀							
干宝							
蜀才							
翟玄							

（续表）

九家							
刘瓛							

损

卦爻辞	卦辞	初九	九二	六三	六四	六五	上九
今本 / 异文	簋 享	巳 遄					
子夏							
孟喜		目					
京房							
马融							
荀爽		颛					
郑玄	亨						
刘表							
宋衷							
陆绩							
董遇							
虞翻		祀					
王肃							
姚信							
王廙							
张璠							
向秀							

（续表）

干宝							
蜀才	轨 亨						
翟玄							
九家							
刘瓛							

益

卦爻辞	卦辞	初九	六二	六三	六四	九五	上九
今本 / 异文				告公用圭	国		
子夏							
孟喜							
京房							
马融							
荀爽							
郑玄							
刘表							
宋衷							
陆绩							
董遇							
虞翻					邦		
王肃				告公用桓圭			

（续表）

姚信							
王廙							
张璠							
向秀							
干宝							
蜀才							
翟玄							
九家							
刘瓛							

夬

卦爻辞	卦辞	初九	九二	九三	九四	九五	上六
今本 异文		趾	惕	頄	次 且 牵	陆	
子夏					掔		
孟喜					趑 趄		
京房							
马融					趑		
荀爽		止	锡				
郑玄				頯	趑 趄		
刘表							
宋衷							
陆绩							

（续表）

董遇							
虞翻							
王肃				頯	趑 趄		
姚信							
王廙							
张璠							
向秀							
干宝							
蜀才				仇		睦	
翟玄			锡				
九家							
刘瓛							

姤

卦爻辞	卦辞	初六	九二	九三	九四	九五	上九
今本 / 异文	姤	柅	包			包	
子夏		鑈				苞	
孟喜		擟					
京房							
马融							
荀爽			胞				
郑玄	遘						

（续表）

刘表							
宋衷							
陆绩							
董遇							
虞翻						苞	
王肃		抳					
姚信							
王廙							
张璠							
向秀							
干宝							
蜀才		尼					
翟玄							
九家							
刘瓛							

萃

卦爻辞	卦辞	初六	六二	六三	九四	九五	上六
今本 / 异文			禴				
子夏							
孟喜							
京房							

（续表）

马融							
荀爽							
郑玄							
刘表			爊				
宋衷							
陆绩							
董遇							
虞翻							
王肃							
姚信							
王廙							
张璠							
向秀							
干宝							
蜀才			跃				
翟玄							
九家							
刘瓛							

升

卦爻辞	卦辞	初六	九二	九三	六四	六五	上六
今本 / 异文		允					
子夏							
孟喜		𩊠					
京房							
马融							
荀爽							
郑玄							
刘表							
宋衷							
陆绩							
董遇							
虞翻							
王肃							
姚信							
王廙							
张璠							
向秀							
干宝							
蜀才							
翟玄							

（续表）

九家							
刘瓛							

困

卦爻辞	卦辞	初六	九二	六三	九四	九五	上六
今本 / 异文			绂		徐 车	劓 刖	鯢 卼
子夏					荼		
孟喜						槷䵖	劓䵖
京房						刽	
马融							
荀爽						鯢䠱	
郑玄			韨				
刘表							
宋衷							
陆绩						鯢䠱	
董遇							
虞翻					荼 轝		
王肃					余	鯢䠱	
姚信							
王廙							
张璠							
向秀							

（续表）

干宝							
蜀才							
翟玄					荼		
九家							
刘瓛							

井

卦爻辞	卦辞	初六	九二	九三	六四	九五	上六
今本 异文	羸		射 瓮				收 勿
子夏							
孟喜							
京房							
马融							
荀爽			耶				甃
郑玄							
刘表							
宋衷							
陆绩							
董遇							
虞翻							
王肃			雍				
姚信							

（续表）

王廙							
张璠							
向秀							
干宝							网
蜀才	累						
翟玄							
九家							
刘瓛							

革

卦爻辞	卦辞	初九	六二	九三	九四	九五	上六
今本 异文							
子夏							
孟喜							
京房							
马融							
荀爽							
郑玄							
刘表							
宋衷							
陆绩							
董遇							

（续表）

虞翻							
王肃							
姚信							
王廙							
张璠							
向秀							
干宝							
蜀才							
翟玄							
九家							
刘瓛							

鼎

卦爻辞	卦辞	初六	九二	九三	九四	六五	上九
今本 \ 异文					形 渥		
子夏					握		
孟喜							
京房					刑 剭		
马融							
荀爽							
郑玄					刑 剭		
刘表							

（续表）

宋衷							
陆绩							
董遇							
虞翻							
王肃							
姚信							
王廙							
张璠							
向秀							
干宝							
蜀才							
翟玄							
九家							
刘瓛							

震

卦爻辞	卦辞	初九	六二	六三	九四	六五	上六
今本 / 异文					遂		
子夏							
孟喜							
京房							
马融							

（续表）

荀爽					队		
郑玄							
刘表							
宋衷							
陆绩							
董遇							
虞翻							
王肃							
姚信							
王廙							
张璠							
向秀							
干宝							
蜀才							
翟玄							
九家							
刘瓛							

艮

卦爻辞	卦辞	初六	六二	九三	六四	六五	上九
今本 异文		趾	拯	列 夤 薰		序	
子夏							

（续表）

孟喜			承	裂朋			
京房			承	朋			
马融			拼	熏			
荀爽		止		肾动			
郑玄				膑			
刘表							
宋衷							
陆绩			承				
董遇							
虞翻				裂阍		孚	
王肃				熏			
姚信							
王廙							
张璠							
向秀							
干宝							
蜀才							
翟玄							
九家							
刘瓛							

渐

卦爻辞	卦辞	初六	六二	九三	六四	九五	上九
今本 / 异文				孕			
子夏							
孟喜							
京房							
马融							
荀爽				乘			
郑玄							
刘表							
宋衷							
陆绩							
董遇							
虞翻							
王肃							
姚信							
王廙							
张璠							
向秀							
干宝							
蜀才							
翟玄							

（续表）

九家							
刘瓛							

归妹

卦爻辞	卦辞	初九	九二	六三	九四	六五	上六
今本 / 异文				须		几	
子夏				媷			
孟喜				媷			
京房				媷			
马融							
荀爽				嬬		既	
郑玄							
刘表							
宋衷							
陆绩				嬬			
董遇							
虞翻							
王肃							
姚信							
王廙							
张璠							
向秀							

（续表）

干宝							
蜀才							
翟玄							
九家							
刘瓛							

丰

卦爻辞	卦辞	初九	六二	九三	九四	六五	上六
今本 异文		配 旬	蔀 斗	沛 沬 肱	斗		丰 阒
子夏				芾 昧			
孟喜			主				寷 窒
京房							
马融				昧	昧		
荀爽		均					
郑玄		妃	菩	芾 昧			
刘表							
宋衷							
陆绩							
董遇							
虞翻							
王肃							
姚信				股			闃

（续表）

王廙							
张璠							
向秀							
干宝				芾			
蜀才							
翟玄							
九家							
刘瓛							

旅

卦爻辞	卦辞	初六	六二	九三	九四	六五	上九
今本 异文					资		
子夏					齐		
孟喜							
京房							
马融							
荀爽							
郑玄							
刘表							
宋衷							
陆绩							
董遇							

（续表）

虞翻							
王肃							
姚信							
王廙							
张璠							
向秀							
干宝							
蜀才							
翟玄							
九家							
刘瓛							

巽

卦爻辞	卦辞	初六	九二	九三	六四	九五	上九
今本／异文	巽						
子夏							
孟喜	顨						
京房							
马融							
荀爽							
郑玄							
刘表							

（续表）

宋衷							
陆绩							
董遇							
虞翻							
王肃							
姚信							
王廙							
张璠							
向秀							
干宝							
蜀才							
翟玄							
九家							
刘瓛							

兑

卦爻辞	卦辞	初九	九二	六三	九四	九五	上六
今本 / 异文							
子夏							
孟喜							
京房							
马融							

（续表）

荀爽							
郑玄							
刘表							
宋衷							
陆绩							
董遇							
虞翻							
王肃							
姚信							
王廙							
张璠							
向秀							
干宝							
蜀才							
翟玄							
九家							
刘瓛							

涣

卦爻辞	卦辞	初六	九二	六三	六四	九五	上九
今本 / 异文					丘 夷		
子夏							

（续表）

孟喜							
京房							
马融							
荀爽					弟		
郑玄							
刘表							
宋衷							
陆绩							
董遇							
虞翻							
王肃							
姚信					近		
王廙							
张璠							
向秀							
干宝							
蜀才							
翟玄							
九家							
刘瓛							

节

卦爻辞	卦辞	初九	九二	六三	六四	九五	上六
今本 异文							
子夏							
孟喜							
京房							
马融							
荀爽							
郑玄							
刘表							
宋衷							
陆绩							
董遇							
虞翻							
王肃							
姚信							
王廙							
张璠							
向秀							
干宝							
蜀才							
翟玄							

（续表）

九家							
刘瓛							

中孚

卦爻辞	卦辞	初九	九二	六三	六四	九五	上九
今本 / 异文			靡		几		
子夏			縻				
孟喜					既		
京房			劘		近		
马融							
荀爽					既		
郑玄							
刘表							
宋衷							
陆绩							
董遇							
虞翻							
王肃							
姚信							
王廙							
张璠							
向秀							

（续表）

干宝			靡				
蜀才							
翟玄							
九家							
刘瓛							

小过

卦爻辞	卦辞	初六	六二	六三	九四	六五	上六
今本 异文							
子夏							
孟喜							
京房							
马融							
荀爽							
郑玄							
刘表							
宋衷							
陆绩							
董遇							
虞翻							
王肃							
姚信							

（续表）

王廙							
张璠							
向秀							
干宝							
蜀才							
翟玄							
九家							
刘瓛							

既济

卦爻辞	卦辞	初九	六二	九三	六四	九五	上六
今本 异文			茀		繻 袽		
子夏			髴		襦茹		
孟喜			髴		需絮		
京房					絮		
马融							
荀爽			绂				
郑玄							
刘表							
宋衷							
陆绩							
董遇			髢				

（续表）

虞翻			鬀				
王肃			鬀				
姚信							
王廙					⿰衤焉		
张璠							
向秀							
干宝			鬀				
蜀才							
翟玄							
九家							
刘瓛							

未济

卦爻辞	卦辞	初六	九二	六三	九四	六五	上九
今本 / 异文							
子夏							
孟喜							
京房							
马融							
荀爽							
郑玄							
刘表							

（续表）

宋衷							
陆绩							
董遇							
虞翻							
王肃							
姚信							
王廙							
张璠							
向秀							
干宝							
蜀才							
翟玄							
九家							
刘瓛							

漢魏易注綜合研究

陈居渊 著

（下册）

齊魯書社

孙堂《汉魏二十一家易注》整理

目　录

整理说明

孙堂，字步升，浙江平湖人，清代乾嘉年间（1736—1820）诸生。他潜心研究易学，从事于古代易学资料的搜集、整理和考证，所编《汉魏二十一家易注》为其代表作。

《汉魏二十一家易注》凡三十三卷，辑录上自《子夏易传》，下至南齐刘瓛《周易义疏》的二十一家研究易学的著作。由于年代久远，这些著作早已不传，部分内容散见于唐人陆德明《经典释文》、孔颖达《周易正义》及李鼎祚所作《周易集解》等书。经过孙堂研究和汇辑，我们今天仍能略见其貌。它们是：一、（周）卜商《子夏易传》一卷；二、（汉）孟喜《周易章句》一卷；三、（汉）京房《周易章句》一卷；四、（汉）马融《周易传》一卷；五、（汉）荀爽《周易注》一卷；六、（汉）郑玄《周易注》三卷补遗一卷，（宋）王应麟辑，（清）惠栋增补，（清）孙堂重校；七、（汉）刘表《周易章句》一卷；八、（汉）宋衷《周易注》一卷；九、（吴）陆绩《周易述》一卷，（明）姚士麟辑，（清）孙堂增补；十、（魏）董遇《周易章句》一卷；十一、（吴）虞翻《周易注》十卷附录一卷；十二、（魏）王肃《周易注》一卷；十三、（吴）姚信《周易注》一卷；十四、（晋）王廙《周易注》一卷；十五、（晋）张璠《周易解》一卷；十六、（晋）向秀《周易义》一卷；十七、（晋）干宝《周易注》一卷，（元）屠曾辑，（清）孙堂补；十八、（蜀）范长生《蜀才周易注》一卷;十九、(年代不明)翟玄《周易义》一卷;二十、(汉)《九家周易集注》一卷;二十一、(南齐)刘瓛《周易义疏》一卷。《汉魏二十一家易注》比较全面地反映了自汉代至魏晋时期易学的面貌,为汉学家研究象数易学提供了较为详实的文本依据,具有一定的社会影响。阮元作序称该书"虚衷纂录,有功于先儒"。

《汉魏二十一家易注》引用历代文献约百种,编撰体例不依唐代李鼎祚《周易集解》,而是各家分列。具体言之,各家之前撰有小序以明该易注的源流,兼论作者与著作的宗旨及得失,具有导读的性质。其次,每条经注下皆缀拾异文,拾遗补阙,间引通假之字,以利读者比照。再次,若遇疑惑,则援经引史,网罗整比,详加考订,独抒己见,从而汇辑和保存了丰富的易学史资料。

在同时代学者如张澍关于《子夏易传》的辑本,丁杰与张惠言关于郑玄《易注》的辑本,臧庸关于马融《易注》、王肃《易注》的辑本等基础上,孙堂也进行了新的补充。如陆绩《易注》较明代姚士麟原辑本多四分之一的内容,姚信《易注》、王廙《易注》、蜀才《易注》较稍后马国翰的《玉函山房辑佚书》多四条、一条不等,张璠《集解》则订正了朱彝尊以张璠为"张伦"之误,干宝《易注》纠正了元代屠曾辑本之失,马国翰辑本无《九家周易集注》。凡此种种,都显示出该书的学术特色和价值。

《汉魏二十一家易注》由孙堂本人于嘉庆四年(1799)刻于映雪草堂。今台湾地区由严灵峰据以影印入《无求备斋易经集成》。此次整理校点,即以《无求备斋易经集成》影印本为底本。《无求备斋易经集成》影印时诸家次第有两种发生混乱,已依原刊本移正。原刊无目录,今补制。此书别无刊本,主要利用《四库全书》本《周易注疏》和《周易集解》作他校;同时也参考其他辑本的校勘成果,如王应麟《周易郑康成注》、惠栋《增补郑氏周易》等(俱《四库全书》本)。为了保持全书原貌,异体字、俗体字,不作改动,繁简一一对应者使用规范简体字。凡错讹、异文、脱漏,一律不改本文,而在校勘记中说明。凡各家《易注》及小注中所引《周易》原本,加引号。小注中“正义”二字非专指《周易正义》,故统一不加书名号。

汉魏二十一家易注序(阮元)

兵部侍郎兼都察院右副都御史巡抚浙江等处地方提督军务兼理粮饷阮元撰

平湖诸生孙堂步升辑汉以来《易》注二十一家,起汉韩《子夏传》,终齐刘子珪《义疏》。内郑康成《注》四卷、虞仲翔《注》十卷,余家各一卷,每卷有小序,颇见章法,持论亦允。注有古文通借之字,则援引经传小学疏证之。或为前人所言,则详其姓氏而不攘为己有。生盖笃志研经,虚衷纂录,有功于先儒,著绩于《易》学者也。夫士而知从事于经,难矣。从事于经,而不敢自为之说,采汉魏之微言,搜孟、京之逸说,拾遗补阙,罔罗整比,为尤难。盖非实事求是,而有一毫希功近名之心,不能为古人如此劳悴也。生年方少壮,而精力甚锐,终岁矻矻一编不去手,故其所成就者,已足观若此。如更以余力及诸经,或《尚书》古今文,《诗》毛、鲁、韩而皆为之致力,其所学必有与年俱进者。余阅兹编,有深望焉。

汉魏二十一家易注序(孙堂)

班氏《儒林传》云:“秦禁学,《易》为筮卜之书,独不禁,故传受者不绝。”然则汉之《易》学,无非先圣之遗旨可知矣。田子装之《易》,本于商瞿子木,班氏既明言之。至于焦延寿、京君明之《易》,前儒谓其独得隐士之说,然而焦、京之言卦气,实本孟长卿,唐一行“六、《卦议》”所引长卿之说可证也。长卿盖传田《易》者也。论者又谓焦、京用纳甲、飞伏、五行生克之法,不类圣人之经,而不知皆经之所本有。经曰“先甲三日”“后甲三日”“先庚三日”“后庚三日”。又曰“七日来复”,《小畜》上九、《中孚》六四皆曰“月几望”,非即纳甲之所自昉乎?朱子发云:“凡卦见者为飞,不见者为伏。”《说卦》说巽“其究为躁卦”,谓巽下有伏震也。非飞伏之明见于经者乎?经曰:“天数五,地数五,五位相得,而各有合。”所谓五位者,非即五行之位乎?焦、京之依经立说如是,而或疑为异端,可与?费长翁之《易》,史言其长于卦筮而亡章句。顾汉末郑、荀所传,皆费学也。康成多以互体论《易》,盖本《大传》,杂物撰德,非中爻不备之旨。慈明所论乾升坤降,实符《春秋传》史墨所推鲁君失民、季氏得民之说。慈明之《易》,尝见偁于虞仲翔。仲翔之《易》,亦正与慈明相出入。盖仲翔之高曾祖父皆传孟《易》者也。夫汉《易》之旁搜远绍,传受有本,尽若此。说

《易》者,更何以加兹易汉?而魏俗尚玄[①]虚,王辅嗣乃倡为得意忘象之说,而以清言言《易》,易学始大变,然汉《易》犹未尽微也。至唐贞观中,孔仲达等奉诏撰《五经正义》,于《易》独取王氏,而诸家渐废。千百年来,踵辅嗣而起者,皆骛为空谈性命之说,先汉经师之说弃如土梗,而汉《易》遂扫地尽矣。夫《易》有圣人之道四焉,谓辞也,变也,象与占也。黜汉《易》而仿王《易》,是于圣人之道去其三而仅留其一也,尚可以为《易》乎?堂究心汉学,历有年所,凡遗说之散见群籍者,披览所及辄裒录之,用以补唐李氏《集解》之所未备。《集解》依经列注,自汉至唐,杂采三十五家之说。此则以《释文·序录》所载诸家,辑其注之仅存者,并缀拾其异文,依元书之目,各为一编,故自子夏讫刘子珪而止。唯是识限方隅,挂漏难免,当世博雅君子,傥能示所不逮,是则堂之厚幸也夫。皇清嘉庆四年,岁在屠维协洽秋七月哉生霸,平湖后学孙堂书于映雪草堂。

① “玄”,原作“元”,系避清圣祖康熙讳,今改回。下同,不再一一出校。

汉魏二十一家易注援引书目

周易唐石经

京房易传注陆绩

郑康成周易注王应麟辑

郑康成周易注惠栋辑

陆绩易解姚士麟辑

干宝易解屠曾辑

周易正义孔颖达。宋本、明神庙时监本、汲古阁本、乾隆四年武英殿刊本

周易释文陆德明。吕氏音训本、明神庙注疏本,乾隆四年武英殿刊本、山井鼎《七经孟子考文》引元文本、通志堂本、雅雨堂本、抱经堂考证本

周易集解李鼎祚。《津逮秘书》本、《秘册汇函》本、雅雨堂本

周易口诀义史徵

易数钩隐图刘牧

汉上易传朱震

汉上易丛说朱震

汉上易卦图朱震

吕氏古易音训引晁说之

周易古占法程迥

周易本义朱子

周易义海撮要李衡

周易玩辞项安世

易图说吴仁杰

易裨传林至

丙子学易编李心传

周易辑闻赵汝楳

易筮宗赵汝楳

学易记李简

周易会通董真卿

周易折中

仲氏易毛奇龄

易图明辩胡渭

周易述惠栋

周易本义辩证惠栋

易汉学惠栋

易音顾炎武

参同契魏伯阳

易纬乾凿度注郑康成

易纬稽览图

尚书序

尚书正义孔颖达

尚书释文陆德明

尚书大传

尚书大传注郑康成

毛诗唐石经

诗序

毛诗笺郑康成

毛诗正义孔颖达
毛诗释文陆德明
毛诗草木鸟兽虫鱼疏陆玑
读诗记吕祖谦
诗考王应麟
韩诗外传
周礼注郑康成
周礼疏贾公彦
周礼释文陆德明
仪礼注郑康成
仪礼疏贾公彦
礼记注郑康成
礼记正义孔颖达
礼记释文陆德明
大戴礼记
三礼图聂崇义
礼书陈祥道
春秋左传唐石经
春秋左传注杜预
春秋左传正义孔颖达
春秋左传释文陆德明
春秋公羊传注何休
春秋公羊传疏徐彦
春秋公羊释文陆德明
春秋穀梁传集解范宁
春秋穀梁传疏杨士勋

春秋穀梁释文陆德明
春秋繁露董仲舒
论语义疏皇侃
论语释文陆德明
孟子注赵岐
孟子疏孙奭
孟子音义孙奭
尔雅注郭璞
尔雅注郑樵
尔雅疏邢昺
尔雅释文陆德明
郑志郑小同
六经正误毛居正
六经奥论郑樵
六经天文编王应麟
五经说熊朋来
五经文字张参
群经音辩贾昌朝
七经孟子考文山井鼎
九经古义惠栋
古经解钩沈余萧客
经义考朱彝尊
方言注郭璞
释名刘熙
广雅张揖
小尔雅孔鲋

急就篇注颜师古
急就篇补注王应麟
说文解字许慎
说文系传徐锴
玉篇顾野王
字林吕忱
汗简郭忠恕
类篇司马光
六书故戴侗
钟鼎款识薛尚功
啸堂集古录王俅
隶释洪适
隶续洪适
广韵
集韵丁度
小学绀珠王应麟
一切经音义唐释元应
国语注韦昭
战国策注高诱
战国策注鲍彪
战国策校注吴师道
史记司马迁
史记集解裴骃
史记正义张守节
史记索隐司马贞
汉书班固

汉书注颜师古
汉艺文志考证王应麟
后汉书范蔚宗
后汉书注李贤
两汉刊误补遗吴仁杰
三国志注裴松之
晋书房乔
隋书魏征
北史李延寿
旧唐书刘昫
新唐书欧阳修
资治通鉴音注胡三省
逸周书
路史注罗苹
东观汉记
西京杂记葛洪
华阳国志常璩
十六国春秋崔鸿
通典杜佑
文献通考马端临
通志郑樵
水经注郦道元
山海经
唐律疏义长孙无忌
世说新语注刘峻
列女传刘向

本草纲目李时珍
管子
晏子春秋
家语注王肃
庄子
鹖冠子
列子注张湛
列子释文殷敬顺
墨子
荀子注杨倞
吕氏春秋注高诱
淮南子注高诱
新书贾谊
太玄经扬雄
白虎通班固
颜氏家训颜之推
黄氏日抄黄震
容斋随笔洪迈
学斋占毕史绳祖
野客丛书王楙
瑞桂堂暇录阙名
兼明书邺光庭
坦斋通编邢凯
埤雅陆佃
困学纪闻王应麟
鼠璞戴埴

广川书跋董逌
丹铅总录杨慎
北堂书钞虞世南
艺文类聚欧阳询
初学记徐坚
太平御览李昉
事物纪原高承
锦绣万花谷丛书阙名
事文类聚祝穆
山堂群书考索章俊卿
玉海王应麟
楚辞章句王逸
文心雕龙刘勰
文选注李善
文苑英华宋白
韩文考异朱子
直斋书录解题陈振孙
摭古遗文李登
金石文字记顾炎武

仝辑姓氏

费鉴如损庐

张敬基澹斋

冯应元晓园

陆锡麒莲滨

张跃鳞拗庵

孙　焘萱阶校虞翻《易》

袁步先东峤

周用锡晋园

陆树人春泉

张守铭云湄

袁路先翥亭

朱为弼茮堂

张守铨竹泉

张鸣盛喈乐

朱元墫椒雨

朱方增虹舫

何文焕蘅洲

吴兆羹梅岩

孙　基兰斋

孙　逵云浦

孙　谋耳泉

孙　坤菊溪

孙　坡印浦

孙　胜筠林

子夏易传

子夏易传序

《子夏易传》,《七略》以为韩婴书,《汉志》有《韩氏》二篇,盖即是书也。然《隋志》已云残阙,前汉盖宽饶引《韩氏易》云:"五帝官天下,三王家天下。"当即二篇中义。后人展转依托,益为十一卷,或曰唐张弧伪撰,或曰非也。宋程迥《古占法》云:"近世有陋儒用王弼本为之注,亦托云子夏,凡先儒所引,此本皆无之。熙宁中,房审权萃训诂百家,乃取后赝本。"案:房氏元书已亡,李衡《义海撮要》盖删房书而成之者。观其所引子夏说,则尽出今本,罗苹《路史注》亦然。旧本之散见者,自唐人所引外,惟朱氏震、晁氏说之、赵氏汝楳、王氏应麟四家之书间取之,然朱氏《汉上易卦图》所引"七日来复"注,王氏《玉海》三十六卷所引"大衍之数"注,又间涉今本。盖唐以后旧本,久已散亡,故为今本所淆乱。兹特辑其与今本异者,凡七十条。云《子夏易传》者,仍刘氏《七略》《释文·序录》之旧也。孙堂识。

上　经

乾:

乾,元亨利贞。

元，始也。亨，通也。利，和也。贞，正也。言乾秉纯阳之性，正义作"言此卦之德有纯阳之性"。故能首出庶物，各得元始、开通、和谐、贞固，不失其宜。正义作"自然能以阳气始生万物，而得元始亨通，能使物性和谐，各有其利，又能使物坚固贞正。得终此卦，自然令物有此四种，使得其所，故谓之四德"。是以君子法乾而行四德，正义作"言圣人亦当法此卦而行善道，以长万物，物得生存而为元也。又当以嘉美之事，会合万物，令使开通而为亨也，又当以义协和万物，使物各得其理而为利也。又当以贞固干事，使物各得其正而为贞也。是以圣人法乾而行此四德，故曰'元亨利贞'"。故曰"元亨利贞"矣。《集解》。《正义》。

初九，潜龙勿用。

龙所以象阳也。《集解》。

上九，亢龙有悔。

亢，极也。《释文》。

坤：

先迷后得主。

先迷后得主也。《汉上易传》。

屯：

初九，磐桓。

磐桓，犹桓旋也。《汉上易传》。

六二，屯如邅如。

如，辞也。《释文》。

乘马班如。乘，音绳。《释文》。

班如，相牵不进貌。《释文》。《正义》。

讼：

无眚。

妖祥曰眚。《释文》。

师：

师，贞，大人吉。[1]《集解》。《古占法》。

大人，[2]王者之师也。《集解》。

比：

比，吉。

地得水而柔，水得土《释文》《口诀义》俱作“地”。而流，比之象也。《释文》作“故曰比”。夫凶者，生于乖争，今既亲比，故云“比，吉”也。《集解》。《释文》。《口诀义》。《汉艺文志考证》。《困学纪闻》。

比之初六，有它吉也。

非应，称它也。一作“非应，故称它”。《古占法》。《汉上易传》。《会通》。

六三，比之匪人。

处非其位，非人道也。《汉上易传》。

小畜：

舆说輹[3]。《汉上易传》。堂案：此“舆”字，疑当作“车”。

辐，一作“轴”，讹。车剧也。《正义》。輹，车下伏菟也。《左传》正义。《丹铅总录》。

九五，有孚恋如。[4]

恋，思也。《释文》。堂案：古“挛”字，亦作“恋”。见《隶释·北海相景君碑》《广汉属国侯李翊碑》。

---

① “大人”，《周易注疏》《周易集解》作“丈人”。

② “大人”后，《周易集解》有“并”字。

③ “輹”，《周易注疏》《周易集解》作“辐”。

④ “恋”，《周易注疏》《周易集解》作“挛”。

尚得载。晁氏。堂案：得、德古通用。《史记·项羽本纪》："吾为若德。"《汉书》作"吾为公得"，晋灼曰："字或作德。"《战国·韩策》："毋秦患而德楚。"《赵策》："残乱宋德。"一本"德"皆作"得"。

月近望。[①]《释文》。晁氏。堂案：晁氏云："古文读近为既，《诗》'往近王舅'是也。"此实当作"既"。

履：

愬愬终吉。

愬愬，恐惧貌。《释文》。《口诀义》作"恐惧之貌也"。

泰：

翩翩。不富以其邻。

翩翩，轻举貌。《释文》。

帝乙归妹，以祉元吉。

帝乙归妹，汤之归妹也。《汉上易传》。《辑闻》。《困学纪闻》。

上六，城复于埤。[②]《释文》。

埤，是城下池也。正义仍引作"隍"。

大有：

九二，大舆以载。[③] 晁氏。

九四，匪其旁。[④]《释文》。

旁，盛满貌。《汉上易传》。

嗛：[⑤]《释文》。《两汉刊误补遗》。

嗛，谦也。《释文》。

---

① "近"，《周易注疏》《周易集解》作"几"。
② "埤"，《周易注疏》《周易集解》作"隍"。
③ "舆"，《周易注疏》《周易集解》作"车"。
④ "旁"，《周易注疏》《周易集解》作"彭"。
⑤ "嗛"，《周易注疏》《周易集解》作"谦"。下同。

六四，无不利，㧑谦。

㧑谦，化谦也。《汉上易传》。

豫：

六三，纡豫，[①]悔。《释文》。

朋盍簪。

簪，疾也。《释文》。

蛊：

先甲三日，后甲三日。

先甲三日者，辛壬癸也；后甲三日者，乙丙丁也。《集解》。

噬嗑：

九四，噬乾脯。[②]《释文》。

贲：

贲于丘园，束帛残残。[③]《释文》。《汉艺文志考证》。

五匹为束，三玄二纁象阴阳。《释文》。《汉艺文志考证》。

复：

有灾眚。

伤害曰灾，妖祥曰眚。《释文》。

颐：

六二，颠颐弗经。[④]

弗，辅弼也。《释文》。

---

① “纡”，《周易注疏》《周易集解》作“盱”。

② “脯”，《周易注疏》《周易集解》作“胏”。

③ “残残”，《周易注疏》《周易集解》作“戋戋”。

④ “弗”，《周易注疏》《周易集解》作“拂”。

其欲攸攸。[1]《释文》。《困学纪闻》。

习坎：

湜于丛棘。[2]《释文》。

离：

嘁嗟若。

嘁，子六反。咨惭也。《释文》。

下　经

咸：

柔上而刚下，二气感应以相与。止而说，男下女，是以亨，利贞，取女吉也。

妇人学于舅姑者也。《汉上易传·说卦》引云："义与'渐，女归吉'同。"

初六，咸其晦。[3]《释文》。

九五，咸其脢。

在脊曰脢。《正义》。

遯：

上九，肥遯。

肥，饶裕也。《正义》。《释文》。《丙子学易编》。

晋：

晋如硕鼠。[4]《释文》。《汉上易传》。《辑闻》。

明夷：

① "攸攸"，《周易注疏》《周易集解》作"逐逐"。

② "湜"，《周易注疏》《周易集解》作"寘"。

③ "晦"，《周易注疏》《周易集解》作"拇"。

④ "硕"，《周易注疏》《周易集解》作"鼫"。

睇于左股。[①]

旁视曰睇。《释文》。

用抍马壮，[②]吉。《释文》。《汉上易传》。

睽：

其牛觢。[③]

觢，一角仰也。《释文》。堂案：今《说文》云"觢，一角仰也"，徐铉曰"从㓞省"，与此训同。《释文》引《说文》云"觢，之世反。角一俯一仰"，《尔雅》云"角一俯一卬，觭皆踊觢"，并与此异。

益：

风雷益。

雷以动之，风以散之，万物皆益。《正义》。

夬：

擊羊悔亡。[④]《释文》。晁氏。

九五，莧陆夬夬。

莧陆，木根草茎，刚下柔上也。《正义》。《学斋占毕》。《兼明书》。

姤：

系于金鑈。[⑤]《释文》。

以杞苞瓜。[⑥]《释文》。正义云："《子夏传》曰：'作杞匏瓜。'"

杞梓连抱瓜。阴实而蔓生，象阴之来，绵绵未已。《辑闻》。

① "睇"，《周易注疏》作"夷"。

② "抍"，《周易注疏》《周易集解》作"拯"。

③ "觢"，《周易注疏》作"掣"，《周易集解》作"觢"。

④ "擊"，《周易注疏》《周易集解》作"牵"。

⑤ "鑈"，《周易注疏》《周易集解》作"柅"。

⑥ "苞"，《周易注疏》《周易集解》作"包"。

困：

九四，来荼荼。[①]

荼荼，音图。内不定之意。《释文》。堂案：《荀子·大略篇》："诸侯御荼。"杨倞注云："荼，古舒字。"《礼·玉藻》："诸侯荼，前诎后直。"注云："荼，读为'舒迟'之'舒'。"《毛诗》："荆舒是惩。"《史记》作"荆荼是征"，虞翻本亦作"荼"。荼云舒迟也。此及翟玄"荼音图"云云，未详。

井：

九二，井谷射鲋。

鲋谓虾蟇。《释文》。鲋是虾蟇也。《口诀义》。井中虾蟆，呼为鲋鱼也。《正义》。堂案：《吕氏春秋·孟夏纪》："蝼蝈鸣。"高诱注云："蝼蝈，虾蟇也。"《淮南·时则训》注又云："蝼，蝼蛄也。蝈，虾蟇也。"《周礼》："蝈氏。"郑司农云："蝈，读为蜮。蜮，虾蟇也。《月令》'蝼蝈鸣'，故曰'掌去鼃黾'。鼃黾，虾蟇属。"书或为"掌去虾蟇"。《说文》："鼃，虾蟆也。""蜮，短狐也。蜮，又从国。"徐铉曰："蝈，今俗作古获切，以为虾蟆之别名。"《月令》，《释文》引蔡氏云："蝈，蛙也。"蛙，即虾蟆也。《尔雅》："鼈蟇。"郭璞云："蛙类。"郑樵云："即虾蟇。"《玉篇》："鼈，虾蟇也。"又云："蝼蝈，虾蟇。"诸书皆以蛙蝈、虾蟆为一物。然案《急就篇》："水虫，科斗、䵷、虾蟆。"颜师古注云："䵷，一名蝼蝈，色青，小形而长。虾蟆，一名鼈，大腹而短脚。"《本草》："蛙似虾蟆，而背青绿色，尖嘴细腹。"《庄子·秋水篇》："子独不闻夫埳井之鼃乎。"司马彪云："鼃，水虫，形似虾蟆。"《汉书·五行志》："武帝元鼎五年秋，蛙与虾蟆群斗。"是蛙与蝈为一物，虾蟇又一物也。《子夏传》以鲋鱼为虾蟇者，王应麟《急就篇补注》云："鲋，小鱼也。似鲤，色黑而耐寒。《易》'井谷射鲋'，音付。《子夏传》谓虾蟇。"又引《广雅》："鲋，鲼也。"以为即今之鲫鱼。案《文选注》引郑康成《易注》云："鲋鱼，言微小也。"又云："此鱼之

① "荼荼"，《周易注疏》《周易集解》作"徐徐"。下同。

至小。”鲍彪《国策注》亦云:“鲋,鱼之小者。”是鲋又小鱼之通称。虾蟇,鱼属,故呼虾蟇为小鱼,未闻以鲫鱼为虾蟇也。

六四,井甃,无咎。

甃,修治也。《释文》。正义作“亦治也”。

鼎:

其形握。[①]《汉上易传》。堂案:《战国策》颜触曰:“祸必握。”吴师道校云:“《高士传》‘握’作‘渥’。”是二字通。

归妹:

利幽人无“之”字。贞。晁氏。

六三,归妹以嬬。[②]

嬬,媵之妾也。晁氏。

士刲羊无血。

血谓四,士刲羊三而无血。《汉上易传》。

丰:

九三,丰其芾。[③]

芾,小也。《释文》。堂案:此训本《尔雅》,《说文》“芾”作“市”,以为“朱市”字。《玉篇》又甫味切,云“蔽市小儿”。《毛诗》“蔽”“芾”字皆从艸。《魏元丕碑》亦作“弊芾”。此“芾”字,读为去声,与郑、干本不同。

日中见昧[④]。

昧,星之小者。《释文》。

旅:

① “握”,《周易注疏》《周易集解》作“渥”。

② “嬬”,《周易注疏》《周易集解》作“须”。

③ “芾”,《周易注疏》《周易集解》作“沛”。

④ “昧”,《周易注疏》《周易集解》作“沬”。

得其齐斧。[1]《释文》。《丙子学易编》。

涣：

用拼马壮，[2]吉。

拼，取也。《释文》。

中孚：

我与尔縻之。[3]《汉上易传》。

既济：

既济，亨。

阳已下阴，万物皆成。《汉上易传》。

妇丧其髴。[4]《释文》。

繻有衣茹。[5]《释文》。

未济：

小狐汔济。

坎称小狐。《汉上易传·说卦》引。

---

① "齐"，《周易注疏》《周易集解》作"资"。

② "拼"，《周易注疏》《周易集解》作"拯"。下同。

③ "縻"，《周易注疏》《周易集解》作"靡"。

④ "髴"，《周易注疏》《周易集解》作"茀"。

⑤ "繻"，《周易注疏》《周易集解》作"繻"。"茹"，《周易注疏》《周易集解》作"袽"。

孟喜周易章句

孟喜周易章句序

孟喜字长卿，东海兰陵人，与施雠、梁丘贺同受《易》于田何。《汉·艺文志》三家并有《章句》，而施氏、梁丘氏之《易》，至梁已亡。案：《礼记·郊特牲》疏引施雠《易》说云："三王之乐，可得观乎！"《汉上易传·升卦》"允升"引施雠作"䚻升"，云："䚻，进也。"馀不概见，梁丘贺《章句》无考。惟《孟氏易》，《七录》十卷，《隋志》八卷，新旧《唐书》、《释文·序录》并云十卷。今其书虽亡，其轶犹见于他说。许慎《说文解字序》称《易孟氏》，《说文》所引皆《孟氏易》也。唐释一行曰："《孟氏章句》，其说《易》本于气，而后以人事明之。"今观诸家所谓六日七分、七十二候、十二月消息及六十四卦分月用事之法，皆本于孟氏，是《章句》虽亡而未尽亡也。缀为一编，犹存一家之学云。孙堂识。

上下经

乾：

夕惕若，夤。[①]《说文》。

① "夤"，《周易注疏》《周易集解》作"厉"。

忼龙有悔。[①]《说文》。堂案:《汗简》引古《周易》同。

时乘六龙以御天。

天子驾六。《诗 · 干旄》正义。

利之足以和义。《释文》。

坤:

阴疑于阳必战。

阴乃上薄疑似于阳,必与阳战也。《集解》。

屯:

乘马驙如。[②]《说文》。堂案:抱经堂《释文考证》,《说文》当作'屯如驙如',作'乘马'者,涉下而误。详马融《易》。

泣涕㦽如。[③]《说文》。

蒙:

再三黩。[④]《说文》。

以往遴。《说文》。堂案:《说文 · 口部》亦作'吝'。

九二,彪蒙吉。[⑤]

彪,文也。晁氏。

小畜:

车说輹。[⑥]《说文》。晁氏引同。堂案:今《说文》本"车"或作"舆"。

履:

履虎尾,虩虩恐惧,[⑦]终吉。《说文》。

---

① "忼",《周易注疏》《周易集解》作"亢"。

② "驙",《周易注疏》《周易集解》作"班"。

③ "涕㦽",《周易注疏》《周易集解》作"血涟"。

④ "黩",《周易注疏》《周易集解》作"渎"。

⑤ "彪",《周易注疏》《周易集解》作"包"。

⑥ "輹",《周易注疏》《周易集解》作"辐"。

⑦ "虩虩",《周易注疏》《周易集解》作"愬愬"。

泰：

包荒，用冯河。《说文》。

帝乙归妹，以祉元吉。

《易》有周人五号。帝天称，一也。王美称，二也。天子爵号，三也。大君者，兴盛行异，四也。大人者，圣人一作"明"。德备，五也。《礼记·曲礼》正义。

豫：

殷荐无'之'字。上帝，以配祖考。《说文》。晁氏引同。

噬嗑：

噬乾肏。[①]《说文》。

大畜：

僮牛之告。[②]《说文》。

习坎：

禔既平。[③]《说文》。

离：

百谷草木麗于土。《说文》。

日昃之离。《说文》。

𠫓亦作𠪩。如，其来如。[④]《说文》。

咸：

咸其辅侠舌。《释文》。堂案：古"颊"字与"夹"通。《公羊》《穀梁》定十年经："公会齐侯于颊谷。"《左氏》作"夹谷"。古"夹"字亦与'侠'通。《西岳华山亭碑》："士卒侠路。"洪适云："碑以侠为夹。"

---

① "肏"，《周易注疏》《周易集解》作"肉"。

② "僮牛之告"，《周易注疏》作"童牛之牿"，《周易集解》作"童牛之告"。

③ "禔"，《周易注疏》作"祗"。

④ "𠫓"，《周易注疏》作"突"，《周易集解》作"𠪩"。

恒：

楮恒，[1]凶。《说文》。

䂶。《说文》。《释文》云："䂶，孟作'齐'，子西反。"晁氏云："案：齐，古文。䂶，篆文。"

明出地上，䂶。《说文》。

矢得勿恤。《释文》。

明夷：

抍马壮，吉。[2]《说文》。

箕子之明夷。

阴阳气亡箕子，箕子者，万物方荄兹也。《汉书》本传。堂案：此蜀人赵宾说，云受孟喜，喜尝名之。颜师古曰："荄兹者，言其根荄方滋茂也。"《释文》引刘向亦云今《易》"箕子"作"荄滋"。

睽：

其牛觢[3]。《说文》。

其人天且劓。[4]《说文》。

损：

君子以征忿恎浴。《释文》。晁氏云："孟作'谷'。谷，古文'欲'字。"堂案：《隶释·老子铭》"谷"字亦作"浴"。

㠯事遄往。[5]《说文》。

益：

风雷益。

---

① "楮"，《周易注疏》作"振"，《周易集解》作"震"。

② "抍"，《周易注疏》《周易集解》作"拯"。

③ "觢"，《周易注疏》作"掣"。

④ "劓"，《周易注疏》作"劓"。

⑤ "㠯"，《周易注疏》《周易集解》作"祀"。

雷以动之，风以散之，万物皆益。正义以为与子夏同。

莫益之，遍辞也。

遍，周匝也。《释文》。

夬：

其行趑趄。[①]《说文》。

莧陆夬夬。

莧陆，兽名。决有兑，兑为羊也。《路史·疏仡纪》注。堂案：《说文》："莧，山羊细角者，从兔足，苜声，读若丸。""苋，菜也。从艸，见声。"闲旦反，孟训为兽，则此字当从兔足，苜声，不从艸，见声。

姤：

系于金檷。《释文》云："柅，《说文》作'檷'。"

升：

初六，粇升[②]，大吉。《说文》。堂案：《汗简》引古《周易》同。

困：

槷，甈。《说文》。

困于葛藟，于剌甈。《释文》云："鼿，《说文》作'剌'。甈，《说文》作'甈'。"

井：

瓮敝漏。《释文》云："瓮，《说文》作'瓮'。"

革：

水火相熄。《释文》云："息，《说文》作'熄'。"

君子豹变，其文斐也。[③]《说文》。

鼎：

① "趑趄"，《周易注疏》《周易集解》作"次且"。

② "粇"，《周易注疏》《周易集解》作"允"。

③ "斐"，《周易注疏》《周易集解》作"蔚"。

飘餁。堂案:《说文》引此二字,疑出鼎卦,故列于此。

艮:

不承其随。[①] 晁氏。

艮其限。《说文》。

裂其胂。[②] 晁氏。

归妹:

《象》曰:归妹以娣,无'以'字。恒也。晁氏。

六三,归妹以嬬。[③]

嬬,媵之妾也。晁氏。

丰:

日中则稷。[④]《释文》。堂案:"稷"与"昃"通,《尚书》:"日昃不暇。"《成阳灵台碑》作"日稷不夏",《穀梁春秋》经"戊午日下稷",《左氏》《公羊》皆作"昃"。

遇其妃主。

嘉耦曰妃。[⑤]《汉上易传》。堂案:妃,《说文》音芳非切,《玉篇》又音配,详郑氏《易》。

日中见主。《释文》。堂案:主,今作"斗",古斗字亦有主音。《周礼·鬯人》:"大丧之大渳,设斗。"彼《释文》云:"斗,音主。"

豐其屋。《说文》。堂案:《汗简》引古《周易》同。

窒其无人。[⑥]《释文》。

天际祥也。堂案:经文"际"字,殿版《注疏考证》引作"降"。

---

① "承",《周易注疏》《周易集解》作"拯"。
② "胂",《周易注疏》《周易集解》作"夤"。
③ "嬬",《周易注疏》《周易集解》作"须"。
④ "稷",《周易注疏》《周易集解》作"昃"。
⑤ "妃",《周易注疏》《周易集解》作"夷"。
⑥ "窒",《周易注疏》《周易集解》作"阒"。

天降下恶祥也。《集解》。

巽。《说文》云："此《易·巽卦》为长女，为风者。"

中孚：

自冬至初，中孚用事，一月之策，九、六、七、八，是为三十。而卦以地六，候以天五，五六相乘，消息一变，十有二变而岁复初。坎、离、震、兑，二十四气，次主一爻，其初则二至、二分也。坎以阴包阳，故自北正，微阳动于下，升而未达，极于二月，凝涸之气消，坎运终焉。春分出于震，始据万物之元，为主于内，则群阴化而从之，极于南正，而丰大之变穷，震功究焉。离以阳包阴，故自南正，微阴生于地下，积而未章，至于八月，文明之质衰，离运终焉。仲秋阴形于兑，始循万物之末，为主于内，群阳降而承之，极于北正，而天泽之施穷，兑功究焉。故阳七之静始于坎，阳九之动始于震，阴八之静始于离，阴六之动始于兑，故四象之变皆兼六爻，而中节之应备矣。《新唐书·志十七》，一行"六、《卦议》"。《小学绀珠》节引。

我有好爵，吾与尔靡之。

好，小也。靡，共也。《释文》。

月既望。①

既望，十六日也。晁氏。

既济：

妇丧其髴。②

髴，鬓发也。晁氏。

需亦作"繻"。有衣絮。《说文》。《六经正误》云："《说文》作'絮'，作

① "既"，《周易注疏》《周易集解》作"几"。

② "髴"，《周易注疏》《周易集解》作"茀"。

'絮'误。”堂案:《说文》:“絮,敝绵也。从糸,如声。息据切。”“絮,絮缊也。一曰敝,絮从糸,奴声,《易》曰:'需有衣絮。'女余切。”《释文》亦引作“絮”,毛以为误,未知所据。

未济:

小狐汔济,濡其尾。

坎,穴也。狐穴居,小狐济水,未济一步下其尾,故曰“汔济濡尾”。《汉上易传》。

震用伐鬼方。

震,敬也。晁氏。

上下系辞

系辞焉而明之。[①]《释文》。

夫乾隺然。[②]《说文》。

夫坤退然[③],示人简矣。《释文》。

圣人之大保曰位。《释文》。堂案:“保”与“宝”通,古“保”字作“保”。《春秋左氏》庄六年经:“齐人来归卫俘。”杜预注云:“《公羊》《穀梁》皆作'卫宝',此传亦言宝。唯此经言俘,疑经误。”正义云:“案《说文》保从人,采省声。”古文保不省,然则古字通用宝,或“保”字与“俘”相似,故误作“俘”耳。

古者伏戏氏之王天下也。

伏,服也。戏,化也。《释文》。

耒耜之利,[④]以教天下。

耘,除草。《释文》。《丙子学易编》。

---

① “明”,《周易注疏》《周易集解》作“命”。

② “隺”,《周易注疏》《周易集解》作“确”。

③ “退”,《周易注疏》《周易集解》作“隤”。

④ “耜”,《周易注疏》《周易集解》作“耨”。

犕牛乘马。[①]《说文》。

重门击㰅。亦作"欜"。《说文》。

象也者,象也。[②]《释文》。

天地壹壸。《说文》。

杂而不越。《说文》。

说　卦

参天两地。《说文》。

燥万物者,莫暵乎离。《说文》。晁氏引同。堂案:今《系传》本"离"亦作"火",云:"火,离也。"

为馰颡。亦作"的"。《说文》。

为黔喙。《说文》。晁氏云:"无'之属'二字。"

序　卦

饮食必有讼,故受之以讼。

阴阳养万物,必讼而成之。君臣养万民,亦讼而成之。《古占法》。《困学纪闻·汉艺文志考证一》。

杂　卦

杂,乱也。《释文》。

堂案:《礼·王制》正义引《易》孟氏说云"年二十行役,三十受兵,六十还兵"三句,与《韩诗》说同,附录之。

① "犕",《周易注疏》《周易集解》作"服"。

② "象",《周易注疏》作"像"。

京房周易章句

京房周易章句序

汉有两京房，一为杨何弟子；一顿丘人，字君明，焦延寿弟子。案：《焦氏易林》十六卷，今存。又《易林变占》十六卷，佚。郑康成注随卦，引焦赣之言曰："汉高帝与项籍，其明征也。"竹垞太史以为《变占》中语。杨何弟子《易》不传，今所传者，《易传》三卷及妖占、飞候等散见于他说者，皆君明书也。案：梁《七录》及《隋志》又载有《章句》十卷，《释文·序录》云"十二卷"，今亡矣。乃摭拾其所散见者，合为一卷。先儒孟、京并称，盖其说往往与孟氏同云。孙堂识。

上下经

乾：

时乘六龙以御天。

天子驾六。《诗·干旄》正义。《事物纪原》。

君子体信，足以长人。《释文》。

利之足以和义。《释文》。

坤：

东北丧朋。

女既嫁，降父之服。臣既仕，先公后私。《汉上易传》。

蒙：

九二，彪蒙，[①]吉。

彪，文也。晁氏。

小畜：

尚得载。晁氏。

月近望。[②] 晁氏。

泰：

帝乙归妹，以祉元吉。

《易》有周人五号。帝天称，一也。王美称，二也。天子爵号，三也。大君者，兴盛行异，四也。大人者，圣人德备，五也。《曲礼》正义。汤嫁妹之辞曰："无以天子之尊而乘诸侯，无以天子之富而骄诸侯，阴之从阳，女之顺夫，本天地之义也。往事尔夫，必以礼义。"《辑闻》。《困学纪闻》。

否：

系于包桑。

桑有衣食人之功，圣人亦有天覆地载之德，故以喻。《集解》。

大有：

公用享于天子。

享，献也。《释文》。《汉上易传》。《六经正误》。

谦：

鬼神害盈而富谦。《释文》。堂案：《说文》云："富，备也。"《礼·祭统》云："福者，备也。"《释名》云："福，富也。"《郊特牲》云："富也者，福也。"富、福同义，古"福"字作"畐"，又与"富"形相近。《慎令刘修碑》亦云："鬼神富谦。"

---

① "彪"，《周易注疏》《周易集解》作"包"。

② "近"，《周易注疏》《周易集解》作"几"。

六四，无不利，挥谦。[①] 晁氏。《汉上易传》。

上下皆通曰㧑谦。《义海撮要》。

豫：

而四时不贷。《释文》。堂案：古"忒"字作"貣"，《五经文字》曰："贷相承，或借为貣。"今案：《书·洪范》："卜五，占用二，衍忒。"《史记·宋世家》作'衍貣'，《管子》："如四时之不貣。"皆古"忒"字。经典亦作'贷'，《礼·月令》"宿离不贷"，注云："不差忒也。"又"无或差贷"，《吕氏春秋》"贷"作"忒"。

隐荐之上帝，以配祖考。《释文》。堂案："殷"与"隐"古或通用。《诗》："殷其靁。"彼《释文》云："殷音隐。"《隶释·刘熊碑》："勤恤民殷。"亦以"殷"为"隐"。

六三，污豫，[②]悔。《释文》。

朋盍撍。《释文》。堂案：陆氏希声云："撍，今捷字。"

随：

王用享于西山。

享，祭也。晁氏。

观：

上，[③]宾也。晁氏。

上九，观其生，君子无咎。

言大臣之义，当观贤人，知其性行，推而贡之。《汉书·五行志》。堂案：经注及各史引《易传》文甚多，以非章句不入此条，《九经古义》采之，因附录焉。

剥：

---

① "挥"，《周易注疏》《周易集解》作"㧑"。

② "污"，《周易注疏》《周易集解》作"盱"。

③ "上"，《周易注疏》《周易集解》作"尚"。

六三，剥无“之”字。无咎。晁氏。

六四，剥床以簠。[1]

簠，谓祭器。《释文》。《困学纪闻》。

君子德舆。《释文》。

复：

崩来无咎。[2]《释文》。

无祇悔。

祇，安也。晁氏。堂案：此“祇”字及坎卦“祇既平”，吕忱《字林》《五经文字》《群经音辩》皆从衣作“衹”，唐石经坎卦亦作“衹”，然相沿已久，不敢妄改，诸家本并同。

无妄：

大旱之卦，万物皆死，无所复望。《集解》虞翻引。

大畜：

利涉大川，应乎天也。

谓二变五，体坎，故利涉大川。五，天位，故曰“应乎天”。《集解》。

颐：

观我揣颐。[3]《释文》。

揣，动也。晁氏。《集韵》。《类篇》。堂案：“揣”字，三书俱引作“埵”，云“动也”，字从土，音多果切。《广雅·释诂》：“揣，动也。”从手。《说文》无埵字，《六经正误》亦曰：“京作揣，作埵误。”今据《广雅》改。

习欿：[4]《释文》。

① “簠”，《周易注疏》《周易集解》作“肤”。

② “崩”，《周易注疏》《周易集解》作“朋”。

③ “揣”，《周易注疏》《周易集解》作“朵”。

④ “欿”，《周易注疏》《周易集解》作“坎”。

欿，险也，陷也。《释文》。

水臻至。《释文》。堂案：《尔雅·释诂》："臻，仍，乃也。"《广雅》："仍，再也。"古字"乃"与"仍"通，臻即再字之义。

樽酒簋。句。贰用缶。句。晁氏。

内约自牖。

内自约束。晁氏。

禔既平。[1] 禔音支。《释文》。晁氏。

离：

则大绖之嗟[2]。《释文》。

𠫤如其来如。晁氏。

咸：

憧憧往来。[3]《释文》。

大壮：

小人用壮，君子罔也。

壮，一也。小人用之，君子有而不用。《会通》。

明夷：

睇于左股。[4]《释文》。

家人：

《象》曰：家人嗃嗃，未失也。妇子嘻嘻，失家节也。

治家之道，于此备矣。《汉上易传》。

睽：

① "禔"，《周易注疏》《周易集解》作"祗"。

② "绖"，《周易注疏》《周易集解》作"耋"。

③ "憧憧"，《周易注疏》《周易集解》作"憧憧"。

④ "睇"，《周易注疏》《周易集解》作"夷"。

后说之壶。[1]《释文》。

解：

君子以赦过宥罪。[2]《释文》。

困：

九五，劓剑[3]。《释文》。

井：

可用汲。

言我道可汲而用也。《史记索隐》卷二十。

王明并受其福。

上有明王，汲我道而用之，天下并受其福，故曰"王明并受其福"也。《史记索隐》卷二十。

革：

《象》曰：大人虎辨，[4]其文炳也。晁氏。

虎文疏而著。《汉上易传》。

鼎：

其刑剧。[5]

刑在頄为剧。晁氏。

艮：

不承其随。[6]晁氏。

列其朋。[7]晁氏。

① "壶"，《周易注疏》《周易集解》作"弧"。
② "宥"，《周易注疏》《周易集解》作"宥"。
③ "剑"，《周易注疏》《周易集解》作"刖"。
④ "辨"，《周易注疏》《周易集解》作"变"。
⑤ "刑剧"，《周易注疏》《周易集解》作"形渥"。
⑥ "承"，《周易注疏》《周易集解》作"拯"。
⑦ "朋"，《周易注疏》《周易集解》作"夤"。

归妹：

归妹以娣，无“以”字。恒也。晁氏。

六三，归妹以嬬。[1]

嬬，媵之妾也。晁氏。

中孚：

九二，鸣鹤在阴。

九二处和，体震，则震为鹤。《汉上易传》。

吾与尔劘之。《释文》。《集韵》平声一，“劘”“劘”二字并收，云京房从刀。晁氏曰：“京作‘靡’。”非是。

六四，月近望。[2]《释文》。

既济：

繻有衣絮。[3]《释文》。《五经文字》。

未济：

震用伐鬼方。

震，敬也。晁氏。

上下系辞

是故刚柔相磨。[4]

相磨，相硙切也。《释文》。

鼓之以雷霆。

霆者，雷之馀气，挺生万物也。《释文》。

---

① “嬬”，《周易注疏》《周易集解》作“须”。
② “近”，《周易注疏》《周易集解》作“几”。
③ “絮”，《周易注疏》《周易集解》作“袽”。
④ “磨”，《周易注疏》《周易集解》作“摩”。

易之序也。[1]

序，次也。《释文》。《丙子学易编》。

辩吉凶者存乎辞。

辩，明也。《释文》。《丙子学易编》。

辞有险易。

险，恶也。易，善也。《释文》。

易与天地准，故能弥纶天下之道。

准，等也。弥，遍；纶，知也。《释文》。《丙子学易编》。

旁行而不留。[2]《释文》。

圣人有以见天下之啧[3]。

啧，情也。《释文》。

以行其等礼。[4]《释文》。

吾与尔劘之。[5]《释文》。

大衍之数五十，其用四十有九。

五十者，谓十日、十二辰、二十八宿也。凡五十，其一不用者，天之生气，将欲以虚来实，故用四十九焉。《正义》。《义海撮要》。《汉上易传》。《易图说》。《钩隐图》。《筮宗》。《礼书》七十三。《群书考索》别集三。《玉海》三十六。

故再扐而后卦。

再扐而后布卦。《释文》。

是故，可与酬醋。《释文》。堂案：抱经堂《考证》云："案《说文》：'酢，

---

① "序"，《周易集解》作"象"。

② "留"，《周易注疏》《周易集解》作"流"。

③ "啧"，《周易注疏》《周易集解》作"赜"。

④ "等"，《周易注疏》《周易集解》作"典"。

⑤ "劘"，《周易注疏》《周易集解》作"靡"。

醶也。’‘醋,客酌主人也。’后来每互易用之,京氏尚不失其旧。”

六爻之义易以工。[①]《释文》。

圣人以此先心。[②]《释文》。

古者伏戏氏之王天下也。

伏,服也。戏,化也。《释文》。

斲木为耜,揉木为耒。

耜,耒下耓也。耒,耜上句《会通》作“曲”。木也。《释文》。《会通》。《丙子学易编》。

象也者,象也。[③]《释文》。

说　卦

日以晅之。[④]

晅,乾也。《释文》。

坎为㒞。[⑤]《释文》。

为柴马。[⑥]

柴马多筋干。《释文》。

为遴啬。[⑦]《释文》。

为朱足。[⑧]“朱”一作“末”。《汉上丛说》亦引作“末”。

阳在下。《释文》。

---

① “工”,《周易注疏》《周易集解》作“贡”。
② “先”,《周易注疏》《周易集解》作“洗”。
③ “象”,《周易注疏》《周易集解》作“像”。
④ “晅”,《周易注疏》《周易集解》作“烜”。
⑤ “㒞”,《周易注疏》《周易集解》作“豕”。
⑥ “柴”,《周易注疏》《周易集解》作“瘠”。
⑦ “遴”,《周易注疏》《周易集解》作“吝”。
⑧ “朱”,《周易注疏》《周易集解》作“作”。

为矫柔。[1]《释文》。

为螺。[2]《释文》。《汉上丛说》。

为果堕。《释文》。《汉上丛说》。晁氏云:"堕,古文'蓏'字。"

序　卦阙

杂　卦

谦轻而豫治也。[3]《释文》。

① "柔",《周易注疏》《周易集解》作"輮"。

② "螺",《周易注疏》《周易集解》作"蠃"。

③ "治",《周易注疏》《周易集解》作"怠"。

马融周易传

马融周易传序

后汉马融字季长。与陈元、郑众并传费直之学。费氏《章句》，梁《七录》止存四卷。唐时又残阙，陈、郑二家书名无考。案：史徵《口诀义·观·大象》引郑众曰："从俗所为顺民之教，故君子治人不求变俗是也。如封太公于齐，五月报政，为简其君臣礼，从俗。不同伯禽，于鲁变其俗，易其礼，三年报政也。"《震》九四"震遂泥"引郑众曰："身既不安，岂能安众也。"《兑·大象》引郑众曰："乐耽于酒则有沈酗之凶；志累于乐则有伤性之患；所以君子乐之美者，莫过于尚《诗》《书》，敦习道义。教之盛矣，乐斯在焉。"陈元说无考。惟融《易传》，《释文·序录》载有十卷。荀悦曰："融著《易解》，颇生异说。"观其训义，亦平正无奇。第言卦气，多与荀、虞诸家不合，昔人尝讥之。然融固一代经师，游其门者多大儒，所注《周易》外，又注《书》、《诗》、三《礼》、《论语》、《孝经》及《三传异同说》。《汉记》称其才高博洽，谅非虚语也。孙堂识。

上　经

乾：

初九，潜龙勿用。

卦辞，文王；爻辞，周公。《正义》序。《汉上丛说》。赵氏《辑闻》。董氏《会通》。《瑞桂堂暇录》。《群书考索》前集一、续集三。物莫大于龙，故借龙以喻天之阳气也。初九建子之月，阳气始动于黄泉，既未萌芽，犹是潜伏，故曰“潜龙”也。《集解》。

圣人作而万物睹。

作，起也。《史记·伯夷传》。《集解》。堂案：《释文》作“郑云‘起也’，马作‘起’”。《经义考》引马经文“圣人作”为“圣人起”，此云“作，起也”，未知孰是。

坤：

西南得朋，东北丧朋。

孟秋之月，阴气始著，而坤之位，同类相得，故西南得朋。孟春之月，阳气始著，阴始从阳，失其党类，故东北丧朋。《集解》虞翻引。丧，失也。《释文》。

由辩之不早辩也。

辩，别也。《释文》。

屯：

初九，槃桓。①

槃桓，旋也。《释文》。胡三省《资治通鉴注》。

六二，屯如邅如。

邅如，难行不进之貌。《释文》。堂案：抱经堂《释文考证》臧氏琳云：“《说文·辵部》无‘邅’字。《走部》：‘趁，𧼯也。’‘𧼯，趁也。’《马部》：‘駗，马载重难行也。’‘驙，駗驙也。《易》曰“乘马驙如”。’”然则“邅如”字当作“驙”，《说文》当作“屯如驙如”。作“乘马”者，涉下而误。“载重难行”之义，与马融“难行不进之貌”正合，则马氏亦当作“驙”。今作“邅”者，盖古或借作“𧼯”字，走与辵偏傍相近，遂误作“邅”也。

乘马班如。

---

① “槃”，《周易集解》作“盘”。

班，班旋不进也。《正义》。《义海撮要》。抱经堂《释文考证》臧氏琳云："马融云：'班旋不进义，当作"般"。'然则马融亦读'班'为'般'，与郑本合。古'般''班'字通。《书序》：'班宗彝。'《释文》：'班，本作"般"。'《左传》成十三年：'郑公子般自訾求入于大宫。'《释文》：'般，本亦作"班"。'《汉书·礼乐志》'般裔裔'，师古曰：'般读与班同。'王弼云：'涉远而行，难可以进，故曰乘马班如。'则王意亦作'般'。陆德明云'如字'，此误也。"堂案：左氏襄公十年八年《传》："有班马之声。"郭璞《尔雅注》引"班"作"般"。赵岐《孟子注》"公输子鲁班"，疏引《淮南》墨子见楚王为证云："是公输即鲁般也。"《战国策》"公输般"，高诱注云"公输般，鲁班之号也"。吴氏《国策校注》云"般，它书或作'班'"。《周礼·内饔》《礼·内则》"马黑脊而般臂"。《太玄经》"涣爵般秩"。皆以"般"为"班"。般旋，字音鞶，又通盤。《说文》："般，北潘切，辟也。象舟之旋，从舟从殳，殳所以旋也。"《尔雅·释言》："般，还也。"彼《释文》云："般，一音蒲安反，还音旋。"《广雅·释训》："般桓，不进也。"《屯》初九"般桓"，马融云："旋也。"《明夷》"夷于左股"，马融作"左般"，云"旋也"，义并同。

匪寇，婚媾。

重婚曰媾。《释文》。《正义》。

君子几，不如舍，往吝。

吝，恨也。《释文》。

蒙：

上九，系蒙。[①]《释文》。

需：

光亨贞吉。总为一句。《释文》。

有不速之客三人来。

① "系"，《周易注疏》《周易集解》作"击"。

速，召也。《释文》。

讼：

有孚，咥惕，[1]中吉。中，丁仲反。《释文》。

咥，读为踬，犹止也。《释文》。《集韵》。《类篇》云："咥，陟利切。"

无眚。

眚，灾也。《释文》。

渝，安贞，吉。渝，以朱反。

渝，变也。《释文》。

上九，或锡之鞶带，终朝三褫之。

鞶，大也。旦至食时为终朝。《释文》。鞶带，大带衣也。《口诀义》。

师：

师，贞，丈人吉。

二千五百人为师。《释文》。

以此毒天下而民从之。

毒，治也。《释文》。

否臧凶。否，方有反。《释文》。

比：

六三，比之匪人。

匪，非也。《释文》。

王用三驱。

三驱者，一曰乾豆，二曰宾客，三曰君庖。《释文》。

小畜：

① "咥"，《周易注疏》《周易集解》作"窒"。

车说輹。[①]

乾为车，《集解》虞翻引。輹，车下缚也。《释文》。

六四，有孚，血去，惕出，无咎。

血当作恤，忧也。《释文》。

九五，有孚挛如。

挛，连也。《释文》。

履：

履虎尾，不咥人。

咥，龁。《释文》。

履帝位而不疚。

疚，病也。《释文》。

九四，履虎尾，虩虩终吉。[②]

虩虩，许逆反。恐惧也。《释文》。

泰：

泰，大也。《释文》。

谦：

天道毁盈而益谦。[③]《释文》。

六四，无不利，㧑谦。

㧑，犹离也。《释文》。

豫：

豫，乐。《释文》。

殷荐之上帝，以配祖考。

① "车说輹"，《周易注疏》《周易集解》作"舆说辐"。

② "虩虩"，《周易注疏》《周易集解》作"愬愬"。

③ "毁"，《周易注疏》《周易集解》作"亏"。

殷，盛也。《释文》。

六二，扴于石。[1]

扴，触小石声。《释文》。

九四，犹豫。

犹豫，疑也。《释文》。

朋盍臧。[2]《释文》。

上六，冥豫。

冥，昧，耽于乐也。《释文》。

蛊：

先甲三日，后甲三日。

甲在东方，艮在东北，故云"先甲"；巽在东南，故云"后甲"。所以十日之中，唯称甲者。甲为十日之首，蛊为造事之端，故举初而明事始也。言所以三日者，不令而诛谓之暴，故令先后各三日，欲使百姓遍习行而不犯也。《集解》。《义海撮要》节引。

初六，干父之蛊，有子考。绝句。无咎。《释文》。

六四，裕父之蛊。

裕，宽也。《释文》。

观：

观，盥而不荐，有孚颙若。

盥者，进爵灌地以降神也。此是祭祀盛时。及神降荐牲，其礼简略，不足观也。国之大事，唯祀与戎。王道可观，在于祭祀。祭祀之盛，莫过初盥降神。故孔子曰"禘自既灌

① "扴"，《周易注疏》《周易集解》作"介"。

② "臧"，《周易注疏》《周易集解》作"簪"。

而往者,吾不欲观之矣",此言及荐简略,则不足观也。以下观上,见其至盛之礼,万民信敬,故云"有孚颙若"。孚,信。颙,敬也。《集解》。

初六,童观。

童,犹独也。《释文》。

噬嗑:

初九,屦校灭趾,无咎。校,音教。《释文》。

六二,噬肤灭鼻,无咎。

柔脆肥美曰肤。《释文》。《汉上丛说》。

六三,噬腊肉。

晞于阳而炀于火曰腊肉。《释文》。

九四,噬干胏。

有骨谓之胏。《释文》。

聪不明也。

耳无所闻。《释文》。

贲:

白马翰如。

翰,高也。《释文》。

束帛戋戋。

戋戋,委积貌。《释文》。

剥:

初六,剥床以足,蔑贞凶。

剥,落也。蔑,无也。《释文》。

剥床以辨。

辨,音办具之办。足上也。《释文》。

复:

无祇悔。祇，之是反。《释文》。

祇，辞也。《集韵》上声五。

六三，频复。

忧，频也。《释文》。

无妄：

无妄，元亨利贞。

妄，犹望，谓无所希望也。《释文》。

天命不右。①

谓天不右行。《释文》。《集解》虞翻引。

先王以茂对时育万物。

茂，勉也。对，配也。《释文》。

不菑畬。

菑，田一岁也。畬，田三岁也。《释文》。

大畜：

舆说輹。

说，解也。《释文》。

曰闲舆卫。

闲，习。《释文》。

何天之衢。

四达谓之衢。《释文》。

颐：

虎视眈眈。

兑为虎。《汉上易传》。眈眈，虎下视貌。《释文》。

由颐，厉吉。

---

① “右”，《周易注疏》《周易集解》作“祐”。

厉，危。《释文》。

大过：

初六，藉用白茅。

在下曰藉。《释文》。

九五，枯杨生华，老妇得其士夫。

初为女妻，上为老妇。《集解》虞翻引。

习坎：

系用徽纆。

徽纆，索也。《集解》。李鼎祚引《穀梁》疏十二。

离：

履错然。错，七路反。《释文》。

则大耋之嗟。

七十曰耋。《释文》。

下　经

咸：

初六，咸其拇。

拇，足大指也。《释文》。

憧憧往来。

憧憧，行貌。《释文》。

九五，咸其脢。

脢，背脊肉也。《正义》。《汉上易传》。

上六，咸其辅。

辅，上颔也。《释文》。《正义》。

恒：

上六，振恒，凶。

振,动也。《释文》。

遯:

九四,好遯,君子吉,小人否。

好遯,君子吉,言虽身外乃心在王室,此之谓也。小人则不然,身外心必怨也。《太平御览》五百一《逸民部》。

大壮:

壮,伤也。《释文》。

君子用罔。

罔,无。《释文》。

羝羊触藩,羸其角。

藩,篱落也。羸,大索也。《释文》。

晋:

晋,康侯用锡马蕃庶。

康,安也。《释文》。

受兹介福。

介,大也。《释文》。

矢得勿恤。

离为矢。《释文》。

明夷:

夷于左般。①

般,旋也。日随天左旋也。《释文》。史绳祖《学斋占毕》引陆德明《音义》云"左般,马融、王肃音'股',字作'般',般,旋也"云云。堂案:般,"盘"字之省。汉隶又省作"股",石经《尚书》残碑《盘庚》字作"般"。《仲秋下旬碑》"盘桓"字作"股",杨孟文《石门颂》、《孔府君碑》

① "般",《周易注疏》《周易集解》作"股"。

阴亦以“股”为“般”，与股肱“股”字形同，故诸家异读耳。史氏以为音“股”，字作“般”，误矣。

六五，箕子之明夷，利贞。

箕子，纣之诸父。明于天道洪范之九畴，德可以王，故以当五。知纣之恶，无可奈何，同姓恩深，不忍弃去，被发佯狂，以明为暗，故曰“箕子之明夷”。卒以全身为武王师，名传无穷，故曰“利贞”矣。《集解》。《义海撮要》节引。

家人：

家人，利女贞。

家人以女为奥主。长女、中女各得其正，故特曰“利女贞”矣。《集解》。《会通》。

风自火出，家人。

木生火，火以木为家，故曰“家人”。火生于木，得风而盛，犹夫妇之道，相须而成。《集解》。《义海撮要》节引。

闲有家。

闲，阑也，防也。《释文》。

家人嗃嗃，妇子嘻嘻。

嗃嗃，说乐自得貌。嘻嘻，笑声。《释文》。

王假有家。

假，大也。《释文》。

睽：音圭。《释文》。

其人天且劓。

黥凿其额曰天。《释文》。《汉上易传》。

后说之壶。[1]《释文》。

① “壶”，《周易注疏》作“弧”。

蹇：

初六，[1]往蹇来连。

连，亦难也。《释文》。

解：

雷雨作而百果草木皆甲宅。[2]

宅，根也。《释文》。

上六，公用射隼于高墉之上。

墉，城也。《释文》。

损：

或益之，十朋之龟。

案：《尔雅》云："十月之龟者，一曰神龟，二曰灵龟，三曰摄龟，四曰宝龟，五曰文龟，六曰筮龟，七曰山龟，八曰泽龟，九曰水龟，十曰火龟。"《正义》。

夬：

其行趑且。[3]

趑，却行不前也。且，语助也。《释文》。

九五，苋陆夬夬。

苋陆，商陆也。《释文》。一名商陆，《正义》。《学斋占毕》。一名章陆，《兼明书》。或名当陆。《辑闻》。

姤：

初六，系于金柅。

柅者，在车之下，所以止轮令不动者也。《正义》。《学易记》。

---

① "初六"，《周易注疏》《周易集解》作"六四"。

② "宅"，《周易注疏》《周易集解》作"坼"。

③ "趑"，《周易注疏》《周易集解》作"次"。

九五，以杞包瓜。包，百交反。《释文》。晁氏云："读为庖。"

杞，大木也。《释文》。《正义》。

萃：

萃，[①]无"亨"字。王假有庙。《释文》。

若号。号，户羔反。《释文》。

孚乃利用禴。

禴，殷春祭名。《释文》。

赍咨涕洟。

赍咨，悲声、怨声。《释文》。《丙子学易编》。

升：

九三，升虚邑。

升，高也。虚，丘也。[②]《释文》。

王用亨于岐山。

亨，许两反。祭也。《释文》。

困：

九四，来徐徐。

徐徐，安行貌。《释文》。

井：

井甃，无咎。

甃为瓦，裹下达上也。《释文》。

井收，勿幕。

收，汲也。《释文》。

革：

① "萃"下，《周易注疏》《周易集解》有"亨"字。

② "丘"，原作"邱"，系避孔子名讳，今改回。下同，不一一出校。

革，水火相息。

革，改也。息，灭也。《释文》。《黄氏日抄》。

初九，巩用黄牛之革。

巩，九勇反。固也。《释文》。

大人虎变，未占有孚。

大人虎变，虎变威德，折冲万里，望风而信，以喻舜舞干羽而有苗自服，周公修文德越裳献雉，故曰"未占，有孚"矣。《集解》。《义海撮要》。

鼎：

覆公餗。

餗，键也。《释文》。餗，谓糜也。《穀梁》疏九。

鼎黄耳，金铉。

铉，扛鼎而举之也。《释文》。

震：

震来虩虩，笑言哑哑。

虩虩，恐惧貌。哑哑，笑声。《释文》。

震苏苏。

苏苏，尸禄素餐貌。《释文》。

震索索，视矍矍。

索索，内不安貌。矍矍，中未得之貌。《释文》。

艮：

不抍其随。①

抍，举也。《汉上易传》。《释文》作"承，举也"。堂案：抍、承字通。顾氏《金石文字记》云："《博陵太守孔彪碑》其文有云'抍马'者，

① "抍"，《周易注疏》《周易集解》作"拯"。

《易·明夷》《涣》皆曰‘用拯马壮’，‘拯’字，《子夏传》《说文》《字林》并作‘抍’，音升，一音承，上举也。汉时所传如此。而今作‘拯’者，唐开成以后所定也。”又案：《方言》：“抍，拔也。出休为抍。”休，古溺字。《周礼·职币》注：“振，犹抍也。”《大司徒》注：“振穷，抍救天下之穷者也。”又作“撜”，《淮南子》：“子路撜溺而受牛谢。”注：“撜音蒸，举也。升出溺人。”则“撜”与“抍”同为一字矣。古又有作“承”者，《列子》：“使弟子并流而承之。”

艮其限，列其夤。

限，要也。夤，夹脊肉也。《释文》。

厉熏心。

熏灼其心。《汉上易传》。《集解》虞翻引。

渐：

鸿渐于磐，饮食衎衎。

山中石磐纡，故称磐也。《正义》。《释文》。衎衎，饶衍。《释文》。

鸿渐于陆。

山上高平曰陆。《释文》。

或得其桷。

桷，榱也。《释文》。

归妹：

归妹愆期。

愆，过也。《释文》。

士刲羊无血。

刲，刺也。《释文》。

丰：

王假之。

假，古雅反。大也。《释文》。

丰其蔀。

蔀，小也。《释文》。

日中见昧。[①]

昧，辅星也。《释文》。晁氏以为马同薛。

阒其无人。

阒，无人貌。《释文》。

自戕也。[②]

戕，慈羊反。残也。《释文》。

旅：

旅琐琐。

琐琐，疲弊貌。《释文》。

其义焚也。[③]

义，宜也。《释文》。

兑：

介疾有喜。

介，大也。《释文》。

涣：

用拯马壮，吉。

拯，举也。《释文》。

既济：

妇丧其茀。[④]

茀，方拂反。首饰也。《释文》。

---

① "昧"，《周易注疏》《周易集解》作"沬"。
② "戕"，《周易注疏》《周易集解》作"藏"。
③ "焚"，《周易注疏》《周易集解》作"丧"。
④ "茀"，《周易注疏》《周易集解》作"髴"。

系辞上

堂案:正义云:"'天尊地卑'为第一章,'圣人设卦观象'为第二章,'彖者,言乎象者'为第三章,'精气为物'为第四章,'显诸仁,藏诸用'为第五章,'圣人有以见天下之赜'为第六章,'初六,藉用白茅'为第七章,'大衍之数'为第八章,'子曰知变化之道'为第九章,'天一天二'为第十章,[①]'是故易有太极'为第十一章,'子曰书不尽言'为第十二章。马季长、荀爽、姚信等又分'白茅'章后,取'负且乘'更为别章,成十三章。"

在天成象。

象者,日、月、星。《礼·乐记》正义。

在地成形。

植物、动物也。《礼·乐记》正义。

是故刚柔相摩,八卦相荡。

摩,切也。荡,除也。《释文》。

而易成位乎其中。《释文》。

三极之道也。

三极,三统也。《释文》。《丙子学易编》。

所乐而玩者,爻之辞也。

玩,贪也。《释文》。

悔吝者,言乎其小疵也。

疵,瑕也。《释文》。

震无咎者存乎悔。

震,惊也。《释文》。《丙子学易编》。

犯违天地之化而不过。[②]《释文》。

---

① 后"天"字,《周易注疏》《周易集解》作"地"。

② "犯",《周易注疏》《周易集解》作"范"。

故君子之道尟矣。①

尟，少也。《释文》。

爻法之谓坤。②

爻，如字。放也。《释文》。

言天下之至啧，而不可恶也。恶，乌落反。《释文》。

大衍之数五十，其用四十有九。

易有太极，北辰是也。一作"谓北辰也"。太极生两仪，两仪生日月，日月生四时，四时生五行，五行生十有二月，十有二月生二十四气，北辰居位一作"中"。不动，其馀四十有九转运而用也。《正义》。《义海撮要》。《易图说》。《筮宗》。《礼书》七十三。《群书考索》别集三。《玉海》三十六。

归奇于扐以象闰。

扐，指间也。《释文》。

可与祐神矣。

祐，配也。《释文》。

子曰：知变化之道者，其知神之所为乎？

子曰为章首。《集解》虞翻引。

古之聪明睿知神武而不杀者夫！杀，所戒反。《释文》。

是故易有太极。

太极，北辰也。《释文》。

系辞下

夫乾，确然示人易矣。夫坤，隤然示人简矣。

---

① "尟"，《周易注疏》《周易集解》作"鲜"。

② "爻"，《周易注疏》作"效"。

确然,刚貌;陨然,柔貌也。《释文》。

作结绳而为罟,[1]以佃以渔。

罟,犹网也。取兽曰佃,取鱼曰渔。《释文》。

耒耨之利,以教天下。

耨,鉏也。《释文》。

重门击柝。

柝,两木相击以行夜。《释文》。

覆公粥。《释文》。堂案:"粥"字古作"鬻",亦作"餗"。《尔雅》作"鬻"云:"糜也。"《说文》云:"鍵也。或从仓束。"《字林》亦作"粥"。三字通。

易之兴也,其于中古乎?

文王为中古。《集解》虞翻引。

损,德之循也。[2]《释文》。堂案:韩昌黎《复志赋》:"惩此志之不修兮。"朱子《考异》:"修,莆田方氏作'循',云唐人书修近循,《楚辞》亦有误者。"今案:二字古书多溷,不自唐人始也。左氏昭二十九年《传》:"少皞氏有四叔:曰重、曰该、曰修、曰熙。"又云:"修及熙为玄冥师。"《吕氏春秋·孟冬纪》"修"作"循",《战国策》"循法无愆""厉气循城""苟可循也"。"循"本亦作"修",《史记·孝文纪》:"乃循从代来功臣。"《汉书》"循"作"修",《三国志》"郭循"亦作"郭修"。《庄子·天地篇》《鹖冠子·王𫓧篇》"修""循"二字,本亦互异。《太平御览》引《晏子春秋》云:"反圣王之德,而修灭君之行。"今本作"而循灭君之行"。又引《白虎通》云:"循道无穷则佩环。"本亦作"修道无穷则佩环",皆其证也。《隶释·北海相景君铭》赵氏云:"碑阴载故吏自都昌丘暹而下十九人,[3]皆作修行。汉隶'循''修'二字颇相近,恐是借用耳。"《隶续》云:"𤸪、𤸫二字,隶法只争一画。"然则此"修"字作"循",亦系汉隶之讹。

---

① "为"后,《周易注疏》本《周易集解》本有"网"字。

② "循",《周易注疏》《周易集解》作"修"。

③ "丘"后,《周易注疏》有"台"字。

《易》之为书也，不可远。远，袁万反。《释文》。

而揆其方。

方，道也。《释文》。

噫！亦要存亡吉凶，则居可知矣。

噫，于力反。辞也。居，如字。处也。《释文》。

知者观其彖辞。

彖辞，卦辞也。《释文》。

说卦

昔者圣人作《易》也。

伏牺得河图而作《易》。《正义序》。《玉海》三十五。

参天两地而倚数。

五位相合，以阴从阳。天得三合，谓一、三与五也。地得两合，谓二与四也。《正义》。倚，依也。《释文》。

雷风相薄。

薄，入也。《释文》。

震一索而得男。

索，数也。《释文》。

其于人也，为宣发[1]。

宣为寡发。《集解》虞翻引。

为矫輮。《释文》。

为果蓏。

果，桃李之属。蓏，瓜瓠之属。《释文》。

为黔喙之属。

---

① "宣"，《周易注疏》作"寡"。

黔喙，肉食之兽，谓豺狼之属。黔，黑也。阳玄在前也。《集解》。

序　卦阙

杂　卦阙

荀爽周易注

荀爽周易注序

《易》六十四卦，卦每六爻，六六三百六十，四六二十四，为爻三百八十四，诸儒言《易》皆然。惟荀爽一名谞，字慈明。以八纯卦之爻六八四十八，加乾坤二用为五十，则又三百八十六爻矣。且据爻象承应、阴阳变化之义解说经意，如乾升坤降之说，皆能发诸儒所未发。故孝灵之际，知《易》者，首推荀爽也。孙堂识。

上　经

乾：

九三，君子终日乾乾，夕惕若厉，无咎。

日以喻君，谓三居下体之中而为之君。[①] 承乾行乾，故曰“乾乾”。夕惕以喻臣，谓三臣于五。则疾修柔顺，危去阳行，故曰“无咎”。《集解》。

大哉乾元，万物资始。

谓分为六十四卦，万一千五百二十册，皆受始于乾也。册取始于乾，犹万物之生禀于天。[②]《集解》。《义海撮要》。

---

① “中”，《周易集解》作“终”。

② “禀”，《周易集解》作“本”。

大明终始。

乾起坎而终于离，坤起于离而终于坎。离坎者，乾坤之家而阴阳之府，故曰“大明终始”也。《集解》。《义海撮要》。《困学纪闻》。《六经天文编》。《玉海》三十五。

六位时成。

六爻随时而成乾。《集解》。

潜龙勿用，阳在下也。

气微位卑，虽有阳德，潜藏在下，故曰“勿用”也。《集解》。

见龙在田，德施普也。

见者，见居其位。田谓坤也。二当升坤五，故曰“见龙在田”。大人谓天子，见据尊位，临长群阴，德施于下，故曰“德施普也”。《集解》。

或跃在渊，进无咎也。

乾者，君卦。四者，阴位。故上跃居五者，欲下居坤初，求阳之正。地下称“渊”也。阳道乐进，故曰“进无咎也”。《集解》。

飞龙在天，大人造也。

飞者，喻无所拘。天者，首事造制。大人造法，见居天位，圣人作而万物睹，是其义也。《集解》。

利者，义之和也。

阴阳相和，各得其宜，然后利矣。《集解》。

贞者，事之干也。

阴阳正而位当，则可以干举万事。《集解》。

君子体信,[1]足以长人。《释文》。

利之足以和义。[2]《集解》。

庸言之信。

处和应坤,故曰“信”。《集解》。

德博而化。

处五据坤,故德博。群阴顺从,故能一作“物”,讹。化也。《集解》。

修辞立其诚,所以居业也。

修辞谓终日乾乾,立诚谓夕惕若厉,居业谓居三也。《集解》。

九四曰:或跃在渊,无咎。何谓也?子曰:上下无常,非为邪也。

乾者,君卦。四者,臣位也。故欲上一作“进”。跃居五。下者,当下居坤初。得阳正位,故曰“上下无常,非为邪也”。《集解》。

进退无恒,非离群也。

进谓居五,退谓居初。故“进退无恒,非离群也”。《集解》。

水流湿。

阳动之坤而为坎。坤者纯阴,故曰“湿”也。《集解》。

火就燥。

阴动之乾而成离。乾者纯阳,故曰“燥”也。《集解》。

云从龙。

---

① “信”,《周易注疏》《周易集解》作“仁”。

② “之”,《周易注疏》《周易集解》作“物”。

龙喻王者，谓乾二之坤五为坎也。《集解》。

风从虎。

虎喻国君，谓坤五之乾二，为巽而从三也。三者，下体之君，故以喻国君。《集解》。

本乎天者亲上。

谓乾九二，本出于乾，故曰“本乎天”。而居坤五，故曰“亲上”。《集解》。

本乎地者亲下。

谓坤六五，本出于坤，故曰“本乎地”。降居乾二，故曰“亲下”也。《集解》。

上九曰：亢龙有悔，何谓也？子曰：贵而无位。

在上故贵，失位一作“正”。故无位。《集解》。

贤人在下位。

谓上应三，三阳德正，故曰“贤人”。别体在下，故曰“在下位”。《集解》。

而无辅。

两阳无应，故无辅。《集解》。

是以动而有悔也。

升极当降，故有悔。《集解》。

时乘六龙，以御天也。

御者，行也。阳升阴降，天道行也。《集解》。

云行雨施，天下平也。

乾升于坤曰“云行”，坤降于乾曰“雨施”。乾坤二卦成两既济，阴阳和均而得其正，故曰“天下平”。《集解》。

潜之为言也，隐而未见，行而未成，是以君子弗用也。

隐而未见，谓居初也。行而未成，谓行之坤四，阳居阴位，未成为君。乾者，君卦也。不成为君，故不用也。《集解》。

夫大人者，与天地合其德。

与天合德，谓居五也。与地合德，谓居二也。《集解》。

与日月合其明。

谓坤五之乾二成离，离为日。乾二之坤五为坎，坎为月。《集解》。

天且弗违，而况于人乎？

人谓三。《集解》。

况于鬼神乎？

神谓天，鬼谓地也。《集解》。

亢之为言也，知进而不知退。

阳位在五，今乃居上，故曰"知进而不知退"也。《集解》。

知存而不知亡。

在上当阴，今反为阳，故曰"知存而不知亡"也。《集解》。

知得而不知丧。

得谓阳，丧谓阴。《集解》。

其唯圣人乎！知进退存亡而不失其正者，其唯圣人乎！

进谓居五，退谓居二，存谓五为阳位，亡谓上为阴位也。再出圣人者，上圣人谓五，下圣人谓二也。《集解》。

坤：

西南得朋，东北丧朋。

阴起于午，至申三阴，得坤一体，故曰"西南得朋"。阳起于子，至寅三阳，丧坤一体，故曰"东北丧朋"。《集解》。虞翻引。《汉上丛说》。

至哉坤元，万物资生。

谓万一千五百二十册，皆受始于乾，由坤而生也。册生于坤，犹万物成形出乎地也。《集解》。

含弘光大。[①]

乾二居坤五为含，坤五居乾二为弘。坤初居乾四为光，乾四居坤初为大也。《集解》。

品物咸亨。

天地交，万物生，故咸亨。《集解》。

六二，直方大。

大者，阳也。二应五，五下动之，则应阳出直，布阳于四方。《集解》。

不习无不利。

物唱乃和，不敢先有所习。阳之所唱，从而和之，无不利也。《集解》。

上六，龙战于野。

消息之位，坤在于亥，下有伏乾，为其嗛于阳，故称龙也。《集解》。

坤至柔。

纯阴至顺，故柔也。《集解》。

至静而德方。

坤性至静，得阳而动，布于四方也。《集解》。

坤道其顺乎，承天而时行。

承天之施，因四时而行之也。《集解》。

由变之不早变也。[②]《释文》。晁氏云："辩，古文'变'字。"

---

① "弘"，原作"宏"，系避清高宗讳，今改回。下同，不一一出校。

② "变"，《周易注疏》《周易集解》作"辩"。

《易》曰：履霜坚冰至，盖言顺也。

霜者，乾之命令，坤下有伏乾。履霜坚冰，盖言顺也。乾气加之性而坚，象臣顺君命而成之。《集解》。

直方大，不习无不利，则不疑其所行也。

直方大，乾之唱也。不习无不利，坤之和也。阳唱阴和而无所不利，故不疑其所行也。《集解》。

阴虽有美，含之，以从王事，弗敢成也。

六三阳位，下有伏阳。坤，阴卦也。虽有伏阳，含藏不显。以从王事，要待乾命，不敢自成也。《集解》。《义海撮要》。

《易》曰：括囊，无咎无誉。盖言谨也。

六四阴位，迫近于五，虽有成德，当括而囊之，谨慎畏敬也。《集解》。《义海撮要》。

阴凝于阳必战。[1]《释文》。

为其嗛于阳也。[2]《释文》。

犹未离其类也，故称血焉。

实本坤卦，故曰"未离其类也"。血以喻阴顺阳也。《集解》。

夫玄黄者，天地之杂也。

消息之卦，坤位在亥，下有伏乾。阴阳相和，故言天地之杂也。《集解》。

天玄而地黄。

天者阳，始于东北，故色玄也。地者阴，始于西南，故色黄也。《集解》。

---

① "凝"，《周易注疏》《周易集解》作"疑"。

② "嗛"，《周易注疏》《周易集解》作"嫌"。"于"后，《周注疏》《周易集解》有"无"字。

屯：

《彖》曰：屯，刚柔始交而难生，动乎险中，大亨贞。

物难在始生，此本坎卦也。案：初六升二，九二降初，是刚柔始交也。交则成震，震为动也，上有坎，是动乎险中也。动则物通而得正，故曰“动乎险中，大亨贞”也。《集解》。

雷雨之动满形。

雷震雨润，则万物满形而生也。《集解》。

天造草昧。

谓阳动在下，造生万物于冥昧之中也。《集解》。

宜建侯而不宁。

天地初开，世尚屯难，震位承乾，故宜建侯。动而遇险，故不宁也。《集解》。

君子以经论。

屯难之代，万事失正。经者，常也；论者，理也。君子以经论，不失常道也。《集解》。晁氏节引。

《象》曰：虽盘桓，志行正也。

盘桓者，动而退也。谓阳从二动而退居初，虽盘桓，得其正也。《集解》。

以贵下贱，大得民也。

阳贵而阴贱，阳从二来，是以贵下贱，所以得民也。《集解》。

六二，屯如邅如。

阳动而止，故屯如也。阴乘于阳，故邅如也。《集解》。

蒙：

蒙亨，以亨行时中也。

此本艮卦也。案：二进居三，三降居二，刚柔得中，故能通发蒙时,令得时中矣。故曰"蒙亨,以亨行时中也"。《集解》。

童蒙求我,志应也。

二与五,志相应也。《集解》。

再三渎,渎则不告,渎蒙也。

再三,谓三与四也。皆乘阳不敬,故曰"渎"。渎不能尊阳,蒙气不除,故曰"渎蒙也"。《集解》。

《象》曰:童蒙之吉,顺以巽也。

顺于上,巽于二,有似成王任用周、召也。《集解》。

上九,系蒙。[①] 晁氏。

需:

《象》曰:需于沙,衍在中也。

二应于五,水中之刚,故曰"沙"。知前有沙漠而不进也。体乾处和,美德优衍在中而不进也。《集解》。《义海撮要》。

虽小有言,以吉终也。

二与四同功,而三据之,故小有言。乾虽在下,终当升上,二当居五,故终吉也。《集解》。《义海撮要》。

九三,需于泥,致寇至。

亲与坎接,故称"泥"。须止不进,不取于四,不致寇害。《集解》。

九五,需于酒食,贞吉。

五互离坎,水在火上,酒食之象。需者,饮食之道,故坎在需家为酒食也。云须时欲降,乾须时当升,五有刚德,处

① "系",《周易注疏》《周易集解》作"击"。

中居正，故能帅群阴，举坎以降，阳能正居其所则吉，故曰“需于酒食”也。《集解》。

上六，入于穴。

需道已终，云当下入穴也。云上升极，则降而为雨，故《诗》云“朝跻于西，崇朝其雨”，则还入地，故曰“入于穴”。云雨入地，则下三阳动而自至者也。《集解》。《义海撮要》。

有不速之客三人来，敬之终吉。

三人，谓下三阳也。须时当升，非有召者，故曰“不速之客”焉。乾升在上，君位以定，坎降在下，当循臣职，故敬之终吉也。《集解》。《义海撮要》。

《象》曰：不速之客来，敬之终吉。虽不当位，未大失也。

上降居三，虽不当位，承阳有实，故终吉，无大失矣。《集解》。

讼：

讼，有孚。

阳来居二而孚于初，故曰“讼有孚”也。《集解》。《义海撮要》。

利见大人，尚中正也。

二与四讼，利见于五。五以中正之道，解其讼也。《集解》。

不利涉大川，入于渊也。

阳来居二，坎在下为渊。《集解》。

《象》曰：天与水违行，讼。

天自西转，水自东流，上下违行，成讼之象也。《集解》。

《象》曰：不克讼，归通窜也。[①]

三不克讼，故逋而归。坤称邑，二者，邑中之阳人。归逋，[②]逃也。谓逃失邑中之阳人。《集解》。

自下讼上，患至掇也。

下与上争，即取患害，如拾掇小物而不失也。坤有三爻，故云"三百户无眚"。二者，下体之君。君不争，则百姓无害也。《集解》。

上九，或锡之鞶带，终朝三拕之。[③]

二四争三，二本下体，取之有缘。"或"者，疑之辞也。以三锡二，于义疑矣。争竞之世，分理未明，故或以锡二。终朝者，君道明，三者，阳成功也。君明道盛，则夺二与四，故曰"终朝三拕之"也。鞶带，宗庙之服。三应于上，上为宗庙，故曰"鞶带"也。《集解》。

师：

《彖》曰：师，众也。贞，正也。能以众正，可以王矣。

谓二有中和之德而据群阴，上居五位，可以王也。《集解》。

不臧凶。[④] 晁氏。

王三锡命，怀万邦也。

王谓二也。三者，阳德成也。德纯道盛，故能上居王位而行锡命，群阴归之，故曰"王三锡命，怀万邦也"。《集解》。

六四，师左次，无咎。

---

① "通"，《周易集解》作"逋"。

② "归"，《周易集解》无此字。

③ "拕"，《周易注疏》《周易集解》作"褫"。

④ "不"，《周易注疏》《周易集解》作"否"。

左谓三也,[①]阳称左。次,舍也。二与四同功,四承五,五无阳,故呼二舍于五,四得承之,故无咎。《集解》。

六五,田有禽,利执言,无咎。

田,猎也。谓二帅师禽五,五利度二之命,执行其言,故无咎也。《集解》。

《象》曰:长子帅师,以中行也。

长子谓九二也。五处中应二,受任帅师,当上升五,故曰“长子帅师,以中行也”。《集解》。

上六,大君有命,开国承家。

大君谓二。师旅已息,既上居五,当封赏有功,立国命家也。开国,封诸侯;承家,立大夫也。《集解》。

比:

后夫凶,其道穷也。

后夫谓上六。逆礼乘阳,不比圣王,其义当诛,故其道穷凶也。《集解》。《义海撮要》。

初六,有孚,比之无咎。

初在应外,以喻殊俗。圣王之信,光被四表。绝域殊俗,皆来亲比,故无咎也。《集解》。

有孚盈缶,终来有它,吉。

《象》曰:比之初六,有它吉也。缶者应内,以喻中国。孚既盈满中国,终来及初,非应,故曰“它”也。象曰“有它吉”者,谓信及非应,然后吉也。《集解》。

上六,比之无首,凶。

阳欲无首,阴以大终,阴而无首,不以大终,故凶也。

① “三”,《周易集解》作“二”。

《集解》。《义海撮要》。

小畜：

自我西郊，施未行也。

体兑位秋，故曰“西郊”也。时当收敛，臣不专赏，故施未行，喻文王也。《集解》。

《象》曰：有孚惕出，上合志也。

血以喻阴，四阴臣象，有信顺五。惕，疾也。四当去初，疾出从五，故曰“上合志也”。《集解》。

《象》曰：既雨既处，德积载也。君子征凶，有所疑也。

卦以一阴畜四阳，故密云不雨。上处畜之极，故阳德上通。犹畜德不已，泽乃行也。泽行则物安，故既雨既处也。既，尽也。尽雨泽、尽安处之，此乃上畜德能积载，与三阳同志而无私应也。《义海撮要》。

履：

履虎尾，不咥人，亨，利贞。今本脱“利贞”二字。

《彖》曰：履，柔履刚也。

谓三履二也。二五无应故无元，以乾履兑故有通。六三履二非和正，故云“利贞”也。《集解》。

初九，素履，往无咎。

《象》曰：素履之往，独行愿也。

初九者潜位，隐而未见，行而未成。素履者，谓布衣之士，未得居位。独行礼义，不失其正，故无咎也。《集解》。《义海撮要》。

视履考详。[1]

---

① “详”，《周易注疏本》《周易集解》作“祥”。

详，审也。晁氏。堂案：古"祥"字亦作"详"。《尚书·君奭》云："其终出于不祥。"石经残碑作"其道出于不详"。《吕刑》："告尔祥刑。"《后汉书·刘恺传》、郑康成《周礼》注，"祥刑"字皆作"详"。昭十一年《春秋经》"盟于祲祥"，服虔引"祥"亦作"详"。

泰：

《象》曰：天地交，泰。

坤气上升，以成天道。乾气下降，以成地道。天地二气，若时不交，则为闭塞。今既相交，乃通泰。《集解》。

后以裁成天地之道。[①]《释文》。

用冯河，不遐遗。

河出于乾，行于地中，阳性欲升，阴性欲承，冯河而上，不用舟航。自地升天，道虽辽远，三体俱上，不能止之，故曰"不遐遗"。《集解》。

朋亡，得尚于中行。

中谓五，坤为朋，朋亡而下，则二上居五，而行中和矣。《集解》。

帝乙归妹，以祉元吉。

妇人谓嫁曰归，言汤昌婴礼，归其妹于诸侯也。《后汉书》本传。

否：

初六，拔茅茹，以其汇，贞吉，亨。

拔茅茹，取其相连。汇者，类也。合体同包，谓坤三爻同类相连，欲在下也。贞者，正也。谓正居其所，则吉也。《集解》。

---

① "裁"，《周易注疏》《周易集解》作"财"。

六二，包承，小人吉，大人否亨。

二与四同功，为四所包，故曰“包承”也。小人，二也。谓一爻独居，间象相承，得系于阳，故吉也。大人谓五。乾坤分体，天地否隔，故曰“大人否”也。二五相应，否义得通，故曰“否亨”矣。《集解》。

六三，包羞。

《象》曰：包羞，位不当也。

卦性为否，其义否隔。今以不正，与阳相承，为四所包。违义失正而可羞者，以位不当故也。《集解》。

《象》曰：有命无咎，志行也。

谓志行于群阴也。《集解》。

其亡其亡。

阴欲消阳，由四及五，故曰“其亡其亡”。谓坤性顺从，不能消乾使亡。《集解》。

系于包桑。

包者，乾坤相包也。桑者，上玄下黄，以象乾坤也。乾职在上，坤体在下，虽欲消乾，系其本体，不能亡也。《集解》。

同人：

《象》曰：天与火，同人。

乾舍于离，相与同居，故曰“同人”也。《集解》。

六二，同人于宗，吝。

宗者，众也。三据二阴，二与四同功，五相应，初相近。上下众阳皆欲与二为同，故曰“同人于宗”也。阴道贞静，从一而终，今宗同之，故吝也。《集解》。《义海撮要》。

大有：

《象》曰：火在天上，大有。

谓夏，火王在天，万物并生，故曰“大有”也。《集解》。

谦：

天道下济而光明。

乾来之坤，故下济。阴去为离，阳来成坎。日月之象，故光明也。《集解》。

君子以捊多益寡。

捊，取也。《释文》。堂案：此训与《广雅》同。捊，曹宪音皮侯切。《玉篇》引《诗·原隰》“裒矣”，“裒”作“捊”，云聚也。是“裒”“捊”字通。古“聚”字或省作“取”，详郑氏《易》。

初六，谦谦君子，用涉大川，吉。

初最在下为谦，二阴承阳亦为谦，故曰“谦谦”也。二阴一阳，相与成体，故曰“君子”也。九三体坎，故用涉大川吉也。《集解》。《义海撮要》。

九三，劳谦，君子有终，吉。

体坎为劳，终下二阴，君子有终，故吉也。《集解》。

《象》曰：劳谦君子，万民服也。

阳当居五，自卑下众，降居下体，君有下国之意也。众阴皆欲抣阳，上居五位，群阴顺畅，故万民服也。《集解》。《义海撮要》。

六四，无不利，抣谦。

四得位处正，家性为谦，故无不利。阴欲抣三，使上居五，故曰“抣谦”。抣，犹举也。《集解》。《义海撮要》。

六五，不富以其邻。

邻谓四与上也。自四以上乘阳，乘阳失实，故皆不富。五居中有体，故总言之。《集解》。

利用侵伐，无不利。

谓阳利侵伐，来上无敢不利之者。《集解》。

《象》曰：利用侵伐，征不服也。

不服，谓五也。《集解》。

豫：

朋盍宗。[1]《释文》。

《象》曰：冥豫在上，何可长也。

阴性冥昧，居尊在上而犹豫说，故不可长。《集解》。

随：

大亨贞，无咎。

随者，震之归魂。震归从巽，故大通。动爻得正，故利贞。阳降阴升，嫌于有咎。动而得正，故无咎。《集解》。

蛊：

蛊，元亨，而天下治也。

蛊者，巽也。巽归合震，故元亨也。蛊者，事也。备物致用，故天下治也。《集解》。

六五，干父之蛊，用誉。

体和应中，承阳有实。用斯干事，荣誉之道也。《集解》。

《象》曰：不事王侯，志可则也。

年老《义海》作"年高"。事终，不当其位，体艮为止，故不事王侯。据上临下，重阴累实，故志可则。《集解》。《义海撮要》节引。

临：

至于八月有凶。

兑为八月。《集解》。虞翻引。

① "宗"，《周易注疏》《周易集解》作"簪"。

《象》曰：泽上有地，临。

泽卑地高，高下相临之象也。《集解》。

《象》曰：咸临贞吉，志行正也。

阳始咸升，以刚临柔。得其正位而居，是吉，故曰“志行正”。《集解》。

《象》曰：咸临吉无不利，未顺命也。

阳感至二，当升居五，群阴相承，故无不利也。阳当居五，阴当顺从，今尚在二，故曰“未顺命也”。《集解》。《义海撮要》节引。

《象》曰：至临无咎，位当也。

四与二同功，欲升二至五，已得承顺之，故曰“至临”也。阳虽未乘，处位居正，故得无咎，是位当也。《集解》。

六五，知临，大君之宜，吉。

《象》曰：大君之宜，行中之谓也。

五者，帝位。大君谓二也。宜升上居五位吉，故曰“知临，大君之宜”也。二者处中，行升居五，五亦处中，故曰“行中之谓也”。《集解》。

上六，敦临，吉，无咎。

上应于三，欲因三升二，过应于阳，敦厚之意，故曰“敦临，吉，无咎”。《集解》。

观：

六三，观我生进退。

《象》曰：观我生进退，未失道也。

我，谓五也。生者，教化生也。三欲进观于五，四既在前而三故退，[1]未失道也。《集解》。《义海撮要》。

噬嗑：

六三，噬昔肉遇毒，小吝，无咎。

《象》曰：遇毒，位不当也。

昔肉，谓四也。三以不正，噬取异家，法当遇罪，故曰“遇毒”。为艮所止，所欲不得，故小吝也。所欲不得，则免于罪，故无咎矣。《集解》。

九四，噬干胏。音甫。《释文》。

《象》曰：贞厉，无咎，得当也。

谓阴来正居，是而厉阳也。以阴厉阳，正居其处而无咎者，以从下明上，不失其中，所堂案："所"当作"故"。言"得当"。《集解》。

上九，何校灭耳，凶。

为五所何，故曰“何校”。据五应三，欲尽灭坎，三“三”，《义海》作“上”。体坎为耳，故曰“灭耳凶”。上以不正，侵欲无已，夺取异家。恶积而不可弇，罪大而不可解，故宜凶矣。《集解》。《义海撮要》节引。

贲：

《彖》曰：贲亨，柔来而文刚，故亨。分刚上而文柔，故小利有攸往。

此本泰卦。谓阴从上来，居乾之中。文饰刚道，交于中和，故亨也。分乾之二，居坤之上。上饰柔道，兼据二阴，故小利有攸往矣。《集解》。

① “故退”，《周易注疏》《周易集解》作“退故”。

六四，贲如波如。[1]《释文》。堂案：今本“皤”字，《广韵》一薄波切，音婆；一博禾切，音波。此直作“波如”，疑声之误。

白马翰如。

翰，高也。《释文》。

六五，贲于丘园，束帛戋戋。吝，终吉。

《象》曰：六五之吉，有喜也。

艮山震林。失其正位，在山林之间，贲饰丘陵，以为园圃，隐士之象也。五为王位，体中履和，勤贤之主，尊道之君也。故曰“贲于丘园，束帛戋戋”。君臣失正，故吝。能以中和，饰上成功，故终吉而有喜也。《集解》。

剥：

《象》曰：剥，剥也，柔变刚也。

谓阴外变五。五者至尊，为阴所变，故曰“剥也”。《集解》。

灭征凶。[2] 堂案：“灭”“蔑”字通。《周语》：“蔑弃五则。”韦昭注云：“蔑，灭也。”《晋书·张骏传》：“江吴寂蔑。”以“蔑”为“灭”。

灭，犹削也。《释文》。

六三，剥无咎。晁氏云：“无‘之’字。”

《象》曰：剥无咎，[3]失上下也。

众皆剥阳，三独应上，无剥害意，是以无咎。《象》曰：“失上下也。”《集解》。

复：

利有攸往，刚长也。

---

① “波”，《周易注疏》《周易集解》作“皤”。

② “灭征凶”，《周易注疏》《周易集解》作“蔑贞凶”。

③ “剥”后，《周易注疏》《周易集解》有“之”字。

利往居五，刚道浸长也。《集解》。

复其见天地之心乎？

复者，冬至之卦。阳起初九，为天地心，万物所始，吉凶之先，故曰“见天地之心”矣。《集解》。《义海撮要》。

用行师，终有大败，以其国君凶。

坤为众，故用行师也。谓上行师而距于初，阳息上升，必消群阴，故终有大败。国君谓初也。受命复道，当从下升。今上六行师，王诛必加，故以其国君凶也。《集解》。《义海撮要》。

颐：

《象》曰：山下有雷，颐。君子以慎言语，节饮食。

雷为号令，今在山下闭藏，故慎言语。雷动于上，以阳食阴，艮以止之，故节饮食也。言出乎身，加乎民，故慎言语，所以养人也。饮食不节，残贼群生，故节饮食以养物。《集解》。饮食失宜，患之所起。《口诀义》。

其欲悠悠。[①]《释文》。

大过：

九五，枯杨生华，老妇得其士夫，无咎无誉。

初阴失正当变，数六为女妻。二阳失正，数九为老夫。以五阳得正位不变，数七为士夫。上阴得正，数八为老妇。《集解》。虞翻引。晁氏。

习坎：

水流而不盈。

阳动阴中，故流。阳陷阴中，故不盈也。《集解》。

---

① “悠悠”，《周易注疏》《周易集解》作“逐逐”。

行险而不失其信。

谓阳来为险而不失中，中称信也。《集解》。

《象》曰：求小得，未出中也。

处中而比初三，未足为援，虽求小得，未出于险中。《集解》。

离：

《彖》曰：离，丽也。

阴丽于阳，相附丽也。亦为别离，以阴隔阳也。离者，火也。托于木，是其附丽也。烟焰飞升，炭灰降滞，是其别离也。《集解》。

是以畜牝牛，吉也。

牛者，土也。生土于火。离者阴卦，牝者阴性，故曰“畜牝牛吉”矣。《集解》。

明两作。

作，用也。《释文》。

初九，履错然，敬之无咎。

火性炎上，故初欲履错于二。二为三所据，故敬之则无咎矣。《集解》。

九三，日昃之离。

初为日出，二为日中，三为日昃，以喻君道衰也。《集解》。

则大耋之差。《释文》。

九四，𠫠如，其来如。焚如，死如，弃如。

阳升居五，光炎宣扬，故𠫠如也。阴退居四，灰炭降坠，故其来如也。阴以不正，居尊乘阳，历尽数终，天命所诛。位丧民畔，下离所害，故焚如也。以离入坎，故死如也。火息灰损，故弃如也。《集解》。

六五，出涕池蓹。[1]《释文》。堂案："池"与"沱"通。《周礼·职方氏》："其川虖池。"彼《释文》云："池，徒多切。"《礼·礼器》："必先有事于恶池。"彼《释文》云："池，大何反。"《山海经》作"滹沱"。

六五阴柔，退居于四，出离为坎，故出涕池若而下，以顺阴阳也。《集解》。

下 经

咸：

天地感而万物化生。

乾下感坤，故万物化生于山泽。《集解》。

初六，咸其母。

母，阴位之尊。《释文》。

六二，咸其肥。[2]

肥谓五也。尊盛，故称肥。《释文》。

恒：

恒亨，无咎，利贞，久于其道也。

恒，震世也。巽来乘之，阴阳合会，故通无咎。长男在上，长女在下，夫妇道正，故利贞，久于其道也。《集解》。

利有攸往，终则有始也。

谓乾气下终，始复升上居四也。坤气上终，始复降下居初者也。《集解》。

能久中也。

---

① "池蓹"，《周易注疏》《周易集解》作"沱若"。

② "肥"，《周易注疏》《周易集解》作"腓"。

乾为久也。能久行中和，以阳据阴，故曰“能久中也”。《集解》。

九三，不恒其德，或承之羞，贞吝。

与初同象，欲据初隔二。与五为兑，欲说之隔四。意无所定，故不恒其德。与上相应，欲往承之，为阴所乘，故或承之羞也。贞吝者，谓正居其所，不与阴通也。无居自容，故贞吝矣。《集解》。

遯：

小利贞，浸而长也。

阴称小，浸而长，则将消阳，故利正居二，与五相应也。《集解》。

有疾备也。[1]《释文》。

畜臣妾吉，不可大事也。

大事谓与五同任天下之政。潜遯之世，但可居家畜养臣妾，不可治国之大事。《集解》。

大壮：

刚以动，故壮。

乾刚震动，阳从下升，阳气大动，故壮也。《集解》。

羝羊触藩，羸其角。

三与五同功为兑，故曰“羊”，终始阳位，故曰“羝”，藩谓四也。三欲触四而危之，四反羸其角，角谓五也。《集解》。

晋：

是以康侯用锡马蕃庶。

阴进居五，处用事之位。阳中之阴，侯之象也。阴性安

① “备”，《周易注疏》《周易集解》作“惫”。

静，故曰“康侯”。马谓四也。五以下群阴锡四也。坤为众，故曰“蕃庶”矣。《集解》。

六五，悔亡，失得，勿恤，往吉无不利。

五从坤动而来为离，离者，射也，故曰“矢得”。阴居尊位，故有悔也。以中盛明，光照四海，故悔亡，勿恤，吉，无不利也。《集解》。

《象》曰：维用伐邑，道未光也。

阳虽在上，动入冥豫，故道未光也。《集解》。

明夷：

内文明而外柔顺，以蒙大难。

明在地下，为坤所蔽，大难之象。大难，文王君臣相事，故言大难也。《集解》。

文王似之。[1]《释文》。

箕子似之。[2]《释文》。

初九，明夷于飞，垂其翼。君子于行，三日不食。

火性炎上，离为飞《会通》作“朱”。鸟，故曰“于飞”。为坤所抑，故曰“垂其翼”。阳为君子，三者，阳德成也。日以喻君，不食者，不得食君禄也。一作“不得君禄食也”。阳未居五，阴暗在上，初有明德，耻食其禄，故曰“君子于行，三日不食”也。《集解》。《义海撮要》。《会通纂注》。

《象》曰：君子于行，义不食也。

暗昧在上，有明德者，义不食禄也。《集解》。

六四，入于左腹，获明夷之心，于出门庭。

---

① “似”，《周易注疏》《周易集解》作“以”。

② “似”，《周易注疏》《周易集解》作“以”。

阳称左，谓九三也。腹者，谓五居坤，坤为腹也。四得位比三，应于顺首，[①]欲上三居五，[②]以阳为腹心也。故曰"入于左腹，获明夷之心"。言三当出门庭，升五君位。《集解》。

箕子之明夷。

箕为荄，子为滋。《释文》"邹湛云"。

家人：

家人有严君焉，父母之谓也。

离巽之中有乾坤，故曰"父母之谓也"。《集解》。

父父，子子，兄兄，弟弟，夫夫，妇妇，而家道正，正家而天下定矣。

父谓五，子谓四，兄谓三，弟谓初，夫谓五，妇谓二也。各得其正，故天下定矣。《集解》。

君子以言有物而行有恒。

风火相与，必附于物。物大火大，物小火小。君子之言，必因其位。位大言大，位小言小。不在其位，不谋其政。故言有物也。大暑烁金，火不增其烈。大寒凝冰，火不损其热。故曰"行有恒"矣。《集解》。

初九，闲有家，悔亡。

《象》曰：闲有家，志未变也。

初在潜位，未干国政，闲习家事而已，未得治官，故悔。居家理治，可移于官。守之以正，故悔亡。而未变从国之事，故曰"志未变也"。《集解》。

---

① "应"，《周易注疏》《周易集解》作"处"。

② "上三"，《周易集解》作"三上"。

六二,无攸遂,在中馈,贞吉。

六二处和得正,得正有应,有应有实,阴道之至美者也。坤道顺从,故无所得遂。供肴中馈,酒食是议,故曰"中馈"。居中守正,永贞其志则吉,故曰"贞吉"也。《集解》。

九三,家人确确。[①]《释文》。

睽:

是以小事吉。

小事者,臣事也。百官异体,四民殊业,故睽而不同。刚者,君也。柔得其中而进于君,故言小事吉也。《集解》。

《象》曰:上火下泽,睽。

火性炎上,泽性润下,故曰"睽"也。《集解》。

君子以同而异。

大归虽同,小事当异。百官殊职,四民异业,文武并用,《义海》作"文武不同"。威德相反,共归于治,故曰"君子以同而异"也。《集解》。《义海撮要》节引。

其牛觭。[②]《释文》。堂案:《尔雅》及今《说文》并云:"角一俯一卬,觭。"《尔雅·释文》引樊光云:"倾角曰觭。"

蹇:

蹇利西南,往得中也。

西南谓坤。乾动往居坤五,故得中也。《集解》。

不利东北,其道穷也。

东北,艮也。艮在坎下,见险而止,故其道穷也。《集解》。

① "确确",《周易注疏》《周易集解》作"嗃嗃"。

② "觭",《周易注疏》作"掣",《周易集解》作"㸷"。

当位贞吉，以正国也。[1]《释文》。

谓五当尊位正，居是，群阴顺从，故能正邦国。《集解》。

《象》曰：往蹇来连，当位实也。

蹇难之世，不安其所，欲往之三，不得承阳，故曰"往蹇"也。来还承五，则与至尊相连，故曰"来连"也。处正承阳，故曰"当位实也"。《集解》。《义海撮要》。

解：

解利西南，往得众也。

乾动之坤而得众，西南众之象也。《集解》。

无所往。

阴处尊位，阳无所往也。《集解》。《义海撮要》。

其来复吉，乃得中也。

来复居二，处中成险，故曰"复吉"也。《集解》。《义海撮要》。

有攸往夙吉，往有功也。

五位无君，二阳又卑，往居之者则吉。据五解难，故有功也。《集解》。《义海撮要》。《汉上易传》节引。

天地解而雷雨作。

谓乾坤交通，动而成解卦，坎下震上，故雷雨作也。《集解》。

雷雨作而百果草木皆甲宅。[2] 今本"宅"作"坼"，从古文"宅"而讹。

解者，震世也。仲春之月，草木萌牙，雷以动之，雨以润

---

① "国"，《周易注疏》《周易集解》作"邦"。系避汉高祖讳。

② "宅"，《周易注疏》《周易集解》作"坼"。

之，日以烜之，故甲宅也。《集解》。

九四，解而母。《释文》。

损：

损而有孚。

谓损乾之三，居上孚二阴也。《集解》。

元吉无咎。

居上据阴，故元吉无咎。以未得位，嫌于咎也。《集解》。

可贞。

少男在下，[①]少女虽年尚幼，必当相承，故曰"可贞"。《集解》。

利有攸往。

谓阳利往居上。损者，损下益上，故利往居上。《集解》。

曷之用？二簋可用享。

二簋，谓上体二阴也。上为宗庙。簋者，宗庙之器，故可享献也。《集解》。

初九，已事颛往。[②]《释文》。

《象》曰：一人行，三则疑也。

一阳在上则教令行，三阳在下则民众从也[③]。《集解》。

夬：

孚号有厉，其危乃光也。

信其号令于下，众阳危去上六，阳乃光明也。《集解》。

不利即戎，所尚乃穷也。

不利即尚兵戎，而与阳争必困穷。《集解》。

---

① "下"，《周易集解》作"上"。

② "已"，《周易集解》作"祀"。

③ "从"，《周易集解》作"疑"。

壮于前止。[①]《释文》。

锡号，莫夜。[②]

锡，赐也。《释文》。

君子夬夬，独行遇雨。

九三体乾，乾为君子，三五同功，二爻俱欲决上，故曰“君子夬夬”也。独行谓一爻独上，与阴相应，为阴所施，故遇雨也。《集解》。

若濡有愠，无咎。

虽为阴所濡，能愠不说，得无咎也。《集解》。

九五，苋陆夬夬。

苋谓五，陆谓三，两爻决上，故曰“夬夬”也。苋者，叶柔而根坚且赤，以言阴在上六也。陆亦取叶柔根坚也。去阴远，故曰“陆”，言差坚于苋。苋根小，陆根大，五体兑柔居上，苋也。三体乾刚，在下根深，故谓之陆也。《集解》。晁氏节引。

姤：

天地相遇，品物咸章也。

谓乾成于巽而舍于离。坤出于离，与乾相遇。南方夏位，万物章明也。《集解》。《汉上易传》节引。

胞有鱼。[③]《释文》。堂案：《礼·祭统》：“夫祭有畀辉、胞、翟、阍者。”又云：“胞者，肉吏之贱者也。”彼《释文》云：“胞，步交反。”《天官》：“庖人。”《汉书》作“胞人”，颜师古云：“胞与庖同。”

萃：

---

① “止”，《周易注疏》《周易集解》作“趾”。

② “锡”，《周易注疏》《周易集解》作“惕”。

③ “胞”，《周易注疏》《周易集解》作“包”。

《象》曰：萃，聚也。顺以说，刚中而应，故聚也。

谓五以刚居中，群阴顺说而从之，故能聚众也。《集解》。

取以正也。[①]《释文》。

《象》曰：泽上于地，萃。

泽者卑下，流潦归之，万物生焉，故谓之萃也。《集解》。

君子以虑戎器[②]。《释文》。堂案：《说文》："虑，谋思也。"左氏宣十二年《传》："前茅虑无。"杜注："虑有无也。"正义云："明为思虑其所无之事，使知而为之备也。"疑即此义。

上六，赍资涕洟，无咎。

《象》曰：赍资涕洟，未安上也。

此本否卦。上九阳爻，见灭迁移，以喻夏桀殷纣。以上六阴爻代之，若夏之后封东娄公于杞，殷之后封微子于宋。去其骨肉，臣服异姓，受人封土，未安居位，故曰"赍资涕洟，未安上也"。《集解》。

升：

巽而顺，刚中而应，是以大亨。

谓二以刚居中而来应五，故能大亨，上居尊位也。《集解》。

用见大人勿恤，有庆也。

大人，天子，谓升居五见为大人。群阴有主，无所复忧而有庆也。《集解》。

《象》曰：地中生木，升。

地谓坤，木谓巽。地中生木，以微至著，升之象也。《集解》。

---

① "取"，《周易注疏》《周易集解》作"聚"。

② "虑"，《周易注疏》《周易集解》作"除"。

初六，允升，大吉。

谓一体相随，允然俱升。初欲与巽一体，升居坤上，位尊得正，故大吉也。《集解》。《汉上易传》节引。

九三，升虚邑。

坤称邑也。五虚无君，利二上居之，故曰“升虚邑，无所疑也”。《集解》。《义海撮要》节引。

六四，王用享于岐山，吉无咎。

此本升卦也。巽升坤上，据三成艮，巽为岐，艮为山，王谓五也。通有两体，位正众服，故吉也。四能与众阴退避当升者，故无咎也。《集解》。

《象》曰：贞吉升阶，大得志也。

阴正居中，为阳作阶，使升居五。己下降二，与阳相应，故吉而得志。《集解》。

上六，冥升，利于不息之贞。

坤性暗昧，今升在上，故曰“冥升”也。阴用事为消，阳用事为息。阴正在上，阳道不息，阴之所利，故曰“利于不息之贞”。《集解》。

《象》曰：冥升在上，消不富也。

阴升失实，故消不富也。《集解》。

困：

《彖》曰：困，刚弇也。

谓二五为阴所弇也。《集解》。《义海撮要》。

险以说。

此本否卦。阳降为险，阴升为说也。《集解》。《义海撮要》。

困而不失其亨，其唯君子乎？

谓二虽弃阴陷险，犹不失中，与正阴合，故通也。喻君子虽陷险中，不失中和之行也。《集解》。《义海撮要》。

贞大人吉，以刚中也。

谓五虽弃于阴，近无所据，远无所应。体刚得中，正居五位，则吉无咎也。《集解》。《义海撮要》。

有言不信，尚口乃穷也。

阴从二升上六，成兑为有言，失中为不信，动而乘阳，故曰“尚口乃穷也”。《集解》。《义海撮要》。

《象》曰：入于幽谷，幽不明也。

为阴所弃，故不明。《集解》。

利用享祀，往凶，无咎。

二升在庙，五亲奉之，故“利用享祀”。阴动而上，失中乘阳，阳下而陷，为阴所弃，故曰“征凶”。阳来降二，虽位不正，得中有实，阴虽去中，上得居正，而皆免咎，故曰“无咎”也。《集解》。

九五，䠶䡰。①

䠶䡰，不安貌。《释文》。《丙子学易编》。

利用祭祀，受福也。

谓五爻合同，据国当位而主祭祀，故受福也。《集解》。

井：

《彖》曰：巽乎水而上水，井。

巽乎水，谓阴下为巽也。而上水，谓阳上为坎也。木入水出，井之象也。《集解》。

改邑不改井，乃以刚中也。

---

① “䠶䡰”，《周易注疏》《周易集解》作“劓刖”。

刚得中，故为改邑。柔不得中，故为不改井也。《集解》。

无丧无得。

阴来居初，有实为无丧，失中为无得也。《集解》。

往来井井。

此本泰卦。阳往居五，得坎为井，阴来在下亦为井，故曰“往来井井”也。《集解》。《汉上易传》引第四句。

汔至，亦未繘[①]。

汔至者，阴来居初，下至汔竟也。繘者，所以出水通井道也。今乃在初，未得应五，故未繘也。繘者，绠汲之具也。《集解》。

井，羸其瓶，是以凶也。

井谓二，瓶谓初。初欲应五，今为二所拘羸，故凶也。《集解》。

九二，井谷耶鲋。[②]《释文》。

九三，井渫不食，为我心恻。

渫去秽浊，清絜之意也。三者得正，故曰“井渫”。不得据阴，喻不得用，故曰“不食”。道既不行，故我心恻。《集解》。

可用汲，王明，并受其福。

谓五可用汲三，则王道明而天下并受其福。《集解》。

六四，井甃，无咎。

坎性下降，嫌于从三。能自修正，以甃辅五，故无咎也。《集解》。《义海撮要》。

---

① “繘”后，《周易注疏》《周易集解》有“井”字。

② “耶”，《周易注疏》《周易集解》作“射”。

上六，井甃，[1]勿幕。《释文》。

革：

六二，巳日乃革之，征吉无咎。

日以喻君也。谓五已居位为君，二乃革，意去三应五，故曰"巳日乃革之"。上行应五，去卑事尊，故曰"征吉无咎"也。《集解》。《义海撮要》。

九三，征凶，贞厉。

三应于上，欲往应之，为阴所乘，故曰"征凶"。若正居三而据二阴，则五来危之，故曰"贞厉"也。《集解》。《义海撮要》。

鼎：

三鼎形同，以足为异。董逌《广川书跋》引九家《彖》曰："鼎，象也。"注一条，以九家为荀爽。仲林余氏《经解钩沈》撮引此二句，亦作荀说。堂案："三鼎形同"句，系九家元文；"以足为异"句，似董氏约其义而为之。今已引见两书，姑并存之。

《象》曰：[2]鼎，象也。以木巽火，亨饪也。

巽入离下，中有乾象。木火在外，金在其内，鼎镬亨饪之象也。《集解》。《会通》。

《象》曰：木上有火，鼎。

木火相因，金在其间，调和五味，所以养人，鼎之象也。《集解》。

《象》曰：鼎颠趾，未悖也。

以阴承阳，故未悖也。《集解》。

---

① "甃"，《周易注疏》《周易集解》作"收"。

② "象"，《周易注疏》《周易集解》作"彖"。

其刑渥。[1] 晁氏。

震：

震来虩虩。[2]《释文》。

亿丧贝。丧如字，贝音败。《释文》。

贝，覆也。《群经音辩》。

九四，震队泥。泥，乃低反。《释文》。队，《汉上易传》引作“隧”。堂案：《荀子·礼论篇》“暴慢、恣睢、轻俗以为高之属，入焉而队”，杨倞注云：“队，古‘坠’字，堕也。”左氏成十二年《传》：“俾队其师。”《集韵》云：“本作‘坠’，亦作‘隧’。”《列子》：“矢隧地而尘不扬。”殷敬顺《释文》：“隧音坠。”《论语》：“未坠于地。”石经残碑作“隧”。《陈球碑》“世业不队”，以“队”为“坠”，《陈君阁道碑》同。《中常侍樊安碑》“俾不失隧”，《魏横海将军吕君碑》“大命陨隧”，亦以“隧”为“坠”，是“队”“隧”皆古“坠”字。

艮：

初六，艮其止。[3]《释文》。

九三，艮其限。

限，要也。《释文》。

列其胬。[4]

互体有坎，坎为胬。《释文》。

厉动心。《集解》。虞翻曰：“荀氏以熏为勋，读作‘动’。”《释文》直作“动”。

互体有震，震为动。《释文》。

渐：

初六，鸿渐于干。

① “刑”，《周易注疏》作“形”。

② “虩虩”，《周易注疏》《周易集解》作“虩虩”。

③ “止”，《周易注疏》《周易集解》作“趾”。

④ “列其胬”，《周易注疏》《周易集解》作“裂其夤”。

干，山间涧水也。《释文》。

妇乘不育。[1]《释文》。堂案：惠征君定宇云："《周礼·薙氏》注'含实'曰'绳音孕'，栋谓'绳'当为'䞁'字之误也。《管子·五行篇》'䞁妇不销弃'，注云：'䞁'古'孕'字，《太玄》'驯首'训曰'媰其膏人，一月而膏'。'媰'与'䞁'同。《汗简》云：'《古文尚书》以䞁为孕，孕读如绳。'《易·渐》九三'妇孕不育'，荀爽本'孕'作'乘'，乘、绳声近，故九五云'鸿渐于陵，妇三岁不孕，终莫之胜'。"案如惠说，九五爻辞荀爽本"孕"亦当作"乘"。

归妹：

六三，归妹以嬬。[2]《释文》。

月既望。[3]《释文》。

丰：

日中则昃。

丰者，至盛，故日中。下居四，日昃象也。《集解》。

《象》曰：雷电皆至，丰。君子以折狱致刑。

丰者，阴据不正，夺阳之位而行以丰。故折狱致刑，以讨除之也。《集解》。

虽均无咎。[4]《释文》。堂案："均""旬"古通用。《周礼·均人》"公旬"，注云："旬，均也。"《易》"坤为均"，今书亦作"旬"者。《礼·内则》"旬而见"，注云："旬当为均，声之误也。"

旅：

《彖》曰：旅小亨。

谓阴升居五，与阳通者也。《集解》。

巽：

---

① "乘"，《周易注疏》《周易集解》作"孕"。
② "嬬"，《周易注疏》《周易集解》作"须"。
③ "既"，《周易注疏》《周易集解》作"几"。
④ "均"，《周易注疏》《周易集解》作"旬"。

《象》曰：随风，巽。君子以申命行事。

巽为号令，两巽相随，故申命也。法教百端，令行为上，贵其必从，故曰“行事”也。《集解》。《义海撮要》节引。

《象》曰：进退，志疑也。

风性动，进退，欲承五，为二所据，故志以疑也。《集解》。《义海撮要》。

九二，巽在床下。

床下，以喻近也。二者军帅，三者号令，故言床下，以明将之所专，不过军中事也。《集解》。

用史巫纷若，吉无咎。

史以书勋，巫以告庙。纷，变；若，顺也。谓二以阳应阳，君所不臣，军帅之象。征伐既毕，书勋告庙，当变而顺五则吉，故曰“用史巫纷若，吉无咎”也。《集解》。

《象》曰：纷若之吉，得中也。

谓二以处中和，故能变。《集解》。

《象》曰：频巽之吝，志穷也。

乘阳无据，为阴所乘，号令不行，故志穷也。《集解》。《义海撮要》。

丧其齐斧，贞凶。

军罢师旋，亦告于庙。还斧于君，故丧齐斧。正如其故，不执臣节，则凶。故曰“丧其齐斧，贞凶”。《集解》。

涣：

王假有庙，王乃在中也。

谓阳来居二，在坤之中为立庙。假，大也。言受命之王，居五大位，上体之中，上享天帝，下立宗庙也。《集解》。

《象》曰：风行水上，涣。先王以享于帝立庙。

谓受命之王，收集散民，上享天帝，下立宗庙也。阴上至四承五为享帝，阳下至二为立庙也。离日上为宗庙，而谓天帝。宗庙之神所配食者，王者所奉，故继于上。至于宗庙，其实在地。地者，阴中之阳，有似庙中之神。《集解》。

六三，涣其躬，无悔。

体中曰躬，谓涣三。使承上为志在外，故无悔。《集解》。

匪弟所思。[1]《释文》。堂案：篆文“夷”作“”，“弟”作“”，二字形相近，故转隶者误以“夷”为“弟”。

涣王居，无咎。

布其德教，王居其所，故无咎矣。《集解》。

节：

《象》曰：苦节贞凶，其道穷也。

乘阳于上，无应于下，故其道穷也。《集解》。

中孚：

两巽对合，外实中虚。《汉上丛说》。

豚鱼吉，信及豚鱼也。

豚鱼谓四三也。艮为山陆，豚所处。三为兑泽，鱼所在。豚者卑贱，鱼者幽隐。中信之道，皆及之矣。《集解》。

初九，虞吉，有它不燕。

虞，安也。初应于四，宜自安虞，无意于四则吉，故曰“虞吉”也。四者乘五，[2]有它意于四则不安，故曰“有它不燕”也。《集解》。

《象》曰：初九虞吉，志未变也。

---

① “弟”，《周易注疏》《周易集解》作“夷”。

② “乘”，《周易集解》本作“承”。

初位潜藏，未得变而应四也。《集解》。

六三，得敌，或鼓或罢，或泣或歌。

三四俱阴，故称敌也。四得位，有位故鼓而歌。三失位失一作“无”。实，[1]故罢而泣之也。《集解》。《义海撮要》。

六四，月既望，[2]《释文》。

小过：

《彖》曰：小过，小者过而亨也。过以利贞，与时行也。

阴称小，谓四应初，过二而去，三应上，过五而去，五处中，见过不见应，故曰“小者过而亨也”。《集解》。《义海撮要》。

往厉必戒，勿用永贞。

四往危五，戒备于三，故曰“往厉必戒”也。勿长居四，当动上五，故曰“勿用永贞”。《集解》。

既济：

《彖》曰：既济亨，小者亨也。

天地既交，阳升阴降，故小者亨也。《集解》。

《象》曰：水在火上，既济。君子以思患而豫防之。

六爻既正，必当复乱，故君子象之，思患而豫防之，治不忘乱也。《集解》。

六二，妇丧其绂。[3]《释文》。

《象》曰：濡其首厉，何可久也。

居上濡五，处高居盛，必当复危，故何可久也。《集解》。

未济：

① “失”，《周易集解》本作“无”。

② “既”，《周易注疏》《周易集解》作“几”。

③ “绂”，《周易注疏》《周易集解》作“茀”。

《象》曰:未济亨,柔得中也。

柔上居正,与阳合同,故亨也。《集解》。

虽不当位,刚柔应也。

虽刚柔相应而不以正,由未能济也。《集解》。《义海撮要》。

六三,未济,征凶,利涉大川。

未济者,未成也。女在外,男在内,婚姻未成,征上从四则凶。利下从坎,故利涉大川矣。《集解》。《义海撮要》。

系辞上

堂案:正义云:"'天尊地卑'为第一章,'圣人设卦观象'为第二章,'彖者言乎象者'为第三章,'精气为物'为第四章,'显诸仁藏诸用'为第五章,'圣人有以见天下之赜'为第六章,'初六藉用白茅'为第七章,'大衍之数'为第八章,'子曰知变化之道'为第九章,'天一地二'为第十章,'是故易有太极'为第十一章,'子曰书不尽言'为第十二章,马季长、荀爽、姚信等,又分'白茅'章后取'负且乘'更为别章,成十三章。"

天尊地卑,乾坤定矣。

谓否卦也。否七月,万物已成,乾坤各得其位,定矣。《集解》。

卑高以陈,贵贱位矣。

谓泰卦也。《集解》。

乾道成男,坤道成女。

男谓乾初适坤为震,二适坤为坎,三适坤为艮,以成三男也。女谓坤初适乾为巽,二适乾为离,三适乾为兑,以成三女也。《集解》。

坤化成物。

物谓坤任育体,万物资生。《集解》。

乾以易知。易音亦。《释文》。

有亲则可久,有功则可大。

阴阳相亲,杂而不厌,故可久也。万物生息,种类繁滋,故可大也。《集解》。

天下之理得,而易成位乎其中矣。今本脱“易”字。

阳位成于五,五为上中,阴位成于二,二为下中,故易成位乎其中也。《集解》。

而明吉凶。

因得明吉,因失明凶也。《集解》。

悔吝者,忧虞之象也。

忧虞小疵,故悔吝也。《集解》。

变化者,进退之象也。

春夏为变,秋冬为化,息卦为进,消卦为退也。《集解》。

刚柔者,昼夜之象也。

刚为乾,柔为坤。乾为昼,坤为夜,昼以喻君,夜以喻臣也。《集解》。

故能弥纶天下之道。

弥,终也。纶,迹也。《释文》。

仰以观于天文,俯以察于地理。

谓阴升之阳,则成天之文也。阳降之阴,则成地之理也。《集解》。

是故知幽明之故。

幽谓天上地下,不可得睹者也,谓否卦变成未济也。明谓天地之间,万物陈列,著于耳目者,谓泰卦变成既济也。《集解》。

知周乎万物。

二篇之册，万有一千五百二十，当万物之数，故曰“知周乎万物”也。《集解》。

乐天知命，故不忧。

坤建于亥，乾立于巳。阴阳孤绝，其法宜忧。坤下有伏乾为乐天，乾下有伏巽为知命，阴阳合居，故不忧。《集解》。

安土敦乎仁，故能爱。

安土谓否卦，乾坤相据，故安土。敦仁谓泰卦，天气下降，以生万物，故敦仁。生息万物，故谓之爱也。《集解》。

曲成万物而不遗。

谓二篇之册，曲成万物无遗失也。《集解》。

通乎昼夜之道而知。知音智。《释文》。

昼者谓乾，夜者坤也。通于乾坤之道，无所不知矣。《集解》。

盛德大业至矣哉！

盛德者天，大业者地也。《集解》。

生生之谓易。

阴阳相易，转相生也。《集解》。

广大配天地。

阴广阳大配天地。《集解》。

阴阳之义配日月。

谓乾舍于离，配日而居，坤舍于坎，配月而居之义是也。《集解》。

易简之善配至德。

乾德至健，坤德至顺。乾坤易简，[①]相配于天地，故易简

① “易简”，《周易集解》作“简易”。

之善配至德。《集解》。

圣人有以见天下之动,而观其会通。

谓三百八十四爻,阴阳动移,各有所会,各有所通。《集解》。

言天下之至啧,而不可亚也。

亚,次也。《释文》。惠征君栋云:"晁氏以'亚'为古文'善恶'字,非也。'恶'乃古文'亚'。《尚书大传》曰:'王升舟入水,鼓钟恶,观台恶,将舟恶,宗庙恶。'康成注云:'恶读为亚。'宋时有玉印曰'周恶父印',刘原甫以为即条侯亚父。《史记》卢绾孙他之封'恶谷侯',《汉书》作'亚谷'。是'恶'皆读为'亚'。"堂案:商器款识有"亚鼎""亚尊""亚卣""亚觚",是"亚"乃古字也。旧说云《正讹》谓:"'亚'本涂饰字,馀皆借义,既为借义所夺,小篆遂从土作'垩'字,从心作'恶'字以别之。'亚''垩''恶'本一字,秦《诅楚文》以'亚驼'代'滹池',则因声借用明矣。"然则"亚"非古文"恶","恶"亦非古文"亚",古"亚"字或借作"恶",后来二字又通用耳。《释文》"恶,于嫁反",亦以"恶"为"亚"。《周礼·肆师》注引《尚书大传》文,"恶"字正作"亚"。

言行,君子之枢机。

艮为门,故曰"枢"。震为动,故曰"机"也。《集解》。

大衍之数五十,其用四十有九。

卦各有六爻,六八四十八,加乾坤二用,凡有五十。乾初九潜龙勿用,故用四十九也。《正义》。《义海撮要》。《汉上丛说》。《易图说》。《钩隐图》。《筮宗》。《礼书》七十三。《群书考索》别集三。《玉海》三十六。

此所以成变化而行鬼神也。

在天为变,在地为化,在地为鬼,在天为神。《集解》。

乾之册,二百一十有六。

阳爻之册三十有六,乾六爻皆阳,三六一百八十,六六三十六，合二百一十有六也。阳爻九合四时，四九三十六，是其义也。《集解》。

坤之册，百四十有四。

阴爻之册二十有四，坤六爻皆阴，二六一百二十，四六二十四，合一百四十有四也。阴爻六合二十四气，四六二百四十也。《集解》。

是故四营而成易。

营者，谓七八九六也。《集解》。

十有八变而成卦。

二揲册，挂左手一指间。三指间满，而成一爻。又六爻，三六十八，故十有八变而成卦也。《集解》。

可与侑神矣。[1]《释文》。堂案：古"祐"字作"右"，"右"或通"侑"。《周礼·大祝》"享右祭祀"注云："右读为侑。"

子曰：知变化之道者，其知神之所为乎？

"子曰"为章首。《集解》虞翻引。《吴志·虞翻传》注。

以制器者尚其象。

结绳为网罟，盖取诸离，此类是也《集解》。

夫易，圣人之所以极深而研几也。

谓伏羲画卦，穷极易幽深。文王系辞，研尽易几微者也。《集解》。

六爻之义易以功。[2]《释文》云："贡，京、陆、虞作'工'，荀作'功'。"堂案："功""贡"义同。《周礼·太宰》注云："贡，功也。古'功'字通'工'。"《春官·肆师》"凡师不功"注云："故书'功'为'工'，郑司农'工'读为'功'，古者'工'与'功'同字。"《魏志·管辂传》注："拙而不功也。""工拙"字亦作

---

① "侑"，《周易注疏》《周易集解》作"祐"。

② "功"，《周易注疏》《周易集解》作"贡"。

“功”。

圣人以此先心。[①]《释文》。

以神明其德夫。绝句。《释文》。

往来不穷谓之通。

谓一冬一夏,阴阳相变易也。十二消息,阴阳往来无穷已,故通也。《集解》。

见乃谓之象,形乃谓之器。

谓日月星辰,光见在天而成象也。万物生长,在地成形,可以为器用者也。《集解》。

制而用之谓之法。

谓观象于天,观形于地,制而用之,可以为法。《集解》。

吉凶生大业。

一消一息,万物丰殖,富有之谓大业。《集解》。

变通莫大乎四时。

四时相变,终而复始也。《集解》。

天垂象,见吉凶,圣人象之。

谓在旋玑玉衡,以齐七政也。《集解》。

鼓之舞之以尽神。

鼓者,动也。舞者,行也。谓三百八十四爻,动行相反其卦,所以尽易之神也。《集解》。

乾坤毁,则无以见易。

毁乾坤之体,则无以见阴阳之交易也。《集解》。

神而明之,存乎其人。

苟非其人,道不虚行也。《集解》。

---

① “先”,《周易注疏》《周易集解》作“洗”。

系辞下

日月之道,贞明者也。

离为日。日中之时,正当离位,然后明也。月者,坎也。坎正位冲离,冲谓十五日,月当日冲,正值坎位,亦大圆明。故曰“日月之道,贞明者也”。言日月正当其位,乃大明也。《集解》。

功业见乎变。

阴阳相变,功业乃成者也。《集解》。

理财正辞,禁民为非,曰义。

尊卑贵贱,衣食有差,谓之理财。名实相应,万事得正,谓之正辞。咸得其宜,故谓之义也。《集解》。

仰则观象于天。

震巽为雷风,坎离为日月也。《集解》。

俯则察法于地。[1]《本义辩证》云。

观鸟兽之文。

乾为马,坤为牛,震为龙,巽为鸡之属是也。《集解》。

近取诸身。

乾为首,坤为腹,震为足,巽为股也。《集解》。

远取诸物。

乾为金玉,坤为布釜之类是也。《集解》。

以通神明之德。

乾坤为天地,离坎为日月,巽震为雷风,艮兑为山泽,此皆神明之德也。《集解》。

① “察”,《周易注疏》《周易集解》作“观”。

往者诎也。[1]

阴气往，则万物诎者也。《集解》。

来者信也。

阳气来，则万物信者也。《集解》。

尺蠖之诎，[2]以求信也。

以喻阴阳气诎以求信也。《集解》。

过此以往，未之或知也。

出乾之外，无有知之。《集解》。

存而不忘亡。

谓除堂案：《释文》“除”当作“虑”。戎器，戒不虞也。《集解》。

治而不忘乱。

谓思患而逆防之。《集解》。

《易》曰：其亡其亡。

存不忘亡也。《集解》。

系于包桑。

桑者，上玄下黄。乾坤相包以正，故不可亡也。[3]《集解》。

万夫之望。

圣人作而万物睹。《集解》。

子曰：乾坤，其易之门邪！

阴阳相易，出于乾坤，故曰“门”。《集解》。

乾，阳物也。坤，阴物也。

阳物天，阴物地也。《集解》。

① “诎”，《周易注疏》《周易集解》作“屈”。下同。

② “诎”，《周易注疏》《周易集解》作“屈”。

③ “亡”，《周易集解》作“忘”。

易之兴也，其于中古乎。

文王为中古。《集解》。虞翻引。

损，德之修也。

徵忿窒欲，所以修德。《集解》。

益，德之裕也。

见善则迁，有过则改，德之优裕也。《集解》。

谦，尊而光。

自上下下，其道大光也。《集解》。

恒，杂而不厌。

夫妇虽错居，不厌之道也。《集解》。

益以兴利。

天施地生，其益无方，故兴利也。《集解》。

《易》之为书也，广大悉备。

以阴易阳谓之广，以阳易阴谓之大。《易》与天地准，固悉备也。《集解》。

成天下之娓娓者。[1]

娓娓者，阴阳之微，可成可败也。顺时者成，逆时者败也。《集解》。

将叛者其辞惭。

谓屯六三往吝之属也。《集解》。

中心疑者其辞枝。

或从王事无成之属也。《集解》。

躁人之辞多。

谓睽上九之属也。《集解》。

---

① “娓娓”，《周易注疏》《周易集解》作“亹亹”。

诬善之人其辞游。

游豫之属也。《集解》。

失其守者其辞诎。[1]

谓泰上六"城复于隍"之属也。《集解》。

说　卦

幽赞于神明而生蓍。

幽，隐也。赞，见也。神者在天，明者在地，神以夜光，明以昼照。蓍者，册也。谓阳爻之册，三十有六，阴爻之册，二十有四，二篇之册，万有一千五百二十。上配列宿，下副物数。生蓍者，谓蓍从中生也。《集解》。

雷以动之。

谓建卯之月，震卦用事，天地和合，万物萌动也。《集解》。

风以散之。

谓建巳之月，万物上达，布散田野。《集解》。

雨以润之。

谓建子之月，含育萌芽也。《集解》。

日以烜之。烜，休远反。

谓建午之月，太阳欲长者也。《集解》。

艮以止之。

谓建丑之月，消息毕止也。《集解》。

兑以说之。

谓建酉之月，万物成孰也。《集解》。

乾以君之。

① "诎"，《周易注疏》《周易集解》作"屈"。

谓建亥之月，乾坤合居，君臣位得也。《集解》。

为柴马。

柴马多筋干。《释文》。

为朱足。[1]“朱”一作“末”。

阳在下。《释文》。

为长女。

柔在初。《集解》。

为工。

以绳木，故为工。《集解》。

为进退。

风行无常，故进退。《集解》。

为不果。

风行或东或西，故不果。《集解》。

为矫桡。[2]《释文》。《汉上丛说》。

为极心。[3]

极，中也。《释文》。

为日。

阳外光也。《集解》。

为中女。

柔在中也。《集解》。

序 卦

盈天地之间者唯万物，故受之以屯。屯者，盈也。

---

① “朱”，《周易注疏》《周易集解》作“作”。

② “桡”，《周易注疏》《周易集解》作“輮”。

③ “极”，《周易注疏》《周易集解》作“亟”。

谓阳动在下，造生万物于冥昧之中也。《集解》。

物穉不可不养也，故受之以需。需者，饮食之道也。

坎在乾上，中有离象，水火交和，故为饮食之道也。《集解》。

履而泰然后安，故受之以泰。泰者，通也。今本衍“而泰”二字。

谓乾来下降，以阳通阴也。《集解》。

有事然后可大，故受之以临。临者，大也。

阳称大，谓二阳动升，故曰“大也”。《集解》。

致饰而后亨则尽矣，故受之以剥。剥者，剥也。

极饰反素，文章败，故为剥也。《集解》。

有无妄，物然后可畜，故受之以大畜。今本脱一“物”字。

物不妄者，畜之大也。畜积不败，故大畜也。《集解》。

杂　卦

临观之义，或与或求。

临者教思无穷，故为与。观者观民设教，故为求也。《集解》。

明夷，诛也。

诛，灭也。《释文》。

大有，终也。[1]《释文》。堂案：“终”“众”字通。《仪礼·士相见》篇“众皆若是”注云：“今文‘众’为‘终’。”《史记·五帝纪》“怙终贼刑”，徐广曰：“‘终’一作‘众’。”

丰多故亲。绝句。寡，旅也。别为句。《释文》。

① “终”，《周易注疏》《周易集解》作“众”。

郑康成周易注

雅雨堂元序

郑氏之学，立于学官，自汉魏六朝数百年来，无异议者。唐贞观中，孔颖达撰《五经正义》，《易》用王辅嗣，《书》用孔子国，而二经之郑义遂亡。今传者惟三《礼》、《毛诗》而已。然北宋时，郑《易》犹存。《文言》《说卦》《序卦》《杂卦》四篇，载于《崇文总目》，故朱汉上震、晁嵩山说之俱引其说。至南宋，而四篇亦佚。于是浚仪王厚斋应麟始裒群籍，为《郑氏易》一卷，前明胡孝辕震亨刊其书，附《李氏易传》之后。往余读《五经正义》所采郑《易》，间及爻辰。初未知爻辰为何物，及考郑注《周礼·太师》与韦宏嗣昭注《周语》，乃律家合辰，乐家合声之法。盖乾坤十二爻，左右相错，《乾凿度》所云间时而治六辰，故谓之爻辰也。汉儒说《易》，并有家法，其不苟作如此。第厚斋所集，尚有遗漏。吾友元和惠子定宇世通古义，重加增辑，并益以汉上、嵩山之说，厘为三卷。今依孝辕之例，仍附于李《传》之后，用广其传于世。余学《易》有年，每讲求汉儒遗书以求印正，虽断简残编，未敢有所忽略。此书之传，虽不及三《礼》、《毛诗》之完具，然汉学《易》义无多，存之以备一家，好古之士，或有考于斯。德州卢见曾撰。

元　序[①]

郑康成学费氏《易》，为注九卷，多论互体。以互体求《易》，《左氏》以来，有之。凡卦爻二至四，三至五，两体交互，各成一卦，是谓一卦含四卦，《系辞》谓之中爻，所谓"八卦相荡，六爻相杂，唯其时物，杂物撰德"是也。唯乾坤无互体，盖纯乎阳，纯乎阴也。馀六子之卦，皆有互体。坎之六画，其互体含艮震，而艮震之互体，亦含坎。离之六画，其互体含兑巽，而兑巽之互体，亦含离。三阳卦之互体自相含，三阴卦之互体亦自相含也。王弼尚名理，讥互体，然注睽六二曰"始虽受困，终获刚助"，睽自初至五成困，此用互体也。弼注比六四之类，或用康成之说。钟会著论，力排互体，而荀顗难之。江左郑学，与王学并立。荀崧谓康成书根源[②]。颜延之为祭酒，黜郑置王。齐陆澄诒王俭书云："《易》自商瞿之后，虽有异家之学，同以象数为宗。数年后，乃有王弼之说。"王济云："弼所误者多，何必能顿废先儒。"今若弘儒，郑注不可废。河北诸儒，专主郑氏。隋兴，学者慕弼之学，遂为中原之师，此景迂晁氏所慨叹也。易有圣人之道四焉，理义之学，以其辞耳，变、象、占其可阙乎！李鼎祚云："郑多参天象，王全释人事，易道岂偏滞于天人哉？"今郑注不传，其说间见于鼎祚《集解》及《释文》、《诗》、三《礼》、《春秋》义疏、《后汉》[③]、《文选注》，因缀而录之，先儒象数之学于此犹有考云。然康成笺《诗》，多改

① 此序原在"郑康成周易注卷中"后，今依例移于此。

② "根源"后，四库本朱彝尊《经义考》有小字"阙"。

③ "后汉"，朱彝尊《经义考》作"后汉书"。

字,注《易》亦然。如“包蒙”为“彪”,“豶豕”之“牙”为“互”,“包荒”读为“康”,“锡马蕃庶”读为“蕃遮”,“皆甲宅”之“皆”读为“解”,“一握为笑”之“握”读为“屋”,其说近乎凿。学者盍谨择焉,厌常喜新,其不为荄兹者几希。浚仪王应麟识。

郑氏易赞

易之为名也,一言而函三义。简易,一也。变易,二也。不易,三也。故《系辞》云:“乾坤,其易之缊邪?”又曰:“易之门户邪?”又曰:“夫乾,确然示人易矣;夫坤,隤然示人简矣。”“易则易知,简则易从。”此言其易简之法则也。又曰:“其为道也娄迁。变动不居,周流六虚,上下无常,刚柔相易。不可为典要,唯变所适。”此言从一作“顺”。时变易,出入移动者也。又曰:“天尊地卑,乾坤定矣。卑高以陈,贵贱位矣。动静有常,刚柔断矣。”此言张设布列不易者也。据兹三义,而说《易》之道广矣大矣。堂案:郑氏《易赞》见《世说新语·文学门》刘峻注,又见《正义·序》。

郑康成周易爻辰图[①]

① 此题原无,据目录补。

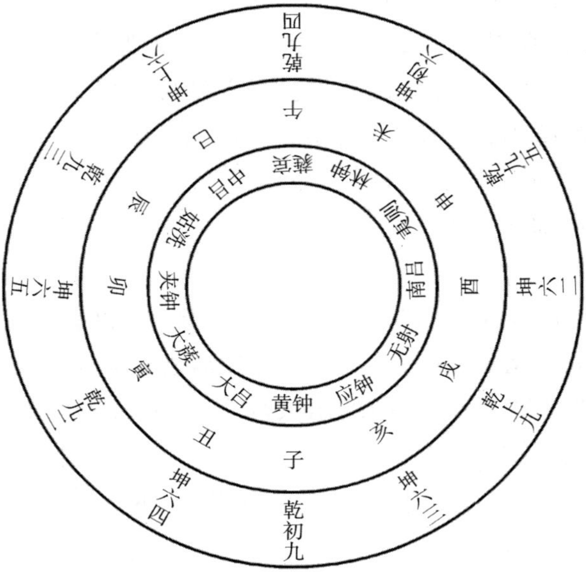

十二月爻辰图

惠定宇曰:《周易乾凿度》曰:“乾阳也,坤阴也,并如而交错行。乾贞于十一月子,左行,阳时六。康成注云:“贞,正也,初爻以此为正。次爻左右者,各从次数之。”坤贞于六月未,乾坤,阴阳之主。阴退一辰,故贞于未。右行,阴时六,以顺成其岁。岁终从于屯蒙。”岁终,则从其次,屯、蒙、需、讼是也。又云:“阴卦与阳卦同位者,退一辰,以未为贞,其爻右行,间时而治六辰。”阴阳同位,阴退一辰,谓左右交错相避。栋案:《乾凿度》之说,与十二律相生图合。郑于《周礼·太师》注云:“黄钟,初九也。下生林钟之初六,林钟又上生太蔟之九二,太蔟又下生南吕之六二,南吕又上生姑洗之九三,姑洗又下生应钟之六三,应钟又上生蕤宾之九四,蕤宾又上生大吕之六四,大吕又下生夷则之九五,夷则又上生夹钟之六五,夹钟又下生无射之上九，无射又上生中吕之上六。”韦昭注《周语》云：“十一月黄钟，乾初九也。十二月大吕，坤六四也。正月太蔟，乾九二也。二月夹钟，坤六五也。三月姑洗，乾九三也。四月中吕，坤上六也。五月蕤宾，乾九四也。六月林钟，坤初六也。七月夷则，乾九五也。八月南吕，坤六二也。九月无射，乾上九也。十月应钟，坤六三也。”郑氏注《易》、陆绩注《太玄》皆同前说。是以何妥《文言》注，以初九当十一月，九二当正月，九三当三月，九四当五月，九五当七月，上九当九月也。宋儒朱子发作十二律图，六二在巳，六三在卯，六五在亥，上六在酉，是坤贞于未而左行，其误甚矣。今作图以正之。

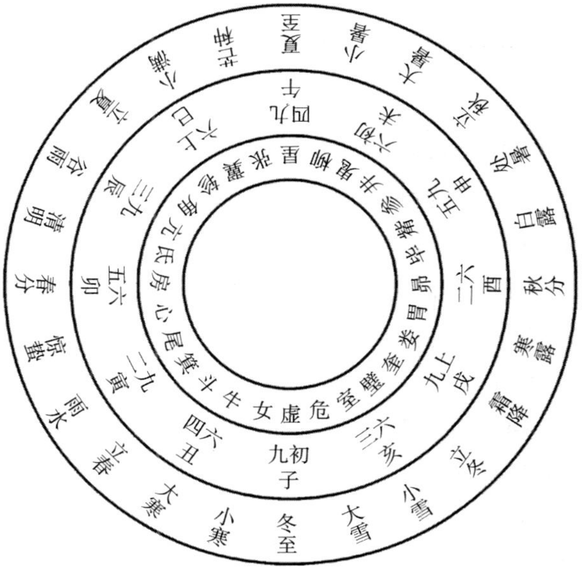

爻辰所值二十八宿图

右图朱子发云：“子寅辰午申戌，阳也，乾之六位。未巳卯丑亥酉,此亦误,当云未酉亥丑卯巳,所谓右行阴时六也。阴也,坤之六位。位之升降,不违其时,故曰大明终始,六位时成。”栋案:康成注《月令》云:“正月宿直尾箕,八月宿直昴毕,六月宿直鬼,又云:“六月宿直东井。”九月宿直奎,十月宿直营室。”又云:“卯宿直房心,二月。申宿直参伐。”七月。又注“季冬”云:“此月之中,日历虚危。”《参同契》曰:“青龙处房六兮,春花震东卯;白虎在昴七兮,秋芒兑西酉;朱雀在张二兮,离南午。”又云:“含元虚危,播精于子。”皆与图合。若以日所历言之,则右行而周二十八舍,《明堂》《月令》所谓“孟春之月,日在营室”是也,与此不同。堂案:《参同契·三相类》后语篇“离南午”三字上,有“正阳”二字。

上 经

乾:

九二,见龙在田,利见大人。

二于三才为地道,地上即田,故称田也。《集解》。九二“利见”九五之“大人”。《正义》。

九三,君子终日乾乾,夕惕若厉,无咎。

三于三才为人道,有乾德而在人道,君子之象。《集解》。惕,惧也。《释文》。

九五,飞龙在天,利见大人。

五于三才为天道。天者,清明无形,而龙在焉,飞之象也。《集解》。堂案:元本无“也”字,今据《集解》补。

上九,亢龙有悔。

尧之末年,四凶在朝,是以有悔,未大凶也。《正义》。

用九,见群龙无首,吉。

六爻皆体乾,一作“龙”。群龙之象也。舜既受道,“道”一作“禅”。禹与稷、契、咎繇之属，并在于朝。《后汉·郎顗传》注。《班固传》注。

万物资始，乃统天。

资，取也。统，本也。《释文》。

大人造也。

造，徂早反。为也。《释文》。

文言传附。

君子体仁，足以长人。

体，生也。《文选注》二十四。

不成名。[1]《释文》。

当隐之时，以从世俗，不自殊异，无所成名也。《集解》。

确乎其不可拔。

确，坚高之貌。拔，移也。《释文》。

闲邪以存其诚。《会通》晁氏云。

君子进德修业，及时，故无咎。晁氏。

圣人作。

作，起也。《释文》。

亢龙有悔，穷志灾也。[2] 晁氏。

利贞者，情性也。《汉上易》。晁氏同。

乾始而以美利利天下。晁氏云。

坤：

履霜，坚冰至。

履读为“礼”。《释文》。

---

① “成”后，《周易注疏》《周易集解》有“乎”字。

② “志”，《周易注疏》《周易集解》作“之”。

驯致其道。

驯，从也。《释文》。

六二，直方。[1]

直也、方也，地之性。此爻得中气而在地上，自然之性，广生万物，故生动直而且方。《礼记·深衣》正义。堂案：熊氏《经说》云："《郑氏古易》云：'坤爻辞履霜、直方、含章、括囊、黄裳、玄黄协韵，故《象传》《文言》皆不释"大"，疑"大"字衍。'"

龙战于野。

圣人喻龙，君子喻蛇。《仪礼》注："蛇龙，君子之类。"

必有余殃。

殃，祸恶也。《释文》。

为其溓于阳也。[2]《释文》谓"郑作谦"，讹。故称龙焉。

溓读如"群公慊"之"慊"，古书篆作立心，与水相近，读者失之，故作"溓"。慊，杂也。阴谓此上六也。阳谓今消息用事，乾也。上六为蛇，得乾气杂似龙。《诗·采薇》正义。堂案：抱经堂《释文考证》"慊""溓"二字，并改正。

屯：

天造草昧，宜建侯而不宁。

造，成也。草，草创。昧，昧爽也。《文选注》三十八。读而曰能，能犹安也。《释文》。堂案：《类篇》云："而，奴登切"。

君子以经论。

谓论撰书礼乐，施政事。《释文》。正义曰："刘表、郑玄以'纶'为'论'字。"

六二，乘马般如。堂案：《释文》云："班，郑本作'般'。"

---

① "方"后，《周易注疏》《周易集解》有"大"字。

② "溓"，《周易注疏》《周易集解》作"嫌"。

马牝牡曰“乘”。《释文》。

匪寇昏冓。

冓，犹会也。《释文》。堂案：此句亦见《正义》。《释文》无“也”字，《正义》有。

君子机，[1]不如舍。

机，弩牙也。《释文》。

以从禽也。从，子用反。《释文》。堂案：“子”字旧作“于”，今据《考证》改。

蒙：

蒙，亨。匪我求童蒙，童蒙求我，初筮告，再三渎，渎则不告。

蒙者，蒙。物初生形，是其未开著之名也。人幼稚曰童，未冠之称。亨者，阳也。渎，亵也。筮，问也。互体震而得中，嘉会礼通。阳自动其中，德施地道之上，万物应之而萌牙生。教授之师取象焉，修道蓺于其室，而童蒙者求为之弟子，非己乎求之也。弟子初问则告之以事义，不思其三隅相况以反解而筮者，此勤师而功寡，学者之灾也。渎筮则不复告，欲令思而得之，亦所以利义而干事也。《公羊》疏。《释文》。

初六，用说桎梏。

木在足曰桎，在手曰梏。《周礼 · 大司寇》疏。

九二，苞蒙。[2]

“苞”当作“彪”，彪，文也。《释文》。

顺以巽也。

---

① “机”，《周易注疏》《周易集解》作“几”。

② “苞”，《周易注疏》《周易集解》作“包”。

"巽"当作"逊"。《释文》。堂案:"巽"古"逊"字。《书·尧典》:"汝能庸命,巽朕位。"彼《释文》云:"巽音逊,马云让也。"

上九系蒙。[1]《释文》。

需:

需读为秀,阳气秀而不直前者,畏上坎也。《释文》。

光亨贞吉。《释文》云:"郑总为一句。"

位音莅。乎天位。《释文》。

君子以饮食宴乐。

宴,享宴也。《释文》。

九二,需于沚。[2]《释文》。

沚,接水者。《诗·凫鹥》正义引作"沙"。堂案:《说文》云:"沙,谭长说,或从疋。"

致戎至。[3]《释文》。

讼:

辩财曰讼。《释文》。

有孚,咥。[4]

咥,觉悔貌。《释文》。

九二,归而逋其邑人三百户,无眚。

小国之下大夫采地方一成,其定税三百家,故三百户也。《杂记》正义。不易之田,岁种之;一易之田,休一岁乃种;再易之田,休二岁乃种,言至薄也。苟自藏隐,不敢与五相敌,则无灾眚。《正义》。眚,过也。《释文》。

① "系",《周易注疏》《周易集解》作"击"。
② "沚",《周易注疏》《周易集解》作"沙"。
③ "戎",《周易注疏》《周易集解》作"寇"。
④ "咥",《周易注疏》《周易集解》作"窒"。

患至惙也。[①]

惙，陟劣反。忧也。《释文》。

渝，安贞吉。

渝，然也。《释文》。堂案：《尔雅·释言》："渝，变也。俞，然也。"郑训为"然"，疑当作"俞"。

上九，或锡之鞶带。

鞶带，佩鞶之带。《周礼·巾车》疏。

终朝三拕之。[②] 拕，徒可反。《释文》。堂案：惠征君定宇曰：高诱注《淮南子》"拕，夺也"，晁以道读为"拕绅"之"拕"，项平庵言拕者"三加之也"，并失之。

师：

军二千五百人为师。多以军为名，次以师为名，少以旅为名。师者，举中之言。堂案：此条见《诗·棫朴》正义。

丈人吉。

丈之言长，能御众，有正人之德，以法度为人之长，吉而无咎，谓天子诸侯主军者。《春官·天府》疏。《释文》。堂案：《释文》云："丈人能以法度长于人。"

初六，否臧凶。否，方有反。《释文》。

九二，王三赐命。《释文》。堂案：《书序》："平王锡晋文侯秬鬯圭瓒。"马融本"锡"作"赐"。《禹贡》"锡土姓"，《史记》作"赐土姓"。《左氏春秋经》："王使毛伯卫来锡公命。"唐石经作"来赐"。古本"锡"字多作"赐"。

承天宠也。

宠，光燿也。《释文》。堂案："燿"字旧作"耀"，今据《考证》改。

比：

① "惙"，《周易注疏》《周易集解》作"掇"。
② "拕"，《周易注疏》《周易集解》作"褫"。

初六，有孚盈缶。

爻辰在未，上值东井。井之水，人所汲用缶。缶，汲器也。《诗·宛丘》正义。《释文》。

九五，王用三驱，《释文》。失前禽。

王因天下显，习兵于蒐狩焉。驱禽而射之，三则已，法一作"发"。军礼也。失前禽者，谓禽在前来者不逆而射之，傍去又不射，唯背走者，顺而射之，不中则一作"亦"。已，是皆所以失之。用兵法亦如之，降者不杀，奔者不禁，背者不杀，加以仁恩养威之道。《秋官·士帅》疏。《左传·桓四年》正义。

小畜：

畜，许六反。养也。《释文》。

九三，舆说辐。[1]

辐，伏菟。《释文》。谓舆下缚木，与轴相连，钩心之木是也。堂案：此条见《正义》。

履：

履虎尾，不噬人，[2]亨。

噬，音誓。啮也。《文选注》十。

视履考详。

履道之终，考正详备。晁氏。

泰：

通也。《释文》。

后以财成天地之道，辅相天地之宜，以左右民。

财，节也。辅相、左右，助也。以者，取其顺阴阳之节，

① "辐"，《周易集解》作"车"。

② "噬"，《周易注疏》《周易集解》作"咥"。

为出内之政。春崇宽仁，夏以长养，秋教收敛，冬敕盖藏，皆可以成物助民也。《集解》。

初九，拔茅茹以其汇，征吉。

汇，音谓。类也。堂案：吕氏《音训》引《释文》云："郑作夤，勤也。"[①]误。茹，牵引也。茅音苗。堂案：《类篇》引此字云："眉镳切，菅也。"《集韵》同义。喻君，有絜白之德，臣下引其类而仕之。《汉书·刘向传》注。

九二，苞荒。[②]

荒，读为康，虚也。《释文》。堂案：《集韵》"㝩""㡉""荒"并云虚也。《广韵》引《尔雅》作"㝩"。司马相如《长门赋》"委参差以㡉梁"，李善注引《方言》云："㝩，虚也，与㡉同。"今《尔雅》《方言》皆作"漮"，《尔雅释文》云："字又作'歑'，《方言》作'㝩'，郭云本或作'荒'。"今《方言》注云："或作'歑'。"并同此义，亦通作"康"。《穀梁传》："四谷不升谓之康。"《广雅》作"歑"，《韩诗外传》作"荒"。《太平御览》引《淮南·天文训》云："十二岁一荒。"高诱本"荒"作"康"。《诗·小雅·宾之初筵》云："酌彼康爵。"笺云："康，虚也。"《大雅·召旻》篇："我居圉卒荒。"笺云："荒，虚也。"又《逸周书·谥法解》："凶年无谷曰穅，穅，虚也。"张守节《史记正义》引"穅"作"荒"。又"好乐怠政曰荒"。《汉书·诸侯王表》有"中山穅王昆侈"，颜师古注引此句"荒"作"穅"，是"穅"字古亦通"荒"。

六五，帝乙归妹，以祉元吉。

五爻辰在卯，春为阳中，万物以生。生育者，嫁娶之贵。仲春之月，嫁娶，男女之礼，福禄大吉。《周礼·媒氏》疏。堂案：此条亦见杜氏《通典》，但不云郑注。

上六，城复于隍。

---

① "郑作夤，勤也"，《释文》作"董作夤，出也。郑云勤也"。

② "苞"，《周易注疏》《周易集解》作"包"。

隍，壑也。《诗·韩奕》正义。

否：

九四，𠷎离祉。《释文》。堂案：《说文》："𠷎，古文畴字。"

九五，休否。

休，美也《文选注》二十五。

其亡其亡，系于苞桑。①

苞，植也，否。世之人不知圣人有命，咸曰"其将亡矣，其将亡矣"。而圣乃自系于植桑不亡也。《文选注》五十二。犹纣囚文王于羑里之狱，四臣献珍异之物而终免于难，系于苞桑之谓。《集解》。

同人：

同人于野，亨。

乾为天，离为火，卦体有巽，巽为风。天在上，火炎上而从之，是其性同于天也。火得风然后炎上益炽，是犹人君在上施政教，使天下之人和同而事之，以是为人和同者，君之所为也，故谓之同人。风行无所不遍，遍则会通之德大行，故曰"同人于野，亨"。《集解》。

六二，同人于宗。

天子、诸侯后、夫人无子不出。《仪礼·士昏礼》疏。《诗·河广》正义。堂案：此条亦见《内则》正义。

九三，伏戎于莽。

莽，丛木也。《释文》。

九四，乘其庸。《释文》。堂案：庸，古"墉"字。《诗·大雅》："因是谢人，以作尔庸。"《毛诗》："庸，城也。"《礼·王制》"附于诸侯，曰附庸"注云：

① "苞"，《周易注疏》《周易集解》作"包"。

"附庸,小城也。"

大有:

大有,元亨。

六五体离,处乾之上。犹大臣有圣明之德,代君为政,处其位有其事而理之也。元亨者,又能长群臣以善使,嘉会礼通。若周公摄政,朝诸侯于明堂是也。《集解》。

明辩遰也。[①]

遰,读如明星晢晢。《释文》。

嗛:堂案:《释文》:"惟子夏作嗛。"颜师古《汉书·艺文志》注则云:"嗛与谦通。"李善《文选注》、郭忠恕《汗简》并云:"嗛,古谦字。"

嗛,亨,君子有终。

艮为山,坤为地。山体高,今在地下。其于人道,高能下下,嗛之象。亨者,嘉会之礼,以嗛为主。嗛者,自贬损以下人,唯艮之坚固,坤之厚顺,乃能终之,故君子之人有终也。《集解》。

君子以捊多益寡。

捊,取也。《释文》。堂案:"捊",唐石经作"裦",今本作"裒"。《尔雅·释诂》:"裒,聚也。"彼《释文》云:"裒,蒲侯反。本或作捊。"《玉篇》云:"捊,步沟切。《诗》云'原隰捊矣',捊,聚也。今《诗》亦作'裒'。"郑、荀诸家训"捊"为"取"者,《说文》云:"捊,引取也。"《玉篇》引《说文》作"引聚也"。《汉书·五行志》:"取不达兹谓不知。"颜师古注云:"取,读为聚。"《易·萃卦》:"聚以正也。"荀本"聚"作"取"。"取""聚"字通,"捊"亦有二训也。

卑以自牧也。

牧,养也。《释文》。《文选注》十六。

---

① "遰",《周易注疏》《周易集解》作"哲"。

六四，㧑嗛。

㧑，读为宣。《释文》。

豫：

豫，利建侯，行师。

坤，顺也。震，动也。顺其性而动者，莫不得其所，故谓之豫。豫，喜佚说乐之貌也。震又为雷，诸侯之象。坤又为众，师役之象。故利建侯行师矣。《集解》。

四时不忒。

忒，差也。《释文》。

《象》曰：雷出地奋，豫。先王以作乐崇德，殷荐之上帝以配祖考。

奋，动也。雷动于地上，[1]万物乃豫也。以者，取其喜佚动摇。犹人至乐，则手欲鼓之，足欲舞之也。崇，充也。殷，盛也。荐，进也。上帝，天帝也。堂案：今《集解》作"上帝，天也"。王者功成作乐。以文得之者作籥舞，以武得之者作万舞，各充其德而为制。祀天地以配祖考者，使与天同飨其功也，故《孝经》云"郊祀后稷以配天，宗祀文王于明堂以配上帝"是也。《集解》。堂案："殷，盛也"三句亦见《后汉·郎觊传》注。"上帝，天帝也"句又引见《旧唐书·礼仪志》、《文苑英华》七百六十二《明堂议》。

六二，砎于石。

砎，古八反。谓磨砎也。[2]《释文》。

六三，盱豫。

---

① "上"后，《周易集解》有"而"字。

② "砎"，《周易注疏》《周易集解》作"介"。

盱，夸也。《释文》。

九四，由豫，大有得，勿疑，朋盍簪。

由，用也。簪，速也。《释文》。

上六，冥豫。

冥，读为鸣。《释文》。堂案：《类篇》："冥，眉兵切，暗也。"《集韵》收庚韵，义同。

随：

随，元亨，利贞，无咎。

震，动也。兑，说也。内动之为堂案："为"一作"以"。德，[1]外说之以言，则天下之民，[2]咸慕其行而随从之，故谓之随也。既见随从，能长之以善，通其嘉礼，和之以义，干之以正，则功成而有福。若无此四德，则有凶咎焉。焦赣曰："汉高帝与项籍，其明征也。"《集解》。《左传》襄九年正义。

君子以向晦入宴息。

晦，宴也。犹人君既夕之后，入于宴寝而止息。《正义》。堂案：注首句"晦，宴也"，"宴"字当从宋本、毛本作"冥"。《尔雅·释言》云："晦，冥也。"《公羊》僖十五年传、成十六年传并云："晦者何？冥也。"《穀梁》僖十五年传义同。又《说文》云："夕者，冥也。"郑下注云"既夕之后"，与诸书合。今作"宴"者，因字形相近而讹。

出门交有功。

震为大涂，又为日门，当春分，阴阳之所交也。是臣出君门，与四方贤人交，有成功之象也。昔舜慎徽五典，五典克从。内于百揆，百揆时序。宾于四门，四门穆穆，是其义也。《集解》。

---

① "为"，《周易集解》作"以"。

② "民"，《周易集解》作"人"。

蛊：

先甲三日，后甲三日。

甲者，造作新令之日。先之三日，而用辛也，欲取改过自新之义。后之三日，而用丁也，取其丁宁之义。《正义》。堂案：首句是正义，“先之”以下是《正义序》。

临：

至于八月有凶。

临，大也。阳气自此浸而长大。阳浸长矣，而有四德，齐功于乾，盛之极也。人之情，盛则奢淫，奢淫将亡，故戒以凶也。临卦斗建丑而用事，殷之正月也。当文王之时，纣为无道，故于是卦为殷家著兴衰之戒，以见周改殷正之数云。临自周二月用事，讫其七月，至八月而遂卦受之。[1] 此终而复始，王命然矣。《集解》。

观：

观，盥而不荐。

坤为地，为众。巽为木，为风。九五，天子之爻。互体有艮，艮为鬼门，又为宫阙。地上有木而为鬼门、宫阙者，天子宗庙之象也。《集解》。诸侯贡士于天子，乡大夫贡士于其君，必以礼宾之，唯主人盥而献宾，宾盥而酢主人，设荐俎则弟子也。堂案：此条见《乡饮酒礼》疏，“乡大夫”旧作“卿大夫”，今改正。

初六，童观。

童，稚也。《释文》。

噬嗑：

① “遂”，《周易注疏》《周易集解》作“遯”。

先王以明罚敕法。

敕,犹理也。《释文》。

九四,噬干胏。

胏,箦也。《释文》。堂案:元本无“也”字,今据《释文》补。

上九,何校灭耳,凶。

离为槁木,坎为耳,木在耳上,何校灭耳之象也。《集解》。

聪不明也。

目不明,耳不聪。《释文》。

贲:

贲,亨,小利有攸往。

贲,文饰也。离为日,天文也。艮为石,地文也。天文在下,地文在上,天地二文,相饰成贲者也。一云“天地之文交相而成贲”。贲,然也。犹人君以刚柔仁义之道饰成其德也。刚柔杂,仁义合,然后嘉会礼通,故亨也。卦互体坎艮,艮止于上,坎险止于下,夹震在中,故不利大行,小有所之则可矣。《诗·白驹》正义。《集解》。贲,变也,文饰之貌。《释文》。

无敢折狱。

折,断也。《释文》。

初九,贲其趾,舍舆而徒。[1]《释文》。

趾,足。《释文》。

义不乘也。[2] 晁氏。

六四,贲如皤如。[3] 皤音烦。《释文》。堂案:“皤”,元本作“燔”,山

① “舆”,《周易注疏》《周易集解》作“车”。

② “不”,《周易注疏》《周易集解》作“弗”。

③ “皤”,《周易注疏》《周易集解》作“皤”。

井鼎引元文同。顾氏《易音》引作"蹯",云"汉蔡邕《述行赋》'乘马蹯而不进兮',即此字",今据改正。陆绩《易》"蹯"字同。

六四,巽爻也。有应于初九,欲自饰以适初,既进退未定,故蹯如也。《檀弓》正义。

白马翰如。翰,寒案反。《释文》。

谓九三位在辰,得巽气为白马。翰,犹干也。见六四适初未定,欲干而有之。《檀弓》正义。堂案:《释文》引"翰,犹干也"一句,一本作"翰,白也",误。

剥:

不利有攸往,小人长也。

阴气侵阳,上至于五,万物零落,故谓之剥也。五阴一阳,小人极盛,君子不可有所之,故不利有攸往也。《集解》。

蔑贞凶。

蔑,轻慢。《释文》。

剥床以辨。

足上称辨。谓近膝之下,屈则相近,信则相远,①故谓之辨。辨,分也。《集解》。堂案:足上"上"字,旧作"下",今改正。《释文》云:"辨,郑符免反。足上也。"义同。

切近灾也。

切,急也。《释文》。

小人剥庐。

小人傲很,当剥彻庐舍而去。《天官·遗人》疏。②

复:

复,亨。

---

① "信",《周易集解》作"申"。

② "天官",当为"地官"之误。

复，反也，还也。阴气侵阳，阳失其位，至此始还反，起于初，故谓之复。阳君象，君失国而还反，道德更兴也。《春秋》正义。

七日来复。

建戌之月，以阳气既尽。建亥之月，纯阴用事。至建子之月，阳气始生。隔此纯阴一卦，卦主六日七分，举其成数言之，而云"七日来复"。《正义序》。堂案：此条《群书考索》续集三亦引。

商旅不行。

资货而行曰商。旅，客也。《释文》。

无祗悔。

祗，病也。《释文》。

六三，顰复。[1]《释文》。堂案：晁氏云："郑作'卑'。"卑，古文"顰"字。

六四，中行独复。

爻处五阴之中，度中而行，四独应初。《汉上易传》。

中以自考也。

考，成也。《释文》。

有烖眚。《释文》。堂案：烖，《释文》本作"灾"，陆德明曰："案《说文》：烖，正字也。灾，或字也。災，籀文也。"

异自内生曰眚，自外曰祥，害物曰灾。《释文》。

无妄：

妄，犹望，谓无所希望也。《释文》。

无妄之往，何之矣。

妄之言望，人所望宜正，行必有所望，行而无所望，是失

---

① "顰"，《周易注疏》《周易集解》作"頻"。

其正，何可往也。《后汉书·李通传》注。

天命不右。[1]

右，助也。《释文》。

不菑畬。

一岁曰菑，二岁曰新田，三岁曰畬。堂案：此条见《采芑》，诗笺，正义以为《易注》同。

大畜：

不家食，吉。

自九三至上九，有颐象，居外是不家食，吉而养贤。《表记》正义。

辉光日新。绝句。其德连下句。刚上而尚贤。《释文》。

良马逐逐。[2] 堂案：《颜氏家训·书证》篇引此句，亦作"逐逐"。

逐逐，两马走也。《释文》。堂案：元本脱一"逐"字，今补。

日闲舆卫。日，人实反。

日习车徒。《释文》。

六四，童牛之梏，元吉。晁氏谓："梏"，郑作"角"，非也。

巽为木，互体震，震为牛之足，足在艮体之中，艮为手，持木以就足，是施梏。《大司寇》疏。堂案：此条郑小同《郑志》同。

六五，豮豕之牙。

牙，读为互。《释文》。堂案：今文"互"，隶书或作"㸦"，与"牙"形相近，故郑读为互。雅雨堂本"互"作"㸦"，凡互体之"互"亦作"㸦"。《广韵》云："互，俗作㸦。"今据改。

上九，何天之衢。

艮为手，手上肩也。乾为首，首肩之间荷物处。乾为

---

① "右"，《周易注疏》《周易集解》作"祐"。

② "逐逐"，《周易注疏》《周易集解》作"逐"。

天，艮为径路，天衢象也。《后汉·崔骃传》注。

道大行也。

人君在上位，负荷天之大道。《文选注》十一。

颐：

颐，贞吉。观颐，自求口实。

颐，口车辅之名也。震动于下，艮止于上。口车动而上，因辅嚼物以养人，故谓之颐。颐，养也。能行养则其干事，故吉矣。二五离爻皆得中，离为目，观象也。观颐，观其养贤与不肖也。颐中有物曰口实，自二至五，有二坤，坤载养物，而人所食之物皆存焉。观其求可食之物，则贪廉之情可别也。《集解》。

观我朵颐。

朵，动也。《释文》。

大有庆也。

君以得人为庆。《汉上易传》。

大过：

阳爻过也。《汉上易传》。

九二，枯杨生荑，[1]老夫得其女妻。

枯，音姑。谓无姑山榆。羊朱反。荑，音夷。木更生，谓山榆之实。《释文》。以丈夫年过娶二十之女，老妇年过嫁于三十之男，皆得其子。《诗·桃夭》正义。堂案：元本无"于"字，今据正义补。

习坎：

六三，检且枕。

① "荑"，《周易注疏》《周易集解》作"稊"。

木在手曰检，在首曰枕。《释文》。

六四，尊酒簋，贰用缶，内约自牖。

六四上承九五，又互体在震上。爻辰在丑，丑上值斗，可以斟之象。斗上有建星，建星之形似簋。贰，副也。建星上有弁星，弁星之形又如缶。天子大臣以王命出会诸侯，主国尊于簋，副设玄酒而用缶也。《诗·宛丘》正义。《礼器》正义。

九五，祇既平。

祇当为坻，小丘也。《释文》。

上六，繫用徽纆，寘于丛棘，三岁不得，凶。堂案：《周礼·朝士》注引“繫”作“係”，《周礼释文》“寘”作“示”，殿版《周礼》注亦作“示”。

系，拘也。爻辰在巳，巳为蛇，蛇之蟠屈似徽纆也。三五互体艮，又与震同体。艮为门阙，于木为多节。震之所为，有丛拘之类。门阙之内，有丛木、多节之木，是天子外朝左右九棘之象也。外朝者，所以询事之处也。左嘉石平罢民焉，右肺石达穷民焉。罢民，邪恶之民也。上六乘阳，有邪恶之罪，故缚以一作“约”。徽纆，置于丛棘，而使一作“后”。公卿以下议之，其害人者，置之圜土，而施职事焉，以明刑耻之。能复者，上罪三年而赦，中罪二年而赦，下罪一年而赦。不得者，不自思以得正道，终不自改而出诸圜土者，杀。故曰“凶”。《公羊》疏。

离：

明两作，离。大人以继明照于四方。

作，起也。《释文》。明两者，取君明上下以明德相承，其于天下之事无不见也。《文选注》二十一。

六二，黄离，元吉。[1]

离，南方之卦。离为火，土托位焉。土色黄，火之子，喻子有明德，能附丽于其父之道。文王之堂案：《御览》作“太”。子发、旦堂案：《御览》无“旦”字。是也。慎堂案：《初学记》作“顺”。成其业，则堂案：《御览》作“故”。吉矣。《文选注》二十。《御览》一百四十六。堂案：此条亦见《初学记·储宫部》。

初九，履错然。[2] 错，七各反。《释文》。

九三，不击缶而歌。《释文》。

艮爻也。位近丑，丑上值弁星，弁星似缶。《诗》云“坎其击缶”，则乐器亦有缶。《诗·宛丘》正义。

则大耋之差。[3]《释文》云：“郑无‘凶’字。”

年逾一作“馀”。七十也。《诗·车邻》正义。《礼记·射义》正义。《尔雅》疏。

丽王公也。《释文》。

九四，突如其来如，焚如，死如，弃如。

震为长子，爻失正，又互体兑。兑为附，决堂案：一有“注”字。子居明法之家，而无正，何以自断其君父，不志堂案：“志”一作“忍”。也。突如，震之失正，不知其所如。又为巽，巽为进退，不知所从。不孝之罪，五刑莫大焉，得用议贵之辟刑之，若如所犯之罪。焚如，杀其亲之刑。死如，杀人之刑。弃如，流宥之刑。《秋官·掌戮》疏。

---

① “六二”此条，《周易注疏》《周易集解》均在“初九”条之后。

② “初九”此条，《周易注疏》《周易集解》均在“六二”条之前。

③ “差”，《周易注疏》《周易集解》作“嗟”。

下　经

咸，亨，利贞，取女吉。

咸，感也。艮为山，兑为泽，山气下，泽气上，二气通而相应，以生万物，故曰"咸"也。其于人也。嘉会礼通，和顺于义，干事能正。三十之男，有此三德，以下二十之女，正而相亲说，娶之则吉也。《集解》。

二气感应以相与。

与，犹亲也。《释文》。

初六，咸其拇。

足大指也。《释文》。

六二，咸其腓。

腨肠也。腨，市衮反。《释文》。

九五，咸其脢。

脢，背脊肉也。《释文》。

媵口说也。

媵，送也。《释文》。咸道极薄，徒送口舌，言语相感而已，不复有志于其间。《正义》。堂案：正义云："滕，郑玄作'媵'。"朱子云："滕，腾通用。"案今文"腾"，古文作"媵"。《仪礼·燕》及《大射》篇"媵觚于宾"，注云："媵，送也。"今文"媵"皆作"腾"。《公食大夫》篇"众人腾羞者"，注云："腾当作媵。"

恒：

恒，亨，无咎，利贞。

恒，久也。巽为风，震为雷。雷风相须而养物，犹长女承长男，夫妇同心而成家，久长之道也。夫妇以嘉会礼通，故无咎。其能和顺干事，所行而善矣。《集解》。

初六，濬恒。《释文》。堂案：晁氏曰："濬，古文；浚，篆文。"《玉篇》云："濬，深也。同'浚'，古文作'濬'。"

九三，不恒其德，咸承之羞。[①]《释文》。

爻得正，互体为乾，乾有刚健之德；体在巽，巽为进退，不恒其德之象。又互体兑，兑为毁折，是将有羞辱也。《缁衣》正义。堂案：此条亦见《后汉书·马廖传》注末句，"是将"二字，《后汉书》作"后或"。

六五，恒其德，贞，妇人吉，夫子凶。

以阴爻而处尊位，是天子之女。又互体兑，兑为和说。至尊主家之主，[②]以和说干家事，问正于人，故为吉也。应在九二，又男子之象，体在巽，巽为进退，是无所定而妇言是从，故云"夫子凶"也。《缁衣》正义。

上六，振恒。

振，摇落也。《释文》。

遯：

遯，亨小利贞。

遯，逃去之名也。艮为门阙，乾有健德，互体有巽，巽为进退，君子出门，行有进退、逃去之象。二五得位而有应，是用正道，得礼见召聘。始仕他国，当尚嗛。嗛，小其和顺之道。居小官干小事，其进以渐，则远妒忌之害，昔陈敬仲奔齐辞卿是也。《集解》。堂案：《释文》引首句"遯，逃去之名"。

有疾惫也。

惫，困也。《释文》。

---

① "咸"，《周易注疏》《周易集解》作"或"。

② "主"，四库本《周易郑康成注》、《增补郑氏周易》作"女"。

小人否。

否，备鄙反。塞也。《释文》。

大壮：

壮，气力浸强之名。《释文》。

九三，累其角。[1]《释文》。

六五，丧羊于易。音亦。

谓佼易也。《释文》。

不祥也。

祥，善也。《释文》。

晋：

晋，康侯用锡马蕃庶。

康，尊也，广也。蕃发袁反。庶，止奢反。谓蕃遮禽也。《释文》。

昼日三接。

接，音捷。胜也。堂案：此句见《释文》，《集韵》及《群经音辩》引并同。《礼·内则》注："接，读为捷，捷，胜也。"与此训合。《春秋左氏》庄十二年经："宋万弑其君捷。"《公羊》《穀梁》"捷"字皆作"接"，是"接"与"捷"古通。

《象》曰：明出地上，晋，君子以自照明德。

地虽生万物，日出于上，其功乃著，故君子法之，而以明自照其德。《集解》。

初六，晋如摧如。

摧，读如"南山崔崔"之"崔"。《释文》。堂案：《集韵》引云："摧，退也。"

① "累"，《周易注疏》《周易集解》作"羸"。

六二，晋如愁如。愁，子小反。《释文》。堂案：此字《群经音辩》亦引。

愁，变色貌。《释文》。

九四，晋如硕鼠。①

《诗》云“硕鼠硕鼠，无食我黍”，谓大鼠也。《正义》。堂案：元本经文及注，“硕鼠”皆作“鼫鼠”。《说文》：“鼫，五伎鼠也。”《诗·魏风·硕鼠》篇笺同序义，训“硕”为“大”。正义：“陆玑疏云‘今河东有大鼠，能人立，交前两脚于颈上，跳舞善鸣，食人禾苗，人逐则走入树空中。亦有五伎，或谓之雀鼠。其形大，故《序》云大鼠也。魏国，今河北县，言其方物，宜谓此鼠非鼫鼠也。’案此经作‘硕鼠’，训之为‘大’，不作‘鼫鼠’之字，其义或如陆言也。”据此，知郑笺《诗》既训“硕”为“大”，此引《诗》不当复作“鼫鼠”，且《易》正义引此文亦作“硕鼠”，故改之。

六五，矢得，②勿恤。《释文》。

明夷：

明夷，利艰贞。

夷，伤也。日出地上，其明乃光，至其入地，明则伤矣。故谓之明夷。日之明伤，犹圣人、君子有明德而遭乱世，抑在下位，则宜自艰，无干事政，以避小人之害也。《集解》。堂案：元本末句无“也”字，今据《集解》补。

以蒙大难。

蒙，犹遭也。《释文》。

文王似之。《释文》。堂案：《汉书·高帝纪》“乡者，夫人儿子皆以君”，如淳曰：“‘以’或作‘似’。”《史记》作“夫人婴儿皆似君”。

箕子似之。③《释文》。

---

① “硕”，《周易注疏》《周易集解》作“鼫”。

② “矢”，《周易注疏》《周易集解》作“失”。

③ “似”，《周易注疏》《周易集解》作“以”。

六二，明夷睇于左股。[①]《释文》。

旁视为睇。六二辰在酉，酉在一作"是"。西方，又下体离，离为目。九三体在震，震东方。九三又在辰，辰得巽气为股。此谓六二有明德，欲承九三，故云"睇于左股"。《内则》正义。堂案：《释文》引首句"旁视曰睇"。

用拯马。

拯，承也。《释文》。

家人：

闲有家。

闲，习也。《释文》。

六二，无攸遂，在中馈。

二为阴爻，得正于内。五，阳爻也，得正于外，犹妇人自修正于内，丈夫修正于外。无攸遂，言妇人无敢自遂也。爻体离，又互体坎，火位在下，水在上，饪之象也。馈，酒食也。故云"在中馈"也。《后汉书·杨震传》注。《王符传》注。

家人熇熇。[②] 堂案：元本作"嗃嗃"，今据晁氏改。

熇熇，苦热之意。《释文》。

妇子嘻嘻。

嘻嘻，骄佚喜笑之意。《释文》。

王假有庙。[③]

假，登也。《释文》。

睽：音圭。《释文》。

睽，小事吉。

---

① "睇"，《周易注疏》《周易集解》作"夷"。

② "熇熇"，《周易注疏》《周易集解》作"嗃嗃"。

③ "庙"，《周易注疏》《周易集解》作"家"。

睽，乖也。火欲上，泽欲下，犹人同居而志异也。故谓之睽。二五相应，君阴臣阳，君而应臣，故小事吉。《集解》。

六三，其牛犁。[1]

牛角皆踊曰犁。《释文》。堂案：此释本《尔雅》。《尔雅》云："角一俯一卬，觭。皆踊，幫。"彼《释文》云："'幫'，本或作'犁'。"

后说之壶[2]。《释文》。

蹇：

往得中也。

中，和也。《释文》。

初六，宜待时也。[3]《释文》。

六四，往蹇，来连。

连，如字，迟久之意。《释文》。

解：

天地解而雷雨作，雷雨作而百果草木皆甲宅。[4]

木实曰果，解读如人倦之解，解谓坼嘑。嘑，火亚反。皮曰甲，根曰宅。宅，居也。《文选·蜀都赋》注。

损：

艮为山，兑为泽，互体坤，坤为地。山在地上，泽在地下，泽以自损，增山之高也。犹诸侯损其国之富，以贡献于天子，故谓之损矣。《集解》。

二簋可用亨。[5]

---

① "犁"，《周易注疏》《周易集解》作"掣"。

② "壶"，《周易注疏》作"弧"。

③ "时"，《周易注疏》《周易集解》无此字。

④ "宅"，《周易注疏》《周易集解》作"坼"。

⑤ "亨"，《周易注疏》《周易集解》作"享"。

四以簋进黍稷于神也。初与二直，其四与五承上，故用二簋。四，巽爻也。巽为木。五，离爻也。离为日。日体圜，木器而圜，簋象也。《考工记·瓬人》疏。《少牢馈食礼》疏。《诗·权舆》正义。

或益之十朋之龟。①

案《尔雅》云"十朋之龟者，一曰神龟，二曰灵龟，三曰摄龟，四曰宝龟，五曰文龟，六曰筮龟，七曰山龟，八曰泽龟，九曰水龟，十曰火龟"。《礼器》正义。《正义》。

君子以征忿懫欲。②

征，犹清也。懫，止也。《释文》。

益：

益，利有攸往，利涉大川。

阴阳之义，阳称为君，阴称为臣。今震一阳二阴，臣多于君矣。而四体巽之下，应初，是天子损其所有以下诸侯也。人君之道，以益下为德，故谓之益也。震为雷，巽为风，雷动风行，二者相成，犹人君出教令，臣奉行之，故利有攸往，利涉大川也。《集解》。

夬：

夬，扬于王庭。

夬，决也。阳气浸长，至于五。五，尊位也，而阴先之。是犹圣人积德说天下，以渐消去小人，至于受命为天子，故谓之夬。扬，越也。五互体乾，乾为君，又居尊位，王庭之象也。阴爻越其上，小人乘君子，罪恶上闻于圣人之朝，故曰

---

① 此条，《周易注疏》《周易集解》在"君子"条之后。

② "懫"，《周易注疏》《周易集解》作"窒"。

"夬,扬于王庭"也。《集解》。

九二,惕号,音号。莫夜。莫如字。《释文》。

莫,无也。无夜非一夜。《释文》。

九三,[①]壮于頯。堂案:"頯"字旧作"頄",今据《释文》改。

頯,夹面也。《释文》。

九五,苋陆。[②]

苋陆,一名商陆。《释文》。《正义》。堂案:此是正义文,《释文》作"苋陆,商陆也"。

其行趑趄。[③] 趑,七私反。趄,七馀反。《释文》。

遘:《释文》。堂案:"遘"古字,"姤"俗字。《唐石经·杂卦传》"遘,遇也",亦作"遘"。

遘,[④]女壮,勿用取女。

遘,遇也。一阴承五阳,一女当五男,苟相遇耳,非礼之正,故谓之遘。女壮如是,壮健似淫,故不可娶。妇人以婉娩为其德也。《集解》。

后以施命诘四方。[⑤]

诘,起一反。正也。《释文》。堂案:"正"字旧作"止",今据《考证》改,山井鼎引元文同。

以杞包瓜。包,百交反。

杞,柳也。《释文》。

萃:

① "三",原误作"二",据通行本《周易》改。
② 此条,《周易注疏》《周易集解》在"其行"条之后。
③ 此条,《周易注疏》《周易集解》在"九五"之前。
④ "遘",《周易注疏》《周易集解》作"姤"。下同。
⑤ "诘",《周易注疏》《周易集解》作"诰"。

萃，王假有庙，《释文》。利见大人，亨，利贞。用大牲，吉，利有攸往。

萃，聚也。坤为顺，兑为说。臣下以顺道承事其君，说德居上待之，上下相应，有事而和通，故曰"萃，亨"也。案：《释文》"亨"字疑衍。假，至也。互有艮巽，巽为木，艮为阙，木在阙上，宫室之象也。四本震爻，震为长子。五本坎爻，坎为隐伏，居尊而隐伏，鬼神之象。长子入阙升堂，祭祖祢之礼也，故曰"王假有庙"。二本离爻也，离为目，居正应五，故利见大人矣。大牲，牛也。言大人有嘉会时可干事，必杀牛而盟，既盟则可以往，故曰"利往"。《集解》。

君子以除戎器。

除，去也。《释文》。

一握为笑。

握，当读为"夫三为屋"之"屋"。《释文》。堂案：《集韵》引云："握，小儿。"

孚乃利用禴。

禴，夏祭名。《释文》。

赍咨涕洟。

赍咨，嗟叹之辞也。自目曰涕，自鼻曰洟。《释文》。

升：《释文》。

升，上也。坤地巽木，木生地中，日长而上，犹圣人在诸侯之中，明德日益高大也，故谓之升。升，进益之象也。《集解》。

六四，王用亨于岐山。

亨，许两反。献也。《释文》。

困：

困，亨。

坎为月，互体离，离为日，兑为暗昧，日所入也。今上弇日月之明，犹君子处乱代，为小人所不容，故谓之困也。君子虽困，居俭能说，是以通而无咎也。《集解》。

九二，困于酒食，朱韨方来，[①]利用亨祀。[②]

二据初，辰在未，未为土，此二为大夫，有地之象。未上值天厨，酒食象。困于酒食者，采地薄不足已用也。二与日为体离，为镇霍。堂案："霍"一作"瞿"，《仪礼注疏考证》云"此纬书"，无考。爻四为诸侯，有明德受命当王者。离为火，火色赤。四爻辰在午时，离气赤为朱是也。文王将王，天子制用朱韨，《士冠礼》疏。朱深曰赤。堂案：此句见《诗·斯干》正义。曰，正义作"云"，王应麟元本亦作"云"。郑注《乾凿度》云"朱赤虽同，而有深浅之差"，与此句义同。

九五，劓刖。

劓刖当为倪仉。《释文》。

井：

坎，水也。巽木，桔槔也。互体离兑。离外坚中虚也。[③]兑为暗泽，泉口也。言桔槔引瓶下入泉口汲水而出，井之象也。井以汲人，水无空竭，犹君子以政教养天下，惠泽无穷也。《集解》。井，法也。《释文》。

汔至，亦未繘井。

繘，绠也。《释文》。

羸其瓶。

---

① "韨"，《周易注疏》《周易集解》作"绂"。

② "亨"，《周易注疏》《周易集解》作"享"。

③ "虚"后，《周易集解》有"瓶"字。

羸，读曰虆。《释文》。

九二，井谷射鲋，瓮《释文》。敝漏。

九二，坎爻也。坎为水，上直巽。九三，艮爻也。艮为山，山下有井，必因谷水所生鱼无大鱼，但多鲋鱼耳，言微小也。夫感动天地，此鱼之至大，射鲋井谷，此鱼之至小，故以相况。《文选·吴都赋》注。瓮，停水器也。《释文》。

井渫不食。

谓已浚渫也。犹臣修正其身以事君也。《文选·登楼赋》注。

革：

革，改也。水火相息而更用事，犹王者受命改正朔，易服色，故谓之革。《集解》。《释文》。

鼎：

鼎，象也。卦有木火之用，互体乾兑，乾为金，兑为泽，泽钟金而含水，爨以木火，鼎亨孰物之象。鼎亨孰以养人，犹圣君兴仁义之道，以教天下也。故谓之鼎矣。《集解》。

君子以正位凝命。

凝，成也。《释文》。

初六，鼎颠趾，利出否，得妾以其子，无咎。

颠，踣也。趾，足也。无事曰趾，陈设曰足。爻体巽为股，初爻在股之下，足象也。足所以承正鼎也。初阴爻而柔，与乾同体，以否正承乾。乾为君，以喻君夫人事君，若失正礼，踣其为足之道，情无怨，则当以和义出之。然如否者，嫁于天子，虽失礼，无出道，废远之而已。若其无子，不废远之，后尊如故，其犯六出，则废之，远之，子废。坤为顺，又为子母牛，今在后妃之旁侧。妾之例也。有顺德，子必贤，贤而立以为世子，又何咎也。《士昏礼》疏。《内则》正义。《御览》一百四十六。堂案：此条《诗·河广》正义引“嫁于天子，虽失礼，无出道，远之而已”十四字。

我仇有疾。

怨耦曰仇。《释文》。

雉膏不食。

雉膏，食之美者。《释文》。

九四，鼎折足，覆公餗，其刑剭。[①] 音屋。《释文》。

糁谓之餗，震为竹，竹萌曰笋，笋者，餗之为菜也。餗美馔，是一作“具”。八珍之食，鼎三足，三公象。若三公倾覆王之美道，屋中刑之。《天官·醢人》疏。《秋官·司烜氏》疏。《诗·韩奕》正义。堂案：《秋官·司烜氏》“邦若屋诛”，注云“屋，读如‘其刑剭’之‘剭’”，与《释文》同。

六五，金铉。

金铉，喻明道能举君之官职也。《文选·西征赋》注。《唐律义疏》。

震：

震，亨。

震为雷，雷，动物之气也。雷之发声，犹人君出政教以动国中之人也。故谓之震。人君有善声教，则嘉会之礼通矣。《集解》。《诗·召南》正义。

震惊百里，不丧匕鬯。

惊之言警戒也。雷发声闻于百里，古者诸侯之象。诸侯之出教令，能警戒其国疆之内。《诗·召南》正义。则守其

① “剭”，《周易注疏》《周易集解》作“渥”。

宗庙、社稷，为之祭主，不亡其匕与鬯也。人君于祭之礼，尚一作"匕"。牲体、荐鬯而已，其馀不亲为也。一云"其馀不足观也"。《特牲馈食礼》疏。升牢于俎，君匕之，臣载之。鬯，秬酒，芬芳条鬯，因名焉。《集解》。堂案：正义郑云"人君于祭祀之礼，尚牲荐鬯而已，其馀不足观也"，节引二句，与《集解》文微异。

震来虩虩。

恐惧貌。《释文》。

笑言哑哑。

乐也。《释文》。

亿丧贝。

十万曰亿。于力反。《释文》。

六三，震苏苏。

苏苏，不安也。《释文》。

上六，震索索，视矍矍。

索索，犹缩缩，足不正也。矍矍，目不正。《释文》。

艮：

艮其背。

艮为山，山立峙各于其所，无相顺之时，犹君在上，臣在下，恩敬不相与通，故谓之艮也。《集解》。艮之言很也。《释文》。

九三，艮其限，列其膑。① 《释文》。

限，要也。《释文》。堂案：《集韵》："膑，夹脊肉也。"与"夤"同。

渐：

初六，鸿渐于干。

① "列其膑"，《周易注疏》作"列其夤"，《周易集解》作"裂其夤"。

干谓大水之旁，故停水处者。《诗·伐檀》正义、《斯干》正义。《释文》。

夫征不复，妇孕不育。

九三上与九五互体为离，离为大腹，孕之象也。又互体为坎，坎为丈夫，坎为水，水流而去，是夫征不复也。夫既不复，则妇人之道颠覆，故孕而不育。《郊特牲》正义。孕，犹娠也。《释文》。

归妹：

六三，归妹以须。

须，有才智之称。天文有须女，屈原之妹名女须。《诗·桑扈》正义。堂案：此条亦见《周礼·冢宰》疏，首句无"有"字，末句"妹"字作"姊"，《诗》正义引此注及《郑志·答泠刚》俱云"屈原之妹"，或贾、孔所见本不同也。"须"字古与"胥"通，故《诗笺》、《周礼》注"胥"字下贾、孔二疏并引《易》注"须"字为证。"女须"字，古亦作"媭"。《汉书·高后纪》"吕禄过其姑吕媭"，颜师古注云："媭，吕后妹。"《诗》正义引作"屈原之妹"，义与颜同。然案《说文》："贾侍中说，楚人谓姊为媭。"王逸《楚辞注》亦云："女媭，屈原姊。"又《水经》"江水又东过秭归县之南"注，袁山松曰："屈原有贤姊，闻原放逐，亦来归，喻令自宽全，乡人冀其见从，因名曰姊归。"《广韵》引云"'姊'与'秭'同音"，是贾疏作"姊"字更有据。

女承匡无实。[①] 堂案："匡"字旧作"筐"，今据《考证》改。

宗庙之礼，主妇奉匡米。堂案：此条见《仪礼·特牲馈食礼》疏。《士昏礼》云："妇入三月而后祭行。"《诗·葛屦》正义。

丰：

丰之言腆，充满意也。《释文》。堂案："腆"字旧作"倎"，今据

① "匡"，《周易注疏》《周易集解》作"筐"。

《考证》改。

日中则昃,月盈则食。

言皆有休已,无常盛也。《公羊》疏。

初九,遇其妃主。

嘉耦曰妃。《释文》。堂案:此释本《左氏》桓二年传,彼《释文》云“妃,芳非反”,与《说文》同。《玉篇》又音配,古“配”字多作“妃”。《卫风·氓》诗序“丧其妃耦”,“妃”读为“配”。《大雅·皇矣》篇正义引某氏曰“天立厥妃”,毛本“妃”作“配”。《左氏》文十四年传:“子叔姬妃齐昭公。”彼《释文》云:“妃,本亦作‘配’。”又昭九年《传》“妃以五成”,“妃”亦音配。

虽旬无咎。

初修礼上朝四,四以匹敌恩厚待之,虽留十日,不为咎。正以十日者,朝聘之礼,止于主国,以为限。聘礼毕归,大礼曰旬而稍。旬之外为稍,久留非常。《诗·有客》正义。

六二,丰其蔀。[①]

蔀,小席。《释文》。

九三,丰其芾。[②] 堂案:元本作“丰其韦”,下注云:“一作‘芾’。”今据《考证》改。

芾,祭祀之蔽膝。《释文》。堂案:芾,《说文》作“巿”,云“韠也。上古衣蔽前而已,巿以象之”,音分勿切。又云“韨,篆文巿”,徐铉云“俗作绂”。今案《钟鼎款识》周宰辟父敦“朱巿”字皆作“巿”,是“芾”亦古字也。《诗·曹风·候人》篇“三百赤芾”,毛传云:“芾,韠也。”《小雅·采菽》篇“赤芾在股”,笺云:“芾,大古蔽膝之象也。”并与此同。

日中见昧。[③]《释文》。

---

① “蔀”,《周易注疏》《周易集解》作“蔀”。

② “芾”,《周易注疏》《周易集解》作“沛”。

③ “昧”,《周易注疏》《周易集解》作“沬”。

折其右肱。

三艮爻，艮为手，互体为巽，巽又为进退，手而便于进退，右肱也。犹大臣用事于君，君能诛之，故无咎。《仪礼·觐礼》疏。

阒其无人。

阒，无人貌。《释文》。

天际祥也。[1]《释文》。

际当为瘵。瘵，病也。《释文》。

自戕也。[2]

戕，伤也。《释文》。

旅：

初六，旅琐琐，斯其所取灾。

琐琐，犹小小也。爻互体艮，艮小石，小小之象。三为聘客，初与二，其介也。介当以笃实之人为之，而用小人琐琐然。客主人为言，不能辞曰非礼，不能对曰非礼。每者不能以礼行之，则其所以得罪。《仪礼·聘礼》疏。堂案：《释文》引首句"琐琐，小也"。

兑：

离泽，[3]兑。

离，犹并也。《释文》。

九四，商兑。

商，隐度也。《释文》。

涣：

---

① "际"，《周易注疏》《周易集解》作"降"。

② "戕"，《周易注疏》《周易集解》作"藏"。

③ "离"，《周易注疏》《周易集解》作"丽"。

涣汗其大号。

号，令也。《文选注》三。

节：

节以制度，不伤财，不害民。

空府藏则伤财，力役繁则害民，二者奢泰之所致。《后汉书·王符传》注。

中孚：

中孚，豚鱼吉。

三辰在亥，亥为豕。爻失正，故变而从小名言豚耳。四辰在丑，丑为鳖蟹，鼈蟹，鱼之微者。爻得正，故变而从大名言鱼耳。互体互，一作"三"。兑，兑为泽，四上值天渊，二五皆坎爻，坎为水，二浸泽，则豚利，五亦以水灌渊，则鱼利。豚鱼，以喻小民也。而为明君贤臣恩意所供养，故吉。《诗·无羊》正义。堂案：《太平御览》四百三十卷《人事部》引"豚鱼，喻小民也"句，不云某注，疑即郑注也。

乘木舟虚也。

舟谓集板，如今自空大木为之曰虚。《诗·谷风》正义。

小过：

小过，亨，利贞。

中孚为阳，贞于十一月子。小过为阴，贞于六月未，法于乾坤。堂案：此条见《乾凿度》。

不宜上。

上，如字。谓君也。《释文》。

密云不雨，已尚也。[1] 堂案："尚""上"古字通用，《毛诗·陟岵》篇

① "尚"，《周易注疏》《周易集解》作"上"。

"上慎旃哉",《鲁诗》残碑"上"作"尚"。

尚,庶几也。《释文》。

既济:

既,已也,尽也。济,度也。《释文》。

六二,归丧其茀。[1]

茀,车蔽也。《释文》。堂案:《诗·卫风·硕人》篇"翟茀以朝",正义曰:"茀,车蔽也。妇人乘车不露见,车之前后设障以自隐蔽,谓之茀。"

惫也。

劣弱也。《释文》。

繻有衣袽。繻音须。《释文》。

九五,东邻杀牛,不如西邻之禴祭。

互体为坎也。又互体为离。离为日,坎为月。日出东方,东邻象也。月出西方,西邻象也。《坊记》正义。堂案:元本无三"也"字,今据正义补。禴,夏祭之名。堂案:此句见《诗·天保》正义。

未济:

小狐汔济。

汔,几也。《释文》。

系辞上传

天尊地卑,乾坤定矣。卑高以陈,贵贱位矣。

君臣尊卑之贵贱,如山泽之有高卑也。《乐记》正义。

动静有常,刚柔断矣。

① "归",《周易注疏》《周易集解》作"妇"。

雷，风也。阳动阴静，刚柔之断也。《乐记》正义。《穀梁》疏。《公羊》疏。

方以类聚，物以群分。

谓水火也。《乐记》正义。

在天成象。

日月星辰也。《乐记》正义。

在地成形。

谓草木鸟兽也。《乐记》正义。《御览》三十六。

八卦相荡。《释文》。

乾以易知。易音亦。《释文》。

三极之道也。

三极，三才也。《释文》。

君子居则观其象而翫其辞。《释文》。堂案：《释文》云"'而玩'，郑作'翫'"，上文"所乐而玩"，[1]亦当作"翫"。

震无咎者存乎悔。

震，惧也。《释文》。

易与天地准。

准，中也，平也。《释文》。

原始及终。[2]《释文》。

精气为物，游魂为变，是故知鬼神之情状，与天地相似，故不违。

精气，谓七八也。游魂，谓九六也。七八，木火之数。九六，金水之数。木火用事而物生，故曰"精气为物"。金

① "乐"，《周易集解》作"变"。

② "及"，《周易注疏》《周易集解》作"反"。

水用事而物变，故曰“游魂为变”。精气谓之神，游魂谓之鬼。木火生物，金水终物，二物变化，其情与天地相似，故无所差违之也。《集解》。《乐记》正义。

而道济天下。

道当作导。《释文》。堂案：《说文》：“道，所行道也。导，导引也。”古“导”字，亦省作“道”。《论语》“道千乘之国”，今本与汉石经同，皇侃本改作“导”。《汉书·文帝纪》“令各率其意，以道民焉”，颜师古注云：“道，读曰‘导’。”

范围天地之化。

范，法也。《释文》。

故君子之道尟矣。

尟，少也。《释文》。

臧诸用。

臧，善也。《释文》。堂案：臧，古“藏”字，今字别作“藏”。贾谊《新书·傅职》篇“不举不臧”，《大戴礼》作“藏”。《荀子·解蔽》篇“心未尝不臧也”，杨倞注云：“‘臧’读为‘藏’。”《墨子·耕柱》篇“不举而自臧”，《玉海》引作“藏”。《诗·小雅·隰桑》篇“中心藏之”，笺云：“藏，善也。”然《说文》无“藏”字，徐铉曰：“《汉书》通作‘臧’字，从艸，后人所加。”

言天下之至啧而不可恶也。[①] 恶，乌落反。《释文》。

言天下之至啧而不可乱也。[②]

啧，当为动。《释文》。

枢机之发，荣辱之主也。

枢，户枢也。机，弩牙也。户枢之发，或明或闇。弩牙

① “啧”，《周易注疏》《周易集解》作“赜”。

② “啧”，《周易注疏》《周易集解》作“动”。

之发,或中或否。以喻君子之言,或荣或辱。一云"以譬言语之发,有荣有辱"。《礼记·曲礼》正义。《左传》襄二十五年正义。

慎斯术也。

术,道。《释文》。

有功而不置。①

置,当为德。《释文》。堂案:抱经堂《考证》云:"'置''德'古通用。"《大戴·哀公问五义》云:"躬行忠信,其心不置。"《荀子·哀公》篇:"言忠信而心不德。"

君不密则失臣,臣不密则失身,几事不密则害成。

几,微也。密,静也。言不慎于微而以动作,则祸变必成。《公羊》疏。

野容诲淫。②

谓饰其容而见于外曰野。《后汉·崔骃传》注。堂案:元本无"谓"字,今据《后汉书》注补。言妖野容仪、教诲淫泆也。《释文》。堂案:元本无"也"字,据《释文》补。

大衍之数五十,其用四十有九。

天地之数五十有五,以五行气通。凡五行减五,大衍又减一,故四十九也。《正义》。衍,演也。揲,取也。《释文》。天一生水于北,地二生火于南,天三生木于东,地四生金于西,天五生土于中,阳无耦,阴无配,未得相成。地六成水于北,与天一并。天七成火于南,与地二并。地八成木于东,与天三并。天九成金于西,与地四并。地十成土于中,与天五并。大衍之数五十有五,五行各气并,气并而减五,惟有五十,以五十之数,不可以为七、八、九、六,卜筮之占以用

① "置",《周易注疏》《周易集解》作"德"。
② "野",《周易注疏》《周易集解》作"冶"。

之，更减其一，故四十有九也。《月令》正义。

天数五，地数五，五位相得而各有合。

天地之气各有五，五行之次：一曰水，天数也。二曰火，地数也。三曰木，天数也。四曰金，地数也。五曰土，天数也。此五者，阴无匹，阳无耦，故又合之。地六为天一匹也。天七为地二耦也。地八为天三匹也。天九为地四耦也。地十为天五匹也。二五阴阳各有合，然后气相得，施化行也。《春秋》正义。

以制器者尚其象。

此四者，存于器，象可得而用。一切器物及造立皆是。《春官·太卜》疏。堂案：元本首句无"四"字，遵殿版《周礼疏》补。

圣人之所以极深而研机也。①

机，当作几。几，微也。《释文》。

蓍之德圆而神。

蓍形圆而可以立变化之数，故谓之神也。《少牢馈食礼》疏。

神武而不杀者夫。杀，所戒反。《释文》。

易有太极。

极中之道，淳和未分之气也。《文选注》十九。

两仪生四象。

布六于北方以象水，布八于东方以象木，布九于西方以象金，布七于南方以象火。堂案：此条见《乾凿度》注，并见《汉上丛说》。

定天下之吉凶，成天下之亹亹者，莫善乎蓍龟。②

① "机"，《易注疏》、《周易集解》作"几"。

② "善"，《周易注疏》《周易集解》作"大"。

凡天下之善恶及没没之众事皆成定之，言其广大无不包也。《公羊》疏。

有以尚贤也。[1]《释文》。

河出图，洛出书，圣人则之。

《春秋纬》云："河以通乾出天苞，洛以流坤吐地符。"河龙图发，洛龟书成。河图有九篇，洛书有六篇也。《集解》。堂案：此条亦见《正义》。

系辞下传

古者包牺氏之王天下也。

包，取一作"聚"。也。鸟兽全具曰牺。《释文》。

黄帝尧舜垂衣裳。

始去羽毛。《公羊》疏。金天氏、高阳、高辛遵黄帝之道，无所改作。《春官·大司乐》疏。

盖取诸乾坤。

乾为天，其色玄。坤为地，其色黄。《王制》正义。

重门击欜，以待虣客。《释文》。

豫坤下震上，九四体震，又互体有艮，艮为门，震日所出，亦为门，重门象。艮又为手，巽爻也。应在四，皆木也。手持二木也。手持二木以相敲，是为击欜。击欜为守备惊戒也。四又互体为坎，坎为盗，五离爻，为甲胄戈兵，盗甲胄持戈兵，是虣客也。又以其卦为豫，有守备则不可自佚。《天官·宫正》疏。

后世圣人易之以棺椁，盖取诸大过。

---

① "有以尚贤也"，《周易注疏》《周易集解》无此五字。

大过者，巽下兑上之卦。初六在巽体，巽为木，上六位在巳，巳当巽位，巽又为木，二木在外，以夹四阳，四阳互体为二乾，乾为君，为父，二木夹君父，一作“是”。棺椁之象。《檀弓》正义。堂案：此条正义不言郑注，王应麟以为说本康成。

上古结绳而治。

结绳为约。事大，大结其绳。事小，小结其绳。《正义》。堂案：此条亦见《书·孔序》正义。

后世圣人易之以书契。

书之于木，刻其侧为契，各持其一，后以相考合。《书》正义。堂案：此条《事文类聚·别集三》亦引。

阳一君而二民，君子之道也。阴二君而一民，小人之道也。

一君二民，谓黄帝、尧、舜，谓地方万里为方千里者百。中国之民居七千里，七七四十九，方千里者四十九，四裔之民居千里者五十一，①是中国、四裔二民共事一君。二君一民，谓三代之末，以地方五千里一。君有五千里之土，五五二十五，更足以一君二十五，始满千里之方五十，乃当尧、舜一民之地，故云“二君一民”。《王制》正义。

君子知微知章。

知微，谓幽昧。知章，谓明显也。《文选·西征赋》注。堂案：此条今《文选》不云“郑注”。

男女觏精。

觏，合也。男女以阴阳合其精气。《诗·草虫》正义。

因贰以济民行。

贰，当为弍。《释文》。堂案：《说文》：“贰，副益也。”“二，地之

---

① “四裔”，《礼记正义》作“夷狄”。下同。

数也。"古文"二"作"弍"。

损,德之修也。

修,治也。《释文》。

困,德之辨也。

辨,别也。遭困之时,君子固穷,小人穷则滥,德于是别也。《集解》。

益,长裕而不设。

设,大也。《周礼·考工》曰:"中其茎,设其后。"《考工·桃氏》疏。

若夫杂物算德。

算,数也。《释文》。堂案:"算"字今本作"撰",《周礼·大司马》"群吏撰车徒"之"撰",郑亦读曰"算"。

则居可知矣。居音基,辞也。堂案:旧本《释文》"辞"下无"也"字,王应麟《集注》及抱经堂校正《释文》并无"辞"字。

知者观其彖辞。

彖辞,爻辞也。《释文》。

当文王与纣之事邪。

据此言以《易》文王所作,断可知矣。《左传》昭二年正义。

成天下之亹亹者。

亹亹,没没也。《释文》。堂案:此训已见上《公羊》定八年疏。《尔雅·释言》云:"亹亹,蠠没,勉也。"郭璞注:"蠠没,犹黾勉。"《诗·大雅·文王》篇:"亹亹文王,令闻不已。"笺云:"勉勉乎不倦。"《礼·礼器》:"君子达亹亹焉。"注云:"亹亹,勉勉也。"此注"没没"字,犹言"勉勉",盖即《尔雅》"蠠没"之义。王应麟元本及别本《释文》,山井鼎引元本"没没"作"汲汲",俱误。

人谋鬼谋。

鬼谋,谓谋卜筮于庙门是也。《士冠礼》疏。

爱恶相攻。恶，乌落反。《释文》。

说卦传

昔者圣人之作《易》也。

谓伏牺、文王也。《尚书·孔序》正义。

参天两地而倚数。

天地之数备于十，乃三之以天，两之以地，而倚托大演之数五十也。必三之以天、两之以地者，天三覆，地二载，必极于数，庶几得吉凶之审也。《正义》。

穷理尽性以至于命。

言穷其义理，尽其人之情性，以至于命，吉凶所定。《文选注》六十。

发挥于刚柔。

挥，扬也。《释文》。

兼三才而两之，故易六画而成卦。

三才，天、地、人之道。六画，画六爻。《士冠礼》疏。

雷风相薄。

薄，入也。《释文》。

万物出乎震，震东方也。齐乎巽，巽东南也。齐也者，言万物之絜齐也。离也者，明也，万物皆相见，南方之卦也。圣人南面而听天下，向明而治，盖取诸此也。坤也者，地也，万物皆致养焉，故曰"致役乎坤"。兑，正秋也，万物之所说也，故曰"说言乎兑"。战乎乾，乾西北之卦也，言阴阳相薄也。坎者，水也。正北方之卦也，劳卦也，万物之所归也，故曰"劳乎坎"。艮，东北之卦也。万物之所成终而所成始也，故曰"成言乎艮"。

万物出于震，雷发声以生之也。齐于巽，相见于离，风摇动以齐之也。絜，犹新也。万物皆相见，日照之使光大。万物皆致养焉，地气含养使有秀实也。万物之所说，草木皆老，犹以泽气说成之。战言阴阳相薄，西北阴也，而乾以纯阳临之，犹君臣对合也。坎，劳卦也，水性劳而不倦，万物之所归也。万物自春出生于地，冬气闭藏，还皆入地。万物之所成终而所成始，言万物阴气终，阳气始，皆艮之用事也。《汉上易》九卷。《周易折中》。

神也者，眇万物而为言者也[①]。

共成万物，物不可得而分，故合谓之神。《汉上易》。

莫盛乎艮。

盛，音成。裹也。《释文》。

故水火相逮。《释文》。

兑为羊。

其畜好刚卤。《夏官·羊人序官》疏。

兑为口。

上开似口。《汉上易》。

乾为天。

天清明无形。《汉上易》。

为瘠马。

凡骨为阳，肉为阴。《汉上易》。

为龙。[②]

龙，读为龙，取日出时色杂也。《汉上易传》。堂案：《周礼·犬人》："用駹可也。"注云："故书'駹'作'龙'，'龙'读为'駹'，谓不纯

① "眇"，《周易注疏》《周易集解》作"妙"。
② "龙"，《周易注疏》《周易集解》作"駹"。

色也。"《牧人》:"用龙可也。"注云:"故书'龙'作'庬','庬'当为'龙',谓杂色不纯。"是'龙''駹'义同。古"駹"字多作"龙",虞、干本经文龙改为駹。古"庬"字亦通"駹",《集韵》引《诗·长发》篇为"下国骏庬",《齐诗》作"骏駹"。

为专。专,布恋反。《释文》。

为大涂。

国中三道曰涂,震上值房心,涂而大者,取房有三涂焉。《汉上易》。

为萑苇。

竹类。《汉上易》。

为反生。

生而反出也。《汉上易》。

为绳直,为墨。[①] 晁氏云。

其于人也为宣髪。

宣髪取四月靡草死,髪在人体,犹靡草在地。《考工·车人》疏。

为黄颡。[②]《释文》。

为矫鞣。《释文》。

为月。

臣象也。《文选·月赋》注。

为电。

取火明也,久明似日,暂明似电也。《集解》。

为乾卦。

乾当为干,阳在外,能干正也。《释文》。

---

① "墨",《周易注疏》《周易集解》作"工"。

② "黄",《周易注疏》《周易集解》作"广"。

为鳖，为蟹，为蠃，为蚌，为龟。

皆骨在外。《考工·梓人》疏。

为科上槀。堂案："槀"，元本作"藁"，《释文》云："郑作'槀'。"今据改正。

科上者，阴在内为疾。《汉上易》。

为径路。

田间之道曰径路。艮为之者，取山间鹿兔之蹊。《初学记》二十四。堂案：此条《锦绣万花谷丛书·后集》二十五亦引。

为小指。[①] 晁氏云。

为黚喙之属。《释文》。

谓虎豹之属，贪冒之类，取其为山兽。《汉上易》。《释文》。

为阳。[②] 今本"羊"。堂案：古"阳"字与"羊"通。《淮南·氾论训》："山出枭阳"，高诱注云："枭阳，山精也。"《尔雅》"狒狒"，郭璞注云"枭羊也"，陆德明云"狒狒"，《说文》作"䨲䨲"，读若"费费"。一曰"枭阳"，今《说文》作"枭羊"，《通志·六书略》引同。《列女传》："晋人有毕羊。"《国语》《国策》并作"阳"。《汉绥民校尉熊君碑》"治欧羊《尚书》"，又以"羊"为"阳"。此阳谓为养，无家女行赁炊爨，今时有之，贱于妾也。《汉上易》。晁氏仝。

序卦传

物生必蒙，故受之以蒙。蒙者，蒙也，物之稚也。

蒙，幼小之貌，齐人谓萌为蒙也。《集解》。

物稚不可不养也。

---

① "小"，《周易注疏》《周易集解》本无此字。

② "阳"，《周易注疏》作"羊"，《周易集解》作"羔"。

言孩稚不养，则不长也。《集解》。

饮食必有讼，故受之以讼。

讼，犹争一作“诤”。也。言饮食之会，恒多争也。《集解》。

履然后安，[①]故受之以泰。晁氏云。

有大有不可以盈。[②] 晁氏云。

有大而能嗛必豫，[③]故受之以豫。

言国既大而有嗛德，则于政事恬豫。雷出地奋，豫。[④]豫，行出而喜乐之意。《集解》。

豫必有随。

喜乐而出，人则随从。《孟子》曰：“吾君不游，吾何以休。吾君不豫，吾何以助。”此之谓也。《正义》。

可观而后有所合。

《易乾凿度》曰：“阳起于子，阴起于午。天数大分，以阳出离，以阴入坎，坎为中男，离为中女。太乙之行，出从中男，入从中女，因阴阳男女之偶为终始也。”堂案：此条见《后汉书·崔骃传》注。

致饰然后亨则尽矣。[⑤] 亨，许两反。《释文》。

有无妄，物然后可畜。项安世《周易玩辞》。晁氏同。

故受之以大过。

以养贤者，宜过于厚。《正义》。

---

① “履”后，《周易注疏》《周易集解》有“而泰”二字。

② 后“有”字，《周易注疏》《周易集解》作“者”。

③ “嗛”，《周易注疏》《周易集解》作“谦”。下同。

④ “豫”，《周易集解》作“逸”。

⑤ “然”，《周易集解》作“而”。

夫妇之道，不可以不久也。

言夫妇当有终身之义，夫妇之道，谓咸、恒也。《集解》。

物不可以终久于其所，[1]故受之以遯。晁氏云。

主器者，莫若长子。

谓父退居田里，不能备祭宗庙，长子当亲视涤濯鼎俎是也。《曲礼》正义。

杂卦传

屯见而不失其居。见如字。《释文》。

损益，衰盛之始也。《释文》，引见《会通》，今《释文》无之。

兑说而巽伏也。[2] 晁氏云。

蛊则饰也。《释文》。堂案："饰"字今作"饬"，汉隶通。《吕氏春秋·贵公》篇"日醉而饰服"，高诱注云："饰读曰饬。"又《先己》篇"子女不饬"，注云："不文饬也。"《太平御览》引"饬"作"饰"，唐石经此《杂卦》文及《诗》"戎车既饬"，皆作"饰"。

大过，颠也。

自此以下，卦音不协，似错乱失正，弗敢改耳。晁氏。

小人道消也。[3] 晁氏云。

---

① "于"，《周易注疏》《周易集解》作"居"。

② "说"，《周易注疏》《周易集解》作"见"。

③ "消"，《周易注疏》《周易集解》作"忧"。

郑康成周易注补遗

上　经

乾：

初九。

《周易》以变者为占，故称九、称六。《易论》引见王应麟《集注》。正义云："郑康成注《易》。"

乾道变化。

谓先有旧形渐渐改者，谓之变。虽有旧形忽改者，谓之化。及本无旧形非类而改，亦谓之化。《礼记·月令》正义。堂案：此条及蛊上九注、《说卦》"艮为狗"注两条，《周礼》《礼记》正义引俱不言郑注，王应麟《集注》本附于卷末，以为说本康成，今仍补入。

坤：

黄裳，元吉。

如舜试天子、周公摄政。《隋书·李德林传》。

师：

大君有命。

命，所受天命也。《文选注》二十四。

同人：

升其高陵。

大阜曰陵。《丙子学易编》。

蛊：

初六，干父之蛊，有子，考无咎。厉，终吉。

《象》曰：干父之蛊，意承考也。

子改父道，始虽劳《仲氏易》作“厉”。而终则吉。盖其《仲氏易》无“盖其”二字。事若不顺，而其《仲氏易》无“其”字。意则在于承其父《仲氏易》作“而意则顺也”。也。董氏《会通》。堂案：此条及离爻辞“出涕沱若”注、鼎象曰“以木巽火”注，《会通》引郑氏俱不注明康成云云。今案“鼎象曰注”见《集解》，离爻辞注首句“自目出曰涕”亦见萃卦，《释文》疑必是康成说，惟此条文义颇不类。毛太史《仲氏易》引作“郑玄”，或别有据，今姑存之，不敢臆断也。

上九，不事王侯，高尚其事。

上九艮爻，艮为山，辰在戌，得乾气，父老之象，是臣之致事也。故不事王侯，是不得事君，君犹高尚其所为之事。《礼·表记》正义。

大畜：

曰闲舆卫。

闲，习。《释文》。

离：

出涕沱若。

自目出曰涕。人为烟所冲，则出涕曰沱若，以下卦离火冲突之烈也。董氏《会通》。

下　经

遘：[1]

① “遘”，《周易注疏》《周易集解》作“姤”。

虆豕孚蹢躅。[①]《音训》。晁氏。虆,一作"累"。《释文》作"羸",云:"郑力追反。"

包有鱼。包,百交反。《释文》。

萃:

若号。《释文》云:"号,户羔反。"晁氏云:"号为号咷。"

井:

井谷射鲋。

射,音亦。厌也。《释文》。

鼎:

覆公餗。

餗,菜也。《释文》。堂案:"餗"亦通"蔌"。《诗·大雅·韩奕》篇"其蔌维何",正义引《易》注及经文皆作"蔌"。

渐:

离群丑也。

离,犹去也。《释文》。

中孚:

中孚,豚鱼吉,利涉大川,利贞。

孚,信也。两阴在内,亦以五以中和之气候之。两阴,犹民于君在上矣,臣在下候,行中正之道,政教信于民,故谓之中孚。两阴者,三辰在亥为豕,爻失正,故变而为小名言豚。四辰在丑为鳖。鳖,鱼之微者,爻为正,变以其大节言鱼。三体兑为泽,四值天渊,二五皆坎爻如水,水以水度浸泽所养,故吉。互体是震,震为木,二爻巽为风,木在水上,而风行之,济大川,象君能济于难也。《易纬稽览图》。堂谨案:

① "虆",《周易注疏》《周易集解》作"羸"。

聚珍版《易纬稽览图》末附此条云："按以上乃郑氏《易》义之文，《毛诗·无羊》篇正义亦引此文，惟缺首尾数语，而正义自'浸泽'以下尚有'五亦以水灌渊则鱼利，豚鱼，以喻小民也。而为明君贤臣恩意所供养，故吉'云云。此亦缺而未载，疑脱落也。《稽览图》内有此文者，盖后人以此书专论卦气起《中孚》之义，故引郑氏《易》说附入，以相阐发，并非《易纬》本文。"据此，则此条是《易》注之文，元本止录《无羊》正义，今补录之。

系辞上下传

慎斯术也以往。慎，时震反。《释文》。

而不杀者夫。

不意杀也。《音训》。晁氏。堂案：此句不可解，疑有脱误。

夫易，圣人之所以极深而研机也。[1]

研喻思虑。《文选·册魏公九锡文》注。《陆士衡文》注。

何以守位？曰仁。

持一不惑曰守。《诗·凫鹥·序》正义。

黄帝、尧、舜垂衣裳。

土托位南方，南方色赤，黄而兼赤，故为纁也。《礼·王制》正义。聂崇义《三礼图》二十。王应麟《集注》。

盖取诸乾坤。

乾为天，坤为地。天色玄，地色黄，故玄以为衣，黄以为裳，象天在上，地在下。《诗·豳风·七月》正义。堂案：《太平御览》六百八十九《服章部》引此句注云："上衣下裳，乾坤之象。"亦当是郑注。

后世圣人易之以书契。

以书，书木边，言其事，刻其木，谓之书契。《书序》释文。

① "机"，《周易注疏》《周易集解》作"几"。

《文献通考·经籍一》。堂案：此条仲林余氏《经解钩沈》引作《易注》，今据补入。

易之兴也，其于中古乎。

文王为中古。《集解》虞翻引。

作易者，其有忧患乎。

文王囚而演易。《正义序》。

说　卦

坤也者，地也，万物皆致养焉，故曰"致役乎坤"。

坤不言方者，所言地之养物不专一也。《正义》。

乾为首，坤为腹，震为足，巽为股，坎为耳，离为目，艮为手，兑为口。《汉上易传》曰："郑本此章在'乾为马'之前。"

艮为狗。

艮卦在丑，艮为止，以能吠守止人则属艮。以能言则属兑，兑为言故也。《周礼·秋官》正义。

为均。

均，今亦作旬也。《礼记·内则》注。《周礼·均人》注。

为羊。

羊，女使。项氏《玩辞》。堂案：此与朱氏、晁氏所引"阳"字注不同，疑误。

序　卦阙

杂　卦阙

易赞易论附

夏曰《连山》，殷曰《归藏》，周曰《周易》。连山者，象山之出云，连连不绝。归藏者，万物莫不归藏于其中。周易者，言易道周普，无所不备。《正义序》。神农重卦，《正义序》。《汉上易传》。《山堂考索》前集一、续集三、别集三。《瑞桂堂暇录》。《事物纪原》。伏羲作十言之教，以厚君民之别。曰：乾、坤、震、巽、坎、离、艮、兑、消、息，无文字，谓之易。《左传》定四年正义。《汉上易传》。《路史·禅通纪》注。堂案：已上三条，王应麟元本附录卷末，今据补。

刘表周易章句

刘表周易章句序

《释文·序录》:"刘表字景升。《章句》五卷。"《七录》云:"九卷,目一卷。"案《释文》引刘氏凡四人:刘歆、刘昞、刘瓛及刘表也。刘歆、刘昞不见于《序录》,唯乾卦"大人造也",《释文》云:"造,刘歆父子作'聚'。"丰卦"虽旬无咎",《释文》云:"旬,刘昞作'钧'。"馀不引。刘瓛注《系辞》,见《序录》,然亦唯《系辞》"洗"字注有云:"刘瓛,悉殄反,尽也。"馀亦不概见。刘歆等三人,《释文》皆明指其名,馀但言"刘云"者,殆皆谓刘表《章句》矣。观坎上六"三股曰徽,两股曰纆"之注,李氏《集解》、《穀梁》杨疏皆言刘表,而《释文》但言"刘云"可证也。第毛检讨奇龄《仲氏易》此条引作刘表,馀俱作刘瓛注。《大畜》"童牛之牿",注"牿之言角",《释文》亦但言"刘云"。惠征君栋《九经古义》则作刘歆说。《系辞》"知以藏往",《释文》但言"刘作'臧'",不详其名。《本义辩证》则作刘瓛,俱未知何据,愿以质诸世之博古者。《经义考》第四卷"《易》惟谭天人神致用"云云六句,见刘勰《文心雕龙·宗经》篇,引作刘表,亦误,特为辩正。孙堂识。

上下经

乾:

《象》曰：天行健。

言健者，详其名也。《正义》。

屯：

君子以经论。[1]《正义》曰："刘表、郑玄以'纶'为'论'字"。

师：

不臧凶。[2] 晁氏。

小畜：

月近望。[3] 晁氏。

谦：

《象》曰：地中有山，谦。

地中有山，以高下下，故曰"谦"。谦之为道，降己升人。山本地上，今居地中，亦降体之义，故为谦象也。《集解》。

剥：

六三，剥无"之"字。无咎。[4] 晁氏。

复：

反复其道。复，芳福反。《释文》。

无祇悔。

祇，安也。晁氏。

大畜：

君子以多志前言往行。《释文》。堂案：《论语·述而》篇"多见而识之"，《白虎通义》"识"引作"志"，《子张》篇"贤者识其大者，不贤者识其小

① "论"，《周易注疏》《周易集解》作"纶"。
② "不"，《周易注疏》《周易集解》作"否"。
③ "近"，《周易注疏》《周易集解》作"几"。
④ "剥"后，《周易注疏》《周易集解》有"之"字。

者”,《隶释》、石经残碑亦作“志”。《周礼·保章氏》“以志星辰日月之变动”,注云:“志,古文‘识’。”

曰闲舆卫。

曰,犹言也。《释文》。

六四,童牛之牿。

童,妾也。牿之言角也。《释文》。

六五,豮豕之牙。

豕去势曰豮。《释文》。

颐:

《象》曰:山下有雷,颐。

山止于上,雷动于下,颐之象也。《集解》。

观我揣颐。①

揣颐,多辨也。晁氏。

颠颐,弗经于丘颐。

弗,辅弼也。晁氏。

其欲跾跾。②

跾跾,远也。《释文》。堂案:《释文》:“逐逐,薛云速也。《子夏传》作‘攸攸’,《志林》云‘攸’当为‘逐’,荀作‘悠悠’,刘作‘跾’,云远也。《说文》:‘跾,音式六反。’”抱经堂《考证》:“臧氏琳云:《说文》跾,疾也。”一训与薛云“速也”合,长也。一训与刘云“远也”合,贪利则欲速而志高远。此字当从刘表作“跾”,“攸”“悠”皆借用同声字。《汉书·叙传下》“其欲浟浟”,师古引《易》“其欲浟浟”云:“浟浟,欲利之貌,浟亦攸之俗字。”然亦可见本不作“逐”也。虞喜《志林》妄云“攸”当为“逐”,王弼等同之,汉《易》皆不作“逐”。

---

① “揣”,《周易注疏》《周易集解》作“朵”。

② “跾”,《周易注疏》《周易集解》作“逐逐”。

习欿：

水流行不休，故曰“习”。欿，险也，陷也。《释文》。

水洊至。

洊，仍也。《释文》。

樽酒簋，句。贰用缶。句。晁氏。

上六，系用徽纆。堂案：《尔雅·释诂》：“系，继也。”《穀梁》注引此系作“继”，《一切经音义》云：“系，古文繫、继二形同，古诣反。系，缀也。繫，束也。”

三股曰徽，两股曰纆，皆索名。《释文》。《穀梁》疏十二。《集解》李氏引。

示于丛棘。[①]《释文》。堂案：《诗·小雅·鹿鸣》篇“示我周行”，笺云：“示，当作‘寘’。”《正义》云：“古者‘寘’‘示’同读，故改从‘寘’也。”《中庸》：“治国其如示诸掌乎。”郑注云：“示，读如‘寘诸河干’之‘寘’。”《穀梁》注引此亦作“示”。

言众议于九棘之下也。《释文》。

咸：

憧憧往来，朋从尔思。

憧憧，意未定也。《释文》。

家人：

家人熇熇。[②]《释文》。堂案：《说文》无“嗃”字，《新附》始有之。郑笺《诗》云：“多行熇熇，惨毒之恶。”注《易》作“熇”，云“苦热之意”，是古字皆从火。

睽：

---

① “示”，《周易注疏》《周易集解》作“寘”。

② “熇”，《周易注疏》《周易集解》作“嗃”。

六三，见舆曳，其牛觢。①

牛角皆踊曰觢。《释文》。堂案：此训本《尔雅》，与《说文解字》异。

损：

君子以澄忿懫欲。②

澄，清也。懫，止也。《释文》。

萃：

孚乃利用爚。③《释文》。堂案：《集韵》："爚，弋灼切，音药，本作礿，夏时祭也，同禴。"郑康成注云："禴，夏祭之名。"此作爚，字异义同。"

系辞

知以臧往。④

臧，善也。《释文》。

说卦阙

序卦阙

杂卦阙

① "挈"，《周易注疏》《周易集解》作"掣"。

② "懫"，《周易注疏》《周易集解》作"窒"。"激"，《周易注疏》《周易集解》作"惩"。

③ "爚"，《周易注疏》《周易集解》作"禴"。

④ "臧"，《周易注疏》《周易集解》作"藏"。

宋衷周易注

宋衷周易注序

昔刘表开立学官，博求儒士，使五业从事宋忠等撰定五经章句。忠注《世本》及《周易》。《世本》久不传，注释家尝引之。《易注》十卷，隋时已亡其全书，李氏《集解》、史氏《口诀义》间采其说，《释文》录其异字、异义不过四五条，馀书不多见也。忠一名衷，《释文·序录》："衷字仲子，南阳章陵人。"王应麟曰："字仲乎，一字仲子。"孙堂识。

上下经

乾：

《象》曰：天行健，君子以自强不息。

昼夜不懈，以健详其名。馀卦各当名，不假于详也。《口诀义》。《集解》何妥引。

用九，天德不可为首也。

用九，六位皆九，故曰"见群龙"。纯阳，则天德也。万物之始，莫能先之，不可为首。先之者凶，随之者吉，故曰"无首吉"。《集解》。

闲邪存其诚。

闲，防也。防其邪而存其诚也。一作"焉"。二在非其位,故以闲邪言之。能处中和,故以存诚言之。《集解》。

君子进德修业。

业,事也。三为三公。君子处公位,所以进德修业也。《集解》。

坤:

《象》曰:地势坤。

地有上下九等之差,故以形势言其性也。《集解》。

地道无成,而代有终也。

臣子虽有才美,含藏以从其上,不敢有所成名也。地得终天功,臣得终君事,妇得终夫业,故曰"而代有终也"。《集解》。

需:

《象》曰:云上于天,需。

云上于天,须时而降也。《集解》。

师:

弟子舆尸,使不当也。

弟子,谓六三也。失位乘阳,处非所据,众不听从,师人分北,或败绩死亡,舆尸而还,故曰"弟子舆尸"。谓使不当其职也。《集解》。

开国承家。

阳当之五,处坤之中,故曰"开国"。阴下之二,在二承五,故曰"承家"。开国,谓析土地以封诸侯,如武王封周公七百里地也。承家,立大夫为差次,立大夫因采地名。正其功勋,行其赏禄。《集解》。

泰:

《象》曰：无平不陂，[1]无往不复，天地际也。晁氏。

位在乾极，应在坤极，天地之际也。地平极则险陂，天行极则还复，故曰“无平不陂，无往不复”也。《集解》。

《象》曰：翩翩不富，皆失实也。

四互体震，翩翩之象也。阴虚阳实，坤今居上，故言失实也。《集解》。

否：

《象》曰：天地不交，否。

天地不交，犹君臣不接。天气上升而不下降，地气沈下又不上升。二气特隔，故云“否”也。《集解》。

噬嗑：

《象》曰：雷电噬嗑。

雷动而威，电动而明，二者合而其道彰也。用刑之道，威明相兼。若威而不明，恐致刑滥。[2] 明而无威，不能伏物。故须雷电并合，而噬嗑备。《集解》。

复：

《象》曰：雷在地中，复。先王以至日闭关，商旅不行，后不省方。

商旅不行。自天子至公侯，不省四方之事。将以辅遂阳体，成致君道也。制之者，王者之事。奉之者，为君之业也。故上言先王，而下言后也。《集解》。

颐：

《象》曰：颐，贞吉，养正则吉也。

---

① “无平不陂”，《周易注疏》《周易集解》无此句。

② “刑”，《周易集解》作“淫”。

颐者，所由饮食，自养也。君子割不正不食，况非其食乎！是故所养必得贤明，自求口实必得体宜，是谓养正也。《集解》。

恒：

《象》曰：雷风，恒。君子以立不易方。

雷以动之，风以散之，二者常相薄而为万物用。故君子象之，以立身守节而不易道也。《集解》。

遯：

遯之时义大矣哉。

太公遯殷，四皓遯秦之时也。《集解》。

益：

益，利有攸往。

明君之德，必须损己而利人，则下尽益矣。君能以益物为意，动而无有违者，即斯以往，何所往不利，故曰“利有攸往”也。《口诀义》。

夬：

九五，苋陆夬夬。

苋，苋菜也。陆，当陆也。《释文》。苋，蕒。陆，当陆。《辑闻》。陆，商陆也。《学斋占毕》。

姤：

羸豕孚蹢躅。

羸，大索，所以系豕者也。巽为股，又为进退，股而进退则蹢躅也。初应于四，为二所据，不得从应，故不安矣。体巽为风，动摇之貌也。《集解》。

革：

已日乃孚。

人性习常，不说改易，及变之后，乐其所成，故即日不孚，已日乃孚矣。故曰“已日乃孚”也。已，竟也。《口诀义》。
《象》曰：大人虎变，其文炳也。

阳称大，五以阳居中，故曰“大人”。兑为白虎，九者，变爻，故曰“大人虎变，其文炳也”。《集解》。

鼎：

《象》曰：鼎黄耳，中以为实也。

五当耳，中色黄，故曰“鼎黄耳”。兑为金，又正秋，故曰“金铉”。公侯，谓五也。上尊故玉，下卑故金，金和良，可柔屈，喻诸侯顺天子。《集解》。

《象》曰：玉铉在上，刚柔节也。

以金承玉，君臣之节。上体乾为玉，故曰“玉铉”。虽非其位，阴阳相承，刚柔之节也。《集解》。

巽：

九二，巽在床下。

巽为木，二阳在上，初阴在下，床之象也。二无应于上，退而据初，心在于下，故曰“巽在床下”也。《集解》。

小过：

有飞鸟之象焉，飞鸟遗之音。

二阳在内，上下各阴，有似飞鸟舒翮之象，故曰“飞鸟”。震为声音，飞而且鸣，鸟去而音止，故曰“遗之音”也。《集解》。

既济：

初九，曳其轮，濡其尾，无咎。

《象》曰：曳其轮，义无咎也。

离者，两阳一阴，阴方阳圆，舆轮之象也。其一在坎中，以火入水必败，故曰“曳其轮”也。初在后称尾。尾濡轮曳，咎也。得正有应，于义可以危而无咎矣。《集解》。

上下系辞

故知死生之说。

说，始锐反。舍也。《释文》。

夫乾，其静也专，其动也直，是以大生焉。

乾静不用事，则清静专一，含养万物矣。动而用事，则直道而行，导出万物矣。一专一直，动静有时，而物无夭瘁，是以大生也。《集解》。

夫坤，其静也翕，其动也辟，是以广生焉。

翕，犹闭也。坤静不用事，闭藏微伏，应育万物矣。动而用事，则开辟群蛰，敬导沈滞矣。一翕一辟，动静不失时，而物无灾害，是以广生也。《集解》。

致寇至。堂案：《释文》：“寇，徐邈或作‘戎’，[1]宋衷云‘戎’误。”

天垂象，见吉凶，圣人象之。

天垂阴阳之象，以见吉凶，谓日月薄蚀，五星乱行。圣人象之，亦著九六爻位，得失示人，所以有吉凶之占也。《集解》。

鼓天下之动者存乎辞。

欲知天下之动者，在于六爻之辞也。《集解》。

何以守位？曰仁。

守位当得士、大夫、公、侯，有其仁贤，兼济天下。《集解》。

---

① “邈”，《经典释文》无此字。

说　卦

故水火无不字。相逮。《释文》。

乾为天。

乾动作不解，天亦转运。《集解》。

为圜。

动作转运，非圜不能，故为圜。《集解》。

为驳马。

天有五行之色，故为驳马也。《集解》。

为木果。

群星著天，似果实著木，故为木果。《集解》。

其于稼也，为反生。

阴在上，阳在下，故为反生。谓枲豆之类，戴甲而生。《集解》。《汉上易传》作"戴甲而出"。

巽为木。

阳动阴静，二阳动于上，一阴安静于下，有似于木也。《集解》。

坎为水。

坎阳在中，内光明，有似于水。《集解》。

为矫揉。[①]《释文》。《汉上易传》。

曲者更直为矫，直者更曲为揉。水流有曲直，故为矫揉。《集解》。堂案：《释文》："宋云使曲者直，直者曲为揉。"专训"揉"字，似有脱文。据《集解》云云，则《释文》当云"使曲者直为矫，直者曲为揉"，首句增"为矫"二字。

---

① "揉"，《周易注疏》《周易集解》作"鞣"。

其于马也，为美脊。

阳在中央，马脊之象也。《集解》。

为曳。

水摩地而行，故曳。《集解》。

其于木也，为折上稾。

阴在内则空中，木中空则上折稾也。《集解》。

艮为山。

二阴在下，一阳在上。阴为土，阳为木。土积于下，木生于上，山之象也。《集解》。

为果蓏。

木实谓之果，草实谓之蓏。桃李瓜瓞之属，皆出山谷也。《集解》。

为阍寺。

阍人主门，寺人主巷。艮为主，此职皆掌禁止者也。《集解》。

兑为泽。

阴在上，令下湿，故为泽也。《集解》。

序　卦

有事然后可大，故受之以临。临者，大也。

事立功成，可推而大也。《集解》。

杂　卦阙

陆绩周易述

陆绩周易述序

陆绩《易注》十五卷，见《隋志》，《释文·序录》云："《周易述》十三卷。"已亡。今天所传止一卷，见《盐邑志林》。乃明姚士粦采李氏《集解》、陆氏《释文》及绩所注京房《传》汇成之者。《四库全书简明目录》云："凡一百五十条。"今取《集解》等三书以校姚本，知所采尚有遗漏。堂于所已采者，既为正其舛误，更取其所遗漏者增入之。又益以它书所引之说，各注所出，于其下加一"补"字以别之，较元辑多四之一，然恐陆说之散佚者仍未尽也。《吴志》：绩字公纪，吴郡吴人。仕为郁林太守，加偏将军，作《浑天图》、注《易》、释《玄》，皆传于世。《太平御览》等书或引作陆续者，误也。案：《后汉·独行传》陆续吴人，生三子，其少子褒，褒生子康，康少子绩，是续乃绩之曾大父也。字形相近，故传写者误耳。孙堂识。

上　经

乾：

乾，元亨利贞。

卦辞，文王。《正义序》。《瑞桂堂暇录》【补】。

初九，潜龙勿用。

爻辞，周公。《正义序》。《瑞桂堂暇录》。《群书考索》前集一、续集三【补】。

阳在初，称初九。去初之二，称九二，则初复七。阴在初，称初六。去初之二，称六二，则初复八矣。《汉上易传》。《易裨传外篇》【补】。

上九，亢龙有悔。

阳极阴来，吉去凶生。京氏《易传》注。

用九，见群龙无首，吉。

纯阳用九之德。京氏《易传》注。

六位时成。

十二时分六位，升降以时，消息吉凶。京氏《易传》注。

大人造也。正义云："造，为'造至'之'造'。"【补】。

利之足以和义。《释文》。

圣人作而万物睹。

阳气至五，万物茂盛，故譬以圣人在天子之位。功成制作，万物咸见之矣。《集解》。

六爻发挥，旁通情也。

乾六爻发挥变通旁通于坤，坤来入乾，以成六十四卦，故曰"旁通情也"。《集解》。《义海撮要》。

坤：

或从王事，无成有终。

阴臣阳君，臣不敢为物之始。阳唱阴和，君命臣终其事也。京氏《易传》注。

上六，龙战于野，其血玄黄。

乾配西北，积阴之地，阴盛故战。乾坤并处，天地之气杂,称玄黄也。戌亥是乾之位,乾伏本位,积阴之地,犹盛故战。京氏《易传》注。

为其嗛于阳也。[1]《释文》。堂案:元辑此条下有"行地无疆"经文一句,下注"行",今作"应",似误引,今删之。

屯:

云雷屯,君子以经论。[2]

水在雷上,如云雷交作,天地草昧,经论之始,无出于此也。京氏《易传》注。

初九,盘桓,利居贞。

屯难之际,盘桓不进之貌。京氏《易传》注。

女子贞不字,十年乃字。

字,爱也。时通则道亨,合正匹也。京氏《易传》注。

蒙:

匪我求童蒙。

六五阴爻,在蒙暗,又体艮少男,故曰"童蒙"。京氏《易传》注。

九二,彪蒙吉。[3]

彪,文也。《音训》晁氏【补】。

需:

六四,需于血。

外卦坎水为险,亦阴,称血也。京氏《易传》注。

讼:

天与水违行,讼。

① "于"后,《周易注疏》《周易集解》有"无"字。
② "论",《周易注疏》《周易集解》作"纶"。
③ "彪",《周易注疏》《周易集解》作"包"。

天道西行，水东流，其路背也。外象乾，西北方之卦。内坎水，正北方之卦，其流东也。二气不交曰讼。京氏《易传》注。

师：

师，贞，丈人吉。

丈人者，圣人也。帅师未必圣人，若汉高祖、光武，应此义也。《集解》。《义海撮要》节引。堂案：此条元辑列在《序卦》，今从《集解》本易正。师为众首，法长而行。《口诀义》【补】。

《象》曰：地中有水，师。

坎在坤内，故曰“地中有水”。师，众也。坤中众者，莫过于水。《集解》。

师出以律，不臧凶。[1]《音训》晁氏【补】。

九二，在师中，吉。

阳居九二也。京氏《易传》注。

比：

比卦一阳五阴，少者为贵，众之所尊者也。京氏《易传》注。

比之初六，有它吉也。

变而得正，故吉。《汉上易传》【补】。

小畜：

密云不雨，尚往也。

一阴劣不能固阳，是以往也。京氏《易传》注。

九三，舆说輹，[2]夫妻反目。

---

① “不”，《周易注疏》《周易集解》作“否”。

② “輹”，《周易注疏》《周易集解》作“辐”。

不义之兆。京氏《易传》注【补】。

履：

刚中正，履帝位而不疾，[①]光明也。堂案：《释文》云："疚，陆本作'疾'。"吕氏《音训》同，元辑仍作"疚"，今改正。

当履之时。京氏《易传》注。

《象》曰：上天下泽，履。君子以辩上下，定民志。

履者，礼也。京氏《易传》注【补】。

眇能视，跛能履。

此履非其位，六三也。京氏《易传》注。

泰：

上六，城复于隍。

三阳务上，坤顺而往，往而不已，否道至。京氏《易传》注。

否：

小人道长，君子道消。

阴，小人。阳，君子。京氏《易传》注。

其亡其亡，系于包桑。[②]

包，本也。言其坚固不亡，如以巽绳系也。《集解》。苞桑则丛桑也。京氏《易传》注。

否极则倾，何可长也。堂案：今本"否终则倾"，京氏《易传》作"否极则倾"。

否极则泰来。京氏《易传》注。

同人：

九五，同人先号咷而后笑。

① "疾"，《周易注疏》《周易集解》作"疚"。
② "包"，《周易注疏》作"苞"。

隔于阳位，不能决胜，故曰“先号咷”。后获合方喜，故曰“后笑”。京氏《易传》注。

大有：

火在天上，大有。

离为火，为日，故曰“大有”。京氏《易传》注。

《象》曰：匪其彭，无咎，明辩逝也。[①]《释文》【补】。

豫：

天地以顺动，故日月不过而四时不忒。

坤顺震动。京氏《易传》注。

六三，纡豫。[②]《音训》晁氏【补】。

随：

动而说。

震一阳二阴，阳君阴民，得其正也。京氏《易传》注。

大亨贞无咎，而天下随之[③]。《音训》晁氏【补】。

王用亨于西山。

亨，许两反。祭也。《释文》。晁氏曰：“陆绩作‘享’。”堂案：《说文》：“亯从高省。”音许两切，又音许庚切。“亨”“享”止一字，篆文“亯”作“亯”，转隶者又误以“孑”为“子”，始分二字矣。今经典“享”字多作“亨”。《张公神碑》元“亨”字又作“享”。《释文考证》云：“古音二通用，凡惇、錞、镦、淳、醇、哼、敦、鹑。”

临：

至于八月有凶。

建丑至未，至于八月入遯。京氏《易传》注。

① “逝”，《周易注疏》《周易集解》作“晢”。

② “纡”，《周易注疏》《周易集解》作“盱”。

③ “之”，《周易注疏》《周易集解》作“时”。

观：

风行地上。

君子之德风，小人之德草也。京氏《易传》注。

六三，观我生。

我生，即道也。京氏《易传》注。

利用宾于王。

臣道出于六四爻也。京氏《易传》注。

《象》曰：观国之光，上宾也。[①]《音训》晁氏【补】。

噬嗑：

动而明。

象雷电也。京氏《易传》注。

九四，噬干胏，得金矢，利艰贞吉。

《象》曰：利艰贞吉，未光也。

肉有骨谓之胏。离为干肉，又为兵矢。失位用刑，物亦不服，若噬有骨之干胏也。金矢者，取其刚直也。噬胏虽复艰难，终得伸其刚直。虽获正吉，未为光大也。《集解》。《义海撮要》引首句。

贲：

六四，贲如皤如，[②]白马翰如。皤音烦。《释文》。堂案：皤，元辑作"皤"，无音，今从顾氏《易音》改作"皤"。

震为马、为白，故曰"白马翰如"。《集解》。堂案：元辑此下误连李鼎祚之说，今删去。

剥：

① "上"，《周易注疏》《周易集解》作"尚"。

② "皤"，《周易注疏》《周易集解》作"皤"。

《象》曰：山附于地，剥。

艮为山，坤为地，山附于地，谓高附于卑，贵附于贱，君不能制臣也。《集解》。

君子得舆，小人剥庐。

君子全得剥道，安其位，小人终不可安也。《集解》[1]。

复：

七日来复。

七日，阳之称也。七九，称阳数也。谓坤上六，阴极阳战之地。阴虽不能胜，阳不可轻犯，六阳涉六阴，反下七爻在初，故称七日。日，亦阳也。京氏《易传》注。

初九，不远复，无禔悔。[2]《释文》。

反至初九，阳来阴复。远，违也。京氏《易传》注。禔，安也。《释文》。

大畜：

六四，童牛之牿。

牿当作角。《释文》。堂案：元辑正文作"童牛之角"，此四字无，今从《释文》。

颐：

天地养万物，圣人养贤以及万民。

上下阳位，包阴也。京氏《易传》注。

大过：

大过，大者过也。

大者相过。京氏《易传》注。

---

① "君子"至"安也"凡十六字，《周易集解》不载，仅见《陆子易解》"剥卦"条。

② "禔"，《周易注疏》《周易集解》作"祇"。

习坎：

坎水能深陷于物，处坎之险，不可不习，故曰“习坎”。便习之习，后可履于险而不陷没者，不以刚履柔，不能成坎之道也。京氏《易传》注。

水流而不盈。

水性趋下，不盈溢崖岸也。月者，水精。月在天，满则亏，不盈溢之义也。《集解》【补】。

维心亨，乃以刚中也。

内外居坎，阳处中而为坎，主纯阴得阳，为明臣得君而安其居也。君得一明臣，而显其道。京氏《易传》注。

《象》曰：水洊至，习坎。君子以常德行，习教事。

洊，再；习，重也。水再至而益，通流不舍昼夜，重重习相随以为常，有似于习。故君子象之，以常习教事，如水不息也。《集解》。

险且枕。

枕，闲碍险害之貌。《释文》。

内约自诱。[①] 《释文》【补】。堂案：《诗·大雅·板》之篇“天之牖民”，《毛传》云：“牖，道也。”正义云：“‘牖’与‘诱’，古字通用，故以为导也。”《韩诗外传》“牖”作“诱”。

离：

明两作，离。君子以继明照于四方。[②] 堂案：京氏《易传》“大人”作“君子”。

离卦中虚，始于乾象，纯刚健不能柔明，故以北方阴气

① “诱”，《周易注疏》《周易集解》作“牖”。

② “君子”，《周易注疏》《周易集解》作“大人”。

贯中，柔刚而文明也。京氏《易传》注。

下　经

咸：

咸，亨，利贞，取女吉。

艮少男，兑少女，男下于女，取妇之象。京氏《易传》注。

天地感而万物化生。

天地因山泽孔窍以通其气，化生万物也。《集解》。

恒：

九三，不恒其德。

恒者，常也。而九三以阳居位，立于阴阳交互之上，是知不久为失所然。京氏《易传》注。

遯：

遯之时义大矣哉。

谓阳气退，阳气将害，[1]随时遯避，其义大矣。《集解》。

《象》曰：天下有山，遯。

遯，退也。京氏《易传》注。遯，俟时也。京氏《易传》注【补】。

初六，遯尾，厉，勿用有攸往。

阴气已至于二，而初在其后，故曰“遯尾”也。避难当在前，而在后，故厉。往则与灾难会，故勿用有攸往。《集解》。

大壮：

内阳升降，二象俱阳曰大壮。京氏《易传》注。

君子以非礼弗履。

① “阳”，《周易集解》作“阴”。

天尊雷卑，君子见卑乘尊，终必消除，故象以为戒，非礼弗履。《集解》。

丧羊于埸。[1]

埸，谓疆埸也。《释文》。

晋：

晋，康侯。

康，安也，乐也。《释文》。

明夷：

睇于左股。[2]

旁视曰睇。《释文》。

家人：

正家而天下定矣。

圣人教先从家始，家正则天下化之，修己以安百姓者也。《集解》。

妇子喜喜。[3]《释文》。

九五，王假有家，勿恤吉。

假，大也。五得尊位，据四应二，以天下为家，故曰“王大有家”。天下正之，故无所忧则吉。《集解》。

睽：

说而丽乎明。

兑处下，为积阴暗之象也。离在上，为明照于下。京氏《易传》注。

① “埸”，《周易注疏》《周易集解》作“易”。
② “睇”，《周易注疏》《周易集解》作“夷”。
③ “喜喜”，《周易注疏》《周易集解》作“嘻嘻”。

先张之弧，后说之壶。[①]

先疑，暗也。后说，明也。京氏《易传》注。

蹇：

当位贞吉，以正国也。[②]《释文》。

《象》曰：山上有水，蹇。君子以反身修德。

水在山上，失流通之性，故曰"蹇"。水本应山下，今在山上，终应反下，故曰"反身"。《正义》【补】。

九五，大蹇朋来。

外卦九五，变入坤内见艮，故曰"得朋"也。京氏《易传》注【补】。

解：

天地解而雷雨作。

震雷坎雨。京氏《易传》注。

雷雨作而百果草木皆甲宅。[③]

宅，根也。《释文》。

解而拇。

拇，足大指。《释文》。

损：

损下益上。

乾九三变六三，阴柔，益上九，臣奉君之象。京氏《易传》注。

君子以征忿窖欲。[④] 堂案：此与明神庙本《释文》同，《乐记》正义云：

① "壶"，《周易注疏》作"弧"。
② "国"，《周易注疏》《周易集解》作"邦"。
③ "宅"，《周易注疏》《周易集解》作"坼"。
④ "窖"，《周易注疏》《周易集解》作"窒"。

"嗇谓省约。"今《释文》作"嗇欲"。案《说文》"嗇"古"慎"字,朱氏郁仪云"嗇"本古"脊"字。君子啬精宝神,故借为"慎"字,是作"嗇"义尤长。

益:

风雷益.

内外顺动,风雷益。四象分明,刚柔定矣。京氏《易传》注。

夬:

《象》曰:泽上于天,夬。

水气上天,决降成雨,故曰"夬"。《集解》。

姤:

姤之时义大矣哉。

天地相遇,万物亦然,故其义大也。《集解》。

天下有风,姤。君子以号令告四方。[1] 堂案:京氏《易传》"后"字作"君子","施命"作"号令","诰"字作"告"。

巽,入也。风入于物,皆动也。故知天下有风动其物也。京氏《易传》注。

羸豕孚蹢躅。

羸读为累。《释文》。堂案:元辑正文作"累豕",此四字无,今从《释文》。

萃:

萃,[2]《释文》云无"亨"字。王假有庙。

王五庙上也。王者聚百物以祭其先,诸侯助祭于庙中。假,大也。言五亲奉上矣。《集解》。《义海撮要》节引。

《象》曰:泽上于地,萃。君子以除戎器,戒不虞。

---

① "君子以号令告四方",《周易注疏》《周易集解》作"后以施命诰四方"。

② "萃"后,《周易注疏》《周易集解》有"亨"字。

除，犹修治也。《释文》。《丙子学易编》。凡聚众必慎防闲，假阳为主，成萃之义。伏戎必豫备，众聚去疑心。京氏《易传》注。

升：

地中生木，升。君子以顺德，积小以高大。

合抱之木，始于毫末。京氏《易传》注。

王用亨于岐山。亨，许两反。《释文》。

困：

困卦上下不应，阴阳不交，六三阴，上六亦阴无配，入九五求阳，阳亦无纳也。京氏《易传》注。

九五，鮠魁。①

鮠魁，不安貌。《释文》。堂案：元辑经文九五“鮠魁作“劓刖”，下注“劓刖”当为“倪仉”，盖误解《释文》也。案《释文》云：“‘劓刖’，荀、王肃本作‘鮠魁’，云不安貌。陆同。”谓陆与荀、王同也。李氏《丙子学易编》、毛太史《仲氏易》引义皆然。《释文》又云：“郑云‘劓刖’当为‘倪仉’。”“倪仉”二字是郑义，非陆义也。姚氏误以为“陆同”二字连下，故有此失，今改正。下同。

《象》曰：鮠魁，志未得也。

无据无应，故志未得也。二言朱绂，此言赤绂，二言享祀，此言祭祀，传互言耳，无他义也。谓二困五，三困四，五初困上，斯乃迭困之义也。《集解》。

井：

井，改邑不改井。

井道以澄清见用为功也，井象德不可渝变也。京氏《易传》注。

① “鮠魁”，《周易注疏》《周易集解》作“劓刖”。下同。

木上有水，井。君子以劳民劝相。

井以德立君正民，信德以其道也。京氏《易传》注。

井收勿幕。

收，井干也。《释文》。

革：

巳日乃孚。

孚，犹信也。京氏《易传》注。

《象》曰：君子豹变，其文蔚也。

兑之阳爻称虎，阴爻称豹。豹，虎类而小者也。君子小于大人，故曰“豹变，其文蔚也”。《集解》。

鼎：

鼎象也，以木巽火，亨饪也。

木见火中发，火木相资，象鼎之兆。下穴为足，中虚见纳，饪熟之义明矣。京氏《易传》注。

九三，鼎耳革。

九三成鼎之德。京氏《易传》注。

六五，鼎黄耳，金铉，利贞。

《象》曰：鼎黄耳，中以为实也。

六五委任贤臣，假之位也。京氏《易传》注。得中承阳，故曰“中以为实”。《集解》。

震：

震惊百里。

震为雷声，惊于百里，春发秋收，顺天行也。取象定吉凶。京氏《易传》注。

不丧匕鬯。

匕者，棘匕，桡鼎之器。《正义》【补】。

艮：

不承其随。[①]《音训》。晁氏【补】。

渐：

渐之进也，女归吉也。进得位，往有功也。

艮变八卦终于渐。渐终降纯阴入坤，分长女三阴之兆也，柔道行也。京氏《易传》注。

初六，鸿渐于干。

水畔称干。《释文》。

六二，鸿渐于磐，饮食衎衎，吉。

贤人进位也。京氏《易传》注。

六四，鸿渐于木，或得其桷。

桷，榱也。《释文》。

九五，鸿渐于陵。

陆、陵俱是高处，然陵卑于陆也。《口诀义》【补】。

归妹：

归者，嫁也。京氏《易传》注【补】。

征凶。

震长男，兑少女，少女匹长男，气非合也。京氏《易传》注。

归妹以嬬。[②]

嬬，妾也。《释文》。堂案：元辑"嬬"作"孺"，今改正。《广雅》："妻谓之嬬。"《说文》及《玉篇》皆云："嬬，下妻也。"

九四，归妹愆期，迟归有时。

迟，待也。《释文》【补】。

---

① "承"，《周易注疏》《周易集解》作"拯"。

② "嬬"，《周易注疏》《周易集解》作"须"。

丰：

上六，丰其屋，蔀其家，窥其户，阒其无人，三岁不觌，凶。

上六积暗而动，凶之于上反下，见阴之兆。京氏《易传》注。

旅：

山上有火，[1]旅。

火在上，无止象，旅之义。京氏《易传》注

初六，旅琐琐，斯其所取灾。

琐琐，小也。艮为小石，故曰“旅琐琐”也。履非其正，应离之始，离为火，艮为山，以应火，灾焚自取也。故曰“斯其所取灾”也。《集解》。

巽：

本乾象，阴成荡，成巽。巽者，顺也。京氏《易传》注。

《彖》曰：重巽以申命。

巽为命令，重命令者，欲丁宁也。《集解》。《义海撮要》。

刚巽乎中正而志行。

二得中，五得正，体两巽，故曰“刚巽乎中正”也。皆据阴，故志行也。《集解》。《义海撮要》。

柔皆顺乎刚，是以小亨。

阴为卦主，故小亨。《集解》。《义海撮要》。

兑：

说以先民。

兑下六阴凝，艮上于阳健，纳兑为妻，二气合也。京氏《易传》注。

---

① “上”，原误作‘下’，据通行本《周易》改。

涣：

涣者，散也。京氏《易传》注。

乘木有功也。

虚舟行也。京氏《易传》注。

风行水上，涣。

木浮于水也。京氏《易传》注。

中孚：

中孚，信也。京氏《易传》注。

豚鱼吉，信及豚鱼也。

豚鱼幽微之物，信尚及之，何况于人乎！京氏《易传》注。

我有好爵，吾与尔缡之。[①]《释文》。《汉上易传》。

既济：

离坎分子午，水上火下，性相交敌，不间隔，是曰既济也。京氏《易传》注。

《象》曰：三年克之，备也。[②]

备当为惫；惫，困劣也。《释文》【补】。

未济：

离炎上，坎务下，二象不合，各殊阴阳也。京氏《易传》注。

系辞上

鼓之以雷霆。

鼓，鼓动也。《释文》。

六爻之动。

① “缡”，《周易注疏》《周易集解》作“靡”。

② “备”，《周易注疏》《周易集解》作“惫”。

阴阳失位则变，得位则否，故以阳居阴位，阳居阴位则动。《易禆传》外篇【补】。

三极之道也。

极，至也。《释文》。天有阴阳二气，地有刚柔二性，人有仁义二行，六爻之动，法乎此也。此三才极至之道也。初四下极，二五中极，三上上极也。《集解》。

是故君子所居而安者，易之序也。

序，象也。《释文》。

辩吉凶者存乎辞。

吉凶之兆，见乎爻象。京氏《易传》注。

生生之谓易。

凡卦阴极阳生，阳极阴生，生生之义，不绝之貌。京氏《易传》注【补】。

系辞焉以断其吉凶，是故谓之爻。

爻配阴阳，分人事，吉凶具见矣。京氏《易传》井卦注【补】。

夫乾，其静也颛。① 堂案：今文“专”，《释文》引陆本或作“砖”，亦作“抟”。抱经堂《考证》云：“《左传》‘若琴瑟之专’一亦作‘抟’。”《史记·始皇本纪》：“抟心揖志。”皆与“专”同。元辑作“颛”，与《释文》异。然案《史记》《汉书》“专”字亦作“颛”，颜师古云：“颛与专同。”元辑作“颛”或别有据，今仍之。

仪之而后动。②《释文》【补】。堂案：吕氏《音训》引《释文》云：“‘议之’，陆绩、姚、桓玄、荀柔之作‘仪之’。”别本《释文》“陆”字下脱一“绩”字。明神庙本、卢氏雅雨堂本“陆”字又改作“郑”，故《经义考》亦引为郑义。然案下文“以动者尚其变”，《集解》引陆注明云“仪之”，是陆非郑无疑。

① “颛”，《周易注疏》《周易集解》作“专”。

② “仪”，《周易注疏》《周易集解》“议”。

子曰：劳而不伐，有功而不置，[1]厚之至也。《释文》。

野容诲淫。[2]

言妖野容仪，教诲淫佚也。《释文》。

凡三百有六十，当期之日。

日月十二交会，积三百五十四日有奇为一会。今云三百六十当期，则实十二月六日也。[3] 十二月为一期，故云"当期之日"也。《集解》。

是故四营而成易。

分而为二以象两，一营也。挂一以象三，二营也。揲之以四以象四时，三营也。归奇于扐以象闰，四营也。谓四度营为，方成之一爻者也。《集解》。

以动者尚其变。

变为爻之变化，当仪之而后动矣。《集解》。堂案："仪"字，元辑作"议"，今据雅雨堂本改。

通其变，遂成天地之爻。[4]《释文》【补】。

夫《易》开物成务。

开物谓庖牺引信八卦，重以为六十四。触长爻册，至于万一千五百二十，以当万物之数，故曰"开物"。圣人观象而制网罟耒耜之属，以成天下之务，故曰"成务"也。《集解》。

六爻之义易以工。[5]《释文》。

退藏于密。

① "置"，《周易注疏》《周易集解》作"德"。

② "野"，《周易注疏》《周易集解》作"冶"。

③ "实"，《周易集解》作"入"。"十二"，《周易集解》作"十三"，下同。

④ "爻"，《周易注疏》《周易集解》作"文"。

⑤ "工"，《周易注疏》《周易集解》作"贡"。

受蓍龟之报应，决而退藏之于心也。《集解》。

古之聪明睿知。神武而不杀者夫。杀如字，《释文》【补】。

是兴神物，以前民用。

神物，蓍也。圣人兴蓍，以别吉凶，先民而用之，民皆从焉，故曰"以前民用"也。《集解》。

圣人以此齐戒，以神明其德。

圣人以蓍能逆知吉凶，除害就利，清絜其身，故曰"以此齐戒"也。吉而后行，举不违失。其德富盛，见称神明，故曰"神明其德"也。《集解》。

利用出入，民咸用之谓之神。

圣人制器，以周民用，用之不遗，故曰"利用出入"也。民皆用之，而不知所由来，故谓之神也。《集解》。

天地变化，圣人效之。

天有昼夜、四时变化之道，圣人设三百八十四爻以效之矣。《集解》。

变而通之以尽利。

变三百八十四爻，使相交通，以尽天下之利。《集解》。

举而措之，天下之民谓之事业。

变通尽利，观象制器，举而措之于天下，民咸用之，以为事业。《集解》。

而拟诸其形容，象其物宜，是故谓之象。

此明设立象尽意，[1]设卦尽情伪之意也。《集解》。

极天下之啧者存乎卦。

言卦象极尽天下之深情也。《集解》。

---

① "设"，《周易集解》作"说"。

系辞下

因而重之。

凡八卦分为八宫，每宫八卦，八八六十四卦。京氏《易传》晋卦注【补】。

天地之道，贞观者也。

言天地正，可以观瞻为道也。《集解》。

日月之道，贞明者也。

言日月正，以明照为道矣。《集解》。

夫坤，妥然示人简矣。[1]《释文》。

何以聚人？曰财。

人非财不聚，故圣人观象制器，备物尽利，以业万民而聚之也。盖取聚人之本矣。《集解》。

观鸟兽之文。

谓朱鸟、白虎、苍龙、玄武四方二十八宿经纬之文。《集解》。

斲木为耜。

耜广五寸。《释文》。堂案：《释文》云："耜，京云耒，下耓也。陆云'广五寸'。"元辑"耒下耓也"四字，今删去。

易，穷则变，变则通，通则久，是以自天右之，[2]吉无不利。

阴穷则变为阳，阳穷则变为阴，天之道也。庖牺作网罟，教民取禽兽，以充民食。民众兽少其道穷，则神农教播殖以便之。[3] 此穷变之大要也。穷则变，变则通，与天终始，

---

① "妥"，《周易注疏》《周易集解》作"隤"。

② "右"，《周易注疏》《周易集解》作"祐"。

③ "便"，《周易集解》作"变"。

故可久。民得其用,故无所不利者也。[1]《集解》。

既辱且危,死其将至。[2] 妻其可得见邪?

六三从困辱之家,变之大过,为棺椁死丧之象,故曰“死其将至,妻不可得见”也。《集解》。

《易》曰:其亡其亡,系于包桑。

自此以上,皆谓否阴灭阳之卦。五在否家,虽得中正,常自惧以危亡之事者也。《集解》【补】。

周流六虚。

六虚,即六爻也。京氏《易传》颐卦注【补】。

道有变动,故曰爻。

天道有昼夜,日月之变,地道有刚柔、燥湿之变,人道有行止、动静、吉凶、善恶之变,圣人设爻以效三者之变,故谓之爻者也。《集解》。

危者使平。

文王在纣世,有危亡之患,故于《易》辞,多趋危亡。本自免济,建成王业,故《易》爻辞“危者使平”,以象其事。否卦九五“其亡其亡,系于包桑”之属是也。《集解》。

易者使倾。

易,平易也。纣安其位,自谓平易,而反倾覆,故《易》爻辞“易者使倾”,以象其事。明夷上六“初登于天,后入于地”之属是也。《集解》。

---

① “者”,《周易集解》无此字。

② “其”,《周易注疏》《周易集解》作“期”。

说　卦

雷风相薄。

相薄，相附薄也。《释文》【补】。

水火不相射。

射，音亦。厌也。《释文》。

帝出乎震。

安为动主，静为躁君。京氏《易传》注。

齐也者，言万物之絜齐也。

齐者，整肃万物，得其道也。京氏《易传》恒卦注【补】。

战乎乾，乾西北之卦也，言阴阳相薄也。

乾为阳，西北阴，阳入阴，二气盛，必战。京氏《易传》乾卦注【补】。

动万物者，莫疾乎雷。

震主动也。京氏《易传》革卦注【补】。

燥万物者，莫熯乎火。

离火炎上。京氏《易传》既济卦注【补】。

润万物者，莫润乎水。

坎水润下。京氏《易传》既济卦注【补】。

水火无不字。相逮。《释文》【补】。

乾为首、为君、为父。堂案：此条元辑京氏《易传》文，与《说卦》文不同，下二条仿此。

乾为首也。乾象坚刚，天地之尊，故曰"君父"。京氏《易传》注。

坤为腹，为母。

坤顺容于物。京氏《易传》注。

乾为马、为龙。

天行运转不息。京氏《易传》注。

艮为手。

艮为背手。京氏《易传》遯卦注【补】。

坤,地也,故称乎母。

取含养也。《太平御览》三十六《地部》【补】。

震一索而得男,故谓之长男。

乾生三男,京氏《易传》大有卦注。少长分形,艮卦注。震一阳居初爻,师卦注。震为长男。坎卦注【并补】。

巽一索而得女,故谓之长女。

坤生三女,同上。大有卦注。巽长女。比卦注【并补】。

坎再索而得男,故谓之中男。

坎二阳居中,阳居九二,称中男。同上,师卦注【补】。

离再索而得女,故谓之中女。

离,中女,同上,比卦注【补】。

艮三索而得男,故谓之少男。

艮三阳,处卦之末,阳极为少男。同上,师卦注【补】。

兑三索而得女,故谓之少女。

兑,少女。同上,比卦注【补】。

为反生。

反当为阪。《释文》。堂案:元辑经文作“阪生”,注云“阪”当作“反”,别本《释文》同。惠徵君定宇曰:“反,古‘阪’字。《前汉·地理志》‘蒲阪’字作‘反’。《刘宽碑阴》同此。当仍经文作‘反’,读为‘阪’。”今据正与神庙本《释文》合。

为风。

风,土气也。巽,坤之所生,故为风。亦取静于本,而动于末也。《集解》。

为矫輮。《释文》。堂案：元辑有“輮读为柔”四字，不见《释文》，今删去。

为小石。

艮刚卦之小，故为小石者也。《集解》。

序　卦阙

杂　卦

艮，止也。

乾三生男，将至艮极，京氏《易传》艮卦注。又云“止也”。师卦注【并补】。

明夷，诛也。

诛，伤也。《释文》。

大有，众也。

柔处尊位，以柔履刚，以阴处阳，能柔顺于物，万物归附。京氏《易传》大有卦注【补】。

归妹，女之终也。

兑归魂，配六十四卦之终也。京氏《易传》归妹卦注【补】。

董遇周易章句

董遇周易章句序

弘农董遇，字季直，《魏志》称其历注经传行于世。李鼎祚集《易》解三十馀家，而独不及遇。何与？今考其《章句》遗说，与诸家互有异同。在当时，要是郑、荀一流。以视祖尚清虚、徒序浮义者，相去固已远矣。亟录之，以补李氏之阙。孙堂识。

上下经

乾：

君子体信，[1]足以长人。《释文》。

坤：

为其嗛于阳也。[2]《释文》。

屯：

天造草昧。

草昧，微物。《释文》。

泰：

① "信"，《周易注疏》《周易集解》作"仁"。

② "嗛"，《周易注疏》《周易集解》作"嫌"。

拔茅茹以其彙，[1]贞吉。

彙，出也。《释文》。

谦：

君子以捊多益寡。

捊，取也。《释文》。

噬嗑：

九四，噬干胏。胏音甫，《释文》。

贲：

贲如皤如。

马作《集韵》作㲮。足横行曰皤。音槃。《释文》《集韵》平声二。

白马翰如。

翰，马举头高卬也。《释文》。《辑闻》。

剥：

君子德车。[2]《释文》。

无妄：

不菑畬。

菑，反草也。悉耨曰畬。《释文》。

夬：

苋陆夬夬。

苋，人苋也。陆，商陆也。《正义》。《学斋占毕》。前人以苋陆、当陆为二草，陆之为叶，差坚于苋。苋根小，陆根大。赵氏《辑闻》。堂案：《本草集解》苋凡六种：赤苋、白苋、灰苋、紫苋、五色

---

① "彙"，《周易注疏》《周易集解》作"汇"。

② "德车"，《周易注疏》《周易集解》作"得舆"。

苋、马苋也。人、白二苋可入药，但大者为白苋，小者为人苋耳。《尔雅·释草》："蓫薚马尾。"《广雅》："马尾蔏陆。"郭璞云："今江东为当陆。"《说文》"薚"作"募"，云："枝枝相值，叶叶相当。"或云多当陆路而生，故曰当陆。

既济：

妇丧其髢。[1]《释文》。堂案：《诗·墉风·君子偕老》篇："鬒发如云，不屑髢也。"《正义》："髢，髲也。"《说文》云："髲，益发也。言人发少，聚他人发益之。"《左传》"使髡之以为吕姜髢"是也。神庙本《释文》及《经义考》作"妇丧其笄"，未知孰是。

上下系辞

鼓之以雷霆。

鼓，鼓动也。《释文》。

乾以易知。易音亦。《释文》。

辩吉凶者存乎辞。

辩，别也。《释文》。

大衍之数五十，其用四十有九。

天地之数五十有五者，其六以象六画之数，故减之而用四十九。《正义》。《汉上易传》。《易图说》。《钩隐图》。《筮宗》。《山堂考索》前集一、别集三。《礼书》七十三。《玉海》三十六。

圣人以此先心。[2]《释文》。

夫坤，妥然示人简矣。[3]《释文》。

象也者，象也。[4]《释文》。

① "髢"，《周易注疏》《周易集解》作"茀"。
② "先"，《周易注疏》《周易集解》作"洗"。
③ "妥"，《周易注疏》《周易集解》作"隤"。
④ "象"，《周易注疏》《周易集解》作"像"。

说卦

水火不相射。

射,音亦。厌也。《释文》。

眇万物而为言者也。①

眇,成也。《释文》。

为幹卦。《释文》。堂案:《列子》“木叶幹壳”,张湛注云:“幹,音乾。”是古‘乾’字亦作‘幹’。

序　卦阙

杂　卦阙

① “眇”,《周易注疏》《周易集解》作“妙”。

虞翻周易注

虞翻周易注序

唐释一行云:“十二月卦,出自孟喜《章句》。”然则焦、京分卦值日之法,皆孟学也。虞翻字仲翔。亦渊源孟学者。顾其说则较焦、京为更密。盖一岁之候,由月而积,六画之卦,自三画始。焦、京皆以六十四卦分一岁之候,而未尝以八卦推一月中朔、晦、弦、望之象也。易者,象也。《大传》云:“县象著明,莫大乎日月。”又曰:“阴阳之义配日月。”故虞之解《大传》云:“日月县天,成八卦象。三日莫,震象出庚,八日,兑象见丁,十五日,乾象盈甲,十六日旦,[1]巽象退辛,二十三日,艮象消丙,三十日,坤象灭乙,晦夕朔旦,坎象流戊,日中则离,离象就己。”其说实焦、京所未发。其《上易注奏》云:“臣依经立注。”又云:“易道在天,三爻足矣。”不信然与。惜其书久佚,《集解》所录,与三十馀家相间,以经文准之,殆不能半。然虞之大义,至今未泯者,不可谓非李氏之功。今以《集解》为主,而更采他书以附益之,厘为十卷,此依《释文·序录》,《隋志》则云“九卷”。以志不忘元书之意云尔。孙堂识。

① “六”,《周易集解》作“七”。

虞翻别传附录

《虞翻别传》：翻初立《易》注，奏上曰："臣闻《六经》之始，莫大阴阳，是以伏羲仰天县象，而建八卦，观变动六爻为六十四，以通神明，以类万物。臣高祖父故零陵太守光少治孟氏《易》，曾祖父故平舆令成缵述其业，至臣祖父凤为之最密。臣先考故日南太守歆，[①]受本于凤，最有旧书。世传其业，至臣五世。前人通讲，多玩章句，虽有秘说，于经疏阔。臣生遇乱世，长于军旅，习经于枹鼓之间，讲论于戎马之上，蒙先师之说，依经立注。又臣郡吏陈桃梦臣与道士相遇，放发被鹿裘，布易六爻，挠其三以饮臣，臣乞尽吞之。道士言易道在天，三爻足矣。岂臣受命，应当知经！所览诸家解不离流俗，义有不当实，辄悉改定，以就其正。孔子曰'乾元用九而天下治'，圣人南面，盖取诸离，斯诚天子所宜协阴阳致麟凤之道矣。谨正书副上，惟不罪戾。"翻又奏曰："经之大者，莫过于《易》。自汉初以来，海内英才，其读《易》者，解之率少。至孝灵之际，颍川荀谞号为知《易》，臣得其注，有愈俗儒，至所说西南得朋，东北丧朋，颠倒反逆，了不可知。孔子叹易曰：'知变化之道者，其知神之所为乎！'以美大衍四象之作，而上为章首，尤可怪笑。又南郡太守马融，名有俊才，其所解释，复不及谞。孔子曰'可与其学，未可与适道'，岂不其然！若乃北海郑玄，南阳宋忠，虽各立注，忠小差玄而皆未得其门，难以示世。"《三国志》本传裴松之注。

孔融答虞翻书曰："示所著《易传》，自商瞿以来，舛错多矣。去圣弥远，众说骋辞。曩闻延陵之理乐，今睹吾子之治《易》，知东南之美者，非徒会稽之竹箭也。又观象云物，察应寒温，原其

① "先"，中华书局排印本《三国志》作"亡"。

祸福,与神合契,可谓探索旁通者已。方世清圣上求贤者,梁丘以卦筮宁世,刘向以《洪范》昭名,想当来翔,追踪前烈,相见乃尽,不复多陈。”《艺文类聚》五十五。与《吴志》本传节文不同。

上　经

乾:

初九,潜龙勿用。

爻辞,周公所作。《春秋左传序》疏。

九三,君子终日乾乾,夕惕若,厉,无咎。

谓阳息至三,二变成离,离为日,坤为夕。《集解》。已下《集解》依雅雨堂本元文校正。

九五,飞龙在天,利见大人。

谓四已变,则五体离。离为飞,五在天,故飞龙在天,利见大人也。谓若庖牺观象于天,造作八卦,备物致用,以利天下,故曰“飞龙在天”。天下之所利见也。《集解》。

云行雨施,品物流形。

已成既济,上坎为云,下坎为雨,故云行雨施。乾以云雨流坤之形,万物化成,故曰“品物流形”也。《集解》。

君子以自强不息。

君子谓三。乾健,故强。天一日一夜过周一度,故自强不息。《老子》曰“自胜者强”。《集解》。

终日乾乾,反复道也。

至三体复,故反复道,谓否泰反其类也。《集解》。

乐则行之,忧则违之。

阳出初震,为乐为行,故乐则行之。坤死称忧,隐在坤中,遯世无闷,故忧则违之也。《集解》。

确乎其不可拔，潜龙也。

确，刚貌也。乾刚潜初，坤乱于上，君子弗用。隐在下位，确乎难拔，潜龙之志也。《集解》。

九二曰：见龙在田，利见大人。何谓也？子曰：龙德而正中者也。

中，下之中。二非阳位，故明言能正中也。《集解》。

《易》曰：见龙在田，利见大人，君德也。

阳始触阴，当升五为君。时舍于二，宜利天下。直方而大，德无不利，明言君德。地数始二，故称"《易》曰"。《集解》。堂案：《释文》："虞翻注《参同契》云'易字，从日下月'。"

九三曰：君子终日乾乾，夕惕若，厉，无咎。何谓也？子曰：君子进德修业。

乾为德，坤为业。以乾通坤，谓为进德修业。《集解》。

是故居上位而不骄。

天道三才，一乾而以至三乾成，故为上。夕惕若厉，故不骄也。《集解》。

在下位而不忧。

下位谓初，隐于初，忧则违之，故不忧。《集解》。

九五曰：飞龙在天，利见大人。何谓也？子曰：同声相应。

谓震、巽也。庖牺观变而放八卦。雷风相薄，故相应也。《集解》。

同气相求。

谓艮、兑。山泽通气，故相求也。《集解》。

水流湿，火就燥。

离上而坎下，水火不相射。《集解》。

云从龙。

乾为龙，云生天，故从龙也。《集解》。

风从虎。

坤为虎，风生地，故从虎也。《集解》。

圣人作而万物睹。

睹，见也。圣人则庖牺。合德乾五，造作八卦，以通神明之德，以类万物之情。五动成离，日出照物皆相见，故曰"圣人作而万物睹"也。《集解》。

则各从其类也。

方以类聚，物以群分。乾道变化，各正性命。触类而长，故各从其类。《集解》。

见龙在田，时舍也。

二非王位，时暂舍也。《集解》。

乾元者，始而亨者也。

乾始开通，以阳通阴，故始通。《集解》。

乾始而以美利利天下。[1]

美利，谓云行雨施，品物流形，故利天下也。《集解》。

不言所利，大矣哉。

天何言哉！四时行焉，百物生焉，故利者大也。《集解》。

君子以成德为行，日可见之行也。

谓初。乾称君子，阳出成为上德。堂案：疑作"阳出上为成德"。云行雨施则成离，日新之谓上堂案："上"疑作"盛"。德，故日可见之行。《集解》。

君子学以聚之，问以辩之。

谓二。阳在二，兑为口，震为言，为讲论。坤为文，故学以聚之，问以辩之。兑象君子以朋友讲习。《集解》。

---

① "而"，《周易集解》作"能"。

宽以居之，仁以行之。

震为宽仁、为行，谓居宽行仁，德博而化也。《集解》。

《易》曰：见龙在田，利见大人，君德也。

重言君德者，大人善世不伐，信有君德，后天而奉天时，故详言之。《集解》。

九三，重刚而不中。

以乾接乾，故重刚。位非二五，故不中也。《集解》。

或之者。疑之也。

非其位，故疑之也。《集解》。

与鬼神合其吉凶。

谓乾神合吉，坤鬼合凶。以乾之坤，故与鬼神合其吉凶。《集解》。

先天而天弗违。

乾为天，为先，大人在乾五，乾五之坤五，天象在先，故先天而天弗违。《集解》。

后天而奉天时。

奉，承行。乾三之坤初堂案：疑作"乾二之坤二"。成震，震为后也。震春兑秋，坎冬离夏，四时象具，故后天而奉天时，谓承天时行，顺也。《集解》。

坤：

坤，元亨，利牝马之贞。

谓阴极阳生，乾流坤形，坤含光大，凝乾之元，终于坤亥，出乾初子，品物咸亨，故元亨也。坤为牝，震为马，初动得正，故利牝马之贞矣。《集解》。

西南得朋，乃与类行。

谓阳得其类，月朔至望，从震至乾，与时偕行，故乃与类行。《集解》。

东北丧朋,乃终有庆。

阳丧灭坤,坤终复生,谓月三日,震象出庚,故乃终有庆。此指说易道阴阳消息之大要也。谓阳月三日,变而成震出庚,至月八日,成兑见丁,庚西丁南,故"西南得朋"。谓二阳为朋,故兑君子以朋友讲习。《文言》曰"敬义立而德不孤",《彖》曰"乃与类行"。二十九日,消乙入坤,灭藏于癸,乙东癸北,故"东北丧朋"。谓之以坤灭乾,坤为丧故也。马君云:"孟秋之月,阴气始著,而坤之位,同类相得,故'西南得朋'。孟春之月,阳气始著,阴始从阳,失其党类,故'东北丧朋'。"失之甚矣。而荀君以为阴起于午,至申三阴,得坤一体,故曰"西南得朋"。阳起于子,至寅三阳,丧坤一体,故"东北丧朋"。就如荀说,从午至申,经当言南西得朋,子至寅,当言北东丧朋。以乾变坤而言丧朋,经以乾卦为丧耶!此何异于马也。《集解》。

安贞之吉。

坤道至静,故安。复初得正,故贞吉。《集解》。

应地无疆。

震为应。阳正于初,以承坤阴,地道应,故应地无疆。《集解》。

《象》曰:地势坤,君子以厚德载物。

势,力也。君子谓乾,阳为德,动在坤下。君子之德车,故厚德载物。《老子》曰"胜人者有力"也。《集解》。

六三,含章可贞。

贞,正也。以阴包阳,故含章。三失位,发得正,故可贞也。《集解》。

或从王事，无成有终。

谓三已发成泰，乾为王，坤为事，震为从，故或从王事。地道无成而有终，故无成有终。《集解》。

六四，括囊，无咎无誉。

括，结也。谓泰反成否，坤为囊，艮为手，巽为绳，故括囊。在外，多咎也。得位承五，系于包桑，故无咎。阴在二多誉，而远在四，故无誉。《集解》。

后得主而有常。

坤阴先迷，后顺得常。阳出初震，为主、为常也。《集解》。

积善之家，必有馀庆。

谓初。乾为积善。以坤牝阳，灭出复震为馀庆，谓东北丧朋，乃终有庆也。《集解》。

积不善之家，必有馀殃。

坤积不善，以臣弑君。以乾通坤，极姤生巽，为馀殃也。《集解》。

臣弑其君，子弑其父。

坤消至二，艮子弑父，至三成否，坤臣弑君。上下不交，天下无邦，故子弑父，臣弑君也。《集解》。

非一朝一夕之故，其所由来者渐矣。

刚爻为朝，柔爻为夕。乾为寒，坤为暑，相推而成岁焉，故非一朝一夕，所由来渐矣。《集解》。

直其正也，方其义也。

谓二。阳称直。乾，其静也专，其动也直，故直其正。方谓辟，阴开为方。坤，其静也翕，其动也辟，故方其义也。《集解》。

君子敬以直内，义以方外，敬义立而德不孤。

阳息在二，故敬以直内，坤位在外，故义以方外。谓阳见兑丁，西南得朋，乃与类行，故德不孤。孔子曰“必有邻”也。《集解》。

天地变化，草木蕃。

谓阳息坤成泰，天地反。堂案：“反”疑作“交”。以乾变坤，坤化升乾，万物出震，故天地变化，草木蕃矣。《集解》。

天地闭，贤人隐。

谓四。泰反成否，乾称贤人，隐藏坤中。以俭德避难，不荣。堂案：否大象“荣”当作“营”。以禄，故贤人隐矣。《集解》。

君子黄中通理，正位居体。

谓五。坤息体观，地色黄，坤为理。以乾通坤，故称通理。五正阳位，故曰“正位”。艮为居，体谓四支也。艮为两肱，巽为两股。故曰“黄中通理，正位居体”。《集解》。

美在其中而畅于四支。

阳称美，在五中。四支谓股肱。《集解》。

阴凝于阳必战。[①]《释文》。

为其嗛于阳也。[②]《释文》。

屯：

屯，元亨利贞。

坎二之初，刚柔交震，故元亨。之初得正，故利贞矣。《集解》。

勿用有攸往，利建侯。

之外称往。初震得正，起之欲应。堂案：疑作“起欲之应”。

---

① “凝”，《周易注疏》《周易集解》作“疑”。

② “嗛”，《周易注疏》《周易集解》作“嫌”。“于”后，《周易注疏》《周易集解》有“无”字。

动而失位，故勿用有攸往。震为侯。初刚难拔，故利以建侯，老子曰“善建者不拔”也。《集解》。

《彖》曰：屯，刚柔始交而难生。

乾刚坤柔，坎二交初，故始交。确乎难拔，故难生也。《集解》。

雷雨之动满形。[1] 今本“形”讹“盈”。

震雷坎雨，坤为形也。谓三已反正，成既济，坎水流坤，故满形。谓雷动雨施，品物流形也。《集解》。

天造草昧，宜建侯而不宁。

造，造生也。草，草创物也。坤冥为昧，故天造草昧。成既济定，故曰“不宁”，言宁也。《集解》。

初九，盘桓利居贞，利建侯。

震起艮止，动乎险中，故盘桓。得正得民，故利居贞。谓君子居其室，慎密而不出也。《集解》。

六二，屯如邅如，乘马班如。

屯邅，盘桓，谓初也。震为马作足，二乘初，故乘马。班，踬也。马不进，故班如矣。《集解》。

匪寇婚媾。女子贞不字，十年乃字。

匪，非也。寇谓五，坎为寇盗，应在坎，故匪寇。阴阳德正，故婚媾。字，妊娠也。三失位，变复体离，离为女子，为大腹，故称字。今失位为坤，离象不见，故女子贞不字。坤数十，三动反正，离女大腹，故十年反常乃字，谓成既济定也。《集解》。

六三，即鹿无虞，惟入于林中。

① “形”，《周易注疏》《周易集解》作“盈”。

即，就也。虞谓虞人，掌禽兽者。艮为山，山足称鹿，鹿，林也。三变体坎，坎为蘗木，山下，故称林中。坤为兕虎，震为麋鹿，又为惊走，艮为狐狼。三变，禽走入于林中，故曰“即鹿无虞，惟入林中”矣。《集解》。

君子几不如舍，往吝。

君子谓阳已正位。几，近；舍，置；吝，疵也。三应于上，之应历险，不可以往，动如失位，故不如舍之，往必吝穷矣。《集解》。

六四，乘马班如。

乘三也。谓三已变，坎为马，故曰“乘马”，马在险中，故班如也。或说乘初，初为建侯，安得乘之也。《集解》。

《象》曰：求而往，明也。

之外称往。体离，故明也。《集解》。

九五，屯其膏。

坎雨称膏，《诗》云“阴雨膏之”，是其义也。《集解》。

《象》曰：屯其膏，施未光也。

阳陷阴中，故未光也。《集解》。

上六，乘马班如。

乘五也。坎为马，震为行，艮为止，马行而止，故班如也。《集解》。

《象》曰：泣血涟如，何可长也？

谓三变时，离为目，坎为血，震为出，血流出目，故泣血涟如。柔乘于刚，故不可长也。《集解》。

蒙：

蒙，亨。

艮三之二。亨谓二，震刚柔接，故亨。蒙亨，以通行时中也。《集解》。

匪我求童蒙，童蒙求我。

童蒙谓五，艮为童蒙，我谓二也。震为动起，嫌求之五，故曰"匪我求童蒙"。五阴求阳，故童蒙求我，志应也。艮为求。二体师象，坎为经，谓礼有来学无往教。《集解》。

利贞。

二五失位，利变之正，故利贞。蒙以养正，圣功也。《集解》。

蒙以养正，圣功也。

体颐故养。五多功，圣谓二，二志应五，变得正而亡其蒙，故圣功也。《集解》。《汉上易传》节引。

《象》曰：山下出泉，蒙。

艮为山，震为出，坎泉流出，故山下出泉。《集解》。

君子以果行育德。

君子谓二，艮为果，震为行。育，养也。二至上有颐养象，故以果行育德也。《集解》。

初六，发蒙，利用刑人，用说桎梏，以往吝。

发蒙之正。初为蒙始而失其位，发蒙之正以成兑，兑为刑人，坤为用，故曰"利用刑人"矣。坎为穿木，震足艮手，互与坎连，故称桎梏。初发成兑，兑为说，坎象毁坏，故曰"用说桎梏"。之应历险，故以往吝。吝，小疵也。《集解》。

《象》曰：利用刑人，以正法也。

坎为法，初发之正，故正法也。《集解》。

九二，包蒙吉，纳妇吉，子克家。

《象》曰：子克家，刚柔接也。

坤为包，应五据初，初堂案：下"初"字疑作"又"，或作"二"。

与三四同体，包养四阴，故包蒙吉。震刚为夫，伏巽为妇，二以刚接柔，故纳妇吉。二称家，震长子，主器者，纳妇成初，堂案："初"疑作"家"。故有子克家也。《集解》。

六三，勿用娶女，见金夫，不有躬，无攸利。

谓三，诫上也，金夫谓二。初发成兑，故三称女，兑为见，阳称金，震为夫，三逆乘二阳，所行不顺，为二所淫，上来之三陟阴，故曰"勿用娶女，见金夫"矣。坤身称躬，三为二所乘，兑泽动下，不得之应，故不有躬。失位多凶，故无攸利也。《集解》。

《象》曰：勿用娶女，行不顺也。

失位乘刚，故行不顺也。《集解》。

六五，童蒙吉。

艮为童蒙，处贵承上，有应于二，动而成巽，故吉也。《集解》。

上九，击蒙，不利为寇，利御寇。

体艮为手，故击。谓五已变，上动成坎称寇，而逆乘阳，故不利为寇矣。御，止也。此寇谓二，坎为寇。巽为高，艮为山，登山备下，顺有师象，故利御寇也。《集解》。

《象》曰：利用御寇，上下顺也。

自上御下，故顺也。

需：

需，有孚，光亨，贞吉。

大壮四之五。孚谓五。离日为光，四之五得位正中，故光亨。贞吉谓壮于大轝之辐堂案：《大壮》九四"辐"当作"腹"。也。《集解》。

利涉大川，往有功也。

谓二失位，[1]变而涉坎，坎为大川，得位应五，故利涉大川。五多功，故往有功也。《集解》。

君子以饮食宴乐。

君子谓乾。坎水兑口，水流入口为饮，二失位，变体噬嗑，为食，故以饮食。阳在内称宴。大壮震为乐，故宴乐也。《集解》。

九二，需于沙，小有言，终吉。

沙谓五，水中之阳称沙也。二变之阴称小，大壮震为言，兑为口，四之五，震象半见，故小有言。二变应之，故终吉。《集解》。

《象》曰：需于沙，衍在中也。

衍，流也。中谓五也。《集解》。

自我致寇，敬慎不败也。

离为戎，乾为敬，阴消至五遯，臣将弑君，四上壮坤，故敬慎不败。《集解》。

讼：

讼，有孚，窒惕，中吉。

遯三之二也。孚谓二。窒，塞止也。惕，惧二也。二失位，故不言贞。遯将成否，则子弑父，臣弑君，三来之二得中，弑不得行，故中吉也。《集解》。

终凶。

二失位，终止不变，则入于渊，故终凶也。《集解》。

君子以作事谋始。

君子谓乾三，来变坤为作事，坎为谋，乾知大始，故“以

---

① “二”，《周易集解》作“三”。

作事谋始”。《集解》。

初六，不永所事，小有言，终吉。

永，长也。坤为事，初失位而为讼始，故不永所事也。小有言谓初四易位成震言，三食旧德，震象半见，故小有言。初变得正，故终吉也。《集解》。

九二，不克讼，归而逋。

谓与四讼，坎为隐伏，故逋。乾位刚在上，坎濡失正，故不克也。《集解》。

其邑人三百户，无眚。

眚，灾也，坎为眚。谓二变应五，乾为百，坤为户，三爻，故三百户。坎化为坤，故无眚。《集解》。

六三，食旧德，贞厉终吉。

乾为旧德，食谓初，四、二已变之正，三动得位，体噬嗑食，四变食乾，故食旧德。三变在坎，正危，贞厉。得位，故终吉也。《集解》。

或从王事，无成。

乾为王，二变否时，坤为事，故或从王事。道无成而代有终，故曰“无成”。坤三同义也。《集解》。

九四，不克讼，复即命渝，安贞吉。

失位，故不克讼。渝，变也。不克讼，故复位，变而成巽，巽为命令，故复即命渝。动而得位，故安贞吉，谓二已变坤安也。《集解》。

上九，或锡之鞶带。

锡谓王之锡命。鞶带，大带，男子鞶革。初四已易位，三二之正，巽为腰带，故鞶带。《集解》。

终朝三拕之。①

位终乾上，二变时，坤为终，离为日，乾为甲，日出甲上，故称朝。应在三，三变时，艮为手，故终朝三拕之。使变应已，则去其鞶带，体坎乘阳，故《象》曰“不足敬也”。《集解》。

《象》曰：以讼受服，亦不足敬也。

服谓鞶带。终朝见拕，乾象毁坏，故不足敬。《集解》。

师：

《彖》曰：师，众也。贞，正也。能以众正，可以王矣。

坤为众。谓二失位，变之五为比，故能以众正，乃可以王矣。《集解》。

君子以容民畜众。

君子谓二。容，宽也。坤为民众，又堂案：“又”字疑衍。畜养也。阳在二，宽以居之，五变执言时，有颐养象，故以容民畜众矣。《集解》。

六三，师或舆尸，凶。

坎堂案：“坎”疑作“坤”。为尸，坎为车多眚，同人离为戈兵，为折首，失位乘刚无应，尸在车上，故舆尸凶矣。《集解》。堂案：此条毛本、胡本俱作“卢氏”说。

六五，田有禽，利执言，无咎。

田谓二，阳称禽。震为言，五失位，变之正，艮为执，故利执言，无咎。《集解》。

长子帅师。

长子谓二，震为长子。在师中，故帅师也。《集解》。

弟子舆尸，贞凶。

---

① “拕”，《周易注疏》《周易集解》作“褫”。

弟子谓三，三体坎，坎震之弟而乾之子。失位乘阳，逆，故贞凶。《集解》。

上六，大君有命。

同人乾为大君，巽为有命。《集解》。

开国承家。

承，受也。坤为国，二称家。谓变乾为坤，欲令二上居五为比，故开国承家。《集解》。

小人勿用。

阴称小人。坤虚无君，体迷复凶，坤成乾灭以弑君，故小人勿用。《集解》。

《象》曰：大君有命，以正功也。

谓五多功。五动正位，故正功也。《集解》。

小人勿用，必乱邦也。

坤反君道，故乱邦也。《集解》。

比：

比，吉。

师二上之五，得位，众阴顺从，比而辅之，故吉。与大有旁通。《集解》。

不宁方来，上下应也。

水性流动，故不宁，坤阴为方，上下应之，故方来也。《集解》。

后夫凶。

后谓上，夫谓五也。坎为后，艮为背，上位在背，后无应乘阳，故后夫凶也。《集解》。

先王以建万国，亲诸侯。

先王谓五，初阳已复，震为建、为诸侯，坤为万国、为腹，坎为心。腹心亲比，故以建万国，亲诸侯。《诗》曰“公侯腹心”，是其义也。《集解》。

初六，有孚比之，无咎。

孚谓五。初失位，变来得正，故无咎也。《集解》。

有孚盈缶，终来有它，吉。

坤器为缶，坎水流坤，初动成屯。屯者，盈也。故盈缶。终变得正，故终来有它吉，在内，称来也。《集解》。

六三，比之匪人。

匪，非也。失位无应，三又多凶，体剥伤象，弑父弑君，故曰“匪人”。《集解》。

六四，外比之，贞吉。

在外体，故称外。得位比贤，故贞吉也。《集解》。

九五，显比。

五贵多功，得位正中，初三以变体重明，故显比，谓显诸仁也。《集解》。

王用三驱，失前禽。

坎五称王，三驱谓驱下三阴，不及于初，故失前禽。谓初已变成震，震为鹿，为惊走，鹿之斯奔，则失前禽也。《集解》。

邑人不戒，吉。

坤为邑，师震为人，师时坤虚无君，使师二上居五中，故不戒吉也。《集解》。

《象》曰：显比之吉，位正中也。

谓离象明，正上中也。《集解》。

舍逆取顺，失前禽也。

背上六，故舍逆。据三阴，故取顺。不及初，故失前禽。

《集解》。

邑人不戒，上使中也。

谓二，使师二上居五中。《集解》。

上六，比之无首，凶。

首，始也。阴道无成而代有终，无首凶。《集解》。

《象》曰：比之无首，无所终也。

迷失道，故无所终也。《集解》。

小畜：

健而巽，刚中而志行，乃亨。

需上变为巽，与豫旁通，豫堂案："豫"疑作"乾"。四之坤初为复，复小阳潜，所畜者少，故曰"小畜"。二失位，五刚中正，二变应之，故志行乃亨也。《集解》。

密云不雨，尚往也。

密，小也，兑为密。需坎升天为云，坠地称雨。上变为阳，坎象半见，故密云不雨，上往也。《集解》。

自我西郊，施未行也。

豫坤为自我，兑为西，乾为郊，雨生于西，故自我西郊。九二未变，故施未行矣。《集解》。

君子以懿文德。

君子谓乾。懿，美也。豫坤为文，乾为德，离为明，初至四体夬为书契，乾离照坤，故懿文德也。《集解》。

初九，复自道，何其咎，吉。

《象》曰：复自道，其义吉也。

谓从豫四之初成复卦，故复自道。出入无疾，朋来无咎，何其咎，吉。乾称道也。《集解》。

《象》曰：牵复在中，亦不自失也。

变应五，故不自失，与比二同义也。《集解》。

九三，车说輹。[1]《汉上易传》同。

豫坤为车、为輹，至三成乾，坤象不见，故车说輹。马君及俗儒皆以乾为车，非也。《集解》。

夫妻反目。

豫震为夫、为反，巽为妻，离为目，今夫妻共在四，离火动上，目象不正，巽多白眼，夫妻反目。妻当在内，夫当在外，今妻乘夫而出在外，象曰"不能正室"。三体离需，饮食之道，饮食有讼，故争而反目也。《集解》。

六四，有孚，血去惕出，无咎。

孚谓五。豫坎为血为惕，惕，忧也。震为出，变成小畜，坎象不见，故血去惕出。得位承五，故无咎也。《集解》。

九五，有孚挛如，富以其邻。

孚五谓二也。挛，引也。巽为绳，豫艮为手，二失位，五欲其变，故曰"挛如"。以，及也。五贵称富，邻谓三，兑西震东称邻，二变承三，故富以其邻，《象》曰"不独富"。二变为既济，与东西邻同义。《集解》。

上九，既雨既处，尚得载，妇贞厉。晁氏曰"'德'虞作'得'"。

既，已也。应在三，坎水零为雨，巽为处，谓二已变，三体坎雨，故既雨既处。坎云复天，坎为车，积载在坎上，故上得积载。巽为妇，坎成巽坏，故妇贞厉。《集解》。

月几望，君子征凶。

几，近也。坎月离日，上已正，需时成坎，与离相望，兑西震东，日月象对，故月几望。上变阳消，之坎为疑，故君子

---

① "车说輹"，《周易注疏》《周易集解》作"舆说辐"。

征，有所疑矣。与归妹、中孚月几望义同也。《集解》。

《象》曰：既雨既处，得积载也。

巽消承坎，故得积载。坎习为积也。《集解》。

君子征凶，有所疑也。

变坎为盗，故有所疑也。《集解》。

履：

履虎尾，不咥人，亨利贞。[1] 今本脱"利贞"二字。

谓变讼初为兑也，与谦旁通。以坤履乾，以柔履刚。谦坤为虎，艮为尾，乾为人，乾兑乘谦，震足蹈艮，故履虎尾。兑悦而应，虎口，与上绝，故不咥人。刚当位，故通。俗儒皆以兑为虎，乾履兑，非也。兑刚卤，非柔也。《集解》。

《彖》曰：履，柔履刚也。

坤柔乾刚，谦坤籍乾，故柔履刚。《集解》。

说而应乎乾。

说，兑也。明兑不履乾，故言应也。《集解》。

刚中正，履帝位而不疚，光明也。

刚中正谓五，谦震为帝，五，帝位，坎为疾病，乾为大明，五履帝位，坎象不见，故履帝位而不疚，光明也。《集解》。

《象》曰：上天下泽，履。君子以辩上下，定民志。

君子谓乾。辩，别也。乾天为上，兑泽为下，谦坤为民，坎为志，谦时坤在乾上，变而为履，故辩上下，定民志也。《集解》。

初九，素履，往无咎。

应在巽为白，故素。履四失位，变往得正，故"往无

① "利贞"，《周易注疏》《周易集解》无此二字。

咎”。初已得正，使四独变，在外称往，《象》曰“独行愿也”。《集解》。

九二，履道坦坦，幽人贞吉。

二失位，变成震，为道、为大涂，故履道坦坦。讼时二在坎狱中，故称幽人。之正得位，震出兑说，幽人喜笑，故贞吉也。《集解》。《会通》节引。

《象》曰：幽人贞吉，中不自乱也。

虽幽讼狱中，终辩得正，故不自乱。《集解》。

六三，眇而视，[1]跛而履。

离目不正，兑为小，故眇而视，视，上应也。讼坎为曳，变震时为足，足曳故跛而履。俗儒多以兑刑为跛，兑折震足为刑人，见刑断足者，非为跛也。《集解》。

履虎尾，咥人凶。

艮为尾，在兑下，故履虎尾。位在虎口中，故咥人凶。既跛又眇，视步不能，为虎所啮，故咥人凶。《象》曰“位不当也”。《集解》。

武人为于大君。

乾象在上为武人，三失位，变而得正成乾，故曰“武人为于大君，志刚也”。《集解》。

九四，履虎尾，愬愬终吉。

体与下绝，四多惧，故愬愬。变体坎，得位，承五应初，故终吉。《象》曰“志行也”。《集解》。

九五，夬履，贞厉。

谓三上已变，体夬象，故夬履。四变，五在坎中也，为上

① “而”，《周易注疏》《周易集解》作“能”。下同。

所乘，故贞厉。《象》曰“位正当也”。《集解》

上九，视履考详，其旋元吉。

应在三，三先视上，故上亦视三，故曰“视履考详”矣。考，稽；详，善也。乾为积善，故考详。三上易位，故其旋元吉，象曰“大有庆也”《集解》。

泰：

泰，小往大来，吉亨。

阳息坤反，否也。坤阴诎外为小往，乾阳信内称大来，天地交，万物通，故吉亨。《集解》。

后以财成天地之道。

后，君也。阴升乾位，坤，女主，故称后。坤富称财，守位以人，聚人以财，故曰“成天地之道”。《集解》。

辅相天地之宜，以左右民。

相，赞。左右，助之。震为左，兑为右，坤为民，谓以阴辅阳，《诗》曰“宜民宜人，受禄于天”。《集解》。

初九，拔茅茹，以其汇，征吉。

《象》曰：拔茅征吉，[1]志在外也。

否泰反其类，否巽为茅。茹，茅根。艮为手。汇，类也。初应四，故拔茅茹以汇。震为征，得位应四，征吉。外谓四也。《集解》。堂案：此上王弼注一条，毛本、胡本俱误作虞说，今删之。

九二，包巟，用冯河，不遐遗，朋亡，得尚于中行。

《象》曰：包巟，得尚于中行，以光大也。

在中称包。巟，大川也。冯河，涉河；遐，远；遗，亡也。失位，变得正，体坎，坎为大川、为河，震为足，故用冯河。乾

① “征”，《周易注疏》《周易集解》作“贞”。

为远，故不遐遗。兑为朋，坤虚无君，欲使二上，故朋亡。二与五易位，故得上于中行，震为行，故光大也。《集解》。

九三，无平不陂，无往不复。

陂，倾，谓否上也。平谓三，天地分，故平。天成地平，谓危者使平，易者使倾。往谓消外，复谓息内。从三至上体复，堂案："复"下疑有"象"字。终日乾乾，反复道，故无平不陂，无往不复。《集解》。

艰贞无咎，勿恤其孚，于食有福。

艰，险；贞，正；恤，忧；孚，信也。二之五得正，在坎中，故艰贞。坎为忧，故勿恤。阳在五孚险，坎为孚，故有孚。体噬嗑食也，二上之五据四，则三乘二，故于食有福也。《集解》。

六四，翩翩，不富以其邻。

二五变时，四体离飞，故翩翩。坤虚无阳，故不富。兑西震东，故称其邻。三阴乘阳，不得之应，《象》曰"皆失实也"。《集解》。

不戒以孚。

谓坤。邑人不戒，故使二升五，信来孚邑，故不戒以孚。二上体坎，中正。《象》曰"中心愿也"。与比邑人不戒同义也。《集解》。

六五，帝乙归妹，以祉元吉。

震为帝，坤为乙，帝乙，纣父。归，嫁也。震为兄，兑妹，故嫁妹。祉，福也。谓五变体离，离为大腹，则妹嫁而孕。得位正中，故以祉元吉也。《集解》。

上六。城复于隍。

否艮为城，故称城。坤为积土。隍，城下沟。无水称隍，有水称池。今泰反否，乾坏为土，艮城不见而体复象，故城复于隍也。《集解》。

勿用师，自邑告命。贞吝。

谓二动时体师，阴皆乘阳，行不顺，故勿用师。坤为目邑，[①]震为言，兑为口，否巽为命。今逆陵阳，故自邑告命。命逆不顺，阴道先迷，失实远应，故贞吝。《集解》。

否：

否之匪人，不利君子贞，大往小来。

阴消乾，又反泰也。谓三。比坤灭乾。以臣弑其君，子弑其父，故曰"匪人"。阴来灭阳，君子道消，故不利君子贞。阴信阳诎，故大往小来。则是天地不交而万物不通，与比三同义也。《集解》。

君子以俭德辟难，不可营晁氏同。以禄。[②]

君子谓乾。坤为营，乾为禄。难谓坤为弑君，故以俭德辟难。巽为入，伏乾为远，艮为山，体遯象，谓辟难，远遁入山，故不可营以禄。"营"或作"荣"，"俭"或作"险"。《集解》。

《象》曰：大人否亨，不乱群也。

否，不也。物三称群，谓坤三阴乱弑君，大人不从，故不乱群也。《集解》。

上九，倾否，先否后喜。

《象》曰：否终则倾，何可长也。

否终必倾，盈不可久，故先否。下反于初，成益，体震。

① "目邑"，《周易集解》作"自邑"。

② "营"，《周易注疏》《周易集解》作"荣"。

民说无疆，故后喜。以阴剥阳，故不可久也。《集解》。

同人：

同人曰，同人于野，亨。利涉大川，乾行也。

旁通师卦。巽为同，乾为野，师震为人。二得中应乾，故曰“同人于野，亨”。此孔子所以明嫌表微。师震为夫，巽为妇，所谓二人同心。故不称君臣、父子、兄弟、朋友，而故言人耳。乾四上失位，变而体坎，故曰“利涉大川，乾行也”。《集解》。

唯君子为能通天下之志。

唯，独也。四变成坎，坎为通、为志，故能通天下之志。谓五以类族辩物，圣人作而万物睹。《集解》。

君子以类族辩物。

君子谓乾。师坤为类，乾为族。辩，别也。乾阳物，坤阴物，体姤，天地相遇，品物咸章，以乾照坤，故以类族辩物。谓方以类聚，物以群分。孔子曰“君子和而不同”，故于同人家见以类族辩物也。[1]《集解》。

初九，同人于门，无咎。

乾为门，谓同于四。四变应初，故无咎也。《集解》。

九三，伏戎于莽，升其高陵，三岁不兴。

巽为伏，震为草莽，离为戎。谓四变时，三在坎中，隐伏自藏，故伏戎于莽也。巽为高，师震为陵，以巽股升其高陵。爻在三，乾为岁。兴，起也。动不失位，故三岁不兴也。《集解》。

① “家”，《周易集解》作“象”。

九四，乘其庸，[1]弗克攻，吉。

巽为庸。四在巽上，故乘其庸。变而承五，体讼。乾刚在上，故弗克攻则“吉”也。《集解》。

九五，同人先号咷而后笑，大师克相遇。

应在二，巽为号咷，乾为先，故先号咷。师震在下，故后笑。震为后笑也。乾为大，同人反师，故大师。二至五，体姤遇也，故相遇。《集解》。

上九，同人于郊，无悔。

乾为郊，失位无应，与乾上九同义，当有悔。同心之家，故无悔。《集解》。

大有：

大有，元亨。

与比相通，柔得尊位大中，应天而时行，故元亨也。《集解》。

其德刚健而文明，应乎天而时行，是以元亨。

谓五。以日应乾而行于天也。时谓四时也。大有亨，比初动成震为春，至二兑为秋，至三离为夏，坎为冬，故曰“时行”。以乾亨坤，是以元亨。《集解》。

君子以遏恶扬善，顺天休命。

遏，绝。扬，举也。乾为扬善，坤为遏恶，为顺。以乾灭坤。体夬，扬于王庭，故遏恶扬善。乾为天休，二变时，巽为命，故顺天休命。《集解》。

初九，无交害，匪咎，艰则无咎。

害谓四，四离火为恶人，故无交害。初动震为交，比坤

① “庸”，《周易注疏》《周易集解》作“墉”。下同。

为害。匪，非也。艰，难。谓阳动比初成屯。屯，难也。变得位，艰则无咎。《集解》。

《象》曰：大有初九，无交害也。

害，谓四。《集解》。

九二，大轝以载，[1]有攸往，无咎。堂案：轝，古"舆"字。《史记·封禅书》"乘轝"字同此。

比坤为大轝，乾来积上，故大轝以载。往谓之五。二失位，变得正应五，故有攸往，无咎矣。《集解》。堂案：此下《象》曰"大轝以载，积中不败也"，雅雨堂本引卢氏注曰"乾为大车，故曰大车以载。体刚履中，可以任重，有应于五，故所积皆中而不败也"云云，毛本、胡本俱作虞说，李衡《义海撮要》同。但上文既云"坤为大轝"，此又云"乾为大车"，必非一人之说，且虞无"乾为大车"之义，故删之。

九三，公用亨于天子，小人弗克。

天子谓五。三，公位也。小人谓四，二变得位，体鼎象，故公用亨于天子。四折鼎足，覆公餗，故小人不克也。《集解》。

《象》曰：公用亨于天子，小人害也。

小人谓四也。《集解》。

九四，匪其尫，[2]无咎。《释文》同。

匪，非也。其位堂案："位"字疑衍。尫，足尫，体行不正。四失位，折震足，故尫。变而得正，故无咎。"尫"或为"彭"，作"旁"声，字之误。《集解》。

《象》曰：匪其尫无咎，明辩折也。[3]《释文》同。

---

① "轝"，《周易注疏》《周易集解》作"车"。

② "尫"，《周易注疏》《周易集解》作"彭"。下同。

③ "折"，《周易注疏》《周易集解》作"晢"。下同。

折之离，故明辩折也。四在乾则尫，在坤为鼠，在震噬胏得金矢，在巽折鼎足，在坎为鬼方，在离焚死，在艮旅于处，言无所容，在兑睽孤孚厉。三百八十四爻，独无所容也。《集解》。

六五，厥孚交如，威如吉。

孚，信也。发而孚二，故交如。乾称威，发得位，故威如吉。《集解》。

上九，自天右之，[①]吉无不利。

谓乾也。右，助也。大有通比，坤为自，乾为天，兑为右，故自天右之。比坤为顺，乾为信。天之所助者顺，人之所助者信。履信思顺，又以尚贤，故自天右之，吉无不利。《集解》。

谦：

谦，亨。

乾上九来之坤，与履旁通，天道下济，故亨。彭城蔡景君说剥上来之三。《集解》。

君子有终。

君子谓三，艮终万物，故君子有终。《集解》。

天道亏盈而益谦。

谓乾盈履上，亏之坤三，故亏盈。贵处贱位，故益谦。《集解》。

地道变盈而流谦。

谦二堂案："二"疑作"三"。以坤变乾盈，坎动而润下，水流湿，故流谦也。《集解》。

① "右"，《周易注疏》《周易集解》作"祐"。下同。

鬼神害盈而福谦。

鬼谓四，神谓三，坤为鬼害，乾为神福，故鬼神害盈而福谦也。《集解》。

人道恶盈而好谦。

乾为好，为人，坤为恶也。故人道恶盈。从上之三，故好谦矣。《集解》。

谦尊而光，卑而不可逾。

天道远，故尊光。三位贱，故卑。坎水就下，险弱难胜，故不可逾。《集解》。

君子以捊多益寡，称物平施。

君子谓三。捊，取也。艮为多，坤为寡，乾为物，为施，坎为平。谦乾盈益谦，故以捊多益寡，称物平施。《集解》。

《象》曰：鸣谦，贞吉，中心得也。

中正谓二，坎为心也。《集解》。

上六，鸣谦，利用行师，征邑国。

应在震，故曰"鸣谦"。体师象，震为行，坤为邑国，利五之正，己得从征，故利用行师，征邑国。《集解》。

豫：

豫，利建侯行师。

复初之四，与小畜旁通。坤为邦国，震为诸侯。初至五体比象，四利复初，故利建侯。三至上体师象，故行师。《集解》。

豫顺以动，故天地如之，而况建侯行师乎？

小畜乾为天，坤为地。如之者，谓天地亦动以成四时，而况建侯行师，言其皆应而豫也。《集解》。

天地以顺动。

豫变通小畜，坤为地，动初至三成乾，故天地以顺动也。《集解》。

故日月不过而四时不忒。

过谓失度。忒，差迭也。谓变初至需，离为日，坎为月，皆得其正，故日月不过。动初时，震为春，至四兑为秋，至五坎为冬，离为夏，四时为“为”疑作“位”。正，[1]故四时不忒。通变之谓事，盖此之类。《集解》。

圣人以顺动，则刑罚清而民服。

清犹明也。动初至四，兑为刑，至坎为罚。坎兑体正，故刑罚清。坤为民，乾为清，以乾乘坤，故民服。《集解》。

豫之时义大矣哉。

顺动天地，使日月四时皆不过差，刑罚清而民服，故义大也。《集解》。

初六，鸣豫，凶。

应震善鸣，失位，故鸣豫凶也。《集解》。

《象》曰：初六鸣豫，志穷凶也。

体剥蔑贞，故志穷凶也。《集解》。

六二，介于石。

介，纤也。与四为艮，艮为石，故介于石。《集解》。

不终日，贞吉。

与小畜通，应在五，终变成离，离为日，得位。欲四急复初，己得休之，故不终日，贞吉。《集解》。

九四，由豫，大有得。勿疑，朋盍戠。[2]《释文》同此，晁氏引作“戳”。

---

① “为”，《周易集解》作“位”。

② “戠”，《周易注疏》《周易集解》作“簪”。下同。

由，自从也。据有五阴，坤以众顺，故大有得，得群阴也。坎为疑，故勿疑。小畜兑为朋。盍，合也。坤为盍。戠，聚会也。堂案：《释文》引此句云："戠，丛合也。"坎为聚，坤为众。众阴并应，故朋盍戠。"戠"，旧作"撍"、作"宗"也。《集解》。

六五，贞疾，恒不死。

恒，常也。坎为疾，应在坤，坤为死。震为反生，位在震中，与坤体绝，故贞疾，恒不死也。《集解》。

上六，冥豫，成有渝，无咎。

应在三，坤为冥。渝，变也。三失位无应多凶，变乃得正，体艮成，故成有渝，无咎。《集解》。

随：

随，元亨利贞，无咎。

否上之初。刚来下柔，初上得正，故元亨利贞，无咎。《集解》。

《彖》曰：随，刚来下柔，动而说，随。

否乾上来之坤初，故刚来而下柔。动，震；说，兑也。《集解》。

而天下随时。

乾为天，坤为下。震春兑秋。三四之正，坎冬离夏。四时位正，时行则行，故天下随时矣。《集解》。

六二，系小子，失丈夫。

应在巽，巽为绳，故称系。小子谓五。兑为少，故曰"小子"。丈夫谓四。体大过老夫，故称丈夫。承四隔三，故失丈夫。三至上有大过象，故与老妇、士夫同义。体咸象，夫死大过，故每有欲嫁之义也。《集解》。

《象》曰：系小子，弗兼与也。

已系于五，不兼与四也。《集解》。

六三，系丈夫，失小子。随有求得，利居贞。

随家阴随阳。三之上无应，上系于四，失初堂案："初"疑作"五"。小子，故系丈夫失小子。艮为居，为求，谓求之正，得位远应，利上承四，堂案："四"疑作"五"。故利居贞矣。《集解》。

九四，随有获，贞凶。有孚在道，以明何咎。

谓获三也。失位相据，在大过死象，故贞凶。象曰"其义凶矣"。孚谓五，初震为道。三已之正，四变应初，得位在离，故有孚在道，以明何咎。象曰"明功也"。《集解》。

《象》曰：随其获，其义凶也。

死在大过，故凶也。《集解》。

有孚在道，明功也。

功谓五也。三四之正，离为明，故明功也。《集解》。

九五，孚于嘉，吉。

坎为孚，阳称嘉，位五正，故吉也。《集解》。

《象》曰：孚于嘉吉，位正中也。

凡五言中正，中正皆阳得其正，以此为例矣。《集解》。

上六，拘系之，乃从维之。

应在艮，艮手为拘。巽为绳，两系称维。故拘系之，乃从维之。在随之上而无所随，故维之。《象》曰"上穷"，是其义也。《集解》。

王用亨于西山。晁氏曰："亨，虞作'享'。"

否乾为王，谓五也。有观象，故亨。兑为西，艮为山，故王用亨于西山也。《集解》。

享，祭也。晁氏。

《象》曰：拘系之，上穷也。

乘刚无应，故上穷也。《集解》。

蛊：

蛊，元亨。

泰初之上，[1]与随旁通。刚上柔下，乾坤交，故元亨也。《集解》。

利涉大川。

谓二失位，动而之坎，[2]故利涉大川也。《集解》。

《彖》曰：蛊，刚上而柔下，巽而止，蛊。

泰初之上故刚上，坤上之初故柔下，上艮下巽，故巽而止，蛊也。《集解》。

先甲三日，后甲三日，终则有始，天行也。

谓初变堂案：《天文编》作"变初"。成乾，乾为甲。至二成离，离为日。谓乾三爻在前，故先甲三日。贲，时也。变三至四体离，至五成乾。乾三爻在后，故后甲三日。无妄时也。易出震消息，历乾坤象，乾为始，坤为终，故终则有始。乾为天，震为行，故天行也。《集解》。《六经天文编》。

君子以振民育德。

君子谓泰乾也。坤为民，初上抚坤，故振民。乾称德，体大畜须养，故以育德也。《集解》。

初六，干父之蛊，有子考无咎，厉，终吉。

干，正。蛊，事也。泰乾为父，坤为事，故干父之蛊。初上易位，艮为子，父死大过称考，故有子考。变而得正，故无咎，厉，终吉也。《集解》。

---

① "上"后，《周易集解》有"而"字。

② "坎"后，《周易集解》有"也"字。

九二，干母之蛊，不可贞。

《象》曰：干母之蛊，得中道也。

应在五，泰坤为母，故干母之蛊。失位，故不可贞。变而得正，故贞而得中道也。《集解》。

六四，裕父之蛊，往见吝。

裕，不能争也。孔子曰"父有争子，则身不陷于不义"，四阴体大过本末弱，故裕父之蛊。兑为见。变而失正，故往见吝。《象》曰"往未得"，是其义也。《集解》。《义海撮要》引首句。

《象》曰：裕父之蛊，往未得也。

往失位，折鼎足，故未得。《集解》。

六五，干父之蛊，用誉。

《象》曰：干父用誉，承以德也。

誉谓二也。二五失位，变而得正，故用誉。变二使承五，故承以德。二乾爻，故称德矣。《集解》。

上九，不事王侯。

泰乾为王。坤为事。应在于三，震为侯。坤象不见，故不事王侯。《集解》。

高尚其事。

谓五已变，巽为高。艮阳升在坤上，故高尚其事。《集解》。

临：

临，元亨利贞。

阳息至二，与遯旁通。刚浸而长，乾来交坤，动则成乾，故元亨利贞。《集解》。

至于八月有凶。

与遯旁通。临消于遯，六月卦也。于周为八月。遯弑君父，故至于八月有凶。荀公以兑为八月。兑于周为十月，言八月，失之甚也。《集解》。

《象》曰：临，刚浸而长。

刚谓二也。兑为水泽。自下浸上，故浸而长也。《集解》。

说而顺，刚中而应。大亨以正，天之道也。

说，兑也。顺，坤。刚中谓二也。四阴皆应之，故曰"而应"。大亨以正，谓三动成乾，天得正为泰，天地交通，故亨以正，天之道也。《集解》。《义海撮要》节引。

君子以教思无穷，容保民无疆。

君子谓二也。震为言，兑口讲习。学以聚之，问以辩之。坤为思。刚浸长，故以教思无穷。容，宽也。二宽以居之，仁以行之，坤为容、为民，故保民无疆矣。《集解》。

初九，咸临，贞吉。

咸，感也。得正应四，故贞吉也。《集解》。

《象》曰：咸临贞吉，志行正也。

初在卦下，四当临之。阳升之世，阴亦下降。初动而说，往感于四，四顺其欲，相与志行其正，犹贤人思治。愿奉其上，上能用之，以为临者也。《义海撮要》。堂案：虞注皆言象，此条文义不类，疑《义海》误引，今姑存之。

九二，咸临，吉无不利。

得中多誉，兼有四阴，体复初元吉，故无不利。《集解》。

六三，甘临，无攸利，既忧之，无咎。

《象》曰：甘临，位不当也。既忧之，咎不长也。

兑为口，坤为土，土爰稼穑作甘。兑口衔坤，故曰"甘临”。失位乘阳，故无攸利。言三失位无应，故忧之。动而成泰，故咎不可长也。《集解》。《会通》节引。

六四，至临，无咎。

至，下也。谓下至初应，当位有实，故无咎。《集解》。

观：

《象》曰：大观在上，顺而巽，中正以观天下。

谓阳息临二，直方大，临者，大也，在观上，故称大观。顺，坤也。中正谓五。五以天神道观示天下，咸服其化，宾于王庭。《集解》。

观，盥而不荐，有孚颙若，[1]下观而化也。

观反临也。以五阳观示坤民，故称观。盥，沃盥。荐，羞牲也。孚，信，谓五。颙颙，君德有威容貌。若，顺也。坎为水，坤为器。艮手临坤，坎水沃之，盥之象也。故观盥而不荐，孔子曰“禘自既灌，吾不欲观之矣”，巽为进退，容止可观，进退可度，则下观其德而顺其化。上之三，五在坎中，故有孚颙若，下观而化。《诗》曰“颙颙卬卬，如珪如璋”，君德之义也。《集解》。

观天之神道，而四时不忒。

忒，差也。神道谓五，临震兑为春秋。三上易位，坎冬离夏。日月象正，故四时不忒。《集解》。

圣人神道设教，[2]而天下服矣。今本“圣人”下有“以”字。

圣人谓乾，退藏于密而齐于巽，以神明其德教，故圣人设教，坤民顺从，而天下服矣。《集解》。

---

① “颙”，原作“顒”，系避清仁宗讳，今改回。下同，不一一出校。

② “圣人”后，《周易注疏》《周易集解》有“以”字。

初六，童观，小人无咎，君子吝。

艮为童。阴小人，阳君子。初位贱，以小人乘君子，故无咎，阳伏阴下，故君子吝矣。《集解》。

六二，窥观，利女贞。

临兑为女。窃观称窥。兑女反成巽，巽四五得正，故利女贞。艮为宫室，坤为阖户。小人而应五，故窥观，女贞，利不淫视也。《集解》。

六三，观我生进退。

坤为我，临震为生，生谓坤生民也。巽为进退，故观我生进退。临震进之五，得正居中，故《象》曰“未失道”。《集解》。

六四，观国之光，利用宾于王。

坤为国，临阳至二，天下文明。反上成观，进显天位，故观国之光。王谓五阳，阳尊宾坤，坤为用、为臣。四在王庭，宾事于五，故利用宾于王矣。《诗》曰“莫敢不来宾，莫敢不来王”，是其义也。《集解》。

九五，观我生，君子无咎。

我，身也。谓我生。堂案：疑作“我，坤也，坤为我”。生谓生民。震生象反。坤为死丧。嫌非生民，故不言民。阳为君子。在临二失位，之五得道处中，故君子无咎矣。《集解》。

《象》曰：观我生，观民也。

坤为民，谓三也。坤体成，故观民也。《集解》。

上九，观其生，君子无咎。

应在三，三体临震，故观其生。君子谓三，之三得正，故无咎矣。《集解》。

《象》曰：观其生，志未平也。

坎为志、为平,上来之三,故志未平矣。《集解》。

噬嗑:

噬嗑,亨,利用狱。

否五之坤初,坤初之五,刚柔交,故亨也。坎为狱,艮为手,离为明,四以不正而系于狱,上当之三,蔽四,成丰折狱致刑,故利用狱。坤为用也。《集解》。

《彖》曰:颐中有物曰噬嗑。

物谓四,则所噬干胏也。颐中无物则口不噬,故先举颐中有物曰噬嗑也。《集解》。

初九,屦校灭趾,无咎。

屦,贯。趾,足也。震为足,坎为校,震没坎下,故屦校灭趾。初位得正,故无咎。《集解》。堂案:此条毛、胡本作侯果说。

《象》曰:屦校灭趾,不行也。

否坤小人,以阴消阳。其亡其亡,故五变灭初,否坤杀不行也。《集解》。

六二,噬肤灭鼻,无咎。

噬,食也。艮为肤、为鼻。鼻没水坎中,隐藏不见,故噬肤灭鼻。乘刚,又得正多誉,故无咎。《集解》。

六三,噬昔肉遇毒,小吝,无咎。

三在肤里,故称肉。离日熯之为昔。坎为毒,故噬昔肉遇毒。毒谓矢毒也。失位承四,故小吝。与上易位,利用狱成丰,故无咎也。《集解》。

六五,噬干肉,得黄金,贞厉无咎。

阴称肉。位当离,日中烈,故干肉也。干金黄,故得黄金。贞,正。厉,危也。变而得正,故无咎。《集解》。

贲:

贲，亨。

泰上之乾二，乾二之坤上，柔来文刚，阴阳交，故亨也。《集解》。

小利有攸往。

小谓五。五失正，动得位体离，以刚文柔，故小利有攸往。《集解》。

天文也。

谓五利变，之正成巽体离，艮为星，离日坎月，巽为高，五天位，离为文明，日月星辰高丽于上，故称天之文也。《集解》。

文明以止，人文也。

人谓三，乾为人。文明，离；止，艮也。震动离明。五变据四，二五分则止文三，故以三为人文也。《集解》。

观乎天文，以察时变。

日月星辰为天文也。泰震春兑秋，贲坎冬离夏。巽为进退，日月星辰进退盈缩，谓朓侧朒也。历象在天成变，故以察时变矣。《集解》。

观乎人文，以化成天下。

泰乾为人，五上动，体既济。贲离象重明丽正，故以化成天下也。《集解》。

君子以明庶政，无敢折狱。

君子谓乾，离为明，坤为庶政，故明庶政。坎为狱，三在狱得正，故无敢折狱。噬嗑四不正，故利用狱也。《集解》。

初九，贲其趾。

应在震，震为足，故贲其趾也。《集解》。

舍车而徒。

应在艮，艮为舍，坎为车。徒，步行也。位在下，故舍车而徒。《集解》。

六五，贲于丘园，束帛戋戋，吝终吉。

艮为山，五半山，故称丘。木果曰园，故贲于丘园也。六五失正，动之成巽，巽为帛、为绳，艮手持，故束帛。以艮断巽，故戋戋。失位无应，故吝。变而得正，故终吉矣。《集解》。

《象》曰：六五之吉，有喜也。

五变之阳，故有喜。凡言喜庆皆阳爻，束帛戋戋，委积之貌。《集解》。

上九，白贲无咎。

在巽上，故曰“白贲”。乘五阴，变而得位，故无咎矣。《集解》。

《象》曰：白贲无咎，上得志也。

上之正得位，体成既济，故曰“得志”。坎为志也。《集解》。

剥：

剥，不利有攸往。

阴消乾也。与夬旁通。以柔变刚，小人道长。子弑其父，臣弑其君，故不利有攸往也。《集解》。

顺而止之，观象也。

坤顺艮止，谓五消观成剥，故观象也。《集解》。

君子尚消息盈虚，天行也。

乾为君子，乾息为盈，坤消为虚，故君子尚消息盈虚，天行也。则出入无疾，反复其道。易亏巽消艮，出震息兑，盈乾虚坤，故于是见之耳。《集解》。

初六，剥床以足，蔑贞凶。

此卦坤变乾也。动初成巽，巽木为床；复震在下，为足，故剥床以足。蔑，无。贞，正也。失位无应，故蔑贞凶。震在阴下，《象》曰“以灭下也”。《集解》。堂案：此下“象曰”卢氏注一条，毛本、胡本俱误作虞翻，今删之。

六二，剥床以辨，蔑贞凶。

指间称辨。剥，剥堂案：下“剥”字疑作“动”。二成艮。艮为指，二在指间，故剥床以辨。无应在剥，故蔑贞凶也。《集解》。

六四，剥床以肤，凶。

辨上称肤，艮为肤。以阴变阳，至四乾毁，故剥床以肤。臣弑君，子弑父，故凶矣。《集解》。

六五，贯鱼，以宫人宠，无不利。

剥消观五，巽为鱼。为绳，艮手持绳贯巽，故贯鱼也。艮为宫室，人谓乾，五以阴代阳，五贯乾为宠人，阴得丽之，故以宫人宠。动得正成观，故无不利也。《集解》。《会通》节引。

上九，硕果不食，君子德车，[1]小人剥庐。

艮为硕果，谓三已复位，有颐象，颐中无物，故不食也。夬乾为君子、为德，坤为车、为民，乾在坤，故以德为车。小人谓坤，艮为庐，上变灭艮，坤阴迷乱，故小人剥庐也。《集解》。

复：

出入无疾，朋来无咎。

---

① “车”，《周易注疏》《周易集解》作“舆”。

谓出震成乾，入巽成坤。坎为疾，十二消息不见坎象，故出入无疾。兑为朋，在内称来，五阴从初，初阳正，息而成兑，故朋来无咎矣。《集解》。

利有攸往。

阳息临成乾，小人道消，君子道长，故利有攸往矣。《集解》。

《彖》曰：复，亨。

阳息坤，与姤旁通，刚反交初，故亨。《集解》。

刚反动而以顺行。

刚从艮入坤，从堂案："从"下疑有"坤"字。反震，故曰"反动"。坤顺震行，故而以顺行。阳不从上来反初，故不言刚自外来。是以明不远之复，入坤出震义也。《集解》。

反复其道，七日来复，天行也。

谓乾成坤，反出于震而来复，阳为道，故复其道。刚为昼日，消乾六爻为六日。刚来反初，故七日来复，天行也。《集解》。《玉海》三十五节引。

复其见天地之心乎？

坤为复。谓三复位时，离为见，坎为心，阳息临成泰，乾天坤地，故见天地之心也。《集解》。

《象》曰：雷在地中，复。先王以至日闭关，商旅不行，后不省方。

先王谓乾初，至日，冬至之日，坤阖为闭关。巽为商旅、为近利市三倍，姤巽伏初，故商旅不行。姤象曰"后以施命诰四方"，今隐复下，故后不省方。复为阳始，姤则阴始。天地之始，阴阳之首。已言先王，又更言后，后，君也，六十四卦，唯此重耳。《集解》。

六三，频复，厉无咎。

频，蹙也。三失位，故频复，厉。动而之正，故无咎也。《集解》。《义海撮要》节引。

六四，中行独复。

《象》曰：中行独复，以从道也。

中谓初，震为行，初一阳爻，故称独。四得正应初，故曰“中行独复，以从道也”。俗说以四位在五阴之中而独应复，非也。四在外体，又非内象，不在二五，何得称中行耳。堂案：“耳”字疑误。《集解》。《汉上易传》节引。

上六，迷复，凶，有灾眚。

坤冥为迷，高而无应，故凶。五变正时，坎为灾眚，故有灾眚也。《集解》。

用行师，终有大败，以其国君凶。

三复位时，而体师象，故用行师。阴逆不顺，坤为死丧，坎流血，故终有大败。姤乾为君，灭藏于坤，坤为异邦，故国君凶矣。《集解》。

至于十年不克征。

坤为至，为十年。阴逆坎临，故不克征。谓五变设险，故帅师败，丧君而无征也。《集解》。

《象》曰：迷复之凶，反君道也。

姤乾为君，坤阴灭之，以国君凶，故曰“反君道也”。《集解》。

无妄：

无妄，元亨利贞。

遯上之初。此所谓四阳二阴，非大壮则遯来也。刚来交初，体乾，故元亨。三四失位，故利贞也。《集解》。《汉上易》。《卦图》节引。

其匪正有眚,不利有攸往。

非正谓上也。四已之正,上动成坎,故有眚。变而逆乘,天命不右,[1]故不利有攸往矣。《集解》。

动而健,刚中而应,大亨以正,天之命也。其匪正有眚,不利有攸往。

动,震也。健、大亨堂案:"大亨"二字疑衍。谓乾。刚中谓五,而应堂案:"应"下疑有"谓"字。二,大亨以正,堂案:"正"下疑有"谓"字。变四承五,乾为天,巽为命,故曰"大亨以正,天之命也"。《集解》。

无妄之往,何之矣。

谓四已变,上动体屯,坎为泣血涟如,故何之矣。《集解》。

天命不右,行矣哉。

天,五也。巽为命。右,助也。四已变成坤,天道助顺。上动逆乘巽命,故天命不右。行矣哉,言不可行也。马君云"天命不右行",非矣。《集解》。

《象》曰:天下雷行,物与无妄。

与,谓堂案:"谓"字疑衍。举。妄,亡也。谓雷以动之,震为反生,万物出震,无妄者也,故曰"物与无妄"。《序卦》曰"复则不妄矣,故受之以无妄"。而京氏及俗儒以为大旱之卦,万物皆死,无所复望,失之远矣。有无妄,然后可畜,不死明矣。若物皆死,将何畜聚,以此疑也。《集解》。

先王以茂对时育万物。

---

① "右",《周易注疏》《周易集解》作"祐"。下同。

先王谓乾，乾盈为茂，艮为对时，体颐养象，万物出震，故以茂对时育万物。言物皆死，违此甚矣。《集解》。《汉上易传》节引。

初九，无妄往吉。

谓应四也。四失位，故命变之正，四变得位，承五应初，故往吉，在外称往也。《集解》。

《象》曰：无妄之往，得志也。

四变应初，夫妻体正，故往得志矣。《集解》。

六二，不耕获，不菑畬，则利有攸往。

有益耕象，无坤田，故不耨。震为禾稼，艮为手，禾在手中，故称获。田在初，一岁曰菑。在二，二岁曰畬。初爻非坤，故不菑而畬也。得位应五，利四变之益，则坤体成，有耒耨之利，故利有攸往。往应五也。《集解》。

《象》曰：不耕获，未富也。

四动坤虚，故未富也。《集解》。

六三，无妄之灾，或系之牛。行人之得，邑人之灾。

《象》曰：行人得牛，邑人灾也。

上动体坎，故称灾。四动之正，坤为牛，艮为鼻、为止，巽为桑、为绳。系牛鼻而止桑下，故或系之牛也。乾为行人，坤为邑人。乾四据三，故行人之得。三系于四，故邑人之灾。或说以四变则牛，应初震，坤为死丧，故曰"行人得牛，邑人灾也。"《集解》。

九四，可贞无咎。

动则正，故可贞。承五应初，故无咎也。《集解》。

《象》曰：可贞无咎，固有之也。

动阴承阳，故固有之也。《集解》。

九五，无妄之疾，勿药有喜。

四已之正，上动体坎，坎为疾，故曰“无妄之疾”也。巽为木，艮为石，故称药。坎为多眚，药不可试，故勿药有喜。康子馈药，丘未达，故不尝，此之谓也。《集解》。《会通》节引。

上九，无妄行有眚，无攸利。

动而成坎，故行有眚。乘刚逆命，故无攸利。天命不右，行矣哉。《集解》。

大畜：

大畜，利贞。

大壮初之上，其德刚上也。与萃旁通，二五失位，故利贞。此萃五之复二，成临。临者，大也。至上有颐养之象，故名大畜也。《集解》。

不家食吉，利涉大川。

二称家，谓二五易位成家人，家人体噬嗑食，故利涉大川，应乎天也。《集解》。

《彖》曰：大畜，刚健笃实，辉光日新。

刚健谓乾，笃实谓艮。二已之五，利涉大川。互体离坎，离为日，故辉光日新也。《集解》。

能健止，大正也。

健，乾。止，艮也。二五易位，故大正。旧读言能止健，误也。《集解》。

不家食吉，养贤也。

二五易位成家人，今体颐养象，故不家食吉，养贤也。《集解》。

君子以多志前言往行,[①]以畜其德。

君子谓乾。乾为言,震为行,坎为志。乾知大始,震在乾前,故志前言往行。有颐养象,故以畜其德矣。《集解》。

《象》曰:有厉利已,不犯灾也。

谓二变正,四体坎,故称灾也。《集解》。

九二,舆堂案:"舆"疑当作"车"。说腹。[②]

萃坤为车、为腹,坤消乾成,故车说腹。腹或作"輹"也。《集解》。

九三,良马逐,利艰贞吉,日闲舆卫。

乾为良马,震为惊走,故称逐也。谓二已变,三在坎中,故利艰贞吉。离为日,二至五体师象,坎为闲习。坤为车舆,乾人在上,震为惊卫,讲武闲兵。故曰"日闲舆卫"也。《集解》。晁氏节引。

利有攸往。

《象》曰:利有攸往,上合志也。

谓上应也。五已变正,上动成坎,坎为志,故利有攸往,与上合志也。《集解》。

六四,童牛之告,[③]元吉。

《象》曰:六四元吉,有喜也。

艮为童。五已之正,萃坤为牛。告谓以木楅其角。大畜,畜物之家,恶其触害。艮为手,为小木。巽为绳。绳缚小木,横著牛角,故曰"童牛之告"。得位承五,故元吉而喜。喜谓五也。《集解》。

---

① "志",《周易注疏》《周易集解》作"识"。下同

② "腹",《周易注疏》《周易集解》作"輹"。下同。

③ "告",《周易注疏》《周易集解》作"牿"。下同。

六五，豶豕之牙，吉。

二变时，坎为豕。剧豕称豶，令不害物。三至上体颐象。五变之刚，巽为白，震为出。刚白从颐中出，牙之象也。动而得位，堂案："位"下疑有"故"字。豶豕之牙吉。《集解》。

《象》曰：六五之吉，有庆也。

五变得正，故有庆也。《集解》。

上九，何天之衢，亨。

何，当也。衢，四交道。乾为天，震艮为道，以震交艮，故何天之衢，亨。上变，坎为亨也。《集解》。

《象》曰：何天之衢，道大行也。

谓上据二阴，乾为天道，震为行，故道大行矣。《集解》。

颐：

颐，贞吉。

晋四之初，与大过旁通。养正则吉，谓三之正，五上易位，故颐贞吉。反复不衰，与乾、坤、坎、离、大过、小过、中孚同义，故不从临观四阴二阳之例。或以临二之上，兑为口，故有口实也。《集解》。《汉上易丛说》节引。

观颐。

离为目，故观颐，观其所养也。《集解》。

自求口实。

或以大过、兑为口，或以临、兑为口，坤为目，①堂案："目"疑作"自"。艮为求。口实，颐中物，谓其自养。《集解》。

圣人养贤以及万民。

乾为圣人，艮为贤人。颐下养上，故圣人养贤。坤阴为

① "目"，《周易集解》作"自"。

民，皆在震上，以贵下贱，大得民，故以及万民。《集解》。

颐之时大矣哉。

天地养物，圣人养贤，以及万民。人非颐不生，故大矣。《集解》。

初九，舍尔灵龟，观我朵颐，凶。

晋离为龟，四之初，故舍尔灵龟。坤为我，震为动。谓四失离入坤，远应多惧，故凶矣。《集解》。《汉上易丛说》节引。

六三，拂颐，贞凶，十年勿用，无攸利。

三失位，体剥。不正相应，弑父弑君，故贞凶。坤为十年，动无所应，故十年勿用，无攸利也。《集解》。《会通》。

《象》曰：十年勿用，道大悖也。

弑父弑君，故大悖也。《集解》。

六四，颠颐吉，虎眎眈眈，[1]其欲逐逐，无咎。

《象》曰：颠颐之吉，上施光也。

晋四之初，谓三已变，故颠颐。与屯四乘坎马同义。坤为虎，离为目。眈眈，下眎皃。[2] 逐逐，心烦皃，坤为吝啬，坎水为欲，故其欲逐逐。得位应初，故无咎。谓上已反，三成离，故上施光也。《集解》。

六五，拂经，居贞吉，不可涉大川。

失位，故拂经。无应顺上，故居贞吉。艮为居也。涉上成坎，乘阳无应，故不可涉大川矣。《集解》。

上九，由颐，厉吉。

由，自从也。体剥居上，众阴顺承，故由颐。失位，故

① “眎”，《周易注疏》《周易集解》作“视”。

② “皃”，《周易集解》作“类”。

厉。以坤艮自辅，故吉也。《集解》。

利涉大川。

《象》曰：由颐厉吉，大有庆也。

失位，故厉。之五得正成坎，坎为大川，故利涉大川。变阳得位，故大有庆也。《集解》。《义海撮要》、《汉上易传》俱节引。

大过：

大过，栋桡。

大壮五之初，或兑三之初。栋桡谓三，巽为长木，称栋。初上阴柔，本末弱，故栋桡也。《集解》。《义海撮要》节引。

利有攸往，亨。

谓二也。刚过而中，失位无应，利变应五，之外称往，故利有攸往，乃亨也。《集解》。

《彖》曰：大过，大者过也。

阳称大，谓二也。二失位，故大者过也。《集解》。

刚过而中，巽而说行，利有攸往，乃亨。

刚过而中谓二。说，兑也。故利有攸往。大壮震五之初，故亨。与遯二同义[1]。《集解》。

大过之时大矣哉。

国之大事，在祀与戎。藉用白茅，女妻有子，继世承祀，故大矣哉。《集解》。

君子以独立不惧，遯世无闷。

君子谓乾初，阳伏巽中，体复一爻，潜龙之德，故称独立不惧。忧则违之，乾初同义，故遯世无闷也。《集解》。

---

① “二”，《周易集解》作“而”。

初六，藉用白茅，无咎。

位在下称藉，巽柔白为茅，故藉用白茅。失位，咎也。承二，过四应五士夫，故无咎矣。《集解》。《义海撮要》节引。

九二，枯杨生稊，老夫得其女妻，无不利。

稊，稚也。杨叶未舒称稊。巽为杨，乾为老，老杨故枯。阳在二也，十二月时，周之二月。兑为雨泽，枯杨得泽复生稊。二体乾老，故称老夫。女妻谓上兑。兑为少女，故曰"女妻"。大过之家，过以相与，老夫得其女妻，故无不利。《集解》。《会通》节引。

《象》曰：老夫女妻，过以相与也。

谓二过初与五，五过上与二。独大过之爻，得过其应，故过以相与也。《集解》。

九三，栋桡凶。

《象》曰：栋桡之凶，不可以有辅也。

本末弱，故桡。辅之益桡，故不可以有辅。阳以阴为辅也。《集解》。

九四，栋隆吉，有它吝。

隆，上也。应在于初，已与五意在于上，故栋隆，吉。失位，动入险而陷于井，故有它吝。《集解》。

《象》曰：栋隆之吉，不桡乎下也。

乾为动直，远初近上，故不桡下也。《集解》。

九五，枯杨生华，老妇得其士夫，无咎无誉。

阳在五也。夬三月时，周之五月。枯杨得泽，故生华矣。老妇谓初，巽为妇，乾为老，故称老妇也。士夫谓五，大壮震为夫，兑为少，故称士夫。五过二使应上，二过五使取初，五得位，故无咎。阴在二多誉，今退伏初，故无誉。体姤淫女，故过以相与，使应少夫。《象》曰"亦可丑也"。旧说以初为女妻，上为老妇，误矣。马君亦然。荀公以初阴失正当变，数六为女妻。二阳失正，数九为老夫。以五阳得正位，不变，数七为士夫。上阴得正，数八为老妇。此何异俗说也。悲夫学之难。而以初本为小，反以上末为老，后之达者，详其义焉。《集解》。

《象》曰：枯杨生华，何可久也。老妇士夫，亦可丑也。

乾为久，枯而生华，故不可久也。妇体姤淫，故可丑也。《集解》。

上六，过涉灭顶，凶，无咎。

大壮震为足，兑为水泽，震足没水，故过涉也。顶，首也。乾为顶，顶没兑水中，故灭顶凶。乘刚，咎也。得位，故无咎。与灭耳同义也。《集解》。

习坎：

习坎，有孚。

乾二五之坤，与离旁通。于爻，观上之二。习，常也。孚，信。谓二五。水行往来，朝宗于海，不失其时，如月行天，故习坎为堂案："为"疑作"有"。孚也。《集解》。《汉上易丛说》节引。

维心亨。

坎为心，乾二五旁行流坤，阴阳会合，故亨也。《集解》。

行有尚。

行谓二，尚谓五也。二体震为行，动得正应五，故行有尚，往有功也。《集解》。

《彖》曰：习坎，重险也。

两象也。天险地险，故曰"重险也"。《集解》。

行险而不失其信。

信谓二也。震为行。水性有常，消息与月相应，故不失其信矣。《集解》。

行有尚，往有功也。

功谓五，二动应五，故往有功也。《集解》。

天险不可升也。

谓五在天位，五从乾来，体屯难，故天险不可升也。《集解》。

地险山川丘陵也。

坤为地，乾二之坤，故曰“地险”。艮为山，坎为川，半山称丘，丘下称陵，故曰“地险山川丘陵也”。《集解》。

王公设险，以守其邦。

王公，大人。谓乾五，坤为邦，乾二之坤成坎险。震为守，有屯难象，故王公设险，以守其邦。离言王用出征，以正邦是也。《集解》。

《象》曰：水洊至，习坎。君子以常德行，习教事。

君子谓乾五。在乾称大人，在坎为君子。坎为习、为常，乾为德，震为行，巽为教令，坤为事，故以常德行习，教事也。《集解》。

初六，习坎，入于坎窞，凶。

《象》曰：习坎入坎，失道凶也。

习，积也。位下，故习。坎为入，坎中小穴称窞。上无其应，初二失正，故曰“失道凶”矣。《集解》。

九二，坎有险，求小得。

阳陷阴中，故有险。据阴有实，故求小得也。《集解》。

六三，来之坎坎，险且枕，入于坎窞，勿用。

坎在内称来，在坎终坎，堂案：疑作“在内称来，在外称之”。故来之坎坎。枕，止也。艮为止。三失位，乘二则险。承五隔四，故险且枕。入于坎窞，体师三舆，堂案：“舆”下疑有“尸”字。故勿用。《集解》。忱，止也。闲碍险害之貌。晁氏。

六四，尊酒，①簋贰，用缶。

震主祭器，故有尊簋。坎为酒。簋，黍稷器。三至五有颐口象，震献在中，故为簋。坎为木，震为足，坎酒在上，尊酒之象。贰，副也。坤为缶。礼有副尊，故贰用缶耳。《集解》。晁氏节引。

内约自牖，终无咎。

坎为内也。四阴小，故约。艮为牖，坤为户，艮小光照户牖之象。贰用缶，堂案：“贰用缶”三字疑衍。故内约自牖。得位承五，故无咎。《集解》。

《象》曰：尊酒簋，②刚柔际也。

乾刚坤柔，震为交，故曰“刚柔际也”。《集解》。

九五，坎不盈，禔既平，③无咎。堂案：禔，晁氏引作“祇”。

盈，溢也。艮为止，堂案：“艮为止”句，疑当在“谓水流而不盈”下。谓水流而不盈。坎为平。禔，安也。艮止坤安，故禔既平。得位正中，故无咎。《集解》。

《象》曰：坎不盈，中未光大也。

体屯五中，故未光大也。《集解》。

上六，系用徽纆，寘于丛棘，三岁不得，凶。

徽纆，黑索也。观巽为绳，艮为手，上变入坎，故系用徽

---

① “尊”，《周易注疏》《周易集解》作“樽”。下同。

② “尊”，《周易注疏》《周易集解》作“樽”。

③ “禔”，《周易注疏》《周易集解》作“祇”。

纆。寘，置也。坎多心，故丛棘。狱外种九棘，故称丛棘。二变则五体剥，剥伤坤杀，故寘于丛棘也。不得谓不得出狱。艮止坎狱，乾为岁，五从乾来，三非其应，故曰“三岁不得，凶”矣。《集解》。《汉上易丛说》节引。以置九棘，取改过自新，故曰“系用徽纆，寘于丛棘”也。若置之九棘之中，而不能改过自新，必致罪咎，故曰“三岁不得，凶”也。《口诀义》。

离：

离，利贞亨。

坤二五之乾，与坎旁通。于爻，遯初之五。柔丽中正，故利贞亨。《集解》。

畜牝牛吉。

畜，养也。坤为牝牛，乾二五之坤成坎，体颐养象，故畜牝牛吉。俗说皆以离为牝牛，失之矣。《集解》。

日月丽乎天。

乾五之坤成坎，为月；离为日。日月丽天也。《集解》。

百谷草木丽乎地。[1]

震为百谷，巽为草木，坤为地。乾二五之坤成坎，震体屯。屯者，盈也。盈天地之间者，唯万物。万物出震，故百谷草木丽乎地。《集解》。

重明以丽乎正，乃化成天下。

两象，故重明。正谓五阳。阳变之坤来化乾，以成万物，谓离日化成天下也。《集解》。

柔丽乎中正，故亨。

柔谓五阴，中正谓五伏阳。出在坤中畜牝牛，故中正而

① “地”，《周易注疏》《周易集解》作“土”。下同

亨也。《集解》。

《象》曰:明两作,离。

两谓日与月也。乾五之坤成坎,坤二之乾成离。离坎,日月之象,故明两作,离。作,成也。日月在天,动成万物,故称作矣。或以日与火,为明两作也。《集解》。

大人以继明照于四方。

阳气称大人,则乾五大人也。乾二五之光,继日之明。坤为方。二五之坤,震东兑西,离南坎北,故曰"照于四方"。《集解》。

戚差若,①吉。

坎为心,震为声,兑为口,故戚嗟若。动而得正,尊丽阳,故吉也。《集解》。

上九,王用出征,有嘉折首,获匪其丑,无咎。

王谓乾。乾二五之坤成坎,体师象。震为出,故王用出征。首谓堂案:"谓"下疑有"乾"字。坤,二五来折乾,故有嘉折首。丑,类也。乾征得坤阴类,乾阳物,故获非其丑,无咎矣。《集解》。

《象》曰:王用出征,以正邦也。

乾五出征坤,故正邦也。《集解》。

下　经

咸:

咸,亨利贞,取女吉。

咸,感也。坤三之上成女,乾上之三成男。乾坤气交以

① "差",《周易注疏》《周易集解》作"嗟"。

相与，止而说，男下女，故通利贞，取女吉。《集解》。

圣人感人心而天下和平。

乾为圣人，初四易位成既济，坎为心、为平，故圣人感人心而天下和平。此保合太和，品物流形也。《集解》。

观其所感，而天地万物之情可见矣。

谓四之初，以离日见天，坎月见地，悬象著明，万物见离，故天地万物之情可见也。《集解》。

君子以虚受人。

君子谓否乾。乾为人，坤为虚。谓坤虚三受上，故以虚受人。艮山在地下为谦，在泽下为虚。《集解》。

初六，咸其母。①

《象》曰：咸其母，志在外也。

母，足大指也。艮为指，坤为母，故咸其母。失位远应，之四得正，故志在外，谓四也。《集解》。《汉上易传》节引。

九三，咸其股，执其随，往吝。

《象》曰：咸其股，亦不处也。志在随人，所执下也。

巽为股，谓二也。巽为随，艮为手，故称执。三应于上，初四已变历险，故往吝。巽为处女也。男已下女，以艮阳入兑阴，故不处也。凡士与女未用，堂案："用"疑作"应"，毛本亦作"应"。皆称处矣。志在于二，故所执下也。《集解》。

九四，贞吉悔亡，憧憧往来，朋从尔思。

失位，悔也。应初动得正，故贞吉而悔亡矣。憧憧，怀思虑也。之内为来，之外为往。欲感上隔五，感初隔三，故憧憧往来矣。兑为朋，少女也。艮初变之四，坎心为思，故

① "母"，《周易注疏》《周易集解》作"拇"。下同。

曰“朋从尔思”也。《集解》。《义海撮要》。

《象》曰：贞吉悔亡，未感害也。

坤为害也。今未感坤初，体遯弑父，故曰“未感害也”。《集解》。

憧憧往来，未光大也。

未动之离，故未光大也。《集解》。

九五，咸其脢，无悔。

脢，夹脊肉也。堂案：《汉上易传》引此句“夹”作“背”。谓四已变坎为脊，故咸其脢。得正，故无悔。《集解》。

上六，咸其酺颊舌。堂案：酺，《集解》作“辅”。今从《释文》，下同。

耳目之间称酺颊。四变堂案：“变”下疑有“离”字。为目，坎为耳，兑为口舌，故曰“咸其酺颊舌”。《集解》。

《象》曰：咸其酺颊舌，媵口说也。

媵，送也。不得之三，山泽通气，故媵口说也。《集解》。戴埴《鼠璞》引首句。堂案：《释文》云：“滕，虞作‘媵’。”晁氏、项氏俱云：“虞作‘腾’。”说见《郑氏易》。

恒：

恒，亨，无咎，利贞。

恒，久也。与益旁通。乾初之坤四，刚柔皆应，故通。无咎，利贞矣。《集解》。

利有攸往。

初利往之四，终变成益，则初四二五皆得其正。终则有始，故利有攸往也。《集解》。

天地之道，恒久而不已也。

泰，乾坤为天地。谓终则复始，有亲则可久也《集解》。

日月得天而能久照。

动初，成乾为天，至二离为日，至三坎为月，故日月得天而能久照也。《集解》。

四时变化而能久成。

春夏为变，秋冬为化。变至二离夏，至三兑秋，至四震春，至五坎冬，至，堂案：此“至”字衍，毛本无。故四时变化而能久成，谓乾坤成物也。《集解》。

圣人久于其道，而天下化成。

圣人谓乾，乾为道，初二已正，四五复位，成既济定。乾道变化，各正性命。有两离象，重明丽正，故化成天下。《集解》。

观其所恒，而天地万物之情可见矣。

以离日照乾，坎月照坤，万物出震，故天地万物之情可见矣，与咸同义也。《集解》。

君子以立不易方。

君子谓乾三也。乾为易、为立，坤为方，乾初之坤四，三正不动，故立不易方也。《集解》。

《象》曰：浚恒之凶，始求深也。

浚，深也。初下称浚，故曰“浚恒”。乾初为渊，故深矣。失位变之正，乾为始，故曰“始求深也”。《集解》。

九二，悔亡。

失位，悔也。动而得正，处中多誉，故悔亡也。《集解》。

九四，田无禽。

《象》曰：久非其位，安得禽也。

田谓二也。地上称田。无禽谓五也。九四失位，利二上之五，已变承之，故曰“田无禽”。言二五皆非其位，故象曰“久非其位，安得禽也”。《集解》。

六五，恒其德，贞，妇人吉。夫子凶。

动正成乾，故恒其德。妇人谓初，巽为妇，终变成益，震四复初，妇得归阳，从一而终，故贞妇人吉也。震乾之子而为巽夫，故曰“夫子”。终变成益，震四从巽，死于坤中，故夫子凶也。《集解》。

《象》曰：妇人贞吉，从一而终也。

一谓初，终变成益，以巽应初震，故从一而终也。《集解》。

夫子制义，从妇凶也。

震没从巽，入坤，故从妇凶矣。《集解》。

上六，震恒，凶。

《象》曰：震恒在上，大无功也。

震，动也。晁氏。在震上，故震恒。五动乘阳，故凶。终在益上，五远应，堂案：“应”下疑有“二”字。故无功也。一作“三远应，故无功也”。

遯：

遯，亨。

阴消姤二也。艮为山，巽为入，乾为远，远山入藏，故遯。以阴消阳，子弑其父，小人道长，避之乃通，故遯而通，则当位而应，与时行也。①《集解》。

小利贞。

小阴谓二，得位浸长，以柔变刚，故小利贞。《集解》。

刚当位而应，与时行也。

刚谓五而应堂案：“应”下疑有“谓”字。二，艮为时，故与时

① “行”后，《周易集解》有“之”字。

行矣。《集解》。

君子以远小人，不恶而严。

君子谓乾，乾为远、为严。小人谓阴，坤为恶，为小人，故以远小人，不恶而严也。《集解》。

《象》曰：遯尾之厉，不往何灾也。

艮为尾也。初失位，动而得正，故遯尾厉。之应成坎为灾，在艮宜静，若不往于四，则无灾矣。《集解》。

六二，执之用黄牛之革，莫之胜说。

艮为手称执，否坤为黄牛，艮为皮，四变之初，则坎水濡皮，离日乾之，故执之用黄牛之革。莫，无也。胜，能。说，解也。乾为坚刚，巽为绳，艮为手，持革缚三在坎中，故莫之胜说也。《集解》。

九三，系遯，有疾厉，畜臣妾吉。

厉，危也。巽为。堂案："为"下疑有"系"字。四变时，九三体坎，坎为疾，故有疾厉。遯阴剥阳，三消成坤，与上易位，坤为臣，兑为妾，上来之三，据坤应兑，故畜臣妾吉也。《集解》。

畜臣妾吉，不可大事也。

三动入坤，坤为事，故不可大事也。《集解》。

九四，好遯，君子吉，小人否。

否乾为好、为君子，阴称小人。动之初，故君子吉。阴在四多惧，故小人否，得位承五，故无凶咎也。《集解》。

九五，嘉遯贞吉。

乾为嘉。刚当位应二，故贞吉。谓三已变，上来之三成坎，《象》堂案："象"下疑有"故"字，毛本同。曰"以正志也"。《集解》。

上九，肥遯无不利。

乾盈为肥，二不及上，故肥遯无不利。[1]《象》曰“无所疑也”。《集解》。

大壮：

大壮，利贞。

阳息，泰也。壮，伤也。大谓四，失位为阴所乘，兑为毁折，堂案：“折”下疑有“故”字。伤。与五易位乃得正，故利贞也。《集解》。

大壮利贞，大者正也。

谓四进之五乃得正，故大者正也。《集解》。

正大而天地之情可见矣。

正大谓四，之五成需，以离日见天，坎月见地，故天地之情可见也矣。《集解》。

初九，壮于趾，征凶，有孚。

趾谓四。征，行也。震足为趾、为正，初得位，四不征之五，故“凶”。坎为孚，谓四上之五成坎，已得应四，故有孚。《集解》。

《象》曰：壮于趾，其孚穷也。

应在乾终，故其孚穷也。《集解》。

九二，贞吉。

《象》曰：九二贞吉，以中也。

变得位，故贞吉。动体离，故以中也。《集解》。

九三，小人用壮，君子用罔，贞厉。

应在震也。三阳君子，小人谓上。上逆故用壮。谓二

① “利”后，《周易集解》有“故”字。

已变离，离为罔。三乘二，故君子用罔。体乾夕惕，故贞厉也。《集解》。

羝羊触藩，累其角。[1]《释文》。

九四，贞吉悔亡，藩决不累。堂案：累，《集解》作"羸"。此从《释文》。壮于大轝之腹。

《象》曰：藩决不累，尚往也。

失位，悔也。之五得中，故贞吉而悔亡矣。体夬象，故藩决。震四上处五，则藩毁坏，故藩决不羸。坤为大轝，为腹，四之五折坤，故壮于大轝之腹。而《象》曰"尚往"者，谓上之五。《集解》。决，读为"夬决"之"决"。晁氏。

六五，丧羊于易，无悔。

四动成泰，坤为丧也。乾为易，四上之五，兑还属乾，故丧羊于易。动各得正，而处中和，故无悔矣。《集解》。

上六，羝羊触藩，不能退，不能遂，无攸利，艰则吉。

应在三，故羝羊触藩。遂，进也。谓四已之五体坎，上能变之巽，巽为进退，故不能退，不能遂。退则失位，上则乘刚，故无攸利。坎为艰，得位应三利上，故艰则吉。《集解》。

《象》曰：不能退，不能遂，不详也。

乾善为详。不得三应，故不详也。《集解》。

艰则吉，咎不长也。

巽为长，动失位为咎，不变之巽，故咎不长也。《集解》。

晋：

晋，康侯用锡马蕃庶，昼日三接。

观四之五。晋，进也。坤为康，康，安也。初动体屯，震

---

[1] "累"，《周易注疏》《周易集解》作"羸"。下同。

为侯,故曰“康侯”。震为马,坤为用,故用锡马。艮为多,坤为众,故蕃庶。离日在上,故昼日。三阴在下,故三接矣。《集解》。

《象》曰:明出地上,晋。君子以自照明德。

君子谓观乾,乾为德,坤为自,离为明。乾五动,以离日自照,故以自照明德也。《集解》。

初六,晋如摧如,贞吉,罔孚,裕无咎。

晋,进;摧,忧愁也。应在四,故晋如。失位,故摧如。动得位,堂案:位,《义海》作“时”。故贞吉。应离为罔,曰堂案:“曰”字疑误。坎称孚,①坤弱为裕。欲四之五成巽,初受其命,故无咎也。《集解》。《义海撮要》节引。

《象》曰:晋如摧如,独行正也。

初动震为行,初一称独也。《集解》。

裕无咎,未受命也。

五未之巽,故未受命也。《集解》。

六二,晋如愁如,贞吉。

震为应,在坎上,故愁如。得位处中,故贞吉也。《集解》。

受兹介福,于其王母。

乾为介福,艮为手,坤为虚,故称受。介,大也。谓五已正中,乾为王,坤为母,故受兹介福,于其王母。《集解》。

六三,众允悔亡。

坤为众。允,信也。土性信,故众允。三失正,与上易位则悔亡,故《象》曰“上行也”。堂案:此下疑有脱误。此则成

① “曰”,《周易集解》作“四”。

小过，小过故有飞鸟之象焉。臼杵之利，见硕鼠出入坎穴，盖取诸此也。《集解》。《义海撮要》节引。

《象》曰：众允之志，上行也。

坎为志，三之上成震，故曰"上行也"。《集解》。

矢得勿恤。《释文》。

《象》曰：矢得勿恤，往有庆也。

动之乾，乾为庆也。矢，古"誓"字；誓，信也。勿，无。恤，忧也。五变得正，坎象不见，故誓得勿恤，往有庆也。《集解》。

上九，晋其角。

五已变之乾为首，位在首上称角，故晋其角也。《集解》。

维用伐邑，厉吉无咎，贞吝。

坤为邑，动成震而体师象，坎为心，故维用伐邑。得位乘五，故厉吉无咎而贞吝矣。《集解》。

明夷：

明夷。

夷，伤也。临二之三而反晋也。明入地中，故伤矣。《集解》。

利艰贞。

谓五也。五失位，变出成坎，为艰，故利艰贞矣。《集解》。

内文明而外柔顺，以蒙大难，文王以之。

以，用也。三喻文王。大难谓坤，坤为弑父。迷乱荒淫，若纣杀比干。三幽坎中，象文王之拘羑里。震为诸侯，喻从文王者。纣惧出之，故以蒙大难，得身全矣。《集解》。

利艰贞，晦其明也。内难而能正其志，箕子以之。

箕子，纣诸父，故称内难。五乾天位，今化为坤，箕子之象。坤为晦。箕子正之，出五成坎，体离，重明丽正，坎为志，故正其志，箕子以之，而纣奴之矣。《集解》。

《象》曰：明入地中，明夷。君子以莅众，用晦而明。

而，如也。君子谓三。体师象，以坎莅坤。坤为众、为晦，离为明，故用晦如明也。《集解》。

上六，不明晦，初登于天，后入于地。

应在三，离灭坤下，故不明晦。晋时在上丽乾，故登于天，照四国。今反在下，故后入于地，失其则。《集解》。

家人：

家人，利女贞。

遯初之四也。女谓离巽，二四得正，故利女贞也。《集解》。

男女正，天地之大义也。

遯乾为天，三动坤为地。男得天正于五，女得地正于二，故天地之大义也。《集解》。

父父子子，兄兄弟弟。

遯乾为父，艮为子，三五位正，故父父子子。三动时，震为兄，艮为弟，初三位正，故兄兄弟弟。《集解》。

夫夫妇妇。

三动时，震为夫，巽四为妇，初四位正，故夫夫妇妇也。《集解》。

六四，富家大吉。

《象》曰：富家大吉，顺在位也。

三变体艮，艮为笃实，坤为大业，得位应初，顺五乘三，比据三阳，故曰"富家大吉，顺在位也"。谓顺于五矣。《集解》。《义海撮要》节引。
《象》曰：王假有家，交相爱也。

乾为爱也。二称家，三动成震，五得交二，初得交四，故交相爱。震为交也。《集解》。

上九，有孚，威如终吉。

谓三已变，与上易位成坎，坎为孚，故有孚。乾为威如，自上之坤，故威如。易则得位，故终吉也。《集解》。

《象》曰：威如之吉，反身之谓也。

谓三动坤为身，上之三成既济定，故反身之谓。此家道正，正家而天下定矣。《集解》。

睽：

睽，小事吉。

大壮上之三，在《系》盖取无妄二之五也。小谓五，阴称小，得中应刚，故吉。《集解》。

《彖》曰：睽，火动而上，泽动而下。

离火炎上，泽水润下也。《集解》。

二女同居，其志不同行。

二女，离兑也。坎为志，离上兑下。无妄震为行，巽为同，艮为居。二五易位，震巽象坏，故二女同居，其志不同行也。《集解》。

说而丽乎明，柔进而上行，得中而应乎刚。

说，兑。丽，离也。明谓乾，当言大明以丽于晋。柔谓五，无妄巽为进，从二之五，故上行。刚谓应乾，五伏阳，非应二也。与鼎五同义也。《集解》。

天地睽而其事同也。

五动乾为天，四动坤为地，故天地睽。坤为事也，五动体同人，故事同矣。《集解》。

男女睽而其志通也。

四动艮为男，兑为女，故男女睽。坎为志、为通，故其志通也。《集解》。

万物睽而其事类也。

四动，万物出乎震，区以别矣，故万物睽。坤为事、为类，故其事类也《集解》。

初九，悔亡，丧马，勿逐自复，见恶人无咎。

《象》曰：见恶人，以避咎也。

无应，悔也。四动得位，故悔亡。应在于坎，坎为马。四而堂案："而"字疑衍。失位，之正入坤，坤为丧，坎象不见，故丧马。震为逐，艮为止，故勿逐。坤为自，二至五体复象，故曰"复"。[1] 四动震马来，故勿逐自复也。离为见，恶人谓四，动入坤初，四复正，故见恶人以避咎矣。《集解》。

九二，遇主于巷，无咎。

二动体震，震为主、为大涂，艮为径路，大道而有径路，故称巷。变而得正，故无咎。而未失道也。《集解》。

《象》曰：遇主于巷，未失道也。

动得正，故未失道。《集解》。

六三，见舆曳，其牛觢。[2]

离为见，坎为车、为曳，故见舆曳。四动坤为牛、为类，牛角一低一仰，故称觢。离上而坎下，其牛觢也。《集解》。

其人天且劓，无初有终。

---

① "曰"，《周易集解》作"自"。

② "觢"，《周易注疏》作"掣"。

其人谓四，恶人也。黥额为天，晁氏引云："剠凿其额曰天。"割鼻为劓。无妄乾为天，震二之乾五，以阴墨其天，乾五之震二，毁艮，割其鼻也，兑为刑人，故其人天且劓。失位，动得正成乾，故无初有终。《象》曰"遇刚"，是其义也。《集解》。

《象》曰：见舆曳，位不当也。无初有终，遇刚也。

动正成乾，故遇刚。《集解》。

九四，睽孤，遇元夫，交孚，厉无咎。

孤，顾也。在两阴间，睽五顾三，故曰"睽孤"。震为元夫，谓二已变，动而应震，故遇元夫也。震为交，坎为孚，动而得正，故交孚，厉无咎矣。《集解》。晁氏引首句。

《象》曰：交孚无咎，志行也。

坎动成震，故志行也。《集解》。

六五，悔亡，厥宗噬肤，往何咎。

《象》曰：厥宗噬肤，往有庆也。

往得位，悔亡也。动而之乾，乾为宗，二体噬嗑，故曰"噬"。四变时，艮为肤，故曰"厥宗噬肤"也。变得正成乾，乾为庆，故往无咎，而有庆矣。《集解》。

上九，睽孤，见豕负涂，载鬼一车。

睽三顾五，故曰"睽孤"也。离为见，坎为豕、为雨，四变时，坤为土，土得雨为泥涂，四动艮为背，豕背有泥，故见豕负涂矣。坤为鬼，坎为车，变在坎上，故载鬼一车也。《集解》。

先张之弧，后说之壶。[①] 晁氏云："说音税。"

① "壶"，《周易注疏》作"弧"。

谓五已变，乾为先，应在三，坎为弧，离为矢，张弓之象也，故先张之弧。四动震为后。说，犹置也。兑为口，离为大腹，坤为器，大腹有口，坎酒在中，壶之象也。之应历险以与兑，故后说之壶矣。《集解》。

匪寇婚媾。往遇雨则吉。

匪，非。坎为寇，之三历坎，故匪寇。阴阳相应，故婚媾。三在坎下，故遇雨。与上易位，坎象不见，各得其正，故则吉也。《集解》。

《象》曰：遇雨之吉，群疑亡也。

物三称群，坎为疑，三变坎败，故群疑亡矣。《集解》。

蹇：

蹇，利西南。

观上反三也。坤，西南卦，五在坤中，坎为月，月生西南，故利西南。往得中，谓西南得朋也。《集解》。

不利东北。

谓三也。艮，东北之卦，月消于艮，丧乙灭癸，故不利东北，其道穷也。则东北丧朋矣。《集解》。

利见大人。

离为见，大人谓五，二得位应五，故利见大人，往有功也。《集解》。《义海撮要》节引。

贞吉。

谓五当位正邦，故贞吉也。《集解》。

《象》曰：蹇，难也，险在前也。见险而能止，知矣哉。

离见坎险，艮为止。观乾为知，故知矣哉。《集解》。

利见大人，往有功也。

大人谓五，二往应五，五多功，故往有功也。《集解》。《义海撮要》节引。

蹇之时用大矣哉。

谓坎月生西南而终东北，震象出庚，兑象见丁，乾象盈甲，巽象退辛，艮象消丙，坤象穷乙，丧灭于癸，终则复始，以生万物，故用大矣。《集解》。

君子以反身修德。

君子谓观，乾坤为身，观上反三，故反身。阳在三，进德修业，故以反身修德。孔子曰"德之不修，是吾忧也"。《集解》。

初六，往蹇，来誉。

誉谓二，二多誉也。失位应阴，往历坎险，故往蹇。变而得位，以阳承堂案："承"疑作"比"。二，故来而誉矣。《集解》。

《象》曰：往蹇来誉，宜待时也。[①]

艮为时，谓变之正，以待四也。《集解》。

六二，王臣蹇蹇，匪躬之故。

观乾为王，坤为臣、为躬，坎为蹇也。之应涉坤，二五俱坎，故王臣蹇蹇。观上之三，折坤之体，臣道得正，故匪躬之故，象曰"终无尤也"。《集解》。

九三，往蹇来反。

应正历险，故往蹇。反身据二，故来反也。《集解》。

《象》曰：往蹇来反，内喜之也。

内谓二阴也。[②]《集解》。

六四，往蹇来连。

---

① "时"，《周易注疏》《周易集解》无此字。

② "内"后，《周易集解》有"喜"字。

连、辇、蹇，难也。在两坎间，进则无应，故往蹇。退初介三，故来连也。《集解》。

九五，大蹇，朋来。

当位正邦，故大蹇。睽兑为朋，故朋来也。《集解》。

上六，往蹇，来硕，吉，利见大人。

阴在险上，变失位，故往蹇。硕谓三，艮为硕。退来之三，故来硕。得位有应，故吉也。离为见，大人谓五，故利见大人矣。《集解》。

解：

解，利西南。

临初之四，坤西南卦，初之四得坤众，故利西南，往得众也。《集解》。

无所往，其来复吉。

谓四本从初之四，失位于外而无所应，故无所往。宜来反初，复得正位，故其来复吉也。二往之五，四来之初，成屯体复象，故称来复吉矣。《集解》。

有攸往，夙吉。

谓二也。夙，早也。离为日、为甲，日出甲上，故早也。九二失正，早往之五则吉，故有攸往夙吉，往有功也。《集解》。

《彖》曰：解，险以动，动而免乎险，解。

险，坎。动，震。解，二月，雷以动之，雨以润之，物咸孚甲，万物生震，震出险上，故免乎险也。《集解》。

《象》曰：雷雨作，解。君子以赦过宥罪。

君子谓三伏阳。出成大过。坎为罪，入则大过象坏，故以赦过。二四失位，皆在坎狱中，三出体乾，两坎不见，震喜兑悦，罪人皆出，故以宥罪。谓三入则赦过，出则宥罪，公用射隼以解悖，是其义也。《集解》。

初六，无咎。

与四易位，体震得正，故无咎也。《集解》。

《象》曰：刚柔之际，义无咎也。

体屯初震，刚柔始交，故无咎也。《集解》。

九二，田获三狐，得黄矢，贞吉。

二称田，田，猎也。变之正，艮为狐，坎为弓，离为黄矢。矢贯狐体，二之五历三爻，故田获三狐，得黄矢。之正得中，故贞吉。《集解》。

《象》曰：九二贞吉，得中道也。

动得正，故得中道。《集解》。

六三，负且乘。

负，倍也。二变时，艮为背，谓三以四艮倍五也。五来寇二时，[①]坤为车，三在坤上，故负且乘。小人而乘君子之器，故《象》曰"亦可丑也"。《集解》。

致寇至，贞吝。

五之二成坎，坎为寇盗。上位慢五，下暴于二，慢藏悔盗，故致寇至，贞吝。《象》曰："自我致戎，又谁咎也。"《集解》。

《象》曰：负且乘，亦可丑也。自我致戎，又谁咎也。

临坤为丑也。坤为自我。以离兵伐三，故转寇为戎，艮手招盗，故谁咎也。《集解》。

---

① "二"，《周易集解》作"三"。

九四，解而母，[1]朋至斯孚。

二动时艮为指。四变之坤为母，故解而母。临兑为朋，坎为孚，四阳从初，故朋至斯孚矣。《集解》。

六五，君子惟有解吉，有孚于小人。

君子谓二。之五得正成坎，坎为心，故君子惟有解吉。小人谓五，阴为小人，君子升位，则小人退在二，故有孚于小人，坎为孚也。《集解》。

《象》曰：君子有解，小人退也。

二阳上之五，五阴小人退之二也。《集解》。

上六，公用射隼于高庸之上，[2]获之无不利。

上应在三，公谓三伏阳也。离为隼。三失位，动出成乾，贯隼，入大过死象。故公用射隼于高庸之上，获之无不利也。《集解》。

《象》曰：公用射隼，以解悖也。

坎为悖，三出成乾，而坎象坏，故解悖也。《集解》。

损：

有孚，元吉无咎，可贞，利有攸往。

泰初之上，损下益上，以据二阴，故有孚，元吉无咎。艮男居上，兑女在下，男女位正，故可贞，利有攸往矣。《集解》。

二簋应有时。

时谓春秋也。损二之五，震二月，益正月，春也。损七月，兑八月，秋也。谓春秋祭祀，以时思之。艮为时，震为应，故应有时也。《集解》。

① “母”，《周易注疏》《周易集解》作“拇”。下同。

② “庸”，《周易注疏》《周易集解》作“墉”。下同。

损刚益柔有时。

谓冬夏也。二五已易成益，坤为柔，谓损益上之三成既济，坎冬离夏，故损刚益柔有时。《集解》。

损益盈虚，与时偕行。

乾为盈，坤为虚，损刚益柔，故损益盈虚。谓泰初之上，损二之五，益上之三，变通趋时，故与时偕行。《集解》。

《象》曰：山下有泽，损。君子以征忿窒欲。

君子，泰乾。乾阳刚武为忿，坤阴吝啬为欲。损乾之初成兑说，故征忿。初上据坤，艮为山，故窒欲也。《集解》。

初九，祀事遄往，《释文》《丙子学易编》同。无咎，酌损之。

祀，祭祀，坤为事，谓二也。遄，速。酌，取也。二失正，初利二速往合志于正，[①]堂案："正"疑作"五"。得正无咎，已得之应，故遄往，无咎，酌损之。《象》曰"上合志也"。"祀"旧作"巳"也。《集解》。

《象》曰：祀事遄往，上合志也。[②]

终成既济，谓二上合志于五也。《集解》。

九二，利贞，征凶，弗损益之。

失位当之正，故利贞。征，行也。震为征，失正毁折，故不征。之五则凶。二之五成益，小损大益，故弗损益之矣。《集解》。

《象》曰：九二利贞，中以为志也。

动体离中，故为志也。《集解》。

六三，三人行，则损一人。

---

① "正"，《周易集解》作"五"。

② "上"，《周易注疏》《周易集解》作"尚"。

泰乾三爻为三人,震为行,故三人行。损初之上,故则损一人。《集解》。

一人行,则得其友。

一人谓泰初,之上损刚益柔,故一人行。兑为友,初之上,据坤应兑,故则得其友,言致一也。《集解》。

《象》曰:一人行,三则疑也。

坎为疑,上益三成坎,故三则疑。《集解》。

六四,损其疾,使遄有喜,无咎。

四谓二也。四得位,远应初,二疾上五,已得承之,谓二之五,三上复坎为疾也。阳在五称喜,故损其疾,使遄有喜。二上体观,得正承五,故无咎矣。《集解》。

《象》曰:损其疾,亦可喜也。

二上之五,体大观象,故可喜也。《集解》。

六五,或益之,十朋之龟,弗克违,元吉。

谓二五已变成益,故或益之。坤数十,兑为朋。三上失位,三动离为龟,十谓神、灵、摄、宝、文、筮、山、泽、水、火之龟也,故十朋之龟。三上易位成既济,故弗克违,元吉矣。《集解》。

上九,弗损益之,无咎,贞吉。

损上益三也。上失正,之三得位,故弗损益之,无咎贞吉。动成既济,故大得志。《集解》。

利有攸往,得臣无家。

谓三往之上,故利有攸往。二五已动成益,坤为臣。三变据坤成家人,故曰"得臣"。动而应三成既济,则家人坏,故曰"无家"。《集解》。

《象》曰:弗损益之,大得志也。

谓二五已变，上下益三成既济定，离坎体正，故大得志。《集解》。

益：

益，利有攸往。

否上之初也。损上益下，其道大光。二利往坎应五，故利有攸往，中正有庆也。《集解》。

利涉大川。

谓三失正，动成坎，体涣，坎为大川，故利涉大川。涣，舟楫象，木道乃行也。《集解》。

民说无疆。

上之初，坤为无疆，震为喜笑。以贵下贱，大得民，故说无疆矣。《集解》。

自上下下，其道大光。

乾为大明，以乾照坤，故其道大光。或以上之三，离为大光矣。《集解》。

利有攸往，中正有庆。

中正谓五，而二应之，乾为庆也。《集解》。

利涉大川，木道乃行。

谓三动成涣。涣，舟楫象，巽木得水，故木道乃行也。《集解》。

益动而巽，日进无疆。

震三动为离，离为日，巽为进，坤为疆，日与巽俱进，故日进无疆也。《集解》。

天施地生，其益无方。

乾下之坤，震为出生，万物出震，故天施地生。阳在坤初为无方，日进无疆，故其益无方也。《集解》。

凡益之道，与时偕行。

上来益三，四时象正。艮为时，震为行，与损同义，故与时偕行也。《集解》。

《象》曰：风雷，益。君子以见善则迁，有过则改。

君子谓乾也。上之三，离为见，乾为善，坤为过，坤三进之乾四，故见善则迁。乾上之坤初，改坤之过，体复象，复以自知，故有过则改也。《集解》。

初九，利用为大作，元吉无咎。

大作谓耕播，耒耨之利，盖取诸此也。坤为用，乾为大，震为作，故利用为大作。体复初得正，朋来无咎，故元吉无咎。震三月卦日中星鸟。敬授民时，故以耕播也。《集解》。

六二，或益之，十朋之龟，弗克违，永贞吉。

谓上从外来益也，故或益之。二得正远应，利三之正，已得承之。坤数十，损兑为朋，谓三变离为龟，故十朋之龟。坤为永，上之三得正，故永贞吉。《集解》。

王用享于帝，吉。

震称帝，王谓五，否乾为王，体观象，艮为宗庙，三变折坤牛，体噬嗑食，故王用享于帝。得位，故吉。《集解》。

《象》曰：或益之，自外来也。

乾上称外，来益三堂案："三"疑作"初"。也。《集解》。

六三，益之用凶事，无咎。

坤为事，三多凶，上来益三得正，故益用凶事，无咎。《集解》。

有孚中行，告公用圭。

公谓三伏阳也。三动体坎，故有孚。震为中行、为告，位在中，故曰"中行"。三，公位，乾为圭，乾之三，故告公用圭。圭,桓圭也。《集解》。

《象》曰:益用凶事,固有之矣。

三上失正当变,是固有之。《集解》。

六四,中行,告公从。

中行谓震,位在中,震为行、为从,故曰"中行"。公谓三,三上失位,四利三之正,已得以为实,故曰"告公从"矣。《集解》。

利用为依迁邦。

坤为邦。迁,从也[①]。堂案:"从"疑作"徙",下句"坤从",疑作"坤徙"。三动坤从,故利用为依迁邦也。《集解》。

《象》曰:告公从,以益志也。

坎为志。三之上堂案:"上"疑作"正",有两坎象,故以益志也。《集解》。

九五,有孚惠心,勿问元吉。

谓三上也。震为问,三上易位,三五体坎已成既济,坎为心,故有孚惠心,勿问元吉。《象》曰"勿问之矣"。《集解》。

有孚惠我德。

坤为我,乾为德。三之上体坎,为孚,故惠我德,《象》曰"大得志"。《集解》。

上九,莫益之。

莫,无也。自非上,无益初者。唯上当无应,故莫益之矣。《集解》。

或击之。

---

① "从",《周易集解》作"徙"。下同。

谓上不益初，则以剥灭乾。艮为手，故或击之。《集解》。

立心勿恒，凶。

上体巽为进退，故勿恒。动成坎心，以阴乘阳，故立心勿恒，凶矣。《集解》。

《象》曰：或益之，[1]遍辞也。

遍，周匝也。三体刚凶，故至上应，乃益之矣。《集解》。

或击之，自外来也。

外谓上，上来之三，故曰"自外来也"。《集解》。

夬：

夬，扬于王庭。

阳决阴，息卦也。刚决柔，与剥旁通。乾为扬、为王，剥艮为庭，故扬于王庭矣。《集解》。

孚号有厉。

阳在二五称孚，孚谓五也。二失位，动体巽，巽为号，离为光，不变则危，故孚号有厉，其危乃光也。《集解》。

告自邑，不利即戎。

阳息动复，刚长成夬。震为告，坤为自邑。夬从复升，坤逆在上，民众消灭。二变时，离为戎，故不利即戎，所尚乃穷也。《集解》。

利有攸往。

阳息阴消，君子道长，故利有攸往，刚长乃终。《集解》。

《彖》曰：夬，决也。刚决柔也。

乾决坤也。《集解》。

健而说，决而和。

① "或"，《周易注疏》《周易集解》作"莫"。

健，乾；说，兑也。以乾阳获阴之和，故决而和也。《集解》。

利有攸往，刚长乃终也。

乾体大成，以决小人，终乾之刚，故乃以终也。《集解》。

君子以施禄及下，居德则忌。

君子谓乾，乾为施禄。下谓剥坤，坤为众臣。以乾应坤，故施禄及下。乾为德，艮为居，故居德则忌。阳极阴生，谓阳忌阴。《集解》。

初九，壮于前趾，往不胜为咎。

夬变大壮，大壮震为趾，位在前，故壮于前。刚以应刚，不能克之，往如失位，故往不胜为咎。《集解》。

《象》曰：不胜而往，咎也。

往失位应阳，故咎矣。《集解》。

九二，惕号，莫夜有戎，勿恤。晁氏云"号音号"。下同。

惕，惧也。二失位，故惕。变成巽，故号。剥坤为草夜，[①]二动成离，离为戎，变而得正，故有戎。四变成坎，坎为忧，坎又得正，故勿恤，谓成既济定也。《集解》。

《象》曰：有戎勿恤，得中道也。

动得正应五，故得中道。《集解》。

九四，臀无肤，其行次且。

二四已变，坎为臀，剥艮为肤，毁灭不见，故臀无肤。大壮震为行，坎为破、为曳，故其行次且。《集解》。

牵羊悔亡，闻言不信。

兑为羊，二变巽为绳，剥艮手持绳，故牵羊。谓四之正，

---

① "草夜"，《周易集解》作"莫夜"。

得位承五，故悔亡。震为言，坎为耳，震坎象不正，故闻言不信也。《集解》。

《象》曰：其行次且，位不当也。闻言不信。聪不明也。

坎耳离目，折入于兑，故聪不明矣。《集解》。

九五，苋陆夬夬，中行无咎。

苋，说也。苋，读为"夫子苋尔而笑"之"苋"。陆，和睦也。震为笑，言五得正位，兑为说，故苋陆夬夬。大壮震为行，五在上中，动而得正，故中行无咎。旧读言苋陆，字之误也。马君、荀氏，皆从俗言"苋陆"，非也。《集解》。堂案："苋"，古"莞"字，见《论语》释文，今本依唐石经作"莞"。《广雅》云："莧，笑也。"字又从艸，从見。"陆"，古"睦"字，见《隶释》。赵氏《辑闻》引虞云："苋，蒉。"史氏《学斋占毕》又引作"苋，萁也；陆，商也"，俱非是。今《释文》亦有误者，晁氏改"陆"作"睦"，云"和也"，亦非。

《象》曰：中行无咎，中未光也。

在坎阴中，故未光也。《集解》。

上六，无号，终有凶。

应在于三，三动时体巽，巽为号令，四已变坎，之应历险，巽象不见，故无号。位极乘阳，故终有凶矣。《集解》。

《象》曰：无号之凶。终不可长也。

阴道消灭，故不长也。《集解》。

姤：

姤，女壮。

消卦也，与复旁通。巽长女，女壮，伤也。阴伤阳，柔消刚，故女壮也。《集解》。

勿用取女。

阴息剥阳，以柔变刚，故勿用取女，不可与长也。《集解》。

后以施命诰四方。

后，继体之君。姤阴在下，故称后。与泰称后同义也。乾为施，巽为命、为诰。复震二月东方，姤五月南方，巽八月西方，复十一月北方，皆总在初，故以诰四方也。孔子行夏之时，经用周家之月，夫子传《彖》《象》以下，皆用夏家月，是故复为十一月，姤为五月矣。《集解》。

初六，系于金柅，贞吉。

柅谓二也。巽为绳，故系柅。乾为金，巽木入金，柅之象也。初四失正，易位乃吉，故贞吉矣。《集解》。

有攸往，见凶，羸豕孚蹢躅。

以阴消阳，往谓成坤，遯子弑父，否臣弑君。夬时，三动离为见，故有攸往，见凶矣。三，夬之四，在夬动而体坎，坎为豕、为孚，巽绳操之，故称羸也。巽为舞、为进退，操而舞，故羸豕孚蹢躅。以喻姤女望于五阳，如豕蹢躅也。《集解》。

《象》曰：系于金柅，柔道牵也。

阴道柔，巽为绳，牵于二也。《集解》。

九二，包有鱼，无咎，不利宾。

巽为白茅，在中称包，《诗》云"白茅包之"。堂案：《释文》引《诗》"包"作"苞"。鱼谓初阴，巽为鱼，二虽失位，阴阳相承，故包有鱼，无咎。"宾"谓四，乾尊称宾，二据四应，故不利宾。或以包为庖厨也。《集解》。《义海撮要》节引。

九三，臀无肤，其行次且，厉，无大咎。

夬时动之坎为臀，艮为肤，二折艮体，故臀无肤。复震为行，其象不正，故其行次且。三得正位，虽则危厉，故无大咎矣。《集解》。

《象》曰:其行次且,行未牵也。

在夬失位,故牵羊。在姤得正,故未牵也。《集解》。

九五,以杞苞瓜,[①]含章。《玩辞》云"苞"字与子夏本同。

杞,杞柳,木名也。巽为杞、为苞,乾圆称瓜,故以杞苞瓜矣。含章谓五也。五欲使初四易位,以阴含阳己得乘之,故曰"含章"。初之四体兑口,故称含也。《集解》。

有陨自天。

陨,落也。乾为天,谓四陨之初,初上承五,故有陨自天矣。《集解》。

《象》曰:九五含章,中正也。有陨自天,志不舍命也。

巽为命也。欲初之四承己,故不舍命矣。《集解》。

上九,姤其角,吝无咎。

乾为首,位在首上,故称角。动而得正,故无咎。《集解》。

萃:

萃,[②]《释文》云无"亨"字。王假有庙。

观上之四也。观乾为王。假,至也。艮为庙,体观享祀,上之四,故假有庙,致孝享矣。《集解》。

利见大人,亨利贞。

大人谓五。三四失位,利之正,变成离,离为见,故利见大人,亨利贞,聚以正也。《集解》。

用大牲吉,利有攸往。

坤为牛,故曰"大牲"。四之三,折坤得正,故用大牲

① "苞",《周易注疏》《周易集解》作"包"。下同。
② "萃"后,《周易注疏》《周易集解》有"亨"字。

吉。三往之四，故利有攸往，顺天命也。《集解》。

致孝享也。

亨，享祀也。五至初有观象，谓享坤牛，故致孝享矣。《集解》。

利见大人亨，聚以正也。

坤为聚，坤三之四，故聚以正也。《集解》。

用大牲吉，利有攸往，顺天命也。

坤为顺，巽为命，三往之四，故顺天命也。《集解》。

观其所聚，而天地万物之情可见矣。

三四易位成离坎，坎月离日，日以见天，月以见地，故天地之情可见矣。与大壮、咸、恒同义也。《集解》。

君子以除戎器，戒不虞。

君子谓五。除，修；戎，兵也。《诗》曰"修尔车马，弓矢戎兵"，阳在三四为修，坤为器，三四之正，离为戎兵、甲胄、飞矢，坎为弓弧，巽为绳，艮为石，谓敹甲胄，锻厉矛矢，故除戎器也。坎为寇，坤为乱，故戒不虞也。《集解》。

初六，有孚不终，乃乱乃萃。

孚谓五也，初四易位，五坎中，故有孚。失正当变，坤为终，故不终。萃，聚也。坤为乱、为聚，故乃乱乃萃。失位不变，则相聚为乱，故象曰"其志乱也"。《集解》。

若号，一握为笑，勿恤，往无咎。

巽为号，艮为手，初称一，故一握。初动成震，震为笑，四动成坎，坎为恤，故若号，一握为笑，勿恤。初之四得正，故往无咎矣。《集解》。号，号令。晁氏。

《象》曰：乃乱乃萃，其志乱也。

坎为志，初堂案：“初”下疑有“不”字。之四，[1]其志乱也。《集解》。

六二，引吉无咎。

应巽为绳，艮为手，故引吉。得正应五，故无咎。利引四之初使避已，已得之五也。《集解》。

孚乃利用禴。

孚谓五，禴，夏祭也。体观象，故利用禴。四之三，故用大牲。离为夏，故禴祭，《诗》曰“禴祭蒸尝”，是其义。《集解》。

《象》曰：引吉无咎，中未变也。

二得正，故不变也。《集解》。

六三，萃如嗟如，无攸利，往无咎小吝。

坤为萃，故萃如。巽为号，故嗟如。失正，故无攸利。动得位，故往无咎小吝，谓往之四。《集解》。

《象》曰：往无咎，上巽也。

动之四，故上巽。《集解》。

九四，大吉无咎。

《象》曰：大吉无咎，位不当也。

以阳居阴，故位不当。动而得正，承五应初，故大吉而无咎矣。《集解》。《义海撮要》。

九五，萃有位无咎，匪孚，元永贞，悔亡。

得位居中，故有位无咎。匪孚，谓四也。四变之正，则五体皆正，故元永贞。与比《彖》同义，四动之初，故悔亡。《集解》。

---

[1] “初”后，《周易集解》有“不”字。

《象》曰:萃有位,志未光也。

阳在坎中,故志未光。与屯五同义。《集解》。

上六,赍资涕洟,[①]无咎。

赍,持;资,赙也,货财丧称赙。自目曰涕,自鼻称洟。坤为财,巽为进,故赍资也。三之四体离坎,艮为鼻,涕泪流鼻目,故涕洟。得位应三,故无咎。上体大过死象,故有赍资涕洟之哀。《集解》。晁氏引首句。

《象》曰:赍资涕洟,未安上也。

乘刚远应,故未安上也。《集解》。

升:

升,元亨。

临初之三,又有临象,刚中而应,故元亨也。《集解》。

用见大人,勿恤。

谓二当之五为大人,离为见,坎为恤,二之五得正,故用见大人勿恤,有庆也。《集解》。

南征吉。

离,南方卦。二之五成离,故南征吉,志行也。《集解》。

《象》曰:柔以时升。

柔谓五,坤也。升谓二。坤邑无君,二当升五虚。震兑为春秋,二升坎离为冬夏,四时象正,故柔以时升也。《集解》。

南征吉,志行也。

二之五,坎为志,震为行。《集解》。

君子以慎德积小,以成高大。

① "资",《周易注疏》《周易集解》作"咨"。下同。

君子谓三。小谓阳息复时,复小为德之本。至二成临,临者,大也。临初之三,巽为高。二之五,艮为慎,坤为积,故慎德积小成高大。《集解》。

九二,孚乃利用禴,无咎。

禴,夏祭也。孚谓二,之五成坎为孚,离为夏,故乃利用禴,无咎矣。《集解》。

《象》曰:九二之孚,有喜也。

升五得位,故有喜。《集解》。

《象》曰:升虚邑,无所疑也。

坎为疑,上得中,故无所疑也。《集解》。

六五,贞吉升阶。

二之五,故贞吉。巽为高,坤为土,震升高,故升阶也。《集解》。《会通》节引。

困:

困,亨。

否二之上,乾坤交,故通也。《集解》。

贞大人吉无咎。

贞大人吉谓五也。在困无应,宜静则无咎,故贞大人吉无咎。《集解》。《义海撮要》节引。

有言不信。

震为言,折入兑,故有言不信。尚口乃穷。《集解》。

刚弇也。《释文》

有言不信,尚口乃穷也。

兑为口,上变口灭,故尚口乃穷。《集解》。

君子以致命遂志。

君子谓三,伏阳也。否坤为致,巽为命,坎为志,三入阴中，故致命遂志也。《集解》。

六三，困于石，据于蒺藜。

二变正时，三在艮山下，故困于石。蒺藜，木名。坎为蒺藜，二变艮手据坎，故据蒺藜者也。《集解》。

入于其宫，不见其妻，凶。

巽为入，二动艮为宫，兑为妻，谓上无应也。三在阴下，离象毁坏，隐在坤中，死其将至，故不见其妻凶也。《集解》。

九四，来荼荼，①困于金轝，②吝有终。

来，欲之初。荼荼，舒迟也。见险，故来荼荼。否乾为金，坤为轝。之应历险，故困于金轝。易位得正，故吝有终矣。《集解》。

九五，劓刖，困于赤绂。

割鼻曰劓，断足曰刖，四动时，震为足，艮为鼻，离为兵，兑为刑，故劓刖也。赤绂谓二，否乾为朱，故赤。坤为绂，二未变应五，故困于赤绂也。《集解》。

乃徐有说。

兑为说，坤为徐，二动应已，故乃徐有说也。《集解》。

上六，困于葛藟，于臲卼。

巽为草莽称葛藟，谓三也。兑为刑人，故困于葛藟，于臲卼也。《集解》。《会通》节引。

曰动悔有悔，征吉。

乘阳，故动悔。变而失正，故有悔。三已变正，已得应之，故征吉也。《集解》。

① "荼荼"，《周易注疏》《周易集解》作"徐徐"。下同。

② "轝"，《周易注疏》《周易集解》作"车"。下同。

《象》曰:困于葛藟,未当也。

谓三未变当位应上故也。《集解》。

动悔有悔,吉行也。

行谓三变,乃得当位之应,故吉行者也。《集解》。

井:

井,改邑不改井。

泰初之五也。坤为邑,乾初之五折坤,故改邑。初为旧井,四应甃之,故不改井。《集解》。

无丧无得,往来井井。

无丧,堂案:此句疑作“坤为丧”。泰初之五,坤象毁坏,故无丧。五来之初,失位无应,故无得。坎为通,故往来井井。往谓之五,来谓之初也。《集解》。

汔至,亦未繘井。

巽绳为繘。汔,几也,谓二也。几至初改,堂案:“改”疑作“故”。未繘井,未有功也。《集解》。

羸其瓶,凶。

羸,钩罗也。艮为手,巽为繘,离为瓶,手繘折其中,故羸其瓶。体兑毁缺,瓶缺漏,故凶矣。《集解》。

井养而不穷也。

兑口饮水,坎为通,往来井井,故养不穷也。《集解》。

未有功也。

谓二未变应五,故未有功也。《集解》。

君子以劳民劝相。

君子谓泰乾也。坤为民,初上成坎为劝,故劳民劝相。相,助也,谓以阳助坤矣。《集解》。

《象》曰:井泥不食,下也。旧井无禽,时舍也。

食，用也。初下称泥。巽为木堂案：“木”疑作“不”。果。无噬嗑食象，下而多泥，故不食也。乾为旧，位在阴下，故旧井无禽，时舍也。谓时舍于初，非其位也，与乾二同义。《集解》。

九二，井谷射鲋，瓮敝漏。

巽为谷、为鲋，鲋，小鲜也。离为瓮，瓮瓶毁缺，羸其瓶凶，故瓮敝漏也。《集解》。

《象》曰：井甃无咎，修井也。

修，治也。以瓦甓垒井称甃。坤为土，初之五成离，离火烧土为瓦治象，故曰“井甃无咎，修井也”。《集解》。

九五，井洌寒泉食。

泉自下出称井。周七月，夏之五月，阴气在下。二已变，坎十一月为寒泉。初二已变，体噬嗑食，故洌寒泉食矣。《集解》。

上六，井收勿幕，有孚元吉。

幕，盖也。收谓以辘轳收繘也。坎为车，应巽绳、为繘，故井收勿幕。有孚谓五坎，坎为孚，故元吉也。《集解》。《义海撮要》《汉上易传》俱节引。

《象》曰：元吉在上，大成也。

谓初二已变，成既济定，故大成也。《集解》。

革：

革，巳日乃孚，元亨利贞，悔亡。

遯上之初，与蒙旁通。悔亡谓四也。四失正，动得位，故悔亡。离为日，孚谓坎。四动体离，五在坎中，故巳日乃孚。以成既济，乾道变化，各正性命，保合太和，乃利贞，故元亨利贞悔亡矣。与乾《彖》同义也。《集解》。《六经天文编》

节引。

《彖》曰：革，水火相息。

息，长也。离为火，兑为水，《系》曰“润之以风雨”，风，巽；雨，兑也。四革之正坎见，故独于此称水也。《集解》。

二女同居，其志不相得，曰革。

二女，离兑，体同人象，蒙艮为居，故二女同居。四变，体两坎象，二女有志，离火志上，兑水志下，故其志不相得，坎为志也。《集解》。

文明以说，大亨以正，革而当，其悔乃亡。

文明谓离，说，兑也。大亨谓乾。四动成既济定，故大亨以正。革而当位，故悔乃亡也。《集解》。

天地革而四时成。

谓五位成乾为天，蒙坤为地。震春兑秋，四之正，坎冬离夏，则四时具坤。革而成乾，故天地革而四时成也。《集解》。

汤武革命，顺乎天而应乎人。

汤武谓乾，乾为圣人。天谓五，人谓三，四动顺五应三，故顺天应人。巽为命也。《集解》。

革之时大矣哉。

革天地，成四时，诛二叔，除民害，天下定，武功成，故大矣哉也。《集解》。堂案：此条雅雨堂本作干宝说。毛本、胡本并作虞翻，未知孰是，姑并存之。

君子以治历明时。

君子，遯乾也。历象谓日月星辰也。离为明，坎为月，离为日，蒙艮为星，四动成坎离，日月得正。天地革而四时成，故君子以治历明时也。《集解》。

《象》曰:巩用黄牛,不可以有为也。

得位无应,动而必凶,故不可以有为也。《集解》。

《象》曰:巳日革之,行有嘉也。

嘉谓五,乾为嘉。四动承五,故行有嘉矣。《集解》。

《象》曰:革言三就,又何之矣。

四动成既济定,故又何之矣。《集解》。

九四,悔亡,有孚,改命吉。

革而当,其悔乃亡。孚谓五也。巽为命,四动,五坎改巽,故改命吉。四乾为君,进退无恒,在离焚弃,体大过死,《传》以比桀纣。汤武革命,顺天应人,故改命吉也。《集解》。

《象》曰:改命之吉,信志也。

四动成坎,故信志也。《集解》。

九五,大人虎变,未占有孚。

乾为大人,谓五也。蒙坤为虎变。传论汤武以坤臣为君。占,视也,离为占。四未之正,五未在坎,故未占有孚也。《集解》。

《象》曰:大人虎变,其文炳也。

乾为大明,四动成离,故其文炳也。《集解》。

上六,君子豹变。

蒙艮为君子、为豹,从乾而更,故君子豹变也。《集解》。

小人革面,征凶,居贞吉。

阴称小人也。面谓四,革为离,以顺承五,故小人革面。乘阳失正,故征凶。得位,故居贞吉。蒙艮为居也。《集解》。

《象》曰:君子豹变,其文蔚也。

蔚,蔇也。兑小,故其文蔚也。《集解》。

小人革面,顺以从君也。

乾君谓五也。四变顺五，故顺以从君也。《集解》。

鼎：

鼎，元吉亨。

大壮上之初，与屯旁通。天地交，柔进上行，得中应乾五刚，故元吉亨也。《集解》。

《彖》曰：鼎，象也。以木巽火，亨饪也。

六十四卦皆观堂案："观"下疑有"象"字。系辞，而独于鼎言象，何也？象事知器，故独言象也。《集解》。《学斋占毕》。

圣人亨，以享上帝，而大亨以养圣贤。

圣人谓乾。初四易位体大畜，震为帝，在乾天上，故曰"上帝"。体颐象，三动噬嗑食，故以享上帝也。大亨谓天地养万物，圣人养贤，以及万民。贤之能者称圣人矣。《集解》。

巽而耳目聪明。

谓三也。三在巽上，动成坎离，有两坎两离象，乃称聪明。日月相推而明生焉，故巽而耳目聪明。眇而视，不足以有明。闻言不信，聪不明，皆有一离一坎象故也。《集解》。

柔进而上行，得中而应乎刚，是以元亨。

柔谓五，得上中，应乾五刚，巽为进，震为行。非谓应二刚，与睽五同义也。《集解》。

君子以正位凝命。

君子谓三也。鼎五爻失正，独三得位，故以正位。凝，成也。体姤谓堂案："谓"疑作"为"。阴始凝初，巽为命，故君子以正位凝命也。《集解》。《义海撮要》。

初六，鼎颠趾。

趾，足也。应在四，大壮震为足，折入大过，大过，颠也，故鼎颠趾也。《集解》。

利出否，得妾以其子，无咎。

初阴在下，故否。利出之四，故曰"利出"。兑为妾，四变得正成震，震为长子，继世守宗庙而为祭主，故得妾以其子，无咎矣。《集解》。

利出否，以从贵也。

出初之四，承乾五，故以从贵也。《集解》。

九二，鼎有实，我仇有疾，不我能即，吉。

二为实，故鼎有实也。坤为我，谓四也。二据四妇，堂案：妇，《汉上易传》作"家"。故相与为仇。谓三变时，四体坎，坎为疾，故我仇有疾。四之二历险，二动得正，故不我能即，吉。《集解》。《汉上易传》节引。

《象》曰：鼎有实，慎所之也。

二变之正，艮为慎。《集解》。

我仇有疾，终无尤也。

不我能即，吉，故终无尤也。《集解》。

九三，鼎耳革，其行塞，雉膏不食。

动成两坎，坎为耳，而革在乾，故鼎耳革。初四变时，震为行，鼎以耳行。伏坎，震折而入乾，故其行塞。离为雉，坎为膏，初四已变，三动体颐，颐中无物，离象不见，故雉膏不食。《集解》。雉膏，八珍之一。晁氏。

方雨亏悔，终吉。

谓四已变，三动成坤，坤为方，坎为雨，故曰"方雨"。三动亏乾而失位，悔也。终复之正，故方雨亏悔，终吉也。《集解》。

《象》曰：鼎耳革，失其义也。

鼎以耳行，耳革行塞，故失其义也。《集解》。

九四，鼎折足，覆公餗，其刑渥，[1]凶。

谓四变时，震为足，足折入兑，故鼎折足。兑为刑，渥，大刑也。鼎足折，则公餗覆，言不胜任。象入大过死，凶，故鼎折足，覆公餗，其刑渥，凶。《集解》。堂案："刑"字今本作"形"，古通用。《家语·屈节解》云："诚于此者刑乎彼。"《颜氏家训·名实》篇作"形于彼"，《吕氏春秋·大乐》篇："萌芽始震，凝凙以形。"《御览》引作"萌芽始厥，凝寒以刑"，《汉上易传》引此亦作"形"。"渥"字，《汉上易传》及晁氏并作"剭"，晁氏引虞云："剭，重刑也。"颜师古《汉书·叙传》注曰："剭者，厚刑，谓重诛也。"亦与此合。餗，八珍之具。《释文》。

六五，鼎黄耳，金铉，利贞。

离为黄，三变，坎为耳，故鼎黄耳。铉谓三，贯鼎两耳，乾为金，故金铉。动而得正，故利贞。《集解》。

上九，鼎玉铉，大吉，无不利。

铉谓三，乾为玉铉。体大有上九，自天右之，位贵据五，三动承上，故大吉，无不利。谓三亏悔应上，成未济，虽不当位，六位相应，故刚柔节。《象》曰"巽堂案：'巽'下疑有'而'字。耳目聪明"，为此九三发也。《集解》。

震：

震，亨，震来虩虩。

临二之四，天地交，故通。虩虩谓四也。来应初，初命四变而来应己，四失位多惧，故虩虩。之内曰来也。《集解》。

笑言哑哑。

① "刑"，《周易注疏》《周易集解》作"形"。下同。

哑哑，笑且言，谓初也。得正有则，故笑言哑哑，后有则也。《集解》。

震惊百里，不丧匕鬯。

谓阳。从临二阴为百二十，举其大数，故当震百里也。坎为棘匕，上震为鬯，坤为丧，二上之坤成震，体坎，得其匕鬯，故不丧匕鬯也。《集解》。

《彖》曰：震亨，震来虩虩，恐致福也。

惧变，承五应初，故恐致福也。《集解》。

笑言哑哑，后有则也。

则，法也。坎为则也。《集解》。

震惊百里，惊远而惧迩也。

远谓四，近谓初，震为百。谓四出惊远，初应惧近也。《集解》。

出可以守宗庙社稷，以为祭主也。

谓五出之正，震为守，艮为宗庙社稷，长子主祭器，故以为祭主也。《集解》。

《象》曰：洊雷，震。君子以恐惧修省。

君子谓临二，二出之坤四，体堂案："体"下疑有"复"字。以修身。坤为身，二之四，以阳照坤，故以恐惧修省。《老子》曰"修之身，德乃真"也。《集解》。

初九，震为虩虩，后笑言哑哑，吉。

虩虩谓四也。初位在下，故后笑言哑哑。得位，故吉也。《集解》。

《象》曰：震来虩虩，恐致福也。

阳称福。《集解》。

笑言哑哑，后有则也。

得正,故有则也。《集解》。

六二,震来厉,亿堂案:亿,《汉上易传》引作“噫”,云:“于其反。”下同。丧贝,跻于九陵,勿逐,七日得。

厉,危也。乘刚故厉。亿,惜辞也。坤为丧。三动,离为嬴蚌,故称贝。在艮山下,故称陵。震为足,足乘初九,故跻于九陵。震为逐,谓四已体复象,故丧贝勿逐。三动时,离为日,震数七,故七日得者也。《集解》。

六三,震苏苏,震行无眚。

《象》曰:震苏苏,位不当也。

死而复生称苏,三死坤中,动出得正,震为生,故苏苏。坎为眚,三出得正,坎象不见,故无眚。《春秋传》曰“晋获秦谍,六日而苏”也。《集解》。

九四,震遂泥。

坤土得雨为泥,位在坎中,故遂泥也。《集解》。

《象》曰:震遂泥,未光也。

在坎阴中,与屯五同义,故未光也。《集解》。

六五,震往来厉。

往谓乘阳,来谓应阴,失位乘刚,故往来厉也。《集解》。

亿无丧有事。

坤为丧也。事谓祭祀之事。出而体随,王享于西山,则可以守宗庙社稷为祭主,故无丧有事也。《集解》。

《象》曰:震往来厉,危行也。

乘刚山顶,故危行也。《集解》。

其事在中,大无丧也。

动出得正,故无丧。《集解》。

上六,震索索,视矍矍。

上谓四也。欲之三隔坎，故震索索。三已动，应在离，故矍矍者也。《集解》。

征凶，震不于其躬于其邻，无咎，婚媾有言。

上得位，震为征，故征凶。四变时，坤为躬，邻谓五也。四上之五，震东兑西，故称邻。之五得正，故不于其躬于其邻，无咎。谓三已变，上应三，震为言，故婚媾有言。《集解》。

《象》曰：震索索，中未得也。

四未之五，故中未得也。《集解》。

虽凶无咎，畏邻戒也。

谓五正位，已乘之逆，畏邻戒也。《集解》。

艮：

艮其背，不获其身，行其庭，不见其人，无咎。

观五之三也。艮为多节，故称背。观坤为身，观五之三，折坤为背，故艮其背。坤象不见，故不获其身。震为行人，艮为庭，坎为隐伏，故行其庭不见其人。三得正，故无咎。《集解》。

《彖》曰：艮，止也。

位穷于上，故止也。《集解》。

时止则止，时行则行。

时止谓上阳穷止，故止。时行，谓三体处震，为行也。《集解》。

动静不失其时，其道光明。

动谓三，静谓上，艮止则止，震行则行，故不失时。五动成离，故其道光明。《集解》。

艮其止，止其所也。

谓两象各止其所。《集解》。

上下敌应，不相与也。

艮其背，背也。两象相背，故不相与也。《集解》。

《象》曰：兼山，艮。君子以思不出其位。

君子谓三也。三君子位，震为出，坎为隐伏、为思，故以思不出其位也。《集解》。

初六，艮其趾，无咎，利永贞。

震为趾，故艮其趾矣。失位变得正，故无咎，永贞也。《集解》。

《象》曰：艮其趾，未失正也。

动而得正，故未失正也。《集解》。

六二，艮其腓，不拯其随，其心不快。

巽长为股，艮小为腓。拯，取也。随谓下二阴。艮为止，震为动，故不拯其随。坎为心，故其心不快。《集解》。

《象》曰：不拯其随，未违听也。①

坎为耳，故未违听也。《集解》。

九三，艮其限，裂其夤，厉阍心。

限，要带处也。《释文》作"限，要也"。坎为要，五来之三，故艮其限。夤，脊肉，艮为背，坎为脊，艮为手，震起艮止，故裂其夤。坎为心，厉，危也。艮为阍，阍，守门人，坎盗动门，故厉阍心。古"阍"作"熏"字，马因言熏灼其心，未闻易道以坎水熏灼人也。荀氏以"熏"为"勋"，读作"动"，皆非也。《集解》。《学斋占毕》。

《象》曰：艮其限，危阍心也。

坎为心，坎盗动门，故危阍心也。《集解》。

① "违"，《周易注疏》《周易集解》作"退"。下同。

六四，艮其身，无咎。

身，腹也。观坤为身，故艮其身。得位承五，故无咎。或谓妊身也。五动则四体离妇，离为大腹，孕之象也，故艮其身。得正承五而受阳施，故无咎。《诗》曰“大任有身，生此文王”也。《集解》。

《象》曰：艮其身，止诸躬也。

艮为止，五动乘四则妊身，故止诸躬也。《集解》。

六五，艮其辅，言有孚，悔亡。

辅，面颊骨，上颊车者也。三至上体颐象，艮为止，在坎车上，故艮其辅，谓辅车相依。震为言，五失位，悔也，动得正，故言有孚，悔亡也。《集解》。《会通》节引。

《象》曰：艮其辅，以中正也。

五动之中，故以正中也。《集解》。

上九，敦艮吉。

无应静止，下据二阴，故敦艮吉也。《集解》。

《象》曰：敦艮之吉，以厚终也。

坤为厚，阳上据坤，故以厚终也。《集解》。

渐：

渐，女归吉，利贞。

否三之四，女谓四。归，嫁也。坤三之四承五，进得位，往有功。反成归妹，兑堂案：“兑”疑作“故”。女归吉。初上失位，故利贞，可以正邦也。《集解》。

《彖》曰：渐之进也。女归吉也。晁氏云无“也”字。

三进四得位，阴阳体正，故吉也。《集解》。

进得位，往有功也。

功谓五，四进承五，故往有功，巽为进也。《集解》。

进以正，可以正邦也。其位，刚得中也。

谓初已变为家人，四进已正而上不正，三动成坤为邦，上来反三，故进以正，可以正邦。其位，刚得中。与家人道正同义。三在外体之中，故称得中。乾《文言》曰“中不在人”，谓三也。此可谓上变既济定者也。《集解》。

止而巽，动不穷也。

止，艮也。三变，震为动。上之三据坤，动震成坎，坎为通，故动不穷。往来不穷谓之通。《集解》。

《象》曰：山上有木，渐。君子以居贤德善俗。

君子谓否乾。乾为贤德，坤阴小人柔弱为俗。乾四之坤，为艮为居，以阳善阴，故以居贤德善俗也。《集解》。

初六，鸿渐于干，小子厉，有言无咎。

鸿，大雁也。离五，鸿。渐，进也。小水从山流下称“干”。艮为山，为小径。坎水流下山，故鸿渐于干也。艮为小子，初失位，故厉。变得正，三动受上成震，震为言，故小子厉有言，无咎也。《集解》。

《象》曰：小子之厉，义无咎也。

动而得正，故义无咎也。《集解》。

六二，鸿渐于磐，饮食衎衎，吉。

艮为山石，坎为聚，聚石称磐。初已之正，体噬嗑食，坎水阳物，并在颐中，故饮食衎衎。得正应五，故吉。《集解》。

《象》曰：饮食衎衎，不素饱。①

素，空也。承三应五，故不素饱。《集解》。

九三，鸿渐于陆。

① “饱”后，《周易注疏》《周易集解》有“也”字。

高平称陆。谓初已变，坎水为平，三动之坤，故鸿渐于陆。《集解》。

夫征不复。

谓初已之正，三动成震，震为征、为夫，而体复象，坎阳死坤中，坎象不见，故夫征不复也。《集解》。

妇孕不育，凶。

孕，妊娠也。育，生也。巽为妇，离为孕，三动成坤，离毁失位，故妇孕不育，凶。《集解》。《汉上易丛说》节引。

利用御寇。

御，当也。坤为用，巽为高，艮为山，离为戈兵甲胄，坎为寇，自上御下，三动坤顺，坎象不见，故利用御寇，顺相保。保，大也。《集解》。

《象》曰：夫征不复，离群丑也。

坤三爻为丑，物三称群也。《集解》。

妇孕不育，失其道也。

三动离毁，阳陨坤中，故失其道也。《集解》。

利用御寇，顺相保也。

三动坤顺，坎象不见，故以顺相保也。《集解》。

六四，鸿渐于木，或得其桷，无咎。

巽为木。桷，椽也。方者谓之桷。巽为交、为长木，艮为小木，坎为脊，离为丽，小木丽长木，巽绳束之，象脊之形，椽桷象也，故或得其桷。得位顺五，故无咎。四已承五，又顾得三，故或得其桷也矣。《集解》。

《象》曰：或得其桷，顺以巽也。

坤为顺，以巽顺五。《集解》。

九五，鸿渐于陵，妇三岁不孕。

陵，丘，妇谓四也。三动受上时，而四体半艮山，故称陵。巽为妇，离为孕，坎为岁，三动离坏，故妇三岁不孕。《集解》。

终莫之胜吉。

莫，无；胜，陵也。得正居中，故莫之胜吉。上终变之三，成既济定，坎为心，故象曰“得所愿也”。《集解》。

《象》曰：终莫之胜吉，得所愿也。

上之三，堂案：“三”下疑有“成”字。既济定，故得所愿也。《集解》。《汉上丛说》节引。

上九，鸿渐于陆。

陆谓三也。三坎为平，变而成坤，故称陆也。

其羽可用为仪，吉。

谓三变受，堂案：“受”下疑有“上”字。成既济，与家人《彖》同义。上之三得正，离为鸟，故其羽可用为仪，吉。三动失位，坤为乱，乾四止坤，堂案：此句疑作“乾上正坤”。《象》曰“不可乱”，《彖》曰“进堂案：‘进’疑作‘可’。以正邦”，为此爻发也。三已得位，又变受上，权也。孔子曰“可与适道，未可与权”，宜无怪焉。《集解》。

《象》曰：其羽可用为仪，吉，不可乱也。

坤为乱，上来正坤，六爻得位，成既济定，故不可乱也。《集解》。

归妹：

归妹。

归，嫁也。兑为妹。泰三之四，坎月离日，俱归妹象。阴阳之义配日月，则天地交而万物通，故以嫁娶也。《集解》。史徵《口诀义》云：“归妹者，女子以嫁为归。归妹即是从娣而嫁，故曰归妹也。古者，诸侯一娶九女，侄娣从之。虞翻云：‘九女者，贵其男女继嗣宗享不绝也。’”

征凶。

谓四也。震为征，三之四不当位，故征凶也。《集解》。

无攸利。

谓三也。四之三，失正无应，以柔乘刚，故无攸利也。《集解》。

《象》曰：归妹，天地之大义也。

乾天坤地，三之四，天地交，以离日坎月战阴阳，阴阳之义配日月，则万物兴，故天地之大义。乾主壬，坤主癸，日月会北。震为玄黄，天地之杂。震东兑西，离南坎北。六十四卦，此象最备四时正卦，故天地之大义也。《集解》。

天地不交而万物不兴。

乾三之坤四，震为兴，天地以离坎交阴阳，故天地不交则万物不兴矣。《集解》。

归妹，人之终始也。

人始生乾而终于坤，故人之终始。《杂卦》曰“归妹，女之终”。谓阴终坤癸，则乾始震庚也。《集解》。

说以动，所归妹也。

说，兑；动，震也。谓震嫁兑，所归必妹也。《集解》。

君子以永终知敝。

君子谓乾也。坤为永终、为敝，乾为知，三之四为永终，四之三兑为毁折，故以永终知敝。《集解》。

初九，归妹以娣，跛而履，征吉。

震为兄，故嫁妹，谓三也。初在三下，动而应四，故称娣。履，礼也。初九堂案：“九”疑作“无”。应变成坎，坎为曳，故跛而履。应在震为征，初为娣，变为阴，故征吉也。《集解》。

《象》曰：归妹以娣，以恒也。跛而履吉，相承也。

阳得正，故以恒。恒堂案：下“恒”字疑作“也”。动初承二，堂案：“二”疑作“四”。故吉相承也。《集解》。

九二，眇而视，利幽人之贞。

视，应五也。震上兑下，离目不正，故眇而视。幽人谓二，初动二在坎中，故称幽人。变得正，震喜兑说，故利幽人之贞，与履二同义也。《集解》。

《象》曰：利幽人之贞，未变常也。

常，恒也。乘初未之五，故未变常矣。《集解》。

六三，归妹以须，反归以娣。

须，需也。初至五体需象，故归妹以须。娣谓初也。震为反，反马归也。三失位，四反得正，兑进在四，见初进之，初在兑后，故反归以娣。《集解》。

《象》曰：归妹以须，位未当也。①

三未变之阳，故位未当。《集解》。

九四，归妹愆期，迟归有时。

愆，过也。谓二变，三动之正，体大过象，坎月离日为期。三变，日月不见，故愆期。坎为曳，震为行，行曳，故迟也。归谓反三。震春兑秋，坎冬离夏，四时体正，故归有时也。《集解》。

《象》曰：愆期之志，有待而行也。

待男行矣。《集解》。

---

① “位”，《周易注疏》《周易集解》无此字。

六五，帝乙归妹，其君之袂，不如其娣之袂良。

三四已正，震为帝，坤为乙，故曰“帝乙”。泰乾为良、为君，乾在下为小君，则妹也。袂口，袂之饰也。兑为口，乾为衣，故称袂。谓三失位无应，娣袂谓二，得中应五，三动成乾为良，故其君之袂，不如其娣之袂良，故《象》曰“以贵行也”矣。《集解》。

月几望，吉。

几，其也。坎月离日，兑西震东，日月象对，故曰“几望”。二之五四，复三得正，故吉也。与小畜、中孚月几望同义也。《集解》。

《象》曰：帝乙归妹，不如其娣之袂良也。

三四复正，乾为良。《集解》。

其位在中，以贵行也。

三四复，堂案：“复”下疑有“正”字。二之五，成既济，五贵，故以贵行也。《集解》。

上六，女承筐，无实。

女谓应三兑也。自下受上称承，震为筐。以阴应阴，三四复位，坤为虚，故无实，《象》曰“承虚筐也”。《集解》。

士刲羊无血，无攸利。

刲，刺也。震为士，兑为羊，离为刀，故士刲羊。三四复位成泰，坎象不见，故无血。三柔承堂案：“承”疑作“乘”。刚，故无攸利也。《集解》。

《象》曰：上六无实，承虚筐也。

泰坤为虚，故承虚筐也。《集解》。

丰：

丰，亨。

此卦三阴三阳之例，当从泰二之四。而丰三从噬嗑上来之三，折四于坎狱中而成丰，故君子以折狱致刑。阴阳交故通，噬嗑所谓利用狱者，此卦之谓也。《集解》。《汉上易丛说》节引。

王假之。

乾为王。假，至也。谓四宜上至五，动之正成乾，故王假之，尚大也。《集解》。

勿忧，宜日中。

五动之正，则四变成离，离日中当五，在坎中，坎为忧，故勿忧，宜日中。体两离象照天下也。日中则昃，月盈则食。天地盈虚，与时消息。《集解》。

宜照天下也。

五动成乾，乾为天，四动成两离，重明丽正，故宜照天下，谓化成天下也。《集解》。

月盈则食。①

月之行，生震见兑，盈于乾甲。五动成乾，故月盈。四变，体噬嗑食，故则食。此丰其屋，蔀其家也。《集解》。

天地盈虚，与时消息，而况于人乎，况于鬼神乎。

五息成乾为盈，四消入坤为虚，故天地盈虚也。丰之既济，四时象具。乾为神人，坤为鬼。鬼神与人，亦随时消息，谓人谋鬼谋，百姓与能，与时消息。《集解》。

君子以折狱致刑。

君子谓三。噬嗑四失正，系在坎狱中。故上之三。折四入大过死象，故以折狱致刑。兑折为刑。贲三得正，故无敢折狱也。《集解》。

---

① “食”，《周易集解》作“蚀”。

初九，遇其配主。堂案："配"当作"妃"。

妃嫔谓四也。四失位，在震为主。五动体姤遇，故遇其妃主也。[①]《集解》。

虽旬无咎，往有尚。

谓四失位，变成坤，应初，坤数十。四上之五成离，离为日。《集解》。

《象》曰：虽旬无咎，过旬灾也。

体大过，故过旬灾。四上之五，坎为灾也。《集解》。

六二，丰其蔀，日中见斗，往得疑疾。

日蔽云中称蔀。蔀小，谓四也。二利四之五，故丰其蔀。噬嗑离为见，象在上为日中，艮为斗。斗，七星也。噬嗑艮为星、为止，坎为北中，巽为高舞。星止于中而舞者，北斗之象也。离上之三，隐坎云下，故日中见斗。四往之五，得正成坎，坎为疑疾，故往得疑疾也。《集解》。

有孚发若，吉。

坎为孚。四发之五成坎孚，动而得位，故有孚发若吉也。《集解》。

《象》曰：有孚发若，信以发志也。

四发之五，坎为志也。《集解》。

九三，丰其沛，日中见沬。堂案：《释文》引《子夏传》云："昧，星之小者。"晁氏以为虞同子夏。

日在云下称沛。沛，不明也。沬，小星也。噬嗑离为日，艮为沬，故日中见沬。上之三，日入坎云下，故见沬也。《集解》。《义海撮要》节引。

① "妃"，《周易集解》作"配"。

折其右肱，无咎。

兑为折、为右，噬嗑艮为肱。上来之三，折艮入兑，故折其右肱。之三得正，故无咎也。《集解》。

《象》曰：丰其沛，不可大事也。

利四之阴，故不可大事。《集解》。

折其右肱，终不可用也。

四死大过，故终不可用。《集解》。

九四，丰其蔀。

蔀，蔽也。噬嗑离日之坎云中，故丰其蔀。《象》曰“位不当也”。《集解》。

日中见斗。

噬嗑日在上为中。上之三为巽，巽为入。日入坎云下，幽伏不明，故日中见斗。《象》曰“幽不明”，是其义也。《集解》。

遇其夷主，吉。

震为主，四行之正成明夷，则三体震为夷主，故遇其夷主，吉也。《集解》。

《象》曰：丰其蔀，位不当也。日中见斗，幽不明也。

离上变入坎云下，故幽不明。坎，幽也。《集解》。

遇其夷主，吉行也。

动体明夷，震为行，故曰“吉行”。《集解》。

六五，来章，有庆誉，吉。

在内称来。章，显也。庆谓五，阳出称庆也。誉谓二，二多誉。五发得正，则来应二，故来章，有应誉，吉也。《集解》。

《象》曰：六五之吉，有庆也。

动而成乾，乾为庆。《集解》。

上六，丰其屋。蔀其家。

丰大，蔀小也。三至上体大壮屋象，故丰其屋。谓四五已变，上动成家人。大屋见则家人坏，故蔀其家。与泰二同义。故《象》曰“天降堂案：孟喜本“际”亦作“降”。祥明，以大壮为屋象故也”。《集解》。

窥其户，阒其无人。三岁不觌，凶。

谓从外窥三应。阒，空也。四动时，坤为阖。户阖，故窥其户。坤为空虚，三隐伏坎中，故阒其无人，《象》曰“自藏也”。四五易位，噬嗑离目为窥。窥堂案：下“窥”字疑作“无”。人者，言皆不见。坎为三岁，坤冥在上，离象不见，故三岁不觌，凶。《集解》。

窥其户，阒其无人，自藏也。

谓三隐伏坎中，故自藏者也。《集解》。

旅：

旅，小亨，旅贞吉。

贲初之四，否三之五，非乾坤往来也。与噬嗑之丰同义。小谓柔，得贵位而顺刚，丽乎大明，故旅小亨，旅贞吉。再言旅者，谓四凶恶，进退无恒，无所容处，故再言旅，恶而愍之。《集解》。

旅之时义大矣哉。

以离日丽天，悬象著明，莫大日月，故义大也。《集解》。

君子以明慎用刑，而不留狱。

君子谓三。离为明，艮为慎，兑为刑，坎为狱，贲初之四，狱象不见，故以明慎用刑，而不留狱，与丰折狱同义者也。《集解》。

《象》曰:旅琐琐,志穷灾也。

琐琐,最蔽之貌也。失位远应,之正介坎。坎为灾眚,艮手为取。谓三动应坎,坎为志,坤称穷,故曰“志穷灾也”。《集解》。

《象》曰:得僮仆贞,终无尤也。

艮为僮仆,得正承三,故得僮仆贞而终无尤也《集解》。

九三,旅焚其次,丧其僮仆,贞厉。

离为火,艮为僮仆。三动艮坏,故焚其次。坤为丧,三动艮灭入坤,故丧其僮仆。动而失正,故贞厉矣。《集解》。

《象》曰:旅焚其次,亦以伤矣。

三动体剥,故伤也。《集解》。

以旅与下,其义丧也。

三变成坤,坤为下、为丧,故其义丧也。《集解》。

九四,旅于处,得其资斧,我心不快。

巽为处。四焚弃恶人,失位远应,故旅于处,言无所从也。离为资斧,故得其资斧。三动,四坎为心,其位未至,堂案:“至”疑作“正”。故我心不快也。《集解》。

六五,射雉,一矢亡。

三变坎为弓,离为矢,故射雉。五变乾体,堂案:疑作“体乾”。矢动雉飞,雉象不见,故一矢亡矣。《集解》。

终以誉命。

誉谓二,巽为命。五终变成乾,则二来应己,故终以誉命。《集解》。

《象》曰:终以誉命,上逮也。

逮,及也。谓二上及也。《集解》。

上九,鸟焚其巢,旅人先笑后号咷。

离为鸟、为火，巽为木、为高。四失位变，震为筐，巢之象也。今巢象不见，故鸟焚其巢。震为笑，震在前，故先笑。应在巽，巽为号咷，巽象在后，故后号咷。《集解》。

丧牛于易，凶。

谓三动时，坤为牛。五动成乾，乾为易。上失三，五动应二，故丧牛于易。失位无应，故凶也。五动成遯，六二执之用黄牛之革，则旅家所丧牛也。《集解》。

《象》曰：以旅在上，其义焚也。

离火焚巢，故其义焚也。《集解》。

丧牛之凶，[①]终莫之闻也。

坎耳入兑，故终莫之闻。《集解》。

巽：

巽，小亨，利有攸往，利见大人。

遯二之四。柔得位而顺五刚，故小亨也。大人谓五，离目为见。二失位利正，往应五，故利有攸往，利见大人矣。《集解》。

刚巽乎中正而志行。

刚中正谓五也。二失位，动成坎，坎为志，终变为震，震为行也。《集解》。

《象》曰：随风，巽。君子以申命行事。

君子谓遯乾也。巽为命，重象，故申命。变至三，坤为事，震为行，故行事也。《集解》。

初六，进退，利武人之贞。

巽为进退，乾为武人。初失位，利之正为乾，故利武人

① “凶”，《周易注疏》《周易集解》作“易”。

之贞矣。《集解》。

利武人之贞，志治也。

动而成乾，乾为大明，故志治，乾元用九，天下治，是其义也。《集解》。

九三，频巽，吝。

频，頞也。谓二已变，三体坎艮，坎为忧，艮为鼻，故频巽。无应在险，故吝也。《集解》。

六四，悔亡，田获三品。

田谓二也，地中称田。失位无应，悔也，欲二之初，已得应之，故悔亡。二动得正，处中应五，五多功，故《象》曰"有功也"。二动，艮为手，故称获。谓艮为狼，坎为豕，艮二之初，离为雉，故获三品矣。《集解》。

九五，贞吉悔亡，无不利，无初有终。

得位处中，故贞吉悔亡，无不利也。震巽相薄，雷风无形，当变之震矣。巽究为躁卦，故无初有终也。《集解》。

先庚三日，后庚三日，吉。

震，庚也。谓变初至二成离，至三成震，震主庚，离为日，震三爻在前，故先庚三日，谓益时也。动四至五成离，终上成震，震爻在后，故后庚三日也。巽初失正，终变成震得位，故无初有终，吉。震究为蕃鲜白，谓巽白，堂案：此四字，疑当作"蕃鲜谓巽"。巽究为躁卦，躁卦谓震也。与蛊"先甲三日，后甲三日"同义。五动成蛊，乾成于甲，震成于庚。阴阳，天地之始终，故经举甲庚于蛊彖、巽五也。《集解》。《六经天文编》节引。

《象》曰：九五之吉，位正中也。

居中得正，故吉也。《集解》。

上九，巽在床下。

床下谓初也。穷上反下成震，故"巽在床下"。《象》曰"上穷也"，明当变穷上而复初者也。《集解》。

丧其齐斧，贞凶。

变至三时，离毁入坤，坤为丧，巽为齐，离为斧，故丧其齐斧。三变失位，故贞凶。《集解》。

《象》曰：巽在床下，上穷也。

阳穷上反下，故曰"上穷也"。《集解》。

丧其齐斧，正乎凶也。

上应于三，三动失正，故曰"正乎凶也"。《集解》。

兑：

兑，亨利贞。

大壮五之三也。刚中而柔外，二失正，动应五承三，故亨利贞也。《集解》。

《彖》曰：兑，说也。

兑口，故说也。《集解》。

刚中而柔外，说以利贞。

刚中谓二五，柔外谓三上也。二三四利之正，故说以利贞也。《集解》。

是以顺乎天而应乎人。

大壮乾为天，谓五也。人谓三矣。二变顺五承三，故顺乎天应乎人。坤为顺也。《集解》。

说以先民，民忘其劳。

谓二四已变成屯，坎为劳，震喜兑说，坤为民，坎为心，民心喜说，有顺比象，故忘其劳也。《集解》。

说以犯难，民忘其死。

体屯，故难也。三至上体大过死，变成屯，堂案：“屯”疑作“震”。民说无疆，故民忘其死。坎心为忘，或以坤为死也。《集解》。

说之大，民劝矣哉。

体比顺象，故劳而不怨。震为喜笑，故人劝也。《集解》。

《象》曰：丽泽，兑。君子以朋友讲习。

君子，大壮乾也。阳息见兑，学以聚之，问以辩之。兑二阳同类为朋，伏艮为友，坎为习，震为讲，兑两口对，故朋友讲习也。《集解》。

初九，和兑，吉。

得位，四变应己，故和兑吉矣。《集解》。

《象》曰：和兑之吉，行未疑也。

四变应初，震为行，坎为疑，故行未疑。《集解》。

九二，孚兑，吉，悔亡。

孚谓五也。四已变，五在坎中称孚，二动得位应之，故孚兑，吉，悔亡矣。《集解》。

《象》曰：孚兑之吉，信志也。

二变应五，谓四已变，坎为志，故信志也。《集解》。

六三，来兑，凶。

从大壮来。失位，故来兑凶矣。《集解》。

九四，商兑未宁，介疾有喜。

巽为近利市三倍，故称商兑。变之坎，水性流，震为行，谓二已变，体比象，故未宁，与比不宁方来同义也。坎为疾，故介疾。得位承五，故有喜。《集解》。

《象》曰：九四之喜，有庆也。

阳为庆，谓五也。《集解》。

九五，孚于剥，有厉。

孚谓五也。二四变，体剥象，故孚于剥。在坎未光，有厉也。《集解》。

上六，引兑。

无应乘阳，动而之堂案："之"下疑有"三"字。巽为绳。艮为手。应在三，三未之正，故引兑也。《集解》。

《象》曰：上六引兑，未光也。

二四已变而体屯，上三未为离，故未光也。《集解》。

涣：

涣，亨。

否四之二，成坎巽，[1]天地交，故亨也。《集解》。

王假有庙。

乾为王，假，至也。否体观，艮为宗庙，乾四之坤二，故王假有庙，王乃在中也。《集解》。

利涉大川，利贞。

坎为大川，涣，舟楫象，故涉大川，乘木有功。二失正，变应五，故利贞也。[2]《集解》。

利涉大川，乘木有功也。

巽为木，坎为水，故乘木有功也。《集解》。

《象》曰：风行水上，涣。先王以享于帝立庙。

否乾为先王。享，祭也。震为帝、为祭，艮为庙，四之二杀坤大牲，故以享帝立庙，谓成既济，有噬嗑食象故也。《集解》。

① "巽"，《周易集解》作"震"。

② "利贞"，《周易集解》作"利居贞"。

初六，用拯马壮，吉，悔亡。[1] 堂案：今本及《集解》本俱无“悔亡”二字，《汉上易传》引虞本有之，今据补。

坎为马，初失正，动，体大壮得位，故拯马壮吉，悔亡之矣。《集解》。

《象》曰：初六之吉，顺也。

承二，故顺也。《集解》。

九二，涣奔其机，悔亡。

震为奔，坎为棘、为矫輮，震为足，輮棘有足，艮肱据之，凭机之象也。涣宗庙中故设机，二失位变得正，故涣奔其机，悔亡也。《集解》。

《象》曰：涣奔其机，得愿也。

动而得位，故得愿也。《集解》。

六四，涣其群，元吉。

谓二已变成坤，坤三爻称群，得位顺五，故元吉也。《集解》。

涣有丘，匪夷所思。

位半艮山，故称丘。匪，非也。夷谓震，四应在初，三变，坎为思，故匪夷所思也。《集解》。

《象》曰：涣其群元吉，光大也。

谓三已变成离，故四光大也。《集解》。

《象》曰：王居无咎，正位也。

五为王，艮为居，正位居五，四阴顺命，故王居无咎，正位也。《集解》。

上九，涣其血，去逖出，无咎。

---

① “悔亡”，《周易注疏》《周易集解》无此二字。

应在三，坎为血、为逖，逖，忧也。二变为观，坎象不见，故其血去逖出，无咎。《集解》。

《象》曰：涣其血，远害也。

乾为远，坤为害，体遯上，故远害也。《集解》。

节：

节，亨。

泰三之五，天地交也。五当位以节，中正以通，故节亨也。《集解》。

苦节不可贞。

谓上也。应在三，三变，成离火。炎上作苦。位在火上，故苦节。虽得位乘阳，故不可贞。《集解》。

苦节不可贞，其道穷也。

位极于上，乘阳，故穷也。《集解》。

说以行险。

兑说坎险，震为行，故说以行险也。《集解》。

当位以节，中正以通。

中正谓五，坎为通也。《集解》。

天地节而四时成。

泰，乾天、坤地、震春、兑秋、坎冬，三动离为夏，故天地节而四时成也。《集解》。

节以制度，不伤财，不害民。

艮手称制，坤数十为度。坤又为害、为民、为财，二动体剥，剥为伤。三出复位成既济定，坤剥不见，故节以制度，不伤财，不害民。《集解》。

君子以制数度，议德行。

君子，泰乾也。艮止为制，坤为度，震为议、为行，乾为德,故以制数度,议德行。乾三之五为制数度,坤五之乾为议德行也。《集解》。

初九,不出户庭,无咎。

泰坤为户,艮为庭,震为出,初得位应四,故不出户庭,无咎矣。《集解》。

《象》曰:不出户庭,知通塞也。

坎为通。二变,坤土壅初为塞。《集解》。

九二,不出门庭,凶。

变而之坤,艮为门庭。二失位,不变出门应五则凶,故言不出门庭,凶矣。《集解》。

《象》曰:不出门庭凶,失时极也。

极,中也。未变之正,失时极矣。《集解》。

六三,不节若,则差若,①无咎。

三,节家君子也。失位,故堂案:"故"下疑有"不"字。节若。嗟,哀号声。震为音声、为出,三动得正而体离坎,涕流出目,故则嗟若。得位乘二,故无咎也。《集解》。

六四,安节,亨。

二已变,艮止坤安,得正承五,有应于初,故安节亨。《集解》。

九五,甘节吉,往有尚。

得正居中,坎为美,故甘节吉。往谓二,二失正,变往应五,故往有尚也。《集解》。

《象》曰:甘节之吉,居位中也。

艮为居,五为中,故居位中也。《集解》。

---

① "差",《周易注疏》《周易集解》作"嗟"。

上六，苦节，贞凶，悔亡。

二三变在两离，火炎上作苦，故苦节。乘阳，故贞凶。得位，故悔亡。《集解》。

中孚：

中孚。

讼四之初也。坎孚象在中，谓二也，故称中孚。此当从四阳二阴之例，遯阴未及三，而大壮阳已至四，故从讼来。二在讼时，体离为鹤，在坎阴中，故有鸣鹤在阴之义也。《集解》。

遯鱼吉。堂案：李氏鼎祚曰："虞以三至上体遯，便以豚鱼为遯鱼。"

利涉大川。

坎为大川，谓二已化邦，三利出涉，坎得正，体涣，涣舟楫象，故利涉大川，乘木舟虚也。《集解》。

利贞。

谓二利之正，而应五也。中孚以利贞，乃应于天也。《集解》。

乃化邦也。

二化应五成坤，坤为邦，故化邦也。《集解》。堂案：此下荀爽注一条，毛本、胡本误作虞注，今入《荀氏易》内。

中孚以利贞，乃应乎天也。

讼乾为天，二动应乾，故乃应乎天也。《集解》。

君子以议狱缓死。

君子谓乾也。讼坎为狱，震为议、为缓，坤为死。乾四之初，则二出坎狱，兑说震喜，坎狱不见，故议狱缓死也。《集解》。

九二，鸣鹤在阴，其子和之。我有好爵，吾与尔靡之。

靡，共也。震为鸣，讼离为鹤，坎为阴夜，鹤知夜半，故鸣鹤在阴。二动成坤体益，五艮为子，震巽同声者相应，故其子和之。坤为身，故称我。吾谓五也。离为爵，爵，位也。坤为邦国。五在艮，阍寺庭阙之象，故称好爵。五利二变之正应以，堂案："以"疑作"己"。故吾与尔靡之矣。《集解》。

《象》曰：其子和之，中心愿也。

坎为心，动得正应五，故中心愿也。《集解》。

六四，月几望，马匹亡，无咎。

讼坎为月，离为日。兑西震东，月在兑二，离在震三，日月象对，故月几望。乾坎两马匹。初四易位，震为奔走，体遯山中，乾坎不见，故马匹亡。初四易位，故无咎矣。《集解》。

《象》曰：马匹亡，绝类上也。

讼初之四，体与上绝，故绝类上也。《集解》。

九五，有孚挛如，无咎。

孚，信也。谓二在坎为孚。巽绳艮手，故挛二，使化为邦，得正应已，故无咎也。《集解》。

上九，翰音登于天，贞凶。

巽为鸡，应在震，震为音，翰，高也。巽为高，乾为天，故翰音登于天。失位，故贞凶。礼荐牲，鸡称翰音也。《集解》。

小过：

小过，亨利贞。

晋上之三。当从四阴二阳，临观之例，临阳未至三，而观四已消也。又有飞鸟之象，故知从晋来。杵臼之利，盖取诸此。柔得中而应乾刚，故亨。五失正，故利贞。过以利贞，与时行也。《集解》。

可小事。

小谓五，晋坤为事，柔得中，故可小事也。《集解》。

不可大事。

大事堂案："事"下疑有"谓"字。四，刚失位而不中，故不可大事也。《集解》。

飞鸟遗之音，不宜上宜下，大吉。

离为飞鸟，震为音，艮为止。晋上之三，离去震在，鸟飞而音止，故飞鸟遗之音。上阴乘阳，故不宜上。下阴顺阳，故宜下大吉。俗说或以卦象二阳在内，四阴在外，有似飞鸟之象，妄矣。《集解》。

柔得中，是以小事吉也。

谓五也。阴称小，故小事吉也。《集解》。

刚失位而不中，是以不可大事也。

谓四也。阳称大，故不可大事也。《集解》。

君子以行过乎恭。

君子谓三也。上贵三贱，晋上之三，震为行，故行过乎恭。谓三致恭以存其位，与谦三同义。《集解》。

丧过乎哀。

晋坤为丧，离为目，艮为鼻，坎为涕洟，震为出。涕洟出鼻目，体大过遭死，丧过乎哀也。《集解》。

用过乎俭。

坤为财用，为吝啬，艮为止，兑为小。小用止，密云不雨，故用过乎俭也。《集解》。

初六，飞鸟以凶。

应四，离为飞鸟。上之三，则四折入大过死，故飞鸟以凶。《集解》。

《象》曰：飞鸟以凶，不可如何也。

四死大过，故不可如何也。《集解》。

六二，过其祖，遇其妣。

祖谓祖母，初也。堂案：疑作"祖，谓初也"，"祖母"二字衍。母死称妣，谓三。坤为丧、为母，折入大过死，故称祖也。妣，堂案：疑作"故称妣也"，"祖"字衍。二过初，故过其祖。五变，三体姤遇，故遇妣也。《集解》。

不及其君，遇其臣，无咎。

五动为君，晋坤为臣。二之五隔三，艮为止，故不及其君。止如堂案："如"疑为"以"。承三，得正，体姤遇象，故遇其臣，无咎也。《集解》。

《象》曰：不及其君，臣不可过也。

体大过下，止舍巽下，故不可过。与随三同义。《集解》。

九三，弗过，防之，从或，戕之，凶。

防，防四也。失位，从或而欲折之初。戕，杀也。离为戈兵。三从离上入坤，折四死大过中，故从或，戕之，凶也。《集解》。

《象》曰：从或戕之，凶如何也。

三来戕四，故凶如何也。《集解》。

《象》曰：弗过遇之，位不当也。往厉必戒，终不可长也。

体否上倾，故终不可长矣。《集解》。

六五，密云不雨，自我西郊。

密，小也。晋坎在天为云，坠地成雨，上来之三，折坎入兑，小为密，坤为自我，兑为西，五动乾为郊，故密云不雨，自我西郊也。《集解》。

公弋取彼在穴。

公谓三也。弋，矰缴射也。坎为弓弹，离为鸟矢，弋，无矢也。巽绳连鸟，弋人堂案："人"疑作"取"。鸟之象。艮为手，二为穴，手入穴中，故公弋取彼在穴也。《集解》。

《象》曰：密云不雨，已上也。

谓三坎水已之上六，故已上也。《集解》。

上六，弗遇过之，飞鸟离之，凶，是谓灾眚。

谓四已变之坤，上得之三，故弗遇过之。离为飞鸟，公弋得之，鸟下入艮手而死，故飞鸟离之，凶。晋坎为灾眚，故是谓灾眚矣。《集解》。《汉上丛说》节引。

《象》曰：弗遇过之，已亢也。

飞下称亢，晋上之三，[①]堂案："三"下疑有"故"字。已亢也。《集解》。《汉上易丛说》节引。

既济：

既济，亨小利贞。

泰五之二，小谓二也。柔得中，故亨小。六爻得位，各正性命，保合大和，故利贞矣。《集解》。《汉上易丛说》节引。

初吉。

初，始也。谓泰乾，乾知大始，故称初。坤五之乾二，得正处中，故初吉，柔得中也。《集解》。

终乱。

泰坤称乱，二上之五，终止于泰，则反成否。子弑其父，臣弑其君，天下无邦，终穷成坤，故乱，其道穷。《集解》。

初吉，柔得中也。

中谓二。《集解》。

---

① "三"后，《周易集解》有"故"字。

终止则乱，其道穷也。

反否终坤，故其道穷也。《集解》。

六二，妇丧其髴，[①]勿逐，七日得。

离为妇，泰坤为丧，髴发，谓鬒发也。晁氏引云“髴谓鬒发也”。一名妇人之首饰，坎为玄云，故称髴，《诗》曰“鬒发如云”。乾为首，坎为美，五取乾二之坤为坎，坎为盗，故妇丧其髴。泰震为七，故勿逐七日得。与睽丧马勿逐同义。“髴”或作“茀”，俗说以“髴”为妇人蔽膝之“茀”，非也。《集解》。

九三，高宗伐鬼方，三年克之，小人勿用。

高宗，殷王武丁。鬼方，国名。乾为高宗，坤为鬼方。乾二之坤五，故高宗伐鬼方。坤为年，位在三，故三年。坤为小人，二上克五，故三年克之，小人勿用，《象》曰“惫也”。《集解》。

《象》曰：三年克之，惫也。

坎为劳，故惫也。《集解》。

六四，繻有衣袽，终日戒。

乾为衣，故称“繻”。袽，败衣也。乾二之五，衣象裂坏，故繻有衣袽。离为日，坎为盗，在两坎间，故终日戒。谓伐鬼方，三年乃克，旅人勤劳，衣服皆败，鬼方之民，犹或寇窃，故终日戒也。《集解》。

九五，东邻杀牛，不如西邻之禴祭，实受其福。

泰震为东，兑为西，坤为牛，震动五杀坤，故东邻杀牛。在坎多眚，为阴所乘，故不如西邻之禴祭。禴，夏祭也。离

① “髴”，《周易注疏》《周易集解》作“茀”。下同。

为夏。兑动，二体离明，得正承五顺三，故实受其福，吉大来也。《集解》。

上六，濡其首，厉。

《象》曰：濡其首厉，何可久也。

乾为首，五从二，上在坎中，故濡其首，厉。位极乘阳，故何可久。《集解》。

未济：

未济，亨。

否二之五也。柔得中，天地交，故亨。济，成也。六爻皆错，故称未济也。《集解》。《义海撮要》。《汉上易丛说》节引。

小狐汔济。

否艮为小狐。汔，几也。济，济渡。狐济几渡而濡其尾，未出中也。《集解》。

濡其尾，无攸利。

艮为尾，狐，兽之长尾者也。尾谓二，在坎水中，故濡其尾。失位，故无攸利，不续终也。《集解》。

小狐汔济，未出中也。

谓二未变，在坎中也。《集解》。

濡其尾，无攸利，不续终也。

否阴消阳，至剥终坤，终止则乱，其道穷也。乾五之二，坤杀不行，故不续终也。《集解》。

君子以慎辨物居方。

君子，否乾也。艮为慎，辨，辨别也。物谓乾，阳物也，坤阴堂案："阴"下疑有"物"字。也，艮为居，坤为方，乾别五以居坤二，故以慎辨物居方也。《集解》。

初六，濡其尾，吝。

应在四，故濡其尾。失位，故吝。《集解》。

《象》曰：九二贞吉，中以行正也。

谓初已正，二动成震，故行正。《集解》。

九四，贞吉悔亡。

动正得位，故吉而悔亡矣。《集解》。

震用伐鬼方，三年有赏于大邦。

变之震体师，坤为鬼方，故震用伐鬼方。坤为年、为大邦，阳称赏。四在坤中，体既济离三，故三年有赏于大邦。《集解》。震，敬也。晁氏。

六五，贞吉无悔。

之正则吉，故贞吉无悔。《集解》。

君子之光，有孚吉。

动之乾，离为光，故君子之光也。孚谓二，二变应，己得有之，故有孚吉，坎称孚也。《集解》。

《象》曰：君子之光，其晖吉也。

动之正，乾为大明，故其晖吉也。《集解》。

上九，有孚于饮酒，无咎，濡其首，有孚失是。

坎为孚，谓四也。上之三介四，故有孚。饮堂案："饮"疑作"坎"。酒流颐中，故有孚于饮酒。终变之正，故无咎。乾为首，五动，首在酒中，失位，故濡其首矣。孚，信；是，正也。六位失正，故有孚失是。谓若殷纣沈湎于酒，以失天下也。《集解》。

《象》曰：饮酒濡首，亦不知节也。

节，止也。艮为节。饮酒濡首，故不知节矣。《集解》。

系辞上

堂案：正义云：“‘天尊地卑’为第一章，‘圣人设卦观象’为第二章，‘彖者言乎象者’为第三章，‘精气为物’为第四章，‘显诸仁，藏诸用’为第五章，‘圣人有以见天下之啧’为第六章，‘初六藉用白茅’为第七章，‘大衍之数’为第八章，‘子曰知变化之道’为第九章，‘天一地二’为第十章，‘是故易有太极’为第十一章，‘子曰书不尽言’为第十二章，虞翻分为十一章，合‘大衍之数’并‘知变化之道’共为一章。”

天尊地卑，乾坤定矣。

天贵故尊，地贱故卑，定谓成列。《集解》。

卑高以陈，贵贱位矣。

乾高贵五，坤卑贱二，列贵贱者，存乎位也。《集解》。

动静有常，刚柔断矣。

断，分也。乾刚常动，坤柔常静。分阴分阳，迭用柔刚。《集解》。

方以类聚，物有群分，吉凶生矣。

物三称群，坤方道静，故以类聚。乾物动行，故以群分。乾生故吉，坤杀故凶，则吉凶生矣。《集解》。

在天成象，在地成形，变化见矣。

谓日月在天成八卦，震象出庚，兑象见丁，乾象盈甲，巽象伏辛，艮象消丙，坤象丧乙，坎象流戊，离象就己，故在天成象也。在地成形，谓震竹巽木、坎水离火、艮山兑泽、乾金坤土。在天为变，在地为化，刚柔相推，而生变化矣。《集解》。

是故刚柔相摩，八卦相荡。

旋转称摩，薄也。乾以二五摩坤，成震坎艮，坤以二五摩乾，成巽离兑，故刚柔相摩，则八卦相荡也。《集解》。

鼓之以雷霆，润之以风雨。

鼓，动；《释文》同。润，泽也。雷，震；霆，艮；风，巽；雨，兑也。《集解》。

日月运行，一寒一暑。

日，离；月，坎；寒，乾；暑，坤也。运行往来，日月相推而明生焉，寒暑相推而岁成焉，故一寒一暑也。《集解》。

坤化成物。[1]《释文》。《丙子学易编》。

乾以易知，坤以简能。

阳见称易，阴藏为简。简，阅也。乾息昭物，天下文明，故以易知。坤阅藏物，故以简能矣。《集解》。

易则易知，简则易从。

乾悬象著明，故易知。坤阴阳动辟，故易从。不习无不利，地道光也。《集解》。

易知则有亲，易从则有功。

阳道成乾为父，震坎艮为子，本乎天者亲上，故易知则有亲。以阳从阴，至五多功，故易从则有功矣。《集解》。

易简而天下之理得矣。

易为乾息，简为坤消。乾坤变通，穷理以尽性，故天下之理得矣。《集解》。

而明吉凶悔吝。[2]《释文》。《丙子学易编》。

刚柔相推，而生变化。

刚推柔生变，柔推刚生化也。《集解》。

是故吉凶者，失得之象也。

---

① “化”，《周易注疏》《周易集解》作“作”。

② “悔吝”，《周易注疏》《周易集解》无此二字。

吉则象得，凶则象失也。《集解》。

悔吝者，忧虞之象也。

悔则象忧，吝则象虞也。《集解》。

昼夜者，刚柔之象也。[①]《释文》。《丙子学易编》。堂案：下《系》"刚柔相易"，虞注同。今本云："刚柔者，昼夜之象也。"与此异。

六爻之动。

阴阳失位则变，得位则否，故以阳居阴位，阳居阴位则动。《易禆传·外篇》。

是故君子所居而安者，易之象也。《释文》《丙子学易编》同。

君子谓文王。象谓乾二之坤，成坎月离日，日月为象。君子黄中通理，正位居体，故居而安者，易之象也。旧读"象"误作"厚"，或作"序"，非也。《集解》。

所变而玩者，爻之辞也。《释文》《丙子学易编》同。

爻者，言乎变者也。谓乾五之坤，坤五动则观其变，旧作"乐"，字之误。《集解》。

是故君子居则观其象而玩其辞。

玩，弄也。谓乾五动成大有，以离之目，观天之象。兑口玩习所系之辞，故玩其辞。《集解》。

动则观其变而玩其占。

谓观爻动也。以动者尚其变。占事知来，故玩其占。《集解》。

是以自天右之，吉无不利。

谓乾五变之坤成大有，有天地日月之象。文王则庖牺，亦与天地合德，日月合明。天道助顺，人道助信，履信思顺，

① "昼夜者，刚柔之象也"，《周易注疏》《周易集解》作"刚柔者，昼夜之象也"。

故自天右之,吉无不利也。《集解》。

彖者,言乎象者也。

在天成象,八卦以象告。彖说三才,故言乎象也。《集解》。

爻者,言乎变者也。

爻有六画,所变而玩者,爻之辞也,谓九六变化,故言乎变者也。《集解》。

吉凶者,言乎其失得也。

得正言吉,失位言凶也。《集解》。

无咎者,善补过也。

失位为咎。悔,变而之正,故善补过,孔子曰"退思补过"者也。《集解》。

辩吉凶者,存乎辞。

辩,别也。《释文》。《丙子学易编》。

忧悔吝者,存乎介。

介,纤也。介如石焉,断可识也,故存乎介,谓识小疵。《集解》。

震无咎者,存乎悔。

震,动也。有不善,未尝不知之,知之,未尝复行,无咎者,善补过,故存乎悔也。《集解》。

是故卦有小大,辞有险易。辞也者,各指其所之。

阳易指天,阴险指地,圣人之情见乎辞,故指所之。《集解》。

易与天地准,故能弥纶天下之道。[①]

① "下",《周易注疏》《周易集解》作"地"。

准，同也。弥，大。纶，络。谓易在天下，包络万物，以言乎天地之间则备矣，故与天地准也。《集解》。

原始及终。[1]《释文》。

精气为物，游魂为变。

魂，阳物，谓乾神也。变谓坤鬼。乾纯粹精，故主为物。乾流坤体，变成万物，故游魂为变也。《集解》。

是故知鬼神之情状，与天地相似，故不违。

乾神似天，坤鬼似地。圣人与天地合德，鬼神合吉凶，故不违。《集解》。

变天知命，故不忧。《释文》。

继之者善也，成之者性也。

继，统也。谓乾能统天生物，坤合乾性，养化成之，故继之者善，成之者性也。《集解》。

通变之谓事。

事谓变通趋时，以尽利天下之民，谓之事业也。《集解》。

夫易，广矣，大矣。

乾象动直，故大。坤形动辟，故广也。《集解》。

以言乎远则不御。

御，止也。远谓乾，天高，不御也。《集解》。

以言乎迩则静而正。

地堂案："地"疑作"迩"。谓坤。坤至静而德方，故正也。《集解》。

以言乎天地之间则备矣。

谓易广大悉备，有天地人道焉，故称备也。《集解》。

① "及"，《周易注疏》《周易集解》作"反"。

变通配四时。

变通趋时，谓十二月消息也。泰大壮夬配春，乾姤遯配夏，否观剥配秋，坤复临配冬，谓十二月消息相变通，而周于四时也。《集解》。

夫易，圣人之所以崇德而广业也。

崇德效乾，广业法坤也。《集解》。

知崇体卑，[1]崇效天，卑法地。

知谓乾，效天崇，体谓坤，法地卑也。《集解》。

天地设位，而易行乎其中矣。

位谓六画之位。乾坤各三爻，故天地设位。易出乾入坤，上下无常，周流六虚，故易行乎其中也。《集解》。

成性存存，道义之门。

知终终之，可与存义也。乾为道门，坤为义门。成性谓成之者性也。阳在道门，阴在义门，其易之门邪。《集解》。

圣人有以见天下之啧，而拟诸其形容。

乾称圣人，谓庖牺也。啧谓初。自上议下称拟。形容谓阴，在地成形者也。《集解》。

象其物宜，是故谓之象。

物宜谓阳，远取诸物，在天成象，故象其物宜。象，谓三才八卦在天也。庖牺重为六画也。《集解》。

圣人有以见天下之动。

重言圣人，谓文王也。动谓六爻矣。《集解》。

言天下之啧，而不可恶也。

至啧无情。阴阳会通，品物流宕，以乾简堂案："简"疑作

① "体"，《周易注疏》《周易集解》作"礼"。下同。

"开",毛本亦作"开"。坤,易之至也。[1] 元善之长,故不可恶也。《集解》。

言天下之至动,而不可乱也。

以阳动阴,万物以生,故不可乱。六二之动,直以方。"动",旧误作"啧"也。《集解》。

拟之而后言,议之而后动。

以阳拟坤而成震,震为言、议,为后、动,故拟之而后言,议之而后动。安其身而后动,谓当时也矣。《集解》。

拟议以成其变化。

议天成变,拟地成化。天施地生,其益无方也。《集解》。

子曰:君子居其室,出其言善。

君子谓初也。二变,五来应之,艮为居。初在艮内,故居其室。震为出言,讼乾为善,故出言善。此亦成益卦也。《集解》。

则千里之外应之,况其迩者乎。

谓二变,则五来应之,体益卦,坤数十。震为百里,十之,千里也。外谓堂案:"谓"下疑有"巽"字。震巽同声,同声者相应,故千里之外应之。迩谓坤,坤为顺,二变顺初,故况其迩者乎。此信及遯鱼者也。《集解》。

居其室,出其言不善。

谓初阳动,入阴成坤,坤为不善也。《集解》。

则千里之外违之,况其迩者乎。

谓初变体剥,弑父弑君。二阳肥遯,则坤违之而承于五,故千里之外违之,况其迩者乎。《集解》。

---

① "坤,易之至也",《周易集解》作"以乾易坤,简之至也"。

言出乎身，加乎民。

震为出、为言，坤为身、为民也。《集解》。

行发乎迩，见乎远。

震为行，坤为迩，乾为远，兑为见，谓二发应五，则千里之外，故行发迩见远也。《集解》。

言行，君子之所以动天地也，可不慎乎？

二已变成益，巽四以风动天，震初以雷动地。中孚十一月雷动地中，艮为慎，故可不慎乎？《集解》。

子曰：君子之道，或出或处，或默或语。

乾为道，故称君子也。同人反师，震为出、为语，坤为默，巽为处，故或出或处，或默或语也。《集解》。

二人同心，其利断金。

二人谓夫妇，师震为夫，巽为妇。坎为心，巽为同。六二震巽，俱体师坎，故二人同心。巽为利，乾为金，以离断金，故其利断金。谓夫出妇处，妇默夫语，故同心也。《集解》。

同心之言，其臭如兰。

臭，气也。兰，香草。震为言，巽为兰，离日燥之，故其臭如兰也。《集解》。

初六，藉用白茅，无咎。

其初难知，阴又失正，故独举初六。《集解》。

子曰：苟错诸地而可矣。藉之用茅，何咎之有？慎之至也。

苟，或。错，置也。颐坤为地，故苟错诸地。今藉以茅，故无咎也。《集解》。

夫茅之为物薄。

阴道柔贱，故薄也。《集解》。

而用可重也。

香洁可贵,故可重也。《集解》。

子曰:劳而不伐,有功而不德,厚之至也。

坎为劳,五多功。乾为德,德言至。堂案:“德言至”三字疑衍。以上之贵,下居三贱,故劳而不伐,有功而不德。艮为厚,坤为至,故厚之至也。《集解》。

语以其功下人者也。

震为语,五多功。下居三,故以其功下人者也。《集解》。

德言盛,礼言恭。

谦旁通履,乾为盛德,坤为礼。天道亏盈而益谦,三从上来,同之盛德,故恭。震为言,故德言盛,礼言恭。《集解》。

谦也者,致恭以存其位者也。

坎为劳,故能恭。三得位,故以存其位者也。《集解》。

子曰:贵而无位。

天尊,故贵。以阳居阴,故无位。《集解》。

高而无民。

在上故高,无阴,故无民也。《集解》。

贤人在下位。

乾称贤人,下位谓初也。遯世无闷,故贤人在下位而不忧也。《集解》。

而无辅,是以动而有悔也。

谓上无民,故无辅。乾盈动倾,故有悔。文王居三,纣亢极上,故以为诫也。《集解》。

子曰:乱之所生也,则言语以为阶。

节本泰卦,坤为乱,震为生、为言语,坤称阶,故乱之所生,则言语以为阶也。《集解》。

君不密则失臣,臣不密则失身。

泰乾为君,坤为臣、为闭,故称密。乾三之坤五,君臣毁贼,故君不密则失臣。坤五之乾三,坤体毁坏,故臣不密则失身。坤为身也。《集解》。

几事不密则害成。

几,初也。谓二已变成坤,坤为事,故几事不密。初利居贞,不密。初动,则体剥,子弑其父,臣弑其君,故害成。《集解》。

是以君子慎密而不出也。

君子谓初,二动坤为密,故君子慎密。体屯,盘桓,利居贞,故不出也。《集解》。

子曰:为易者,[1]其知盗乎?晁氏同。

为易者谓文王。否上之二成困,三暴慢,以阴乘阳。二变,入宫为萃。五之二,夺之成解,坎为盗,故为易者,其知盗乎?《集解》。

负也者,小人之事也。

阴称小人,坤为事,以贱倍贵,违礼悖义,故小人之事也。《集解》。

乘也者,君子之器也。

君子谓五。器,坤也。坤为大车,故乘君子之器也。《集解》。

小人而乘君子之器,盗思夺之矣。

小人谓三。既违礼倍五,复乘其车。五来之二成坎,坎为盗,思夺之矣。为易者,知盗乎,此之谓也。《集解》。

---

① “为”,《周易注疏》《周易集解》作“作”。

上慢下暴，盗思伐之矣。

三倍五，上慢乾君而乘其器，下暴于二。二藏于坤，五来寇二，以离戈兵，故称伐之，坎为暴也。《集解》。

慢藏悔盗，野容诲淫。[①]《释文》同。

坎心为悔，坤为藏，兑为见。藏不堂案："不"疑作"而"。见，故慢藏。三动成乾为野，坎水为淫，二变藏坤，[②]则五来夺之，故慢藏悔盗，野容诲淫。《集解》。悔谓悔恨，野容悔淫，言妖野容仪，教诲淫泆也。《释文》。堂案：《释文》下句注仍作"教诲"之"诲"，疑误。

《易》曰：负且乘，致寇至。盗之招也。

五来夺三，以离兵伐之。故变寇言戎，以成三恶。二藏坤时，艮手招盗，故盗之招。《集解》。

归奇于扐以象闰。

奇，所挂一筴。扐，所揲之余。不一则二，不三则四也。取奇以归扐，扐并合挂左手之小指为一扐，则以闰月定四时成岁，故归奇于扐以象闰者也。《集解》。

五岁再闰，故再扐而后挂。

谓已一扐，复分挂，如初揲之归奇于初扐。并挂左手次小指间为再扐，则再闰也。又分扐堂案："扐"疑作"挂"。揲之如初，而挂左手第三指间成一变，则布挂之一爻，谓已二扐，又加一为三，并重合前二扐为五岁，故五岁再闰，再扐而后挂，此参五以变。据此为三扐，不言三闰者，闰岁余十日，五岁闰六十日尽矣。后扐闰余分，不得言三扐二闰，故从言

---

① "野"，《周易注疏》《周易集解》作"冶"。下同。

② "二"，《周易集解》作"三"。

“再扐而后挂”者也。《集解》。

天数五，地数五。

天数五，谓一三五七九。地数五，谓二四六八十也。《集解》。

五位相得而各有合。

五位，谓五行之位。甲乾乙坤，相得合木，谓天地定位也。丙艮丁兑，相得合火，山泽通气也。戊坎己离，相得合土，水火相逮也。庚震辛巽，相得合金，雷风相薄也。天壬地癸，相得合水，言阴阳相薄而战于乾。故五位相得而各有合。或以一六合水，二七合火，三八合木，四九合金，五十合土也。《集解》。

天数二十有五。

一三五七九，故二十五也。《集解》。

地数三十。

二四六八十，故三十也。《集解》。

凡天地之数五十有五。

天二十五，地三十，故五十有五。天地数见于此，故大衍之数，略其奇五而言五十也。《集解》。

凡三百有六十。

阳爻三十六，阴爻二十四。三爻一百二十，曰三百者，举大概也。《汉上丛说》。

引而信之，触类而长之。

引谓庖牺引信三才，兼而两之以六画。触，动也。谓六画以成六十四卦。故引而信之，触类而长之。其取类也大，则发挥刚柔而生爻也。《集解》。

天下之能事毕矣。

谓乾以简能，堂案：此句疑当作“谓圣人成能”。能说诸心，能研诸侯之虑，故能事毕。《集解》。

显道神德行。

显道神德行，堂案：此五字疑衍。乾二五之坤，成离日坎月，日月在天，运行照物，故显道神德行。默而成，不言而信，存于德行者也。《集解》。

子曰：知变化之道者，其知神之所为乎？

在阳称变，乾二之坤；在阴称化，坤五之乾。[1] 阴阳不测之谓神，知变化之道者，故知神之所为。诸儒皆上“子曰”为章首，而荀、马又从之，甚非者矣。《集解》。

以言者尚其辞。

圣人之情见于辞，系辞焉以尽言也。《集解》。

以卜筮者尚其占。

乾蓍称筮，动离为龟，龟称卜。动则玩其占，故尚其占者也。《集解》。

是故君子将有为也，将有行也，问焉而以言。

有为谓建侯，有行谓行师也。乾二五之坤成震，有师象，震为行、为言、问，故有为、有行，凡应九筮之法则筮之。谓问于蓍龟，以言其吉凶。爻象动内，吉凶见外。蓍德圆神，卦德方智，故史拟神知，以断吉凶也。《集解》。

其受命也如向。

言神不疾而速，不行而至，不言善应。乾二五之坤成震巽，巽为命，震为向，故受命。同声相应，故如向也。《集解》。

① “在阳称变，乾二之坤；在阴称化，坤五之乾”，《周易集解》作“在阳称变，乾五之坤；在阴称化，坤二之乾”。

无有远近幽深,遂知来物。

远谓天,近谓地。阴谓幽,堂案:疑作"幽谓阴"。深谓阳。来物谓乾神。神以知来,感而遂通,谓幽赞神明而生蓍也。《集解》。

非天下之至精,孰能与于此。[1]

至精谓乾,纯粹精也。《集解》。

参五以变,[2]错综其数。

逆上称错。综,理也。谓五岁再闰,再扐而后挂,以成一爻之变,而倚六画之数。卦从下升,故错综其数,则三天两地而倚数者也。《集解》。

通其变,遂成天地之文。堂案:《释文》云"文",虞作"爻",与此不合。

变而通之,观变阴阳始立卦。乾坤相亲,故成天地之文。物相杂,故曰"文"。《集解》。

极其数,遂定天下之象。

数,六画之数。六爻之动,三极之道,故定天下吉凶之象也。《集解》。

非天下之至变,其孰能与于此。

谓参五以变,故能成六爻之义,六爻之义易以工也。[3]《集解》。

易无思也,无为也。

天下何思何虑,同归而殊途,一致而百虑,故无所为,谓其静也专。《集解》。

---

① "孰"前,《周易注疏》《周易集解》有"其"字。

② "五",《周易注疏》《周易集解》作"伍"。

③ "工",《周易集解》作"贡"。

寂然不动。

谓隐藏坤初,机息矣。专,故不动者也。《集解》。

感而遂通天下之故。

感,动也。以阳变阴,通天下之故,谓发挥刚柔而生爻者也。《集解》。

非天下之至神,其孰能与于此。

至神谓易,隐初入微,知几其神乎。《集解》。

唯深也,故能通天下之志。

深谓幽赞神明。无有远近幽深,遂知来物,故通天下之志,谓蓍也。《集解》。

唯几也,故能成天下之务。

务,事也。谓易研几开物,故成天下之务,谓卦者也。《集解》。

唯神也,故不疾而速,不行而至。

神谓易也,谓日月斗在天。日行一度,月行十三度,从天西转,故不疾而速。星寂然不动,随天右周,感而遂通,故不行而至者也。《集解》。

天一。

水甲。《集解》。

地二。

火乙。《集解》。

天三。

木丙。《集解》。

地四。

金丁。《集解》。

天五。

土戊。《集解》。

地六。

水己。《集解》。

天七。

火庚。《集解》。

地八。

木辛。《集解》。

天九。

金壬。《集解》。

地十。

土癸。《集解》。

子曰:夫易何为而作也?

问易,何为取天地之数也。《集解》。

夫易,开物成务,冒天下之道,如斯而已者也。

以阳辟坤,谓之开物。以阴翕乾,谓之成务。冒,触也。触类而长之,如此也。《集解》。

六爻之义,易以工。[1]《释文》。

圣人以此先心,[2]《释文》同。退藏于密,吉凶与民同患。

圣人谓庖牺,以蓍神知来,故以先心。阳动入巽,巽为退伏,坤为闭户,故藏密。谓齐于巽以神明其德。阳吉阴凶,坤为民,故吉凶与民同患,谓作《易》者,其有忧患也。《集解》。

神以知来,知以藏往。

① "工",《周易注疏》《周易集解》作"贡"。

② "先",《周易注疏》《周易集解》作"洗"。下同。

乾神知来，坤知藏往。来谓先心，[1]往谓藏密也。《集解》。

其孰能与于此哉！《本义辩证》云："唐石经及李鼎祚本皆云'其孰能与此哉'。正义有'于'字，盖宋以后人所增。"堂案：今《集解》亦有"于"字。

谁乎能为此哉？谓古之聪明睿知之君也。《集解》。

古之聪明睿知，神武而不杀者夫。

谓大人也。庖牺在乾五，动而之坤，与天地合聪明。在坎则聪，在离则明。神武谓乾，睿知谓坤，乾坤坎离，反复不衰，故而不杀者夫。《集解》。

是以明于天之道，而察于民之故。

乾五之坤，以离日照天，故明天之道。以坎月照坤，故察民之故。坤为民。《集解》。

以神明其德夫。绝句。《释文》。

是故阖户谓之坤。

阖，闭翕也。谓从巽之坤。坤柔象夜，故以闭户者也。《集解》。

辟户谓之乾。

辟，开也。谓从震之乾。乾刚象昼，故以开户也。《集解》。

一阖一辟谓之变。

阳变阖阴，阴变辟阳。刚柔相推，而生变化也。《集解》。

是故易有太极，是生两仪。

太极，太一也。分为天地，故生两仪也。《集解》。

两仪生四象。

---

① "先心"，《周易集解》作"出见"。

四象，四时也。两仪谓乾坤也。乾二五之坤，成坎离震兑。[1] 震春兑秋，坎冬离夏，故两仪生四象。归妹卦备，故《彖》独称天地之大义也。《集解》。

四象生八卦。

乾二五之坤，则生震坎艮。坤二五之乾，则生巽离兑。故四象生八卦。乾坤生春，艮兑生夏，震巽生秋，坎离生冬者也。《集解》。

八卦定吉凶。

阳生则吉，阴生则凶。谓方以类聚，物以群分，吉凶生矣。已言于上，故不言生而独言定吉凶也。《集解》。

悬象著明，莫大乎日月。

谓日月悬天，成八卦象。三日莫，震象堂案:《汉上易卦图》《六经天文编》"震象、兑象、乾象、巽象、艮象、坤象"下俱有"月"字，《丹铅总录》《易图明辨》引并同。出庚，八日，兑象见丁，十五日，乾象盈申，堂案:《汉上易卦图》《六经天文编》"申"下有"壬"字。十七堂案:"七"疑作"六"，诸本并同。日旦，巽象退辛，二十三日，艮象消丙，三十日，坤象灭乙，晦夕朔旦，堂案:《汉上易卦图》《六经天文编》"旦"下有"则"字。坎象堂案:《汉上易卦图》《六经天文编》"象"下有"水"字。流戊，日中则离，离象堂案:《汉上易卦图》《六经天文编》"象"下有"火"字。就己，堂案:《汉上易卦图》"己"下有"成"字。戊己土位，象见于中。日月相推而明生焉，故悬象著明，莫大乎日月者也。《集解》。《汉上易卦图》。《六经天文编》。《丹铅总录》。

崇高莫大乎富贵。

① "离"，原误作"杂"，据《周易集解》改。

谓乾正位于五，五贵坤富。以乾通坤，故高堂案："高"疑作"莫"。大富贵也。《集解》。

备物致用，立成器以为天下利，莫大乎圣人。

神农、黄帝、尧、舜是也。[1] 民多否闭。取乾之坤，谓之备物。以坤之乾，谓之致用。乾为物，坤为器用。否四之初，耕稼之利。否五之初，市井之利。否四之二，舟楫之利。否上之初，牛马之利。谓十二盖取，以利天下。[2] 通其变，使民不倦。神而化之，使民宜之。圣人作而万物睹，故莫大乎圣人者也。《集解》。

探啧索隐，钩深致远，以定天下之吉凶，成天下之娓娓者，[3]莫善乎蓍龟。

探，取；啧，初也。初隐未见，故探啧索隐，则幽赞神明而生蓍。初深，故曰"钩深"。致远谓乾，乾为蓍。乾五之坤，大有离为龟。乾生知吉，坤杀知凶，故定天下之吉凶，莫善于蓍龟也。《集解》。

系辞焉所以告也。

谓系《彖》《象》之辞，八卦以象告也。《集解》。

定之以吉凶，所以断也。

系辞焉以断其吉凶，八卦定吉凶，以断天下之疑也。《集解》。

子曰：右者，[4]助也。

大有兑为口，口助称右。《集解》。

---

① "是"，《周易集解》无此字。

② "十二"，《周易集解》作"十三"。

③ "娓娓"，《周易注疏》《周易集解》作"亹亹"。

④ "右"，《周易注疏》《周易集解》作"祐"。下同。

天之所助者，顺也。

大有五以阴顺上，故为天所助者，顺也。《集解》。

人之所助者，信也。

信谓二也。乾为人、为信，庸言之信也。《集解》。

履信思乎顺，有以尚贤也。

大有五应二而顺上，故履信思顺。比坤为顺，坎为思。乾为贤人，坤伏乾下，故有以尚贤者也。《集解》。

子曰：书不尽言，言不尽意。

谓书《易》之动，九六之变，不足以尽《易》之所言。言之，则不足以尽庖牺之意也。《集解》。

鼓之舞之以尽神。

神，易也。阳息震为鼓，阴消巽为舞，故鼓之舞之以尽神。《集解》。

乾坤，其易之缊邪？惠征君栋曰："缊，虞作'韫'。"

缊，藏也。易丽乾藏坤，故为易之缊也。《集解》。

系辞下

八卦成列，象在其中矣。

象谓三才成八卦之象。乾坤列东，艮兑列南，震巽列西，坎离在中，故八卦成列，则象在其中。天垂象，见吉凶，圣人象之是也。《集解》。

因而重之，爻在其中矣。

谓参重三才为六爻，发挥刚柔，则爻在其中。六画称爻。六爻之动，三极之道也。《集解》。重卦，伏牺。《辑闻》。

刚柔相推，变在其中矣。

谓十二消息，九六相变。刚柔相推，而生变化，故变在其中矣。《集解》。

系辞焉而命之，动在其中矣。

谓系《彖》《象》九六之辞，故动在其中。鼓天下之动者，存乎辞者也。《集解》。

吉凶悔吝者，生乎动者也。

动谓爻也。爻者，效天下之动者也。爻象动内，吉凶见外，吉凶生而悔吝著，故生乎动也。《集解》。

刚柔者，立本者也。

乾刚坤柔，为六子父母。乾天称父，坤地称母。本天亲上，本地亲下，故立本者也。《集解》。

变通者，趣时者也。

变通配四时，故趣时者也。《集解》。

吉凶者，贞胜者也。

贞，正也。胜，灭也。阳生则吉，阴消则凶者也。《集解》。

天下之动，贞夫一者也。

一谓乾元。万物之动，各资天一阳气以生，故天下之动，贞夫一者也。《集解》。

夫乾，确然示人易矣。

阳在初弗用，确然无为，潜龙时也。不易世，不成名，故示人易者也。《集解》。

夫坤，隤然示人简矣。

隤，安。简，阅也。坤以简能，阅内万物，故示人简者也。《集解》。

爻也者，效此者也。

效法之谓坤，谓效三才以为六画。《集解》。

象也者，象此者也。[1]

成象之谓乾，谓圣人则天之象，分为三才也。《集解》。

爻象动乎内，吉凶见乎外。

内，初；外，上也。阳象动内，则吉见外。阴爻动内，则凶见外也。《集解》。

古者庖牺氏之王天下也。

庖牺太昊氏以木德王天下，位乎乾五，五动见离，离生于木，故知火化。炮啖牺牲，号庖牺氏也。《集解》。

于是始作八卦。

谓庖牺观鸟兽之文，则天八卦效之。易有太极，是生两仪，两仪生四象，四象生八卦。八卦乃四象之所生，非庖牺之所造也。故曰"象者，象此者也"。[2] 则大人造爻象以象天，卦可知也。而读《易》者咸以为庖牺之时，天未有八卦，恐失之矣。天垂象，示吉凶，圣人象之，则天已有八卦之象。《集解》。

作结绳而为罟，[3]以田以鱼，盖取诸离。今本"罟"上有"网"字。

离为日，堂案："日"疑作"目"。巽为绳。目之重者唯罟，故结绳为罟。坤二五之乾成离，巽为鱼。坤二称田，以罟取兽曰田。故取诸离也。《集解》。

庖牺氏没，神农氏作。

没，终；作，起也。神农以火德，继庖牺王。火生土，故知土，则利民播种，号神农氏也。《集解》。

斲木为耜，揉木为耒，耒耨之利，以教天下，盖取诸益。

---

① "象"，《周易注疏》《周易集解》作"像"。

② "象"，《周易集解》作"像"。

③ "为"后，《周易注疏》《周易集解》有"网"字。

否四之初也。巽为木、为入，艮为手，乾为金。手持金以入木，故斲木为耜。耜止所逾，因名曰耜。艮为小木，手以桡之，故揉木为耒。耒耜，耔器也。巽为号令，乾为天，故以教天下。坤为田，巽为股、进退。震足动耜，艮手持耒，进退田中，耕之象也。益万物者，莫若雷风，故法风雷而作耒耜。《集解》。

日中为市，致天下之民，聚天下之货，交易而退，各得其所。盖取诸噬嗑。

否五之初也。离象正上，故称日中也。震为足，艮为径路，震又为大涂，①否乾为天，坤为民，故致天下之民象也。坎水艮山，群珍所出，聚天下货之象也。震升坎降，交易而退，各得其所。噬嗑，食也。市井交易，饮食之道，故取诸此也。《集解》。堂案：此条毛本、胡本引作"翟玄注"，误。

神农氏没，黄帝、尧、舜氏作。通其变，使民不倦。

变而通之以尽利，谓作舟楫，服牛乘马之类，故使民不倦也。《集解》。

神而化之，使民宜之。

神谓乾。乾动之坤，化成万物，以利天下。坤为民也，象其物宜，故使民宜之也。《集解》。

黄帝、尧、舜垂衣裳而天下治，盖取诸乾坤。

乾为治，在上为衣，坤下为裳。乾坤，万物之缊，故以象衣裳。乾为明君，坤为顺臣，百官以治，万民以察，故天下治，盖取诸此也。《集解》。

---

① "震为足，艮为径路，震又为大涂"，《周易集解》作"艮为径路，震为足，又为大涂"。

服牛乘马，引重致远，以利天下，盖取诸随。

否上之初也。否乾为马、为远，坤为牛、为重。坤初之上为引重，乾上之初为致远。艮为背，巽为股。在马上，故乘马。巽为绳，绳束缚物，在牛背上，故服牛。出否之随，引重致远，以利天下，故取诸随。《集解》。

断木为杵，阙地为臼，[①]臼杵之利，万民以济，盖取诸小过。

晋上之三也。艮为小木。上来之三断艮，故断木为杵。坤为地，艮手持木，以阙坤三，故阙地为臼。艮止于下，臼之象也。震动而上，杵之象也。震出巽入，艮手持杵，出入臼中，舂之象也。故取诸小过。本无乾象，故不言以利天下也。《集解》。

弦木为弧，剡木为矢，弧矢之利，以威天下，盖取诸睽。

无妄，五之二也。巽为绳、为木，坎为弧，离为矢，故弦木为弧。乾为金，艮为小木。五之二，以金剡艮，故剡木为矢。乾为威，五之二，故以威天下。弓发矢应而坎雨集，故取诸睽也。《集解》。

上古穴居而野处，后世圣人易之以宫室，上栋下宇，以待风雨，盖取诸大壮。

无妄，两象易也。无妄乾在上，故称上古。艮为穴居，乾为野，巽为处，无妄乾人在路，故穴居野处。震为后世，乾为圣人。后世圣人，谓黄帝也。艮为宫室，变成大壮，乾人入宫，故易以宫室。艮为待，巽为风，兑为雨，乾为高，巽为长木，反在上为栋。震阳动起为上栋。宇谓屋边也。兑泽动下为下宇。无妄之大壮，巽风不见，兑雨隔震，与乾绝体，

---

① “阙”，《周易注疏》《周易集解》作“掘”。下同。

故上栋下宇，以待风雨，盖取诸大壮者也。《集解》。

古之葬者，厚衣之以薪，葬之中野，不封不树，丧期无数，后世圣人易之以棺椁，盖取诸大过。

中孚上下易象也。本无乾象，故不言上古。大过乾在中，故但言古者。巽为薪，艮为厚，乾为衣、为野，乾象在中，故厚衣之以薪，葬之中野。穿土称封，封，古窆字也。聚土为树。中孚无坤坎象，故不封不树。坤为丧，期谓从斩缞至缌麻，日月之期数。无坎离日月坤象，故丧期无数。巽为木、为入处，兑为口，乾为人。木而有口，乾人入处，棺敛之象。中孚艮为山丘，巽木在里，棺藏山陵，椁之象也。故取诸大过。《集解》。

上古结绳而治，后世圣人易之以书契，百官以治，万民以察，盖取诸夬。

履上下象易也。乾象在上，故复言上古。巽为绳，离为罟，乾为治，故结绳以治。后世圣人，谓黄帝、尧、舜也。夬旁通剥，剥坤为书，兑为契，故易之以书契。乾为百，剥艮为官，坤为众臣、为万民、为迷暗。乾为治，夬反剥，以乾照坤，故百官以治，万民以察。故取诸夬。大壮、大过、夬此三盖取，直两象上下相易，故俱言易之，大壮本无妄，夬本履卦，乾象俱在上，故言上古。中孚本无乾象，大过乾不在上，故但言古者。大过亦言后世圣人易之，明上古时也。《集解》。

是故易者，象也。

易谓日月，在天成八卦象。悬象著明，莫大日月是也。《集解》。

象也者，象也。[1]

彖者，材也。

彖说三才，则三分天象，以为三才，谓天地人道也。《集解》。

爻也者，效天下之动者也。

动，发也。谓两三才为六画，则发挥刚柔而生爻也。《集解》。

是故吉凶生而悔吝著也。

爻象动内，则吉凶见外，吉凶悔吝者，生乎动者也，故曰"著"。《集解》。

阳卦奇，阴卦耦，其德行何也。

阳卦一阳，故奇。阴卦二阳，故耦。谓德行何可者也。《集解》。

天下何思何虑。

易无思也，既济定，六位得正，故何思何虑。《集解》。

日往则月来。

谓咸初往之四，与五成离，故日往。与二成坎，故月来。之外日往，在内月来，此就爻之正者也。《集解》。

月往则日来。

初变之四，与上成坎，故月往。四变之初，与二成离，[2]故日来者也。《集解》。

日月相推而明生焉。

既济体两离坎象，故明生焉。《集解》。

---

① "象"，《周易注疏》《周易集解》作"像"。

② "二"，《周易集解》作"三"。

寒往则暑来。

乾为寒,坤为暑,谓阴息阳消,从姤至否,故寒往暑来也。《集解》。

暑往则寒来。

阴诎阳信,从复至泰,故暑往寒来也。《集解》。

诎信相感而利生焉。①

感,咸象,故相感。天地感而万物化生,圣人感人心而天下和平,故利生。利生谓阳出震,阴伏藏。《集解》。

龙蛇之蛰,以存身也。

蛰,潜藏也。龙潜而蛇藏。阴息初,巽为蛇。阳息初,震为龙。十月坤成,十一月复生。姤巽在下,龙蛇俱蛰。初坤为身,故龙蛇之蛰,以存身也。《集解》。

穷神知化,德之盛也。

以坤变乾,谓之穷神。以乾通坤,谓之知化。乾为盛德,故德之盛。《集解》。

子曰:非所困而困焉,名必辱。

困本咸,咸三入宫,以阳之阴,则二制坤,故以次咸。为四所困,四失位恶人,故非所困而困焉。阳称名,阴为辱,以阳之阴下,故名必辱也。《集解》。

非所据而据焉,身必危。

谓据二,二失位,故非所据而据焉。二变时,坤为身,二折坤体,故身必危。《集解》。

子曰:隼者,禽也。

离为隼,故称禽。言其行野容,如禽兽焉。《集解》。

---

① "诎",《周易注疏》《周易集解》作"屈"。

弓矢者，器也。

离为矢，坎为弓，坤为器。《集解》。

射之者，人也。

人，贤人也。谓乾三伏阳，出而成乾，故曰“射之者人”。人则公。三应上，故上令三出而射隼也。《集解》。

君子藏器于身，待时而动，何不利之有？

三伏阳为君子。二变时，坤为身、为藏器、为堂案：“为”疑作“谓”。藏弓矢以待射隼。艮为待、为时，三待五来之二，弓张矢发，动出成乾，贯隼，入大过死，两坎象坏，故何不利之有？象曰“以解悖”。三阴小人乘君子器，故上观三出，射去隼也。《集解》。

动而不括，是以出而有获，语成器而动者也。

括，作也。震为语。乾五之坤二，成坎弓离矢。动以贯隼，故语成器而动者也。《集解》。

子曰：小人不耻不仁，不畏不义。

谓否也。以坤灭乾，为不仁、不义，坤为耻、为义，乾为仁，为畏者也。《集解》。

不见利不动，不威不征。[1]

否乾为威、为利，巽为近利。谓否五之初，成噬嗑市。离日见乾为见利，震为动，故不见利不动。五之初，以乾威坤，故不威不征，震为征也。《集解》。

小征而大戒，此小人之福也。

艮为小，乾为大。五下威初，坤杀不行。震惧虩虩，故小征大戒。坤为小人，乾为福。以阳下阴，民说无疆，故小

① “征”，《周易注疏》《周易集解》作“惩”。下同。

人之福也。《集解》。

善不积，不足以成名。恶不积，不足以灭身。

乾为积善，阳称名。坤为积恶、为身。以乾灭坤，故灭身者也。《集解》。

小人以小善为无益而弗为也。

小善谓复初。《集解》。

以小恶为无伤而弗去也。

小恶谓姤初。《集解》。

故恶积而不可弇。

谓阴息姤至遯，子弑其父，故恶积而不可弇。《集解》。

罪天而不可解。

阴息遯成否，以臣弑君，故罪大而不可解也。《集解》。

是故君子安而不忘危。

君子，大人，谓否五也。否坤为安，危谓上也。《集解》。

是以身安而国家可保也。

坤为身，谓否反成泰，君位定于内，而臣忠于外，故身安而国家可保也。《集解》。

子曰：德薄而位尊。

鼎四也。则离九四凶恶小人，故德薄。四在乾位，故位尊。《集解》。

知少而谋大。

兑为少知，乾为大谋。四在乾体，故谋大矣。《集解》。

力少而任重。《本义辩证》曰："力少，今本讹为'力小'，石经及《集解》本皆作'少'。颜师古、章怀太子两《汉书》注所引皆然。《王莽传》曰：'德薄位尊，力少任大。'"

五至初，体大过，本末弱，故力少也。乾为仁，故任重。

以为己任,不亦重乎?《集解》。

尠不及矣。

尠,少也。及,及于刑矣。《集解》。

子曰:知几其神乎?

几谓阳也。阳在复初称几。此谓豫四也。恶鼎四折足,故以此次。言豫四知几而反复初也。《集解》。

君子上交不谄,下交不渎,其知几乎?

豫二谓四也。[1] 四失位谄渎。上谓交五,五贵,震为笑言。笑言且谄也。故上交不谄。下谓交三,坎为渎,故下交不渎。欲其复初得正元吉,故其知几乎?《集解》。

几者,动之微,吉之先见者也。

阳见初成震,故动之微。复初元吉,吉之先见者也。《集解》。

子曰:颜氏之子,其殆庶几乎!

几者,神妙也。颜子知微,故殆庶几。孔子曰:"回也,其庶几也!"[2]《集解》。

有不善,未尝不知。

复以自知,老子曰"自知者明"。《集解》。

知之,未尝复行也。

谓颜回不迁怒,不贰过。克己复理,[3]天下归仁。《集解》。

天地壹壸,万物化醇。

谓泰上也。先说否,否反成泰,故不说泰。天地交,万

① "二",《周易集解》作"上"。
② "也",《周易集解》作"乎"。
③ "理",《周易集解》作"礼"。

物通，故化醇。《集解》。

男女构精，万物化生。

谓泰初之上成损，艮为男，兑为女，故男女构精。乾为精。损反成益，万物出震，故万物化生也。《集解》。

子曰：君子安其身而后动。

谓反损成益。君子，益初也。坤为安身，震为后动。《集解》。

易其心而后语。

乾为易，益初体复心，震为后语。《集解》。

定其交而后求。

震专为定、为后，交谓刚柔始交，艮为求也。《集解》。

君子修此三者，故全也。

谓否上之初。损上益下，其道大光。自上下下，民说无疆，故全也。《集解》。

危以动，则民不与也。

谓否上九。高而无位，故危。坤民否闭，故弗与也。《集解》。

惧以语，则民不应也。

否上穷灾，故惧。不下之初成益，[①]故民不应。坤为民，震为应也。《集解》。

无交而求，则民不与也。

上来之初，故交。堂案：疑作"上不交初，故无交"。坤民否闭，故不与。震为交。《集解》。

莫之与，则伤之者至矣。

① "不"，《周易集解》作"来"。

上不之初，否消灭乾，则体剥伤，臣弑君，子弑父，故伤之堂案："之"下疑有"者"字。至矣。《集解》。

阴阳合德而刚柔有体。

合德谓天地杂，保大和，日月战。乾刚以体天，坤柔以体地也。《集解》。

于稽其类，其衰世之意邪。

稽，考也。三称盛德，上称末世。乾终上九，动则入坤。坤弑其君父，故为乱世。阳出复震，入坤出坤，故衰世之意邪。《集解》。

夫易，章往而察来，[1]而微显阐幽，开而当名。

神以知来，知以藏往。微者显之，谓从复成乾，是察来也。阐者幽之，谓从姤之坤，是章往也。阳息出初，故开而当名。《集解》。

其称名也小。

谓乾坤与六子，俱名八卦而小成，故小。复小而辩于物者矣。《集解》。

其取类也大。

谓乾阳也。为天为父，触类而长之，故大也。《集解》。

其旨远，其辞文。

远谓乾，文谓坤也。《集解》。

其言曲而中，其事肆而隐。

曲，诎。肆，直也。阳曲初，震为言，故其言曲而中。坤为事，隐未见，故肆而隐也。《集解》。

因贰以济民行，以明失得之报。

① "章"，《周易注疏》《周易集解》作"彰"。

二谓乾与坤也。坤为民,乾为行。行得则乾报以吉,行失则坤报以凶也。《集解》。

《易》之兴也,其于中古乎。

兴《易》者,谓庖牺也。文王书经,系庖牺于乾五。乾为古,五在乾中,故兴于中古。系以黄帝、尧、舜,为后世圣人,庖牺为中古,则庖牺以前为上古。《集解》。

作《易》者,其有忧患乎。

谓忧患百姓,未知兴利远害,不行礼义,茹毛饮血,衣食不足。庖牺则天八卦,通为六十四,以德化之。吉凶与民同患,故有忧患。《集解》。

是故履,德之基也。

乾为德。履与谦旁通,坤柔履刚,故德之基。坤为基。《集解》。

谦,德之柄也。

坤为柄。柄,本也。凡言德,皆阳爻也。《集解》。

复,德之本也。

复初,乾之元,故德之本也。《集解》。

恒,德之固也。

立不易方,守德之坚固。《集解》。

巽,德之制也。

巽风为号令,所以制下,故曰"德之制也"。《集解》。

履和而至。

谦与履通,谦坤柔和,故履和而至。礼之用,和为贵者也。《集解》。

复小而辨于物。[1]

阳始见，故小。乾阳物，坤阴物，以乾居坤，故称别物。《集解》。

损先难而后易。

损初之上，失正，故先难。终反成益，得位于初，故后易。易其心而后语。《集解》。

益长裕而不设。

谓天施地生，其益无方，凡益之道，与时偕行，故不设也。《集解》。

困穷而通。

阳穷否上，变之坤二成坎，坎为通，故因穷而通也。《集解》。

履以和行。

礼之用，和为贵，谦震为行，故以和行也。《集解》。

谦以制礼。

阴称礼。谦三以一阳制五阴，万民服，故以制礼也。《集解》。

复以自知。

有不善，未尝不知，故自知也。《集解》。

恒以一德。

恒德之固，立不易方，从一而终，故一德者也。《集解》。

损以远害。

坤为害。泰以初止坤上，故远害。乾为远。《集解》。

困以寡怨。

① "辨"，《周易集解》作"辩"。

坤为怨。否弑父与君，乾来上折坤二，故寡怨。坎水性通，故不怨也。《集解》。

井以辨义。[1]

坤为义。以乾别坤，故辨义也。《集解》。

为道也，娄迁。堂案：娄，古"屡"字，见《汉书》。

迁，徙也。日月周流，上下无常，故娄迁也。《集解》。

变动不居，周流六虚。

变，易。动，行。六虚，六位也。日月周流，终则复始，故周流六虚。谓甲子之旬辰巳虚。坎戊为月，离己为日，入在中宫，其处空虚，故称六虚。五甲如次者也。《集解》。

上下无常，刚柔相易。

刚柔者，昼夜之象也。在天称上，入地为下，故上下无常也。《集解》。

不可为典要，唯变所适。

典堂案：毛本"典"下有"常"字。要，道也。上下无常，故不可为典要。适乾为昼，适坤为夜。《集解》。

其出入以度，外内使知惧。

出乾为外，入坤为内。日行一度，故出入以度。出阳知生，入阴惧死，使知惧也。《集解》。

又明于忧患与故。

神以知来，故明忧患。知以藏往，故知事故。作易者，其有忧患乎？《集解》。

无有保师，[2]如临父母。

---

① "辨"，《周易集解》作"辩"。

② "保师"，《周易注疏》《周易集解》作"师保"。

临，见也。言阴阳施行，以生万物。无有师保，生成之者。万物出生，皆如父母。孔子曰“父母之道天地”，乾为父，坤为母。《集解》。

初帅其辞而揆其方。[①]

初，始，下也。帅，正也。谓修辞立诚。方谓坤也。以乾通坤，故初帅其辞而揆其方。《集解》。

既有典常，苟非其人，道不虚行。

其出入以度，故有典常。苟，诚也。其人谓乾为贤人。神而明之，存乎其人，不言而信，谓之德行，故不虚行也。《集解》。

原始要终，以为质也。

质，本也。以乾原始，以坤要终。谓原始及终，以知死生之说。《集解》。

六爻相杂，唯其时物也。

阴阳错居称杂，时阳则阳，时阴则阴，故唯其时物。乾阳物，坤阴物。《集解》。

若夫杂物撰德，辨是与非，[②]则非其中爻不备。

撰德谓乾。辨，别也。是谓阳，非谓阴也。中，正。乾六爻，二四上非正。坤六爻，初三五非正。故杂物。因而重之，爻在其中。故非其中，则爻辞不备。道有变动，故曰“爻”也。《集解》。

噫！亦要存亡吉凶，则居可知矣。

谓知存知亡，要终者也。居乾吉则存，居坤凶则亡，故

---

① “帅”，《周易注疏》《周易集解》作“率”。下同。

② “辨”，《周易集解》作“辩”。下同。

曰“居可知矣”。《集解》。

物相杂，故曰文。

乾，阳物。坤，阴物。纯乾纯坤之时，未有文章。阳物入坤，阴物入乾，更相杂成六十四爻，[1]乃有文章，故曰“文”。《集解》。

《易》之兴也，其当殷之末世，周之盛德邪？当文王与纣之事邪？

谓文王书《易》六爻之辞也。末世，乾上。盛德，乾三也。文王三分天下而有其二，以服事殷，周德其可谓至德矣，故周之盛德。纣穷否上，知存而不知亡，知得而不知丧，终以焚死，故殷之末世也。而马、荀、郑君从俗，以文王为中古，失之远矣。《集解》。

是故其辞危。

危谓乾三。夕惕若厉，故辞危也。《集解》。

其道甚大，百物不废。

大谓乾道。乾三爻三十六物，故有百物。[2] 略其奇八，与大衍之五十同义。《集解》。

惧以终结，其要无咎。此之谓易之道也。

乾称易道。终日乾乾，故无咎。危者使平，易者使倾，恶盈、福谦，故易之道者也。《集解》。

夫乾，天下之至健也，德行恒易以知险。

险谓坎也。谓乾二五之坤成坎离，日月丽天，天险不可升，故知险者也。《集解》。

---

① “爻”，《周易集解》作“卦”。

② “故有百物”，《周易集解》作“故百物不废”。

夫坤，天下之至顺也，德行恒简以知阻。

阻，险阻也。谓坤二五之乾，艮为山陵，坎为水，巽高兑下。地险山川丘陵，故以知阻也。《集解》。

能说诸心。[①]

乾五之坤，坎为心，兑为说，故能说诸心。《集解》。

能研诸侯之虑。晁氏曰："虞本有'侯之'二字。"

坎心为虑，乾初之坤为震，震为诸侯，故能研诸侯之虑。《集解》。

定天下之吉凶，成天下之娓娓者。

谓乾二五之坤，成离日坎月，则八卦象具。八卦定吉凶，故能定天下之吉凶。娓娓，进也。离为龟，乾为蓍。月生震初，故成天下之娓娓者。谓莫善蓍龟也。《集解》。

是故变化云为，吉事有祥。

祥，几祥也。吉之先见者也。阳出，变化云为，吉事为祥，谓复初乾元者也。《集解》。

象事知器，占事知来。

象事谓坤。坤为器。乾五之坤成象，故象事知器也。占事谓乾以知来。乾五动成离，则玩其占，故知来。《集解》。

天地设位，圣人成能。

天尊五，地卑二，故设位。乾为圣人，成能谓能说诸心，能研诸侯之虑，故成能也。《集解》。

人谋鬼谋，百姓与能。

乾为人，坤为鬼。乾二五之坤，坎为谋。乾为百，坤为姓，故人谋鬼谋，百姓与能。《集解》。

① "说"，《周易集解》作"悦"。下同。

八卦以象告。

在天成象，乾二五之坤，则八卦象成。兑口震言，故以象告也。《集解》。

刚柔杂居，而吉凶可见矣。

乾二之坤成坎，坤五之乾成离，故刚柔杂居。艮为居。离有巽兑，坎有震艮，八卦体备，故吉凶可见也。《集解》。

变动以利言。

乾变之坤成震，震为言，故变动以利言也。《集解》。

吉凶以情迁。

乾吉坤凶。六爻发挥，旁通情也，故以情迁。《集解》。

是以爱恶相攻而吉凶生。

攻，摩也。乾为爱，坤为恶，谓刚柔相摩，以爱攻恶生吉，以恶攻爱生凶，故吉凶生也。《集解》。

远近相取而悔吝生。

远阳谓乾，近阴谓坤。阳取阴生悔，阴取阳生吝，悔吝言小疵。《集解》。

情伪相感而利害生。

情阳伪阴也。情感伪生利，伪感情生害。乾为利，坤为害。《集解》。

或害之，悔且吝。

坤为害。以阴居阳，以阳居阴，为悔且吝也。《集解》。

将叛者，其辞惭。

坎人之辞也。近而不相得，故叛。坎为隐伏，将叛。坎为心，故惭也。《集解》。

中心疑者，其辞枝。

离人之辞也。火性枝分，故枝疑也。《集解》。

吉人之辞寡。

艮人之辞也。《集解》。

躁人之辞多。

震人之辞也。震为决躁，恐惧虩虩，笑言哑哑，故多辞。《集解》。

诬善之人，其辞游。

兑人之辞也。兑为口舌诬乾，乾为善人也。《集解》。

失其守者，其辞诎。①

巽人之辞也。巽诘诎，阳在初守巽，初阳入伏阴下，故其辞诎。此六子也，离上坎下，震起艮止，兑见巽伏。上经终坎离，则下经终既济未济。上《系》终乾坤，则下《系》终六子。此《易》之大义者也。《集解》。

说　卦

参天两地而倚数。

倚，立。《释文》同。参，三也。谓分天象为三才，以地两之，立六画之数，故倚数也。《集解》。

观变于阴阳而立卦。

谓立天之道，曰阴与阳，乾坤刚柔，立本者。卦谓六爻。阳变成震坎艮，阴变成巽离兑，故立卦。六爻三变，三六十八，则有十八变而成卦，堂案：疑作"则十有八变而成卦"。八卦而小成是也。《系》曰"阳，一君二民。阴，二君一民"，不道乾坤者也。《集解》。

发挥于刚柔而生爻。

① "诎"，《周易注疏》《周易集解》作"屈"。下同。

谓立地之道曰柔与刚。发,动。挥,变。变刚生柔爻,变柔生刚爻,以三为六也。因而重之,爻在其中,故生爻。《集解》。

和顺于道德而理于义。

谓立人之道曰仁与义。和顺谓坤,道德谓乾,以乾通坤,谓之理义也。《集解》。

穷理尽性以至于命。

以乾推坤,谓之穷理。以坤变乾,谓之尽性。性尽理穷,故至于命,巽为命也。《集解》。

昔者圣人之作《易》也。

重言昔者,明谓庖牺也。《集解》。

将以顺性命之理。

谓乾道变化,各正性命,以阳顺性,以阴顺命。《集解》。

兼三才而两之,故《易》六画而成卦。

谓参天两地,乾坤各三爻而成六画之数也。《集解》。

分阴分阳,迭用柔刚。

迭,递也。分阴为柔以象夜,分阳为刚以象昼。刚柔者,昼夜之象。昼夜更用,故迭用柔刚矣。《集解》。

故《易》六画而成章。[①]

章谓文理。乾三画成天文,坤三画成地理。《集解》。

天地定位。

谓乾坤。五贵二贱,故定位也。《集解》。《困学纪闻》。

山泽通气。

谓艮兑。同气相求,故通气。《集解》。《困学纪闻》。

---

① “画”,《周易注疏》《周易集解》作“位”。

雷风相薄。

谓震巽。同声相应,故相薄。《集解》。《困学纪闻》。

水火不相射。

谓坎离。射,厌也。《释文》同。水火相通,坎戊离己,月三十日一会于壬,故不相射也。《集解》。《困学纪闻》。

八卦相错。

错摩,则刚柔相摩,八卦相荡也。《集解》。

数往者顺。

谓坤消从午至亥。上下,故顺也。《集解》。

知来者逆。

谓乾息从子至巳。下上,故逆也。《集解》。

是故易,逆数也。

易谓乾,堂案:"乾"下疑有"气从下生"四字。故逆数。

万物出乎震。震,东方也。

出,生也。震初不见东,故不称东方卦也。《集解》。

齐乎巽。巽,东南也。齐也者,言万物之絜齐也。

巽阳隐初,又不见东南,亦不称东南卦,与震同义。巽阳藏室,故絜齐。《集解》。

离也者,明也。万物皆相见,南方之卦也。

离为日、为火,故明。日出照物,以日相见,离象三爻皆正日中,正南方之卦也。《集解》。

圣人南面而听天下,向明而治,盖取诸此也。

离南方,故南面。乾为治,乾五之坤,坎为耳,离为明,故以听天下,向明而治也。《集解》。

坤也者,地也。万物皆致养焉,故曰"致役乎坤"。

坤阴无阳,故道广布,不主一方,含弘光大,养成万物。

《集解》。

兑，正秋也，万物之所说也，故曰“说言乎兑”。

兑三失位不正，故言正秋。兑象不见西，故不言西方之卦，与坤同义。兑为雨泽，故说万物。震为言，震二动成兑，言从口出，故说言也。《集解》。

战乎乾。乾，西北之卦也，言阴阳相薄也。

乾刚正五，堂案：“五”疑作“每”。月十五日，晨象西北，故西北之卦。薄，入也。坤十月卦，乾消剥入坤，故阴阳相薄也。《集解》。

坎者，水也。正北方之卦也，劳卦也，万物之所归也，故曰“劳乎坎”。

归，藏也。坎二失位不正，故言正北方之卦，与兑正秋同义。坎月夜中，故正北方。《集解》。

艮，东北之卦也。万物之所成终，而所成始也。故曰“成言乎艮”。

艮三得正，故复称卦。万物成始乾甲，成终坤癸。艮东北是甲癸之间，故万物之所成终，而成始者也。《集解》。《困学纪闻》节引。

然后能变化，既成万物也。

谓乾变而坤化。乾道变化，各正性命，成既济定，故既成万物矣。《集解》。

乾，健也。

精刚自胜，动行不休，故健也。《集解》。

坤，顺也。

纯柔，承天时行，故顺。《集解》。

震，动也。

阳出动行。《集解》。

巽，入也。

乾初入阴。《集解》。

坎，陷也。

阳陷阴中。《集解》。

离，丽也。

日丽乾刚。《集解》。

艮，止也。

阳位在上，故止。《集解》。

兑，说也。

震为大笑。阳息震成兑，震言出口，故说。《集解》。

为君。

贵而严也。《集解》。

为父。

成三男，其取类大，故为父也。《集解》。

为大赤。

太阳为赤，月望出入时也。《集解》。

为良马。

乾善，故良也。《集解》。

坤为地。

柔道静。《集解》。

为母。

成三女，能致养，故为母。《集解》。

为众。

物三称群。阴为民，三阴相随，故为众也。《集解》。

震为雷。

太阳火，得水有声，故为雷也。《集解》。

为駹。《释文》。《容斋随笔》。《六经奥论》云："虞作'骊'，音龙，非是。"

駹，苍色。《释文》同。震东方，故为駹。旧读作"龙"，上已为龙，非也。《集解》。《汉上易传》。

为玄黄。

天玄地黄，震天地之杂物，故为玄黄。《集解》。

为专。《释文》、晁氏并同。

阳在初隐静，未出触坤，故专，则乾静也专。延叔坚说，以"专"为"旉"，大布，非也。《集解》。晁氏节引。

为长子。

乾一索，故为长子。《集解》。

其于马也，为善鸣。

为雷，故善鸣也。《集解》。

为异足、为作足。

马白后左足为异。震为左、为足、为有，[1]堂案："有"字疑衍。初阳白。故为作堂案："作"疑作"异"。足。《集解》。

为的颡。

的，白；颡，额也。震体头在堂案："头在"疑作"在头"。口上，白，故的颡。《诗》云"有马白颠"是也。《集解》。

为阪生。[2]

阪，陵阪也。《释文》。

其究为健，为蕃鲜。

---

① "有"，《周易集解》作"作"。

② "阪"，《周易注疏》《周易集解》作"反"。

震巽相薄，变而至三，则下象究。与四成乾，故其究为健，为蕃鲜。巽究为躁卦，躁卦则震。震雷巽风无形，故卦特变耳。《集解》。《汉上易传》节引。

为工。

为近利市三倍，故为工。子夏曰“工居肆”。《集解》。

为白。

乾阳在上，故白。《集解》。

为高。

乾阳在上，长故高。《集解》。

为进退。

阳初退，故进退。《集解》。

为臭。

臭，气也。风至知气。巽二入艮鼻，故为臭。《系》曰："其臭如兰。"《集解》。

其于人也，为宣发。《汉上易丛说》同。

为白，故宣发。马君以宣为寡发，非也。《集解》。

为广颡。

变至三，坤为广。四动成乾为颡，在头口上，故为广颡。与震的颡同义。震一阳，故的颡。巽变乾二阳，故广颡。《集解》。

为多白眼。

为白，离目上向，则白眼见，故多白眼。《集解》。

为近利市三倍。

变至三，成坤，坤为近。四动乾，乾为利。至五成噬嗑，故称市。乾三爻为三倍，故为近利市三倍。动上成震，故其究为躁卦。八卦诸爻，唯震巽变耳。《集解》。

其究为躁卦。

变至五，成噬嗑为市。动上成震，故其究为躁卦。明震内体为专，外体为躁。《集解》。

为沟渎。

以阳辟坤，水性流通，故为沟渎也。《集解》。

为隐伏。

阳藏坤中，故为隐伏也。《集解》。

为弓轮。

可矫揉，故为弓轮。坎为月，月在于庚为弓，在甲象轮，故弓轮也。《集解》。

其于人也，为加忧。

两阴失心为多眚，故加忧。《集解》。

为心病。

为劳而加忧，故心病。亦以坎为心。坎二折坤，为心病。《集解》。

其于舆也，为多眚。

眚，败也。坤为大车，坎折坤体，故为车多眚也。《集解》。

为通。

水流渎，故通也。《集解》。

为月。

坤为夜，以坎阳光坤，故为月也。《集解》。

为盗。

水行潜窃，故为盗也。《集解》。

其于木也，为坚多心。

阳刚在中，故坚多心。棘，枣属也。《集解》。

为甲胄。

外刚，故为甲。乾为首，巽绳贯甲而在首上，故为胄。胄，兜鍪也。《集解》。

为戈兵。

乾为金，离火断乾，燥而炼之，故为戈兵也。《集解》。

其于人也，为大腹。

象日常满，如妊身妇，故为大腹。乾为大也。《集解》。

为乾卦。

火日熯燥物，故为乾卦也。《集解》。

为鳖、为蟹、为蠃、为蚌、为龟。

此五者皆取外刚内柔也。《集解》。

其于木也，为折上稾。《释文》。《汉上易丛说》同。

巽木在离中，体大过死，巽虫食心则折也。蠹虫食口木，堂案：疑作"蠹虫口食木"。故上稾。或以离火烧巽，故折上稾。《集解》。晁氏。《汉上易传》俱节引。

为径路。

艮为山中径路。震阳在初，则为大涂。艮阳小，故为径路也。《集解》。

为门阙。

乾为门，艮阳在门外，故为门阙。两小山，阙之象也。《集解》。

为指。

艮手多节，故为指。《集解》。

为拘。

指屈伸制物，故为拘。"拘"旧作"狗"，上已为"狗"，字之误。《集解》。

为鼠。

似狗而小，在坎穴中，故为鼠。晋九四是也。《集解》。

其于木也，为多节。[1] 今本为“坚多节”。

阳刚在外，故多节。松柏之属。《集解》。

兑为泽。

坎水半见，故为泽。《集解》。

为少女。

坤三索，位在末，故少也。《集解》。

为巫。

乾为神，兑为通，与神通气。女，故为巫。《集解》。

为口舌。

兑为堂案：“为”疑作“得”。震声，故为口舌。《集解》。

为毁折。

二折震足，故为毁折。《集解》。

为附决。

乾体未圜，故附决也。《集解》。

其于地也，为刚卤。

乾二阳在下，故刚。泽水润下，故咸。《集解》。

为妾。

三少女位贱，故为妾。《集解》。

为羔。《释文》同。

羔，女使。皆取位贱，故为羔。旧读以震駹为龙，艮拘为狗，兑羔为羊，皆已见上，此为再出，非孔子意也。震已为长男，又言长子，谓以当继世，守宗庙，主祭祀，故详举之。

① “为”后，《周易注疏》《周易集解》有“坚”字。

三女皆言长、中、少，明女子各当外成，故别见之。此其大例者也。《集解》。

序 卦

物大然后可观，故受之以观。

临反成观，二阳在上，故可观也。《集解》。

可观而后有所合，故受之以噬嗑。噬嗑者，合也。

颐中有物食，故曰"合"也。《集解》。

物不可以苟合而已，故受之以贲。贲者，饰也。

分刚上文柔，故饰。《集解》。

物不可以终尽，剥穷上反下。

阳四月穷上，消遘至坤者也。《集解》。

物畜然后可养，故受之以颐。颐者，养也。

天地养万物，圣人养贤以及万民。《集解》。

不养则不可动，故受之以大过。

人颐不动则死，故受之以大过。大过否卦，棺椁之象也。《集解》。

有天地。

谓天地否也。《集解》。

然后有万物。

谓否反成泰。天地壹壷，万物化醇，故有万物也。《集解》。

有万物，然后有男女。

谓泰已有否，否三之上，反正成咸。艮为男，兑为女，故有男女。《集解》。

有男女，然后有夫妇。

咸反成恒，震为夫，巽为妇，故有夫妇也。《集解》。

有夫妇，然后有父子。

谓咸上复乾成遯。乾为父，艮为子，故有父子。《集解》。

有父子，然后有君臣。

谓遯三复坤成否。乾为君，坤为臣，故有君臣也。《集解》。

有君臣，然后有上下。

否乾君尊上，坤臣卑下。天尊地卑，故有上下也。《集解》。

有上下，然后礼义有所错。

错，置也。谓天君父夫，象尊错上。地妇臣子，礼卑错下。坤，地道、妻道、臣道，故礼义有所错者也。《集解》。

伤于外者，必反于家，堂案：今本作"必反其家"，唐石经同此。故受之以家人。

晋时在外，家人在内，故反家人。《集解》。

物不可以终止，故受之以渐。渐者，进也。

否三进之四，巽为进也。《集解》。

进必有所归，故受之以归妹。

震嫁兑，兑为妹。归，嫁也。《集解》。

入而后说之，故受之以兑。兑者，说也。

兑为讲习，故学而时习之，不亦说乎。《集解》。

说而后散之，故受之以涣。涣者，离也。

风以散物，故离也。《集解》。

杂　卦

《杂卦》者，杂六十四卦以为义。其于《序卦》之外，别言也。昔者圣人之兴，因时而作，随其时宜，不必皆相因袭，当有损益之意也。故《归藏》名卦之次，亦多异于时。王道踳驳，圣人之意或欲错综以济之，故次《序卦》以其杂也。《正义》。《汉上易丛说》节引。

乾刚坤柔。

乾刚金坚，故刚。坤阴和顺，故柔也。《集解》。

比乐师忧。

比五得位建万国，故乐。师三失位舆尸，故忧。《集解》。

屯见而不失其居，蒙杂而著。

阴堂案："阴"疑作"阳"。出初震，故见。盘桓，利居贞，故不失其居。蒙二阳在阴位，故杂。初杂为交，故著。《集解》。

震，起也。艮，止也。

震阳动行，故起。艮阳终止，故止。《集解》。

损益，衰盛之始也。《会通》引《释文》同，今《释文》无之。

损，泰初益上，衰之始。益，否上益初，盛之始。《集解》。

大畜，时也。无妄，灾也。

大畜五之复二成临，时舍坤二，故时也。无妄上之遯初，子弑父，故灾者也。《集解》。

萃聚而升不来也。

坤众在内，故聚。升五不来之二，故不来。之内曰来也。《集解》。

谦轻而豫怡也。[1]《释文》同。

谦位三贱，故轻。豫荐乐祖考，故怡。怡或言怠也。《集解》。晁氏节引。

---

① "怡"，《周易注疏》《周易集解》作"怠"。

噬嗑，食也。贲，无色也。

颐中有物，故食。贲离日在下，五动巽白，故无色也。《集解》。

兑见而巽伏也。

兑阳息二，故见，则见龙在田。巽乾初入阴，故伏也。《集解》。

随，无故也。蛊，则饰也。

否上之初，君子弗用，故无故也。蛊，泰初上饰坤，故则饰也。《集解》。

剥，烂也。复，反也。

剥生于遘，阳得阴孰，故烂。复，刚反初。《集解》。

晋，昼也。明夷，诛也。

诛，伤也。离日在上，故昼也。明入地中，故诛也。《集解》。

井通而困相遇也。

泰初之五为坎，故通也。困三遇四，故相遇也。《集解》。

咸，速也。恒，久也。

相感者，不行而至，故速也。日月久照，四时久成，故久也。《集解》。

涣，离也。节，止也。

涣散，故离。节制数度，故止。《集解》。

解，缓也。蹇，难也。

雷动出物，故缓。蹇险在前，故难。《集解》。

睽，外也。家人，内也。

离女在上，故外也。家人女正位乎内，故内者也。《集解》。

否泰反其类也。

否反成泰，泰反成否，故反其类。终日乾乾，反复之道。《集解》。

大壮则止，遯则退也。

大壮止阳，阳故止。遯阴消阳，阳故退。巽为退者也。《集解》。

大有，众也。同人，亲也。

五阳并应，故众也。夫妇同心，故亲也。《集解》。

革，去故也。鼎，取新也。

革更故去，堂案："去"下疑有"故"字。鼎亨饪，故取新也。《集解》。

小过，过也。中孚，信也。

五以阴过阳，故过。信及遯鱼，故信也。《集解》。

丰多故。亲，寡旅也。

丰大，故多。旅无容，故亲寡。六十四象，皆先言卦，及道其指。至旅体离四焚弃之行，又在旅家，故独先言亲寡，而后言旅。《集解》。

小畜，寡也。履，不处也。

乾四之坤初成震，一阳在下，故寡也。乾三之坤上成剥，剥穷上失位，故不处。《集解》。

需，不进也。讼，不亲也。

险在前也。故不进。天水违行，故不亲也。《集解》。

大过，颠也。

颠，殒也，顶载泽中，故颠也。《集解》。

姤，遇也。柔遇刚也。

坤遇乾也。《集解》。

渐，女归待男行也。

兑为女，艮为男。反成归妹，巽成兑。故女归待艮成震乃行，故待男行也。《集解》。

颐，养正也。

谓养三五。五之正为功，三出坎为圣，故曰“颐，养正”。与蒙以养正，圣功同义也。《集解》。

既济，定也。

济成六爻得位，堂案：“位”下疑有“故”字。定也。《集解》。《汉上易传》。

归妹，女之终也。

归妹，人之终始。女终于嫁，从一而终，故女之终也。《集解》。

未济，男之穷也。

否艮为男位。否五之二，六爻失正，而来下阴。未济主月晦，乾道消灭，故男之穷也。《集解》。

夬，决也，刚决柔也。君子道长，小人道消也。[1]“消”，今本作“忧”。

以乾决坤，故刚决柔也。乾为君子，坤为小人。乾息，故君子道长。坤体消灭，故小人道消。谕武王伐纣。自大过至此八卦，不复两卦对说。大过死象，两体姤决，故次以姤而终于夬。言君子之决小人，故君子道长，小人道消。《集解》。

---

① “消”，《周易注疏》《周易集解》作“忧”。

王肃周易注

王肃周易注序

《魏志·王肃字子邕，一作子雍。传》云："肃善贾、马之学，而不好郑氏，采会同异，为《尚书》、《诗》、《论语》、三《礼》、《左传》解，及撰定父朗所作《易传》，皆列于学官。"《北史·儒林传》云："郑玄《易》大行于河北，王肃《易》亦间行焉。河南儒生讲王辅嗣所注，师训盖寡。"由斯而言，肃虽不好郑氏，而其《易》学固异于辅嗣，而不远于郑者也。十卷之注之余，沈蠡有存焉，亦乌可使其无传邪？孙堂识。

上　经

乾：

初九，潜龙勿用。

周公作爻辞。董氏《会通》。

九二，见龙在田，利见大人。

大人，圣人在位之目。《释文》。《文选·圣主贤臣颂》注。

上九，亢龙有悔。

穷高曰亢，知进忘退，故悔也。《集解》。

大人造也。

造，七到反。就也，至也。《释文》。

上下无常。上，时掌反。《释文》。

水流湿，火就燥。

水之性润，万物而退下。火之性炎，盛而升上。《书·洪范》正义。

云从龙，风从火。①

龙举而景云属，虎啸而谷风兴。《史记·伯夷传》集解。

六爻发辉。②

辉，散也。《释文》。

亢之为言也，知进而不知退，知存而不知亡，知得而不知丧，其唯愚人乎？③ 知进退存亡，而不失其正者，其唯圣人乎？《释文》。《辑闻》。《容斋随笔》。《野客丛书》。

坤：

西南得朋，东北丧朋。

西南阴类，故得朋。东北阳类，故丧朋。《汉上易丛说》。

《象》曰：黄裳元吉，文在中也。

坤为文，五在中，故曰"文在中也"。《集解》。

屯：

乘马班如。

班如，槃桓不进也。《文选·演连珠》注。

六三，即麓无虞。

麓，山足。《释文》。

蒙：

---

① "火"，《周易注疏》《周易集解》作"虎"。

② "辉"，《周易注疏》《周易集解》作"挥"。

③ "愚"，《周易注疏》《周易集解》作"圣"。

上九，击蒙。

击，治也。《释文》。

需：

云在天上，[1]需。《释文》。

致戎至。[2]《释文》。

讼：

终凶，讼不可成也。

以讼成功者，终必凶也。《集解》。

自下讼上，患至掇也。

掇，若手拾掇物然。《正义》。

九五，讼元吉。

《象》曰：讼元吉，以中正也。

以中正之德，齐乖争之俗，元吉者也。[3]《集解》。《义海撮要》。

上九，或锡之槃带。[4]《释文》。

终朝三褫之。

褫，解也。《释文》。

师：

君子以容民畜众。

畜，许六反。养也。《释文》。《丙子学易编》。

否臧凶。否，方有反。《释文》。

① "云在天上"，《周易注疏》《周易集解》作"云上于天"。

② "戎"，《周易注疏》《周易集解》作"寇"。

③ "者"，《周易集解》无此字。

④ "槃"，《周易注疏》《周易集解》作"鞶"。

承天龙也。①

龙，宠也。《释文》。堂案："龙"，古"宠"字。《诗·商颂》"为龙为光"，《笺》云："龙当作宠。"《左传》引《小雅·蓼萧》篇"龙光"作"宠光"，《周迟父钟》亦作"龙光"。

比：

六三，比之匪人，凶。②《释文》。《丙子学易编》。

泰：

初九，拔茅茹。茹，音如。《释文》。

同人：

君子以类族辩物。辩，卜免反。《释文》。

九三，伏戎于莽。莽，冥党反。《释文》。

大有：

九二，大车以载。车，刚除反。《释文》。堂案：《释文》本一作"荆余反"，又作"刚余反"。山井鼎引元文作"刚徐反"。

九四，匪其彭。

彭，壮也。《释文》。

豫：

六三，盱豫。

盱，大也。《释文》。

朋盍簪。簪，祖感反。《释文》。《群经音辨》。《类篇》引作"子感切"，《六经正误》作"祖咸反"，误。

簪，速也。《集韵》。《类篇》。

随：

① "龙"，《周易注疏》《周易集解》作"宠"。

② "凶"，《周易注疏》《周易集解》无此字。

大亨贞无咎，而天下随之，[1]随之时，义大矣哉。《释文》，朱子《本义》。堂案：《汉上易传》引胡旦曰："王肃本作'随之'。篆字'之'为'㞢'，'时'为'旹'，转隶者增'日'为'时'。"

君子以乡晦入宴息。[2] 宴，乌显反。《释文》。

蛊：

君子以振民毓德。[3]《释文》。

初六，干父之蛊，有子，考绝句。无咎。《释文》。

观：

观，盥而观荐。[4]《释文》。堂案：吕氏《音训》"而不荐"，陆氏曰："王肃本作'而观荐'。"神庙本《释文》同注疏，《音义》亦云"不荐"。王肃作"观荐"，今《释文》皆云王肃作，而"不观荐"疑衍一"不"字。

大观在上。观音官。《释文》。

噬嗑：

九四，噬干胏得金矢。

四体离"离"，《初学记》作"皆"误。阴卦，骨之象。骨在乾，肉脯之象。金矢所以获野禽，故食之反得金矢，君子于味，必思其毒，于利必备其难。《初学记》二十六《器物部》。《太平御览》八百六十二《饮食部》。《困学纪闻》。

上九，荷校灭耳，凶。

荷，担。《释文》。

聪不明也。

言其聪之不明。《释文》。

---

① "之"，《周易注疏》《周易集解》作"时"。

② "乡"，《周易注疏》《周易集解》作"向"。

③ "毓"，《周易注疏》《周易集解》作"育"。

④ "观"，《周易注疏》《周易集解》作"不"。

贲：

贲，符文反。有文饰，黄白色。《释文》。

山下有火，贲。

离下艮上，离为火，艮为山。贲，饰。《家语》注。

初九，贲其趾，舍车而徒。

在下，故称趾。既舍其车，又饰其趾，是徒步也。《集解》。

义不乘也。[①] 晁氏。

六五，贲于丘园，束帛戋戋。

失位无应，隐处丘园，盖象衡门之人。《东都赋》注作"盖蒙闇之人"。道德弥明，必有束帛之聘。戋戋，委积之貌也。《文选·谢平原内史表》注、《演连珠》注、《东都赋》注。

剥：

剥床以辨。[②] 辨，否勉反。《释文》。

六四，剥床以肤，凶。

在下而安人者，床也。在上而处床者，人也。坤以象床，艮以象人。床剥尽以及人身，为败滋深，害莫甚焉，故曰"剥床以肤，凶"也。《集解》。

复：

无禔悔。[③] 禔，时支反。《释文》。

休复之吉，以下仁也。

下附于仁。《释文》。

无妄：

---

① "不"，《周易注疏》《周易集解》作"弗"。

② "辨"，《周易集解》作"辩"。

③ "禔"，《周易注疏》《周易集解》作"祇"。

妄，犹望，谓无所希望也。《释文》。

颐：

六二，颠颐，拂经于丘颐，征凶。

养下曰“颠”。拂，违也。经，常也。丘，小山，谓六五也。二宜应五，反下养初，岂非颠颐。违常于五也。故曰“拂经于丘”矣。拂丘虽阻常理，养下故谓养贤。上既无应，征必凶矣。故曰“征凶”。《集解》。《义海撮要》。

由颐厉吉。

厉，危。《释文》。

大过：音戈。《释文》。《丙子学易编》。

习坎：

王公设险，以守其国。险之时，用大矣哉。

守险以德，据险以时，成功大矣。《集解》。

入于坎窞。窞，徒感反。《释文》。《群经音辨》。《类篇》引作“卢感反”。

窞，坎底也。《释文》。《集韵》。《类篇》。

险且枕。枕，针甚反。《释文》。

离：

百谷草木丽乎地。[①]《释文》。

《象》曰：明两作，离。大人以继明照于四方。

两离相续继，《初学记》无“继”字。明之义也。《初学记》十《储宫部》。《太平御览》一百四十六《皇亲部》。

则大耋之嗟。耋，他结反。嗟，遭哥反。《释文》。《集韵》。《类篇》。

八十曰耋。《释文》。《集韵》引云：“年八十也。”

① “地”，《周易注疏》《周易集解》作“土”。

九四，突如，其来如。突，唐屑反。《释文》。

离王公也。

丽王者之后为公。《释文》。

王用出征，以正邦也。获匪其丑，大有功也。《释文》。

下　经

咸：

《象》曰：咸，感也。柔上而刚下，二气感应以相与。止而说，男下女，是以亨利贞，取女吉也。

山泽以气通，男女以礼感。男而下女，初婚之所以为礼也。通义正，取女之所以为吉也。《集解》。

憧憧往来。

憧憧往来，不绝貌。《释文》。

九五，咸其脢。脢，音灰。《释文》。《类篇》引作"呼回切"。

脢在背而夹脊。《正义》。晁氏。《集韵》引云："脢，夹脊肉。"

遯：

莫之胜说。说如字。《释文》。《黄氏日抄》。

说，解说也。《释文》。

《象》曰：系遯之厉，有疾毙也。[1]《释文》。

三上系于二而获遯，故曰"系遯"。病此系执而获危惧，故曰"有疾惫堂案：《释文》"惫"当作"毙"。也"。此于六二畜臣妾之象，足以畜其臣妾，不可施为大事也。《集解》。

小人否。

否，备鄙反。塞也。《释文》。

---

① "毙"，《周易注疏》《周易集解》作"惫"。

大壮：

壮，盛也。《释文》。

君子用罔。

罔，无。《释文》。

缧其角。[1] 缧音螺。《释文》。

不祥也

祥，善也。《释文》。

晋：

矢得勿恤。

离为矢。《释文》。

明夷：

文王以之。

唯文王能用之。《释文》。

夷于左般。[2]

般，旋也。日随天左旋也。《释文》。《学斋占毕》引云"音股，字作'般'"，误，详马融《易》。

家人：

家人有严君焉，父母之谓也。父父子子，兄兄弟弟，夫夫妇妇，而家道正，正家而天下定矣。

凡男女所以各得其正者，由家人有严君也。家人有严君，故父子夫妇各得其正。家家咸正，而天下之治大定矣。《集解》。

睽：音圭。《释文》。

① "缧"，《周易注疏》《周易集解》作"羸"。

② "般"，《周易注疏》《周易集解》作"股"。

其志不同行。行，遐孟反。《释文》。

天地睽而其事同也。

高卑虽异，同育万物。《集解》。

其人天且鼿。[1] 鼿，鱼一反。《释文》。

后说之壶。[2]《释文》。

蹇：纪偃反。《释文》。

往得中也。

中，适也。《释文》。

解：

六三，负且乘。乘，绳证反。《释文》。

九四，解而拇。

拇，手大指。《释文》。

损：

上九，弗损益之，无咎贞吉。利有攸往，得臣无家。

处损之极，损极则益，故曰"弗损益之"。非无咎也，为下所益，故无咎。据五应三，三阴上附，外内相应，上下交接，正之吉也，故利有攸往矣。刚阳居上，群下共臣，故曰"得臣"矣。得臣则万方一轨，故无家也。《集解》。《义海撮要》。

益：

告公用桓圭。[3]《释文》。

夬：

① "鼿"，《周易注疏》《周易集解》作"劓"。

② "壶"，《周易注疏》作"弧"。

③ "桓"，《周易注疏》《周易集解》无此字。

壮于頯。[1] 音龟。《释文》。《六音正误》。

其行趑趄。

趑趄，行止之碍也。《释文》。

九五，苋陆夬夬。

苋陆，一名商陆，《正义》。《学斋占毕》。一名章陆。《兼明书》。

姤：

勿用取女，不可与长也。

女不可取，以其不正，不可与长久也。《集解》。

后以施命诘四方[2]。

诘，起一反。止也。《释文》。

初六，系于金抳。[3]《释文》。

柅，织绩之器，妇人所用。《正义》。抳，正义仍作"柅"。

羸豕孚蹢躅。羸，劣随反。《释文》。

萃：

萃，亨，王假有庙。《释文》。

君子以除戎器。

除，犹修治。《释文》。《丙子学易编》。

若号。户羔反。《释文》。晁氏云："号为号咷。"

六二，引吉，无咎。

六二与九五相应，俱履贞正。引，由，迎也。为吉所迎，何咎之有？《旧唐书》一百《王志愔列传》。

孚乃利用禴。

---

① "頯"，《周易注疏》《周易集解》作"頄"。
② "诘"，《周易注疏》《周易集解》作"诰"。
③ "抳"，《周易注疏》《周易集解》作"柅"。

禴,殷春祭名。《释文》。

上六,赍咨涕洟。赍,将啼反。《释文》。

升:

君子以慎德。[1]《释文》。朱子《本义》。

王用亨于岐山。亨,许两反。《释文》。

困:

九四,来余余。[2]《释文》。堂案:余余,犹荼荼,舒迟貌。《说文》云:"余,语之舒也。"《尔雅·释诂》:"余,我也。"孙炎云:"余,舒迟之身也。"又《释天》"四月为余",李巡云:"四月,万物皆生枝布叶,故曰余余,舒也。"孙炎本"余"作"舒",云物之枝叶发舒。

九五,劓刖。[3]

劓刖,妍喆反。不安貌。《释文》。《丙子学易编》。

井:

汔至,亦未繘井。汔,其乞反。《释文》。

君子以劳民劝相。相如字。《释文》。

九二,井谷射鲋。

射,音亦。厌也。《释文》。鲋,小鱼也。《太平御览》九百三十七《鳞介部》。

雍敝漏。[4] 敝,扶灭反。《释文》。

九五,井洌寒泉食。洌音例。《释文》。

震:

震惊百里,不丧匕鬯。

---

① "慎",《周易注疏》《周易集解》作"顺"。

② "余余",《周易注疏》《周易集解》作"徐徐"。

③ "劓刖",《周易注疏》《周易集解》作"劓刖"。

④ "雍",《周易注疏》《周易集解》作"瓮"。

《象》曰：震惊百里，惊远而惧迩也。出可以守宗庙社稷，以为祭主也。

在有灵而尊者，莫若于天。有灵而贵者，莫若于王。有声而威者，莫若于雷。有政而严者，莫若于侯。是以天子当乾，诸侯用震。地不过一同，雷不过百里。政行百里则匕鬯，亦不丧祭祀。国家大事不丧，宗庙安矣。处则诸侯执其政，出则长子掌其祀。《太平御览》一百四十六《皇亲部》。

六三，震苏苏。

苏苏，躁动貌。《释文》。

艮：

不承其随。[①] 晁氏。

厉熏心。[②]

熏灼其心。《汉上易传》。

渐：

渐之进也，女归吉，利贞。《释文》。《丙子学易编》。

君子以居贤德，善风俗。[③]《释文》。《汉上易传》。

初六，鸿渐于干。

干，山间涧水也。《释文》。

饮食衎衎，吉。

衎衎，宽饶之貌也。《文选·魏都赋》注。

归妹：

天地不交，而万物不兴。

---

① “承”，《周易注疏》《周易集解》作“拯”。

② “熏”，《周易集解》作“閽”。

③ “风”，《周易注疏》《周易集解》无此字。

男女交而后人民蕃，天地交然后万物兴，故归妹以及天地交之义也。《集解》。

征凶，位不当也。无攸利，柔乘刚也。

以征，则有不正之凶。以处，则有乘刚之进也。故无所利矣。《集解》。

九四，归妹愆期。

愆，过也。《文选注》二十八。

丰：

虽旬无咎。旬，尚纯反。《释文》。

丰其蔀。蔀，普苟反。《释文》。

日中见沬。音妹。《释文》。《广韵》。

天际祥也。[1]《释文》。

自戕也。[2]

戕，慈羊反。残也。《释文》。

旅：

旅，军旅。《释文》。

初六，旅琐琐。

琐琐，细小貌。《释文》。

丧牛于易，凶。易音亦。《释文》。

涣：

初六，用拯马壮，吉。

拯，拔也。《释文》。

九五，涣汗其大号。

---

① "际"，《周易集解》作"降"。

② "戕"，《周易注疏》《周易集解》作"藏"。

王者出令，不可复返，喻如身中汗出，出不可返也。《北堂书钞》一百三《艺文部》。

中孚：

柔在内而刚得中，说而巽，孚乃化邦也。

三四在内，二五得中，兑说而巽顺，故孚也。《集解》。

利涉大川，乘木舟虚也。

中孚之象，外实内虚，有似可乘虚木之舟也。《集解》。

我有好爵。好，呼报反。《释文》。

或罢。音皮。《释文》。

小过。音戈。《释文》。

不宜上宜下大吉，上逆而下顺也。

四五失位，故曰"上逆"。二三得正，故曰"下顺"也。《集解》。《义海撮要》。

既济：

六二，妇丧其髴，①勿逐，七日得。

《象》曰：七日得，以中道也。

体柔应五，履顺承刚，妇人之义也。髴，首饰。坎为盗，离为妇。丧其髴，邻于盗也。勿逐自得，履中道也。二五相应，故七日得也。《集解》。

六四，繻有衣袽。繻音须，袽音如。《释文》。

未济：

小狐汔济。

坎为水、为险、为隐伏，物之在险，穴居隐伏。往来水间者，狐也。《汉上易传》。

---

① "髴"，《周易注疏》《周易集解》作"茀"。

系辞上传

《释文》云:"王肃本皆作《系辞》上传,讫于《杂卦》,皆有'传'字。"

在天成象。

象者,日月星。《礼·乐记》正义。

在地成形。

山川泽物也。《礼·乐记》正义。

八卦相荡。唐党反。《释文》。

鼓之以雷霆。音庭。《释文》。

乾知泰始。《释文》。

而易成位乎其中。《释文》。

六爻之动,三极之道也。

阴阳、刚柔、仁义为三极,三极之道,三才极至之理。《释文》。《丙子学易编》。《小学绀珠》天文类一。

齐小大者存乎卦。

齐,犹正也。阳卦大,阴卦小,卦列则小大分,故曰"齐小大者存乎卦"也。《集解》。

忧悔吝者存乎介。

介,纤介也。《释文》。

震无咎者存乎悔。

震,动也。《释文》。《丙子学易编》。

故能弥纶天下之道。

弥纶,缠裹也。《释文》。《文选·文赋》注。堂案:《释文》此句无"弥"字。

犯违天地之化而不过。[1]《释文》。

故君子之道尟矣。

尟，少也。《释文》。

其利断金。断，丁管反。《释文》。

野容诲淫。[2]

言妖野音也。容仪，教诲淫泆也。《释文》。

挂一以象三。挂音卦。《释文》。

错综其数。

错，交也。综，理事也。《文选注》十三、三十四。

夫《易》闿物成务。《释文》。堂案："闿"与"开"同。《说文》云："闿，开也。"《仪礼·乡射》篇"袒决遂"，注："决，犹闿也。"彼《释文》云："闿音开。"

圣人以此洗心。洗，悉礼反。《释文》。

古之聪明睿知、神武而不杀者夫！杀，所戒反。《释文》。

辟户谓之坤。辟，甫亦反。《释文》。

是故易有太极，是生两仪。

此章首独言是故者，揔众章之意。《释文》。两仪，天地也。《文选注》二十四、三十六。

河出图。

河图，八卦也。《尚书·顾命》正义。

雒出书。《释文》。

乾坤其易之缊邪。缊，于问反。《释文》。

① "犯"，《周易注疏》《周易集解》作"范"。

② "野"，《周易注疏》《周易集解》作"冶"。

系辞下传

何以守位？曰仁。《释文》。

上古结绳而治。

结绳，识其政事。《书·孔序》正义。

以体天地之撰。士眷反。《释文》。

困，德之辩也。辩，卜免反。《释文》。

《易》之为书也不可远。袁万反。《释文》。

噫！亦要存亡吉凶，则居可知矣。噫，于力反。居音基。《释文》。

噫，辞也。《释文》。

知者观其彖辞。

彖，举象之要也。《释文》。

成天下之亹亹者。

亹亹，勉也。《释文》。

说卦传

昔者圣人之作《易》也。

伏牺得河图而作《易》。《正义序》。《玉海》三十五。

参天两地而倚数。

倚，其绮反。立也。《释文》。《集韵》。五位相合，以阴从阳，天得三合，谓一三与五也；地得两合，谓二与四也。《正义》。水火不相射。

射，音亦。厌也。《释文》。

雷以动之，风以散之，雨以润之，日以晅之，[1]艮以止之，兑以说之，乾以君之，坤以藏之。

互相备也。《正义》。

神也者，眇万物而为言者也。[2] 眇音妙。《释文》。堂案："眇"古"妙"字，见《陈君阁道碑》。

眇，成也。《集韵》去声八。

桡万物者，莫疾乎风。桡，乃教反。《释文》。

燥万物者，莫熯乎火。熯，呼旦反。《释文》。

故水火无"不"字。相逮。《释文》。

震一索而得男。

索，求也。《释文》。

为旉。音孚。《释文》。

旉，华之通名。铺为华皃谓之藪。戴侗《六书故》三十三。

为香臭。[3]《释文》。《正义》。

为矫輮。奴又反，又女九反，又如又反。《释文》。

为亟心。亟，去记反。《释文》。

为黔喙之属。黔，其严反。《释文》。

序卦传

屯者，物之始生也。

屯，刚柔始交而难生，故为物始生也。《正义》。

豫必有随。

欢豫人必有随。《正义》。

---

① "晅"，《周易注疏》《周易集解》作"烜"。

② "眇"，《周易注疏》《周易集解》作"妙"。

③ "香"，《周易注疏》《周易集解》无此字。

不养则不可动,故受之以大过。

过莫大于不养。《正义》。

杂卦传

蛊,则饰也。《释文》。

姚信周易注

姚信周易注序

《吴志》不列姚信字德祐，一字元直。传，其行事略见他传中。信尝受业于范平，平之学，能研览坟、索，遍该百氏，故信亦如之。所著有《士纬》十卷，《周易注》十卷，或云十二卷。今其全书虽佚，然观其解《明夷》“右槃”之义，述伏羲得“河图”之说，及引《诗》之“盱日”释“盱豫”。信乎！其能穿贯群书，非彼分文析字，因陋就寡，信口说而背传记者比也。孙堂识。

上下经

乾：

初九，潜龙勿用。

周公作爻辞。董氏《会通》。

大人造也。正义云：“造，为造至之造。”

《文言》曰：

乾坤为门户，文说乾坤，六十二卦皆放焉。《集解》。

知终终之，可与存义也。

知终者，可以知始。终谓三也。义者，宜也。知存知亡，君子之宜矣。《集解》。

坤：

阴凝于阳必战。[1]《释文》。

屯：

君子以经纶。

经，纬也。时在屯难，是天地经纶之日，故君子法之，须经纶艰难也。《集解》。纶谓纬也。以织综经纬，此君子之事。《正义》。《会通》。

泰：

城复于湟。[2]《释文》。

大有：

公用享于天子。

享，祀也。《释文》。

匪其彭。

彭，旁。《释文》。

谦：

六二，鸣谦，贞吉。

三体震为善鸣，二亲承之，故曰"鸣谦"。得正处中，故贞吉。《集解》。

豫：

六三，盱豫。

盱日始出，《诗》"盱日始旦"。《释文》。

大畜：

初九，有厉，利己。己音纪。《释文》。

---

① "凝"，《周易注疏》《周易集解》作"疑"。

② "湟"，《周易注疏》《周易集解》作"隍"。

良马逐逐。[1]

逐逐，疾并驱之貌。《释文》。

颐：

《象》曰：颐贞吉，养正则吉也。

以阳养阴，动于下，止于上，各得其正，则吉也。《集解》。

习坎：

寘于丛棘。[2]

寘，置也。《释文》。

明夷：

夷于右槃。[3]《释文》。

自辰右旋入丑。《释文》。

萃：

君子以除戎器。

除，犹修治。《释文》。《丙子学易编》。

升：

君子以顺德。《释文》。

丰：

王假之，尚大也。

四体震，王假大也。四上之五，得其盛位谓之大。《集解》。

丰其沛。

沛，滂沛也。《释文》。

---

① "逐"，《周易注疏》《周易集解》无此字。

② "寘"，《周易注疏》《周易集解》作"寘"。

③ "右槃"，《周易注疏》《周易集解》作"左股"。

折其右股。[①]《释文》。

阒其无人。[②]《释文》。

旅:

《彖》曰:旅,小亨。

此本否卦三五交易,去其本体,故曰"客旅"。《集解》。

涣:

涣有近,[③]匪夷所思。《释文》。

未济:

九二,曳其轮,贞吉。

坎为曳、为轮,两阴夹阳,轮之象也。二应于五而隔于四,止而据初,故曳其轮。处中而行,故曰"贞吉"。《集解》。

系辞上

堂案:正义云:"'天尊地卑'为第一章,'圣人设卦观象'为第二章,'彖者言乎象者'为第三章,'精气为物'为第四章,'显诸仁藏诸用'为第五章,'圣人有以见天下之赜'为第六章,'初六藉用白茅'为第七章,'大衍之数'为第八章,'子曰知变化之道'为第九章,'天一地二'为第十章,'是故易有太极'为第十一章,'子曰书不尽言'为第十二章,马季长、荀爽、姚信等又分'白茅'章后取'负且乘'更为别章,成十三章。"

日月违行。[④]《释文》。

坤化成物。[⑤]

"化"当为"作"。《释文》。《丙子学易编》。

---

① "股",《周易注疏》《周易集解》作"肱"。

② "阒",《周易注疏》《周易集解》作"阒"。

③ "近",《周易注疏》《周易集解》作"丘"。

④ "违",《周易注疏》《周易集解》作"运"。

⑤ "化",《周易注疏》《周易集解》作"作"。

坤以简能。

"能"当为"从"。《释文》。《丙子学易编》。

可久,则贤人之德。可大,则贤人之业。

贤人,乾坤也。言乾以日新为德,坤以富有为业也。《集解》。

辩吉凶者存乎辞。

辩,别也。《释文》。

以行其典体。[①]《释文》。

仪之而后动。[②]《释文》。

则言语以为机。[③]《释文》。

野容诲淫。[④]

言妖野容仪,教诲淫泆也。《释文》。

大衍之数五十,其用四十有九。

天地之数五十有五者,其六以象六画之数,故减之而用四十九。《正义》。《筮宗》。《易图说》。《钩隐图》。《群书考索》前集一、别集三。《玉海》三十六。《礼书》七十三。

此所以成变化而行鬼神也。

此天地之数五十有五,分为爻者,故能成就乾坤之变化,能知鬼神之所为也。《集解》。

系辞下

吉凶者,贞称者也。[⑤]《释文》。

---

① "体",《周易注疏》《周易集解》作"礼"。
② "仪",《周易注疏》《周易集解》作"议"。
③ "机",《周易注疏》《周易集解》作"阶"。
④ "野",《周易注疏》《周易集解》作"冶"。
⑤ "称",《周易注疏》《周易集解》作"胜"。

夫坤，妥然示人简矣。[①]《释文》。

作结绳而为罟。[②]

罟，犹网也。《释文》。

象也者，象也。[③]《释文》。

精义入神，以致用也。

阳称精，阴为义，入在初也。阴阳在初，深不可测，故谓之神。变为姤复，故曰“致用也”。《集解》。

君子知微知章，[④]知柔知刚。

此谓豫卦也。二下交初，故曰“知微”。上交于三，故曰“知章”。体坤处和，故曰“知柔”。与四同功，故曰“知刚”。《集解》。

井德之地也。

井养而不穷，德居地也。《集解》。

说　卦

昔者圣人之作《易》也。

伏牺得河图而作《易》。《正义序》。《玉海》卷三十五。连山氏神农。得河图，夏人因之曰《连山》。归藏氏黄帝。得河图，商人因之曰《归藏》。伏羲氏得河图，周人因之曰《周易》。《汉上易传》。《玉海》三十五。

水火不相射。

射，音亦。厌也。《释文》。

---

① “妥”，《周易注疏》《周易集解》作“隤”。

② “为”后，《周易注疏》《周易集解》有“网”字。

③ “象”，《周易注疏》《周易集解》作“像”。

④ “章”，《周易注疏》《周易集解》作“彰”。

为专。

专，一也。《释文》。

为弓伦。[①]《释文》。

为蠡。[②]《释文》。

序　卦

履而泰然后安，故受之以泰。泰者，通也。今本衍“而泰”二字。

安上治民，莫过于礼。有礼然后泰，泰然后安也。《集解》。

杂　卦

谦轻而豫怠也。怠如字。《释文》。

① “伦”，《周易注疏》《周易集解》作“轮”。

② “蠡”，《周易注疏》《周易集解》作“蟹”。

王廙周易注

王廙周易注序

汉以后，诸家《易》说犹得见其大概者，赖有《正义》《集解》诸书。史氏《口诀义》所引，则又与诸书互有详略，且能补诸书之所遗。独王廙字世将。《易注》，《口诀义》止引贲大《象》一条，又坎大《象》注云："至'险未夷，教不可废'二句，与王弼同，故不录。"已见《集解》，第字句稍异，今不能定其孰为元文也。又如《说卦》"兑为羊"注"羊者，顺之畜"云云，正义引为王廙说，《集解》即以为孔颖达之说。盖前人引书，止取释义，故往往不拘元文，并不拘所出之姓氏耳。孙堂识。

上下经

大有：

明辨晰也。[1] 晰，章舌反。《释文》。

谦：

利用寝伐。《释文》。

豫：

上六，冥豫。

① "辨晰"，《周易注疏》《周易集解》作"辩晳"。

冥，深也。《释文》。

贲：

《象》曰：山下有火，贲。君子以明庶政，无敢折狱。

山下有火，文明相照。此条依《口诀义》，《集解》作"文相照也"。夫山之为体，层峰峻岭，岩峦峭丽参差，被日光照耀，如以雕饰而见文章，"岩峦"至"文章"十八字，《集解》作"峭崄参差，直置其形，已如雕饰，复加火照，弥见文章"二十字。贲之象也。《口诀义》。《集解》。

咸：

咸其腓。

腓，腓肠也。《释文》。动于腓肠，斯则行矣。《正义》。

益：

王用亨于帝。亨，许庚反。《释文》。

夬：

惕號莫夜。號音号。《释文》。

萃：

若号。户羔反。《释文》。

丰：

丰其蔀。蒲户反。《释文》。

丰其沛。丰盖反，又补赖反。《释文》。

即济：

繻有衣袽。[1]《释文》。

① "繻"，《周易注疏》《周易集解》作"繻"。

上下系辞

在地成形。

形谓山川等。《太平御览》三十六《地部》一。

言行,君子之枢机。

枢,户枢也。机,弩牙也。《释文》。

二人同心,其利断金。同心之言,其臭如兰。

金,至坚矣。同心者,其利无不入。兰,芳物也,无不乐者,言其同心者物无不乐也。《世说新语注·言语二》。

大衍之数五十。

衍,广也。《释文》。

《易》曰:介于石。介,古黠反。《释文》。

《易》曰:不远复,无祇悔。祇音支。《释文》。

说　卦

发挥于刚柔而生爻。

挥,散也。《释文》。

故水火无"不"字。相逮。《释文》。

兑为羊。

羊者,顺之畜,故为羊也。《正义》。

为瘠马。

健之甚者,为多骨也。《释文》。

为驳马。

驳马能食虎豹,取其至健也。《正义》。堂案:"驳"当作"駮"。《尔雅·释畜》云:"駮如马,倨牙食虎豹。"《海外北经》云:"北海有兽焉,其名曰駮,状如白马,锯牙食虎豹。"《西山经》云:"中曲山有兽,如马而身黑，二尾一角，虎牙爪，音如鼓音，其名曰駮，是食虎豹可以御兵。"并与此注义同。《集解》本亦作"駮马"。

为大涂。

大涂，万物所出。《太平御览》百九十五《居处部》。

为矫揉。[1]《释文》。《汉上易传》。

其于舆也，为多眚。

眚，病也。《释文》。

为径路。

物始，故为径路。《太平御览》百九十五《居处部》。

序　卦阙

杂　卦阙

① "揉"，《周易注疏》《周易集解》作"鞣"。

张璠周易集解

张璠周易集解序

张璠《周易集解》十二卷，见《释文·序录》。《释文》于坤卦“直方大，不习无不利，则不疑其所行也”下云“张璠本此上有‘易曰’二字”。贲卦“舍车而徒”，《释文》“车，郑、张本作‘舆’”，吕氏《音训》引此文直云“郑、张璠本作‘舆’”，王应麟亦云“《释文》引张璠本”。惟明神宗时，所刊《释文》坤卦，“张璠本”三字误作“张伦本”。朱检讨彝尊《经义考》引以为据，凡《释文》所引“张云”俱作“张伦说”，张璠则另列一家。《经义考》又云：“张璠《易注》有云‘险而止，山也。险而动，泉也’，《太平御览》引之。”案：《御览》三十八卷引杨乂《易卦序论》有此二句，下更有“动静皆蒙险，故曰山”二句，与《初学记》第五卷同，张璠无此文也。又《家人》卦“妇子嘻嘻”，《仲氏易》云“张楫作嬉嬉”，亦未知所据。检讨之言，为后学所取信，其偶误处，正不可以不辩。孙堂识。

序

蜜蜂以兼采为味。《文选·任彦昇荐士表》注。《太平御览》八百五十七《饮食部》。

上下经

乾：

云从龙，风从虎。

犹言龙从云，虎从风也。《史记·伯夷传》集解。

坤：

《易》曰：[1]直方大，不习，无不利，则不疑其所行也。《释文》。

贲：

舍舆而徒。[2]《释文》。

习坎：

置于丛棘。《释文》。

恒：

上六，震恒，凶。《释文》。

震，动也。晁氏。

大壮：

羝羊触藩。

羝羊，羖羊也。《释文》。

纍其角。[3]《释文》。

家人：

妇子嬉嬉。[4]《释文》。

蹇：

《象》曰：往蹇来誉，宜时也。《释文》。

---

① “易曰”，《周易注疏》《周易集解》无此二字。

② “舆”，《周易注疏》《周易集解》作“车”。

③ “纍”，《周易注疏》《周易集解》作“羸”。

④ “嬉嬉”，《周易注疏》《周易集解》作“嘻嘻”。

姤：

以杞包瓜。

杞，苟杞。《释文》。

井：

井渫不食，为我心恻。

可为恻，然伤道未行也。然不食以被任用也。《文选·登楼赋》注。《史记·屈原传》集解。

系　辞

犯围天地之化而不过。①

犯围，犹裁成也。《释文》。

而观其会通。

会者，阴阳合会，若蒙九二也。通者，乾坤交通，既济是也。《集解》。

说　卦阙

序　卦阙

杂　卦阙

① “犯”，《周易注疏》《周易集解》作“范”。

向秀周易义

向秀周易义序

向秀《易》，诸《志》皆不载。惟《释文·序录》云"秀为《易义》"，又云"张璠《集解》依向秀本"。正义及李氏《集解》间采其说，然亦不多见。案《晋书》，向秀字子期，河内怀人，清悟有远识，雅好老庄之学。《庄子》内外篇尝为之隐解，发明奇趣，振起玄风。盖亦辅嗣之流，故于象数之学独少发明云。孙堂识。

上下经

乾：

利见大人。

圣人在位，谓之大人。《史记·索隐》二十六。

坤：

驯致其道。

驯，从也。《释文》。

泰：

六四，翩翩，不富以其邻。

翩翩，轻举貌。《释文》。

豫：

六三，盱豫悔，迟有悔。

盱豫，小人喜说佞媚《释文》无“佞媚”二字。之貌也。《集解》。《释文》。《辑闻》同《集解》。

复：

中以自考也。

考，察也。《释文》。

大畜：

《象》曰：天在山中，大畜。

止莫若山，大莫若天，天在山中，大畜之象。天为大器，山则极止，[1]大器，故名大畜也。《集解》。

大过：

栋桡，本末弱也。

栋桡则屋坏，主弱则国荒。所以桡，由于初上两阴爻也。初为善始，末是令终。始终皆弱，所以栋桡。《集解》。

习坎：

检且枕。[2]《释文》。

明夷：

文王似之。[3]《释文》。

箕子似之。《释文》。

益：

利有攸往，利涉大川。

明王之道，志在惠下，故取下谓之损，与下谓之益。《正义》。

① “止”后，《周易集解》有“能止”二字。

② “检”，《周易注疏》《周易集解》作“险”。

③ “似”，《周易注疏》《周易集解》作“以”。下“似”字同。

困：

曰：动悔，有悔。

言其无不然。《释文》。

井：

九三。井渫不食。

渫者，浚治去泥浊也。《史记·屈原传》集解。

系 辞阙

说 卦阙

序 卦阙

杂 卦阙

干宝周易注

干宝周易注元序

吾师草庐先生，谓《易》为五经冠，而吴、晋英旧以《易解》闻。吾盐得两君子，为陆郁林公纪、干常侍令升。第干氏《易》有注者，仅三十卦。卦惟乾备六爻，余只一彖一爻而已，要皆自古《易》类萃中摘抄。然亦羲文象数，幸衍一脉于蛟潭海澨间，不可谓东南《易》髓不自令升标揭之也。况骏心雄理，遣词英上，不必右逊辅嗣。录之使与窗中海色相照映，不翅起晋人而清言也乎！天历二年己巳一阳日，武原屠曾体乾。

有元我祖手录传此，但不能得陆氏《易》与称合璧夜光耳。昔人有谓令升著作都非正典，其然乎？更为手订，以竢完本。慰吾祖未见之思，则在我有志昆孙之图之也。正德七年壬申秋七月三日，致仕太子太保刑部尚书六世孙勋拜手跋。

尝览群籍，《干子》十卷，干令升宝《周易注》十卷，《周易宗涂》四卷，《爻义》一卷，《问难》二卷，《玄品》二卷，有其名亡其书。及从里中太史氏后借读《文渊阁书目》，《易》类一百十种，晋以上惟存京君明《传》、郑康成《注》、王辅嗣《略例》并《注》，而《子夏传》唐张素履伪作不睹。有干氏《易》，略见李鼎祚《易传集解》中。海盐樊侯博综坟典，专精撰述，录示干常侍《易解》,似于载籍节比句栉者绝无仅有,希世奇书也。令升新蔡人,徙吴郡海盐,仕吴,为著作郎,赐爵关内侯。入晋,领国史为散骑常侍,补山阴令,迁始安太守。所著《晋纪总论》《搜神记》具在《志林》,必悉之。凌稚哲《万姓统谱》干、于二姓俱收,令升不几于金全、余佘、栢相、李季两氏挂名耶!是以洪阳毫厘字辩,不可不寓目。干氏宗干犨,于氏宗于定国。干裔有居海盐者,有居嘉善以抟埴为业,干窑镇由是得名,是干非于无疑。试取阮嗣宗《易》义,同刻题曰"晋易",亦快事也。绣水项皋谟懋功甫撰。堂案:讹"干"为"于",宋时已然,邢凯《坦斋通编》曾辩之。

干宝周易注序

前人尝谓干宝字令升。《易》以卦爻配月或配日时,傅诸人事,以前世已然之迹,证之训义颇有据。顾其书惟李氏《集解》、陆氏《释文》尝引之,他书间采《周礼注》,《易注》则未之见也。元我乡屠曾所录《干氏易》一卷,以为皆自古《易》类萃中摘抄,其实不过《集解》一书耳。何干氏《易》之传者较诸家更尟邪!案《释文·序录》《周易注》十卷,《隋志》载有《爻义》一卷,《集解》所引当即是《爻义》,《释文》乃其《易注》也。屠氏所录,本刻在《盐邑志林》中,今用其本,而于其抄辑《集解》之舛误及阙漏者,据雅雨堂本正之、补之,并以《释文》附焉。孙堂识。

上　经

乾:

初九,潜龙勿用。

位始,故称初。阳重,故称九。阳在初九,十一月之时,自复来也。初九甲子，天正之位，而乾元所始也。阳处三泉之下，圣德在愚俗之中。此文王在羑里之爻也。虽有圣明之德，未被时用，故曰“勿用”。《集解》。

九二，见龙在田，利见大人。

阳在九二，十二月之时，自临来也。二为地上，田在地之表而有人功者也。阳气将施，圣人将显。此文王免于羑里之日也，故曰“利见大人”。《集解》。

九三，君子终日乾乾，夕惕若，厉，无咎。

爻以气表，繇以龙兴，嫌其不关人事，故著君子焉。阳在九三，正月之时，自泰来也。阳气始出地上而接动物，人为灵，故以人事成天地之功者，在于此爻焉。故君子以之忧深思远，朝夕匪懈。仰忧嘉会之不序，俯惧义和之不逮，反复天道，谋始反终，故曰“终日乾乾”。此盖文王反国，大厘其政之日也。凡无咎者，忧中之喜，善补过者也。文恨早耀文明之德，以蒙大难，增修柔顺，以怀多福，故曰“无咎”矣。《集解》。《义海撮要》节引。

九四，或跃在渊，无咎。

阳气在四，二月之时，自大壮来也。四，虚中也。跃者，暂起之言，既不安于地，而未能飞于天也。四以初为应。渊谓初九甲子，龙之所由升也。或之者，疑之也。此武王举兵孟津，观衅而退之爻也。守柔顺，则逆天人之应。通权变，[1]则违经常之教。故圣人不得已而为之，故其辞疑矣。《集解》。《义海撮要》。

九五，飞龙在天，利见大人。

---

[1] “变”，《周易集解》作“道”。

阳在九五，三月之时，自夬来也。五在天位，故曰“飞龙”。此武王克纣正位之爻也。圣功既就，万物既睹，故曰“利见大人”矣。《集解》。《义海撮要》节引。

上九，亢龙有悔。

阳在上九，四月之时也。亢，过也。乾体既备，上位既终。天之鼓物，寒暑相报。圣人治世，威德相济。武功既成，义在止戈。盈而不反，必陷于悔。《集解》。《义海撮要》节引。

君子以自强不息。

言君子通之于贤也。凡勉强以进德，不必须在位也。故尧舜一日万几，文王日昃不暇，①仲尼终夜不寝，颜子欲罢不能。自此以下，莫敢淫心舍力，故曰“自强不息”矣。《集解》。《义海撮要》。

君子行此四德者，故曰：乾，元亨利贞。

夫纯阳，天之精气。四行，君之懿德。是故乾冠卦首，辞表篇目，明道义之门在于此矣。犹《春秋》之备五始也，故夫子留意焉。然则体仁正己，所以化物。观运知时，所以顺天。器用随宜，所以利民。守正一业，所以定俗也。乱则败礼，其教淫。逆则拂时，其功否。错则妨用，其事废。忘则失正，其官败。四德者，文王所由兴。四愆者，商纣所由亡。《集解》。

利贞者，性情也。

以施化利万物之性，以纯一正万物之情。《集解》。《义海撮要》。

---

① “暇”后，《周易集解》有“食”字。

君子以成德为行。

君子之行，动静可观，进退可度。动以成德，无所苟行也。《集解》。

坤：

坤，元亨，利牝马之贞。

阴气之始，妇德之常，故称元。与乾合德，故称亨。行天者莫若龙，行地者莫若马，故乾以龙繇，坤以马象也。坤阴类，故称利牝马之贞矣。《集解》。

初六，履霜坚冰至。

重阴，故称六。刚柔相推故生变，占变故有爻，《系》曰"爻者，言乎变者也"，故《易》系辞皆称九六也。阳数奇，阴数偶，是以乾用一也，坤用二也。阴气在初，五月之时，自姤来也。阴气始动乎三泉之下，言阴气动矣，则必至于履霜，履霜则必至于坚冰，言有渐也。藏器于身，贵其俟时，故阳在潜龙，戒以勿用。防祸之原，欲其先几，故阴在三泉，而显以履霜也。《集解》。

六二，直方大，不习，无不利。

阴气在二，六月之时，自遯来也。阴出地上，佐阳成物，臣道也，妻道也。[1] 臣贵其直，义尚其方，地体其大，故曰"直方大"。士该九德，然后可以从王事。女躬四教，然后可以配君子。道成于我而用之于彼，不妨以仕学为政，不妨以嫁学为妇，故曰"不习无不利"也。《集解》。

不习无不利，地道光也。

女德光于夫，士德光于国也。《集解》。

---

① "也"后，《周易集解》有"臣之事君，妻之事夫，义成者也"凡十二字。

六三，含章可贞，或从王事，无成有终。

阴气在三，七月之时，自否来也。阳降在四，三公位也。阴升在三，三公事也。上失其权，位在诸侯。坤体既具，阴党成群，君弱臣强，戒在二国。唯文德之臣，然后可以遭之，运而不失其柔顺之正。坤为文，坤象既成，故曰“含章可贞”。此盖平襄之王，垂拱以赖晋郑之辅也。苟利社稷，专之则可，故曰“或从王事”。迁都诛亲，疑于专命，故亦或之。失后顺之节，故曰“无成”。终于济国安民，故曰“有终”。《集解》。

或从王事，知光大也。

位弥高，德弥广也。《集解》。

六四，括囊，无咎无誉。

阴气在四，八月之时，自观来也。天地将闭，贤人必隐怀智苟容，以观时衅。此盖宁戚、蘧瑗与时卷舒之爻也。不艰其身则无咎，功业不建故无誉也。《集解》。

六五，黄裳元吉。

阴气在五，九月之时，自剥来也。剥者，反常道也。黄，中之色。裳，下之饰。元，善之长也。中美能黄，上美为元，下美则裳。阴登于五，柔居尊位，若成，昭之主，周、霍之臣也，百官总己，专断万机，虽情体信顺，而貌近僭疑，周公其犹病诸。堂案：《志林》本无此句，今据雅雨本补。言必忠信，行必笃敬，然后可以取信于神明，无尤于四海也。故曰“黄裳元吉”也。《集解》。

《象》曰：黄裳元吉，文在中也。

当总己之任，处疑僭之间，而能终元吉之福者，由文德在中也。《集解》。

上六，龙战于野，其血玄黄。

阴在上六，十月之时也。爻终于酉而卦成于乾，乾体纯刚，不堪阴盛，故曰“龙战”。戌亥，乾之都也，故称龙焉。阴德过度，以逼乾战。郭外曰郊，郊外曰野。坤位未申之维，而气溢酉戌之间，故曰“于野”。未离阴类，故曰“血”。阴阳色杂，故曰“玄黄”。言阴阳离则异气，合则同功，君臣夫妻，其义一也。故文王之忠于殷，抑参二之强，以事独夫之纣，盖欲弥缝其阙，而匡救其恶，以祈殷命，以济生民也。纣遂长恶不悛，天命殛之，是以至于武王，遂有牧野之事，是其义也。《集解》。

《象》曰：龙战于野，其道穷也。

天道穷，至于阴阳相薄也。君德穷，至于攻战受诛也。柔顺穷，至于用权变矣。《集解》。

用六，利永贞。

阴体其顺，臣守其柔，所以秉义之和。履贞之干，唯有推变，终归于正。是周公始于负扆南面。以先王道，卒于复子明辟，以终臣节，故曰“利永贞”也。《集解》。《义海撮要》节引。

含万物而化光。

光，大也。谓坤含藏万物，顺承天施，然后化光也。《集解》。

屯：

雷雨之动满形，天造草昧，宜建侯而不宁。

水运将终，木德将始，殷周际也。百姓盈盈，匪君子不宁。天下既遭屯险之难，后王宜荡之以雷雨之政，故封诸侯以宁之也。《集解》。

蒙：

蒙，亨。

蒙者，离宫阴也。世在四，八月之时，降阳布德，荠麦并生，而息来在寅，故蒙。于世为八月，于消息为正月卦也。正月之时，阳气上达，故屯为物之始生，蒙为物之稚也。施之于人，则童蒙也。苟得其运，虽蒙必亨，故曰“蒙亨”。此盖以寄成王之遭周公也。《集解》。

蒙以养正，圣功也。

武王之崩，年九十三矣，而成王八岁。言天后成王之年，将以养公正之道，而成三圣之功。《集解》。

初六，发蒙，利用刑人，用说桎梏，以往吝。

《象》曰：利用刑人，以正法也。

初六戊寅，平明之时，天光始照，故曰“发蒙”。此成王始觉周公至诚之象也。坎为法律，寅为贞廉，以贞用刑，故利用刑人矣。此成王将正四国之象也。说，解也。正四国之罪，宜释周公之党，故曰“用说桎梏”。既感《金縢》之文，追恨昭德之晚，故曰“以往吝”。初二失位，吝之由也。《集解》。堂案：《志林》本同，《集解》，《序卦》一条列在此条之下，今移入后。

需：

云上于天。

上，升也。《释文》。

初九，需于郊，利用恒，无咎。

郊，乾坎之际也。既已受命进道，北郊未可以进，故曰“需于郊”。处不避污，出不辞难，臣之常节也。得位有应，故曰“利用恒”。虽小稽留，终于必达，故曰“无咎”。《集解》。

讼：

讼，有孚。

讼，离之游魂也。离为戈兵，此天气将刑杀，圣人将用师之卦也。讼，不亲也。兆民未识天命不同之意。《集解》。

君子以作事谋始。

省民之情，以制作也。武王故先观兵孟津，盖以卜天下之心，故曰“作事谋始”也。《集解》。

师：

险而顺，以此毒天下而民从之。

坎为险，坤为顺。兵革刑狱，所以险民也。毒民于险中，而得顺道者，圣王之所难也。毒，荼苦也。五刑之用，斩刺肌体，六军之锋，残破城邑，皆所荼毒奸凶之人，使服王法者也，故曰“以此毒天下而民从之”。毒以治民，明不获已而用之，故于《彖》《象》、六爻皆著戒惧之辞也。《集解》。《义海撮要》节引。

上六，大君有命，开国承家，小人勿用。

大君，圣人也。有命，天命也。五常为王位，至师之家而变其例者，上为郊也，故易位，以见武王亲征，与师人同处于野也，离上九曰“王用出征，有嘉折首”。上六为宗庙，武王以文王行，故正开国之辞于宗庙之爻。明己之受命，文王之德也，故《书·泰誓》曰“予克纣，非予武，惟朕文考无罪。纣克予，非朕文考有罪，惟予小子无良”。开国，封诸侯也。承家，立都邑也。小人勿用，非所能矣。《集解》。《义海撮要》节引。

《象》曰：大君有命，以正功也。

汤武之事。《集解》。

小人勿用,必乱邦也。

楚灵,齐闵穷兵之祸也。《集解》。

比:

比,吉。原筮元永贞,无咎,不宁方来,后夫凶。

比者,坤之归魂也。亦世于七月,而息来在巳,去阴居阳,承乾之命,义与师同也。原,卜也。《周礼》三卜,一曰原兆。坤德变化,反归其所,四方既同,万国既亲,故曰"比吉"。考之蓍龟,以谋王业,大相东土,卜惟洛食,遂乃定鼎郏鄏。卜世三十,卜年七百,德善长于兆民,戬禄永于被业,故曰"原筮元永贞"。逆取顺守,居安如危,故曰"无咎"。天下归德,不唯一方,故曰"不宁方来"。后服之夫,违天失人,必灾其身,故曰"后夫凶"也。《集解》。

六二,比之自内,贞吉。

二在坤中。坤,国之象也。得位应五而体宽大,君乐民人自得之象也,故曰"比之自内,贞吉"矣。《集解》。

六三,比之匪人。

《象》曰:比之匪人,不亦伤乎。

六三乙卯,坤之鬼吏,在比之家,有土之君也。周为木德,卯为木辰,同姓之国也。爻失其位,辰体阴贼,管蔡之象也。比建万国,唯去此人,故曰"比之匪人",不亦伤王政乎!《集解》。

六四,外比之,贞吉。

《象》曰:外比于贤,以从上也。

四为三公,在比之象而得其位,上比圣主,下御列国,方伯之象也。能外亲九服贤德之君,务宣上志,绥万邦也。故曰:“外比于贤,以从上也。”《集解》。《义海撮要》节引。

履:

九五,夬履,贞厉。

《象》曰:夬履贞厉,位正当也。

夬,决也。居中履正为履,贵主万方,所履一决于前,恐夬失正,恒惧危厉,故曰“夬履贞厉,位正当也”。《集解》。

大有:

九三,公用享于天子。

享,宴也。《释文》。《义海撮要》。《六经正误》引胡一桂曰:“享训宴享,房审权亦采录之。”

九四,匪其彭。

彭,亨,骄满貌。《释文》。《玩辞》。《六经正误》。

噬嗑:

初九,屦校灭趾,无咎。

趾,足也。屦校,贯械也。初居刚躁之家,体贪狠之性,以震掩巽,强暴之男也。行侵陵之罪,以陷屦校之刑,故曰“屦校灭趾”。得位于初,顾震知惧,小征大戒,以免刑戮,故曰“无咎”矣。《集解》。

《象》曰:屦校灭趾,不行也。

不敢遂行强也。《集解》。

贲:

观乎天文,以察时变。观乎人文,以化成天下。

四时之变,悬乎日月,圣人之化,成乎文章。观日月而要其会通,观文明而化成天下。《集解》。堂案:此条《志林》本多讹句,今从雅雨堂《集解》本。

《象》曰:白贲无咎,上得志也。

白，素也。延山林之人，采素士之言，以饰其政，故上得志也。《集解》。《义海撮要》。

习坎：

水荐至。[1]《释文》。堂案：此"荐"字，与郭璞《尔雅注》引同。旧本《释文》亦作"薦"，《尔雅·释言》："荐，再也。"《小尔雅》云："'荐'，重也。"《大雅·云汉》篇："饥馑薦臻。"《毛传》："薦，重也。"正义云："此'薦'与'荐'，字异义同。"

初六，习坎，入于坎窞，凶。

窞，坎之深者也，江、河、淮、济，百川之流，行乎地中，水之正也。及其为灾，则泛滥平地，而入于坎窞，是水失其道也。刑狱之用，必当于理，刑之正也。及其不平，则枉滥无辜，是法失其道也。故曰"入于坎窞凶"矣。《集解》。

六三，来之坎坎，险且枕。入于坎窞，勿用。

《象》曰：来之坎坎，终无功也。枕，晁氏引作"桉"。

坎，十一月卦也。又失其位，喻殷之执法者失中之象也。来之坎坎者，斥周人观衅于殷也。枕，安也。险且枕者，言安忍以暴政加民而无哀矜之心。淫刑滥罚，百姓无所措手足，故曰"来之坎坎，终无功也"。《集解》。

下　经

明夷：

六四，入于左腹，获明夷之心，于出门庭。

一为室，二为户，三为庭，四为门，故曰"于出门庭"矣。《集解》。

---

① "荐"，《周易注疏》《周易集解》作"洊"。

蹇：

九五，大蹇，朋来。

《象》曰：大蹇朋来，以中节也。

在险之中而当五位，故曰"大謇"。此盖以托文王为纣所囚也。承上据四应二，众阴并至。此盖以托四臣能以权智相救也。故曰"以中节也"。《集解》。

益：

王用享于帝，吉。

圣王先成其名，①而后致力于神，故王用享于帝。在巽之宫，处震之象，是则仓精之帝同始祖矣。《集解》。

六三，益之用凶事，无咎。有孚中行，告公用圭。

《象》曰：益用凶事，固有之也。

固有如桓文之徒，罪近篡弑，功实济世。六三失位而体奸邪，处震之动，怀巽之权，是矫命之士，争夺之臣，桓文之爻也。故曰"益之用凶事"。在益之家而居坤中，能保社稷，爱抚人民，故曰"无咎"。既乃中行近仁，故曰"有孚中行"。然后俯列盟会，仰致锡命，故曰"告公用圭"。《集解》。

夬：

孚号有厉，其危乃光也。

夬九五则飞龙在天之爻也。应天顺民，以发号令，故曰"孚号"。以柔决刚，以臣伐君，君子危之，故曰"有厉"。德大而心小，功高而意下，故曰"其危乃光也"。《集解》。

告自邑。

殷民告周以纣无道。《集解》。

---

① "名"，《周易集解》作"民"。

姤：

九五，以杞包瓜，含章。

初二体巽为草木，二人为田，田中之果，柔而蔓者，瓜之象也。《集解》。

升：

九二，孚乃利用禴，无咎。

《象》曰：九二之孚，有喜也。

刚中而应，故“孚”也。又言乃利用禴，于春时也，非时而祭曰“禴”。然则文王俭以恤民，四时之祭，皆以禴礼，神享德与信，不求备也，故既济九五曰“东邻杀牛，不如西邻之禴祭，实受其福”。九五坎，坎为豕。然则禴祭以豕而已，不奢盈于礼，故曰“有喜”矣。《集解》。

困：

初六，臀困于株木。

兑为孔穴，坎为隐伏。隐伏在下而漏孔穴，臀之象也。《集解》。

井：

井，改邑不改井，无丧无得，往来井井。汔至，亦未繘井，羸其瓶，凶。

水，殷德也。木，周德也。夫井，地之德也，所以养民性命，而清洁之主者也。自震化行，至于五世，改殷纣比屋之乱俗，而不易成汤昭假之法度也，故曰“改邑不改井”。二代之制，各因时宜，损益虽异，括囊则同，故曰“无丧无得，往来井井”也。当殷之末，井道之穷，故曰“汔至”。周德虽兴，未及革正，故曰“亦未繘井”。井泥为秽，百姓无聊，比屋之间，交受涂炭，故曰“羸其瓶，凶”矣。《集解》。

初六，井泥不食，旧井无禽。

在井之下，体本土爻，故曰“泥”也。井而为泥，则不可食，故曰“不食”。此托纣之秽政，不可以养民也。旧井谓殷之未丧师也，亦皆清洁无水禽之秽，又况泥土乎！故曰“旧井无禽”矣。《集解》。

九三，井渫不食，为我心恻，可用汲，王明，并受其福。

《象》曰：井渫不食，行恻也。求王明，受福也。

此托殷之公侯，时有贤者，独守成汤之法度，而不见任，谓微、箕之伦也，故曰“井渫不食，为我心恻”。恻，伤悼也。民乃外附，故曰“可用汲”。周德来被，故曰“王明”。王得其民，民得其王，故曰“求王明，受福也”。《集解》。

六四，井甃无咎。

以砖垒井曰甃。《释文》。

上六，井收网幕。[1]《释文》。堂案：《汉上易传》引作“井收勿网”，误。

《象》曰：元吉在上，大成也。

处井上位，在瓶之水也，故曰“非收”。幕，覆也。井以养生，政以养德，无覆水泉而不惠民，无蕴典礼而不兴教，故曰“井收网幕”。网幕则教信于民，民服教则大化成也。《集解》。

革：

已日乃孚，革而信之。

天命已至之日也。乃孚，大信着也。武王陈兵孟津之上，诸侯不期而会者八百国，皆曰“纣可伐矣”，武王曰“尔

① “网”，《周易注疏》《周易集解》作“勿”。

未知天命,未可也”,还归。二年,纣杀比干,囚箕子,尔乃伐之,所谓已日乃孚,革而信也。《集解》。《义海撮要》节引。

天地革而四时成,汤武革命,顺乎天而应乎人,革之时大矣哉。

革天地,成四时,诛二叔,除民害,天下定,武功成,故曰“大矣哉”也。堂案:《志林》本无此条,今据雅雨堂《集解》补。

初九,巩用黄牛之革。

巩,固也。离为牝牛,离爻本坤,黄牛之象也。在革之初而无应据,未可以动,故曰“巩用黄牛之革”。此喻文王虽有圣德,天下归周,三分有二,而服事殷,是其义也。《集解》。

九四,悔亡,有孚,改命吉。

《象》曰:改命之吉,信志也。

爻入上象,喻纣之郊也。以逆取而四海顺之,动凶器而前歌后舞,故曰“悔亡”也。中流而白鱼入舟,天命信矣,故曰“有孚”。甲子夜阵雨甚至,水德宾服之祥也,故曰“改命之吉,信志也”。《集解》。

上六,君子豹变,小人革面,征凶,居贞吉。

《象》曰:君子豹变,其文蔚也。小人革面,顺以从君也。

君子,大贤次圣之人。谓若太公、周、召之徒也。豹,虎之属。蔚,炳之次也。君圣臣贤,殷之顽民,皆改志从化,故曰“小人革面”。天下既定,必倒载干戈,包之以虎皮。将率之士,使为诸侯,故曰“征凶,居贞吉”。得位有应,君子之象也。《集解》。《义海撮要》。堂案:“必倒载”至“为诸侯”十八字,《义海》本作“当偃武不用”五字。

鼎:

六五，鼎黄耳，金铉，利贞。

凡举鼎者，铉也。尚三公者，王也。金喻可贵，中之美也，故曰“金铉”。铉鼎得其物，施令得其道，故曰“利贞”也。《集解》。

上九，鼎玉铉，大吉，无不利。

玉又贵于金者。凡亨饪之事，自镬升于鼎，载于俎，自俎入于口，馨香上达，动而弥贵，故鼎之义，上爻愈吉也。鼎主亨饪，不失其和；金玉铉之，不失其所；公卿仁贤，天王明圣之象也。君臣相临，刚柔得节，故曰“吉无不利”也。《集解》。

震：

震惊百里，惊远而惧迩也。出可以守宗庙社稷，以为祭主也。

周，木德震之正象也。为殷诸侯，殷诸侯之制，其地百里，是以文王小心翼翼，昭事上帝，聿怀多福，厥德不回，以受方国，故以百里而臣诸侯也。为诸侯，故主社稷。为长子，而为祭主也。祭礼荐陈甚多，而经独言不丧匕鬯者，上牲体，[①]荐鬯酒，人君所自亲也。《集解》。

初九，震来虩虩，后笑言哑哑。

得震之正，首震之象者。震来虩虩，羑里之厄也。笑言哑哑，后受方国也。《集解》。《义海撮要》节引。

六二，震来厉，亿丧贝，跻于九陵，勿逐，七日得。

《象》曰：震来厉，乘刚也。

六二木爻，震之身也，得位无应，而以乘刚为危。此托

① “上”，《周易集解》作“匕”。

文王积德累功，以被囚为祸也，故曰“震来厉”。亿，叹辞也。贝，宝货也，产乎东方，行乎大涂也。此以喻纣拘文王，闳夭之徒乃于江淮之浦，求盈箱之贝，而以赂纣也，故曰“亿丧贝”。贝，水物而方升于九陵，今虽丧之，犹外府也，故曰“勿逐，七日得”。七日得者，七年之日也，故《书》曰“诞保文武受命，惟七年”是也。《集解》。《义海撮要》。

渐：

其羽可用为仪吉，不可乱也。

处渐高位，断渐之进，顺艮之言，谨巽之含，[1]履坎之通，据离之耀，妇德既终，母教又明，有德而可爱，[2]有仪而可象，故曰“其羽可用为仪，不可乱也”。《集解》。

归妹：

归妹，人之终始也。

归妹者，衰落之女也。父既没矣，兄主其礼，子续父业，人道所以相终始也。《集解》。

《象》曰：泽上有雷，归妹。

雷薄于泽，八月九月，将藏之时也。君子象之，故不敢恃当今之虞，而虑将来之祸也。《集解》。

丰：

勿忧，宜日中。

丰，坎宫阴世在五，以其宜中而忧其昃也。坎为夜，离为昼，以离变坎，至于天位，日中之象也。殷水德，坎象。昼败而离居之，周伐殷，居王位之象也。圣人德大而心小，既

① “含”，《周易集解》作“全”。
② “爱”，《周易集解》作“受”。

居天位而戒惧不怠。勿忧者，劝勉之言也，犹《诗》曰"上帝临汝，无贰尔心"。言周德当天人之心，宜居王位，故宜日中。《集解》。

九三，丰其芾。[1]

芾，祭祀之蔽膝。《释文》。

上六，丰其屋，蔀其家。窥其户，阒其无人，三岁不觌，凶。

在丰之家，处乾之位，乾为屋宇，故曰"丰其屋"。此盖托纣之侈，造为璇室玉台。[2] 蔀其家者，以记纣多倾国之女也。社稷既亡，宫室虚旷，故曰"窥其户，阒其无人"。阒，无人貌也。三者，天地人之数也。凡国于天地，有兴亡焉，故王者之亡其家也，必天示其祥，地出其妖，人反其常。非斯三者，亦弗之亡也，故曰"三岁不觌，凶"。然则璇室之成，三年而后亡国矣。《集解》。堂案：《志林》本此下误引李鼎祚说一段，今删去。

旅：

六五，射雉，一矢亡，终以誉命。

《象》曰：终以誉命，上逮也。

逮，安也。[3] 离为雉、为矢，巽为木、为进退，艮为手，兑为决。有木在手，进退其体，矢决于外，射之象也。一阴升乾，故曰"一矢"。履非其位，下又无应，虽复射雉，终亦失之，故曰"一矢亡"也。一矢亡者，喻有损而小也。此记禄父为王者后，虽小叛扰，终逮安周室，故曰"终以誉命"矣。《集解》。堂案：《集解》本俱无"逮安也"三字，《释文》亦不见，《志林》本

① "芾"，《周易注疏》《周易集解》作"沛"。

② "台"后，《周易注疏》《周易集解》有"也"字。

③ "逮安也"，《周易集解》无此三字。

有，今姑存之。

节：

上六，苦节，贞凶，悔亡。

《彖》称苦节不可贞，在此爻也。禀险伏之教，怀贪狠之志，以苦节之性而遇甘节之主，必受其诛，华士少正卯之爻也，故曰"贞凶"。苦节既凶，甘节志得，故曰"悔亡"。《集解》。

中孚：

我有好爵，吾与尔縻之。[①]

縻，亡池反。散也。《释文》。

既济：

妇丧其髴。[②]

髴，马髴也。《释文》。

九三，高宗伐鬼方，三年克之，小人勿用。

高宗，殷中兴之君。鬼方，北方国也。高宗尝伐鬼方，三年而后克之。离为伐兵，故称伐。坎为北方，[③]故称鬼。在既济之家而述先代之功，以明周因于殷，有所弗革也。《集解》。

未济：

未济，亨，小狐汔济，濡其尾，无攸利。

坎为狐。《说文》曰："汔，涸也。"案刚柔失正，故未济也。五居中应刚，故亨也。小狐力弱，汔乃可济，水既未涸而乃济之，故尾濡而无所利也。《集解》。《义海撮要》节引。

---

① "縻"，《周易注疏》《周易集解》作"靡"。

② "髴"，《周易注疏》《周易集解》作"茀"。

③ "为"，《周易集解》作"当"。

小狐汔济，未出中也。

狐，野兽之妖者，以喻禄父。中谓二也，困而犹处中故也。此以托纣虽亡国，禄父犹得封矣。《集解》。

濡其尾，无攸利，不续终也。

言禄父不能敬奉天命，以续既终之礼，谓叛而被诛也。《集解》。

虽不当位，刚柔应也。

六爻皆相应，故微子更得为客也。《集解》。

九二，曳其轮，贞吉。

坎为轮，离为牛，牛曳轮，上以承五命，犹东蕃之诸侯，共攻三监，以康周道，故曰“贞吉”也。《集解》。

六三，未济征凶，利涉大川。

《象》曰：未济征凶，位不当也。

吉凶者，言乎其得失也。禄父反叛，管蔡与乱，兵连三年，诛及骨肉，故曰“未济征凶”。平克四国，以济大难，故曰“利涉大川”。坎也。以六居三，不当其位，犹周公以臣而君，故流言作矣。《集解》。

六五，贞吉无悔，君子之光，有孚吉。

以六居五，周公摄政之象也，故曰“贞吉无悔”。制礼作乐，复子明辟，天下乃明其道，乃信其诚，故君子之光，有孚吉矣。《集解》。

系辞上

悔吝者，忧虞之象也。

悔亡则虞，有小吝则忧。忧虞未至于失得，悔吝不入于吉凶。事有小大，故辞有急缓，各象其意也。《集解》。

忧悔吝者，存乎介。

介，纤介也。《释文》。

故神无方而易无体。

否泰盈虚者，神也。变而周流者，易也。言神之鼓万物无常方，易之应变化无定体也。《集解》。

慎斯术也以往。慎，时震反。《释文》。

大衍之数五十，其用四十有九。

衍，合也。《集解》《释文》同。

古之聪明睿知，神武而不杀者夫。杀，所戒反。《释文》。

是故易有太极，是生两仪。

发初言是故，总众篇之义也。《集解》。

系辞下

重门击欜，以待虣客。

卒暴之客，为奸寇也。《集解》。

是故易者，象也。

言是故，又总结上义也。《集解》。堂案：《志林》本此下误连虞翻说共二十字，今删去。

精义入神，以致用也。

能精义理之微，以得未然之事，是以涉于神道而逆祸福也。《集解》。堂案：《志林》本此条共四十八字，与汲古阁《集解》本同，似有错误，今从雅雨堂本。

万夫之望。

言君子苟达于此，则万夫之望矣。周公闻齐鲁之政，知后世强弱之势。辛有见被发而祭，则知为戎狄之居。凡若此类，可谓知几也。皆称君子，君子则以得几，不必圣者也。

《集解》。

男女构精，万物化生。

男女，犹阴阳也，故万物化生。不言阴阳而言男女者，以指释损卦六三之辞，主于人事也。《集解》。

辩物，正言，断辞，则备矣。

辩物，辩物类也。正言，言正义也。断辞，断吉凶也。如此则备于经也。《集解》。

谦，德之柄也。

柄所以持物，谦所以持礼者也。《集解》。

无有师保，如临父母。

言易道以戒惧为本，所谓惧以终始，归无咎也。外为丈夫之从王事，则夕惕若厉。内为妇人之居室，则无攸遂也。虽无师保切磋之训，其心敬戒，常如父母之临己者也。《集解》。

《易》之为书也。

重发《易》者，别殊旨也。《集解》。

六爻相杂，唯其时物也。

一卦六爻，则皆杂有八卦之气。若初九为震爻，九二为坎爻也。或若见辰戌言艮，巳亥言兑也。或若以甲壬名乾，以乙癸名坤也。或若以午位名离，以子位名坎。或若德来为好物，刑来为恶物。王相为兴，休废为衰。《集解》。

初辞拟之，卒成之终。

初拟议之，故难知。卒终成之，故易知。本末势然也。《集解》。

爻有等，故曰物。

等，群也。爻中之义，群物交集。五星、四气、六亲、九族，福德、刑杀、众形万类，皆来发于爻，故总谓之物也。象颐中有物曰噬嗑，是其义也。《集解》。

文不当，故吉凶生焉。

其辞为文也。动作云为，必考其事，令与爻义相称也。事不称义，虽有吉凶，则非今日之吉凶也。故元亨利贞而穆姜以死，黄裳元吉南蒯以败。是所谓文不当也。故于经，则有君子吉，小人否。于占，则王相之气，君子以迁官，小人以遇罪也。《集解》。

说 卦

幽赞于神明而生蓍。

幽，昧，人所未见也。赞，求也。言伏羲用明于昧冥之中，以求万物之性尔，乃得自然之神物。能通天地之精，而管御百灵者，始为天下生用蓍之法者也。《集解》。

为駹。

駹，杂色。《释文》。《容斋随笔》。《六经奥论》云："干作骊，音龙。非是。"

为旉。

旉，一作蘛。花之通名，铺为花朵，一作"皃"。谓之蘛。《释文》。《集韵》。《类篇》。

为枯上熇。[①]《释文》。

序 卦

有天地，然后万物生焉。

① "熇"，《周易注疏》《周易集解》作"槁"。

物有先天地而生者矣。今正取始于天地。天地之先，圣人弗之论也。故其所法象，必自天地而还。《老子》曰“有物混成，先天地生。吾不知其名，强字之曰道”，上《系》曰“法象莫大乎天地”，《庄子》曰“六合之外，圣人存而不论”，《春秋穀梁传》曰“不求知所不可知者，智也”。而今后世，浮华之学，强支离道义之门，求入虚诞之域，以伤政害民。岂非谗说殄行，大舜之所疾者乎！《集解》。

物稚不可不养也，故受之以需。需者，饮食之道也。

需，坤之游魂也。云升在天，而雨未降，翱翔东西，须之象也。王事未至，饮食之日也。夫坤者，地也，妇人之职也，百谷果蓏之所生，禽兽鱼鳖之所托也。而在游魂变化之家，即亨爨腥实以为和味者也，故曰“需者，饮食之道也”。《集解》。

有上下，然后礼义有所错。

错，施也。此详言人道，三纲六纪，有自来也。人有男女，阴阳之性，则自然有夫妇配合之道。有夫妇配合之道，则自然有刚柔尊卑之义。阴阳化生，血体相传，则自然有父子之亲。以父立君，以子资臣，则必有君臣之位。有君臣之位，故有上下之序。有上下之序，则必礼以定其体，义以制其宜。明先王制作，盖取之于情者也。上经始于乾坤，有生之本也。下经始于咸、恒，人道之首也。《易》之兴也，当殷之末世，有妲己之祸。当周之盛德，有三母之功。以言天不地不生，夫不妇不成，相须之至，王教之端。故《诗》于《关雎》为《国风》之始。而《易》于咸、恒，备论礼义所由生也。《集解》。

杂　卦

晋，昼也；明夷，诛也。

日上中，君道明也。明君在上，罪恶必罚也。《集解》。

夬，决也，刚决柔也。君子道长，小人道消也。

凡《易》既分为六十四卦以为上下经，天人之事，各有始终。夫子又为《序卦》，以明其相承受之义。然则周公、文王所遭遇之运，武王、成王所先后之政，苍精受命短长之期，备于此矣。而夫子又重为《杂卦》，以易其次第。《杂卦》之末，又改其例，不以两卦反覆相酬者，以示来圣后王，明道非常道，事非常事也。化而裁之存乎变，是以终之以决，言能决断其中，唯阳德之主也。故曰“易穷则变，通则久”。总而观之，伏羲、黄帝皆系世象贤，欲使天下世有常君也。而尧、舜禅代，非黄、农之化，朱、均顽也。汤、武逆取，非唐、虞之迹，桀纣之不君也。伊尹废立，非从顺之节，使太甲思愆也。周公摄政，非汤武之典，成王幼年也。凡此皆圣贤所遭遇异时者也。夏政尚忠，忠之弊野，故殷自野以教敬。敬之弊鬼，故周自鬼以教文。文弊薄，故《春秋》阅诸三代而损益之。颜回问为邦，子曰“行夏之时，乘殷之辂，服周之冕”，弟子问政者数矣，而夫子不与言三代损益，以非其任也。回则备言，王者之佐，伊尹之人也，故夫子及之焉。是以圣人之于天下也，同不是，异不非。百世以俟圣人而不惑，一以贯之矣。《集解》。

蜀才周易注序

蜀才周易注序

《释文·序录》引《蜀李书》云:"蜀才姓范,名长生,一名贤,自号蜀才。"然案崔鸿《十六国春秋》李雄即成都王位,拜长生为丞相,尊曰"范贤",则贤非蜀才名也。又《华阳国志》西山侯贤,名长生,一名延久,又名九重。一曰支,字元涪。《颜氏家训·书证篇》所引《李蜀书》,一名《汉之书》,《汉之书》常璩撰,见《隋志》。与陆所引当是一书,然亦不云名贤,陆所据,误也。蜀才善天文,有术数,其所注《易》,大抵主荀爽"乾升坤降"之义,惜不多见云。孙堂识。

上下经

坤:

坤厚载物。

坤以广厚之德,载含万物,无有穷竟也。《集解》。

德合无疆。

天有无疆之德,而坤合之,故云"德合无疆"也。《集解》。

阴凝于阳必战。[1]《释文》。

---

① "凝",《周易注疏》《周易集解》作"疑"。

需：

需，有孚，光亨，贞吉，位乎天位，以正中也。

此本大壮卦。案：六五降四，有孚，光亨，贞吉。九四升五，位乎天位，以正中也。《集解》。

讼：

讼，有孚，窒惕，中吉，刚来而得中也。

此本遯卦。案：二进居三，三降居二，是刚来而得中也。《集解》。

师：

刚中而应，行险而顺。

此本剥卦。案：上九降六六，①二升上，是刚中而应，行险而顺也。《集解》。

比：

原筮，元永贞，无咎，以刚中也。

此本师卦。案：六五降二，九二升五，刚往得中，为比之主，故能原究筮道，以求长正而无咎矣。《集解》。

泰：

《彖》曰：泰，小往大来，吉亨。

此本坤卦。小谓阴也，大谓阳也。天气小，地气上，阴阳交，万物通，故吉亨。《集解》。

否：

大往小来。

此本乾卦。大往，阳往而消。小来，阴来而息也。《集解》。

同人：

① "六"，《周易集解》作"二"。

《彖》曰：同人，柔得位得中而应乎乾，曰同人。

此本夬卦。九二升上，上六降二，则柔得位得中而应乎乾。下奉上之象，义同于人，故曰“同人”。《集解》。《汉上易丛说》节引。

大有：

大舆以载。[①]《释文》。

谦：

君子以捊多益寡。

捊，取也。《释文》。

豫：

朋盍撍。[②]

撍，速也。《释文》。

随：

随时之义大矣哉。

此本否卦。刚自上来居初，柔自初而升上。则内动而外说，是动而说，随也。相随而大亨无咎，得于时也。得时则天下随之矣，故曰“随时之义大矣哉”。《集解》。

初九，馆有渝。[③]《释文》。《两汉刊误补遗》。堂案：“馆”与“官”通，《仪礼·聘礼》“管人布幕于寝门外”，注云：“管，犹馆也。古文‘管’作‘官’。”

临：

至于八月有凶，消不久也。

此本坤卦。刚长而柔消，故大亨利正一作“贞”。也。案：临，十二月卦也。自建丑之月，至建申之月，凡历八月则

① “舆”，《周易注疏》《周易集解》作“车”。
② “撍”，《周易注疏》《周易集解》作“簪”。
③ “馆”，《周易注疏》《周易集解》作“官”。

成否也。否则天地不交，万物不通，是至于八月有凶，斯之谓也。《集解》。《义海撮要》节引。

观：

《彖》曰：大观在上。

此本乾卦。案：柔小浸长，刚大在上，其德可观，故曰“大观在上”也。《集解》。《义海撮要》节引。

贲：

君子以命庶政。[1]《释文》。

无妄：

《彖》曰：无妄，刚自外来而为主于内。动而健，刚中而应。大亨以正，天之命也。

此本遯卦。案：刚自上降，为主于初，故动而健，刚中而应也。于是乎邪妄之道消，大通以正矣。无妄大亨，乃天道恒命也。《集解》。

大畜：

其德刚上而尚贤。

此本大壮卦。案：刚自初升，为主于外。刚阳居上，尊尚贤也。《集解》。

九二，舆说輹。輹音服，又音福。《释文》。

离：

则大咥之嗟。[2]《释文》。

咸：

《彖》曰：咸，感也。柔上而刚下，二气感应以相与。

---

① “命”，《周易注疏》《周易集解》作“明”。

② “咥”，《周易注疏》《周易集解》作“耋”。

此本否卦。案:六三升上,上九降三,是柔上而刚下,二气交感以相与也。《集解》。《义海撮要》。《会通》节引。

恒:

刚上而柔下,雷风相与,巽而动。

此本泰卦。案:六四降初,初九升四,是刚上而柔下也。分乾与坤,雷也。分坤与乾,风也。是雷风相与,巽而动也。《集解》。

大壮:

累其角。[①]《释文》。

晋:

柔进而上行。

此本观卦。案:九五降四,六四进五,是柔进而上行。《集解》。

明夷:

《象》曰:明入地中,明夷。

此本临卦也。案:夷,灭也。九二升三,六三降二,明入地中也。明入地中,则明灭也。《集解》。

六五,其子之明夷。[②]《释文》。堂案:《说文》:"箕,籀文作'𠥱',古文省作'𠀠'。"《钟鼎款识》"商箕鼎"字亦作"𠀠"。《摭古遗文》云:"古'其''箕'二字通。"

损:

二轨可用享。[③] 亨,许庚反。《释文》。堂案:《仪礼·公食大夫》篇:

---

① "累",《周易注疏》《周易集解》作"羸"。

② "其",《周易注疏》《周易集解》作"箕"。

③ "轨",《周易注疏》《周易集解》作"簋"。"亨",《周易注疏》《周易集解》作"享"。

"宰夫设黍稷六簋于俎西。"注云:"古文'簋'皆作'轨'。"今案《说文》古文"簋"作"匭",或从轨省,亦作"匬",又作"朹"。

《彖》曰:损,损下益上,其道上行。

此本泰卦。案:坤之上九下处乾三,乾之九三上升坤六,损下益上者也。阳德上行,故曰"其道上行"也。《集解》。

君子以澄忿窒欲。[①]《释文》。晁氏曰:"蜀才作'登',登,古文'澄'字。"

《象》曰:损其疾,亦可喜也。

四当承上,而有初应,必上之所疑矣。初,四之疾也,宜损去初,使上遄喜。《集解》。

益:

《彖》曰:益,损上益下,民说无疆。

此本否卦。案:乾之上九下处坤初,坤之初六上升乾四,损上益下者也。《集解》。《义海撮要》。堂案:《义海》所引多讹句,与毛本、胡本、《集解》同,此从雅雨本。

夬:

九三,壮于仇。[②]《释文》。

九五,萈睦夬夬。[③]

睦,亲也,通也。《释文》。睦,和也。晁氏。

姤:

初六,系于金尼。[④]

尼,止也。《释文》。

---

① "澄",《周易注疏》《周易集解》作"惩"。
② "仇",《周易注疏》《周易集解》作"頄"。
③ "睦",《周易注疏》《周易集解》作"陆"。
④ "尼",《周易注疏》《周易集解》作"柅"。

萃：

君子以除戎器。

除去戎器，修行文德也。《释文》。

一握为笑。

握，当读为“夫三为屋”之“屋”。《释文》。

孚乃利用跃。[①]《释文》。

井：

累其瓶。[②]《释文》。

旅：

《彖》曰：旅，小亨，柔得中乎外而顺乎刚。止而丽乎明，是以小亨旅贞吉也。

否三升五，柔得中于外，上顺于刚。九五降三，降不失正。止而丽乎明，所以小亨，旅贞吉也。《集解》。

系　辞

鼓之以雷霆。

霆，疑为电。《释文》。堂案：《玉篇》云：“霆，电也。”《西京杂记》董仲舒曰：“雷，其相击之声也。电，其相击之光也。”

易知则有亲，易从则有功。

以其易知，故物亲而附之。以其易从，故物法而有功也。《集解》。

辩吉凶者存乎辞。

辩，别也。《释文》。

---

① “跃”，《周易注疏》《周易集解》作“禴”。

② “累”，《周易注疏》《周易集解》作“羸”。

盛象之谓乾。[①]《释文》。堂案：成、盛义同。《公羊》庄八年《春秋经》："夏师及齐师围成。"《传》云："成者，盛也。"《考工记·匠人》"白盛"，注云："盛之言成也。"

效法之谓坤。《释文》。

知崇体卑。[②]《释文》。

有功而不置。[③]《释文》。

大衍之数五十。

衍，广也。《释文》。

夫《易》，圣人之所以极深而揅几也。《释文》。

圣人以此先心。[④]《释文》。

说　卦

参天两地而奇数。[⑤]《释文》。堂案：惠征君定宇云："倚，郑玄注《周礼》引作奇。[⑥] 倚本古奇字。《荀子·大儒篇》云：'倚物怪变。[⑦]'杨倞读为奇。《汉书·外戚传》：'欲倚两女。'《史记》作奇，《方言》曰：'倚，奇也。'郭璞云：'奇耦参两成五，故云奇。'"

序　卦阙

杂　卦阙

① "盛"，《周易注疏》《周易集解》作"成"。
② "体"，《周易注疏》《周易集解》作"礼"。
③ "置"，《周易注疏》《周易集解》作"德"。
④ "先"，《周易注疏》《周易集解》作"洗"。
⑤ "奇"，《周易注疏》《周易集解》作"倚"。
⑥ "倚"后，惠栋《九经古义》有"数"字。
⑦ "大儒篇"，四库本《荀子》作"儒效篇"。

翟玄周易义

翟玄周易义序

翟子玄《易义》不见于隋唐诸史《经籍志》，其世次亦无考。陆德明序九家姓名，列在姚信之后，疑亦魏晋间人。顾《释文》以为翟子玄，《集解》又称为翟玄，一人而两其名，何与？或云玄其名，子玄其字，陆德明引荀爽、京房等八人，不称字，子玄独称字，又何说？孙堂识。

上下经

乾：

忠信，所以进德也。

忠于五，所以修德也。《集解》。

修辞立其诚，所以居业也。

居三，修其教令，立其诚信，民敬而从之。《集解》。

知至至之，可与几也。

知五可至而至之，故可与行几微之事也。《集解》。

与四时合其序。

乾坤有消息，从四时来也。《集解》。

坤：

地道也，妻道也，臣道也。

坤有此三者也。《集解》。

讼：

终朝三拕之。[①]

上以六三，锡下三“三”当作“二”。阳，群刚交争，得不以让，故终一朝之间，各一夺之，为三拕。《集解》。

泰：

九二，包巟。

巟，虚也。二五相应，五虚无阳，二上包之。《集解》。

随：

君子以向晦入宴息。

晦者，冥也。雷者，阳气，春夏用事。今在泽中，秋冬时也。故君子象之，日出视事，其将晦冥，退入宴寝而休息也。《集解》。

颐：

天地养万物。

天，上；地，初也。万物，众阴也。天地以元气养万物，圣人以正道养贤及万民，此其圣也。《集解》。

晋：

《象》曰：硕鼠贞厉，[②]位不当也。晁氏曰：“翟玄作‘硕鼠’。”

硕鼠昼伏夜行，贪猥无已，谓虽进承上，[③]上，《义海撮要》作“五”。然潜据下阴，久居不正之位，位，《义海撮要》作“地”。故有危厉《义海撮要》作“故危也”。也。《集解》。《义海撮要》。

---

① “拕”，《周易注疏》《周易集解》作“褫”。

② “硕”，《周易注疏》《周易集解》作“鼫”。

③ “上”，《周易集解》作“五”。

睽：

后说之壶。[①]《释文》。

夬：

告自邑。

坤称邑也。《集解》。

锡号，[②]莫夜。

锡，赐也。《释文》。

九三，壮于頄，有凶。

頄，面顴颊间骨也。《释文》。頄，面也。谓上处乾首之前称頄，頄，夹间骨。三往壮上，故有凶也。《集解》。

姤：

刚遇中正，天下大行也。

刚谓九五，遇中处正，教化大行于天下也。《集解》。

《象》曰：天下有风，姤。

天下有风，风无不周布，故君以施令，告化四方之民矣。《集解》。

困：

《象》曰：困于酒食，中有庆也。

阳从上来，居中得位，富有二阴，故中有庆也。《集解》。

九四，来荼荼。[③]

荼荼，音图。内不定之意。《释文》。

革：

革言三就，有孚。

① "壶"，《周易注疏》作"弧"。

② "锡"，《周易注疏》《周易集解》作"惕"。

③ "荼荼"，《周易注疏》《周易集解》作"徐徐"。

言三就上二阳，乾得共有，信据于二阴，故曰“革言三就，有孚”于二矣。《集解》。

鼎：

君子以正位拟命。①

拟，度也。《释文》。

渐：

初六，鸿渐于干。

干，涯也。《释文》。

或得其桷。

方曰桷，桷，椽也。《释文》。

巽：

六四，悔亡，田获三品。

田获三品，下三爻也。谓初巽为鸡，二兑为羊，三离雉也。《集解》。

上下系辞

言行，君子之枢机。枢机之发，荣辱之主也。

枢主开闭，机主发动，开闭有明暗，发动有中否，主于荣辱也。《集解》。

是故法象莫大乎天地。

见象立法，莫过天地也。《集解》。

化而财之谓之变。

化变刚柔而财之，故谓之变也。《集解》。

推而行之谓之通。

① “拟”，《周易注疏》《周易集解》作“凝”。

推行阴阳，故谓之通也。《集解》。

《易》曰：憧憧往来，朋从尔思。

此咸之九四辞也。咸之为卦，三君三民，四独远阴，思虑之爻也。《集解》。

是故君子安而不忘危。

在安而虑危。《集解》。

存而不忘亡。

在存而虑亡。《集解》。

治而不忘乱。

在治而虑乱。《集解》。

说卦

为绳直。

上二阳，共正一阴，使不得邪僻，如绳之直。《集解》。

序卦阙

杂卦阙

九家周易集注

九家周易集注序

《九家易注》乃后人集荀爽等九家之说，陈振孙谓荀爽所集，非也。《释文·序录》列九家姓名荀爽、京房、马融、郑玄、宋衷、虞翻、陆绩、姚信、翟子玄。皆汉魏人，则此书当出自魏晋人手。至八卦逸象三十一，查元章疑为后人所增，但秦汉之际，《易》亡《说卦》。孝宣时，河内女子得《说卦》，安知此三十一象非即古经逸文乎？孙堂识。

上　经

乾：

大哉乾元。

阳称大，六爻纯阳，故曰"大"。乾者纯阳，众卦所生，天之象也。观乾之始以知天德，惟天为大，惟乾则之，故曰"大哉"。元者，气之始也。《集解》。

乃统天。

乾之为德，乃统继天道，与天合化也。《集解》。

亢龙有悔，盈不可久也。

阳当居五，今乃居上，故曰"盈"也。亢极失位，当下之坤三，故曰"盈不可久"，若太上皇者也。下之坤三，屈为诸侯，故曰"悔"者也。《集解》。

元者，善之长也。

乾者，君卦也。六爻皆当为君，始而大通，君德会合，故元为善之长也。《集解》。

亨者，嘉之会也。

通者，谓阳，合而为乾，众善相继，故曰"嘉之会也"。《集解》。

庸行之谨。

以阳居阴位，故曰"谨"也。庸，常也。谓言常以信，行常以谨矣。《集解》。

善世而不伐。

阳升居五，处中居上，始以美德利天下。不言所利，即是不伐。故《老子》曰"上德不德，是以有德"，此之谓也。《集解》。

时乘六龙。

谓时之元气，以王而行，履涉众爻，是乘六龙也。《集解》。

坤：

坤，元亨，利牝马之贞。君子有攸往，先迷后得主，利。

坤为牝，为迷。《集解》。

至哉坤元。

谓乾气至坤，万物资受而以生也。坤者纯阴，配乾生物，亦善之始，地之象也，故又叹言至美。《集解》。《义海撮要》节引。

柔顺利贞，君子攸行。

谓坤爻本在柔顺阴位，则利正之乾，则阳爻来据之，故曰“君子攸行”。《集解》。

《象》曰：履霜坚冰，阴始凝也。驯致其道，至坚冰也。

霜者，乾之命也。坚冰者，阴功成也。谓坤初六之乾四，履乾命令而成坚冰也。此卦本乾，阴始消阳，起于此爻，故履霜也。驯，犹顺也。言阳顺阴之性，成坚冰矣。初六始姤。姤为五月盛夏而言坚冰，五月阴气始生地中，言始于微霜，终至坚冰，以明渐顺至也。《集解》。

《象》曰：六二之动，直以方也。

谓阳，下动应之，则直而行，布阳气于四方也。《集解》。

其血玄黄。

实本坤体，未离其类，故称血焉，血以喻阴也。玄黄，天地之杂，言乾坤合居也。《集解》。

而动也刚。

坤一变而成震，阴动生阳，故动也刚。《集解》。

发于事业。

天地交而万物生也。谓阳德潜藏，变则发见，若五动为比，乃事业之盛。《集解》。

为其兼晁氏同。于阳也，[①]故称龙焉。

阴阳合居，故曰“兼阳”。谓上六坤行至亥，下有伏乾。阳者变化，晁氏作“阴阳变化”。以喻龙焉。《集解》。晁氏。

屯：

《象》曰：云雷屯。

---

① “兼”，《周易注疏》《周易集解》作“嫌”。“于”后，《周易注疏》《周易集解》有“无”字。

雷雨者，兴养万物。今言屯者，十二月雷伏藏地中，未得动出，虽有云雨，非时长育，故言屯也。《集解》。

十年乃字，反常也。

阴出于坤，今还为坤，故曰“反常也”。阴出于坤，谓乾再索而得坎。今变成震，中有坤体，故言阴出于坤，今还于坤。谓二从初即逆，应五顺也。去逆就顺，阴阳道正，乃能长养，故曰“十年乃字”。《集解》。

上六，乘马班如。泣血涟如。

上六乘阳，故班如也。下二四爻，虽亦乘阳，皆更得承五，忧解难除。今上无所复承，忧难不解，故泣血涟如也。体坎为血，伏离为目，互艮为手，掩目流血，泣之象也。《集解》。

需：

六四，需于血，出自穴。

云从地出，上升于天。自地出者，莫不由穴，故曰“需于血，出自穴”也。《集解》。

《象》曰：需于血，顺以听也。

云欲升天，须时当降，顺以听五，五为天也。《集解》。

《象》曰：酒食贞吉，以中正也。

谓乾二当升五，正位者也。《集解》。

讼：

《象》曰：以讼受服，亦不足敬也。

初二三四皆不正，以不正相讼而得其服，故不足敬也。《集解》。

师：

初六，师出以律。

坎为法律也。《集解》。

九二，在师中，吉无咎，王三锡命。

《象》曰：在师中吉，承天宠也。

虽当为王，尚在师中，为天所宠，事克功成，故吉“吉”一作“言”。无咎。二非其位，盖谓武王受命而未即位也。受命为王，定天下以师，故曰“在师中吉”。《集解》。《义海撮要》。

小畜：

《象》曰：风行天上，小畜。

风者，天之命令也。今行天上，则是令未下行。畜而未下，小畜之义也。《集解》。

《象》曰：夫妻反目，不能正室也。

四互体离，离为目也。离既不正，五引而上，三引而下，故反目也。舆以轮成车，夫以妻成室，今以妻乘夫，其道逆，故不能正室。《集解》。

《象》曰：有孚挛如，不独富也。

有信，下三爻也。体巽，故挛如。如谓连接其邻，邻谓四也。五以四阴作财，与下三阳共之，故曰“不独富也”。《集解》。

履：

说而应乎乾。

动来为兑而应上，故曰“说而应乎乾”也。以喻一国之君，应天子命以临下。承上以巽，据下以说，其正应天，故虎为之不咥人也。《集解》。

是以履虎尾不咥人，亨。

虎尾谓三也。三以说道履五之应，上顺于天，故不咥人，亨也。能巽说之道，顺应于五，故虽践虎，不见咥噬也。

太平之代，虎不食人。亨谓于五也。《集解》。

泰：

君子道长，小人道消也。

谓阳息而升，阴消而降也。阳称息者，长也，起复成巽，万物盛长也。阴言消者，起姤终乾，万物成熟，成熟则给用，给用则分散，故阴用特言消也。《集解》。

不戒以孚，中心愿也。

乾升坤降，各得其正。阴得承阳，皆阴心之所愿也。《集解》。

六五，帝乙归妹，以祉元吉。

五者帝位，震象称乙，是为帝乙。六五以阴处尊位，帝者之姊妹，五在震后，明其为妹也。五应于二，当下嫁二，妇人谓嫁曰归，故言帝乙归妹。谓下居二，以中和相承，故元吉也。《集解》。

《象》曰：以祉元吉，中以行愿也。

五下于二而得中正，故言中以行愿也。《集解》。

勿用师，自邑告命。贞吝。

《象》曰：城复于隍，其命乱也。

乾当来上，不可用师而拒之也。自邑者，谓从坤性而降也。告命者，谓下为巽，宣布君之命令也。三阴自相告语，俱下服顺承乾也。城复于隍，国政崩也。坤为乱，否巽为命，交在泰上，故其命乱也。《集解》。

否：

《象》曰：拔茅贞吉，志在君也。

阴志在下，欲承君也。《集解》。

九四，有命无咎，畴离祉。

巽为命。谓受五之命，以据三阴，故无咎。无命而据，则有咎也。畴者，类也。谓四应初据三，与二同功，故阴类皆离祉也。离，附。祉，福也。阴皆附之，故曰“有福”。谓下三阴离受五四之福也。《集解》。

九五，休否，大人吉。

否者，消卦。阴欲消阳，故五处和居正，以否绝之。乾坤异体，升降殊隔，卑不犯尊，故大人吉也。《集解》。

同人：

《彖》曰：同人。

谓乾舍于离，同而为日。天日同明，以照于下。君子则之，上下同心，故曰“同人”。《集解》。

言相克也。

乾为言。《集解》。

大有：

《象》曰：大有上吉，自天右也。[①]

上九说五，以柔处尊而自谦损。尚贤奉己，上下应之，为乾所右，故吉且和也。《集解》。

谦：

《彖》曰：谦亨。

艮山坤地。山至高，地至卑。以至高下至卑，故曰“谦”也。谦者，兑世。艮与兑合，故亨。《集解》。史徵《口诀义》。

《象》曰：谦谦君子，卑以自牧也。

承阳卑谦，以阳自牧养也。《集解》。

---

① “右”，《周易注疏》《周易集解》作“祐”。

《象》曰：无不利㧑谦，不违则也。

阴㧑上阳，不违法则。《集解》。

《象》曰：鸣谦，志未得也。可用行师，征邑国也。

阴阳相应，故鸣谦也。虽应不承，故志未得。谓下九三，可行师来上，坤为邑国也。三应上，上呼三，征来居五位，故曰"利用行师，征邑国也"。《集解》。

豫：

而况建侯行师乎。

震为建侯，坤为行师。建侯所以兴利，行师所以除害，兴利除害，民所豫乐也。天地有生杀，万物有始终。王者盛衰，亦有迭更。犹武王承乱而应天地，建侯行师，奉辞除害，民得豫说，君得安乐也。《集解》。

随：

《象》曰：泽中有雷，随。

兑泽震雷，八月之时，雷藏于泽，则天下随时之象也。《集解》。

初九，官有渝，晁氏。《两汉刊误补遗》同。贞吉，出门交有功。

渝，变也。谓阳来居初，得正为震，震为子，得土之位，故曰"官"也。阴阳出门，相与交通。阴往之上，亦不失正，故曰"贞吉"而"交有功"。《集解》。

蛊：

利涉大川，往有事也。

阳往据阴，阴来乘阳，故有事也。此卦本泰，乾天有河，坤地有水，二爻升降，出入乾坤，利涉大川也。阳往求五，阴来求二，未得正位，戎事不息，故有事。《集解》。

临：

《象》曰：敦临之吉，志在内也。

志在升二也。阴以阳为主，故志在内也。《集解》。

观：

《象》曰：风行地上，观。先王以省方，观民设教。

先王谓五，应天顺民，受命之王也。风行地上，草木必偃。枯槁朽腐，独不从风，谓应外之爻。天地气绝，阴阳所去，象不化之民，五刑所加。故以省察四方，观视民俗而设其教也。言先王德化，光被四表。有不宾之民，不从法令，以五刑加之，以齐德教也。《集解》。

噬嗑：

《象》曰：何校灭耳，聪不明也。

当据离坎以为聪明。坎既不正，今欲灭之，故云"聪不明也"。《集解》。

复：

无敍悔。[①] 敍音支。《释文》。赵汝楳《辑闻》。

无妄：

《象》曰：天下雷行，物与无妄。

天下雷行，阳气普遍，无物不与，故曰"物与"也。物受之以生，无有灾妄，故曰"物与无妄"也。《集解》。

大畜：

六四，童牛之告。[②]

牛触角着横木，所以告人。《释文》。

颐：

---

① "敍"，《周易注疏》《周易集解》作"祇"。

② "告"，《周易注疏》《周易集解》作"牿"。

虎视眈眈。

艮有虎象。《会通》。张氏。

大过：

《象》曰：过涉之凶，不可咎也。

君子以礼义为法，小人以畏慎为宜。至于大过之世，不复遵常，故君子犯义，小人犯刑，而家家有诛绝之罪，不可咎也。大过之世，君子逊遁，不行礼义，谓当不义则争之，若比干谏而死是也。桀纣之民，可比屋而诛，上化致然，亦不可咎。曾子曰“上失其道，民散久矣。如得其情，则哀矜而勿喜”，是其义也。《集解》。

习坎：

险且玷。[①]《释文》。

上六，系用徽纆，寘于丛棘，三岁不得凶。

《象》曰：上六失道，凶三岁也。

坎为丛棘，又为法律。案《周礼》：王之外朝，左九棘、右九棘、面三槐。司寇公卿，议狱于其下。害人者，加明刑，任之以事。上罪三年舍，中罪二年而舍，下罪一年而舍也。《集解》。《义海撮要》节引。

离：

不鼓缶而歌，则大耋之差，[②]凶。

鼓缶者，以目下视。离为大腹，瓦缶之象。谓不取二也。歌者，口仰向上，谓兑为口而向上取五也。日昃者，向下也。今不取二而上取五，则上九耋之。阳称大也。差者，

---

① “玷”，《周易注疏》《周易集解》作“枕”。

② “差”，《周易注疏》《周易集解》作“嗟”。

谓上被三夺五，忧差穷凶也。火性炎上，故三欲取五也。《集解》。

《象》曰：日昊之离，何可久也。

日昊当降，何可久长。三当据二，以为鼓缶。而今与四同取于五，故曰“不鼓缶而歌”也。《集解》。

《象》曰：焱如其来如，无所容也。

在五见夺，在四见弃，故无所容。《集解》。

《象》曰：六五之吉，离王公也。

戚差顺阳，附丽于五，故曰“离王公”也。阳当居五，阴退还四，五当为王，三则三公也。四处其中，附上下矣。《集解》。

下　经

咸：

乘口说也。[1]《释文》。

恒：

刚柔皆应，恒。

初四、二五虽不正，而刚柔皆应，故通无咎矣。《集解》。

《象》曰：不恒其德，无所容也。

言三取初隔二，应上见乘，是无所容。无居自容，故贞吝。《集解》。

晋：

《象》曰：受兹介福，以中正也。

五动得正中，故二受大福矣。大福谓马与蕃庶之物是

① “乘”，《周易注疏》《周易集解》作“媵”。

也。《集解》。

九四，晋如鼫鼠，贞厉。晁氏曰："九家作'鼫鼠'。"

鼫鼠喻贪，谓四也。体离欲升，体坎欲降。游不度渎，不出坎也。飞不上屋，不至上也。缘不及木，[1]不出离也。穴不掩身，五坤薄也。走不先足，外震在下也。五伎皆劣，四爻当之，故曰"晋如鼫鼠"也。《集解》。

明夷：

有攸往，主人有言。

四者初应，众阴在上，为主人也。初欲上居五，则众阴有言。言谓震也。四五体震，为雷声，故曰"有攸往，主人有言"也。《集解》。

六二，明夷于左股，晁氏曰："九家直云'明夷于左股'。"用承晁氏曰："九家作'承'。"[2]马壮，吉。

左股谓初，为二所夷也。离为飞鸟，盖取小过之义，鸟飞舒翼而行。夷者，伤也。今初伤垂翼在下，故曰"明夷于左股"矣。九三体坎，坎为马也。二应与五，三与五同功。二以中和应天，应天合众。欲升上三以壮于五，故曰"用承马壮，吉"。《集解》。承，升也。晁氏。

《象》曰：六二之吉，顺以则也。

二欲上三居五，五为天子，[3]坎为法律，君有法则，众阴当顺从之矣。《集解》。

九三，明夷于南狩，得其大首，不可疾贞。

---

① "及"，《周易集解》作"极"。

② "承"，《周易注疏》《周易集解》作"拯"。

③ "五"，《周易集解》无此字。

岁终田猎，名曰狩也。南者，九五。大阳之位，故称南也。暗昧道终，三可升上而猎于五，得据大阳首位，故曰“明夷于南狩，得其大首”。自暗复明，当以渐次，不可卒正，故曰“不可疾贞”也。《集解》。

《象》曰：入于左腹，获心意也。

四欲上三居五为坎，坎为心，四以坤爻为腹，故曰“入于左腹，获心意也”。《集解》。

家人：

《象》曰：六二之吉，顺以巽也。

谓二居贞，巽顺于五，则吉矣。《集解》。《义海撮要》作“顺以巽，谓二居正，顺于五也”。

《象》曰：家人嗃嗃，未失也。妇子嘻嘻，失家节也。

别体异家，阴阳相据，喜乐过节也。别体异家，谓三五也。阴阳相据，三五各相据阴，故言妇子也。《集解》。

睽：

睽之时用大矣哉。

乖离之卦，于义不大。而天地事同，共生万物，故曰“用大”。《集解》。

解：

《象》曰：公用射隼，以解悖也。

隼，鸷鸟也。今捕食雀者。其性疾害，喻暴君也。阴盗阳位，万事悖乱，今射去之，故曰“以解悖也”。《集解》。

益：

有孚中行，告公用圭。

天子以尺二寸元圭事天，以九寸事地也。上公执桓圭九寸，诸侯执信圭七寸，诸伯执躬圭七寸，诸子执谷璧五寸，诸男执蒲璧五寸。五等诸侯，各执之以朝见天子也。《集解》。

姤：

天地相遇，品物咸章也。

谓阳起子，运行至四月，六爻成乾。巽位在巳，故言乾成于巽。既成，转舍于离。万物皆盛大，坤从离出，与乾相遇，故言天地遇也。《集解》。

初六，系于金柅，贞吉。有攸往，见凶。

丝系于柅，犹女系于男，故以喻初宜系二也。若能专心顺二则吉，故曰"贞吉"。今既为二所据，不可往应四，往则有凶，故曰"有攸往，见凶"也。《集解》。《义海撮要》节引。《会通》引作"荀氏"。

萃：

利贞。

五以正聚阳，故曰"利贞"。《集解》。

升：

初六，允升大吉。

《象》曰：允升大吉，上合志也。

谓初失正，乃与二阳允然合志，俱升五位，故曰"上合志也"。《集解》。

困：

初六，臀困于株木。

臀谓四，株木，三也。三体为木，泽中无水，兑金伤木，故枯为株也。初者四应，欲进之四，四困于三，故曰"臀困于株木"也。《集解》。

入于幽谷，三岁不觌。

幽谷，二也。此本否卦。谓阴来入坎，与初同体，故曰“入幽谷”。三者，阳数。谓阳陷险中，为阴所弃，终不得见，故曰“三岁不觌”也。《集解》。

入于其宫，不见其妻，不详也。[1]

此本否卦。二四同功一作“宫”。为艮，艮为门阙，宫之象也。六三居困而位不正，上困于民，内无仁恩，亲戚叛逆，诛将加身，入宫无妻，非常之困，故曰“不详也”。《集解》。

鼎：

《彖》曰：鼎，象也。以木巽火，亨饪也。

鼎言象者，卦也木火，“卦也木火”四字误，疑当作“卦体木火”。互有乾兑。乾金兑泽，泽者，水也。爨以木炎，是鼎镬亨饪之象。亦象三公之位，上则调和阴阳，下而抚毓百姓。鼎能孰物养人，故云“象也”。牛鼎受一斛，天子饰以黄金，诸侯白金。三足以象三台，足上皆作鼻目为饰也。羊鼎五斗，天子饰以黄金，诸侯白金，大夫以铜。豕鼎三斗，天子饰以黄金，诸侯白金，大夫铜，士铁。三鼎形同。亨饪，煮肉。上离阴爻为肉也。《集解》。董逌《广川书跋》引作“荀爽”。

九四，鼎折足，覆公餗，其刑渥，[2]凶。晁氏曰：“渥，九家作‘剭’。”

鼎者，三足一体，犹三公承天子也。三公谓调阴阳，鼎谓调五味。足折餗覆，犹三公不胜其任，倾败天子之美，故曰“覆餗”也。《集解》。

《象》曰：覆公餗，信如何也。

---

① “详”，《周易注疏》《周易集解》作“祥”。

② “刑”，《周易注疏》《周易集解》作“形”。

渥者，厚大，言辠重也。既覆公餗，信有大辠。刑罚当加，无可如何也。《集解》。

丰：

勿忧，宜日中。

震动而上，故勿忧也。日者君，中者五，君宜居五也。谓阴处五日中之位，当倾昃矣。《集解》。

《象》曰：有孚发若，信以发志也。

信著于五，然后乃可发其顺志。《集解》。堂案：此条毛本、胡本俱引作“虞翻说”，讹。

九三，丰其沛，日中见沬。

大暗谓之沛。沬，斗杓后小星也。《集解》。堂案：项氏《玩辞》引九家本，经文与《集解》同，晁氏“沬”引作“昧”，云：“斗杓后星。”

旅：

六二，旅即次，怀其资，得僮仆贞。

即，就。次，舍。资，财也。以阴居二，即就其舍，故旅即次。承阳有实，故怀其资。初者卑贱，二得履之，故得僮仆。处和得位，正居，是故曰“得僮仆贞”矣。《集解》。《义海撮要》节引。

巽：

上九，巽在床下。

上为宗庙。礼封赏出军，皆先告庙，然后受行。三军之命，将之所专，故曰“巽在床下”也。《集解》。

涣：

九五，涣汗其大号。

谓五建二为诸侯，使下君国，故宣布号令，百姓被泽，若汗之出身，不还反也。此本否卦。体乾为首，来下处二，成坎水，汗之象也。阳称大，故曰“涣汗其大号”也。《集解》。

节：

《象》曰：安节之亨，承上道也。

言四得正奉五，上通于君，故曰“承上道也”。《集解》。

小过：

九四，无咎，弗过遇之。

以阳居阴，行过乎恭。今虽失位，进则遇五，故无咎也。四体震动，位既不正，当动上居五，不复过五，故曰“弗过遇之”矣。《集解》。

系辞上

方以类聚。

谓姤卦，阳爻聚于午也。方，道也。谓阳道施生，万物各聚其所也。《集解》。

物以群分。

谓复卦，阴爻群于子也。阴主成物，故曰“物”也。至于万物一成，分散天下也，以周人用，故曰“物以群分”也。《集解》。

乾知大始。

始谓乾禀元气，万物资始也。《集解》。

原始及终，[1]故知死生之说。

阴阳交合，物之始也。阴阳分离，物之终也。合则生，离则死，故原始及终，故知死生之说矣。交合，泰时春也。分离，否时秋也。《集解》。

① “及”，《周易注疏》《周易集解》作“反”。下同。

而道济天下，故不过。

言乾坤道，济成天下而不过也。《集解》。

旁行而不流。

旁行，周合。六十四卦月主五卦，爻主一日，岁既周而复始也。《集解》。

范围天地之化而不过。

范者，法也。围者，周也。言乾坤消息，法周天地，而不过于十二辰也。辰，日月所会之宿，谓诹訾、降娄、大梁、实沈、鹑首、鹑火、鹑尾、寿星、大火、析木、星纪、玄枵之属是也。《集解》。

言天下之至册，[①]而不可乱也。《释文》。

是故可与酬酢，可与右神矣。[②]

阳往为酬，阴来为酢。阴阳相配，谓之右神也。孔子言大衍以下，至于能事毕矣。此足以显明易道，又神易德行。可与经义相斟酌也，故喻以宾主酬酢之礼。所以助前圣，发见于神，秘矣。《礼·饮酒》主人酌宾为献，宾酌主人为酢。主人饮之，又酌宾为酬也。先举为酢，答报为酬，酬取其报。以象阳唱阴和，变化相配。是助天地，明其鬼神者也。《集解》。

是故圣人以通天下之志。

凡言是故者，承上之辞也。谓以动者尚其变，变而通之，以通天下之志也。《集解》。

以定天下之业。

① "册"，《周易注疏》《周易集解》作"动"。

② "右"，《周易注疏》《周易集解》作"祐"。

谓以制器者尚其象也。凡事业之未立，以易道决之，故言以定天下之业。《集解》。

以断天下之疑。

谓卜筮者尚其占也。占事知来，故断天下之疑。《集解》。

举而措之天下之民，谓之事业。

谓圣人画卦为万民事业之象，故天下之民尊之，得为事业矣。《集解》。

默而成，[①]晁氏曰："无'之'字。"不言而信，存乎德行。

默而成，谓阴阳相处也。不言而信，谓阴阳相应也。德者，有实。行者，相应也。《集解》。

系辞下

俯则观法于地。

艮兑为山泽也。地有水火五行，八卦之形者也。《集解》。

与地之宜。

谓四方四维，八卦之位，山泽高卑，五土之宜也。《集解》。

以类万物之情。

六十四卦，凡有万一千五百二十册。册、类一物，故曰"类万物之情"。以此庖牺重为六十四卦明矣。《集解》。

黄帝、尧、舜垂衣裳而天下治，盖取诸乾坤。

黄帝以上，羽皮革木，以御寒暑。至乎黄帝，始制衣裳，

① "成"后，《周易注疏》《周易集解》有"之"字。

垂示天下。衣取象乾，居上覆物。裳取象坤，在下含物也。《集解》。

挎木为舟，[1]掞木为楫。[2] 舟楫之利，以济不通，致远以利天下，盖取诸涣。

木在水上，流行若风，舟楫之象也。此本否卦，九四之二。挎，除也。巽为长、为木，艮为手，乾为金。艮手持金，故挎木为舟，掞木为楫也。乾为远、天，故济不通，致远以利天下矣。法涣而作舟楫，盖取斯义也。《集解》。

重门击㰌，以待虣客，盖取诸豫。

下有艮象。从外示之，震复为艮。两艮对合，重门之象也。㰌者，两木相击以行夜也。艮为手，为小木，又为上持。震为足，又为木，为行。坤为夜。即手持㰌木夜行，击门之象也。坎为盗。虣，水虣。长无常，故以待虣客。既有不虞之备，故取诸豫矣。《集解》。

上古结绳而治，后世圣人易之以书契，百官以治，万民以察，盖取诸夬。

古者无文字，其有约誓之事，事大大其绳，事小小其绳。结之多少，随物众寡，各执以相考，亦足以相治也。夬本坤世，下有伏坤，书之象也。上又见乾，契之象也。以乾照坤，察之象也。夬者，决也。取百官以书治职，万民以契明其事。契，刻也。大壮进而成夬，金决竹木为书契象，故法夬而作书契矣。《集解》。《路史·因提纪》注节引。

利用安身，以崇德也。

---

① "挎"，《周易注疏》《周易集解》作"刳"。

② "掞"，《周易注疏》《周易集解》作"剡"。

利用，阴道用也，谓姤时也。阴升上究，则乾伏坤中，诎以求信。阳当复升，安身嘿处也。时既潜藏，故利用安身，以崇其德。崇德，体卑而德高也。《集解》。

《易》曰：屦校灭趾，无咎。此之谓也。

噬嗑六五，本先在初，处非其位，小人者也。故历说小人所以为罪，终以致害，虽欲为恶，能止不行，则无咎。《集解》。

《易》曰：何校灭耳，凶。

噬嗑上九爻辞也。阴自初升五，所在失正，积恶而罪大，故为上所灭。善不积，斥五阴爻也。聪不明者，闻善不听，闻戒不改，故凶也。《集解》。

以体天地之撰。

撰，数也。万物形体，皆受天地之数也。谓九天数，六地数也。刚柔得以为体矣。《集解》。

以通神明之德。

隐藏谓之神，著见谓之明。阴阳交通，乃谓之德。《集解》。

其称名也，杂而不越。

阴阳，杂也。名谓卦名。阴阳虽错，而卦象各有次序，不相逾越。《集解》。

巽以行权。

巽象号令，又为近利。人君政教，进退释利，而为权也。《春秋传》曰："权者，反于经，然后有善者也。"此所以说九卦者，圣人履忧，济民之所急行也。故先陈其德，中言其性，后叙其用，以详之也。西伯劳谦，殷纣骄暴。臣子之礼有常，故创易道以辅济君父者也。然其意义，广远幽微。孔子指撮解此九卦之德，合三复之道。明西伯之于纣，不失上下。《集解》。

说　卦

坤以藏之。

谓建申之月，坤在乾下，包藏万物也。乾坤交索，既生六子，各任其才，往生物也。又雷与风雨，变化不常，而日月相推，迭有来往，是以四卦以义言之。天地山泽，恒在者也，故直说名矣。《集解》。

巽为鸡。

应八风也。风雨节而变，变不失时。鸡时至而鸣，与风相应也。二九十八，主风精为鸡，故鸡十八日剖而成雏。二九顺阳历，故鸡知时而鸣也。《集解》。

坎为豖。

污辱卑下也。六九五十四，主时精为豖，坎豖怀胎四月而生。宣时理节，是其义也。《集解》。

艮为狗。

艮止，主守御也。艮数三，七九六十三，三主斗，斗为犬，故犬怀胎三月而生。斗运行十三时日出，故犬十三日而开目。斗屈，故犬卧屈也。斗运行四匝，犬亦夜绕室也。火之精，畏水不敢饮，但舌舐水耳。犬斗，以水灌之则解也。犬近奎星，故犬淫，当路不避人者也。《集解》。《玩辞》节引。

为老马。

言气衰也。息至巳，必当复消，故为老马也。《集解》。

为龙，为直，为衣，为言。《释文》。《汉上易传》。《本义》。《玩辞》。

为子母牛。

土能生育，牛亦含养，故为子母牛也。《集解》。

为文。

万物相杂，故为文也。《集解》。

为牝，为迷，为方，为囊，为裳，为黄，为帛，为浆。《释文》。《汉上易传》。《本义》。《玩辞》。

为苍筤竹。

苍筤，青也。震阳在下，根长坚刚。阴爻在中，使外苍筤也。《集解》。

为萑苇。

萑苇，蒹葭也。根茎丛生，蔓衍相连，有似雷行也。《集解》。

为王，为鹄，为鼓。《释文》。《汉上易传》。《本义》。《玩辞》。

为杨，为鹳。《释文》。《汉上易传》。《本义》。《玩辞》引“杨”作“扬”，云：“巽称而隐，称即扬也。扬子曰‘巽以扬’。”

为薄蹄。

薄蹄者在下，水又趋下，趋下则流散，流散则薄，故为薄蹄也。《集解》。

为宫，为律，为可，为栋，为丛棘，为狐，为蒺蔾，为桎梏。《释文》。《汉上易传》。《本义》。《玩辞》引，“栋”作“棟”，云：“‘棟’字疑当为‘栋’。”

为牝牛。《释文》。《汉上易传》。《本义》。《玩辞》。

为鼻，为虎，为狐。《释文》。《汉上易传》。《本义》。《玩辞》。

为常，为辅颊。《释文》。《汉上易传》。《本义》。《玩辞》。

常，西方神也。《释文》。

序　卦

讼必有众起。故受之以师。师者，众也。

乾为众物，[1]坎为众水。上下皆众，故曰"师"也。凡制军，万有二千五百人为军。天子六军，大国三军，次国二军，小国一军。军有将，皆命卿也。二千五百人为师，师帅皆中大夫。五百人为旅，旅帅皆下大夫也。《集解》。

以喜随人者，必有事，故受之以蛊。蛊者，事也。

子行父事，备用致用，[2]而天下治也。备物致用，立成器以为天下利，莫大于圣人。子修圣道，行父之事，以临天下，无为而治。《集解》。

进必有所伤，故受之以明夷。夷者，伤也。

日在坤下，其明伤也。言进极当降，复入于地，故曰"明夷"也。《集解》。

杂　卦阙

① "乾"，《周易集解》作"坤"。

② "用"，《周易集解》作"物"。

刘瓛周易义疏

刘瓛周易义疏序

刘瓛字子珪。《乾坤义》一卷,《系辞义疏》二卷,并见《隋书·经籍志》,《释文·序录》止偁其注《系辞》,而不及《乾坤义》。然案李善《文选注》及李鼎祚《集解》,有引乾坤二卦中说者,是明有《乾坤义》一书也。又董氏《会通》于"同人九三"采刘说,则又出《隋志》所纪二书之外。傥当时亡其书,并亡其目与?抑为后人所依托与?俱不可知矣。《系辞义疏》,《释文》所采亦止一条,故更取唐释玄应所引者并录之。孙堂识。

上 经

乾:

用九。

总六爻纯阳之义,故曰"用九"也。《集解》。

《彖》曰。

彖者,断也,断一卦之才也。《集解》。

首出庶物,万国咸宁。

阳气为万物之所始,故曰"首出庶物"。立君而天下皆宁,故曰"万国咸宁"也。《集解》。

《文言》曰。

依文而言其理,故曰“文言”。《集解》。《义海撮要》。

坤:

至哉坤元。

至,极也。《文选·邹阳书》注。

万物资生。

自无出有曰生,生得性之始也。《文选·陶渊明诗》注。《魏都赋》注引首句。

乃顺承天。

万物资生于地,故地承天而生也。《集解》。

同人:

升其高陵。

三居下体之上,故谓之陵。有凭上之志,故谓之升。《会通》。堂案:《义海撮要》亦引此注,前后共多八句,但《义海》引刘氏说甚多,此亦不标刘瓛,故依《会通》。

系　辞

鼓之以雷霆。

霆,雷也。震为雷,离为电。释玄应《大智度论音义》第二十。堂案:《玉篇》:“霆,电也。”《穀梁》隐九年《传》云:“电,霆也。”陆佃《埤雅》:“霆,或谓之电。”又云:“音庭则为雷,音蜓则为电。”是霆、蜓俱有平上二声。此“霆”字,徐邈音徒鼎反,《尔雅》:“蜓蚞之蜓。”谢峤音同。今注首句云:“霆,雷也。”雷乃“电”字之误,况下文明云“离为电”。

忧悔吝者,存乎介。

介,微也。释玄应《五分律音义》第八。

冶容诲淫。

冶，妖冶也。谓傲雅自得，庄饰鲜明之貌也。释玄应《中本起经音义》下卷。谓恣态之貌也。《维摩诘经音义》上卷。《大爱道比丘尼经音义》下卷引首句。

圣人以此洗心。

洗，悉殄反。尽也。《释文》。

成天下之亹亹者。

亹亹，犹微微也。释玄应《大智度论音义》第十六。

说　卦阙

序　卦阙

杂　卦阙

主要参考文献

1. 王弼、韩康伯注,孔颖达等正义:《周易正义》,《十三经注疏》,中华书局 1980 年版。

2. 孔安国传,孔颖达正义:《尚书正义》,《十三经注疏》,中华书局 1980 年版。

3. 毛亨传,郑玄笺,孔颖达正义:《毛诗正义》,《十三经注疏》,中华书局 1980 年版。

4. 郑玄注,贾公彦疏:《周礼注疏》,《十三经注疏》,中华书局 1980 年版。

5. 郑玄注,贾公彦疏:《仪礼注疏》,《十三经注疏》,中华书局 1980 年版。

6. 郑玄注,孔颖达正义:《礼记正义》,《十三经注疏》,中华书局 1980 年版。

7. 杜预集解,孔颖达正义:《春秋左传正义》,《十三经注疏》,中华书局 1980 版。

8. 何休解诂,徐彦疏:《春秋公羊传注疏》,《十三经注疏》,中华书局 1980 年版。

9. 范宁集解,杨士勋疏:《春秋穀梁传注疏》,《十三经注疏》,中华书局 1980 版。

10. 何晏等集解,宋邢昺疏:《论语注疏》,《十三经注疏》,中华书局1980年版。

11. 李隆基注,邢昺疏:《孝经注疏》,《十三经注疏》,中华书局1980年版。

12. 郭璞注,邢昺疏:《尔雅注疏》,《十三经注疏》,中华书局1980年版。

13. 赵岐注,孙奭疏:《孟子注疏》,《十三经注疏》,中华书局1980年版。

14. 李道平撰,潘雨庭点校:《周易集解纂疏》,中华书局2004年版。

15. 朱震:《汉上易传》,文渊阁《四库全书》本。

16. 项世安:《周易玩辞》,文渊阁《四库全书》本。

17. 吕祖谦:《古易音训》,《吕祖谦全集》第二册,浙江古籍出版社2008年版。

18. 朱熹:《周易本义》,文渊阁《四库全书》本。

19. 冯椅:《厚斋易学》,文渊阁《四库全书》本。

20. 李塨:《周易传注》,文渊阁《四库全书》本。

21. 惠栋:《周易述》,文渊阁《四库全书》本。

22. 张惠言:《周易虞氏义》,《续修四库全书》本。

23. 张惠言:《易义别录》,《皇清经解》本,清道光九年(1829)广东学海堂刊本。

24. 阮元:《周易注疏校勘记》,《十三经注疏》,中华书局1980年版。

25. 焦循著,陈居渊校点:《雕菰楼易学五种》,凤凰出版社2012年版。

26. 宋翔凤:《周易考异》,《皇清经解续编》本,清光绪十四年(1888)南菁书院刊本。

27. 徐堂:《周易考异》,《续修四库全书》本。
28. 李富孙:《易经异文释》,《皇清经解续编》,清光绪十四年(1888)南菁书院刊本。
29. 翟均廉:《周易章句证异》,文渊阁《四库全书》本。
30. 王树楠:《费氏古易订文》,清光绪十七年(1891)文莫室刊本。
31. 廖平:《易经古本》,《六译馆丛书》,民国四年(1915)存古书局刊本。
32. 马其昶:《复位周易费氏学》,民国七年(1918)抱润轩刊本。
33. 朱骏声:《六十四卦经解》,中华书局 1958 年版。
34. 丁寿昌:《读易会通》,商务印书馆 1935 年版。
35. 闻一多:《古典新义》,商务印书馆 2011 年版。
36. 沈祖绵:《周易孟氏学》,中华书局 1929 年版。
37. 高亨:《周易古经今注》,中华书局 1984 年版。
38. 杨树达:《周易古义》,上海古籍出版社 2006 年版。
39. 屈万里:《汉魏石经周易残字集证》,台北联经出版事业公司 1984 年版。
40. 李镜池:《周易探源》,中华书局 1978 年版。
41. 于省吾:《双剑誃易经新证》,中华书局 2009 年版。
42. 张政烺:《马王堆帛书〈周易〉经传校读》,中华书局 2008 年版。
43. 刘大钧:《今、帛、竹书〈周易〉综考》,上海古籍出版社 2005 年版。
44. 刘大钧:《周易概论》,巴蜀书社 2008 年版。
45. 徐芹庭:《周易异文考》,五洲出版社 1975 年版。

46. 吴新楚:《周易异文校正》,广东人民出版社 2001 年版。

47. 张立文:《帛书周易注译》,中州古籍出版社 2008 年版。

48. 韩自强:《阜阳汉简〈周易〉研究》,上海古籍出版社 2004 年版。

49. 马王堆汉墓帛书整理小组:《马王堆帛书六十四卦释文》,《文物》1984 年第 3 期。

50. 廖名春:《马王堆帛书〈周易〉经传释文》,《易学集成》第三册,四川大学出版社 1998 年版。

51. 邓球柏:《帛书周易校释》,湖南人民出版社 2002 年版。

52. 濮茅左:《楚竹书〈周易〉释文注释》,《上海博物馆藏战国楚竹书》(三),上海古籍出版社 2003 年版。

53. 濮茅左:《楚竹书〈周易〉研究——兼述先秦两汉出土与传世易学文献资料》,上海古籍出版社 2006 年版。

54. 丁四新:《楚竹书与汉帛书周易校注》,上海古籍出版社 2011 年版。

55. 陈仁仁:《战国楚竹书〈周易〉研究》,武汉大学出版社 2010 年版。

56. 扬雄撰,司马光集注:《太玄集注》,中华书局 1998 年版。

57. 王应电:《周礼传》,文渊阁《四库全书》本。

58. 梅鷟:《尚书考异》,文渊阁《四库全书》本。

59. 阎若璩:《尚书古文疏证》,文渊阁《四库全书》本。

60. 黄怀信:《逸周书汇校集注》,上海古籍出版社 1995 年版。

61. 陈启源:《毛诗稽古编》,《皇清经解》本,清道光九年(1829)广东学海堂刊本。

62. 惠士奇:《礼说》,文渊阁《四库全书》本。

63. 胡承珙:《仪礼古今文疏义》,《续修四库全书》本。
64. 胡培翚:《仪礼正义》,《续修四库全书》本。
65. 惠士奇:《春秋左传补注》,文渊阁《四库全书》本。
66. 焦循:《孟子正义》,中华书局1987年版。
67. 朱彝尊:《经义考》,文渊阁《四库全书》本。
68. 惠栋:《九经古义》,《皇清经解》本,清道光九年(1829)广东学海堂刊本。
69. 扬雄撰,戴震疏证:《方言疏证》,中华书局1998年版。
70. 扬雄撰,钱绎笺疏:《方言笺疏》,中华书局1991年版。
71. 许慎撰,段玉裁注:《说文解字注》,上海古籍出版社1981年版。
72. 朱骏声:《说文通训定声》,中华书局1984年版。
73. 桂馥:《说文解字义证》,上海古籍出版社1987年版。
74. 江沅:《说文释例》,中华书局1987年版。
75. 薛传均:《说文答问疏证》,清光绪十年(1884)刻本。
76. 承培元:《广说文答问疏证》,清光绪中广雅书局刻本。
77. 徐灏:《说文解字注笺》,清光绪二十年(1894)徐氏刻本。
78. 王先谦:《释名疏证补》,上海古籍出版社1984年版。
79. 张揖撰,王念孙疏证:《广雅疏证》,中华书局1998年版。
80. 顾野王:《宋本玉篇》,中国书店1983年版。
81. 陆德明:《经典释文》,中华书局1983年版。
82. 慧琳、希麟:《正续一切经音义》,上海古籍出版社1986年版。
83. 司马光等:《类篇》,中华书局1984年版。
84. 陈彭年:《宋本广韵》,中国书店1982年影印本。
85. 丁度:《集韵》,上海古籍出版社1985年影印本。

86. 韩道昭:《五音集韵》,文渊阁《四库全书》本。

87. 洪适:《隶释　隶续》,中华书局 1985 年版。

88. 郭忠恕、夏竦:《汗简　古文四声韵》,中华书局 1982 年版。

89. 郭忠恕:《佩觿》,清光绪十四年(1888)上海蜚英馆影印本。

90. 黄锡全:《汗简注释》,武汉大学出版社 1990 年版。

91. 宋濂:《篇海类编》,上海古籍出版社 1995 年影印本。

92. 潘重规:《龙龛手鉴新编》,中华书局 1898 年版。

93. 梅膺祚:《字汇》,《续修四库全书》本。

94. 韩道昭:《改并四声篇海》,《续修四库全书》本。

95. 吴任臣:《字汇补》,清康熙五年汇贤斋刊本。

96. 张自烈:《正字通》,康熙二十四年(1685)清畏堂刊本。

97. 倪涛:《六艺之一录》,文渊阁《四库全书》本。

98. 甘扬声:《汉隶异同》,清道光十一年(1831)勤约堂刊本。

99. 李富孙:《尚书隶古定释文》,清嘉庆九年(1804)宁俭堂刊本。

100. 万经:《分隶偶存》,文渊阁《四库全书》本。

101. 徐在国:《隶定古文疏证》,安徽大学出版社 2002 年版。

102. 胡承珙撰,石雪孙校点:《小尔雅义证广诂》,黄山书社 2011 年版。

103. 张参:《五经文字》,文渊阁《四库全书》本。

104. 玄度:《九经字样》,文渊阁《四库全书》本。

105. 娄机:《班马字类》,文渊阁《四库全书》本。

106. 戴侗:《六书故》,《温州文献丛书》本,上海社会科学出版社 2006 年版。

107. 周伯琦:《六书正讹》,文渊阁《四库全书》本。
108. 方以智:《通雅》,文渊阁《四库全书》本
109. 吴玉搢:《别雅》,文渊阁《四库全书》本
110. 王念孙:《读书杂志》,江苏古籍出版社2000年版。
111. 王引之:《经传释词》,江苏古籍出版社2009年版。
112. 王引之:《经义述闻》,江苏古籍出版社2009年版。
113. 邵瑛:《说文解字群经正字》,《续修四库全书》本。
114. 俞樾:《群经平义》,江苏凤凰出版社2005年版。
115. 俞樾:《古书疑义举例五种》,中华书局2005年版。
116. 罗振玉:《殷虚书契考释》,1923年刊本。
117. 商承祚:《殷墟文字类编》,1923年刊本。
118. 商承祚:《说文中之古文考》,上海古籍出版社1983年版。
119. 马叙伦:《六书疏证》,上海书店1985年版。
120. 郭沫若:《卜辞通纂考释》,台湾大通书局1976年版。
121. 于省吾:《泽螺居楚辞新证》,中华书局2003年版。
122. 于省吾:《泽螺居诗经新证》,中华书局2003年版。
123. 于省吾:《双剑誃诸子新证》,中华书局2009年版。
124. 于省吾:《甲骨文字释林》,中华书局2009年版。
125. 容庚:《金文编》,中华书局1985年版。
126. 徐复:《广雅诂林》,江苏古籍出版社1992年版。
127. 王辉:《古文字通假字典》,中华书局2008年版。
128. 何琳仪:《战国古文字典》,中华书局1998年版。
129. 何琳仪:《战国文字通论》,江苏教育出版社2003年版。
130. 郑玉珊:《出土与今本〈周易〉六十四卦经文考释》,台湾师范大学国文学系博士学位论文,2010年。

131. 罗福颐:《三代吉金文存释文》,问学社 1983 年版。
132. 司马迁:《史记》,中华书局 1959 年版。
133. 班固:《汉书》,中华书局 1962 年版。
134. 范晔:《后汉书》,中华书局 1965 年版。
135. 陈寿:《三国志》,中华书局 1959 年版。
136. 刘向编:《战国策》,中华书局 2012 年版。
137. 徐元诰著,王树民、沈长云点校:《国语集解》,中华书局 2002 年版。
138. 赵晔:《吴越春秋》,文渊阁《四库全书》本。
139. 孙武:《孙子兵法》,上海古籍出版社 2006 年版。
140. 陈直:《史记新证》,天津人民出版社 1979 年版。
141. 刘珍撰,吴树平校注:《东观汉纪校注》,中华书局 2008 年版。
142. 梅鼎祚:《东汉文纪》,文渊阁《四库全书》本。
143. 颜之推:《颜氏家训》,中华书局 2007 年版。
144. 杜佑撰,王文锦等点校:《通典》,中华书局 1988 年版。
145. 郦道元撰,陈桥驿校证:《水经注校证》,中华书局 2007 年版。
146. 孙诒让:《墨子间诂》,中华书局 2009 年版。
147. 杨树达:《积微居小学述林全编》,上海古籍出版社 2007 年版。
148. 王肃注:《孔子家语》,上海古籍出版社 1990 年版。
149. 顾实:《穆天子传西征讲疏》,商务印书馆 1934 年版。
150. 晏婴:《晏子春秋》,中华书局 2001 年版。
151. 列子:《列子》,中华书局 2001 年版。
152. 文子:《文子》,上海古籍出版社 1990 年版。

153. 尉缭:《尉缭子》,上海古籍出版社 1978 年版。

154. 王先谦集解,沈啸寰点校:《庄子集解》,中华书局 1987 年版

155. 王先谦集解,沈啸寰、王星贤点校:《荀子集解》,中华书局 1988 年版。

156. 王先慎集解,钟夏点校:《韩非子集解》,中华书局 1998 年版。

157. 黎翔凤撰,梁运华整理:《管子校注》,中华书局 2004 年版。

158. 王利器:《吕氏春秋注疏》,巴蜀书社 2002 年版。

159. 刘文典:《淮南鸿烈集解》,《刘文典全集》本,安徽大学出版社、云南大学出版社 1999 年版。

160. 洪兴祖撰,白文化等点校:《楚辞补注》,中华书局 1983 年版。

161. 闻一多:《楚辞补校》,巴蜀书社 2002 年版。

162. 袁柯校注:《山海经校注》,上海古籍出版社 1980 年版。

163. 王聘珍撰,王文锦点校:《大戴礼记解诂》,中华书局 1983 年版。

164. 班固:《白虎通德论》,上海古籍出版社 1990 年版。

165. 刘向:《说苑》,上海古籍出版社 1990 年版。

166. 董仲舒:《春秋繁露》,文渊阁《四库全书》本。

167. 王充:《论衡》,上海古籍出版社 1990 年版。

168. 王符:《潜夫论》,上海古籍出版社 1990 年版。

169. 蔡邕:《蔡中郎集》,文渊阁《四库全书》本。

170. 顾况:《华阳集》,文渊阁《四库全书》本。

171. 叶廷珪:《海录碎事》,文渊阁《四库全书》本。

172. 焦竑:《俗书刊误》,文渊阁《四库全书》本。
173. 薛季宣:《书古文训》,《续修四库全书》本。
174. 杨慎:《丹铅馀录》,文渊阁《四库全书》本。
175. 杨慎:《升庵集》,上海古籍出版社 1993 年版。
176. 王黼:《宣和博古图》,文渊阁《四库全书》本。
177. 吕大临:《考古图》,文渊阁《四库全书》本。
178. 刘心源:《奇觚室吉金文述》,清光绪二十八年(1902)刊本。
179. 饶宗颐:《饶宗颐新出土文献论证》:上海古籍出版社 2005 年版。
180. 睡虎地秦墓竹简整理小组:《睡虎地秦墓竹简》,文物出版社 1990 年版。
181. 商承祚:《战国楚竹简汇编》,齐鲁书社 1995 年版。
182. 黄焯:《古今声类通转表》,上海古籍出版社 1983 年版。
183. 顾炎武:《易音》,文渊阁《四库全书》本。
184. 毕沅:《经典文字辨证书》,商务印书馆 1937 年版。
185. 钱大昕:《十驾斋养新录》,上海书店 1983 年版。
186. 王鸣盛:《蛾术编》,江苏广陵古籍刻印社 1992 年版。
187. 王国维:《王国维遗书》,上海古籍出版社 1983 年版。
188. 宋祚胤:《宋祚胤论集》,岳麓书社 1996 年版,
189. 金德建:《经今古文字考》,齐鲁书社 1986 年版。
190. 欧阳询:《艺文类聚》,上海古籍出版社 1965 年版。
191. 徐坚:《初学记》,中华书局 1980 年版
192. 都穆:《金薤琳琅》,文渊阁《四库全书》本。
193. 章如愚:《群书考索》,广陵书社 2008 年版。

后　记

有关汉魏时期代表性《易注》的整理与研究，是我研究易学的一个主要方向。2010 年我申报了教育部重点研究基地易学与中国古代哲学研究中心题为《汉魏二十一家〈易注〉综合研究》的重大项目，经专家评审，正式立项。自那以后，广采流传于今的汉魏《易注》重加辑治，徘徊于各家《易注》的古今文字、诠释异同，一一备录，遂成此编。2017 年，我受聘为安徽大学徽学研究中心讲席教授，对原书稿又作了调整和改写，牧竖新闻，未必有当，盖实事求是，俾研究象数易学者有所考证焉。

拙作的出版，首先要感谢山东大学易学与中国古代哲学研究中心的刘大钧、林忠军、王新春、李尚信等先生的鼎力推荐与相助，特别是刘先生还拨冗亲为本书题签，使拙作熠熠生辉，这样的高谊，不胜庆快之至。其次要感谢齐鲁书社武良成先生专意于复核原文和引文，不断赐函商讨，从而为拙作出版做了大量的工作。最后要感谢在读博士生杨易辰对全书初稿作了缮写、迻录、初校。

陈居渊

2017 年 12 月 8 日于安徽大学磬苑校区蕙园

图书在版编目(CIP)数据

汉魏《易注》综合研究 / 陈居渊著. -- 济南:齐鲁书社,2017. 12
ISBN 978-7-5333-3886-2

Ⅰ. ①汉… Ⅱ. ①陈… Ⅲ. ①《周易》—研究—汉代—魏晋南北朝时代 Ⅳ. ①B221. 5

中国版本图书馆 CIP 数据核字(2017)第 293368 号

汉魏《易注》综合研究
HANWEI YIZHU ZONGHE YANJIU
陈居渊 著

主管单位 山东出版传媒股份有限公司
出版发行 齐鲁书社
社　　址 济南市英雄山路 189 号
邮　　编 250002
网　　址 www. qlss. com. cn
电子邮箱 qilupress@ 126. com
营销中心 (0531)82098521　82098519
印　　刷 山东德州新华印务有限责任公司
开　　本 880mm × 1230mm　1/32
印　　张 56. 875
插　　页 15
字　　数 1230 千
版　　次 2017 年 12 月第 1 版
印　　次 2017 年 12 月第 1 次印刷
印　　数 1—1200
标准书号 ISBN 978 - 7 - 5333 - 3886 - 2
定　　价 **328. 00 元(上中下)**